PROPYLÄEN WELTGESCHICHTE

EINE UNIVERSALGESCHICHTE

Herausgegeben von Golo Mann

Achter Band

IM PROPYLÄEN VERLAG

BERLIN · FRANKFURT AM MAIN

Der Text dieser Sonderausgabe ist identisch mit der 1960 bis 1964 in zehn Bänden erschienenen,
von Golo Mann, Alfred Heuß und August Nitschke herausgegebenen
PROPYLÄEN WELTGESCHICHTE

Einband: Theodor Bayer-Eynck
unter Verwendung von:
Kaiser Napoleon I. in seinem Arbeitszimmer. Gemälde von Jacques Louis David, 1820.
Washington, D.C., National Gallery of Art, Samuel H. Kress Collection.
Foto: Bildarchiv Preußischer Kulturbesitz, Berlin

Druck und Bindung: Franz Spiegel Buch GmbH, Ulm

Printed in Germany 1986
ISBN für das Gesamtwerk: 3 549 05731 8

Band I
Vorgeschichte · Frühe Hochkulturen

Band II
Hochkulturen des mittleren und östlichen Asiens

Band III
Griechenland · Die hellenistische Welt

Band IV
Rom · Die römische Welt

Band V
Islam · Die Entstehung Europas

Band VI
Weltkulturen · Renaissance in Europa

Band VII
Von der Reformation zur Revolution

Band VIII
Das neunzehnte Jahrhundert

Band IX
Das zwanzigste Jahrhundert

Band X
Die Welt von heute

ACHTER BAND

DAS NEUNZEHNTE JAHRHUNDERT

Die Mitarbeiter

Robert R. Palmer
Ph. D., Professor für Geschichte an der Princeton University

Richard Nürnberger
Dr. phil., Professor der Geschichte an der Universität Göttingen

Richard Benz
Dr. phil., Honorarprofessor für Deutsche Kulturgeschichte
an der Universität Heidelberg

Walther Gerlach
Dr. rer. nat., em. Professor für Experimentalphysik
an der Universität München

A. R. L. Gurland
Dr. phil., Berlin

Max Rychner
Dr. phil., Zürich

Golo Mann
Dr. phil., Professor für Geschichte am Claremont Men's College,
Gastprofessor an der Universität Münster

Theodor H. von Laue
Ph. D., Professor für Geschichte an der University of California

Herschel Webb
Ph. D., Professor für Ostasiatische Geschichte an der Columbia University

Pierre Bertaux
Docteur ès Lettres, Professor an der Universität Lille

Alfred Verdross
Dr. jur., Professor für Völkerrecht, Rechtsphilosophie
und Internationales Privatrecht an der Universität Wien

Geoffrey Barraclough
Ph. D., Professor, The Royal Institute for International Affairs, London

INHALTSVERZEICHNIS

Textredaktion: *Dr. Heinz Klüter*

Bildredaktion: *Dr. Karl Danz, Wolfram Mitte*

Die Beiträge von *Robert R. Palmer, Herschel Webb, Pierre Bertaux* und *Geoffrey Barraclough* wurden in die deutsche Sprache übertragen von *Dr. Karl Danz,* Berlin, *Dr. A. R. L. Gurland,* Berlin, *Dr. Alex Goldenberg,* Paris, und *Dr. Arno Dohm,* Adendorf, Krs. Lüneburg.

Golo Mann

EINLEITUNG

Jede Generation muß sich ihren Begriff von der Vergangenheit selber machen. Keine begnügt sich mit dem, was andere vor ihr leisteten, mögen sie auch Meister gewesen sein. Immer hat Geschichte zwei Komponenten: das, was geschehen ist, und den, der das Geschehene von seinem Orte in der Zeit sieht und zu verstehen sucht. Nicht nur korrigieren neue sachliche Erkenntnisse die alten; der Erkennende selber wandelt sich. Die Vergangenheit lebt; sie schwankt im Lichte neuer Erfahrungen und Fragestellungen. Das Spätere kommt aus dem Früheren; es wirkt aber auch auf das Frühere zurück, durch welches es bedingt ist. Können wir heute über den sogenannten ersten Weltkrieg noch so denken wie vor dreißig Jahren? Über den Nationalstaat und Nationalismus des 19. Jahrhunderts? Über die Bedeutung Europas für die Welt und für die Weltgeschichte? Über den »Fortschritt«? Damals herrschte, trotz schon erfahrener Katastrophen, trotz schriller Warnungen, die von Einzelgängern kamen, unter europäischen Gelehrten noch eine philosophische Selbstsicherheit, die uns mittlerweile verlorenging. Damals war es noch möglich, europäische Geschichte und Weltgeschichte nahezu gleichzusetzen und die »Entstehung des Weltstaatensystems« gewissermaßen als einen Zusatzband darein zu geben. So geht es heute nicht mehr. Ein jedes Geschichtsbuch sagt etwas über die Zeit aus, von der es handelt, und etwas über die Zeit, in der es geschrieben wurde; im Rückblick manchmal mehr über diese als über jene.

So ist denn die Aufgabe: Kenntnisse, alte wie neue, neu zu organisieren, neue Aufgliederungen und Gewichtsverteilungen vorzunehmen, neuen Autoren zu einer alten Geschichte das Wort zu geben.

In welchem Sinne sie schreiben sollten, lag bei ihnen allein. Ein Werk wie das unsere entwickelt keine These, keine bestimmte Geschichtsphilosophie; schon allein darum nicht, weil das Denken so vieler Beitragender sich nicht auf eine einzige Bahn hätte zwingen lassen. Wenn wir aber jetzt, da der moderne Teil druckfertig vor uns liegt, uns in seine mannigfachen Erzählungen vertiefen, finden wir dann, ob sie vom frühen 19. oder mittleren 20. Jahrhundert handeln, von China oder Rußland oder Westeuropa, nicht doch etwas wie einen gemeinsamen Geist? Ich glaube, ja. Es sind Grundüberzeugungen, die nur dann bewußt werden, wenn man sie mit dem Denken jener, die sie aufgegeben haben, vergleicht. Es sind Voraussetzungen, die uns selbstverständlich erscheinen mögen, es aber nicht sind; und die wichtig genug sind.

Wir setzten alle voraus, daß es eine Geschichte des Menschen oder der Menschheit gibt; Weltgeschichte ist Menschheitsgeschichte. Nicht Geschichte einzelner Kulturen, die, völlig getrennt voneinander, immer dasselbe Lebensgesetz abwandelnd wiederholten, wie Oswald Spengler es sah; nicht Geschichte von Nationen, Rassen, Kontinenten; sondern eben Menschheitsgeschichte. Daß es etwas gebe, wie ein Schicksal, ein großes Abenteuer des Menschen, unser eigenes Abenteuer, so viel setzten wir voraus; auch, daß es sich lohne, dies Abenteuer zu erforschen und zu erzählen, daß Sinn und Schönheit in ihm zu finden seien. Nicht ein einziger, bestimmter, durchgehender, zuverlässig zu ergreifender Sinn, wie etwa »Fortschritt«, Sieg des Guten über das Böse, Triumph der Freiheit. Solche allumfassenden Sinngebungen sind uns fremd geworden. Leugnung jedoch jedes Sinnes, Zynismus, Verzweiflung mußten aus unserem Unternehmen ausgeschlossen sein. Ausgeschlossen bleiben mußte andererseits jede sinngebende Theorie, die den Schlüssel zum Ganzen zu besitzen glaubt. Wir alle, die wir an diesem Werk mitarbeiten, setzen die Wahrheit über die Doktrin. Die Wahrheit nicht als das Erreichte, sicher Besessene, sondern als das zu Erstrebende. Jeden Typ von Ursache und Wirkung festzustellen, dort, wo er festgestellt werden kann, keine unliebsame, der eigenen Interpretation widersprechende Erkenntnis zu verschweigen, kein Wissen zu behaupten, dessen, was nicht gewußt werden kann, bescheiden zu sein gegenüber dem Rätsel – in solchen Grundsätzen stimmten wir, ohne viel Aufhebens davon zu machen, alle überein. Wären es »liberale« Grundsätze? Der Name, oft nur auf irgendeine von der Geschichte überholte politische Partei bezogen, ist heute nicht mehr modisch; ist viel geschmäht. Aber schließlich bedeutet er ja freiheitlich. Freiheit und Wahrheit gehören zusammen.

»Liberal«, wenn man will, war auch die Auswahl der Mitarbeiter. Nicht jeder, den wir uns wünschten, fand sich bereit, das lag in der Natur der Dinge; jedoch wurde das Ziel erreicht, einen Kreis von Autoren zu bilden, der den gegenwärtigen Stand des Wissens und der Meinungen zu reflektieren geeignet ist. Dabei mußten und sollten verschiedene Ansichten zur Geltung kommen; nicht in der verneinenden Annahme, daß es die Wahrheit nicht gibt, aber in der bejahenden, daß sie viele Aspekte hat. Handelte es sich um Schriftsteller berühmten Namens, so ahnte man wohl schon vorher etwas von dem Winkel, unter dem sie Ausschau halten würden; erriet es um so leichter, wenn sie Nationen angehörten, deren augenblickliche geschichtliche Situation ihnen bestimmte energische Urteile nahelegte. Daß zum Beispiel ein indischer Historiker-Staatsmann über Verdienst, Schuld und Ende des europäischen Imperialismus anders urteilen würde als ein Franzose oder Engländer, dies vorauszusehen bedurfte es geringen Scharfsinns. Indem in unserem Werk sowohl Inder wie Franzosen und Engländer zu Wort kommen, entstand hin und wieder zwangsläufig das, was man Widerspruch nennt; der eine sieht es so und der andere anders. An solcher Widersprüchlichkeit ist nichts zu bedauern. Die Wahrheit ist vielseitig und kommt uns aus vieler Zeugen Mund.

Entstehen sollte ein zugleich deutsches, europäisches und universales Werk. Dem entsprach zwanglos die Wahl der Mitarbeiter ihrer Herkunft nach. Es mögen etwas mehr Deutsche als Nicht-Deutsche sein, mehr Europäer als Nicht-Europäer. Von deutscher aber wie von europäischer Egozentrizität uns frei zu halten, haben wir versucht.

Nicht nur kommen unsere Autoren aus vieler Herren Ländern; sie sind auch Vertreter tief verschiedener Wissensgebiete. Neben dem politischen oder allgemeinen Historiker, neben dem in einem Kultur- oder Sprachkreis Spezialisierten finden sich der Literarhistoriker, der Kulturkritiker, der Philosoph; neben ihm der Physiker, der Sternkundige, der Arzt. Hier ist eine Erklärung notwendig.

Die Frage, welche Bereiche von der Wissenschaft der Geschichte behandelt werden sollten, war strittig von dem Moment an, in dem man die Beschränkung auf das Nur-Politische preisgab; und von eben dem Moment an war sie mit Sicherheit nicht mehr zu beantworten. Denn schließlich ist alles Sein geschichtlich oder zeitlicher Prozeß und wird, in diesem Sinn, von Geschichte der Erde, des Himmels, ohnehin von Naturgeschichte gesprochen. Verstehen wir aber unter »Geschichte«, ohne Präfix, Geschichte des Menschen – und natürlich tun wir das –, so ist des Menschen Tun und Leiden längst in unzählige Arten und Abarten aufgespalten, und es gibt, konsequenterweise, so viele Zweige der Geschichte, wie es Zweige des Wissens und Könnens, des Forschens und Schöpfens, des Glaubens und Aberglaubens, des Erwerbens und Spielens, des Macht-Ausübens und Macht-Erleidens, des Bauens und Zerstörens gibt. Konsequenterweise. Was aus solcher Konsequenz entstünde, wäre gerade keine »Geschichte« mehr, ein Wort, das zugleich Geschichtswissenschaft und Erzählung bedeutet. Erzählt werden soll, wo Geschichte getrieben wird; Erzählung fordert Ereignis und Einheit. Will Geschichte des Menschen Geschichte alles dessen bieten, was der Mensch getrieben hat, Geschichte der politischen Kunst nicht nur, auch der Baukunst, der Kriegskunst, der Erziehungskunst, der Schauspielkunst, der Kochkunst, so kommt die Erzählungskunst gar zu kurz. Wir erhalten eine Enzyklopädie, keine Geschichte.

Einzelne bedeutende Schriftsteller haben den Weg gewiesen, indem sie sich von dem alten, nur-politischen Geschichtsbegriff befreiten, ohne der enzyklopädischen, geschichtszerstörenden Forderung zu erliegen. Sie wählten aus, was ihnen für Bild und Leistung einer Epoche, für das Schicksal des Menschen selbst am wesentlichsten schien; Formen des Politischen, des Gesellschaftlichen, des Künstlerischen, des Religiösen. Sie legten sich nicht auf, alles zu erzählen, was in jenen Sphären geschah; die Regel, unter die sie sich stellten, war die eines, wenn man so sagen darf, verantwortlichen Impressionismus. Indem sie eine historische Landschaft von weitem schauten, registrierten sie das, was ihnen für deren Charakter wesentlich bestimmend schien. So hat schon Voltaire gearbeitet, zumal in seinem »Zeitalter Ludwigs XIV.«; so H. G. Wells in seiner Weltgeschichte, einem Werk, das man als großartig gelungen bezeichnen muß, auch wer des Autors optimistischen Glauben nicht mehr teilt. Wells selber hat ihn gegen Ende seines Lebens plötzlich preisgegeben – seine unfundierte Hoffnungsfreudigkeit schützte ihn zuletzt nicht vor Verzweiflung.

Ein solches Auswählen ist nun freilich für die einzelne Schriftstellerpersönlichkeit, die ihren Entwurf selber ausführt und allein für ihn zeichnet, natürlicher als für das Sammelwerk. Hier muß Kunst die Natur ersetzen; muß so getan werden, als ob ein einziger Geist und Wille hinter dem Ganzen stünde, da doch in Wirklichkeit viele divergierende Geister zu ihm beigetragen haben. Das Ergebnis wird fragender Kritik immer offen sein. Unsere Weltgeschichte bietet Kapitel über die Philosophie des Hochmittelalters, des 17., des

18. Jahrhunderts in Europa; keine über die des 19.; und zwar, weil die mittelalterliche Metaphysik und das Denken der Aufklärung geschichtsbildend, den Charakter der Gemeinschaft wesentlich mitbestimmend war, die Philosophie des 19. Jahrhunderts dagegen, jedenfalls seit Hegels Tod, eine vergleichsweise marginale, unmächtige Sache. Durch Verzicht auf enzyklopädische Vollständigkeit wurde das Minimum von Einheit gerettet, ohne das es keine Geschichte gibt.

Gegenständliche Aufspaltungen waren, wenigstens für die neueren Zeiten, unvermeidlich. Nicht ein und derselbe Autor konnte sich mit der gesellschaftlichen und politischen Entwicklung, mit dem Fortschreiten der Wissenschaft, mit den Wandlungen religiösen Denkens befassen. Aber jeder Beitrag bezieht sich auf ein Ganzes, bringt zur Erscheinung, daß der ihm eigene Bereich ein nur zu Zwecken der Darstellung abgegrenzter Teil des Ganzen ist.

Übrigens möchte der alte Begriff von Geschichte als überwiegend politischer sich am Ende doch verteidigen lassen; wenn man nämlich die Bedeutung des Wortes so weit faßt, wie Aristoteles sie faßte. Wer sich gegen den Primat des Politischen in der Geschichtsschreibung richtet, meint die Könige und Minister, die Kriege und Machtkämpfe. Diesen Protest wollen wir anerkennen, obgleich in Grenzen; zuzeiten haben Könige und Machtkämpfe auf menschliches Schicksal einen beträchtlichen Einfluß ausgeübt. Hätten sie ihn heute noch? – Jedenfalls umfaßt der Begriff des Politischen mehr. *Politeia*, das ist zugleich Staat und Gesellschaft; der Gegensatz dazu wäre der Mensch in seiner Einsamkeit, *Privatus*, *Idiotes*. Und von ihm handelt Geschichte bestimmt nicht. Von den Formen des Zusammenlebens handelt sie, den Hierarchien und Machtgebilden, den Machteinheiten und dem geregelten oder ungeregelten, freundlichen oder feindlichen Verhältnis zwischen ihnen, den kollektiven Energien und ihrem Gebrauch, den daseinsordnenden Ideen in ihrem Wandel. Davon der Gesamtbegriff gleichwohl der politische ist und bleibt. Wir können uns denen nicht anschließen, denen Politik eigentlich parasitär erscheint gegenüber den schöpferischen Bereichen, dem der Arbeit, der Lebenserhaltung und Steigerung, dem des Gedankens, der Wissenschaft, der Kunst, der Religion. Darum können wir es nicht, weil wir die Trennung dieser Bereiche voneinander nicht nachvollziehen können, uns Religion, Wissenschaft, Wirtschaft ohne Politik nicht vorstellen können. Eines ist mit dem anderen, durchdringt das andere.

Praktisch gesprochen, solche politischen Ereigniskomplexe, wie »Die Französische Revolution«, und solche politischen – kulturellen, wirtschaftlichen, geistigen, formal gesehen aber eben doch politischen, durch Macht zur Einheit zusammengezwungenen, als Einheit erhaltenen – Gebilde, wie »Rom« oder »Rußland«, gaben zu einem guten Teil die Anordnung unseres Werkes ab. Andere Kapitel haben unpolitische Namen, »Fortschritte der Naturwissenschaft«, »Die europäische Musik« und so fort. Fragte man aber nach dem Inbegriff, in dessen Zeichen alles dies gesammelt wurde und der alledem Einheit gibt, so wüßten wir dennoch keinen anderen als den politischen; und würden in diesem Sinn zu der alten Auffassung stehen, wonach politische und allgemeine Geschichte ein und dasselbe ist.

Hier ist noch etwas über die Einteilung des Werkes zu sagen. Es ist nicht mehr europazentrisch. Von zehn Bänden wurden nur zwei bis drei dem Aufstieg und besonderen Schicksal Europas bestimmt. Es galt, das einzigartige Abenteuer Europa herauszuarbeiten, zu zeigen, wann und wann erst Europa anfing, andere Kulturen zu überflügeln, und welche Tendenzen den gewonnenen Vorsprung früh gefährdeten. Die großen Kulturen Asiens werden nicht behandelt, als seien sie Nebenschauplätze, vom »Geist« verlassene Schauplätze der Geschichte.

Dabei wurde eine Definition, im Stil Spenglers oder Toynbees, dessen, was eine »Kultur« sei, als unnotwendig erachtet. Nur soviel wurde, negativ, angenommen: daß wir es hier mit festen Grenzen in Zeit und Raum, mit der Sprödigkeit von Individuen nicht zu tun haben. Freilich mußte Hellas getrennt von Ägypten oder Indien behandelt werden, auch Rom getrennt von Hellas, das europäische Mittelalter getrennt von Rom; aber die lebendigen Kontakte zwischen diesen Kulturkreisen galt es immer wieder lebendig zu machen, sei es in den Haupttexten, sei es in eingeschobenen Betrachtungen. Den beiden Schauplätzen der westlichen Zivilisation in modernen Zeiten, Europa und Amerika, weist unser Plan dieselben Kapitel zu; sie gehören wesentlich zusammen.

Den Manen Oswald Spenglers ist zuzugestehen, daß, wenn die mediterrane und europäische Kultur nicht mehr den Mittelpunkt abgibt, auch die Trias Altertum–Mittelalter–Neuzeit ihren Sinn verliert. Aus praktischen Gründen entschieden wir uns für eine Anordnung, die dem Leser drei künstlerisch geschlossene Teile bietet, muten ihm aber deswegen nicht die Annahme zu, das ägyptische Alte Reich gehöre zur »Antike«, oder das »Mittelalter« sei etwas anderes als eine sinnvoll so zu benennende Epoche in der Geschichte Europas. Was vollends die »Neuzeit« betrifft, so rennt offene Türen ein, wer sich mit diesem Begriff noch kritisch auseinandersetzen wollte. Es hat sich denn auch so gemacht, daß Mittelalter und ein guter Teil der Neuzeit demselben, zweiten, Teil zugeordnet wurden.

Wie sehr wir uns nun aber auch bemüht haben, ältere Beschränkungen zu überwinden – eigentlich standortlose Geschichtsbetrachtung gibt es nicht. Dies Werk ist überwiegend von Abendländern, nicht von Chinesen geschrieben, die anders schreiben würden; es beginnt im Jahre 1960 zu erscheinen. Aus diesen beiden Tatsachen ergeben sich Perspektiven, ergeben sich Anliegen und Sorgen, die man weder verleugnen kann noch soll. Benedetto Croce hat den gegenwärtigen Charakter alles Geschichtlichen behauptet: reine Objektivität sei unmöglich, es müsse eine Frage gestellt werden, ein gegenwärtiges Problem auf Lösung drängen. Der große Schriftsteller mag seine These mit der ihm eigenen Energie überspitzt haben; widerlegt worden ist sie nicht. Warum denn würde man Vergangenes wissen, Vergangenes darstellen wollen, wenn nicht ein gegenwärtiges Anliegen dazu drängte? In diesem Sinn ist Geschichts*betrachtung* kein glückliches Wort; immer geht es um Ergründung, Ordnung, Wertung, um »Gedanke und Tat«, nicht um bloße Kontemplation. Unmöglich, dabei von dem abzusehen und gleichsam es fortzuzaubern, was wir selber sind und was die Gegenwart ist.

Wenn der »modernen Zeit«, beginnend mit der Französischen Revolution, nahezu ein Drittel des Gesamtwerkes gewidmet ist und wieder ein Drittel dieses Drittels den letzten fünfzehn oder zwanzig Jahren, so könnten wir das durch Gründe, welche in der Sache liegen, zu rechtfertigen versuchen. Der Stoff, könnten wir sagen, wird immer reicher und vielfältiger, der Geschichtsprozeß immer schneller; was früher Jahrhunderte brauchte, geschieht nun in Jahrzehnten. Moderne Geschichte ist nicht wie eine Reihe gleich großer

Steine an einer Kette. Sie ist wie ein Strom, der immer reißender fließt, den Katarakten des 20. Jahrhunderts zu; wie ein Lichtkegel, der immer gewaltiger wird, je näher er auf uns zukommt. Dies sei so, der Sache nach, jede Statistik beweise es; unsere Einteilung habe ihm Rechnung tragen müssen ... Aber schiere Quantität bestimmt das Interesse an der Geschichte nicht, und die Volksrepublik China ist nicht darum tausendmal schöpferischer und historisch wichtiger als das alte Hellas, weil sie tausendmal mehr Einwohner hat. Daß unser Werk mit einem Band über »Die Welt von heute« schließt, hat einen wahreren Grund: Das Heute ist für uns die Zeit aller Zeiten, obgleich es dies für spätere Generationen wohl nicht sein wird.

Um nun zu dem dritten Teil, der »Geschichte der modernen Zeit«, und zu deren erstem hier erscheinendem Band zu kommen, so ist der Anfang konventionell genug. Mit der Französischen Revolution hat schon so manche moderne Geschichte begonnen; der Schreiber dieser Zeilen erinnert sich, daß er in seinem Abiturienten-Examen Geschichte überhaupt nur von der Französischen Revolution an zu kennen hatte. Unvermeidlich hat aber auch unsere Anordnung ihre Problematik.

Dies nicht nur, weil jeder Anfang willkürlich, jede Einteilung wie ein Sieb ist, das man in den immer fließenden Strom der Geschichte hält. Auch in einer bestimmteren Beziehung. Die Französische Revolution bildet den Höhepunkt einer sehr breiten, sehr internationalen Bewegung, die älter ist als sie und die, in ihrer Gesamtheit, wohl auch im gleichen Atem, im gleichen Bande darzustellen wäre. Das konnte hier nicht geschehen. Und so wird der Leser anzunehmen gebeten, daß die Genfer Revolution von 1768, die amerikanische Revolution von 1776, die Reformen Kaiser Josephs II., Wirren in England, Wirren in Holland und anderen Orts schon stattgefunden haben und daß sie, wie auch die Gedankenarbeit, die Zeit- und Modeströmungen, welche alles das vorbereiten halfen, in einem anderen Band dargestellt sind.

Auch die Einrichtung der neuen amerikanischen Republik wird anderswo behandelt. Wenigstens aber sollte das Revolutions- und Napoleon-Epos eingeleitet werden durch einen Rückblick auf die amerikanische Revolution, auf die Stimmungen, welche sie fand oder erzeugte, auf die Einflüsse, die ihr zuzuordnen sind. Der Autor dieses Kapitels, Professor Robert R. Palmer von der Universität Princeton, war wie wenige geeignet, es zu schreiben. Denn gerade er hat in seinen Schriften den universalen »atlantischen« Charakter der Revolution in den letzten Jahrzehnten des 18. Jahrhunderts herausgearbeitet; eine Revolution, die, wie deutlich sie auch überall aus besonderen Bedingungen aufstieg, doch auch überall vergleichbare, innerlich zusammenhängende Merkmale aufwies. Sein Beitrag gibt ein Resümee dieser Ansicht. Palmer zeigt die Bereitschaft der Europäer für große, ihnen tief erfreuliche Ereignisse, ihr Bewußtsein, in einer einzigartigen Epoche der Menschheitsgeschichte zu leben, ihr Gefühl der Entfremdung gegenüber den obwaltenden Herrschaftssystemen und Traditionen. Es sind eigentlich revolutionäre Erwartungen, obwohl der Begriff der Revolution selber, diese Schreckenswissenschaft des 19. und 20. Jahrhunderts, noch durchaus fehlt. Die amerikanischen Ereignisse dienen ihnen als Schirm, auf dem sie ihre eigenen Gefühle und Erwartungen projizieren. Die amerikanische Unabhängigkeit nimmt so einen beispielhafteren, radikaleren Charakter an, als sie im Denken des amerikanischen Patriziats eigentlich hatte. Dazu kommen handfestere Lehren: die von der geschriebenen, rational geplanten Verfassung, und wie und durch wen sie zu schaffen sei.

Da Palmer in seinem letzten Abschnitt der räumlichen und zeitlichen Fernwirkungen der amerikanischen Revolution gedacht hat, bis in unsere Tage hinein, so mag gleich hier ein Charakterzug unseres Werkes berührt werden, für den dieser Abschluß des Kapitels ein Beispiel ist. Eine Weltgeschichte wie die unsere kann nicht Enzyklopädie, sie kann auch nicht Chronik sein, kann nicht einfach und immer dem Lauf der Zeiten folgen. Sie wird manchmal weit zurück, manchmal weit vor greifen müssen. Nur dort, lehrt uns Croce, wo man der Vergangenheit Fragen stellt, ist sie Geschichte; eine Frage liegt in jeder Kapitelüberschrift; und wenn auch diese Frage sich auf eine Zeitstrecke, eine Epoche vornehmlich bezieht, so wird sie sich doch von ihr nicht fest umschränken lassen.

In einer anderen Beziehung dient das Kapitel über den Einfluß der amerikanischen Revolution als Einleitung in die Geschichte der modernen Zeit. Es trifft sich, daß Professor Palmer gleich eingangs auseinandersetzt, was er unter »modern« versteht. Modern ist das, was jetzt ist und unlängst war. Das Wort bedeutet aber auch eine Lebens- und Geisteshaltung, so daß der Geist etwa des 13. Jahrhunderts niemals »modern« war, auch dann nicht, als es eben begonnen hatte. Modern ist die Weigerung, sich von der Vergangenheit beherrschen zu lassen. Glaube an die Wissenschaft und auf die nutzbringenden Gaben der Wissenschaft gesetzte Erwartung; Anpassungswille, Beweglichkeit der Gesellschaft und innerhalb der Gesellschaft; Auswertung aller Energien und Fähigkeiten; Ersetzung des Absoluten durch Zweckhaftigkeit, die jederzeit sich neu bewähren, neu befragen lassen muß; Regierung, nicht geheiligt durch Tradition, sondern gerechtfertigt durch ihre allen und jedem geleisteten Dienste, und so letztlich auf der Zustimmung der Regierten beruhend, letztlich nach der Demokratie hin tendierend; Freiheit des Denkens, Freiheit der Kritik – so die Elemente des ebenso schwierig zu bestimmenden wie geschichtsmächtigen Modernitätskomplexes. Er ist älter als die letzten Jahrzehnte des 18. Jahrhunderts. Nach Modernität strebten vielfach schon die absoluten Monarchien, modern waren die philosophischen Kritiker Ludwigs XIV. Aber – dies ist Palmers These – der Durchbruch der Modernität ins Breite der Gesellschaft, ins Politische, ins Institutionelle geschah durch die Kette der Revolutionen, die in der Französischen gipfelt. So lassen wir denn mit ihr unsere moderne Geschichte beginnen. Und wenn eingewandt wird, daß auch nach der Französischen Revolution in Frankreich nicht alles »modern« war, viel weniger in England oder Deutschland oder Italien, so wäre darauf zu antworten, daß auch heute noch nicht überall alles modern ist; daß moderne Geschichte nicht sosehr Geschichte des Modernen ist wie des Kampfes zwischen Modernität und Tradition; daß jene, die nur modern handeln wollten, die Kommunisten, doch das Atavistische, Irrationale zur Hintertür wieder hereinließen; daß bis heute ausschließlich »moderne« Gesellschaften nur in Utopien und Satiren zu finden sind.

Schließlich handelt Professor Palmer von europäisch-amerikanischer Geschichte. Der Begriff einer atlantischen Kultur, meint er anderswo, sei im 18. Jahrhundert der Verwirklichung näher gewesen als im 20. Wir lassen das dahingestellt. Jedenfalls bemüht unser Plan sich, den historischen Kontakt zwischen Westeuropa und den Vereinigten Staaten auch in den Zeiten nicht abreißen zu lassen, in denen er vergleichsweise dünn war, auf der Höhe des 19. Jahrhunderts, und es war darum passend, gleich eingangs zu großen Dingen, die beiderseits des Ozeans sich abspielten, einem amerikanischen Gelehrten das Wort zu geben.

So vorbereitet nun das Kapitel über die Französische Revolution. Ob ihre Geschichte mit der des Napoleonischen Reiches so eng, wie nun geschehen, verbunden werden sollte, war einer Überlegung wert, ehe man sich entschied. Die Revolution, könnte man einwenden, war 1799 zu Ende, bald darauf stand auch der neue französische Staat fest da; das Kaiserreich gehört so wenig zur Französischen Revolution wie die Herrschaft Stalins zur Russischen. Übrigens gibt es ja die Jahrhundertgrenze; unser Band verspricht, »das 19. Jahrhundert« darzustellen ... Oft habe ich gelesen, das 19. Jahrhundert beginne erst 1815 (und ende 1914), das 18. ende 1789. Wäre dem so, dann läge die Revolutionsepoche zwischen den Jahrhunderten, ein Niemandsland. Aber schließlich ist das Zusammenfallen bloßer Zahleinheiten mit historischen ein sehr ungefähres; die unseren Bänden gegebenen Titel beanspruchen nicht, einer scharfen Prüfung standzuhalten. Das Argument, welches die innere Zusammengehörigkeit von Revolution und Empire bestreitet, ist ernsthafter. Läßt man die Revolution *nicht* 1799 enden, so ist die Frage, ob sie überhaupt je geendet habe und nicht noch heute weitergehe – die Ansicht Jakob Burckhardts. Demgegenüber haben wir uns einer alten Überlieferung angeschlossen, die auch wohl im Erleben dessen, was hier überliefert wird, ihre Basis hat. Gibt es in der Geschichte keine Generationen im biologischen Sinn (außer bei den Dynastien), so gibt es sie doch im geschichtlichen. Eine solche hat die Jahre zwischen 1789 und 1815 als Einheit erlebt, hat bald nach 1789 gewußt, daß hier etwas Ungeheures im Werden sei, und hat 1814/15 das Ziehen eines großen Schlußstriches erwartet. Sogar könnte man Gestalten nennen, deren öffentliche Laufbahn 1789 begann und 1815 mit einem Schlage endete.

So wird denn hier noch einmal das Weltgeschehen vom Zusammentritt der Generalstände bis zum Wiener Kongreß in einen und denselben Rahmen gestellt.

Richard Nürnberger hat Clemenceaus Forderung, die Französische Revolution »en bloc« gutzuheißen (oder aber, sie en bloc zu verneinen), nicht angenommen. Er unterscheidet die Perioden, die Tendenzen, die Folgen. Der liberale, zentralisierte, säkularisierte Nationalstaat ist eine Schöpfung jener Jahre, und eine so geschichtsmächtige, daß ihr gegenüber der Historiker weder zu bejahen noch zu verneinen, sondern eben nur zu verstehen hat. In der kurzfristigen Diktatur des Wohlfahrtsausschusses erscheint aber auch schon ein Vorbote des gar nicht liberalen, des totalen Staates, im Jakobiner-Klub ein Vorbote der einen Staatspartei – Erscheinungen, die man in der Mitte unseres Jahrhunderts wohl anders bewerten mag als im neunzehnten. Wenn dem 19. Jahrhundert, das uns gemeinhin als optimistisch gilt, auch eine Komponente von Angst und Düsternis eigen ist, so stammt sie aus der nie vergessenen Erfahrung des Terrors von 1794. Die von Robespierre selber früh erkannte Dialektik der bewaffneten Befreiungsmission wird in dem Kapitel stark unterstrichen; aus der Befreiung fremder Völker, die so nicht befreit werden wollen, wird Herrschaft und Ausbeutung; im neuen Gewand erscheinen uralte Traditionen bourbonischer Außenpolitik. Manches Revolutionsereignis ist nicht in großem historischem Zusammenhang, nur psychologisch, nur moralisch zu verstehen. Das Irrationale fordert seinen Zoll; Ringen um Macht, blinde Leidenschaft, Massenhysterie, Gier, Angst; Schlechtigkeit.

Ambivalent ist auch die Haltung unseres Historikers gegenüber Napoleon. Er zeigt die Herkunft, die schwere Belastung des neuen Herrn durch das, was er vorfindet, und für das er nicht verantwortlich, genauer, nicht allein verantwortlich ist; der Anführer des Feldzugs von 1796 hat allerdings ein gerüttelt Maß von Mitschuld an der Politik des Direktoriums. Das aufbauende Werk des Ersten Konsuls und seine weithin ausstrahlende Wirkung werden bewundernd gewürdigt. Nürnberger zögert, den Kaiser zu einem bloßen Eroberer zu machen; er weiß von den nie ganz eindeutigen Verursachungen der Napoleonischen Kriege, die immer auch von der Gegenpartei gewollt wurden, gewollt werden mußten, von den nie ganz eindeutigen Absichten der Napoleonischen Friedensschlüsse, die Waffenstillstände blieben, auch wenn sie im Geist ihres Autors vielleicht als etwas Besseres gemeint waren. Eindeutig aber erscheint die Unmöglichkeit, auf Napoleons Art und Weise eine dauernde Friedensordnung zu stiften. Das Maßlose seines Wesens, das ungeduldig Experimentierende, Improvisierende, das, trotz aller Sehnsucht nach dem Traditionellen und Festen, tief Revolutionäre vertragen sich mit der Ruhe Europas nicht. Indem Nürnberger diese Ansicht der Dinge sehr scharf herausbringt, ergibt sich ihm zugleich eine positive Bewertung des Friedenswerkes von 1814/15, zumal der Politik Metternichs, wie sie uns in den letzten Jahrzehnten schon vertraut geworden ist.

Lag es an sich nahe, daß ein deutscher Schriftsteller die Reformen in Preußen ausführlicher darstellte, als dies etwa ein französischer getan hätte, so ist der Platz, der dem Freiherrn vom Stein und seinen Nachfolgern eingeräumt wird, durch besondere Sympathie mehr noch als durch den Standort des Historikers zu erklären. In den Bestrebungen Steins und Hardenbergs sieht Nürnberger ein drittes Prinzip neben dem der Revolution, dem seine Liebe nicht gehört, und dem des bloßen Erhaltens oder Restaurierens, dessen Untauglichkeit er durchschaut. Dabei wird, stärker als es gemeinhin geschieht, die Kontinuität unterstrichen, in welcher die Stein-Hardenbergschen Reformen zum preußischen *Ancien régime* stehen. Gezeigt wird aber auch, und wieder deutlicher, als deutsche Leser es gewohnt sind, daß die Reformer am nur-restaurativen Willen ihrer preußischen Gegner scheiterten, nachdem sie einen nur geringen Teil ihres Programms hatten verwirklichen können; und daß von hierher in die politische Entwicklung Preußen-Deutschlands im 19. Jahrhundert eine Verkrampfung kam, die das Ausweichen vor der Französischen Revolution allein nicht erklären würde.

Unvermeidlich konzentriert sich die Darstellung der Revolutions- und Kaiserzeit auf das Politische. Über die geistige Bewegung jener Jahrzehnte, die bei Nürnberger nur gelegentlich anklingen konnte, unterrichtet der folgende Beitrag von Richard Benz. Wieder haben wir hier, der These Croces folgend, wonach Einheit und Sinn einer historischen Schrift aus der vom Historiker gestellten Frage kommen müssen, nicht Zeit und Raum allein als Medium der Anordnung dienen lassen. Benz fragt, was die Romantik gewesen sei, und gibt eine gründliche, reich nuancierte Antwort. Der Begriff des Romantischen deckt viel. Romantik war nicht nur ein Gegenschlag gegen den Rationalismus der Französischen Revolution, dann gegen Liberalismus und »Fortschritt«; sie war schon viel früher da, war eine Grundtendenz des 18. Jahrhunderts. Sie wirkte nicht bloß gegen die Französische Revolution, auch in ihr selber, zum Beispiel durch Rousseau. Und wenn die konservativen

Politiker der Nachkriegszeit aus historisch-romantischem Denken begierig Nahrung zogen, so ist ihnen – den Metternich, Gentz, de Maistre – auch wieder ein rationalistischer Zug eigen, wie umgekehrt italienische und deutsche Patrioten – Manzoni, Görres, Uhland – zugleich Romantiker und Liberale waren. Will das sagen, das Wort bedeute so viel, daß es zum Ergreifen des Wirklichen nicht tauge? Kaum; oder doch nur in dem Sinn, in dem von allen begrifflichen Unterscheidungen und Schemen gilt, daß sie gegenüber dem lebendigen Geist versagen müssen. Die polemischen Verneinungen einerseits, andererseits die Neigungen, Sehnsüchte, schöpferischen Triebe, die wir unter dem Sammelwort »Romantik« zusammenfassen, waren so breit und tief, daß, wer in den sechs oder sieben Jahrzehnten, in deren Mitte etwa das Jahr 1800 läge, am öffentlichen Geist überhaupt teilhatte, auch an ihnen teilhaben mußte; aber stets auf eigene, persönliche Art und nicht notwendiger-, ja, nicht einmal möglicherweise an ihnen allen. So werden Dichter und Denker tief verschiedenen Charakters der Romantik zugerechnet, Goethe und Chateaubriand, Scott und Heine, Hegel und Hoffmann. Die deutsche Klassik, literargeschichtlich so oft der Romantik entgegengesetzt, ist, wie Benz erinnert, doch selber nur ein Kapitel in der umfassenden Geschichte der Romantik, die hier sich klärte und überwand; aus romantischem Sturm und Drang ging sie hervor, zum Romantischen wandte ihr gefeiertster Träger sich zurück. So kann und soll denn eine Darstellung der romantischen Geistesbewegung nichts anderes sein als die Darstellung einer schöpferischen Epoche des abendländischen Geistes überhaupt, in Literatur und Malerei, Architektur und Musik, Philosophie und Religion; des Begriffes »Romantik« als eines Ordnungsprinzips sich bedienend; zurückgehend zu den tiefsten Wurzeln in der Zeit dessen, was dann ein alles beschattender Baum wurde, vorblickend auch zu den spätesten Ausläufern und Spuren.

Unser Werk, wurde versprochen, sei nicht mehr europa-zentrisch. Gerade der vorliegende Band hält nun freilich dies Versprechen nicht; er handelt fast ausschließlich von Europa und seiner amerikanischen Tochterzivilisation. Das 19. Jahrhundert war das par excellence europäische, die große europäische Expansion der achtziger und neunziger Jahre sein folgerichtiges Ende. Von den noch im Werden begriffenen Vereinigten Staaten abgesehen, sind die Schicksale anderer Erdregionen von Europa bestimmt; im passiven Sinn – Indien, China, zuletzt Afrika – oder im aktiven, Japan, Lateinamerika. So im Reich des Politischen; Macht ist damals europäische Macht, deren Begrenzung in der westlichen Hemisphäre lange Zeit englischer, mehr als amerikanischer, Politik zu verdanken ist. So im Reich des Geistes und Forschens. Walther Gerlachs Bericht über »Fortschritte der Naturwissenschaft im 19. Jahrhundert« wurde notwendig zu einem Bericht über europäische Wissenschaft.

Daß die Leben und Denken umschaffende Macht des Wissens von der Natur, »des Menschen allerhöchste Kraft«, in einem Werk wie dem unseren nicht außer acht gelassen werden durfte, bedarf keines Beweises. Fraglich konnte höchstens sein, ob man Wissenschaft zusammen mit anderem, etwa der gesellschaftlichen Entwicklung, oder isoliert behandeln sollte; ob die Reise durch die Zeit nur einmal, auf sehr breiter Straße, oder mehrfach, auf schmaleren und bestimmteren, zu machen war. Unser Plan entschied sich grundsätzlich für das letztere. Er ordnet nach Gegenständen, nach Abstraktionen, wenn man will, nicht, oder nur in Ausnahmefällen, nach Ländern, und kann eben darum den hervorragenden Spezialisten zu Wort kommen lassen.

Ein hübscher Zufall will, daß Walther Gerlach auf sozusagen negative Weise an das Romantikkapitel anknüpft: eine gewisse romantische Naturphilosophie habe dem Fortschritt der Wissenschaft gerade in Deutschland nicht gut getan, habe echtes Forschen behindert und nachmals eine übertriebene Reaktion gegen alles spekulativ Verallgemeinernde hervorgerufen. Ein Beispiel dafür, wie im Reich des Geistes alles zusammenhängt. Daß Romantik auch positiv mit Wissenschaft zusammenhing, auch befruchtend auf sie wirken konnte, zeigt Richard Benz, und auch dafür fehlt es in Gerlachs Darstellung nicht an Beispielen. Andere große Zusammenhänge treten hervor: zwischen Wissen, Weltbild und Weltanschauung; zwischen Theorie und Praxis, Physik und Technik, die erst jetzt, im 19. Jahrhundert, zu ihrem gewaltigen Eigenen kommt; zwischen den verschiedenen Sektoren des Wissens; zwischen den Staaten, deren forschende Untertanen keine politischen oder Sprachgrenzen kennen. Mit Interesse erfahren wir, daß russische Wissenschaft schon im 19. Jahrhundert mitführend gewesen ist – eine Tatsache, die besonders in den Vereinigten Staaten, mehr als heute geschieht, gewürdigt werden sollte; daß die aktivsten Forschungszentren bis gegen die Mitte des Jahrhunderts in Frankreich und England lagen, Deutschlands Einrücken in die vorderste Linie mit seinem machtpolitischen Aufstieg ungefähr zeitlich zusammenfällt; daß in Amerika die eigentliche Forschung spät, der technische Genius aber früh sich einbürgerten. Wir lernen auch etwas über die ursprüngliche Freiheit der Wissenschaft von staatlichen, militärischen Zwecken und den Beginn einer neuen Ära, in diesem Betracht, bald nach der Jahrhundertmitte. – Dort, wo Professor Gerlach für diesmal halt macht, wo die tausend Patente Edisons oder Emil Rathenaus »AEG« die technischen Umwälzungen einer nahen Zukunft ankündigen, wird er im nächsten Band fortfahren.

Getrennt von der Wissenschaft, reiner wie angewandter, erscheint die Ökonomie, wie von dieser die Politik. »Getrennt darstellen, vereint denken« – unter diesen Grundsatz könnte unser ganzes Unternehmen gestellt werden. Wenn aus A. R. L. Gurlands Beitrag über die gesellschaftliche und industrielle Entwicklung des Abendlandes eine einzige immer und überall gültige Wahrheit dem Leser sich aufdrängt, so ist es diese: politische und wirtschaftliche Entwicklung gehören zusammen. Und zwar nicht in dem so lange angenommenen Sinn, daß das Politische vom Wirtschaftlichen abhinge, sondern so, daß wir es hier mit einem Felde von Wechselwirkungen erst dann zu tun haben, wenn die aufeinanderwirkenden Faktoren aus der einen konkreten Wirklichkeit menschlichen Tuns abstrahiert worden sind. Die Revolutionen und Kriege, mit denen das 19. Jahrhundert beginnt, sind nach dem landläufigen Sprachgebrauch politische: aber gleich zu Anfang seines Kapitels erinnert Gurland daran, daß sie auch auf die Ökonomie Europas, sei es beengend, sei es schöpferisch erweiternd, in jedem Fall mächtig eingewirkt haben. Damit ist das Grundmotiv des ganzen Kapitels angetönt. Manche Legende muß fallen. So die vom »klassischen Kapitalismus«, als ob im England der Jahrhundertmitte, unabhängig von historischen Vorbedingungen und Einmaligkeiten, unabhängig von Staat und Politik, der Lehrbuch-Grundsatz des *Laissez-Faire* mit willkürlicher Vollständigkeit verwirklicht worden wäre. So auch jene, den Anhängern der Marxschen Schule teure, vom unvermischten, durch keinen kampf-fremden

Schiedsrichter gemilderten Kampf der Klassen. Wie sehr der Staat, selbst im England des klassischen Kapitalismus, fördernd und verbessernd die Entwicklung der Wirtschaft beeinflußt hat, wie wenig das »Proletariat« ohne die Hilfe des Staates und der öffentlichen Meinung wirken konnte, wie wenig es auch auf dem Kontinent selbst in jenen Revolutionen aktiv war, die ihm als seine eigensten zugeschrieben wurden: solche wesentlichen Korrekturen der Tradition werden uns hier von einem Gelehrten geboten, der keineswegs auf irgendeine konservative oder sozialismus-feindliche Theorie schwört. Es sind die Ergebnisse unvoreingenommenen Forschens. Dessen zentraler Gegenstand ist überall derselbe: die Grundlegung der modernen Industrie. Die Zeiten, die Formen, die Rhythmen ihrer Entwicklung waren überall verschieden, überall bedingt durch historische Vorgegebenheiten und Nachwirkungen: die Leistungen der absoluten Monarchie, die Praktiken des Merkantilismus, die Lebensgesetze des Nationalstaates oder des Fürstenstaates, die aus grauer Vorzeit überkommenen, so oder so abgewandelten gesellschaftlichen Strukturen.

Dem soziologischen Kapitel folgt ein Essay über die Kunstform, die so direkt wie keine andere Wehen und Lüste der industriellen Revolution, den Geist des Bürgertums, die politischen Kämpfe, Protest, Vereinsamung und Auflösung widerspiegelt: über den großen Roman des 19. Jahrhunderts. Allein die erstaunliche Zusammenstellung von Geburtsdaten, die Max Rychner uns gibt, eine Milchstraße im Laufe von zwei Jahrzehnten erscheinender Sterne würde uns lehren, daß dies in der Tat das Jahrhundert des Romans war. Diese Kunstform hat damals die stärksten geistigen, moralischen Energien an sich gezogen, auf ihrer Ebene wurden die leidenschaftlichsten Schlachten geschlagen. Die europäische Gesellschaft, in den Worten des Schweizer Literaturkritikers, war in ihr »episches Stadium« eingetreten.

Wieder waren Überkreuzungen mit anderen Kapiteln nicht zu vermeiden. Vielmehr, sie wurden absichtlich nicht vermieden; eben sie erinnern ja daran, daß das in Wirklichkeit eines ist, was durch die Fragestellungen der Spezialisten auseinandergelegt wird. In Rychners Darstellung erscheinen, in einem anderen Licht, Gestalten, die wir schon aus dem Romantik-Kapitel kennen, Chateaubriand zum Beispiel und Frau von Staël. Der, vor allem, erscheint wieder, von dem vorher so ausführlich hatte die Rede sein müssen und der nun, obgleich abwesend, obgleich lange tot, der Held so vieler Romane ist: Napoleon. Was könnte die Einheit von Wirklichkeit und Kunst, übrigens die Einheit Europas merkwürdiger verdeutlichen als die Tatsache, daß der französische Cäsar seinen beherrschenden Schatten noch in die Geisteswelt Dostojewskijs wirft? Das Wort Napoleons: »Die Politik ist das Schicksal« könnte der Geschichte des Romans im 19. Jahrhundert als Motto dienen. – Freilich nicht als das einzige. Neues wucherndes Leben fordert sein Recht gegenüber dem Toten. Neue Klassen und Mächte, neue Lebensweisen, neue Sehnsüchte, Begierden, Ängste, Zweifel, Leiden drängen nach Gestaltung; neue Kommunikationsmittel wirken auf die Form, selbst in den Händen der Größten. Diese sind alle zeit-typisch, sind eminent historisch, ob sie bejahend und bewundernd im Wirbel hauptstädtischen Lebens oder im stillen, abseitigen Protest zu ihm stehen.

Auf der nächsten Reise durch den Großteil des Jahrhunderts, 1815 bis 1871, findet der Leser das in einer »Geschichte« älteren Stils vor allem Erwartete: politische Ereignisse und Ideen. In der Einleitung zu dem Kapitel wird ausgeführt, warum die politische Entwicklung der Vereinigten Staaten hier einmal zusammen mit der europäischen betrachtet wurde – der abwegigen Vorstellung, als habe Amerika damals auf einem anderen Stern gelegen, der erst 1917 sich mit der europäischen Masse plötzlich vereinigte, sollte auf drastische Weise begegnet werden.

Der spätere deutsche Reichskanzler Hohenlohe, welcher der Königin Viktoria gelegentlich Berichte über Politik und Stimmungen in Deutschland lieferte, meinte im Frühling 1865, eine der vier brennendsten Sorgen der Deutschen in diesem Augenblick sei der amerikanische Bürgerkrieg; Stendhal, drei Jahrzehnte früher, war wie behext von der großen Republik und ihren Lebensweisen. Solchem Erleben kann man nicht Rechnung tragen, solange man der amerikanischen Geschichte einen abgesonderten Platz, womöglich am Ende des Gesamtwerks, anweist. Daß vollends französische, deutsche, italienische Geschichte gerade im 19. Jahrhundert, gerade in der Napoleon-Cavour-Bismarck-Zeit schlechterdings eine ist, wird keines Argumentes mehr bedürfen. – Der Autor hat an dem altmodischen Grundsatz festhalten wollen, nicht nur das »Daß«, sondern auch das »Wie« und »Durch-wen« herauszuarbeiten; nicht einen Essay über das Heraufkommen der neuen Nationalstaaten zu schreiben, sondern einen Bericht darüber, wie der italienische und der deutsche Nationalstaat sich bildeten. Selbst auf die Gefahr hin, die Geduld des Lesers auf eine harte Probe zu stellen, durften daher so verwirrend ineinander verschlungene Niederlagen des Liberalismus wie die von 1848/49, so verstaubte Staatsränke wie die um Schleswig-Holstein, nicht unentwirrt bleiben. Sie haben Folgen gehabt. Übrigens soll Geschichte ja wohl nicht bloß das betrachten, was Folgen hatte, auch bloße Episoden, wenn sie an sich charakteristisch oder farbig sind; auch »Geschichten« werden von ihr erwartet.

Zwei Völkern und Machtkonzentrationen wurden getrennte Kapitel gewidmet.

Auf die Frage, in welchem Sinn Rußland im 19. Jahrhundert zu Europa gehörte oder nicht gehörte, gibt Theodor von Laue eine vorsichtige Antwort. Sie erklärt zugleich, warum eine gesonderte Behandlung des Zarenreiches sich empfahl. Dies, obwohl St. Petersburg in der europäischen Politik jederzeit eine Hauptrolle spielte. Rußland, der Leser unseres Kapitels wird sich noch einmal davon überzeugen, war anders; anders in einem tieferen Sinn als selbst die Vereinigten Staaten. Man mag dies Anderssein mit Hilfe des Begriffes der Modernität definieren, von dem eingangs die Rede war. Amerika hatte es leichter als Westeuropa, modern zu werden, es war, seiner Anlage nach, modern von Anfang an; Rußland hatte es ungleich schwerer. Es konnte moderne Schlagkraft, Konkurrenzfähigkeit im Bereiche der Machtpolitik nur als »Dienststaat«, als absolutistischer Staat erwerben; also indem es gerade das von seinen Grenzen fernzuhalten versuchte, was die Quelle von Europas »Modernität« war, den Geist des Liberalismus. Die Spannungen, welche dies tief widerspruchsvolle Unternehmen hervorrief, soziale, geistige, politische Spannungen, Versuche, sie zu lösen, Versuche, sie zu unterdrücken, Reformen, Kompromisse, Rückschläge – sie sind russische Geschichte im 19. Jahrhundert. Von Laue hält die Sache des russischen Liberalismus für eine von vornherein wenig aussichtsreiche; eine Ansicht der Dinge, von der es nicht weit zu dem Schlusse ist, das Ende, Lenins Revolution, sei historisch stimmig und nicht durch den einen Mann hereingezwungen gewesen. Es gibt andere Auffassungen, zumal unter russischen Liberalen selber; der greise Kerenskij etwa, der im Moment, in dem dies niedergeschrieben wird, noch lebt und wirkt, würde an Laues Darstellung wenig Freude haben. Wir stehen hier vor Interpretationsfragen, die bündig beweisbare Lösungen nicht zulassen. Immerhin sei darauf hingewiesen, daß der Schweizer Historiker Valentin Gitermann, dessen Geschichte der Russischen Revolution ein Kernstück unseres nächsten Bandes bilden wird, im wesentlichen die Ansicht von Laues teilt; wie denn die Schriftsteller, die glauben, Rußland sei zu Beginn unseres Jahrhunderts auf gutem Weg gewesen, ein liberal-demokratischer Staat zu werden wie die anderen und nur von Lenin daran gehindert worden, heute entschieden in der Minderheit sein dürften.

An die Darstellung des russischen Sonderfalls schließt Herschel Webbs Japan-Kapitel passend sich an. Auch hier die Notwendigkeit, sich modern zu machen, der Entwicklung des Westens sich anzupassen; ohne daß freilich eine langwierige Symbiose mit Europa, eine Existenz in Europa und am Rande Europas vorhergegangen wäre. Es ist ein ungleich äußerlicher, gezwungenerer – und geglückterer Prozeß. Von den Schicksalen Chinas in dieser Epoche wird anderswo die Rede sein. Die Modernisierung Japans, tief erstaunlich an sich selbst, stellt zu offenbar eine Parallele zu etwas früheren Vorgängen in Rußland, Westeuropa und Amerika dar, gehört zu offenbar in den Zusammenhang des Sich-in-Form-Bringens der europäisch-amerikanischen Staatenwelt für die großen Aufgaben der Zukunft, als daß sie in unserem Bande hätte übergangen werden dürfen.

Zu Beginn des Jahrhunderts erschien in Deutschland eine Weltgeschichte – Herausgeber Hans F. Helmolt –, die den Stoff nach »ethnogeographischen Gesichtspunkten« anordnete. So viele Völkerkreise, so viele Bände; einer über Amerika, einer über Ozeanien und Ostasien, einer über Westasien und Afrika und so fort, jeweils vom Anbeginn bis zur Gegenwart. Der große Max Weber hat sich über diesen Plan, der die Schlacht von Marathon und eine Prügelei zwischen zwei Kaffern- oder Indianerstämmen gleich werte, lustig gemacht: »Der Gedanke einer Art von ›sozialpolitischer Gerechtigkeit‹, der die so schnöde vernachlässigten Indianer- und Kaffernstämme in der Geschichte gern – endlich, endlich! –, doch mindestens ebenso wichtig nehmen möchte wie etwa die Athener, und der, um diese Gerechtigkeit auch recht deutlich zu markieren, zu einer geographischen Stoffanordnung greift, ist eben kindlich.« Der Platz, welchen das Kapitel »Afrika vor dem Kommen der Europäer« in unserem Bande einnimmt, rechtfertigt sich durch den genau entgegengesetzten Gedanken: erst dann werden die inneren Regionen des ehemals dunklen Kontinents dem Leser vorgestellt, wenn die Europäer Afrika zu erforschen und unter sich aufzuteilen im Begriff sind. Unbestreitbar bedeutet diese Methode einen Rückfall in die alte Europazentrik, von der wir uns befreien wollten. Ja, man könnte hier an den alten Herodot denken, der die Geschichte seiner mediterranen Welt nach den Reisen anordnet, die er gemacht hat; die Europäer beginnen Innerafrika zu bereisen, und nun erst wird erzählt, was für ein Kontinent das ist ... Kaum brauchen wir zu sagen, daß wir beim Worte einer so subjektiv-europäischen Logik nicht ernsthaft genommen werden wollen. Das ägyptische, das hellenistische, das römische, das christliche, das mohammedanische Afrika, sie alle werden in früheren Bänden behandelt. Hier handelt es sich, in erster Linie, um ein Afrika, das man, mit aller gebührenden Vorsicht, vor dem Kommen der Europäer als noch nicht vom großen Gang der Weltgeschichte ergriffen bezeichnen darf. Was das war, worauf der neue

Imperialismus sich stürzte, was binnen fünfzehn Jahren zwischen den europäischen Staaten aufgeteilt wurde, sollte in großen Zügen dargestellt werden. Gestehen wir, daß auch ein künstlerischer Gesichtspunkt im Spiele war. Es erschien wünschbar, in die Einheit unseres fast ausschließlich mit der modernen europäisch-amerikanischen Welt sich befassenden Bandes eine ganz andere Farbe zu bringen, das Exotische, Primitive noch einmal aufleuchten zu lassen, ehe es von den auflösenden Kräften der Zivilisation erfaßt wird. Der Beitrag von Pierre Bertaux, ehemaligem Senator des Sudan, einem Kenner und Liebhaber Afrikas, gibt uns diese erwünschte Farbe.

Von den Bestrebungen, alten und neuen, das Verhältnis der Mächte zueinander unter rationale Regeln zu bringen, handelt ein Klassiker des Völkerrechts, Alfred Verdross. Der Geist einer Zeit kann auf keinen einzigen Nenner gebracht werden. Wenn das 19. Jahrhundert mit einer Apotheose der Macht endet, die durch nichts anderes als ebenbürtige Macht sich begrenzen läßt, so endet es auch mit der Ersten Haager Friedenskonferenz, so wird es auch durch die Pariser Seekriegs-Ordnung von 1856, durch die Gründung des Roten Kreuzes, durch die großen Schiedsgerichtssprüche zwischen England und den Vereinigten Staaten charakterisiert. Irgendwo in der Geschichte der modernen Zeit galt es, das Völkerrecht sowohl nach seiner historischen Herkunft wie nach seiner ausgearbeiteten Systematik darzustellen, so wie es war, bevor es in die Mühle der Revolutionen des 20. Jahrhunderts geriet. Das 19. Jahrhundert brachte die Vollendung des *Jus Publicum Europaeum* zugleich mit den Anfängen seiner Enteuropäisierung, seiner Expansion ins Weltweite.

Es wurde schon daran erinnert, daß Jahrhunderte keine echten historischen Einheiten sind. Praktische Motive, nicht innere Notwendigkeit, ließen uns eine Zweiteilung der Zeit zwischen 1870 und 1914 vornehmen, so, daß die Geschehnisse des beginnenden 20. Jahrhunderts im folgenden Bande betrachtet werden. Wenn aber schon geteilt werden mußte, meint Geoffrey Barraclough, Autor des Kapitels »Das europäische Gleichgewicht und der neue Imperialismus«, so eignen die Jahre 1898 bis 1900 sich in der Tat besser als andere für den Trennungsschnitt. Der spanisch-amerikanische Krieg meldet mit einem Schlag das Auftreten der Vereinigten Staaten als Weltmacht an; der Burenkrieg bedeutet eine schwere Krise des englischen Imperialismus; mit dem Boxeraufstand setzt die Reaktion Asiens gegen den Herrschaftsanspruch der Weißen im Ernste ein. Wichtiger: mit der Aufteilung Afrikas und Ozeaniens, der Fixierung von »Einflußzonen« in China hat die europäische Expansion ihren Höhepunkt erreicht, von nun an liegt das Schwergewicht der europäischen Politik wieder in Europa selber, die Machtkonkurrenz der Staaten wird eine direktere, nicht mehr auf dem Umweg eines Wettstrebens nach Kolonien sich vollziehende, 1914 beginnt, sich vorzubereiten.

Professor Barraclough, ein Gelehrter, dessen Interessengebiet vom deutschen Mittelalter bis zur Weltdiplomatie der Gegenwart reicht, hat das Kapitel in universalhistorischem Geist entworfen. Nicht »Ländergeschichte« konnte hier getrieben werden, die Länder, die Staaten Europas sind ja nun auch ungefähr, was sie bis 1914 bleiben, ihr gemeinsames Schicksal wird zum Gegenstand. Schon auf der ersten Seite klingt ein Hauptthema an: wichtig waren gewiß die Folgen des deutsch-französischen Krieges; aber was sind sie, verglichen mit jenen, die aus der Fertigstellung der ersten transkontinentalen Eisenbahn in

Amerika, aus der Modernisierung Japans, aus der asiatischen Expansion und Kolonisation Rußlands sich ergaben? Was sind sie, verglichen mit den Schöpfungen der neuen Technologie, der neuen, zu riesenhaften Kombinationen sich verdichtenden Ökonomie? Wohl tauchen uns vertraute Figuren noch einmal flüchtig auf, Bismarck, Disraeli, Gladstone und andere. Aber nicht sie sind es, die den Historiker vor allem interessieren, sie kommandieren nicht mehr, »machen« nicht mehr Geschichte wie ehedem. Die langen, mächtigen Stimmungswellen interessieren ihn, die nun über die westliche Welt schlagen, die Wellen des Imperialismus, des Protektionismus, einer neuen, auf neue Wählermassen sich richtenden Demagogie. Merkwürdig, eigentlich dialektisch wird dabei das letzte große Ausbreitungsabenteuer Europas gesehen. Wohl erreicht Europa erst um 1900 den Höhepunkt seiner äußeren Macht, bedecken damals seine Farben die Weltkarte wie nie zuvor. Trotzdem, betont Barraclough, die Zeit arbeitet gegen Europa; während es sich noch riesige Territorien aus Afrika und Asien schneidet, ist es schon im Begriff, von neuen Mächten eingeholt und überflügelt zu werden; hinter einer »Weltpolitik«, die zunächst noch nichts anderes ist als europäische Politik, erscheint bereits Weltpolitik im wahren Sinn des Wortes, geführt von Souveränitäten, deren Schwerpunkte außerhalb Europas liegen. Besonders die unruhige Außenpolitik des Deutschen Reiches seit Bismarcks Fall versteht Barraclough im Lichte dieser »Zeitgrenze«; was deutsche Macht jetzt nicht gewinnt, wird sie später nicht mehr gewinnen können. Warum aber überhaupt Machtstreben im neuen »weltpolitischen« Stil, warum Imperialismus? Geoffrey Barraclough zeigt sich beim Umgange mit Ursachen von preisenswerter Vorsicht. Wohl weiß er von wirtschaftlichen Depressionen, von vorübergehenden Marktschrumpfungen, die zur imperialen Sicherung von Märkten und Rohstoffquellen einladen. Er weiß aber auch von den Neigungen der Massenseele und den schlimmen Künsten derer, die auf ihr spielen, vom »Zeitalter der Phrasendrescher«, wie er es nennt, von Furcht, verborgen hinter Prahlerei und Pomp, vom irrationalen Wesen der Machtpolitik. Sogar hat dies Irrationale zum Gegenstand eines theoretischen Kultes werden können; davon wird im nächsten Band die Rede sein.

Ein »letztes Wort« fehlt. Wir konnten dem 19. Jahrhundert weder ein glückliches Ende noch überhaupt ein Ende andichten – der seinerzeit sogenannten »Fin de Siècle«-Stimmung ungeachtet. Die historische Zeit setzt sich zusammen aus unzählbar vielen Perspektiven, jedes Lebensalter trägt seine eigene mit sich. Gegen Ende des Jahrhunderts sind noch viele da und tätig, die schon um 1870 da waren, und sie werden ihre Erinnerungen und Stimmungen bis tief ins 20. Jahrhundert tragen; und andererseits ist Jugend da und schon tätig, welche die Höhe ihres Lebens in den dreißiger oder vierziger Jahren erreichen wird. Die ephemeren Aufregungen, Zank und Drohung, von denen die Tagespresse berichtet, und die fortzeugenden Schöpfungen der Wissenschaft, die Pläne der ordenbehängten Strategen und der Revolutionäre in den Literatencafés, die langsam-unaufhaltsamen Umschichtungen der Gesellschaft, die schwankenden Abenteuer des Geistes – sie alle setzten sich über die Jahrhundertschwelle als ein gar nicht Existierendes hinweg. Und so werden die hier behandelten Themen alle weiter gespielt; ohne eine Sekunde Unterbrechung in der darzustellenden Wirklichkeit, mit einer halbjährigen nur gemäß dem Programm des Propyläen-Verlages.

Robert R. Palmer

DER EINFLUSS DER AMERIKANISCHEN REVOLUTION AUF EUROPA

Viele der alten Weltkulturen haben in den letzten zwei Jahrhunderten versucht, sich zu modernisieren; die westeuropäische war die erste, der das gelang. Der die ganze Welt ergreifende Modernisierungsprozeß war keineswegs einheitlich, und die sich daraus ergebenden Spannungen sind der eigentliche Inhalt der Geschichte der Neuzeit. Modern bedeutet nicht immer neu; der Begriff ist umfassender, er vermag eine ganze Lebenshaltung zu kennzeichnen. Er ist nicht ganz einfach zu definieren, denn selbst die allermodernste Gesellschaft besteht aus einer Mischung von alten und neuen Elementen. Einige Merkmale sollen dennoch angedeutet werden: Eine moderne Gesellschaft muß geistig wandlungs- und anpassungsfähig und wissenschaftlichen Erkenntnissen aufgeschlossen sein. Sie muß den Wohlstand heben, das Wissen erweitern und fruchtbare Ideen hervorbringen. Jedem einzelnen, gleich welcher Abstammung, muß es zur Pflicht werden, seine Fähigkeiten voll zu entfalten. Es darf keine sozialen Schranken geben, weil eine Gesellschaft sich schneller modernisiert, wenn jedermann seine Beschäftigungsart frei wählen kann und wenn es keine Vorurteile gegenüber neuen oder fremden Berufen gibt. Alle müssen außerdem das Gefühl haben, daß sie gleichberechtigt am Staat als Ganzem teilhaben und nicht nur zu einer bestimmten Klasse, Gruppe oder örtlichen Gemeinschaft gehören. Sie müssen überzeugt sein, daß die Regierung ihre Regierung und daß sie zu ihrem Nutzen da sei und daß die Regierung ihre Berechtigung allein aus ihrem Votum erhalte. Eine moderne Gesellschaft erhebt keinen Anspruch auf göttliche Sanktionierung ihrer einzelnen Einrichtungen. Religiöse Gesetze und religiöse Autoritäten haben keinerlei säkulare Zwangsrechte; Anhänger verschiedener Religionen werden als Glieder der Gemeinschaft akzeptiert. Modern sein bedeutet, der Tradition gegenüber einen kritischen Standpunkt einnehmen, jegliche Routine brechen, gegen Gewohnheiten angehen, die ihre Berechtigung allein aus sich selbst ziehen; es bedeutet frei sein von überlieferten Beschränkungen oder, solange das weder möglich noch wünschenswert ist, den Willen haben, das Überlieferte sinnvoll zu verändern, zu erweitern, damit zu experimentieren und für die Gegenwart fruchtbar zu machen.

Die westliche Welt hat sich zwar jahrhundertelang in dieser Richtung entwickelt, ist aber über keimhafte Anfangsstadien lange nicht hinausgelangt. Die Geburt der modernen westlichen Gesellschaft mit allen ihren Qualen, ihren Hoffnungen, ihren Kämpfen und ihren Träumen ereignete sich erst in der großen revolutionären Ära am Übergang des 18. in das 19. Jahrhundert. Die wichtigste Einzelerhebung war die Französische Revolution von 1789, weil Frankreich damals in vieler Hinsicht das führende Land war. Die Umformung fand in verschiedenen Graden und in verschiedener Weise, durch tatsächliche oder versuchte Revolutionen, durch Agitation und ihre Unterdrückung, durch Regierungsprogramme oder durch direktes Eingreifen der französischen Revolutionsarmeen statt, und zwar in dem Gebiet von Irland bis Polen, von Schweden bis Neapel. Aber zur westlichen Kultur gehörten auch die beiden Amerika. Das Halbjahrhundert der Revolution begann mit der Unabhängigkeitserklärung der Vereinigten Staaten im Jahre 1776 und endete fünfzig Jahre später mit der Unabhängigkeit der spanisch-amerikanischen Republiken und des brasilianischen Kaiserreichs.

Die amerikanische Revolution – gemeint ist die Revolution im britischen Amerika, aus der die Vereinigten Staaten hervorgingen – war an sich nur ein bescheidenes Ereignis. Als die Amerikaner von England unabhängig wurden, übernahmen sie sehr viel aus ihrer eigenen kolonialen und britischen Vergangenheit. Gewiß, es gab Veränderungen, die Regierungsform wurde demokratisiert, und die Klassenstruktur lockerte sich, das nationale Selbstbewußtsein und die Zukunftserwartung hoben sich, aber die Gesellschaft wurde nicht wie in Frankreich nach 1789 oder in Rußland nach 1917 erschüttert. Dennoch bedeutete die amerikanische Revolution für die westliche und schließlich für die ganze Welt ein wahrhaft revolutionäres Ereignis. Wir wollen in unserem Kapitel zeigen, wie sie die Revolutionsära der modernen Geschichte eröffnet hat.

Manche Wirkungen der amerikanischen Unabhängigkeit waren ungewollt oder automatisch. Die französische Intervention im amerikanischen Krieg – sie kostete zwei Milliarden Francs – trieb die Bourbonenmonarchie in den Bankrott, der sechs Jahre nach Friedensschluß die Französische Revolution auslöste. Der gleiche Krieg erfaßte auch die Holländer und führte zu der verfehlten Erhebung der »Patrioten« in Holland in den achtziger Jahren des 18. Jahrhunderts. Der Verlust der amerikanischen Kolonien zwang die britische Regierung, dem Parlament von Irland Konzessionen zu machen. Einige Jahrzehnte später schloß die Unabhängigkeit der Vereinigten Staaten und Latein-Amerikas allen Ländern weite Gebiete für Handel und Industrie auf. Indem es die britischen, spanischen und portugiesischen Kolonialsysteme abschüttelte, wurde Amerika, wie Thomas Paine 1776 sagte, in einem gewissen Sinn die Kolonie von ganz Europa. Das hat eine ungeheure transatlantische Auswanderung ermöglicht und eine gewaltige Anlage europäischen Kapitals in beiden Amerika. Die Zeit bis 1914 war durch diese der westlichen Welt neue Größe verleihende Bewegung charakterisiert.

Andere Auswirkungen waren geistiger und gefühlsmäßiger Art. Die Erregung über die amerikanische Revolution war von Land zu Land verschieden stark, aber Spuren davon lassen sich überall finden. In Rußland begrüßte Aleksandr Radischtschew in seiner »Ode an die Freiheit« von 1782 Amerika als Vorbild. Die Freimaurer in Budapest nannten damals ihre Rote Loge auch Amerikanische Loge. In Finnland führten Verschwörer gegen den schwedischen König den Namen Washington im Munde. In Polen stand im Arbeitszimmer

Die Vereinigten Staaten von Amerika
Huldigungsblatt auf die von den dreizehn Neuengland-Staaten
angenommene Verfassung vom 17. September 1787
Kupferstich von Amos Doolittle. Providence / R. I., John Carter Brown Library

Thomas Jefferson
Kupferstich von Fevret de Saint-Mémin, 1805
Washington, Library of Congress

des Königs Stanislaus, der sich mit der Mai-Konstitution von 1791 beschäftigte, eine Büste Washingtons, und in der Toskana benutzte Großherzog Leopold ein Exemplar der Verfassung von Virginia, als er selbst eine Verfassung für sein Großherzogtum entwarf. Benjamin Franklins »Ratschläge für Personen, die nach Amerika auswandern wollen«, geschrieben im Jahre 1784, wurden unmittelbar darauf in die italienische, deutsche und französische Sprache übersetzt. In Spanien wie in Lateinamerika gab es weniger unmittelbare Auswirkungen, weil der Religionsunterschied und die Politik der Mutterländer das britische und lateinische Amerika in einem Zustand gegenseitiger Unkenntnis gehalten hatten. Dennoch reiste der Venezueler Miranda, den Gedanken der Unabhängigkeit seines eigenen Landes bereits im Kopf, 1783 in die Vereinigten Staaten. Im Jahre 1787 führte ein Brasilianer in Frankreich Gespräche mit Thomas Jefferson in der Hoffnung, die Vereinigten Staaten würden eine in Brasilien geplante Rebellion unterstützen. Als die holländischen Bürger in Kapstadt die Neuigkeit von durchfahrenden Schiffen erfuhren, ersuchten sie Amsterdam im Jahre 1777 um bestimmte Reformen. Auf den Komoren zwischen dem afrikanischen Festland und Madagaskar lehnten sich die Bewohner gegen ihre arabischen Herren auf, und als ein europäischer Schiffskapitän sie nach ihren Sorgen befragte, sollen sie geantwortet haben: »Amerika ist frei. Warum sollen wir es nicht auch sein?« So wirkte das amerikanische Beispiel bereits in die nichteuropäische Welt.

In Großbritannien erreichte die Forderung nach einer Parlamentsreform ihren Höhepunkt in den Jahren 1780 bis 1785. Sie fand ihren Ausdruck in öffentlichen Versammlungen und in der Bildung von Vereinen; während dieser Zeit schlug die Unzufriedenheit in Irland und Holland noch höhere Wellen, dort bildeten sich bewaffnete, ja sogar uniformierte Verbände, Patrioten begannen mit militärischer Ausbildung und politischer Schulung und verfaßten Petitionen. Alle diese Bewegungen erhielten einen gewissen Antrieb von der amerikanischen Revolution. In diesen Ländern konnten die Unzufriedenen aber wenigstens ihre eigene Sache in die Hand nehmen, während in Frankreich und Deutschland – obwohl dort von der amerikanischen Revolution genaueres bekannt war – keine derartigen Organisationen oder Aktionen möglich waren. Ebensowenig konnte man unter den Zensurverhältnissen irgendwelche Kritik an der Regierung oder deren Politik wagen. Das hatte zur Folge, daß in Frankreich und Deutschland stärker als in anderen Ländern eine Art Aktivitätsersatz in Erscheinung trat: ein ungeheurer philosophischer und literarischer Enthusiasmus für die amerikanische Revolution, eine Flut von Gedichten, Essays, Diskursen, Traktaten und geschichtlichen Darstellungen, in denen Amerika verherrlicht, die amerikanische Revolution erläutert oder mißverstanden wurde, eine große Welle der Erregung, die eine Zeitlang kein anderes Ventil besaß.

In alldem lag etwas Paradoxes. Als die Vereinigten Staaten unabhängig wurden, waren sie ein geringfügiges Gemeinwesen. Sie hatten wenig Kapital, keine Banken, keine Universitäten von Weltrang, keine großen Städte, kein nennenswertes Straßennetz wie Westeuropa. Der Krieg gegen England war mit Geld und Munition der Franzosen und Holländer gewonnen worden. Mit drei Millionen Einwohnern waren die Vereinigten Staaten nur halb so volkreich wie Irland, und ihre freie weiße Bevölkerung übertraf nicht wesentlich die der Bretagne oder der holländischen Republik. New York war etwa so groß wie Genf;

Philadelphia, die größte Stadt, hatte rund dreißigtausend Einwohner. Die Bevölkerung war nicht nur vorwiegend ländlich, die Städte waren obendrein so weit voneinander entfernt, daß es amerikanische Farmer gab, die kaum jemals eine Stadt sahen. Nicht ohne Grund stellten sich die Europäer Amerika als Wildnis vor, als ein Land im Naturzustand, unverdorben durch Probleme und Verpflichtungen der Zivilisation. Schon John Locke hatte geschrieben: »Im Anbeginn war die ganze Welt Amerika.«

Andererseits war Amerika sozusagen von Geburt an »modern«, wie mehr als ein Beobachter bemerkt hat. Madame de Staël nannte es die »Vorhut des Menschengeschlechts«. Es repräsentierte die Zukunft, und von der amerikanischen Revolution bis zu Tocqueville (und zahlreichen anderen) haben europäische Reisende Amerika in der Hoffnung besucht, dort einen Blick in die Zukunft Europas, ja der ganzen Welt zu tun.

Land einer primitiveren Vergangenheit oder Symbol kommender Zeiten bedeutete gefühlsmäßig im Grunde das gleiche. Amerika war nicht das Land der europäischen Gegenwart. Es gehörte zwar offensichtlich zur europäischen Kultur, aber es war Europa mit einem Unterschied, nämlich Europa ohne das alte Regime. Könige hatten in Amerika niemals viel gegolten. Lords, Adlige, Grundherren, Gilden, Zünfte, gesetzlich privilegierte Klassen, erbliche Behörden, hierarchische und korporative Einrichtungen, soziale Ordnungen und Stände, Prälaten, Bischöfe, geistliche Orden, die als Teil der öffentlichen Autorität oder als erster Stand in der Gesellschaft wirkten, sie alle waren entweder gänzlich unbekannt oder bekannt höchstens als schwache Spiegelbilder ihrer Gegenstücke in Europa. Ihre Reise über den Atlantik brachte ihnen in der Regel wenig Erfolg. Daher war Amerika frei von manchen Konflikten, von bitteren Erinnerungen und alten Feindseligkeiten in Europa. Als Goethe 1827 hörte, es gebe in Amerika keinen Basalt, schrieb er:

Amerika, du hast es besser
Als unser Kontinent, das alte,
Hast keine verfallene Schlösser
Und keine Basalte.
Dich stört nicht im Innern
Zu lebendiger Zeit
Unnützes Erinnern
Und vergeblicher Streit.

Das Fehlen eines alten Regimes war für Amerika ein Gewohnheitszustand. Für Europa aber war die Befreiung vom alten Regime der eigentliche Kern der Revolution.

Drei Ideen lassen sich in dem geistigen Aufruhr unterscheiden, den die amerikanische Revolution hervorrief. Zuerst das Gefühl eines neuen Zeitalters, die gesteigerte Erwartung eines Umschwungs, dann eine Entfremdung von der europäischen Gesellschaft, eine Ablehnung der bestehenden Ordnung. Und schließlich der Glaube, Europa könne von den Vereinigten Staaten ganz bestimmte Lektionen über Gesetzgebung und Regierungsform erhalten. Alle diese Ideen hatten ihren Ursprung in Europa, in den Lebensbedingungen der europäischen Gesellschaft und im Denken der Aufklärung. Die Ereignisse in Amerika brachten sie nur schärfer in das Blickfeld. Amerika war gleichsam ein Bildschirm, auf den Europa seinen eigenen Zustand projizieren konnte, indem es Ideen in Bilder und Gedanken in ein Drama umsetzte. So verhalf die amerikanische Revolution Europa zu einem revolutionären Bewußtsein.

Der Sinn einer neuen Epoche

Die »Boston-Republik«, wie ein königstreuer Lateinamerikaner die Vereinigten Staaten in ihrem Kindheitszustand nannte, erweckte auf vielen Gebieten das Interesse für alles Amerikanische. So veröffentlichte der deutsche Pädagoge Joachim Heinrich Campe ein Kinderbuch über die Entdeckungen des Kolumbus. Es blieb lange Zeit in Deutschland beliebt und wurde vor 1800 in die englische, französische und holländische Sprache übersetzt, später in die spanische, schwedische, dänische und sogar serbokroatische. Die »Geschichte Amerikas« des Schotten William Robertson, 1777 erschienen, war bald in Frankreich, Deutschland, Holland, Spanien und Griechenland als Übersetzung zu haben, und 1784 erschien sie sogar in armenischer Fassung in Triest. Wichtiger war aber das große Werk des französischen Abbé Raynal »Die philosophische Geschichte der europäischen Niederlassung in beiden Indien«, zuerst erschienen 1770 in sechs Bänden. In verschiedenen Neuausgaben, Übersetzungen und gekürzten Fassungen brachte sie es vor 1800 zu nicht weniger als fünfundfünfzig Ausgaben in französischer, englischer, deutscher, holländischer, italienischer und spanischer Sprache. Inhaltlich eine lange Aufzählung aller durch europäische Habgier und durch das Kolonialwesen in die Welt gekommenen Übel, gewöhnte diese Geschichte ihre Leser an ein Denken in weltweitem Maßstab. Raynal selbst war zu alt und zu starrsinnig, um besonderen Enthusiasmus für die amerikanische Revolution zu empfinden, aber viele seiner Leser sahen in der Befreiung der Neuen Welt einen Akt der Wiedergutmachung von kosmischer Bedeutung. Raynals Leserschaft war sehr breit, zu ihr gehörten die Damen in den Pariser Salons wie der schwarze Sklave Toussaint l'Ouverture, der um 1790 die Unabhängigkeit Haïtis durchsetzte.

Überall ließ die amerikanische Revolution einen Glauben oder besser ein Gefühl aufkommen, daß eine neue Ära der Weltgeschichte begonnen habe. Damit war aber nur zum Teil ein besonderes Vertrauen in Vernunft oder Freiheit verknüpft. Eine große Rolle spielte auch die Feindseligkeit gegen England, das von vielen Europäern seit dem Siebenjährigen Krieg für ein modernes Karthago, für den tyrannischen Beherrscher der Meere gehalten wurde. Daß England so bald nach seinem Sieg über die europäischen Rivalen große Teile des Empire durch Rebellion seiner eigenen Untertanen verlor, wurde in Europa mit beträchtlicher Genugtuung begrüßt. Gelegentlich deutete man den Sinn der neuen Epoche auch geopolitisch und neigte dazu, die Weltbegebenheiten in interkontinentalen Begriffen zu sehen. Vor 1770 wußte man in Europa so gut wie nichts von den Angloamerikanern, wie man sie nannte, um sie nicht mit den Lateinamerikanern oder mit eingeborenen Indianern zu verwechseln, für die man das Wort »Amerikaner« hauptsächlich reserviert hatte. Doch gab es bereits unmittelbar nach der amerikanischen Revolution Europäer, die voraussagten, die Vereinigten Staaten würden eines Tages Europa beherrschen. Ein Franzose, ganz unbekannten Namens, trat mit einer Theorie vom zyklischen Verlauf der Weltgeschichte hervor und sagte voraus, die Alte Welt werde von der Neuen unterjocht werden; darauf werde Amerika zu einem noch späteren Zeitpunkt »unter den Händen von Menschen untergehen, die es zu seinem eigenen Unglück entdeckt habe«. Ein anderer Franzose, der bald in der Französischen Revolution berühmt werden sollte, Roland de la Platière, sah eine Zeit kommen, in der das Englische, seit es in Amerika gesprochen wurde, die internationale Sprache werden würde. Gelehrte Gesellschaften stellten als Thema für Preisarbeiten die Frage nach den endgültigen Folgen der Entdeckung Amerikas für Europa. Besonders in Frankreich wurden solche Abhandlungen verfaßt. Eine von ihnen schrieb Henrik Steffens in seiner Jugend auf der Universität Kopenhagen, und in Uppsala erschien ein lateinischer Diskurs über den gleichen Gegenstand. Ein so erfahrener und sachlicher Beobachter wie der venezianische Gesandte am Hofe von Versailles berichtete seiner Regierung über die Unterzeichnung des Friedensvertrages von 1783 und bemerkte, die Amerikaner würden, da sie ja im Besitz der europäischen Künste und Wissenschaften seien, wenn sie nur vereinigt blieben, »die furchtbarste Macht der Welt« werden.

Meist war viel mehr gemeint, wenn von einer neuen Ära die Rede war. Die Aufklärung hatte die Idee vom Fortschritt propagiert, den Glauben also, das menschliche Leben und die menschliche Gesellschaft würden sich mit der Zeit verbessern. Die amerikanische Revolution schien nun den Beweis zu erbringen, daß die Zukunft, wie die Philosophen sie sich vorstellten, begonnen habe.

Für Christian Dohm, der 1776 in Wielands »Deutschem Merkur« schrieb, lag die Bedeutung der Ereignisse in Amerika darin, daß der Bruch des britischen Handelsmonopols in Amerika Handel und Industrie von ganz Europa anregen werde. Auf die Dauer gesehen, war dies eine richtige Voraussage. Aber sogar dem praktischen Dohm wollte es schließlich scheinen, daß ein amerikanischer Sieg »der Aufklärung größere Weite, der Denkart der Völker neue Kühnheit, neues Leben dem Freiheitsgeist geben« werde.

Was die Aufklärung kennzeichnete, war vor allem ein großes Vertrauen in die menschlichen Kräfte, der Glaube an die Güte der menschlichen Natur, die Überzeugung, daß das Böse leicht zu korrigieren sei, weil es hauptsächlich auf Unwissenheit und Vorurteilen beruhe, mit denen Vernunft, Erziehung und guter Wille schon fertig werden würden. Es herrschte gefühlsmäßig die Meinung, man habe die Wahrheit über den Menschen, über die Gesellschaft und das Universum entdeckt und das 18. Jahrhundert sei daher das wunderbarste und verheißungsvollste Jahrhundert in der Geschichte der Menschheit. Die amerikanische Revolution verstärkte diese Gefühle. Für viele war es eine Genugtuung, daß in der Ferne Menschen unter günstigen Umständen ihre Hoffnungen auf Humanität verwirklichen konnten, während es zweifelhaft war, daß dies den Europäern ebenfalls gelingen werde. Für die Optimisten waren die Amerikaner nur ein Vortrupp, dem andere folgen würden. Gerade weil sie unter einfachen Verhältnissen in einer Art Naturzustand lebten, unverdorben durch die europäische Vergangenheit, konnten sie von ihrem Verstand freien Gebrauch machen und die Grundwahrheiten über Leben und Gesellschaft begreifen, die der Europäer nur auf dem Umweg über den Intellekt und nach weiterer Ausbreitung der Aufklärung allmählich verstehen konnte. So dachten Condorcet und viele andere in Frankreich. Ein Rechtsanwalt in Toulouse, der später im Konvent sitzen und für den Tod Ludwigs XVI. stimmen sollte, schrieb: »Bald wird es nichts mehr geben, was der Mensch nicht erreichen könnte.« Der ältere Lacretelle, ein französischer Enthusiast, beneidete alle, die das Ende des glorreichen 18. Jahrhunderts erleben würden, von dessen

Wundern die amerikanische Revolution nur ein Anfang sei. Der Deutsche Isaac von Gerning begrüßte in seinem Gedicht »Das achtzehnte Jahrhundert« die neue Epoche:

Und der Mensch war wieder nun Mensch: der Edlen
Viele pflanzten emsig den Kern der Wahrheit,
Fern an Philadelphias Ufer glühte
Milderes Frühroth.

Welch ein großer schreitender Tag, Jahrhundert,
Warst du, dort vom Nordengestirne Peters
Bis zu jenem Himmel der Abendwelt, wo
Washington glänzte!

Her von Franklins Küsten entschlüpft ein warmer
Hauch der Freiheit; faßte der Seine Fluren
Höher schlug die Menschliche Brust, ihr Wunsch sah
Tage des Glücks blühn.

Der Baseler Staatsgelehrte Isaac Iselin, dem poetische und gefühlvolle Ergüsse gewiß nicht lagen, glaubte, daß sich in Nordamerika »Verstand und Humanität schneller entwickeln würden als irgendwo anders«.

Es gab natürlich auch andere Meinungen. Konservativere Ansichten über die amerikanische Revolution wurden laut, denn kein Jahrhundert, auch nicht das der Aufklärung, zeigt ständig gleiche Meinungen. Die Engländer, mit Ausnahmen wie Richard Price, sahen keine neue Ära in Amerika, sie sahen nur eine Revolte gegen Parlament und Königtum oder höchstens einen Streit unter britischen Untertanen über Gesetzes- und Verfassungsfragen. Ähnliche Ansichten waren auch in Deutschland geläufig, besonders in Hannover, wo der britische Einfluß stark war. Viele Zeitungsschreiber in dieser Zeit des schnell wachsenden Journalismus in Deutschland zogen es vor, eine gewissenhafte Schilderung der amerikanischen Revolution zu geben, die Argumente beider Seiten darzulegen und die Ereignisse aus realen historischen Ursachen zu erklären, aber der Philosophie des Naturrechts oder den durch die Revolution aufgeworfenen Rechtsfragen wenig Aufmerksamkeit zu schenken. In Deutschland herrschte, im ganzen gesehen, in einfachen Kreisen mehr Begeisterung für die Amerikaner als in gelehrten. In Frankreich ging die Idealisierung der amerikanischen Revolution am weitesten, aber selbst dort gab es Skeptiker, welche die extremen Anhänger Amerikas als Phantasten und Utopisten lächerlich machten. Auch ist zu bemerken, daß die Amerikaner selbst in dem Taumel, den ihre Revolution hervorgerufen hatte, eine gemäßigte Haltung einnahmen. Thomas Jefferson war von 1784 bis 1789 amerikanischer Gesandter in Paris. Er war einer der eigentlichen Schöpfer der Unabhängigkeitserklärung und wurde in Amerika als fortschrittlicher Demokrat angesehen. Während er in Frankreich lebte, sah er dort weder eine Revolution voraus, noch wünschte er sie, bis sie sich plötzlich ereignete. Er glaubte, Frankreich unterscheide sich viel zu sehr von Amerika, um es praktisch irgendwie nachahmen zu können, ja, er meinte sogar, wenigstens bis zum Mai 1789, daß die Franzosen gerade die Formen der britischen Verfassung, insbesondere der Monarchie und des erblichen Oberhauses übernehmen sollten, die er selber grundsätzlich verachtete und in Amerika keinen Augenblick lang geduldet hätte.

Daß man die amerikanische Revolution nicht in ihrer Heimat, sondern erst in Europa für ein universales Ereignis hielt, zeigt der Fall St. John de Crèvecœur. Er war ein Franzose, der nach Amerika ausgewandert war und dort über zwanzig Jahre gelebt hatte. Er wurde amerikanisiert und schrieb in englischer Sprache ein Buch mit dem Titel »Briefe eines amerikanischen Farmers«. Dieses Buch ist in Amerika klassisch geblieben, denn es ist ein Werk mit tiefen Einsichten in die Eigentümlichkeiten des amerikanischen Lebens, in die besondere Art von Freiheit und Gleichheit, deren sich die Amerikaner erfreuten, aber es enthält keinen Hinweis, daß Europa in seiner vielschichtigen Struktur das amerikanische Beispiel nachahmen könnte. Er verteidigte nicht einmal die amerikanische Revolution, während der er unter der Gewalttätigkeit beider Seiten zu leiden hatte; er kehrte sogar im Jahre 1780 als Flüchtling nach Frankreich zurück. Hier schloß er sich einem literarischen Klub an, dem Lacretelle, Saint-Lambert und die Gräfin d'Houdetot angehörten. Man drängte ihn, sein Buch ins Französische zu übersetzen, aber er wehrte sich dagegen, weil er seine Muttersprache zum Teil verlernt hatte. Tatsächlich schrieben seine Freunde das Buch für ihn neu. Diese französische Fassung von 1784, die sich vom englischen Original stark unterscheidet, wurde bald ins Deutsche übersetzt. Was war dazugekommen? Wie unterschied sich das europäische Buch von dem amerikanischen? Es war umfangreicher, idyllischer, delikater im Gefühlsmäßigen und im Ton allgemeiner gehalten. Es erweiterte jedes Urteil über Amerika so, daß die europäische Gesellschaft dagegengehalten unerträglich erschien, ohne Rücksicht darauf, ob die Urteile nun wahr, falsch oder übertrieben waren. »Die Europäer, erschöpft und gequält durch die gewaltigen Unterschiede zwischen arm und reich, durch die Primogenitur, durch die Hierarchien, durch grausame Beschränkungen, welche die Bürger voneinander fernhalten, durch sich widersprechende Gesetze, durch verwirrende Jurisdiktionen, durch die Menge der Vorurteile...«, diese Europäer werden »besonders beeindruckt« sein von den weisen und einfachen Grundsätzen, durch welche die Menschen in Amerika untereinander und mit ihrer Regierung verbunden sind. Französische Gönner bestimmten Crèvecœur dazu, im Namen der Amerikaner einen Appell an die Welt zu richten: »Wenn wir auch die Letztgeborenen sind, so ist gerade unser Volk dazu ausersehen, der Menschheit die tröstliche Revolution zu schenken.«

Die Abkehr von der Alten Ordnung

Das revolutionäre Bewußtsein, das gegen Ende des 18. Jahrhunderts sich in Frankreich und dem größten Teil von Westeuropa Bahn brach, mußte, um wirksam zu sein, eine neue Ära, eine bessere Zukunft propagieren. Entsprechend mußte es stark genug sein, die bestehende soziale Ordnung abzulehnen, zu bekämpfen oder sich von ihr zu isolieren. Eine solche Entfremdung war in Frankreich und anderswo bereits sichtbar geworden, wenigstens seit der Mitte des Jahrhunderts, als Rousseau mit seinen beiden berühmten »Diskursen« eine Sensation hervorgerufen hatte. Ein Außenseiter für die elegante Welt, fasziniert von ihr, aber von ihr zurückgestoßen, niemals mit ihr im reinen und sie niemals in seinem Innersten anerkennend, hatte Rousseau sich danach gesehnt, allem zu entgehen, was er als Anmaßung, als Intellektualismus und als Künsteleien empfand. Er hatte sich in Sehnsucht verzehrt nach einer Welt, die ihn in seiner Bedeutung zu würdigen verstand, nach einer Welt, in der alle Freundschaft echt, alle Gefühle ungezwungen waren und alle guten Menschen sich gegenseitig achteten. Er idealisierte die Natur, wünschte aber nicht, zu einem Urzustand zurückzukehren, sondern wollte die Zivilisation gleichsam natürlicher machen. Er idealisierte die Republik Genf, ohne sie – obwohl einer ihrer Bürger – eigentlich zu kennen. Er glaubte, ihre Einwohner besäßen einen echten Bürgersinn, das Gefühl gegenseitiger Solidarität und einen berechtigten Selbstrespekt, den er in der verfeinerten Gesellschaft Frankreichs vermißte. Wäre Rousseau dreißig Jahre jünger gewesen, er hätte Amerika idealisiert.

Die ersten Jahre der amerikanischen Republik fielen in Europa mit einer Zeit zusammen, in der man den Glauben an die bestehenden gesellschaftlichen Normen zu verlieren begann. Selbst Marie Antoinette versuchte, in Versailles die Etikette zu mildern, und baute sich ein kleines Dorf auf dem Schloßgrund, und viele ihrer Höflinge fanden, wie der junge Graf de Ségur es ausdrückte, die Gleichheit bequem. Ségur war während des Unabhängigkeitskrieges in Amerika gewesen, aber seine egalitären Gefühle stammten nicht nur von dort. Andere, wie der Schwede Axel von Fersen, der ebenfalls mit dem französischen Heer in Amerika gewesen war, kehrten mit der alten aristokratischen Voreingenommenheit zurück. Das Unbehagen über das Wesen der europäischen Gesellschaft entsprang europäischen Bedingungen (die einen empfanden es tief, andere überhaupt nicht). Jene, die etwas fühlten, empfanden es noch tiefer angesichts des amerikanischen Beispiels, und eben dies Beispiel mag auch die Zahl der Protestierenden erhöht haben. Denn es ist ja ein Unterschied, ob Ideen nur im Reich des Abstrakten, in der Welt der Bücher existieren, oder ob sie in die Welt der Wirklichkeit eintreten und zur Lebensbasis wirklicher Menschen werden. Bedenklich muß es für jede gesellschaftliche Ordnung sein, zerstörend für die Loyalität, auf der sie beruht, wenn eine große Zahl von Menschen sich geistig ein für allemal für ein anderes Land entschieden hat, das, wie sie meinen, von den Schwächen und Sünden ihres eigenen frei ist und wo sie ihre tiefsten Sehnsüchte erfüllt glauben.

Eine solche Entfremdung zeigte sich in verschiedenen sozialen Schichten, zumal in Frankreich. Die Gräfin d'Houdetot, Crèvecœurs aristokratische Gönnerin, gestand einmal Benjamin Franklin, falls sie noch einmal geboren werde, wünsche sie in der Schweiz oder in den Vereinigten Staaten das Licht der Welt zu erblicken. Die bürgerliche Madame Roland, die ihrem Mann, wenn er in Staatsgeschäften abwesend war, lange Briefe schrieb und ihm meist von Dienstboten, Kindern, Essen und nachbarlichen Besuchen, Lektüren und ihrem Gesundheitszustand erzählte, empörte sich einmal über die Schwierigkeiten, die ihr Mann mit einigen Kollegen hatte. Sie war außer sich, daß ein »tugendhafter Mann« sich mit so niedrigen Kreaturen abgeben müsse. Sie verabscheue die französische Regierung und wünsche sich, sie könnten beide in die Wildnis von Pennsylvanien fliehen. Weder die d'Houdetot noch die Roland hatten ernstliche Absichten, Frankreich zu verlassen. Aber ihr Unbehagen über die französischen Lebensumstände wuchs mit den Träumen von Amerika.

Einige gekrönte Häupter Europas, besonders Ludwig XVI. und Friedrich II. von Preußen, begünstigten aus Abneigung gegen England die amerikanischen Rebellen und hielten es für ungefährlich, wenn sich ihre Untertanen für das republikanische Experiment begeisterten, weil es dreitausend Meilen jenseits des Ozeans stattfand. Auch viele Adlige, besonders in Frankreich, hegten glühende Sympathien für Amerika, wie die Gräfin d'Houdetot, der Marquis de La Fayette oder der Herzog de La Rochefoucauld. Aber die stärkste Anziehungskraft hatte Amerika für das Bürgertum. Dazu kamen in anderen Ländern Kreise, die sich außerhalb des staatlichen Gemeinwesens, das ist der Staatskirche, befanden, wie die Dissenter in England, die Presbyterianer in Irland, die protestantischen und katholischen Minderheiten in der holländischen Republik, deren Religion zwar geduldet wurde, denen aber die Teilnahme an der Regierung oder dem öffentlichen Leben versagt war. Solche Nonkonformisten gehörten meist zum Bürgertum; aber gleichviel, ob das Klasseninteresse oder die Religion der Grund waren, sie wurden in zunehmendem Maße von einem Gefühl des Ausgeschlossenseins und der Mißachtung beherrscht.

Das Bürgertum war in Europa seit dem Mittelalter stetig gewachsen. Im 18. Jahrhundert war es wohlhabend und zahlreich. Es war durchaus keine rein kommerzielle Klasse. Außerhalb Englands und Hollands waren ihm seine Verbindungen mit der Staatsautorität, das Innehaben öffentlicher Ämter, so gut bekommen wie Handel und Industrie. Madame Roland sagte zwar einmal, sie halte Handelsgeschäfte für geschmacklos, weil sie des hohen moralischen Tones entbehrten. Das Bürgertum erstrebte ganz allgemein jede Erweiterung von Handelsbeziehungen, daneben natürlich auch Karrieren im Staatsdienst, im Heer, in der Kirche und in den freien Berufen. Dieser Ehrgeiz fand jedoch rasch seine Grenzen an der europäischen Gesellschaftsordnung, an den Zunftregeln, örtlichen Bestimmungen, Privilegien, an der Rechtsunsicherheit und am Klassenbewußtsein der Aristokratie. Immer mehr glich sich der Bürgerliche dem Adel an, wurde gebildet und pflegte in schönen Häusern seinen Lebensstil. Es war selbstverständlich, daß die Aristokratie nun die noch bleibenden Unterschiede betonte: Geburt, Vorfahren, Familienbeziehungen, Autorität und manche schon in früher Kindheit angelernte, aber schwer definierbare persönliche Standeseigenschaften. Sogar die Rassentheorien des 20. Jahrhunderts lassen sich auf gewisse französische Adlige des 18. Jahrhunderts zurückverfolgen, die von den kriegerischen germanischen Franken abstammen wollten und sich dem gewöhnlichen französischen Volk überlegen fühlten, das nach ihrer Meinung von den weniger begabten Kelten abstammen sollte.

In der zweiten Hälfte des 18. Jahrhunderts geriet das Bürgertum in eine Krise. Sie wurde verschärft durch rasches Wachstum der Bevölkerung: Bürger wie Adlige hatten nun für mehr Söhne passende Stellungen zu finden. Für das Bürgertum wurde das zusehends schwieriger. Während sich der Große Kurfürst noch ohne weiteres mit drei bürgerlichen Generälen an den Mittagstisch gesetzt hatte, gab es in der Armee Friedrichs des Großen keine solchen Generäle mehr. In Frankreich war es nach 1780 für einen Nichtadligen sehr schwierig, ein Offizierspatent zu erwerben oder Bischof zu werden oder gar in das Parlament von Paris einzutreten. Dagegen war der junge Aristokrat in allen Laufbahnen, die beiden Klassen offenstanden, bevorzugt. In Schlesien betrug das Durchschnittsalter der Adligen bei Antritt einer Regierungsstellung siebenundzwanzig, das der Bürgerlichen zweiundvierzig Jahre. In England war das Durchschnittsalter der Edelleute im Parlament zweiunddreißig, das der Bürgerlichen vierzig Jahre. In allen Ländern konnte man sehen, wie junge Leute aus den bevorrechteten Familien Ehrenstellen in frühem Alter bekamen, ja, wie man ihnen wichtige Stellungen in Staat und Kirche übertrug, gleichgültig, ob sie dafür geeignet waren oder nicht. Der Bürger mußte arbeiten, um das zu erreichen, was dem Aristokraten ohne Mühe zufiel. Das erzeugte ein bourgeoises Klassenbewußtsein, ein moralisches Überlegenheitsgefühl gegenüber einer müßigen, überflüssigen und verdienstlosen sozialen Elite und eine Empörung über Nichtachtung oder Unterbewertung des eigenen Standes. Die psychologischen Erfahrungen Rousseaus verbitterten nun das Leben einer großen Zahl von durchaus normalen Männern und Frauen. Ein Klassenbewußtsein entstand, so scharf, daß es der Vorbote gesellschaftlicher Desintegrierung, einer Auflösung der normalen Bande der Gesellschaft zu sein schien. Ein in Frankreich im Januar 1789 veröffentlichtes Pamphlet drückte dies präzise aus. Es betitelte sich »Das letzte Wort des Dritten Standes an den französischen Adel« und formulierte die Dinge so: »Da sie den Dritten Stand durch Verachtung degradieren, schuldet er ihnen nichts.«

Die europäische Reaktion auf die amerikanische Revolution kann man eigentlich nur vor diesem Hintergrund begreifen. Das europäische Bürgertum sah mit tiefer Genugtuung, wie in Amerika niemand sozial bevorrechtet wurde und wie persönliche Tüchtigkeit verdiente Anerkennung fand. Der französische Offizier Barbé-Marbois erzählte, wie er und seine Freunde während des amerikanischen Krieges einen amerikanischen Farmer trafen, dem sie die Begriffe Adel und privilegierte Klassen in Europa zu erklären versuchten. Der Amerikaner konnte damit nichts anfangen, er konnte sich das Leben eines Bauern auf einem Herrengut einfach nicht vorstellen und war äußerst erstaunt, von der Existenz eines Grundherrn zu hören. »Er blieb dabei«, sagt Barbé-Marbois, »daß wir ihm etwas über einen Friedensrichter erzählen wollten. Stand jemand höher auf der Leiter der Gesellschaft, dann mußte es ein Beamteter sein; er kannte nichts anderes.« Ein französischer populärer Schriftsteller, Hilliard d'Auberteuil, dessen zweibändiges Werk über die Vereinigten Staaten ebenfalls in deutscher Sprache erschien und dessen phantastisch-unzuverlässige Schreibereien ihm einen Namen gemacht hatten, erkannte dennoch die solide Grundlage des Bürgertums in Amerika. Es blühte, wie er sagte, nachdem die englische Kontrolle abgeschüttelt war, im milden Klima der Handels- und Industriefreiheit auf, in der so viele Fertigwaren aus Eisen oder Wolle erzeugt werden konnten, wie nur wünschenswert erschien. Vor allem förderte das Regierungssystem die Fähigkeiten der einzelnen, jedes Talent konnte seinem Land auf seine Weise dienen, und Begabung brauchte nicht wie so oft in Europa ein trauriges und nutzloses Gut zu sein. Im französischen Auswärtigen Amt gab es einen bürgerlichen Angestellten namens L. G. Bourdon. Über seine persönlichen Verhältnisse und Schwierigkeiten ist nichts bekannt, aber im Jahr 1786 schrieb er ein Gedicht über Amerika, das er als Zufluchtsort der Tugend ansah. Er sehnte sich nach

einem Asyl, wo unabänderlich die Regel gilt,
sei gut, gerecht und fromm und duldsam;
Wo ohne Ansehn von Geburt und Blut
Gemeinnutz, Anstand, Ehrlichkeit
Die größten Tugenden der Menschen sind...

Das Gedicht strotzt von Gemeinplätzen über die Aufklärung und die Revolution:

An die Philosophie richtet ein ganzes Volk
Sein Gelübde der Vernunft und Menschlichkeit...

oder

Gewissensfreiheit ist ihr tiefster Friede,
Ein Volk von Brüdern sind sie in Amerika.
Seht, wie die Gleichheit, Einigkeit und Milde
In ihrem schönen Land das Glück umfaßt.
Fern von Europa, ohne bittre Knechtschaft,
Sind ihnen Sprach' und Sitten unserer Städte fremd.

Die Amerikaner ziehen keusche Schönheit und schlichte Rede vor, denn

Man sieht die Söhne der Natur in ihnen.

Der Natur nachsinnend, haben die Amerikaner ihre Gesetze geschaffen. – Als Beschreibung der Vereinigten Staaten sind solche Phrasen freilich absurd, man kann sie nicht als politische Erkenntnis werten; wichtig sind sie jedoch, weil sie die geistige Verfassung des Mannes, der sie schrieb, charakterisieren.

Obwohl es in Deutschland nicht wie in Frankreich zur Revolution kam, gab es dort, vorwiegend im Bürgertum, die gleichen Gefühle. In Frankreich setzte sich das alles innerhalb von wenigen Jahren in politische Aktion um, während in Deutschland, wo Aktion aus verschiedenen Gründen unmöglich war, ein literarisches Republikanertum und die Romantik entstanden; das Gefühl der Unzufriedenheit mit der aristokratischen und feudalen Gesellschaft war das gleiche. So erschien zum Beispiel von 1775 bis 1779 in Frankfurt und in Mainz eine Monatsschrift »Neuste Staatsbegebenheiten«. Ihr Herausgeber H. M. G. Köster widmete den rebellischen Kolonisten ein überaus schmeichelhaftes Interesse. Sie waren nach seinen Worten »die glücklichsten Leute, die es dermalen wenigstens unter den kultivierten Völkern auf dem ganzen Erdboden gibt..., von tausend Beschwerlichkeiten, welchen die Untertanen in Europa ausgesetzt sind, wissen sie nicht einmal die Namen«. Er pries ihre Republik, »von deren Vorzügen und Vorteilen niemand ausgeschlossen ist«. Und er wunderte sich darüber, »daß nicht schon halb Europa in dieses Land der Freiheit ausgewandert ist«. Nun, ein Deutscher, J. C. Schmohl, wanderte aus politischen Gründen 1782 tatsächlich nach Amerika aus. Bevor er an Bord ging, publizierte er eine Art Manifest an Europa, »Nordamerika und Demokratie«, in dem er die Europäer aufforderte, sich »zu dem Gefühl der Würde eines freien Mannes« zu erheben. Im nächsten Jahr erschien in der »Berlinischen Monatsschrift« anonym ein Gedicht »Die Freiheit Amerikas«, in dem der Friedensvertrag, der die Unabhängigkeit der Vereinigten Staaten bestätigte, gefeiert wurde. Man ist versucht, darin die ganze seelische Unzufriedenheit Deutschlands im 18. Jahrhundert herauszulesen, denn es enthält gleichzeitig einen Gruß an Amerika und drückt eine kühne Verachtung für die Fürsten Europas, eine Sehnsucht nach einer besseren Welt jenseits des Meeres, eine gefühlsmäßige Flucht vor der Wirklichkeit und am Ende die Resignation aus:

Frei bist du! (sag's in höherem Siegeston,
Entzücktes Lied!) frei, frei nun, Amerika!

Der Dichter läßt Amerika zu Europa sagen:

Und du, Europa, hebe das Haupt empor!
Einst glänzt auch dir der Tag, da die Kette bricht,
Du, Edle, frei wirst, deine Fürsten
Scheuchst und, ein glücklicher Volksstaat, grünest.

Dann wendet er sich an Amerika:

O Land, dem Sänger teurer, als Vaterland...
Wo süße Gleichheit wohnet, und Adelbrut,
Europens Pest, die Sitte der Einfalt nicht
Befleckt, verdienstlos bessern Menschen
Trotzt, und vom Schweiße des Landmanns schwelget.

Er möchte dorthin fliehen, aber er vermag es nicht:

O, nehmt, Geliebte! Nehmet den Fremdling auf,
Den müden Fremdling; laßt mich an eurer Brust
Geheimer Leiden bittre Schmerzen,
Langsam verzehrenden Kummer lindern.

Was säum' ich? — Doch die eiserne Fessel klirrt,
Und mahnt mich Armen, daß ich ein Deutscher bin.
Euch seh' ich, holde Scenen, schwinden,
Sinke zurück in den Schacht, und weine.

In »Werthers Leiden« findet sich die gleiche Unzufriedenheit mit dem alten Europa und der gleiche Traum von der Flucht, aber Goethe schließt »Hier oder nirgends ist Amerika« mit einem Realismus, der phantastische Lösungen ausschließt. Goethe, der wohlgebettete Sproß einer Frankfurter Patrizierfamilie, hatte unter dem nagenden Gefühl sozialer Minderwertigkeit wenig zu leiden und hatte daher kaum Grund, Wunschträumen vom Lande der Gleichheit nachzuhängen.

Meist war es eine Flucht in Gedanken, eine moralische Absage an ältere Werte, ein Wunschleben in einem besseren Lande als dem eigenen. Die meisten Menschen, die Bücher und Gedichte oder gemütvolle Briefe wie Madame Roland schrieben und die daher in der Geschichte am bekanntesten sind, waren zu Hause viel zu gut situiert, als daß sie wirklich in die Wildnis der Neuen Welt aufgebrochen wären. Wirkliche Emigranten stammten hauptsächlich aus den ärmeren Schichten. Es gab genug davon, so viele, daß Benjamin Franklin in seinem Traktat über die Auswanderung, der in den achtziger Jahren in vier Sprachen erschien, falsche Vorstellungen von dem neuen Land zu entkräften suchte. Es ist eine Tatsache, die man festhalten sollte, daß von den dreißigtausend deutschen Soldaten, die im Solde Englands die amerikanische Rebellion unterdrücken sollten, zwölftausend in Amerika blieben und sich in dem Lande für immer niederließen, dessen Unabhängigkeit sie durch ihre Anwerbung verhindern sollten. Die Emigration im großen begann nicht vor der Mitte des folgenden Jahrhunderts. Aber schon in der Revolutionsära gab es auch unter den Gebildeten Auswanderer, und es beleuchtet das Verhältnis von Europa zu Amerika, wenn man prüft, was sie aus der Heimat trieb. Während der Französischen Revolution waren einige von ihnen Royalisten, wurden doch 1793 sogar Pläne geschmiedet, Marie Antoinette nach Pennsylvanien zu entführen. Aber diese Menschen suchten nur eine Zuflucht auf Zeit, und wenige blieben drüben. Die echten Emigranten hatten dagegen jede Hoffnung auf eine Revolution in Europa oder wenigstens auf einen echten liberalen Umschwung aufgegeben. Der Fall Schmohl wurde schon erwähnt. Ein junger Schweizer, den die Berner Regierung wegen revolutionärer Agitation ins Gefängnis geworfen hatte, entkam und floh 1792 nach Amerika. Als die patriotische Bewegung 1787 in Holland unterdrückt wurde, begab sich einer ihrer Führer, der Mennonitenprediger van der Kemp, der 1784 die amerikanische Fassung von Crèvecœurs Buch übersetzt hatte, in den Staat New York, wo er dreißig Jahre lang lebte. Der Unterdrückung der Reformbewegung in England folgte die Auswanderung einer Anzahl Engländer, deren berühmtester Joseph Priestley war. Auch viele Iren emigrierten zu dieser Zeit aus politischen Gründen. Für die Franzosen oder wenigstens für die Revolutionäre von 1789 hatte Amerika natürlich kaum eine größere Anziehungskraft als das republikanische Frankreich. Immerhin fand Alexis de Tocqueville, als er im Jahre 1832 die Vereinigten Staaten besuchte, einen im amerikanischen Westen lebenden alten Jakobiner, der in der Neuen Welt ein zufriedener und behaglicher Bürger geworden war.

Wie sehr Europa von Amerika als dem Land der sozialen Gleichheit fasziniert war, dafür ist folgende Episode ein Beispiel. Gegen Ende des Krieges (1783) hatten sich amerikanische und französische Offiziere (nicht Mannschaften!), die in der Revolution gefochten hatten, zu einer Organisation der »Cincinnati« zusammengeschlossen. Jeder Cincinnatus sollte zu seinem Pflug zurückkehren und sich friedlicher Arbeit widmen. Trotzdem wollte man zusammenhalten, sich periodisch versammeln und ein Vereinsvermögen unterhalten. Mitgliedschaft und Ehrenabzeichen sollten sich vom Vater auf den Sohn vererben. Zwar wurden sofort in den Vereinigten Staaten Bedenken laut, eine solche Gesellschaft könnte aristokratisch werden; unter den europäischen Intellektuellen aber, besonders unter den französischen, brach ein wahrer Aufruhr los.

Es schien unglaublich, daß die Amerikaner so bald, nachdem sie die Gleichheit der Menschen proklamiert hatten, wieder mit erblichen Standesunterschieden experimentierten. Man fürchtete, daß Orden, Stände und privilegierte Körperschaften in Amerika entstehen könnten, daß das neue Land der Verheißung, das Land der Zukunft, sich anschicke, die Fehler aller Gesellschaften von der Antike bis zur Gegenwart zu wiederholen, wie es eine lange Abhandlung über die Cincinnati in der Encyclopédie Méthodique formulierte. Man meinte, die klügeren und erfahreneren Europäer müßten die unschuldigen Amerikaner vor diesen Gefahren warnen. La Fayette schrieb an Washington, und die Amerikaner in Europa – Franklin und Jefferson in Frankreich, Adams in Holland –, die alle jeder auf seine Weise diese Gesellschaft ablehnten, sahen sich in lange Diskussionen mit ihren europäischen Freunden verwickelt. Sie versuchten, die Besorgnis zu zerstreuen und zu erklären, daß die Offiziere, die jene Gesellschaft begründet hatten, durchaus keine reaktionären Absichten hegten. Zwei oder drei Jahre lang gab es kein französisches Buch über Amerika ohne eine Auseinandersetzung mit diesem Thema. Benjamin Franklin gab ein Exemplar eines amerikanischen Pamphlets gegen die Cincinnati dem Grafen Mirabeau, dem großen Mirabeau der Französischen Revolution. Der bearbeitete es und schrieb es 1785 in ein eigenes Pamphlet um, die »Betrachtungen über den Cincinnatus-Orden«. Es war die erste Schrift, über die Mirabeau öffentlich seinen Namen setzte; sie enthielt nicht nur die Auseinandersetzung mit dem spezifisch amerikanischen Problem, sondern wurde zu einem Protest gegen die Aristokratie überhaupt. Die Cincinnati, so schrieb er, könnten Amerika »die ewige Rasse der Aristokraten ins Land bringen, die dort nur allzubald die erniedrigenden Rechte für sich in Anspruch nehmen würden, mit denen der europäische Adel den einfachen Bürger, sein Ebenbild und seinen Bruder, in den Staub tritt«. Die Philippika Mirabeaus wurde wie so viele französische Werke sofort ins Holländische und Deutsche übersetzt. In Leipzig erschien 1789 ein seltsames Buch, dem ein französisches Werk zugrunde lag, die »Amerikanischen Anekdoten«. Es nennt als Gegenstände des öffentlichen Interesses: die Bürgerarmee, die Indianer, die Quäker, die Negersklaverei, das Papiergeld, die Auswanderung, den Handel und die Cincinnati.

Die amerikanischen Verfassungen

Zum Thema Regierungsform konnte Europa nicht allzuviel von seinen Kindern in den Kolonien lernen. Die Amerikaner von damals waren eben Kolonialengländer oder Kolonialeuropäer, und nur wenige ihrer politischen Ideen waren in der alten Heimat unbekannt. Die Theorien vom Naturrecht und vom contrat social, die Idee von der Souveränität des Volkes, der Glaube, Freiheit sei besser als Despotismus, Vorstellungen von der Teilung der Gewalten oder von bundesstaatlichen Vereinigungen, das Prinzip, daß die Gewalt nicht willkürlich sein dürfte, daß eine Regierung für das öffentliche Wohl dasein solle, daß Richter untadlige Männer und Beamte ehrlich zu sein hätten, alle diese Theorien waren Europa ganz und gar geläufig. Selbst die Idee der Gleichheit der Menschen war als ein rein abstraktes Prinzip nicht eigentlich revolutionär. »Im Naturzustand sind alle Menschen gleich und erfreuen sich der gleichen Rechte, denn in diesem Zustand unterscheiden sie sich nur durch Geistesgaben und körperliche Eigenschaften, durch welche die einen die anderen übertreffen mögen.« Kein Amerikaner hat dies gesagt, auch kein französischer Jakobiner oder gar ein Philosoph der Aufklärung; es war ein Theologieprofessor an der Sorbonne in einem lateinischen Buch, das 1752 »nach der scholastischen Methode« erschienen war. Alles hing von der Anwendung solcher allgemeinen Ideen ab. In einem reinen Naturzustande befand Europa sich nicht; sein sozialer Aufbau beruhte auf allen möglichen Ungleichheiten; und was andere solche schöne Grundsätze betraf, so waren sie in der Praxis oft nicht eben genau durchgeführt. Weit weniger oft wurden die Grundsätze selbst in Zweifel gezogen.

Eine solche Ideengemeinschaft, ein solches gemeinsames Erbe politischen Denkens erleichterte jetzt die öffentliche Diskussion. Europäer erteilten Amerika Ratschläge, wie man gelegentlich der Cincinnati-Episode bemerkt hat. Manchmal boten sie ausgearbeitete Programme an. Ein Holländer widmete 1781 ein Buch über die Regierung von Republiken John Adams, dem amerikanischen Gesandten im Haag. Franklin in Paris wurde von Personen belagert, die Experten der politischen Wissenschaften zu sein vorgaben und die Frankreichs neuen amerikanischen Schützlingen helfen wollten. »Es ist erstaunlich«, berichtete der skeptische Franklin, »wie viele Gesetzgeber mir wohlmeinend immer neue

Pläne bringen, wie man die Vereinigten Staaten regieren soll.« Nachdem Adams an Mably ein paar Fragen gerichtet hatte, hielt sich in Frankreich eine Zeitlang das Gerücht, der amerikanische Kongreß habe diesen ältlichen Philosophen als offiziellen Ratgeber herangezogen. All das zeigt, wie intensiv sich die Franzosen mit der Neuschöpfung von Staat und Gesellschaft beschäftigten.

Im ganzen aber war es freilich Europa, das von Amerika lernte. Die enttäuschten Europäer gaben Condorcet recht, wenn er meinte, »daß in den Wäldern der Neuen Welt Männer lebten, welche die Prinzipien der Gesellschaft ergründet hatten und die Europa Lehren erteilen konnten«. Die große Frage bestand nach Mirabeau darin, ob für die Erhaltung von Frieden und Gerechtigkeit unbedingt die Unterwerfung unter einen einzelnen Mann notwendig sei. »Die menschliche Gesellschaft richtet diese Frage an die Vereinigten Staaten von Amerika.« Allerdings fügte er hinzu, daß, wenn die Amerikaner diese Frage etwa nicht beantworten könnten, man dann die Vernunft selbst befragen müsse.

Der interessanteste Beitrag der Amerikaner zum politischen Ideenschatz der westlichen Welt war der praktische Weg, auf dem sie gewisse Grundsätze in die Wirklichkeit überführten. Es war die Idee einer geschriebenen Verfassung, aber es war mehr als dies, denn es schloß die Idee einer verfassunggebenden Versammlung ein als einer Körperschaft, der die Souveränität des Volkes innewohnte und die noch wie außerhalb des Staates stand, im juristischen Sinn früher da war als der Staat, gleichsam im Naturzustande. Diese Versammlung, in Amerika Konvent genannt, brachte Staat und Regierung ins Dasein. Sie schuf die Regierung und verlieh ihr alle Autorität, welche die Regierung hatte; sie rief die öffentlichen Verantwortlichkeiten und Ämter ins Leben, ein jedes mit einer ausdrücklich ihm verliehenen Befugnis; sie begrenzte diese Befugnisse und wog sie gegeneinander ab, um ein Gleichgewicht zu schaffen. Das Dokument, durch welches das Volk seinen Staat, seine Regierung auf so formelle Art schuf und organisierte, war die Verfassung, der eine Erklärung der Rechte beigefügt werden mochte. Diese Rechte galten als »früher« als der Staat, als unabhängig von Staat und Regierung, deren Zweck es eben war, sie zu schützen. Der Konvent, immer im Namen des Volkes handelnd, stellte die Rechte der Persönlichkeit fest und begründete gleichzeitig eine öffentliche Autorität. Während der amerikanischen Revolution gaben elf von dreizehn amerikanischen Staaten sich neue Staatsverfassungen auf diese Art, und auf die gleiche Weise entstand im Jahre 1787 die neue Unionsverfassung. Nicht der Gedankengehalt dieser Verfassungen war das Neue für Europa. Neu waren die verfassunggebenden Versammlungen und die geschriebenen Verfassungen selbst. Immer pragmatisch, fanden die Amerikaner einen Weg, um gewisse Ideen in reibungslos funktionierende Einrichtungen umzusetzen. Wie John Adams von der Verfassung von Massachusetts sagte, deren Hauptautor er selber war: »Es ist Locke, Sidney, Rousseau und de Mably auf die Praxis reduziert.«

Vor allem und am direktesten haben die Verfassungen von Massachusetts, Pennsylvania und Virginia die politischen Ideen in Europa beeinflußt. Die Bundesverfassung, die heutige Verfassung der Vereinigten Staaten, wurde erst am Vorabend der Französischen Revolution bekannt. Sie lag den Europäern gedanklich näher, während die Unabhängigkeitserklärung – in späteren Zeiten berühmter als damals – voller rechtstechnischer Beschwerden gegen

England und daher in Europa nicht so verständlich war. Die Verfassungen der amerikanischen Einzelstaaten wurden in Frankreich bereits 1776 veröffentlicht, später in anderen Ländern, oft in den Zeitungen, gelegentlich in Buchform oder in der Encyclopédie Méthodique. Benjamin Franklin ließ vom Herzog de La Rochefoucauld eine neue und vollständige Übersetzung anfertigen und überreichte allen fremden Gesandten in Paris Exemplare davon. Er erreichte sogar die Unterstützung der französischen Regierung, die den Effekt dieses Beitrages zur Aufklärung auf ihr eigenes Schicksal wohl kaum ahnte.

Die Diskussion über die amerikanischen Verfassungen, die nun in Zeitungen, Kaffeehäusern, Salons und allenthalben gegründeten Lesezirkeln begann, schärfte zweifellos das politische Selbstbewußtsein. Ernst Brandes meinte, daß ein Disput über die Grundsätze der Staatsverfassungen, von einem welthistorischen Ereignis angeregt, eine ganz andere Bedeutung habe als das übliche akademische Gezänk gelehrter oder ungelehrter Doktoren im luftleeren Raum. Und doch scheint es, daß in Deutschland, trotz allen intellektuellen Tumultes und des vagen Republikanismus, den die amerikanische Revolution erzeugte, das konkrete Interesse an den Verfassungen nicht gar groß gewesen ist. Verfassungsfragen konnten in Deutschland keine Vitalität haben; die Menschen in den kleinen Staaten blieben unpolitisch, und in Preußen war das Bürgertum stolz auf die Aufgeklärtheit seiner Monarchie. Außerhalb Frankreichs war das Interesse an den amerikanischen Verfassungen nur sporadisch. Radischtschew in Rußland bezog sich einige Male darauf, hauptsächlich um zugunsten einer größeren Pressefreiheit zu argumentieren. Radischtschew sei schlimmer als Pugatschew, meinte die Kaiserin Katharina, weil er Benjamin Franklin lese. Großherzog Leopold bezog sich auf die Verfassungen, als er eine eigene für Toskana entwarf, die niemals in Kraft getreten ist. Während der sogenannten Brabanter Revolution in Belgien von 1789 hielt man sich bewußt an die amerikanischen Vorgänger. Als die Provinz Flandern ihre Unabhängigkeit von Österreich proklamierte, übernahm man einige Passagen der amerikanischen Unabhängigkeitserklärung, und die Partei der privilegierten Klassen entschied sich für eine lockere föderative Union nach dem Vorbild der ersten Artikel der ursprünglichen amerikanischen Konföderation, betitelte ihren Bund »Vereinigte Staaten«, ernannte eine föderative Vertretung und bezeichnete sie als Kongreß. Ihre Gegner, die Demokraten, stützten sich dagegen auf die amerikanischen Staatsverfassungen, um ihre Willensmeinung zu artikulieren. Eine der Fragen, die von den amerikanischen Verfassungen neu aufgeworfen wurden, war die nach dem Wesen der politischen Repräsentation. Repräsentation an sich war eine alte europäische Idee; die Frage war nur, wer oder was vertreten werden sollte, ob Stände, Kollektive oder der einzelne als Bürger. Die Ständevertretung war die ältere, geläufige Idee, sie wurde von den konservativen Gruppen der belgischen Revolution begünstigt. Auch die englische Verfassung sah – wenigstens in der Theorie – diese Art der Vertretung vor. Aber schon begannen dort die Reformwilligen die persönliche Vertretung zu propagieren, sie verwarfen die Theorie von der »virtuellen Repräsentation«, eine Theorie, welche die Engländer übrigens 1775 gegen die Amerikaner ins Gefecht geführt hatten. Sie besagt, daß ein Volk vertreten sei, gleichgültig ob es Vertreter gewählt habe oder nicht. »Das Geheimnis der Unzulänglichkeit dieser Vertretung ist dem Volk unter dem Donner des amerikanischen Krieges offenbart worden«, rief Henry Flood 1790 im englischen Parlament. Auch die englischen Dissenter in ihrem vergeblichen Kampf um die gleichen politischen Rechte verwiesen auf die amerikanischen Verfassungen. Pitt lehnte ihre Argumente mit der Bemerkung ab, die englische und die amerikanische Verfassung seien grundverschieden. Und tatsächlich wurde in England in den nächsten vierzig Jahren nichts geändert.

Es war in Frankreich während des Jahrzehntes vor 1789, daß die amerikanischen Verfassungen ihre erregendsten Wirkungen taten. Sie vermischten sich dort mit Wirkungen aus anderen Quellen. Da war Montesquieu und die ganze Schriftstellergruppe der Aufklärung; da war der Streit zwischen dem König, dem Parlament von Paris und den anderen Parlamenten des Reiches, die parlamentarische Verteidigung gewisser Grundgesetze, durch welche der König zu regieren hätte, und die gleichfalls von den Parlamenten aufrechterhaltene These, wonach der Unterschied zwischen den drei Ständen samt allen von ihm begründeten gesetzlichen Ungleichheiten ein wesentlicher Bestandteil der Verfassung des Königreiches sei. Dergleichen konnte die Aufmerksamkeit der Geister wohl auf Verfassungsfragen lenken. Das Wesen und der Träger politischer Souveränität, das Wesen des Rechts und individueller Rechte, das Wesen echter politischer Repräsentation, die Übel unverantwortlicher Macht, geheimer, willkürlicher Staatsgewalt, ministerieller Despotismen und erblich privilegierter Amts-Oligarchien, der immer mehr veraltende Charakter rechtlicher Unterschiede in der Stellung von Adel und Bürgertum, erstarrte Absurditäten in Rechtspflege und Verwaltung, barocke Verhältnisse zwischen Kirche und Staat – all das bot Fülle des Stoffes zum Nachdenken und zu Diskussionen.

Die amerikanischen Verfassungen erreichten Frankreich genau in dem Augenblick, als sie für die Franzosen am aktuellsten waren. Sie enthielten im Kern die Ideen der Aufklärung: Freiheit und Gleichheit, Bürgerrechte ohne kirchliche Bindung und Pressefreiheit, Beteiligung durch gewählte Vertreter an der Regierung, Kontrolle der politischen Macht und schließlich eine vom Volke ausgehende Autorität. Vor allem enthielten diese Verfassungen nicht eine Menge von unbestimmten und unbestimmbaren Gewohnheitsrechten, die durch irgendwelche althergebrachten Bräuche und Traditionen sanktioniert waren, sondern reale und rationale Definitionen, die freie Wahl einer nach allen Seiten durchdachten Regierungsform; sie waren klare, vollständige und bindende Dokumente, ausgearbeitet von einer zu diesem Zweck gewählten Versammlung. Diese praktischen Vorschläge wurden nun aufgegriffen: Wenn die meisten Franzosen 1789 glaubten, die Reichsstände müßten sich in eine konstituierende Versammlung umwandeln, wenn diese Versammlung für sich selbst Souveränität beanspruchte, wenn am 20. Juni 1789 der Dritte Stand nahezu einmütig im Ballhaus von Versailles schwur, sich nicht vor der Vollendung einer Verfassung zu trennen, wenn die Verfassung ein Hauptthema der Revolution wurde, wenn Versuche, eine Verfassung abzufassen, 1791, 1793, 1795 und abermals 1848 gemacht wurden, wenn durch das Beispiel Frankreichs der Ruf nach einer konstituierenden Versammlung in jeder revolutionären Bewegung bis ins 20. Jahrhundert laut wurde – die russische Revolution von 1917 machte keine Ausnahme –, dann ist die Ursache ohne Zweifel in der gesamten Geistesgeschichte des 18. Jahrhunderts zu suchen, aber eben besonders in dem Widerhall der Verfassungen der amerikanischen Revolution.

Wenn die Franzosen die neuen amerikanischen Verfassungen lasen, so waren sie kaum in erster Linie von irgendeiner bestimmten Vorkehrung, von der Garantierung dieser oder jener besonderen Freiheit beeindruckt. Ihre Phantasie entzündete sich an dem Akt des Verfassung-Machens selbst. Das zeigte sich auf sehr verschiedenen Bildungsstufen; selbst sehr naive Leser waren offenbar an dem Prozeß interessiert. So zeichnete Hilliard d'Auberteuil, ein Verfasser populärer und ziemlich wertloser Bücher, in seinem Buch über Amerika ein romantisches Bild vom Verfassungskonvent in Virginia. Danach trafen gewisse ältere und ehrbare Bürger in einem friedvollen Wald zusammen. Sie saßen auf Graspolstern, wählten einen Vorsitzenden und beauftragten drei aus ihrer Zahl, jeder solle nach seinen Ansichten das Grundprinzip einer Regierung niederlegen. Einer sagte Freiheit, der nächste Maßhalten, der dritte Tugend. Jeder hielt eine Rede, die Versammlung rief Beifall und dekretierte, daß Freiheit, Maßhalten und Tugend die Grundlagen der Verfassung von Virginia sein sollten. »Sobald diese Verfassung niedergeschrieben war, wurde die Verbindung dieser drei Grundzüge von allen Völkern bewundert.« Leser, deren Gemüter von Hilliard d'Auberteuil gespeist wurden, mochten nicht viel politischen Verstand haben, aber sie waren vorbereitet, manche Wunderlichkeiten der Französischen Revolution zu akzeptieren. Die amerikanischen Verfassungen wurden vor 1789 in Frankreich aber auch von Köpfen wie Turgot, Mably, Condorcet, Du-Pont de Nemours, Morellet, Mirabeau und Brissot ernsthaft studiert.

Der Fall Brissot ist besonders interessant. Brissot tauchte 1792 als einer der Revolutionsführer auf, er plädierte für ein stärkeres Engagement Frankreichs in dem damals beginnenden europäischen Krieg. Vor 1789 gab es keine überlegte und vorbereitete revolutionäre Bewegung; die Französische Revolution war im wesentlichen nicht geplant, die Menschen befanden sich zwar in einem revolutionären Gemütszustand, aber unmöglich konnten sie einen Umsturz vorbereiten, weil sie überhaupt nicht wußten, was eine Revolution im modernen Sinn sei. Erst die Französische Revolution schuf den Typ des Berufsrevolutionärs, nicht umgekehrt. Diese Verallgemeinerungen treffen auf Brissot nur bedingt zu. Er war schon vor 1789 ein in verschiedene Streitigkeiten verwickelter Agitator; im Jahre 1787 entwarf er eine Art von Revolutionsprogramm, das er durch seine Beziehungen zum Herzog von Orléans zu verwirklichen hoffte. Die Schwäche der Revolutionäre in Holland und Belgien bestand nach seiner Meinung darin, daß sie nicht wußten, was sie wollten. Sein Plan für Frankreich war, eine starke Partei zu organisieren, die Streitigkeiten zwischen dem Parlament von Paris und dem König auszunützen, laut nach den Reichsständen zu rufen und eine Erneuerung der Verfassung auf die Tagesordnung zu setzen.

Brissots Ideen waren bis zu einem gewissen Grad von seinen Kenntnissen über Amerika geformt, obwohl er an genaueren Einzelheiten nicht sehr interessiert war. Freimütig gab er zu, daß seine Vorstellung von Amerika wohl eine Art »Verzauberung« oder eine »Illusion« sein mochte. Im Jahre 1787 gründete er zusammen mit Crèvecœur und dem Schweizer Flüchtling Clavière eine galloamerikanische Gesellschaft in Paris. Sie war nicht sonderlich erfolgreich, und Brissot ging bald nach Amerika, um das neue Land kennenzulernen und sich über die Möglichkeit von Bodenspekulationen zu informieren. Er war gerade in den Vereinigten Staaten, als der Konvent in Philadelphia die Bundesverfassung ausarbeitete

Die »Bill of Rights« von Virginia vom 12. Juni 1776

Eine Erklärung der Rechte, verkündet von den Vertretern der rechtschaffenen Bevölkerung von Virginia, die sich in vollzähliger und freier Versammlung zusammengefunden haben, welche Rechte für sie und ihre Nachkommenschaft als Grundlage und Rechtsquelle ihrer Regierung Geltung besitzen.

Artikel 1: Alle Menschen sind von Natur gleichermaßen frei und unabhängig und besitzen gewisse angeborene Rechte, deren sie ihre Nachkommenschaft bei der Begründung einer politischen Gemeinschaft durch keinerlei Abmachungen berauben oder zwingen können, sich ihrer zu begeben; nämlich das Recht auf Leben und Freiheit und dazu die Möglichkeit, Eigentum zu erwerben und zu behalten und Glück und Sicherheit zu erstreben und zu erlangen.

Artikel 2: Alle Macht ruht im Volke und leitet sich daher von ihm ab; alle Amtspersonen sind seine Treuhänder und Diener und ihm jederzeit verantwortlich.

Artikel 3: Die Regierung ist eingesetzt oder soll eingesetzt werden um des gemeinsamen Wohles, Schutzes und der Sicherheit des Volkes, der Nation oder des Gemeinwesens willen; von all den verschiedenen Regierungen und Regierungsformen ist diejenige die beste, die ein Höchstmaß an Glück und Sicherheit zu bieten vermag und die am wirksamsten gegen die Gefahr des Machtmißbrauches gesichert ist; und wenn irgendeine Regierung sich als dieser Aufgabe nicht gewachsen erweist oder ihr zuwiderhandelt, so soll die Mehrheit der Gemeinschaft ein unleugbares, unveräußerliches und unverletzliches Recht haben, sie zu reformieren, umzugestalten oder zu beseitigen, so wie es für das allgemeine Wohl am zweckmäßigsten erachtet wird.

Artikel 4: Kein Mensch und keine Gruppe von Menschen haben ein Recht auf alleinige oder besondere Zuwendungen oder Vergünstigungen seitens der Allgemeinheit, es sei denn in Anerkennung von der Allgemeinheit geleisteten Diensten; und so wie diese nicht übertragbar sind, so sollen auch Beamtenstellen und die Ämter von Abgeordneten und Richtern nicht erblich sein.

Artikel 5: Die gesetzgebende und ausführende Gewalt des Staates soll von der richterlichen getrennt und klar geschieden sein, und damit die Angehörigen der beiden ersteren vor Machthunger dadurch bewahrt werden, daß sie die Lasten der Bevölkerung ebenfalls zu fühlen bekommen und an ihnen mittragen, sollen sie in regelmäßigen Abständen ins Privatleben zurückkehren, und zwar in diejenige Gemeinschaft, aus der sie ursprünglich kamen. Und die frei gewordenen Stellen sollen durch häufige im voraus bestimmte und regelmäßig stattfindende Wahlen wiederbesetzt werden, bei denen die vormaligen Amtspersonen sämtlich oder zum Teil nach Maßgabe der Gesetze wiedergewählt werden dürfen oder nicht.

Artikel 6: Die Wahlen der Männer, die als Abgeordnete des Volkes in die Volksvertretung entsandt werden, sind frei; alle Männer, die ihr ständiges Interesse an der Gemeinschaft und ihre dauernde Anhänglichkeit an sie hinlänglich unter Beweis gestellt haben, genießen das Wahlrecht und können ohne ihre Einwilligung oder die ihrer so gewählten Vertreter weder zugunsten der öffentlichen Hand besteuert oder enteignet noch irgendeinem Gesetz unterworfen werden, dem sie nicht in gleicher Weise in Ansehung des öffentlichen Wohls zugestimmt haben.

Artikel 7: Die Ausübung irgendeiner Gewalt durch irgendeine Behörde, insbesondere der Vollzug oder die Suspendierung von Gesetzen, ohne Zustimmung der Volksvertretung verletzt die Rechte des Volkes und ist daher unstatthaft.

Artikel 8: Bei allen schwerwiegenden Amtsvergehen und in Strafsachen hat jedermann das Recht, Grund und Art der Anklage zu erfahren, Anklägern und Zeugen gegenübergestellt zu werden und Entlastendes vorzubringen, und auf die unverzügliche Durchführung des Verfahrens vor einem unparteiischen Gerichtshof von zwölf Geschworenen aus den Reihen seiner Mitbürger, ohne deren einstimmigen Spruch er nicht für schuldig befunden werden kann; auch kann er nicht gezwungen werden, gegen sich selbst auszusagen; kein Mensch kann seiner Freiheit beraubt werden, außer auf Grund der Landesgesetze oder eines Urteilsspruchs von seinesgleichen.

Artikel 9: Unbillig hohe Bürgschaften dürfen nicht gefordert, übermäßige Geldstrafen nicht auferlegt und grausame und gewöhnliche Strafen nicht verhängt werden.

Artikel 10: Allgemeine Durchsuchungs- oder Verhaftungsbefehle, durch die ein Beamter oder Beauftragter angewiesen wird, verdächtige Plätze ohne stichhaltige Verdachtsmomente für ein begangenes Unrecht zu durchsuchen oder irgendeine Person oder Personen, die nicht genau bezeichnet sind oder deren angebliches Vergehen nicht unter Angabe der Verdachtsmomente genau bezeichnet wird, zu verhaften, sind unrecht und despotisch und dürfen nicht ausgestellt werden.

Artikel 11: In Vermögensstreitigkeiten und bei Privatklagen ist die alte Prozeßform der Geschworenenverhandlung jeder anderen vorzuziehen und soll unangetastet bleiben.

Artikel 12: Die Pressefreiheit ist eines der stärksten Bollwerke der Freiheit und kann niemals, außer durch despotische Regierungen, eingeschränkt werden.

Artikel 13: Eine wohldisziplinierte Miliz aus den Reihen der Bürgerschaft, die in den Waffen geübt ist, ist der geeignetste, natürliche und sichere Schutz eines freien Landes; stehende Heere sollen in Friedenszeiten als der inneren Freiheit gefährlich nicht unterhalten werden, und das Militär soll unter allen Umständen der Zivilgewalt klar untergeordnet sein und von ihr beherrscht werden.

Artikel 14: Das Volk hat das Recht auf eine einheitliche Regierung. Daher soll keine Regierungsgewalt, die von der Regierung Virginias abgesondert oder unabhängig ist, innerhalb seiner Grenzen errichtet oder eingesetzt werden.

Artikel 15: Eine freie Regierung und die Segnungen der Freiheit können einem Volke nur durch strenges Festhalten an den Idealen der Gerechtigkeit, Mäßigung, Enthaltsamkeit, Bescheidenheit und Tugend und durch ein ständiges Besinnen auf die grundlegenden Prinzipien bewahrt bleiben.

Artikel 16: Religion oder die Ergebenheit, die wir unserem Schöpfer schuldig sind, und die Art, wie wir sie erfüllen, kann lediglich durch Vernunft oder Überzeugung bestimmt werden, nicht durch Zwang oder Gewalt, und deshalb haben alle Menschen einen gleichen Anspruch auf freie Ausübung der Religion nach den Geboten ihres Gewissens. Und jeder hat die Pflicht, christliche Vergebung, Liebe und Barmherzigkeit untereinander zu üben.

Erklärung der Rechte des Menschen und des Bürgers

beschlossen von der französischen Nationalversammlung, 20. bis 26. August 1789

Präambel. Die als Nationalversammlung vereinigten Vertreter des Französischen Volkes betrachten die Unkenntnis der Menschenrechte, die Vergessenheit oder Mißachtung, in die sie geraten sind, als die einzigen Ursachen der öffentlichen Mißstände und der Verderbtheit der Regierungen. Daher haben sie beschlossen, in einer feierlichen Erklärung die angestammten, unveränderlichen und heiligen Rechte des Menschen darzulegen, damit diese Erklärung allen Gliedern der menschlichen Gesellschaft ständig vor Augen sei und ihm seine Rechte und Pflichten immer wieder ins Gedächtnis rufe; damit die Handlungen der gesetzgebenden und die der ausübenden Gewalt jederzeit am Endzweck jeder politischen Einrichtung gemessen werden können und um so mehr Achtung finden mögen; damit die Forderungen der Bürger, nunmehr auf klare und unerschütterliche Prinzipien gegründet, stets der Aufrechterhaltung der Verfassung und dem Wohle aller dienen.

So erkennt und verkündigt die Nationalversammlung, angesichts des Höchsten Wesens und unter seinen Auspizien, die Rechte des Menschen und des Bürgers wie folgt:

1. Artikel. Frei und gleich an Rechten werden die Menschen geboren und bleiben es. Die sozialen Unterschiede können sich nur auf das gemeine Wohl gründen.

2. Artikel. Der Zweck jeden politischen Zusammenschlusses ist die Bewahrung der natürlichen und unverlierbaren Menschenrechte. Diese Rechte sind Freiheit, Eigentum, Sicherheit und Widerstand gegen Bedrückung.

3. Artikel. Jegliche Souveränität liegt im Prinzip und ihrem Wesen nach in der Nation; keine Körperschaft und kein einzelner kann eine Autorität ausüben, die sich nicht ausdrücklich von ihr herleitet.

4. Artikel. Die Freiheit besteht darin, alles tun zu können, was anderen nicht schadet. Also hat die Ausübung der natürlichen Rechte bei jedem Menschen keine anderen Grenzen als die, den anderen Mitgliedern der Gesellschaft den Genuß der gleichen Rechte zu sichern. Diese Grenzen können nur durch das Gesetz bestimmt werden.

5. Artikel. Das Gesetz hat nur das Recht, Handlungen zu verbieten, die der Gesellschaft schädlich sind. Was nicht durch Gesetz verboten ist, darf nicht verhindert werden, und niemand kann gezwungen werden, etwas zu tun, was das Gesetz nicht befiehlt.

6. Artikel. Das Gesetz ist der Ausdruck des allgemeinen Willens; alle Bürger haben das Recht, persönlich oder durch ihre Vertreter an seiner Schaffung mitzuwirken. Es muß für alle das gleiche sein, mag es nun beschützen oder bestrafen. Alle Bürger sind vor seinen Augen gleich. Sie sind in der gleichen Weise zu allen Würden, Stellungen und öffentlichen Ämtern zugelassen, je nach ihrer Fähigkeit und ohne andere Unterschiede als ihre Tüchtigkeit und Begabung.

7. Artikel. Niemand kann angeklagt, verhaftet und gefangengehalten werden in anderen als den vom Gesetz festgelegten Fällen und in den Formen, die es vorschreibt. Wer Willkürakte anstrebt, befördert, ausführt oder ausführen läßt, ist zu bestrafen; aber jeder Bürger, der durch ein Gesetz gerufen oder erfaßt wird, muß augenblicklich gehorchen; durch Widerstand macht er sich schuldig.

8. Artikel. Das Gesetz darf nur unbedingt und offensichtlich notwendige Strafen festsetzen, und niemand darf bestraft werden, es sei denn kraft eines bereits vor seinem Delikt erlassenen, veröffentlichten und legal angewandten Gesetzes.

9. Artikel. Jeder wird so lange als unschuldig angesehen, bis er als schuldig erklärt worden ist; daher ist, wenn seine Verhaftung als unerläßlich gilt, jede Härte, die nicht dazu dient, sich seiner Person zu versichern, auf dem Gesetzeswege streng zu unterdrücken.

10. Artikel. Niemand darf wegen seiner Überzeugungen, auch nicht der religiösen, behelligt werden, vorausgesetzt, daß ihre Betätigung die durch das Gesetz gewährleistete öffentliche Ordnung nicht stört.

11. Artikel. Die freie Mitteilung seiner Gedanken und Meinungen ist eines der kostbarsten Rechte des Menschen. Jeder Bürger darf sich also durch Wort, Schrift und Druck frei äußern; für den Mißbrauch dieser Freiheit hat er sich in allen durch das Gesetz bestimmten Fällen zu verantworten.

12. Artikel. Die Sicherung der Menschen- und Bürgerrechte macht eine öffentliche Gewalt notwendig; diese Gewalt wird demnach zum Nutzen aller eingesetzt, nicht aber zum Sondervorteil derjenigen, denen sie anvertraut ist.

13. Artikel. Für den Unterhalt der öffentlichen Gewalt und für die Ausgaben der Verwaltung ist eine allgemeine Steuer vonnöten; sie ist gleichmäßig auf alle Bürger zu verteilen nach Maßgabe ihres Vermögens.

14. Artikel. Die Bürger haben das Recht, selbst oder durch ihre Vertreter die Notwendigkeit einer öffentlichen Auflage zu prüfen, sie zu bewilligen, ihren Gebrauch zu überwachen und ihre Teilbeträge, Anlage, Eintreibung und Dauer zu bestimmen.

15. Artikel. Die Gesellschaft hat das Recht, von jedem öffentlichen Beauftragten ihrer Verwaltung Rechenschaft zu fordern.

16. Artikel. Eine Gesellschaft, deren Rechte nicht sicher verbürgt sind und bei der die Teilung der Gewalten nicht durchgeführt ist, hat keine Verfassung.

17. Artikel. Da das Eigentum ein unverletzliches und heiliges Recht ist, darf es niemandem genommen werden, es sei denn, daß die gesetzlich festgestellte öffentliche Notwendigkeit es augenscheinlich verlangt, und nur unter der Bedingung einer gerechten und im voraus zu entrichtenden Entschädigung.

und darüber debattierte. Es ist eine Ironie der Geschichte, daß gerade Brissot, einer der unverantwortlichsten der von der Revolution an die Oberfläche geschwemmten Politiker, von den gewichtigen Herren des Konvents in Philadelphia sichtlich beeinflußt wurde, den »Founding Fathers« der Vereinigten Staaten, wie man sie jetzt nennt.

Brissot kehrte spät im Jahre 1788 nach Frankreich zurück. Das Land war mitten in den Vorbereitungen für den bevorstehenden Zusammentritt der Reichsstände, für die Brissot sofort Richtlinien ausarbeitete. Hier brachte er die amerikanische Doktrin eines konstituierenden Konvents an. Eine Versammlung, die selber bereits ein konstitutioneller Bestandteil des Staates sei, lehrte Brissot, könne keine Verfassung machen. Kein Zweig der Regierung könne sich selber eine solche Autorität geben. Eine rechte Verfassung gehe den Regierungsorganen, welche sie zuerst begründe, vorher. Die Generalstände hätten aber keinen solchen Auftrag, keine konstituierende Gewalt. Folglich seien sie durch eine wahre verfassunggebende Versammlung zu ersetzen, dem Repräsentanten nicht der drei Stände, sondern des souveränen Volkes. Woher kam ihm diese Idee einer konstituierenden Versammlung? »Wir verdanken ihre Entdeckung den freien Amerikanern, und der Konvent, der gerade den Plan eines föderativen Systems aufgestellt hat, hat sie unendlich vervollkommnet... Plan und Methode der freien Amerikaner können leicht den Umständen, unter denen Frankreich jetzt lebt, angepaßt werden.«

Während der zehn Jahre vor der Französischen Revolution hatten sich die Politiker in ihrer Beschäftigung mit den amerikanischen Verfassungen recht eigentlich auf die Debatten in der französischen Nationalversammlung von 1789 vorbereitet. Die Erklärung der Menschenrechte als Anhang der Verfassungen wurde allgemein gutgeheißen. Über den Aufbau der Regierung gab es keine Unstimmigkeit mehr. Alle amerikanischen Verfassungen, mit Ausnahme der von Pennsylvania, sahen Legislativen mit zwei Kammern vor. Massachusetts besaß sogar eine starke Exekutive oder einen Gouverneur, der durch das Volk gewählt und mit dem Vetorecht ausgestattet war, um seine Unabhängigkeit gegenüber der Legislative zu sichern. Mably hatte sich vor seinem Tode im Jahre 1784 stark für die Verfassung von Massachusetts und die dreifache Teilung der Gewalten ausgesprochen. Der berühmte Turgot, der 1781 starb, hatte der Verfassung von Pennsylvania mit ihrem Einkammersystem den Vorzug gegeben. Turgot, dessen eigenes Reformprogramm vom Pariser Parlament zu Fall gebracht worden war, fürchtete Interessengruppen und korporative Zusammenschlüsse innerhalb des Staates. Er glaubte, daß ein Oberhaus nur Sonderinteressen verfolgen werde (wie das Parlament von Paris), und bestand darauf, daß eine einzige Legislative die »Nation« vertreten sollte. Seine geistigen Nachfolger Condorcet, Du-Pont de Nemours und andere brachten wiederholt die gleichen Argumente vor. Sie hielten wie einige Amerikaner daran fest, daß die Idee eines Zweikammersystems mit einer von der Legislative unabhängigen Exekutive nur eine Nachahmung der englischen Verfassung mit ihrer gemischten Regierung von König, Lords und Bürgerlichen sei. Das war nicht ganz richtig, denn die englische Verfassung sollte dem König und den Lords das erbliche Recht, an der Regierung mitzuwirken, gegen jeden Druck des Volkes sichern, während die Verfassung von Massachusetts die Wahl des Gouverneurs, der Senatoren und Abgeordneten für ein Jahr durch alle Stimmberechtigten vorsah. Aber Condorcet, Du-Pont und ihre

Anhänger waren an einer Nachahmung auch anderer amerikanischer Regierungsformen gar nicht interessiert. Sie wollten das Interesse des Volkes für die amerikanischen Vorgänge nur für drei Zwecke ausnutzen: die Idee der Verfassungsschöpfung durch eine konstituierende Versammlung zu verbreiten, die Vorzüge einer besonderen Erklärung der Menschenrechte hervorzuheben und eine Nachahmung der bisher vielbewunderten englischen Verfassung in Frankreich zu verhindern.

Die französische Nationalversammlung, die im Juni 1789 aus den Generalständen hervorging, befaßte sich in den Monaten Juli bis September mit der Aufstellung der Grundprinzipien einer Verfassung. Im August wurden die Menschen- und Bürgerrechte erklärt. Sie wurden Richtschnur und Parole der Revolutionäre nicht nur in Frankreich, sondern in ganz Europa und in Lateinamerika. Ihre Wirkung in Zeit und Raum ist bis auf den heutigen Tag noch nicht abgeschlossen. Daher kann man sie nicht, wie konservativ eingestellte Historiker es oft getan haben, als leere Abstraktionen einer Versammlung von Rednern und Doktrinären abtun. Die Erklärung am 26. August 1789 war ein Musterbeispiel politischer Taktik. Sie sammelte und einte die verschiedenartigsten Revolutionsparteien, sie errichtete ein Symbol, an das sich Menschen vieler Bildungsschichten und unterschiedlicher politischer Einsicht halten konnten. Die fundamentalen Prinzipien hoben das neue Regime scharf vom alten ab. Gleichzeitig wurde aber die Schlichtung der sich bekämpfenden Interessen von alt und neu schwieriger, weil die Streitfragen, um die es ging, als Fragen von Gut und Böse ausgewiesen waren und Erwartungen erweckt wurden, die keine Staatsform jemals erfüllen konnte.

Es ist möglich, daß man diesen entscheidenden Schritt der Revolution ohne das Beispiel Amerikas nicht getan hätte. Doch kann man in solchen Dingen nicht mit unbedingter Sicherheit urteilen. Die Betonung menschlicher und bürgerlicher Grundrechte war eine Folge des Denkens und der Lebensbedingungen im Frankreich des 18. Jahrhunderts. Daß aber solche Rechte in einer numerierten Folge getrennt von der Verfassung aufgestellt und als ein Kriterium, nach dem die Verfassung selbst beurteilt werden sollte, angeboten wurden, ist in der europäischen Aufklärung nicht vorgezeichnet gewesen und kann auch von den aktuellen Problemen des Sommers 1789 in Frankreich kaum ausgelöst worden sein. Angesichts der Tatsache, daß die Franzosen die amerikanischen Erklärungen der Menschenrechte ein Jahrzehnt lang diskutiert hatten, daß Jefferson 1789 in Paris La Fayette und anderen bei der Abfassung einer solchen Erklärung geholfen hatte und daß diese Erklärung textlich der Erklärung der Rechte von Virginia von 1776 ähnelt, scheint es offensichtlich, daß das amerikanische Vorbild in diesem kritischen Augenblick bei der Bildung der westlichen revolutionären Tradition schwer ins Gewicht fiel.

Die französische Nationalversammlung beschäftigte sich nun mit den Verfassungsfragen, deren Entscheidung die Struktur der neuen Regierung bestimmen sollte. Vor allem wurde die Frage des Zweikammersystems und des exekutiven Vetorechts debattiert. Man setzte auch damit die Debatte über die amerikanischen Verfassungen aus den vorangegangenen Jahren fort. Wer ein Oberhaus und ein starkes Vetorecht des Königs befürwortete, wurde als Anglomane verdächtigt, obgleich Mounier, Lally-Tollendal und andere, indem sie dafür sprachen, wiederholt und korrekt die amerikanischen Vorläufer, die neue Bundesverfassung der USA und die neue Verfassung von Pennsylvanien, zitierten, die das Einkammersystem von 1776 abgeschafft hatten. Die opponierende Partei mit Condorcet siegte. Es gelang ihr, Mounier als Anglomanen beiseite zu drängen und den Ruhm der amerikanischen Revolution an die eigenen Fahnen zu heften. Für seine neue Verfassung nahm Frankreich das Einkammersystem an, dazu die königliche Exekutive mit einem nur aufschiebenden Vetorecht.

Das verwirrte die Lage und ließ die Beziehungen zwischen der amerikanischen und der Französischen Revolution nicht mehr in einem eindeutigen Licht erscheinen. Während in den Vereinigten Staaten die Zweikammer-Legislative und die davon unabhängige Exekutive durchaus eine demokratische Staatsform ermöglichten, mußte man im Frankreich von 1789 die Rechte der Exekutive einem König reservieren, der weder gewählt war noch abgesetzt werden konnte. Auch konnte hier ein Oberhaus nur eine Sonderkammer für Fürsten, Adel und Geistlichkeit sein, gegen deren Vorrechte die Französische Revolution ja kämpfte. Zwar hatten die Franzosen dieselben Grundrechte im Auge wie die Amerikaner, aber sie konnten sie nicht durch eine einfache Befolgung der amerikanischen Verfassungsmaßnahmen verwirklichen. Sie hatten es mit einem alten Regime zu tun, wie es Amerika niemals besessen hatte. Frankreich und Europa mußten viel revolutionärer sein als Amerika, wenn sie die gleichen Ziele erreichen wollten.

Die spätere Bedeutung der amerikanischen Revolution

Mit der Französischen Revolution begann für Europa eine eigene revolutionäre Bewegung. Unzufriedene brauchten nicht mehr über den Ozean zu sehen. Die Auswirkungen der amerikanischen Revolution und der Einfluß der Vereinigten Staaten auf andere Länder sind im Strom der Geschichte von nun an schwieriger zu verfolgen. Die Tatsache, daß in einem Zeitraum von fünfzehn Jahren zwei Revolutionen, in Amerika und in Frankreich, ähnliche Grundsätze und Ziele entwickelt hatten, war geeignet, den Sinn für eine weltweite Befreiungsbewegung zu stärken. Französische und europäische Revolutionäre sympathisierten weiter mit den Vereinigten Staaten, und auch in Amerika empfand die aufsteigende demokratische Partei Jeffersons in den neunziger Jahren starke Sympathien für die Französische Revolution, selbst in der Zeit des Terrors.

Die Wirren dieser Jahre waren die erste große internationale Revolution. Aber eben, weil es sich um eine zunehmend internationale Bewegung handelte, ist es schwer, bestimmte Einflüsse im einzelnen Fall zu identifizieren.

Als zum Beispiel die Lateinamerikaner nach 1810 darangingen, unabhängige Republiken zu gründen, bedienten sie sich konstituierender Versammlungen, schriftlich fixierter Verfassungen und sogar bestimmter Züge einer Präsidial- und Kongreßregierung, die an die Vereinigten Staaten erinnerten. Aber die Lateinamerikaner sahen sich keineswegs nur bei den Vereinigten Staaten nach Ideen um. Sie blickten auch auf Spanien und die spanische Verfassung von 1812 und damit indirekt auf die französische Verfassung von 1789 bis 1791. Seitdem haben nordamerikanische und europäische Einflüsse in Lateinamerika miteinander gerungen.

Die Vereinigten Staaten blieben lange das Land der Zukunft. Lord Byron meinte, als er sich mit einem Amerikaner unterhielt, er käme sich wie ein Verstorbener vor, der vom Ufer des Styx zur lebendigen Nachwelt spreche. Das Grundparadox blieb immer das gleiche. Amerika kündigte eine Zivilisation der Zukunft an; gleichzeitig war und blieb es das jungfräuliche Land, frei von den zivilisatorischen Gebresten der Gegenwart. Romantiker besuchten es, um seine weite Einsamkeit, die Majestät seiner großen Naturszenen zu genießen. Selbst in Tocquevilles großem Werk »Demokratie in Amerika«, dem Versuch, in die in Amerika sich abzeichnende Zukunft zu blicken, findet man als Nebenthema die Freude an tiefsinnigen Betrachtungen über den Naturzustand. Reine Romantiker aber waren fast immer enttäuscht, weil das, was sie suchten, etwas Unwirkliches war. Der deutsche Dichter Lenau, der Europa verließ und Begrüßungsverse an die freie Neue Welt ausstreute, kehrte angewidert von dem, was er gesehen hatte, zurück. Auch Romantiker, die in mittelalterlicher Tiefgründigkeit schwelgten, fanden nichts Anziehendes jenseits des Atlantik. Die Vereinigten Staaten waren im Grund kein Land der Romantik, sie waren ein Land der Aufklärung.

Dennoch waren sie die Traumwelt der europäischen Emigration, der wirklichen wie der eingebildeten. Im Jahre 1838 erschien in Deutschland ein Roman »Die Europamüden« von E.A. Willkomm. Erst am Ende des Buches schiffen sich die Personen nach Amerika ein; die ganze Handlung spielt in Deutschland und besteht zum größten Teil aus langen Unterhaltungen über die trügerischen Werte und die abgenutzten Sitten Europas. Damals wanderten realistisch veranlagte Menschen tatsächlich aus, und zwar in großer, nach der Unterdrückung der Revolution von 1848 steigender Zahl. Im Jahre 1855 kam in Deutschland abermals ein Roman heraus, »Der Amerikamüde« von Ferdinand Kürnberger. Er sollte der Faszination durch die Neue Welt entgegenarbeiten und den Lesern den Geschmack am Leben in Deutschland beibringen. Mit dem Untertitel »Ein amerikanisches Kulturbild« stellte dieser Roman die Vereinigten Staaten als ein kaltes, materialistisches und kulturloses Land hin, aus dem sein Held wie Lenau mit zerstörten Illusionen zurückkehrt. Beide Bücher mögen als Beispiele für eine Meinungsverschiedenheit gelten, die lange Zeit in vielen Teilen Europas bestanden hat. Menschen, die in der europäischen Gesellschaft einen gewissen Rang einnahmen und voll an ihrer Kultur teilhaben konnten, wollten nichts mehr von Amerika hören, sie fanden, daß es dort keine Kultur gebe. Die Europamüden waren Amerikas Anhänger; mochten sie ruhelose Romantiker sein, die von der amerikanischen Wirklichkeit enttäuscht wurden, oder politisch Verfolgte wie die deutschen Achtundvierziger. Meist waren sie nichts als einfache Leute, die wegen ihres Standes oder wegen ihrer beschränkten wirtschaftlichen Verhältnisse an der Kultur Europas keinen Anteil hatten und die ohne viel Bedauern nach Amerika auswanderten. Nach ihrer Ankunft drüben waren sie meist weit mehr befriedigt als Angehörige der höheren europäischen Schichten. Sechzig Millionen Menschen verließen Europa in den hundert Jahren vor 1940, mehr als die Hälfte gingen in die Vereinigten Staaten, die Mehrzahl der übrigen in andere Teile Amerikas. Zweifellos die bedeutendste Wanderung der Geschichte!

Amerika blieb das Symbol der Zukunft, der Inbegriff einer neuen Zeit so lange, wie man die Zukunft im Geiste der Aufklärung sah. Solange man auf friedlich-vernünftigen Fortschritt setzte, und zwar vor allem im Felde der Regierung und Gesetzgebung, solange Freiheit die Befreiung des Individuums bedeutete und politische Demokratie als das vornehmste Ziel galt, solange erschienen die Vereinigten Staaten als das Land, das am weitesten auf der Bahn vorgerückt war, auf welcher auch die anderen Nationen sich vorwärtskämpften. Wer im 19. Jahrhundert ein Demokrat war, war auch ein Freund der Vereinigten Staaten, und wer die Demokratie fürchtete, fürchtete die Vereinigten Staaten oder verachtete sie. Für die einen war Amerika ein kraftvoller Pionier, für die anderen war es ein gewöhnliches und rohes Land. Für Harriet Martineau bewies Amerikas überquellende Lebenskraft den Wert der Demokratie; für eine andere Engländerin, Frances Trollope, bewies die gleiche Lebenskraft, die für sie nichts war als Roheit, das genaue Gegenteil. Derselbe Gegensatz zeigte sich zur Zeit des amerikanischen Bürgerkriegs, als Europas führende Kreise im allgemeinen die Partei des aufständischen Südens ergriffen, während die mittleren und unteren Klassen den Norden begünstigten und die Erhaltung der großen Republik erhofften. Alle sahen in den Vereinigten Staaten das Experiment, dessen Erfolg oder Mißlingen für Europa bedeutsam sein müßte.

Gegen Ende des 19. Jahrhunderts, hundert Jahre nach der Französischen Revolution, war der Mechanismus der politischen Demokratie in Europa im allgemeinen durchgesetzt. Zur gleichen Zeit wurden die Vereinigten Staaten mehr und mehr industrialisiert und urbanisiert. Nach 1900 und besonders nach den Zerstörungen des ersten Weltkrieges in Europa fingen die Vereinigten Staaten sogar an, mit ihren technischen Errungenschaften, mit ihrem Massenmarkt, ihrer Arbeitsproduktivität, mit ihrem Kapitalreichtum und ihrem hohen Lebensstandard Europa zu überflügeln. Nach 1890 befestigte sich zunehmend die Auffassung, daß die Vereinigten Staaten das Land der Zukunft im Sinne einer technologischen Zivilisation seien, gekennzeichnet durch Riesenbauwerke, schnelle Transportmittel und ein anonymes Leben in Großstädten, daß aber seine politischen Einrichtungen etwas altmodisch seien. Nur wenige Kenner verstanden die Beziehungen zwischen dem wirtschaftlichen Fortschritt und den politischen Ideen und damit auch zu den Grundzügen der amerikanischen Revolution. Man begriff nicht in vollem Umfang, wie der Wohlstand, der Erfindungsreichtum und die Produktivität des amerikanischen Wirtschaftssystems aus einer früheren politischen Situation hervorgewachsen waren, die Wert auf persönliche Freiheit und soziale Gleichheit gelegt und die Initiative, Freude an der Neuerung, Wandern von Beruf zu Beruf, von Ort zu Ort und von Schicht zu Schicht begünstigt hatte.

In der Vergangenheit war es immer die europäische Linke gewesen, die am meisten mit Amerika sympathisierte; als sie sich dem Sozialismus zuwandte, ließ ihre Bewunderung für Amerika nach. Andererseits verstanden die Amerikaner, die in der Vergangenheit die liberalen und revolutionären Parteien Europas begünstigt und sogar Ludwig Kossuth offiziell geehrt hatten, in zunehmendem Maße nicht mehr die revolutionären Kräfte in der modernen Welt. Opposition gegen das Ancien régime konnten die Amerikaner verstehen. Aber Opposition gegen das kapitalistische Wirtschaftssystem war ihnen ebenso unverständlich wie Sozialprobleme in der Privatwirtschaft; ein aus dem Gefühl der Minderwertigkeit

Marie Joseph Motier, Marquis de La Fayette
Zeichnung von Benjamin Duvivier, 1790
Versailles, Museum

Abschaffung der Sklaverei durch den Konvent am 4. Februar 1794
Aus einer lavierten Zeichnung von Nicolas André Monsiau
Paris, Musée Carnavalet

und Unterdrückung resultierendes Klassenbewußtsein oder eine revolutionäre Psychologie lag außerhalb der typischen Erfahrung Amerikas. Amerikaner, die solche Dinge eingehender studierten, mochten sie wohl begreifen, für die amerikanische öffentliche Meinung waren sie höchst verwirrend. Denn Probleme hatten in Amerika eigentlich immer eine verhältnismäßig leichte Lösung gefunden, nur nicht der Konflikt, der zum Bürgerkrieg führte, nur nicht die Rassenfrage, die man lange Zeit dilatorisch behandelte. Unbelastet, wie schon Goethe bemerkte, von nutzlosen Erinnerungen und von sinnlosem Hader der Alten Welt, hatten sich die Amerikaner auf praktische Tätigkeiten konzentrieren können. Sie nahmen leichtgläubig an, die amerikanische Art, eine Sache anzupacken, ließe sich auch andere Völker lehren. Es fehlte ihnen das Verständnis für Schwierigkeiten, denen andere gegenüberstanden. Daher sind amerikanische Ratschläge in fremden Ländern entweder als irrelevant oder zu billig empfunden worden. Für einen Amerikaner war es schwierig, den sozialen Revolutionsgeist des 20. Jahrhunderts zu verstehen, weil in Amerika die erstarrten Klassenunterschiede und das bittere Klassenbewußtsein fehlten, die zu diesem Geist geführt hatten. Und obwohl die Amerikaner als erstes Kolonialvolk die Unabhängigkeit erlangten, war es für sie schwierig, die revolutionäre antikoloniale und antiwestliche Mentalität Asiens und Afrikas im 20. Jahrhundert voll zu begreifen, und zwar weil sie im Grunde doch immer westlich und europäisch eingestellt waren.

Die amerikanische Revolution hat in der westlichen Welt eine über fünfzig Jahre dauernde Revolutionsepoche eingeleitet. Ihre weltgeschichtliche Bedeutung und die Bedeutung Amerikas als Zukunftssymbol sind stets ebenso bewertet worden wie die Aufklärung und die westliche Revolutionsära als Ganzes. Jeder von der Rechten oder von der Linken inspirierten Geisteshaltung, für die das revolutionäre Halbjahrhundert, das 1776 begann, eine Sache von vorübergehender Wichtigkeit, eine bloße Episode in der als Ganzes nur kurzen Geschichte der liberalen oder bourgeoisen Gesellschaft war, entsprach ein stark reduzierter Begriff von der Wichtigkeit der amerikanischen Revolution. Hegel hat in seinen Vorlesungen über die Philosophie der Geschichte ein paar bezeichnende Bemerkungen über Amerika gemacht. Wie jeder aus seiner Generation, nannte er es das Land der Zukunft, aber damit meinte er nichts anderes, als daß Amerika unreif sei. Es werde, so prophezeite er, ein ganz anderes Land werden, wenn es keine offenen Grenzen mehr habe – denn wäre Deutschland 1789 ein unbevölkertes Waldgebiet gewesen, hätte es keine Französische Revolution gegeben. Wenn die Vereinigten Staaten einmal voll besiedelt und ausgefüllt seien, würden sie nach Hegel wie Europa eine Fülle von Konflikten und Spannungen, eine starre Klassenstruktur, eine größere Scheidung von reich und arm und damit einen mächtigen Staat entwickeln. Da ihm dies alles im Augenblick fehle, stünde es außerhalb der Geschichte, weil der echte Gegenstand der Geschichte die Aufeinanderfolge solcher Konflikte sei. Gerade jene Seite Amerikas, die es für Fortschrittler im Geiste der Aufklärung historisch bedeutsam machte – weil es kein altes Regime besaß –, machte es für Hegel buchstäblich unreal. Im Marxismus, der das Hegelsche System – wenn auch mit umgekehrtem Vorzeichen – übernommen hatte, ergab sich das gleiche Problem. Der Marxismus verkündete eine bestimmte Auffassung von Weltgeschichte, verbindlich für Vergangenheit, Gegenwart und Zukunft. Nach dieser Anschauung war es schwer, für ein Land eine Erklärung zu finden, in dem die Bourgeoisie nie gegen einen feudalen Adel gekämpft hatte, um dann selbst von einem klassenbewußten, revolutionären Proletariat bekämpft zu werden. Entweder mußte Amerika, koste es, was es wolle, so interpretiert werden, daß sich das marxistische Modell eines Klassenkonflikts enthüllte, oder es mußte peripherisch und bedeutungslos bleiben wie bei Hegel. Unter diesen Umständen und angesichts der Tatsache der Ausbreitung des Marxismus war es um die Mitte des 20. Jahrhunderts eine der großen Schwierigkeiten, daß nicht nur die Amerikaner die übrige Welt schwer begreifen konnten, sondern daß es dieser mit den Vereinigten Staaten ebenso erging. Es bestanden zu viele Meinungsunterschiede, nicht allein über Geschichte und Politik, sondern auch über das, was in der Zukunft geschehen konnte oder sollte.

Richard Nürnberger

DAS ZEITALTER
DER FRANZÖSISCHEN REVOLUTION
UND NAPOLEONS

Die Einberufung der Generalstände

So charakteristisch für die Intensität des revolutionären Erlebnisses und die ihm folgende Legende das Bewußtsein von der Einzigartigkeit der großen Tage des Sommers 1789 gewesen ist: auch die Französische Revolution hatte ihre Vorgeschichte. Allerdings meinte Tocqueville, daß es niemals ein bedeutenderes Ereignis gegeben habe, das von langer Hand besser vorbereitet, aber weniger vorhergesehen worden sei. Die Einsicht oder Sorge, daß der bestehenden politischen und sozialen Ordnung Gefahr drohe, daß ihr Einsturz bevorstehen könnte – Kassandra-Rufe oder Zukunftshoffnungen –, hat es zumindest seit der Mitte des 18. Jahrhunderts gegeben; wie das drohende Schicksal der französischen Monarchie praktisch im Staub der Alltagsgeschäfte abzuwenden und wie es möglich sei, den drängenden Aufgaben, die sich der Krone stellten, mit wirksameren Methoden und Organisationen gerecht zu werden, an solchen Fragestellungen hat es nicht gefehlt; auch nicht an energischen Versuchen, das alte Staatswesen zu reformieren. Es heißt, die Geschichte vom Ende her sehen, wenn man der französischen Monarchie im 18. Jahrhundert keine Chance mehr gibt.

Immer wird es eine der schwierigsten und zugleich wichtigsten Feststellungen sein, wann die entscheidenden Schritte getan oder unterlassen worden sind. Es war gewiß kein Zufall, daß es gerade in Frankreich zur Revolution kam; von den französischen Literaten wurde »la belle révolution« mit Inbrunst und Entzücken erhofft und erwartet. Das hieß für Voltaire und das gebildete Bürgertum die Eroberung des Königtums durch die Aufklärung und Kampf gegen den auf religiöser Grundlage beruhenden Absolutismus. »Die Mehrzahl der Franzosen dachte wie Bossuet, aber auf einmal denken die Franzosen wie Voltaire: es ist eine Revolution« (Hazard). Sie wollten nicht etwa einen Umsturz des Staates, sondern eine Revolution im Denken der Regierenden, der Könige und ihrer Berater, der Minister und Beamten. Überschwenglich hat noch der achtzigjährige Voltaire nach dem Regierungsantritt Ludwigs XVI. im Jahre 1774 die Ernennung Turgots, des Intendanten der Provinz Limousin, der zugleich Mitarbeiter der »Encyclopädie« und Gesinnungsgenosse der »Physiokraten« war, zum Finanzminister begrüßt. Turgot galt als einer der Besten der Nation. Voltaire bedauerte, daß er selbst zu alt sei und das Reich der Tugend und der Vernunft nur noch von ferne schauen könne; sein Herz sei aber von heiliger Freude erfüllt, er sehe einen neuen Himmel und eine neue Erde.

Der neue, völlig unerfahrene und hilflose König hatte jedoch gleichzeitig den Kanzler Maupeou entlassen, seit der Jahrhundertmitte einer der sachkundigsten und energischsten Ratgeber der französischen Krone, besonders in Finanzfragen. Maupeou wußte, daß das Werk der französischen Könige und Staatsmänner der letzten Jahrhunderte noch nicht vollendet war; es sollten die hemmenden Zwischengewalten, vor allem die hohen, mit wichtigen politischen Aufgaben betrauten Gerichtshöfe, die sogenannten »Parlamente«, abgebaut und die gesellschaftliche und politische Verfassung Frankreichs weiterentwickelt werden, um Königtum und aufgeklärtes Bürgertum in Verwaltung und Judikatur enger zu verbinden. Statt Maupeous Reformen fortzusetzen, ihm das königliche Vertrauen zu erhalten, glaubte Ludwig XVI., die alten Vorrechte wiederherstellen zu sollen, um die »noblesse de robe« zu versöhnen. Die Schärfe der Auseinandersetzung klang aus den Abschiedsworten, mit denen angeblich Maupeou den Hof verließ: »Il est foutu!« Echt oder unecht, das harte Wort sollte sich bewahrheiten. Mit der Absage an die Reform und dem Zugeständnis an die Reaktion schürzte der König, wie Ranke gesagt hat, »den Knoten seines ganzen Schicksals«.

Turgots mit so großen Erwartungen und so viel Energie begonnene Rationalisierung und Modernisierung der Staatsverwaltung, seine Reformen, blieben in den Anfängen stecken, blieben ein »Möglichkeitsmoment« der Vernunft und der Einsicht, an die der Minister in den Präambeln seiner Gesetze zu appellieren pflegte. Das Hauptstück war eine Steuerreform auf der Grundlage einer einheitlichen Grundsteuer ohne Rücksicht auf die noch vorhandenen Privilegien und eine durchgreifende Vereinfachung und Vereinheitlichung des Steuerwesens. Die Reformen Turgots scheiterten dann aber an den Gesetzesvorlagen zur Aufhebung der Frondienste und der Zünfte; sie griffen mit der »Liberalisierung« der bestehenden Sozial- und Wirtschaftsordnung am tiefsten in die bestehenden Verhältnisse ein. Nicht nur im engsten Kreis der Ratgeber des Königs, sondern auch in der Öffentlichkeit sind sie sofort lebhaft diskutiert worden. Vor allem die von Ludwig XVI. wiederhergestellten Parlamente opponierten gegen die Tendenzen zur Egalisierung. Dieser Opposition fiel Turgot 1776 zum Opfer. In die »unverschämte Freude« seiner Gegner fielen die beschwörenden Worte des scheidenden Ministers: »Vergessen Sie nicht, Sire, daß es eine Schwäche war, die Karl I. auf das Schafott brachte, Karl IX. grausam werden ließ, die Liga gegen Heinrich III. ins Leben rief und die aus Ludwig XIII. einen gekrönten Sklaven machte.« »Mein Gott, was für eine unheilvolle Nachricht habe ich erhalten«, schrieb Voltaire unter dem Eindruck der Entlassung Turgots. »Frankreich würde zu glücklich gewesen sein. Was wird nun aus uns werden? Ich bin niedergeschmettert und verzweifelt.«

Nicht nur das Scheitern der »Revolution von oben«, sondern auch der außenpolitische Zusammenhang machte die Entlassung Turgots zu einer Epoche der französischen Geschichte des 18. Jahrhunderts. Der englisch-amerikanische Konflikt, der zur Unabhängigkeitserklärung der englischen Kolonien in Nordamerika führte, fiel in dieselben Monate des Sommers 1776. Vor einer Teilnahme Frankreichs an diesem Konflikt, zu der es 1778 auf der Seite der Amerikaner freilich doch kommen sollte, hat Turgot damals, während der umfassenden Reorganisation des Staates, eindringlich gewarnt.

Die Entschlüsse dieses Sommers sind für das königliche Frankreich verhängnisvoll gewesen. Die hoffnungslose Finanzlage des Staates nötigte zu immer neuen, aber unzulänglichen Aushilfen. Die Autorität der Krone wurde zusehends ausgehöhlt; der Kredit der königlichen Finanzpolitik schwand dahin. Am Ende aller Versuche sah sich der Finanzminister Calonne im Sommer 1786 gezwungen, dem König die ausweglose Situation zu eröffnen. Er empfahl, Zuflucht zu einer Notabelnversammlung zu nehmen, wie sie schon in den Notzeiten des 16. Jahrhunderts berufen worden war, ehe die Katastrophe der Religions- und Bürgerkriege Frankreich für Jahrzehnte verwüstet hatte, ohne daß damals allerdings die Einberufung der Generalstände (1560) den Ausbruch der Krise verhindern konnte. Nachdem Calonne in einer glänzenden Rede einen Überblick über die Staatspolitik im Lichte der Finanzlage gegeben und eine grundlegende Neuorganisation der völlig veralteten Staatsverwaltung gefordert hatte, ließ Ludwig XVI. auch ihn fallen. Zwar hatte Calonne mit einer Zusammenfassung seiner Reformgedanken, die er gedruckt erscheinen ließ, die Flucht in die Öffentlichkeit riskiert, aber die Beratungen der Notabelnversammlung blieben dennoch ohne Ergebnis. Die Forderung Calonnes, einen Finanzrat als oberste Überwachungsbehörde einzusetzen und alljährlich den Staatshaushalt zu veröffentlichen, schnitt die Lebensfrage des königlichen Absolutismus an, enthielt schon das schärfste Mißtrauensvotum gegen die Zuverlässigkeit der Geschäftsführung der Krone. La Fayette, der gefeierte General der amerikanischen Freiheitskriege, erklärte jetzt sogar, daß neue Steuern überhaupt nur mit einer Vertretung der Nation beraten werden könnten. Bei aller Kritik an der königlichen Politik haben die politischen Gewalten des alten Staatswesens die Verantwortung für die öffentliche Not nicht übernommen, sondern sich auf Empfehlungen und Ratschläge, die der König von ihnen erbeten hatte, beschränkt. Schritt für Schritt traten sie jetzt aber aus ihrer bisherigen Isolierung hervor und appellierten – wie Calonne es schon getan hatte – selbst an die Nation. Das war im Grunde nichts anderes als eine Verzichterklärung der Notabeln, so lebhaft in der allgemeinen Vertrauenskrise diese Wendung auch begrüßt wurde. Radikale Reaktionen der Regierung gegen die mit Erschrecken zur Kenntnis genommene Opposition haben die Lage nicht verändern, die Entwicklung nicht aufhalten können. Im Gegenteil, im Herbst 1787 mehrten sich die Stimmen kritischer Beobachter, die das Ende des königlichen Absolutismus für unvermeidlich hielten. Hinzu kam, daß die Krone eine diplomatische Niederlage in den Niederlanden erlitten hatte, als preußische Truppen im Einverständnis mit den Engländern ohne Rücksicht auf französischen Einspruch die Anhänger der oranischen Erbstatthalterschaft gegen die von Frankreich unterstützte Partei der »Patrioten« deckten. Napoleon hat später in dieser Schlappe einen Hauptgrund für den Ausbruch der Revolution gesehen; die französische Politik war gedemütigt und ihr Ansehen überhaupt auf einen Tiefpunkt gesunken. Die finanzielle Schwäche der Regierung verbot jede energische außenpolitische Aktivität.

In dem erbitterten Kampf zwischen der Regierung und dem Parlament von Paris stellte sich sehr bald die Alternative: Staatsstreich durch die Krone oder revolutionäre Erhebung durch das Parlament. In ihm forderte um die Wende der Jahre 1787/88 die öffentliche Meinung immer stärker die Teilnahme der aufgeklärten, von englisch-amerikanischen Verfassungsideen bewegten bürgerlichen Gesellschaft an der Lösung der Schicksalsfragen der französischen Politik. Im Gegensatz zu früheren Notzeiten versagte jetzt auch der Klerus der Krone seine finanzielle Unterstützung; auch der Klerus wurde dem königlichen Absolutismus gegenüber immer kritischer und wies von sich aus auf die Generalstände und deren Steuerbewilligungsrecht als letzte Instanz zur Behebung der Not hin.

Die Lage wurde so gespannt, daß selbst die Regierung die Berufung der Generalstände erwog. Unübersehbare Schwierigkeiten türmten sich freilich vor ihrer Verwirklichung auf; seit 1614 waren die Generalstände nicht mehr zusammengetreten, so daß eine Fülle von Verfahrensfragen zuvor gelöst werden mußte, Fragen der Berufung, Zusammensetzung, Beratung und Abstimmung der drei Stände: Geistlichkeit, Adel, Dritter Stand. Der König entschloß sich trotz allem, am 8. August 1788 die Generalstände auf den 1. Mai 1789 einzuberufen, »une date capitale«, wie Mirabeau, die Bedeutung des Tages sofort erfassend, gesagt hat. Das war die Kapitulation des königlichen Absolutismus vor den bevorrechteten Gewalten des alten Staates. Die Regierung offenbarte ihre Unentschlossenheit und Hilflosigkeit, den Mangel eines klaren Programms, als sie erklärte, daß sie die Versammlung der Generalstände des Königreichs abwarten wolle, ehe die notwendigen Reformen beginnen sollten. Ende des Jahres beschloß eine neue Notabelnversammlung wenigstens, daß die Zahl der Vertreter des Dritten Standes verdoppelt werden solle, um gegenüber Geistlichkeit und Adel zusammen Stimmengleichheit zu erhalten. An den nach Ständen getrennten Beratungen sollte jedoch festgehalten werden.

Eine Flut von Broschüren, erfüllt vom Pathos der Freiheit, überschwemmte jetzt Frankreich. Ihre Verfasser waren vor allem »aufgeklärte« Bürger, Advokaten, Verwaltungsbeamte, Literaten. Die leidenschaftliche Reaktion des Dritten Standes richtete sich gegen die Beratungen der Notabelnversammlungen, gegen den königlichen Absolutismus und gegen die Parlamente, die nur ihre Privilegien verteidigen wollten. Über die notwendige Finanzreform hinaus wurde eine Veränderung der Verfassung des Königreiches gefordert. Dazu habe die »Nation«, zu welcher Klerus und Adel nicht zählten, ein Recht. »Eine vollständige Nation ist der Dritte Stand«, erklärte Abbé Sieyès in seinem im Jahre 1789 erschienenen Traktat »Was ist der Dritte Stand?«. Reformen könne man sich nur auf den Trümmern der Privilegien denken.

Die neue gemeinschaftsbildende Kraft war die Nation, die, wie vorher der Staat des fürstlichen Absolutismus im 17. und 18. Jahrhundert, alles in ihrem Interesse mediatisieren wollte; die Nation wurde zur alles beherrschenden Gruppenform, die Solidarität der Nation trat vor alle anderen Solidaritäten. Die Nation identifizierte sich mit dem Staat. Die Publizisten wollten die Monarchie nach englischen, amerikanischen und Schweizer Vorbildern reformieren, sie wollten vor allem die Souveränität der Nation an Stelle der Souveränität des Königs. Als »Pforte zu dem zu errichtenden Gebäude« sollte die Erklärung der Menschenrechte wie in den USA dienen. Die Nation erhob sich über alle Stände, es gab nur eine einzige und brüderliche Gesamtheit von Bürgern, eine einzige gesetzgebende Repräsentation der Nation auf der Grundlage von Rechtsgleichheit und Freiheit. So radikal und revolutionär diese Gedanken waren, sie setzten nicht von vornherein eine Beseitigung der Monarchie voraus. Für die Franzosen blieb die Monarchie noch immer von großem Gewicht. Die Reorganisation des Staates sollte nicht ohne den König geschehen; die in Übereinstimmung mit ihm durchgeführten Reformen sollten Frankreich mit einer neuen Energie erfüllen und ihm eine größere Machtstellung verschaffen. Auf den König waren die Hoffnungen gerichtet, und man glaubte, das Königtum und die Nation würden ein neues Frankreich schaffen und repräsentieren, nachdem der Adel und alle Privilegierten entrechtet seien.

In diesen Monaten organisierte sich der Dritte Stand als Partei der Reformer, als »partie nationale«. Geistliche und Adlige schlossen sich den Gruppen, Zirkeln und Clubs an, die früher verboten waren, jetzt aber in Paris und in der Provinz eine steigende Bedeutung für die Meinungsbildung gewannen. Von neuen Impulsen bewegt, regte sich, von der wirtschaftlichen Entwicklung und dem wachsenden Reichtum der französischen Bürger gefördert, der Gemeingeist. Diese neue Dynamik drängte über alte Ordnungen und Einhegungen des kommunalen Lebens hinaus. Gleichgesinnte schlossen sich zusammen, im öffentlichen Leben bildeten sich neue Fronten. Die königlichen Intendanten berichteten aus den Provinzen von der höchst beunruhigenden Gärung unter den Gruppen des Dritten Standes; ein Funke genüge zur Explosion. Auch die Vorbereitungen zur Versammlung der Generalstände bargen die Gefahr von Unruhen in sich. Noch bedrohlicher wurde die Situation durch Versorgungskrisen im Frühjahr 1789. Mit der Depression, von der hauptsächlich die Manufakturbetriebe in Nordfrankreich und in Lyon betroffen waren, breitete sich Arbeitslosigkeit aus, die fast die Hälfte aller Arbeiter brotlos machte. Sie wanderten vielfach nach Paris und trugen dazu bei, das Elend und die Unruhe in den Vorstädten zu vergrößern. Eine gewitterschwüle, gefahrdrohende Atmosphäre vor der Entladung. Hungerrevolten brachenaus, als der Brotpreis im Winter 1788/89 infolge der Mißernte des Sommers immer höher stieg. Die Truppen weigerten sich, gegen die Aufrührer einzuschreiten.

In diesen unheilschwangeren, sich der Anarchie zuneigenden Tagen fanden die Wahlen zu den Generalständen statt. Es zeigte sich, wie viele Unterschiede im königlichen Frankreich noch bestanden und wie unvorbereitet die Regierung der Versammlung der Generalstände entgegenging. Höchst aufschlußreich für die Übertragung der allgemeinen Ideen der Aufklärung in konkrete politische Forderungen sind die »cahiers de doleances«, die »Beschwerdehefte«, die nach altem Brauch bei der Ausschreibung der Wahlen zu den Generalständen in den einzelnen Wahlbezirken entstanden. Das waren keine Tatsachenberichte über die Zustände, sondern Meinungsäußerungen von repräsentativer Bedeutung. Besonders bemerkenswert waren die »cahiers« der Städte mit Parlamenten. Jedes »Heft« wurde beraten und genehmigt – »wie ein zuverlässiges Testament der alten französischen Gesellschaft« (Sagnac) –, Zeugnisse des französischen Geistes jener Zeit in seiner landschaftlichen Mannigfaltigkeit. Allen gemeinsam ist die Ablehnung des »ministeriellen Despotismus«, die Forderung in einer Verfassung »die Rechte der Nation« genauso festzulegen wie die Rechte der Menschen: Freiheit, Sicherheit, Rechtsgleichheit, Eigentum. Allen gemeinsam ist auch der »Royalismus«, ihr Ideal ist noch nicht eigentlich die rationale Konstruktion eines Verfassungsstaates auf dem Ruinenfeld der Vergangenheit; auch der Provinzial- und Gemeindegeist regte sich noch energisch; freilich die Rechte und Interessen der Gesamtnation wünschten die Abgeordneten »als Franzosen« zu behandeln. Die Nation sollte durch die Generalstände repräsentiert sein, und alle drei Stände waren sich einig, daß die verfassunggebende Gewalt bei dieser Versammlung liegen müsse. In der Verfassung sollten die Menschenrechte festgelegt werden: Pressefreiheit, Toleranz, gesetzliche Sicherheitsgarantie, Rechtsgleichheit, das hieß Abschaffung der Steuerprivilegien, Zulassung aller Franzosen zu allen öffentlichen Ämtern. Die Generalstände sollten periodisch in jedem dritten Jahr zusammentreten, daneben sollte es Provinzialversammlungen geben, eine Art Selbstverwaltung an Stelle der Intendanten, den Agenten der königlichen Zentralgewalt. Auf derselben Grundlage wurden Gemeindeversammlungen geplant. Im ganzen genommen wünschten die Franzosen in allen Ständen eine Liquidation der »monarchie classique«. An die Stelle der monarchischen Zentralisation sollte eine regionale Dezentralisation treten, wodurch der Sinn für die öffentlichen Angelegenheiten gesteigert werde. Die Erfahrungen in der Verwaltung der allgemeinen Interessen, die Kenntnisse der örtlichen Verhältnisse wären die Voraussetzungen für eine im einzelnen gegliedert und im ganzen organisiert lebende Nation, deren allgemeinste Gewalt die Gesetzgebung sei, während die ausführende Gewalt beim König bleibe. Die Gesetzgebung solle einer großen Nation würdig, das heißt vom Geiste der Aufklärung bestimmt sein. Im »cahier« des Dritten Standes von Paris wurde vorgeschlagen, daß jedes Jahr in den Kirchen, Gerichten, Schulen und Kasernen die »charte nationale«, die Verfassung, vorgelesen werden solle. Dieser Verfassungstag sollte in ganz Frankreich ein Festtag sein.

Unvermeidlich traten jetzt auch die alten Gegensätze zwischen den Geistlichen, dem Adel und dem Dritten Stand hervor. Die Reformvorschläge des Dritten Standes wurden vom Adel meist abgelehnt, und der Klerus erhob Einspruch gegen die zu proklamierenden Menschenrechte der Freiheit des Gewissens und der Pressefreiheit. Der Dritte Stand war sich mit dem Adel in der alten Forderung einig, kirchliche Besitzungen zu nationalisieren und die Klöster zu säkularisieren, wenn diese nicht karitative oder gelehrte Interessen verfolgten. Auffallend war auch, daß die Pfarrer radikalere Forderungen anmeldeten als die Bischöfe: sie gingen bis zur Abschaffung des Konkordats, bis zur Bischofswahl durch das Volk und durch die Geistlichkeit. Sie waren bereit, über eine Neuverteilung des kirchlichen Besitzes, ja eine Nationalisierung des Kirchengutes zu debattieren. Die radikalen Reformbestrebungen innerhalb des katholischen Klerus gingen sogar so weit, eine gegenüber Rom selbständige Kirche in der gallikanischen Tradition zu fordern. Ähnliche Verschiedenheiten finden sich auch innerhalb des Adels zwischen hohem Adel, Hofadel und dem wirtschaftlich vielfach bedrängten niederen Adel, dem wegen der Käuflichkeit der Offizierspatente die hohen Dienstgrade unerreichbar waren. Die Gleichheitsforderungen im Adel begegneten sich mit dem allgemeinen Ruf nach Gleichheit in der Nation. Um so bemerkenswerter ist, daß die Bürger in den »cahiers« die Beschwerden der Bauern dämpften. Das Interesse der aufgeklärten Bürger konzentrierte sich auf die großen politischen Reformen, die in der Verfassungsfrage ihren Schwerpunkt hatten und nicht in den Agrarfragen. Gegensätze zwischen reich und arm, Unabhängigen und Abhängigen, Kapitalisten und Zünften waren nicht unbekannt. Dennoch blieb das Wesentliche der Gegensatz zwischen den Privilegierten und dem Dritten Stand, der aus dem niederen Klerus und dem liberalen Adel schon damals Zuzug erhielt. Die nationale Integrationskraft des Dritten Standes wuchs zusehends, bis sich schließlich eine große Mehrheit der Vertreter der Generalstände in ihm zusammenfand, um Frankreichs innere Ordnung umzuschaffen.

Die Konstituierung des Dritten Standes zur Nationalversammlung

Trotz aller Erregung verliefen die Wahlen zu den Generalständen ruhig, so auch in Paris, wo nur etwa jeder zehnte Einwohner das Wahlrecht besaß. Gewählt wurden vom Klerus vor allem die Pfarrer; der Adel wählte oft die oppositionellen liberalen Standesgenossen, die aber doch in der Minderheit blieben; die Deputierten des Dritten Standes stammten meist aus dem Bildungs- und Besitzbürgertum: Vertreter von Handel und Gewerbe, Advokaten und Beamte, aber auch einige Geistliche und Adlige, unter denen Graf Mirabeau hervorragte; auch einige Bauern vertraten den Dritten Stand; nur wenige Bischöfe waren gewählt worden, unter ihnen Charles Maurice de Talleyrand-Périgord. Als Bischof von Autun begann dieser damals sein an Frontwechseln reiches politisches Leben, dessen ruhender Pol in allem Wandel sein unerschütterliches Selbstbewußtsein war, das in Verbindung mit seiner sicheren Witterung für atmosphärische Veränderungen den Rang seiner imponierenden Spielerleidenschaft charakterisiert. Der Aplomb, mit dem er aufzutreten pflegte, hat Mit- und Nachwelt immer wieder über seine wahre Bedeutung in der politischen Geschichte getäuscht. Tausendeinhundertfünfundsechzig Vertreter der Stände, ungefähr sechshundert für den Dritten Stand und etwa je dreihundert für Klerus und Adel, erschienen Anfang Mai zur Eröffnung der Ständeversammlung in Versailles. Daß die Regierung den Wandel der Zeiten nicht begriffen hatte, zeigte sich gleich in der unterschiedlichen Behandlung der Stände beim höfischen Zeremoniell. Während die Geistlichkeit in Audienz, der Adel mit großem Zeremoniell von Ludwig XVI. begrüßt wurden, defilierten die Vertreter des Dritten Standes nur schnell in schlichtem Schwarz, das seitdem zum Ehrenkleid der bürgerlichen Gesellschaft geworden ist, ohne Anrede an dem König vorbei. Eine große Prozession am 4. Mai ging der offiziellen Eröffnung am folgenden Tag voraus. Bei dieser Gelegenheit waren die Ständevertreter zum ersten Male im geschlossenen Zuge öffentlich zu sehen, erfuhren sie zum ersten Male auch Zurufe und Ablehnung der aus Paris nach Versailles geströmten Bevölkerung. Mit seiner ungewöhnlichen Figur, durch seinen Löwenkopf auffallend, häßlich und interessant, so verrufen wie bedeutend, schritt in der Gruppe des Dritten Standes, selbstsicher und überlegen, der Vertreter von Aix-en-Provence, Graf Honoré Gabriel de Mirabeau. Nachdem ihn der Adel der Provence als seinen Vertreter für die Generalstände zurückgewiesen hatte, war er vom Dritten Stand gewählt worden. Kaum einem der in Versailles versammelten Deputierten war die Bedeutung des Moments so bewußt wie dem damals vierzigjährigen Mirabeau, und – was noch mehr besagen will – kaum einer war entschlossener als er, seiner Einsicht entsprechend zu handeln. Er hatte die Revolution kommen sehen, er hielt sie für unausweichlich, und zugleich erkannte er die Größe der Gefahr für Frankreich und das Königtum. Die Revolution durfte nicht ohne Führung bleiben. Das war die große Chance für ihn selbst, für den persönlichen Ehrgeiz des ungewöhnlichen Mannes. Mit fast allen anderen war er der Überzeugung, daß die Revolution nicht gegen das Königtum, sondern mit und für dieses gewonnen werden müsse; aber bei ihm war diese Gesinnung durchdacht, grundsätzlich, nicht nur auf Loyalität beruhend, sondern festes Programm: die Monarchie als Sicherung vor der Anarchie. Er warnte vor denen, die glaubten, »daß dieses große Land ohne einen König bestehen könne«. Auch er bekämpfte den Absolutismus, die veraltete Gesellschaftsordnung. Die neue starke Monarchie, die er für notwendig hielt, sollte eine verfassungsmäßig begründete Monarchie sein, in der die höchste Gewalt im Staat zwischen dem König und der Repräsentation der Nation geteilt sein sollte. Aber er stand von vornherein isoliert in der Versammlung, bewundert und von Mißtrauen umgeben.

Die Eröffnungssitzung brachte die von Mirabeau erwartete große Überraschung. Der König hatte nach der Rede des Ministers Necker die Sitzung geschlossen und damit die Ratlosigkeit der Regierung demonstriert, die eine Diskussion der Meinungen über den Staatsnotstand nicht zuließ. Jacques Necker, der Mann des Unheils, versagte in dieser Stunde. Ein Staatsmann von Rang war er nicht; einen solchen verstand die Regierung weder zu gewinnen noch zu halten. Es war schon ungewöhnlich und erstaunlich, daß dieser aus Genf stammende protestantische Bankier zweimal seit 1777 mit der Finanzverwaltung beauftragt worden war. Durch Spekulationen reich geworden, eitel, ehrgeizig, aber ohne Erfahrungen in der Staatsverwaltung, hatte er durch eine gewagte Anleihenpolitik den Kredit der Krone schwer belastet, sein Ansehen jedoch nicht ernstlich gefährdet. Er bewunderte die englische Verfassung, empfahl Reformen, er hatte die Verdoppelung der Vertreter des Dritten Standes durchgesetzt, er suchte die Verbindung der Krone mit dem Dritten Stand – aber ohne Mut zur Konsequenz seiner Vorschläge: ein schwacher Mann. Nichts konnte in diesem Moment unpassender sein als Entschlußlosigkeit. Das Air des Bedeutenden, das er sich zu geben verstand, zerrann, als es offensichtlich wurde, daß er als Sprecher der Regierung der politischen Aufgabe, die ihm oblag, nicht gewachsen war. Der Minister hatte sich darauf beschränkt, die finanzielle Notlage der Krone als Begründung für die Einberufung der Ständeversammlung zu nennen und an die Hilfe der Stände zu appellieren. Über die Schilderung der finanziellen Schwierigkeiten hinaus kein Wort über die allgemeine Lage, kein Vorschlag zur Lösung der Not. Die Regierung war vor die Stände ohne eigenes Programm getreten; der Eindruck konnte nicht deprimierender sein. Die Forderungen der öffentlichen Meinung, wie sie in den »cahiers« der Stände formuliert worden waren, insbesondere die Verfassungsfrage, waren völlig unbeachtet geblieben. Unwissenheit über die wirklichen Verhältnisse trat genauso erschreckend in Erscheinung wie die Verständnislosigkeit für die Gedanken und Meinungen im Land. Sechs kostbare Wochen vergingen, bis auch nur die Vollmachten der Deputierten geprüft worden waren und die Beratungen beginnen konnten. Aber auch dann blieb noch deren Modus unbestimmt: ob die Stände getrennt oder vereint beraten und abstimmen sollten. Diese Unklarheit wurde der Anlaß zur Revolution des Dritten Standes. Einer der großen Tage der Revolution war der 17. Juni 1789, als der Abbé Sieyès, um die ergebnislosen Verhandlungen zu beenden, in der Versammlung des Dritten Standes beantragte, endlich die von ihm in seinem Traktat »Qu'est-ce que le tiers état?« bereits formulierten Konsequenzen zu ziehen und den Dritten Stand, zusammen mit seinen Parteigängern aus den beiden anderen Ständen, ausschließlich und allein zum Repräsentanten der Nation zu erklären. Darauf konstituierte sich die Versammlung im Bewußtsein der Größe der Entscheidung zur »Assemblée nationale«, zur Nationalversammlung. »Haben etwa die Vereinigten Staaten die Sanktion des englischen Königs abgewartet?« Diese Frage ist für das

Der Schwur im Ballhaus zu Versailles am 20. Juni 1789. Kolorierte Zeichnung von Jacques Louis David. Paris, Louvre

Erstürmung der Bastille am 14. Juli 1789. Zeichnung von Jean Pierre Houel. Paris, Musée Carnavalet

Pathos der Versammlung genauso charakteristisch wie für die Verkennung der wirklichen Verhältnisse diesseits und jenseits des Ozeans. Mirabeau gehörte zu denen, die sofort gegen das Selbstbestimmungsrecht der Versammlung Einspruch erhoben und gegen diesen Entschluß stimmten; er machte darauf aufmerksam, daß die Versammlung im Begriff sei, über den König hinwegzugehen und einen offenen Konflikt zwischen Krone und Versammlung zu wagen, wenn der König nachträglich nicht zustimmen sollte; er fürchtete den Bürgerkrieg. Er kämpfte für den Vorbehalt der Zustimmung des Königs, für sein Programm der konstitutionellen Monarchie, gegen den Zwang zur Kapitulation des Königs vor der Nationalversammlung. Die Versammlung hat sich durch Mirabeau jedoch nicht aufhalten lassen, auf den ersten folgte der nächste Schritt: man erklärte die bestehenden Steuern für ungesetzlich, da sie nicht von der Nation bewilligt, sondern lediglich einstweilige Verfügungen bis zu ihrer Neuregelung durch die Nationalversammlung seien. Die Wirkungen dieses Tages waren überwältigend; während Klerus und Adel heftig über eine Vereinigung mit der Nationalversammlung stritten, raffte sich die hart angegriffene Regierung auch jetzt nicht zu Gegenmaßnahmen auf, indem sie etwa die Beschlüsse des Dritten Standes für unrechtmäßig erklärte. Als die Mitglieder der Nationalversammlung am Morgen des 20. Juni ihren Sitzungssaal verschlossen fanden, entstand sofort der verhängnisvolle Verdacht, die Regierung habe sich gegen die Konstituierung der Nationalversammlung entschieden. In großer Erregung zog man in den benachbarten Ballsaal des Schlosses und vereinigte sich dort zu der berühmt gewordenen, durch Davids Meisterhand dargestellten und in unzähligen Stichen verbreiteten Szene: man schwor, sich nicht zu trennen, sich überall zu versammeln, nicht zu ruhen, bis eine Verfassung für das neue Frankreich geschaffen sei. Nicht nur Frankreich, Europa horchte bei diesem Schwur auf. »Die Deputierten des Dritten Standes waren von diesem Augenblick an gegen die königliche Macht zusammengeschlossen«, meinte später ein Augenzeuge. Im Gegensatz zu dieser Entschlossenheit beriet die Regierung ergebnislos über ihre Stellungnahme. In der durch die Unsicherheit des Königs gesteigerten Unruhe vereinigten sich die Mehrheit der Geistlichen und ein Teil des Adels mit den Deputierten des Dritten Standes. Dieser Front trat der König endlich am 23. Juni in einer gemeinsamen Sitzung der drei Stände gegenüber. Eisiges Schweigen des Dritten Standes empfing ihn. Er erklärte mit dürren Worten, daß er die Konstituierung des Dritten Standes als Nationalversammlung als ungesetzlich verwerfe; sein Programm war nun bereits ausgesprochen reaktionär: Erhaltung der ständischen Gliederung, nur die in dieser Ordnung gewählten und mit königlicher Zustimmung beratenden Deputierten der Stände seien die rechtmäßigen Vertreter der Nation, die gesetzgebende Gewalt sei ausschließlich königliches Vorrecht. Immerhin, der König räumte den Ständen doch das Recht ein, zur Steuergesetzgebung ihre Zustimmung zu geben; diese sollte nur im Intervall der Versammlung der Generalstände gültig sein (ohne deren Turnus festzulegen). Schließlich stellte der König eine Steuerreform in Aussicht, mit der die Beseitigung der Steuerfreiheiten verbunden werden sollte. Dieses Zugeständnis kam jedoch zu spät; es war durch die Ereignisse längst überholt, angesichts der revolutionären Entwicklung schon ein Anachronismus. Der König übersah oder negierte die allein zur Debatte stehende Alternative: Anerkennung der Nationalversammlung oder Machtkampf der Krone mit ihr.

Er forderte allerdings die Entscheidung heraus, indem er am Ende der Sitzung den Befehl gab, nach Ständen getrennt weiterzuberaten. Die Antwort war eine Demonstration des Dritten Standes. Als der König mit den Vertretern des Ersten und Zweiten Standes den Saal verließ, blieben die Deputierten des Dritten Standes und viele einfache Geistliche schweigend sitzen. Die Aufforderung, den Saal zu verlassen, beantwortete der Präsident der Nationalversammlung, der Astronom Bailly, indem er den Zeremonienmeister kurz abfertigte: er glaube nicht, daß man der versammelten Nation Befehle erteilen könne. In der Erregung des Augenblicks, vielleicht auch mit kalter Berechnung, rief Mirabeau den königlichen Hofbeamten zu: »Nur unter der Gewalt der Bajonette werden wir unsere Plätze räumen.« Von Sieyès sind die besonnenen Worte, die das Entscheidende der unerhörten Situation resümieren, überliefert: »Meine Herren, Sie sind heute, was Sie gestern waren; setzen wir unsere Beratungen fort.« Vor dieser Beleidigung schrak der König zurück. Er lehnte es ab, Gewalt anzuwenden. Damit war der Widerstand der Regierung und der ersten beiden Stände gebrochen, die bürgerliche Revolution hatte gesiegt. Weitere Geistliche und Adlige schlossen sich jetzt freiwillig der Nationalversammlung an; der Rest folgte auf ausdrücklichen Befehl des Königs am 27. Juni. Diese Selbstauflösung der königlichen Autorität kommentierte Mirabeau mit der Bemerkung, daß man auf diese Weise die Könige zum Schafott führe. Von nun an repräsentierte die Nationalversammlung die gesamte Nation gegenüber dem König. Kundgebungen aus den Provinzen zeigten, wie groß das Vertrauen breiter Kreise in die Nationalversammlung war. Ihr erklärtes Ziel war eine Reorganisation Frankreichs in Zusammenarbeit mit der Krone; ihr Royalismus war noch ungebrochen. Dieser Gesinnung und diesem Plan ist Ludwig XVI. nicht entgegengekommen. Mit einer unberührbaren und seine einsichtigen Minister zur Verzweiflung treibenden Gleichgültigkeit ging der König in diesen Tagen zur Jagd, während über sein und der französischen Krone Schicksal entschieden wurde. »Die Ereignisse scheinen ihn überhaupt nicht zu berühren«, meinte der Minister Montmorin, »wenn man mit diesem trägen Menschen über politische Fragen spricht, könnte man meinen, es handele sich um Dinge, die den Kaiser von China angehen.«

Bastillesturm und neue Verfassung

Mit der indirekten königlichen Genehmigung vom 27. Juni konnte die Nationalversammlung nun endlich versuchen, an ihre Arbeit zu gehen. Am 7. Juli bildete sie einen Verfassungsausschuß, der in umfassender Weise, weit über den ursprünglichen Anlaß der Beratung der Finanzreform hinaus, die Neuordnung der politischen Verhältnisse des Königreiches vorbereiten sollte. Die Nationalversammlung selbst wurde seitdem »Assemblée nationale constituante«, Verfassunggebende Nationalversammlung, genannt. Alles war noch so labil, daß die Nationalversammlung, in der ja nun alle drei Stände aufgegangen waren, die Stände im Lande draußen nicht aufhob und sich auch hütete, Wahlen zu einer neuen Versammlung herauszufordern. Die Opposition der Mehrzahl der Adligen sprach es offen aus, daß sie die jüngst gefallenen Entscheidungen nicht für endgültig halte, ja, der Verdacht regte sich, daß der König einen Staatsstreich vorbereitete, als zuverlässige Truppen in der Umgebung von Paris und Versailles zusammengezogen wurden. Allerdings kam es Ende Juni infolge von Gehorsamsverweigerungen der Leibregimenter zu Unruhen in Paris. Am 11. Juli wurde Necker, als Repräsentant der bisherigen Regierungspolitik, entlassen und aus Frankreich verbannt. Mit den Geschäften wurden statt seiner Reaktionäre beauftragt. Schon erwartete man, der König werde die Vertreter des Dritten Standes zu Rebellen erklären. Der Schlag blieb jedoch aus. Hinter den Intrigen am Hofe stand kein durchdachter Plan.

Diese drückende Unsicherheit machte sich die radikale Agitation zunutze, um die Pariser Bevölkerung aufzuwiegeln: eine »Bartholomäusnacht der Patrioten« stehe bevor. Eine revolutionäre Kommune löste in Paris die bisherige Stadtverwaltung ab; dunkle, asoziale Elemente mischten sich unter die aufständischen Arbeiter, Studenten, Kaufleute und Handwerker, es kam zu Plünderungen; Truppen wurden herangezogen; zum Schutz der Bevölkerung wurde eine Nationalgarde gebildet. Das Stadium des Vortastens, das der Willenslähmung bei den angegriffenen Machthabern vorauszugehen pflegt, hatte begonnen. Am 14. Juli drang ein Haufen lärmender Menschen, ohne Widerstand zu finden, in das Heereszeugamt ein und bewaffnete sich dort. Sie hatten wohl kaum schon die Absicht, die Bastille, ein altes, nur mit sieben Strafgefangenen besetztes Gefängnis mit spärlicher, aus Invaliden und Söldnern zusammengestellter Bewachung, mitten in der Stadt zu erobern. Da rief einer, man solle nach der Bastille ziehen, vielleicht, wie später vermutet wurde, um die bewaffneten Aufrührer von anderen Zielen abzulenken. Es war, militärisch gesehen, ein aussichtsloses Unternehmen, nur mit Gewehren bewaffnet gegen dicke Mauern zu schießen. Daß die Festung überrumpelt, der Kommandant und ein Teil der Besatzung trotz der Zusicherung freien Abzuges ermordet wurden, ist darauf zurückzuführen, daß die Belagerer wie die Belagerten wußten, die königlichen Truppen würden der Besatzung nicht helfen; diese besaß überdies nur für einen Tag Verpflegung. Am 15. Juli erschien der König persönlich in der Nationalversammlung, um ihr mitzuteilen, daß er die Truppen aus Paris zurückgezogen habe. Er wolle gemeinsam mit der Versammlung über die Wiederherstellung von Ruhe und Ordnung beraten. Am 17. Juli machte er sich sogar auf Anraten der Versammlung auf den Weg nach Paris, um durch seinen Besuch beruhigend zu wirken. Der ihm zujubelnden Menge zeigte er sich vom Balkon des Rathauses mit der neuen blauweißroten Kokarde an seinem Hut.

Damit waren alle verworrenen und kaum durchdachten Pläne eines Staatsstreiches der Konterrevolutionäre zusammengebrochen. Sie verließen als erste Welle der Emigration Frankreich, unter ihnen der Graf von Artois, einer der Brüder des Königs. Sie warfen dem König vor, daß seine Unentschlossenheit und Schwäche ihre Politik habe scheitern lassen. Die bisherigen revolutionären Vorgänge hatten tatsächlich zum Verzicht auf die sakrale Würde des Königtums geführt; die Nation war als Grundlage des neuen Staates anerkannt.

Die Pariser Ereignisse wirkten nun auch in das ganze Land hinaus. Die »grande peur«, die große Furcht, schreckenerregender Höhepunkt einer seit dem Herbst 1788 sich steigernden Psychose, ergriff in den nächsten Tagen und Wochen Frankreich.

Das Bestehende löste sich auf, eine jahrhundertealte Ordnung zerbrach; die wirtschaftliche Krise und die sozialen Spannungen mit Teuerung und herumziehendem Proletariat erhöhten die öffentliche Unsicherheit. Im Sommer 1789 brach die bisherige zentralisierte staatliche Verwaltung vollends zusammen. In der Provinz waren Selbstschutz und Selbsthilfe das Gebot der Stunde. Unter der Leitung des Großbürgertums wurden aus eigener Initiative in den Städten »Räte« improvisiert, die an die Stelle der bisherigen Behördenorganisation traten. Nur zögernd wurden auch die Kleinbürger hinzugezogen, die Arbeiter blieben überhaupt ausgeschlossen, auch aus der Bürger- oder Nationalgarde. Nachrichten über die turbulenten Vorgänge in Paris, Gerüchte über die Bedrohung vom Ausland in Verbindung mit der beginnenden Emigration bewirkten in der Provinz, auch in den größeren Städten, Unruhen und Plünderungen. Lawinenartig verbreiteten sich die Gerüchte über das Raubunwesen und erzeugten eine Panikwelle, die, in den einzelnen Landschaften gewiß stark verschieden, über das Land hinwegrollte. Die lange unbefriedigten; und aufgestauten Beschwerden der kleinen Leute, des »armen Mannes«, wurden laute zuweilen wurde im Namen des »bon Roi«, des »guten Königs«, die Abschaffung der Herrenrechte gefordert. Schlösser wurden zerstört, Archive sinnlos vernichtet. Aus der politischen Erhebung wurde eine soziale Revolution. Die Funktionen der öffentlichen Verwaltung wurden immer mehr gefährdet, Steuerstreiks brachen aus, denen die autonomen Kommunen durch gemeinsamen Selbstschutz zu begegnen suchten. In dieser Not erhielt die föderative Tradition des vorabsolutistischen Frankreich neues Leben.

Erschrocken über diese Entwicklung, beschloß die Nationalversammlung eine Untersuchung der Tatbestände. Anfang August erhielt sie einen ungeschminkten Bericht: »Die Steuern, die Feudalabgaben, alles ist dahin; die Gesetze werden nicht befolgt, die Stadtverwaltungen sind ohne Autorität, das Recht ist nur noch ein Phantom; man sucht es vergeblich in den Gerichtshöfen.« Es begann eine heftige Debatte über eine scharfe Erklärung an die Provinzen. Die Nationalversammlung wollte ihre zentrale Ordnungsaufgabe, ihre Verantwortung nicht aus der Hand geben, während sie mit dem Verfassungswerk für den Gesamtstaat beschäftigt war. Neue Beratungen wurden für den Abend des 4. August angesetzt, der zu einem der großen Augenblicke der Revolutionsgeschichte werden sollte. In dieser Sitzung erhob sich der für seine liberalen Ansichten bekannte Graf von Noailles zu einer aufsehenerregenden Rede: das Interesse der Kommunen sei nicht so sehr auf eine Verfassung gerichtet, sondern ganz unmittelbar auf die indirekten Steuern, die feudalen Privilegien und deren Beseitigung. Um hier zu reformieren und die Ordnung wiederherzustellen, sei eine sofortige Steuerreform nötig, die alle Bürger gleichmäßig erfasse und die Steuerleistung im Verhältnis zum Einkommen des Einzelnen differenziere. Die öffentlichen Lasten müßten von allen gleichmäßig getragen werden. Feudalrechte seien durch Geldleistungen abzulösen, die Frondienste der Bauern aufzuheben. Diese sensationellen Vorschläge waren in einem der aktivsten Klubs, dem Bretonischen, später auch Jakobinerklub genannt, vorbereitet worden. Die Liquidation der Feudalrechte und der Privilegien schien nach allen Erfahrungen unausweichlich; deshalb versuchte man, sie auf dem Rechtswege, nicht auf dem Weg der Zerstörung durchzuführen und einen Kompromiß anzustreben. Im Laufe der leidenschaftlich bewegten Beratungen ließen sich immer mehr

Deputierte von der nüchternen Einsicht überzeugen, daß unrettbar Verlorenes nicht wiederzugewinnen sei und daß man über vollendete Tatsachen hinaus weiter fortschreiten müsse. Schließlich verzichteten die Privilegierten freiwillig auf ihre Vorrechte als ein Opfer auf dem Altar des neuen Frankreich. Das riß die Versammlung zur Begeisterung hin. Man feierte zum Schluß den König in einer spontanen Anwandlung als »restaurateur de la liberté française«, als Wiederhersteller der französischen Freiheit. Eine denkwürdige Nacht der klugen Überlegungen, der großen Gedanken und Gesinnungen, aber auch des Überschwangs, der sich über die Fülle der Schwierigkeiten hinwegsetzte! Das alte Frankreich schien hinweggefegt, alle Gliederungen und Stufungen, in denen man bisher gelebt hatte, waren nivelliert, und die Einheit der Nation in der Gleichheit des Rechtes aller Franzosen war geschaffen. Nicht die Standeszugehörigkeit, sondern Franzose zu sein, gab dem Einzelnen seine Bedeutung in der menschlichen Gesellschaft: »Welch eine Nation! Welch ein Ruhm, welch eine Ehre, Franzose zu sein!« – in dem neuen Frankreich, in dem es nur noch Bürger gleichen Rechtes gibt. Es ist ein Epochenereignis nicht allein der französischen, sondern der Menschheitsgeschichte, doch zugleich auch Ursprung eines neuen französischen Sendungsbewußtseins. Am Morgen des 4. August hatte die Nationalversammlung nicht zufällig beschlossen, die Erklärung der Menschenrechte an die Spitze der neuen Verfassung zu stellen. Aber wie würde sich der König zu dieser Wendung der Dinge stellen? Diese Frage begleitet alle Ereignisse, wie ein roter Faden zieht sie sich durch jene Jahre. Aber der Faden wurde im Geflecht des Geschehens immer farbloser und verlor sich schließlich. Er endete nicht wie in der Geschichte der englischen Revolution mit der Hinrichtung Karls I. abrupt in voller Farbenkraft.

Die Gelegenheit zum Kompromiß nahm Ludwig XVI. nicht wahr. Die Verzichterklärung des Adels lehnte er strikt ab, er werde niemals eine Beraubung seines Klerus und Adels zulassen, Gesetzen dieser Art werde er seine Sanktion nicht geben. Die Begeisterung, die sich aller Stände bemächtigt hatte, berührte seine Seele nicht. Die Nationalversammlung entschied daraufhin, zumal sich auch im Klerus und Adel Widerspruch zu erheben begann, daß das Prinzip der Beschlüsse nicht mehr angetastet werden dürfe; in den folgenden Tagen gab sie ihnen nach langen Debatten Gesetzeskraft. Der preußische Gesandte in Paris, Graf von der Goltz, faßte die Problematik dieser Tage in der Bemerkung zusammen, daß Ludwig XVI. sich jetzt zwischen dem Adel und dem Dritten Stand entscheiden müsse. »Da es sich in erster Linie um Finanzen und Kredit handelt«, setzte er hinzu, »würde ich den Dritten Stand vorziehen« – im entgegengesetzten Fall wäre bei der allgemeinen Aufregung, dem Geldmangel und der Hungersnot eine unermeßliche Anarchie vorauszusehen.

Der König aber dachte nur starr an die Erhaltung der alten Ordnung und verstand es nicht, die Entwicklung für sich auszunutzen. Die Revolution zusammen mit dem Bürgertum zu gewinnen, ihr immer einen Schritt voraus zu sein, setzte seltene Fähigkeiten großer Staatsmänner voraus. Vielmehr verschärfte sich das Verhältnis zwischen der Nationalversammlung und dem König, ein Ausgleich schien nur noch unter ganz neuen Voraussetzungen möglich zu sein. Aber die Nationalversammlung schränkte zur Sicherung der revolutionären Errungenschaften den Einfluß des Königtums als exekutiver Gewalt zugunsten der legislativen Gewalt der Nationalversammlung soweit wie möglich ein. Seit den Ereignissen der Julitage mußte sie andererseits aber auch mit dem Terror der Tribünen rechnen, mit der radikalen Propaganda, die vom Herzog von Orléans im Palais Royal unterstützt wurde.

Der nächste Schritt der Nationalversammlung war die »Erklärung der Menschen- und Bürgerrechte« am 26. August 1789. Die Aufhebung der Privilegien und diese Proklamation standen in einem inneren Zusammenhang, denn die »Menschen- und Bürgerrechte« konstituierten die neuen Prinzipien nach der Aufhebung der alten Sozialordnung. Schon in den »cahiers« gefordert, in vielen Entwürfen im Umlauf, lag ihre verfassungsrechtliche Begründung in der Sicherung der gleichen Rechte gegen den Despotismus, eine »Art der Selbstverteidigung« der Revolution gegen die Konterrevolution, aber doch vor allem der »höchste Ausdruck eines politischen Glaubensbekenntnisses, zu dem eine ganze Generation herangereift war« (Göhring). Ihr vielerörterter Ursprung lag in der »Aufklärung«. Das Bedeutsame dieser zuerst im Freiheitskampf der nordamerikanischen Kolonie formulierten Grundsätze war die Begründung nicht mehr aus dem alten Recht, dem Herkommen, sondern aus den allgemeinen Sätzen des Naturrechtes. Die amerikanische Erklärung war in französischer Sprache neu zu formulieren. Der erste Entwurf La Fayettes wurde von Thomas Jefferson, dem damaligen amerikanischen Gesandten in Frankreich, durchgesehen. Gleichzeitig lagen mehr als fünfzig umfangreiche, mehr oder weniger durchdachte Entwürfe zur Diskussion vor. Die Erklärung war freilich keine bloße Übersetzung. »Man sage uns nicht, daß unsere Erklärung ähnlich sein müsse. Die Umstände sind nicht dieselben. Wir haben mit den Amerikanern nur den Wunsch gemeinsam, uns zu regenerieren.« Die französische Deklaration war auch von einem anderen Geist erfüllt als die amerikanische: sie lebte aus dem Geist der Revolution gegen das Ancien régime, sie war deshalb auch polemischer, aggressiver, schärfer, kurz: spezifisch revolutionär und spezifisch liberal. Freiheit vom Staat, Festlegung einer »ausgegrenzten Sicherungssphäre« für die freien und an Rechten gleichen Menschen standen in ihrem Mittelpunkt. Staatszweck war deshalb auch Sicherung und Erhaltung (conservation) der »natürlichen Rechte«: Freiheit, Eigentum, Sicherheit, Widerstand gegen Unterdrückung. Charakteristisch war schließlich für den Geist der Erklärung die typische liberale Staatsfremdheit, ein letztes Unbeteiligtsein am Staat (Smend). Frei-sein heißt, alles tun zu können, was dem anderen nicht schadet. Grenze des Rechts auf Freiheit ist das Recht des anderen; diese Grenzen werden durch das Gesetz bestimmt, an dessen Bildung alle mitzuwirken haben. In dem Anspruch auf die Allgemeingültigkeit dieser Erklärung meldete sich ein Sendungsbewußtsein an, das vom Pathos der Losung »Freiheit, Gleichheit, Brüderlichkeit« getragen wurde. Die Prinzipien von 1789 haben ungeahnte Kräfte freigesetzt und wandelten die Gesellschaft in höchst wirksamer Weise; ohne diese Befreiung wären die ungeheuren technischen, wirtschaftlichen und sozialen Umwälzungen des 19. Jahrhunderts meist unmöglich gewesen. Aber sie gefährdeten auch das Individuum, indem sie es dem Druck des Staates isoliert überließen. Eben dieses war eine der Voraussetzungen für die spätere terroristische Phase der Revolution, in der die Spannung zwischen Freiheit und Gleichheit zugunsten der Gleichheit aufgehoben wurde.

Daß die Deklaration der Menschen- und Bürgerrechte ein Wagnis sei, hat Mirabeau sogleich in die Debatte geworfen. Nüchtern und einsichtsvoll hielt er es für eine Gefahr, abstrakte, aus der Theorie entwickelte, vom geschichtlichen Herkommen unabhängige Rechte aufzustellen. »Wir haben eine längst bestehende Regierungsform, ein altes Königtum, tiefverwurzelte Vorurteile. Man muß diese Dinge durch die Revolution so gut wie möglich korrigieren, aber nicht überstürzt.« Sein realpolitischer Sinn forderte, daß die Versammlung vordringlich eine gute Verfassung zu machen habe, die dann durch eine Erklärung der diskutierten Rechte gekrönt werden könne. Aber mit diesen Argumenten drang er nicht durch. Daß statt dessen die weltfremde Utopie vom freien Menschen siegte, war bezeichnend für die unbegrenzten Hoffnungen auf die Wirkungen der revolutionären Prinzipien: je mehr die Menschen sich ihrer Rechte bewußt seien, desto mehr werden sie auch das Gesetz und das Vaterland lieben. Deshalb wurde absichtlich auf eine Ergänzung der Erklärung der Menschen- und Bürgerrechte durch eine entsprechende Deklaration der Pflichten verzichtet, wie sie von geistlicher Seite gewünscht worden war. Wer wisse, daß er Bürger sei, kenne auch seine Verpflichtung gegen die Allgemeinheit; der Glaube an die Besserungsfähigkeit des Menschen und seiner Institutionen war nicht nur in der Präambel ausgesprochen worden, er durchdrang auch die ganze Deklaration. Tief enttäuschend war es deshalb für manchen Deputierten, daß unter die Menschen- und Bürgerrechte die Freiheit des religiösen Kultus keine Aufnahme fand. Erst nach heftigen Debatten gelang es gegen den Einspruch des Klerus, der auf die Unvereinbarkeit der Freiheit des religiösen Bekenntnisses mit der öffentlichen Ruhe und Ordnung hingewiesen hatte, wenigstens die Glaubensfreiheit, nicht die Kultfreiheit in den Artikel 10 der »Erklärung« als Menschen- und Bürgerrecht aufzunehmen.

Zunächst war ganz unklar, wie die Erklärung in den chaotischen Zuständen des Herbstes 1789 »aus der weiten Region der Abstraktionen der geistigen Welt« entlassen, in der Realität der politischen Aufgaben ihren Weg finden würde. Man stand sogleich vor der Tatsache, daß der König weder die Augustgesetze noch die Erklärungen der Menschen- und Bürgerrechte zu genehmigen bereit war. Die Konsolidierung der neuen politischen Gewalten war aber so weit gediehen, daß die königliche Weigerung die Nationalversammlung in ihrer Arbeit nicht irre machen konnte. Sie antwortete mit der Erklärung, daß die verfassunggebende Gewalt souverän sei, die Verfassung sei »früher als die Monarchie«, sie bedürfe gar nicht der Zustimmung des Königs. Dessen Stellung war innerhalb der Verfassung durch diese Erfahrungen präjudiziert: die Verfassung sollte keineswegs als Vertrag zwischen zwei Partnern verstanden werden; vielmehr war die Stellung des Königs auf Grund der Mediatisierung des Königtums durch die souveräne Nation und deren Verfassung lediglich eine Kompetenzfrage. Die Beratungen über das Recht des absoluten Vetos der Krone in der Gesetzgebung wie über die Bildung eines Oberhauses drehten sich um den Versuch, die Stellung des Königs verfassungsmäßig so stark wie möglich zu machen und die Omnipotenz des Parlamentes durch ein Gleichgewichtssystem der politischen Gewalten einzuschränken. Die Nationalversammlung entschied sich für das suspensive Veto des Königs mit der vagen Konzession, daß dem König die Gesetze »zur Annahme« vorgelegt werden sollten; unklar blieb, ob mit oder ohne königliche Zustimmung.

Als Reaktion auf die Beschlüsse der Nationalversammlung wurden zuverlässige Truppen nach Versailles verlegt. Die Lage verschärfte sich Anfang Oktober aber nicht nur in Versailles, sondern auch in Paris. Dunkle Verbindungen liefen zwischen den »Patrioten« in Versailles und den Revolutionären in Paris, wo die wirtschaftliche Notlage die politischen Spannungen förderte. Arbeitslosigkeit, Teuerung, Brotknappheit, all das ist wahrscheinlich ausgenutzt worden zu dem wilden Zug der Frauen aus den Pariser Markthallen und der Arbeitervorstadt Saint Antoine am 5. Oktober nach Versailles, dem später die Nationalgarde mit La Fayette an der Spitze folgte. Unter dem Druck der Straße sollte der König nach Paris gebracht werden. Gerade von der Jagd zurückkehrend, war Ludwig bereit, eine Abordnung der Frauen zu empfangen. Er versprach ihnen wohlwollend eine bessere Versorgung von Paris. Im Durcheinander der durch solche Demonstrationen noch undurchsichtiger werdenden Nacht forderten die Kommissare der Kommune von Paris, daß der König nach Paris übersiedeln müsse. Bei Beginn des neuen Tages drangen die Demonstranten sogar in den von königlichen Garden geschützten Schloßhof ein. Daß es zu Schlägereien kam, daß es Tote und Verwundete gab, lag an der Atmosphäre solcher Situationen. Die Königin sah sich durch die in das Schloß eindringenden Aufrührer bedroht, bis die Nationalgarden das Schloß von den Eindringlingen säuberten und La Fayette sich unter dem Rufen der Menge »Nach Paris!« auf dem Balkon des Schlosses mit der königlichen Familie zeigte. Ludwig XVI. hat auch hier aus Sorge vor den Konsequenzen durchgreifender Maßnahmen nachgegeben. Die Nationalversammlung beschloß, dem König nach Paris zu folgen. So ist es zu dem makabren Zug am Nachmittag des 6. Oktober 1789 gekommen, in dem der König mit seiner Familie, gefolgt von einem Teil der Deputierten und von Truppen und Demonstranten, von Versailles nach Paris fuhr und in den verödeten Tuilerien Wohnung nahm.

Unter dem Eindruck dieser Ereignisse schritt die Spaltung der Nation schnell fort. Die demokratische Bewegung wuchs, und die Konterrevolution bereitete den Gegenschlag vor. Die Nationalversammlung aber hatte sich in allen diesen Ereignissen nicht nur behauptet, sie war allmächtig geworden, freilich unter der Voraussetzung, daß sie die Übereinstimmung mit der öffentlichen Meinung nicht verlor; das war die nicht zu tilgende Hypothek der Entwicklung. Andererseits zeigt der Gedanke, den König zugunsten einer Regentschaft für seinen Sohn zur Abdankung zu zwingen, wie tief das persönliche Ansehen Ludwigs XVI. gesunken war.

Die schwierigen und mühseligen Verhandlungen der nun in Paris ihre Arbeit fortsetzenden Nationalversammlung fanden im Zeichen stärkerer Gruppierung und Profilierung der Menschen und Meinungen statt. In Paris hatte die Versammlung einen breiten gesellschaftlichen Hintergrund; neue Zeitungen, die hier ihre Leser schnell fanden, beeinflußten die öffentliche Meinung. Sehr wichtig wurde, daß sich jetzt über das ganze Land hin Filialen der Pariser Klubs bildeten; ein Netz von Ortsgruppen der Pariser Zentrale der »société des amis de la constitution«, die im Jakobiner-Kloster ihren Sitz hatte, war im Entstehen. Angesichts der sich auflösenden staatlichen Behördenorganisation bildete sich

Die Verfassung von 1791
Allegorischer Farbstich. Paris, Bibliothèque Nationale
Collection De Vinck

Titelseiten französischer Revolutionszeitschriften
Zeitungsverkäuferin in Paris. Aus einem Farbstich von Louis Philibert Debucourt, 1791
Paris, Bibliothèque Nationale

hier eine zentral geleitete Partei mit einem noch unübersehbaren Potential politischer Aktionsfähigkeit. Daneben und teilweise im Widerspruch zu dieser zentralistischen Organisation waren landauf, landab Föderationen der Kommunen entstanden, die am 14. Juli 1790, dem Jahrestag des Bastillesturms, mit der ebenso feierlichen wie bedeutungsvollen Demonstration der Einheit der französischen Nation im Föderationsfest auf dem Marsfeld in Paris den Höhepunkt ihrer Bewegung erlebten. Am Altar des Vaterlandes zelebrierte Talleyrand als Bischof von Autun die Messe, und die Versammlung der von den Nationalgarden ernannten Vertreter legte einen Treueid auf die Nation, die Verfassung und den König ab.

Die Begeisterung dieses Tages konnte jedoch nicht über die fortschreitende innere Auflösung hinwegtäuschen. Unausgesetzt flammten hier und dort Unruhen auf, Schwierigkeiten in der Getreideversorgung entstanden trotz der ausgezeichneten Ernte des Sommers 1790. Das ganze Jahr hindurch gab es in Frankreich Aufstände. Der Adel, der sich bedrohter als je fühlte, verstärkte seinen Widerstand: die sozialen Gegensätze vertieften sich allenthalben; eine Politik des Kompromisses schien illusorisch zu werden. Zu diesen inneren Nöten kam nun die Bedrohung durch eine Intervention der europäischen Mächte, hinter der die Aktivität der Emigranten stand. Im Süden des Landes wurde ein vom Ausland unterstützter Bürgerkrieg geplant; es kam bereits zu blutigen Kämpfen. Man wollte in Lyon einen Aufstand anzetteln und den König veranlassen, dorthin zu fliehen.

Seit den Oktobertagen des Jahres 1789 war die Flucht des Königs von französischen Adligen vorbereitet worden. Ludwig, der eigene Fluchtpläne verfolgte, lehnte jene Vorbereitungen allerdings ab. Der Wachsamkeit der »Patrioten« in der Nationalversammlung entgingen alle diese Intrigen nicht. Zahlreiche Verschwörer wurden im Laufe des Jahres verhaftet, andere konnten entfliehen. Sie trugen ebenso zur Beunruhigung bei wie Meldungen über österreichische Truppenverschiebungen nach den habsburgischen Niederlanden. Der allgemeine Zersetzungsprozeß ergriff nun auch die Armee und die Flotte: die Spannungen zwischen Offizieren und Mannschaften wurden durch den Widerstreit zwischen militärischem Selbstbewußtsein und revolutionärer Gesinnung verschärft. Dennoch wagte die Nationalversammlung mit Rücksicht auf die Bedrohung durch das konterrevolutionäre Europa nicht, die adligen Offiziere aus der Armee zu entlassen. Eine weitere Gefährdung riefen die Organisationen der Arbeiter in Paris mit ihren Lohnforderungen hervor. Die demokratische Agitation ergriff ihre Partei, während das Bürgertum vor den Konsequenzen der Gleichheit aller Staatsbürger erschrak; eine Radikalisierung der bürgerlich-liberalen Revolution schien sich anzubahnen.

Mit gespannter Aufmerksamkeit beobachtete Mirabeau die Entwicklung. Seiner Lösung der Verfassungsfrage, einer starken konstitutionellen Monarchie, hat der König genauso wie die Nationalversammlung letzten Endes seine Zustimmung versagt. In den Debatten über die Frage, wem das Recht der Kriegserklärung zustehen sollte, sprach er seine von allen Illusionen und von jeder Agitation freie Einsicht aus: »Gibt eine unverantwortliche Verfassung von siebenhundert Mitgliedern eine bessere Gewähr für einen gewissenhaften Beschluß als ein Monarch mit seinen verantwortlichen Ministern? Sind nur die Könige kriegslustig, kann nicht auch eine parlamentarische Versammlung von der plötzlichen Wirkung ansteckender Leidenschaft hingerissen werden zu einem ungerechten Krieg?« Seit dem Sommer 1790 stand Mirabeau in geheimer Verbindung mit dem Hofe. Er hatte sich für die Bezahlung seiner großen Schulden und eine monatliche Besoldung durch den König kaufen lassen. Die Anweisung auf sein Schuldkonto sollte nach Schluß der Nationalversammlung in vier Raten zahlbar sein, wenn der König mit seinen Diensten als geheimer Ratgeber und Agent der Krone zufrieden sein sollte. In diesem Handel unterwarf sich Mirabeau nicht einem fremden Programm, sondern er verkaufte seine politischen Pläne. Die erste seiner fünfzig Denkschriften stammt vom 10. Mai 1790. Ihr Kerngedanke war ein Staatsstreich der Krone, dessen Signal die Flucht des Königs in die Provinz sein sollte. Dieses Projekt ist hin und her erwogen worden. Der Sinn der Flucht war, außerhalb von Paris einen festen Kern unabhängiger königlicher Macht zu schaffen. Mirabeau, zum Äußersten entschlossen, schreckte auch nicht vor einem Bürgerkrieg zurück, ja, er hielt es kaum für möglich, ihn zu vermeiden. Er hielt ihn für das kleinere Übel im Vergleich zur herrschenden Anarchie. Mit allem Nachdruck lehnte er eine Flucht des Königs nach Metz, an die Ostgrenze, in der Richtung nach Wien zu seinem Schwager ab. Mitten im eigenen Land sich behaupten und Frankreich erneuern, hielt Mirabeau für den besten Weg. Am 5. Dezember 1790 fand eine geheime Aussprache zwischen ihm und dem Außenminister Montmorin über diese Pläne statt. Selbst angesichts der völlig unkonventionellen Einstellung Mirabeaus war das sehr gewagt. Daß er jetzt va banque spielte, kennzeichnete seine Beurteilung der Lage. Er hatte im übrigen sehr präzise Vorstellungen »über die Lage Frankreichs und die Mittel, um die allgemeine Freiheit mit der königlichen Aktivität zu vereinigen«, wie es in der Denkschrift vom Dezember 1790, dem »kleinen Buch« des Grafen Mirabeau, heißt. Aus der kritischen Analyse der unbefriedigenden Ergebnisse der revolutionären Entwicklung gewann er die Einsicht, die seine praktischen Vorschläge zur Heilung der Gebrechen bestimmte. Wichtig war zunächst, daß er die Konterrevolution genauso wie die Restauration des alten Staatswesens für unmöglich hielt. Man könne sie selbst im Interesse der Monarchie nicht wünschen. Die Revolution habe bereits Ergebnisse gezeitigt, die von bleibender Bedeutung seien: einmal die Vernichtung des Feudal- und Privilegienstaates, andererseits die Rechtsgleichheit aller Bürger, Freiheit der Presse, Teilnahme der Nation an der Regierung des Königreiches; diese und andere Ergebnisse der Revolution sollten vom König anerkannt werden. Bis jetzt sei die Verfassung ein »konfuses Gemisch« der klassischen Grundformen der Verfassungstheorie, ein Gemisch aus Demokratie, Aristokratie und Monarchie. Verfassungsmängel müßten auf Grund der Erfahrungen beseitigt werden, das sei die Aufgabe für ein zukünftiges Parlament. Von zentralem praktischem Interesse sei, daß der König und die Regierung tatsächlich wieder regieren. Diese Forderung wurde durch den Vorschlag ergänzt, die jetzige Nationalversammlung zu ruinieren und in der öffentlichen Meinung bloßzustellen. Im Eifer um den Erfolg seines Planes kommt Mirabeau auch ausführlich auf die taktischen Mittel dieser Politik zu sprechen, die zum Instrumentarium des revolutionären Aktivismus gehören. Die Nationalversammlung dürfe nicht zu ruhiger Arbeit kommen, ihre Aufregung müsse noch gesteigert werden, ja man solle sie sogar reizen. Paris möge man immer wieder bevorzugen, um dadurch die Eifersucht des flachen Landes und der Städte zu stacheln. Man müsse die Nationalversammlung zu Maßnahmen verleiten, welche die Provinzen in ihrer gerade wiedergewonnenen Selbständigkeit bedrohten. Auch durch Petitionen, welche von der Nationalversammlung auf Grund ihrer Prinzipien abgelehnt werden müssen, würde man sie in der Öffentlichkeit bloßstellen. Nutzlose Verhandlungen müßten endlos ausgedehnt und die Versammlung gezwungen werden, gegenüber den fortgesetzten Provokationen die Regierungsgewalt immer mehr in ihrer Hand zu zentralisieren. Dadurch werde die allgemeine Desorganisation und die Anarchie gefördert, die entscheidende kritische Situation vorbereitet; zum Schluß werde das Gefühl überwältigend sein, daß es keine andere Zuflucht mehr gebe als bei der Autorität der königlichen Regierung. Das war nichts anderes als die geplante Lenkung einer revolutionären Entwicklung. Zu ihr gehörte auch, daß die Person des Königs und der Königin volkstümlich wurden. Mirabeaus Plan sah auch vor, die öffentliche Meinung zu lenken und Einfluß auf geheime Organisationen zu gewinnen. Der Minister müsse seinerseits mit einigen Abgeordneten aus allen Gruppen in geheimer Verbindung stehen unter der Voraussetzung, daß keiner von dem anderen etwas wisse; jeder müsse sich allein im Vertrauen des Ministers glauben, nur die Verschwörerzentrale, der Minister Montmorin und Mirabeau dürften den ganzen Zusammenhang kennen. Eine geheime Polizei zur Überwachung von Paris sei nötig. Vierzig gut bezahlte Agenten, die sich untereinander nicht kennen, sollten in das Land hinausgeschickt werden. Der letzte Schritt sollte sein, daß der König sich der Hauptstadt und ihrem Druck entziehe und in der Provinz residiere. Sein Ziel werde nicht die Konterrevolution sein, sondern eine »contre constitution«, eine verbesserte Verfassung mit einer neu gewählten Legislative. Sollte es dann zum Bürgerkrieg kommen, so dürfe man ihm nicht ausweichen. Vor allem: alle Vorbereitungen müßten vorsichtig, ohne Überstürzung getroffen werden, vielleicht könnte es sogar gelingen, ohne große Erschütterung zum Ziel zu kommen. »Befolgt man diesen Plan, so kann man noch alles hoffen; tut man es nicht, so gibt es kein Unheil, auf das man nicht gefaßt sein muß – vom Mord bis zur Plünderung, vom Sturz des Thrones bis zur Auflösung des Reiches. Welches andere Hilfsmittel bleibt uns noch? Diese eine Kraftanstrengung muß noch gemacht werden, aber es ist die letzte. Verzichtet man darauf oder scheitert man mit ihr, so breitet sich das Leichentuch über dieses Land aus. Was wird sein weiteres Schicksal sein? Ich weiß es nicht; aber wenn ich selbst dem allgemeinen Schiffbruch entrinne, so werde ich in meiner Zurückgezogenheit mit Stolz sagen: ich habe mich dem Verderben ausgesetzt, um alle zu retten. Sie haben es nicht gewollt.«

Noch ehe etwas von dem Geplanten unternommen, gar errungen war, insbesondere noch ehe die Zusage des Königs selbst vorlag, mitten im Lauf brach Mirabeau im März 1791 zusammen. Am 2. April ist er gestorben. »Feiert man schon das Leichenbegängnis des Achilles?« fragte er in seinem Todeskampf, als er Kanonendonner hörte. Er starb in dem Bewußtsein, daß er »das Leichengewand der Monarchie« mit sich nehme, »um ihre Trümmer werden sich die Parteien streiten«. Man hat gesagt, daß sein vorzeitiger Tod seinen Ruf als Staatsmann gerettet habe, denn über die Pläne Ludwigs XVI. habe er sich getäuscht. Er konnte nicht über den Schatten seiner Vergangenheit und seines Charakters springen und das allseitige Mißtrauen gegen sich überwinden. Immerhin, mit seiner politischen Einsicht, seiner kühnen Strategie und sachkundigen Taktik, mit seinem Mut, den

»Wirbel des französischen Kreislaufes« rechtzeitig aufzufangen und zu dirigieren, bleibt Mirabeau für die Geschichte der Revolution eine denkwürdige Erscheinung. Die Vernunft der Geschichte oder ihre List ist hier wie so oft andere Wege gegangen als der Kalkül des menschlichen Denkens.

Ein Bündnis zwischen Königtum und Revolution wurde nach Mirabeaus Tod immer problematischer. Gegen den Rat des Verstorbenen suchte Ludwig XVI. die Hilfe der Gegenrevolution, des Auslands, besonders Österreichs, zu gewinnen; er tat das, wovor Mirabeau gewarnt hatte: er versuchte im Jahre 1791 nicht in die Provinz, sondern in das Lager der Konterrevolution zu fliehen. Nach dem kläglichen Ende der Flucht und der demütigenden Rückkehr nach Paris mußte der König nun doch die Verfassung der Nationalversammlung annehmen, die damit am 14. September 1791 formell in Kraft trat. Sie hat in der Geschichte des Verfassungsrechts der konstitutionellen Monarchie des 19. Jahrhunderts Epoche gemacht. Im Sinne der sogenannten Gewaltenteilung, wie sie Montesquieu in seinem berühmten »Esprit des lois« 1748 als Kennzeichen der englischen Verfassung bezeichnet hatte, sollte die gesetzgebende Gewalt des Parlaments gemeinsam mit der ausübenden des Königs – ergänzt durch die politisch-unabhängig richterliche Gewalt – die politische Willensbildung der neuen auf Rechtsgleichheit und freien Besitz beruhenden Gesellschaft der Staatsbürger handhaben. Man warf der Verfassung damals sofort vor, sie verändere das neue Frankreich nach abstrakten Prinzipien. Gewiß haben die Revolutionäre selbst in ihrer Begeisterung den Anspruch erhoben, es sei die Verfassung für die befreiten Menschen; die große Frage war aber, wie die allgemeinen Prinzipien in den bestehenden Verhältnissen angewendet werden würden. Das revolutionäre Bürgertum glaubte, mit dieser Verfassung die Freiheit für alle geschaffen zu haben, es lebte in dem Bewußtsein, die Gesamtnation zu repräsentieren. Die neue politische Ordnung beruhte auf der Voraussetzung, daß das Bürgertum der Herr des Staates war. Die Garantie seiner Rechte gegenüber dem Staat enthielt die Deklaration der Menschen- und Bürgerrechte; zu dieser gehörte, daß die öffentliche Gewalt dem Verfassungsrecht unterworfen war und Steuern nur von den Vertretern der Nation bewilligt werden konnten. Nicht zuletzt gehörte zu den praktischen Konsequenzen der neuen Prinzipien die Reform des Strafprozesses, zu der die Zulassung von Rechtsanwälten für die Angeklagten zählte. Aber die kleinen Leute wurden auch jetzt noch kaum vor dem besitzenden und einflußreichen Bürgertum geschützt, sie waren zwar frei, hatten aber kein Versammlungsrecht, kein Beschwerderecht, der Streik war ihnen untersagt, die Zeitungen unterlagen der Kontrolle der Gemeinde. Je mehr die Konterrevolution zu drohen schien, um so mehr wurde es freilich zu einem Gebot der Klugheit, das Kleinbürgertum und die untersten Schichten der Bevölkerung zu schonen. Das Bürgerrecht für alle, an der Gesetzbildung mitzuwirken, blieb aber durch die Verfassung eingeschränkt, denn das Wahlrecht war nicht allgemein, sondern an einen Zensus gebunden. Abgeordneter konnte nur werden, wer über den Wahlzensus hinaus Steuern zahlte und Besitzer von Grund und Boden war. Sehr bezeichnend und einschneidend war es, daß die Nationalgarde, indem sie die passiven Bürger aus ihren Reihen ausschloß, zu einer Schutzwehr des besitzenden Bürgertums wurde. Im übrigen hatten gegen die »an alle Menschen« gerichtete Deklaration die Kolonialfranzosen sofort Einspruch erhoben, weil die in ihr enthaltene Verurteilung der Sklaverei das Verhältnis der Farbigen zu den Weißen in Frage stellte.

Aber auch die Verfassung trug im engeren Sinn auf Schritt und Tritt einen Kompromißcharakter. Daß die Regierung ihre Vollmacht ausschließlich und allein von der Nation erhalte und ihr allein verantwortlich sei, dieser radikale Grundsatz wurde praktisch abgeschwächt durch die Tatsache, daß das revolutionäre Frankreich noch immer an der erblichen Monarchie festhielt und der König unverletzlich und unverantwortlich war. Er hatte sich dem geltenden Recht zu unterwerfen und erhielt eine Zivilliste. Die Ernennung der Minister, der kommandierenden Generale und der Gesandten lag in seiner Hand, er leitete die auswärtige Politik des Landes. Das suspensive Veto der Krone gegenüber den Beschlüssen der gesetzgebenden Gewalt auf zwei Sitzungsperioden durchbrach das Prinzip der Gewaltenteilung, indem es den König an der Gesetzgebung beteiligte. Andererseits gehörte es aber zu den besonderen Kennzeichen der beschränkten Monarchie, daß jede königliche Verordnung der Gegenzeichnung eines Ministers bedurfte. Über die gesetzgebende Gewalt selbst, das Parlament, hatte der König keine Macht. Es war unverletzlich, permanent und hatte die Gesetzesinitiative; das königliche Veto war auf die Gesetze beschränkt, die nicht die Verfassung und die Finanzen betrafen. Verfassungsrechtlich war also das Parlament, welches das besitzende Bürgertum repräsentierte, der Herr des Staates. Viereinhalb Millionen wahlberechtigten Bürgern standen etwa drei Millionen Menschen ohne Wahlrecht gegenüber. Die Wahl erfolgte indirekt durch etwa fünfzigtausend Wahlmänner, die in den Hauptorten der neu geschaffenen Departements die Abgeordneten wählen sollten. Alles in allem sicherte dieser Wahlmodus den bürgerlichen Notabeln den Vorrang; die konstitutionelle Monarchie nach der Verfassung von 1791 war ein großbürgerlicher Staat.

Finanzkrise und Kirchenkonflikt

Das Bekenntnis zur nationalen Einheit verband sich mit dem Willen zur kommunalen Selbstverwaltung. Die Verwaltung wurde dezentralisiert; dabei sprachen die Abneigung gegen den Zentralismus des alten Staates und die Autorität seiner Intendanten wie auch die Selbstbehauptung der Kommunen in der Auflösung der bisherigen Verwaltung mit. Mit der Veranlagung und Erhebung der Steuern, der polizeilichen Gewalt, mit der Rekrutierung der Armeen und der Nationalgarde und mit der niederen Gerichtsbarkeit wurden den Gemeinden ausgedehnte Rechte zugestanden. Durch eine umfassende Neugliederung des Königreichs in Departements, Distrikte und Kantone wurden neue Zwischeninstanzen geschaffen. Indem jetzt die Sonderregelungen für die alten Provinzen verschwanden, vollendete die revolutionäre Verwaltungsorganisation das Werk des Ancien régime. Das Wahlverfahren wurde in den Departementsverfassungen den Parlamentswahlen entsprechend geregelt. Dadurch wurde auch hier der Besitzlose von den Urwählerversammlungen ausgeschlossen.

Im Zeichen der neuen territorialen Gliederung haben die Franzosen eine lebhafte kommunale Tätigkeit entwickelt, während die Pariser Zentrale immer mehr die Gewalt über die Verwaltungsorganisation verlor. Besonders für die Staatsfinanzen wurde diese Dezentralisation verhängnisvoll. Der Revolution, zu deren Ursachen die permanente Finanzkrise des alten Staates gehört hatte, gelang es nicht, Abhilfe zu schaffen. Ansätze, ein neues Steuersystem einzuführen, blieben stecken. Die Grundsteuer, die nach wie vor die wichtigste Steuer war, erforderte einen neuen Kataster. In den anarchischen Verhältnissen war kaum an ein geregeltes Steueraufkommen zu denken, in Ermangelung anderer Regelungen wurden die alten Steuersätze weiter benutzt, im übrigen versorgten die selbständig gewordenen Kommunen sich zuerst einmal selbst. Die Staatskasse blieb leer, das Geld versickerte, und der Finanzminister wirtschaftete von einem Tag zum anderen. Diese Misere und Lähmung zwangen zu ganz radikalen Aushilfen, zu denen sich der alte Staat nie hatte entschließen können, obwohl schon in den »cahiers« der Ständeversammlungen des 16. Jahrhunderts die Verstaatlichung des kirchlichen Grundbesitzes gefordert worden war. Jetzt, während des Staatsnotstandes des Jahres 1789, wurden die Kirchengüter zur »Disposition der Nation gestellt« und Zahlungsanweisungen auf vierhundert Millionen livres Kirchengutes mit staatlicher Verzinsung von vier Prozent als sogenannte Assignaten ausgegeben. Der Mißerfolg dieses unvollkommen vorbereiteten finanzpolitischen Experiments trat sehr schnell zutage. Der nächste Schritt war die Aufhebung der Klöster, die Enteignung der Kirchengüter und deren Verkauf. Um den Staat zahlungsfähig zu machen, erklärte die Nationalversammlung die Assignaten zum Zahlungsmittel als Papiergeld. Die Folge war Inflation, und wie überall war damit auch hier eine Vertrauenskrise verbunden. Die Sorge der breiten Masse der Bevölkerung, daß bei einer Niederlage der Revolution das Papiergeld von der Konterrevolution nicht mehr anerkannt werden würde, kennzeichnet die labilen Verhältnisse. Die Masse der Arbeiter in Stadt und Land hatte ohnehin bisher aus der Revolution keinen wesentlichen Gewinn gezogen.

Im Gegensatz zu den schwierigen finanziellen Aufgaben ist die religiöse Problematik erst allmählich, dann aber in viel größere Tiefen der Überzeugungen hineinstoßend zum Thema der Revolution geworden. Der Gedanke an die Trennung von Staat und Kirche lag der Nationalversammlung fern. Sie dachte viel eher daran, Staat und Kirche enger miteinander zu verbinden; denn daß ein Staat nicht ohne Religion bestehen könne, hatten die Philosophen immer wieder betont – allerdings sprachen sie von einer »religion civile«, einer Staatsreligion, als unbedingter Notwendigkeit für die Sicherheit des bürgerlichen und menschlichen Lebens. So war die Tendenz, einen patriotischen Kultus zu schaffen, früh vorhanden; bereits im Juli 1790, beim Föderationsfest, gab es den Altar des Vaterlandes. Die breite Masse des Volkes lebte weiter im katholischen Glauben und hing an den kirchlichen Traditionen; patriotische Geistliche versuchten, die Menschen- und Bürgerrechte aus dem Evangelium zu erklären. Das Verhältnis zwischen Staat und Kirche wurde aber in dem Augenblick problematisch, als klar wurde, daß im Sinn des aufgeklärten Staatskirchenrechtes dem Staat das Recht zustehe, die Kirchenverfassung zu reformieren. Mit der Abschaffung der Privilegien war das bisherige Verhältnis zur katholischen Kirche im Grunde bereits liquidiert, ohne daß es sogleich zu einem Konflikt mit der Kurie gekommen wäre. Erst die in der Not getroffenen Maßnahmen, die Säkularisierung der Klöster mit ihrem bedeutenden Besitz, verschärften die Lage; wer von den Ordensleuten nicht ins Weltleben hinausgehen wollte, konnte in eines der Reservatklöster aufgenommen werden; aufhorchen ließ dann jedoch, daß Neuaufnahmen in diesen Klöstern bald verboten wurden. Im Zuge der allgemeinen Verwaltungsreform wurde bald auch die kirchliche Organisation erfaßt; die Bischöfe und die Pfarrer sollten genauso wie die Staatsbeamten gewählt werden. In der »Constitution civile du clergé«, der Zivilkonstitution des Klerus, vom 12. Juli 1790, wurde auf diese Weise der kanonischen Wahl entschieden widersprochen. Zwar wurde der geistliche Primat des Papstes nicht angetastet, aber die in der Kurie zentralisierte Jurisdiktion wurde aufgehoben. Die geistlichen Mitglieder der Nationalversammlung haben der Zivilkonstitution ihre Zustimmung verweigert, ohne daß es zu Konflikten kam. Kritisch wurde die Situation, als in den Beratungen über die neue kirchliche Verfassung die Frage der Stellung des Nationalkonzils im Verhältnis zum Papst nicht zu umgehen war: würde das Konzil als Gesamtrepräsentation der gallikanischen Kirche zu gelten und zu beschließen haben oder der Papst? Die Nationalversammlung hatte aus Sorge vor der Konterrevolution gegen die alleinige Repräsentation der Kirche durch die Bischöfe große Bedenken, wie sich überhaupt die Französische Revolution von Anfang an durch das Gespenst einer Gegenrevolution bedroht fühlte. Der König gab der Nationalversammlung auch hier nach, aber der Papst widersprach und nahm den Kampf mit der Revolution auf.

Er hat am 29. März 1790 feierlich die Menschen- und Bürgerrechte verdammt, im Juli 1790 erklärte er die Zivilkonstitution für unannehmbar. Die beiden Breve dieses Inhalts kamen zu spät nach Paris, um die Annahme zu verhindern; sie wurden deshalb geheimgehalten. Ein schwieriger Zwischenzustand für alle Beteiligten! Der kirchliche Vorbehalt betraf die Zustimmung des Papstes, die vor der Legalisierung der Zivilkonstitution durch die Nationalversammlung erfolgen sollte. Am 27. November tat diese den entscheidenden Schritt und verlangte von den amtierenden Geistlichen den Eid auf die Verfassung des Königreiches und auf die Zivilkonstitution, die ein Bestandteil der Verfassung war. Wer den Eid verweigerte, sollte aus seinem kirchlichen Amt entlassen werden. Die Wirkung war für die Revolutionäre verblüffend: nur sieben Bischöfe und die Hälfte der Pfarrer leisteten den Eid. Eine unerwartete und unabsehbare Gefahr für die innere Einheit der Nation erhob sich hier, wenn sich auch ein paar Bischöfe (unter ihnen Talleyrand) bereit fanden, ihre jetzt neu gewählten Amtsbrüder zu weihen. Die Schwierigkeiten wurden auch nicht durch die »église constitutionelle« verringert, die jetzt gebildet wurde.

Auf diese Herausforderung reagierte der Papst im April 1791 mit einer offiziellen Verurteilung der Prinzipien der Revolution und der Zivilkonstitution. Das war nichts Geringeres als ein Schisma: die römische Kirche setzte ihre Lehre gegen die Prinzipien von 1789. Das Werk der verfassunggebenden Nationalversammlung erhielt, ehe es vollendet war, tiefe Risse. Durch das Schisma gewann die gegenrevolutionäre Agitation an Boden. Die Gegner der Zivilkonstitution wurden zu öffentlichen Feinden erklärt, aus ihren Pfarren vertrieben, wo sie ihr Amt trotz der Eidverweigerung weitergeführt hatten. Die Bevölkerung spaltete sich. Auch in dieser Lage versagte der König, der sich dann durch die Flucht überhaupt kompromittierte. Nun traten aber auch die radikalen Revolutionäre auf; sie forderten einen revolutionären Kultus und die Heirat der Pfarrer; es entstand eine antiklerikale, antichristliche Partei. Wie nichts anderes hat der Streit um die Kirchenverfassung und die eidverweigernden Priester die Atmosphäre vergiftet; er hat wie nichts anderes zur Fanatisierung der Revolutionäre und zur Vertiefung des Gegensatzes zwischen Revolution und Konterrevolution beigetragen.

Die zweite, die radikale Revolution

Am 1. Oktober 1791 trat – entsprechend dem Beschluß der verfassunggebenden Nationalversammlung – die gesetzgebende Nationalversammlung (Assemblée nationale législative) zusammen. Sie wurde zwar für zwei Jahre gewählt, aber schon nach wenigen Monaten von einer neuen revolutionären Woge überrollt, die sich im Frühjahr 1792 vorbereitete. In dem unruhigen Winter 1791/92 hat die Legislative ihr Werk wenigstens begonnen. Das Verblüffende an diesen Ereignissen war für die Zeitgenossen, daß – entgegen der in solchen Zeiten charakteristischen Ahnungslosigkeit, mit der Ludwig XVI. bei der Eidesleistung auf die Verfassung vom 3. September 1791 den Abschluß der Revolution verkündete – die Revolution nicht zu Ende war. Im Gegenteil, es zeigte sich, daß sie mit der Schaffung eines neuen Status noch nicht am Ziel war, sondern eine Dynamik offenbarte, die zum Kennzeichen der Epoche wurde und einen neuen Typus des Revolutionärs hervorbrachte, der den schon eingetretenen neuen Weltzustand gegen die Konterrevolution verteidigt.

Zu der neuen Lage gehörte auch die wachsende Bedeutung der revolutionären Gruppen und Klubs, die neben den alten gesellschaftlichen Einrichtungen emporwuchsen. Berühmter Treffpunkt dieser Kreise war das Palais Royal. Hier wurden die temperamentvollen, zugespitzten und witzigen Schlagworte des politischen Kampfes geprägt – neue Formen politischer Willensbildung. Der berühmteste Kreis war der Jakobinerklub, der Treffpunkt der Abgeordneten des Dritten Standes im Refektorium des Klosters Sankt Jakob. Hier wurden in täglichen Beratungen die Maßnahmen der Nationalversammlung vorbereitet, der Jakobinerklub hat die berühmte Erklärung vom 17. Juni 1789 ausgearbeitet, welche die Versammlung der Vertreter des Dritten Standes zur Nationalversammlung machte, hier fand man – wie schon erwähnt – die wichtigen Formulierungen der Nachtsitzung des 4. August. Je größer diese Klubs wurden, je länger der revolutionäre Zustand dauerte, um so fester organisierten sich diese Gruppen, um so weiter griff ihr Einfluß. Seit dem Frühjahr 1790 besaß der Jakobinerklub Statuten, um seinen Aufgaben besser, disziplinierter gerecht werden zu können. Die »Freunde des öffentlichen Wohls« (salut public) müßten zusammenhalten, revolutionäre Aufklärungsarbeit leisten, Verbindungen pflegen, zumal zu den Klubs draußen in der Provinz. Die Mitglieder erkannten die gesetzlichen Institutionen an, und die Menschenrechte waren ihnen heilig. Ihre Beratungen waren intern, ein Saalschutz hatte die Kontrolle der Mitglieder; es gab Protokolle der Sitzungen, es bestand eine genaue Auslese und Festlegung der politischen Linie. Die Ergebnisse der Diskussionen wurden bestimmend für die Einstellung des Klubs in dem öffentlichen Meinungsstreit. Einige Radikale drängten

Zusammenkunft der Monarchen in Pillnitz am 24. August 1791
Kolorierter Stich von Hieronymus Löschenkohl
Wien, Historisches Museum der Stadt

Fest des Höchsten Wesens auf dem Marsfeld im Juli 1790
Aus dem Gemälde von Pierre Antoine de Machy

auch schon über diese Debattierklubs hinaus weiter zu eigentlichen Kampforganisationen mit extrem egalitären Forderungen für die neue Gesellschaft, zu denen die Volkssouveränität genauso gehörte wie die Theorie, daß die Abgeordneten nicht als Vertreter, sondern als Beauftragte des Volkes zu handeln hätten: es wetterleuchtete in diesen Kreisen der Radikalismus, der irrevolutionäre Dynamismus. Das Selbstbewußtsein dieser Gruppen wuchs mit der Organisaton, welche die Tendenz zur Zentralisierung in sich trug: so kam es im Frühjahr 1791 auch wirklich zur Bildung eines Zentralausschusses der verschiedenen Klubs,

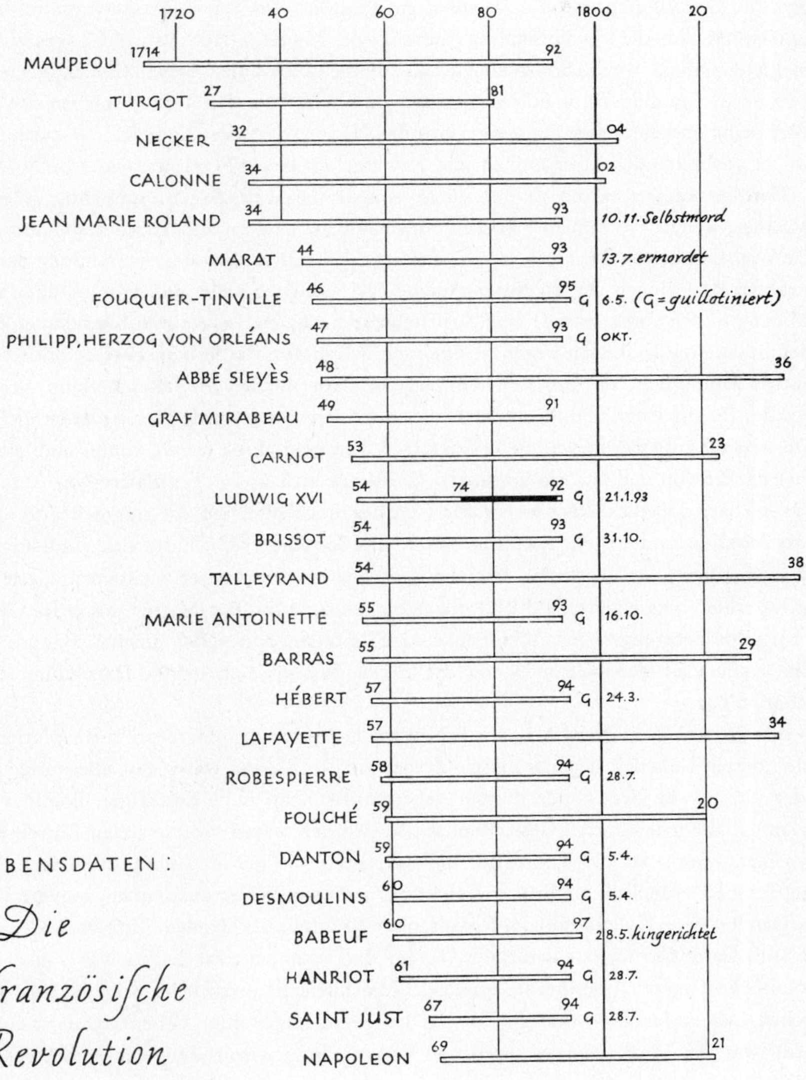

LEBENSDATEN: *Die französische Revolution*

in dem die Radikalen tonangebend waren. Ihnen genügten die bisherigen Errungenschaften der Revolution noch nicht, ihr Ziel war die soziale Revolution im Kampf gegen die Konterrevolution.

Revolutionärer Radikalismus und Sorge vor der Bedrohung, die spannungsreiche Paradoxie im Wesen des Revolutionärs, traten in der sich zuspitzenden Entwicklung immer mehr hervor und kamen dann im Kriege zu großer Wirksamkeit. Die geschichtliche Stunde des Radikalismus hatte geschlagen, als der Krieg eine Situation erzeugte, welche die radikale Theorie zu rechtfertigen schien. Gegenüber den Radikalen traten die anderen Vereinigungen, die Gemäßigten und die Rechten, ganz zurück. Die revolutionäre Agitation wurde unterstützt von der revolutionären Journalistik. Monats-, Wochen- und Tageszeitungen meldeten sich zu Wort und begleiteten und kommentierten die Geschehnisse, agitierten und hetzten in den aufgewühlten Verhältnissen und belasteten damit das Einleben der neuen Verfassung und die Arbeit der gesetzgebenden Nationalversammlung, die in der sich immer weiter ausbreitenden Unsicherheit und Kriegsgefahr gewählt worden war.

Darüber hinaus waren es nun nicht einmal die erfahrensten, umsichtig wägenden Männer, welche die Führung in die Hand nahmen, sondern auf Grund des Gesetzes, das die Wiederwahl von Mitgliedern der verfassunggebenden Nationalversammlung nach abstrakten Reflexionen verbot, traten Anfang Oktober ganz neue, unbekannte, unerfahrene Männer in den Vordergrund: die Schriftsteller, Advokaten, Lehrer und Literaten eroberten den Staat. Der Zahl nach waren sie offensichtlich in der Minderheit, aber sie bildeten eine aktive Minderheit, die aus dem Hintergrund, vor allem vom Jakobinerklub, gesteuert wurde: für die Entscheidungen der Nationalversammlung wurde dieser immer wichtiger. Die neuen Leute waren, weil sie in den Geschäften unerfahren waren, kompromißloser und viel stärker von der Theorie bestimmt. Es machte sich in der Legislative von Anfang an bemerkbar, daß die »Rechte« in der Constituante fehlte und die starke »Mitte« keine Organisation und sichere Führung besaß: das Schwergewicht hatte sich eindeutig nach links verlagert, die Mitglieder des Jakobinerklubs wurden immer wichtiger; ja, der Klub selbst erhielt eine eigene Publizität durch die »Allianz mit der Masse«, als er im Oktober 1791 seine Beratungen der Öffentlichkeit auf Tribünen zugänglich machte. Damals brach die große Zeit der »Girondisten« an, deren Mythos Lamartines Darstellung mitgeschaffen hat.

Aus ihren Reihen stammten, mit Brissot an der Spitze, die »Heroen der Revolution« für die liberale Geschichtslegende. Diese Träger der Revolution waren fast alles junge Leute (der älteste war vierzig, der jüngste siebenundzwanzig) ohne Erfahrung, homines novi, Männer, die nicht in den Geschäften groß geworden waren; von genialen Einzelnen abgesehen, waren das die Radikalen, die Aktivisten, die nur in Alternativen dachten, sie machten Kriegspolitik, sie ließen es nicht nur auf einen Krieg ankommen, sondern provozierten ihn ohne Kalkulation des Risikos, ohne Kenntnis des Gegners. Ihre Vorbilder waren Brutus, Cato, Cicero, das heißt, die Gegner der Tyrannen; ihr Leben war von den altrömischen Tugenden bestimmt: Strenge, Einfachheit, Sauberkeit im privaten und öffentlichen Leben. Jacques-Louis David war der große Maler ihrer Lebensart, der »dorische Stil« war ihr Ideal. Die gesetzgebende Versammlung wurde Zeuge ihrer hinreißenden

Reden. Ihr politisches Programm war der Aufbau des neuen Frankreich auf der Grundlage der Verfassung vom September 1791; aus Mißtrauen gegen die alten Führungsschichten forderten sie die »fähigsten Leute« an die Spitze und die Beteiligung der »guten Bürger«, der »Ehrbaren« und »Selbstlosen«; es waren die sogenannten »vernünftigen«, »anständigen« Menschen, auf deren Machtergreifung die breite Masse der Menschen immer wieder wartete. Theoretiker dieses Kreises war der Marquis de Condorcet, dessen politisches Ideal ein demokratischer Einheitsstaat war. Das Kernproblem der neuen Nationalversammlung betraf das Verhältnis des neuen, revolutionär verwandelten Frankreich zur europäischen Staatenwelt, in das sich erschwerend und verwirrend die Agitation der französischen Emigranten hineinmischte. Das übersteigerte Pathos in Brissots Reden zeigte das beleidigte und im Grunde zugleich unsichere Selbstgefühl des revolutionären Freiheitskämpfers und Missionars, der aber doch auch zugleich in der Kontinuität der französischen Politik stand. Früher zitterten die deutschen Fürsten vor uns, die Beleidigungen durch diese Fürsten müssen aufhören, man muß sie zur Entscheidung zwingen. »Ist der Krieg ein Wagnis? Nein!« beantwortete er selbst seine Frage.

Mirabeau hatte die revolutionäre Begeisterung mit dem Argument zu dämpfen gesucht, daß es für Frankreich gefährlich werden könnte, wenn es vor einem Europa in Waffen abrüsten würde – zumal schon die Engländer die politische Lähmung Frankreichs durch die inneren Unruhen in ihre Kalkulationen einbezogen. Im Herbst 1791 standen die Mitglieder der Nationalversammlung, vor allem die Girondisten, unter dem zwingenden Eindruck der herausfordernden Reden Brissots. Die Beunruhigung unter den Girondisten über die weit überschätzten Agitationen der Emigranten im Reich, vor allem am Mittelrhein, ist dann durch das Doppelspiel des Königspaares nach dem Fluchtversuch (20./21. Juni 1791) noch weiter gesteigert worden.

In der Umgebung des Königs dachte man daran, »diese Überspannten« für einen Krieg zu benutzen in der Erwartung, daß die europäischen Mächte dem französischen König zu Hilfe kommen würden. Es war der gefährliche Gedanke des »kleinen Krieges« aus innerpolitischen Gründen, der dem Kriegsminister vorschwebte; es war die Hoffnung, mit der Armee als fester Stütze die Krone zu stärken, typisch für diese »reaktionäre« Politik: Militärdiktatur in der Krisis des Staates. England und Preußen sollten neutral gehalten und Österreich isoliert werden. Dieser Politik stand freilich eine Opposition aus Regierung und Nationalversammlung entgegen, während der König selbst den Versuch einer gemeinsamen Politik durch sein Veto gegen die Dekrete der Nationalversammlung zunichte machte, die die Emigranten bei Todesstrafe und Konfiskation ihrer Güter zur Rückkehr bis zum 1. Januar 1792 zwangen. Gleichzeitig verschärfte die Nationalversammlung ihr Verhältnis zu der ihr feindlich gesonnenen Umwelt, indem sie den Widerstand der Kirche gegen die Verfassung und die Zivilkonstitution des Klerus, der die inneren Gegensätze in der von außen drohenden Kriegsgefahr noch steigerte, zu brechen versuchte. Um diese Frage gruppierten sich zum ersten Male die Fronten von Revolution und Konterrevolution; die Konfrontierung des revolutionären Radikalismus mit dem Katholizismus war nicht zufällig. Die Gegner der Revolution fanden ihren ersten Zusammenhalt, als sie sich zu den eidverweigernden Priestern, als einzigem Fels in der Brandung, in Frankreich stellten.

Emigrantenproblem und Kirchenfrage waren Gegenstand lebhafter, langer Diskussionen im Oktober und November 1791 in der Nationalversammlung. Der König legte dann schließlich doch sein Veto gegen die scharfen gesetzlichen Bestimmungen ein, welche die eidverweigernden Priester unter behördliche Aufsicht stellten und ihnen die bürgerlichen Rechte aberkannten, in besonderen Fällen sogar ihre Zwangsverschickung ermöglichten. Ludwig XVI. erklärte sich dagegen bereit, bei dem Kurfürsten von Trier und im gleichen Sinn beim Kaiser auf diplomatischem Wege Beschwerde dagegen zu führen, daß die Emigranten in Koblenz eine Art Hauptquartier unter dem Schutz der Reichsfürsten einrichten durften – freilich mit der geheimen Weisung an den Kurfürsten von Trier, seine Note nicht wörtlich zu verstehen. Statt dessen empfahl er einen europäischen Kongreß, um den französischen Revolutionären Schranken zu setzen. In diesen unheilvollen Wochen schwebender, aber noch nicht vollzogener Entscheidungen kam es im Jakobinerklub über die Frage von Krieg und Frieden zum Austrag widersprechender Ansichten und zu dramatisch zugespitzten Diskussionen. In ihnen setzten sich Robespierre gegen und Brissot für den Krieg mit der ganzen Energie ihrer Beredsamkeit ein. »Auch ich will den Krieg!« erklärte Robespierre am 18. Dezember. »Aber so, wie ihn das Interesse der Nation will – und das Interesse der Nation verlangte zuerst und vor allem anderen den Kampf gegen die Feinde im Innern. Dann, erst wenn dieser Kampf beendet ist, ziehen wir gegen die Feinde von außen, falls sie dann noch da sind.« In der Tat erkannte er die Lage in ihrer komplizierten Unsicherheit besser, als er die entscheidenden Fragen in die Klubsitzung hineinwarf: »Welcher Art wird der vorauszusehende Krieg sein? Ist es der Krieg einer Nation gegen andere Nationen oder eines Königs gegen andere Könige? Nein! Es ist der Krieg der Feinde der Französischen Revolution gegen die Französische Revolution. Sind die meisten, die gefährlichsten dieser Feinde in Koblenz? Nein, sie sind mitten unter uns!« Robespierre warnte vor den Kriegstreibern, der König und die Generale würden im Kriege Verrat üben, die Revolution würde scheitern. »Sagen Sie uns also nicht mehr, die Nation wolle den Krieg! Die Nation will, daß die Anstrengungen ihrer Feinde zunichte gemacht werden und ihre Volksvertreter ihre Interessen wahrnehmen; der Krieg ist in ihren Augen das äußerste Mittel, auf das sie verzichten möchte.« Ihren Höhepunkt erreichte die Auseinandersetzung schließlich mit dem Entschluß Brissots zur Kriegserklärung an das alte Europa Ende Dezember 1791 mit dem »internationalen Manifest der Revolution«. Bedroht sei Frankreich nicht, man suche vergebens nach der Macht, die es noch fürchten müsse, so hieß es im bombastischen Stil des Manifestes. Der Krieg gegen den Kaiser werde nicht lange dauern, er werde die Komödie beenden, welche die gekrönten Häupter spielen, und – ein besonderer Ton in dem allgemeinen Enthusiasmus – den alten Glanz Frankreichs wiederherstellen. Es war der erste Ausdruck des überschäumenden nationalen Dynamismus, wenn es gleichzeitig hieß, der Krieg sei (aus dem Krampf der komplizierten Lage) eine nationale Wohltat, »das einzige Unglück, das es zu fürchten gibt, ist, ihn nicht zu haben«. Er sollte das Signal sein, die Revolution zu bewahren, deren menschheitsbefreiende Mission den Krieg zum Kreuzzug für die allgemeine Freiheit machte. Dem hemmungslosen Überschwang Brissots trat auch jetzt Robespierre mit sehr nüchternen politischen Erwägungen (wenn auch vergeblich) entgegen. Der Krieg bringe nicht die Freiheit, sondern Gefahr für die Demokratie; er begünstige die Diktatur. Niemand liebe im übrigen bewaffnete Missionare; und Robespierre warnte davor, sich trügerischen Erwartungen über den Freiheitswillen der anderen Völker Europas hinzugeben. Die Fürsten seien außerdem durch die Revolution in Frankreich gewarnt. Das gefährlichste sei der Verrat, der vom Hofe drohe. Diese Warnungen des politischen Verstandes schlug Brissot jedoch in den Wind, im Gegenteil, sie steigerten seinen Enthusiasmus zur Raserei. »Wir brauchen große Verrätereien«, antwortete er Robespierre, Frankreich sei noch infiziert vom Gift seiner alten Gesellschaftsordnung. Durch große Anstrengungen werde es dieses ausstoßen. Wie man sich das vorzustellen hatte, wurde sogleich erklärt: »Weisen wir von vornherein den Verrätern den Platz an! Er kann nur das Schafott sein!« In langen Debatten setzten sich die Girondisten im Jakobinerklub durch, der Krieg war damit beschlossen. Die Antwort auf die weitere Frage zu geben, wie er im Frühjahr 1792 dann wirklich begann, ist jedoch nicht möglich, ohne die Stellung der europäischen Mächte zu der Erschütterung der alten Ordnung kennenzulernen.

Die Revolution und Europa

Die Tragweite der Veränderungen in Frankreich seit 1789 ist zunächst kaum übersehen worden; von der lebhaften Anteilnahme an der Befreiung des Menschen reicht das Spektrum der Meinungen bis zur völligen Ablehnung der revolutionären Entwicklung, ohne daß das monarchische Europa die Revolutionierung des europäischen Gleichgewichtes sogleich erkannt hätte. Die neuralgischen Punkte der gemeinsamen Interessen lagen damals in Ostmitteleuropa. Die Türkei und Polen standen im Mittelpunkt des Interesses der drei europäischen Ostmächte Rußland, Österreich, Preußen. Rußland hatte in zwei Kriegen gegen die Türkei nicht glorreich, aber unaufhaltsam in Südosteuropa seine Position vorgeschoben. Diese Entwicklung war mit der Annäherung Rußlands an Österreich verbunden und hatte noch Friedrich den Großen im preußischen Interesse beunruhigt. In der viel diskutierten Konvention von Reichenbach (Juli 1790) hatte Österreich, mit den Preußen verbündet und unter englischer Vermittlung, den Status quo gegenüber der Türkei zwar anerkannt, ohne daß Preußen über die »show of power«, wie Bismarck kritisch bemerkt hat, hinaus Erfolge erzielen konnte. Österreich und Preußen standen sich in den folgenden Jahren allerdings näher als vorher, als die polnische Frage und die Stellung zum revolutionären Frankreich akut wurden. Gebunden in Ost- und Südosteuropa hatten die Großmächte nur beiläufig der französischen Entwicklung ihr Interesse gewidmet, während das Reich durch die Aufhebung der Feudalrechte in Frankreich von der Revolution im Elsaß unmittelbar berührt wurde und die Konsequenzen aus dem Zivilstatus des Klerus sich einstellten.

Unmittelbarer wirkte die Agitation der französischen Emigranten im Sinne einer aktiven Politik gegen Frankreich. Dem Verlangen dieser Kreise auf fürstliche Intervention in Frankreich stand freilich Kaiser Joseph II. ablehnend gegenüber. Der aufgeklärte Fürst war nicht gewillt, gegen die Erfolge der Aufklärung in Frankreich einzuschreiten. Sein Bruder und Nachfolger Leopold II. hatte, noch als Großherzog von Toscana, beim Zusammentritt der Generalstände von einer Entwicklung im Sinne von Montesquieus Konstitutionalismus gesprochen und von dieser Regeneration Frankreichs erwartet, daß sie ein Vorbild sein werde, dem die Souveräne und Regierungen Europas freiwillig nachahmen oder durch die Völker zur Nachahmung gezwungen werden würden. Es werde daraus überall unbegrenztes Glück entstehen, das Ende der Ungerechtigkeiten, Kriege, Zwistigkeiten und Unruhen; es werde eine der nützlichsten Moden sein, die Frankreich in Europa eingeführt habe. Als im Frühjahr 1791 der Graf von Artois, der Bruder Ludwigs XVI., endlich von dem Kaiser empfangen wurde, mußte er sich von diesem sagen lassen, daß die Emigranten vorsichtig und zurückhaltend sein müßten, während sie sich auf dem Reichsboden in Koblenz, Trier, Mainz, Köln (aber auch in den Niederlanden und in der Schweiz) zusammenfanden.

Das Verhältnis des revolutionären Frankreich zu der europäischen Staatenwelt wurde dann freilich durch den mißglückten Fluchtversuch Ludwigs XVI. gründlich verändert. Es war der endgültige Bankrott der großangelegten Versuche Mirabeaus, die Monarchie zu retten. Das Ende des französischen Königtums war ein klägliches Nachspiel zu dieser verfehlten Unternehmung. Andererseits belebte gerade die jammervolle Lage des Königs die monarchische Solidarität in der europäischen Politik. Die Gefangennahme Ludwigs XVI. hatte sofort die Anregung des Kaisers an alle Frankreich benachbarten Staaten zur Folge, zum Schutz des Königs auf einem Kongreß der europäischen Staaten zu beraten. Entgegen der von der Königin Marie Antoinette empfohlenen Vorsicht des Kaisers war die Zarin Katharina II. der Ansicht, daß hier nur radikale Methoden, »Eisen und Kanonen«, helfen könnten. Die kaiserliche Politik hat sich auf solche Abenteuer nicht eingelassen; sie ist im Gegenteil aus dem vorsichtigen Lavieren dieser Monate, dem hinhaltenden Versuch, sich letzten Endes doch nicht festzulegen, aus der Unsicherheit und Unentschlossenheit, vor allem aus der Ratlosigkeit über den richtigen Weg nicht herausgekommen. Von besonderem Gewicht mußte schon jetzt gleich die Zurückhaltung Englands sein; Pitt lehnte eine Intervention in Frankreich überhaupt strikt ab, die Lähmung der Gegner durch die anarchische Entwicklung der inneren Verhältnisse konnte nur von Vorteil für England sein. Für die europäische Politik war die polnische Frage von größerem Interesse. Die Gespräche in Pillnitz (August 1791) zwischen Leopold II., Friedrich Wilhelm II. und Friedrich August von Sachsen lassen das sehr deutlich erkennen: der Eifer der Emigranten war nicht imstande, an den Kalkulationen der Monarchen etwas zu ändern.

Daß die Revolution in Frankreich im Gegensatz zum deutschen Reich nötig gewesen sei, das sagte damals Schlözer in dem Bewußtsein, daß deshalb auch keine Ansteckungsgefahr bestehe. Um so folgenreicher ist es aber geworden, daß diese vorsichtigen politischen Beratungen bezeichnenderweise in Frankreich die Sorge um die Zukunft der Revolution gesteigert haben; die Unruhe über die Pläne des alten Europa wurde zum Angstkomplex, gerade weil gar nicht recht greifbar war, was gespielt wurde. Es ist für uns heute nach hundertfünfzig Jahren revolutionärer Politik viel leichter, die Wende in der politischen Problematik zu erkennen, die damals sichtbar zu werden begann im Gegensatz zwischen der Interessenpolitik der adligen Führungsschichten in der temperierten Atmosphäre der fürstlichen Kabinette und der unheimlichen, wilden Leidenschaft der zu politischer Geltung sich emporschwingenden, politisch noch unerfahrenen neuen bürgerlichen Gesellschaft in Frankreich. Der politische Wille des sich zur »Nation« erklärenden »Dritten Standes« lebte zugleich von der missionarischen Erregung, die den revolutionären Bewegungen in der modernen Welt eigen ist. Wir werden noch sehen, wie Danton in kritischer Stunde im Frühjahr 1793 diese Problematik erkannt hat – Mirabeau war von ihr durchdrungen gewesen. Das heißt aber auch schon jetzt die Schicksalsfrage Napoleons stellen und damit zugleich auf Metternichs politische Einsicht und geschichtliche Leistung vorausweisen.

Zunächst hat freilich auch die königliche Regierung in Frankreich versucht, mit den Mitteln des Ausspielens der politischen Interessengegensätze ihre Stellung vor dem großen Debakel zu stärken und durch militärische Maßnahmen die Ausgangsstellung zu verbessern. Schritt für Schritt, in vielfältigen Wechselwirkungen der Maßnahmen auf beiden Seiten, drängte der revolutionäre »élan« weiter, die Allianz mit dem Kaiser (seit 1756) wurde gekündigt. Die Nationalversammlung diskreditierte jede Verhandlungsbereitschaft, an die Stelle der Diplomatie trat die Außenpolitik des Monologs.

Unter diesen Umständen schloß der Kaiser (Februar 1792) mit Preußen ein Bündnis und verschärfte damit seinerseits die Beziehungen zu Frankreich. Die Parlamentarisierung der französischen Regierung war die Folge, die Girondisten trugen seitdem die Gesamtverantwortung der französischen Politik. In diesen von Woche zu Woche sich zuspitzenden Verhältnissen riefen die Verbündeten ihrerseits zur Rettung des monarchischen Frankreich und zur Bewahrung vor der Revolution, das heißt der Anarchie, auf. Schlag und Gegenschlag folgten, bis es mit großer Mehrheit zur Kriegserklärung (April 1792) in der Nationalversammlung kam. Von einer anders nicht abzuwendenden Bedrohung Frankreichs konnte schlechterdings nicht gesprochen werden; aber die Lage wurde durch die Erwartung einer großen Zukunft beherrscht, während der König und seine Umgebung nach wie vor auf eine Chance der Vergeltung hofften. Der endlich beginnende Krieg erschien unter der Führung der Girondisten für viele als Befreiung aus dem Geiste eines über Frankreich weit hinausgehenden revolutionären Dynamismus, wie er in dem »Chant de guerre de l'armee du Rhin«, der berühmten Marseillaise, seinen hinreißenden rhythmischen Ausdruck gefunden hat. In ihm verschwimmen die Grenzen zwischen Staat, Nation, Frankreich und Menschheit, alles ist eingeschmolzen in die große revolutionäre Utopie von der Befreiung aller Völker im Siegeszug der Revolution, der neuen Weltordnung über die »Verschwörung der Fürsten gegen die Freiheit der Völker«. Dieser begeisterte Eifer kulminiert in der »Anklage« des Philosophen Condorcet gegen die »Verbrecher an der Menschheit« – eine höchst bedenkliche und folgenreiche Diskriminierung des Gegners, die dem Krieg vorausgeht und diesen zum »heiligen« Krieg macht und den Terror im Innern und im Verhältnis zu den Feinden grundsätzlich einschließt. Wer in dem Bewußtsein handelt, daß die Revolution, »die sich unter uns vollendet, in sich die Geschichte der Welt trägt«, oder weiß, daß »von Frankreich aus die Freiheit und das Glück der Welt ihren Ursprung nehmen sollen« (Robespierre), der kann andere Ansichten über die Entwicklung nicht mehr zulassen.

Insofern ist der Kriegsausbruch 1792 allerdings für die Geschichte der modernen Welt ein Markstein – und in der Kontinuität der französischen Geschichte ein großer Moment, ein Superlativ des nationalen Sendungsbewußtseins im Zeichen der Befreiung des Menschen.

Dem stand auf seiten der Alliierten viel Unsicherheit, viel Unentschlossenheit, Uneinigkeit und vor allem Unverständnis für die Lage gegenüber, die sich den herrschenden politischen Vorstellungen so sehr entzog. Von vornherein galt im allgemeinen für die Verbündeten, was Rivarol sich notiert hat: daß sie mindestens »immer um ein Jahr, eine Armee, eine Idee zurück waren«. Freilich, auf beiden Seiten bestand ein erstaunliches Mißverständnis über den Gegner: weder der eine noch der andere brach so schnell zusammen, wie man taxiert hatte – die warnende Stimme des erfahrenen alten österreichischen Staatskanzlers Kaunitz, der voraussah, daß man bereuen werde, was man damals tat, blieb, wie so oft, unbeachtet. Aus dem Für und Wider der Fronten ist es erst nach dreiundzwanzig Jahren einigermaßen gelungen, eine neue, wenn auch weithin als Versuch der Restauration der vorrevolutionären Verhältnisse gemeinten Ordnung für Europa zu schaffen, ohne daß die Revolutionierung Europas rückgängig zu machen gewesen wäre. Die europäische Geschichte ist in dem Schmelztiegel der sogenannten Koalitionskriege zwischen dem revolutionären Frankreich und Europa (wie durch die Weltkriege des 20. Jahrhunderts) etwas anderes geworden. Die »Sicherheit« ist seitdem in Europa permanent gefährdet gewesen.

Die Kriegserklärung des 20. April 1792 richtete sich zunächst nur an den König von Böhmen und von Ungarn, das heißt an Österreich allein, nicht an das »Reich«. Die ersten Erfahrungen des Krieges mit dem alten Europa waren für das revolutionäre Frankreich allerdings enttäuschend: die Bemühungen um eine antiösterreichische Koalition, um welche die Revolutionsregierung sich bemüht hat, schlugen fehl; um so interessanter waren statt dessen die revolutionären propagandistischen Methoden im Sinne einer Art »erweiterter Strategie«, die jetzt zur Anwendung kamen. Aktionszentren für die Freiwilligenlegionen aus den europäischen Völkern wurden gebildet, es gab Klubgründungen auf französischem Boden neben illegalen Unternehmungen bis nach Spanisch-Amerika, um in anderen Ländern Volkserhebungen vorzubereiten; schließlich auch Gratifikationen für Deserteure aus den Heeren der Alliierten. Sehr schnell zeigte sich freilich, daß die reguläre französische Armee unzulänglich auf den Krieg vorbereitet war. Die revolutionäre Begeisterung war nur die Sache einer Minderheit von Freiwilligen in eigenen Verbänden; nur unter Zwang und Versprechungen waren andere Truppenteile zu bewegen, ins Feld zu rücken. Der Vormarsch zeigte auch die Unzulänglichkeit der militärischen Führung; die Dezimierung des Offizierskorps durch die Emigranten trug dazu bei. Das allgemeine Debakel bei der ersten Begegnung mit dem Feind war nicht aufzuhalten, die militärische Niederlage schien nach wenigen Wochen besiegelt zu sein, und eine neue Wirtschaftskrise vermehrte die innere Auflösung.

Für alles weitere wurde jedoch entscheidend, daß in diesen kritischen Tagen keine Katastrophe eintrat, sondern gerade diese Gefahr die Rettung Frankreichs, des revolutionären Frankreich, zur Folge hatte. Hier lag der Ursprung der »Zweiten Revolution«. In der Krise des Sommers 1792 legitimierte sich die radikale Revolution als Retterin, die Wirtschaftslage besserte sich von dem Moment an, in dem es sich zeigte, daß die Entwicklung nicht zu einer Katastrophe führen werde; die ausländischen Banken blieben ruhig. Trotz-

Marats Triumph beim Einzug des Revolutionstribunals in den Justizpalast am 24. April 1793
Aus einer lavierten Zeichnung von Louis Léopold Boilly
Versailles, Musée Lambinet

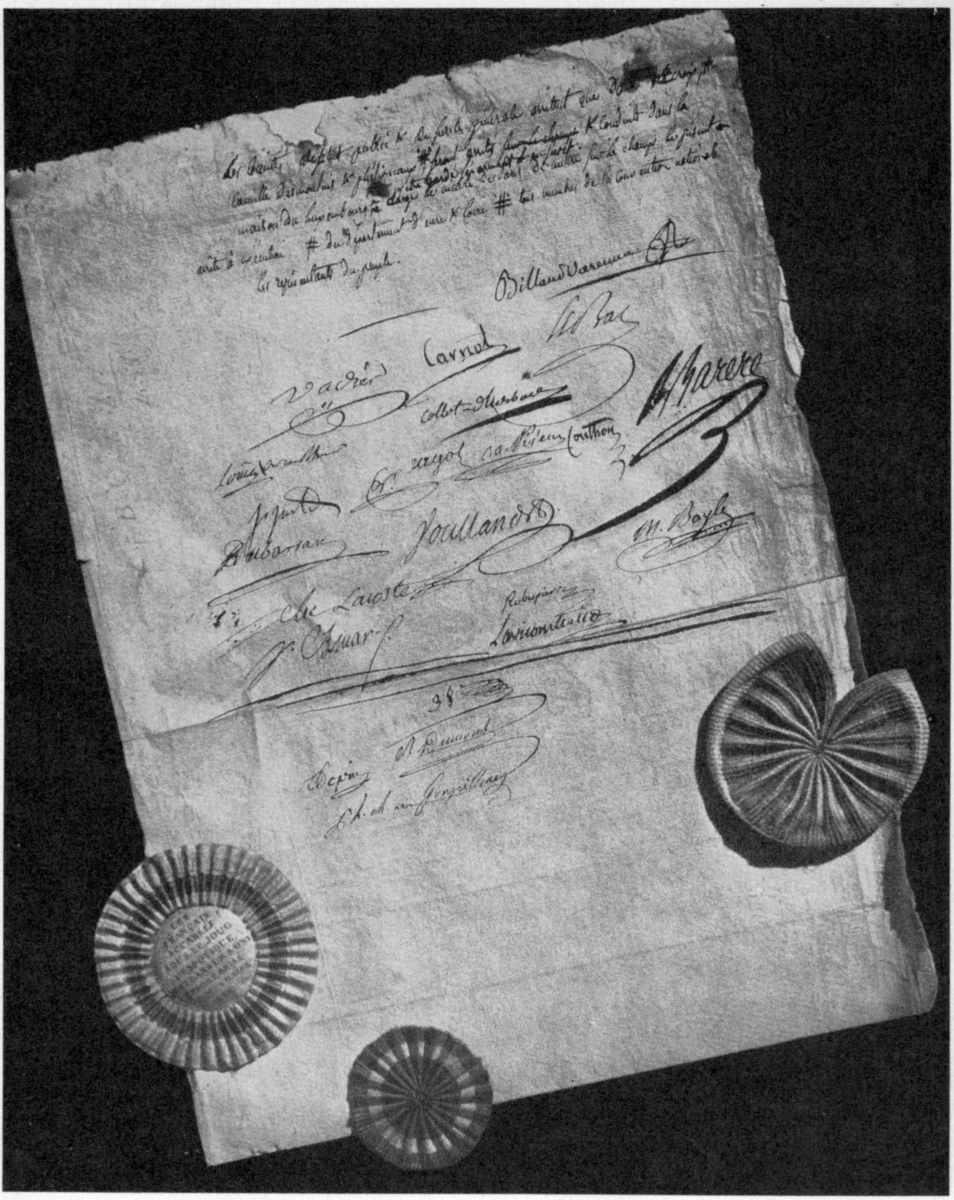

Haftbefehl für Danton, Delacroix, Desmoulins und Philippeaux vom 30. März 1794
mit den Unterschriften u. a. von Carnot, Saint-Just und Robespierre
Paris, Archives Nationales

dem waren die Schwierigkeiten der Lebensmittelversorgung der Bevölkerung nicht zu beseitigen. In der Not des Krieges wurde jegliche Versorgung schwierig; das führte zur Konzentration der Verwaltungsbefugnisse und zur Politik der Einschüchterung. So wurde die königliche Garde aufgelöst (Mai 1792), so wurden die denunzierten Priester, die den Verfassungseid verweigert hatten, deportiert, so wurde ein militärischer Stützpunkt der Girondisten (mit zwanzigtausend Nationalgardisten) in der Nähe von Paris gebildet. Die Unsicherheit und Planlosigkeit in der Umgebung des Königs wurde im Sommer 1792 immer bedenklicher; seine eigenen Minister warnten den König vor der Gefahr für den Fortbestand der Monarchie. La Fayette forderte in der Nationalversammlung die Unterdrückung der radikalen demokratischen Bewegung, während Aufstände in den Vorstädten von Paris erwartet wurden. Am Jahrestag des Ballhausschwurs (20. Juni) kam die akute Gefahr zum Ausbruch und machte die Ohnmacht der Nationalversammlung gegenüber dem Radikalismus sichtbar, als die Menge entgegen den behördlichen Verordnungen demonstrierte, in der Nationalversammlung erschien und in die Tuilerien eindrang. Es widersprach der Art Ludwigs XVI., sich in solchen Situationen durch Widerstand zu behaupten, aber im Negativen war er vielfach zäh, so auch jetzt: er nahm sein Veto (gegen den Zivilstatus des Klerus und gegen die Verurteilung der Emigranten) nicht zurück und weigerte sich, den girondistischen Ministern die Regierungsgeschäfte wieder zu übergeben. Die royalistische Opposition gegen diese Vorgänge verbesserte die Lage des Königs nicht, wenn er sich auch von dieser distanzierte. Die Ereignisse der Junitage 1792 vertieften die Erkenntnis von der immer unhaltbareren Lage der Krone. Der König mit seinen Ministern wurde von den Revolutionären des Verrats angeklagt, sie forderten nun auch die parlamentarische Verantwortlichkeit der Minister und erwogen die Absetzung des Königs; das Königtum war mit dieser Fragestellung bereits – längst vor dem Tode des Königs selbst – der Revolution zum Opfer gefallen; sein Kredit war verbraucht. Gegen diese extremen Tendenzen haben sich die Girondisten im ganzen genommen damals nachdrücklich gewehrt – selbst auf das Risiko einer Stellung zwischen zwei Fronten hin! Verschiedene Erfolge ihrer Politik in einzelnen Pariser Stadtbezirken haben aber nicht aufhalten können, daß im kritischen Stadium der Entwicklung deutlich wurde, wieweit ihre Stellung durch die radikalen Bestrebungen bereits unterhöhlt war. Das hat sie gelähmt, sie gehindert, die eigene Position aufs Spiel zu setzen und gegen den Radikalismus Front zu machen. Deswegen schlug jetzt die Stunde der Jakobiner: sie stellten sich an die Spitze der antiroyalistischen Bewegung in den Städten; Marseille forderte als erste Stadt Ende Juni (27. Juni 1792) die Republik; Robespierre verlangte im Namen der militärisch organisierten »Föderierten« die Absetzung des Königs, nachdem er dessen verfassungsrechtlich begründetes Vetorecht angegriffen hatte. Die sogenannte »Revolution des 10. August« war eine Erhebung, die technisch von einer Zentrale her mit Lenkungsausschuß und geheimem Direktorium mit Delegierten, welche die Verbindungen zu den einzelnen Sektionen sicherten, vorbereitet worden war. In permanenten Bürgerversammlungen der achtundvierzig Sektionen von Paris wuchs die Spannung täglich: ihre Forderungen wurden immer radikaler, bis schließlich die immer unsicherere Lage zur Forderung eines revolutionären Exekutionsrates führte, der die Nationalversammlung ersetzen sollte: nach allgemeinem

Wahlrecht sollte ein »Konvent« genannter Rat gebildet werden. Die innere Unsicherheit, das gefährdete Ansehen der verfassungsmäßigen Nationalversammlung und die Bedrohung durch die Alliierten erhöhten die Panikstimmung. Bevor am 1. August die Preußen Koblenz verließen, hatte am 25. Juli der Herzog von Braunschweig als Oberbefehlshaber der Interventionsarmee ein Manifest erlassen, das im Namen der österreichisch-preußischen Koalition »Paris mit einer militärischen Exekution und vollständiger Vernichtung« bedrohte, wenn »Ihren Majestäten dem König, der Königin und der königlichen Familie die mindeste Gewalt oder Beleidigung widerfährt«. Dieses verbrecherische, taktisch auch völlig verfehlte und arrogante Emigrantenprodukt hat die Monarchie in Frankreich um den Rest ihres Ansehens gebracht. Die Erregung war ungeheuer. Auf den Ruf »Das Vaterland ist in Gefahr!« kamen aus ganz Frankreich die »Föderierten« nach Paris gezogen. Um die Monatswende Juli/August drohte tagtäglich die Erhebung.

Die Katastrophe der Monarchie

In der Nacht vom 9. zum 10. August läuten die Alarmglocken, die Kommissare der einzelnen Sektionen treten im Stadthaus neben der bestehenden Behördenorganisation als revolutionärer Rat zusammen, Widerstand wird mit Gewalt gebrochen, die königliche Familie weiß sich keinen anderen Rat, als in die Nationalversammlung zu fliehen und sich deren Schutz zu unterstellen, während in den Tuilerien die Schweizergarde auf Befehl des Königs das Feuer auf die Eindringenden einstellt und dann niedergemacht wird. An diesem Tage, in dieser außen- und innenpolitisch bedrohten Lage, siegt die radikale Revolution, wird die revolutionäre Diktatur errichtet und die gesetzgebende Nationalversammlung praktisch liquidiert. Die bürgerlich-liberale Revolution ist dem Radikalismus in Paris erlegen.

Die Rücksicht auf die Provinzen, in denen die Girondisten breite Anerkennung genossen, führte allerdings zunächst zu einem Ausgleich: die Nationalversammlung blieb vorläufig weiterbestehen, sie erkannte die revolutionären Räte, die Kommunen, jedoch an. Die königliche Familie wurde vorerst interniert, der König abgesetzt; über sein Schicksal sollte erst der jetzt zu wählende Konvent entscheiden. Inzwischen ernannte die Nationalversammlung einen vorläufigen Exekutivrat. In ihm hat dann der vielumstrittene Danton, der sogar unter dem Verdacht stand, vom Hofe gekauft zu sein, seine große Rolle zu spielen begonnen – einer der Heroen des revolutionären Mythos, selbst unter den leidenschaftlich erregten Franzosen ein Mann ganz eigener Art, der wenig von einem Intellektuellen hatte, kein disziplinierter Fanatiker wie Robespierre oder Saint-Just, nicht wegen seiner klugen Überlegenheit und Zielstrebigkeit nur auf Abstand zu bewundern, sondern ein überschäumender Lebenswille, Vertrauen und Vertraulichkeit erweckend, einer der großen Rhetoren der Revolution, taktisch geschickt, ein Mann der momentanen Klugheit und Entschlossenheit, aber – seine empfindlichste Schwäche – ohne klar zu wissen, was er wollte oder was geschehen sollte, ohne Theorie und Planung, mehr Volkstribun als Politiker.

Die innerfranzösischen Verhältnisse wurden durch diese Ereignisse freilich nicht geklärt oder vereinfacht, die Zuständigkeiten der Verwaltung verwirrten sich weiter. Das waren die Wochen, in denen die »jakobinische Eroberung« Frankreichs begann: die große Wende, die Frankreich in der höchsten Not von den Anfangserwartungen der Revolution endgültig trennte und die radikale Republik auf der Grundlage des allgemeinen Wahlrechtes inaugurierte – ohne freilich von der begeisterten Zustimmung der Nation wie 1789 getragen zu werden. Sicher ist dieser Gang der Ereignisse nicht zwangsläufig, »notwendig« gewesen, aber die Erfahrungen fortschreitender Auflösung und Desintegration des öffentlichen Lebens und der entscheidende Mangel einer königlichen Initiative in diesen Jahren haben die radikale Minorität, die im Namen des Volkes auftreten konnte, das Gesetz des Handelns erringen lassen. Und sie war entschlossen, die Konterrevolution zu vernichten, wo sie sie zu treffen meinte: das war der Ursprung des jakobinischen Terrors im September 1792. Eines ist zunächst an dieser Wende für die Geschichte der Französischen Revolution und Europas wichtig geworden: mit dem Terrorismus büßte die Propaganda der Revolution ihre Wirkung ein, soweit sie aus der bürgerlich-liberalen Aufklärung stammte. Die revolutionäre Idee wird, von diesen Erfahrungen aus gesehen, für die noch nicht revolutionierte Welt zur bloßen Ideologie; das konterrevolutionäre Lager wächst. Der Terror bewirkt aber nicht nur eine Wende in der Geschichte der Revolution und ihrer Weltwirkung, sondern durch ihn gelingt andererseits der Aufbau eines militärisch organisierten Machtapparates in der Stunde der Bedrohung durch den Feind von außen. Die Wochen zwischen der Erstürmung der Tuilerien, der Gefangennahme des Königs und dem Zusammentritt des Konvents hat man mit Recht als ausschlaggebend für die Geschichte der Revolution bezeichnet. In ihnen wird mit immer klarer werdender Absicht auch der Bruch mit der monarchischen Vergangenheit vollzogen – bis zur Zerstörung der Königsgräber in St. Denis. Die Entscheidung zugunsten des radikalen Aktivismus fiel jedoch erst später im Konvent im Kampf zwischen Jakobinern und Girondisten. Erst danach begann die Politik des »Schreckens« im Zeichen der allgemeinen Wohlfahrt, die seit den Augusttagen 1792 die Franzosen in Atem hielt, insbesondere das besitzende Bürgertum, das sich gegen alle wirtschaftlichen und sozialen Beschränkungen wehrte. Die »Wohlfahrt« der neuen Gesellschaft lag im Interesse der kleinen Handwerker und Arbeiter. Sie hatten im Krieg durch Verteuerung der Lebensmittel, unter Arbeitslosigkeit und niedrigen Löhnen gelitten und sahen nun in der konsequenten Zentralisierung und Unterordnung den Ausweg aus den drückenden Schwierigkeiten; sie haben den Radikalismus unter Preisgabe der Freiheiten der neuen bürgerlichen Gesellschaft unterstützt. Unter diesen Umständen, auf den Trümmern der Institutionen des königlichen Frankreich, wurde das Programm der radikalen Demokratie zum Gebot der Stunde, um die Anarchie im Innern zu bändigen und das Land gegen den von außen eindringenden Feind, der auch der Feind der neuen revolutionären Ordnung war, zu verteidigen. Das Entsetzen über die Nachrichten von der Front, die Tatsache, daß Verdun belagert wurde und sich kaum halten konnte, trieb die innere Krise zu ihrer Höhe. In der Aufregung zündete das Schlagwort »Verrat« zur Begründung der feindlichen Erfolge und des Mordes. Es kam die Zeit der großen rhetorischen Erfolge, der Faszination der Rede, der radikalen Forderung an Stelle des politischen Kalküls. Es war die große Zeit Dantons, die Zeit der gefährlichen Worte: lieber wollten sie sich unter den Trümmern des Vaterlandes begraben lassen, als die Errungenschaften der Revolution aufgeben; »wir liefern unsere Städte nicht aus, und sollten sie darüber in Aschenhaufen verwandelt werden«. Man forderte die Todesstrafe für diejenigen, die nicht mit ins Feld ziehen wollten, für diejenigen, die mittelbar oder unmittelbar die Unternehmungen der Revolutionäre behinderten. »Nur Kühnheit, Kühnheit und immer Kühnheit – und das Vaterland ist gerettet.«

Das Werk des Konvents

Die Einheit Frankreichs war durch die radikale Revolution wiederhergestellt, als die Nationalversammlung das Programm der Kommune genehmigt hatte. Aber der Angsttraum der Revolutionäre vor den Verrätern, die Angst vor der gemeinsamen Sache der Gegner der Revolution innerhalb und außerhalb Frankreichs blieb. Vor dem Abzug der Freiwilligen zur Front sollten alle verdächtigen Gefangenen ermordet werden. In den nur langsam sich hinschleppenden Prozessen und Verurteilungen erklärte Danton, daß »das Volk«, wenn die Gerichte versagten, selbst sich »sein Recht« verschaffen könne. Das Morden unter den angeblichen Landesverrätern begann am Sonntag, dem 2. September, in Paris. Etwa elfhundert bis vierzehnhundert Menschen fielen ihm damals zum Opfer. Die staatlichen Behörden sahen machtlos dem Wüten zu, das nicht zuletzt auch als Warnung für die Girondisten im Zeichen der Wahlen zum Konvent verstanden werden mußte und von Robespierre der Kommune als notwendige »Säuberung« der Partei erklärt wurde. Der Aufbruch der Nation zur Front war landauf, landab von dem Schrecken vor den Exekutionen der sogenannten »Landesverräter« begleitet, unter denen die eidesverweigernden Priester besonders bedroht waren. Die Einheit des revolutionären Frankreich, das heißt der Kommunen, der Nationalversammlung und der Regierung, schloß den Klerus, die Kirche bezeichnenderweise aus. Die aus der Revolution entstehende Nation verschärfte den Kampf gegen die »monarchistischen Bastillen«, gegen die Konterrevolutionäre, zu denen die Priester gehörten. Alle Ordenshäuser mußten bis zum 1. Oktober geräumt und verkauft werden, schwarze Listen der oppositionellen Priester wurden von der Kommune an die Sektionen verteilt. Um den Einfluß des Klerus auf die Wahlen zum Konvent zu verhindern, tat Eile doppelt not. Etwa fünfundzwanzigtausend Geistliche haben im Zuge der Säkularisierung Frankreich verlassen; andere leisteten dann doch den Verfassungseid, ohne vom Papst unter diesen Umständen gebannt zu werden. Aus der so entstehenden Notlage heraus wurden die Standesämter verweltlicht, Sakrament und Zivilstand getrennt und Ehescheidungen nach dem Zivilgesetz erlaubt, ein Zeichen für den weltlichen Charakter des revolutionären Nationalstaates.

Indem die Kirche vom Staat ihr Gesetz erhielt, vollendete sich die Revolutionierung der alten Ordnungsmächte: entsprechend der Tendenz des modernen Geistes wurde das Verhältnis zwischen Kirche und Staat vom Staat her bestimmt und die Reste weltlicher Ordnungsfunktionen der Kirche liquidiert. Daran hat später auch die »Restauration« im Grunde nichts mehr ändern können. Die Konsequenzen führten bis zum Verbot, den

Priesterrock in der Öffentlichkeit zu tragen, auch das Straßenbild der revolutionären Gesellschaft nivellierend und egalisierend. Prozessionen wurden mit der Begründung untersagt, daß sie den öffentlichen Verkehr behindern. Die Nationalversammlung schloß sich der Kommune an, erklärte die Religion überhaupt zur Privatsache und beseitigte die rechtliche Ausnahmestellung der Kirche.

Inzwischen fiel die Entscheidung in der Auseinandersetzung mit dem Feind von außen, der nach der Niederlage der Franzosen im Frühjahr die Chance des Sommers 1792 nicht ausgenutzt, sondern sie durch Unkenntnis der Verhältnisse und Hochmut versäumt hatte. Die diplomatische Vorbereitung der Unternehmung war schlecht, vor allem die Engländer blieben unbeirrbar zurückhaltend, während die Russen in Polen eingerückt waren und sich lediglich mit finanzieller Unterstützung begnügten. Schließlich begegnete die Intervention lebhafter Kritik in den Kreisen, welche die revolutionäre Entwicklung in Frankreich mit Sympathie verfolgten. Und die Verbündeten, Österreicher und Preußen, dachten ihrerseits nicht daran, den Vormarsch ihrer Truppen energisch zu betreiben, vor allem, weil sie durch ihre polnischen Interessen gehemmt waren. Damals galten die preußischen Truppen noch als die besten in Europa, auch im Urteil der Franzosen. Die Intervention war jedoch von vornherein nicht auf militärische Entscheidungen angelegt, sondern um Verhandlungen vorzubereiten, ganz im Sinne der politischen und strategischen Prinzipien des 18. Jahrhunderts. Nach den Erfahrungen des Frühjahrs war man voller Verachtung für den Gegner; mit ernsthaftem Widerstand meinte man nicht rechnen zu müssen, ganz abgesehen von der Illusion, daß die Mehrheit der Franzosen die Befreiung durch die Feinde der Revolution erhoffte.

Es hat etwas Makabres an sich, daß bei der letzten Kaiserkrönung in Frankfurt am Main, der letzten Zusammenkunft des alten Deutschland, die letzten Schritte zu diesem so schlecht vorbereiteten Feldzug gemacht worden sind, ohne zu ahnen, was sich in dem beginnenden Spiel verbarg. Die Desillusionierung der Alliierten begann allerdings sehr schnell, sie waren enttäuscht über die feindliche Gesinnung der Franzosen, die sich gegen den Angreifer zusammenschlossen und deren Verteidigungswillen wuchs. Regenwetter und Krankheiten in der Truppe kamen dazu, um die Energie der Armee zu lähmen. Nicht nur Wendepunkt dieses Feldzuges, sondern ein Epochenereignis war dann die Begegnung der feindlichen Heere auf dem Schlachtfeld bei Valmy. Ohne daß eine Entscheidung die Lage klärte, bereitete sich in Regen, Nebel und Unlust der Umschwung vor: der Gegenangriff Frankreichs auf Europa, gipfelnd in der Revolutionierung der bestehenden Ordnung in Mittel- und Südeuropa. Das völlig Unerwartete geschah: die Revolutionsarmee floh nicht, sondern hielt stand, ja, sie hatte den in perfekter Schlachtordnung aufmarschierenden preußischen Regimentern Halt geboten. Nachdem das geschehen, steigerte sich ihr Selbstvertrauen bis zum Glauben an ihre Unbesiegbarkeit, während die Preußen die Erfahrung dieses Tages nicht nur über den Gegner belehrte, sondern überhaupt an dem Nutzen des ganzen Krieges zweifeln ließ. Sie führte die preußische Politik auf den Weg zum Sonderfrieden mit dem revolutionären Frankreich in Basel 1795. Goethe gehörte zu denen, die sich damals sofort des Epocheereignisses bewußt geworden sind. Daß es geradezu der wichtigste Tag des Jahres gewesen sei, daß der 20. September 1792 die Gestalt der Geschichte verändert habe und nicht nur eine Schlacht verloren worden sei, darüber war sich auch mancher preußische Offizier im klaren (wie der Major von Massenbach). Die bestehende »alte« Welt versank, der Sieg der neuen nationalen französischen Armee über die Kabinettskriegsführung schloß den Triumph der radikalen Revolution ein. Jetzt schieden sich auch die Geister zwischen »Aufklärung« und revolutionärem Radikalismus; die Erschütterung des Glaubens an die alte Ordnung angesichts der »konstruktiven Gestalt« der Revolution kennzeichnet die veränderten Verhältnisse. Die unmittelbare Folge für Frankreich war die Ausrufung der Republik, aber auch der Vormarsch der Franzosen auf Mainz, der Einmarsch in Savoyen, wo sie als Befreier begrüßt wurden; Belgien kam in ihre Hand. Mit der »Marseillaise« auf den Lippen stürmten die Revolutionäre im Frontalangriff, ohne Rücksicht auf alle gelehrten Regeln, bei Jemappes gegen die Österreicher vor (6. November 1792). Nach der ganzen Anlage war der Kampf ein revolutionärer, das Beispiel eines auf bisher unbekannten Massierungen begeisterter Truppen beruhenden Sieges.

Im Herbst 1792 spitzten sich die Verhältnisse auf die Fragen nach der Stellung des Konvents und nach der Zukunft der Koalition zu. Würden die Alliierten die Indolenz der Engländer überwinden? Welche Konsequenzen würden sich aus der zweiten Teilung Polens im Januar 1793 für die Beziehungen der Alliierten unter sich und zu Rußland ergeben? Der Plan, mit den Alliierten zu verhandeln, ist im Herbst 1792 von den Revolutionären erwogen, dann aber doch verworfen worden: Der Sieg schob die politische Kalkulation als wesensfremd beiseite und drängte den Konvent zur Fortsetzung des Krieges, zu Annexionen, zur Alarmierung vor allem der Engländer. Die Last der Verantwortung legte sich sofort auf den gerade am Nachmittag des Tages von Valmy zum ersten Male zusammentretenden Nationalkonvent, dessen Entschließungen von dem Gegensatz der Girondisten und der »Bergpartei«, den Radikalen, bestimmt sein sollte. Der Kampf zwischen Brissot und Robespierre steigerte sich zum Ringen um die zentralisierende Diktatur. Im Gegensatz zu den Jakobinern im Besitz großer Zeitungen, hat zunächst die Propaganda der Girondisten bestimmend in der Öffentlichkeit, vor allem in der Provinz, gewirkt. Sie opponierte insbesondere gegen die vorherrschende Stellung der Hauptstadt. Mit dieser Kritik an der Monopolstellung von Paris wandten sie sich nicht nur gegen die revolutionäre Entwicklung der letzten Jahre, sondern gegen die Generaltendenz der französischen Geschichte überhaupt. Dieser Widerspruch enthält sogleich den Gegensatz zwischen dem begüterten »liberalen« Bürgertum und den »kleinen Leuten«, der sich zu der Schicksalsfrage an die Zukunft zuspitzt. »Vor dem 10. August«, erklärte Brissot, »waren die Zerstörer wirkliche Revolutionäre«, jeder Revolutionär müsse zunächst Zerstörer sein. Die Lage habe sich inzwischen aber grundlegend geändert: die Zerstörer seien heute Konterrevolutionäre; der Kampf gegen die Anarchie müsse jetzt Frankreichs Ziel sein, der Kampf gegen diejenigen, die alles nivellieren, den Besitz, den Wohlstand aufs Spiel setzen wollten. Demgegenüber Robespierres schneidende Frage: »Habt ihr eine Revolution ohne Revolution gewollt?« Das Königtum sei vernichtet, Adel und Klerus verschwunden, nun beginne erst das Reich der Gerechtigkeit; seine Grundlage sei die Volkssouveränität, die den Mißbrauch der Macht ausschließe. Nicht nur Umsturz kennzeichne die Revolution, sondern für die neue Republik sei die Gesinnung der Bürger entscheidend. Die Seele der Republik sei die Tugend, die Hingabe, die dem

Gemeinwohl gelte, hinter dem alle Sonderinteressen zurückzutreten hätten. Die Gegner der Republik wurden als Egoisten, Ehrgeizige, Verderbte moralisch diskriminiert, und man unterschied radikal zwischen guten und schlechten Bürgern, zwischen Gewinnsüchtigen, Reichen und den Männern des Volkes. Die Wirklichkeit der Sittlichkeit sei das Volk, das arbeitende, das »gute« Volk im Sinne Rousseaus: es will immer das Gute, es sieht dieses freilich nicht immer.

Die »Revolutionsregierung« war eine Kriegsregierung. »Bis zum Frieden ist die vorläufige Regierung revolutionär«, heißt es im Dekret vom 10. Oktober 1793. Die Revolution kämpfte um ihre Existenz. Erst wenn die Republik gesiegt habe, sollte die verfassungsmäßige Regierung wieder eingesetzt werden. Im Kriegszustand mußte schnell gehandelt werden; diesem Gebot wurde die ganze Verwaltung durch ihre Zentralisation unter-

geordnet; jeder Widerstand würde durch Terror gebrochen, jeder Aufrührer gegen das Gesetz war ein Feind des Volkes und verdiente den Tod. Die Diktatur des Wohlfahrtsausschusses hat auf diese Weise eine gewisse Stabilität der Verhältnisse geschaffen. So provisorisch die Revolutionsregierung auch war, sie hatte doch eine Organisation ihrer Herrschaft nötig. Im Dekret vom 4. Dezember 1793 hat sie sich so etwas wie eine Verfassung gegeben: im Prinzip demokratisch, war der Konvent die höchste Autorität; seine Ausschüsse regierten unter seiner Kontrolle. Aber die Exekutive war doch das wichtigste Organ der Regierung. Niemand durfte ihr widersprechen. Bis auf den Jakobiner-Klub verschwanden alle anderen Klubs; Kritik war verdächtig, die unabhängige Presse wurde unterdrückt. Von den einundzwanzig Ausschüssen der Exekutive waren die wichtigsten der »Wohlfahrtsausschuß« (Comité du salut public), der die auswärtige Politik leitete, den Krieg führte und das wirtschaftliche Leben regelte, und der »Sicherheitsausschuß« (Comité de sureté), das Ministerium des Terrors.

Die Verwaltung der Departements, des Föderalismus verdächtig, wurde auf das Direktorium beschränkt und verlor den größten Teil ihrer Aufgaben. Am wichtigsten waren Bezirk und Gemeinde, die mit der Zentrale in direkter Verbindung standen. Revolutionsausschüsse gab es nicht überall, meist fehlten sie auf den Dörfern. »Jede vom Konvent ausgehende Handlung endigt bei euch«, hieß es in einem Rundschreiben des Wohlfahrtsausschusses. »Ihr seid gleichsam die Hände des Staatskörpers; er ist sein Kopf, und wir sind die Augen. Durch euch trifft der Volkswille, sobald er den Schlag beschlossen hat.« Bei jeder Behörde gab es einen Konventskommissar, der gewählt wurde, aber der Regierung verantwortlich war und regelmäßige Wochenberichte einzusenden hatte. Er stand zwischen den Zentralausschüssen und den lokalen Verwaltungen.

Der Wohlfahrtsausschuß hatte freilich nicht genügend Zeit, die Zentralisation völlig durchzusetzen; er hatte neben anderen Friktionen dauernd mit der Rivalität des Sicherheitsausschusses zu kämpfen. Diese haben schließlich zum Sturz des Regimes geführt. Erst Napoleon hat die Zentralisation vollendet. Die Mehrheit des Wohlfahrtsausschusses dachte im übrigen nur an einen siegreichen Abschluß des Krieges; für alle anderen Aufgaben nahm man die Hilfe anderer in Anspruch, sofern sie sich nur zur Verfügung stellten. Die gesetzlichen Regelungen beschränkten sich auf das Notwendigste.

Der Konvent hatte als erstes das Königtum abgeschafft (21. September 1792). Mit diesem Tag dokumentierte sich bezeichnenderweise das revolutionäre Selbstbewußtsein mit der Einführung eines neuen Kalenders. Das Jahr 1 der Republik hatte begonnen; Zeugnis zugleich für den universalen Anspruch der Revolution. Der Prozeß gegen den König ließ die Konsequenzen aus dem neuen Selbstbewußtsein sogleich erkennen. Die Sorge vor der Radikalisierung schreckte die Gironde vor dem Todesurteil gegen Ludwig XVI. zurück, während hinter dem Königstode für die Jakobiner die Absicht sichtbar wurde, den Schnitt zwischen der von der Revolution noch nicht erfaßten Umwelt und sich selbst zu vertiefen:

»Das Königtum ist abgeschafft«
Dekret der Nationalversammlung vom 21. September 1792. Paris, Archives Nationales

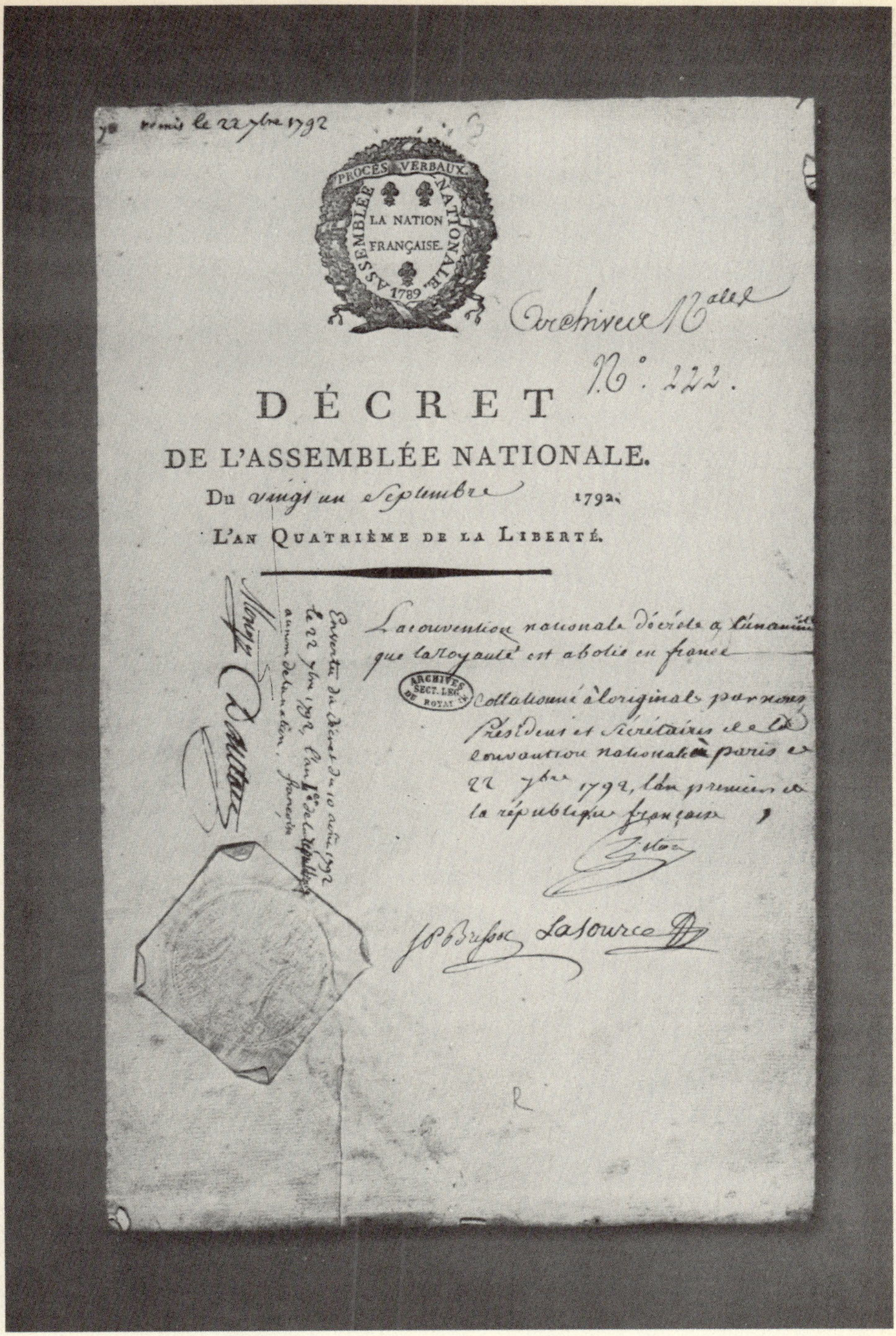

remis le 22 7bre 1792

PROCÈS VERBAUX.
ASSEMBLÉE NATIONALE
LA NATION FRANÇAISE.
1789

Archives Nales
N°. 222.

DÉCRET
DE L'ASSEMBLÉE NATIONALE.

Du vingt un Septembre 1792.

L'AN QUATRIÈME DE LA LIBERTÉ.

La convention nationale décrète à l'unanimité que la royauté est abolie en france

ARCHIVES SECT. LEG. DU ROYAUME

Collationné à l'original par nous président et secrétaires de la convention nationale à paris le 22 7bre 1792, l'an premier de la république française,

Pétion

J.P. Brissot Lasource

Karikatur auf die Vergnügungssucht unter dem Direktorium. Barras läßt Thérèse Tallien und Josephine Beauharnais vor Bonaparte tanzen
Kolorierter Stich von James Gillray, 1797. Düsseldorf, Kunsthandel

eine äußerst radikale Übersteigerung der Revolution und ihrer Ansprüche. Ludwig XVI. stand nicht unter der Anklage des Rechtsbrechers (wie Karl I. 1649), sondern als outcast der neuen Gesellschaft; er sei kein »Bürger«, er stehe außerhalb des Gesetzes. Als König sei Ludwig XVI. ein Usurpator – »Man kann nicht ungestraft regieren« –; nicht die sittliche Qualität des Einzelnen, sondern die Entscheidung für oder wider die Revolution entschied auch über den Menschen; zur Revolution gehört der permanente Kriegszustand zwischen zwei getrennten Welten. Als König war Ludwig XVI. Feind des Volkes, der Konvent hatte diesem Tatbestand Rechnung zu tragen und »einen Akt der nationalen Vorsehung zu vollziehen; der König ist als König zu verurteilen, oder die Republik ist nicht freigesprochen«. Der Königsprozeß wurde so zu einer großen Auseinandersetzung über das Wesen der Revolution. Im Zeichen der außenpolitischen Bedrohung spitzte sich alles auf die Alternative Leben oder Tod zu, auf das Entweder-Oder; einen Kompromiß gab es in dieser Lage nicht. Die Abstimmung im Konvent über das Schicksal des Königs wurde namentlich vorgenommen, während eine enorme Erregung Paris, den Konvent, die Klubs ergriffen hatte, auch aus Furcht vor Unruhen, bis mit einer Stimme Mehrheit die Entscheidung für die Todesstrafe ohne Strafaufschub fiel. Am Tage darauf, am 21. Januar 1793, wurde das Urteil vollzogen. Es war zugleich der Sieg der »Bergpartei«, der »Jakobiner«, über die Girondisten. Nun seien die Brücken abgebrochen; »es bleibt nur noch zu siegen oder zu sterben«. Am 16. Oktober mußte dann auch die Königin Marie Antoinette das Schafott besteigen, nachdem sie alle seelischen Mißhandlungen tapfer ertragen hatte. Nicht zu leugnen ist, daß sie einen unglücklichen Einfluß auf den König und die Geschäfte gehabt hat. Im Laufe der Jahre hatte sie ohne höhere Gesichtspunkte, unerfahren, unwissend und urteilslos nacheinander fast alle bekämpft, die das Königtum retten wollten. Aufrichtige und kluge Royalisten waren ihr deshalb feind. Im Grunde war sie immer Ausländerin geblieben und ohne nähere Verbindung zu Frankreich und dessen Interessen. Zum Schluß war sie ganz isoliert; Leichtsinn, Hochmut und Koketterie ihrer Jugendtage waren von ihr gewichen, mit königlichem Selbstbewußtsein ging sie in den Tod.

Die Ausbreitung des Krieges

Das Entsetzen über die Hinrichtung des Königs ergriff auch außerhalb Frankreichs weite Kreise. Es setzte sich sofort in neue politische Aktivität um, die zur großen Koalition gegen das revolutionäre Frankreich führte, als nun auch England in den Kreis der antifranzösischen, antirevolutionären Verbündeten eintrat. William Pitt, der mit vierundzwanzig Jahren im Jahre 1784 Leiter der englischen Politik geworden war, hatte zunächst nicht mit einer langen Dauer des revolutionären Regimes in Frankreich gerechnet. Die führenden Kreise Englands lebten im Gegensatz zu den Franzosen am Vorabend der Revolution in ruhiger Sicherheit und im Vertrauen auf die Zukunft; die Sezession der nordamerikanischen Kolonien hatte England erstaunlich schnell überwunden. Als Inselmacht mit geringem militärischem Schutz beunruhigte jedoch die Engländer von jeher die Gefahr einer Landung.

Deshalb gehörte die Überwachung der England am nächsten liegenden Häfen auf dem Kontinent zu den Hauptinteressen der englischen Politik. Die gesicherten sozialen Verhältnisse schienen dagegen für revolutionäre Bewegungen keine Angriffsflächen zu bieten. Auch die Vorgänge in Osteuropa, besonders die polnischen Teilungen, hatten die Engländer nicht berührt. Das Anwachsen der russischen Macht hatte sie noch nicht beunruhigt. Die erste unmittelbare Berührung mit der Französischen Revolution kam für die Engländer durch die in großer Zahl nach England flüchtenden französischen Priester, denen sie Asyl gewährten. Pitt war jedoch kein Ideologe und hatte für die Begeisterung über die Französische Revolution in England genausowenig wie für den publizistischen Kampf gegen sie übrig. Gefährlich wurde die Lage für die englische Politik erst, als die französischen Revolutionäre aggressiv wurden und die Niederlande im Zeichen ihrer »Befreiungspolitik« bedrohten. Auch ohne die Hinrichtung Ludwigs XVI. trieb dann die Entwicklung auf den Krieg mit Frankreich zu. Da der englische Wohlstand auf dem Import- und Exporthandel beruhte, war die Erhaltung seines unbeschränkten Seehandels für England eine Lebensfrage.

An der Wende des Jahres 1792/93 war für Frankreich die Gefahr des vergangenen Sommers überwunden, die Revolutionsarmeen standen jetzt auf feindlichem Boden in Belgien und auf linksrheinischem Gebiet. Nach den Erfolgen des Herbstes wurden nun sofort weiterreichende Pläne in Paris diskutiert. Die »Befreiung der Völker« war das große Programmwort, das die Ausländergruppen in den französischen Heeren leidenschaftlich aufgriffen: es war der Gedanke eines Kreuzzuges der Freiheit. Wie sich aus der revolutionären Ideologie immer mehr eine französische Eroberungspolitik, wie sich aus der missionarischen Freiheitsbewegung eine französische Annexionspolitik herausgearbeitet hat, das ist einer der entscheidenden Momente in der Geschichte der Französischen Revolution. Dieser Vorgang ist zur Hypothek auf der Jakobinerherrschaft geworden, ja, er gehört, entgegen der liberalen Legende des 19. Jahrhunderts, mit ihrer bewundernden Beschränkung auf die Anfänge der revolutionären Entwicklung in Frankreich, zu jeder Revolution.

Was aus den von den revolutionären Armeen besetzten Gebieten werden sollte, wurde zuerst bei der Frage nach der Zukunft Savoyens akut – die große Frage der Neuordnung nach der Beseitigung der bisherigen Gesellschaftsordnung. Die mit dem Heer zurückkehrenden Savoyarden beriefen nach französischem Vorbild einen Konvent. Eine Abordnung desselben beantragte bei dem Pariser Konvent die Eingliederung des Landes in das revolutionäre Frankreich. Die Antwort vom 19. November 1792 ist durch die Richtlinien, die sie enthielt, von allgemeiner Bedeutung geworden: Der Pariser Konvent bot allen Völkern, die in Freiheit leben wollten, Bruderschaft und Schutz an; die Generale der Revolutionsarmee erhielten Befehl, in den von ihnen besetzten Gebieten die Volkssouveränität zu verkünden, die feudalen Privilegien aufzuheben und die revolutionäre Gesetzgebung einzuführen. Die dem Fiskus und den bisher Regierenden eigenen Besitzungen waren zu beschlagnahmen, und eine provisorische Volksregierung war zu bilden. Es lag nicht nur in der Konsequenz dieser Politik, sondern war Rousseausches Erbe, wenn die naheliegende Frage nach den Maßnahmen für den Fall, daß ein Volk »die Freiheit« im Sinne der Revolution ablehnte und an seinen Fürsten festhielt, ihre Antwort in der Erklärung fand, daß dieses Volk dann als feindliches zu behandeln sei – wie umgekehrt den sich gegen die bestehende Ordnung erhebenden Völkern Frankreichs Unterstützung zugesagt wurde: Frankreich als »Adoptivvaterland« der revolutionären Weltbürger, als Mutterland der kommenden »Weltrepublik«. Im Sinne dieser Anschauung erklärte Georg Forster in Mainz, daß der Rhein die natürliche Grenze einer großen Republik sei, die keine Eroberungen wolle, aber diejenigen, die sich zu ihr bekennen, freudig aufnehme. Freilich, die Mehrheit der Deutschen im Rheingau dachte nicht wie die »Klubisten« des »Rheinischen Konvent«, die dem Pariser Konvent die Rheinlande anboten. Robespierre wußte das wohl, als er sagte, daß man keine bewaffneten Missionare liebe. In den österreichischen Niederlanden kam es bei der Erregung über die revolutionäre Gesetzgebung überhaupt nicht zu einer provisorischen Regierung. Da eine provisorische Macht, die nach der Anweisung des Exekutivrates an die Kommissare des Heeres eine wahre Revolution hätte verlangen können, nicht zustande kam, blieben die österreichischen Niederlande unter Militärverwaltung, um Frankreich im »Namen der Gerechtigkeit und Humanität«, wie Dantons Antrag lautete, einverleibt zu werden. Die niederländische Bevölkerung hatte durch ihr Verhalten gezeigt, daß sie für die Errungenschaften der Revolution noch nicht reif sei; deshalb wurde im März 1793 ihre Annexion vom Nationalkonvent beschlossen.

Im Konvent wurden diese folgenreichen Schritte mit der Überlegung begründet, daß jede politische Maßnahme gerechtfertigt sei, wenn das Interesse Frankreichs es verlange, daß es aber ungerecht sei, ohne zwingende Notwendigkeit fremde Interessen zu verletzen. Vor allen historisch-politischen Argumenten gelte der Rechtstitel der Vernunft. Zu diesen natürlichen, vernünftigen Ansprüchen gehöre die Forderung nach den »natürlichen Grenzen« Frankreichs: Rhein, Alpen, Pyrenäen. In der neuen politischen Lage wurden das bisherige »Staatensystem« und das Völkerrecht, auf dem es beruhte, in Frage gestellt. Die Grundbegriffe von Politik und Staatsleben mußten neu durchdacht werden, wenn die Prinzipien der »großen Mächte«, das Gleichgewicht der Kräfte, die »balance of power«, keine Geltung mehr zu haben schienen. »Unser System«, heißt es einmal, »besteht nicht aus Herrschsucht, sondern aus Brüderlichkeit, für uns gibt es keine Könige und Fürsten, sondern nur Menschen, die, wenn sie tugendhaft sind, gleiche politische Rechte besitzen und von denselben moralischen Beziehungen regiert werden.«

Gerade auf der Grundlage des alten »Systems« fand sich jedoch die Koalition gegen Frankreich, gegen die Revolution unter der Führung Englands zusammen. Die Beteiligung Englands am Kampf bedeutete im gewissen Sinne auch die Wiederaufnahme des großen Weltgegensatzes zwischen Frankreich und England im 18. Jahrhundert, sie bestimmte vor allem die Konstellation der europäischen Politik gegen Frankreich. Ein eroberndes Frankreich, ob königlich oder republikanisch oder kaiserlich, ist für England immer bedrohlich gewesen. Die Gefahr wurde für die Engländer akut, als die Franzosen den Status quo in den niederländischen Gebieten veränderten. Seit dem Dezember 1792 war Pitt alarmiert; die Hinrichtung Ludwigs XVI. bildete dann lediglich den Anlaß für die Engländer, der antifranzösischen Koalition beizutreten. Die moralische Empörung über das »häßlichste und grauenhafteste Verbrechen der Geschichte« führte zum Abbruch der diplomatischen Beziehungen. Die Antwort des Konvents war die Kriegserklärung an England (1. Februar 1793); ihr folgte die Erklärung des Kriegszustandes mit Holland, dann mit Spanien, dem

Stützpunkt für die englische Flotte im Mittelmeer. Auch Rußland trat jetzt dem Bündnis bei; fast alle Mittel- und Kleinstaaten in Mittel- und Südeuropa schlossen sich zu einer großen Koalition zusammen. Frankreich brach aber nicht wie das spätludovizianische Frankreich am Beginn des 18. Jahrhunderts unter der großen europäischen Koalition zusammen, sondern es erhob sich vielmehr unter der Disziplin der jakobinischen Diktatur und des napoleonischen Cäsarismus zu einer unerhörten hegemonialen Stellung und entfesselte ungeahnte Kräfte einer revolutionären Dynamik.

Im Sommer 1793 drohte zunächst durch die militärische Aktivität der Verbündeten wie durch die Aufstände im Innern über das neue Frankreich die Katastrophe hereinzubrechen. Die schwierige Lage rettete vor allem Lazare Carnot, der »Organisator des Sieges«, durch die Neuorganisation des französischen Heeres. Sie bestand zunächst in der Eingliederung der Freiwilligen in die Kader des stehenden Heeres; begeistert, aber wenig diszipliniert, nur Zeitfreiwillige, wurden sie von den Liniensoldaten mit Skepsis und Zurückhaltung betrachtet. Die ganze Nation stand 1793 unter dem Druck der zwangsweisen Mobilmachung; die »levée en masse« ergab ein militärisches Potential von dreihunderttausend Mann und begründete rein zahlenmäßig das militärische Übergewicht Frankreichs über die Truppen der Koalition. Carnot packte die schwierige Aufgabe, diese Massen den bestehenden Formationen einzuschmelzen, in der Weise an, daß er ein Linienbataillon jeweils mit zwei Freiwilligenbataillonen in einem Regiment vereinigte. Von den Kommandos wurden die Adligen wenigstens grundsätzlich ausgeschlossen, aber tüchtige Offiziere der alten Armee in das neue Heer übernommen. Charakteristisch war, daß der Konvent den jüngeren, energischeren, vom Geist der neuen Zeit erfaßten Offizieren die Führung der Truppen anvertraute. Das Neue zeigte sich auch darin, daß die Wahl der Offiziere durch die Truppe jetzt im bewußten Gegensatz zu der radikalen Demokratisierung der Armee eingeschränkt wurde: die Ernennung der höheren Offiziere erfolgt nach der Anciennität, die der Armeeführer direkt durch den Konvent. Sehr wichtig war die Wiederherstellung der militärischen Disziplin, nachdem das Mißtrauen des Wohlfahrtsausschusses gegen die Generäle einem neuen Vertrauensverhältnis gewichen war. Seit dem Frühjahr 1794 verschwanden die Konventskommissare, welche die Kommandos überwacht hatten, aus der Armee. »Die Armee diskutiert nicht; sie gehorcht den Gesetzen und führt sie aus«, erklärte Carnot kategorisch. Der Wohlfahrtsausschuß rechnete mit der Treue und der Liebe zum Vaterland und zur Revolution. »Eine Niederlage ist kein Verbrechen, wenn man alles getan hat, um den Sieg zu gewinnen. Es sind nicht die Ereignisse, die unser Urteil über die Menschen bestimmen, sondern ihre Energie und ihr Mut. Was wir wollen ist, daß man nicht an dem Wohl des Vaterlandes verzweifelt.« Carnot forderte aber auch, daß die militärische Führung lerne, mit den Massen zu disponieren und unter ihrem Druck den Gegner in der Entscheidungsschlacht zu vernichten. In dieser Schule ist der General Bonaparte zum Meister der neuen Strategie und Taktik geworden.

Die innere Disziplinierung und Konzentration unter dem Druck der von außen drohenden Gefahr haben den Weg zur radikalen Demokratie, zur jakobinischen Diktatur frei gemacht. Theoretisch auf Rousseaus Lehre von der »volonté générale« gestützt, war sie praktisch die Diktatur einer radikalen Minderheit, um der inneren Auflösung gegenüber den Willen zur Selbstbehauptung durchzusetzen. Das zeigte sich auch in der Zwangswirtschaft, die für die Versorgung des Heeres und der Stadtbevölkerung lebensnotwendig war. Die Radikalisierung der Revolution im Sommer 1793 führte unter diesen Umständen auch zum Sieg der »Bergpartei« über die Gironde und zur Diktatur der Konventausschüsse. Im Kampf um die Zwangswirtschaft wurde die Gironde durch den Terror der Ausschüsse vernichtet.

Robespierre und die Diktatur der Ausschüsse

Den Begriff der radikalen Diktatur hat mit schneidender Schärfe in seinen Reden im Konvent der fünfundzwanzigjährige Saint-Just gegeben: »Die Republik wird nur gesichert sein, wenn der Wille des Souveräns die monarchistische Minderheit erdrückt hat und über sie nach dem Recht der Eroberung herrschen wird.« Das Unglück bestehe in der Schwäche, mit der die revolutionären Gesetze ausgeführt werden. Es sei nichts ernsthaft zu erhoffen, solange der letzte Feind der Freiheit noch atme; man müsse nicht nur die Verräter bestrafen, sondern auch die Gleichgültigen, jeden, der passiv sei und nichts für die Revolution tue. »Zwischen dem Volk und seinen Feinden gibt es nur das Schwert.« Die Kommissare beim Heer müssen dort leben wie Hannibal oder wie Mithridates: sie müssen alles wissen, jede Ungerechtigkeit, jede Disziplinlosigkeit. »Wer Revolutionen macht, wer das Gute will, darf nur im Grabe schlafen.« Man hat von Saint-Just gesagt, er sei wie ein Sturmwind gewesen, streng, kalt, unerbittlich, puritanisch; seine Forderungen sprach er nur in Superlativen aus. Kennzeichnend für diese hektische Atmosphäre des Sommers 1793 war es, daß die neue Verfassung, die der Konvent im Juni ausgearbeitet hatte, bis Kriegsende suspendiert wurde (und deshalb nie in Kraft getreten ist), weil die innere und äußere Gefahr gerade jetzt eine Veränderung der provisorischen Regierungsweise verbot. Immerhin war die Verfassung mit ihrer Absage an alle »liberalen« Errungenschaften der Revolution ein Dokument der veränderten Lage und deren inneren Konsequenzen: allgemeines Wahlrecht, Einkammersystem, absolute gesellschaftliche Gleichheit, keine repräsentative, sondern eine direkte Demokratie mit dem Recht des Referendums.

Was folgte, war die »Schreckenszeit«, die Diktatur des »Wohlfahrtsausschusses« mit Robespierre an der Spitze, die den Sieg des Zentralismus mit sich brachte und die nationale Einheit unter dem Zwang des Krieges vollendete. Robespierres Theorie der »revolutionären Regierung« führte mit ihrem demokratischen Extremismus praktisch zum Totalitarismus, zur Diktatur. Sie ging von dem fanatischen Glauben aus, daß es einen erkennbaren, rechtmäßigen, vernünftigen, erfahrbaren Volkswillen gebe. Die Wissenden waren deshalb zu seiner Durchsetzung geradezu verpflichtet, andere Meinungen waren parteiisch, egoistisch, unrechtmäßig. Rousseaus Theorie der volonté générale so interpretiert, führte in der Praxis zur Tyrannis eines Einzelnen oder einer Gruppe. Die Regierung mußte schnell handeln können, sie brauchte dazu einen entsprechenden Machtapparat, sie mußte alle Kräfte der Nation mobilisieren. So gab es in der Verfassung von 1793 auch keine Gewaltenteilung mehr zwischen Legislative und Exekutive, es konnte sie für die revolutionäre Regierung auch nicht mehr geben; diese war als Ausschuß des Konvents legitimiert: die Unfehlbarkeit der wenigen Wissenden oder »Erleuchteten« war an die Stelle des souverän handelnden Volkes getreten. Sie entschieden, sie handelten diktatorisch durch Agenten, die sie selbst ernannten. Die Maxime dieser Politik müsse sein, daß das Volk durch Vernunft regiert werde, die Feinde des Volkes jedoch durch Terror. Robespierre bestand darauf, daß während des Kampfes das persönliche Urteil unbedingt suspendiert werden müsse. Daß das Risiko, das er damit auf sich nahm, unheimlich groß war, wußte er selbst. Die obersten Befehlsstellen in ungeschickten, schlechten Händen bedeutete den Schrecken. Sein moralischer Utopismus war nicht so blind, daß er die Gefahr nicht gesehen hätte. Je höher einer steht, je mehr Macht einer hat, desto notwendiger ist es, daß er guten Glaubens ist; die Freiheit ist verloren, wo die Macht in unsaubere Hände gerät. Aus diesem Bewußtsein lebte sein Fanatismus, ja, dieser hielt ihn aufrecht und bewirkte, daß er nur in Alternativen denken konnte. Er hat ihn zum Demagogen und schließlich zum Diktator gemacht. Im Gegensatz zu Danton wußte er, was er wollte; dieser kleine, altmodisch gekleidete, egozentrische Mann war beherrscht von der Disziplin des Theoretikers und Aktivisten; ihm fehlte als Mensch und Politiker aber Elastizität: er stürzte, weil er das Naheliegende nicht sah und sich den verändernden Verhältnissen nicht anzupassen wußte.

Bei der Betrachtung der Geschichte der jakobinischen Diktatur darf man nicht übersehen, daß sie eine Improvisation in einer höchst bedenklichen Lage gewesen ist; später hat sie dann für die radikale Theorie der Machtbehauptung allerdings große exemplarische Bedeutung bekommen. Seit dem Herbst 1793 unterstanden alle entscheidenden Führungsgruppen der Aufsicht des Komitees für Öffentliche Wohlfahrt, dem zentralen Regierungsorgan. Die extreme Zentralisation war die Konsequenz aus dem Gegensatz zwischen dem allgemeinen nationalen Interesse und der volonté générale einerseits und den regionalen Bestrebungen andererseits. Erst in der Revolution wurden die Franzosen eine einheitliche, unteilbare Nation. Die zentralisierte Diktatur war Einparteiendiktatur. Hand in Hand mit der Zentralisation der Regierungsgeschäfte ging die Organisation des Terrors, der ganzen Gruppen des französischen Volkes den Rechtsschutz versagte. »Es ist einer der fürchterlichsten Augenblicke in der Geschichte, in dem die Unbarmherzigkeit des Gedankens die Herrschaft über das ganze Leben eines Volkes in die Hand nimmt und selbst in dem Blute von Tausenden nicht für die menschlichen Gefühle erwärmt wird« (Lorenz von Stein). Standgerichte gegen die Konterrevolutionäre urteilten in vierundzwanzig Stunden. In Paris allein haben bis 1794 über zwölfhundertfünfzig Exekutionen durch die Guillotine stattgefunden. In jeder Gemeinde wurden Überwachungskomitees aus den zuverlässigsten Anhängern gebildet; bei dem Revolutionstribunal gab es keine Berufungsmöglichkeit. Der Terror steigerte sich im Herbst 1793, als die Heere der Republik im Vordringen waren. Brissot wurde mit einer Gruppe Girondisten aus dem Konvent ausgeschlossen und verurteilt. Während des Sommers 1794 ging die Vernichtung der Feinde der Revolution der Formaljustiz vor. Erschrecken und Entsetzen verbreitete sich, der Terror packte die Menschen so furchtbar, daß seine seelischen Folgen den Sturz Robespierres und der jakobinischen Diktatur lange überlebt haben. Man hat die Angst vor der »terreur« geradezu als ein soziales Grundgefühl des modernen Menschen bezeichnet. Die Resignation und der Pessimismus, die zum 19. Jahrhundert gehören, beruhen auch auf dem tiefen Mißtrauen gegen den Menschen nach diesen Erschütterungen des Selbstbewußtseins.

Die Soziologie des jakobinischen Terrors richtet sich immer wieder auf die »Sekte« der fanatischen »Gläubigen«, die ihr Selbst in dem allgemeinen Glauben verlieren müssen, um ihre »Seele« wiederzugewinnen; Unterwerfung wird Befreiung, Gehorsam Freiheit, die Mitgliedschaft im jakobinischen Klub wird zum Kennzeichen für Erwählung und Reinheit; sie berechtigt zur Teilnahme an den jakobinischen Festen und dem patriotischen Kultus des Höchsten Wesens als religiöser Handlungen. Das alles sollte freilich nichts anderes sein als ein Vorspiel zu einer harmonischen Gesellschaft, in welcher Zwang nicht mehr nötig sei. In Wirklichkeit war die jakobinische Diktatur »ein Polizeisystem in einer belagerten Festung«.

Nach den militärischen Erfolgen seit dem Spätherbst 1793 entspannte sich im Sommer 1794 allmählich die äußere Lage Frankreichs. Die südlichen Niederlande waren durch der Revolutionsarmee wiedererobert worden, die preußische Politik interessierte sich wegen die polnischen Frage und des Verhältnisses zu Rußland und Österreich zwischen der zweiten und dritten polnischen Teilung (1792 und 1795) nur wenig für den Westen und führte seit 1794 bereits Sonderverhandlungen mit Frankreich. Sogleich erhob sich im Innern gegen die gesetzliche Verankerung des Terrors (Juni 1794) Widerspruch, Robespierre wurde isoliert, während die Gefahr seine Gegner zusammenführte. »Die Siege hefteten sich wie Furien an Robespierres Fersen«, hat später ein Konventsmitglied gesagt. Das Zentrum der Verschwörung gegen die terroristische Gewaltherrschaft Robespierres war im Sicherheitsausschuß. Als Saint-Just am 26. Juli im Konvent die Opposition auffangen wollte und den Antrag stellte, Robespierre diktatorische Vollmachten zu geben, erfolgte der Gegenschlag: Robespierre wurde in öffentlicher Sitzung als Tyrann angegriffen. Er verteidigte sich sofort, kündigte Säuberungen der Ausschüsse an und stellte das Ende des Terrors in Aussicht, wenn »den Freunden der Freiheit erlaubt werde, aufzuatmen«.

In dramatisch sich zuspitzenden Entschlüssen und Entscheidungen brachten die folgenden Tage das Ende seiner Herrschaft und seines Lebens. Den Zusammenschluß seiner Gegner durch schnellen Zugriff zu verhindern, hat Robespierre verpaßt; seine Feinde handelten schneller. Der Anklage folgte am 27. Juli im Konvent seine Verhaftung. Man hatte ihn nicht mehr zu Wort kommen lassen; die Klingel des Präsidenten hatte vergeblich die turbulente Szene zu übertönen versucht. Robespierres Nerven versagten, ihm wurde höhnisch zugerufen, er ersticke am Blut Dantons. Die Pariser Stadtverwaltung stellte sich aber gegen die Konventsbeschlüsse und hob die Verhaftung wieder auf. Sie rief zum Schutz Robespierres und des Rathauses auf. So schien am Abend des 27. Juli die Lage für Robespierre doch noch zu retten zu sein. In diesen kritischen Stunden machte aber die Bevölkerung nicht mehr mit, der Aufruf der Stadtverwaltung blieb praktisch wirkungslos. So fanden die um Mitternacht zum Stadthaus vorrückenden Aufgebote des Konvents keinen Widerstand mehr. Ohne Schwierigkeiten wurde Robespierre, dessen Kinnlade bei einem Selbstmordversuch zerschmettert war, erneut verhaftet und am folgenden Abend mit Saint-Just und zwanzig anderen Anhängern hingerichtet. In den nächsten Tagen folgten ihnen noch achtzig weitere Mitglieder dieser Führungsgruppe in den Tod. – Die Gefängnisse wurden geöffnet, und in den folgenden Monaten kehrten viele Emigranten nach Frankreich zurück.

Der 9. Thermidor und seine Folgen

Der Sieg der »Thermidorianer« (am 9. Thermidor/27. Juli 1794) über die radikale Diktatur ist eine der Epochen in der Geschichte der Französischen Revolution. Die »Revolutionsregierung« wurde im Prinzip beibehalten, sie verlor aber durch die Umorganisation der Ausschüsse ihre bisherige Zentralisation und damit ihre Festigkeit und Souveränität. Die »Restauration« der Thermidorianer stellte die Herrschaft wieder her, die dem französischen Bürgertum die Revolution von 1789 gebracht hatte. Katastrophale Folgen hatte aber die Aufhebung der Wirtschaftslenkung. Wirtschafts- und Handelsfreiheit führten zu einer fortschreitenden Inflation, die ohne zentrale Lenkung nicht aufzuhalten war. Die neue Regierung sah sich im Frühjahr 1795 zu einer Währungsreform durch Stabilisierung der »Assignaten« gezwungen. Teuerung und Elend der Massen verschärften die Notlage. Hand in Hand mit der Versorgungskrise, welche die Lebensmittelrationen in Paris in Frage stellte, gingen unerhörte Spekulationen. Allenthalben kam es zu Unruhen, die durch Militär niedergeworfen werden mußten. Die sozialen Gegensätze verschärften sich, während der »weiße Terror« die Jakobiner verfolgte. Die neue Regierung erwies sich außerdem als unfähig, den Krieg fortzusetzen und zu einem allgemeinen Frieden zu kommen. Durch das Versagen in diesen Fragen geriet das neue Regime sehr schnell in ernste Gefahren. Neue Unruhen stellten die Stabilisierungsversuche der nächsten Jahre immer wieder in Frage, bis nach dem Staatsstreich am 18. Brumaire (9. November 1799) die inneren Unsicherheiten durch die Diktatur des neuen Imperators beseitigt und die gesellschaftlichen Verhältnisse konsolidiert wurden.

Für den Konvent war nach dem 9./10. Thermidor die Lage durch die dauernde Sorge vor Überraschungen bestimmt, sei es durch eine drohende royalistische Reaktion, sei es durch radikale Gruppen; dazu kam der noch immer währende Krieg gegen die europäische Koalition. Um den Unsicherheiten im Inneren zu begegnen und um der Selbstbehauptung nach außen willen, wurde ein neuer Versuch, zu Ruhe und Ordnung zu kommen, mit dem dritten Verfassungsexperiment, mit der sogenannten Direktorialverfassung, im Jahre 1795 gemacht: ein Kompromiß zwischen dem Konvent und dem besitzenden Bürgertum, dem das Zugeständnis des Zensuswahlrechtes und der Durchführung der Wahlen in zwei Etappen gemacht wurde. Die radikale Aufhebung der Gewaltenteilung zwischen Legislative und Exekutive wurde beseitigt und der »corps législatif« in zwei Instanzen gegliedert: der sogenannte »Rat der Fünfhundert« erhielt die Gesetzesinitiative mit der zusätzlichen Sicherung, daß jährlich ein Drittel der Abgeordneten in der Kammer neu gewählt werden mußte. Die Sanktionierung der Gesetze lag dagegen bei dem »Rat der Alten«, einem Kreis von zweihundertfünfzig Abgeordneten. Die Exekutive wurde einem Direktorium von fünf Männern übertragen, die nach den jüngsten Erfahrungen durch ein umständliches Verfahren in ihr Amt kamen: durch die »Fünfhundert« präsentiert, wurden sie von den »Alten« gewählt. Die neue Verfassung, der im ersten Wahlgang zwei Drittel der Konventsmitglieder zustimmten, stellte den Sieg des Bürgertums über die revolutionäre Demokratie dar; sie war aber auch aus dem Mißtrauen gegen die monarchische Reaktion entstanden, die sich im Herbst 1795, wenn auch vergeblich, in Paris gegen die neue Ordnung erhob. Eng verwandt mit diesen

Spannungen war das Mißtrauen der neuen Herrschaft gegen die Kirche. Wie unsicher die Stellung der neuen herrschenden Minderheit war, zeigten auch die auf Royalismus und katholische Kirche sich stützenden Aufstände in der Vendée. Die Stabilisierung der wirtschaftlichen und sozialen Verhältnisse war eine weitere schwere und komplizierte Aufgabe. Die unbefriedigenden Verhältnisse führten zu einem radikalen Versuch, eine bessere Ordnung aufzubauen: das war der Sinn des Staatsstreichplanes von Babeuf und seinen Anhängern, des einzigen radikalsozialistischen Versuches in diesen Jahren. Er scheiterte damals, blieb Episode, wirkte aber unterirdisch weiter und gehört in die Vorgeschichte der radikalen sozialistischen Bewegung im 19. Jahrhundert. Babeufs »Verschwörung der Gleichen« plante den Sturz des Direktoriums, um die Verzögerung der revolutionären Entwicklung durch die Thermidorianer zu durchbrechen und nach der politischen die soziale Revolution als radikale Neuordnung der Gesellschaft nach dem Prinzip völliger Gleichheit des Besitzes vorzubereiten. Seiner Herkunft nach Jakobiner, war Babeuf auf den Weg der Verschwörung getrieben worden, als die neue Regierung Presse und öffentliche Diskussion eingeschränkt hatte und der »Pantheonklub« geschlossen wurde. Die Verschwörung wollte durch einen Staatsstreich eine totale Revolution der bestehenden Gesellschaft, gestützt auf das Pariser Proletariat, erzwingen. Sie war lange vorbereitet, planmäßig organisiert, wurde aber vorzeitig verraten. Die Hauptführer wurden verhaftet; ein nachträglicher Putschversuch scheiterte (September 1796). Ein monatelanger Prozeß endete mit der Hinrichtung Babeufs im Mai 1797, andere Beteiligte wurden deportiert oder sogar freigesprochen.

Wenn auch nur ein mißglückter Staatsstreich, so ist dieser doch genauso kennzeichnend für die Kreditlosigkeit der neuen Regierung wie die religiöse Dauerkrise, die nach den Exzessen des Kults des Höchsten Wesens in dem Versuch der Stabilisierung steckenblieb. Das Ende der revolutionären Erwartungen schien Unsicherheit und Direktionslosigkeit zu sein; es war deshalb nicht zufällig, daß der Royalismus erstarkte. Zunächst schien wenigstens das Heer fest zu dem Direktorium zu stehen, bis auch hier der Boden des Vertrauens zitterte, als im Herbst 1797, von General Pichegru unterstützt, ein Militärputsch vorbereitet wurde, eine royalistische Verschwörung mit englischen Verbindungen. Die Regierung kam der Erhebung durch einen Staatsstreich am 18. Fructidor (4. September) zuvor. Ihm folgte eine umfassende »Reinigung« vor allem der gesetzgebenden Körperschaften, während die Exekutive ihre Stellung festigte und praktisch die Diktatur einer demokratischen Minderheit errichtete, die sich auf das Militär stützte und ihre Gegner nicht auf dem Schafott, sondern durch Deportationen in Cayenne am Faulfieber sterben ließ.

Gerettet wurde das Direktorium durch die beiden Revolutionsgenerale Hoche und Bonaparte, neunundzwanzig Jahre alt der eine, achtundzwanzig der andere. Die »Reinigungen« der Verfassungsgremien hatten keine durchgreifenden Erfolge. Auch die Steuerreform, um der Finanzkrise Herr zu werden, brachte keine schnell sichtbar werdenden Veränderungen. Zum Schicksal für das Direktorium ist der europäische Krieg, der Kampf gegen die Koalition geworden.

Die Verhandlungen mit den Preußen führten bereits im Mai 1795 zu einem Sonderfrieden zwischen dem revolutionären Frankreich und dem königlichen Preußen. Die schwierigen, durch die polnischen Interessengegensätze zwischen Preußen, Rußland und Österreich komplizierten Verhandlungen, die bereits bis in den Herbst 1792 zurückreichten, ergaben für Frankreich die Preisgabe des »linken Rheinufers« bis zu einem endgültigen Frieden durch Preußen, während rechtsrheinische Kompensationen für den Verlust von Cleve, Mörs und Obergeldern für Preußen in Aussicht standen, wenn die linksrheinischen Gebiete in einem Friedensvertrag endgültig an Frankreich kommen sollten. Preußen mit seinen norddeutschen Verbündeten schied mit dem Abschluß des Vertrages aus der Koalition aus und zog sich auf die »Neutralität« zwischen den feindlichen Lagern zurück.

Der Friedensschluß, der am 5. April 1795 in Basel zustande kam, wurde als Verrat am »Reich« damals angegriffen. In Berlin war der Entschluß zur Unterzeichnung vom Mißtrauen gegen den Wohlfahrtsausschuß, aber auch gegen Österreich und Rußland in der polnischen Frage eingegeben worden. Das war nicht unbegründet. Außerdem wurden die Sorgen vor der finanziellen Erschöpfung des Staates ins Feld geführt, die einen schnellen Abschluß der Verhandlungen wünschenswert erscheinen ließen. Dieser Ausweg war, man mochte es wenden wie man wollte, ein Zeichen für die Schwäche und Ziellosigkeit der preußischen Politik. Sie verkannte die Lage des Staates, indem sie glaubte, sich nicht mehr »en vedette« halten zu müssen. Bismarck hat ihr in einer scharfen Kritik vorgeworfen, daß ihr seit dem Tode Friedrichs des Großen entweder klare Ziele gefehlt hätten oder daß sie ungeschickt gewählt oder betrieben worden sei. Sie habe versäumt, Österreichs und Rußlands orientalische Interessen zu unterstützen und als Kompensation dafür Konzessionen zu verlangen; das hätte auch ihre Stellung zu Österreich im Kriege gegen Frankreich gestärkt. »Unsere Politik begann planlos und endete traurig.«

Für die Franzosen war der Baseler Friede ein großer Erfolg auf dem Wege zu den »natürlichen Grenzen«, vor allem aber die erste vertragliche Anerkennung der erobernden Revolutionäre. Die militärische Aktivität der Franzosen richtete sich danach auf England als dem Hauptgegner. Ihn niederzuwerfen, wurde 1795/96 eine Landung in England erwogen, da der erwartete oder erhoffte finanzielle Zusammenbruch Englands ausblieb. Es zeigte sich allerdings sehr schnell, daß die französische Flotte diesen Anforderungen nicht gewachsen, aber auch England nicht imstande war, das Kriegsende zu erzwingen. Die Entscheidung fiel nicht im Kampf zwischen Frankreich und England, sondern zwischen Frankreich und Österreich auf einem der klassischen Kriegsschauplätze der letzten Jahrhunderte, in Oberitalien. Berühmt geworden ist der italienische Feldzug von 1796 vor allem durch das meteorhafte Aufleuchten des Generals Napoleon Bonaparte, der die Situation beherrschte, schnell und wendig operierte, die Österreicher von den Sardiniern trennte und zum Waffenstillstand zwang. Auch die politische Unabhängigkeit und Eigenmächtigkeit des siebenundzwanzigjährigen Generals zeigten sich damals gleich, als er, entgegen den Weisungen des Direktoriums, nicht Rom besetzte, sondern mit dem Papst Frieden schloß (Februar 1797). Mit der Politik der »natürlichen Grenzen« konkurrierend, verlagerte

Bonaparte den Schwerpunkt der Entscheidungen nach Italien. Er verstand es nicht nur, die Italiener zur revolutionär verstandenen »Freiheit« aufzurufen, sondern er drang bis nach Kärnten vor und zwang die Österreicher, sich auf einen Waffenstillstand und Vorfrieden einzulassen. Sieger, Befreier, Friedensbringer: der Ruhm dieser Trinität begleitete seither – sei es in begeisterter Zustimmung, kritischer Zurückhaltung oder scharfer Ablehnung – die Geschichte Napoleons. Er selbst erzählte später, erst nach der Schlacht bei Lodi (10. Mai 1796) sei ihm der Gedanke gekommen, er könne einmal eine entscheidende Rolle auf der politischen Bühne spielen.

Der Frieden, der im Oktober 1797 zwischen Frankreich und Österreich in Campo Formio unter Bonapartes maßgeblicher Beteiligung zustande kam, klammerte die Forderungen nach der »natürlichen Grenze« aus den diplomatischen Verhandlungen aus. Im Mittelpunkt stand die Frage der Kompensation für die Abtretung Belgiens und der Lombardei (aus der die Cisalpinische Republik gebildet wurde) durch Österreich. Das Direktorium war nicht bereit, außer Istrien und Dalmatien Venedigs *terra ferma* für diesen Gewinn zu opfern. Da hat Bonaparte von sich aus die venezianischen Gebiete bis zur Etsch zusammen mit der Lagunenstadt den Österreichern angeboten. Er zeigte damit, daß er ohne Rücksicht auf die Regierung in Paris zu handeln entschlossen war und wo der Schwerpunkt seiner Politik im Zusammenhang des französischen Gesamtinteresses lag. Die oberitalienischen Eroberungen wollte er dagegen unter keinen Umständen preisgeben. Unter diesen Voraussetzungen waren die Österreicher bereit, mit Frankreich Frieden zu schließen. Ein nach Rastatt einzuberufender Kongreß sollte über den Reichsfrieden verhandeln. In geheimer Abrede willigten die Österreicher ein, daß die linksrheinischen deutschen Gebiete französisch wurden. Der Leiter der auswärtigen Politik Österreichs, Thugut, war bestürzt über den Inhalt der Abreden, die nach seiner Meinung vor allem die italienische Politik Österreichs trafen. »Meine Verzweiflung wird voll durch den wahnsinnigen Jubel der Wiener auf das bloße Wort Friede. Niemand fragt, ob die Bedingungen gut oder schlecht sind. Niemand fragt nach der Ehre der Monarchie und was aus derselben binnen zehn Jahren geworden sein mag. Nur daß man auf die Redoute laufe und Backhähnel speise. Wie sollte man bei solcher Stimmung der Energie eines Bonaparte Widerstand leisten, der fröhlich jedes Wagnis auf sich nimmt? Nur Friede, Friede. Aber wo ist er?« Das war der erste Friedensschluß Napoleons. Wollte er damals wirklich den Frieden oder brauchte er nur einen Waffenstillstand? Diese Frage hat schon die Zeitgenossen beunruhigt. Auch in Paris, im Direktorium, stießen seine Abmachungen auf Bedenken.

»Das ist kein Frieden«, hieß es sofort nach Bekanntwerden seines Inhalts, »das ist nur ein Vertrag, das ist ein Aufruf zu einem neuen Krieg!« Es war auf jeden Fall nur ein Anfang expansiver Politik. Nach der Gründung italienischer Republiken im Schatten der französischen Herrschaft kam es zur Einverleibung Belgiens und des linken Rheinufers, zur Gründung der Helvetischen Republik (1798), der Batavischen Republik, schließlich der Römischen Republik (1798) und, als Folge des Friedens von Campo Formio, zur Vorbereitung des Reichsfriedens auf dem Rastatter Kongreß (1797/99), um über die Entschädigungen der deutschen Fürsten für den Verlust ihrer linksrheinischen Besitzungen, wenn auch ergebnislos, zu beraten.

Nachdem das für die Sicherheit Englands so wichtige Belgien französisch geworden war, ergriffen jetzt die Engländer die Initiative und versuchten, mit Österreich und Rußland eine neue Koalition zur Restauration des Status quo von 1792 zu bilden. In dem Maße, in dem die Franzosen ihre Eroberungen auf dem Kontinent ausdehnten, befestigten die Engländer zu gleicher Zeit ihre Seeherrschaft. Sie besetzten die französischen Antillen (1794), das holländische Kap der Guten Hoffnung (1795), das spanische Trinidad (1797). Nach dem Frieden zwischen Frankreich und Österreich stand England Frankreich allein gegenüber.

In dieser Lage war das militärische Abenteuer der ägyptischen Expedition Bonapartes auch dazu bestimmt, die englische Mittelmeerstellung und mit ihr die Verbindung Englands mit Indien zu treffen; eine Landung auf der englischen Insel hatte sich als undurchführbar erwiesen. Napoleon griff mit diesem Vorstoß auch alte Pläne französischer Mittelmeerpolitik wieder auf, als er mit achtunddreißigtausend Mann bester Truppen am 19. Mai 1798 in See stach, um Malta und Ägypten zu erobern und die Türkei zum Bündnis gegen England zu zwingen. Es war freilich zugleich auch eine wirkungsvolle Demonstration, um »seinen Ruhm warmzuhalten«, wie Bonaparte selbst angesichts einer noch ungewissen Zukunft sagte. Zu dieser Zeit ließen sich erste Anzeichen einer neuen Koalition gegen Frankreich zwischen England, Rußland und Österreich am Horizont erkennen. Trotzdem: in den Orient müsse man gehen, dort sei der Ursprung aller Macht und Größe, erklärte der General einem Vertrauten.

Ohne Schwierigkeiten gelang die Besetzung Maltas. Um so bedenklicher mußte es stimmen, daß sie den Zaren als Großmeister des Malteserordens empfindlich traf und überhaupt die französische Expansion im Mittelmeer Rußland in die Koalition gegen Frankreich führte. Am 1. Juli betrat Bonaparte mit seinen Truppen – trotz bedrohlicher Verfolgung durch die englische Flotte unter Nelson – ägyptischen Boden. Alle seine mehr oder weniger phantastischen Pläne, Alexandererinnerungen und Projekte, wie ein Kanalbau, der das Rote mit dem Mittelmeer verbinden sollte, aber auch alle militärischen Anfangserfolge in Ägypten und Syrien konnten nicht über die Tatsache hinwegtäuschen, daß seit dem vernichtenden Sieg Nelsons über die französische Transportflotte vor Abukir Anfang August 1798 die Rückkehr für die Franzosen abgeschnitten war. Dieser Sieg hat die englische Mittelmeerherrschaft für das ganze 19. Jahrhundert begründet.

Im Juli 1799 hat sich dann Bonaparte in seiner hoffnungslosen Lage entschlossen, sein Heer im Stich zu lassen und nach Frankreich zurückzukehren. Am 9. Oktober ging er bei Fréjus an Land und eilte nach Paris. Inzwischen waren die gefährlichsten Krisen im Kampf mit der Koalition gegen Frankreich freilich bereits überwunden und die außenpolitische Lage entlastet. Allerdings hatten die Franzosen die italienischen Eroberungen Bonapartes aufgeben müssen, aber die Bedrohungen von der Schweiz und von Holland her waren gebannt. Die innerfranzösischen Verhältnisse waren jedoch in einem höchst labilen Zustand, und Napoleon fand mehrere Gruppen mit sehr verschiedenartigen Interessen in abwartender Haltung vor. Sofort geriet er mitten in diese Gegensätze, Intrigen und Verschwörungen.

Der 18. Brumaire

Die Lage war nicht »reif«, aber sie wurde durch den Vorwand einer jakobinischen Verschwörung in dieser permanenten Unsicherheit für den Staatsstreich am 18. Brumaire (9. November 1799) »reif« gemacht. Ursprünglich hatten die Thermidorianer diesen Umsturz geplant, um die drohende Diktatur selbst zu ihren eigenen Gunsten zu errichten; schließlich wurden sie aber aus der Führung der Geschäfte ausgeschaltet. Die Armee, das heißt Bonaparte, bestimmte, was zu geschehen hatte. Wie riskant das ganze Unternehmen war, kann man an Sieyès' Staatsstreichplan zur Verfassungsänderung erkennen; bei dem geringsten Widerstand der Verfassungsorgane mußte er zur Militärdiktatur führen. Vorerst brauchten die Verschwörer einen angesehenen Führer, der bei den Republikanern Anerkennung finden würde. Man glaubte ihn in Bonaparte gefunden zu haben, der zudem eine unverdächtige revolutionäre Vergangenheit hatte und seit der ägyptischen Expedition im Mittelpunkt des öffentlichen Interesses stand. Niemand zog ihn zur Verantwortung, daß er die Armee im Orient im Stich gelassen hatte.

Nach dem Fiasko des ägyptischen Feldzuges hatte es allerdings der kompromittierte General auch von sich aus für klüger gehalten, durch die Vermittlung Talleyrands die Verbindung mit den Verschwörern zu suchen – ohne freilich seine Beziehungen zu Jakobinern, Royalisten und überhaupt zu denjenigen, die auf innere Konsolidierung und Frieden hofften, aufzugeben.

Die Notwendigkeit der Verfassungsreform war seit dem royalistischen Aufstandsversuch im Jahre 1797 akut. Sie stand im Mittelpunkt der Reflexionen und Planungen von Sieyès, der im eigensten Interesse so klug gewesen war, sich längere Zeit vorsichtig im Hintergrund zu halten, nachdem er an den Anfängen der Revolution so sichtbar beteiligt gewesen war. Jetzt, meinte er, sei seine Stunde gekommen. Da an eine unmittelbare Revision der Verfassung nicht zu denken war, erwog er zu diesem Zweck einen Staatsstreich. Sein Ziel war, die Kompetenz der Legislative einzuschränken, die Exekutive durch Verkleinerung des Direktoriums und Verlängerung von dessen Amtsdauer zu stärken und selbst dabei an die Spitze des Staates zu treten. Bonaparte erklärte sich mit diesem Programm einverstanden.

Zu den Vorbereitungen der für den 18. und 19. Brumaire geplanten Aktion gehörte, daß die Mehrheit des »Rates der Alten« und eine große Zahl aus dem »Rat der Fünfhundert« schon vor ihrem Beginn für die Verschwörung gewonnen werden sollten. Während Bonaparte seinen Namen und sein Ansehen in der Armee ins Spiel mitbrachte, übernahm es sein Bruder Lucien als Präsident des »Rates der Fünfhundert«, diese Versammlung unschädlich zu machen. Auf Grund fingierter Alarmnachrichten von einer jakobinischen Verschwörung sollte der »Rat der Alten« zu einer außerordentlichen Sitzung einberufen werden und ein Dekret beschließen, das die Verlegung der Ratsversammlung von Paris nach St. Cloud anordnete, um vor Unruhen besser bewahrt zu sein. Zugleich sollte Bonaparte der Befehl über die Pariser Truppen zum Schutz der Ratsversammlungen übertragen bekommen. Man erwartete, daß in der künstlich gesteigerten Verwirrung die Abgeordneten dem geplanten Regimewechsel zustimmen würden. Wie die neue Regierung aussehen sollte, wurde noch nicht festgelegt, aber ein Provisorium von einem Drei-Männer-Konsulat, zu dem Sieyès und Bonaparte gehören sollten, war vorgesehen. Seine eigenen Gedanken über diesen Plan hat Bonaparte verheimlicht: es mußte sich erst noch zeigen, ob Sieyès dem gefeierten General gegenüber den Vorrang gewinnen würde. Die Truppen waren im großen und ganzen vor dem 18. Brumaire bereits für den Staatsstreich gewonnen, der sich im Laufe von zwei Tagen abspielen sollte. Der öffentliche Aufruf war fertig im Satz. Der erste Tag ist dann auch tatsächlich planmäßig verlaufen. Der »Rat der Alten« bewilligte die Verlegung seiner Sitzungen nach St. Cloud und die Beauftragung Bonapartes. Der »Rat der Fünfhundert« stimmte, wenn auch nicht ohne Proteste, dem Dekret zu. Die Direktoren wurden zur Niederlegung ihres Amtes gezwungen.

Alle militärischen Befehlshaber, deren die Verschwörer nicht sicher waren, hatten sie vorsorglich von der Aktion entfernt. Wie geplant, wurde die Bevölkerung durch Maueranschläge von diesen angeblich dringend notwendig gewordenen Maßnahmen in Kenntnis gesetzt. Der kritische Tag sollte erst der 19. Brumaire werden, an dem die entscheidenden Entschlüsse unter der Bewachung der von Bonaparte befehligten Truppen in St. Cloud gefaßt werden sollten. Fast alle Abgeordneten waren anwesend, als Lucien Bonaparte in einer bereits sehr erregten Atmosphäre die Sitzungen des »Rates der Fünfhundert« eröffnete; zur gleichen Zeit begann auch der »Rat der Alten« seine Beratungen. Gegenüber der für die Verschwörer höchst bedenklich werdenden Opposition blieb schließlich nur die Gewalt, um zu verhindern, daß der Staatsstreich scheiterte. Im kritischen Moment versagte Bonaparte. Sicher fühlte er sich immer nur vor bewegungslos ausgerichteten Truppen, denen er zu befehlen hatte, oder wenn er sicher war, daß ihm niemand zu widersprechen wagen würde. Der Einwurf eines Abgeordneten während seiner Ansprache im »Rat der Alten«, in der er zu schnellem Handeln aufrief, um die Freiheit und Gleichheit zu retten, brachte den General völlig aus der Fassung. Er wurde wütend, warf unzusammenhängende Sätze in die Versammlung, Tumult entstand, Empörung über Bonaparte, der gezwungen war, den Saal zu verlassen. Unter militärischer Bedeckung ging er zu dem »Rat der Fünfhundert«, der bereits im hellen Aufruhr über die Vorgänge war. Der gefährliche Zuruf, der ihm entgegengeschleudert wurde, »Außer dem Gesetz!«, führte zu einem Handgemenge, aus dem Bonaparte von seiner Begleitung gerettet werden mußte. In diesem Moment empfahl Sieyès, mit Gewalt die Lage zu retten. Unterdessen suchte Lucien Bonaparte mit äußerster Anstrengung, die Abstimmung über ein Dekret zu verhindern, das den General Bonaparte ächten sollte, bis ein Offizier mit zehn Mann Lucien aus dem Saal herausholte. Durch einen provozierenden Aufruf als Präsident der »Fünfhundert«, an dessen Wirkung nun alles hing, gelang es Lucien, die Truppen zu gewinnen, um »diese Schurken, die nicht mehr Vertreter des Volkes, sondern Vertreter des Dolches sind«, auseinanderzujagen. Das brachte die Wendung. Die Truppen marschierten zu den »Fünfhundert«, die ihnen »Hoch die Republik!« entgegenriefen. Auf den Befehl Murats »Schmeißt mir das Gesindel hinaus!« wurde jedoch der Saal geräumt, soweit ihn nicht die Deputierten durch Türen und Fenster fluchtartig verließen.

In der folgenden Nacht vertagte sich der »Rat der Alten« und der nur noch aus einer Minderheit bestehende »Rat der Fünfhundert«, nachdem sie drei provisorische Konsuln an Stelle des Direktoriums auf Antrag Luciens ernannt hatten. Es waren, wie geplant,

Sieyès, Bonaparte und Roger Ducos. Außerdem wurden auch gleich noch Kommissionen zur Beratung einer neuen Verfassung gebildet. Ein neuer öffentlicher Aufruf unterrichtete die Franzosen von den Veränderungen, die der Tag gebracht hatte. Um zwei Uhr nachts leisteten die Konsuln ihren Amtseid.

Dieser Tag der Lüge war, wie Lefebvre beziehungsreich das Ergebnis des Staatsstreiches zusammengefaßt hat, auch eine »journée des dupes«: Bonaparte wird Sieyès verdrängen.

Frankreich unter dem Ersten Konsul

Die erste Aufgabe für die neue Regierung bestand nun darin, die neuen Machtverhältnisse in eine ihnen angemessene neue Verfassung zu bringen und – unter dem Druck des Krieges – die inneren Verhältnisse in Frankreich zu stabilisieren. Mit einem neuen »Staatsstreich« gelang es, die Abgeordneten am 13. Dezember zur Zustimmung der neuen Verfassung zu bewegen. Drei Konsuln, jetzt Bonaparte, Cambacérès und Lebrun, standen nun an der Spitze des Staates. Die Verfassung wurde durch Plebiszit von den Franzosen nahezu einstimmig angenommen und am 25. Dezember 1799, noch bevor sie ratifiziert worden war, in Kraft gesetzt. Der Erste Konsul erklärte in dem ihm eigenen imperatorischen Stil: Die Revolution sei zu den Grundsätzen zurückgekehrt, von denen sie ausgegangen, »sie ist zu Ende«. Im kritischen Moment, im Durchgang zu einer neuen dynamischen Politik, ertönte der Befehl: »Das Ganze halt!« Es schien das Programm eines Status quo, einer »Restauration« zu sein. War das wirklich so? Ruhe statt gärender Unsicherheit im Innern, Friedenspolitik statt Krieg und Eroberung im Verhältnis zu Europa? Auf St. Helena hat Napoleon später selbst die »bonapartistische Legende« nachdrücklich vertreten: er habe den Krater der Anarchie geschlossen und das Chaos entwirrt. »Ich habe die Revolution von ihrem Schmutz gereinigt, die Völker veredelt, die Könige befestigt. Ich habe einen allgemeinen Wetteifer angeregt, jedes Verdienst belohnt, die Grenzen des Ruhms weit hinaus erstreckt. Das ist wohl etwas.« Die Diktatur sei für die neue Aufgabe notwendig gewesen. Und wenn man ihn beschuldige, daß er zu sehr den Krieg geliebt habe, so werde er darlegen, daß immer nur er der Angegriffene gewesen sei. Der erhabenste Ehrgeiz habe ihn erfüllt, endlich die Herrschaft der Vernunft und die freie Ausübung aller menschlichen Fähigkeiten zu begründen und sicherzustellen.

Wie sehr die Neuordnung der politischen Willensbildung nach dem Staatsstreich auf den neuen Mann in der Führung der Geschäfte berechnet war, zeigte die Verfassung von 1799. Sie wurde prinzipiell von dem Miteinander des Ersten Konsuls und einer Volksvertretung bestimmt; lediglich mit beratender Stimme standen neben dem Ersten Konsul zwei weitere von ihm ernannte Konsuln. Die Volksvertretung gliederte sich in zwei Korporationen: das sogenannte »Tribunat«, das einen kleineren Kreis von hundert Mitgliedern umfaßte und über die Gesetzesvorschläge des Konsuls debattierte, aber nicht abstimmen durfte, und den »corps législatif«, dessen Mitglieder über die Gesetzesvorschläge ohne eigenes Vorschlagsrecht und ohne Diskussion nur abzustimmen hatten; sie wurden deshalb die »Dreihundert Stummen« genannt. Die Auswahl der Deputierten und Beamten geschah durch einen vom

Ersten Konsul ernannten und reich besoldeten Senat von achtzig Mitgliedern nach einer durch ein umständliches Wahlverfahren zustande gekommenen Vorschlagsliste von Notabeln. Alle Gewalt der Initiative und Exekutive lag also nach der neuen Verfassung beim Ersten Konsul, dem zur laufenden Beratung in der Führung der Geschäfte ein Staatsrat zur Seite stand. In ihm sind in angestrengter Arbeit und in lang dauernden Sitzungen die großen Verwaltungs- und Rechtsreformen des Napoleonischen Frankreich beraten worden, meist unter dem Vorsitz des Ersten Konsuls selbst. Neben der »Zentralperson« des neuen Frankreich war die Volksvertretung bedeutungslos. Die nach Napoleons Weisungen von Sieyès entworfene Verfassung begründete die »Militärmonarchie« des Ersten Konsuls. Ihre Bestätigung fand sie in der plebiszitären Zustimmung der Massen, und Napoleon hat sich weitere Schritte zur Festigung seiner Diktatur immer wieder durch Volksabstimmungen bestätigen lassen: 1802 die Verlängerung seiner Amtszeit als Erster Konsul auf Lebenszeit (mit dem Recht, seinen Nachfolger selbst zu ernennen), 1802 nach dem Frieden von Amiens seine Außenpolitik (dreieinhalb Millionen Ja-Stimmen gegenüber ein paar tausend Nein-Stimmen). Die Diktatur des Ersten Konsuls war ein auf dem Heer und dem Vertrauen der Massen beruhender militärisch-demokratischer Cäsarismus, dem die Zentralisierung der Verwaltung genauso entsprach wie der »Scheinkonstitutionalismus« der Verfassung. Der Erste Konsul regierte immer ausschließlicher durch Dekrete und Senatsbeschlüsse im imperatorischen Stil: »La confiance d'en bas, le pouvoir d'en haut« (Sieyès). »Wie man die Verfassung auch wendet, überall sieht man Bonaparte.« Die Sitzungen der Volksvertreter verloren immer mehr das Interesse der breiten Masse, während sich der Konsul immer stärker auch gegenüber den Leuten des 18. Brumaire durchzusetzen und deren Anspruch auf Mitarbeit zurückzudrängen verstand. Die entscheidende Machtfrage in den Führungsgremien des revolutionären Frankreich entschied er zu seinen Gunsten.

Das zeigte sich sehr schnell auch in der neuen Verwaltungsorganisation und -praxis nach dem Dekret vom Frühjahr 1800. Sie vollendete die Zentralisation der Verwaltung, die schon das königliche Frankreich aufzubauen begonnen hatte, in dem berühmt gewordenen Präfektensystem. Die Präfekten, die Chefs der Departements, die Unterpräfekten und die Gemeindevorsteher wurden vom Ersten Konsul ernannt und waren ihm direkt verantwortlich. Alle Selbstverwaltungsorgane in Gemeinde und Provinz hatten nur beratende Funktionen. Alle Privilegien waren aufgehoben, der Regierung stand lediglich die ungeteilte Masse der gleichberechtigten Bürger gegenüber. Die Verwaltungsaufgaben wurden im Zuge der Zentralisierung allmählich immer mehr auf die größeren Einheiten übertragen und die lokale Autonomie immer stärker eingeschränkt. Die Zentralisierung brachte gleichzeitig eine fortschreitende Spezialisierung der Funktionen und die Steigerung der technischen Leistungsfähigkeit der Funktionäre mit sich.

Napoleon hat vor allem im Zuge dieser Entwicklung die Polizei von der Verwaltung getrennt und jene wie diese zentralisiert, nicht zuletzt zum Zwecke der Überwachung verdächtiger Personen. Als er sich zum »Herrn der Revolution« machte, habe die Freiheit zugunsten der Gleichheit abgedankt, meinte Tocqueville. Was fand er aber vor? Eine Nation, in der alle Gesetze, Gebräuche und Sitten aufgelöst waren. Das habe ihm den Despotismus in einer viel rationelleren Form erlaubt, als er je vorher möglich gewesen sei.

»Nachdem Napoleon die Gesetze, welche die tausend Beziehungen der Bürger unter sich und mit dem Staat zu ordnen hatten, in einem gleichen Geiste verabschiedet hatte, konnte er zugleich alle Exekutivgewalten schaffen und sie so subordinieren, daß sie alle zusammen nur eine große und einfache Regierungsmaschine darstellten, deren Triebkraft er einzig und allein war.«

Es war die große Aufgabe, die Napoleon sich stellte und in der seine Gesamtpolitik, wenn überhaupt, ihren Beziehungspunkt hatte: die »reconstruction sociale« nach Anarchie, Unsicherheit und terreur oder, wie Napoleon es selbst im Staatsrat einmal ausgedrückt hat: »Il faut jeter sur le sol de France quelques masses de granit pour donner une direction à l'esprit public.« Das denkwürdigste Dokument dieser Arbeit an der neuen rechtlichen Ordnung für die revolutionäre Gesellschaft war der Code civil von 1804, das Rechtsbuch der neuen bürgerlichen Gesellschaft. Genauso wie die anderen großen Kodifikationen jener Zeit, Allgemeines Landrecht und Allgemeines Bürgerliches Gesetzbuch, ist auch der Code civil aus dem vernunftrechtlichen Gesetzesglauben entstanden; aber er unterscheidet sich von den Kodifikationen des aufgeklärten Absolutismus prinzipiell durch die Tatsache, daß seine gesellschaftliche Grundlage die »Nation« ist, mit »Volkssouveränität« und »staatsbürgerlicher Rechtsteilhabe«, und daß er das erste, alle bürgerlichen Verhältnisse umfassende Rechtssystem für ganz Frankreich war. Er lebte aus dem Geiste der »règles essentielles de la société moderne«, um deren rechtliche Fixierung seit 1789 gekämpft worden war: persönliche Freiheit, Gleichheit vor dem Gesetz, Gewissensfreiheit, Gewerbefreiheit – und alles übergreifend die Anerkennung der Weltlichkeit des Staates, die Säkularisierung des bürgerlichen Lebens. Diese zeigt sich vor allem in dem Zivilstand mit dem für alle religiösen Bekenntnisse gleichen Zivilstandsregister und der Zivilehe. Gegen die radikale Demokratie wurde das Eigentumsrecht als »natürliches Recht« im Interesse der bürgerlichen Gesellschaft anerkannt.

Die Vorgeschichte des Code civil reicht mindestens bis in die Anfänge der Revolution zurück, ja, er vollendet im Grunde, was schon im 17. Jahrhundert angebahnt worden war. Napoleons Initiative war es allerdings erst zu verdanken, daß die Kodifikation in ein paar Jahren abgeschlossen wurde. Sie ist »noch mehr als seine Verwaltungsreform und seine Straßen eines der segensreichsten und konstruktivsten Vermächtnisse des großen, dämonischen Mannes« (Wieacker). Später gingen die Planungen Napoleons weiter. Er hat daran gedacht, ein einheitliches Recht für ein europäisches »Empire« zu schaffen. Vollendet worden sind aber doch in den wenigen Jahren seiner Regierung neben dem Zivilrechtsbuch das Handelsgesetzbuch (1806), ein neues Prozeßrecht (1807), auf dem die europäische Prozeßreform im 19. Jahrhundert beruht; 1810 kam das Strafgesetzbuch heraus. Nicht nur diese erstaunlich schnell erarbeiteten Gesetzbücher im einzelnen machen den Ruhm dieser Arbeiten aus, sondern »sie sind insgesamt, zusammen mit dem corpus juris und dem Vernunftrecht ein wesentliches Element der heutigen Justizkultur« (Wieacker).

Der Code civil setzt die durch die Revolution geschaffene egalitäre Nation mit bürgerlicher Rechtsgleichheit und Freiheit der Individualsphäre voraus; römischer Rechtstradition entspricht dagegen, zum Beispiel im Familienrecht, das Autoritätsprinzip im Verhältnis des Vaters zu Frau und Kindern. Die egalitäre und zentralistische Tendenz hat die Anpassung an verschiedene andere Rechtssysteme ermöglicht. Den straffen, durchsichtigen Aufbau und die epigrammatische Sprache des Code civil haben auch Literaten wie Stendhal bewundert. Daß seine innere Geschlossenheit und Einheit von der Disziplin eines starken politischen Willens bestimmt ist, das ist von jeher zu seinen Kennzeichen gerechnet worden. Als »das erfolgreichste Gesetzbuch des 19. Jahrhunderts« hat es die revolutionären Errungenschaften nachhaltiger bewahrt und verbreitet als viele politische Programme und Erfolge – ganz abgesehen davon, daß es durch die Jurisprudenz der folgenden Jahre immer wieder weiterentwickelt wurde. In Deutschland hat es nicht nur in den Gebieten seiner Geltung bürgerlichen Freiheits- und Unabhängigkeitssinn gestärkt, sondern den Plan der nationalen Rechtseinheit angeregt. Napoleon selbst hat im Exil seinen unvergänglichen Ruhm nicht in vierzig gewonnenen Schlachten, sondern im Code civil gesehen.

Zu den Voraussetzungen für den Aufbau der neuen Gesellschaft hat der Erste Konsul auch den Frieden mit der römischen Kirche gerechnet – die Ablösung einer der schwersten Hypotheken, die auf dem revolutionären Frankreich lag. Der politisch kluge Ausgleich mit der römischen Kirche im Konkordat von 1801 sollte dessen unnachgiebigste und gefährlichste Opposition, den Hort der Konterrevolution, treffen. Die Säkularisierung des bürgerlichen Lebens, wie sie zum Wesen der neuen Sozialordnung gehörte, verbot freilich die Wiederanerkennung der römischen Kirche als Staatskirche. Der corps législatif hat sich bezeichnenderweise erst nach dem außenpolitischen Erfolg im Frieden von Amiens entschließen können, seine Zustimmung zu dem Kompromiß zwischen dem französischen Staat und der römischen Kirche zu geben. Bonaparte war besonders an der Ernennung der Bischöfe durch den Ersten Konsul interessiert, weil er – entgegen den Erfahrungen der jüngsten Zeit – der Meinung war, daß er mit den Bischöfen auch die Priester in seine Hand bekommen würde. Das Konkordat stellte außerdem einen großen außenpolitischen Erfolg für Napoleon dar: indem sich nämlich der Papst überhaupt auf Konkordatsverhandlungen mit dem Ersten Konsul der neuen, aus der Revolution stammenden Regierung einließ, erkannte er diese an und bestätigte nun auch seinerseits den Verkauf der Kirchengüter; vor allem gab er seinen Widerstand gegen die revolutionäre Neuordnung des bürgerlichen Lebens in der neuen Ehegesetzgebung auf. Die Einsetzung der hohen Prälaten nach kanonischen Regeln durch den Papst wurde durch die Bestätigung der durch die Revolution eingesetzten Bischöfe ausgeglichen; dieses Zugeständnis schloß die Absage der Kurie an die Emigranten unter dem Klerus ein und bestätigte in besonders eindringlicher Weise den Ausgleich der Kirche mit dem revolutionären Frankreich, das in diesen Jahren immer mehr das Napoleonische Frankreich wurde.

Bonaparte selbst wandelte sich vom siegreichen Feldherrn zum Kaiser, geschmückt mit dem Lorbeerkranz des Cäsar und gesalbt von der Hand des Papstes, nachdem der Senatskonsult über die Erhebung des Ersten Konsuls zum Kaiser durch Plebiszit eine überwältigende Zustimmung gefunden hatte. Das Kaisertum Napoleons war trotz aller theatralischen Erinnerungen an Karl den Großen modern, revolutionär, traditionslos. Es lebte nicht von religiös oder historisch begründeten Gnaden, sondern aus sich selbst, autonom in seiner Repräsentation wie Verwaltung, Politik und Kriegführung, rational berechnet von dem großen Organisator moderner Massen im Krieg und Frieden, dem »höchsten und voll-

Das Zivilrecht

IM 19. JAHRHUNDERT

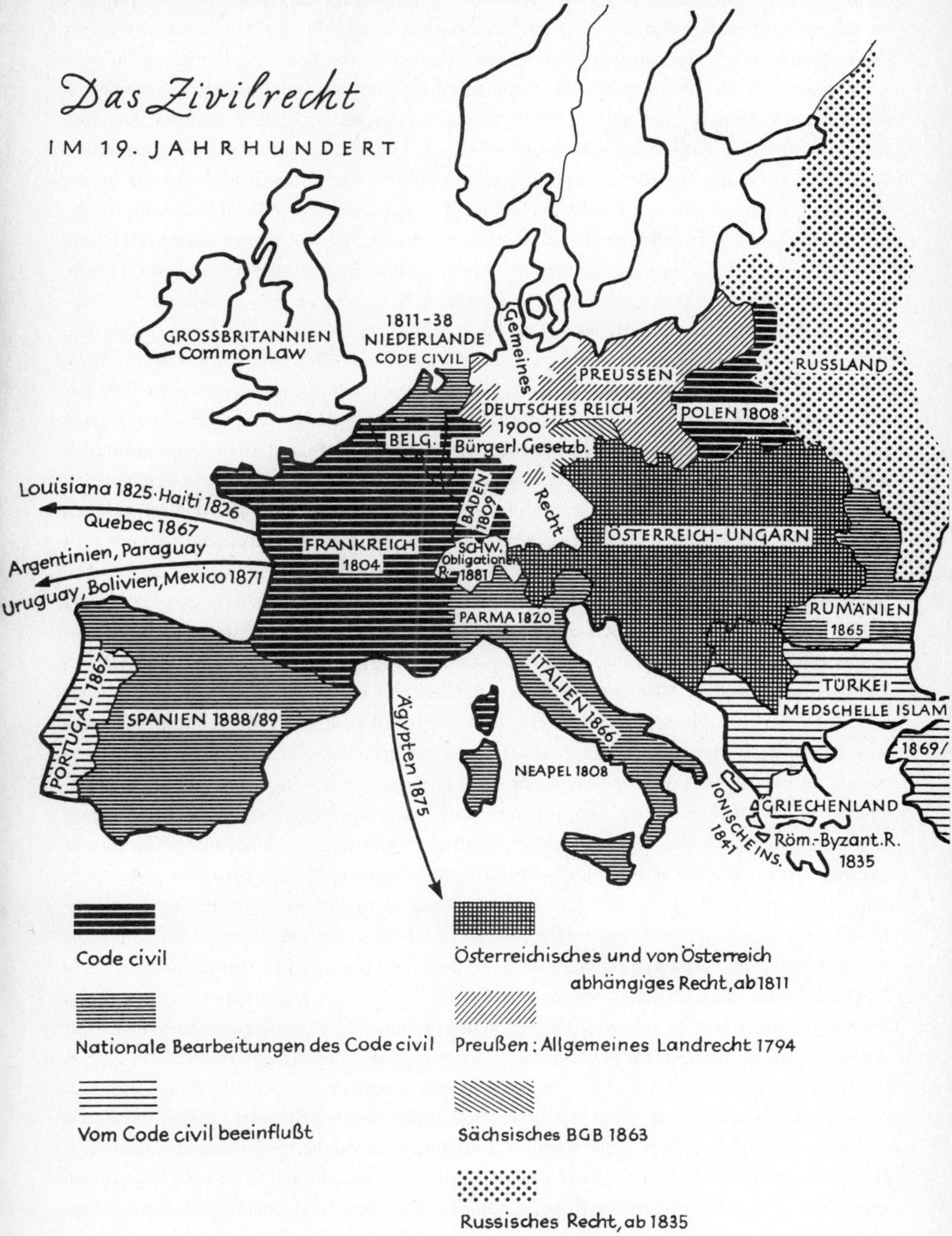

endetsten Typus, den das Jahrhundert des wissenschaftlichen und mathematischen Geistes hervorgebracht hat« (Schnabel). Mit imperatorischer Geste sollte die Revolution zur Form gezwungen werden, der Imperator in seiner Person war die Garantie der neuen Gesellschaft. Daß der Klassizismus des Napoleonischen Empire aus der inneren Notwendigkeit seines Wesens stammte, das ist mit Recht immer wieder hervorgehoben worden. Die Verwandtschaft beruhte nicht nur auf der gleichen Ordnungsaufgabe in einer zertrümmerten Welt, sondern auch auf dem imperatorischen Willen, die Chance einer einheitlichen Planung im Kampf mit der feindlichen Umwelt wahrzunehmen. Modern war die Rationalisierung des Lebens der breiten Masse durch die im Kaiser letzten Endes gipfelnde Zentralisierung der gesamten Staatsverwaltung. Latein und Mathematik standen nicht zufällig im Mittelpunkt des einheitlich aufgebauten Schulwesens. Auf Perfektion der Ordnung und Konzentration intellektueller Fähigkeiten waren die Ausbildung des neuen, technisch qualifizierten Spezialisten auf allen Gebieten des öffentlichen Lebens gerichtet. In Fachschulen, nicht auf Universitäten, wurden die jungen Franzosen erzogen. Die berühmteste, die École Polytechnique, hatte Lazare Carnot, der Mathematiker und »Organisator des Sieges«, in diesem Geiste 1794 eingerichtet; sie bildete nicht nur Ingenieuroffiziere aus, sondern auch die Bauingenieure, welche die großen, charakteristischen Heerstraßen gebaut haben, die auf Paris ausgerichtet, die zentrale Bedeutung der Hauptstadt als Mittelpunkt des Verkehrs noch steigerten. Wenn für Goethe Rom noch die »Hauptstadt der Welt« gewesen ist, so gehört es auch zur Bedeutung des Napoleonischen Empire, daß seitdem der Mythos von Paris als der Hauptstadt der Kultur bewußt gepflegt worden ist.

Die höchste Form zentralisierter Lenkung hat Napoleon in seiner Strategie entwickelt. Die »gradlinige Einfachheit« seiner Straßen und seiner strategischen Ideen waren auf den einen entscheidenden Moment angelegt, die »bataille napoléonienne« (Proudhon). Es war auch der Stil seines politischen Handelns. Seine Politik stand nicht im Dienste des Ausgleichs, des Gleichgewichts, der »balance of power«. Die Kabinettspolitik war schon vorher durch die revolutionäre Dynamik der »levée en masse« in Frage gestellt worden. Politik und Kriegführung wurden auf die Vernichtung des Gegners abgestellt, auf dieses Ziel »zentralisiert«. »Die Vernichtung der feindlichen Streitkraft«, so hat später Clausewitz gelehrt, »ist unter allen Zwecken, die im Kriege verfolgt werden können, immer der über alles gebietende«. Diese Art der Kriegführung rechnet nicht nur mit dem aus der Revolution hervorgegangenen Massenkrieg, sondern auch mit einem neuen Soldatentum: revolutionäre, für Ideen kämpfende politische Soldaten, die »nation armée«, wurden zum Instrument des Kaisers. Erfüllt von fanatischem Selbstbehauptungswillen, kämpften sie bis zur Vernichtung des Gegners oder bis zur Selbstvernichtung. »Der Enthusiasmus sollte das Wesen des revolutionären Bürgers und Soldaten erfüllen« (Höhn). Das waren Grundsätze, die schon im Tirailleursystem der levée en masse begegnen, das Carnot eingeführt hat. Napoleons Grundsatz war, daß jede Operation systematisch vollzogen werden müsse, da nichts durch Zufall gelinge. Beides gehöre zusammen und stehe im Dienst der elastischen Bewegung (militärisch und politisch), welche die Feinde einzeln, nacheinander schlägt und vernichtet. Napoleon suchte die Entscheidung in der Schlacht und als politischen Erfolg. »Mon plan de campagne c'est une bataille; et toute ma politique c'est le succès«. »Ich sehe

Krönung Josephines durch Napoleon am Tage der Kaiserkrönung, 2. Dezember 1804,
in Notre-Dame zu Paris in Anwesenheit des Papstes Pius VII.
Aus dem Gemälde von Jacques Louis David, 1805/07. Paris, Louvre

Französisches Biwak am Vorabend der Schlacht von Austerlitz am 2. Dezember 1805
Aus dem Gemälde von Louis Albert Bacler d'Albe
Versailles, Schloß

nur eins, das sind die Massen, ich suche sie zu vernichten, weil ich sicher bin, daß alles andere damit zugleich fällt«, erklärte schon der jugendliche General Bonaparte. Energisch, rücksichtslos, umsichtig, entschlossen, souverän improvisierend, den Blick auf das Wesentliche, den entscheidenden Punkt gerichtet, so wurde er der Herr der Massen, so hat er auch die neue Strategie mit den neuen Möglichkeiten der Revolution geschaffen und aus diesen seinen eigenen Stil entwickelt. Seine Strategie bestimmte auch zugleich das Wesen seiner Politik. Sollten seine Friedensschlüsse »Vernichtungssiege« oder bestenfalls Waffenstillstandsversuche sein? Oder war seine Politik Friedenspolitik, auf eine neue Dauerordnung gerichtet? Was heißt hier Frieden? Diese Fragen gehören von jeher zu den spannendsten der politischen Geschichte seiner Zeit, insbesondere in bezug auf die großen Friedensschlüsse, die als Epochen der allgemeinen Geschichte umfassende Bedeutung haben. Der französisch-englische Friede in Amiens (25. März 1802) und der französisch-russische Friede in Tilsit (7.–9. Juli 1807) waren Wegmarken der Revolutionierung Europas.

Lunéville und Amiens

Napoleon hat in die Politik des zweiten Koalitionskrieges als Erster Konsul nicht mit einem eigenen Programm eingegriffen, sondern hat sich der Generaltendenz der französischen Außenpolitik und Kriegführung, die auf einen baldigen Frieden Frankreichs mit den Alliierten gerichtet war, angepaßt. Das tat er freilich auch im Interesse seiner eigenen Stellung, um die innere und äußere Unsicherheit und Bedrohung zu überwinden und um festen Boden zu gewinnen. Im einzelnen war die Lage dadurch gekennzeichnet, daß die Franzosen die wichtigsten Eroberungen ihrer revolutionären Befreiungskriege fest in ihrer Hand hielten. Die revolutionäre »Friedenspolitik« hatte schon seit dem Frieden von Campo Formio erkennen lassen, daß sie über das Programm der »natürlichen Grenzen« mit der Gründung revolutionärer »Tochter«-Republiken in Holland, der Schweiz, in Italien hinausgegangen war. Natürlich trug das auch zur Sicherung Frankreichs bei, war für diese dynamische Politik aber nicht das letzte Ziel. Die entscheidende Frage war also schon längst akut, bevor Napoleon an die Spitze des französischen Staates trat: was für ein neuer Zustand würde sich aus der Revolutionierung der europäischen Verhältnisse ergeben? Die Frage war nicht nur an Frankreich, sondern genauso gleichzeitig auch an die anderen europäischen »Großmächte« gestellt. Napoleon griff in die französische Politik ein, als außerhalb Frankreichs der Enthusiasmus der ersten Jahre längst der Enttäuschung über die Verleugnung der ursprünglichen Hoffnungen auf den Anbruch des Zeitalters der neuen Menschlichkeit gewichen war. Die Wirklichkeit hatte sich unter dem Zwang der Bedrohung durch die Illusionen »durchgepaukt«. Robespierre hatte schon 1792 vorausgesagt, daß der Krieg den neuen Cäsar hervorbringen werde; es bestehe die Gefahr, daß in einem Krieg die Errungenschaften der Revolution einem imperialistischen Aktivismus zum Opfer fielen, für den die Nation kein Interesse mehr habe; der Krieg könne die Revolution »kompromittieren«. Alle diese Besorgnisse trafen in der Frage zusammen, vor die der Erste Konsul sich gestellt sah, ob und wie das revolutionäre Frankreich Frieden machen würde. In den Reihen der »Brumairiens« begegnete er der Kritik an der Eroberungspolitik des Direktoriums, die er selbst mit seinem italienischen Feldzug, wenn auch höchst eigenwillig, mitgemacht und gesteigert hatte. Würde er mit Grenzberichtigungen in Wallonien und an der Saar einverstanden sein? War es überhaupt möglich, im Jahre 1799 Frieden zu bekommen? Die Außenpolitik des Ersten Konsuls begann mit einer diplomatischen Finesse. Bereits am 25. Dezember 1799 schrieb Napoleon an den König von England und an den Kaiser persönlich, um – in sehr allgemeinen Wendungen – sein Interesse am Frieden zu bekunden. Bereits vom 4. Januar des neuen Jahres stammte die englische Antwort, die (genauso wie die Antwort der Österreicher) diese Anregungen als ungeeignet für weitere Verhandlungen ablehnte. Später, auf St. Helena, hat Napoleon wiederholt, was er seinem Bruder gleich gestand: Die ganze Aktion sei ein Scheinmanöver gewesen, er habe nicht mit positiven Antworten gerechnet, die Fortsetzung des Krieges sei beschlossene Sache gewesen, aber die öffentliche Meinung in Frankreich habe solchen Versuch verlangt. Im übrigen schien der Augenblick insofern nicht ungünstig für eine Sondierung gewählt zu sein, da der Zar sich gerade aus der Koalition mit den Engländern und Österreichern zurückgezogen hatte und der König von Preußen an der Spitze einer norddeutschen Konföderation neutral abseits von den Kämpfen stand. Die Lage wurde für alle Beteiligten durchsichtig, als der Außenminister Thugut wissen ließ, daß man in Wien bereit sei, auf der Grundlage der österreichischen Eroberungen in Italien über den Frieden zu verhandeln. Gerade unter diesen Voraussetzungen, gerade was Italien betraf, war Bonaparte nicht zu Konzessionen oder gar zur Preisgabe bereit. Dieses auf seine Wirkung in der Öffentlichkeit berechnete Manöver konnte Napoleon freilich nur in seiner Ansicht befestigen, daß die Fortsetzung des Krieges (mit der moralischen Deckung durch sein Friedensangebot) zu den »Notwendigkeiten«, die er immer wieder als für sein Tun zwingend erklärt hat, in dieser Lage gehöre. Der Sieg der Franzosen über die Österreicher bei Marengo im Juni des Jahres 1800 entschied über Italien, über den Krieg mit Österreich – und auch über Napoleon. Als Sieger war er wenig später wieder in Paris; es war ein Triumph nicht nur über seine äußeren, sondern auch über seine Feinde im Innern Frankreichs. Gewiß, der Gegner war nicht vernichtet, englische Unterstützung war ihm vorher schon zugesagt worden, und völlig ungedeckte Verhandlungen eines österreichischen Diplomaten über einen Austausch zwischen rheinischen und italienischen Besitzungen wurden von Wien aus strikt desavouiert.

Weitere militärische Erfolge der Franzosen, jetzt auf deutschem Boden (bei Hohenlinden, Dezember 1800), haben die Österreicher dann aber doch gezwungen, in den Verhandlungen, die im Herbst von der in Wien in die Leitung der Geschäfte eintretenden Friedenspartei begonnen worden waren, den französischen Forderungen nachzugeben und in Lunéville Napoleon nach den militärischen Siegen den diplomatischen Erfolg eines Sonderfriedens zu konzedieren (Februar 1801). Der Friedensschluß von Lunéville bestätigte den Franzosen nicht nur die Eroberungen, auf denen der Frieden von Campo Formio beruhte, sondern verschärfte vielmehr noch die damaligen geheimen Abmachungen: »Im Namen des Reiches« wurde jetzt das linke Rheinufer von den Österreichern aufgegeben. Das waren

Zugeständnisse, die eine zunächst unübersehbare Revolutionierung der politischen Verfassung Deutschlands nach sich ziehen mußten, weil die Aufgabe der linksrheinischen Besitzungen durch rechtsrheinische kompensiert werden sollte. Die Erweiterung der zisalpinischen Republik schloß andere Verzichte und Ausgleiche ein, die den Friedensschluß sofort mit der kritischen Frage belasteten, ob dieser wirklich aus dem Interesse Bonapartes an einer friedlichen Dauerordnung zustande gekommen war oder inwieweit sich hier in den weiteren Zurückdrängung Österreichs nach Mittel- und Südosteuropa eine dynamische Politik erkennen ließ. Offensichtlich war zunächst, daß die Politik von Campo Formio weiterentwickelt war und an der Festigung der hegemonialen Stellung Frankreichs in Italien arbeitete; die Politik des Interesses an den sogenannten natürlichen Grenzen verdämmerte im Hintergrund, während, so wie die Verhältnisse lagen, die Abmachungen in Lunéville nur vorläufig sein konnten. Die Konsequenzen der Verabredungen waren, insbesondere für das Deutsche Reich, das dem Frieden beitrat, in ihrer höchst differenzierten Komplexität noch kaum zu übersehen. Vor allem aber hingen alle weiteren Pläne an der Zukunft des Verhältnisses Frankreichs zu England, das nach dem Sonderfrieden von Lunéville isoliert war. Bonaparte baute die Stellungen gegen England zunächst in den Mittelmeergebieten weiter aus. Kurz nach dem Frieden mit den Österreichern gelang es ihm, Neapel dem englischen Einfluß zu entziehen. Es mußte die Insel Elba und das Fürstentum Piombino an Frankreich direkt abtreten, seine Häfen den Engländern verschließen, Brindisi und Otranto erhielten französische Garnisonen, gleichzeitig kam es zu Verhandlungen mit Spanien. Das dynastische Interesse der Spanier in Mittelitalien (Toscana) wurde zum Austausch französischer und spanischer Besitzungen benutzt. Die Spanier verzichteten außerdem auf ihre Kolonie Louisiana am Mississippi zugunsten der Franzosen. Bonaparte dachte auch daran, die portugiesischen Häfen den Engländern zu verschließen, und versuchte deshalb, die Spanier auch in dieses Spiel gleich mit hineinzuziehen. Die großartigste Chance in dieser Situation war allerdings die Aussicht für den neuen Mann in Frankreich, zu einer Verständigung mit dem Zaren zu kommen. Man hat von einem ersten »Tilsit« gesprochen, das sich hier zwischen dem Herrn des revolutionären Frankreich und dem Feind der Revolution auf Grund der gemeinsamen antienglischen Interessen anzubahnen schien. Die Verhandlungen und der Austausch der beiderseitigen Pläne kamen jedoch nicht zu vertraglichen Festlegungen, bevor Paul I. einem Attentat im Frühjahr 1801 zum Opfer fiel, und die Opposition in Rußland selbst, auch im Interesse der russisch-englischen Handelsbeziehungen, die englandfreundliche Politik des nachfolgenden Zaren, Alexander I., unterstützte. Daß die russischen Adligen, die an dem Tode des Zaren beteiligt waren, in Verbindung mit dem englischen Botschafter standen, läßt erkennen, wie wertvoll den Engländern gerade in dieser Situation die Überbrückung des englisch-russischen Weltgegensatzes gewesen ist. Sie erreichten auch die Auflösung der »Liga der Neutralen«, die sich gegen England in den allgemeinen Gegensätzen gebildet hatte, um die Freiheit ihres Handelns zu sichern: Dänemark und Schweden hatten sich mit Rußland auf der Basis der bewaffneten Neutralität geeinigt, die Dänen waren entschlossen, den Engländern überhaupt den Sund zu versperren. Auch Preußen hatte sich den Franzosen genähert und besetzte Hannover im Frühjahr 1801. Gleichzeitig verschloß es dieses Land dem englischen Handel. Mit rücksichtsloser Entschiedenheit zerbrachen die Engländer die Versuche, ihnen den Weg durch den Sund zu verlegen: sie bombardierten am 2. April 1801 Kopenhagen. Im übrigen drohte den Franzosen der endgültige Verlust Ägyptens, nachdem dort im März 1801 englische Truppen gelandet waren. Trotzdem haben sich die französisch-englischen Verhandlungen nur mühsam entwickelt, bis es in Amiens zum Abschluß eines französisch-englischen Friedens kam (25. März 1802). England verpflichtete sich, alle seine Eroberungen an Frankreich und dessen Verbündete zurückzugeben, die spanische Insel Trinidad behielten jedoch die Engländer genauso wie Ceylon, das ihnen von der batavischen Republik abgetreten werden mußte. Wichtig war aber besonders, daß die Engländer grundsätzlich bereit waren, ihre Stellung im Mittelmeer aufzugeben: Ägypten sollte nach dem Fiasko der französischen Expedition an die Türkei zurückgegeben werden und Malta, das von den Engländern erobert worden war, an den Johanniter-Orden. Napoleon verpflichtete sich, die französischen Garnisonen aus Neapel zurückzuziehen, und erkannte die Integrität Portugals an. Auch Frankreich mußte also seine Mittelmeerstellung, wie sie in diesen Kriegsjahren aufgebaut worden war, liquidieren, während die Engländer in drei Monaten Malta räumen und ihre Flotte zurückziehen würden. Gibraltar, das Tor zum Mittelmeer, blieb freilich in englischer Hand. Im übrigen waren mit diesen Bestimmungen auch die Voraussetzungen zu einem Friedensvertrag zwischen Frankreich und der Türkei geschaffen.

Der Friede von Amiens bildete eine der großen Zäsuren in der Auseinandersetzung zwischen dem neuen Frankreich und Europa; er war kein Separatfriede, sondern der allgemeine Frieden, der Abschluß eines Jahrzehntes Krieg. War er auch der Beginn einer neuen Epoche des Gleichgewichtes? War die Bleigarnitur des Vertrages, die in Amiens auf die Neuordnung der Besitztitel, der Beziehungen und Interessen gelegt wurde, so schwer, daß sie der Revolution das Gesetz der Dauer, des Status quo, auferlegte? Das ist eine Frage an die englische Politik; sie wird ergänzt durch die Frage nach den Erfolgen oder Mißerfolgen, der Bilanz von Gewinn und Verlust der französischen Politik. Es ist vor allem die Frage nach Napoleons Politik: hat er sich mit der Begeisterung über den Abschluß des Krieges identifiziert? Galt für ihn in einem tieferen Sinne überhaupt die Auffassung von der endgültigen Beschränkung, sah er sein Maß jetzt und nun schon für erfüllt an? Wissen wir, ob er die Bedrohlichkeit weiterer Expansion, Eroberung, Umwälzung bestehender Ordnungen für so groß gehalten hat, daß er die »Notwendigkeit« erkannte, sich in den Verhältnissen, wie sie sich nun zeigten, einzurichten? Der Friede von Amiens beschließt eine Auseinandersetzung, die Napoleon als Erster Konsul vorfand. Er begann in einer vorgegebenen Situation die Geschäfte der Französischen Republik zu leiten. Was tat er nun? Am 18. Brumaire, gestand Napoleon, habe er in der Erinnerung an Cäsars Übergang über den Rubicon gelebt. Lebte er auch jetzt im Bewußtsein der Grenzerfahrung oder der Grenzüberschreitung? Im englischen Unterhaus warnte die Opposition bei der Unterzeichnung des Vertrages von Amiens eindringlich vor seiner Überschätzung für eine dauerhafte Neuregelung der allgemeinen Lage: »Wir haben Frankreich den Besitz Italiens und zugleich die Herrschaft über den Kontinent bestätigt«, der Friede sei nicht mehr als ein unsicherer und trügerischer Waffenstillstand. Die Alliierten waren weder stark genug, um zu siegen, noch so schwach, um alles nur hinzunehmen oder sich mit Napoleons Regelungen zufriedenzugeben. Aus verschiedenen Gründen waren beide Parteien ruhebedürftig. Beiderseits bestand damals das Interesse an einem Frieden, zumindest an einem Waffenstillstand. Der begeisterte Empfang Napoleons in Paris nach dem Abschluß der Verhandlungen mit den Engländern war ein Merkzeichen für den nun auf Lebenszeit gewählten Ersten Konsul: zog dieser aus der unverkennbar hervortretenden Friedenssehnsucht der Franzosen politische Folgerungen? Bei der Regelung seines Verhältnisses zu den Engländern waren seine Entschlüsse jetzt von der Rücksicht auf die Interessen der französischen Wirtschaft bestimmt. Entgegen den englischen Wünschen öffnete sich der französische Markt für die Engländer nicht, im Gegenteil, das Verhältnis zu England wurde durch die französische Schutzzollpolitik von vornherein belastet. Indem sich der unter französischem Einfluß stehende Kontinent den englischen Waren verschloß, minderte sich das Interesse der Engländer am Frieden. Komplizierend, geradezu provozierend für die Engländer wirkte die sich gleichzeitig regende koloniale Aktivität der Franzosen. Nicht nur in Nordafrika (Algier) suchte Frankreich Fuß zu fassen und seine Stellung zu festigen, viel beunruhigender war die Frage der Kompensation für Ägypten: sollte der Frieden mit der Türkei (Juni 1802) dem französischen Interesse an Ägypten Vorschub leisten? Mußte nicht auch die Aktivität in den französischen Stützpunkten in den indischen Gewässern für die Engländer beunruhigend wirken? Als eine französische Expedition nach Saint Dominique entsandt wurde, entstand der Verdacht, daß die Franzosen von Louisiana aus den Golf von Mexiko kontrollieren und damit den englischen Handel unter Aufsicht nehmen wollten. Diese Aussicht rief in Washington große Besorgnis hervor. Präsident Jefferson war entschlossen, den Franzosen entgegenzutreten, und erwog, sich mit den Engländern zu verständigen, wenn es nicht gelingen sollte, Frankreich Louisiana abzukaufen. Napoleon hat sich angesichts des neuen Krieges mit England im April 1803 kurzerhand entschlossen, in das Kaufgeschäft einzuwilligen. Für den Preis von sechzig Millionen Francs wurde Louisiana Ende 1803 amerikanisch. Auch die Engländer waren über die französische Aktivität beunruhigt und entschlossen sich zu Gegenmaßnahmen, um für alle Fälle Napoleon schon vor Vollendung des Ausbaues seiner Stellung vorbereitet gegenüberzustehen. Aus diesem Grund räumten sie nicht, wie im Friedensvertrag festgelegt, Malta. Die englische Mittelmeerstellung hatte für die Neuorientierung der englischen Weltpolitik nach dem Verlust der nordamerikanischen Kolonien erhöhte Bedeutung für die Sicherung der Verbindung zwischen England und Indien erhalten. Die Beunruhigung steigerte sich, als Napoleon durch Interventionen die Revolutionierung der bisherigen europäischen Ordnung weiterführte: er annektierte die Insel Elba und Piemont (zur Sicherung der Alpenstraße aus militärischen und wirtschaftlichen Interessen); er festigte im Februar 1803 seinen Einfluß in der Schweiz. Gleichzeitig wurde die Revolutionierung der deutschen Verhältnisse durch den sogenannten »Reichsdeputationshauptschluß« fortgesetzt. Einschneidende Besitzveränderungen durch Verlust und Entschädigung wegen der Abtretung der linksrheinischen Gebiete an Frankreich begünstigten auf den Trümmern des alten Reiches die Bildung größerer Staaten. Schließlich versuchte Napoleon immer wieder, im Hinblick auf die französisch-englischen Spannungen, sich mit Rußland zu arrangieren.

Alle diese Regelungen trafen auch Österreich, das jetzt seine jahrhundertealte Stellung in den »vorderen Reichskreisen«, seine Stellung am Oberrhein, aufgeben mußte. Trotzdem haben die Engländer zunächst ihre Friedenspolitik fortgesetzt; freilich blieben sie in Malta und verlangten die – wenn auch befristete – Zustimmung Napoleons dazu. Der Mißerfolg ultimativer Forderungen an Frankreich, zu denen die Räumung der Niederlande gehörte, führte dann im Frühsommer 1803 zum Abbruch der diplomatischen Beziehungen. Gegenüber den französischen Herausforderungen haben die Engländer mit russischer Unterstützung die Initiative ergriffen und kamen Napoleon zuvor (Mai 1803). War Napoleon in diesem Moment das Opfer einer Fehlkalkulation? Lebte er in der Illusion, daß England vor dem Aufschwung des französischen Handels und seiner kolonialen Expansion kapitulieren würde? War es ihm wirklich um den Frieden zu tun oder nur um einen Waffenstillstand, um Zeit zu gewinnen, damit er den Engländern zu gegebener Zeit Schach bieten könne? Waren ihm andere Ausbreitungsmöglichkeiten gleichgültig? Man hat die Entwicklung der Krise mit ihren Konsequenzen im Sommer 1803 als den Konflikt zweier Imperialismen bezeichnet, für die eine »Koexistenz« unmöglich gewesen sei. Es war auf alle Fälle für die Engländer eine Krise ersten Ranges, in der sie sich gegenüber der revolutionären Politik Napoleons zu sehen glaubten, während Napoleon seinerseits zweifellos diesen Gegner unterschätzt hat: ohne Armee, von einer Oligarchie von Kaufleuten beherrscht, würde England für einen langen Krieg unfähig sein.

Für die Engländer war mit dem Krieg die Wiederaufnahme der Koalitionspolitik verbunden, jetzt in der sogenannten »Dritten Koalition«. Noch einmal übernahm Pitt die Leitung der englischen Politik (April 1804). Der Weg, der nach Trafalgar und Austerlitz führen sollte, war begonnen. Napoleon antwortete mit der »Kontinentalsperre« gegen England durch das Berliner Dekret vom 21. November 1806, ergänzt durch die Mailänder Dekrete vom Herbst 1807. Danach sollten alle europäischen Häfen für die englische Flotte geschlossen, alle englischen Schiffe aufgebracht, die Waren als Kriegsbeute konfisziert, die britischen Untertanen wie Kriegsgefangene festgehalten und der Briefverkehr mit England eingestellt werden. Es war der weitgespannte, aber je länger, desto krampfhaftere Versuch, die Ergebnisse der großen Siege und Niederlagen des Jahres 1805 doch noch zugunsten seiner Hegemonialpolitik umzubiegen.

Mit den Engländern verbunden, trat der Zar Alexander zum erstenmal mit dem hochgespannten Anspruch des »Befreiers Europas« vor dem Despotismus des neuen Imperators hervor. Er hat die Geduld seiner Bundesgenossen wie die Ungeduld Napoleons immer wieder durch seine Unbeständigkeit strapaziert. Für Napoleon, der alle »Ideologen« verachtete, war der Zar ein Rätsel. Zu Metternich sagte er einmal, neben so viel Bestechendem im Umgang liege etwas im Wesen des Zaren, das er nicht bezeichnen könne; bei ihm fehle in allen Dingen immer ein »Etwas«. Schwankend in seinen Meinungen, unentschlossen, abhängig von seiner Umgebung, ängstlich, leicht aus der Fassung zu bringen und leicht entmutigt, in späteren Jahren manisch depressiv, machte er auf Menschen, die ihn näher kennenlernten, nicht den Eindruck eines über siebzig bis achtzig Millionen Menschen herrschenden Kaisers. Er konnte sich andererseits dann aber auch wieder für große Pläne begeistern, die freilich einen fatalen Mangel an Wirklichkeitssinn erkennen ließen. So wurde das Programm einer slawischen Konföderation unter russischer Führung der Orientpolitik Napoleons entgegengestellt; Konstantinopel tauchte als Hauptstadt in den Visionen auf, nachdem das türkische Reich zerstört sein würde. Der spezifisch antirevolutionäre Charakter dieser zaristischen Pläne zeigte sich, als die Russen nach der Ermordung des Herzogs von Enghien (im März 1804) die diplomatischen Beziehungen mit Frankreich abbrachen. Im April 1805 war die englisch-russische Allianz perfekt. Man kam überein, nach dem Sieg der Koalition Frankreich in seine alten Grenzen zurückzuweisen und durch einen »cordon sanitaire« kleiner Staaten den Status quo zu sichern: die Niederlande (mit Belgien) im Norden, Piemont (mit Ligurien) im Süden; Preußen würde die Wacht am Rhein übernehmen, Rußland in Polen Kompensationen erhalten, während die Regelung der Fragen über die Schiffahrtsrechte der Neutralen genauso wie die Fragen des allgemeinen Friedens späteren Verhandlungen vorbehalten blieb. Trotz aller Werbungen der Alliierten blieb Preußen neutral, dagegen trat Österreich im August 1805 der englisch-russischen Allianz bei. Daß man die italienische Republik zu einem Königreich gemacht hatte, dessen Krone Napoleon selber trug, wurde in Wien als ein Bruch des Vertrages von Lunéville angesehen. Vorausgegangen war die Erhebung Napoleons zum Kaiser, die als starker Affront gegen den Römischen Kaiser Deutscher Nation empfunden worden war. Die Politik der Eroberungen und Provokationen, die die Interessen der anderen nicht berücksichtigte, führte die unter sich so verschiedenen Partner in der Koalition gegen Napoleon zusammen.

Nachdem der Versuch, die Engländer auf ihrer Insel selbst zu treffen, mißglückt war und sich unter Englands Führung eine neue Koalition gebildet hatte, sah sich Napoleon aufs neue wieder den großen kontinentalen Mächten Österreich und Rußland gegenüber. Die Niederlage bei Trafalgar am 21. Oktober 1805 und der Sieg bei Austerlitz am 2. Dezember haben die neue Lage hell beleuchtet und die Stoßrichtung der Napoleonischen Politik festgelegt. Trafalgar sicherte England die unbestrittene Seeherrschaft, während der Sieg Napoleons über die Österreicher und die Russen bei Austerlitz die Österreicher niederwarf und die kontinentale Vorherrschaft für Napoleon erbrachte. Mit diesem militärisch-politischen Erfolg (einem seiner glänzendsten) verband sich sofort die Frage nach der neuen notwendigen politischen Ordnung in den eroberten Gebieten: sollten diese neuen, unaufschiebbaren Aufgaben nach einem Plan, einer politischen Gesamtkonzeption angefaßt werden? Das ist die vielerörterte Frage nach den Voraussetzungen und dem Wesen der Politik des »Grand Empire« in der Frontstellung gegen England und gegen Rußland. Auf dem Kontinent blieb allein Rußland unabhängig von Napoleon; die Auseinandersetzung mit Rußland ist zum Schicksal des Kaisers geworden. Es ist mit Recht immer wieder gesagt worden, daß Napoleons zähester und unbesiegter Gegner England gewesen sei, daß die permanente französisch-englische Spannung in alle Maßnahmen des Kaisers hineinreichte. Jedoch die Entscheidung ist im Kampf gegen Rußland gefallen. Seit Trafalgar und Austerlitz wird die Frontstellung Napoleons gegen Rußland immer sichtbarer.

»Le Grand Empire«

Zunächst erfüllte sich Deutschlands Schicksal: bevor eine preußische Vermittlung wirksam werden konnte, war die Koalition zwischen den Engländern, Russen und Österreichern zerbrochen. Verträge mit den deutschen Fürsten veränderten die Karte des alten Reiches, indem Bayern, Württemberg und Baden durch Gebietserweiterungen Königreiche und Großherzogtum wurden, während Österreich in denselben Tagen zu einem Waffenstillstand gezwungen wurde und in seiner Isolierung Napoleon ausgeliefert war. Der Separatfrieden von Preßburg (26. Dezember 1805) sprengte die Koalition endgültig. In der Konsequenz der Politik des Friedens von Campo Formio wurden die Österreicher von Italien ausgeschlossen – genauso wie aus dem »Reich«. Tirol und Vorarlberg kamen an Bayern, Istrien und Dalmatien an Frankreich und Venetien an das Königreich Italien. Pitts Geständnis, daß auch er bei Austerlitz besiegt worden sei, läßt erkennen, wie begrenzt in den Augen des englischen Staatsmannes der große Erfolg von Trafalgar doch für die englische Politik war: er rettete England, aber Austerlitz vernichtete die Koalition, auf die die englische Politik ihre Hoffnungen gegen das Napoleonische Frankreich gesetzt hatte. Was dem königlichen Frankreich nicht gelungen war: das revolutionäre Frankreich sprengte die Zernierung; umgekehrt: die Koalition versagte, während sich Preußen beiseite hielt; alle Versuche, es der Koalition zu nähern, mißglückten. Die für England erfolgreiche politische Konstellation des Siebenjährigen Krieges wiederholte sich nicht. Als Pitt in diesen Wochen dahinsiechte und am 23. Januar 1806 starb, schien seine Politik gescheitert. Sie enthielt jedoch als Erbe den zündenden Gedanken der europäischen Koalition gegen Napoleons Eroberungspolitik für eine Gleichgewichtspolitik zwischen den Großmächten, zu denen Frankreich freilich nur in seinen »alten Grenzen« gehören konnte, wie sie Castlereagh und Metternich ein Jahrzehnt später gemeinsam zur Grundlage der Restauration der europäischen Ordnung gemacht haben.

Durch den Preßburger Frieden hat das »Grand Empire« zuerst deutlicher erkennbare Formen angenommen: Die Idee des »Grand Empire« war aus dem Zwang entstanden, die eroberten oder abhängigen Staaten und Gebiete in eine neue Verfassung zu bringen. Die einzelnen Staaten wurden unter dem Protektor Napoleon zu einem Bund zusammengeschlossen, der durch die Familienbeziehungen der Souveräne mit der Familie Napoleons noch verstärkt werden sollte. Für Deutschland ergab sich aus der Napoleonischen Politik der »Rheinbund«. Talleyrand hatte die Gründung im Sommer 1806 (12. Juli) vorbereitet, nicht ohne seinen eigenen Vorteil bei dem Geschäft wahrzunehmen; es war über die mit dem Frieden von Campo Formio und Lunéville vorgesehenen Besitzveränderungen hinaus die radikalste Revolutionierung der alten Reichsordnung. Die Mitgliedschaft, die von sechzehn Staaten erworben wurde, setzte voraus, daß sie vorher aus dem alten Reichsverband ausschieden. Die Konstituierung des Rheinbundes vollzog sich außerhalb des »Heiligen Reiches« mit Frankfurt am Main als Sitz des »Bundestages«. Es gab zwei Kollegien von Königen und Fürsten mit dem Fürstprimas Dalberg an der Spitze, zu dessen »Coadjutor« ein Onkel des Kaisers, der Kardinal Fesch, bestimmt wurde. Wenige Tage nach diesen Vorgängen legte Kaiser Franz II. die Krone des Römischen Reiches Deutscher

Nation nieder. Das Heilige Reich hatte aufgehört; die Konsequenz aus dem Anachronismus dieses in der modernen Welt merkwürdigen Gebildes ist damals unter so prekären Verhältnissen gezogen worden. Aber die Erfahrungen eines weiteren halben Jahrhunderts waren noch nötig, um die Deutschen aus dem romantischen Traum von der Kaiserherrlichkeit zu erwecken und durch die Ernüchterungen des Revolutionsjahres 1848/49 die Unterscheidung zwischen politischer Schwärmerei und politischem Realismus erkennen zu lassen. Nicht weniger einschneidend waren die Eingriffe, durch die Napoleon die italienischen Verhältnisse veränderte und durch eine eigenwillige Personalpolitik der Apenninenhalbinsel eine politische Struktur nach seinem Interesse aufzwang. Nach dem Sturz der Bourbonen in Neapel machte Napoleon seinen Bruder Joseph dort zum König, seine beiden Schwestern wurden mit italienischen Fürstentümern ausgestattet, auch seine Mitarbeiter erhielten als Dotation italienische Fürstentümer (so wurde Talleyrand Fürst von Benevent). Besonders problematisch war die Stellung des Kaisers zum Papst als einem souveränen italienischen Fürsten und als offensichtlichem Gegner der kaiserlichen Politik. Für den Papst war die Italienpolitik Napoleons mit Rechts- und Prinzipienfragen von allgemeiner Bedeutung verbunden, die zum Beispiel im Juni 1805 akut wurden, als Napoleon im Königreich Italien in das kirchliche Verfassungsrecht eingriff und den Bischöfen die Einsetzung nach kanonischem Recht verweigerte. Die latente, auch durch das Konkordat nicht behobene Spannung zwischen der römischen Kirche und dem revolutionären Frankreich wurde hier wieder sichtbar und nährte das nie überwundene Mißtrauen der Kurie gegen das Napoleonische Kaisertum. Gleichzeitig wurde mit dem Zaren verhandelt, dem seine Ratgeber empfohlen hatten, durch eine Verständigung mit Frankreich über die Aufteilung des Osmanischen Reiches für Rußland freie Hand für seine orientalischen Interessen zu bekommen. Diese Verhandlungen beunruhigten die Engländer, die ihrerseits erwogen, mit Napoleon jetzt wieder in diplomatische Verbindung zu treten. Die Friedensaussichten wurden aber durch neue militärische Auseinandersetzungen überholt. Preußen war durch ultimative Forderungen von Napoleon gezwungen worden, die Versuche aufzugeben, sich seiner vertraglichen Verpflichtungen aus den Verhandlungen des letzten Jahres zu entziehen. Es mußte sich jetzt (15. Februar 1806) sogar verpflichten, den Engländern alle seine Häfen zu verschließen. Diese Maßnahmen, zusammen mit der Besetzung Hannovers, das Preußen aus der Hand Napoleons als Kompensation für territoriale Verluste in Süd- und Westdeutschland erhalten hatte, führten am 11. Juni 1806 zum Kriegszustand zwischen England und Preußen.

Diesen Entwicklungen gegenüber erkannten die Vertreter einer aktiven preußischen Politik in der Gründung des Rheinbundes und der Auflösung des Reiches die Chance für einen norddeutschen Bund unter preußischer Führung. Hardenberg, als Leiter der Geschäfte, hat damals mit Rußland verhandelt und in einer geheimen Konvention Ende Juli 1806 eine preußisch-russische Verständigung zustande gebracht, während französisch-englische Verhandlungen im Gange waren, die, ohne Rücksicht auf die französisch-preußischen Abreden, Hannover als Friedenspfand erörterten. In die schwebenden Besprechungen, geheimen Zusicherungen, Truppenzusammenziehungen, Mobilmachung der preußischen Armee, Abbruch der englisch-französischen Verhandlungen, Vorbereitung der Ratifizierung eines französisch-russischen Vertrages platzte das preußische Ultimatum vom 26. September 1806 an Frankreich. Mit einem Schlage war Napoleon aus der sich steigernden Nervosität unbefriedigender diplomatischer Sondierungen durch den für die Preußen vernichtenden Doppelsieg bei Jena und Auerstedt am 14. Oktober befreit. Hinter diesem militärischen Erfolg erhob sich aber nun immer drohender die russische Frage. Sie legte sich seit Jena wie ein unheimlicher Schatten immer schwerer über die Politik des Kaisers. Auf dem Weg von den Küsten des Ärmelkanals, wo die englischen Felsen unerreichbar blieben, über Jena nach Tilsit stand Napoleon vor Entscheidungen, die seine ganze Weltstellung, seine Lebensfrage betrafen.

Zunächst erledigten sich durch die preußische Niederlage alle preußischen Pläne. Statt dessen mußte Preußen seine Gebiete westlich der Elbe abtreten und seine Häfen dem englischen Handel sperren. Sachsen, zum Königreich erhoben, wurde Mitglied des Rheinbundes. Je mehr die Entscheidungen sich nach Ostmitteleuropa verlagerten, um so mehr wurde die Politik des Zaren gegenüber Napoleon für den Kontinent ausschlaggebend. In dieser Lage war es Hardenberg, der dem preußischen König dringend riet, erneut Anschluß an Rußland zu suchen. Am 23. April 1807 gelang es Hardenberg, in Bartenstein einen preußisch-russischen Vertrag zustande zu bringen, der über den Moment hinaus überhaupt eine Neuorientierung der preußischen Politik einschloß: Preußen und Rußland verpflichteten sich, keinen Separatfrieden zu schließen und alle Anstrengungen zu machen, Frankreich in seine alten Grenzen zurückzuwerfen und selbst keine Forderungen zu machen. Die Ziele der Verbündeten richteten sich außerdem darauf, an Stelle des Rheinbundes eine »Konstitutionelle Föderation« zu schaffen, die von dem Einvernehmen zwischen Preußen und Österreich gedeckt sein sollte und auf eine europäische Koalition mit Österreich, England und Schweden, ferner Dänemark, die Niederlande, Sardinien und Neapel hinzielte; ja sogar auf die Unabhängigkeit der Türkei richteten sich die weitgespannten Planungen. Sie erwiesen sich freilich sehr schnell, so kühn und einfallsreich sie waren, als voreilig; die Schlacht bei Friedland (14. Juni 1807) brach den militärischen Widerstand der Preußen und vor allem des Zaren endgültig. Unmittelbar nach dieser Entscheidung versuchte der Zar, mit Napoleon in Verbindung zu treten, vielleicht nicht unbeeinflußt durch den erstaunlichen Vorschlag Hardenbergs vom 22. Juni, ein Bündnis zwischen Rußland, Frankreich und Preußen gegen England anzustreben. Immer denkwürdig geblieben ist dann die Begegnung des Kaisers mit dem Zaren auf einem Floß im Njemen, um die Parität der Gesprächspartner in theatralischer Weise zu illustrieren, während dem preußischen Königspaar die Demütigung zugemutet wurde, unbeteiligt an der Zusammenkunft am Ufer des Flusses das Ende der Zeremonie abwarten zu müssen. Preußen mußte dann auch den Preis für die Vereinbarung des Friedens zwischen den Russen und den Franzosen zahlen, die am 7. Juli zwischen Frankreich und Rußland und am 9. Juli 1807 zwischen Frankreich und Preußen abgeschlossen wurde. Preußen blieben nach dem Diktat Napoleons nur seine Gebiete ostwärts der Elbe. Die westlich der Elbe gelegenen Länder wurden zum Königreich Westfalen zusammengefaßt. Preußen wurde – wie Österreich im Preßburger Frieden – den gemeinsamen deutschen Fragen ferngehalten. Die preußischen Besitzungen aus der zweiten und dritten Teilung Polens wurden als Großherzogtum

Warschau mit dem Königreich Sachsen durch Personalunion verbunden. Napoleon faßte mit dieser vorgeschobenen Stellung nun auch in Ostmitteleuropa als unmittelbarer Nachbar Rußlands Fuß. Durch wechselseitige diplomatische Vermittlungen des Zaren zwischen Napoleon und England und Napoleons zwischen Rußland und der Türkei und durch den Anschluß Rußlands an den Wirtschaftskrieg gegen England wurde auf der Grundlage der

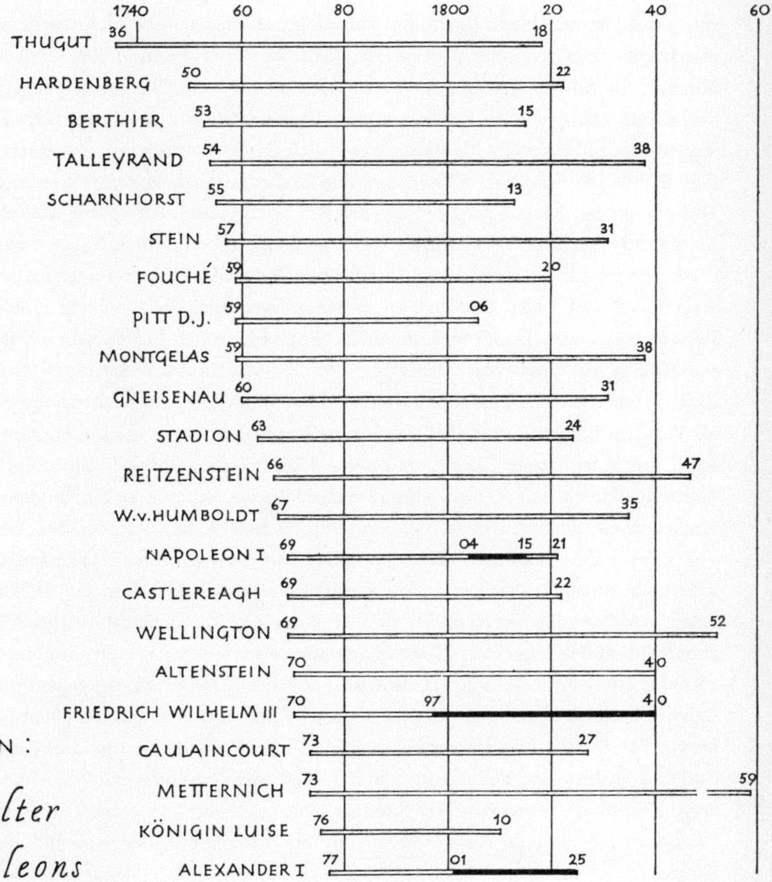

LEBENSDATEN: *Zeitalter Napoleons*

Friedensverträge eine weiterwirkende Zusammenarbeit projektiert. Überhaupt schien in Tilsit eine Art Teilung der Weltinteressen zwischen dem Kaiser und dem Zaren, zwischen Westen und Osten, zustande gekommen zu sein. Man hat geradezu sagen können, Napoleon sei ärger getäuscht worden als der Zar, so gewiß der in Tilsit geschlossene Friede für Napoleon zweifellos im Moment auch ein Erfolg, ja vielleicht sogar notwendig gewesen ist, um den Kontinent zu befrieden und gegen England eine breite Basis zu gewinnen. Wie Napoleon selbst die Lage ansah, hat er mit der energischen Abwehr russischer

Ambitionen auf Konstantinopel zum Ausdruck gebracht: »Constantinople! Jamais, c'est l'empire du monde!« Er zeigte damit zugleich selbst, daß er sich noch nicht am Ziele wähnte. Gerade unter dieser Voraussetzung ist Tilsit eine Epoche in der Geschichte Napoleons. Hier ist er zum ersten Male an eine Grenze geraten, hier wird ihm »Halt« geboten, hier sieht er sich zum Friedensschluß mit Rußland veranlaßt, zur Abgrenzung durch Verhandlungen. Napoleon war hier nicht Sieger wie bei Austerlitz, er war auch nicht auf Grund einer Niederlage zurückgeworfen, sondern hier wurde er in seinen Eroberungen durch Rußland begrenzt. Daß an dieser Grenze Rußland stand, hat nicht allein Rußland im Kampf gegen Napoleon in die vorderste Linie gebracht, sondern das Verhältnis Europas zum revolutionären Frankreich, zur revolutionären Bewegung überhaupt ist seitdem von Rußland her wesentlich mitbestimmt worden und hat die europäische Geschichte überschattet. »Nach meinem Dafürhalten bezeichnet der Sieg von Jena den Höhepunkt der Macht Napoleons«, das war noch viele Jahre später Metternichs Meinung, »hätte er, anstatt die Vernichtung Preußens anzustreben, seinen Ehrgeiz darauf beschränkt, diese Macht zu schwächen und in solchem Zustand dem Rheinbund anzufügen, das unermeßliche Gebäude, das ihm zu errichten gelungen war, würde eine Grundlage von Beständigkeit und Dauer gewonnen haben, welche der Friede von Tilsit ihm nicht verschaffte, ja zu dessen Erschütterung derselbe wesentlich beigetragen hat, weil seine Bedingungen hart und überspannt waren.« Und wenn Metternich an anderer Stelle Napoleon als Verwaltungsgenie und als Gesetzgeber kennzeichnet, so nannte er ihn eben auch einen Eroberer: unstillbarer Ehrgeiz habe den Kaiser erfüllt; und die Brüchigkeit seiner imponierenden Herrschaft sei nur so lange verdeckt gewesen, solange Uneinigkeit und allgemeine Unsicherheit dem Ansturm des imperatorischen Willens gegenüber bestanden haben.

Zu dieser Zeit begannen sich auch in der Umgebung des Kaisers Bedenken zu regen: der »Heroismus des Risikos« erweckte Zweifel, weil er die Grenzen politischen Kalküls überschritt. Metternich sagte nicht, daß er Napoleon diese Disziplin des Maßhaltens nicht zugetraut habe. In seinen Reflexionen war aber auch die permanente Frage nach der »Reaktion« der europäischen Politik auf die Revolutionierung des Status quo enthalten, die sich insbesondere auf die Friedensschlüsse Napoleons konzentrierte und immer schärfer hervortrat, je weiter sein Weg ging, je breiter seine Wirkung, je umfassender seine kaiserliche Stellung wurde. Die Bedeutung von Tilsit ist nicht nur von Napoleon bestimmt worden, an ihr sind alle europäischen Staatsmänner beteiligt gewesen; die Frage war, ob der Friede von Tilsit eine Epoche oder nur ein Moment in der Geschichte dieser Zeit sein würde.

Das Kontinentalsystem

Nach der Zerstörung der bisherigen Verhältnisse erhob sich für Napoleon als unausweichliche Aufgabe der politische, soziale und wirtschaftliche Wiederaufbau in den eroberten Gebieten. Das war der Ursprung des napoleonischen Europa, des »système continental«, der Versuch einer Neuordnung Europas auf revolutionärer Grundlage. Was war das aber für eine Ordnung, die dann 1814/15 mit dem Zusammenbruch der Napoleonischen Herrschaft scheiterte? Die Antwort auf diese Frage ist um so wichtiger, als sich in unserem Sprachgebrauch der Begriff der »Restauration« eingeprägt hat: Metternichs Restauration einer friedlichen Dauerordnung war bewußt im Gegensatz zu Napoleons Politik, im Kampf gegen die Revolution entwickelt worden. Worin bestand das Wesen von Napoleons Friedensschlüssen? Wie war überhaupt das Verhältnis der Revolution und der Restauration zum Frieden? Für die Geschichte des 19. Jahrhunderts in Europa ist es von grundlegender Bedeutung geworden, daß die politische Neuordnung als »Restauration« zustande gekommen ist und im großen und ganzen bis in den ersten Weltkrieg Dauer gehabt hat. Mit einem Wort: nicht Napoleon, sondern Metternich hat gesiegt. Die politischen Verhältnisse Europas beruhten nicht auf revolutionärer, cäsaristischer, diktatorischer Grundlage, sondern auf der »Wiederherstellung« des Konzerts der europäischen Mächte: die Großmächte, die in Wien als Pentarchie sich gegenseitig anerkannten, haben sich als solche erhalten und restauriert. Der großartigste Kommentar zu dieser Situation ist Rankes Essay über die »Großen Mächte« von 1833, seine brillante Konzeption der politischen Geschichte der modernen Welt.

Das »System« Napoleons ist von den militärisch-politischen Interessen bestimmt worden, die sich aus der neuen Situation nach Trafalgar und Tilsit, aus dem unentschiedenen Kampf gegen England für ihn ergaben. Die Wirtschaftspolitik, die als »Kontinentalsperre« gegen den englischen Handel gerichtet war, kam als politisch gedachtes Druckmittel hinzu; die zivilisatorischen Maßnahmen folgten. Ob aber das »System« über seine militärpolitischen Interessen hinaus eine Art Dauerordnung hat sein sollen oder als solche hätte funktionieren können, ist eine andere Frage. Beide Möglichkeiten sind immer wieder umstritten worden. Ehe sich Intention und Brauchbarkeit von Napoleons Europapolitik erweisen konnten, wurde sie in die militärische Katastrophe mit hineingezogen. England habe ihn gezwungen, so hat Napoleon selbst zur Begründung seiner Expansionspolitik erklärt, Europa zu erobern und das abendländische Kaiserreich wieder zu erwecken; so schloß er die »föderierten Staaten« Italien, Schweiz, Holland, den Rheinbund und die Iberische Halbinsel mit dem Kern, dem Empire français, zum Grand Empire zusammen und gab sie zum Teil als Vasallenstaaten seinen Verwandten und Generälen oder nahm sie direkt unter eigene Verwaltung. Nach Tilsit wurde dann das Grand Empire Zentrum eines erweiterten Kontinentalsystems, die noch unabhängigen Staaten wurden ihm als Alliierte oder Freunde verbunden. Frankreich, der Kaiser persönlich, hatte die Hegemonie in diesem sich noch in dauernder Fluktuation befindenden System. Das revolutionäre Frankreich wurde Modell für den Neubau auf dem Trümmerfeld der zerstörten Alten Welt, vor allem in der europäischen Mitte und im Süden; die Revolutionierung Europas sollte mit diesem System vollendet werden.

Die Erinnerung an Karl den Großen, an das Römische Reich mit Rom als zweiter Hauptstadt gehörte – wie wir schon gehört haben – genauso in die vagen Phantasien Napoleons wie die Verweigerung seiner Zustimmung für den Zaren, Konstantinopel zu erobern, weil mit dem Besitz dieser Stadt das »Empire du monde« verbunden sei. Die Idee einer neuen politischen Einheit der westlichen Welt und die Erneuerung der Zivilisation aus der Revolution schloß Napoleons Interesse an dem Verwaltungs- und Gesellschaftsaufbau der von ihm beherrschten Gebiete ein. Entscheidend war natürlich für seine Politik nicht die historische Reminiszenz oder die abstrakte Konstruktion, sondern die Lage Frankreichs und die französische Expansionspolitik. Die Italienische Halbinsel war als Basis für eine Landung in Sizilien und für die Bedrohung Maltas im Kampf gegen England wichtig – zugleich gegebenenfalls ein Sprungbrett für Orientunternehmungen. Der Besitz von Italien und Illyrien diente aber auch als Klammer für Österreich; zudem konnte die Stoßrichtung von Illyrien aus nach Saloniki gehen und von dort weiter nach Konstantinopel – nicht zu unterschätzen waren in diesem Zusammenhang auch die wirtschaftlichen Beziehungen zur Levante. Die französische Stellung in Deutschland war als Schutz der offenen Grenze nach Osten noch wichtiger: der Rheinbund hielt Österreich und Preußen von Frankreich ab und gehörte zu den Ausfallstellungen gegen Rußland. Vor allem verschloß der Besitz Deutschlands dem englischen Handel Mitteleuropa und eröffnete der französischen Wirtschaft einen großen Markt. Schließlich gehört auch der Besitz der Pyrenäenhalbinsel durch ihre Bedeutung für die Beherrschung des Mittelmeeres und des Atlantischen Ozeans mit dem Blick auf die spanischen und portugiesischen Kolonien in die Kampffront gegen England.

Weil diese Gebiete auch als Soldatenreservoir wichtig waren, erschien ihre organisatorische und gesellschaftliche Vereinheitlichung nach französischem Vorbild und ihre Vereinigung zu größeren Einheiten notwendig zu sein. Das galt für Italien wie für Deutschland. »Der Zwang zur großen Politik« führte über den Reichsdeputationshauptschluß von 1803 als Konsequenz des Friedens von Lunéville zu einer ersten Überwindung der deutschen Klein- und Vielstaaterei. Aus dieser Perspektive war Tilsit nur eine Zwischenlösung für die Napoleonische Politik, da Preußen, Österreich und Rußland noch außerhalb des »Systems« blieben. Napoleons Auf- und Ausbau des Kontinentalsystems konnte zunächst an das girondistische Programm anknüpfen, um Frankreich einen Gürtel von befreiten, jedoch abhängigen Staaten zu legen. Der jakobinischen Methode entsprechend ließ er jedoch unter den gegebenen Verhältnissen sofort die Verwaltung der abhängigen Staaten in die Hand von Generalgouverneuren übergehen, die als kaiserliche Intendanten arbeiteten, oder in die Hand von Angehörigen der kaiserlichen Familie. »Souvenez vous, que je ne vous ai fait roi que pour mon système«, heißt es bezeichnenderweise in einem Erlaß an Murat als König von Neapel – oder noch deutlicher in einem Brief Berthiers, des Generalstabchefs Napoleons: »faites comme roi ce que vous avez fait comme soldat.« Das »System« Napoleons erforderte Konzentration, um für die kaiserliche Politik leistungsfähig zu sein. Das betrifft genauso die Heeresorganisation wie die zivile Verwaltung und die Finanzpolitik. Es blieben aber dann doch nicht die Spannungen aus, die diese gewalttätige Politik in den differenzierten nationalen, traditionsreichen Verhältnissen hervorrief. »On n'est pas roi pour obéir!« antwortete zum Beispiel Murat auf die kaiserlichen Befehle. Die Hast, Eile und Überstürzung, wie sie den Zeitgenossen übereinstimmend an Napoleon aufgefallen sind, kennzeichnen auch diesen großzügigen Aufbau des »système continental«, den Napoleon durch Allianzen zu vervollständigen versucht hat. Die zentralisierende Tendenz innerhalb dieses Systems zeigte sich in der Entstehung einer kleinen internationalen Führungsgruppe mit französisch-revolutionärer Gesinnung. Zu dieser Tendenz gehörte die Schaffung einer einheitlichen sozialen Struktur nach französischem Vorbild: die Privilegien verschwanden, alle Menschen wurden »Bürger«, Untertanen gleichen Rechtes, die sozialen Schranken wurden beseitigt, alle wurden an den Lasten und Pflichten beteiligt, bürgerliche Gleichheit, religiöse Freiheit, Abschaffung der Feudallasten, Bauernbefreiung, Verkauf des kirchlichen Besitzes sind Momente der neuen Gesellschaftsordnung, die mit der Einführung des Code civil ihren repräsentativsten Ausdruck findet. »Il faut que vos peuples«, schrieb der Kaiser an seinen Bruder Jérôme, König von Westfalen, im November 1807, »jouissent d'une liberté, d'une égalité, d'un bien-être inconnus aux peuples de Germanie, et que ce gouvernement libéral produise ... les changements les plus salutaires au système de la Confédération et à la puissance de votre monarchie.« Diese Regierungsweise werde, heißt es dann bezeichnenderweise für das Königreich Westfalen weiter, eine mächtigere Barriere gegen Preußen sein als die Elbe oder gar der Schutz Frankreichs. Perfektion der Ordnung, nicht Anarchie ist das Werk der Revolution. Es zeichnet sich schließlich eine allgemeine europäische Kultur in den Gedanken des Kaisers ab, welche die politische Einheit des Kontinents unter französischer Hegemonie ergänzen soll. Die Partikularitäten auch unter den Völkern müßten verschwinden. Das Ziel seiner Politik sei, schrieb Napoleon 1810 seinem Bruder Louis, den er zum holländischen König gemacht hatte, »dépayser l'esprit allemand«, den deutschen Geist von seiner geschichtlich gewordenen und geprägten Eigenart zu entfremden. Widerspruch galt als eine Art Empörung gegen seinen diktatorischen Willen. Trotzdem hat Napoleon immer wieder Rücksichten genommen, Zugeständnisse gemacht, sich den Zwangslagen angepaßt, wenn sie durch den Krieg entstanden; die permanenten Veränderungen haben die Erfolge seiner Verwaltung verhindert, schließlich seine Neuordnung überhaupt in Frage gestellt. Für die vielen Aufgaben fehlten Menschen, Rückgriffe auf den Adel wurden nötig, der die Durchführung seiner Reformen behinderte, ja, der Kaiser gewordene Revolutionsgeneral suchte nicht nur gegen die »Jakobiner« Verbindung mit dem alten Adel, sondern auch zu den Dynastien – retardierende Momente für die gesellschaftliche Umbildung.

Am tiefsten ist Italien vom napoleonischen System beeinflußt worden. Es war in seiner verschiedenartigen politischen Verfassung ein »Experimentierfeld« für Napoleon und als solches charakteristisch für die unstete, überstürzte Art seiner Staatsbildungen, deren Territorialbestand sich meist von Jahr zu Jahr veränderte. Im Königreich Italien regierte Napoleon praktisch durch Dekrete kaiserlicher Machtvollkommenheit, die Landesgewalten wurden durch seine Regierungsweise lahmgelegt, die Justiz wurde nach französischem Vorbild neu konstituiert. In den wenigen Jahren der Napoleonischen Herrschaft ist es unter diesen Bedingungen allerdings gelungen, das veraltete Verkehrswesen großzügig zu modernisieren: Straßen- und Brückenbauten gehörten zu diesen Verbesserungen genauso wie Kanalbauten; die öffentliche Hygiene wurde durch einen Zentralrat gelenkt, Schulen wurden eröffnet; bezeichnend für das Schulwesen Napoleons war hier wie überall die Förderung der technischen Ausbildung in Staatsschulen. Verbessert wurde auch die Steuerverwaltung, die Zollgrenzen wurden reguliert und ein größeres einheitliches Wirtschaftsgebiet mit Frankreich als Mittelpunkt geschaffen. Entscheidend war schließlich auch hier für das bürgerliche Leben in dem modernen säkularisierten Staat die Einführung des Code civil.

Bei der Neuordnung der politischen Verfassung Deutschlands, die nach dem Verlust der linksrheinischen Gebiete in ihrem Bestand völlig in Frage gestellt war, hatte sich Napoleon den jeweiligen Verhältnissen stärker anzupassen. Der Rheinbund von 1806 war ein bezeichnender Versuch, durch eine Föderation höchst verschiedenartiger Staatsgebilde das Chaos zu überwinden: alte Staaten wurden erweitert und ihre Würde erhöht, kleine und kleinste Territorien zu größeren politischen Gebilden zusammengefügt, um sie je nach dem Wechsel der Umstände wieder umzugruppieren und ihre Herrscher zu wechseln. Und dieses neue Ganze aus ungefähr gleichwertigen Mittelstaaten unterstand dann dem Protektorat des Kaisers; das war zugleich die endgültige Liquidation des alten Reiches: die Rheinbundfürsten, nun nicht mehr Kurfürsten, sondern Könige und Großherzöge, vollzogen im August 1806 ihren förmlichen Austritt aus dem Reich. Kaiser Franz II. legte daraufhin seinerseits die Krone des Reiches nieder. Das »Reich« löste sich in souveräne Staaten auf, und die Fesseln des *ius foederum* von 1648 fielen, ohne daß allerdings mit den Traditionen völlig gebrochen wurde, die sich innerhalb des alten Reiches in den Mittel- und Kleinstaaten gebildet hatten. Der Bundestag in Frankfurt war eine Fortbildung des alten Reichstages, nun allerdings ohne kaiserliche Spitze, unter dem Vorsitz des Fürstenprimas, des früheren Kurfürsten von Mainz; er war eine Organisation der Gesamtheit gleichberechtigter Mitglieder in der Form eines Staatenbundes, praktisch jedoch nichts anderes als »ein Bündel aufgezwungener Protektoratsverhältnisse« (Anschütz), weil die Bundesverfassung nie in Kraft getreten ist, dagegen das französische Protektorat mit seinen Forderungen militärischer Hilfeleistungen höchst wirksam war.

Die erste französische Staatsbildung jenseits des Rheins war das Großherzogtum Berg, das alle Merkmale dieser Neubildung repräsentierte: als Großherzog ernannte Napoleon 1806 seinen Schwager, den General Murat. Über das Gemenge lokaler Gewalten hinweg nahm er selbst die Leitung der Geschäfte in seine Hand, beseitigte die Kollegialverwaltung, teilte das Land mit seinen neunhunderttausend Einwohnern nach französischem Vorbild in Arrondissements, deren jeder von einem Rat geleitet wurde, bildete Magistrate in den Städten, vereinheitlichte die Gebiete durch die Einführung einer gleichartigen Grund- und Kopfsteuer und veranlaßte Truppenaushebungen, die der König von Preußen in den ihm früher gehörenden Gebieten nicht einzuführen gewagt hatte. Murat konnte sich jedoch in dem Großherzogtum gar nicht einleben, er sollte es vielleicht auch gar nicht, da er bereits 1808 durch den Kaiser zum König von Neapel ernannt wurde. Napoleon hat seitdem das Land durch ausgezeichnete Kommissare in eigene Verwaltung genommen und nach 1812 dort eine Verfassung eingeführt, die auf einer Versammlung von Notabeln beruhte, welche die Regierung ernannte. Die wenigen Jahre zum Einleben der neuen Verhältnisse reichten natürlich nicht aus, um über Anfänge der Neuordnung hinauszukommen. Nachdem 1808 die Leibeigenschaft aufgehoben worden war, 1809 die Privilegien beseitigt wurden, hat die Einführung des Code civil (1811) die Sozialreform nicht ohne Widerspruch zu vollenden versucht.

Wie das Königreich Italien sollte das Königreich Westfalen für Deutschland der Napoleonische Modellstaat werden. Auch hier: Mangel an Stabilität des territorialen Besitzstandes, eine Verfassung, die einer von Paris ernannten Notabelnversammlung vorgelegt wurde

(1807), nachdem der hannoversche Adel selbst die Notabeln präsentiert hatte. Napoleon hat sich jedoch nach dessen Wünschen bei seinen Maßnahmen zur Einführung einer modernen Staatsverwaltung nicht gerichtet. An diesen Maßnahmen hat auch der neue König Jérôme nichts Wesentliches geändert. Auffallend ist, daß sich die Bauern vielfach gegen die Agrarreform wehrten, während der Adel den Verlust seiner Privilegien verschmerzte, da er in den hohen Verwaltungsämtern des neuen Staates verbleiben durfte. Neben wenigen Franzosen fanden Deutsche großzügig Verwendung, unter denen auch alte preußische Verwaltungsbeamte im Dienste des Königs von Westfalen hervortraten; auch die weniger zahlreichen Bürgerlichen blieben in ihren Ämtern.

In den Rheinbundstaaten, in denen die angestammten Landesfürsten in Amt und Würde blieben, war die Sorge um die Souveränität, die Napoleon gewährt hatte, groß. Der Beitritt zum Rheinbund geschah vielfach aus der Furcht, Napoleon könne die süddeutschen Staaten in französische Präfekturen verwandeln. Andererseits hat doch aber die Tradition des aufgeklärten Absolutismus die Anpassung an die französische Neuordnung erleichtert. Die bedeutendsten Minister in Bayern und Baden in diesen Jahren, Montgelas und Reitzenstein, hatten für den Aus- und Neubau ihrer Staaten im Grunde dieselben Ideale; für ihre große Aufgabe und Leistung, aus dem Konglomerat verschiedenartiger Gebiete »Staaten«, politische Einheiten zu machen, war das in der Revolution entstandene moderne französische Regime als Vorbild besonders geeignet. So wie in Preußen schon vor dem militärischen und politischen Zusammenbruch 1806 umfassende Reformen des absolutistischen Königtums eingeleitet worden waren, so hatten auch schon in den größeren süddeutschen Ländern vor dem Ende des alten Reiches Reformen begonnen, welche die tiefgreifenden Veränderungen der Napoleonischen Zeit vorbereitet haben. Seit Maximilian von Montgelas (1759–1838) für die bayerische Innen- und Außenpolitik maßgeblich war (1799–1817), wurde die Vereinheitlichung der Behördenorganisation im Sinne des modernen Staatsbegriffes begonnen, Justiz und Verwaltung getrennt, die Macht und Geltung des Staates als Sozialstaat im Geiste des aufgeklärten Absolutismus erhöht. Montgelas hat im selben Sinne energisch den bayerischen Ultramontanismus zu brechen unternommen und den Protestanten Wohnerlaubnis gewährt (1801). Sein Fürst heiratete in zweiter Ehe sogar eine protestantische badische Prinzessin. Die Neuerwerbungen durch die allgemeinen Besitzregelungen im Reich 1803 machten überhaupt die Anerkennung der Kultfreiheit für alle christlichen Bekenntnisse unvermeidlich; die Schulen wurden grundsätzlich überkonfessionell, die katholische Kirche wurde der staatlichen Gewalt mehr und mehr unterworfen, die Klöster wurden aufgehoben, der kirchliche Besitz vom Staat eingezogen, die Zensur der Bücher beseitigt; Montgelas dachte sogar schon an eine Aufhebung der Zünfte. So ist auch Bayern vor immer neue große Aufgaben gestellt worden. Mit der Erhebung zum Königreich war die Erwerbung neuer großer Gebiete verbunden, vor allem Tirols, wo noch alles zur Modernisierung der Verhältnisse zu tun blieb. In der Verfassung von 1808, die der Verfassung des Königreichs Westfalen nachgebildet war, sind die Grundlinien der modernen Staatlichkeit gezogen: Das Staatsgebiet ist unteilbar, die Erbfolge der Monarchie unveränderlich und eine Zivilliste für den Monarchen festgelegt; an Stelle des Kollegialsystems tritt eine ministerielle Staatsverwaltung, deren Leiter Montgelas ist. Öffentliche

Fürsorge und Hygiene gehören zu den Staatsgeschäften; außer den Volksschulen nimmt der Staat auch die höheren Schulen in seine Obhut. In dieser Zeit wird Hegel Rektor des Gymnasiums in dem seit 1806 bayerischen Nürnberg. Durch das Religionsedikt von 1809 werden die Kirchen unabhängig. Die Beseitigung der Zollschranken zwischen den einzelnen Gebieten ergänzt die politische Einheit durch eine wirtschaftliche. Die Finanzierung der neuen Verwaltung soll durch eine nach französischem Modell eingerichtete direkte Steuer für die Gesamtmonarchie gesichert werden. Kataster und statistisches Büro gehören genauso zu der Modernisierung des Staates wie Schutzzollpolitik und Vergrößerung des Heeres. Die Verfassung des neuen Staates begründet die neue, auf der Gleichheit beruhende bürgerliche Gesellschaft mit Gewissens- und Pressefreiheit, die in einer nationalen Repräsentation politisch wirksam werden soll, wenn auch das neue Regime praktisch dann doch ein »Polizeiregime« geblieben ist und im übrigen vor allem die Spitzen der Verwaltung, nicht jedoch die niederen Schichten umgestaltet hat. Schließlich hat Montgelas auch gezögert, den radikalsten Schritt aus dem Ancien régime in das Régime moderne zu tun: er hat den Code civil in Bayern nicht eingeführt.

Zu den neugebildeten süddeutschen Rheinbundstaaten traten in altem Besitzstand Sachsen, Hessen-Darmstadt und Hessen-Nassau, Mecklenburg und, künstlich neu geschaffen, neben dem Königreich Westfalen die Großherzogtümer Berg, Frankfurt und Würzburg. Diese nach dem Vorbild des französischen Revolutionsstaates souveränen Staaten mit festen Grenzen wurden, indem sie ihre Einheit festigten, zu Feinden der Einigungsbewegung im 19. Jahrhundert. Die Reichsbildung 1871 ist dann auch, im Gegensatz zum Programm der Paulskirche 1848/49, nicht unitaristisch, sondern nur föderalistisch möglich gewesen.

Wenn die radikale Revolutionierung der Staatenwelt in Mittel- und Südosteuropa mit ihrem »Schematismus« Voraussetzung für spätere Staatsbildungen im 19. Jahrhundert war, so erweckte sie freilich auch die nationale Gegenrevolution in den unterworfenen Völkern. Unter dem Druck der Fremdherrschaft in den Rheinlanden ist auch ein Mann wie Joseph Görres in seinem wandlungsreichen Leben zum leidenschaftlichen und bewußten Deutschen geworden. Schon früh hatte er seine Koblenzer Mitbürger vor dem »neuen Augustus« gewarnt, bis er mit seinem »Rheinischen Merkur« eine Macht im öffentlichen Leben wurde, »die fünfte Großmacht gegen Napoleon«. Hier hat er seine unheimlich-großartige »Proklamation Napoleons an die Völker Europas vor seinem Abzug auf die Insel Elba« veröffentlicht. Sie wurde im napoleonischen Stil geschrieben, für echt gehalten und erregte ungeheures Aufsehen. – Andererseits rief das napoleonische System auch die reaktionäre Politik der alten Mächte hervor, die sich bemühte, gegenüber der Revolution die erschütterte Alte Welt zu retten und wiederherzustellen und die mit dem Prinzip der »Legitimität« gegen die Revolution kämpfte. Überhaupt war die innere Verarbeitung der Napoleonischen Zeit und ihrer Erfahrungen wesentlicher Inhalt der europäischen Politik der folgenden Jahrzehnte, und zwar vorwiegend mit innenpolitischem Akzent.

Nicht weniger umwälzend war Napoleons Wirtschaftspolitik. Das Système continental war auch in wirtschaftlicher Hinsicht gegen das handeltreibende und seebeherrschende England gerichtet; die Politik der »Kontinentalsperre« war als »Unruhe« in den Jahren, die dem Frieden von Tilsit folgten, für die permanente Ausdehnung der kontinentalen Hegemonialpolitik des Kaisers von hervorragender Bedeutung. Sie zeigte sich positiv gewendet in der Schaffung eines Kontinentalmarktes als Lebensbedingung für das Grand Empire. Ruiniert worden sind durch sie in den wenigen Jahren zwischen 1807 und 1812 vor allem die großen Seestädte, deren Schiffsverkehr, zum Beispiel in den Mittelmeerhäfen Genua, Venedig, Triest, etwa auf die Hälfte gesunken ist. Im Norden waren zuerst die Hansestädte von den Sperrmaßnahmen betroffen, bald auch die baltischen und holländischen Häfen. Die Reeder, auch Handels- und Bankleute opponierten gegen sie. Rohstoffschwierigkeiten zogen sehr schnell die Industrieinteressen in Mitleidenschaft, Importschwierigkeiten wurden durch die schwierige Lage des Exports nicht verbessert. Gewinn zogen aus der Kontinentalsperre dagegen die nun von der englischen Konkurrenz entlasteten kleineren Betriebe. So hat in diesen Jahren, wie in Frankreich selbst, auch in Sachsen die Leinwandindustrie einen großen Aufschwung genommen (um mehr als die Hälfte). Auch in der Schweiz, Südbaden, Norditalien kann man ähnliche Beobachtungen machen. Die Bergwerke in Schlesien und Westfalen dehnten unter denselben Erleichterungen ihren Absatz aus. Die Zuckerrübenkultur entwickelte sich in der Magdeburger Börde, sie wurde in Holland und Rußland eingeführt. Diese Erfahrungen haben nach dem Zusammenbruch des Kontinentalsystems das Interesse an der Abwehr gegen die englische Industrie erhalten. Der Vorteil der Kontinentalsperre kam freilich vor allem Frankreich zugute, und dem Interesse der Industriellen entsprach sie mehr als dem der Verbraucher. Innerhalb des kontinentalen Sperrgebietes entwickelte sich auch eine aktive Handelspolitik. Der Handel paßte sich den neuen Verhältnissen an, die Märkte verlagerten sich. Nachdem der Übersee-Export zum Erliegen gekommen war, wurde es notwendig, neue Abnehmer zu finden, zum Beispiel für die Leinwandhändler in Hannover und Schlesien. Die Schwierigkeiten sind bei so einschneidenden Veränderungen groß gewesen. Das Kontinentalsystem förderte den Verkehr auf den West-Ost-Straßen gegenüber den Nord-Süd-Straßen, die in den vorhergehenden Jahrhunderten ihre Brauchbarkeit schon erwiesen hatten; der europäische Markt orientierte sich neu. Eine der großen Routen ging von Lyon über Straßburg, dem »Speicher und Lagerhaus von Frankreich« für Deutschland, Österreich und Rußland, nach Leipzig; von Straßburg führte aber auch der Weg nach Frankfurt am Main oder nach Wien, das die Levantebaumwolle vermittelte. Von nicht geringerer Bedeutung war die Orientierung Lyons nach Italien. Der Ausbau der Alpenstraße hatte für Napoleon zunächst vor allem politisch-militärisches Interesse. Römer- und mittelalterliche Kaiserstraßen benutzend, wurde 1807 die Simplonstraße, 1810 die Straße über den Mont Cenis vollendet; vor allem die letztere hatte große wirtschaftliche Bedeutung; fast der ganze Handel mit Reise- und Leiterwagen und besonders Maultieren (siebenunddreißigtausend im Jahre 1810) benutzte von Lyon aus diese Straße. Fertigwaren aus Frankreich wurden gegen agrarische Produkte aus Piemont und dem Königreich Italien gehandelt. In derselben Richtung ging auch über Illyrien der von Napoleon noch eingerichtete Levantehandel. Die Mängel des kontinentalen Verkehrswesens traten bei dieser Konzentration auf den Binnenhandel stärker als bisher in Erscheinung. Das Kanalnetz war unzulänglich, die Flußschiffahrt durch Zölle noch immer behindert, die Straßen vielfach noch in schlechtem Zustand.

Man hat gemeint, daß es die Aufgabe der napoleonischen Wirtschaftspolitik gewesen sei, außerhalb Frankreichs industrielle Zentren zu schaffen, von denen jedes einzelne seine expansiven Kräfte hätte entwickeln sollen, und daß dazu der Kontinentalmarkt in Zollgebiete aufzuteilen gewesen wäre. Aufs Ganze gesehen hätten also große wirtschaftliche Einheiten geschaffen werden sollen, die der territorialen Konzentration der neuen Staatsbildungen von Nutzen gewesen wären. Solche Pläne sind damals auch wirklich erwogen worden. Napoleons Verwaltungsexperten haben ihm zum Beispiel mehrfach vorgeschlagen, einen deutschen Zollverein zu schaffen. Sie sind schließlich zurückgewiesen worden, da Napoleon auf die eifrig gehütete Souveränität der Einzelstaaten Rücksicht zu nehmen für richtiger hielt. Die politisch-militärischen Interessen ließen es für unzweckmäßig erscheinen, die Finanzierung der Verwaltung und des Heeres durch wirtschaftliche Experimente zu gefährden. Die wirtschaftliche Konsolidierung wurde im übrigen durch die immer wieder veränderten Grenzziehungen gestört. Im Hintergrund stand für Napoleon überhaupt der Vorrang Frankreichs und mit ihm das mangelnde Verständnis für die wirtschaftlichen Konsequenzen seiner Europapolitik. Für Frankreich selbst: Die französischen Zollgrenzen blieben wie für die Engländer auch für die europäischen Staaten im »système continental« weiterbestehen, selbst dort, wo die politischen Grenzen nicht mehr bestanden. Weil Frankreich damals jedoch von allen kontinentalen Staaten schon am weitesten in der Industrialisierung fortgeschritten war, litt es am meisten auch selbst unter der Kontinentalsperre. Es hatte sowohl den englischen Markt wie auch seinen Kolonialmarkt verloren; im Hintergrund der Politik Napoleons lauerte deshalb der wirtschaftliche Zusammenbruch, während die Kritik dem Kaiser vorwarf, nur an das Interesse Frankreichs in dieser prekären Lage gedacht zu haben. Der Getreidehandel der osteuropäischen Gebiete, der früher mit England bestand, fand keinen Ersatz. Die wirtschaftlichen und finanziellen Schwierigkeiten der Kontinentalsperre zwangen zu immer neuen Aushilfen. Napoleon öffnete schließlich sogar den Amerikanern französische Häfen, um die wachsenden Schwierigkeiten zu verringern, und weckte mit diesen Maßnahmen die gleichen Forderungen bei seinen Alliierten, Rußland voran. Für die Engländer war diese Entwicklung ein höchst erwünschter Anlaß, um zu zeigen, daß das Kaisertum Napoleons im Grunde nichts weiter als eine Militärdiktatur sei.

Als der Krieg mit Rußland ausbrach, war im Aufbau des napoleonischen Europa noch alles im Werden, weder war Stabilität noch Garantie eines neuen Status erreicht. Der Krieg gehört vielmehr selbst zu diesem Werden, er ist nicht eine von außen aufgezwungene Katastrophe, sondern das entscheidende Ereignis, in dem die Problematik von Napoleons Politik und Kriegführung prägnant sichtbar geworden ist. Der Kaiser selbst hat gesagt, daß das Kontinentalsystem ein großer Gedanke sei, daß jedoch erst in einer Reihe von Jahren seine Auswirkungen richtig beurteilt werden könnten. Es sei ein großes Unternehmen, und nur er allein könne es durchführen, setzte er Caulaincourt mitten im Zusammenbruch seiner Politik auseinander. Er ist immer wieder darauf zurückgekommen. Dieses Kontinentalsystem werde eines Tages als der größte Gedanke seiner Politik gewürdigt werden. Man werde ihm eines Tages Gerechtigkeit widerfahren lassen, aber dann werde man unter dem Joch, zumindest unter dem beherrschenden Einfluß Englands oder Rußlands stehen.

Dieser Kommentar zu seiner eigenen Politik ist aber nur Literatur, zweifellos eine sehr interessante Literatur, eine Selbstinterpretation, die seinem Tun folgte; in Wirklichkeit haben so intime und unverdächtige Ratgeber des Kaisers wie Caulaincourt die Bedeutung der Eigenart des Menschen Bonaparte für das Verständnis seiner Siege und seiner Niederlagen in Politik und Kriegsführung klar erkannt: »Dieser schöpferische Geist verstand sich nicht auf das Erhalten. Immer improvisierend, verbrauchte, ruinierte, zerstörte er in wenigen Tagen durch die Schnelligkeit seiner Märsche alles, was sein Genie soeben erst geschaffen.« Dauer ist den Werken solcher Menschen nicht beschieden.

Der Widerstand: Spanien

Die Katastrophe der »Grande Armée« im russischen Feldzug wäre nicht der Beginn des allgemeinen Zusammenbruchs der Napoleonischen Europapolitik und einer neuen europäischen politischen Ordnung geworden, wenn nicht die inneren Schwierigkeiten des Kontinentalsystems schon handgreiflich geworden wären und wenn sich vor allem nicht der Widerstand der Großmächte gegen Napoleons Europapolitik schon seit Jahren formiert hätte, auch in den eroberten Gebieten, in denen sich die Befreiung von seiner Herrschaft vorbereitete. Dieser Widerstand innerhalb des »Grand Empire« wurde nicht nur durch Unzulänglichkeiten der neuen Verwaltung, wirtschaftliche Schwierigkeiten, Opposition gegen die Revolutionierung des gesellschaftlichen Herkommens hervorgerufen. Viel bedeutender und weiterwirkend war der Widerstand dort, wo er sich in der Auseinandersetzung mit der revolutionären Dynamik der Napoleonischen Politik bildete, wo die Auseinandersetzung des Ancien régime mit der Revolution, wo diese überhaupt als große Lebensfrage erfaßt wurde: nirgends so tiefdringend wie in Preußen – gerade weil hier die Lebenskraft des alten Staates in die Um- und Neugestaltung nach der militärischen und politischen Katastrophe hinüberwirkte.

Die Grenzen seiner staatsbildenden Fähigkeiten wurden Napoleon jedoch zuerst in der Behandlung der Spanier gezogen; auch sind sie ihm selbst hier zum erstenmal bewußt geworden. Die Einschmelzung der Pyrenäenhalbinsel in das Grand Empire mißlang, der unerwartete Widerstand, dem Napoleon hier begegnete, hat mit dazu beigetragen, die Konzeption von Tilsit von innen her zu sprengen.

Der Erhebung der Spanier im Jahre 1808, die Napoleon selbst provoziert hat, weil er die dortigen Verhältnisse falsch einschätzte, konnte er nicht mehr Herr werden. Spanien war gleichsam die offene Wunde seiner Kontinentalpolitik, die zu heilen ihm nicht geglückt ist, so merkwürdig reaktionär, entgegen der liberalen Legende über diese Ereignisse, die Grundlage dieses Widerstandes auch gewesen ist.

Die Engländer haben sehr schnell die spanische Krise als Mittel zum Zweck der Niederwerfung Napoleons erkannt, ausgenützt und unterstützt. Die ganze Frage ist freilich auch für Napoleon von vornherein mit dem Blick auf England aktuell geworden. Sein Interesse konzentrierte sich deshalb zunächst auf Portugal als Stützpunkt des englischen Handels und der englischen Flotte. In der Konsequenz der Tilsiter Beschlüsse lag für den Kaiser die Eroberung Portugals, mit deren Vorbereitungen dann auch sofort begonnen wurde. Nachdem diplomatische Manöver fehlgeschlagen waren, um die Portugiesen unter die Kontinentalsperre zu beugen, entschloß sich Napoleon zur Anwendung militärischer Gewalt. In Verbindung mit diesen Plänen stand seine spanische Politik: der Weg nach Portugal führte durch Spanien. Rücksichtslos bis zum Zynismus hat der Kaiser aus diesem Grunde in die spanischen Parteikämpfe eingegriffen und mit diesen Methoden seine Kreditwürdigkeit in Europa aufs Spiel gesetzt, ja – wie er später selbst zugab – unklug verspielt. Mit Teilungsplänen, je nach den militärisch-politischen Erfordernissen, Zerschneidungen oder Zusammensetzungen, wie sie Napoleon überall vorgenommen hat, wenn er sie für zweckmäßig hielt, wollte er das Herzstück Portugals, den Hafen von Lissabon, bis zum Frieden fest in seiner Hand behalten, vielleicht als Tauschobjekt zurückhalten. Talleyrands Versuch, Napoleon von radikalen Maßnahmen in Spanien zurückzuhalten, mißlang. Der Kaiser begann vielmehr durch gewagte Abreden mit den Mitgliedern der königlichen Familie die spanische Front zu zersetzen. Ehe es jedoch zur Entscheidung kam, floh die portugiesische Königsfamilie nach Brasilien; die portugiesische Flotte rettete sich vor französischer Beschlagnahme in englische Häfen. Im November 1807 waren die Franzosen in Lissabon; sofort begann dann auch die schrittweise Besetzung Spaniens. Im März 1808 war Madrid in der Hand der Generäle Napoleons. Um dem Hin und Her des Parteienstreites am spanischen Hof ein Ende zu machen, eilte der Kaiser nach Bayonne. Hier erfuhr er, daß König Karl IV. dem spanischen Thron entsagt habe. Am selben Tage bot Napoleon in dieser ihm so erwünschten Lage seinem Bruder Joseph die spanische Königskrone an. Daß in Madrid bei der Abreise der königlichen Familie ins französische Exil ein Aufstand ausbrach, der von den Franzosen nur durch rücksichtslose Maßnahmen niedergeworfen werden konnte, erfuhr der Kaiser damals freilich noch nicht. Er lebte vielmehr in der Illusion, daß sich die Spanier wie die anderen Völker verhalten würden: auch sie würden glücklich sein, wenn sie erst unter den kaiserlichen Gesetzen lebten. Dem Verfassungsbegehren der spanischen Liberalen hat Napoleon nur in dem Maße entsprochen wie in den anderen unter seiner Herrschaft stehenden Königreichen. Auch in Spanien war Napoleon bezeichnenderweise vor allem an Verwaltungsreformen interessiert, gewährte allerdings den Spaniern eine Junta, die nicht ohne Schwierigkeiten zustande kam und im Sommer 1808 tagte. Wichtig an dieser Neuordnung der spanischen Verhältnisse war vor allem, daß Napoleon sich hier gezwungen sah, auf die seiner Politik entsprechende Verweltlichung des Staates zu verzichten; die katholische Religion blieb Staatsreligion, die Inquisition schafften die Franzosen allerdings sogleich ab. Überhaupt hat Napoleon die Spanier im allgemeinen sehr schonend behandelt, vor allem hat er ihnen keine erhöhten Steuern auferlegt. Im Juli 1808 schienen die Umstände es zu erlauben, daß des Kaisers Bruder Joseph als spanischer König in Madrid einzog. Aber nur elf Tage dauerte die Königsherrlichkeit für Joseph in der spanischen Hauptstadt; sie war das Signal zu Aufständen im ganzen Land, der Beginn der für Napoleons Geschichte so einschneidenden spanischen Erhebung. In der breiten Masse des spanischen Volkes war seit Jahrhunderten der Haß gegen die Fremden und der Haß gegen die Ketzer miteinander verbunden; wie früher gegen die häretischen Engländer brach er jetzt gegen die revolutionären Franzosen aus. Der erbittertste Feind der Franzosen war – zusammen mit dem Klerus – der spanische Adel. Durch die Franzosen aus den Staatsgeschäften verdrängt, hoffte er, nach der Erhebung wieder zur Macht zu kommen. Von Nationalbewußtsein erfüllt, Gegner der französischen Reformen, hinter denen ja die Revolutionäre standen, war er nicht willens, auf seine soziale Vorrangstellung kampflos zu verzichten. Dennoch ist der Einfluß der Franzosen überall dort feststellbar, wo sie Fuß gefaßt hatten; der Aufstand begann in den Gegenden, die der französische Einfluß noch nicht erreicht hatte. Von den Küstengebieten abgesehen war Spanien ein Land der Großgrundbesitzer; das Bürgertum war diesen gegenüber ohnmächtig, ungebildet; durch den Klerus gelenkt, hatte die spanische Intelligenz die »Aufklärung« nicht erfahren. Napoleon selbst erkannte im Klerus den wichtigsten Träger der Erhebung. Seine Meinung war, daß es »eine Erhebung der Mönche« sei. In Predigt und Beichtstuhl würde für die Erhebung gegen den aus der Revolution hervorgegangenen Tyrannen gearbeitet. Die Franzosen würden alle Männer zwingen, Soldat zu werden, um die Eroberung Europas und der Welt zu verwirklichen. In einem Rundschreiben der spanischen Erzbischöfe an den spanischen Episkopat heißt es: »Bewaffnet Euch! Kämpft im Namen Gottes, seiner jungfräulichen Mutter und des heiligen Joseph, und seid des Sieges gewiß!«

Die Erhebung begann mit der Kriegserklärung der Stände von Asturien an Napoleon, nachdem der legitime König Karl IV. abgereist war. Wie eine Kettenreaktion verbreitete sich dann der Aufstand über das Land, Plünderungen, Massenhinrichtungen von Franzosen durch fanatisierte Spanier folgten. Sehr schnell zeigte sich aber auch, wie sehr die spanischen Provinzen auf ihre Unabhängigkeit bedacht, ohne organisierte militärische Macht, die einzelnen ohne Erfahrung, von persönlichen Rivalitäten erfüllt, nicht die Stoßkraft eines einheitlich gelenkten Widerstandes zu entwickeln vermochten. Unterdessen verhandelten die Aufständischen mit den Engländern, die trotz verschiedener Vorbehalte und wohl wissend, wie ungern englische Truppen in Spanien gesehen wurden, Hilfe im Kampf gegen Napoleon versprachen. Einfacher lagen die Verhältnisse für die Engländer in Portugal. Hier hatten sie freie Hand, die Franzosen waren dort durch die spanische Erhebung von Frankreich abgeschnitten. Nichts konnte eine englische Expeditionsarmee hindern, bis nach Madrid vorzustoßen. Es lag in der Konsequenz des Sieges von Trafalgar, wenn die Engländer nun den Entschluß faßten, den Kampf gegen Frankreich auf den Kontinent zu tragen; hier mußte die Entscheidung gegen Napoleon fallen.

Napoleon hat dagegen die spanische Erhebung zunächst in ihrer Wirkung unterschätzt und durch diese falsche Beurteilung selbst die Katastrophe der französischen Truppen in Spanien mitverschuldet. Die spanischen Unruhen veranlaßten ihn vorerst nicht zu militärischen Dispositionen. Die Truppen in Spanien wurden nicht verstärkt, die Ausrüstung nicht verbessert, die aus allen Nationen gemischte Armee war auf die Anforderungen eines Feldzuges im spanischen Terrain nicht vorbereitet und schließlich auch noch in die verschiedenen Provinzen auseinandergezogen. In dieser schwierigen Ausgangslage mußten die französischen Einheiten sich nicht nur militärisch zu behaupten suchen, sondern sich einer ungewöhnlich grausamen Kriegführung des Gegners erwehren, der seine Gefangenen folterte und mordete. Die Reaktion war, daß sie als Repressalie Dörfer niederbrannten und die Einwohner erschossen.

Während diese wütenden Kämpfe tobten und nachdem die Portugiesen sich wie die Spanier gegen die Franzosen erhoben hatten, landete am 1. August 1808 Arthur Wellesley, der spätere Herzog von Wellington, mit einem kleinen Expeditionskorps von dreizehntausend Mann (zu dem noch ein paar tausend Portugiesen stießen) an der Mündung des Mondego im Norden Portugals. Durch Verhandlungen mit dem französischen Marschall Junot gewann der Engländer Lissabon und gewährte den Franzosen freien Abzug. Jedoch nicht dieser Erfolg, sondern die furchtbare Katastrophe des Generals Dupont hat in Europa damals riesiges Aufsehen erregt; in Andalusien war ihm mit seinen Truppen der Rückzug verlegt worden, und er wurde, eingeschlossen, zu einer Konvention mit den Spaniern gezwungen. Die drastischen Maßnahmen Napoleons gegen den General haben die Wirkung der Niederlage bei Baylen natürlich nicht aufheben können: der Bann der Unbesiegbarkeit der Franzosen war gebrochen! Die Whigs im englischen Parlament vergaßen, daß der Sieg auch ein Sieg des spanischen Klerus war, sie begrüßten die spanische Erhebung. Die liberale Legende verbreitete sich, daß die Franzosen durch die revolutionären Prinzipien, die sie als Eroberer verleugnet hätten, besiegt worden seien, während man andernorts der spanischen Erhebung als Volksbewegung zu mißtrauen begann.

Die spanische Katastrophe hat Napoleon schwer getroffen. Er war sich sofort klar, daß sein Prestige einen empfindlichen Verlust erlitten hatte. Daß er sich entschloß, die »Grande Armée« aus den mitteleuropäischen Gebieten nach Spanien zu verlegen, um Spanien doch noch fest in seine Hand zu bekommen, zeigt, wie ernst er die Lage beurteilte, die für seine Herrschaft nun entstanden war. Es war zugleich die Nagelprobe auf das System von Tilsit, auf die Zuverlässigkeit des Zaren, weil diese Verlagerung der Gewichte seiner Machtstellung seinen Druck auf Preußen und Österreich minderte. So wurde durch die spanische Frage die Grundlage für Napoleons Europapolitik zum erstenmal problematisch: seine Beziehungen zu Rußland, insbesondere zum Zaren Alexander. In diesen für Napoleon kritischen Wochen erhielt die russische Zurückhaltung dem Kaiser gegenüber allgemeine politische Bedeutung. Der Vorwurf des Zaren, daß er gerade in der orientalischen Frage den Preis für seine Unterstützung der napoleonischen Englandfeindschaft noch nicht erhalten habe, wurde eine peinliche Erinnerung. Napoleon hatte Anfang des Jahres 1808 als Antwort auf diese Enttäuschung dem Zaren eine Teilung des Osmanischen Reiches vorgeschlagen, in deren Hintergrund eine Expedition nach Indien durch Persien und Afghanistan erschienen war. Rußland, Österreich und Frankreich sollten an dieser Aufteilung beteiligt sein; der Balkan sollte russisch, Serbien und Bosnien österreichisch, und Ägypten mit Syrien sollte französisch werden. Offen blieb jedoch die entscheidende Frage zwischen Frankreich und Rußland: die Zukunft Konstantinopels und der Meerenge. In diesem Stadium der Verhandlungen schlug Napoleon von Bayonne aus, mit der spanischen Angelegenheit beschäftigt, dem Zaren eine Zusammenkunft vor, um die schwebenden Fragen zu beraten.

Als sich der Kaiser mit dem Zaren dazu im Herbst 1808 in Erfurt traf, hatte sich Napoleons Stellung inzwischen durch die spanische Katastrophe wesentlich verändert. Er brauchte jetzt die Unterstützung des Zaren in den deutschen Ländern. Was er bisher immer wieder dem um Vermittlung bemühten Zaren abgeschlagen hatte, war er jetzt bereit zu tun: Preußen für den Preis finanzieller Unterstützung seiner spanischen Interessen zu räumen.

Der äußere, bewußt übertriebene Glanz der Erfurter Tage, der große Empfang des Zaren durch den Kaiser, die fürstliche Repräsentation bei den Galavorstellungen der Comédie française haben die Kenner der politischen Lage nicht blenden können. Sie wußten wie der Zar, daß Napoleon auf Verhandlungen angewiesen war; Metternich wollte wissen, daß Talleyrand den Zaren vor Napoleon gewarnt habe, soweit das überhaupt noch nötig gewesen sein sollte. Er, der Zar, müsse Napoleon am Zügel halten, und Frankreich, genauso wie Europa, würden davon Gewinn haben. Das sind die vielerörterten Manipulationen des französischen Diplomaten, die den Tatbestand des Verrats enthalten, während Napoleon den Russen das bedenklich stimmende Angebot des Großherzogtums Warschau, einen der Eckpfeiler in seiner Europapolitik, machte. Durch Talleyrand unterrichtet, erfuhr Metternich, daß die Russen nicht gewillt seien, mit dem Kaiser gegen Österreich vorzugehen. Die prekäre Lage, in der Napoleon sich im Herbst 1808 befand, verlangte Zeitgewinn, auch unter Opfern, um die spanische Erhebung niederwerfen zu können und seine Stellung (gegen Österreich) wiederzugewinnen. So war die Konvention mit dem Zaren vom 12. Oktober 1808 als zumindest befristete Friedensgarantie eine Aushilfe in der sich für Napoleon komplizierenden allgemeinen Lage; er mußte sie sich mit Zugeständnissen an russische Balkaninteressen erkaufen. Am selben Tage wurde die »Große Armee« hinter die Elbe zurückgezogen; Marschall Davout blieb mit nur zwei Korps in Deutschland stehen.

In denselben Tagen wurde Goethe – sehr im Gegensatz zu der taktlosen Behandlung deutscher Fürsten (Napoleon war zynisch genug, den Prinzen Wilhelm von Preußen zu einer Hasenjagd auf dem Schlachtfeld von Jena einzuladen) – zur Audienz nach Erfurt befohlen und ausgesucht aufmerksam empfangen; wenige Tage später fand in Weimar nach einer Aufführung von Voltaires »Mort de César« ein weiteres Gespräch statt. Es hatte gewiß eine tiefere Bedeutung, daß der Kaiser inmitten dieser schwerwiegenden politischen Verhandlungen sich Goethe gegenüber gerade über das Schicksal Cäsars ausgesprochen hat. Man müsse der Welt zeigen, sagte Napoleon bedeutungsvoll, wie Cäsar sie beglückt haben würde, wie alles ganz anders geworden wäre, wenn man ihm nur genug Zeit gelassen hätte, seine hochsinnigen Pläne auszuführen.

Die Katastrophe der spanischen Erhebung schien unabwendbar, als der Kaiser nach den Erfurter Tagen mit weit an der Zahl überlegener Truppenmacht am 5. November in Vittoria ankam. Sein Bruder Joseph hatte sich nach der Niederlage der französischen Truppen in Asturien hinter den Ebro zurückgezogen. Die Spanier wußten jedoch ihre großen Erfolge nicht auszunutzen; ihre inneren Gegensätze verhinderten eine einheitliche Frontbildung. In dem Chaos der Interessen war die bei Salamanca stehende englische Armee die einzig schlagkräftige Truppe. Anfang Dezember zog der Kaiser in Madrid ein. Ohne den König und Bruder Joseph zu fragen, begann er sofort die Neuordnung Spaniens, nahm er den Klöstern ihren weltlichen Besitz, hob er die Inquisition noch einmal auf. Die

Spanier konzentrierten indessen ihre Streitkräfte in Asturien. Ohne Rücksicht auf den Winter begann der Kaiser auch sogleich mit militärischen Unternehmungen, um den Gegner zu treffen, ohne ihn vernichten zu können. Die winterliche Kälte, die Schwierigkeiten des gebirgigen Terrains und der Widerstand der Bevölkerung brachten den Kaiser um den mit Gewaltaktionen nicht zu erringenden Erfolg, während es der englischen Armee gelang, sich von den Franzosen abzusetzen und sich nach Portugal zurückzuziehen.

Ohne den dringend notwendigen Sieg, ohne die spanischen Rebellen vernichtet zu haben, sah sich der Kaiser vorzeitig gezwungen, Anfang Januar bereits wieder Spanien zu verlassen und nach Paris zu eilen in der sicheren Annahme, daß Österreich im herannahenden Frühjahr sich gegen ihn erheben würde. Die spanische Aufgabe mußte er also ungelöst aufgeben, um an einer anderen Front zur Stelle zu sein.

Der Feldzug des Sommers 1809 gegen Österreich, das durch die spanische Erhebung ermutigt worden war, endete für Napoleon siegreich. Auf dem Schlachtfeld von Wagram (5./6. Juli) wurde nicht nur Österreich besiegt, sondern das Kontinentalsystem wiederhergestellt, freilich auf Kosten der französisch-russischen Allianz: Rußland hatte tatsächlich in der Stunde der Gefahr den Kaiser im Stich gelassen und Österreich geschont. Das bedeutete praktisch den Bruch zwischen Rußland und Frankreich. Napoleon brauchte jetzt zwei Armeen, er war in die Situation des Zweifrontenkrieges geraten. Diese Notwendigkeit stellte an das militärische Potential neue Anforderungen; nach fünfzehn Jahren fast ununterbrochenen Krieges wurden neue Rekruten gebraucht, die in steigendem Maße in Gebieten außerhalb Frankreichs ausgehoben werden mußten. Damit hingen wachsende Schwierigkeiten, insbesondere bei der Ausbildung der neuen Kontingente, zusammen: die Schlagkraft der beiden Armeen war begrenzt.

Der Widerstand: Preußen

An der deutschen Erhebung unter Österreichs Führung im Jahre 1809 hat sich Preußen nicht beteiligt, wenngleich wir heute wissen, daß der König nicht von vornherein abgeneigt war, sich ihr anzuschließen. Trotz der fieberhaften Unruhe und Ungeduld der Patrioten hat sich die preußische Regierung nach den ersten Mißerfolgen konsequent von dem Krieg zurückgehalten, auch auf Kosten der Enttäuschungen des moralischen Enthusiasmus, der durch eine levée en masse gegen die Fremdherrschaft Staat und Nation befreien wollte. Das von Gneisenau begeistert vorgetragene Projekt des Volkskrieges gegen den Tyrannen lehnte der König mit der nüchternen Bemerkung »als Poesie gut« einfach ab. Zu den großen politischen Aufgaben der preußischen Staatsführung gehörte damals nicht zuletzt, das moralische Pathos im Kampf gegen Napoleon und die französische Vorherrschaft zur Einsicht in die gegebenen Verhältnisse zu läutern und nicht ohne Rücksicht auf die europäische Gesamtlage und Preußens Stellung in ihr zu handeln. Der preußische Widerstand gegen Napoleons Europapolitik ist nun freilich nicht nur eine Frage des Kalküls der internationalen Beziehungen gewesen; nicht durch die diplomatischen Leistungen im Befreiungskampf hat Preußen neuen Ruhm erworben, sondern durch die Reform des politischen und sozialen Lebens in der Auseinandersetzung mit der Revolutionierung des alten Europa durch die Napoleonischen Eroberungen. Die Stein-Hardenbergschen Reformen haben in dem europäischen Widerstand gegen die Französische Revolution und gegen Napoleons »Kontinentalsystem« die hervorragende Bedeutung, daß sie nach dem Tilsiter Frieden nicht nur unternahmen, den preußischen Staat zu restaurieren, sondern zu modernisieren. Alle Einzelmaßnahmen und Gesetze sollten einem großen politischen Erziehungsprogramm der Staatsbürger dienen. Die preußischen Reformen wären aber undenkbar und undurchführbar gewesen – soweit es überhaupt im 19. Jahrhundert gelungen ist, das Ziel zu erreichen, das sich die Reformer, Stein insbesondere, gesteckt hatten –, wenn sie nicht vorbereitet, nicht von den Reformen des Ancien régime in Preußen durchdrungen gewesen wären, und sie hätten ihre Modernität nicht gewinnen können, ohne die Revolutionierung der alten gesellschaftlichen und politischen Ordnungen: dem Ende des alten Reichs entsprachen der Umbau und die Festigung des preußischen Staates neben den süddeutschen Rheinbundstaaten.

Daß Preußen »auf den Lorbeeren Friedrichs des Großen eingeschlafen sei«, ist eine zum Gemeinplatz gewordene polemische Meinung aus jenen Tagen. Sie ist eine jener bedenklichen Halbwahrheiten, die immer wieder den Zugang zur Wirklichkeit verstellen können, so charakteristisch sie für das Ressentiment oder die Resignation nach der Katastrophe sind. Der Zusammenbruch Preußens unter dem Ansturm Napoleons war allerdings deshalb so verheerend, weil er nicht nur eine militärische Niederlage, sondern auch eine politische Katastrophe, der Bankrott der politischen »Verfassung« des Staates war, wie überall, wo die revolutionäre Dynamik vorstieß, der bis dahin noch niemand standgehalten hatte. Der Zusammenbruch des preußischen Staates war aber auch deshalb ein so bedeutendes Ereignis, weil mit ihm der im späten 18. Jahrhundert in Europa als vorbildlich bewunderte Staat des sogenannten »aufgeklärten Absolutismus« sich der revolutionären Moderne gegenüber als unfähig erwiesen hatte. Gerade diese Erfahrung war so vernichtend für die Tieferblickenden, weil sie längst die Notwendigkeit der Reformierung des preußischen Staatswesens erkannt und als preußische Beamte auch erstrebt hatten. Es war eben aus diesem Grunde für Napoleon eine so außerordentliche Genugtuung, ja ein Triumph, Preußen bei Jena und Auerstädt besiegt zu haben. Sofort nach dem Siege eilte er nach Sanssouci und verweilte im Hause des bewunderten Königs, dessen Name nicht zufällig zu seinen ersten Parolewörten nach dem Staatsstreich 1799 gehört hatte und dessen Degen sein glorreichstes Siegeszeichen war.

So vorbildlich und die deutschen Fürsten des 18. Jahrhunderts prägend der aus der Aufklärung lebende Absolutismus Friedrichs des Großen auch gewesen ist, es war doch eine höchst persönliche, ganz auf seine Umsicht, Kenntnis, Sachkunde und nicht zuletzt auf die Energie und Lebendigkeit dieses einen Menschen in diesen noch übersehbaren Verhältnissen begründete Regierungsweise, die unter dem Druck der permanenten Bedrohung von außen die innere Disziplinierung entwickelte und durchsetzte. Die Denaturierung des königlichen Absolutismus hat die Schwächen dieser Staatsverfassung sehr schnell zum Problem werden lassen. Die scharfe Kritik am preußischen Staat im späteren

18. Jahrhundert stammt aus der hohen Bürokratie selbst und hat sich durch die Widerstände in der zur Erstarrung neigenden Verwaltung und im Heer nicht erdrücken lassen, sondern durch die »Reformpartei« wachsenden Einfluß errungen. Nicht zuletzt hing die innere Ermattung mit dem Verzicht auf politische Initiative zusammen, mit der Beruhigung beim Status quo, während Friedrich der Große weit davon entfernt gewesen war. Nicht zufällig hat Bismarcks Kritik an der preußischen Politik um die Wende vom 18. zum 19. Jahrhundert hier eingesetzt. Zu den Veränderungen im preußischen Staatsleben gehörte auch der gesellschaftliche Wandel, wie er sich in der steigenden Bedeutung einer durch Bildung und Besitz ausgezeichneten bürgerlichen Gesellschaft zeigte, die in einem Spannungsverhältnis zu dem bestehenden Staat lebte und als Trägerin des »Fortschritts« dessen Sozialordnung in Frage stellte. Es bildete sich das für die liberale Welt charakteristische Gegeneinander und Miteinander von Staat und Gesellschaft heraus, so wie früher das Verhältnis von Staat und Kirche das Leben bestimmt hatte. Diese neue bürgerliche Gesellschaft war gegen den »Despotismus des Staates«, gegen bürokratischen Apparat, gegen staatliche Bevormundung des Einzelnen, gegen die »alte Freiheit«, das heißt gegen die ständisch gegliederte Gesellschaft, für die Freiheit »des Menschen« zur »Selbstverwirklichung« und für den bürgerlichen »Rechtsstaat«, wie ihn Kant damals deduziert hatte. Auch die Opposition dieser neuen Gesellschaft drängte auf Umgestaltung des preußischen Staates unter dem Eindruck der Erfahrungen der Französischen Revolution, um durch die Änderung der sozialen, wirtschaftlichen und politischen Ordnung der radikalen Entwicklung zuvorzukommen. Die Reformpolitik, die noch Friedrich der Große inauguriert hatte, war im wesentlichen Rechtsreform gewesen und hatte mit dem »Allgemeinen Landrecht für die Preußischen Staaten« 1794 ihren Abschluß gefunden. Mit dem Regierungsantritt Friedrich Wilhelms III. im Jahre 1797 begann eine neue Ära der Reformpolitik im Zeichen der neuen Zeit. In ihr begegnen uns zum erstenmal in der Zentrale nacheinander Hardenberg, 1798–1806 Kabinettsminister und Leiter der Außenpolitik, Stein, 1804 wegen seiner Reformgedanken Minister für Zoll, Fabriken- und Handelswesen, Scharnhorst, der 1801 in preußischen Dienst trat und Leiter der Kriegsakademie, 1804 stellvertretender Chef des Generalstabes, bei Ausbruch des Krieges 1806 Chef des Stabes beim Oberbefehlshaber der preußischen Hauptarmee war. Die Träger der Reform nach dem Zusammenbruch 1806/07 sind zum großen Teil nicht »neue Männer« gewesen, aber vielfach gehemmt durch die Gegner der Reformpläne in Bürokratie und Generalität. Im Kabinett des Königs waren Beyme, seit 1798 Kabinettsrat, 1808–1813 Justizminister, der am »Landrecht« mitgearbeitet hatte, und Mencken, der Großvater mütterlicherseits von Bismarck, schon unter Friedrich dem Großen Kabinettsrat, Svarez, einem der Schöpfer des Landrechts, nahestehend, als »Jakobiner« in den reaktionären Kreisen verdächtigt, an den Reformen beteiligt. Neben ihnen gab es jüngere, befähigte, an der Reform beteiligte Männer, die juristische und philosophische Bildung vereinigten, eine »Elite jüngerer Beamter« (E. R. Huber) – also eine Reformpartei der bereits im Staatsdienst stehenden Beamten. Sehr viele von ihnen hatten wie die in den Rheinbundstaaten tätigen Staatsmänner in Göttingen und Halle studiert, fast alle kamen aus der Verwaltungspraxis der Staaten des »aufgeklärten Absolutismus«. Reform der aufgeklärten Regierungsweise war ihr gemeinsames Ziel, wäh-

rend sie gleichzeitig des revolutionären Radikalismus französischer Observanz verdächtigt wurden. Für diesen allgemeinen Zusammenhang und zugleich für die Unterscheidung in ihm spricht die zugespitzte, aber im Grunde doch sehr bezeichnende Äußerung des preußischen Ministers Struensee zu dem französischen Geschäftsträger in Berlin aus dem Jahre 1799: »Die heilsame Revolution, die ihr von unten nach oben gemacht habt, wird sich in Preußen langsam von oben nach unten vollziehen. Der König ist Demokrat auf seine Weise; er arbeitet unablässig an der Beschränkung der Adelsprivilegien und wird darum den Plan Josephs II. verfolgen, nur mit langsameren Mitteln. In wenigen Jahren wird es in Preußen keine privilegierten Klassen mehr geben.«

Svarez hatte Friedrich Wilhelm III. als Kronprinz Vorlesungen gehalten, in denen er den späteren König in den Geist und die Materie des Landrechtes eingeführt hatte, und ihn belehrt, daß ein weiser Regent seine Untertanen nur als freie Bürger beherrschen dürfe. Als der Prinz König geworden war, gab es schon eine Immediatkommission zur Verbesserung des Heerwesens, die sich nach dem Basler Frieden auf Grund der Kriegführung als notwendig erwiesen hatte: Einschränkung der Exemtionen von der Kantonspflicht gehörte zu ihren Gegenständen, Aufbau einer Landmiliz neben dem stehenden Heer, Milderung der Disziplin, Bürgerlichen grundsätzlich den Zugang zur Offizierslaufbahn zu eröffnen, ohne freilich zu wesentlichen Reformen zu kommen. Im Jahre 1798 wurde eine Finanzkommission eingesetzt, eine umfassende Verwaltungsreform erwogen, Aufhebung des Zunftzwanges gefordert, Reform des Steuerwesens, Aufhebung der Trennung von Stadt und Land zur Debatte gestellt, ohne freilich auch hier zum Ziel zu kommen. In den Kommissionen saßen vor allem Staatsbeamte der älteren Schule, die sich zu tiefgreifenden Reformen nicht entschließen konnten, aber vorbedacht, geplant, entworfen sind in dem Jahrzehnt zwischen 1797 und 1806 fast alle Maßnahmen, die in den Reformen von Stein und Hardenberg Gesetz geworden sind. Dazu gehört auch der Vorschlag zur Bildung eines kollegialischen Staatsministeriums. Hierher gehören ferner die sozialen Reformpläne, vor allen Dingen die Befreiung der Bauern aus der adligen Erbuntertänigkeit. Auf den Domänen sind zwischen 1799 und 1806 fünfzigtausend spannfähige Bauern zu freien Eigentümern gemacht worden, das sind mehr, als später (zwischen 1816 und 1850) auf den Rittergütern frei gemacht wurden. Diese Maßnahmen setzten Bestrebungen im großen Stil fort, die schon Friedrich der Große nach dem Siebenjährigen Kriege eingeleitet hatte. Noch kurz vor seinem Tode hatte der große König dem ostpreußischen Kammerpräsidenten Anweisung gegeben, daß die neu zu etablierenden Amtsbauern »ihre Güter alle eigentümlich haben müssen, weil sie keine Sclaven seyn sollen«. Den König beschäftigte die Frage, »ob nicht alle Bauern in Meinen Ämtern aus der Leibeigenschaft gesetzt und als Eigentümer auf ihre Güter angesetzt werden können?«

Der Adel und die Behörden erhoben gegen die Reformen Einsprüche; einige Gutsbesitzer in Ostpreußen haben freilich auch schon vor 1806 von sich aus entsprechende Reformen durchgeführt, um durch sie vom »Bauernschutz« loszukommen, der im 18. Jahrhundert in Wechselbeziehung zur Erbuntertänigkeit bestand. Diese Konsequenz aus der Aufhebung der Erbuntertänigkeit ist in der Kommission eingehend beraten worden: sollte der »Bauernschutz« mit allen sozialen Versicherungen auch bei Invalidität und Alter wirklich nun aufhören oder neu geregelt werden? Voraussetzung dazu sollte die Regelung der Eigentumsverhältnisse sein. 1803 kam es bis zum Entwurf einer königlichen Ordre; der König konnte sich jedoch nicht entschließen, sie zu vollziehen.

Zu den Reformaufgaben gehörte auch die Anpassung der zentralen Behördenorganisation und der königlichen Regierungsweise. Die ursprünglich kollegiale Praxis war ganz aufgegeben worden, die wachsenden Anforderungen der Landeskultur hatten auch immer neue Behörden nötig erscheinen lassen, Schlesien blieb – eine zeitbedingte Anomalie – außerhalb der bestehenden Verwaltung, sehr bezeichnend für die Staatsverwaltung des großen Königs, daß er Kommissionen in Immediatstellung bevorzugte; ihre Schwäche hat bei seinen schwachen Nachfolgern und bei den dauernd wachsenden Verwaltungsaufgaben die königliche Selbstregierung sehr schnell sichtbar gemacht: sobald die angespannte Energie der Zentralperson fehlte, zeigte sich die Problematik der Selbstregierung in der steigenden Verselbständigung, vor allem der obersten Behörden. Die Forderung einer zweckmäßigeren, auf Ministerregierung aufgebauten Geschäftsführung ist deshalb unter der Regierung Friedrich Wilhelms III. erhoben worden, ohne daß freilich auch hier vor 1806 durchgreifende Veränderungen zustande gekommen wären, wie sie in der Anerkennung der steigenden Selbständigkeit der Departementschefs bestanden hatte und wie sie Stein zum Beispiel, seit er 1804 in die Berliner Zentrale eingetreten war, praktiziert hat. Eine besondere Schwierigkeit lag in der Reorganisation der mittleren Verwaltung; es war die Frage, wie hier den veränderten Verhältnissen entsprochen werden könnte. Versuchsgebiet der Reformen waren die ehemals polnischen, durch die zweite und dritte Teilung des Staatsgebietes erworbenen Landschaften.

Man hat geradezu gesagt, daß die politische Schwäche Preußens die königliche Selbstregierung gewesen sei, insbesondere wegen der Unentschlossenheit des Königs. Die Stellung seiner Mitarbeiter war unangemessen, und in der Verwaltung fehlten Energie und Verantwortung: »In dieser politischen Schwäche lag das Versagen Preußens – nicht in einer allgemeinen Verderbnis« (O. Hintze). Es waren fast alles in den Geschäften erfahrene Männer, die diese Mängel erkannten und die für Reformen sich einsetzten. Andernfalls wäre in den wenigen Jahren zwischen dem Zusammenbruch und der Befreiung 1807–1813 der Wiederaufbau des Staates nicht in die Wege zu leiten gewesen. Die Reformen Steins und Hardenbergs sind aus der Tradition und dem Problemerbe des 18. Jahrhunderts entstanden, ja, man hat sie geradezu als »Abschluß der großen monarchischen Reformen des 18. Jahrhunderts« bezeichnen können, so gewiß sie auch, wie jedermann weiß, über diese hinausführen. Humboldt, der in dem großen geschichtlichen Zusammenhang seiner Zeit lebte, war sich im Herbst 1813 bewußt, daß sich Napoleon zwar habe den Anschein geben können, als ob Friedrich der Große nur für Augenblicke seinen Staat aufgebaut hätte: aber »was er getan hat, wird erst jetzt recht sichtbar, denn was man auch sagen mag, der Grund des jetzigen Impulses in Preußen kommt noch unleugbar von ihm her«.

Die preußischen Reformen

Wenn man über den zukünftigen Zustand Deutschlands redet, muß man sich wohl hüten, bei dem beschränkten Gesichtspunkt stehenzubleiben, Deutschland gegen Frankreich sichern zu wollen. Wenn auch in der That der Selbständigkeit Deutschlands nur von dorther Gefahr droht, so darf ein so einseitiger Gesichtspunkt nie zur Richtschnur bei der Grundlegung zu einem dauernd wohlthätigen Zustand für eine große Nation dienen. Deutschland muß frei und stark seyn, nicht bloß, damit es sich gegen diesen oder jenen Nachbar oder überhaupt gegen jeden Feind vertheidigen könne, sondern deswegen, weil nur eine auch nach außen hin starke Nation den Geist in sich bewahrt, aus dem auch alle Segnungen im Innern strömen; es muß frei und stark seyn, um das, auch wenn es nie einer Prüfung ausgesetzt würde, nothwendige Selbstgefühl zu nähren, seiner Nationalentwicklung ruhig und ungestört nachzugehen und die wohlthätige Stelle, die es in der Mitte der europäischen Nationen für dieselben einnimmt, dauernd behaupten zu können.« Humboldt hat mit diesen Worten (Dezember 1813) die allgemeine Gesinnung großartig zum Ausdruck gebracht, die, gewiß in höchst individuellen Abwandlungen, den Wiederaufbau des preußischen Staates nach der Niederlage des Jahres 1806/07 mitbestimmt hat. Es waren »die unvergeßlichen Segensjahre des Unglücks« (Droysen), in denen die politischen und militärischen Energien, die seit Jahren auf die Reform des preußischen Staates gedrängt hatten, zu umfassender Wirksamkeit gelangten, indem nun ihre bedeutendsten Repräsentanten in die höchste Verantwortung berufen wurden.

Auf allen Maßnahmen der preußischen Staatsmänner lastete jetzt freilich der Vertrag von Tilsit, dessen Annahme innerhalb von achtundvierzig Stunden ohne Verhandlungen dem König am 9. Juli 1807 aufgezwungen worden war. Er vernichtete die europäische Stellung des preußischen Staates und stellte überhaupt seinen Bestand in Frage. Alle polnischen Besitzungen mußten abgetreten werden, diese wurden von Napoleon in das neugeschaffene Großherzogtum Warschau einbezogen. Ebenso gingen alle westlich der Elbe gelegenen preußischen Gebiete verloren. Preußen mußte der Kontinentalsperre beitreten und damit alle Wirtschaftsbeziehungen zu England abbrechen. Die demütigendste und lähmendste Bestimmung war, daß die Räumung der Preußen verbliebenen Landesteile (Ostpreußen, Pommern, Schlesien und Brandenburg) von französischen Truppen an die Zahlung von Kontributionen geknüpft wurde, deren Höhe nicht festgelegt war. Die oberste Verwaltung lag in der Zeit der französischen Besetzung in den Händen der Franzosen, dazu gehörte die Verwaltung aller Landeseinkünfte. Preußen hatte für die Verpflegung und Besoldung der Besatzungstruppen aufzukommen.

Die Einwohnerzahl war auf den Stand von 1740, dem Regierungsantritt Friedrichs des Großen, reduziert; Preußen hatte nur noch einen mit Bayern oder Sachsen zu vergleichenden Rang, der König residierte nicht mehr in Berlin, der Zentrale der Staatsverwaltung, sondern in Königsberg. Man wird sich immer wieder vergegenwärtigen müssen, daß die Reorganisation des preußischen Staates zwischen 1807 und 1813 unter einem Besatzungsregime begonnen worden ist. Die preußische Politik Steins und dann vor allem Hardenbergs (seit 1810) ist Erfüllungspolitik im Zeichen des Widerstandes gegen die Europapolitik

Napoleons und der Befreiung von der Fremdherrschaft. Im Schutz der vertraglichen Festlegungen der preußischen Verpflichtungen gegenüber Frankreich, wie sie im Herbst 1808 zustande kamen, glaubte Stein damals bereits zum Widerstand übergehen zu können, scheiterte jedoch, mußte unter dem Diktat Napoleons die Leitung der Geschäfte aufgeben und konnte nur durch die Flucht nach Österreich sich weiteren Maßregelungen des Kaisers entziehen. Seine nassauischen Besitzungen wurden daraufhin konfisziert.

Für die deutschen, nicht nur die preußischen Verhältnisse – im Gegensatz zu den französischen – ist es charakteristisch, daß der Neubau des Staates nicht in der Hand einer revolutionären Gruppe lag, sondern einer Partei der »Reform«, die sich dauernd, schließlich immer heftiger mit einem auf »Restaurationspolitik« drängenden Kreis im Kampf befand, bis es diesem gelang, die Reformer im Jahre 1819 beiseite zu drängen. Die französische Entwicklung hatte über die preußischen Reformbestrebungen hinaus zum revolutionären Radikalismus und zur Diktatur gedrängt, der »aufgeklärte Absolutismus« war dort am Monarchen selbst gescheitert. Anders in Preußen: Die Beamtenschaft lebte bis ins späte 19. Jahrhundert aus dem Ethos des aufgeklärten Staatsdienstes, in dem Wohlfahrts-, Rechts- und Staatsgesinnung zusammenwirkten. Die Kritik an der absolutistischen Staatsverwaltung hat in Preußen nicht zur absoluten Volkssouveränität, sondern zur Fortführung, Steigerung und auch Radikalisierung der Reformpläne der aufgeklärten Monarchie geführt. Ohne die Verschiedenheit von Herkunft, Gesinnung, Charakter, politischer Idee und praktischen Fähigkeiten der preußischen Reformer, insbesondere Steins und Hardenbergs, zu übersehen: in dem einen gehören sie alle zusammen, daß sie sich in den Dienst der »Reform« des preußischen Staates als der Fortführung und Weiterbildung der Traditionen des 18. Jahrhunderts gestellt haben. Die preußischen Reformen sind deshalb (so wie die Reformer selbst es auch verstanden haben) nicht nur eine Antwort auf die Herausforderung des revolutionären Radikalismus, sondern ihrerseits zugleich auch eine Herausforderung der revolutionären Entwicklung des 18. Jahrhunderts in Frankreich. Es gehört andererseits zur Problematik der preußischen Geschichte im 19. Jahrhundert, daß die Reformen sich nicht als Alternative zu Cäsarismus und Demokratie durchgesetzt haben und daß sie im Jahre 1819 scheiterten, als die »Restauration« im Kampf gegen die »Revolution« siegte.

Als der Freiherr vom Stein am 4. Oktober 1807 als leitender Minister des Königs von Preußen die Geschäfte übernahm (und bis zum 24. November 1808 führte), trat ein durch lange Verwaltungspraxis, vor allem in den westlichen Provinzen der Monarchie und in der Berliner Zentrale, erfahrener und in der Auseinandersetzung mit den revolutionären Erschütterungen seiner Zeit gereifter Mann aus dem vielschichtigen Kreis der Reformer wieder – nach einer brüsken Verabschiedung im Frühjahr desselben Jahres – in den Staatsdienst ein. Für seine Berufung war mehr seine konzentrierte politisch-pädagogische und moralische Energie als die freilich nicht weniger dringend erforderliche politisch-diplomatische Einsicht und Überlegenheit ausschlaggebend. »Manche, die sonst tief unter ihm standen, mochten ihn an Kenntnissen und an erworbener Geschicklichkeit übertreffen«, so hat Ernst Moritz Arndt aus intimer Kenntnis Steins und der Zeitverhältnisse nach vielen Jahren geschrieben, »aber es war ein Etwas in diesem Geist, etwas Unbeschreibliches und nur Andeutbares: Stein war in jedem Augenblick ganz und voll, was er war, er hatte in jedem Augenblick sein Geräth und Waffen immer fertig, ganz und voll immer bei sich.« Die rastlose Arbeit der folgenden Monate galt dem Wiederaufbau des Staates durch ein umfassendes politisches Erziehungsprogramm, dessen Herzstück in dem Aufbau des Staatslebens von der Selbstverwaltung der Gemeinden her bestand. Zu den großen Denkschriften, in denen der Geist dieser Reform seine programmatische Darstellung gefunden hat, gehört die Niederschrift, die Stein im Sommer des katastrophenreichen Jahres 1807 in unfreiwilliger Muße in Nassau ausgearbeitet hat (die sogenannte Nassauer Denkschrift, Juni 1807). Sie ist erfüllt von dem Gedanken, den »Gemeingeist« wieder zu beleben durch den Anteil der Nation an der Geschäftsführung der öffentlichen Angelegenheiten. Mit diesem Plan sind aufs engste die Erwägungen über die Bildung einer Behörde verbunden, die als »Vereinigungspunkt« der verschiedenen Verwaltungszweige nicht nur die Zentralverwaltung reformieren und modernisieren, sondern auch die königliche Kabinettsregierung beseitigen sollte. Beides ging Hand in Hand und war seit Jahren bereits erörtert worden. Die Denkschrift Steins greift selbst von Fall zu Fall auf die Reformpraxis des Ancien régime zurück. Die neue Gesellschaft, der Stein den Weg im Dienste der »Befreiung« im weitesten Sinn (und mit ihr Preußen und Deutschland) ebnen wollte, sollte gegenüber dem obrigkeitlichen Reglement zur Selbständigkeit und damit zur Selbstverwaltung erzogen werden. Stärker als bisher sollte der »Eigentümer« an das Vaterland gebunden, ja seine Initiative vielfach überhaupt erst geweckt werden. Verweigert man einer Nation alles Mitwirken an ihren eigenen »National- und Kommunalangelegenheiten«, so entstehen, wie Stein meinte, Mißmut und Unwillen, die entweder auf mannigfaltige schädliche Art ausbrechen oder durch gewaltsame, den Geist lähmende Maßregeln unterdrückt werden müssen. Bezeichnenderweise enthalten seine Pläne für die Bildung der Provinzialbehörden sein Hauptanliegen, weil in ihnen seine ständischen Ideen mit den nationalpädagogischen, moralischen und politischen Motiven seiner Gedanken sich verbinden. Noch deutlicher wird, was Stein meint, wenn er sagt, daß es die wichtigste Aufgabe zweckmäßig gebildeter Stände sei, »die Regierung durch die Kenntnisse und das Ansehen aller gebildeter Klassen zu verstärken, sie alle durch Überzeugung, Theilnahme und Mitwirkung bei den Nationalangelegenheiten an den Staat zu knüpfen, den Kräften der Nation eine freie Thätigkeit und eine Richtung auf das Gemeinnützige zu geben«. An die Stelle von »müßigem, sinnlichem Genuß«, »leeren Hirngespinsten der Metaphysik« und »von Verfolgung bloß eigennütziger Zwecke« soll die Belebung des Gemeingeistes und Bürgersinnes treten. Einklang zwischen dem Geist der Nation und den Staatsbehörden, Wiederbelebung der Gefühle für Vaterland, Selbständigkeit und Nationalehre ist das Ziel seiner Reformgedanken, ein lebendiger, feststrebender, schaffender Geist soll an die Stelle von Formelkram und Dienstmechanismus treten. Man hat mit Recht gefragt, ob dem Plan überhaupt die Leistungsfähigkeit der vorgeschlagenen Mittel entspreche, ja, die Frage erhebt sich, was für Menschen Stein eigentlich voraussetzte, denen er die politische Betätigung ermöglichen, die er politisch erziehen wollte. Seine Reformpläne gehen von dem Mythos eines »freien Eigentümers« aus, der in Gemeinde, Kreis und Provinz in gemeinnütziger Tätigkeit wirkt: eine Idealvorstellung bürgerlicher Friedensordnung, die sich von langer Hand her bei Stein gebildet hatte und die, in den bewegten Wochen des Tilsiter Friedens voll entwickelt, in einem merkwürdigen Kontrast zu den Tagesereignissen und ihren drängenden Aufgaben stand.

Daß von einer solchen Idealvorstellung in der Denkschrift, die Hardenberg auf Befehl des Königs über die Reorganisation des preußischen Staates in denselben Monaten ausgearbeitet hat (September 1807), keine Rede ist, gibt der sogenannten »Rigaer Denkschrift« ihre praktisch-politische, diplomatische Bedeutung. In ihr äußert sich nicht allein ein hervorragender Verwaltungsfachmann, sondern auch ein erfahrener Kenner der auswärtigen Politik und gewiß auch, wie bei Stein, ein Gegner der Französischen Revolution, jedoch nie verleugnend, daß der Verfasser auch aus dem Geiste der Aufklärung lebte. Nicht nur seiner ganzen Lebensart nach war Hardenberg ein Grandseigneur des Ancien régime, sondern er dachte politisch ausschließlich vom Staat her; Steins Reichserneuerungsplänen stand er kühl gegenüber. Allerdings gingen auch die politischen Grundgedanken Hardenbergs im Spätsommer 1807 von der Aufgabe aus, sich gegenüber Napoleon zu behaupten, sie konzentrierten sich bezeichnenderweise aber auf die außenpolitischen Fragen, alles übrige, das Allgemeine und das Innenpolitische, übernahm Hardenberg in elastischer Anpassung aus der von ihm erbetenen Denkschrift seines Mitarbeiters Altenstein. Beide Denkschriften zusammengenommen, meinte Ranke, enthalten »gleichsam eine öffentlich und praktisch gewordene Philosophie des Gemeinwesens, von der man das Heil erwartete«. Die Revolution habe den Franzosen einen ganz neuen Schwung gegeben, schlafende Kräfte geweckt, veraltete Vorurteile und Gebrechen zerstört, nicht zuletzt auch die Benachbarten und Überwundenen mit dem Strom fortgerissen. Durch Festhalten am Alten und durch strenge Verfolgung der revolutionären Grundsätze habe man die Revolution nicht aufgehalten, sondern gefördert. Der Staat, der diese Grundsätze nicht annimmt, müsse entweder seinem Untergang oder deren erzwungener Annahme entgegensehen, ja, sogar der Despotismus Napoleons befolge in vielen wesentlichen Dingen jene Grundsätze. Ziel der preußischen Politik habe eine Revolution im guten Sinne zu sein: »Demokratische Grundsätze in einer monarchischen Regierung: dieses scheint mir«, schreibt Hardenberg dem König, »die angemessene Form für den gegenwärtigen Zeitgeist. Die reine Demokratie müssen wir noch dem Jahre 2440 überlassen, wenn sie anders je für den Menschen gemacht ist.« Mit eben der Kraft und Konsequenz, mit der Napoleon das französische revolutionäre System verfolge, müsse die preußische Politik das Ihrige für alles Gute, Schöne, Moralische verfolgen, für dieses alles, was gut und edel ist, zu verbinden trachten. Ein solcher Bund – ähnlich dem der Jakobiner, nur nicht im Zweck und in der Anwendung verbrecherischer Mittel, und Preußen dann an seiner Spitze –, ein solcher Bund könnte die größten Wirkungen hervorrufen und wäre für dieses die mächtigste Allianz. »Man schreite mutig fort und räume jedes Hindernis weg mit mächtiger Hand.« Nie könne, wie Hardenberg dem zaghaften König nahelegt, der Zeitpunkt günstiger sein. Hardenberg identifiziert sich ausdrücklich mit dem Hauptgrundsatz Altensteins: »Möglichste Freiheit und Gleichheit«, das meine jedoch »nicht die regellose, mit Recht verschriene, die die blutigen Ungeheuer der Französischen Revolution zum Deckmantel ihrer Verbrechen brauchten oder mit fanatischer Wut statt der *wahren, im gebildeten gesellschaftlichen Zustande möglichen*, ergriffen, sondern *nur diese* nach weisen Gesetzen eines monarchischen Staates, die die natürliche Freiheit und

Gleichheit der Staatsbürger nicht mehr beschränken, als es die Stufe ihrer Kultur und ihr eigenes Wohl erfordern.« Hardenberg empfiehlt nicht einen egalitären Nationalismus, aber es scheint ihm doch weise zu sein, die Einheit des preußischen Staates zu verstärken, dem Ganzen »einen einzigen Nationalcharakter« zu geben. »Der ganze Staat heiße künftig Preußen.« Er ist davon überzeugt und sagt es dem König in einem einzigen eindringlichen Satz: »Daß nur eine Radikalkur unserer Verfassung dem Staate wieder neues Leben geben und ihm solches erhalten könne.« Zeit sei nicht zu verlieren; auch die angeblichen ständischen Rechte oder andere Hindernisse seien rasch und fest zu bekämpfen.

Alle diese Reformvorschläge und politischen Empfehlungen müssen jedoch im Zusammenhang mit der brutalen Tatsache gesehen werden, daß Selbständigkeit und Unabhängigkeit für die preußische Politik damals leere Namen waren. Deswegen Hardenbergs Fragen, auf die es ankomme und deren Beantwortung nicht leicht sei: wie erreichen wir wieder den Zustand der Selbständigkeit und Unabhängigkeit, wie vermeiden wir andererseits noch schlimmere Abhängigkeit? Es ist unmöglich, Rezepte zur Erfüllung dieser Aufgaben zu geben, die »Mobilität der Verhältnisse in der Politik« spreche dagegen. Aber einige Grundsätze ließen sich doch nennen, welche die preußische Politik in der katastrophalen Lage des Staates befolgen sollte: alles ist auf Schnelligkeit, Wendigkeit, Bereitschaft in dem schnellen Wechsel der Verhältnisse abzustellen. »Man sei unaufhaltsam tätig und strebe vorwärts, soweit man kann.« Man nähre ja nicht den Wahn, neutral bleiben zu können. Diese Politik passe nicht für Preußens Lage, wie sich verhängnisvoll genug gezeigt habe, überhaupt zeige man Charakter. Dieser müsse dem Staat wieder aufhelfen, so wie dessen Mangel ihn gestürzt habe. Aufs allersorgfältigste vermeide man in der gegenwärtigen Lage alle Verwicklungen, denn Zeit zu gewinnen, um sich zu stärken, müsse das Ziel der preußischen Politik sein. Mit größter Vorsicht stelle man sich in dieser noch so unsicheren Lage zu Napoleon; Schmeicheleien seien unter allen Umständen zu vermeiden, Preußen habe sich Frankreich nicht zu nähern, es müsse sich von ihm suchen lassen und vermeiden, daß Napoleon Preußen dazu zwinge, unter seinen Fahnen zu kämpfen. Völlig falsch wäre es, dem Rheinbund beizutreten, das hieße nur die Abhängigkeit, die man loswerden wolle, noch steigern. Man regele seine Sprache sorgfältig: weder in Richtung der Anerkennung noch der Ablehnung des französischen Systems gehe man zu weit. Beides hieße Napoleon durch Mißtrauen herausfordern.

Rußlands Nachbarschaft und Macht müsse Preußen immer scheuen und schonen, es müsse trotz aller Enttäuschungen an der Allianz mit Rußland festhalten, sich Rußlands als Stütze gegen Frankreich und als Vermittler bedienen und es fortgesetzt über die preußischen Interessen orientieren. Auch gegenüber Österreich müsse die preußische Politik über alle bitteren Erfahrungen hinweg die Verbindungen pflegen und sich ihnen anschließen, genauso wie an England. Österreich, England und die anderen kleineren Mächte könnten eines Tages Europa noch einmal von der Napoleonischen Herrschaft befreien. Österreich, England und Preußen gehören nach Hardenbergs Urteil zusammen, ja, die Pflege guter politischer und wirtschaftlicher Beziehungen zu England sei für Preußen von äußerster Wichtigkeit. Im Gegensatz zu aller sittlichen Entrüstung und ohne moralisches Pathos empfiehlt Hardenberg dem König eine »politique pure et simple«, preußische Staatspolitik im Verhältnis zu dem Eroberer und Diktator und zugleich einen Um- und Neubau im Innern, eine »Revolution von oben«, um die »Revolution von unten« nicht nur aufzufangen, sondern zu überspielen, letzten Endes: um Napoleon Schach bieten zu können.

Der innere Neubau des preußischen Staates stand von vornherein unter dem Gesichtspunkt seiner außenpolitischen Wirkung: daß andere Staaten durch die vorbildliche, dem Zeitgeist wahrhaft entsprechende innere Verfassung in Preußen elektrisiert würden und so der Weg zur Befreiung sich öffne. In der neuen Gesellschaftsordnung sollte der Adel nicht abgeschafft, aber seine Bevorzugung sollte ihm entzogen werden. Er habe nicht mehr Ehre als andere Stände, die Ehre müsse vielmehr Gemeingut aller sein, dazu gehöre die Aufhebung der Abgabenfreiheit des Adels und der Bestimmung, daß Rittergüter nur im Besitz von Adligen sein dürften. Der wahre Adel, das sei der Bürgerstand, erklärte Theodor von Schön im Sinne dieser Reformgedanken. Die Erbuntertänigkeit auf adligen Gütern bezeichnete Altenstein als Schandfleck. In der königlichen Immediatkommission erklärte Schön, der Schüler Kants, daß sie geradezu eine Ungerechtigkeit sei, »kraft deren man einen Mituntertan eines Staates, ein vernünftiges Wesen bloß deshalb, weil es auf dieser oder jener Scholle geboren sei, hindern wolle, seine Kräfte zu seinem Besten auf eine dem Staate nicht nachteilige Weise anzuwenden«. Die umgehende Aufhebung der Erbuntertänigkeit war neben den grundsätzlichen Erwägungen aber auch von dem politischen Interesse mitbestimmt, Napoleon den »Beifall der Menge« zu entziehen. Der Kaiser hatte seinem Bruder Jérôme im Königreich Westfalen (wie schon in anderem Zusammenhang erwähnt worden ist) die Aufhebung mit dem Hinweis begründet, daß diese sozialrevolutionäre Veranlassung eine bessere Barriere gegenüber den Monarchien Mittel- und Osteuropas sei als die Elbe. Bereits im August 1807 hatte der König die Vorlage eines Entwurfs zu einem entsprechenden Gesetz gefordert.

Die gesetzlich zu regelnde Emanzipation aus der bisherigen Gesellschaftsordnung sollte auch auf das Leben in den Städten ausgedehnt werden. Jedem müsse, wie Altenstein sagte, der möglichst freie Gebrauch seiner persönlichen Kräfte, seines Kapitals, seiner Hände, seines Kopfes, ohne Beeinträchtigung eines Dritten, gestattet werden. Die Zunftverfassung der Gewerbe hindere die Ausbildung des Handwerks. Sie halte am Althergebrachten fest und sei nicht imstande, sich den neuen Anforderungen von Handel und Gewerbe anzupassen. Die moderne Arbeitsteilung sei aber zu einer Lebensfrage für die Zünfte geworden. Alles müsse abgebaut und aufgehoben werden, was als »Polster der Trägheit« dienen könne. Es war ganz im Geiste des modernen Leistungsdenkens, wenn jetzt auch alle Pfründen ohne Dienstleistung abgeschafft werden sollten, sofern sie nicht Belohnungen waren. Es war ebenso vom Geiste des »Allgemeinen Landrechts«, wenn die Arbeit als Bedingung des Lebens im Staate erklärt wurde. Die höchsten Zwecke der Gesellschaft und des Staates, auf welche die allgemeine Tätigkeit gerichtet sein soll, sind die Ideale der Menschheit, moralischer, intellektueller, sozialer Art.

Zu der allgemeinen Regeneration des preußischen Staates gehörte auch, daß die Armee aus ihrer isolierten Existenz im Staate herausgerissen und als Kraftäußerung der Nation nach außen im engsten Zusammenhang mit dem öffentlichen Leben stehen sollte. Die Forderung Hardenbergs nach Bildung einer Nation, eines Gesamtstaates, der Preußen heißen und im Bewußtsein der Bürger als Ganzes leben sollte, führte zu dem Gedanken einer Nationalrepräsentation für das ganze Preußen. Die Autorität des Königs sollte durch eine Repräsentation des Staatsvolkes nicht berührt werden, es war nicht der Gedanke an eine verfassunggebende Nationalversammlung, es war vielmehr Hardenbergs Plan, daß den Kreisvorstehern, den Verwaltungskammern, den Ministern, ja sogar dem König selbst »Repräsentanten« als Berater beigegeben werden sollten; ähnlich war der Plan für die Finanzverwaltung. Das alles zielte nicht auf die Bildung eines Verfassungsstaates, sondern war als umfassende Umbildung der Staatsverwaltung gedacht. Die Leitung des Staates sollte in der Hand eines Staatsmannes von höchster Begabung und Einsicht liegen, gegebenenfalls auch bei einem Staatsrat, der kollegialisch die Geschäfte führe. Die Pläne enthielten, in Hardenbergs Interpretation, die Idee, daß an der Spitze der Verwaltung, den König beratend, für die Ausführung der königlichen Befehle sorgend, ein Premierminister stehen sollte, der als »Staatskanzler«, nicht nur als Ministerpräsident aus dem Kreis der Ressortminister hervorrage.

Nach den vorbereitenden Beratungen der Immediatkommission, die Friedrich Wilhelm III. zur Reorganisation des durch den Tilsiter Frieden verstümmelten Preußens berufen hatte, begann mit Steins Ministerium 1807/08 die praktische Reformarbeit, die in den wenigen Jahren bis 1814/15 dem preußischen Staat eine neue Form geben sollte. Neben den Militärs sind die Mitarbeiter und Mitträger der Stein-Hardenbergschen Reform überwiegend Ministerialbeamte gewesen, die in der inneren und in der Finanzverwaltung standen; aus der Diplomatie kamen die wenigsten. Hardenberg hatte Erfahrung und Ansehen als Verwaltungsfachmann und als Leiter des Auswärtigen Amtes gewonnen. Das gab dem Staatskanzler seit 1810 eine besondere Stellung, die in der preußischen Verwaltungs- und Verfassungsgeschichte einmalig gewesen ist. Die politische Vorrangstellung des Beamtentums in Preußen/Deutschland beruht, wie mit Recht hervorgehoben worden ist, zum großen Teil auf den außerordentlichen Leistungen des Reformbeamtentums für Staat und Gesellschaft. Daß die Wahl des leitenden Ministers nach dem Tilsiter Frieden auf Stein fiel, hatte neben seinem persönlichen Rang natürlich auch sachliche Gründe. Es empfahl sich, in diesen kritischen Zeiten einen Kenner der finanziellen Fragen zu berufen, die neben den politischen nach dem Friedensschluß mit im Vordergrund standen. Wie eng gerade auch für Stein die preußischen mit den deutschen Interessen zusammengehörten, hat er selbst ausdrücklich betont: »Ich habe nur ein Vaterland, das heißt Deutschland, und da ich nach alter Verfassung nur ihm und keinem besonderen Teil desselben angehöre, so bin ich auch nur ihm und nicht einem Teil desselben von ganzem Herzen ergeben.« Das war auch die Gesinnung, mit der Stein im Herbst 1807 in den Mittelpunkt der Geschäfte und der Reformbewegung trat – »unter allen Ministerien Preußens vor Bismarck das großartigste« (Gerhard Ritter).

Stein fand bereits eine dem König unmittelbar unterstellte Kommission für die Reform der Zivilverwaltung und eine militärische Reorganisationskommission unter Scharnhorsts Leitung an der Arbeit. Er übernahm die Leitung beider Kommissionen und wurde Vorsitzender der Kommission für die Zivilverwaltung.

Als Stein dieses Amt übernahm, waren die Vorarbeiten für die gesetzliche Befreiung der Bauern schon so weit gediehen, daß wenige Tage nach seiner Ernennung, allerdings mit

Steins Zustimmung und unter seiner Verantwortung, am 9. Oktober 1807 das berühmte sogenannte »Oktoberedikt« publiziert werden konnte, das die Reihe der großen Reformgesetze eröffnete. Das Gesetz, »den erleichterten Besitz und freien Gebrauch des Grundeigentums sowie die persönlichen Verhältnisse der Landbewohner betreffend«, veränderte die soziale Grundlage des preußischen Staates. Allerdings ist daran zu erinnern, daß das Oktoberedikt die agrarischen Reformen fortsetzte, die vor 1806 auf den Domänen durchgeführt worden waren. Jetzt wurde die Bauernbefreiung auf den Rittergütern auf dem Wege des Gesetzes verordnet, das heißt, die persönliche Freiheit der Bauern, während die Regulierung der Besitz- und Dienstverhältnisse (die Schaffung des freien bäuerlichen Eigentums) späteren Anordnungen vorbehalten blieb. Die Gutsbesitzer waren vielfach wirtschaftlich ruiniert und häufig nicht mehr imstande, den gesetzlichen Bauernschutz aufrechtzuerhalten.

Zur Überwindung der wirtschaftlichen Notlage schien die Befreiung der Bauern, die nun zu eigenen Herren auf ihren Höfen wurden, und die Erlaubnis des Verkaufs der Rittergüter an Bürgerliche zu gehören. Daß der Bauernschutz durch das Edikt aufgehoben wurde, gab nicht nur den Grundbesitz und die Berufswahl frei, sondern beseitigte auch den Schutz, der vorher verhindert hatte, daß die Rittergüter Bauernhöfe einzogen und nicht mehr mit Bauern besetzten. Gegen diese Regelung hat Stein bezeichnenderweise Einspruch erhoben: er war gegen die uneingeschränkte Aufhebung des Bauernschutzes. Er verlangte außerdem, daß das Gesetz nicht nur für Ostpreußen, sondern für alle anderen preußischen Gebiete gelten sollte. Weitere Reformen, die das gewerbliche Leben betreffen sollten, Steuer- und Wirtschaftsreformen, traten unter dem harten Zwang der Kontributionen noch zurück, aber die Reorganisation der Armee enthielt mit dem Offiziersreglement vom 6. August 1808, der Beseitigung der ausländischen Werbung und der Änderung der militärischen Strafen nicht weniger einschneidende Veränderungen der Gesellschaft. Daß jetzt statt adliger Geburt Kenntnisse und Bildung oder Tapferkeit und hervorragende Bewährung Voraussetzung der Ernennung zum Offizier waren, daß Offiziersprüfung und Vorschlagsrecht der Offiziere eines Regimentes zulsammengehören sollten, zeigt an einer entscheidend wichtigen Stelle den tiefgreifenden sozia en Wandel durch die Reformen. In dem preußischen Heer sollte künftig »jeder Unterthan des Staats ohne Unterschied der Geburt zum Königsdienst verpflichtet werden«. Gegen die Allgemeine Wehrpflicht, wie sie dann 1814 gesetzlich eingeführt wurde, hatte der König Bedenken. Unter den verschiedensten Gesichtspunkten sind damals die Fragen der Reorganisation des Heeres erörtert worden, ohne daß man in diesen Fragen zu einer gesetzlichen Regelung vorgedrungen wäre.

Aus dem dritten großen Bereich der Reformen, der Einführung der Selbstverwaltung, Steins zentralem Interessengebiet, ist nur die vielgenannte und gerühmte Städteordnung fertig geworden, ein Teilstück aus Steins großem nationalpolitischem Erziehungsplan (Gesetz vom 19. November 1808). Der grundlegende Gedanke war, daß das bezahlte Berufsbeamtentum von den Ministern nur bis in die Provinzialbehörden reichen, während ihm von unten eine »Zone der Selbstverwaltung« entgegendrängen sollte. Diese war als Grundlage und Schule der Erfahrung für Provinzialstände und Nationalrepräsentation gedacht. Neben der Städteordnung war eine allgemeine Landgemeindeordnung geplant, die nicht zustande kam, während die kreisständische Verfassung vorerst unverändert blieb.

Die bürokratische Überwachung der Stadtgemeinde durch den königlichen Steuerrat wurde aufgehoben und die städtische Verwaltung den städtischen Behörden übertragen. Gleichzeitig wurden die Stadtgerichte verstaatlicht und in größeren Städten auch die Polizei. Eine für Steins Anschauung vom Wesen der Selbstverwaltung höchst charakteristische Bestimmung war, daß man das Bürgerrecht als Einwohner einer Stadt nicht ohne weiteres besaß, wie man auch nicht ohne weiteres zur Wahl der städtischen Ämter zugelassen werden konnte. Vorbedingung für den Erwerb der Bürgerrechte war der Besitz (an städtischen Grundstücken) und selbständige gewerbliche Tätigkeit; das Wahlrecht war an einen bestimmten Zensus gebunden (hundertfünfzig bis zweihundert Taler jährliches Einkommen). Die Stadtverwaltung lag in den Händen des Magistrats, der von den Stadtverordneten auf sechs bis zwölf Jahre gewählt und aus besoldeten und unbesoldeten Stadträten zusammengesetzt war und der Kontrolle der Stadtverordnetenversammlung unterlag. Diese, ihrerseits von den Bürgern gewählt, hatte Steuerbewilligungsrechte. In den größeren Städten behielt sich der Staat vor, Oberbürgermeister zu ernennen, die von den Städten präsentiert werden mußten. Aus der politischen Pädagogik der Reformer stammte auch die Idee der aus einfachen Bürgern, Stadtverordneten und Magistratsmitgliedern gebildeten sogenannten »gemischten Deputationen« für Schul-, Bau- und Finanzfragen. Um die Freiheit der Meinungsbildung zu sichern, sollten die Stadtverordneten (in wörtlicher Anlehnung an die liberale französische Verfassung von 1791) nicht an Weisungen gebunden sein.

Nicht mehr in Steins Amtszeit fiel das »Publikandum« vom 16. Dezember 1808, das die kollegialische Neuordnung der Ministerialbehörden einführte, an ihrer Spitze ein Staatsministerium von fünf Ministern, der »Staatsrat« aus der Nassauer Denkschrift. Auch die Provinzialverwaltung wurde durch Gesetz vom 26. Dezember 1808 kollegialisch umgebildet, gleichzeitig wurde der »Polizeistaat« durch die Trennung von Justiz und Verwaltung endgültig durch die Einrichtung der »Regierungen« und der Oberlandesgerichte zum »Rechtsstaat« weiterentwickelt.

Zum Ehrentitel der preußischen Reformen gehört schließlich auch die Bildungsreform, die zunächst in der Sektion für Kultus und Unterricht als Abteilung des Innenministeriums unter Humboldt einen Mittelpunkt in der Behördenorganisation erhielt. Mit der Gründung der Berliner Universität wurde eine neue Epoche der deutschen Bildungsgeschichte eröffnet. Mit einigen der berühmtesten Gelehrten ihrer Zeit, mit Schleiermacher, Savigny, Friedrich August Wolf, Fichte, und mit zweihundertsechsundfünfzig Studenten eröffnete sie im Wintersemester 1810/11 ihren Lehrbetrieb. Im Jahre 1811 begannen Breslau, 1818 Bonn, nach dem Vorbild der Berliner Universität eingerichtet, ihre Ruhmesgeschichte.

Es ist von jeher darauf hingewiesen worden, was es bedeutete, daß die Berliner Universität unter der französischen Fremdherrschaft eröffnet worden ist: sie trat bewußt in der großen geistigen Auseinandersetzung mit der Französischen Revolution in die vorderste Linie. Im Winter 1807/08 hatte Fichte seine »Reden« gehalten, die mit der Adresse »an die deutsche Nation« erkennen ließen, in welchem Horizont die »Befreiung« hier auch philosophisch vorbereitet wurde, während der Kreis der Reformer in Ostpreußen nicht ohne die

Kantische Rechts- und Staatsphilosophie zu denken ist. Doch der Tiefsinn oder die Abstraktionen der Philosophen umfaßten nicht den Reichtum der Reformgedanken und die mühsame Arbeit des politischen Alltags; denn diese stand immer im Vordergrund, dafür sorgte der Druck der Kontributionen, die Last der Zahlungstermine. An der Meisterung dieser Aufgaben mußten sich alle bewähren, in ihrer praktischen Bewältigung liegen die geschichtliche Bedeutung und der Glanz dieser schweren Jahre.

Unter diesen schwierigen Umständen gelang es den Nachfolgern Steins zunächst nicht, die Reform zu fördern, bis schließlich Hardenberg die Leitung der preußischen Politik und Staatsverwaltung übernahm (und bis zu seinem Tode 1822 behielt). Im Gegensatz zu Steins kollegialischem Staatsministerium schob Hardenbergs Stellung als Staatskanzler die kollegialische Geschäftsführung beiseite. Durch seine Immediatsstellung, die sich in den meist persönlichen Vorträgen Hardenbergs vor dem König zeigte, war er aus dem Ministerkollegium herausgehoben. Um so mehr kam es darauf an, in welchem Sinne diese Stellung für die Fortführung der Reform des Staates im Innern und für die Wiedergewinnung seiner Selbständigkeit und Unabhängigkeit nach außen benutzt wurde.

Die zwölf Jahre, in denen der Staatskanzler die preußische Politik leitete, dienten der Vorbereitung der Befreiung und der Konstituierung einer neuen europäischen Friedensordnung, sie sind aber auch für die Geschichte der seit 1807 im Gange befindlichen Reformen wichtig geworden. Obwohl er deren Ende als Kanzler politisch überlebt hat und zusehen mußte, wie sich einige der hervorragendsten Reformer aus der Regierung zurückzogen, hat er bis zuletzt gegen die »Restauration«, die nach der Niederwerfung Napoleons vordrang oder vorzudringen versuchte, an den Grundgedanken modernen staatlichen und wirtschaftlichen Lebens festgehalten, wie sie in den Kreisen der Reformer entwickelt worden waren – wenn auch in der ihm eigenen Färbung und Brechung. So haben im 19. Jahrhundert die Reformen in seiner Prägung weitergewirkt. Dem großen nationalpolitischen Erziehungsprogramm Steins hat Hardenberg von vornherein seinem ganzen Wesen nach ferngestanden; er stand Montgelas näher als Stein. Wenn auch er den Gedanken einer nationalen Repräsentation verfolgte, so war doch, anders als bei Stein, der Staat in einer zentralisierten, »aufgeklärten« Beamtenherrschaft konzentriert, welche die aus den Bindungen vergangener Zeiten befreiten sozialen Entwicklungen von Staats wegen zu leiten oder zu fördern hatte. Was er in dieser Richtung für das innere Leben des preußischen Staates bedeutet hat, wurde nach seinem Tode sichtbar, als die Anregungen aus der Zentrale ausblieben und die geschickte Handhabung der Verwaltung aufhörte. Hardenbergs besondere Fähigkeiten lagen in der diplomatischen Kunst der Menschenbehandlung, der Anpassung an die wechselnden Verhältnisse, so daß man in seiner nächsten Umgebung sagen konnte, er habe »stets der allmächtigen Stunde gehorcht«. Aber er konnte warten, ohne das Ziel aus den Augen zu verlieren; dazu gehöre mehr Mut, als einer Batterie entgegenzugehen, wie der Staatskanzler selbst meinte. Er war frei von ideolo-

---

Die Aufhebung der Leibeigenschaft
Edikt des Freiherrn vom Stein. Erstdruck 1807
Ehem. Preuß. Geh. Staatsarchiv, heute: Deutsches Zentralarchiv, Abt. Merseburg

Edict

den

erleichterten Besitz

und

den freien Gebrauch des Grund-Eigenthums,

so wie die persönlichen Verhältnisse

der

Land-Bewohner

betreffend.

Memel, den 9ten October 1807.

Königsberg,

gedruckt in der Königl. Preuß. Hartungschen Hof-Buchdruckerey.

Wir Friedrich Wilhelm, von Gottes Gnaden König von Preußen 2c. 2c.

Thun kund und fügen hiermit zu wißen. Nach eingetretenem Frieden hat Uns die Vorsorge für den gesunkenen Wohlstand Unsree getreuen Unterthanen, deßen baldigste Wiederherstellung und möglichste Erhöhung vor Allem beschäftigt. Wir haben hierbei erwogen, daß es, bei der allgemeinen Noth, die Uns zu Gebot stehenden Mittel übersteige, jedem Einzelnen Hülfe zu verschaffen, ohne den Zweck erfüllen zu können, und daß es eben sowohl den unerlaßlichen Forderungen der Gerechtigkeit, als den Grundsätzen einer wohlgeordneten Staatswirthschaft gemäß sei, Alles zu entfernen, was den Einzelnen bisher hinderte, den Wohlstand zu erlangen, den er nach dem Maas seiner Kräfte zu erreichen fähig war; Wir haben ferner erwogen, daß die vorhandenen Beschränkungen theils in Besitz und Genuß des Grund-Eigenthums, theils in den persönlichen Verhältnißen des Land-Arbeiters Unserer wohlwollenden Absicht vorzüglich entgegen würken, und der Wiederherstellung der Cultur eine große Kraft seiner Thätigkeit entziehen, jene, indem sie auf den Werth des Grund-Eigenthums und den Credit des Grundbesitzers einen höchst schädlichen Einfluß haben, diese, indem sie den Werth der Arbeit verringern. Wir wollen daher beides auf diejenigen Schranken zurückführen, welche das gemeinsame Wohl nöthig macht, und verordnen daher folgendes:

§. I.

Freiheit des Güter-Verkehrs.

Jeder Einwohner Unsrer Staaten ist, ohne alle Einschränkung in Beziehung auf den Staat, zum eigenthümlichen und Pfandbesitz unbeweglicher Grundstücke aller Art berechtigt; der Edelmann also zum Besitz nicht blos adelicher, sondern auch unadelicher, bürgerlicher und bäuerlicher Güter aller Art, und der Bürger und Bauer zum Besitz nicht blos bürgerlicher, bäuerlicher und anderer unadelicher, sondern auch adelicher Grundstücke, ohne daß der eine oder der andere zu irgend einem Güter-Erwerb einer besondern Erlaubniß bedarf, wenn gleich, nach wie vor, jede Besitzveränderung den Behörden angezeigt werden muß. Alle Vorzüge, welche bei Güter-Erbschaften der adeliche vor dem bürgerlichen Erben hatte, und die bisher durch den persönlichen Stand des Besitzers begründete Einschränkung und Suspension gewißer Gutsherrlichen Rechte, fallen gänzlich weg.

In Absicht der Erwerbfähigkeit solcher Einwohner, welche den ganzen Umfang ihrer Bürgerpflichten zu erfüllen, durch Religions-Begriffe verhindert werden, hat es bei den besondern Gesetzen sein Verbleiben.

§. II.

Freie Wahl des Gewerbes.

Jeder Edelmann ist, ohne allen Nachtheil seines Standes, befugt, bür-

ger-

gerliche Gewerbe zu treiben; und jeder Bürger oder Bauer ist berechtigt, aus dem Bauer- in den Bürger- und aus dem Bürger- in den Bauerstand zu treten.

§. III.

Ein gesetzliches Vorkaufs- und Näher-Recht soll fernerhin nur bei Lehns-Ober-Eigenthümern, Erbzinsherrn, Erbverpächtern, Mit-Eigenthümern und da eintreten, wo eine mit andern Grundstücken vermischte oder von ihr umschlossene Besitzung veräussert wird.

In wie fern das gesetzliche Vorkaufs- und Näher-Recht annoch statt findet.

§. IV.

Die Besitzer an sich veräusserlicher Stadtischer und Ländlicher Grundstücke und Güter aller Art, sind nach erfolgter Anzeige bei der Landes-Polizei-Behörde, unter Vorbehalt der Rechte der Real-Gläubiger und der Vorkaufs-Berechtigten (§. III.) zur Trennung der Radicalien und Pertinenzien, so wie überhaupt zur teilweisen Veräusserung, also auch die Mit-Eigenthümer zur Theilung derselben unter sich, berechtiget.

Theilung der Grundstücke.

§. V.

Jeder Grund-Eigenthümer, auch der Lehns- und der Fideicommiß-Besitzer, ist ohne alle Einschränkung, jedoch mit Vorwissen der Landes-Polizei-Behörde, befugt, nicht blos einzelne Bauerhöfe, Krüge, Mühlen und andere Pertinenzien, sondern auch das Vorwerks-Land, ganz oder zum Theil, und in beliebigen Theilen zu vererbpachten, ohne daß dem Lehns-Ober-Eigenthümer, den Fideicommiß- und Lehnsfolgern und den ingrossirten Gläubigern aus irgend einem Grunde ein Widerspruch gestattet wird, wenn nur das Erbstands- oder Einkaufs-Geld zur Tilgung des zuerst ingrossirten Capitals, oder, bei Lehnen und Fideicommißen, in etwaniger Ermangelung ingrossirter Schulden, zu Lehn oder Fideicommiß verwendet, und, in Rücksicht auf die nicht abgelösten Real-Rechte der Hypotheken-Gläubiger, von der Landschaftlichen Credit-Direction der Provinz, oder von der Landes-Polizei-Behörde attestirt wird, daß die Erbverpachtung ihnen unschädlich sey.

Erbverpachtung der Privat-Güter.

§. VI.

Wenn ein Gutsbesitzer meint, die auf einem Gute vorhandenen einzelnen Bauerhöfe oder ländlichen Besitzungen, welche nicht erblich, Erbpacht- oder Erbzinsweise ausgethan sind, nicht wieder herstellen oder erhalten zu können, so ist er verpflichtet, sich deshalb bei der Kammer der Provinz zu melden, mit deren Zustimmung die Zusammenziehung, sowohl mehrerer Höfe in Eine bäuerliche Besitzung, als mit Vorwerks-Grundstücken gestattet werden soll, sobald auf dem Gute keine Erbunterthänigkeit mehr statt findet. Die einzelnen Kammern werden hierüber mit besonderer Instruction versehen werden.

Einziehung und Zusammenschlagung der Bauer-Güter.

§. VII.

Werden die Bauerhöfe aber erblich, Erbpacht- oder Erbzins-Weise besessen, so muß, bevor von deren Einziehung oder einer Veränderung in Absicht der dazu gehörigen Grundstücke die Rede seyn kann, zuerst das Recht des bisherigen Besitzers, sei es durch Veräusserung desselben an die Gutsherrschaft, oder auf einem andern gesetzlichen Wege, erloschen seyn. In diesem Fall treten auch in Absicht solcher Güter die Bestimmungen des §. VI. ein.

§. VIII

§. VIII.

Verschuldung der Lehns- und Fideicommiß-Güter, wegen der Kriegesschäden.

Jeder Lehns- und Fideicommiß-Besitzer ist befugt, die zum Retablissement der Kriegs-Schäden erforderlichen Summen auf die Substanz der Güter selbst, und nicht blos auf die Revenüen derselben, Hypothekarisch aufzunehmen, wenn nur die Verwendung des Geldes von dem Land-Rath des Kreises oder der Departements-Landschafts-Direction attestirt wird. Nach Ablauf dreier Jahre, seit der contrahirten Schuld, ist der Besitzer und sein Nachfolger schuldig, von dem Capital selbst, jährlich wenigstens den funfzehnten Theil abzutragen.

§. IX.

Aufhebung der Lehne, Familien-Stiftungen und Fideicommiße, durch Familien-Schlüsse

Jede, keinem Ober-Eigenthümer unterworfene Lehns-Verbindung, jede Familien- und jede Fideicommiß-Stiftung, kann durch einen Familien-Schluß beliebig abgeändert, oder gänzlich aufgehoben werden, wie solches in Absicht der Ostpreussischen (mit Ausschluß der Ermeländischen) Lehne, bereits im Ostpreussischen Provincial-Recht, Zusatz 56. verordnet ist.

§. X.

Auflösung der Guts-Unterthänigkeit.

Nach dem Datum dieser Verordnung entsteht fernerhin kein Unterthänigkeits-Verhältniß, weder durch Geburt, noch durch Heirath, noch durch Uebernehmung einer unterthänigen Stelle, noch durch Vertrag.

§. XI.

Mit der Publication der gegenwärtigen Verordnung hört das bisherige Unterthänigkeits-Verhältniß derjenigen Unterthanen und ihrer Weiber und Kinder, welche ihre Bauer-Güter erblich oder eigenthümlich, oder Erbzinsweise, oder Erbpächtlich besitzen, wechselseitig gänzlich auf.

§. XII.

Mit dem Martini-Tage Ein tausend Acht hundert und Zehn (1810.) hört alle Guts-Unterthänigkeit in Unsern sämtlichen Staaten auf. Nach dem Martini-Tage 1810. giebt es nur freie Leute, so wie solches auf den Domainen in allen Unsern Provinzen schon der Fall ist, bei denen aber, wie sich von selbst versteht alle Verbindlichkeiten, die ihnen als freien Leuten vermöge des Besitzes eines Grundstücks, oder vermöge eines besondern Vertrages obliegen, in Kraft bleiben.

Nach dieser Unsrer allerhöchsten Willensmeinung hat sich ein Jeder, den es angeht, insonderheit aber Unsre Landes-Collegia und übrigen Behörden genau und pflichtmäßig zu achten, und soll die gegenwärtige Verordnung allgemein bekannt gemacht werden.

Urkundlich unter Unserer höchsteigenhändigen Unterschrift. So geschehen Memel, den 9ten October 1807.

Friedrich Wilhelm.

Schrötter Stein. Schrötter II.

gischen Voreingenommenheiten, überlegen, wohlwollend, durch viele Affären und Schulden nachsichtig, tolerant, bezaubernd durch die Heiterkeit seines Blickes bis ins Alter.

Die dringendste Not des Staates, vor die sich Hardenberg gestellt sah, betraf die finanzielle Überanstrengung unter der Last des Tilsiter Friedens. Der Staatskanzler faßte alle Verpflichtungen des Staates durch ein Gesetz vom Oktober 1810 zu einer einheitlichen Staatsschuld zusammen. Man schreckte nicht vor dem Gedanken zurück, die Mittel zu diesem Zweck durch den Verkauf von Domänen und die Einziehung der geistlichen Güter, besonders in Schlesien, zu beschaffen. Eine Steuerreform wurde vorbereitet, außerdem wurden wirtschaftlich-soziale Reformpläne entwickelt; die von Stein schon vorbereitete Gewerbefreiheit sollte jetzt vollständig eingeführt werden. Zur Vorbereitung der Nationalrepräsentation, wie sie als Ziel der Reformen geplant war, wurde eine »Landesdeputiertenversammlung« aus Notabeln aller Provinzen im Frühjahr 1811 nach Berlin einberufen. In ihr wurde der Widerstand des Adels gegen die Reformpläne jedoch überraschend scharf laut. Der Vorwurf des Rechtsbruches der Regierung führte zu energischen Reaktionen. Gegen die Wortführer der Opposition wurde Anklage wegen Majestätsverbrechen erhoben und die Opponenten kurzerhand auf die Festung nach Spandau gebracht.

Aber nur ein Teil von Hardenbergs Reformplänen ist verwirklicht worden, es blieb vielfach nur bei Ansätzen, die gar nicht oder in ganz anderer Weise Gesetzeskraft erhalten haben. So ist das Regulierungsedikt von 1811 überhaupt nicht zur Durchführung gekommen, sondern erst in einer abgeänderten Form durch die Deklaration aus dem Jahre 1816, die für die Bauern viel ungünstiger gewesen ist, während die wirtschaftliche Freiheit in den Städten mit der Gewährung der Gewerbefreiheit im November 1810 gesetzlich verankert wurde. Für die allgemeine Entwicklung der neuen bürgerlichen Gesellschaftsordnung war von nicht geringerer Bedeutung und sofort heftig umstritten die gesetzliche bürgerliche Gleichstellung der Juden im Frühjahr 1812. Aber nicht nur wegen der inneren Widerstände kamen die Reformen ins Stocken, sondern auch wegen der im Jahre 1812 durch die französisch-russischen Spannungen wieder steigenden Kontributionen. Um der Zwangslage abzuhelfen, wurde 1812 vorübergehend eine Einkommensteuer eingeführt, die bei der Armut des Landes nur knapp ein Fünftel des Voranschlages einbrachte. Unter diesen Umständen ist auch die große Finanzreform dieser Jahre gescheitert.

Als Preußen im Jahre 1813 im Bunde mit Rußland in den Krieg gegen Frankreich eintrat, hatte die Reformgesetzgebung das öffentliche Leben grundlegend verändert. Es waren aber auch Hemmungen verschiedenster Art hervorgetreten, von denen man noch nicht wissen konnte, welche Bedeutung sie in Zukunft haben würden. Für den Kampf der preußischen Reformer mit den Vertretern der Restauration sind dann die Auseinandersetzungen über die Verfassungsfragen entscheidend geworden. Dieser Kampf erfüllte die Jahre zwischen 1815 und 1819 und entzündete sich auf dem Wiener Kongreß bei der Regelung der Deutschen Frage an dem rechtsverbindlichen Versprechen des Königs für eine schriftliche Verfassung mit repräsentativen Einrichtungen, das Hardenberg empfohlen hatte. Aus den Provinzialständen sollte die Landesrepräsentation hervorgehen, die für die gesamte Gesetzgebung jedoch nur beratende, nicht beschließende Zuständigkeit erhalten sollte. Das Versprechen entsprach der Idee der Nationalrepräsentation der Rigaer Denkschrift Hardenbergs vom Herbst 1807, die als Abschluß und Krönung der Staatserneuerung gedacht war. Es ist deshalb eben nicht zufällig, daß um die Erfüllung dieses Versprechens so erbittert gerungen wurde und daß sein Bruch mit dem Ende der Reformzeit zusammenfällt. »Unselig« hat Treitschke das Versprechen von 1815 genannt. Man hat dagegen mit Recht eingewandt, daß es so unselig nur gewesen sei, weil es nicht eingelöst wurde. Mit der Interpretation der königlichen Zusage als eines Aktes einseitiger königlicher Rechtssetzung haben die Gegner der Nationalrepräsentation dem Versprechen seinen Charakter als »unwiderrufliche Selbstbindung der monarchischen Vollgewalt« (E.R.Huber) zu nehmen verstanden. Es stellte sich infolge des königlichen Verfassungsversprechens sehr schnell heraus, daß nicht nur fast alle Vorarbeiten für seine Erfüllung fehlten, sondern daß sie auch auf den erbitterten Widerstand der Vertreter des alten Ständewesens stieß. Das war von vornherein inmitten der Fülle der Aufgaben, die nach dem Kriegsende das Retablissement der alten Provinzen und die Eingliederung der neuen Gebiete stellte, eine sehr schwierige Lage für die Entwicklung der Verfassungsfrage. Die Landesrepräsentation eines »allgemeinen Landtages« sollte auf den Provinzialständen aufgebaut werden. Das setzte aber die Neuordnung der Provinzialverfassungen voraus und die Lösung so schwieriger und politisch delikater Fragen wie die des Wahlmodus für den allgemeinen Landtag. Direkte Volkswahl für ein Parlament galt damals als Prinzip der demokratischen Revolution und mußte bekämpft werden. Die Französische Revolution mit ihren abschreckenden Erfahrungen machte direkte Wahlen von vornherein unmöglich. In gestuften Wahlgängen, von den Gemeindevertretungen aufsteigend, über Kreis- und Provinzialstände, bis zum allgemeinen Landtag sollte statt dessen in indirektem Wahlverfahren die ständische Repräsentation aufgebaut werden. So wenig wie an direkte Wahlen war an allgemeine und gleiche Wahlen gedacht. Das Wahlrecht sollte nur der durch Grundbesitz und Steuerleistung ausgewiesenen Schicht der Besitzenden zustehen. Aber selbst gegen diese Vorschläge ist die altständisch gesonnene adlige Opposition Sturm gelaufen, der paritätische Anteil des bäuerlichen und bürgerlichen Besitzes in der ständischen Repräsentation schien ihr als Begrenzung ihrer privilegierten Stellung unerträglich; genauso verwarf sie die revolutionäre Zentralisation eines Gesamtlandtages für das einheitliche Königreich. Restaurativ heißt föderativ; seit den Tagen des frühen 18. Jahrhunderts kämpften diese Kreise gegen die Entwicklung Preußens zum Einheitsstaat, nun galt es geradezu als jakobinisch, auf Einheit zu drängen. Hardenberg selbst stand bei den Reformgegnern im Verdacht, ein verkappter Jakobiner zu sein. Jede Art von Zentralisierung und Egalisierung, kurz die moderne Staatsverwaltung, galt den Vertretern der reaktionären Restauration des altständischen Wesens als suspekt und revolutionär – auch das »Allgemeine Landrecht«. Die einzige Sitzung der Verfassungskommission hat unter Hardenbergs Leitung im Juli 1817 stattgefunden.

Die letzte Phase des Kampfes um die Verfassung wurde durch die Ernennung Humboldts zum Minister für ständische Angelegenheiten eingeleitet. Hardenberg selbst entwarf neue Vorschläge für eine landständische Verfassung in Preußen für die Beratungen des Verfassungsausschusses des Staatsrates. Er wiederholte in ihnen im großen und ganzen seine Grundgedanken zum modernen Konstitutionalismus. In eben diesen Monaten spitzte sich der Gegensatz zwischen Hardenberg und Humboldt über die persönliche Gegnerschaft hinaus zum Kampf um die Kanzler- und Ressortzuständigkeit zu. Humboldt hat seinerseits in umfangreichen Denkschriften zu den ständischen Verfassungsplänen Stellung genommen, in denen er scharfe Kritik am Kanzler übte. Eine Verständigung war wohl ausgeschlossen. Die Ministerkrise im Herbst 1819 ist über der Frage der Annahme oder Ablehnung der Karlsbader Beschlüsse zum Ausbruch gekommen. Nachdem die Mehrheit des Staatsministeriums für die Annahme entschieden hatte, schied Humboldt mit dem 1. Januar 1820 aus dem Ministerium aus. Mit ihm traten auch der Justizminister Beyme und der Kriegsminister von Boyen zurück. Das war zunächst ein persönlicher Sieg des Staatskanzlers, aber Hardenberg hatte mit diesen Ministern den Rückhalt gegen die opponierende Restauration im Ministerium verloren. Die Verfassungsbewegung der Reformzeit war mit dem Rücktritt der drei Minister endgültig gescheitert; mit ihm endete die Reformzeit in Preußen. Der krönende Abschluß mißlang, alles brach auseinander, nur Bruchstücke blieben bestehen, die nur im Zusammenhang des Ganzen ihren wahren Sinn hatten und erfüllen konnten.

Der Widerstand der Großmächte gegen das Europa Napoleons

In Tilsit hatte Napoleon eine Grenze für seine expansive Europapolitik im Kampf gegen England anerkennen müssen, als er mit dem Zaren Alexander über eine Teilung ihrer Interessensphären und ihre wechselseitige Unterstützung verhandelte. Mit der Katastrophe in Spanien war der kaiserlichen Politik durch England selbst nicht nur ein Halt geboten worden, sondern der Feind war hier offensiv vorgestoßen: eine denkwürdige Epoche in der Geschichte Napoleons! Die spanische Katastrophe hatte den Widerstand gegen die Napoleonische Herrschaft gestärkt und im Frühjahr 1809 dem Willen zum Widerstand in Österreich zum Durchbruch verholfen. Für Napoleon waren alle diese militärischen Niederlagen politisch höchst gefährlich. Er wußte das selbst sehr genau: »Meine Macht hängt von meinem Ruhm ab, und mein Ruhm von meinen Siegen. Der Sieg hat mich zu dem gemacht, was ich bin, und nur durch Siege kann mir die Macht erhalten bleiben. Eine neugeborene Regierung muß blenden und in Staunen setzen; tut sie das nicht mehr, dann stürzt sie.« Blendete seine Erscheinung noch, setzte sie noch in Erstaunen und bannte sie noch die Kräfte des Widerstandes, als der Kaiser im Januar 1809, Spanien im Aufruhr hinter sich lassend, angesichts eines Zweifrontenkrieges nach Paris zurückeilte, um den Österreichern Schach zu bieten? Würden die Verträge, auf denen sein Verhältnis zu Rußland beruhte, Belastungen aushalten?

Für die Österreicher schien die Stunde gekommen zu sein, in der die Frage, ob sie sich mit dem Frieden von Preßburg, der Niederlage von 1805, abfinden sollten, aktuell wurde: sollten sie, aus dem Reich verdrängt, nicht gerade jetzt auch die Gelegenheit benutzen, die Erregung der deutschen nationalen Opposition gegen die Franzosen mit der österreichischen Politik zu verschmelzen und ihr Ansehen in Deutschland wiederzugewinnen als Vorkämpfer der gemeinsamen deutschen Sache gegen Napoleon? Die Widerstände gegen eine deutschnationale Politik in Wien wurden durch die spanische Erhebung hinweggerissen. Gegen die Franzosen selbst wandte sich jetzt die »levée en masse« der Tiroler, die unmittelbar gegen die »aufgeklärte« bayerische Verwaltung gerichtet war. Auch aus Deutschland, besonders aus den Kreisen der neuen deutschen literarisch-philosophischen und der politisch-nationalen Bewegung, kamen leidenschaftliche Aufrufe zur energischen Befreiungstat. Alle Blicke und Hoffnungen der Patrioten richteten sich damals auf Österreich. Man hat wohl geradezu das Jahr 1809 als den Höhepunkt der deutschen Geschichte Österreichs genannt.

Die Seele der österreichischen Politik in dieser Zeit zwischen 1805 und 1809 war der Außenminister Johann Philipp Graf von Stadion, der wie Metternich aus dem »Reich«, aus Schwaben, stammte. Er plante sogleich nach der Niederlage 1805 (wie die Preußen nach 1807) eine Erhebung Österreichs gegen Napoleon, die alle Deutschen mitreißen sollte. Wie die preußischen Reformer beschäftigte auch ihn der Plan für ein Volksheer. Als die spanische Affäre sich schon kritisch für Napoleon zu entwickeln begann, wurde im Sommer 1808 durch Kaiser Franz eine Landwehr ins Leben gerufen. Dieser Entschluß fand begeisterte Zustimmung. Jetzt hielt Stadion den Augenblick zur Erhebung für gekommen, zumal auch Metternich, damals Botschafter in Paris, auf Bemerkungen Talleyrands hin der Ansicht war, daß das Napoleonische Empire ernsthaft erschüttert sei. Stadion begünstigte die patriotische Bewegung, während in der Hand des Erzherzogs Karl die Reorganisation des Heeres lag. Der Zar, der sich in diesen Monaten mehr und mehr von dem Tilsiter Bündnis zu lösen begann, gab den Österreichern zu verstehen, daß er ihre Vorbereitungen für den offenen Widerstand gegen Napoleon mit Sympathie verfolge. Die Engländer gingen über das Versprechen der finanziellen Unterstützung einer österreichischen Unternehmung nicht hinaus, während Sondierungen in Preußen ohne Erfolg blieben.

Der Einmarsch österreichischer Truppen in Bayern im April 1809 versetzte Napoleon in eine überaus peinliche Lage. Mitte Mai gelang ihm die Besetzung Wiens, aber der Übergang über die Donau bei Aspern (21./22. Mai 1809) mißglückte: die Österreicher hatten unter Erzherzog Karl zum erstenmal im offenen Felde einen militärischen Erfolg über Napoleon errungen. War jetzt der Moment gekommen, in dem die Preußen sich dem gemeinsamen Befreiungskrieg anschließen würden? Voller Hoffnungen verfolgte Stein aus seinem Exil in Brünn die Erhebung Österreichs und die Begeisterung des österreichischen Volkes. Die Niederlage Napoleons bei Aspern dämpfte für kurze Zeit sein Mißtrauen in die Tatkraft des Erzherzogs; er hoffte auf eine große Volkserhebung, die den preußischen König mitreißen sollte. »Soll die Sache der Selbständigkeit und Unabhängigkeit fallen, welchen Wert hat noch das Leben?« (10. Juni 1809). »Alles, was das Gute und Edle liebt, muß sich unter die österreichischen Fahnen sammeln und an dem Todeskampf teilnehmen.« Gneisenau trug sich mit dem Plan, aus dem preußischen Heer auszuscheiden und eine deutsche Legion in Österreich aufzustellen. Major Schill brach zu seinem schnell mißglückten Unternehmen mit seinem Husarenregiment aus Berlin auf. Aber Friedrich Wilhelm III. weigerte sich, seine Zustimmung zu den so heftig diskutierten Erhebungsplänen zu geben.

Österreichischer Aufruf an die bayerischen Soldaten zum Abfall von Napoleon, 1809
München, Stadtarchiv

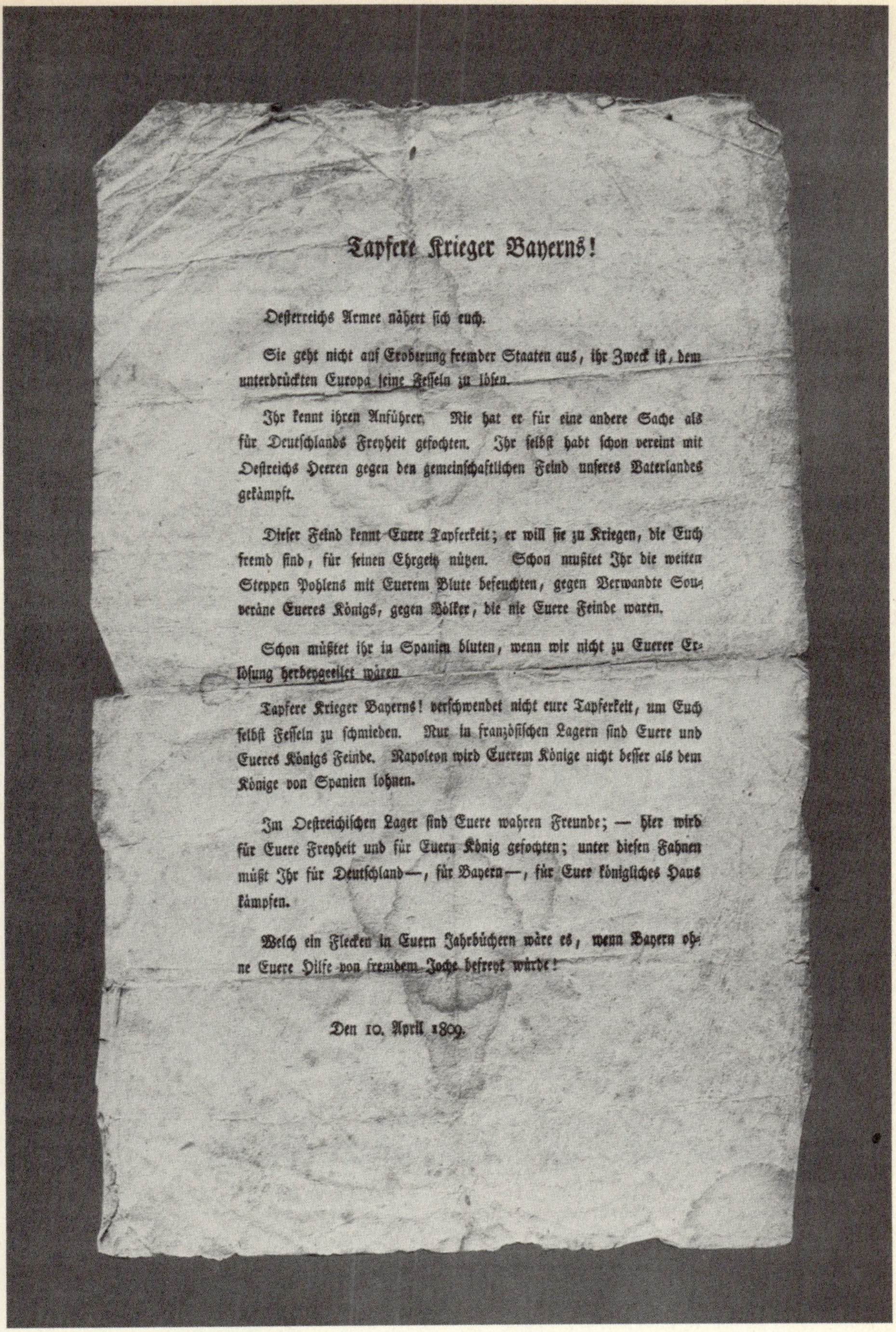

Tapfere Krieger Bayerns!

Oesterreichs Armee nähert sich euch.

Sie geht nicht auf Eroberung fremder Staaten aus, ihr Zweck ist, dem unterdrückten Europa seine Fesseln zu lösen.

Ihr kennt ihren Anführer. Nie hat er für eine andere Sache als für Deutschlands Freyheit gefochten. Ihr selbst habt schon vereint mit Oestreichs Heeren gegen den gemeinschaftlichen Feind unseres Vaterlandes gekämpft.

Dieser Feind kennt Euere Tapferkeit; er will sie zu Kriegen, die Euch fremd sind, für seinen Ehrgeitz nützen. Schon mußtet Ihr die weiten Steppen Pohlens mit Euerem Blute befeuchten, gegen Verwandte Souveräne Eueres Königs, gegen Völker, die nie Euere Feinde waren.

Schon müßtet ihr in Spanien bluten, wenn wir nicht zu Euerer Erlösung herbeygeeilet wären.

Tapfere Krieger Bayerns! verschwendet nicht eure Tapferkeit, um Euch selbst Fesseln zu schmieden. Nur in französischen Lagern sind Euere und Eueres Königs Feinde. Napoleon wird Euerem Könige nicht besser als dem Könige von Spanien lohnen.

Im Oestreichischen Lager sind Euere wahren Freunde; — hier wird für Euere Freyheit und für Euern König gefochten; unter diesen Fahnen müßt Ihr für Deutschland—, für Bayern—, für Euer königliches Haus kämpfen.

Welch ein Flecken in Euern Jahrbüchern wäre es, wenn Bayern ohne Euere Hilfe von fremdem Joche befreyt würde!

Den 10. April 1809.

Die Schlacht von Aspern am 21./22. Mai 1809
Aquarell von Johann Nepomuk Hoechle; die Schlacht durch ein Teleskop gesehen und skizziert
Heutige Bodenfunde auf dem Schlachtfeld und erhaltene Stücke der gleichen Modelle
Wien, Heeresgeschichtliches Museum

Napoleons Sieg über die Österreicher bei Wagram am 5./6. Juli schnitt sämtliche Hoffnungen der Patrioten ab. Ehe sich eine Koalition hatte bilden oder wirksam werden können, hatte der Kaiser die Entscheidung erzwungen. Wenige Tage später boten die Österreicher dem Kaiser den Waffenstillstand an (11. Juli). Der Sieg bei Wagram hatte das napoleonische Kontinentalsystem noch einmal wiederhergestellt, die französisch-russische Allianz aber hatte ihre Bedeutung verloren. Es war der letzte Sieg Napoleons, mit letzten Kräften erkämpft; den in Ordnung zurückweichenden Feind hat der Kaiser nicht mehr verfolgt. »Wir haben keinen einzigen Gefangenen gemacht, keine einzige Fahne erbeutet«, berichtete ein nachdenklicher Teilnehmer der Schlacht.

Als im Herbst ein Attentat auf den Kaiser aufgedeckt wurde, das ein junger Mann in Schönbrunn geplant hatte, entsetzte sich Napoleon über die Entschlossenheit des jungen Deutschen, der ihm beim Verhör ins Gesicht sagte, daß es kein Verbrechen sei, den Kaiser zu töten, sondern eine Pflicht. »Es lebe die Freiheit! Es lebe Deutschland!« waren seine letzten Worte, ehe er erschossen wurde. Der Kaiser konnte diesen Jüngling lange nicht vergessen. »Dieser Unglückliche will mir nicht aus dem Sinn«, erklärte er, »wenn ich an ihn denke, verwirren sich meine Gedanken. Dies geht über mein Verstehen.«

Die Friedensverhandlungen zwischen Frankreich und Österreich wurden durch die polnische Frage kompliziert, durch sie hatten die Russen indirekt Einfluß auf die Verhandlungen, nachdem sie bei der günstigen Gelegenheit im Sommer 1809 eine vertragliche Einwilligung Schwedens für die Abtretung Finnlands durchgesetzt hatten. Jetzt verlangte der Zar von Napoleon die Zusicherung, daß er das Großherzogtum Warschau, in das österreichische Truppen eingerückt waren, nicht wiederherstellen werde. Die Chance, diese Spannungen auszunutzen, war aber für die Österreicher verspielt, als sich Napoleon und der Zar auf Polens Kosten einigten. Im Oktober 1809 kam der Friede in Wien zustande: Kriegsentschädigungen für Frankreich, Verringerung der österreichischen Armee, und nicht zuletzt wurden Österreich auch umfangreiche Gebietsabtretungen (wie Preußen 1807) aufgezwungen, die den alten Kaiserstaat zum Vasallen des Imperators herabdrückten. Österreich verlor Salzburg mit dem Innviertel (an Bayern), die kroatische Küste mit Fiume, Istrien, Triest, Teile von Kärnten, Krain (die dem Empire einverleibt wurden), Lublin und Krakau (an Polen), Tarnopol (an Rußland), schließlich mußte Österreich seine Flottenbasis im Adriatischen Meer abtreten. Graf Stadion mußte aus dem Staatsdienst ausscheiden (wie Hardenberg und Stein in Preußen), an seiner Stelle wurde Metternich, der als österreichischer Botschafter in Paris Napoleon aus nächster Nähe kennengelernt hatte, von Kaiser Franz mit der Leitung der Außenpolitik beauftragt. Er war noch von Kaunitz, dem Kanzler Maria Theresias und Josephs II., in die Geschäfte eingeführt worden, nachdem er, aus rheinischem Adel stammend, Sohn eines kaiserlichen Diplomaten und Statthalters in den österreichischen Niederlanden, in Straßburg und Mainz studiert hatte. Aus Paris siebenunddreißigjährig jetzt in die Zentrale der österreichischen Politik berufen, sehr eitel und sehr klug, umfassend gebildet, ehrgeizig, lebte er in den politischen Traditionen des europäischen Gleichgewichts, die er im bewußten Gegensatz zur Napoleonischen Europapolitik zur Bändigung oder gegebenenfalls auch zur Niederwerfung Napoleons verfolgte. Nach der Katastrophe des Sommers empfahl Metternich, sich an Frankreich anzuschließen. Nach seiner Meinung lag es jetzt in Österreichs Interesse, den Gegensatz zwischen Napoleon und dem Zaren zu vertiefen, ja vielleicht sogar eine französisch-russische Feindschaft zu fördern. Im Dienste dieser Politik standen die österreichisch-französischen Verhandlungen über eine Heirat der Erzherzogin Marie Louise mit dem französischen Kaiser. Diese Anregung von österreichischer Seite griff Napoleon um so lebhafter auf, als es nach seiner vergeblichen Werbung um eine russische Großfürstin eine Genugtuung für ihn war, daß ihm nach seiner Scheidung von Josephine Beauharnais Ende 1809 dieses Angebot gemacht wurde. Die Einigung zwischen Wien und Paris kam im Frühjahr 1810 erstaunlich schnell zustande; ein Jahr später schien mit der Geburt eines Sohnes die Dynastie Bonaparte gesichert zu sein. Metternichs Kalkulation hatte sich als richtig erwiesen, der Zar war über die Orientierung der französischen Politik nach Wien schockiert.

Die politischen Beziehungen zwischen den Großmächten wurden durch die »Kontinentalsperre« immer mehr auch mit wirtschaftlichen Verwicklungen belastet. Im Jahre 1808 hatte sie bereits in England zu einer Wirtschaftskrise geführt; durch die spanische Erhebung und durch die englisch-türkische Annäherung war sie freilich schon bald aufgefangen worden. Wichtiger war allerdings, daß die Krise Englands Handelsbeziehungen zur »Neuen Welt« verstärkt hatte. Auf der anderen Seite war durch das Verbot des Exports der kontinentalen Industrie nach England die Rohstoffeinfuhr nach dem Kontinent verhindert worden und hatte hier zu ernsten Produktionsschwierigkeiten geführt. Damit hing es zusammen, daß die Zolleinnahmen zurückgingen und sich die Einnahmen des Staates verringerten. Es war unumgänglich, den Handel wiederzubeleben. Die französische Wirtschaftspolitik versuchte, sich mit Ausfuhrlizenzen bei gleichzeitiger Einfuhr von lebenswichtigen Produkten oder bei Bezahlung in Gold zu helfen. Der Schmuggelhandel, der sich in Helgoland, Hamburg, Göteborg, Frankfurt am Main und Basel konzentriert hatte, gewann eine steigende Bedeutung und wurde von Napoleon zum Vorteil des kaiserlichen Haushaltes rationalisiert. Auf diese abenteuerliche Weise wurde der Handelsverkehr mit England zu einem französischen Monopol. Kaiserliche Lizenzen regulierten ihn, während den Verbündeten, den Unterworfenen und den Neutralen eine Teilnahme – sogar gesetzlich (Herbst 1810) – verboten war. Der Unwille, wirtschaftlich für Frankreichs Interessen geopfert zu werden, regte sich im ganzen Empire. Napoleon, hieß es, bevorzuge ausschließlich die französische Industrie, anstatt eine europäische Wirtschaft aufzubauen. Zu deren Gunsten habe er die Konkurrenz anderer Volkswirtschaften zerstört und so der französischen Produktion neue Märkte erschlossen. Dieser französische fiskalische Egoismus, der das Kontinentalsystem bestimme, führe zur wirtschaftlichen Unterwerfung der schon politisch Unterworfenen.

Während sich Napoleon durch die Heirat mit der österreichischen Erzherzogin mit der alten europäischen adligen, politischen Führungsschicht zu arrangieren versuchte, geriet er unter dem Druck der wirtschaftlichen Schwierigkeiten in einen Gegensatz zu der neuen bürgerlichen, wirtschaftlichen Führungsschicht, die bisher von der inneren Politik des Empire Vorteile und Nutzen gehabt hatte. Indem Napoleon mit dem Tauschhandel die Kontinentalsperre durchlöcherte, zersetzte er selbst die Geschlossenheit seines Kampfes gegen England, und zwar gerade zu einem Zeitpunkt, in dem England im Jahre 1811 in eine handelspolitische Krise geriet. Er selbst begab sich der Chance, England in gefährliche Schwierigkeiten zu stürzen, denn das wechselseitige wirtschaftliche Interesse führte zu einem Arrangement in ihrer Lizenzpolitik.

Auch Änderungen der Territorialabgrenzungen sind durch die wirtschaftlichen Schwie-

Europa 1812

rigkeiten veranlaßt worden. So war vor allem Holland, von Zollgrenzen umgeben, in wenigen Jahren durch die Kontinentalsperre ruiniert. Aber der Kaiser schnitt, rechtzeitig gewarnt, die Versuche des holländischen Königs Louis Bonaparte, über große Bankiers mit den Engländern zu verhandeln und dabei Gebiete außerhalb der sogenannten »natürlichen Grenzen« Frankreichs anzubieten, kurzerhand ab, indem er Holland 1810 für Frankreich annektierte und in französische Verwaltung übernahm. Das war eine rücksichtslos durchgeführte, aber lediglich momentane taktische Aushilfe, welche die inneren Schwierigkeiten doch nur noch steigerte und die Saturierung durch eine dauerhafte Friedensordnung aufs neue in Frage stellte.

In diesen Zusammenhang gehört auch die Annexion der ganzen Nordseeküste Deutschlands, bei der aus den nördlichen Gebieten des um seine Konsolidierung ringenden Königreichs Westfalen französische Departements herausgeschnitten wurden und das Großherzogtum Oldenburg überhaupt völlig von der Landkarte verschwand. Schon in Erfurt (1808) hatte Napoleon dem Zaren, dessen Schwager der Großherzog von Oldenburg war, vorgeschlagen, die oldenburgisch-russische Stellung in Norddeutschland im Rahmen eines Ländertausches abzubauen. Alexander hat damals dieses Ansinnen abgelehnt, jetzt war er über Napoleons Gewalttat erbittert. Die Folge war für Napoleons Kampf gegen England verhängnisvoll, denn der Zar öffnete im Dezember 1810 englischen Schiffen die russischen Häfen und hob alle Rechte der französischen Waren in Rußland auf.

Schließlich führte die Wirtschaftspolitik Napoleons zum englisch-amerikanischen Krieg (1812–1815). Er war eine der sonderbarsten Episoden dieser an überraschenden und verwirrenden Entwicklungen so reichen Zeit. Napoleon war unter den Amerikanern so unbeliebt wie sein britischer Gegner. Es fehlte denn auch in Washington nicht an Politikern, die auf die nun praktisch, wenn auch nicht der Absicht nach, bestehende Bundesgenossenschaft zwischen den USA und dem großen Tyrannen mit Empörung verwiesen; während der großen Kongreßdebatte über die Frage von Krieg und Frieden wurde sogar vorgeschlagen, den Krieg gegen beide Hauptkriegführenden, Frankreich und England, zu erklären. Der unmögliche Vorschlag war vom Geist beleidigter Neutralität, vom Geist buchstäblichen Rechts eingegeben. Frankreich und England, »Elefant und Walfisch«, hatten sich jahrelang über die Rechte seefahrender Neutraler mit der gleichen Rücksichtslosigkeit hinweggesetzt; alle Versuche Präsident Jeffersons, dem Völkerrecht Achtung zu verschaffen oder aber die junge Republik von den Verwicklungen der Alten Welt zu isolieren, hatten nichts gefruchtet. Das im Jahre 1807 ergangene Verbot jeden Handels mit den Kriegführenden mußte 1809 wieder aufgegeben werden; es hatte den Kaufleuten von Neuengland mehr Schaden als den Europäern getan. Das Kapern amerikanischer Schiffe oder Ladungen, der Menschenraub an amerikanischen Seeleuten, die, wenn sie als britische Untertanen geboren waren, gezwungen wurden, in der englischen Kriegsflotte zu dienen, begann aufs neue. Was schließlich die Krise auf ihren Höhepunkt führte, war eine List Napoleons: er ließ in Washington wissen, daß er bereit sei, die Dekrete von Berlin und Mailand zu widerrufen, wenn England seinerseits seine Blockade aufgäbe. Tatsächlich war im Jahre 1812 die englische Politik – ehrlicher als die französische – bereit, den amerikanischen Forderungen zu entsprechen. Die ungeheuere Langwierigkeit des Verkehrs über den Ozean vereitelte die möglichen guten Folgen dieser Bereitschaft. An den Grenzen ihrer Geduld, schlugen die Amerikaner in dem Moment los, in dem sie sehr wahrscheinlich, ohne loszuschlagen, Interessen und Prestige hätten wahren können. Bezeichnenderweise aber waren es gerade nicht die von den europäischen Seekriegsmethoden getroffenen Neuenglandstaaten, die jetzt den Krieg wollten und erzwangen: es waren die Politiker des Südens und vor allem des Westens, welche die dem amerikanischen Ausdehnungsdrang noch gesetzten Grenzen zu sprengen hofften und Kanada annektieren und England von dem Kontinent vertreiben wollten. Dieser Seerechts-Krieg war so im Grunde ein Landkrieg, ein Krieg um Land; die konservativen Küstenstaaten begleiteten die Kriegsanstrengung, die angeblich in ihrem Interesse unternommen wurde, mit nichts weniger als begeisterten, zeitweise eigentlichem Separatismus sich nähernden Kundgebungen. Der Krieg selber ist kein Ruhmesblatt in der amerikanischen Geschichte. Die Spekulation, die Europas Wirren zu einem großen isolierten Beutezug benutzen wollte, erwies sich als brüchig, Englands Kriegführung sich als energischer als zu George Washingtons Zeiten: es kam zu so demütigenden Erfahrungen wie der Besetzung der Hauptstadt, der Zerstörung des Kapitols; nur die Schlacht von New Orleans, ausgefochten, als bereits feststand, daß Friede auf der Basis quo ante sein sollte, rettete die amerikanische Waffenehre.

Noch heute meint man in Amerika diesen zweiten und letzten englisch-amerikanischen Krieg, nicht den ungleich gewaltigeren, der eben damals in Europa begann, wenn man von dem »Krieg von 1812« spricht. In Wirklichkeit gehören beide zusammen. In ihrem Ringen miteinander wurde jeder der Hauptgegner gegen eine der weit abgelegenen Flügelmächte getrieben, Frankreich gegen Rußland, England gegen die Vereinigten Staaten. Und so wie Napoleons Katastrophe in Rußland zur Grundlage der europäischen Ordnung im 19. Jahrhundert, so wurde Englands maßvoll genutzter Sieg zur Grundlage des Einverständnisses zwischen den großen Seemächten in der folgenden Zeit.

Der Zusammenbruch der Napoleonischen Europapolitik

Die Entscheidung gegen Napoleon hat nicht England gefällt, sondern Rußland. Die Katastrophe der »Großen Armee« im Jahre 1812 hat Rußlands europäische Großmachtstellung begründet. Seit dem in die »Befreiungskriege« übergehenden Kampf gegen Napoleon ist das Verhältnis zu Rußland ein zentrales Problem der europäischen Politik geworden, das gleichzeitig auch immer das Verhältnis zur Revolution und Restauration mit einschließt. In dieser Perspektive erhebt sich die praktisch-politische Frage, der die Russen und ihre Alliierten nicht ausweichen konnten, als die Stellung und Geltung des Gegners zerbröckelte: was sollte nach der Niederwerfung Napoleons an die Stelle des Kontinentalsystems treten? Welchen politischen Gehalt hatte das Pathos der Befreiung?

Der Konflikt Napoleons mit dem Zaren Alexander stand als eine immer dunkler werdende Wolke seit Tilsit und immer drohender seit 1809 über der russischen Politik. Rußlands Stellung als Großmacht stand auf dem Spiel: würde es ihm gelingen, Napoleons Eroberung und Zugriff zu widerstehen und der Abhängigkeit von ihm zu entgehen, selbst auf die Gefahr hin, daß der Zar nach Asien zurückgeworfen werden würde, während die europäischen Provinzen des russischen Reiches dem »Grand Empire« einverleibt würden?

Napoleon war sich durchaus der Gefahr bewußt, in die er im Sommer 1812 hineinging. Die Erinnerung an die Katastrophe Karls XII. bei Poltawa, die im 18. Jahrhundert so lebendig war, hat auch ihn damals beschäftigt. Warnungen seiner Umgebung wies er jedoch barsch ab: »Sie verstehen nichts von solchen Sachen«, herrschte er den französischen Botschafter in Petersburg, General Caulaincourt, an, »Sie haben kein Urteil in politischen Dingen, Sie sind mehr Russe als Franzose; Sie haben sich von Alexanders Zorn mesmerisieren lassen. Ein einziger Sieg, und der Zar wird mir entgegengekrochen kommen, wie er es in Tilsit getan hat.« In gereiztem Ton versuchte der Kaiser seiner Umgebung einzureden, daß er den Frieden zu erhalten wünsche, der Zar aber den Krieg wolle. So wichtig auch die Politik der Kontinentalsperre, Napoleons Wirtschaftskrieg gegen England, für die Entstehung des russischen Krieges gewesen ist, nicht weniger charakteristisch ist es für Napoleons Politik, daß die polnische Frage das Verhältnis zu Rußland letzten Endes entschieden hat, in der die Napoleonischen und die russischen territorialen Interessen sich in gefahrdrohender Weise schnitten. Dem Zaren gelang es zunächst, seine Stellung Napoleon gegenüber durch ein Bündnis mit Schweden zu stärken (5. April 1812). Es sicherte wechselseitige Unterstützung bei einer Invasion in Deutschland gegen Napoleon zu und enthielt die russische Garantie für das in schwedischer Hand befindliche Norwegen (gegenüber Dänemark, das mit Frankreich verbündet war), wogegen Schweden auf Finnland verzichtete. Außerdem konnte die südliche Flanke Rußlands durch die türkische Neutralität gesichert werden, nachdem der russisch-türkische Krieg unter dem Druck der drohenden Offensive Napoleons eilig beendet worden war (28. Mai 1812). Der Kaiser, der seinerseits mit Schweden und der Türkei auch zeitweilig gerechnet hatte, zwang in dieser Lage Preußen und Österreich zum Bündnis mit Frankreich. Hardenberg hatte seit seiner Übernahme der Geschäfte das französische Bündnis befürwortet; er hatte es, als die französisch-russischen Beziehungen sich verschlechterten, sogar – wenn auch vergeblich – angeboten. Unterdessen ließ König Friedrich Wilhelm III. Scharnhorst als preußischen Kriegsminister im Oktober 1811 über eine preußisch-russische Militärkonvention verhandeln. Da es Scharnhorst nicht gelang, die Österreicher in diese Konvention einzubeziehen, hatte der König die Verhandlungen abbrechen lassen und seine Zustimmung zu einem französisch-preußischen Vertrag gegeben (5. März 1812), in dem Preußen zustimmte, Aufmarschgebiet der »Großen Armee« zu werden. Der König erklärte sich im übrigen bereit, ein Kontingent von zwanzigtausend Mann zur französischen Streitmacht stoßen zu lassen. Nach dieser »Kapitulation« vor Napoleon hat eine Gruppe von Patrioten Preußen verlassen und ist nach Rußland gegangen. Im April 1812 schloß Napoleon mit den Österreichern ab: für ein österreichisches Kontingent von dreißigtausend Mann wurden Österreich die illyrischen Provinzen in dem zukünftigen Frieden in Aussicht gestellt, während die Österreicher gleichzeitig in Petersburg im geheimen mit den Russen verhandelten. Metternich wollte sich aber weder an Rußland noch an England binden, um den kommenden Ereignissen möglichst unabhängig entgegensehen zu können und Napoleons Mißtrauen so lange wie möglich keine neuen Gründe zu geben.

Der Kaiser versuchte von Dresden aus, wo er noch einmal in großem Stil Hof gehalten hatte, Ende Mai 1812 eine nationalpolnische Erhebung gegen Rußland vorzubereiten, nachdem von russischer Seite ultimativ gefordert worden war, die französischen Truppen aus Preußen zurückzuziehen, ohne daß Napoleon geantwortet hatte. Weder phantastische Friedensversuche mit den Engländern noch die polnischen Pläne haben Napoleons Situation erleichtert. Nicht nur, daß er sich nicht genügend über die polnischen Verhältnisse unterrichtet hatte, sondern daß er überhaupt für den Nationalgeist der von ihm unterworfenen, beherrschten oder bekämpften Völker kein Verständnis hatte, trat auch hier wieder zutage. Dieser Mangel war eine tief im Wesen des Kaisers begründete Eigenart, die seinen politischen Kalkulationen immer wieder bestimmte Grenzen gezogen hat. Dagegen waren seine Kalkulationen lange von größter Sicherheit, sobald es um Truppeneinheiten ging. Weil diese im russischen Feldzug den Umständen gegenüber versagten, haben die Entscheidungen des Spätjahres 1812 für Napoleon so katastrophale Folgen gehabt. Nicht so sehr der Zauber, den er ausübte, sondern seine eigene innere Sicherheit war verlorengegangen.

Mit der riesigen Heeresmacht von mehr als siebenhunderttausend Mann überschritt Napoleon die russische Grenze: die »Große Armee« des »Grand Empire« mit dreihunderttausend Franzosen, einhundertachtzigtausend Deutschen, neuntausend Schweizern, neunzigtausend Polen und Litauern, zweiunddreißigtausend Italienern, Illyriern, Spaniern und Portugiesen. Napoleon rechnete wie gewöhnlich damit, daß der Feldzug kurz sein, und zunächst auch damit, daß die Entscheidung in Polen fallen werde. Er sah sich dann aber gezwungen, bis nach Moskau vorzustoßen, weil die Russen nicht offensiv wurden. Ohne darauf vorbereitet zu sein, mußte der Kaiser nach Rußland hinein. Allem Anschein nach hat er vermutet, daß die Besetzung Moskaus den Zaren zum Frieden zwingen würde. Indessen gab es tatsächlich Stimmen, die dem Zaren empfahlen zu verhandeln, weil die militärische Unterlegenheit der Russen für diesen Weg zu sprechen schien. In dem Entschluß, den Kampf trotzdem aufzunehmen, wurde Alexander von den erbitterten Feinden Napoleons und der Franzosen, zu denen vor allen anderen der Freiherr vom Stein gehörte, unterstützt. Der Zar selbst glaubte sich zum Kampf gegen den Antichristen durch Gott berufen.

Schon früher hatte Napoleon Caulaincourt gesagt, daß der politische und militärische Kampf mit Rußland auch die Revolutionierung der russischen Sozialordnung einschließe; er werde die Leibeigenschaft aufheben und damit die gesellschaftlichen Grundlagen zerstören, auf denen die Herrschaft des Feindes beruhe. Solche Pläne sind erwogen worden, aber die soziale Revolution barg auch unübersehbare Gefahren für die Napoleonische Politik im Kampf gegen eine absolute, feudale Monarchie. Wochen unerhörter Spannung! Am 14. September erreichte der Kaiser Moskau und betrat mit seinem Gefolge den Kreml, wo die Uhren in den Salons noch leise tickten. »Nun, wie ist es mit Ihrem russischen Klima?« wandte sich Napoleon ironisch an Caulaincourt, dessen Warnungen er in den Wind geschlagen hatte, »so milde wie im September in Fontainebleau«. Caulaincourt, voller Sorge über die Zukunft, verneigte sich nur wortlos.

Das Schicksal der »Großen Armee«, der Feldzug und die Katastrophe der Napoleonischen Rußlandpolitik waren entschieden, als in Moskau der Frieden nicht erreicht worden war und der Kaiser sich zum Rückzug aus dem an ungezählten Stellen von den Russen in Brand gesteckten Moskau gezwungen sah. In einem der berühmtesten Bulletins der »Großen Armee« hat der Kaiser am 3. Dezember die Katastrophe mit der Kälte begründet, die Anfang November auszubrechen begonnen hatte. Die Wege waren vereist, Tausende von Pferden kamen in den Nächten um, die Kavallerie mußte zu Fuß marschieren, der Artillerie und den Verpflegungswagen fehlten die Bespannung. Feindaufklärung gab es überhaupt nicht; es verbot sich, ohne Geschütze in einer Schlacht die Entscheidung zu erzwingen; der Kampfwille der Truppe erlosch. Das habe der Feind auszunutzen verstanden. Die Gesundheit seiner Majestät, hieß es herausfordernd am Schluß des Bulletins, sei niemals besser gewesen. Ein französischer Historiker hat den Rückzug der »Großen Armee« aus Rußland als Gegenstück zu dem Rückzug der Alliierten nach der Kanonade von Valmy 1792 bezeichnet: Anfang und Ende der großen politisch-militärischen Auseinandersetzung zwischen der Französischen Revolution und Europa.

Als der Kaiser am 5. Dezember die zurückziehenden Truppen wegen beunruhigender Nachrichten über den Versuch eines Staatsstreichs in Paris verließ, hielt er sich trotz allem noch nicht für verloren. Auch jetzt noch hatte er die Zuversicht, wie er zu Caulaincourt sagte, der mit ihm die berühmt gewordenen Gespräche auf der Rückreise nach Paris im Schlitten geführt hat, daß es ihm gelingen werde, neue preußische und österreichische Kontingente für den Feldzug im nächsten Frühjahr zu bekommen. Das war ein großer und für Napoleon charakteristischer Irrtum. Trotz allen bis zum Zynismus gesteigerten Mißtrauens oder gerade wegen seiner Menschenverachtung rechnete der Kaiser nur mit der Masse, die er dirigierte und der er Befehle erteilte, die nur seiner Initiative ihre Bewegung verdankte. Jedes selbständige Handeln irritierte ihn. Er traute den unterworfenen Völkern nicht zu, daß die russische Katastrophe eigene Bewegungen, Erhebung und Abfall zum Durchbruch bringen könnte. Aber gerade in Preußen und in Polen begann im Bunde mit den Russen die Befreiung von der Napoleonischen Herrschaft. Am 30. Dezember 1812 kam es zu der verwegenen Neutralitätskonvention zwischen dem General Yorck, Befehlshaber des preußischen Kontingents in der »Großen Armee«, und dem russischen General Diebitsch in der Mühle von Tauroggen an der preußisch-russischen Grenze. Der König, in Potsdam noch unter der Aufsicht der französischen Besatzungstruppen, mußte den Schritt des eigenwilligen Generals verurteilen; unter der Vorspiegelung neuer Rüstungen gegen Rußland begannen jedoch weitere Vorbereitungen zur Befreiung. Am 9. Februar erschien der Aufruf des Königs zur allgemeinen Bewaffnung, ohne zu sagen, gegen wen sie gerichtet sei. Aber Zweifel konnten nicht bestehen. Unterdessen drangen die russischen Truppen nach Ostpreußen vor, als Befreier begrüßt, wenn sie selbst auch noch meinten, an der Weichsel ihr Ziel erreicht zu haben und diese Gebiete für Rußland zu annektieren. Russische Generale hofften auf kaiserliche Dotationen aus preußischen Domänen. Inzwischen waren auch die Polen in Bewegung geraten. Sie boten die Krone ihres Landes dem Zaren an, forderten aber auch die Vereinigung mit Litauen und eine liberale Verfassung. Der Zar begnügte sich zunächst damit, in diesem Moment, in dem alle bisherigen Verhältnisse in Fluß gerieten, die Polen seiner Sympathie zu versichern. Am 30. Januar 1813 verständigten sich dann auch die Österreicher unter dem Kommando Schwarzenbergs ohne Rücksicht auf ihre militärischen und diplomatischen Verpflichtungen mit den Russen in einem Waffenstillstandsabkommen. Anders als die preußisch-russische war die österreichisch-russische Konvention von der Regierung vorbereitet worden. Insofern wogen diese Verabredungen noch schwerer als die Abmachungen in Tauroggen.

Aus diesen Konventionen und Verhandlungen ist die letzte Koalition gegen Napoleon hervorgegangen, die seinen Zusammenbruch vollendet hat. Der gemeinsame Kampf gegen

Einzug Napoleons mit Marie Louise in die Tuilerien am 2. April 1810
Aus dem Gemälde von Etienne Barthélemy Garnier
Versailles, Museum

Französisches Hauptquartier in Sensburg/Ostpreußen während des Rußlandfeldzuges Napoleons
Zeichnung von Albrecht Adam, 1812
München, Staatliche Graphische Sammlung

die Napoleonische Europaherrschaft einte die Alliierten über die mannigfachen Unterschiede und Gegensätze ihrer Interessen hinweg. Dem Kaiser ist es nicht mehr gelungen, die inneren Spannungen in der Koalition zu seinen Gunsten auszunutzen und die Alliierten zu spalten.

Die preußische und die österreichische Politik sahen sich in der komplizierten Lage des Winters 1812/13 nicht allein vor der Frage nach einer Neuorientierung zwischen Napoleon und dem Zaren, sondern auch vor der nationalen Freiheitsbewegung der Patrioten, für die die Befreiung von der Fremdherrschaft mit der Schaffung eines neuen, starken und einigen Deutschland zusammengehörte. Stein hatte als unermüdlicher Ratgeber dem Zaren die Notwendigkeit der Niederwerfung Napoleons auseinandergesetzt; es liege auch im russischen Interesse, über die Weichsel hinaus gegen die Franzosen vorzustoßen, um den französischen Eroberer endgültig zu besiegen. Für Stein waren diese Pläne mit der Mobilisierung der nationalen Leidenschaften der Deutschen gegen Napoleon verbunden. Auf dem Wege zur nationalen Einheit und Freiheit ging Stein souverän über den Partikularismus und die Rechte der deutschen Fürsten hinweg. Ihm waren die Dynastien in diesem Augenblick großer Entwicklung vollkommen gleichgültig, es waren »bloß Werkzeuge«. »Mein Glaubensbekenntnis ist Einheit.« Deutschland sollte zwischen Frankreich und Rußland selbständig, unabhängig, im Besitz seiner Nationalität groß und stark sein, das sei das Interesse der Nation, aber auch Europas; »es kann auf dem Wege alter zerfallener und verfaulter Formen erhalten werden«, »soll sich der blutige Kampf, den Deutschland zwanzig Jahre unglücklich bestanden und zu dem es jetzt wieder aufgefordert wird, mit einem Possenspiel endigen, so mag ich wenigstens nicht teil daran nehmen, sondern kehre in das Privatleben freudig und eilig zurück«. Im Januar 1813 war Stein in der merkwürdigen Rolle eines russischen Kommissars in Königsberg, erfüllt von Plänen für die deutsche Zukunft, für die er den Zaren zu gewinnen versucht hatte, und betroffen über die Schwierigkeiten, die sich ihm entgegenstellten. Die ostpreußischen Stände, die Stein dazu aufgefordert hatte, beschlossen zunächst unter dem Vorbehalt der königlichen Zustimmung, eine »Landwehr« zu schaffen, mit deren Organisation Yorck beauftragt wurde; die Offiziere zu ernennen behielten sich die Stände jedoch vor, um die Volksbewaffnung in der Hand zu behalten.

Der König hat auf Hardenbergs Empfehlung von Breslau aus in den folgenden Wochen wieder direkte Verbindung mit dem Zaren aufgenommen. In der fortschreitenden Auflösung der Napoleonischen Herrschaft, angesichts der zurückweichenden Reste der »Großen Armee« und der Neugruppierung der französischen Truppen war eine Annäherung der preußischen Politik an Rußland geboten. Die Verhandlungen beruhten auf der Forderung Friedrich Wilhelms III., das alte Preußen (vor Tilsit) wiederherzustellen. Das große Thema der »Restauration« trat sofort in den Mittelpunkt der Koalitionsbildung gegen Napoleon, nachdem es den Russen nicht gelungen war, den Kaiser inmitten des Gros seiner Armee auf dem Rückzug aus Moskau zur Kapitulation zu zwingen. »Es ist interessant, sich einmal auszudenken, was der Zar mit der Karte von Europa angestellt haben würde, hätte nicht Waterloo, sondern die Beresina den endgültigen Zusammenbruch Napoleons bezeichnet«, so hat Harold Nicolson einmal gefragt; und er hat diesem anregenden Gedanken hinzugefügt, daß solche Spekulation kein müßiger Zeitvertreib sei. Sie diene nicht nur zu einer

Untersuchung von Alexanders fragwürdigem Charakter, sondern auch zu einem besseren Verständnis für die Gruppierungen und Umgruppierungen in der Folgezeit.

Zwischen den Preußen und den Russen kam es Anfang März in Kalisch zu einer vertraglichen Einigung (28. Februar 1813), die festlegte, daß keiner der beiden Partner einen Separatfrieden mit Frankreich schließen werde. Es wurde ferner verabredet, daß Österreich aufgefordert werden sollte, dem Vertrag beizutreten, und daß auch eine Verständigung mit England (über die finanzielle Unterstützung der Koalition) erstrebenswert sei. Eine erste Festlegung der territorialen Restaurierung Preußens war, daß Preußen statt der Rückgabe der früheren preußisch-polnischen Besitzungen aus dem Besitzstand des Königreichs Sachsen Ersatz erhalten sollte, um die Reibungsfläche der preußischen Interessen mit den russischen in der polnischen Frage zu verringern. Mit diesem Vertrag, mit dem Versprechen der »Restauration« des alten Preußens, ist für die Verbindung Preußens mit Rußland bis zum Ende des 19. Jahrhunderts der Grund gelegt worden. Im Kampf gegen das revolutionäre Frankreich und das Napoleonische Kaisertum zeichnet sich eine neue grundlegende Konstellation in Europa ab, die in der Allianz der drei konservativen großen Monarchien in Mittel- und Osteuropa noch lange erkennbar geblieben ist. Österreich war im Vergleich zu Preußen allerdings in seinen Beziehungen zu Rußland im Frühjahr 1813 zurückhaltender. Auch Metternichs Politik des europäischen Gleichgewichts war auf den Sturz Napoleons gerichtet, aber auch auf eine Wiederherstellung Frankreichs in seinen »natürlichen Grenzen«. Napoleons Hegemonialpolitik hatte dem Interesse Frankreichs genauso wie dem ausgewogenen System der fünf europäischen Großmächte widersprochen; jetzt galt es, eine kontinentale Hegemonie Rußlands zu verhindern. Daneben war für die österreichische Politik Metternichs jedoch auch die nationale Gärung und Leidenschaft beunruhigend, die ihre Erwartungen auf Preußen richtete. Deshalb wollte Metternich Frankreich nicht so verkleinert wissen, wie es mit der Ruhe Europas unvereinbar sei. Der österreichische Staatsmann erkannte die Bedeutung des russischen Problems für die Wiederherstellung der europäischen Politik. Die Frage war, wie Rußlands Übergewicht aufgefangen werden könnte – mit Hilfe Englands oder mit Frankreichs Wiederherstellung? Metternichs Politik gegenüber den Westmächten war also darauf gerichtet, gegen Rußlands hegemoniale Tendenz Widerlager zu schaffen. Österreich mußte nach seiner Meinung stark genug sein, um beim Eintritt in die neue Koalition seine Politik durchsetzen zu können. Deshalb mußte Österreich zunächst Zeit gewinnen, um seine Rüstungen soweit wie möglich zu fördern. Aus diesem Grunde verhandelte er zugleich mit Rußland und mit England; sogar mit Napoleon hat er noch im Frühjahr 1813 über Konzessionen verhandelt, während die Entscheidung über Österreichs Eintritt in den Krieg immer näher heranrückte.

Erst am 16. März hatten die Preußen Napoleon offiziell den Krieg erklärt. Am 17. wurde der berühmte Aufruf Friedrich Wilhelms III. »An mein Volk« in Breslau, der Residenz des Königs, dem Zentrum der allgemeinen Erhebung, veröffentlicht. Ein Zeichen der neuen Zeit war es, daß der König erklärte, welche Gründe zu dem Krieg geführt hatten, um welche hohen Güter es gehe, in welchem Sinne der Krieg geführt werden sollte: König und Vaterland eng zusammengehörend – und die preußische Erhebung zugleich eine deutsche Sache! Am gleichen Tage wurde die »Verordnung über die Organisation der Landwehr«

veröffentlicht, die eine Miliz durch freiwillige Meldungen und Aushebung der Siebzehn- bis Vierzigjährigen neben der königlichen Armee begründete. Ende April eilte Napoleon mit einer großen Truppenmacht vom Main her nach Nordosten und warf die nach Sachsen vorgerückten preußisch-russischen Heere bei Großgörschen und Bautzen (Mai 1813) zunächst zurück. Auf beiden Seiten bestand nach diesen verlustreichen Kämpfen das Bedürfnis nach einem Waffenstillstand, dessen Vermittlung im Sommer 1813 Österreich in die Hand nahm. Diese Wochen waren von erregender diplomatischer Aktivität erfüllt. Nach der Zusicherung englischer finanzieller Unterstützung für die Fortsetzung des Krieges gelang es den Russen und Preußen, die Österreicher in der Konvention von Reichenbach zum Eintritt in die Koalition zu bewegen, allerdings unter der Bedingung, daß Napoleon die österreichische Vermittlung ablehnen sollte. Unter dieser Voraussetzung ist Metternich Ende Juni 1813 nach Dresden gereist, um mit Napoleon persönlich zu verhandeln. Die Alternative wurde Napoleon jetzt gestellt: entweder sei er bereit, den Kongreßplan Metternichs anzunehmen und Grenzen für Frankreich anzuerkennen, die mit einer europäischen Friedensordnung vereinbar seien, oder Österreich werde in die Koalition und damit in den Krieg gegen Napoleon eintreten. Über acht Stunden haben die Verhandlungen, die sich immer wieder zu höchster Dramatik steigerten, am 26. Juni gedauert. Napoleon empfing Metternich stehend in der Mitte seines Kabinetts. »Sie wollen also den Krieg, gut, Sie sollen ihn haben«, begann der Kaiser. »Dreimal habe ich den Kaiser Franz wieder auf seinen Thron gesetzt; ich habe ihm versprochen, mein Leben lang mit ihm in Frieden zu bleiben; ich habe seine Tochter geheiratet; damals sagte ich mir, du begehst eine Torheit, aber sie ist begangen, ich bereue sie heute.« – »Dieser Eingang«, heißt es in Metternichs Bericht über diese Unterredung, »verdoppelte in mir das Gefühl der Stärke meiner Stellung ... soll ich sagen – Napoleon erschien mir klein! ›Krieg und Frieden‹, erwiderte ich, ›liegen in der Hand Eurer Majestät. Das Schicksal von Europa, seine Zukunft und die Ihrige, alles ruht in Ihrer Hand. Zwischen Europa und Ihren bisherigen Zielen besteht unlöslicher Widerspruch. Die Welt bedarf des Friedens. Um diesen Frieden zu sichern, müssen Sie in die mit der allgemeinen Ruhe vereinbarlichen Machtgrenzen zurückkehren, oder aber Sie werden im Kampfe unterliegen.‹ – ›Nun gut, was will man denn von mir‹, fuhr mich Napoleon an, ›daß ich mich entehre? Nimmermehr! Ich werde zu sterben wissen, aber ich trete keine Handbreit Bodens ab... Meine Herrschaft überdauert den Tag nicht, an dem ich aufgehört habe, stark und folglich gefürchtet zu sein ... Ich kann mich mit Menschen schlagen, aber nicht mit den Elementen; die Kälte hat mich zugrunde gerichtet... Alles habe ich verloren, nur nicht die Ehre und das Bewußtsein dessen, was ich einem tapferen Volk schulde... Ich habe die Verluste des vergangenen Jahres ausgeglichen, sehen Sie einmal die Armee an nach den Schlachten, die ich soeben gewonnen! –‹« – »Und gerade die Armee ist es«, erwiderte Metternich dem Kaiser, »welche den Frieden verlangt.« – »Nicht die Armee«, entgegnete Napoleon lebhaft, »nein, meine Generale wollen den Frieden. Ich habe keine Generale mehr ... Ich habe zwei Schlachten gewonnen, ich werde nicht Frieden schließen.«

Aus allem, was der Kaiser gesagt habe, könne er, Metternich, nur entnehmen, daß Europa und Napoleon zu keiner Verständigung kommen könnten: »Ihre Friedensschlüsse waren immer nur Waffenstillstände, die Mißgeschicke wie die Erfolge treiben Sie zum Krieg.«

»Wollen Sie mich etwa durch eine Koalition zugrunde richten?« versetzte Napoleon und spottete über die vielen Alliierten. »Ich nehme die Herausforderung an. Aber ich kann Sie versichern«, fuhr der Kaiser mit erzwungenem Lachen fort, »im nächsten Oktober sprechen wir uns in Wien.« Der Kaiser von Österreich habe den Mächten seine Vermittlung, nicht seine Neutralität angeboten, entgegnete Metternich Napoleon, nachdem dieser verlangt hatte, daß Österreich neutral bleibe, solange er mit den Alliierten verhandle. Rußland und Preußen hätten die österreichische Vermittlung angenommen, an ihm, Napoleon, sei es, sich heute noch zu erklären. In die langen Erörterungen des Kaisers über die militärischen Verhältnisse der Kriegführenden warf Metternich die Bemerkung: »Ihre jetzige Armee, ist sie nicht eine antizipierte Generation? Ich habe Ihre Soldaten gesehen, es sind Kinder. Eure Majestät haben das Gefühl, daß Sie der Nation absolut notwendig sind; brauchen aber nicht auch Sie die Nation? Und wenn diese jugendliche Armee, die Sie heute unter die Waffen gerufen haben, dahingerafft sein wird, was dann?« Napoleon war über diese Worte empört. »Sie sind nicht Soldat«, fuhr er Metternich an, »und wissen nicht, was in der Seele eines Soldaten vorgeht. Ich bin im Felde aufgewachsen, und ein Mann wie ich schert sich wenig um das Leben einer Million Menschen.« Bei diesem Zornesausbruch warf Napoleon seinen Hut in die Ecke des Zimmers. »Ich blieb ganz ruhig«, erzählt Metternich weiter. »Warum«, fragte er, »haben Sie mich gewählt, um mir zwischen vier Wänden zu sagen, was Sie eben ausgesprochen; öffnen wir die Türen, und mögen Ihre Worte von einem Ende Frankreichs bis zum anderen ertönen. Nicht die Sache, die ich vor Ihnen vertrete, wird dabei verlieren.« Napoleon faßte sich: Die Franzosen könnten sich nicht über ihn beklagen. Um sie zu schonen, habe er die Deutschen und die Polen geopfert. »Ich habe in dem Feldzug von Moskau dreihunderttausend Mann verloren, es waren nicht mehr als dreißigtausend Franzosen darunter.« – »Sie vergessen, Sire«, rief Metternich aus, »daß Sie zu einem Deutschen sprechen.«

Napoleon kam noch einmal auf seine Heirat mit der Tochter des österreichischen Kaisers zurück. »Indem ich eine Erzherzogin heiratete, habe ich das Neue mit dem Alten verschmelzen wollen, die gotischen Vorurteile mit den Institutionen meines Jahrhunderts.« Er wiederholte, daß er einsehe, sich getäuscht zu haben, und die ganze Größe seines Irrtums empfinde. »Es kann mich den Thron kosten, aber ich werde die Welt unter seinen Trümmern begraben.«

Als Metternich vom Kaiser entlassen wurde, war es dunkel geworden, Napoleon selbst ruhig und milde: »Wissen Sie, was geschehen wird? Sie werden mir nicht den Krieg machen.« – »Sie sind verloren, Sire«, entgegnete Metternich, »ich hatte ein Vorgefühl davon beim Kommen; jetzt beim Gehen habe ich die Gewißheit.«

Die Unterredung fand ohne Beteiligung eines Dritten statt, die glänzende Stilisierung, die Metternich seinem Bericht gegeben hat, enthält doch sachlich nichts Unglaubwürdiges. Viele Einzelheiten aus der Charakterisierung des Kaisers kennen wir auch aus den Erzählungen anderer Zeitgenossen, und auch Metternich hat keinen Gedanken geäußert, den er nicht auch anderswo ausgesprochen hätte. Unvergleichlich ist aber die Schilderung des historischen Moments, in dem die Entscheidung, welche über der sich immer wieder scharf zuspitzenden Unterredung schwebte, doch nicht gefällt wurde. In diesen Wochen hat sich tatsächlich das Schicksal Napoleons erfüllt, so ereignisreich das Leben dieses außerordentlichen Mannes auch fernerhin blieb. Zunächst kam es, drei Tage nach der Begegnung am 26. Juni, zu einer Verständigung zwischen Napoleon und Metternich: Der Kaiser ging grundsätzlich auf die bewaffnete Vermittlung Österreichs ein und erklärte sich mit der Verlängerung des Waffenstillstandes bis zum 10. August einverstanden. Am 30. Juni wurde in Dresden bekannt, daß die französische Armee in Spanien durch die unter Wellington vordringenden Engländer am 21. Juni bei Vitoria nördlich des Ebro vernichtend geschlagen worden und daß die Stellung der Franzosen auf der Pyrenäenhalbinsel zusammengebrochen sei. Unter diesen Umständen trat in Prag ein Kongreß zur Beratung der schwebenden Fragen zusammen, ohne freilich zu greifbaren Ergebnissen zu kommen. Durch ein österreichisches Ultimatum vom 7. August mit umfassenden Forderungen, mit dem Metternichschen Programm der »natürlichen Grenzen« für Frankreich und mit den Prinzipien der Verträge von Kalisch und Reichenbach, wurde Napoleon zur Stellungnahme gezwungen. Da es ohne Antwort blieb, trat Österreich, wie angekündigt, am 10. August 1813 um Mitternacht mit Frankreich in den Kriegszustand, am 12. erklärte es Frankreich offiziell den Krieg. Die Entscheidung Österreichs zugunsten der großen Koalition gegen Napoleon war damit gefallen; die angestrengten Bemühungen, vor allem der Preußen, hatten den diplomatischen Sieg errungen. Das schwerste Opfer war der Tod Scharnhorsts, der, obwohl verwundet, nach Prag gereist war, um die Österreicher für den großen Krieg zu gewinnen; dort war er seinen Verletzungen aus der Schlacht bei Großgörschen vom 2. Mai am 28. Juni erlegen. Humboldt hat seinen Anteil als preußischer Generalbevollmächtigter an dem Prager Ereignis immer als den Höhepunkt seiner politischen Laufbahn bezeichnet und war stolz darauf, daß der König durch die Verleihung des Eisernen Kreuzes seine Tätigkeit anerkannte.

Alle Kriegführenden hatten den Waffenstillstand zu neuen Rüstungen und Vorbereitungen benutzt. Mit starken Heeren standen sich die Alliierten und Napoleon zwischen Leipzig und Bautzen gegenüber, als nun im Bunde mit Österreich und Schweden, unterstützt von England, die Russen und die Preußen mit der in aller Eile gebildeten zweiten »Großen Armee« Napoleons den Krieg fortsetzten. Die Koalitionsarmee, unter dem einheitlichen Kommando Schwarzenbergs in drei Heeresgruppen gegliedert, verfügte über achthundertsechzigtausend Mann, denen Napoleon nach der Ausschöpfung aller Möglichkeiten Frankreichs und des Rheinbundes siebenhunderttausend Mann entgegenzustellen hatte. Die Märsche, Gefechte und Schlachten des Herbstfeldzuges konzentrierten sich im Oktober immer mehr um die Leipziger Ebene. Napoleon hatte sich nach den ersten großen Verlusten nicht zurückgezogen, sondern war bei Dresden stehengeblieben. Die Schlacht bei Leipzig begann am 16. Oktober für die Franzosen trotz schwerer Verluste erfolgreich; aber am Morgen des 17. wurde Napoleon von lähmender Mut- und Entschlußlosigkeit befallen, er ließ den Kaiser von Österreich um Waffenstillstand bitten und Friedensvorschläge überbringen. Da die Angebote ohne Antwort blieben, hat Napoleon am folgenden Tage noch einmal die militärische Entscheidung zu erzwingen versucht. Am Abend des 18. waren die Franzosen auf Leipzig zurückgeworfen, und die sächsische Rheinbundtreue war erloschen. Daraufhin gab Napoleon noch am Abend den Befehl zum Rückzug der Reste seiner Armee, ehe der Ring der Alliierten ihm den Ausweg verriegelte. Die Verluste der kaiserlichen Armee an Toten und Verwundeten sind auf einhundertzwanzigtausend Mann geschätzt worden. Der Rückzug zum Rhein bei regnerischem Spätherbstwetter vollendete die Niederlage in der Völkerschlacht bei Leipzig; der Typhus grassierte unter den Soldaten; nicht mehr als zweihunderttausend Mann erreichten französischen Boden. Außer den Toten, Verwundeten und Deserteuren blieben in den eingeschlossenen Festungen noch einhundertfünfzigtausend Mann der »Großen Armee« diesseits des Rheins zurück. Das Napoleonische Deutschland war zusammengebrochen, die Rheinbundfürsten suchten sich den siegreichen Alliierten anzuschließen, um ihre neuen Besitztitel zu retten und bei der »Restauration« Europas ihre Interessen vertreten zu können. Mit Bayern waren bereits Anfang Oktober (8. Oktober in Ried), mit Württemberg Anfang November, mit Baden Ende November zu diesem Zweck Konventionen unterzeichnet worden; die Hansestädte und Frankfurt erhielten ihre Freiheiten wieder; flüchtige Fürsten kehrten in ihre Länder zurück und begannen, das Werk der Napoleonischen Modernisierung in Handel und Wandel wieder zu zerstören. Im ganzen genommen waren alle Verhältnisse, wie es nicht anders zu erwarten war, provisorisch und alle Regelungen Notlösungen. Die unter den Alliierten sehr verschiedenartigen Gedanken, Pläne und Wünsche für die Neuordnung Mittel- und Südeuropas waren nicht ohne weiteres in Einklang zu bringen. Vor allem aber gab es auch für derartige Beratungen keine Ruhe, solange Napoleon auch in Frankreich nicht endgültig besiegt war. Die alliierten Truppen, ebenfalls von den Kämpfen erschöpft und uneinig, waren nicht mehr imstande, Napoleon zu verfolgen oder gar den Rückzug abzuschneiden. Am 9. November traf Napoleon in Paris ein, am 6. April 1814 dankte er in Fontainebleau ab.

Diese fünf Monate waren mit Beratungen der Alliierten über ihre Kriegsziele und über eine »Offensive des Friedens« erfüllt, die Metternich zugunsten Frankreichs auf der Grundlage der »natürlichen Grenzen« auch jetzt wieder empfohlen hat. Napoleon zeigte sich bereit zu verhandeln, ohne sich vorher auf Bedingungen festzulegen; die Antwort der Alliierten war eine Proklamation, in der sie die Sache Frankreichs von dem Schicksal Napoleons trennten und den Kaiser für den Mißerfolg der Verhandlungen verantwortlich machten; sie boten Frankreich den Frieden an, ohne allerdings das Angebot der »natürlichen Grenzen« mit dem neuen Vorschlag zu verbinden.

Die ganze weitere Entwicklung wurde seitdem von der jetzt einsetzenden diplomatischen Aktivität der Engländer im Lager der Alliierten beeinflußt. Bisher hatten sie nur wenig Anteil an dem Sieg der Koalition über Napoleon und an den Verhandlungen über die Zukunft Europas nach dem Zusammenbruch der Napoleonischen Europapolitik gehabt. Ihre maritimen und kolonialen Interessen, ihre Unterstützung der spanischen Erhebung war gewiß im großen Zusammenhang des Kampfes gegen Napoleon bedeutungsvoll, aber ihr Einfluß im Kreise der Alliierten war gering gewesen. So hielt jetzt das englische Kabinett die Zeit für gekommen, unmittelbaren persönlichen Einfluß auf die Politik der Alliierten zu nehmen, in der sich die Niederlage Napoleons zu vollenden schien und die Wiederherstellung einer europäischen Friedensordnung zum zentralen Thema der internationalen Beziehungen geworden war. Das Kabinett von St. James beschloß, seinen Außenminister

Lord Castlereagh persönlich auf den Kontinent zu schicken und als Schiedsrichter die politischen Interessengegensätze zu regeln. Das zentrale Interesse der englischen Politik richtete sich auf eine wirksame antifranzösische Riegelstellung. Castlereagh bestand auf einer großen Koalition gegen Frankreich, die den Krieg überdauern und auch für den neuen Friedenszustand bestimmend sein sollte. Im Januar 1814 traf Castlereagh nach einer abenteuerlichen Fahrt in Basel ein, wo sich das Hauptquartier der Alliierten damals befand, und eröffnete seine Pläne: Holland sollte Belgien erhalten, um für den Verlust der Kapkolonie und Ceylons, welche die Engländer inzwischen besetzt hatten, entschädigt zu werden und um das jahrhundertealte englische Interesse an den Niederlanden als Stützpunkt ihrer Kontinentalpolitik zu sichern; Preußen sollte am Rhein eine starke Stellung gegen Frankreich erhalten. Mit Metternich war er sich einig, daß die Ausdehnung Rußlands nach Westen eine Bedrohung des europäischen Gleichgewichts bedeute. Er verstand es, bei den Alliierten, deren Armeen inzwischen auf französischem Boden kämpften, durchzusetzen, daß entgegen russischen und österreichischen Plänen direkte Friedensverhandlungen doch wieder mit Napoleon aufgenommen wurden. In Châtillon-sur-Seine bot er Caulaincourt, der jetzt Napoleons Außenminister war, einen Frieden mit den Grenzen von 1790 für Frankreich an, das hieß Restauration des vorrevolutionären territorialen Besitzstandes.

Unter diesen Bedingungen lehnte Napoleon auch jetzt Verhandlungen ab. Die Konsequenz seiner Politik seit den Verhandlungen mit Metternich im Juni 1813 ist offensichtlich; er wußte selbst genau, daß seine Herrschaft nur auf Siegen und Erfolgen beruhte. Sie konnte ihren revolutionären Ursprung nicht verleugnen; ohne daß er sich selbst aufgegeben hätte, gab es für ihn kein Zurück; er lebte von der »universellen Beunruhigung«, der wie eine Fata Morgana eine Friedensordnung vorschwebte, die sich in der russischen Weite verloren hatte. Der Kaiser entschied sich auch jetzt für den Krieg und nicht für die Bedingungen eines für ihn entehrenden Friedensdiktats aus der Hand seiner Feinde. Trotzdem zogen sich die Verhandlungen im Wechsel der militärischen Ereignisse noch wochenlang hin, weil Caulaincourt im Gegensatz zu Napoleon einen totalen Zusammenbruch des Kaiserreiches verhindern wollte. In der Agonie seiner revolutionären Herrschaft stand Napoleon jetzt in Castlereagh der schärfste, der tödliche Feind gegenüber. Daß Napoleon immer und überall gegen England gekämpft hatte und daß England in der letzten großen Koalition im letzten Moment entscheidend sein Schicksal mitbestimmt hatte, das gab dem Gegensatz der beiden Männer, die man sich persönlich nicht verschiedenartig genug denken kann, seine weltgeschichtliche Bedeutung. Auch der Engländer lehnte jetzt jeden Kompromiß ab und brachte zwischen Österreich, Preußen, Rußland und England ein Verteidigungsbündnis für zwanzig Jahre zustande (1. März 1814 in Chaumont). Die Verhandlungen mit Caulaincourt in Châtillon wurden daraufhin abgebrochen (19. März 1814). Der militärische Sieg Wellingtons, der von Spanien nach Frankreich vorgestoßen war, über den Marschall Soult bei Toulouse am 10. April machte dem Kampf praktisch ein Ende. Zuvor waren die Verbündeten in Paris eingezogen (31. März 1814). Am 2. April gab der französische Senat unter dem Druck der Alliierten die Absetzung des Kaisers bekannt, am 6. berief er den Bruder Ludwigs XVI. als Ludwig XVIII. aus dem Exil in England auf den wiederhergestellten französischen Königsthron. Talleyrand hatte es im Einverständnis mit den Engländern verstanden, den österreichischen Plan einer Regentschaft der Kaiserin Marie Louise und den russischen Plan einer Kandidatur Bernadottes zunichte zu machen und die Bourbonen zurückzuführen. Als Außenminister der restaurierten Monarchie hat er die Friedensverhandlungen mit den Verbündeten geführt und am 30. Mai den Friedensvertrag in Paris unterzeichnet, der Frankreich die Grenzen beließ, die beim Ausbruch der Revolutionskriege bestanden hatten. Reparationen wurden dem restaurierten königlichen Frankreich nicht auferlegt. Es herrschte die Fiktion, das alte königliche Frankreich sei von dem revolutionären kaiserlichen zu trennen, eine geschickte diplomatische Finesse, welche die Bewältigung des Problems der Kontinuität der französischen Vergangenheit der politischen Neuordnung zuschob. Indem Frankreich sich diesem Diktat beugte und damit die Liquidation des Napoleonischen Kontinentalsystems den Siegern überließ, erreichte es andererseits, daß es zu den Verhandlungen über die Wiederherstellung der europäischen Staatenwelt, die in Wien stattfinden sollten, zugelassen wurde. Die schonende Behandlung des restaurierten bourbonischen Frankreich war jedoch nicht zuletzt auf die beruhigende Wirkung im Innern berechnet; die Gefahr Bonapartistischer Agitationen sollte so beschränkt werden. Im übrigen war der Pariser Frieden nur der erste Schritt auf dem Wege zu einem neuen Friedenszustand im Zeichen des europäischen Gleichgewichts nach dem Bankrott der Napoleonischen Europapolitik.

Am 6. April 1814 hatte Napoleon in Fontainebleau bedingungslos abgedankt, er erhielt vertraglich das Recht zugesichert, weiter den Kaisertitel zu führen, die Insel Elba vor der toskanischen Küste und eine jährliche Dotation. Der Kaiserin und seinem Sohn wurde das Herzogtum Parma zugesprochen. In diesen Tagen blieb Napoleon die Erfahrung nicht erspart, daß auch seine nächste Umgebung ihn verließ. Seine Marschälle weigerten sich, seinen Befehlen zu folgen, als sie die Aussichtslosigkeit seiner Pläne für eine Fortsetzung des Krieges erkannt zu haben glaubten. Sie sympathisierten zwar nicht mit den Bourbonen, meinten aber doch, daß der Friede versäumt sei; der Senat habe gegen ihn entschieden, dem Kaiser bleibe nur noch übrig, zugunsten seines Sohnes und der Kaiserin abzudanken. Die Gegenargumente des Kaisers überzeugten sie nicht mehr. Napoleon hat daraufhin in seine Abdankung eingewilligt. Am 11. April unterzeichnete Caulaincourt in Paris den Vertrag, der Napoleons Rechte festlegte. In den schwierigen und umständlichen Verhandlungen zwischen Fontainebleau und Paris bewährte er sich auch jetzt wieder mit seinem Takt, seiner nüchternen Klugheit, seiner Gewandtheit und Zuverlässigkeit. Aus seinen Memoiren wissen wir, was lange ungewiß gewesen ist, daß der Kaiser in der Verzweiflung über die letzten Vorgänge in der folgenden Nacht vergeblich versucht hat, seinem Leben durch Gift ein Ende zu machen.

Am 20. April war es so weit, daß Napoleon von seiner Garde Abschied nahm. Er erklärte in einer Ansprache, daß er Frankreich vor dem Bürgerkrieg hätte bewahren wollen, deshalb habe er seine Rechte und Interessen dem Vaterland geopfert. Er empfahl seiner Garde, treu dem neuen Herrn zu dienen, er wolle weiterleben, um der Nachwelt den Ruhm seiner Soldaten zu verkünden. Darauf küßte er den kommandierenden General, dann die Fahne, ging zu seinem Wagen und reiste unter der Bewachung von Kommissaren der Verbündeten aus Fontainebleau ab, um ins Exil zu gehen.

Englische Kriegsveteranen im Chelsea Hospital beim Empfang der Siegesnachricht von Waterloo
Gemälde von David Wilkie, 1822. London, Victoria & Albert Museum

Parade russischer Truppen vor dem österreichischen und dem russischen Kaiser in Mannheim am 27. Juni 1815
Aquarellierter Stich von J. P. Karg. Mannheim, Reiss-Museum

Die »Restauration« der europäischen Staatenwelt

Die April- und Maiwochen 1814 brachten den Zusammenbruch der revolutionären Kaiserherrschaft und den Anfang einer neuen Friedensordnung als Wiederherstellung des Gleichgewichts zwischen den europäischen Großstaaten. Der Pariser Friede war freilich solange nur ein Provisorium, wie nicht zwischen den Alliierten eine Verständigung über die Hauptfragen erreicht war, die sich aus der Revolutionierung des alten Europa ergaben. Ihre Beantwortung war nicht aufzuschieben, ja, sie war überhaupt die Voraussetzung für eine Befriedung nach all den Erschütterungen des staatlichen, wirtschaftlichen und gesellschaftlichen Lebens in den vergangenen Jahren. »Restauration« war das große politische Problem, sei es im unmittelbaren Anschluß an die revolutionären Zustände oder in dem tieferen Sinne einer Überwindung der permanenten Revolutionierung aller Ordnungselemente durch eine den Prinzipien geschichtlicher Erfahrung entsprechende dauerhafte Friedensordnung. Das konnte nur heißen, das »System« der europäischen »Großen Mächte« als Garantie der Sicherheit und Ordnung wiederherzustellen. Die Politik des »Gleichgewichts« war durch die Abwehr der revolutionären Hegemonialpolitik vertieft und erweitert worden, ja, sie hatte in der Spannung zwischen Revolution und Restauration einen neuen Inhalt erhalten. Das »rétablissement d'un juste équilibre des puissances«, das sich die Alliierten in Chaumont am 1. März 1814 zum Ziel ihres Kampfes gegen Napoleon gesetzt hatten, konnte nur durch eine umfassende Beratung der Hauptprobleme vorbereitet werden. Auf einem Kongreß in Wien sollten deshalb vor allem die polnische und die deutsche Frage im Anschluß an die Regelung der französischen Verhältnisse durch den Pariser Frieden geregelt werden. Der Kampf gegen Napoleon hatte die Alliierten trotz ihrer Gegensätze doch immer wieder zusammengeführt. Jetzt, nachdem der Kaiser besiegt worden war, zerfiel jedoch die Einigkeit unter ihnen. Das Hauptthema der internationalen Beziehungen war nach dem gemeinsamen Sieg die Stellung Rußlands in Europa. Deswegen stand im Mittelpunkt des Kongresses vornehmlich die polnische Frage, in der England und Österreich gegen Rußland zusammengingen. Im Hintergrund der Verhandlungen über die europäischen Probleme stand der weltpolitische Gegensatz zwischen England und Rußland. Im Jahre 1804, in den Verhandlungen zur Begründung der sogenannten »Dritten Koalition« gegen Napoleon, hatten die Russen den Engländern eine Teilung der Welt in zwei Interessensphären vorgeschlagen: England die Seeherrschaft, Rußland die Kontinentalherrschaft. Von solchen Plänen war 1814 nicht mehr die Rede. In dem Vertrag von Kalisch (Februar 1813) war zwischen Rußland und Preußen eine Entschädigung Preußens durch westdeutsche Gebiete für die Abtretung seiner zeitweilig polnischen Besitzungen an Rußland verabredet worden. Eine solche Regelung entsprach Rußlands Interesse an einer Ausdehnung nach Westen und an der Vorherrschaft in Europa. Aber diese Bestrebungen riefen im Interesse des europäischen Gleichgewichts den Widerstand Castlereaghs und Metternichs hervor. Die damalige russische Expansion auf dem amerikanischen Kontinent fanden die Engländer nicht weniger beunruhigend. Die Russen hatten, über die Beringstraße kommend, amerikanischen Boden in Alaska betreten, und der Zar hatte der russischen Amerikakompanie Konzessionen für ihre Besitzungen und Verträge mit den Indianern erteilt. Wenige

Jahre später hatten die Russen in Kalifornien in der Nähe von San Francisco Fuß gefaßt, Handelskontore und Forts als leichte Beute aus spanischem Besitz erworben. Im Jahre 1804 landeten sie auf Hawaii. Überall trafen sie auf die Engländer und traten als ihre Konkurrenten auf. Wie weit der russische Anspruch bereits reichte, zeigte sich, als der Zar in dem englisch-amerikanischen Konflikt im Jahre 1812 seine Vermittlung anbot. Mit diesem Schritt traten die Russen gleichzeitig Napoleons Interesse an diesem Krieg entgegen. Der russisch-englische Weltgegensatz hatte sich auf die Alternative zugespitzt, daß das Gleichgewicht der Seemächte im Interesse der russischen Vorherrschaft auf dem Kontinent lag, während der englischen Seeherrschaft das Gleichgewicht der Kontinentalmächte entsprach. Die Engländer setzten deshalb alles daran, vor dem Pariser Frieden die maritimen von den kontinentalen Fragen zu trennen, um die Russen aus der Regelung des Weltgegensatzes herauszuhalten. Sie unterstützten aus diesem Grunde nicht nur den Krieg gegen das revolutionäre Frankreich, sondern taten ebensosehr alles, um einen russischen Vormarsch in Europa zu verhindern. Die englische Politik hat damals zuerst den Plan gefaßt, in Mitteleuropa die Errichtung einer Riegelstellung mit zwei Fronten zu unterstützen: Preußen und Österreich als Wahrer englischer Gleichgewichtsinteressen sowohl gegen Frankreich als gegen Rußland. Castlereagh war deshalb bereit, Preußen genauso bei dem Erwerb des Königreichs Sachsen zu unterstützen wie bei dem Erwerb des linken Rheinufers, wo außerdem die wiederhergestellten Niederlande die Verteidigung englischer Interessen übernehmen würden.

Bevor der Kongreß in Wien im Herbst 1814 zusammentrat, war es der englischen Politik gelungen, die für sie wichtigsten Vorentscheidungen zu treffen. Im Juli war zwischen England und Spanien die wirtschaftliche Vorzugsstellung der Engländer vertraglich gesichert worden; England verzichtete dafür auf die Waffenlieferungen an die Insurgenten in Südamerika und erkannte damit die spanische Souveränität in diesen Ländern an; gleichzeitig wurden mit diesem Vertrag die englischen Handelsinteressen gegenüber den nordamerikanischen in diesem Gebiet gesichert. Auch die Beziehungen zu den Niederlanden hatten die Engländer vertraglich geregelt: sie erkannten den niederländischen Kolonialbesitz außer dem Kap der Guten Hoffnung und Ceylon an und sicherten diplomatische Unterstützung zu. Am wichtigsten war aber doch die Beilegung des Konflikts mit den USA, auf die Castlereagh vor dem Beginn des Kongresses hoffte. Die schwierigen Verhandlungen führten durch englische Zugeständnisse Ende des Jahres 1814 in Gent (24. Dezember 1814) zu einem Kompromißfrieden. Unlösbare Fragen wurden vertagt, nachdem beide Seiten die Sinnlosigkeit der Fortsetzung des Krieges erkannt hatten. Die Bedeutung dieses weitwirkenden Ausgleichs von 1814 lag in der Tatsache, daß er die englische Politik frei machte für die Behandlung der europäischen Fragen. Der Friede von Gent war aber auch ein weltpolitischer Sieg der Engländer über die Russen, weil er den Atlantischen Ozean ganz unter englische Vorherrschaft brachte und weil mit der Beilegung des englisch-amerikanischen Konfliktes entgegen den russischen Tendenzen eine Trennung der maritimen von den kontinentalen Interessensphären gelungen war. Die Verhandlungen konnten sich jetzt ganz auf den Kontinent konzentrieren, auf dem England und Österreich gegen die russische Expansion im Interesse des europäischen Gleichgewichts zusammenzuhalten gewillt waren.

Die Auffassungen Castlereaghs und Metternichs unterschieden sich im einzelnen allerdings erheblich. Im Gegensatz zu den Engländern wünschte Metternich keine territoriale Vergrößerung Preußens, vor allem sprachen sich die Österreicher gegen die Erwerbung von Dresden oder von Mainz durch Preußen aus. Statt dessen dachte Metternich im Zeichen seiner Gleichgewichtspolitik an eine Verstärkung Bayerns und an eine neue Aufteilung Polens zwischen Rußland, Österreich und Preußen. Als Kompensation für die österreichische Anerkennung eines Königreichs der Niederlande, an dem die Engländer stark interessiert waren, erwarteten die Österreicher die englische Zustimmung für Kompensationen in Italien. Die Regelung der Besitzverhältnisse in Mittel- und Südeuropa hatte eine Gruppenbildung der Alliierten zur Folge: England und Österreich standen Rußland und Preußen gegenüber. Nicht zuletzt dieser Konstellation verdankte das restaurierte bourbonische Frankreich, daß es als gleichberechtigt zwischen den Großmächten anerkannt wurde. Talleyrand, in seinem wandlungsreichen politischen Leben nach der Niederlage Napoleons nun als Außenminister Ludwigs XVIII. Vertreter Frankreichs in Wien, hatte die Situation sofort begriffen und den Verzicht Frankreichs auf alle territorialen Ansprüche mit der prinzipiellen Ansicht begründet, daß Eroberung, die *occupatio bellica*, kein Besitzrecht schaffe. Ohne Verzicht des legitimen Besitzers dürfe nicht über Besitz und Thron verfügt werden. Das seitdem berühmt-berüchtigte Prinzip der »Legitimität« bildete nicht allein in den Verhandlungen der Staatsmänner über die Restauration der europäischen Staatenwelt ein geschicktes Argument im Interesse Frankreichs, sich durch die Verleugnung der napoleonischen Vergangenheit im Kreise der europäischen Mächte zu rehabilitieren, es erwies sich auch für die französische Diplomatie als wirkungsvoll bei dem Schutz der Kleinstaaten, die den Beschlüssen der Großmächte mit Sorge entgegensahen. Das Prinzip der Legitimität schien wirksam zu sein gegen die Ausdehnung Preußens in Deutschland, besonders nach Sachsen, wirksam aber auch gegen die russischen Erwerbungen in Polen oder gegen die österreichischen Wünsche in Italien, wo eine Wiederherstellung der bourbonischen Herrschaften diesem Prinzip entsprochen hätte.

Mitte September trafen die Delegationen der europäischen großen und kleinen Herren zu den Beratungen in Wien ein, deren Ergebnis Europas neuen Friedenszustand garantieren und den Krater der Revolution schließen sollte. Das Zusammentreffen so vieler Kaiser, Könige und Fürsten in der alten Kaiserstadt bot genug Gelegenheit zu glanzvollen Festen, zu Affären und Intrigen. Talleyrand meinte, daß die Anwesenheit so vieler Kaiser und Könige den Nimbus der Monarchie verflüchtigen müßte. Metternichs Gewandtheit entfaltete sich nirgends so brillant und wirkungsvoll wie bei den zahllosen Geselligkeiten. Er wußte sehr gut, welche Gefahren Plenarsitzungen in sich bergen, und verstand es, alle entscheidenden Fragen möglichst in kleinen Kreisen zu verhandeln. Die unzählige Male wiederholte Ironisierung durch den Fürsten von Ligne, »der Blume Walloniens«, eines der letzten Grandseigneurs des Ancien régime, daß der Kongreß tanze, aber nicht marschierend vorrücke, kann doch nicht darüber hinwegtäuschen, daß, aufs Ganze gesehen, die europäischen Verhältnisse etwa ein Jahrhundert lang auf der Grundlage des Wiener Kongresses beruht haben. Anfang Oktober 1814 waren Geschäftsordnung und Vorbereitungen so weit gediehen, daß der Kongreß im Zeichen der Quadrupelallianz des letzten Krieges

(England, Österreich, Rußland, Preußen) offiziell eröffnet werden konnte. Frankreich und Spanien waren eingeladen worden, ihre Meinungen vorzutragen. Von französischer Seite wurde aber sofort gegen die Sprachregelung des Kongresses Einspruch erhoben, die sich der Formel von den »Alliierten Mächten« bediente; sie sei, nachdem es wieder einen legitimen Monarchen in Frankreich gebe, nicht mehr angemessen. Auf Antrag Talleyrands wurde der Hauptausschuß des Kongresses dann auf acht Mitglieder erhöht: Frankreich, Spanien, Portugal und Schweden traten zu den »Großen Vier« hinzu, die nun Frankreich und Spanien nicht mehr majorisieren konnten. Die schon vielfach brüchige Einigkeit unter den Verbündeten geriet nun erst recht in neue Krisen. Trotzdem gelang es aber Talleyrand nicht, Frankreich in das Konzert der Siegermächte einzuführen, da die »Großen Vier« nicht in Geschäftssitzungen, sondern in Einzelgesprächen unter sich miteinander verhandelten oder durch schriftlichen Gedankenaustausch die Kommissionssitzungen vorbereiteten, in denen, je nach den Themen, in den verschiedenartigsten Zusammensetzungen beraten wurde. Aus den vielen zur Debatte stehenden Fragen traten gegen Ende des Jahres vor allem die polnische und die sächsische Frage in den Mittelpunkt der Rivalitäten, Intrigen und Gruppierungen aller Beteiligten. Das Geheimabkommen, das der Zar mit dem preußischen König am 28. Dezember abschloß, um dem gemeinsamen Vorgehen in diesem für beide Staaten so eng zusammenhängenden Anliegen eine vertragliche Grundlage zu geben, sah vor, daß Rußland Polen erwerben und Preußen durch Sachsen entschädigt werden sollte. Das veranlaßte Castlereagh zu einer Revision der englischen Deutschlandpolitik. Er versuchte, Preußen aus der russischen Allianz herauszuholen, indem er englische Unterstützung für den Erwerb Sachsens zusagte, wenn Preußen sich mit Österreich zu einem Kondominium in Deutschland bereitfinden würde. Dieses Angebot hat Preußen abgelehnt, weil es entschlossen war, mit Rußlands Hilfe die Vorherrschaft in Deutschland zu erringen. Hardenberg hatte nichts gegen eine russische Ausdehnung bis an Narew und Weichsel einzuwenden. Preußische Truppen rückten in Sachsen ein, während der Großfürst Konstantin, zum Gouverneur von Polen ernannt, den Polen den russischen Schutz empfahl. Nach Hardenbergs Vorschlag sollte der König von Sachsen für die Preisgabe seiner Stammlande am Rhein entschädigt werden. Castlereagh hat die preußischen Pläne strikt abgelehnt und sich noch enger mit Österreich zusammengeschlossen, das nun seinerseits englische Unterstützung für eine Vorherrschaft in einem neu zu schaffenden deutschen Bund erstrebte.

Die Liquidation des Napoleonischen Kontinentalsystems regte so viele Gegensätze auf, daß die Verhandlungen zeitweise von Kriegsgefahr bedroht schienen. Da haben sich Österreich und England Frankreichs versichert: Auf Grund geheimer Abreden kam es Anfang des neuen Jahres (3. Januar 1815) zu einem Bündnisvertrag zwischen England, Österreich und Frankreich, in dem man sich einigte, gegebenenfalls durch militärischen Druck gegen die Erwerbung Polens und Sachsens vorzugehen. Das war ein Erfolg der englischen Politik. Rußland war von England nicht nur vom Meer auf das Land zurückgedrängt worden, sondern sah sich jetzt auch auf dem Kontinent selbst beschränkt. Frankreichs Aufnahme in den engsten Kreis der »Großen Vier« schuf ein Gleichgewicht, das England im Konfliktsfall zum Schiedsrichter des Kongresses machte. Die Voraussetzung dazu war allerdings jener Friedensschluß mit den USA, welcher der englischen Politik die Hände für die europäischen Fragen frei gemacht hatte.

Die neue Konstellation bannte sofort die Kriegsgefahr. Der Zar fand sich mit einem verkleinerten Polen ab und gewährte diesem eine liberale Verfassung. Preußen erklärte sich bereit, mit einem Teil Sachsens zufrieden zu sein, allerdings unter der Bedingung umfangreicher Kompensationen auf dem linken Rheinufer.

Nachdem alle gefahrdrohenden Fragen prinzipiell auf friedlichem Wege erledigt schienen, verließ Castlereagh Mitte Februar 1815 Wien. Er liebte die Einsamkeit und hatte in dem festreichen Kongreßwinter seine Abneigung gegen das gesellschaftliche Leben keineswegs überwunden. Seine Menschenscheu hatte er seit früher Jugend hinter anscheinend unerschütterlicher Ruhe und vollendeten Umgangsformen zu verbergen gelernt. Im schlichten Anzug bewegte er sich, wo es nicht zu umgehen war, unter den vielen und prächtigen Uniformen und Kleidern der Kongreßfeste. Daß es ihm zuwider war, sich in Szene zu setzen, ist ebenso bezeugt wie die freundliche und zarte Anteilnahme, in der er mit Kindern spielen oder mit Blumen umgehen konnte. Trotz all dieser Eigentümlichkeiten genoß Castlereagh in Wien großes Ansehen. Ihm war es im wesentlichen zu danken, daß der Frieden erhalten blieb. Der Vertrag vom 3. Januar mit Österreich und Frankreich widersprach freilich seinem ursprünglichen Plan über den europäischen Frieden. Er war für Castlereagh wie auch für Metternich nicht als ein »renversement des alliances« gedacht (wie Talleyrand meinte), sondern als ein politisches Mittel, eine Koalitionskrise zu überwinden, das heißt Preußen und Rußland verhandlungswilliger zu machen. Weder auf englischer noch auf österreichischer Seite war an einen Bruch der Allianz zwischen den »Großen Vier« gedacht worden. Die Rückkehr Napoleons nach Frankreich stellte die »Legitimität« der französischen Delegation in Wien außerdem zunächst völlig in Frage. Frankreich wurde wieder Feindmacht. Das war ein schwerer Rückschlag für die Chancen der bourbonischen Restaurationspolitik bei der Neuordnung des europäischen Friedens. Am 7. März 1815 erreichte Wien die Nachricht, daß Napoleon Ende Februar von Elba geflohen und auf dem Wege nach Paris sei. Darauf reagierten die Alliierten mit der Erneuerung der vertraglichen Zusicherung, daß keiner von ihnen einen Separatfrieden mit Napoleon schließen würde. Während der Hundert Tage des Epilogs des Napoleonischen Kaisertums ist die Kongreßarbeit nicht unterbrochen worden. Bevor der große Sieg bei Waterloo Napoleons Stellung endgültig vernichtete, waren die Verhandlungen mit der Unterzeichnung der Wiener Kongreßakte am 9. Juni 1815 zum Abschluß gekommen.

Fünf Monate später war Napoleon nach St. Helena verbannt, die Bourbonen zum zweitenmal nach Paris zurückgekehrt und der zweite Pariser Friede geschlossen. Frankreich kam jetzt nicht wieder so glimpflich davon wie anderthalb Jahre früher. Es mußte nun doch Kriegsentschädigungen zahlen, und zur Garantie der allgemeinen Sicherheit sollte außerdem für fünf Jahre eine alliierte Armee Frankreich besetzt halten. (Nach dem Aachener Kongreß im Jahre 1818 ist sie allerdings zurückgezogen worden.) Die Neuordnung Europas, wie sie in Wien zustande kam, knüpfte unmittelbar an den ersten Pariser Frieden an. Sie war als eine Art Polizeiüberwachung des mißtrauisch von den »Großen Vier« beobachteten Frankreich gedacht. An eine Wiederherstellung der Zustände vor der

Napoleonischen Eroberung Mittel- und Südeuropas war jedoch nicht zu denken. Die territorialen Besitztitel, Verschiebungen, Vertauschungen, Vergrößerungen und Entschädigungen, die auf frühere Ansprüche freilich immer wieder bezogen wurden, waren von der Politik der »Wiederherstellung« bestimmt, der Restauration des europäischen Gleichgewichts zwischen den großen Mächten. Diese konstituierten sich in der Kongreßakte ausdrücklich im Vergleich zu den Mittel- und Kleinstaaten als Großstaaten und erkannten sich wechselseitig als solche an. Die Interessen der »Großen Vier« lassen sich bis in die Einzelheiten der vertraglichen Regelungen hinein verfolgen. So sollte das Vereinigte Königreich der Niederlande (aus den österreichischen Niederlanden mit den »Generalstaaten« unter dem Haus Oranien-Nassau in Personalunion mit dem Großherzogtum Luxemburg) ein Bollwerk englischer Interessen an der Scheldemündung sein. Den Zugang von Frankreich nach Oberitalien blockierte das Königreich Sardinien/Savoyen mit Nizza und der alten Republik Genua. Am Mittel- und Niederrhein entstand eine starke preußische Stellung, die außer den alten preußischen Besitzungen vor allem die linksrheinischen deutschen Gebiete umfaßte (außer der Pfalz, die an Bayern kam, und außer der Bundesfestung Mainz). Die Neuordnung Europas unter der Vorherrschaft der Quadrupelallianz vollzog sich vor allem auch als eine Konsolidierung der drei großen Kontinentalstaaten. Eine der folgenreichsten Wirkungen der Napoleonischen Europapolitik war das Vordringen Rußlands nach Westen. Die polnische Frage ist vorwiegend im russischen Interesse gelöst worden. Seitdem standen die Russen an der Weichsel. Das napoleonische Großherzogtum Warschau fiel zum größten Teil an Rußland, der Zar nahm den Titel eines Königs von Polen an und versprach den Polen eine »Repräsentativverfassung« und nationale Institutionen.

Das preußische Staatsgebiet wurde durch die Wiener Beschlüsse verdoppelt. Außer den rheinischen und westfälischen Erwerbungen waren besonders wichtig die umfangreichen sächsischen Gebiete, die Friedrich August trotz aller Proteste abtreten mußte. Aus den polnischen Besitzungen kamen das Herzogtum Posen, außerdem Thorn und Danzig an Preußen zurück. An der Ostseeküste wurde Schwedisch-Vorpommern preußisch.

Österreich erhielt nach dem Zusammenbruch des napoleonischen Italien nicht nur die illyrischen Gebiete (Kroatien und Dalmatien) zurück, sondern vor allem auch die oberitalienischen Ländereien Venetien und die Lombardei, auf denen seine Vorherrschaft in Italien beruhte. In den in Mittelitalien wiederhergestellten Herrschaften wurden habsburgische Sekundogenituren eingerichtet: Parma bekam, wie es schon bei der Abdankung Napoleons vereinbart worden war, die Kaiserin Marie Louise zugewiesen. Der Plan eines italienischen Staatenbundes, das heißt einer föderativen Neuordnung Italiens unter Österreichs Führung, ist Metternich nicht gelungen; er blieb Programm, bis Cavour die Einigung Italiens als modernen nationalen Gesamtstaat vollbrachte.

Von den deutschen Mittelstaaten gewann vor allem Bayern bei den Wiener Abreden einen neuen größeren Territorialbesitz, der sich nach der Rückgabe Tirols an Österreich in geschlossenen Gebieten aus den ursprünglich geistlichen Besitzungen von Mainz und Würzburg nach Franken und nach dem Main hin erstreckte. Unter diesen Umständen standen die Beratungen über die Lösung der deutschen Frage von vornherein in engster

Verbindung mit der Frage nach dem österreichisch-preußischen Verhältnis. Preußen war durch die Wiener Beschlüsse ganz eindeutig zur Vormacht in Norddeutschland geworden, und es war nicht zu übersehen, ob und wie es den süddeutschen Mittelstaaten gelingen würde, zwischen den beiden Großstaaten eine eigene Stellung zu gewinnen oder gar zu behaupten. Österreich hatte vorerst das Übergewicht in den deutschen Angelegenheiten, wie die deutsche Bundesakte erkennen ließ, die am Vorabend der Unterzeichnung der Kongreßakte bereits vollzogen worden war: das Grundgesetz des neugeschaffenen »Deutschen Bundes«. Sie sollte als integrierender Bestandteil der Kongreßakte gelten, zusätzlich zu den in dieser bereits festgelegten Grundlinien der neuen deutschen Verfassung. Die neue deutsche Einheit, wie sie von den Patrioten ersehnt wurde, brachte sie nicht. Metternich hatte für Kaiser Franz die deutsche Kaiserkrone nicht zurückverlangt; an Stelle des alten Reiches und auch des Napoleonischen Rheinbundes trat jetzt ein Bund von achtunddreißig souveränen Staaten, dessen »Bundestag« unter Österreichs Vorsitz stehen sollte und der im übrigen die Zuständigkeit der Bundesmitglieder nur wenig beschränkte. Die Schwäche dieser Konstruktion lag im Interesse der Metternichschen Gleichgewichtspolitik für ein europäisches Staatensystem, in dem alle einseitigen, unitarischen, nationalen und letzten Endes revolutionären Tendenzen keinen Platz hatten. Die Universalmonarchie Napoleons sollte durch Metternichs europäisch gedachtes Föderativsystem abgelöst werden; gegenüber dem Streben nach diktatorisch begründeter Einheit und dem Zentralismus eines einheitlichen deutschen Parlaments sollte der »Deutsche Bund«, genauso wie die Lega Italica oder die Schweizer Föderation, das innere Gleichgewicht der Staatenwelt sichern. Die Stärke einer Zentralgewalt in den Einzelstaaten dürfe nicht mit einer Zentralisation innerhalb von Staatenbünden verwechselt werden; diese – meinte Metternich – sei die »absurdeste Tyrannei, eine Folge des allgemeinen Hanges zum Nivellieren«. Den souveränen Nationalstaat als Selbstzweck lehnte er ab. Die Revolution sei auf Trennung der Mächte abgerichtet. Einheit und Einheitlichkeit der Nation galt als das nützlichste Werkzeug des Despotismus. Das war das »Grundprinzip der von Bonaparte errichteten Regierungen und zugleich das Idol der jakobinischen Projektmacher in Deutschland geblieben«. »Der Föderalismus begünstigt die Mannigfaltigkeit der Institutionen fast bis ins Unendliche, und diese Mannigfaltigkeit ist der stärkste Damm gegen die revolutionären Neuerungen«, so hatte der Staatsmann und Historiker Niebuhr in einem Verfassungsentwurf für die Niederlande im Jahre 1813 geschrieben.

Das höchste Ziel der Neuordnung Europas war für Metternich mit der führenden Rolle Österreichs in Deutschland sowie in Italien verbunden: »Zugleich selbständige Großmacht und doch fest verankert in dem gesamtdeutschen Staatenbund und in der gesamtitalienischen Lega« (Srbik). Unter diesem Aspekt wurden auf dem Diplomatenkongreß in Wien die Forderungen nach Freiheit und Einheit der deutschen Nation beiseite geschoben. Die Komplexität der deutschen Verfassungsfrage machte eine Wiederherstellung des alten Reiches nach allen Erfahrungen dieser Jahre von vornherein unmöglich. Die große Frage war vielmehr, wie die wiederhergestellten und zugleich neu konsolidierten deutschen Staaten, die nationalstaatlichen Forderungen und die durch Napoleon geschaffenen Staaten zu einer neuen Gesamtheit zusammenzuführen waren und wie schließlich die beiden deutschen und zugleich europäischen Mächte Österreich und Preußen ein Verhältnis zueinander finden würden. Das alte Problem der deutschen Geschichte seit dem Westfälischen Frieden stand auch in Wien zur Debatte: Wie sollte man aus der alten abgestorbenen Reichsverfassung nach revolutionären Staatsbildungen zu einer den Aufgaben der Zeit gewachsenen und ihr angemessenen modernen Staatsbildung kommen? Die Patrioten wünschten den deutschen Nationalstaat, nicht eine Reform der alten Zustände, einen Neubau, nicht als Werk der Fürsten, sondern der deutschen Nation, die Dynastien und Einzelstaaten waren für sie Nebensache. Ihre Pläne waren daher mehr oder weniger unitarisch, revolutionär, demokratisch. Die feierliche Zusage des Zaren in dem Aufruf aus Kalisch vom 25. März 1813, für eine »Wiedergeburt des ehrwürdigen Reiches« mächtigen Schutz und dauernde Gewähr zu leisten, hatte bei allen deutschen Patrioten gezündet, obwohl unklar blieb, was mit diesen Worten eigentlich gemeint sei. Von einer Absetzung der deutschen Fürsten war nun keine Rede mehr, wie Stein es zeitweilig gefordert hatte. Vielmehr sprach man nur die Hoffnung auf eine freiwillige Teilnahme am Befreiungskampf aus und drohte Widerstrebenden, daß sie reif zur »verdienten Vernichtung durch die Kraft der öffentlichen Meinung und durch die Macht gerechter Waffen seien«.

Mit dem Pariser Frieden vom Mai 1814 war endgültig entschieden, daß die deutschen Staaten in ein Bundesverhältnis treten, aber unabhängig voneinander bleiben würden. Metternich hatte durch die Garantie des Besitzstandes und der Souveränität der süddeutschen Rheinbundfürsten, bei deren Übertritt zur Koalition im Oktober 1813 den Plan des Pariser Friedens schon präjudiziert – abgesehen davon, daß er mit dieser Garantie den österreichischen Einfluß in Süddeutschland verstärkte und damit »die große, unheimliche Rätselfrage«, den deutschen Dualismus, weiter in den Vordergrund schob. Auch Stein hat sich der Einsicht nicht verschließen können, daß die deutsche Frage nur durch ein föderatives Bundesverhältnis zu lösen sei, wenn er auch an dem Gedanken einer starken Zentralgewalt festhielt, unter welche »die Souveränität und Despotie der sechsunddreißig Häuptlinge«, wie er die deutschen Fürsten wegwerfend nannte, gebeugt werden sollte. Den Schritt, der sich seit dem Herbst 1813 als Ausweg aus dem Dilemma unter Verzicht auf den Einheitsstaat aufdrängte, den Schritt zum Staatenbund, hat Stein nicht mitgemacht. Humboldt hatte dagegen ebenso großartig wie nüchtern die Lage erkannt und die Aufgabe entwickelt, wie sie sich im Winter 1813/14 stellte: Nach der Auflösung des Rheinbundes müsse entschieden werden, was geschehen solle. Voraussetzung für die Neugestaltung Deutschlands sei die Anerkennung des Status quo. In der Anpassung an die Verhältnisse, wie sie nun einmal bestanden, ergab sich die Art, wie die notwendige innere Konsolidierung Deutschlands zu denken sei. Einheit Deutschlands war auch Humboldts Programm, und zwar nicht nur aus der zunächst vorherrschenden Frontstellung gegen Frankreich, sondern auch weil nur eine auch nach außen hin starke Nation den »Geist in sich bewahre, aus dem auch die Segnungen im Innern strömen«. Humboldt fragte sich, ob das ganze Deutschland durch eine einheitliche Verfassung verbunden werden sollte oder durch einen bloßen Verein. Im Winter 1813/14 entschied er sich für den Staatenverein, und sein Entwurf für ihn entsprach dem Prinzip der Bundesakte von 1815: Er sollte ein enges, unauflösliches Verteidigungsbündnis der souveränen Fürsten sein, von den europäischen Großmächten garantiert,

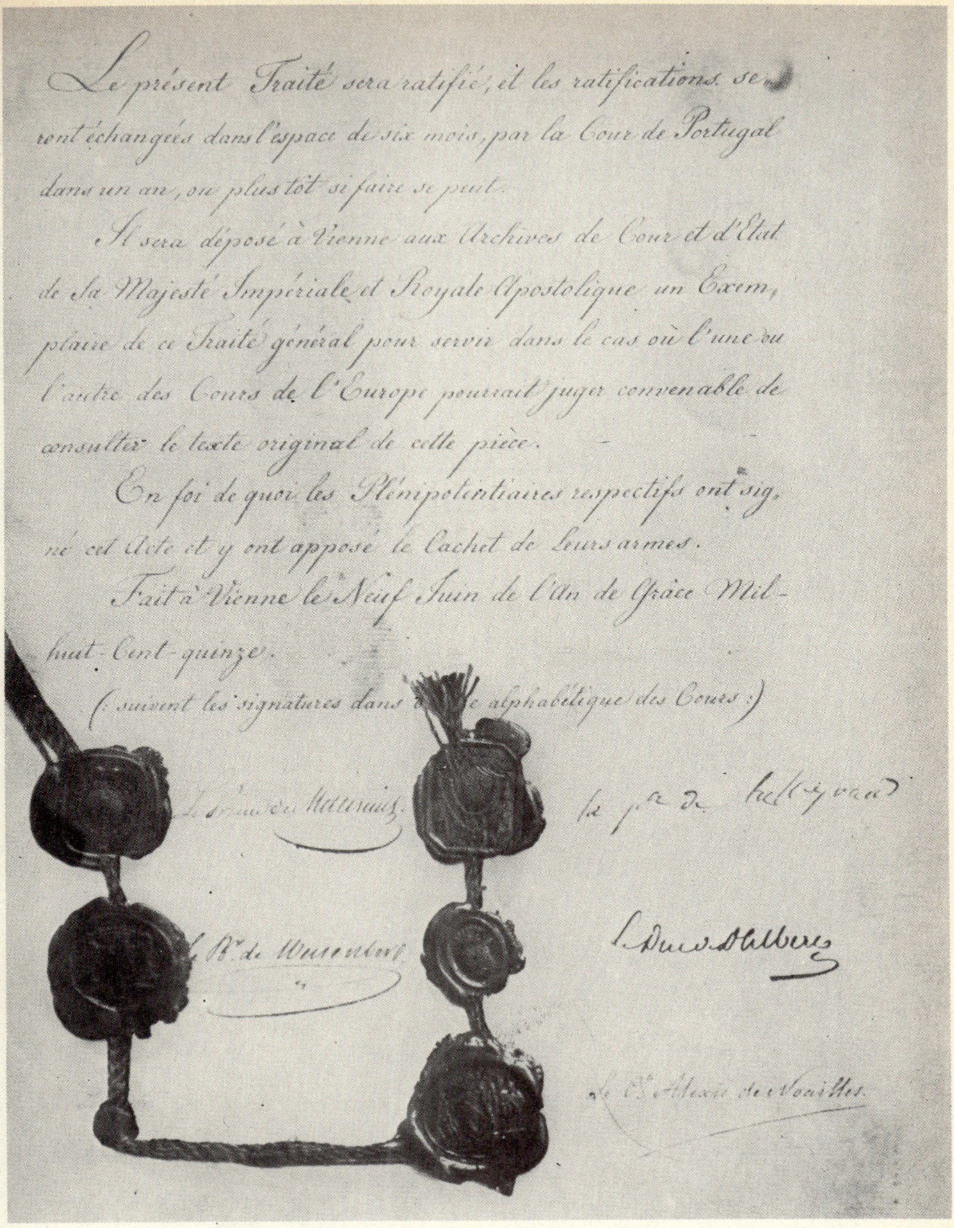
Le présent Traité sera ratifié, et les ratifications se-
ront échangées dans l'espace de six mois, par la Cour de Portugal
dans un an, ou plus tôt si faire se peut.

Il sera déposé à Vienne aux Archives de Cour et d'Etat
de Sa Majesté Impériale et Royale Apostolique un Exem-
plaire de ce Traité général pour servir dans le cas où l'une ou
l'autre des Cours de l'Europe pourrait juger convenable de
consulter le texte original de cette pièce.

En foi de quoi les Plénipotentiaires respectifs ont sig-
né cet Acte et y ont apposé le Cachet de leurs armes.

Fait à Vienne le Neuf Juin de l'An de Grâce Mil-
huit-Cent-quinze.

(suivent les signatures dans [illegible]e alphabétique des Cours:)

Le Prince de Metternich. Le Pce de Talleyrand

Le Bn de Wessenberg. Le Duc de Dalberg

Le Cte Alexis de Noailles.

Der Wiener Kongreß
Letzte Seite der Akte vom 9. Juni 1815 mit den Unterschriften
Wien, Haus-, Hof- und Staatsarchiv

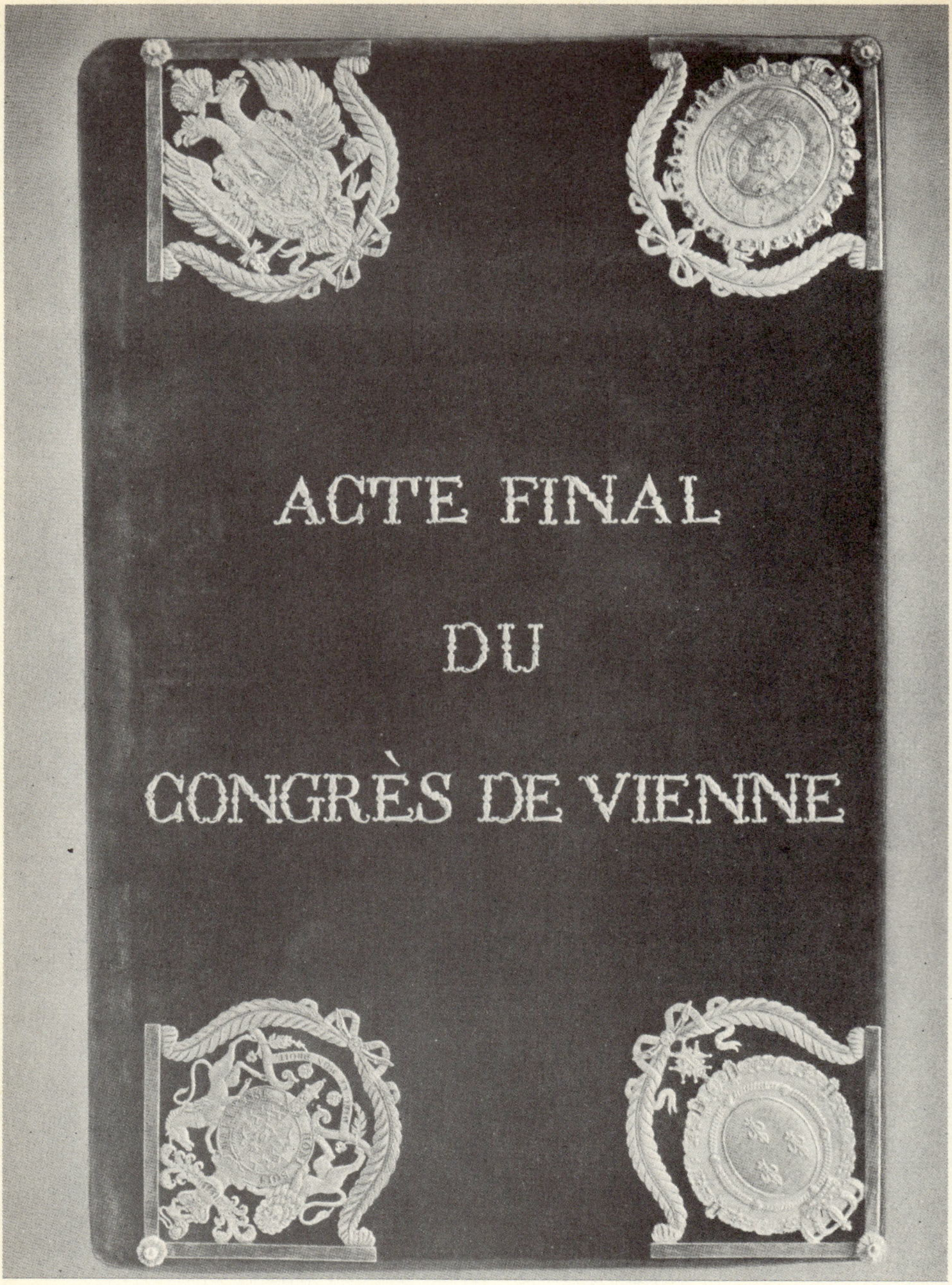

Aufbewahrungsmappe der Wiener Kongreß-Akte. Wien, Haus-, Hof- und Staatsarchiv

unter der gemeinsamen Führung Österreichs und Preußens, denen wegen ihrer europäischen Stellung dieser Vorrang zukomme. Durch Gleichartigkeit der Zivil- und Staatsgesetzgebung, durch die Freiheit der Universitätsbildung, an der »die Gleichmäßigkeit der Fortschritte der Geistesbildung in dem gesamten Deutschland vorzüglich hängt«, und durch einen umfassenden Handelsvertrag sollte die innere Einheitlichkeit und Gleichartigkeit des Staatenbundes gefördert werden. Hardenberg hatte im Juli 1814 in den sogenannten einundvierzig Punkten diese Gedanken, wie es seine Art war, im wesentlichen übernommen und im Sinne Steins durch den Vorschlag einer Bundesversammlung in Frankfurt ergänzt. Die Bundesversammlung bestand aus dem Direktorium, dessen Vorsitz Österreich mit Preußen zusammen übernahm, ferner aus dem Rat der mit exekutiver Gewalt ausgestatteten Kreisobersten der sieben Kreise, in die das gesamte Bundesgebiet einzuteilen sei, und schließlich aus dem Rat der Fürsten und Stände der übrigen Bundesmitglieder. Alle drei Gremien zusammen sind im allgemeinen Interesse des Bundes als Legislative tätig. Alle Mitglieder unterliegen einer gemeinsamen Verteidigungspflicht, wenn ein einzelner Staat des Bundes angegriffen werden sollte. Hardenbergs Denkschrift hat als offizielles preußisches Programm zur deutschen Verfassungsfrage den Wiener Verhandlungen als Grundlage gedient.

Der »Deutsche Bund«, der mit der deutschen Bundesakte geschaffen wurde, war ein Staatenbund mit internationalem Charakter. Nichtdeutsche Fürsten, die in Personalunion mit deutschen Fürstentümern standen, waren Mitglieder, wie der englische König mit Hannover, der dänische König mit Holstein und Lauenburg und der niederländische König mit Luxemburg und Limburg, während Österreich und Preußen nicht mit dem Gesamtbestand ihrer Länder Mitglieder des Deutschen Bundes waren. Ausdrücklich wurde erklärt, daß der Deutsche Bund nicht Rechtsnachfolger des alten deutschen Reiches sei, ebenso wurde hervorgehoben, daß der Bund rein defensiven Charakter habe und der äußeren und inneren Sicherheit Deutschlands diene. Einziges Bundesorgan war die Bundesversammlung oder der »Bundestag« in Frankfurt am Main als ständiger Gesandtenkongreß der deutschen Staaten. Das Präsidium erhielt als geschäftsführende Macht Österreich, das damit aber praktisch eine hegemoniale Stellung einnahm. Solange Österreich und Preußen einig waren, Preußen Österreich folgte, war die Problematik des deutschen Dualismus vertagt. In der folgenden Zeit ist das Plenum nur selten zusammengetreten; der Bund war durch den »engeren Rat« repräsentiert, in dem bei Stimmengleichheit die Präsidialstimme entschied. Daß in vorsichtigen Wendungen in der Bundesakte gesagt wurde, eine landständische Verfassung werde in allen Bundesstaaten »stattfinden«, kennzeichnet den politischen Charakter des Bundes besonders drastisch. Der Deutsche Bund war ein Bund der Fürsten der Einzelstaaten, eine »Existenz zwischen den Zeitaltern«, eine Durchgangsform auf dem Wege vom alten Reich zum modernen Nationalstaat. Daß es überhaupt zu einer Neuordnung gekommen ist, das ist bei aller Kritik Metternichs Verdienst gewesen. Der Deutsche Bund war ein notwendiger Teil seines Systems des europäischen Gleichgewichts der großen Mächte, eine Stütze der mitteleuropäischen Machtstellung Österreichs gegen westlichen Umsturz und russische Übermacht. Auch Humboldt hat die europäische Aufgabe des Bundes in der Erhaltung des Gleichgewichts, in der »Sicherung der

Ruhe« in Europa gesehen, ja, er ging später sogar so weit, zu sagen, daß eine aktive Außenpolitik ein Unglück für Deutschland sein würde. Einmal in die internationalen Verwicklungen geraten, könnte niemand hindern, »daß nicht Deutschland als Deutschland auch ein Erobererstaat würde, was kein echter Deutscher wollen kann«. Nach all den Erfahrungen seines Zeitalters beherrschte den alternden Staatsmann die Sorge vor Entwicklungen, die diesen Zirkel stören könnten: Einheitsbewegung und Reichsgründung als Begründung eines starken Nationalstaates. »Es ist in seinen Gedanken wie ein Bangen vor dem Weltgeschick des aufsteigenden Jahrhunderts« (Kaehler). Die nationalen Leidenschaften und die Hoffnungen auf ein neues, einiges Deutschland erlagen dem politischen Kalkül der großen Mächte. »Ich kann nicht sagen, daß mich die Zukunft freut«, schrieb Humboldt am Tage der Unterzeichnung der Kongreßakte enttäuscht und resigniert an seine Frau. »Der vorige Krieg (1813/14) war das eigentlich Große und Schöne, und er ist wie ein junger und kräftiger Baum plötzlich ins Welken gekommen. Der Pariser Friede verderbte ihn zuerst, der Kongreß nachher, und die Ursache des einen und anderen Verderbens war, daß das, was der Krieg schön und groß gemacht hatte, einzeln dastand, daß es sich nicht eigentlich durch alle Klassen und Stände, noch weniger durch alle Nationen gleich verbreitet, daß es an einem großen Menschen fehlte, der an der rechten Stelle das Unharmonische durch sich zusammengehalten und geleitet hätte, daß vielmehr gerade bei den beiden, die abwechselnd leiteten, der Kaiser (Alexander) und Metternich, Persönlichkeiten und Kleinlichkeiten vorwalteten und im englischen Kabinett zu große Mittelmäßigkeit herrschte, um diese Fehler zu verbessern. Jetzt und nach dem Kriege wird es sich erst recht zeigen, ist überall Mißverhältnis und dadurch wird das Gute selbst minder heilsam, ja, bekommt selbst vielleicht eine schädliche Richtung.« Trotz dieser bitteren Kritik wird man nicht übersehen können, daß echte Anstrengungen gemacht worden sind, um den durch die Napoleonische Eroberungspolitik und ihre Katastrophe verwüsteten Kontinent in eine neue Ordnung zu bringen. Die Kongreßsprache war keine leere Propaganda; trotz der sofort einsetzenden Kritik unbefriedigter Interessen hat der Kongreß dem allgemeinen Frieden doch eine vertragliche Grundlage gegeben. Man hat versucht, die internationalen Beziehungen so zu regeln, daß der Gebrauch von Gewalt ausgeschlossen sein sollte, indem an Stelle der militärischen Gewaltpolitik Napoleons die Konferenzpolitik des diplomatisch auszuhandelnden Vergleichs trat. Die Politik des Gleichgewichts hat nicht nur damals die Neuordnung Europas bestimmt, sondern in den Händen des Areopags der fünf Großmächte haben die Geschicke des ganzen Jahrhunderts gelegen. Das System der europäischen Pentarchie war eine Hochform in der Geschichte internationaler Beziehungen. Dieses System bildete die Voraussetzung für die Weltstellung Europas im 19. Jahrhundert. Mit seinem Zusammenbruch im ersten Weltkrieg war auch Europas Vormachtstellung beendet. Man hat zur Charakterisierung der Wiener Verträge oft gesagt, daß in ihnen unverkennbar der Geist des Ancien régime wirksam sei, daß die Gleichgewichtspolitik im Sinne der dynastischen Konvenienzen gedacht sei, daß ihnen schließlich auch ein mechanistisches Verständnis der Politik zugrunde liege, statistische Berechnungen größeres Gewicht für sie besessen hätten als die »moralischen Kräfte«, die zum Wesen der revolutionären Politik gehören. Das Schicksal der Nationalitäten sei dem abstrakten Staatsinteresse geopfert worden, das sei die Ursache für den Konflikt in den folgenden Jahrzehnten zwischen dem nationalen Aktivismus und der Politik der restaurierten Staaten. Eine solche Kritik findet ihre Grenzen jedoch in der Tatsache, daß die »Restauration« des Wiener Kongresses – wie es von Metternich selbst erklärt worden ist – eine Not- oder Zwangslösung gewesen ist. Bei den einsichtigen Zeitgenossen waren die erschütternden Erfahrungen der Revolution zu mächtig, als daß sie hätten meinen können, die ungeheure Gefahr der revolutionären Dynamik beseitigt zu haben. Den europäischen Staatsmännern war in Wien das Bewußtsein nicht fremd, einem Erdbeben der europäischen Gesellschaft gegenüber hilflos zu sein. Sie versuchten, in dieser Lage wenigstens zu halten, was noch und solange es noch zu halten war. Metternich selbst hatte den »geheimsten Gedanken«, »daß das alte Europa am Anfang seines Endes« stehe. Das neue Europa sei andererseits noch nicht im Werden; »zwischen Ende und Anfang wird es ein Chaos geben«. Diese Reflexionen haben ihn bis in sein Alter hinein immer wieder beschäftigt, auch in Beziehung auf seine eigene Stellung zwischen den Zeiten. »Ich gestehe mir zu«, notierte er sich, »die Lage erkannt zu haben, aber auch die Unvermögenheit, in unserem Reiche und in Deutschland ein neues Gebäude aufzuführen, weshalb meine Sorge vor allem auf die Erhaltung des Bestehenden gerichtet war.« Mit diesen Gedanken begegnet er sich in bemerkenswerter Weise mit Napoleons auf St. Helena formulierter Diagnose: die alte Welt sei untergegangen, die neue stehe noch nicht. Der Kaiser und der Staatskanzler gehören zusammen wie Revolution und Restauration, deren Dialektik die Geschichte der modernen Welt in Atem hält.

Richard Benz

DIE ROMANTISCHE GEISTESBEWEGUNG

Geistige Bewegungen

Die abendländische Geistigkeit steht von jeher unter dem Gesetz der »Bewegung«, im Gegensatz etwa zu der relativen Statik der gleichzeitigen byzantinischen oder arabischen Kulturen. Die Ursache davon mag in der vielfältigen Bedingtheit aus griechischen, römischen, keltischen, germanischen, slawischen Grundelementen liegen, und die Durchsetzung und Verdrängung eingeborener Mythen und Kulte durch fremde Religion und Mythologie. Ur-Kunde gibt es hier nicht, das ältere Mythische ist nur in Dichtungsfragmenten und gelegentlichen Volkserinnerungen erhalten. Für das eindringende Christlich-Antike sind die stummen Denkmale der Baukunst für lange Zeit das, was untrüglich, aber doch geheimnisvoll aussagt. Erst allmählich reifen die großen Dichtungen, dann die Weltdeutungen der Denker heran, und als Vollendung, die unbestritten bleibt, erscheint gerade in Europa die Musik, wiederum geheimnisvoll und mit Worten kaum zu deuten.

Auch die Baukunst hat hier nicht eine bleibende Form, an der, als dem einmal Gefundenen, festgehalten wird, wie beim Typus des griechischen Tempels – sie hat Stile, die einander verneinen und ablösen und deren Wandel von geistigen Bewegungen bedingt ist. Hier handelt es sich bereits um Revisionen und Reformen, die auf ein »Ursprüngliches« zurückzugehen suchen und Wiederherstellung des Reinen, »Eigentlichen« fordern, wie die zisterziensische oder franziskanische. Es ist ein »Zurück«-Begehren, wie es dann in Namen wie Re-Formation, Re-Naissance, Re-Volution zum Ausdruck kommt.

Nehmen wir bei aller Kunst und Kultur als tiefste Bedingtheit die religiöse an, so müssen wir doch beobachten, daß solche Bedingtheit nicht nur positiv, sondern auch negativ sein kann: daß sie künstlerisches Schöpfertum nicht nur inspiriert, sondern zuweilen auch beeinträchtigt und verhindert; woraus dann wieder völlig neue Geistentwicklungen folgen. Ein Beispiel liegt uns besonders nahe: die neuere Geistigkeit beruht auf zwei »Bewegungen«: der protestantischen Reformation und der katholischen »Gegenreformation« (bei der jedoch das anscheinend Negative ursprünglich die Gegenwehr des Angegriffenen bedeutet). Von den beiden Bewegungen führt nur die zweite zu einem »Stil« – was anfangs als Jesuitenstil sich in Italien bildet, breitet sich bald als Barock über die anderen Länder, zuletzt auch über die protestantischen, wird zum Gesamtstil der Zeit: weil hier die alten bildenden Kräfte unmittelbar aus dem Kult heraus herübergerettet sind, die dem

Protestantismus als solchem infolge seines vergeistigten Gottesbegriffs, seiner Verwerfung der Abbildung alles höheren Göttlichen überhaupt mangeln mußten. Wird ein solcher Verlust, etwa angesichts anderer Kunst, mit der Zeit als wirklicher Nachteil empfunden, so treten Bewegungen auf, die zu einem Ersatz drängen, ja auf Wiederbringung des Verlorenen bedacht sind. Bringen wir unwillkürlich, aus nachträglicher Sicht, alle Romantik mit dem Christlich-Katholischen zusammen, so bedeutet dies gerade nicht, daß sie aus dem Katholizismus entstand, sondern in protestantischen Ländern sich bilden mußte als Sehnsucht nach den verlorenen alten Bindungen, die dann oft auch im Katholizismus selbst ihre Stillung fand. So ist die Romantik ursprünglich eine protestantische Bewegung: wir finden sie in England und im nördlichen Deutschland, nicht aber bei den katholisch gebliebenen Nationen und Landesteilen, die nur spät und nur dort von ihr berührt werden, wo sie die von ihnen selbst gehüteten Geisteswerte einbezogen fühlen.

Romantisches Vorspiel: England

In dem vom Barock kaum in den Tiefen berührten, auch formal nur modisch und gesellschaftlich beeinflußten England sind die Strömungen zuerst hervorgebrochen, die bis heute das moderne Leben bestimmt haben. Daß nach glücklicher Beendigung schwerer politischer Kämpfe, die zugleich auch immer konfessionelle waren, Toleranz sich einstellt, hat ein Schwinden dogmatischer Bindung zur Folge, welches das Feld frei macht für neue Inhalte von Geist und Gemüt – es ist das Zauberwort »Natur«, das ins beginnende 18. Jahrhundert hineinhallt und nicht so bald wieder verklingt. In zwei Formen hat England das Verhältnis zur Natur erneuert oder neu bestimmt: Natur-Wissenschaft und Natur-Gefühl werden gleichzeitig autonome Gebiete, die ins Unendliche zu kultivieren sind. Naturwissenschaft wird der Aufklärung der Vernunft verdankt, die von England ausgeht und auch im Sittlichen und Ästhetischen zur Geltung kommt. Natur-Erleben wird dazu der Ausgleich, das große Heilmittel gegen die rein zweckhaft-vernünftige Auffassung und Durchforschung der Welt – Gift und Gegengift werden der Menschheit gleichzeitig gereicht. Wie von einem Tag auf den andern ist England plötzlich das Land des Deismus, ja des Atheismus geworden. Eine Religion der Vernunft entsteht, die zunächst noch ihre Gläubigen mit den Wohltaten der Abschaffung von Aberglauben, Hexenwahn, religiösem und staatlichem Terror beglückt, ihnen dafür aber auch das »Wunderbare« in einem hohen Sinne verächtlich macht, die Phantasie in Bann tut und alle Kunst im Grunde verneint. Vernunft- wie Naturglaube mußten die durchaus irrationale und überaus künstliche Kultur des Barock in Frage stellen und schließlich sprengen. Aber auch während die Grundlagen des Stils noch unerschüttert beharren, dringen nach und nach neue Elemente, und nicht zerstörend, in die Kultur des 18. Jahrhunderts ein. Mit dem Jahr 1726 beginnt das erste Kompendium des Naturgefühls zu erscheinen: Thomsons »Seasons«, die Jahreszeiten, die lange und weithin wirken und noch Haydns gleichnamiges Oratorium inspirieren. Sie sind, so wenig wie seines deutschen Nachfolgers Brockes »Irdisches Vergnügen in Gott«, von rationalistischen Zweck-

Horace Walpole in der Bibliothek seines »gotischen« Hauses Strawberry Hill
Aquarellierte Zeichnung von Heinrich Müntz, 1756. Brighton, Commander C. Campbell-Johnston

Furien wecken einen Krieger
Zeichnung von Johann Heinrich Füßli, um 1785
Zürich, Kunsthaus

gedanken frei: wie der Schöpfer alles so schön eingerichtet habe zu Nutz und Frommen des Menschen. Ernster ist der Widerklang bei dem Schweizer Haller, dessen Gedicht »Alpen« neben inniger Naturversenkung und erster Schilderung des Hochgebirges schon etwas von der Sehnsucht nach dem »Ursprünglichen« gewahren läßt; das er aber nicht als ferne verlorene goldene Zeit beklagt, sondern als lebendige Gegenwart im noch vorhandenen Bauern- und Hirtenleben seiner Heimat malen kann. Daß Haller zugleich Naturwissenschaftler ist und einer der bedeutendsten der Zeit, zeigt die ideale Vereinigung der von England ausgehenden Impulse, die er ja auch persönlich bei seinem dortigen Aufenthalt erfährt. Daß in ihm die neuen Elemente mit einem echten Christentum verbunden sind, das ihn zu großartigen Oden über Unendlichkeit und Ewigkeit, Tod und Vergänglichkeit ermächtigt, läßt schon eine künftige Entwicklung ahnen und ein echt Romantisches aufleuchten: ähnlich wie später Jean Paul hat er in seine dichterischen Visionen das moderne kopernikanische Bild des Kosmos einbezogen. Und von seinem Gottesbegriff bekennt er an seinem Lebensende, daß er Gott immer viel zu menschlich »wie einen Schutzgeist einer Erde oder eines Volkes« vorgestellt gefunden habe: »Mich hat die Kenntnis der Natur gelehrt, höher von Gott zu denken.« Es sind leise Veränderungen des Weltgefühls, die sich so melden, und sie machen sich bald auch in der Gestaltung der Umgebung des Menschen bemerkbar. Noch innerhalb der Barockkultur tritt eine Wandlung von größter Symbolkraft ein, und sie trägt wiederum den Namen Englands in die ganze Welt: Der »Englische Garten« wird ein dauerndes, uns heute noch anschaubares Denkmal des veränderten Verhältnisses zur Natur. Zum Barockschloß gehörte der Französische Park, wo der menschliche Schöpferwille souverän die Natur durch die Kunst unterjochte, mit Bäumen wie mit Säulen baute, Büsche zu Figuren verkünstelte, den natürlichen Lauf der Quellen in springende Wasserkünste wandelte. Auch der Englische Garten ist noch Kunst; aber statt der menschlichen Ausstrahlung gibt er in diskreter Regie ein andächtig zu schauendes Gegenüber, wirksamer und abwechslungsreicher, als es in der kunstlosen Natur vorzukommen pflegt. Auch das Bauliche wird jetzt der Empfindung bereitgestellt, und neben Moscheen und antiken Tempelchen erscheint bereits die Ruine, historisches Denkmal des Vergangenen und der Vergänglichkeit, für ein romantisches Träumen; und zuletzt das »Gotische Haus«. Es öffnet sich die erste Perspektive zum Mittelalter – der Zugang zur abendländischen Vergangenheit ist wiedergefunden, nicht durch historische Abhandlungen und Hinweise, sondern durch lebendiges Nachbild. Es ist kein Zufall, daß auch dies in England geschah, wo die Gotik am längsten gewährt hatte, ja zum Behelf des Restaurierens an den Kathedralen sogar noch gotische Bauhütten existierten. Was aber jetzt entsteht, ist ein Privathaus, das ein Liebhaber der Gotik sich errichtet, um ganz sich in jener alten Zeit heimisch zu fühlen. Es ist Strawberry-Hill, das Horace Walpole an Stelle eines alten Landhauses auf dem Erdbeerhügel an der Themse erbaut. Ein Aquarell vom Jahre 1756 zeigt ihn in elegantem Rokoko-Kostüm in seiner Bibliothek sitzend, vor dem großen gotischen Fenster mit drei Spitzbogen, zu dessen Seiten hohe Bücherschränke mit dünnem Maßwerk geziert und von Fialen gekrönt riesenhafte gotische Folianten beherbergen. Denn der noch junge Hausherr ist auch ein großer Sammler und Schriftsteller, hat weite Reisen gemacht, sich lange in Florenz aufgehalten und sich in Italien ein Mittelalter erträumt, wie sein Roman »The

Castle of Otranto« es malt, den er als »gotische Dichtung« 1764 herausgibt, in dem gleichen Jahr, da er sein Haus der gesellschaftlichen Welt feierlich eröffnet. Von dieser Sensation wird auch der Fürst Friedrich Leopold Franz von Anhalt-Dessau berührt, der damals unter der Führung seines Mentors Lawrence Sterne England besucht. Die weitere Reise ist unter dem Titel »Yoricks sentimental Journey« bekannt, für deren deutsche Übersetzung Lessing das Wort »Empfindsame Reise« prägt. Diese geniale Neuschöpfung eines Wortes hat dann einer ganzen Epoche den Namen gegeben.

Empfindsamkeit

Im Jahre 1768 geht dieses Buch in die Welt. Und unter seinem Zeichen steht auch der größte Englische Garten Deutschlands, das »Gartenreich« eben jenes Fürsten von Dessau, das nun auch sein Gotisches Haus erhält, nach dem Muster von Strawberry-Hill auch ein Fassadenbau ohne echtes strukturelles Verständnis oder Raumgefühl; es soll sich nur malerisch in das Naturreich fügen, gleich den übrigen antiken Bauten und Denkmälern. Denn alles steht hier noch friedlich nebeneinander, von der gleichen Empfindsamkeit erlebt. Da sind der Vesta, der Flora, der Venus Tempel errichtet, ein Pantheon, ein Nymphäum findet sich, ein Tal Elysium, und die Fülle antiker Skulpturen und Gipsabgüsse, vor allem von Büsten, die durch Inschriften ein Glaubensbekenntnis an alles Große und Schöne ablegen. Da sprechen Winckelmann wie Klopstock, Herder wie Gellert und Geßner zum andächtigen Beschauer; vor allem ist mit einem Altar dem gehuldigt, der die Rückkehr zur Natur am eindringlichsten gepredigt hat: Rousseau. Der ganze Bildungskomplex einer Zeit ist hier zusammengefaßt, denkbar verschiedenartig nach Wesen und Wert, aber eben auf den Generalnenner einer neuen seelischen Reaktion gebracht: nicht mehr mit dem kritischen Verstand, der regelsetzenden Vernunft wird dem Kunstwerk, dem geistigen Schöpfer begegnet, sondern mit dem Gefühl, wie man die lebendige Natur in ihren unendlichen Stimmungen zu erleben sich gewöhnt. Es hat an sich noch nichts mit dem Romantischen zu tun, bereitet es aber vor und wird es immer mit der Natur in Zusammenhang halten. Es versteht sich von selbst, daß dadurch auch das Liebeserlebnis sich wandelt und, aufs höchste intensiviert, zu einem Eigenwert gesteigert wird, der über Sein und Nichtsein entscheidet. Goethes »Werther« findet einen Widerklang und Nachhall wie kein anderes seiner Werke – noch nach Jahrzehnten wird ein Napoleon den Dichter nur um dieses Werkes willen ansprechen. Auch die seelische Vertiefung der Freundschaft hat hier ihren Ursprung, wird eine Voraussetzung der geistigen Bruderschaften der Romantik. Es ist in diesem Gartenreich von Wörlitz, wo Tieck und Wackenroder schwärmend sich ihre Zugehörigkeit bestätigen. Aber auch Goethe hat hier immer wieder geweilt, allein oder mit seinem Fürsten, dem der Dessauer von früh an kulturelles Vorbild war. Der Weimarer Park ist ohne den Wörlitzer nicht zu denken. Sein Begründer und Betreuer Goethe hat dann in den neunziger Jahren, seit Italien ein Gewandelter, den Akzent mit dem Bau des »Römischen Hauses« einseitig auf das Antike verlagert; und die Betonung des Gegenpols war dann die begreifliche Antwort.

Die Schweizer

Ganz allmählich wachsen die romantischen Elemente, diesem Gegenpol zustrebend, in der zweiten Hälfte des 18. Jahrhunderts heran, zunächst noch mit und neben den klassischen, bis sie in eigener Schau zusammengefaßt werden. Das Umfänglichste und Bedeutendste haben die Schweizer beigetragen – sie sind die wahren ersten Entdecker gewesen, welche die altdeutsche Welt erschlossen. Eigentlich war es ein Einzelner, der Zürcher Johann Jacob Bodmer. Er besaß für große Dichtung und Kunst einen erstaunlichen Instinkt, und die Richtung, in welche dieser ihn führte, ergab sich aus der besonderen kulturellen Lage der Schweiz. Wenn der Dessauer Fürst in dem Gotischen Haus alles um sich sammelte, »um in der Mitte seiner ruhmvollen Vorfahren sich selbst zu leben«, so bedurfte der schweizerische Republikaner keiner solchen Vorzugsstellung, sondern fand in seiner noch lebendigen Mundart eines Tages dieselbe Sprache wieder, in der die »schwäbischen« Dichtungen des Mittelalters geschrieben waren. Aber auch die altdeutschen Künstler waren in seiner Heimat noch so wenig vergessen, daß er sich bei seinem ersten literarischen Unternehmen, den »Discoursen der Mahlern« (1721), mit »Hans Holbein« unterzeichnen konnte. Er hat dann 1748 die ersten Proben, 1758 den ganzen Codex der Minnesinger (die Manessesche Handschrift) herausgegeben, desgleichen nach den Handschriften das Nibelungenlied. Mit seinem Schüler Christoph Heinrich Müller zusammen besorgte er noch bis zu seinem Tode 1783 den Erstdruck der sämtlichen übrigen mittelhochdeutschen Epen. Dies letzte Werk war, in Berlin gedruckt, Friedrich dem Großen gewidmet, der es mit den bekannten Worten empfing: diese Dinge seien nicht einen Schuß Pulvers wert und verdienten nicht, aus dem Staube der Vergessenheit gezogen zu werden. Aber es vergingen keine zehn Jahre, und die Bodmerschen Ausgaben waren in den Händen der jungen Berliner Romantiker, die ihre Kenntnis des deutschen Altertums einzig hieraus schöpften. Und Bodmer war kein bloßer Philologe, er erkannte als erster den Wert der alten Dichtung – von ihm stammt der Vergleich der Nibelungen mit der Ilias. Und er durfte so reden – war er doch zugleich der erste Homer-Übersetzer: noch ward das Klassische und das Altdeutsche mit derselben Bereitschaft aufgenommen. Auch eine dritte Großtat hat Bodmer veranlaßt und ermöglicht: die erste Shakespeare-Übersetzung, zu der er Wieland in dessen Züricher Zeit gewinnt. Sie erscheint von 1762 bis 1766 in Zürich und bleibt, auch in der Eschenburgschen Neubearbeitung, die einzige, aus der man, vom Sturm und Drang bis in die deutsche Klassik, den großen Briten kennt – A. W. Schlegels bedeutendere Eindeutschung erscheint erst um die Jahrhundertwende. Eine andere Einwirkung Bodmers kommt der bildenden Kunst zugute: sein Lieblingsschüler Johann Heinrich Füßli hat Homer und den Nibelungen, Shakespeare und Wielands Oberon die gleiche großartige Bildfassung gegeben, jenseits alles historischen Stilisierens und Kostümierens, in der Dynamik menschlicher Urgewalten. Aber das geschieht erst, seit er 1764 nach England übergesiedelt ist und Reynolds den Maler in ihm entdeckt. Und bald findet er dort Künstlerfreunde, die das noch in ihm Geeinte schon in gewisser Sonderung darstellen: John Flaxman, der in seinem Umrißstil nach griechischen Vasenbildern einen graphischen Klassizismus auf die Bahn bringt, der stark auf Deutschland und die werdende Romantik wirkt; und William Blake, eine der größten Schöpferpersönlichkeiten Englands, mystischer Dichter und visionärer Bildner zugleich, der wohl Miltons religiöse Welt einbezieht, aber sein Eigenstes in einer Mythik gibt, die in den neueren Zeiten ohne Beispiel ist.

Sturm und Drang

In der kurzen Zeit zuvor, da Füßli wie ein Komet in Deutschland auftaucht und verschwindet, hat er die Bewegung entfesselt, die von Menschen wie ihm den dynamischen Namen trägt – er bringt das echte Revolutionäre hinein, was den damaligen Deutschen fremd genug ist. Er hat, mit seinem Freund Lavater zusammen, mit den Ideen Rousseaus Ernst gemacht – sie greifen einen ungerechten Landvogt an, und obgleich sie mit ihren Enthüllungen im Recht sind und seinen Sturz bewirken, müssen sie die Rache des Patriziats fürchten und sich ihr durch die Flucht entziehen. Es ist eine ethische Tat, und kein grundsätzlicher Umsturzwille liegt ihr zugrunde – aber es ist eine Tat, in deren Glorie sie in Deutschland erscheinen. An ihr entzündet sich ein geistiges Freiheitspathos, wie es der Empfindsamkeit an sich fremd war; es beruft sich auf das Recht des großen Individuums, den innewohnenden »Genius«. Was sich bei vielen später als hohles Prahlen mit Originalität zeigt, das ist in Füßli als unwiderstehliche Kraft echten Schöpferdrangs zu spüren, wenn man seine hingewühlten Briefe an Lavater und Bodmer liest, auch noch aus seiner englischen Zeit, da seine Kritik an Literatur und Kunst immer ins Schwarze trifft und zu Formulierungen gelangt, die auch Herder und Goethe faszinieren, an welche die Schweizer Freunde jedes Wort von ihm alsbald berichten. Denn Füßli versteht sich anfangs als Dichter, versucht sich in Klopstocks Ton, erkennt aber bald dessen geistige Grenzen und überflügelt alles Damalige in den wenigen Fragmenten, die wir kennen, da er etwa die späte Hymnik Nietzsches vorwegnimmt. Im ganzen wird der Sturm und Drang ein gleichsam atmosphärisches Ereignis, berührt die Menschen mit glühendem Hauch für kurze Zeit und scheint, wie alles Revolutionäre, sie mehr im Negativen zu einigen: in dem, was man ablehnt, nicht mehr mitmacht oder als Verbotenes wagt. Das verleiht ihnen allen eine flüchtige Ähnlichkeit in Geste, Tempo, Tonstärke; aber zutiefst sind sie Individuen sehr verschiedener Prägung, eigenen Ursprungs und Wegs, die eines Tages sich nicht mehr kennen werden. Und deshalb bleibt ihre Wirkung, so explosiv sie im Augenblick ist, auf wenige Jahre beschränkt. Überall tauchen Elemente auf, die später zur Romantik sich sammeln, jetzt aber nicht weiterführen und wirkungslos verpuffen. Da ist Goethes Hymnus auf Erwin von Steinbach, von dem wir meinen möchten, er müsse die Zeit erschüttert haben, ihre Ahnungen vertiefend – es ist das Jahr 1772, da das Gotische Haus in Wörlitz entsteht –, aber auch er sieht die Gotik nur von außen, die Fassade allein, ihr kühnes krauses Ornament; von einem Raumerlebnis ist nichts zu spüren, das Mittelalter schließlich unverstanden – das Münster ist ihm Werk eines einsamen Genius »auf dem eingeschränkten düstern Pfaffenschauplatz des medii aevi«. Das Manifest ist gegen das Klassische gerichtet, vom Boden des französischen Straßburg aus gegen Paris, wo die verhaßte »Regel« thront. So wird auch Shakespeare gesehen und befolgt: der Götz ist der kühne Wurf ohne Einheit der Zeit, des

Orts, der Handlung, regelfrei und bunt, menschlich groß und reich; aber auch hier ist nicht Mittelalter, ist Übergangszeit verwilderten Rittertums, der Bauernrevolte, der Begegnung mit Luther. Von hier datiert die Mode von Ritterschauspielen, hie und da mit bedeutender Leistung, wie in der Genoveva des Malers Müller. Aber die bedeutendste damalige Konzeption, der Faust – die Erhebung des großen Individuums gegen die Gottheit, aus gotischer Umwelt heraus –, sie verfehlt die Zeit, bleibt für sie verschollen, auch als 1790 »Faust ein Fragment« erscheint, bis mit dem vollendeten Ersten Teil 1808 die große Stunde dafür kommt. Weltwirkung hat nur der Werther gehabt. Aber wenn über ihm ein Zeichen steht, so ist es keines, das zur deutschen Romantik hinführt – es ist die schottische Naturromantik Ossians.

Ossian und die Lieder alter Völker

So lautet der Titel der Abhandlung, in der Herder alles zusammenfaßt, was ihm von drüben als Anregung kommt. Durch den älteren Freund Hamann, der die Krise seines Lebens in England erfährt, lernt er früh die Sprache, in der er Shakespeare im Original mit ihm liest, und all das andere, was in jenen Jahren in England sich abspielt und die deutschen Begriffe von Dichtung umwälzt. Da ist Edward Young, dessen »Nachtgedanken« über Leben, Tod, Unsterblichkeit (1742–1745) gegenüber aller Aufklärung die Tiefe eines neuen Seelentums in Melancholie und schwärmerischer Versenkung offenbaren. Derselbe Young ist es, der den Genius-Begriff, das Schlagwort vom Originalgenie, in die Kunst einführt mit seinen »Conceptions on Original Composition«, 1759. Thomas Gray, ähnlich einer romantischen Nacht- und Grabespoesie zugewandt, wird Übersetzer der Edda, besingt Odins Herabkunft und die Walküren, die »Fatal Sisters«. Richard Hurd schreibt über Rittertum und Romantik. Und 1760 erscheinen von James Macpherson »Fragments of ancient Poetry«, denen 1762 und 1763 »Fingal« und »Temora« folgen. Es sind die Gesänge des fingierten schottischen Dichters Ossian, denen ursprünglich wohl Reste alter Dichtung zugrunde liegen, die aber nun, in Prosa, eine eigene romantische Welt von düsterer Großartigkeit malen, mit Heldenkämpfen auf öder Heide, Gräbern und unendlicher Schwermut; mit Geistern, aber ohne Götter und Gott. Er hat damit für ein Menschenalter alle Nationen Europas in Bann geschlagen, weil er seine Zeit, die Zeit der Empfindsamkeit ohne eigentliche höhere Werte, genial erriet. Erst nach ihm, 1765, tritt Thomas Percy hervor mit seinen »Reliques of ancient Poetry«: der ersten echten Volksliedersammlung, die für Herder, für Bürger so wichtig wurde. Eine ähnliche Faszination wie von Ossian geht in England bereits auch vom Mittelalter aus, wie das Beispiel des jungen Thomas Chatterton zeigt, der sich in die alte Welt so tief hineinlebt, daß er eigene Dichtungen als angeblich aufgefundene Texte in nachgeahmten alten Manuskripten herausgibt und sich mit siebzehn Jahren tötet, als der Betrug offenbar wird. Man kann an diesem Fall die Leidenschaft ermessen, die für das Alte plötzlich wie ein Rausch über die Menschen kam, und wird die behutsamere Fiktion eines Macpherson gelinder beurteilen. So ist eine umfassende englische Romantik mit eigenen Zügen dreißig Jahre vor der deutschen bereits in vollem Gange. Und man muß das Genie Herders bewundern, der das englische Phänomen in seiner ganzen Tragweite erfaßte und aus ihm das Analoge für sein eigenes Volk abzuleiten suchte. »Von Ähnlichkeit der mittlern englischen und deutschen Dichtkunst« heißt die erstaunliche Abhandlung, welche die Konsequenz der vorangehenden Shakespeare- und Ossian-Aufsätze in den Blättern von deutscher Art und Kunst, 1773, zieht. Aber die »Ähnlichkeit« wird mehr gefordert, als daß sie bestünde: warum wir keinen Shakespeare hatten und auch später kein Interesse an unserer alten Überlieferung; warum die von Bodmer entdeckten Schätze ungenutzt liegen? – das sind die erregenden Fragen; und dem Hinweis auf Mythos, Märchen, Sage folgt eine zweite Abhandlung, die, nach der Charakterisierung der Volkspoesie, das erstemal ein Bild von der Kultur des Mittelalters malt, die »dunklen« tiefen Zeiten gegen die lichte »flache« Aufklärung rühmt, die Großheit der Kathedralen zeichnet und die allumfassende Organisation der Orden und Klöster. Herder, der protestantische Theologe, ist es, der erkennt und in Worte faßt, was die Reformation uns gekostet hat – was er entwickelt, ist schon das vollständige romantische Programm. Im Jahre 1774 ging diese Schrift »Auch eine Philosophie zur Geschichte der Bildung der Menschheit« heraus, aus ihr haben später Novalis und A. W. Schlegel die entscheidenden Züge für ihr Bild des Mittelalters gewonnen. Aber warum dauerte es fünfundzwanzig und dreißig Jahre, bis solche Erkenntnisse Allgemeingut wurden? Es sind andere Kräfte gewesen, die noch einmal das Feld behaupteten – der von Winckelmann ausgehende Hellenismus will erst noch seinen Tag erleben. Aber noch etwas anderes, das Entgegengesetzte, mußte vorher überwunden werden: der polemische Nationalismus, der mit jeder nationalen Wiederfindung verbunden sein kann. An Herder konnte er nicht anknüpfen: dieser dachte noch polyphon, in vielen Völkern, ja Erdteilen; seine Volksliedersammlung beschränkte sich nicht auf die Deutschen – »Stimmen der Völker« hat man sie mit Recht genannt. Und er ist noch im Werden begriffen, als sich etwas ereignet, das kurze Zeit neben ihm Macht gewinnt: die Entdeckung der isländischen Poesie.

Der hohe Nord

Im »Journal meiner Reise von 1769«, dem Tagebuch Herders auf seiner Fahrt von Riga um Dänemark herum nach Frankreich und Deutschland, erfahren wir, wie sein Schiff vor Kopenhagen liegt und es nur ein Zufall ist, daß er nicht die Stadt besucht, wo seit langem die Residenz der deutschen Dichtung ist: da Klopstock hier als Pensionär des dänischen Königs lebt und gerade jetzt dort von ihm Wirkungen ausgehen, die eine neue Wendung in der Dichtung verheißen. Die Edda, schon zu Ende des 17. Jahrhunderts von dänischen Gelehrten wieder entdeckt und ins Lateinische übersetzt, hatte 1755 die erste Übertragung in eine moderne Sprache erfahren, und zwar ins Französische (noch vor dem Engländer Gray) durch Henri Mallet, einen Genfer, so daß hier wieder eine schweizerische Leistung am Anfang steht. Mallet hatte am dänischen Hofe gelebt, und von Kopenhagen gingen nun auch die deutschen Übersetzungen und Nachdichtungen aus, von denen 1766 soeben das »Gedicht eines Skalden« von Gerstenberg, dem Freunde Klopstocks, das größte Aufsehen

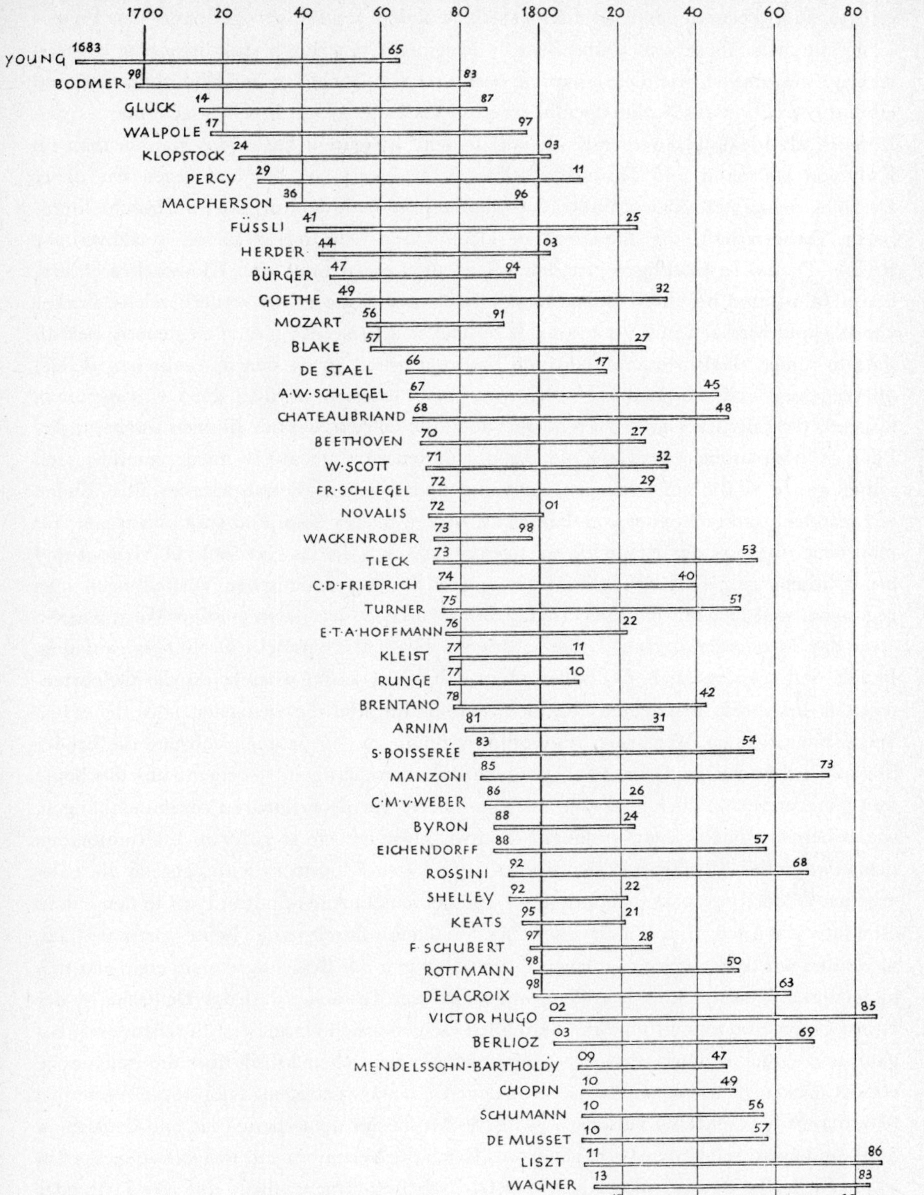

LEBENSDATEN :

Die romantische Geistesbewegung

erregte. Es ist bekannt genug, wie Klopstock, fasziniert von der nordgermanischen Mythologie, alle klassischen Namen und Begriffe in seinen Oden durch skandinavische ersetzte. Weniger bekannt ist, wie diese »Bardenpoesie« schnell Nachfolge und Widerhall fand und ein fast revolutionäres Nationalgefühl erregte. Was Tacitus einst in seiner »Germania« den Römern als Idealbild höherer Kraft und Tugend hingestellt hatte, das glaubte man im Kult von Hermann und Thusnelda selber zu besitzen; das Fremde, gegen das dieses Deutsche behauptet werden mußte, war die internationale Kultur, die französische literarische Vorherrschaft, ihr Exponent in Deutschland Wielands graziöse, verführerische Rokoko-Poesie. In Göttingen gründeten Studenten einen Bund von Klopstockverehrern, den »Hain«, und bei ihren Zusammenkünften wurden die »sittenverderbenden« Bücher von Wieland zerrissen und verbrannt. Klopstock, statt solchem Unfug zu steuern, bekräftigte in seiner »Gelehrtenrepublik« ihr Tun und erließ an sie den apostolischen Befehl, »hinzugehen und die Länder, welche nur halb besessen werden, ganz einzunehmen, nirgends der falschen Cultur zu schonen, über alle Gärten, wo nur Blumen wachsen, den Pflug gehn zu lassen, jedes Gebäude, das nur in den Sand gebaut ist, niederzureißen, und sollten ganze Städte auf solchem Grund und Boden liegen, diese Städte an allen Enden anzuzünden, und nicht eher von dannen zu ziehen, bis der Dampf überall aufstiege«. Was man neuerdings oft der Romantik nachgesagt hat: daß sie das Nationale überbetont und ins Politische gespielt habe, das ist einzig von den urgermanischen Vorstellungen ausgegangen, weil hier nur ein kriegerisches Ethos zu fassen war, kein geistiger Wert, wie ihn etwa das Mittelalter darbot. Glücklicherweise blieben Klopstocks Drohungen auf dem Papier und wurden auch da, außerhalb des Kreises, kaum gelesen, da die Gelehrtenrepublik bei ihrem Erscheinen allgemein enttäuschte und die wenigsten über die ersten Seiten hinauskamen. Wenn aber im Göttinger Bund, zu dem ja auch Voß und die Brüder Stolberg gehörten, die Oden von Tyrannenhaß überschäumen, so scheint uns das heute weit weniger verständlich – es mag mit dem fiebrig Vorrevolutionären zusammenhängen, wie es bereits von Rousseau ausging. Sehen wir aber, wie ein so ganz im Internationalen sich bewegender Musiker wie Gluck die Gesinnungen Klopstocks teilte, gerade die polemischen Oden Klopstocks in Musik setzte und bei seinem Aufenthalt in Paris in den Salons ostentativ das Lied »Ich bin ein deutsches Mädchen« durch seine Nichte vortragen ließ, so werden wir doch auch aus solchen Übertreibungen das Berechtigte eines eben erst sich bildenden Nationalgefühls begreifen, angesichts der Tatsache, daß das Deutsche in der Kunst gegen eine »Überfremdung« auf allen Gebieten sich gerade erst durchzusetzen begann und Gluck in Paris eben den ersten Sieg der deutschen Musik über die italienische erfocht. Bekanntlich hat sich Gluck mit dem Gedanken getragen, Klopstocks Weihespiel »Hermanns Schlacht« zu vertonen. Deutsche Musik mit deutschem Text und deutschem Stoff, und zwar heroischem! – es gehört ins Reich der Vermutungen, was daraus geworden wäre. Hätte die Musik eines Gluck das Barbarische vermenschlicht und verklärt; oder hätte sie sich selber dafür wandeln müssen? Äußerungen aus Glucks späten Jahren deuten das letztere an, wenn er sagt, daß er dazu ganz neue Instrumente erfinden müsse. Dergleichen klingt sehr nach einer orchestralen Machtentfaltung, wie wir sie seit Wagner mit dem Altgermanischen verbinden. Aber noch vor Beginn der eigentlichen Romantik sinkt jenes Altgermanische, Eddische lautlos unter und hat selbst bei den Jüngern des »Hain« keine Rolle mehr gespielt. Diese waren an sich verschieden genug – Fritz Stolberg wurde der bedeutende Äschylos-Übersetzer, trat in Münster zum Katholizismus über, aus Erlebnissen, die manches mit der Romantik gemein haben. Der einstige Freund Voß wurde sein unbarmherziger Gegner und ist als Todfeind der Heidelberger Romantik bekannt.

Ein Eigener sehr an der Peripherie des Klopstockkreises war Bürger, der die verschiedenen Tendenzen der Zeit am umfänglichsten vereinigte: Er übersetzte Ossian und Shakespeare neu und versuchte, durch den Jambus Homer dem deutschen Sprachgefühl mehr anzunähern. Er hatte auch seinen Percy studiert, von dem in Göttingen, durch die alte Personalunion Hannovers mit England, eines der seltenen Exemplare vorhanden war. Das Beste aber kam ihm aus eigener Kindheitserinnerung und Volksvertrautheit, ein Vermögen zum Lied und zur Ballade – seine »Lenore« fand einen Widerhall, wie sonst nie ein einzelnes deutsches Gedicht, und hätte ihn allein unsterblich gemacht –, mit Geisterschauern und Naturstimmung ein erster starker Vorklang der Romantik.

Ein anderer Genosse aus dem »Hain«, Miller, erlangte Weltruhm durch ein Produkt der Schauerromantik »Siegwart, eine Klostergeschichte«, wo Klopstockstimmungen aus dem Werther ins unerträglich Tränenreiche gesteigert sind, und überflügelte für kurze Zeit den Ruhm Goethes – in dem einen Jahr 1777 gingen tausend Exemplare allein nach Amerika; Zeichen für die Bereitschaft einer Weltstimmung. Wir verstehen dann, daß 1780 ein wirklich geniales Werk mit den Worten vom »Ritt ins alte romantische Land« beginnen konnte – Wielands »Oberon«. Ihm, dem Shakespeare-Übersetzer, waren Oberon und Titania aus dem Sommernachtstraum nicht fremd, und aus dem karolingischen Sagenkreis, in den er sein Epos versetzte, hatte auch Ariost seine Gestalten genommen, die neben den antiken die italienische Opernbühne beherrschten. Der »Oberon« wurde sehr bald ins Englische übersetzt, fand herrlichste Illustration dort durch Füßli; und ein Engländer war es, der hiernach das Textbuch für Weber schrieb. So kam dessen Oberon-Oper 1826 in London zur Uraufführung, nach deren triumphalem Erfolg Weber ja dort starb.

Von der barocken zur klassischen Antike

Wie das Nebeneinander eines christlichen und antiken Olymp zum Gesamtkunstwerk des Barock gehörte, so fügen sich eine Zeitlang ganz organisch auch die romantischen Elemente in den großen Stil, ob italienischer Renaissance, ob dem Mittelalter entstammend. Das antike Element hatte zudem im Barock die höfische Repräsentation übernommen – ein so frommer Mann wie Bach denkt sich nichts Unchristliches, wenn er seinen Landesfürsten mit einer Ode begrüßt, die mit den Worten anhebt: »Willkommen ihr herrschenden Götter der Erde.« Und Dynasten wie Aristokraten empfanden gegenüber den antiken Göttern, mit denen sie ständig verglichen wurden, eine Art von Ebenbürtigkeit, als Spiegelung ihres eigenen wohlgeratenen und schönen Lebens. Aber mit Winckelmann kommt eine andere Betrachtung auf. Im Vordergrund steht der rationale Purismus des Wissenschaftlers, der die eigentliche, ursprüngliche, historisch richtige Antike aus der schöpferischen Anverwandlung an den abendländischen Stil herauslöst. Aber der Aufgeklärte ist nur gegen die überlieferte christliche Religion immun, nicht gegen einen neuen, fast religiösen Enthusiasmus: den Glauben an das Schöne. Denn dies ist nichts bloß Ästhetisches, Neutrales; es hat eine höchst eigentümliche psychologische Funktion. Die leidenschaftlichsten Liebhaber der Antike kommen damals aus den untersten Schichten, aus nothaften, freudlosen, dumpfen Existenzen, unterdrückt und bevormundet, ja gequält durch harte protestantische Orthodoxie oder enges pietistisches Sektierertum mit unerträglichem Gewissenszwang. Ihnen, den Armen und Schlechtweggekommenen, erscheint die Antike als Einbruch von Licht und Schönheit, als frohe Botschaft von der Herrlichkeit der Welt. In seinem autobiographischen Roman »Anton Reiser« hat es Carl Philipp Moritz – der spätere Freund Goethes in Rom – hellsichtig festgehalten; so geschieht es auch Winckelmann, als die griechischen Autoren Sinn und Rechtfertigung in sein armes Leben und seinen schwierigen Charakter bringen. So findet sich Asmus Jacob Carstens, der bedeutendste deutsche Klassizist, aus quälenden Verhältnissen in immer neuen Ansätzen zur Kunst – er sitzt in Kopenhagen vor den Abgüssen der griechischen Götterbilder, einem fassungslosen Staunen und Schauen hingegeben, das ihm nicht einmal erlaubt, zum Stift zu greifen, sondern alles willenlos in sich dringen läßt, bis ihm jeder Zug und jede Form zum Seelenbesitz geworden ist. An den Künstler direkt hatte sich ja die erste Schrift Winckelmanns vom Jahre 1755 gewandt: »Gedanken über die Nachahmung der griechischen Werke in der Malerei und Bildhauerkunst« lautete ihr Titel, und das Ziel solcher Nachahmung war, naiv genug formuliert, »um selbst unnachahmlich zu werden«. Aber es vergingen wieder mehr als dreißig Jahre, bis diese Lehre zündete – noch hatte inzwischen das gräzisierende Rokoko Wielands sich ausbreiten können; und wenn es vom Sturm und Drang bekämpft wurde, so geschah es noch nicht mit Winckelmanns puristischer Theorie, sondern aus der damals shakespearischen Auffassung der Antike als »Natur«, der homerischen Helden als handfester »Kerls«, wie Goethe es in seiner Satire »Götter, Helden und Wieland« dem schönen Alceste-Libretto gegenüber formuliert. Aber von der Naturvergötterung geht es zur Vergottung der Kunst; denn das ist ja das dogmatische Absolut-Setzen der Antike. Längst war Winckelmann nicht mehr aktuell, da wurde er es wieder durch die Autorität Goethes, den eine ganz persönliche Entwicklung zu dieser Entscheidung führte. Doch waren es andere Voraussetzungen als bei Winckelmann und jenen frühen Klassizisten, die ihn in der Antike die Rettung gewahren ließen: Er brauchte Befriedung für ungestillte Sinne, Ruhe vor allzu heftigem Verströmen, Befreiung von einem fast christlichen Sich-schuldig-Fühlen im Bekenntnisdrang; und neben alledem war es ein Verlangen nach Norm und Gesetz, nach rationaler Bändigung eines im Grund vulkanischen Schöpferdrangs, Erlösung des Subjektiven im objektiven Kunstwerk. Vor den antiken Statuen erfuhr er es wie eine Offenbarung und konnte es nur in die Worte fassen »da ist Gott«. Der Charakter einer echten Bekehrung erweist sich alsbald darin, daß er andere auch des gewonnenen Glückes teilhaft machen muß – es beginnt mit Wilhelm Tischbein, der noch eben im altdeutschen Sinn der Schweizer ein Konradin-Gemälde vollendet hatte und nun zu antikischen Darstellungen bestimmt wird, die ihn ganz aus seiner Bahn bringen. Dem neuen Glauben an Norm und

Gestalt opfert Goethe selbst sein Liebstes, sein geniales Zeichnen nach der Natur, mit dem es in Italien zu Ende ist, wie er es selber später nicht ohne Bedauern feststellt. Dafür läßt er andere gleichsam für sich arbeiten, wenn er später die Weimarer Kunstpolitik auf die Erfüllung von Preisaufgaben nach antiken Stoffen beschränkt – die Nachahmungstheorie Winckelmanns wird, ein halbes Jahrhundert später, auf diese Weise verwirklicht. Aber der Erfolg ist gering, so mäßig Goethes Anforderungen sind – ihm persönlich bleibt sozusagen die Freude an kultischen Gebrauchsgegenständen, mit denen er sich, solange es geht, gegen die heraufkommende romantische Kunstgesinnung abschließt. Dieser deutsche Klassizismus unterscheidet sich von jedem anderen Klassizismus eben durch den religiösen Einschlag, den wir etwa im gleichzeitigen Frankreich nicht finden, wo zudem die organischere Entwicklung aus der römischen Antike erfolgt, nicht wie in Deutschland aus dem Hellenismus, und sowohl mit dem in der Revolution verkündeten römischen Republikanertum wie mit dem späteren Napoleonischen Imperialismus einigermaßen aktuell motiviert ist. Das Seltsamste aber ist, daß Goethe als Schöpfer, als Dichter nicht Klassizist wird, wenigstens nur auf kurze Frist, wo er sich öfter des Hexameters bedient und mit Schiller Betrachtungen über die klassischen epischen Gesetze anstellt, ja mit der Achilleïs den Homer fortzusetzen beginnt – seine großen und bleibenden Werke folgen keiner vorgefaßten Theorie, ja, im Ausland wird er später als der größte Exponent des Romantischen gelten. Und hier, im Produktiven, ist auch sofort die Beziehung zur Zeit und hilft sogar den Begriff des Romantischen zu begründen.

Roman-Romantik

Für unser Auge pflegt ein historisch Epochales sich erst zu festigen und greifbare Gestalt anzunehmen, wenn es einen Namen trägt, durch Benennung aus dem unendlich Vielfältigen herausgehoben wird. Was bei Kulturepochen meist erst nachträglich geschieht, da eine Sache, die schon da ist, posthum ihre Rubrizierung erfährt – oft durch einen abschätzigen Begriff, der später zum Ehrennamen wird –, das ist bei der Romantik gleichzeitig geschehen: Das Zusammenschießen aller romantischen Substanz erfolgt in den gleichen Jahren, wie der Name auftaucht: aber beides in zunächst sehr verschiedenem Sinne von ganz verschiedenen Menschen repräsentiert. Goethe ist hierbei nicht unbeteiligt: durch sein Schöpferisches steht er mit an ihrem Beginn; durch seine Theorie hat er sich am Ende gegen sie gewendet. Es war einer der Versuche Goethes, sein durch Italien nach eigenem Geständnis verlorenes Dichtertum wiederzugewinnen, daß er alte Pläne wieder aufgriff und, wie später den Faust, jetzt die »Theatralische Sendung« umzuarbeiten begann – seit 1795 erscheinen Wilhelm Meisters Lehrjahre. Wenn er die neue Fassung auch in der nun erwählten objektiven Kunstweise ausführt, so taucht er doch mit dem Stoff in die alte Shakespeare-Begeisterung der Jugendzeit zurück, die nun das Zentrum eines abenteuerlichen Wandertheaters wird, das vom Weimarer Hoftheater, dessen Direktion er jetzt innehat, wie Sturm und Drang von Klassik sich unterscheidet. Theater und Shakespeare – das war doppelte Romantik: denn der größte Dramatiker der Neuzeit konnte gewiß nicht als »Klassiker« im Sinn der edlen Einfalt und stillen Größe gedeutet werden. Es gab bei ihm auch genug spezifische romantische Elemente wie im Hamlet, der hier im Vordergrund stand; schon die Erscheinung des Geistes bot zu unendlicher Diskussion der Darstellung Anlaß. Durch das Wandern mit der Truppe kam zugleich etwas Neues in den Bereich des Romans: eine unendliche Bewegtheit mit ständig wechselndem Schauplatz, mit schrankenloser Freiheit zum Durchstreifen der Welt zu immer neuen Abenteuern; Einkehr auf einsamen Schlössern, Mischung von Kunstbeflissenheit und Adelsgönnertum – es war ein unerschöpfliches Thema angeschlagen. Von hier aus haben die Brüder Schlegel, damals in Jena in Goethes nächster Nähe und seine beredtesten Verehrer und Verkünder, den Begriff des »Romantischen« in die Zeit und in die Zukunft projiziert, den sie als historische Philologen bisher nur für die Poesie der Ritterzeit angewendet hatten, als Gegensatz zur antiken, denn im christlichen Mittelalter war von den »Romanen« – Provenzalen, Franzosen, Spaniern, Italienern – diese Dichtart zuerst ausgebildet worden, und alle Epik trug von da den Namen »Roman«.

Wie sehr sich Goethe selber schon in einem tieferen Sinne romantisch gab, wird daraus deutlich, daß er jetzt sein Italienerlebnis in romantischer Spiegelung sieht: die geheimnisvollen Gestalten Mignons und des Harfners nennt schon Friedrich Schlegel mit Recht romantisch. Die verzehrende Sehnsucht und Melancholie, die in ihren Gesängen lebt, war der stärkste seelische Ausdruck der ganzen Dichtung. Ja, das Aufklingen solcher Lyrik überhaupt aus der Prosa der Erzählung und Rede ist die gewaltigste Neuerung. Schlegel, der von dem Inbegriff der unendlichen Möglichkeiten dieses Romans bereits den Begriff des neuen Romantischen herleitete, hätte noch mehr in der Einfügung der Lieder eine »Romantisierung« dieser Gattung sehen können. Mit Goethes Meister aber wird nun faktisch der Typus des romantischen Romans für die Dauer begründet. Dasselbe Prinzip der Einflechtung von Liedern mit dem ewig wechselnden Schauplatz wird schon in Tiecks »Sternbald« (1798) weitergeführt (ursprünglich auch als Theaterroman geplant). Zwei Jahre später folgt, mit bedeutenderer Liederfülle, der »Godwi« von Brentano; als Neues kommt hier hinzu die Rheinromantik mit ihren verfallenen Burgen, mit der Erfindung des Mythus von der Lore Lay. Arnims »Dolores« und manche seiner Novellen sind zu nennen, der »Florentin« der Dorothea Schlegel – alles mit den nun schon obligatorischen Requisiten. Die Vollendung bringen Eichendorffs Romane. Naturhafter und erlebter als bei den andern ist die Poesie des Waldes, der Jägerlust – von Schloß zu Schloß geht's durch die Lande, und nie auch fehlt die Theatertruppe, in der ein Höherer vermummt und unerkannt mitspielt –, alles als Gegenwart, ohne das eigentlich Phantastische oder Zurückgewandt-Historische, das ein Novalis im »Ofterdingen«, Brentano in der Chronica, Arnim in den »Kronenwächtern« hinzufügen. Ganz zuletzt hat wieder Goethe, symbolisch schon mit dem Namen der »Wanderjahre«, alles zusammengefaßt und mit dem Blick in eine nüchterne Zukunft auch beendet. Welch ein großes Stück deutscher Romantik erweist sich so als konform mit Goethe, ja von ihm eigentlich begründet! Hier ist kein Ansatz zu irgendwelcher Gegenwirkung Goethes gegen diese von ihm sich herleitende Romantik, mag sie auch wachsend stärker die Natur, die Vielfalt deutscher Landschaft, den Wald mit seinen Stimmungen einbeziehen. Auch wo diese Romankunst in einzelnen Fällen ins Historische zurückgreift, Märchenhaftes

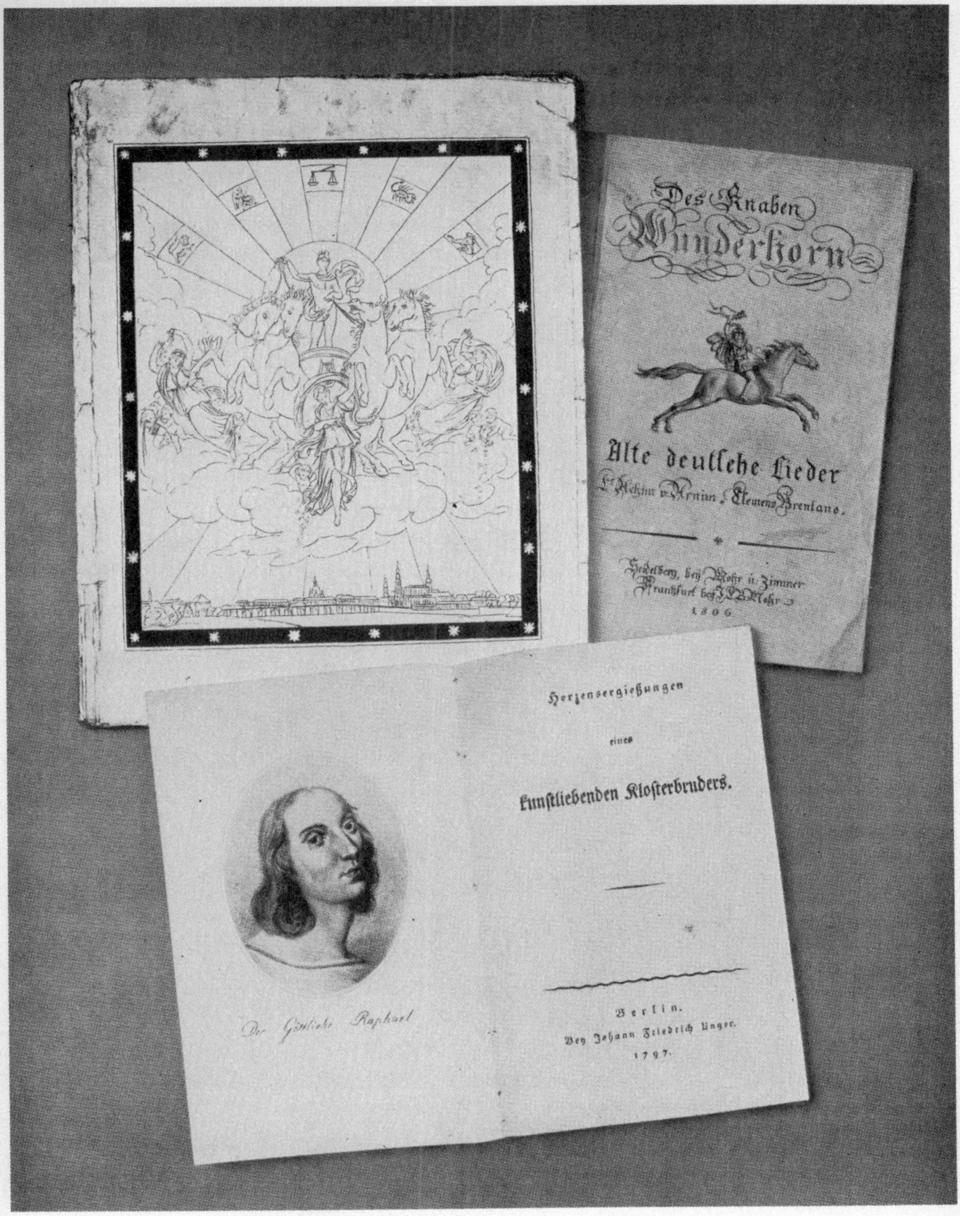

Titelblätter deutscher romantischer Literatur
Die Zeitschrift »Phöbus«, herausgegeben von Heinrich von Kleist, 1808 (oben links)
»Herzensergießungen eines kunstliebenden Klosterbruders« von Wilhelm Heinrich Wackenroder, 1797 (unten)

Quartettabend bei Bettina von Arnim
Aquarell von Johann Carl Arnold, 1854/56
Frankfurt a. M., Goethe-Museum

aufnimmt, altdeutsches Kostüm und Milieu beschwört, war ihm dies kein Grund zur Ablehnung, wie er denn dem Dichter – im Gegensatz zum Künstler – völlige stoffliche und formale Freiheit zugestand und in seinem eigenen Schaffen sich ihrer bediente. Wo es Ablehnung gab, war diese gegen den besonderen Charakter, gegen vermeintliche Schwäche oder sonstigen Unwert gerichtet, wie das aller Art von Produktion gegenüber geschehen kann. Und auf einem anderen Gebiet, dem der Lyrik, erscheint Goethe sogar als Förderer und Lobredner des von der Romantik Geleisteten, wenn er Arnims und Brentanos Sammlung alter deutscher Lieder im »Wunderhorn« aufs lebhafteste begrüßt und in meisterhafter Charakteristik jedes einzelne Gedicht liebevoll durchgeht. Er wird auch später all dies kaum je unter den Begriff des Romantischen fassen, obgleich es gerade das ist, was auch bei anderen Nationen, Engländern und Franzosen, das Romantische heißt. Es war etwas anderes, anderer Herkunft und anderen Ziels, was vor seinen Augen den Begriff eines Romantischen annahm, durch das er seine klassische Haltung gefährdet sah.

Der Klosterbruder

Wer von dem Buch, das hier am Anfang steht, nur den Titel kennt – »Herzensergießungen eines kunstliebenden Klosterbruders« –, der wird leicht eine rückwärtsgewandte, eng religiöse Haltung vermuten und an die Zelle etwa eines mittelalterlichen Einsiedlers denken. Wer aber wirklich liest, der findet da etwa das letzte Stück, überschrieben »Das merkwürdige musikalische Leben des Tonkünstlers Joseph Berglinger«, mit den Worten eingeleitet: »Ich habe mehrmals mein Auge rückwärts gewandt und die Schätze der Kunstgeschichte vergangener Jahrhunderte zu meinem Vergnügen eingesammelt; aber jetzt treibt mich mein Gemüt, einmal bei den gegenwärtigen Zeiten zu verweilen und mich an der Geschichte eines Künstlers zu versuchen, den ich seit seiner frühen Jugend kannte und der mein innigster Freund war.« Es folgt die tragische Geschichte eines Musikers, der den übermächtigen Eindruck der neuen und höchsten Kunst der Zeit erlebt und daran scheitert, daß er sich mit dieser Kunst einsam und allein fühlt, »die im wirklichen irdischen Leben keine andere Rolle spielt als Kartenspiel oder jeder andere Zeitvertreib«. Es ist die verhüllte Lebensgeschichte des Verfassers selbst, der 1798, ein Jahr nach dem Erscheinen seines Buches, fünfundzwanzigjährig starb. Dieser Wilhelm Heinrich Wackenroder war in Berlin, der eigentlichen Metropole der Aufklärung, geboren und aufgewachsen, früh von dem bedeutenden Musikleben der Stadt berührt, wo neben der Oper schon die Symphonien Haydns und Mozarts zu hören waren, Mozart im Jahre 1789 hier selbst erschien, von Wackenroders Freund Tieck erkannt und enthusiastisch begrüßt. Wackenroder treibt selbst Musik; widmet sich neben dem ungeliebten juristischen Studium dem Altdeutschen, an den Ausgaben Bodmers, und muß darüber anfangs noch Tiecks Spott leiden. Als zwanzigjährige Studenten beziehen die Freunde die damals preußische Universität Erlangen. Und von da aus treten sie ihre Entdeckungsreisen nach Bamberg, Bayreuth, Nürnberg an. Sie erleben in Bamberg die erste Prozession, das erste Hochamt mit voller Instrumentalmusik.

Und wenn Nürnberg ihnen die alte deutsche Kunst, Architektur wie Malerei, mit ungeahnter Herrlichkeit vor Augen führt, Bibliotheken ihnen die alte Literatur lebendig machen, so können sie in der bedeutenden Galerie von Schloß Pommersfelden die Wahrung der christlichen Stoffwelt bis in Renaissance und Barock hinein verfolgen – eine uns selbstverständliche Erkenntnis, die aber der damaligen Menschheit abhanden gekommen war. Hörten sie nun in den Kirchen Musik von denselben Meistern, die sie bisher nur aus dem Konzertsaal als Symphoniker kannten oder sich im Quartettspiel vertraut gemacht hatten, so kam ihnen die andere Wahrheit zum Bewußtsein, daß auch die modernste, kühnste und freieste der Künste, eben die Kunst der Symphonik und Kammermusik, ausschließlich von katholischen Komponisten geschaffen worden war. Das alles durchdrang sich gegenseitig in Wackenroders Geist, die Überlegenheit der südlichen Kultur wurde ihm deutlich, das Wahren einer ungebrochenen Kontinuität seit dem Mittelalter und zugleich die erreichte Höhe in der neuesten Kunst. Und so bildete sich ihm die Gestalt eines Paters des Barock, der ganz im Schauen von Natur und Kunst lebt und in dessen Gesichtskreis die christliche Malerei und die neue Musik mit der gleichen Intensität hervortreten konnten, geeint in einem neuen Weltgefühl, das aus dem älteren organisch hervorgegangen schien.

Ein Jahr nach Wackenroders Tod gab Tieck aus seinem Nachlaß, untermischt mit eigenen Beiträgen, die »Phantasien über die Kunst für Freunde der Kunst« heraus, in welchen das Übergewicht der Musik noch deutlicher wird, vor allem in dem Aufsatz »Das eigentümliche innere Wesen der Tonkunst und die Seelenlehre der heutigen Instrumentalmusik«. Solche Einbeziehung einer Gegenwartskunst war für die deutsche Romantik die entscheidende Wandlung, das eigentliche Zusichselbstkommen der Bewegung, ihr Unterschied fortan von aller übrigen europäischen Romantik. Nur eine Ausnahme gibt es: England, wo mit dem Händelfest 1784 in London nun eine längst vollendete Musik ins Gedächtnis gehoben wird, wenn auch ohne Beziehung zur sonstigen englischen Romantik. Denn es war protestantische Musik in einem protestantischen Land, das in dieser Kunst nicht selber mehr schöpferisch war. Nur das Musik-Erleben selbst, wie es Burney beschreibt, trägt in seiner Überschwenglichkeit romantische Züge. Auf das Festland wirkte es nicht hinüber, wo erst um 1830 eine Händel-Renaissance begann. In der deutschen Romantik aber wurde eine alte konfessionell-kulturelle Trennung überbrückt, wenn die im katholischen Süden entstandene Musik von der protestantischen Geistigkeit aufgenommen ward, während es neue protestantische Musik seit Bach und Händel nicht mehr gab und vom Geistigen nur die Literatur übrig war, die Welt der Sprache, der Dichtung und geistigen Deutung: die jetzt in diesem Jüngling von tiefster seelischer Empfängniskraft sich einen Sprecher und Deuter geschaffen hat. Waren die drei »Tendenzen«, die Friedrich Schlegel für seine Zeitschrift Athenäum formulierte, die Französische Revolution, Fichtes Wissenschaftslehre und Goethes Meister, so bedeutete dies eben literarische Revolution. Wenn man aus Wackenroder drei Tendenzen ableiten will: die Belebung der altdeutschen Studien, die Wiederbringung der christlichen Kunst und die Rezeption der südlichen Macht der Musik, so darf man eher vom Streben nach einer zweiten Reformation sprechen, in allen drei Fällen einer Wiedergutmachung der tragischen Folgen der ersten. Wird auch diese Beziehung erst allmählich im Lauf der Bewegung bewußt, so findet das Religiöse, um das es zuhöchst geht, bereits in Wackenroder den vollkommenen Ausdruck und ist für beides, die alte wie die neue Kunst, in Anspruch genommen. Für die christliche Kunst scheint es sich von selbst zu verstehen und ist von Goethe, den Schlegel und der nachfolgenden klassischen Bildung nur so aufgefaßt worden. Aber es gilt ebenso für die große Musik, die auf eine uns heute nicht mehr vorstellbare Weise als das Noch-nicht-Dagewesene die Menschen überwältigte. Bis zu E. T. A. Hoffmann geht durch die ganze Romantik hier ein geheimes Einverständnis. Wenn Wackenroder von der »tief gegründeten unwandelbaren Heiligkeit« spricht, die dieser Kunst vor allen anderen eigen sei; wenn er sagt, »daß sie gar nicht vermag, das Verworfene, Niedrige und Unedle des menschlichen Gemüts auszudrücken«, so klingt dies nicht zufällig nach Schopenhauer: denn dieser hat, nachweislich, die Phantasien über die Kunst gelesen, und hier entspringt seine Metaphysik der Musik, mit der er völlig der romantischen Bewegung angehört. Und wenn es Wackenroder einmal in vollem Bewußtsein ausspricht, »es ist mir gelungen, einen neuen Altar zur Ehre Gottes aufzubauen«, so ist in diesem »neu« nicht zuletzt auch die Musik begriffen. Goethe übersah das »neu«. Er, dem christliche Vorwürfe »widerstrebende Gegenstände« für die bildende Kunst waren, mußte Ärgernis an dem »Altar zur Ehre Gottes« nehmen – seine »Propyläen« verraten schon mit dem Titel und seiner Erläuterung die jetzt anhebende Gegenwirkung: »Der Jüngling, wenn Natur und Kunst ihn anziehen, glaubt, mit einem lebhaften Streben, bald in das innerste Heiligtum zu dringen; der Mann bemerkt, nach langem Umherwandeln, daß er sich noch in den Vorhöfen befinde.« Hier tritt die ganze Unvereinbarkeit der klassischen und romantischen Kunstauffassung zutage: Der Klassizist konnte die Kunst in den Vorhöfen verehren, da sie das einzig Erlebbare war, nicht aber die Religion, die einst hinter ihr stand. Hinter der christlichen Bildwelt aber lebte die Religion, die nicht ein wählbarer Gegenstand gewesen war, sondern ein alles inspirierender Glaube. Sie konnte nur wiedergewonnen werden durch liebende Einfühlung, durch nahefühlende Andacht zur Kunst. Was aber stand hinter der wortlosen Musik? Sie ist auch eine Welt des Glaubens: »So schließ' ich mein Auge vor all dem Krieg der Welt – und ziehe mich still in das Land der Musik, als in das Land des Glaubens, zurück, wo alle unsere Zweifel und unsere Leiden sich in ein tönendes Meer verlieren.« E. T. A. Hoffmann hat später dieses Land des Glaubens das »romantische Geisterreich der Musik« genannt, das schlechthin Übergeordnete einer höheren geistigen Sphäre, die dem Menschen als neuer Aufblick zum Göttlichen gegeben ist. Ohne die Musik, die auch den neuen lebensnahen Sinn des Religiösen erst verdeutlicht, wäre die Romantik gegenüber der Klassik gleichsam wehrlos – die Musik ist ihr erwählter fester Pol, wie es für die Klassik die antike Plastik war. Wir verstehen dann, warum die Romantik aus sich heraus keine eigene Plastik und Architektur hat schaffen können. Das bei aller sinnlichen Macht Ungreifbare der Musik war nicht mehr in Gestalt und feste Räumlichkeit zu bannen, es war selber geistige Bewegung im Öffnen und Schließen, Wandel und Werden unsichtbarer Seelenräume. Das ersetzte die Raumerlebnisse der Baukunst. Musik als abgeschlossene Schöpfung trat an die Stelle der großen Architektur.

Bruderschaften

In Zeiten geistiger Entscheidungen wird auch in der individuell zersplitterten Neueren Welt oft plötzlich ein höheres Gemeinsames gesichtet, für das sich Einzelne oder Mehrere zusammenschließen, die ihrem Wesen nach sonst sehr verschieden sein können. Zusammenarbeit mit anderen wird gerade bedeutenderen Menschen nur möglich, wo ein Übergeordnetes und nicht nur das Persönliche gefördert werden soll. So wird dann die Struktur der Zeit, der wir sonst nach der Entwicklung einzelner Großer zu folgen gewohnt sind, in Freundschaften und Bruderschaften aufgegliedert, die den individuellen Anteil manchmal kaum mehr erkennen lassen. Und diese Gemeinschaften finden sich wieder zu anderen, ergänzen sich, verschmelzen sich, zweigen auch voneinander ab, sich zu bekämpfen, so daß der Anblick der Epoche so reich wie verwirrend sich gestaltet. Es sind vielleicht nicht die größten Schöpferzeiten, aber sie wirbeln die meiste schöpferische Substanz herauf und lassen eine veränderte Atmosphäre zurück, die bis in den Alltag spürbar wird. Die romantischen Bünde unterscheiden sich von anderen – etwa dem Sturm und Drang, aber auch dem Bündnis von Schiller und Goethe zur Zeit der Xenien und Horen –, daß sie nichts abgrenzen, nichts angreifen, noch kaum etwas verteidigen. Sie sind von etwas erfüllt, das ansteckt, einer Begeisterung, die unwillkürlich wirbt, einem Feuer, das andere entzündet. Die Brüder Schlegel gehören demnach ursprünglich nicht zu ihnen; das Kritisch-Polemische ist zu stark in ihnen ausgebildet; aber sie werden nach und nach gewonnen und treten dann erst eigentlich zu der Bewegung hinzu. Als das erste dieser Bündnisse durch Wackenroders frühen Tod zerbricht, wird Tieck der Träger seines Vermächtnisses. Das nächste ist, daß er den mit dem Freunde begonnenen Roman »Franz Sternbalds Wanderungen« allein zu Ende führt. Was er eigenes hinzubringt – wie er es auch schon in die »Herzensergießungen« und die »Phantasien über die Kunst« gemischt hat –, besteht in einer leichten formalen Fähigkeit zur Versifikation und einer reichen Phantasie, wodurch er zum ersten namhaften romantischen Dichter wird, mit Stimmungslyrik und altdeutsch und volksmäßig orientierten Dramen und Märchen. Sein Talent zur Einfühlung und Weitergabe von Anregungen macht ihn zum weitwirkenden Vermittler romantischer Substanz. Sein Persönlichstes im Sternbald sind die vielen phantastischen Beschreibungen von Bildern, die man malen solle – Landschaften, Sonnen-Auf- und -Untergänge, die vielleicht gerade, weil sie dichterisch nicht gestaltet waren, die bildenden Künstler zur Verwirklichung aufforderten –, sie haben auf Runge und Friedrich den größten Einfluß gehabt. Anderes geht einfach von Mensch zu Mensch im vertrauten Gespräch und kann nur geahnt werden – so wirkt er auf Novalis, der ihm unerwartet den verstorbenen Freund ersetzt und den er nun mit dessen Ideen entzündet und ihn dem früheren Bündnis mit Friedrich Schlegel abwendig macht, das sich in Spekulationen im Sinne der Fichteschen Ich-Philosophie erschöpft hatte. Altdeutsche Kunst und Poesie werden auch das Element des Novalis, und eine organische Folge verbindet schon drei symbolische Gestalten, die das romantische Weltverhältnis in immer tieferer Zurückwendung in die Geschichte bezeichnen: War der »Berglinger« als Musiker der typische Ausdruck des 18. Jahrhunderts, führte der »Sternbald« als bildender Künstler in die Dürerzeit zurück, so versetzt der »Ofterdingen« in das 13. Jahrhundert, die höchste Zeit der alten Dichtung, mit der sagenhaften Figur aus dem Wartburg-Sängerkreis; wo aber nun der Mythiker Novalis das herrlich Vergangene als eigenste Bildwelt in die »goldene Zeit am Ende« projiziert. Hier blüht die blaue Blume der Romantik, und mystische Todessehnsucht, wie sie schon in den Hymnen an die Nacht erklang, geht ein in magische Verwandlungen. Das eigentliche Manifest der Frühromantik aber, das die größten Geschichtsperspektiven aufweist, hat damals die Zeit verfehlt – »Die Christenheit oder Europa« findet schon im Kreis der Freunde, als Novalis es 1799 in Jena vorliest, nur geteilte Zustimmung. Von den Brüdern Schlegel gefragt, rät Goethe von der Veröffentlichung im »Athenäum« ab, der angeblich katholisierenden Tendenz wegen, da er die weitere Diskreditierung der ihm noch Verbundenen befürchtet. Im übrigen verhält er sich wohlwollend und zollt Tiecks Vorlesung seines Dramas »Genoveva« gleichzeitig hohes Lob – der freien Dichtung billigt er die Sympathie mit dem Christlich-Mittelalterlichen zu, die er der grundsätzlichen Betrachtung verwehrt. Nach diesem Blütejahr romantischer Sammlung löst sich der Jenaer Bund; aber vereinzelt und über die Ferne zeigen sich die Brüder Schlegel jetzt den Anschauungen von Wackenroder, Tieck und Novalis gewonnen und ziehen auf zwei verschiedenen Gebieten davon die Konsequenzen. Der ältere, Wilhelm, greift in seinen Berliner Vorlesungen das allgemeine Literarisch-Kulturelle auf, setzt hinter die Fortschritte seit Reformation und Buchdruckerkunst ein Fragezeichen und endet 1804 mit einer begeisterten Charakterisierung des Nibelungenliedes, gibt Proben eigener Übersetzung aus den Bodmerschen Texten – die ernste wissenschaftliche Beschäftigung mit unserer Nationalpoesie beginnt. Der Bruder Friedrich hat sich nach Paris gewendet und gewinnt vor den altdeutschen Gemälden, die Napoleon dort zusammengebracht hat, ein Interesse für bildende Kunst, das ihm an sich fremd war. Kannte er bisher nur Raffael und Gipsabgüsse antiker Plastik, so erlebt er jetzt eine völlige Umkehr; entscheidend wirkt dazu die Begegnung mit einer Bruderschaft eigener Art, als die wir die Brüder Boisserée mit ihrem Freund Bertram bezeichnen müssen. Sie sind die ersten Romantiker katholischer Provenienz, die, von der neuen Bewegung berührt, die Fülle der ungebrochenen Tradition ihrer Vaterstadt Köln hinzubringen. Sie führen Schlegel, der noch nie eine gotische Kirche betrat, nach Notre-Dame, machen ihn auf einer Reise über Belgien nach Köln mit der alten kirchlichen Architektur und Bildkunst bekannt, und er wird Zeuge des Beginns ihrer Rettung und Sammlung altniederländischer und Altkölner Gemälde. Es wundert uns nicht, daß er die Zeitschrift, die er seit 1803 in Paris herausgibt, »Europa« genannt hat, in nachträglicher Anerkennung des einst verworfenen Manifests des Novalis, das im Freundeskreis kurz »die Europa« hieß. Aber wie haben auch die Zeiten in wenig Jahren sich gewandelt! Was Wackenroder aus geringer Anschauung, Novalis fast ganz aus der Idee den Menschen ins Gedächtnis gerufen hatte: die christliche Bau- und Bildwelt – das lag jetzt in Trümmern oder wurde aus der Zerstörung auf den Markt geschleppt. In Frankreich war es die Revolution, in Deutschland die Folge des Friedens von Lunéville und des Reichsdeputationshauptschlusses, daß die Dome zerstört oder auf Abbruch verkauft worden waren und ihr Inhalt, die Bilder, Skulpturen, sakralen Gefäße aus den säkularisierten Klöstern und Kirchen, verschleudert, geraubt, in den Handel gerieten – unendlich Herrliches kam, für die meisten jetzt erst, zum Vorschein und weckte Mitgefühl, Interesse, bald Leidenschaft und Liebe zum künstlerischen Reichtum der Vorwelt. Damit beginnt eine zweite Phase der Romantik: Das jetzt Anschaubare ruft nicht nur nach Rettung und Bewahrung – es scheint zur Nachfolge aufzufordern, will noch einmal im gegenwärtigen Leben seine Stätte finden. Der dies zuerst in Worte faßt, ist Friedrich Schlegel. Noch in der »Europa« ruft er dazu auf, nur noch den alten Meistern zu folgen; und er zieht für sich die Konsequenz, zur alten Kirche zurückzukehren. Der Glaube, dem so viel Unrecht widerfährt, er muß der rechte sein. So entsteht die eine Art romantischer Kunst, die später Nazarenertum genannt wird: man will wie die alten Meister leben und schaffen, und nicht selten nimmt man deshalb auch den alten Glauben wieder an. Aber im Norden und Osten Deutschlands, wo von jenen erregenden Vorgängen wenig zu spüren ist, fehlt auch der unmittelbare Einfluß der alten Kunst, und das Neue entsteht aus Wirkungen, die über Tieck und Novalis noch von Wackenroder ausgehen: Was in dem Kapitel von den zwei wunderbaren Sprachen, der Natur und der Kunst, in den »Herzensergießungen« gesagt ist, das war schon im »Sternbald« als Einheit der Landschaftskunst gefaßt und beschrieben; den norddeutschen Malern Runge und Friedrich wird dies ein erregendes Buch und macht ihnen Mut, an Stelle des historischen Gestaltenbildes das Erlebnis der Natur als eigene Kunst zu setzen. Spricht Runge von der »Neuen Landschaft«, so gibt er sie doch selten allein und unmittelbar wieder, sondern läßt die Naturvorgänge etwa der Tageszeiten durch eine gestalthafte, im Umriß fast noch klassizistische Blumen- und Blumengeister-Symbolik sprechen. Es spielt herein Jacob Böhmes Blumensymbolik, die er persönlich durch Tieck in Dresden kennenlernt, es spielt herein die Musik – seine Bildfolgen sind gedacht wie »Sätze einer Symphonie«. Bei C. D. Friedrich ist es dagegen die Stimmung und Gestimmtheit der Natur selber, die große Musik des All, was er in seine Gemälde faßt. Es ist die Vergeistigung dessen, was dem Protestantismus nach Wegfall der heiligen Bildwelt in der Landschaft geblieben war – beide Meister sind tief fromm, aber ihre Religiosität teilt sich nicht durch heilige Gestalten mit. Runges Symbolik ist bis in die Bedeutung der Farben immanent religiös. Friedrich bedarf in seiner Allbeseelung nur selten eines Symbols, wie etwa des Kruzifixes im Gebirge oder der naturverfallenen gotischen Kirchenruine, welche die Vergänglichkeit – auch der Kunst und Religion – vor dem wahrhaft Ewigen erscheinen läßt.

Einbruch des Politischen

Es ist für die romantische Bewegung charakteristisch, daß sie wandert und immer andere Mittelpunkte gewinnt. Das liegt nicht nur im Wesen der »Bewegung«, die sich überallhin ausbreitet; auch nicht am Mangel einer geistigen Hauptstadt, wie Paris und London es sind, wenn die Vielheit der Residenzen auch notwendig mitspielt, durch äußere Schicksale allmählich sogar eine wichtigere Bedeutung erhält – es ist das Politische, was hier tief bestimmend eingegriffen hat. Wenn Künstler wie Runge und Friedrich sich 1803 in Dresden treffen, so wirkte hier noch der normale Anziehungspunkt der Residenz mit Galerie und Akademie und bedeutenden älteren Meistern; genau wie beide vorher die Kopenhagener

Akademie besucht hatten. Wenn aber 1808 in demselben Dresden ein romantischer Kreis sich bildet, wo zu dem dort nun ansässigen Maler Friedrich der Dichter Kleist und der romantische Staatsphilosoph Adam Müller sich gesellen und da ihre Zeitschrift »Phöbus« herausgeben, so geschieht dies, weil Sachsen in den Napoleonischen Kriegen noch ein neutraler Staat ist, wo man noch freier reden, schreiben, schaffen kann. Fast alle Standorte der Romantik sind, seit die friedlichen Zeiten von Jena oder Berlin vorüber waren, nicht gewählt, sondern durch die politischen Veränderungen erzwungen. Die altüberlieferte dynastische Ländervielfalt ist durch die immer neuen Kriege und Friedensschlüsse zu einer wahren Zerklüftung geworden, wo feindliche, befreundete, neutrale Gebiete, je nach ihrem Verhältnis zum Eroberer, bunt durcheinanderliegen und immer die Ungewißheit besteht, was von heute auf morgen durch neue Koalitionen sich ändert. Glaubt man etwa, Heidelberg sei seiner Landschaft und seiner romantischen Atmosphäre wegen das wichtigste Zentrum der jüngeren Romantik geworden, so darf man nicht vergessen, daß es einem Rheinbundstaat angehörte und hier ein Leben und Schaffen wie im Frieden möglich war. Im Jahre 1803 war die Universität unter Karl Friedrich von Baden neu organisiert worden, Dozenten wie Creuzer und Görres lehrten, und um die Freunde Arnim und Brentano, die am Wunderhorn und an der Einsiedlerzeitung arbeiteten, bildete sich ein neuer geistiger Kreis. Zwar treibt die unglückliche Schlacht von Jena den Preußen Arnim für zwei Jahre fort; dafür treffen 1807 die beiden jungen Barone Eichendorff in Heidelberg ein; wiederum nicht aus Neigung und langgehegter Absicht, sondern weil ihre bisherige Universität Halle ihnen verschlossen ist, da Napoleon sie nach der Schlacht bei Jena aufgehoben hat. Auch die Boisseréesche Bildersammlung zieht sich 1810 hierher, weil sie sich da sicherer fühlen darf als im französischen Köln.

Eine gegenteilige Anziehung geht in den Jahren von 1809 bis 1811 von Berlin aus, das zwar französisch besetzt ist, aber nach der Rückkehr des Königs patriotische Männer zum Zusammenschluß lockt. Um Arnim und Brentano schließt sich die »Christlich-Deutsche Tischgesellschaft«. Unter Kleists Redaktion wird von ihnen und Adam Müller die erste regelmäßig erscheinende Zeitung »Berliner Abendblätter« gegründet, wo die Berliner Ausstellung der Bilder C. D. Friedrichs von den Freunden besprochen wird, Runges früher Tod einen feierlichen Nachruf erhält und zwischen Literatur und Kunst das Politische mit Kühnheit und Vorsicht behandelt ist. Auch die Brüder Eichendorff halten sich ein Jahr lang hier auf, siedeln dann aber, um ihre juristischen Studien zu vollenden, nach Wien über, wo seit Aspern und Wagram die Künste und Wissenschaften am freiesten sich entfalten. Dort hat sich bereits 1808 der Kreis um Friedrich Schlegel gebildet, zu dem nun auch Eichendorff gehört und der Wiener Theaterdichter Theodor Körner, dazu die Stiefsöhne Schlegels, die romantischen Maler Philipp und Johannes Veit. Adam Müller wird hier heimisch mit Pilat und Gentz. Aber schon vor ihnen allen hat sich hier eine romantische Sezession vollzogen: Die Maler Pforr und Overbeck, von den Eindrücken der Altdeutschen in der kaiserlichen Galerie ergriffen, die nach dem Krieg wieder eröffnet ist, trennen sich von der Akademie und gründen mit einigen Freunden den »Lukasbund«. Und nicht lange nach ihnen erscheinen die Brüder Olivier aus Dessau, die bisher in Paris geweilt hatten, um für ihren Fürsten sowohl ein Napoleonbild zu malen wie Altargemälde für die gotische

Kirche in Wörlitz: eine Taufe Christi und ein Abendmahl. Ganz nach Friedrich Schlegels Rat in enger Anlehnung an mittelalterliche Werke werden von geborenen Welsch-Schweizer Kalvinisten für den protestantischen Herzog Andachtsbilder geschaffen. Ferdinand und Friedrich Olivier entdecken dann die Salzburger Landschaft für die Kunst und bilden in Wien mit dem jungen Schnorr von Carolsfeld, und auch später in Rom, die protestantisch bleibende Gruppe der Nazarener. Denn Rom wird schließlich die letzte Zuflucht der Kunst in der Gefährdung und Unruhe der Zeit – die Stifter des Lukasbundes sind bereits 1810 dahin übergesiedelt und leben im säkularisierten Kloster San Isidoro nun als wahre Klosterbrüder. Nach Pforrs frühem Tod 1812 erfolgt der Übertritt Overbecks zur römischen Kirche, ein Schritt, den viele ihm nachtun werden.

Das Nationale

Ohne Zweifel hat das Zeitpolitische nicht nur Leben und Schicksal, sondern auch den Geist der Dichter und Denker beeinflußt und in vielem gewandelt. Die deutsche Romantik ist keineswegs von Ursprung das, was man heute national oder gar nationalistisch nennt und oft ohne weiteres bei ihr voraussetzt; sie ist eher universal gerichtet, gerade auch durch den Blick aufs Mittelalter, das ja gemein-europäische Kultur bedeutete. So hat Wackenroder mit seiner Begeisterung für das altdeutsche Nürnberg nichts gemeint, was anderes hätte ausschließen können oder müssen – sein Aufsatz »Über Allgemeinheit, Toleranz und Menschenliebe« sagt es deutlich: »Blöden Menschen ist es nicht begreiflich, daß es auf unserer Erde Antipoden gebe und daß sie selber Antipoden sind. Sie denken sich den Ort, wo sie stehen, immer als den Schwerpunkt des Ganzen, und ihrem Geiste mangeln die Schwingen, das ganze Erdenrund zu umfliegen und das in sich selbst gegründete Ganze mit einem Blicke zu umspielen.« Ein gültiges Zeugnis für solche Gesinnung sind die Übersetzungen: Dante, Shakespeare, Calderon, Cervantes, Ariost und Tasso werden durch Schlegel, Tieck, Gries der eigenen Sprache gewonnen, Brentano übersetzt mit seiner Frau spanische Novellen, gewinnt aus dem Neapolitanischen des Basile die Märchen des »Pentamerone« für seine eigene Märchendichtung; und noch Eichendorff erwählt sich zum abschließenden Alterswerk die Nachdichtung der Geistlichen Schauspiele des Calderon. Wie die Romantik ihren Namen von der Ritterpoesie der Provenzalen, Franzosen, Spanier, Italiener herleitet, noch ehe sie das Nibelungenlied kennt, so entdeckt sie in der Musik die alten Italiener: Palestrina, Leo, Durante, bevor sie Bach und Händel wieder lebendig macht. Und für die Nazarener werden die italienischen Primitiven, ja noch Raffael so wichtig wie die altdeutschen Meister. Alte deutsche Dichtung wird erst national empfunden angesichts der politischen Bedrohung – nach der Jenaer Katastrophe wird plötzlich das Nibelungenlied aktuell, in der Übertragung in neuere Schreibart durch einen Schüler Schlegels, von der Hagen. Auch Arnims und Brentanos Sammlung »Alter deutscher Lieder« wird erst nachträglich als ein national gemeintes Dokument verstanden; wenn auch aus Brentanos Worten wohl das Gefühl für die allgemeine Bedrückung hervorgeht, als er an

Arnim schrieb: »Man kann in dieser Zeit nicht dichten, sondern nur für die Poesie etwas tun.« Man mag es denkwürdig finden, daß das tröstlichste Zeugnis unvergänglichen Volkswesens, die Sammlung der »Kinder- und Hausmärchen« der Brüder Grimm, in der Zeit der Not, 1812, erscheint; aber in der Widmung an die Frau Bettina von Arnim steht nichts von Vaterlandsbedrohung. Und so wird auch ein Werk persönlichster Schöpfung, das nur zufällig jetzt ausgereift ist, Goethes Faust Erster Teil, 1808, eine nationale Sensation. Sein Dichter wächst plötzlich in die Rolle des Führers hinein, der das Deutschtum am herrlichsten repräsentiert. Eine ähnliche Wirkung als Zeugnis von alter deutscher Größe geht jetzt von Dürer aus, dessen Randzeichnungen zum Gebetbuch Kaiser Maximilians im gleichen Jahr im Steindruck erscheinen und von Goethe in aufsehenerregender Rezension gepriesen werden. Daraufhin nähern sich ihm die Retter und Bewahrer deutscher Kunst, die Boisserée (1811), und führen ihm den jungen Cornelius zu, der den Faust nach dem Vorbild Dürers »glühend und streng« mit seinen Zeichnungen versieht. Und zugleich wird an Goethes Jugend appelliert und das Interesse für den unvollendeten Kölner Dom geweckt, der später als Symbol der deutschen Einheit wiederhergestellt werden soll. All das läßt verstehen, daß dann im Befreiungskrieg die Künstler und Dichter voran sich in das Volksheer einreihen. Es ist wie überall die Reaktion auf den großen Eroberer, der eine noch aus dem 18. Jahrhundert stammende kosmopolitische Gesinnung in ein erwachendes Selbstbewußtsein der Völker umgeschaffen hat.

Spätromantik

Es scheint, als habe sich die Romantik mit diesem nationalen Einsatz erschöpft – das Werbende der »Bewegung« jedenfalls hört nach 1813 auf. Aber die Signatur der Zeit selber ist längst eine romantische geworden. Es kommt nichts wesentlich Neues mehr hinzu; es wird gesammelt, abgeschlossen, die Ernte eingebracht.

Romantik ist statisch geworden. Sie formt, bis ins Modische der »altdeutschen« Tracht, das Leben der Zeit, wie die Spanne um 1800 von Revolution und Empire ihren Stil antikisch erhalten hatte. Im Künstlerisch-Literarischen hat sie sich durchgesetzt; die nationalen Impulse, die sie aufnahm, sind nicht in der Form erhalten geblieben, in der sie bis 1815 wirkten – sie haben sich geteilt, und wenn sie auch noch eine romantische Zeitfärbung nicht verleugnen, sie machen keine einheitliche Weltanschauung mehr aus: sie sind politische Gegensätze geworden. Die Dynastien waren von den christlich-nationalen Vorstellungen nicht unberührt geblieben und bilden bald ihre eigenen romantischen Prinzipien aus. Gewisse Anregungen dazu liegen weit zurück: in seinem Fragment »Glauben und Liebe oder der König und die Königin« hatte Novalis in den Jahrbüchern der Preußischen Monarchie von 1798 dem jungen Königspaar Friedrich Wilhelm III. und Luise gehuldigt und ein patriarchalisches Ideal gemalt, wo Fürstentum und Republik ein unteilbares Ganzes bildeten. In dem Gelübde der Heiligen Allianz, die derselbe Friedrich Wilhelm 1815 mit Alexander von Rußland und Franz von Österreich schließt, finden sich ganz verwandte Formulierungen: wie daß sie ihre Untertanen als »Familienväter« beherrschen und sich gegenseitig als »christliche Brüder« lieben sollten. Dennoch wurde der heilige Bund ein Instrument nervöser Reaktion – schon der Freiheitskrieg war jetzt eine unwillkommene Erinnerung an die Volksheere der Französischen Revolution, und man begann in jeder geistigen Bewegung das Umstürzlerische zu wittern. Auf der anderen Seite ersehnte die Jugend, die studentische voran, von den Idealen alter deutscher Freiheit ebenso romantisch angehaucht, die Mitwirkung am Neuaufbau des Staates. Es kam zu den bekannten Unterdrückungen harmloser Kundgebungen, zu den Karlsbader Beschlüssen. Äußerlich wurde es ruhig, aber unterirdisch schwelte es fort, bis 1848 das paradoxe Bild sich darbot, daß Spätromantiker wie Kinkel und seine Genossen gegen das Gottesgnadentum des Spätromantikers auf dem Thron Friedrich Wilhelms IV. standen. Vermittelnd zwischen beiden meldet sich noch eine echte romantische Stimme: Bettina von Arnim verwendet sich für die Verurteilten beim König, widmet ihm ihre »Königsbücher«. Wieder taucht der Begriff vom »Volkskönig« auf, aber auch aus einem neuen praktischen Volksverstehen die soziale Forderung, die Fürsprache für die notleidenden unterdrückten Weber – »bauen Euer Majestät den Dom nicht in den Lustgarten, bauen Sie ihn in zerstreuten Hütten auf, dort in Schlesien«. Wie wenig dabei auch jetzt das errungene Nationalbewußtsein der Romantik sich etwa aggressiv nach außen wendet, zeigt Bettinas letztes Buch »Gespräche mit Dämonen«, wo ihr Freiheitsruf an die Polen, Gallier, Ungarn, Lombarden ergeht, sich nach langem blutigem Bruderzwist in friedlichem Zusammenklang zu einen. Denn durch Herder und die Romantik war gerade den Ostvölkern ein eigenes Sprach- und Geistesleben erst bewußt geworden. Man denke an Böhmen, wo jetzt die Besinnung auf eigene Vorzeit beginnt, die Clemens Brentano, jahrelang dort weilend, in seinem Drama »Die Gründung Prags« verherrlicht und in die abendländische Mythenwelt einbezogen hatte. Aber in Deutschland selbst hat sich nach der nationalen Enttäuschung seit 1815 eine tiefe Resignation der Gemüter bemächtigt. Es ist die Zeit, da Brentano seine innere Umkehr erlebt, mit seinem angestammten Katholizismus Ernst macht und am Krankenbett der stigmatisierten Nonne Katharina Emmerich jahrelang verweilt, ihre Visionen aufzeichnend. In Rom häufen sich die Konversionen der Künstler; in Wien und Berlin schließen sich Kreise protestantischer Erweckter zusammen; in Dresden wächst das System Schopenhauers heran, in dessen Pessimismus allein das romantische Erbe der Musik noch einen harmonischen Weltsinn wahrt. Andere flüchten sich in die Neutralität der Wissenschaft. Es ist gleichsam eine Säkularisation der Romantik, das heißt ihrer eigenen religiösen Impulse der Kunstandacht, wenn aus der Begeisterung für Nibelungen und Minnelieder die Germanistik entsteht, die ohne Berührung mehr mit dem Volksganzen die alten Texte richtigstellt, Grammatik und Lautgesetze an ihnen demonstriert; wenn aus der Liebe und Hingebung an die mittelalterliche Kunst die Kunstgeschichte entsteht. Der Geschichtssinn wird das große Vermächtnis der Romantik ans ganze 19. Jahrhundert – aber das helle Bewußtsein erstickt das naiv-schöpferische Vermögen und ist selbst dort jetzt bestimmend, wo die letzten Kunstwerke der ehemaligen Romantiker entstehen. Das München Ludwigs I. zeigt bereits die Wählbarkeit der Stile, die ein friedliches Nebeneinander des Klassischen und Romantischen ermöglicht. So kann derselbe Cornelius die Glyptothek, ihrer archäologischen Bestimmung nach, mit antik-mythologischen Fresken schmücken und die romantisch-romanische Ludwigskirche mit christlichen; in den Sälen der Residenz darf Schnorr von Carolsfeld in einem nur noch kostümlich-historischen Stil die Nibelungen malen. All das hat zwar noch den Reiz dessen, was im Süden an den alten Denkmalen erlebt, mit den Nazarenern zusammen geschaffen und geplant worden war: eine letzte, fast rührende, schon verschwebende romantische Atmosphäre. An die Stelle der wirklichen Bünde, in denen einst Kunst und Dichtung in gemeinsamem Planen und Schaffen entstanden, treten gedichtete Bünde: imaginierte Zusammenkünfte Gleichgesinnter, die ihre Dichtungen sich vorlesen, sie rechtfertigen und diskutieren. Hier ist Tieck der erste mit seinem »Phantasus«, den er benutzt, seine Märchen und romantischen Dramen vollständig zu einer großen Überschau zusammenzustellen, ehe er sich seinem Spätwerk, der realistischen Novelle, zuwendet. Bedeutender und weiterwirkend ist der letzte gedichtete Bund: E.T.A. Hoffmanns »Serapionsbrüder«. Die große Folie dieser Fülle phantastischer Erzählungskunst ist das, was von keiner Gemeinschaft hervorgebracht wird, aber um das sich wohl ein Bund scharen kann: die höchste romantische Kunst.

Die Musik

Ähnlich wie bei Wackenroder sind bei Hoffmann alle drei Künste: Dichtung, Malerei, Musik als Anlage da. Er ist nicht viel jünger als jener, hat aber schon viele Versuche, auf Kunst sein Leben zu gründen, hinter sich, ehe er im reinen Schriftstellertum sich bescheidet. Auch ihm ist Mozart frühestes Erlebnis, steht der »Don Juan« im Mittelpunkt. Durch Messe- und Opernkomposition, Malen von Bildern, Theaterdekorationen, durch Regieführen und Dirigieren versucht er sich an den verschiedensten Orten – Königsberg, Warschau, Bamberg, Dresden. Schon in Bamberg entsteht die Gestalt des Kreisler, des Eingeweihten in die höheren Welten der Musik, im steten Kampf gegen das Philistertum, dem die Botschaft aus der Höhe als Wahnsinn erscheint. Mitten in den Kriegswirren schreibt er 1812 in Dresden sein Märchen vom »Goldenen Topf«, schreibt er nach Fouqués Märchen seine »Undine«, die Oper, die nach dem Krieg in Berlin den größten Beifall findet. Aber das eigentliche romantische Reich bleibt ihm die in den hohen Meistern offenbarte Musik. Zu dem, was er mit Wackenroder verehrt, tritt ihm, dem länger Lebenden, noch der Zeitgenosse Beethoven, dem er in Rezensionen, vor allem der V. Symphonie, huldigt und persönlich dessen Dank dafür erntet. Bei ihm steht der Kanon des großen Musik-Erlebens fest: Gluck, Haydn, Mozart, Beethoven sind ihm die romantischen Künstler – es sind die, welche wir gerade die Klassischen nennen. Dieser Begriff bringt tiefes Mißverständnis in die Vorstellung vom Romantischen. Klassisch konnte ja hier nur Rangbegriff sein, und man wandte ihn rückblickend an, als man eine klassische Dichtung, die von Schiller und Goethe, konstituiert hatte und nun neben der Weimarer auch eine Wiener Klassik besitzen wollte. Aber im deutschen Sprachgebrauch fiel mit dem Rangbegriff der Stilbegriff des Antikischen zusammen, der doch ersichtlich für die Musik nicht in Betracht kam. Da jedoch das Romantische durch das Verdikt der Klassik in Mißkredit gekommen war, konnte man es für die große Musik nicht gut mehr anwenden. Nannte man diese jetzt klassisch, so blieb romantisch allein für alles Nachklassische übrig, für die spätere, schwächere Musik der Epigonen – diese wurden nun Romantiker genannt und werden es heute noch auf unseren Konzertprogrammen und in den Musikkritiken. So gab es plötzlich, etwa von Schumann und Brahms an, eine neue romantische, ja die romantische Musik in einem höchst fragwürdigen und dem früheren gänzlich entgegengesetzten Gebrauch dieses Wortes. Dabei bestand noch ein legitimer Begriff romantischer Musik, den man beibehalten konnte und auch nebenher beibehielt: für die Oper, wenn ihr Text dichterisch-romantisch war. So wird man Hoffmanns »Undine« eine romantische Oper nennen können, obgleich ihre Musik stilistisch noch Mozart folgte, dabei aber gewiß nicht den Anspruch machte, zum romantischen Geisterreich der großen Musik zu gehören. Die eigentliche romantische Oper in diesem bescheideneren Sinne hat Carl Maria von Weber geschaffen: Er hat den deutschen Wald, den Märchen- und Sagenzauber und -schauer aus der literarischen und bildkünstlerischen Sphäre auf die musikalische Bühne versetzt und dieser einen Volkston gewonnen, wie er im »Freischütz« dem Klange des Wunderhorns antwortet. Freilich ist dies, mit dem Oberon zusammen, auch schon das Höchste und sinkt mit Marschner und Lortzing schnell ins Bürgerliche hinab. Es gibt – auf allen Gebieten – keine geistigen Bewegungen mehr, die eine romantische Oper tragen könnten: 1826 stirbt Weber, 1827 Beethoven, 1828 Schubert, 1831 Arnim, 1832 Goethe. Schubert, der Letzte der großen Musiker aus dem Südraum, wirkt bereits nicht mehr auf die Zeit, lebt in einem kleinen Kreis Verstehender seltsam anonym. Es ist symbolisch, daß ein Jahr nach seinem Tode, 1829, Bachs Matthäuspassion aufgeführt wird, das erstemal seit hundert Jahren. Der Bach-Renaissance folgt die Händel-Renaissance – nach dem Abschluß der großen Schöpfung in der Zeit wendet man sich in die Vergangenheit. Und es gibt, im protestantischen Raum, jetzt eine Nachfolge des Älteren: Mendelssohn schreibt seine nazarenischen Oratorien »Paulus« und »Elias«. Und die Musik, die bisher die Dichter inspiriert hatte, läßt sich, in Schumann, von der Literatur anregen – Kreisleriana, Davidsbündler –, man blickt auf die romantische Dichtung als auf das Höhere zurück.

Rückblick

Schauen wir selber zurück, so fällt unser Blick auf ein Werk, das, in der Zeit vollendet, doch posthum gemeint ist: der Zweite Faust. Goethe läßt das Manuskript einsiegeln, damit es erst nach seinem Tod eröffnet werde; will er verhindern, daß er bei Lebzeiten noch ganz der Romantik zugerechnet werde, der er theoretisch so unermüdlich widerstand? Denn wenn schon der Erste Faust der Umwelt der Gotik verhaftet war – der Zweite endet mit den Chören der Engel und Heiligen, den Konfessionen der Sünderinnen, dem Erscheinen der Madonna in einer hochromantischen Verklärung wie kein anderes Werk der Zeit. Dieses Letzte, ganz Persönlich-Mystische mochte er nicht in den Streit des Tages gezogen sehen, an dem er selber bis ins Alter so gern teilgenommen hatte. War dieser Schluß kaum zu denken ohne die Überwältigung, die er vor den alten heiligen Bildern der Boisseréeschen Sammlung in Heidelberg erfahren hatte, nicht ohne den dauernden Austausch mit diesen Freunden, die immer Neues aus dem christlichen Kunstkreis an ihn herantrugen, so siegte doch der alte Widerspruchsgeist, abwehrend auf inneren Ausgleich bedacht, als er fast im gleichen Atemzug, da er ihre Sammlung in Kunst und Altertum pries, die heftige Abrechnung mit der »Neudeutschen, religios-patriotischen Kunst« ausgehen ließ, in der er noch einmal seinen alten Groll gegen Wackenroder entlud und alles, was nach seiner Meinung von ihm ausgegangen war. In einem Gedicht zum Reformationsjubiläum 1817 gab er noch schärfer seiner protestierenden Gesinnung gegen alles Katholische Ausdruck. Trotzdem blieb sein Verhältnis zu den Boisserée ungetrübt, und mit den Jahren wuchs eine friedliche, ausgleichende Stimmung. Mit Interesse, ja wohlwollend verfolgte er die aufkommende italienische und französische Romantik. Mit Manzoni kam es zu brieflichem Austausch – er besprach liebevoll nicht nur seinen historischen Roman »I promessi sposi« und seine im Mittelalter spielenden Tragödien, er konnte sich auch mit seinen »Heiligen Hymnen« einverstanden erklären. Da heißt es: »Der Verfasser erscheint als Christ ohne Schwärmerei, als römisch-katholisch ohne Bigotterie, als Eiferer ohne Härte.« Gegenüber Eckermann kommt es spät, 1829, anläßlich der neueren französischen Literatur zu dem konziliant gemeinten Ausspruch: es sei ihm etwas Neues eingefallen, was das Verhältnis von klassisch und romantisch nicht übel bezeichne: »Das Klassische nenne ich das Gesunde und das Romantische das Kranke. Und da sind die Nibelungen klassisch wie der Homer, denn beide sind gesund und tüchtig.« Ersichtlich wollte Goethe sagen, daß es auch in der romantisch genannten Poesie Klassisches gebe, indem er dem doppeldeutigen »klassisch« nur den Rangbegriff statt des Stilbegriffs unterlegte. Daß er dabei die von der Romantik zum Leben erweckten Nibelungen zum Beispiel nahm und sogar den von ihr aufgebrachten Vergleich mit Homer sanktionierte, war bedeutsam genug. Aber wie so viele Aussprüche Goethes ist auch dieser nur halb zitiert zum geflügelten Wort geworden – man ließ den Satz mit den Nibelungen fort und behielt allein die Verurteilung der Romantik als »krank« übrig, die dann für ganze Geschichtsdarstellungen das Motto gab –, der Kampf um die Wortgespenster ging weiter.

Betrachtet man die Epoche, um welche jene Worte sich streiten, im ganzen, so mag auffallen, daß zwei sehr große Erscheinungen weder von der einen noch von der anderen Benennung in Anspruch genommen werden: Jean Paul und Hölderlin. Beim ersten kommt der Begriff des Klassisch-Stofflichen und Formalen gewiß nicht in Frage, aber warum nennt man ihn nicht romantisch? Seine starke Beziehung zur Musik, seine Visionen und Träume, seine Naturerhebungen müßten dies doch rechtfertigen. Und ist nicht, nächst der freien Natur, der »Englische Garten« wie bei kaum einem anderen der Schauplatz seiner Romane? Aber da ist ein Element, das bei ihm nicht vorkommt: das Mittelalter mit seiner Bildwelt, ja das Historische überhaupt. Das mag der Grund gewesen sein, daß die Romantik ihn nicht in Anspruch nahm – er war ganz Gegenwart, aber eine schon entgleitende: er spiegelte noch zu stark die letzte Kultur des Barock. Bei Hölderlin wäre, in völligem Gegensatz zu jenem, das Klassische als alleiniger Stoff, als Gehalt und Form vorhanden, und seine Herkunft von Schiller müßte es noch bestätigen. Aber ist Hyperion, der

»Eremit« in Griechenland, nicht auch eine romantische Gestalt, ein anderer Klosterbruder, mit der Trauer um große Vorzeit und mit der tiefen Naturverhaftung? Selbst seine Hymnik, die den Göttern Griechenlands gilt, hat wenig mit der Lehre von der edlen Einfalt und stillen Größe zu tun, beruhigt sich nicht im Schauen von Statuen – sie ist dionysischer, erlebt das Göttliche als mythische Epiphanie. Es spricht mit, daß der reife Hölderlin vom Weimarer Klassizismus nicht anerkannt wurde, die Romantiker ihn aber wiederentdeckten. So bleiben diese Genien dem Meinungsstreit entrückt, gehören keiner der beiden Bewegungen an und bringen die Problematik einseitiger Begriffsbestimmung zum Bewußtsein.

Doch ist noch eine letzte Frage zu bedenken, die viele Geister beschäftigt hat: gibt es einen romantischen Typus, gibt es »den« Romantiker überhaupt? Zur Charakteristik dieses Typus wird etwa angeführt, daß er im Leben versage, aus Lebensuntüchtigkeit in die Natur, in die Vorzeit, in geträumte Welten sich flüchte; daß er deshalb zum Scheitern verurteilt sei und schon darum auch seine Schöpfungen nicht bestehen. Das bedeutet nichts anderes, als einzelne Züge, die bei einzelnen vorkommen mögen, unerlaubt zu verallgemeinern, da sie auch bei Angehörigen anderer Geistesbewegungen sich finden. Da steht etwa der geniale, im Leben sich verströmende, seine Begabung nicht ehrgeizig nutzende Brentano da, der zuletzt wirklich müde wird und Ruhe vor allen Stürmen sucht. Aber daneben der Freund, der kraftvoll beherrschte, im Leben tätige Arnim, ist von ganz anderer Art; nicht weniger der lebenssichere Eichendorff, der klug sich einrichtende Tieck, der alles in seine Phantasie emporreißende, das Philistertum souverän verspottende E. T. A. Hoffmann. Es sind verschiedene Charaktere; und sie hängen als Romantiker zusammen nur durch die Zugehörigkeit zu einer Bewegung, in der sie jeder seine sinnvolle Stelle haben. Als diese Bewegung zu Ende ist, da erst kann es »den« Romantiker geben: als einzelne Gestalt in einer nun völlig anders gearteten Umwelt – aber auch nicht als Charakter, der mit einer Art Naturnotwendigkeit unter bestimmten Lebensbedingungen auf immer die gleiche Weise etwa schwächlich und lebensfremd reagiert, sondern als einer, der geistig romantische Elemente annimmt und verarbeitet oder das Romantische in einer veränderten Lage auch anders verkörpert, wie es sich später uns noch zeigen wird. In Deutschland hat es nach dem Ende der eigentlichen Bewegung wohl noch, in der bildenden Kunst, eine graphische Nachblüte gegeben, bei Ludwig Richter und Schwind, die mit dem Bleibenden – Märchen und Sage – Hausbücher der deutschen Familie bis in die vierziger, fünfziger Jahre schaffen, aber eine bewegende Zeitmacht ist dies nicht mehr – diese geht an andere Nationen über.

Frankreichs romantische Wendung

Wenn die große Revolution wohl auch in Deutschland die Gemüter erregt hatte, aufs geistige Leben aber kaum entscheidenden Einfluß nahm und etwa bei den Brüdern Schlegel nur polemische Umwertungen bewirkte, waren von ihr im Ursprungsland Frankreich alsbald alle Traditionen zerstört, die geistigen Bindungen abgerissen und die ältere bildende Kunst, voran die christliche, in Trümmer gelegt. Bei der ersten Ruhepause und Möglichkeit zur Besinnung gab es hier nur den Drang, wiedergutzumachen, wiederherzustellen, anzuknüpfen: die Restauration. Viel stärker als in Deutschland mußte das Christliche im Vordergrund stehen. Scheinen gewisse Verwandtschaften mit Wackenroder und Novalis jetzt zutage zu treten, so ist doch ein tiefer Unterschied festzuhalten: die Deutschen sichteten etwas, was Jahrhunderte zurücklag und aus völliger Vergessenheit gezogen werden mußte; Frankreich aber war ein katholisches Land, und was man eben noch lebendig vor sich gehabt hatte und dann stürzen sah: christlichen Kult und christliche Kunst, das war nur wiederherzustellen – es hieß an eine Überlieferung anknüpfen, die gleichsam nur kurze Zeit ausgesetzt hatte. Aber es gehörten Kraft und Mut dazu, etwas von der Geschichte scheinbar endgültig Verfügtes, vom Staat Verordnetes rückgängig zu machen. Der dies, und gleich im größten Umfang, unternahm, ist Chateaubriand gewesen. Aus altem Adelsgeschlecht stammend, hatte er in der frühen Jugend sich fast nur in den heimatlichen Wäldern umgetrieben, im berühmten Broceliande, das durch des Artusritters Gawan Abenteuer berühmt war und für das Schwärmerisch-Romantische wohl prädestinieren konnte. Den ersten Jahren der Revolution weicht er nach Amerika aus, um unter Indianern ein freies Naturmenschentum im Sinne Rousseaus zu suchen. Als die Lage des Königs in Frankreich drohender wird, eilt er zurück, tritt in die Armee der Prinzen ein, wird schwer verwundet und flieht nach England. Philosophische Studien im Sinne der Zeit bringen ihn dem Atheismus nahe; da erreicht ihn in London die Kunde vom Tod der Mutter und bald auch der geliebten Schwester, und er erfährt einen völligen geistigen Umschwung. Es ist im Jahre 1799 – demselben, in dem Novalis den Freunden die »Europa« vorliest –, daß Chateaubriand ein Werk beginnt, das den Namen tragen soll »Des beautés de la réligion chretienne«. Aber zunächst veröffentlicht er ein Buch, das ihn schon schnell berühmt macht, die Geschichte von »Atala« (1801), dem rührenden Naturgeschöpf, das durch christliche Erziehung zur Resignation in der Liebe geführt wird; alles inmitten einer in glühenden Farben geschilderten indianischen Umwelt und Landschaft. Es ist die Romantik der Ferne, des Exotischen, womit er beginnt, jedoch bereits untrennbar von seiner neugewonnenen religiösen Überzeugung. Das große Werk, »Le Génie du Christianisme«, erscheint im Jahre 1802 und kann Napoleon gewidmet werden, der seinerseits eben eine Wendung zur Tradition vollzieht, indem er ein Konkordat mit dem Papst schließt.

Le Génie du Christianisme

Es gibt von dem Buch einen unzulänglichen Begriff, wenn man seinen Titel mit »Geist des Christentums« übersetzt – das wäre »Esprit«, während mit »Genie« der Genius gemeint ist, das genial Produktive, das dem Abendland seine geistig-künstlerische Gestalt gab. Es ist der Versuch, die Frage zu beantworten, die sich angesichts des Unternehmens der Revolution, die Religion auszurotten, den Menschen stellen mußte: Wie sähe die Welt aus, wenn das Christentum nicht erschienen wäre? Chateaubriands Antwort ist die gründlichste und vollständigste, die sich denken läßt. Er beschreibt die christlichen Mysterien, die

Gebräuche und kirchlichen Einrichtungen, als müsse er einem späten Weltalter etwas zur Anschauung bringen, was es längst vergaß. Aber dann, welche Kühnheit, ein Kapitel zu betiteln »Die Poetik des Christentums« und nun alle christliche Dichtung von Dante über Tasso und Milton bis Klopstock mit der antiken Dichtung zu vergleichen, das Christliche selbst in der französischen Klassik nachzuweisen, in Racine, wo Worte über dessen Iphigenie an die gemahnen, die Goethe über die ungriechische Haltung seiner Iphigenie gesprochen hat. Da wird die Bibel mit Homer verglichen; werden so tiefe Unterschiede begriffen wie im Naturgefühl, das der Antike nur in stummen Gestalten sprach, im christlichen Norden aber zum Landschafts-Erlebnis führte, zur Schilderung der »Wahrheit der Erde«, wie es das vordem nicht gab. In den bildenden Künsten ist es die Berufung auf die Gotik, deren angestammtes Land Frankreich war und auf eine Ursprungsfülle weisen kann wie kein anderes – man fühlt: das war alles vor kurzem noch unangetastet da, wäre noch da, wenn nicht Zerstörung es verwüstet hätte. Er fügt einen Augenzeugenbericht von 1793 bei über die Beraubung und Schändung der Königsgräber in St. Denis, wo mit der herrlichsten Kunst zugleich die Erinnerung an die Monarchie mit raffinierter Gründlichkeit ausgerottet wurde. In Ruinen von Klöstern, unter zerfallenden Kirchen wandelnd, taucht ihm die einstige Herrlichkeit auf; und wieder müssen wir uns einprägen, daß die Entdeckung der Gotik seit Goethe kein deutscher Vorrang war, daß ein Chateaubriand fast tiefer fühlt, wenn er das Kircheninnere vergleicht mit aufstrebenden Stämmen der – alten gallischen Wälder! Es wäre seltsam, wenn nicht auch der eigensten spirituellsten Kunst des Christentums gedacht würde, der Musik – dem gewaltigen Einfluß der Religion auf die Tonkunst ist eine ganze Abhandlung gewidmet. Und wieder spüren wir, daß wir auch hier mit Frankreich teilen, wenn einer Passion nach St. Matthäus in der heiligen Woche gedacht ist, wo die Erzählung des Evangelisten von dem Adel der Worte Christi und dem Schreien der Volkschöre unterbrochen wird. Daß auch in der Renaissance nicht antikes Heidentum vorherrscht, sondern das Höchste der Malerei noch am Christlichen sich entfaltet – diese Erkenntnis Wackenroders ist auch Chateaubriand selbstverständlich. Wir haben da eine erstaunliche Gleichzeitigkeit; denn von Beeinflussung kann nicht die Rede sein. Auch Novalis, der uns hier so oft in den Sinn kommen will, ist selbst später durch die Frau von Staël in Frankreich nicht bekanntgeworden – seine »Europa« war ja ungedruckt geblieben. Aber welcher sofortige Erfolg wird demgegenüber dem Buch von Chateaubriand zuteil! In der zweiten Auflage von 1803 steht die Widmung an Napoleon, den er noch mit Bürger und Erster Konsul anreden kann – es ist das Jahr, da man allenthalben für die Menschheit das Beste von ihm erwartet, da Beethoven ihm seine Eroica widmet. Hier aber heißt es: »Frankreich, vergrößert durch Ihre Siege, setzt in Sie seine Hoffnung, seitdem Sie auf die Religion die Grundlagen des Staates und seines Glückes bauen. Fahren Sie fort, die schützende Hand auszustrecken über dreißig Millionen Christen, welche für Sie beten am Fuße der Altäre, deren Wiedererrichtung man Ihnen verdankt.« Einen solchen geistigen Helfer will Napoleon sich nicht entgehen lassen, er zieht ihn an sich, ernennt ihn zum Attaché in Rom, später zum Minister im Wallis. Aber da kommt die Erschießung des Herzogs von Enghien – Chateaubriand demissioniert sofort und wird zum Gegner Napoleons. Er lebt jetzt in Italien und bereitet ein großes Prosa-Epos vor, »Les Martyrs«, wo er

Grablegung der Atala
Gemälde von Anne Louis Girodet-Trioson, 1808
Paris, Louvre

Französischer Salon um die Jahrhundertmitte
Alfred de Musset, Eugène Delacroix und Pierre Antoine Berryer
Aus einer Skizze von Eugène Lami. Privatbesitz

das Frühchristentum in seinem Kampf mit der Antike darstellen will – das Thema gemahnt an die späten Legendenepen Eichendorffs. Aber – um die antike Landschaft und die heiligen Orte so lebendig wie möglich malen zu können, unternimmt er eine Reise nach Griechenland, Syrien, Palästina, Ägypten – immer ist es das Weitausgreifende, Welthaltige, wodurch er seine Figuren, Erkenntnisse, Überzeugungen dichterisch suggestiv macht. Die praktische Anwendung seiner Gesinnungen wird für ihn, seit Napoleon ihn enttäuscht hat, die Wiederherstellung des »Alten Frankreich« – er ist einer der leidenschaftlichen Vorkämpfer für die Rückkehr der Bourbonen und spielt seit 1814 eine wichtige politische Rolle. In der Restauration wird er zum Pair von Frankreich ernannt, ist mehrere Male Minister, kann sich später sogar noch mit Louis Philippe vertragen, stirbt 1848 im Angesicht der dritten Revolution. Sein geistiger Umfang wird ermessen, wenn man sich vergegenwärtigt, daß er als Dichter auf einem anderen Gebiet in höchster Modernität und Zeitgemäßheit das erste Gemälde des »Weltschmerzes« gibt, in seinem »René« die Geschichte der »Krankheit des Jahrhunderts« – stark selbstbiographisch auf dem Hintergrund einer Geschwisterliebe wird die Leere und Langeweile des Lebens beschrieben, die zum Selbstmord führen will. Er nimmt damit Lord Byron voraus, dessen katholisch-romantisches Gegenstück er in manchem ist – auch Grandseigneur, Weltreisender, auf ruheloser Pilgerfahrt wie Byrons »Harold«. Byron muß seinerseits etwas wie Verwandtschaft zu ihm gespürt haben, wenn er 1816 in Coppet der Frau von Staël aus dem Buch von Chateaubriands Christentum vorliest. Der andere große Pessimist des Jahrhunderts, der sich ja auch Byron verwandt fühlte, Schopenhauer, konnte auch Chateaubriand als Eideshelfer zitieren: seine »Vie de Rancé« brachte ihn ihm nahe, die Geschichte des Erneuerers des Trappistenordens. So endet der größte christliche Romantiker Frankreichs mit dem Blick auf den letzten Ernst: jene fast schon überreligiöse bitterste Askese des Schweigens.

De l'Allemagne

Chateaubriand nimmt in seiner Person fast alles vorweg, was Anfang und Ende der deutschen Romantik charakterisiert: die im weitesten Sinne christliche Orientierung, nun auf dem älteren katholischen Boden Frankreichs. Denn was das berühmte Buch der Frau von Staël von geistigem Deutschtum vermittelt, ist gerade nichts von dem, was wir selber unter Romantik verstehen. Und es ist nur logisch, daß das Bekanntwerden deutscher Literatur in Frankreich genau das unterstützt, was in der Entwicklungsnotwendigkeit Frankreichs lag: das Loskommen von der noch immer herrschenden Klassik, deren Gegensatz, wie immer er beschaffen war, jetzt einfach romantisch hieß. Man muß bedenken, daß Frau von Staël bei ihrem Besuch in Deutschland nur die Vertreter der Dichtung kennenlernte, die man später bei uns Klassiker nannte, die jedoch dem Ausländer keineswegs für klassisch galten, und daß sie jetzt und später August Wilhelm Schlegel zum Gewährsmann und literarischen Vertrauten hatte. Dessen ästhetisches Urteil war ursprünglich an Goethe gebildet; er hatte eben erst einige Eindrücke von Tieck und Novalis empfangen, aber die weitere Entwicklung in Deutschland nicht miterlebt, da er der Frau von Staël nach Coppet und dann auf ihre Reisen folgte. Die Heidelberger Romantik, die spätere mit Kleist in Dresden und die umfassendste in Berlin waren ihm nicht mehr nahegekommen. Trotz einer kurzen ästhetischen Schwärmerei für den Katholizismus bleibt ihm die religiöse Wendung fremd; über der Konversion des Bruders Friedrich kommt es fast zum öffentlichen Bruch. So übermittelt die Staël von Deutschland kein romantisches Programm, sondern nur den romantischen Begriff, genau wie ihn die Schlegel an Goethe einst entwickelt hatten. Diesen wendet die Staël sofort auf die französische Situation an: Es kommt der entscheidende Satz »La littérature ancienne est chez les modernes une littérature transplantée: la littérature romantique ou chevaleresque est chez nous indigène«; und die Folgerung von »herübergepflanzt« und »eigenwüchsig« ist: »Mais ces poésies d'après l'antique, quelques parfaites qu'elles soient, sont rarement populaires« – weil sie nichts Zeitgenössisches, nichts Nationales enthalten können. Auch hier war Schlegels Ansicht bestimmend, der die große französische Barocktragödie des 17. Jahrhunderts sehr unhistorisch als unzeitgemäß und überkünstelt verurteilte und noch in seinen Wiener Gastvorlesungen über dramatische Kunst und Literatur, die er 1808 im Beisein der Staël hielt, gegen Racine polemisierte. Aber dies kommt nun dem momentanen Bestreben der Franzosen nach einer Neuorientierung entgegen; und so viel böses Blut die Distanzierung der Staël zur eigenen Klassik machte und später das Verhältnis zu Deutschland geradezu belasten sollte – der damaligen Generation wurde Romantik der Kampfesruf gegen die Klassik, die mit ihren formalen Anforderungen noch das lebendige Theater beherrschte und gegen die man Neues nur mit einer solchen radikalen Negation durchzusetzen meinte. War nun aber mit einer fast an Tacitus gemahnenden Taktik das gegenwärtige Deutschland als Vorbild aufgestellt, so ergab sich die Paradoxie, daß als Muster der Romantik Werke empfohlen wurden, in denen der Deutsche gerade endlich eine Klassik zu besitzen sich schmeichelt, nämlich die Schöpfungen von Schiller und Goethe. Frau von Staël hat im einzelnen zwar sich überall ihr eigenes Urteil gewahrt; aber was sie persönlich in Deutschland kennenlernte und durch Schlegel empfohlen bekam, das war eben eine geringe Auswahl. Von den romantischen Führern ist einzig Tieck erwähnt, seine Lustspiele, aber doch auch sein »Sternbald«, den sie anziehend findet, aber ohne grundsätzlich Neues aus ihm herzuleiten. Goethe konnte mit Götz, Werther, Egmont und auch bereits mit dem Faust von 1808 allein schon ein romantisches Programm bedeuten. Nun aber kam, zur geringen Freude Schlegels, Schiller hinzu, der liebevoll genug behandelt wurde und eben schon als Verfasser rein historischer Dramen dem internationalen Begriff der Romantik entsprechen mußte. Auch von ihm sind, wie von Goethe, von Wieland, jeweils Übersetzungen bedeutender Stellen eingefügt, sogar von der »Glocke«. Etwas Ungewöhnlicheres konnte sie mit Zitaten aus dem von Weimar geächteten August Bürger geben – das war einzig Schlegel zu verdanken, der für seinen einstigen Lehrer immer ritterlich gegen die Angriffe Schillers eingetreten war. Etwas erstaunt ist man, eine weniger erfreuliche Figur mit großem Ernst behandelt zu sehen: Zacharias Werner, der als Erbe Schillers angeführt wird (der war freilich bei Abfassung ihres Buches schon verstorben) – denn Kleist trat weder in ihren noch Schlegels Gesichtskreis. Bei Werner kam Persönliches hinzu: Er erschien in Coppet und hat sogar dort seinen

»24. Februar« geschrieben und 1809 bei der Staël aufgeführt, wobei er und Schlegel selber mitspielten.

Das Deutschlandbuch wurde 1810 in Paris gedruckt, aber sofort auf Napoleons Geheiß als »unfranzösisch« konfisziert und eingestampft. Die Verfasserin hat es erst in London 1813, bei ihrem dortigen Aufenthalt, neu herausbringen können, und so ist es erst nach Napoleons Sturz zur Wirkung gekommen. Dieser Zeitpunkt aber war nun denkbar günstig; die Napoleonischen Siege, die alles in Atem gehalten hatten und einen gewaltigen, fast dichterischen Inhalt für die Nation bedeuteten, waren vorüber, eine plötzliche Leere war da; sie mußte, sie konnte nur von einem ernst genommenen Geistigen erfüllt werden, um einer neuen Aktivität Platz zu machen. Die destruktiven Seiten der Revolution waren durch Chateaubriand beseitigt, das Religiöse selbstverständlich geworden, so daß es in einem katholischen Land kein Problem oder Ziel mehr bedeuten konnte wie in Deutschland; außer Lamartine tritt kein großer religiöser Dichter mehr hervor. Ein neues Revolutionäres war am Zug, und es verkleidete sich jetzt in das Romantische in dem Sinne, wie die Staël es als Vorbild aufgestellt hatte.

Das romantische Theater

Der Sieg des romantischen Gedankens hat sich in Frankreich auf der Bühne vollzogen. Sie war von jeher ein Zentrum der Kultur, mit einer alten, auch durch die Revolution nicht unterbrochenen Tradition – ein Talma spielte vor Napoleon –; aber zugleich auch noch immer die Hochburg des Klassizismus. Hier mußte ein Bann gebrochen werden. Und das ist auf einen Schlag und mit größerem Aufsehen geschehen, als es irgendeine Leistung der deutschen Romantik erregte: denn Frankreich trat damit auch im Drama in die moderne Literatur über, deren Spitze es noch mit Rousseau gehalten, aber inzwischen verloren hatte; und das Moderne war jetzt das Historische, nicht das normative zeitlos Schöne, Ideale. Es ist keine Frage, daß England wie Deutschland dabei Patendienste leisteten. Wenn ein Alfred de Musset, der später sehr eigene Wege ging, in seiner Jugend in die Worte ausbricht: »Ich möchte nicht schreiben, oder ich möchte Shakespeare oder Schiller sein«, so zeigt das, wie die nationale Isolierung des französischen Theaters durchbrochen wird und der Blick an anderer als klassischer Gestaltung sich entzündet. Seit 1821 liegen Schillers Werke in Übersetzung vor, 1826 erscheint Goethes Faust Erster Teil in der Übersetzung von Stapfer in einer Prachtausgabe mit den Lithographien von Delacroix, 1827 spielt in Paris eine englische Truppe, 1829 übersetzt de Vigny den »Othello«. Eine Reihe theoretischer Schriften stellen Vergleiche zwischen Shakespeare und Racine an, darunter solche von Prosper Mérimée und Stendhal – Romantiker ist, wer die Sitten, Gewohnheiten seiner Zeit darstellt, und so war Racine zu seiner Zeit romantisch; ihn aber heute nachahmen heißt die Welt um anderthalb Jahrhunderte zurückschrauben: und das ist Klassizismus im Sinne des Überwundenen, Unzeitgemäßen. Nur der eigenen Geschichte und Religion fühlt man sich verbunden, nicht einer, die einer anderen Weltzeit angehört – die antiken Götter und

Helden sagen einem nichts mehr. Erst von diesem Standpunkt aus versteht man, welche Sensation die Aufführung der ersten historischen Dramen bedeutet, die bis zum Kampf des Publikums vor und auf der Bühne geht – Victor Hugo mit seinem »Cromwell« 1827 und gar mit »Hernani« 1830 wird der große Erneuerer der Bühne. Wie Schiller wählt er den bedeutenden kritischen Augenblick in der Geschichte eines großen Volkes – »Die Geschichte hat nie eine höhere Lehre einem höheren Drama als Folie untergelegt«, sagt er in dem berühmten Vorwort zum »Cromwell«. Geht er hier von der Realität mit genauestem Quellenstudium aus, so ist im »Hernani« freie phantastische Erfindung mit spanischer Ehre, Gift und Dolch und gespenstischer Mondnacht das eigentlich Wirksame; aber die welthistorische Folie ist hier noch großartiger: Karl V. im Dom von Aachen am Grab Karls des Großen, im Angesicht der deutschen Kurfürsten vor seiner Kaiserwahl. England, Spanien, Deutschland wurden in gewaltigen Freskogemälden von der französischen Bühne herab lebendig. Der heiße Atem der Geschichte, auch der zeitgenössischen, spricht aus den gleichzeitigen Gemälden von Delacroix (das Gemetzel von Chios stammt aus dem Jahre 1824): Überbewegtheit und Farbenglut sind hier die Absage an den Klassizismus, und wie bei Géricault taucht als Vorbild das große Barock des Rubens und Poussin auf. Auch die Malerei ist noch einmal, wie sie im Barock begann, eine großartige Bühne und hat das Pathos des französischen Theaters in einer höheren Sphäre dauernder bewahrt als die an die zufällige Darstellung gebundene und heute verschollene Dramatik von Victor Hugo und Alexandre Dumas, der sich ihm damals mit noch wirksamerer Bühnentechnik zugesellt. Auch läßt sich für das französische Drama eher noch ein zeitgenössisches deutsches Gegenstück finden: in den Hohenstaufentragödien Grabbes, die gleichzeitig ähnliches erstreben; wenn wir sie auch nicht zur Romantik im engeren Sinne zu rechnen pflegen. Aber die Dynamik von Delacroix steht in völligem Gegensatz zur gleichzeitigen deutschen romantischen Malerei, die sich in Traum, Idyll, Natur- und Seelenbild entfaltet; und selbst die gelegentliche Kraft und Großheit des Cornelius im Historischen wirkt fast abstrakt gegen die andringende Lebensnähe des Delacroix. War er in unserem Sinne romantisch? Er hat kongenial den Faust illustrieren können – zu einer eigenen liebevollen Anknüpfung ans Mittelalter ist er nicht bereit gewesen, wie sie doch Victor Hugo gelang in seinem nationalen Roman Notre Dame de Paris, wo seine Darstellung des 15. Jahrhunderts sich wohl am engsten mit deutscher Romantik berührt. Ja, er faßt in sich zusammen, was in Deutschland nacheinander und getrennt von Wackenroder und den Bestrebungen des Sulpiz Boisserée ausgeht – in der Vorrede zu seinem Roman (1832) ruft er zur Wiederherstellung der Kathedrale auf, deren Standbilder man in der Revolution mit Stricken um den Hals von der Höhe herabgeschmettert hatte. Hier war zugleich die Barbarei des Klassizismus gutzumachen, mit der Soufflot, der Erbauer des Panthéon, an den Portalen von Notre-Dame die Zerstörungen schon begonnen hatte. Seit 1844 findet der Aufruf Hugos praktische Resonanz in der gewaltigen Arbeit einer gänzlichen Restauration durch bedeutende Plastiker und Architekten, von denen Viollet-le-Duc das Erstaunlichste an Einfühlung geleistet hat. Zugleich setzt die Publikation von mittelalterlicher Kunst aller Art in großem Maßstab ein, eine Archäologie der Gotik, wie kein anderes Land sie kennt. Und wir müssen seitdem diese Liebe und neue Vertrautheit als etwas Selbstverständliches in die französische Atmosphäre einrechnen, auch wenn sie in der Literatur seit Hugo nur noch wenig Ausdruck findet. Es ist nach ihm mit historischem Drama und Roman bald zu Ende. Nur Alexandre Dumas, der immerhin beim großen Publikum ein unvermindertes Interesse voraussetzen muß, beginnt seine Reihe aufregender Romane aus der französischen Geschichte, die von Ludwig XIII. bis zu Ludwig XV., wie in den »Drei Musketieren«, die an Spannung übermächtige Vergegenwärtigung der Kultur der früheren Jahrhunderte bewirken. Im übrigen wird der Roman Ausdruck der Gegenwart, der bestimmenden Lebensmächte Liebe oder Geld. Er spiegelt, gerade in Frankreich, das moderne Leben: von Balzac und Stendhal bis zu Flaubert und Zola. Immerhin darf als eine nicht verwirklichte Möglichkeit angedeutet werden, daß Balzac ursprünglich auch einen so starken Eindruck von Scott empfing, daß sein erster gigantischer Plan war, die Geschichte Frankreichs von Karl dem Großen an in Romanen zu behandeln. Aus dem dann endgültigen modernen Realismus heben sich nur wenige Erscheinungen heraus, die etwas romantische Färbung und fast eine Verwandtschaft mit Deutschland haben: so die Traum- und Märchenwelt von Charles Nodier, dem ältesten unter den Genossen von Victor Hugo. Oder man denkt an Alfred de Musset, diesen sehr eigenwilligen Aristokraten fast noch im Stil des 18. Jahrhunderts, dessen kleine faszinierende Novellen und Dramen manchmal auch ins Historische schweifen und ein neues romantisches Milieu in der Kunstwelt des vielbereisten Italien finden. Neben »Andrea del Sarto« und dem »Sohn des Tizian« steht da das größere Florentiner Drama vom »Lorenzaccio«, wo die Wirren unter den Medici nicht ohne Seitenblick auf die eigenen politischen Ereignisse der Zeit mit grausamer Lust dargestellt sind. Zur französischen Romantik kann man kaum rechnen, was in Frankreich an deutscher Dichtung eine Art Heimatrecht gewinnt: die Welt E. T. A. Hoffmanns, der zum Inbegriff fast des deutschen Dichters wird; aber auch einzelnes von Jean Paul, wie die »Rede des toten Christus vom Weltgebäude herab«, die seit 1830 immer wieder übersetzt und gedruckt wird – es ist die apokalyptische Vision, die Nietzsches »Gott ist tot« unheimlich vorwegnimmt. Eine besondere Stellung nimmt Heine ein, der seit der Juli-Revolution dauernd in Paris lebt und beiden Literaturen angehört. Seine Darstellung der »Romantischen Schule«, die das Buch der Staël bewußt zu ergänzen sucht, erscheint jedoch in der »Revue des deux mondes« erst 1834 und konnte mit dem Neuen, was sie über Novalis, Brentano, Arnim brachte, auf die französische Romantik kaum mehr Einfluß gewinnen; während seine gleichzeitigen Berichte über französische Zustände höchst wichtig für uns Deutsche bleiben.

Oper und Musik

Aber die lebendige französische Bühne umfaßt ja auch die Oper und wird hier noch von größerer internationaler Bedeutung als im Schauspiel; denn es sind keineswegs nur Franzosen, die in Paris zur Weltwirkung gelangen. Und das Medium der Musik ist ein so eigenes übergeordnetes Element, daß die Stilgesetze von Klassik und Romantik nicht mehr gelten, die Unterschiede des Stofflichen fast unwesentlich werden. Wäre das Stoffliche entscheidend, so hätte Frankreich weit früher eine romantische Oper besessen als Deutschland:

Grétry schreibt in den achtziger Jahren des 18. Jahrhunderts einen »Richard Löwenherz«, einen »Blaubart«, einen »Tell«. Und noch 1804 bringt Lesueur einen »Ossian ou les Bardes« auf die Bühne und erringt damit Napoleons Schätzung, der ja das Wertherische und Ossianische liebt. Auch der große Cherubini hat neben zeitnahen Opern wie dem »Wasserträger« eine »Medea«, einen »Anacreon« geschaffen und nach Chateaubriand 1813 den »Abencérages«; daneben steht sein herrliches Requiem. Rossini, der dann Paris beherrscht, huldigt mit »Tell« und »Aschenbrödel« dem Romantischen. In der großen Oper führt 1829 Auber die »Stumme von Portici« auf, 1831 Meyerbeer »Robert den Teufel«. Seine »Hugenotten« und Bellinis »Puritaner« wetteifern mit Hugos »Cromwell«; Donizetti bringt neben seinen Buffo-Opern 1831 eine »Anna Bolena«, 1835 eine »Lucrezia Borgia«; und immer wieder kommen auch »Othello«, »Romeo und Julie« auf die Opernbühne. Neben ihr aber wird der Konzertsaal der Schauplatz der Erscheinung des größten französischen Genius der Musik: im Jahr des »Hernani« führt Berlioz seine »Symphonie phantastique« auf – eine absolute Musik scheinbar ohne Worte, aber doch von einem mit neuen Mitteln geschilderten geistigen Gehalt –, das Programm sagt, daß der Tondichter sich einen jungen Menschen vorstelle, der von jener Krankheit befallen sei, die ein berühmter Schriftsteller *Le vague des passions* genannt habe – so beginnt auch die moderne Musik mit einer Inspiration durch Chateaubriand. Auch die folgenden symphonischen Dichtungen tragen die Namen poetischer Werke, die an der Tagesordnung sind: »Harald in Italien«, »Romeo und Julie«, »Fausts Verdammnis«. Heinrich Heine hat in seinen Berichten über das Pariser Kunstleben den starken Eindruck dieser Musik festgehalten und sie als »urweltlich« charakterisiert, zwischen Klassik und Romantik.

Es ist in jenen Jahren seit 1830, daß Chopin und Liszt als Komponisten und Virtuosen des Klaviers neue intime Wirkungen in den Konzertsaal bringen, mit fremdöstlichem Einschlag romantisch-schwelgerisch und von stärkster persönlicher Ausstrahlung. Auch Mendelssohn führt hier seine Symphonien auf und sogar sein Oratorium Paulus und seine Chöre zur »Antigone«, die, wie vorher schon ein »Stabat Mater« von Rossini, szenisch dargestellt, Sensation erregen. Paris ist die Weltkulturstadt geworden, in der die Kunst aller Länder an der Quelle zu haben ist; und so verstehen wir, wenn es auch für deutsche Dichter und Musiker, die noch im Werden sind, die höchste Anziehungskraft besitzt. Man braucht nur die Namen Hebbel und Wagner zu nennen, seltsamerweise beides Meister, die später Nibelungendramen schreiben. Hat sich an der französischen Romantik eine neue deutsche Romantik entzündet? Es ist etwas anderes, ein nicht mehr nationales, sondern europäisches Romantisches, was über Paris nach Deutschland wirkt; besonders bei Wagner, der die Vision der großen Oper, auch wenn er sie moralisch-ästhetisch lebhaft ablehnt, nicht aus den Augen verlieren wird – nur hier konnte er Massenwirkung und die Mittel dazu studieren. Zwar verdankt Wagner alle Stoffe seiner Musikdramen der deutschen Romantik: von »Tannhäuser« und »Lohengrin« bis zu »Tristan«, »Nibelungen«, »Parsifal« sind es alles Namen und Themen, die durch romantische Entdeckung wieder Leben gewonnen hatten. Dennoch ist es keine romantische Bewegung mehr, die ihn trägt; dergleichen gibt es nicht mehr – keine Gemeinschaft schart sich mehr bewußt um geistige Werte und Ziele, weder für Romantik noch für Klassik. In Frankreich ist es in den sechziger, siebziger

Jahren nicht anders – ein Berlioz wird nie die Aufführung seines größten Werkes erleben, der gewaltigen Trilogie der »Trojaner«. Mit diesen Trojanern und mit Wagners »Nibelungen« sind noch einmal mythische Symbole für zwei Nationen geschaffen. Das romanische, im Grund nationaler, beruht auf einer langen Reihe von Dichtungen des französischen Mittelalters; das deutsche stammt aus gelehrter Forschung und modern-philosophischer Interpretation. Aber Wagner ist der Glücklichere gewesen, er siegt, und an den Sieger schließt sich eine Gemeinde, die sich doch nie romantisch genannt hat, sondern einzig dem lange Zeit einsamen Großen sich persönlich bis in seine Weltanschauung verpflichtet fühlte. Von der Romantik, der einstigen deutschen Bewegung, hat Wagner nur E.T.A. Hoffmann gekannt und starken Einfluß durch dessen theoretische Schriften erfahren. Es ist von leiser Ironie und rührend zugleich, daß in den siebziger Jahren, da Wagner zum Ziele kommt, die Gestalt Hoffmanns in Frankreich zu einer letzten Verklärung gelangt, durch Offenbach, den bisherigen Parodisten, dessen einziges ernstes Werk »Hoffmanns Erzählungen« sind, deren Aufführung er aber nicht erlebt.

Englisches Finale

England, von wo alle romantische Bewegung ausging, hat auch ihre letzte Welle heraufgeführt. Das Geheimnis dieser stetigen Bewahrung eines Elements, das oft von der Oberfläche verschwand und doch immer wieder emportauchte, ist wohl, daß es nie in ernstlichen Konflikt mit einem normativen Klassizismus geriet – das lag mit Pope und anderem französisch Beeinflußten schon weit zurück. Dabei ließ eine hohe humanistische Bildung, wie sie stets die englischen Schulen auszeichnete, eine Behandlung antiker Vorwürfe dauernd als selbstverständlich zu. Wo eine Dichtung wie die Shakespeares am Anbeginn stand, war zudem der Weg zum Mittelalter immer offen, nicht anders wie durch die heimische Gotik. War es um 1750 die englische Neugotik, die so stark auf den Kontinent wirkte, so sind es um die Wende des 18. zum 19. Jahrhundert englische Maler, die noch vor den deutschen Nazarenern in Rom eine Art mittelalterlicher Stimmungslandschaft auf die Bahn bringen. Der Schotte Wallis stellt in Rom um 1805 Bilder nach Ossian aus und läßt auf italienischem Boden vor dem Hintergrund einer doppelt getürmten »gotischen Stadt« an einem Marienbild das Ave Maria bei untergehender Sonne feiern. Derselbe Wallis entdeckt für die bildende Kunst die Romantik des Heidelberger Schlosses, vermag sie jedenfalls zuerst suggestiv wiederzugeben, und seine vom Heidelberger Bankier Fries gesammelten Gemälde wirken auf die dort heranwachsenden Maler Rottmann, Fohr und Fries entscheidend ein. Später ist es William Turner, der nicht nur in Heidelberg und Venedig, sondern auch daheim an der Themse mit seinen atmosphärischen Lichtwundern die Landschaft auf eine noch nicht dagewesene Weise verklärt. Da es in England um jene Zeit keine eigene große Musik mehr gibt, ist es in der Stimmungslandschaft wie in der Dichtung das Musikalisch-Lyrische, was seine Stärke ausmacht und jenen Mangel ersetzt.

Wenn aber ein Walter Scott von seiner Zeit als Romantiker gefeiert wird, weil er in seinen Romanen das mittelalterliche England wiedererstehen läßt, so ist es, wie auch sein vielseitiger Einfluß erweist, doch im Grunde mehr ein nationaler Realismus, was er ausbildet; gewiß als ein Heimfinden in eigene Vorwelt, von der aber eher Kostüm und Requisit und kindliche Freude an Kraft und Kampf gewahrt sind als tiefere Wesenszüge und Geisteswerte.

Dem steht, fast gleichzeitig, die Verskunst der eigentlichen Dichter gegenüber, jener seltsam verknüpften Drei, die außerhalb Englands, fast wie Emigranten, ihre volksferne Epik und Lyrik vollenden: Byron, Shelley, Keats. Man hat auch sie Romantiker genannt, obgleich sie wenig mit der Stoff- und Formwelt gemein haben, die man jetzt überall unter romantisch versteht. Sie bilden auch keinen bewußten Bund mit übergeordneten Zielen – es ist nur Freundschaft, die sie zueinander führt, verwandtes Schicksal, das sie von ihrem Lande distanziert, und das gleiche Los der Frühvollendeten, das sie ungewußt bindet. Der Jüngste von ihnen, Keats, stirbt als erster 1821 in Rom an der Schwindsucht; ein Jahr später ertrinkt Shelley an der Küste Italiens; zwei Jahre weiter, und auch der Älteste, Byron, endet in dem Griechenland, für dessen Befreiung er zum Kampfe aufgebrochen ist. Keats mit »Endymion« und »Hyperion« spricht durch antike Gestalten, Shelley desgleichen im »Prometheus«; Byron bekennt sich formal zum Klassizismus, aber Leben und Lebensgefühl scheinen romantisch, und mit »Manfred« stellt er sich halbbewußt neben »Faust«. Aber für alle drei mag jetzt das Wort Romantiker in einem neuen Sinne gelten. Hier ist vielleicht wirklich ein »Typus«, wie wir ihn in der deutschen Romantik nicht fanden – kein Zurückbegehren in irgendeine Vergangenheit und religiöse oder nationale Geborgenheit und Bindung, vielmehr ein oppositioneller Wille zur reinen Eigenheit, zur bewußten Isolierung. Das Feindliche ist ihnen die Gleichmacherei der Gesellschaft, die sie absichtlich skandalisieren. Und es ist überaus bezeichnend, daß sie das dichterische Organ dieser Gesellschaft, den Roman, vermeiden – sie wollen nicht die Fülle der Gestalten schaffen, um die Menge mit stofflich-realistischer und psychologischer Spannung zu unterhalten –, sie wollen frei sich selbst gestalten, um den Preis des Untergangs. Lyrik als Ich-Kunst steht hier gegen die objektive Form des Romans, hinter welcher der Autor, und sei es der größte, anonym und nicht beim Wort zu fassen verschwindet. Das ist im Zeitalter der heraufschwellenden, überall mitredenden, mitlesenden Masse wohl ein romantisches Beginnen; romantisch, wie es zur Zeit des englischen Frühkapitalismus des 18. Jahrhunderts gebraucht wurde, um unrealistische, zweckfremde, asoziale Gesinnung zu kennzeichnen. Aber in den Händen dieser Isolierten liegt in gefährdeten Epochen die Wahrung der höheren Werte, der vornehmen Werte, wie Nietzsche sagen würde, samt der eigenen Gefahr. Man mag dabei an Nietzsches Schicksal selber denken, der im Sinne Byrons, den er verehrte, auch ein Romantiker war. Aber trotz kurzer Kampfgemeinschaft mit Wagner – »die Kultur, zu Beethoven hinzuzufinden« (wie klingt dies nach frühromantischer Situation Mozart gegenüber!) – gab es hier keine Bewegung mehr, nur getrennte gewaltige Nachwirkung. Dagegen hat sich im Lande Byrons noch einmal, wenn auch stiller, begrenzter, schneller vergehend, eine echte romantische Gemeinschaft zusammengefunden: die »Pre-Raphaelite-Brotherhood«, die spät ein bisher Versäumtes nachholte. Zu Dichtern haben sich gleich zu Beginn Maler gesellt, ja in einem von ihnen ist Poet und bildender Künstler Person geworden, in Dante Gabriele Rossetti, der markantesten Figur. Im Jahre 1851 wird der Bund gegründet, das englische Pendant zur Lukasbruderschaft, vierzig Jahre zuvor. Die Maler Millais und Burne-Jones gehören zu ihm, und der große Lyriker Swinburne; der geistige Führer, Redner, Schriftsteller ist John Ruskin; der praktische Vollender William Morris.

Der Name des Prae-Raffaelitischen ist unüberbietbar programmatisch: Zurück bis vor Raffael, das meinten auch die deutschen Lukasbrüder Pforr und Overbeck, ehe sie nach Rom kamen; aber dort verfielen sie dem raffaelischen Vollkommenheitsideal, während die späten Engländer vor allem Botticelli vor Augen haben. In Rossetti, dem Halbitaliener, ist das Land, dessen Kunst sie einzig nachstreben, gleichsam persönlich anwesend. Er ist es, der den Typus schmaler zerbrechlicher Frauenschönheit schafft, wie er in Elizabeth Siddal ihm im Leben begegnete, seiner Freundin und späteren Frau, die jung ihm hinstirbt. Man hat die Kunst dieser Bruderschaft den Traum vom Mittelalter genannt; doch ist es weniger das angestammte Gotische, das sie inspiriert, sondern eben die italienische Frührenaissance, in welcher – gerade bei Botticelli – die Madonna wie die Venus dem Künstler nahe sind, der die eine verklären, die andere versinnlichen kann und eine vergeistigte Erotik überall mitschwingen läßt. Die Frau steht ganz im Zentrum dieser englischen Romantik, das ist das Neue, fast Aktuelle an ihr; während sie für Wackenroders Andacht zum Mittelalter kaum vorhanden war. Ganz selbstverständlich gesellen sich für Rossetti zu den Madonnen und Heiligen auch antike Vorwürfe wie Eurydice, Cassandra, zu Dantes Beatrice Shakespeares Desdemona und Ophelia: immer alles durch den gleichen Typus repräsentiert. Solche Freiheit ist mit dadurch gegeben, daß eine große sakrale mittelalterliche Bildkunst in England nicht vorleuchtete; die Künstler mußten und konnten mehr aus sich selber nehmen, und dieses Persönliche wird der bleibende Eindruck. Daneben steht unvermittelt etwas Abstraktes: ein überreich ausgebildetes Ornament. Es spielt schon in den Gewändern, Möbeln, Hintergründen der Bilder eine Rolle, wo oft die Szene flach wie vor Brokatteppichen spielt; hier ist vieles aus der Gotik übernommen, die man aber lieber in Nordfrankreich als in der Heimat studiert. Selbständig, absolut wird dieses Ornament bei Morris, wo noch ältere als gotische Elemente zum Durchbruch gelangen. Er ist es, der Kunst im Leben anwendet, ihr in einer kunstfremden Zeit wieder Bedeutung verschafft. Er nimmt den Kampf mit der Maschine, mit der Fabrikware auf, beginnt mit bemalten Fliesen, Tapeten, Dekoration von Gegenständen aller Art, läßt wieder mit der Hand arbeiten. Dann geht er zur Reform des Buches über, das durch die Schnellpresse auch ein liebloses Fabrikat geworden war. Hier knüpft er zunächst auch ans Mittelalter an, studiert die Anfänge der Buchdruckerkunst, wo sie gleich ihre höchste Blüte erreichte; und es sind bezeichnenderweise wieder italienische Inkunabeln, die er zum Vorbild nimmt, deren Typen er nachbildet; er führt den Handsatz wieder ein, das handgeschöpfte Papier, die Hand-Presse, den handgefertigten Einband. Er gründet 1890 seine eigene Presse, die Kelmscott press, von der die ganze moderne Buchbewegung ausgeht. Er wirkt bekanntlich stark damit auf Deutschland, das die neue Schrift- und Buchkunst zugleich mit dem Jugendstil empfängt, der ein schöpferisches, bald überwundenes Mißverständnis ist von Anregungen, die ebenfalls von Morris ausgehen. Seine Vorbilder, die Inkunabeln, waren ohne Titel, und so hat seine Phantasie weiten Spielraum, die ersten beiden sich gegenüberstehenden Seiten mit einer reichen Ornamentik zu überziehen. Und hier eben schlägt ein uraltes britisches Erbe durch: Die irischen und angelsächsischen Mönche hatten, als sie das Christentum empfingen, dessen Bildwelt nicht nachzuschaffen vermocht, da sie als Kunst nur die Bandverschlingungsornamentik besaßen und diese nun zum Schmuck von Psalterium und Missale verwendeten, wo oft eine ganze Seite um das eine Initial herum die wunderbarsten Ornamentenspiele enthält. Der vielseitige Morris, der ja auch ein großer Dichter war, hatte für das alte Nordgermanische Sinn, bereiste Island und hat die Volsunga-Saga und Nibelungenstücke ins Englische übersetzt; war dabei Humanist genug, auch die Äneide zu übertragen. Die Reform des Buches, dem er die organisch entsprechende Form des Geistigen wiedergab, war wohl das, was von ihm am weitesten und dauerndsten wirkte. Es war der Sieg einer praktischen Romantik, der über die anscheinend unangreifbare moderne Technik errungen wurde, nicht nur aus ästhetischem Eigenwillen: Morris war Sozialist, hatte ein Herz fürs Volk und wollte die Arbeit wieder menschenwürdiger gestalten. Es ist, am Ende einer Entwicklung, eine ähnliche Gegenbewegung, wie sie von England zu Beginn ausging, als der Naturwissenschaft das Naturgefühl zugesellt wurde. Es war die letzte Phase der romantischen Bewegung, in deren Auswirkung wir noch stehen, da durch den englischen Anstoß auch bei uns Romantik und Gotik wiederentdeckt wurden und wir endlich das Vergangene wieder in unser Geschichtsbild einordnen.

Walther Gerlach

FORTSCHRITTE DER NATURWISSENSCHAFT IM 19. JAHRHUNDERT

Die Bedeutung der Naturforschung im 19. Jahrhundert

Das 19. Jahrhundert war in Europa weitgehend von Wissenschaft, insbesondere dem Aufstieg der naturwissenschaftlichen Disziplinen, bestimmt. Unter ihrem Einfluß entwickelten sich neue geistige und materielle Wertbegriffe, welche die menschliche Gesellschaft umzuformen begannen. An die Seite jener neuen geistigen Macht, die sich bei der Begründung der exakten Naturwissenschaft um 1600 erhoben hatte, war um 1800 die Macht der Technik getreten. Die Einblicke in die Weite der Welt wie in die innersten, kleinsten Bereiche der Materie, das Wissen um Lebensvorgänge und ihre Beeinflußbarkeit, neue Erkenntnisse über die Geschichte unserer Erde veränderten die Stellung des Menschen zur Natur, zu sich selbst; mit dem Weltbild wandelte sich die Weltanschauung.

Daß die Technik jetzt Lebenshilfen aller Art schaffen konnte, änderte die Auffassungen über Humanität, über Menschenwert und Menschenwürde. Erkenntnisse der Biologie, Fortschritte der Medizin – man denke nur an die Entdeckung der Bakterien! – führten zu oft zwangsweisen Änderungen der Lebensformen, aus der Möglichkeit entwickelte sich die Pflicht, Erkenntnisse über die Natur zum Wohl der Menschheit zu »nutzen«. Dieser Grundsatz ist schon von Kepler und Goethe hervorgehoben worden.

Mit zunehmender Größe des Bereiches des Erforschbaren wurden die Grenzen des »Unerforschlichen« laufend verschoben. Am Beginn des Jahrhunderts schrieb Goethe: »Unsere Meinung ist, daß es dem Menschen gar wohl gezieme, ein Unerforschliches anzunehmen, daß er dagegen aber seinem Forschen keine Grenze zu setzen habe«; an seinem Ende stehen die großanglegten und – trotz aller Kritik – bedeutungsvollen Versuche von Ernst Haeckel, von Wilhelm Ostwald, eine rein naturwissenschaftlich begründete religionsähnliche Weltanschauung zu entwickeln. In ihnen bricht die im Grunde weit verbreitete Meinung in überschwenglicher Form durch, die wesentlichsten Tatsachen für ein rationelles, naturwissenschaftliches Begreifen der Welt, für die Lösung des Welträtsels seien bekannt; zugleich soll der als unbefriedigend empfundenen Spezialisierung eine weltanschauliche Systematisierung entgegengesetzt, eine Ordnung nicht nach philosophischen Begriffen, sondern mit experimentell erkannten Tatsachen als Grundprinzipien durchgeführt werden. Weniger in die Breite wirkend waren physikalisch-philosophische Überlegungen wie die zu einer neuen Begründung der Mechanik von Heinrich Hertz oder der »Positivismus« von

Ernst Mach. Über das Spezielle dieser Versuche zu einer Verbindung von Philosophie mit Naturwissenschaft ist die Entwicklung der Naturwissenschaft längst hinweggegangen. Aber eine in ihnen zum Ausdruck kommende neuartige geistige Einstellung zu den Phänomenen und den Grenzen der Naturerforschung ist geblieben; es darf wohl auch nicht übersehen werden, daß diese allgemeinen Fragen auch das Interesse weiter Kreise an der Naturforschung selbst erweckten – nicht immer zu deren Vorteil!

Im Verhältnis der Naturphilosophie zu Beginn des 19. Jahrhunderts zur Naturforschung liegt die Wurzel für eine nachhaltige Fehlentwicklung in Deutschland. Was damals geschah, war zweitausend Jahre vorher schon einmal vor sich gegangen: die Trennung von Naturphilosophie und Naturforschung, die zum Untergang der Forschung und der metaphysischen Ausartung der Philosophie führte. Bei einem zu Helmholtz' siebzigsten Geburtstag (1891) verfaßten Rückblick schrieb Heinrich Hertz: »Die Begeisterung, welche die Scheinerfolge der Naturphilosophie begleitete, wurde im Ausland mit Recht nicht geteilt... Das Neue, der wirkliche Fortschritt wurde in Paris und London erwartet, dorthin reiste der junge Naturforscher...« »Es ist wahrlich traurig« — schreibt Liebig in dieser Zeit aus Paris —, »wie sehr in der neueren Zeit der Ruhm der Deutschen in der Physik, Chemie und den anderen Naturwissenschaften geschwunden ist; kaum ist noch ein Schatten übriggeblieben.« Man kann nicht bestreiten, daß die romantische Naturphilosophie dem Nachdenken über die Natur großen Auftrieb gab. Daß aber diese Klagen berechtigt waren, zeige nur eine »physikalische« Formulierung von Hegel: »Die Wärme ist das Sichwiederherstellen der Materie in ihrer Formlosigkeit, ihre Flüssigkeit der Triumph ihrer abstrakten Homogenität über die spezifischen Bestimmtheiten, ihre abstrakte, nur an sich seiende Kontinuität als Negation der Negation ist hier als Aktivität gesetzt.« Es gab sogar eine »Zeitschrift für spekulative Physik«.

Wie sehr die »Scheinerfolge« jener heute fast unbegreiflichen »Naturphilosophie« — die Pestilenz, den schwarzen Tod des Jahrhunderts nennt sie Liebig — sich schädlich auswirkten, zeigt die Vernachlässigung, ja Mißachtung der experimentellen Forschung, die bis zum Ende des Jahrhunderts noch nicht ganz überwunden war. Ebenso schädlich war die Reaktion der Physiker, die nun jede Verbindung zwischen Mathematik und Physik und erst recht Hypothesen zur Verbindung getrennter Bereiche der Naturwissenschaft ablehnten. Die Abhandlungen von Robert Mayer und von Helmholtz über das Gesetz der Erhaltung der Energie wurden in die Annalen der Physik nicht aufgenommen; denn (mit Helmholtz' Worten) »die physikalischen Autoritäten ... waren geneigt, in dem eifrigen Kampf gegen Hegels Naturphilosophie, den sie führten, auch meine Arbeit für eine phantastische Spekulation zu halten«. Das war immerhin schon in der Mitte des 19. Jahrhunderts — selbst der weitblickende und die Mathematik auch als Hilfswissenschaft der Physik fördernde Alexander von Humboldt lehnte solch generelle Formulierung wie den Energiesatz ab: zuviel Spekulation, zuwenig Erfahrungsunterlagen. Wenig später fand auch in Deutschland die mathematische Physik wieder Beachtung; und bald erhielt die physikalische und chemische Forschung durch kühne physikalische Hypothesen und ihre mathematische Bearbeitung geradezu eine neuartige Prägung. Nichts spiegelt besser die veränderte geistige Haltung der Physiker als der Satz von Heinrich Hertz (1889), daß man

»bisweilen die Empfindung habe, als wohne den mathematischen Formeln selbständiges Leben und eigener Verstand inne, als seien dieselben bisweilen klüger als wir, klüger sogar als ihr Erfinder«.

Mittlerweile hatte die mathematische Behandlung der technischen Probleme auch in den technischen Hochschulen Einzug gehalten, die sich in Deutschland aus höheren Lehranstalten mit praktischen Zielen leider unabhängig von den im Geiste Wilhelm von Humboldts reformierten Universitäten entwickelten und erst spät die Bedeutung der Ecole polytechnique erkannten, jener großartigen Gründung der Französischen Revolution (1794) zur Pflege der naturwissenschaftlichen Grundlagenfächer in der Ausbildung der Zivil- und Militäringenieure.

Von nachhaltiger Wirkung war die Entwicklung der organisatorischen Hilfsmittel der Naturwissenschaften, des »wissenschaftlichen Betriebs« mit Beginn des 19. Jahrhunderts. Die Bekanntgabe wissenschaftlicher Ergebnisse erfolgte im Briefwechsel zwischen den Gelehrten und in den Druckschriften der Akademien. Jetzt entstanden die spezialwissenschaftlichen Zeitschriften. Dem nationalen und internationalen Austausch von Forschungsergebnissen, aber auch der Verbreitung des Wissens und des Interesses an der naturwissenschaftlichen Entwicklung dienten die British Association for the advancement of science (= Naturwissenschaft) oder die Gesellschaft Deutscher Naturforscher und Ärzte (1822). Mit der zunehmenden Forschungstätigkeit entstanden die Spezialfach-Gesellschaften mit ihren Kongressen und den von ihnen herausgegebenen Referateorganen.

Die Stätten der naturwissenschaftlichen Forschung waren vorwiegend die Akademien oder — in heutiger Ausdrucksweise — Privatlabors, oft (Kuriositäten!) Cabinets von Fürsten. Im Gegensatz zur Astronomie, deren große Fernrohre und Meßkreise feste Spezialbauten forderten, konnten Chemie und Physik mit ihren noch kleinen Hilfsmitteln überall betrieben werden, führte doch zum Beispiel Davy auf weiten Reisen seine Laboreinrichtung im Koffer mit, um auch unterwegs arbeiten zu können. Größte Bedeutung für Chemie und Physik erhielt das Laboratorium der »Royal Institution of Great Britain«, von Benjamin Thompson (Graf Rumford) 1799 gegründet, in dem Humphry Davy, Michael Faraday, John Tyndall arbeiteten. Universitätsinstitute im heutigen Sinn gab es vor allem in England, Frankreich und Italien. Der Chemiker Friedrich Wöhler hat seine großen Entdeckungen in der Berliner städtischen Gewerbeschule gemacht. In Deutschland schuf Justus Liebig in den dreißiger Jahren die heute internationale Form der chemischen Institute und des Laboratoriumsunterrichts, rund zehn Jahre später der Berliner Physiker Gustav Magnus (anfangs in seiner Wohnung) das physikalische »Praktikum«. In allen wissenschaftlichen Disziplinen ist um die Mitte des Jahrhunderts die Laboratoriumsausbildung der Studenten und die systematische Verbindung von Forschung und Lehre eingeführt.

Zu den Aufgaben der Royal Institution gehörte auch die »Popularisierung« der wissenschaftlichen Fortschritte. Faraday und Tyndall waren Meister einer neuen Vortragskunst, der Experimentalvorträge. Eine relativ große Breitenwirkung hatten die in Cottas Augsburger »Allgemeiner Zeitung« Anfang der vierziger Jahre veröffentlichten »Chemischen Briefe« von Justus Liebig und der ab 1845 erscheinende »Kosmos« von Alexander von

Humboldt. Mit ihnen (nach einem Wort von Theodor Heuss) »erkämpft die Naturerkenntnis ihr gleiches Recht im Bildungshaushalt der Nation«, was in England schon lange eine Selbstverständlichkeit war: Davys Bekanntmachungen seiner Forschungsergebnisse im ersten und zweiten Jahrzehnt des Jahrhunderts galten als »gesellschaftliche Ereignisse«. Daß später auch in Deutschland bedeutende Forscher (wie Helmholtz) in der Popularisierung der Wissenschaft eine wichtige Aufgabe sahen, wird oft vergessen. Der Erfolg war geringer als anderswo; noch heute erscheint die beste populärwissenschaftliche Literatur in England.

Die pekuniären Mittel stammten überwiegend aus Kassen der Staaten oder der Fürsten (worunter auch die reichen Stiftungsvermögen der Akademien und Universitäten fallen), sei es aus mäzenatischer Gesinnung oder aus Hoffnung auf praktischen Gewinn; aber auch private Stiftungen spielen eine Rolle, zum Beispiel die bedeutende Frankfurter Senckenberg-Stiftung. Sieht man von Nebengedanken des Napoleonischen Interesses für die Wissenschaften ab, so findet man kaum Beispiele für eine unmittelbare Förderung durch das Militär (es sei denn dieses: 1824 wird Liebig für die Errichtung des ersten deutschen chemischen Forschungs- und Lehrinstituts das Wachgebäude einer Gießener Kaserne überlassen). In der Mitte des Jahrhunderts hat sich das schon stark geändert; genannt sei das Interesse des Generalstabs für die Siemenssche Telegraphie. Eines der wenigen Beispiele des ausgehenden 18. Jahrhunderts ist die Tätigkeit des Amerikaners Benjamin Thompson, der erst in England, dann in Bayern eine wissenschaftliche Entwicklung der Waffenfabrikation durchführte, allerdings auch um die Hebung des sozialen Lebens durch technische Hilfsmittel besorgt war, wofür er vom Kurfürsten Karl Theodor zum »Graf Rumford« ernannt wurde.

Die internationale Verbindung der Gelehrten war selbstverständlich. Zwar mußte Joseph Priestley wegen seines Eintretens für die Gedanken der Französischen Revolution Birmingham verlassen (er ging nach Philadelphia); aber nicht einmal die heftigen Machtkämpfe zwischen England und Frankreich beeinträchtigten den offiziellen Verkehr zwischen der Pariser Académie française (gegründet 1635) und der Londoner Royal Society (gegründet 1663). Der Napoleonische Staatspreis für die größte Entdeckung mit der Voltaelektrizität ging mitten im Krieg an den Londoner Davy. Von einzigartiger Bedeutung war das Wirken Alexander von Humboldts für den internationalen Austausch von Gelehrten und Studenten; Liebig studiert in Paris, Wöhler in Stockholm. Die deutsche Forschung bezog ihre Apparate besonders aus Frankreich und Italien, der Münchner Fraunhofer baute die berühmten Refraktoren für die ungarische und die russische Sternwarte. Die Bedeutung der verschiedenen Nationen für die Entwicklung der Naturwissenschaften im 19. Jahrhundert zu beurteilen, ist nur sehr summarisch möglich: zu Beginn liefert Frankreich in Mathematik und allen beschreibenden Naturwissenschaften am meisten, in Physik teilt es sich mit England und Italien, in Chemie mit England und Schweden. Die englische und russische Astronomie stehen an erster Stelle. Deutschland holt den Vorsprung um die Jahrhundertmitte ein. Amerika greift erst gegen Ende des Jahrhunderts in die Forschung, vorher aber schon entscheidend in die wissenschaftlich-technische Entwicklung ein. In allen Ländern gleich: die großen Forscher stammen aus allen sozialen Schichten, von dem aus preußischem Offiziersadel stammenden Alexander von Humboldt bis zum armen Arbeitersohn Michael Faraday.

*

Wie sich die Naturwissenschaften im 19. Jahrhundert entfalteten, um einen solchen Einfluß auf die Lebensgestaltung in geistiger und materieller Beziehung erlangen zu können, und wie mannigfach die verschiedenartigen Einzeldisziplinen ineinandergreifen, sollen die folgenden Skizzen, Beiträge zur Universalgeschichte, nicht zur speziellen Geschichte der naturwissenschaftlichen Probleme, zeigen.

Wenn in diesem Beitrag die Entdeckungen und Erkenntnisse der Physik etwas stärker berücksichtigt werden, so, weil sie der Technik, der Tochter der Physik, eine selbständige und kraftvolle Entwicklung ermöglicht haben. Die bisherige soziale Struktur der Menschheit bildete sich durch zunehmende Technisierung und Industrialisierung um. Die Lebensformen wurden durch Chemie und Biologie (deren »Technik« die Medizin ist) beeinflußt, aber diese Wissenschaften sind stets durch physikalische Forschung und durch Technik gefördert worden. Die Entwicklung der Physik im 19. Jahrhundert und ihre Ausdehnung auf alle möglichen Lebensbereiche hat die Beherrschung des 20. Jahrhunderts durch die Naturwissenschaften vorbereitet.

Die exakten Naturwissenschaften vom 17. bis zum 19. Jahrhundert

Die Geschichte der modernen Naturwissenschaft beginnt nach längerer, noch zielloser, aber keineswegs unbedeutender Vorbereitung mit Galileo Galilei und Johannes Kepler um das Jahr 1600. Ihr Ausgangspunkt war das heliozentrische Weltsystem des Nicolaus Copernicus, in seinen Grundzügen zwischen 1507 und 1514 (als »Commentariolus«), vollständig erst im Todesjahr 1543 veröffentlicht (De revolutionibus orbium coelestium). Alte griechische Vorstellungen waren aufgenommen und vervollkommnete Messungen, vor allem der Araber, verarbeitet worden. »Nichts hat einen größeren Einfluß auf das Denken der Menschen ausgeübt als das System des Copernicus«, urteilt Goethe. 1596 erscheint Keplers erstes Werk »Prodromus continens Mysterium cosmographicum«, in dem die Anziehungskraft der Erde auf den Mond erklärt wird, und 1609 die »Astronomia nova« mit der Mitteilung der von ihm 1600 gefundenen beiden ersten Keplerschen Gesetze über den Lauf der Planeten um die Sonne. Die Jahre 1610 und 1611 bringen mit der Entdeckung der Jupitermonde durch Galilei die Entscheidung für das System des Copernicus: das Copernicanische System setzte voraus, daß der Mond außer dem Umlauf um die Erde auch die Bahn der Erde um die Sonne mitmachen solle; das konnte man sich schwer vorstellen. Galilei beobachtet nun an aufeinanderfolgenden Tagen, daß auch um den Jupiter Monde in festen Bahnen kreisen, und zwar unabhängig von der Bahn des Planeten um die Sonne. Bald darauf entdeckt er die Belichtungsphasen der Venus, die denen des Mondes gleichen, und (wie bald darauf und unabhängig Johannes Fabricius und Christoph

Scheiner) die Sonnenflecken, welche die Veränderlichkeit und die Eigenrotation der Sonne erkennen ließen. Eine zureichende Erklärung der Sonnenflecke ist der Astrophysik und Physik erst im 20. Jahrhundert gelungen; damals half die Entdeckung das Vorurteil überwinden, die Sonne sei als Mittelpunkt des Weltsystems unveränderlich. Der Ingolstädter Jesuitenpater Scheiner konnte seine Beobachtungen unter seinem Namen erst mit zwanzigjähriger Verspätung, zugleich mit der ersten Messung der Dauer der Eigenrotation der Sonne um ihre Achse, veröffentlichen (»Rosa ursina«, 1630).

In die gleichen Jahre fallen die ersten großen systematischen Experimentaluntersuchungen von William Gilbert, dem Hofarzt der Königin Elizabeth von England, über die magnetischen und elektrischen Kräfte (»De Magnete« 1600) und die Arbeiten über mechanische und hydrostatische Probleme des Holländers Simon Stevin.

Entscheidender als die Begründung der – wie wir heute sagen – Methode der exakten Naturwissenschaften ist der mit ihr entstehende neue Faktor der Erkenntnistheorie und ihr Einfluß auf die Denkweise. Die Methode besteht zunächst in der messenden Beobachtung von Naturvorgängen – ursprünglich als experimentum = Erfahrung bezeichnet –, in dem Suchen nach den primären Ursachen und ihrer Abtrennung von sekundären Einflüssen (etwa dem Ablauf eines Bewegungsvorganges ohne die mit ihm stets verbundene Reibung); es folgt das »Experiment«, in dem durch künstliche Zusammenfügung verschiedener Bedingungen die Richtigkeit dieser Trennung geprüft wird, und schließlich die mathematische Formulierung der gefundenen Beziehungen, das »Gesetz«. »Cominciare dall' esperienza e per mezzo di questa scoprirne la ragione« hatte schon hundert Jahre vorher Leonardo da Vinci als Methode der Naturforschung gefordert! Jetzt wird sie durchgeführt.

Das bedeutet aber auch die endgültige Überwindung der Naturphilosophie des Aristoteles. Naturwissenschaftliche Forschung, das Suchen nach gesetzmäßigen Vorgängen im Ablauf von Naturerscheinungen, wurde zu einer selbständigen Disziplin, einem neuen Machtfaktor, in dem man mit Recht eine Gefahr für die Herrschaft der damaligen Geisteswissenschaften und vor allem der Theologie sah. So versteht man, daß Reformatoren und römische Kirche sie zugleich bekämpften; ihre Verbreitung war gefährlich. Giordano Bruno wurde 1600 verbrannt, weil er über Copernicus und Kepler hinausgehend die feste, das Sonnensystem abschließende Fixsternsphäre in die Unendlichkeit ferner Sonnensysteme auflösen wollte; manche gaben die neue Lehre nur in vertrautem Kreise weiter, andere mußten Selbstkritik üben; der »Prozeß Galilei« endete mit dem Verbot seiner und des Copernicus' Schriften (erst 1812 wurden sie von dem *Index librorum prohibitorum* gestrichen).

Ein Jahrhundert später, um 1700, ist das Newtonsche System der Mechanik, die »Philosophiae naturalis principia mathematica« (gedruckt 1687), abgeschlossen. Es bleibt bis zum Beginn des 20. Jahrhunderts die Grundlage der Physik. Die Keplersche – noch vage – Vorstellung über die Kraft zwischen Massen auch in großen Entfernungen findet in dem Gravitationsgesetz ihre Präzisierung, aus den Keplerschen Gesetzen wird das mathematisch-physikalische System der Himmelsmechanik. Die Galileische Forschungsmethode wird auf die Erscheinung des Lichtes angewendet, 1704 erscheint das für die Entwicklung von mehr als einem Jahrhundert maßgebende Werk »Optics« – im Gegensatz zur lateinischen Mechanik in englischer Sprache verfaßt, so wie auch Galilei in der Landessprache schrieb, um dem Neuen eine größere Verbreitung zu sichern.

Vor allem bringt der Beginn des 18. Jahrhunderts die Differentialrechnung – Newton und Leibniz –, den entscheidenden Schritt für die mathematische Behandlung der Naturvorgänge, von Galilei vergeblich angestrebt. Zugleich beschert es eine der verderblichsten Hypothesen, welche die Physik und besonders die Chemie immer wieder auf Irrwege führte: 1703 stellt G. E. Stahl die Theorie des Phlogistons, eines Wärmestoffs, auf, die endgültig erst in der Mitte des 19. Jahrhunderts aufgegeben wurde.

Mit der Wende vom 18. zum 19. Jahrhundert beginnt eine geradezu stürmische Entwicklung der Naturwissenschaften, zunächst der Chemie und dann auch der Physik. Das dürfte wohl hauptsächlich auf drei in die gleichen Jahre fallende Entdeckungen zurückzuführen sein: 1800 entsteht mit dem Voltaelement die Möglichkeit, elektrische Ströme von langer Dauer und relativ großer Stärke herzustellen. 1800 und 1801 entdecken William Herschel und Johann Wilhelm Ritter unsichtbare Strahlen in irdischen »Licht«quellen und in der Sonne: das Ultrarot und das Ultraviolett. Damit wird zum ersten Male in der Natur etwas gefunden, für dessen Wahrnehmung der Mensch kein Organ besitzt. 1808 begründet John Dalton auf Grund quantitativer chemischer Erfahrungstatsachen die moderne Atomtheorie. Es darf auch nicht vergessen werden, daß 1798 Henry Cavendish durch den experimentellen Nachweis der Massenanziehung, eine Glanzleistung der Experimentierkunst, die Entwicklung der Gravitationslehre von Kepler über Newton zum Abschluß brachte.

Die Frage, ob die Entwicklung der Naturwissenschaften im 19. Jahrhundert ein allgemein gültiges Charakteristikum aufweist, kann wohl zunächst so beantwortet werden: die Vermehrung der Einzelkenntnisse führte die Beobachter auf Zusammenhänge zwischen verschiedenen Erscheinungen, auf innere Beziehungen und damit zu einer Synthese. Die quantitative Analyse von Vorgängen, die sich gerade anbieten, wird mehr und mehr durch eine systematische Verfolgung von Fragen ersetzt, die sich bei der Deutung von Beobachtungen oder Versuchsergebnissen ergeben. Es beginnt die gezielte Forschung; die experimentelle Prüfung von Hypothesen, von qualitativen und besonders mathematisch-quantitativ-formulierten Vorstellungen, gewinnt zunehmend an Bedeutung. Ein Musterbeispiel ist die Begründung der experimentellen Akustik durch Ernst Chladni, die zu einem Hauptarbeitsgebiet der Physik wurde; 1841 entdeckt Christian Doppler die Änderung der Tonfrequenz bei bewegter Schallquelle oder bewegtem Beobachter, den »Dopplereffekt«, dessen optisches Analogon bald darauf die Messung der Bewegung der Sterne ermöglichte.

Voraussetzung für das alles war das mit Beginn des 19. Jahrhunderts einsetzende systematische Streben, alle mit unseren Sinnen wahrnehmbaren Erscheinungen auch mit Instrumenten, mit Meßgeräten, quantitativ nachzuweisen. Gewiß hatte man vorher schon die Waage und die besonderen, hochempfindlichen »Drehwaagen« von Michell, Coulomb, Cavendish zur Messung elektrischer und magnetischer Kräfte oder der Massenanziehung verwendet. Dabei hatte das Meßgerät die Aufgabe, entweder die mit dem Körper fühlbaren Kräfte größenmäßig zu vergleichen oder solche Kräfte auch dann noch nachzuweisen, wenn die menschlichen Sinnesorgane dazu nicht mehr ausreichten. Auch das Thermometer diente keiner anderen Aufgabe. Jetzt aber begann ein neuer methodischer Weg, als man etwa das Licht der Sonne nicht mehr mit dem Auge, sondern wie Herschel und Ritter bezüglich seiner thermischen und chemischen Wirkung untersuchte. Welches Prinzip man hier unbewußt anwandte, wurde erst fünfzig Jahre später durch die Entdeckung des Energiesatzes klar. Herschel wie Ritter gingen aber noch einen Schritt weiter. Newton hatte die durch ein Glasprisma gebrochenen »Spektralfarben« des weißen Sonnenlichtes untersucht. Damit hatte er die Erscheinung des Regenbogens (von Descartes schon geklärt) in einer übersehbaren physikalischen Apparatur künstlich dargestellt. So war es möglich, mit dem neutralen, »objektiven« Thermometer und mit Hornsilber (natürlich vorkommendem Silberchlorid) die Farben bequem nachzuweisen und zu messen (was übrigens Scheele schon probiert hatte); man fand, daß die Farben quantitativ ganz verschieden auf die beiden »Instrumente« wirken, vor allem aber, daß das Farbband nur für unser Auge mit Rot und Violett begrenzt ist. Jenseits seines roten Endes zeigt das Thermometer sogar eine viel größere Erwärmung als im hellen Violett, und jenseits des Violetts, wo das Thermometer gar keine Wirkung mehr zeigt (wegen der nicht ausreichenden Empfindlichkeit, wie man heute weiß), tritt eine erhebliche Zunahme der Zersetzung des Hornsilbers ein (verstehbar erst durch die Quantentheorie).

Die Entdeckung dieser ultraroten und ultravioletten Strahlen, die alle erhitzten Körper ausstrahlen, also von Naturerscheinungen, für die wir keine Sinnesorgane haben, aber auch von solchen, für deren Nachweis unsere Sinnesorgane zu unempfindlich sind, erfolgte gerade auf eine Weise, die Goethe »das größte Unheil der neuen Physik« genannt hat, »daß man die Experimente gleichsam vom Menschen absondert und bloß in dem, was künstliche Instrumente zeigen, die Natur erkennen will«. Die entscheidenden Entdeckungen seit dem Anfang des 19. Jahrhunderts beruhen nicht nur auf der Erweiterung der Sinnesorgane, sondern den neuen Wahrnehmungsmöglichkeiten durch Instrumente. Daß Volta die Galvanischen Froschschenkelversuche (oder das Zucken der Menschenmuskeln durch einen elektrischen »Schlag«) auch auf unorganische Materie übertrug, führte erst zum Fortschritt. Freilich wollte auch Goethe solche Forschung nicht ablehnen, wie immer noch manche glauben; die Betonung in seinem Ausspruch liegt auf dem Wort »bloß«.

Während bei der Entdeckung von Ultrarot und Ultraviolett immerhin noch das sichtbare Licht geholfen und ihre Deutung sich an dessen Deutung angeschlossen hatte, fehlte bei der Untersuchung der elektrischen Erscheinungen bald jeder Anschluß an die natürliche Sinnenwelt – mit Riesenschritten entwickelte sich die neue Physik. Die Deutung der nicht erkennbaren Vorgänge beim Fließen eines elektrischen Stromes in einem Metalldraht, Faradays Idee der »Kraftlinien«, schließlich die Maxwellsche elektromagnetische Theorie, die auch Erscheinungen des Lichts neu deutete, und erst recht die Atomistik führten zu Vorstellungen, die sich immer weiter von dem Bereich unserer Sinne entfernten, zu schließlich nicht mehr »anschaulichen«, nur noch durch mathematische Symbole ausdrückbaren Systemen.

Zugleich beginnt die Neugestaltung des sozialen Lebens – die sogenannte erste technische Revolution – in Europa und bald in der ganzen Welt durch die Ausbreitung der Dampfmaschine, deren über hundertjährige Entwicklung James Watt 1786 zur »Fabrikations-

Ernst Chladnis Vorführung der Klangfiguren in Regensburg, 1800
Zeichnung. München, Deutsches Museum

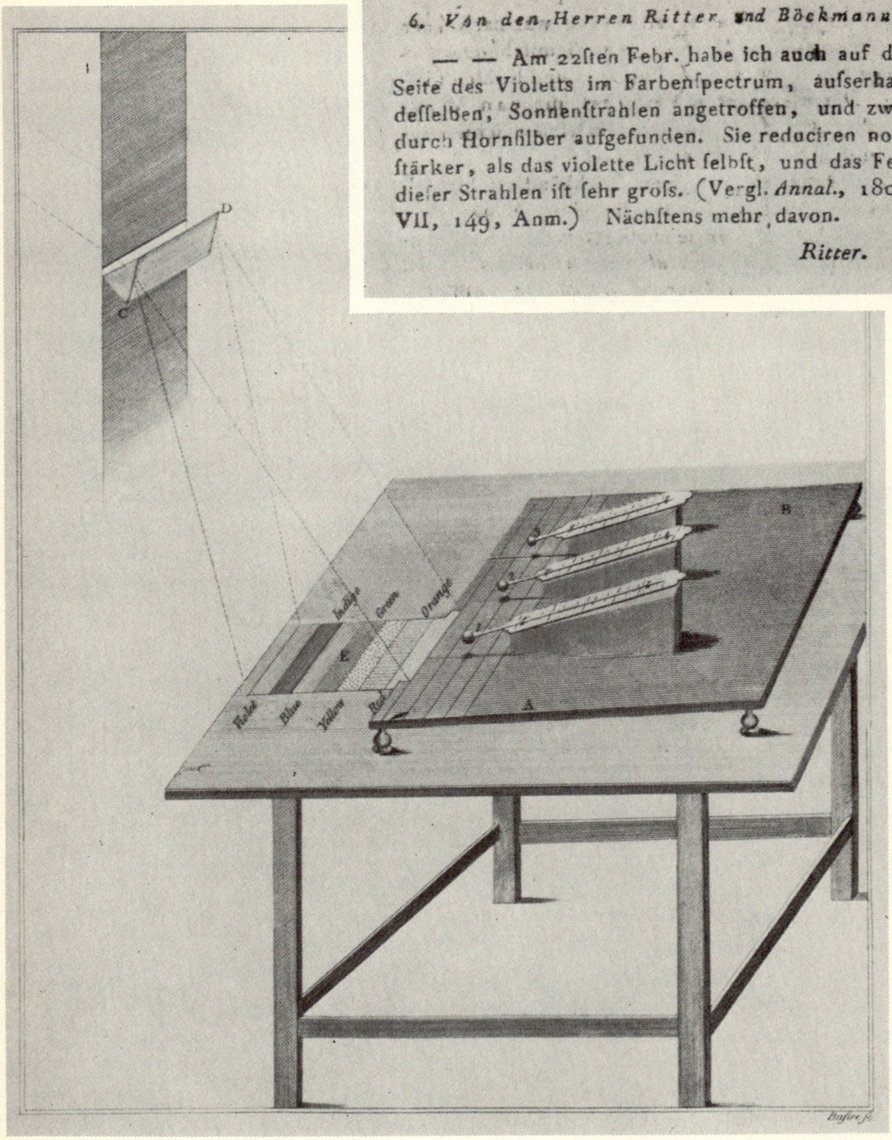

[527]

6. Von den Herren Ritter und Böckmann.

— — Am 22ſten Febr. habe ich auch auf der Seite des Violetts im Farbenſpectrum, auſserhalb deſſelben, Sonnenſtrahlen angetroffen, und zwar durch Hornſilber aufgefunden. Sie reduciren noch ſtärker, als das violette Licht ſelbſt, und das Feld dieſer Strahlen iſt ſehr groſs. (Vergl. *Annal.*, 1801, VII, 149, Anm.) Nächſtens mehr davon.

Ritter.

Versuchsaufbau William Herschels zur Entdeckung des Infrarot, 1800
Johann Wilhelm Ritters erste Notiz über die Entdeckung des Ultraviolett, 1801

reife« gebracht hatte. Die seit undenklichen Zeiten unveränderte Reisegeschwindigkeit zu Land und zu Wasser wird mit der Dampfmaschine sprunghaft vergrößert; gleichzeitig vergrößert sich die Menge der zusammen beförderbaren Menschen. Es folgen die Versuche mit den ersten elektrischen Telegraphen zur Beschleunigung der Nachrichtenübermittlung. Und schließlich bringt die Steigerung der Arbeitsleistung durch die Maschinen die Industrialisierung; die Sozialstruktur ändert sich und gibt der Menschheit ebenso neue Probleme auf wie der wachsende Mißbrauch der Technik (und damit auch der Naturwissenschaften) als Machtmittel des politischen und wirtschaftlichen Nationalismus.

Wieder hundert Jahre später war das, was man heute die klassische Physik nennt, in ihren Grundzügen abgeschlossen. Aus ihr war unter anderem die Elektrotechnik hervorgegangen; genau hundert Jahre nach der Einführung der Dampfmaschine wurde zum ersten Male elektrische Energie fernübertragen. Heinrich Hertz hatte zur gleichen Zeit mit der Entdeckung der elektrischen Wellen den experimentellen Schlußstein zu Maxwells elektromagnetischer Theorie gelegt und damit das Tor zur drahtlosen Nachrichtentechnik geöffnet.

Die letzte Jahrhundertwende bringt die Grundlage einer neuen physikalischen und dann allgemein der naturwissenschaftlichen und auch philosophischen Entwicklung: 1895 entdeckt Röntgen die neue Strahlenart, 1896 Becquerel die Radioaktivität; 1897 ist die Existenz des freien Elektrons durch die entscheidenden Versuche von Joseph John Thomson und Wilhelm Wien sichergestellt, man weiß, daß – negativ elektrische – Elektronen von neutralen Atomen abgetrennt werden können, so daß ein – positiv elektrischer – Atomrest mit der (fast vollständigen) Masse des Atoms übrigbleibt und daß beide sich wieder zum normalen Atom vereinigen können. Im Jahre 1900 schuf Max Planck die Quantentheorie und 1905 Albert Einstein mit der Relativitätstheorie die neue Auffassung von Raum und Zeit, welche die Grenzen der Gültigkeit der Newtonschen Mechanik festlegt und den Bestrebungen, die gesamte Elektrodynamik nach den klassischen Prinzipien der Mechanik zu behandeln, ein Ende setzt.

Das Gesetz von der Erhaltung der Energie

Die wichtigste der überaus zahlreichen naturwissenschaftlichen Entdeckungen im 19. Jahrhundert ist das Gesetz von der Erhaltung der Energie (1842). Es ist die Aussage, daß bei all den mannigfaltigen Wechselwirkungen und Umsetzungen, die in unserer Welt ablaufen, eine Größe konstant bleibt, die man heute (nach Rankine) die »Energie« nennt. Der erste, der diesen Grundsatz aufstellte und seine ganze materielle und naturphilosophische Tragweite erkannte, war der junge, später in Heilbronn am Neckar ansässige Arzt Julius Robert Mayer. Es ist eines jener seltenen, fast unheimlichen Ereignisse in der Geistesgeschichte der Menschheit: ohne tiefere physikalische Ausbildung, beim Nachdenken über den Ablauf des organischen Lebensgeschehens auf einer langen Tropenreise als Schiffsarzt durchfährt ihn »wie ein Blitz« der Gedanke, der ihn nicht mehr losläßt. »Ich habe ein System der Physik mitgebracht«, schrieb er bald nach der Rückkehr an einen Jugendfreund. Mühsam, mit dessen Hilfe sucht er sich aus der Literatur die Unterlagen zum Beweis der Vorstellung, die er anfangs fast hilflos mit den Formulierungen Causa aequat effectum (die Ursache ist quantitativ so groß wie die Wirkung), nil fit ad nihilum, nil fit ex nihilo (nichts wird zu nichts, nichts aus nichts) begreiflich zu machen sucht. Ein direkter Beweis scheint ihm vorerst nur im Gebiet der Physik möglich. Er berechnet das mechanische Wärmeäquivalent: Um eine mechanische Arbeit von 427 (wir geben den heutigen Wert) Meterkilogramm zu leisten, ist eine (große) Kalorie erforderlich, das heißt die Wärmeenergie, die ein Kilo Wasser um ein Grad Celsius erwärmt. Darauf kehrt Mayer die Frage um, er zeigt durch Versuche, die eigentlich schon kurz vor Beginn des Jahrhunderts von Benjamin Thompson (Graf Rumford) ausgeführt waren, daß beim Verschwinden einer bestimmten Menge von Bewegungsenergie (etwa beim Abbremsen eines Bohrers in einem Metallstück oder beim Schütteln von Flüssigkeiten) stets die gleiche Wärmeenergie auftritt.

Im Jahre 1847 erscheint die Schrift »Über die Erhaltung der Kraft«, in der Hermann Helmholtz das gleiche Gesetz durch eine großartige Übersicht über die verschiedensten Energieumwandlungen bei physikalischen und chemischen Prozessen begründet. Jetzt erst – nach fünfzig Jahren – konnte man verstehen, warum das Voltaelement elektrische Energie liefert: chemische Energie wird umgesetzt. Sind die energiespendenden chemischen Reaktionen im Voltaelement abgelaufen, so hört auch die Stromlieferung auf. Mit Gedankengängen, die im Grundsätzlichen denen von Robert Mayer gleichen, zieht Helmholtz auch Vorgänge der lebenden Natur in die Betrachtung ein: die Umsetzung der Strahlungsenergie der Sonne in die chemische Energie des Pflanzenwachstums oder die Umwandlung der Verbrennungsenergie der Nahrung des Tieres in die von seinem Körper abgegebene Wärme. Wie für den Bereich der anorganischen Welt die Hoffnung auf ein Perpetuum mobile, so wird für die Vorgänge im organischen Leben die Theorie der Lebenskraft endgültig zu Grabe getragen. Auch hier hatte Rumford fünfzig Jahre früher ähnliche Gedanken über die durch direktes Verbrennen von Nahrungsmitteln zu erzielende Wärme und die durch Arbeitsleistung eines Pferdes auf Grund der Nahrung zu erreichende Wärme diskutiert. 1842, kurz vor Robert Mayers Veröffentlichung, schrieb Liebig über die Äquivalenz der Verbrennungswärme der von Tier und Mensch aufgenommenen Nahrung mit der in ihnen erzeugten Wärme und von ihnen geleisteten Arbeit. Die vage Idee der Aufnahme von Lebensstoff aus dem Humus wird durch Liebigs Entdeckung der Bedeutung der Düngesalze für das Wachstum der Pflanzen ersetzt.

Aber keiner drang bis zu der generellen Betrachtung von Mayer und Helmholtz durch. Obwohl es »in der Luft lag«, dauerte es viele Jahre, bis das Gesetz der Erhaltung der Energie allgemeine Anerkennung fand – dann aber wurde es zur Grundlage jeden physikalischen und technischen Denkens; man kann heute sagen, daß der Bereich der Gültigkeit dieses Erfahrungssatzes der Bereich der Physik und der Technik ist. Noch um die Mitte des letzten Jahrhunderts lagen solche, im wahren Sinne des Wortes »weltweiten« Betrachtungen den Physikern fern. Nicht zu Unrecht sagt viele Jahre später Helmholtz, daß Mayer als erster »gewagt« hat, einen Satz von »absoluter Allgemeinheit auszusprechen«. Eine der entscheidenden Folgen der Entwicklung der Physik des 19. Jahrhunderts ist gerade, daß die ganze Natur, schließlich das Weltall, in den Bereich der naturwissenschaftlichen Forschung einbezogen wurde. So fragte Mayer 1848, woher die Energie stamme, die von der Sonne ausgestrahlt wird: erst mit dem Satz der Erhaltung der Energie war diese Frage sinnvoll. Seine Hypothese, daß es die Wärme sei, die beim Abbremsen der in die Sonne einstürzenden Meteorschwärme entstehe, wurde lange diskutiert, ließ sich aber nicht halten. Helmholtz entwickelte 1853 die Theorie, daß die Sonne als eine große Nebelmasse sich durch die Gravitation kontrahiere und dabei erwärme. Diese Massenkontraktion kann aber nicht die Milliarden von Jahren dauernde Energieabgabe, mit der wir heute rechnen müssen, liefern. Ein Jahrzehnt später versucht William Thomson (Lord Kelvin), mit dem Energiesatz das Alter der Erde zu bestimmen: Sonne und Erde hatten einst die gleiche Temperatur, sie kühlten sich nach den generellen physikalischen Gesetzen ab; der Energieinhalt der Sonne ist ihrer größeren Masse wegen größer als der der Erde; diese hat sich also schneller abgekühlt. Vor vierzig Millionen Jahren müßte sie zu heiß gewesen sein für irgendein Leben, und in wenigen Millionen Jahren müßte die Sonne zu kalt werden, um noch die für das irdische Leben erforderliche Strahlung zu liefern. Erst heute wissen wir, daß Atomkernreaktionen im Sonneninneren eine stete neue Wärmeentwicklung liefern, welche die abgestrahlte Energie ersetzt.

Die Neuartigkeit solchen Forschens mag aus einem Rückblick deutlich werden: Als Johannes Kepler physikalische Betrachtungen auf die Mechanik des Sonnensystems anwandte, schrieb ihm sein Lehrer Michael Maestlin: »Ich glaube aber, daß man hier die physikalischen Ursachen ganz aus dem Spiel lassen und Astronomisches nur nach astronomischen Methoden mit Hilfe von astronomischen, nicht physikalischen Ursachen und Hypothesen erklären soll.«

Der Satz von der Erhaltung der Energie ist die erste und heute noch generell gültige Synthese im Bereich der Naturwissenschaft. Es gibt kein Gebiet der Physik, auf dem dieser Satz nicht entscheidend zur Klärung beigetragen hat; vor allem ist er die Grundlage aller technischen Vorgänge. Jede Technik besteht in der Umsetzung einer Energieform in eine andere. Die Frage der Ausbeute und des Energieverlustes (etwa durch Reibung in Lagern oder Wärmeabgabe an die Umgebung oder Erwärmung elektrischer Leitungen) kann durch die Berechnung der Vorgänge nach dem Energieerhaltungssatz beantwortet werden: Die Wirtschaftlichkeit technischer Verfahren ist vorher bestimmbar. Die zwei Hauptsätze der Thermodynamik (Rudolf Clausius, 1850) gaben die theoretische Begründung des bei der Umwandlung von Wärmeenergie in mechanische Energie erreichbaren Nutzeffektes; William Thomson (Lord Kelvin) schuf unter anderem die Grundlagen für die Verflüssigung der Gase und der von Carl Linde ausgebauten Kältetechnik. Elektrotechnik, Lichttechnik, vor allem auch die chemische Technik konnten sich nur unter dem Einfluß des Energiesatzes entwickeln, ganz zu schweigen von der Thermochemie, der Elektrochemie, der Photochemie. Die wissenschaftlichen Bereiche der Meteorologie, der Physik der Atmosphäre, beruhen auf der Thermodynamik.

Die Voltasche Entdeckung und die Entwicklung der Elektrizität

Bis zum Ausgang des 18. Jahrhunderts kannte man nur die Reibungselektrizität, die mit ihr verbundenen Kraftwirkungen, die elektrischen Funken und die physiologischen Empfindungen, die Muskelzuckungen bei einem »elektrischen Schlag« auf den Körper, die schon Guericke und Leibniz interessiert hatten. Bei Versuchen mit Froschschenkeln beobachtete Luigi Galvani unter anderem eine merkwürdige Erscheinung. Er hatte zwei verschiedene Drähte (etwa Messing und Eisen) miteinander verbunden; berührte er nun mit den beiden Enden den Nerv oder den Muskel, so daß ein Kreis Messing–Nerv–Muskel–Eisen–Messing gebildet wurde, so kontrahierte sich der Muskel. Alessandro Volta ging dieser Erscheinung mit einer klaren physikalischen, vom biologischen Objekt ganz absehenden Überlegung nach. Nach mannigfachen Versuchen fand er – mitgeteilt in einem Brief vom 20. März 1800 an die Royal Society in London – etwas ganz Neues, die später sogenannte Voltasche Säule: Eine Silber- und Zinkplatte wurden aufeinandergelegt, darauf ein mit einer Salzlösung befeuchtetes Papierblatt, dann wieder ein solches Metallplattenpaar in gleicher Folge, wieder ein nasses Papier – »dreißig, vierzig, sechzig und mehr«. Verband er nun die äußersten Metallplatten, also die erste Silber- mit der letzten Zinkplatte durch die Hand, so spürte er die Kontraktion der Muskel, aber nicht als Schlag, sondern d a u e r n d. Nach dem gleichen Prinzip konstruierte er bald darauf den »Voltaschen Becher«, ein mit Salzlösung gefülltes Glas, in das eine Zink- und eine Silberplatte eintauchen. Das war die Urform der elektrochemischen Elemente oder Batterien.

Die bis dahin bekannten reibungselektrischen Effekte dauerten nur Momente, nach der »Entladung« mußte durch erneutes Reiben erst wieder neue Ladung hergestellt werden. Mit der Voltaschen Zelle gelang es zum erstenmal, eine dauernde »elektrische Wirkung« zu erzeugen, durch einen Vorgang, der sich scheinbar ohne jede materielle Veränderung in dem Metall-Flüssigkeitskreis abspielte. Die gelehrte Welt ahnte sofort, daß hier eine Entdeckung von ungeheurer Tragweite gemacht worden war. Man stürzte sich auf die neue Erscheinung, es begann ein bisher nicht bekanntes Experimentieren, ein Suchen nach neuen Erscheinungen, nach »Effekten«, wie es die Physik erst wieder in den zwanziger und dreißiger Jahren unseres Jahrhunderts erlebte, als Folge von Bohrs Atomtheorie und der Entdeckung der künstlichen Atomumwandlungen. In den Jahren 1799 bis 1801 wurden fast alle Entdeckungen der folgenden Jahrzehnte schon einmal gemacht. Besonders zu erwähnen ist Johann Wilhelm Ritter in Jena, später in München, Goethes »Wissenshimmel auf Erden«, Freund und Gesinnungsgenosse von Novalis, der Romantiker, der zunächst begeistert Galvanis Versuche mit physiologischen Zielen verfolgt, dann – erst einundzwanzigjährig – unabhängig von Volta die elektrische Zelle (mit dem billigeren Kupfer statt Silber) baute. Er zeigte, daß die Volta-Elektrizität gleiche Wirkungen wie die Reibungselektrizität hat; er war es auch, der zuerst die chemischen Veränderungen im stromliefernden Element erkannte, die erste Elektrolyse durchführte, der aber von Versuch zu Versuch, von Idee zu Idee sprang, ohne Rast und ohne Stetigkeit arbeitend und letzten Geheimnissen nachjagend – eben der Romantiker.

Die auffälligsten – »kaum zu glaubenden« – Erscheinungen des elektrischen Stroms waren die Erwärmung eines Metalldrahtes, die Zersetzung von Wasser oder von Salzlösungen in ihre atomaren Bestandteile, die Erzeugung des helleuchtenden elektrischen Lichtbogens (1812); dieser war so heiß, daß alle Metalle, sogar Quarz und Saphir schmolzen und Diamant sich augenblicklich verflüchtigte. »Es ist ausnehmend schwer, um nicht zu sagen unmöglich, die Entstehungsart dieser Lichterscheinung und Erhitzung anzugeben«, steht zwölf Jahre später im Lehrbuch der Physik von Biot. Den größten Fortschritt brachte die 1819/20 von Hans Christian Örsted in Kopenhagen entdeckte Richtkraft der Elektrizität auf eine Magnetnadel. Örsted, der gleichzeitig beobachtete, daß umgekehrt auch ein Magnet auf einen stromdurchflossenen Leiter Kraft ausüben kann, nannte diese untrennbare Verbindung von Elektrizität und Magnetismus einen »elektrischen Konflikt«. Als Ampère sich mit diesen Entdeckungen beschäftigte, erweiterte er die schon von Volta angedeutete Vorstellung zur Theorie, daß im Verbindungsdraht zwischen den Polen des Voltaelements eine Strömung eines noch unbekannten elektrischen Fluidums ablief, ein elektrischer Strom, »courant électrique«, floß. Örsted hatte übrigens auch erkannt, daß dieses Magnetfeld ganz neuartig war: es begann und endete nicht an einem »Pol« wie die Felder von Magnetstäben, sondern ein (langer gerader) Stromleiter war gleichsam die Mittelachse eines zylinderförmigen Feldes. Freilich hat dieser »Zylinder« keinen Mantel, denn mit der Entfernung vom Stromleiter nimmt die Feldstärke ab, wird aber niemals Null; ein an einer Stelle fließender Strom macht sich »bis in die Unendlichkeit« bemerkbar, ebenso wie die Gravitationswirkung irgendeiner Masse.

Es begann eine neue Richtung der Experimentalphysik: die künstliche Erzeugung von Vorgängen im Laboratorium, die in der Natur anscheinend nicht vorkommen. Eine Fülle von Hypothesen wurde entwickelt, es entstand jene den Außenstehenden oft so sonderbar anmutende Physik des Als-ob. So führte die Wärmeentwicklung bei der Reibung zweier Körper etwa zur Vorstellung, daß die Erwärmung eines die Pole des Voltaelements verbindenden Drahtes auch auf eine Bewegung von »Etwas« im Leiter, eben den »elektrischen Strom«, hindeute.

Ein anderes Beispiel für diese neue, in der Folgezeit so erfolgreiche Forschungsart ist die Ampèresche Hypothese der »Molekularströme« (1821): Wenn eine stromdurchflossene Spule die gleichen Kräfte auf eine Magnetnadel oder auf Eisen ausübt wie ein Magnetstab, dann kann man annehmen, daß ein »Magnet« deshalb ein Magnet ist, weil in ihm elektrische Kreisströme fließen. Eine unverständliche, aber in der Natur vorkommende Erscheinung, eben der natürliche Magnetismus, wird also mit einem künstlich erzeugten, ebenfalls noch unverstandenen Vorgang »erklärt«.

In dieser ersten Phase der Elektrizitätsphysik zeigt sich schon die neue physikalische (und bald allgemein naturwissenschaftliche) Forschungsweise: Neben die reine messende Beobachtung und den Versuch, eine Erscheinung in ihre Einzelfaktoren zerlegt zu analysieren, tritt das Suchen nach Beziehungen zwischen verschiedenartigen Erscheinungen.

Die erste praktische Folge dieser Entdeckungen war die Konstruktion von Meßinstrumenten, mit denen die Größe, die magnetische Kraft des elektrischen Stroms gemessen werden konnten. Ampère in Paris, Poggendorff in Berlin und Schweigger in Halle bauten fast gleichzeitig solche Geräte. Ampère nannte sein Instrument »Galvanometer«, während sich heute allgemein die Bezeichnung »Ampèremeter« durchgesetzt hat. Eine weitere Folge war die Konstruktion des ersten Elektromagneten von Arago. Die Überlegung, der fließende Strom werde von einer »elektromotorischen Kraft« im Voltaelement bewirkt, führte Georg Simon Ohm zur Vorstellung des Spannungsgefälles längs eines stromdurchflossenen Leiters. Der von ihm experimentell erbrachte Nachweis, daß in allen Teilen eines beliebig zusammengesetzten geschlossenen Stromkreises die Stromstärke gleich ist, lieferte 1826 das Ohmsche Gesetz: der Quotient von Spannungsabfall und Stromstärke ist der im betreffenden Leiterteil vom Strom zu überwindende »elektrische Widerstand«. Es war – abgesehen von Ritters Entdeckungen – der einzige wesentliche Beitrag zur Elektrizitätslehre des beginnenden 19. Jahrhunderts aus Deutschland, wo die Naturphilosophie die experimentelle Naturwissenschaft (und so auch Ohm) unterdrückte.

Die bedeutendste Entdeckung auf dem Gebiet des »Elektromagnetismus« machte 1831 Michael Faraday. Nach vielen Jahren vergeblicher Mühe gelang es ihm, die simple, typisch naturwissenschaftliche Frage zu beantworten: Ein elektrischer Strom erzeugt in seiner Umgebung ein Magnetfeld; kann auch ein Magnetfeld einen elektrischen Strom erzeugen? Alle Versuche verliefen anfangs negativ; dann aber beobachtete Faraday, daß immer beim Ein- und Ausschalten eines Stromes und später ganz allgemein bei jeder Änderung des künstlichen magnetischen Feldes in einem benachbarten, nicht stromdurchflossenen Leiter ein Stromstoß auftritt. Das war die Entdeckung der elektromagnetischen Induktion. Sehr bald fand Faraday die Möglichkeit, durch Induktion auch einen Dauerstrom zu erzeugen. Die letzte physikalische Klärung brachte aber erst das Gesetz der Erhaltung der Energie. Faraday schuf in diesen Versuchen, ohne selbst an eine solche Entwicklung zu denken, die Grundlage für die gesamte Theorie des Elektromagnetismus ebenso wie für die Elektrotechnik einschließlich der Technik der Nachrichtenübermittlung mit und ohne Draht.

Was in einem Metalldraht beim »Fließen des Stroms« vor sich geht, blieb – unerachtet der allgemeinen technischen Verwendung – bis zum Ende des Jahrhunderts unbekannt. Es gab nur Erklärungen für Teilphänomene des elektrischen Stroms. So zeigte Faraday 1834, daß beim Stromdurchgang durch eine Salzlösung (bei der Elektrolyse) die Bestandteile des Salzes als positiv und negativ geladene Atome an die Elektroden wandern; er nannte die Atome in diesem Zustand »Ionen«.

Eine andere – aber erst spät verstandene und anerkannte – Entdeckung machte Johann Wilhelm Hittorf im Jahre 1869 bei der Untersuchung des Stromdurchgangs durch verdünnte Gase. Sein Lehrer Julius Plücker und der Bonner Glasbläser Geißler hatten schon die schönen Leuchterscheinungen untersucht (»Geißlersche Röhren«, die Vorläufer der heutigen bunten Reklameröhrenlampen). Hittorf zeigte, daß bei sehr niedrigen Gasdrucken (kleiner als eine zehntausendstel Atmosphäre) das Leuchten ausblieb, dafür aber gegenüber der Kathode die Glaswand hell aufleuchtete: es mußte also ein »negativer« Strom durch das Rohr gegangen sein, ohne daß man ihn selbst sehen konnte. In der Tat konnte dieser Strom (»Kathodenstrahlung« genannt) durch einen Magneten genauso abgelenkt werden wie ein von einem Strom durchflossener Leiter: Der vom Kathodenstrahl beim Aufprall auf das Glas erzeugte Leuchtfleck (die Fluoreszenz) wanderte je nach der

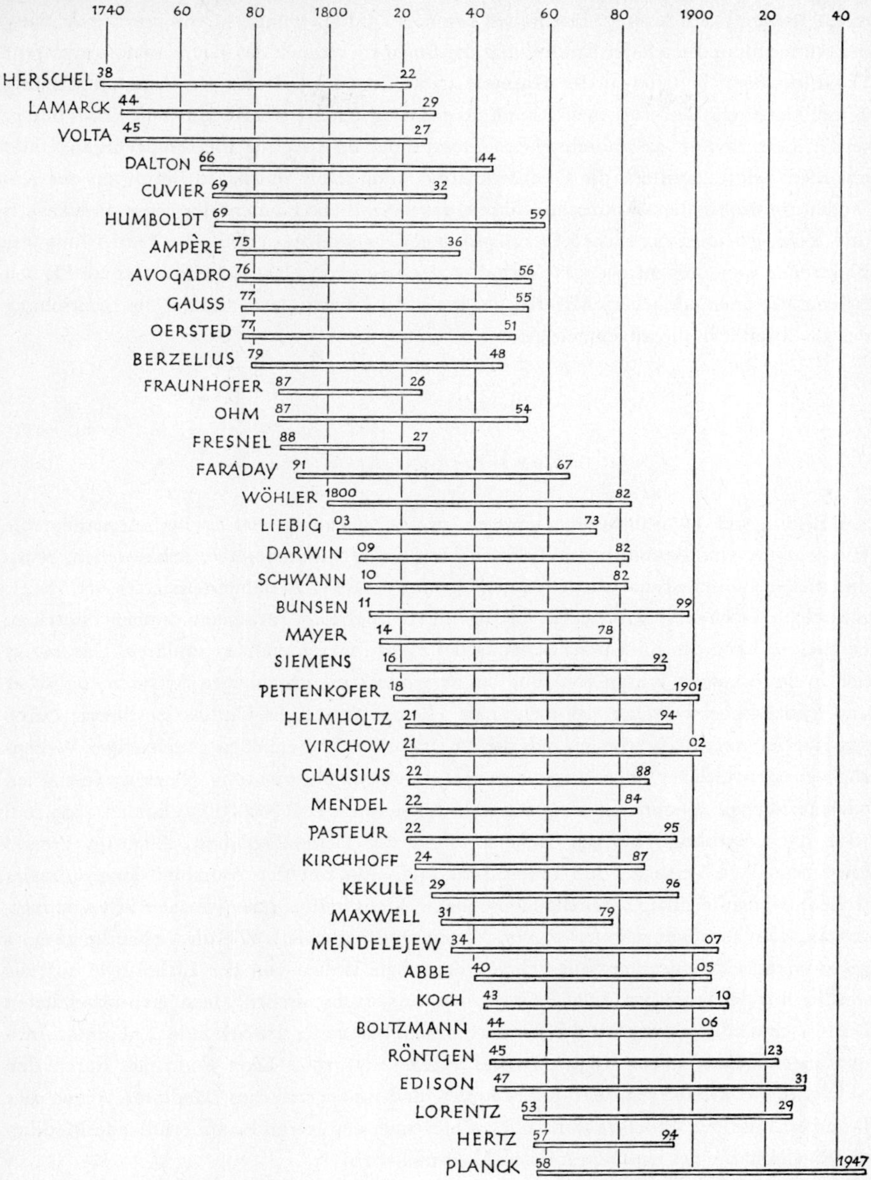

LEBENSDATEN:

Naturwissenschaft im 19. Jahrhundert

magnetischen Beeinflussung. Erst in den neunziger Jahren gelang es, mit der Entwicklung der Atomistik und nach der Entdeckung der freien Elektronen das Phänomen zu erklären: Die Elektronen laufen von der Kathode unter dem Einfluß der angelegten Spannung geradlinig durch den gasarmen Raum, ihre Bewegungsenergie wird teils in Erwärmung, teils in Leuchten des sie abbremsenden Glases umgesetzt. Welche Elementarvorgänge hier ablaufen, zeigte dann erst die Quantentheorie. 1899 schuf Ferdinand Braun aus der Kathodenstrahlröhre die »Braunsche Röhre«, das wesentliche Element der heute physikalisch und technisch unentbehrlichen Oszillographen (Fernsehröhre). Mit der Entdeckung der Elektronen war übrigens auch das Verhalten des Stromes in elektrischen Leitern als Fließen freier Elektronen erklärbar: Mit dem Ende des 19. Jahrhunderts mündet die Erforschung der Elektrizität in die allgemeine Atomistik ein.

Das Wesen des Lichts

Zu Beginn des 19. Jahrhunderts waren zwei Erklärungen des Lichts anerkannt: die Huygenssche Undulationstheorie (»longitudinale« Wellen analog den Schallwellen, 1678) und die Newtonsche Emanationstheorie (Lichtkorpuskel nicht näher definierter Art, 1704); zahlreiche Erscheinungen, wie Brechung und Dispersion, Farbigkeit dünner Plättchen, Doppelbrechung des Kalkspats, Beugung des Lichts, waren nicht zu erklären. Das ändert sich in den wenigen Jahren von 1801 bis 1823 durch die großartigen Arbeiten englischer und französischer Forscher. 1801 ergänzte Thomas Young die Undulationstheorie durch das Interferenzprinzip, wonach sich die an einem Punkt treffenden gleichartigen Wellenzüge je nach gleicher oder entgegengesetzter Schwingungsrichtung (Phasen) verstärken oder auslöschen. Etienne Louis Malus und Dominique François Arago fanden 1809 und 1811 die Polarisation bei der Reflexion und der Doppelbrechung. Augustin Fresnel erweiterte diese Versuche und brach 1821 endgültig mit der Annahme longitudinaler Wellen; er zog die einzig mögliche Konsequenz: Licht muß ein transversaler Schwingungsvorgang sein (das war schon 1807 von Young ausgesprochen). Wie die Wellen längs eines gespannten, schwingenden Seils gehen transversale Wellen von der Lichtquelle aus; sie werden mit der schon von Olaf Römer 1676 aus astronomischen Messungen abgeleiteten Lichtgeschwindigkeit von fast dreihunderttausend Kilometer pro Sekunde (Laboratoriumsmessungen gelangen erst 1849 Armand Fizeau und 1862 Léon Foucault) durch den »Lichtäther« übertragen, ein unbekanntes und unbegreifliches Medium. Wegen der Transversalität der Wellen muß nämlich dieses auch den leeren Raum erfüllende Medium die Eigenschaft eines elastischen festen Körpers haben.

Es war wohl der erste Fall in der Geschichte der Physik, daß man zur einheitlichen Erklärung aller Phänomene eines Gebietes eine an sich unverständliche, unanschauliche Theorie aufstellte und deren Aufklärung der Zukunft überließ. Sie erfolgte auf höchst merkwürdige Weise. 1865 folgerte James Clerk Maxwell aus den Faradayschen Entdeckungen, daß die aus der Wechselbeziehung von Magnetismus und Elektrizität sich

Alessandro Voltas Vorführung seiner galvanischen Säule vor Bonaparte, 1801
Aus dem Gemälde von Alexandre Evariste Fragonard
Paris, Sammlung Wildenstein

Justus Liebigs Laboratorium in Gießen. Aquarellierte Zeichnung von Wilhelm Trautschold, 1842. Gießen, Liebig-Museum

ergebenden elektromagnetischen Schwingungen von den Wellen des Lichts nur quantitativ zu unterscheiden sind. Der Versuch, elektromagnetische Wellen mit Lichtwellen zu identifizieren, brachte vollen Erfolg: Die elastische Äthertheorie verlangte außer transversalen Wellen nämlich auch longitudinale; diese gab es nicht und kann es nach der elektromagnetischen Theorie von Maxwell nicht geben. Maxwells Theorie gab eine – später experimentell bestätigte – zahlenmäßige Beziehung zwischen der Brechung der Lichtstrahlen und einer rein elektrischen Größe, der Dielektrizitätskonstanten des lichtbrechenden Mediums, richtig an. Im Jahre 1888 konnte Heinrich Hertz elektromagnetische Wellen mit rein elektrischen Methoden erzeugen und beweisen, daß diese aus periodisch wechselnden elektrischen und magnetischen Feldern bestehen und alle Eigenschaften der Lichtwellen haben, Reflexion, Brechung, Beugung, Polarisation, Interferenz und eine Fortpflanzungsgeschwindigkeit im materiefreien Raum von dreihunderttausend Kilometer je Sekunde.

Hendrik Antoon Lorentz ging noch einen Schritt weiter: Die Fortpflanzung elektromagnetischer Wellen in der Materie bedeutet, daß in ihr elektrische Ladungen vorhanden sind; periodisch schwingende negative Ladungen in Atomen oder Molekülen sollen auch die Zentren der Lichtemission sein. Das besagt die von Lorentz und Josef Larmor entwickelte Elektronentheorie, die einen Übergang zur elektrischen Atomistik darstellt. Ihr größter Erfolg war die ungezwungene Deutung der Entdeckung des Holländers Pieter Zeeman, der im Jahre 1896 die Spektrallinien freier leuchtender Atome (das heißt ihre Frequenz) durch ein magnetisches Feld veränderte (Zeemaneffekt).

Ebenso schwer wie die theoretische Erfassung des Lichts war die experimentelle. Vor Fraunhofer konnte man die Frequenz nur grob aus den Interferenzfarben dünner Plättchen (Größenordnung einige hunderttausendstel Zentimeter) bestimmen; die Unmöglichkeit, das Phänomen der Farben klar zu deuten, dazu die Vielfalt von Farberscheinungen wie bei der Brechung des Lichts, bei der Beugung, in dünnen Plättchen, in doppelbrechenden Kristallen und erst recht von den physiologischen und psychologischen Farbempfindungen, wie farbige Schatten, war der Grund für Goethes verzweifelten Kampf gegen Newton. Erst als Joseph Fraunhofer im Jahre 1822 die Beugung beim Durchgang parallelen Lichtes durch ein »optisches Gitter«, eine große Anzahl paralleler, streng äquidistanter, äußerst schmaler Spalten, entdeckte, waren Wellenlängenmessungen möglich. Die ersten Präzisionsmessungen von Lichtwellen stammen von Jonas Ångström, dem zu Ehren man heute die Wellenlängen international in Ångströmeinheiten (= einhundertmillionstel Zentimeter) angibt.

Die Frage, wie das Licht entsteht, ist eins der Hauptprobleme des ganzen Jahrhunderts, ihre endgültige Lösung fällt ins 20. Jahrhundert. 1800 hatte Friedrich Wilhelm Herschel die ultrarote, 1801 Johann Wilhelm Ritter die ultraviolette Strahlung entdeckt, ihre – bis auf die Wellenlängen – dem sichtbaren Licht völlig gleichen Eigenschaften hatten 1834 Macedonio Melloni und 1846 Karl Hermann Knoblauch bewiesen. Humphry Davy, William Hyde Wollaston und andere fanden, daß das Licht von Metalldämpfen hoher Temperatur oder verdampfender Salze nur aus einzelnen Farben besteht, das heißt nur aus einzelnen diskreten Wellenlängen oder »Spektrallinien«; das war ein Unterschied gegenüber dem kontinuierlichen Farbenband glühender fester Körper. 1859 bewiesen Gustav Kirchhoff und Robert Wilhelm Bunsen endgültig, daß jedes chemische Element bei hoher Temperatur bestimmte Spektrallinien aussendet. Man ahnte, daß diese Emission ganz bestimmter Schwingungen mit dem Bau der Atome zusammenhängen müsse, daß die Spektrallinien die »Sprache« sind, mit der die Atome uns etwas über ihre Struktur sagen. So scheute man keine Mühe, immer genauere Wellenlängenmessungen zu machen, erfand neue Methoden, besonders das Konkavgitter (Henry Rowland, 1887), benutzte die Photographie zur Aufnahme der Spektra (erstmals Johann Heinrich Müller 1856). Es entstanden die ersten Spektralliniensammelwerke, Runge, Kayser und besonders Friedrich Paschen suchten nach zahlenmäßigen Beziehungen in den Wellenlängen der linienreichen Spektren. Johann Jakob Balmer in Basel war es 1885 gelungen, die sehr wenigen Spektrallinien des einfachsten Atoms, des Wasserstoffs, in einer einzigen, ganz einfachen zahlenmäßigen Beziehung darzustellen. Dieses oft etwas über die Schulter angesehene Messen von immer mehr Spektrallinien und Suchen nach unverständlichen Zahlenbeziehungen fand seinen Lohn, als Niels Bohr 1913 die Plancksche Quantenkonstante in die Theorie des Atombaus einführte. Jetzt konnten besonders Arnold Sommerfeld und seine Schüler aus den Spektrallinien der Elemente die Bauprinzipien aller Atomsorten ableiten.

In das letzte Jahrzehnt des Jahrhunderts fallen die exakten Untersuchungen über die kontinuierlichen Spektra erhitzter Körper. Man hatte gefunden, daß jeder Körper höherer Temperatur gegen einen anderen niederer Temperatur eine gewisse Strahlung aussendet, und zwar unterhalb einer Strahlertemperatur von fünfhundertdreißig Grad Celsius nur ultrarotes Licht. Mit zunehmender Temperatur wächst die ultrarote Intensität, und es kommen sichtbare Wellenbereiche dazu, erst rot, dann gelb, schließlich ultraviolett. 1859 stellte Kirchhoff das Strahlungsgesetz auf, daß – bei gleicher Temperatur – die Intensität aller Strahlungen um so größer sei, je größer das Absorptionsvermögen des strahlenden Körpers. Ein durchsichtiger Körper wie Luft strahlt also gar nicht, ein schwarzer Körper wie Kohle strahlt maximale Intensität aus. Der »schwarze Körper« ist der ideale Strahler. Ludwig Boltzmann stellte unter Benutzung der elektromagnetischen Lichttheorie 1884 das Gesetz auf, daß die Intensität der Strahlung des schwarzen Körpers mit der vierten Potenz der (absoluten) Temperatur ansteigt.

Es folgen nun die experimentellen (Friedrich Paschen, Otto Lummer, Ernst Pringsheim) und theoretischen (Lord Rayleigh, James Jeans und ganz besonders Wilhelm Wien) Untersuchungen über die Verteilung der Strahlungsintensität im Spektrum von Ultrarot bis Ultraviolett in Abhängigkeit von der Temperatur, die Grundlagen für die Entdeckung der Strahlungsquanten durch Max Planck im Jahre 1900.

Die Atomistik

Im 6. vorchristlichen Jahrhundert hatten die ionischen Naturphilosophen den Grundsatz aufgestellt, daß alle materiellen Formen unserer Welt auf der Art des Zusammenbaus und des Zusammenwirkens weniger unveränderlicher, unteilbarer Elementarbestandteile beruhen. 1808 präzisierte der englische Naturforscher John Dalton in dem Werk »A new system of chemical Philosophy« diese Vorstellung unter Verwendung chemischer Erfahrungstatsachen: Jeder chemische Grundstoff (wie Wasserstoff, Sauerstoff, Kupfer...) bestehe aus völlig gleichartigen Atomen, die bei allen chemischen Reaktionen unverändert bleiben; die Atome der verschiedenen »chemischen Elemente« unterscheiden sich durch ihre Masse, diese aber ist – nach William Prout (1815) – stets ein ganzzahliges Vielfaches der Masse der leichtesten Atomsorte, des Wasserstoffatoms. Schon klingt hier der Gedanke an, daß alle Atomsorten aus einem Grundatom aufgebaut, also doch weiter teilbar seien, was erst die Entwicklung der Atomistik im 20. Jahrhundert klärte. Es wird oft übersehen, daß Daltons Formulierung des Atombegriffs noch keineswegs so klar war, wie wir es hier in der heute üblichen Weise darstellen. Es war nämlich unklar, warum etwa manche Atome zwar als Einzelatome in eine Verbindung eingehen (ein Sauerstoffatom in einem Molekül Wasser), andererseits aber auch gleichartige Atome sich zu Molekülen verbinden (Sauerstoffgas besteht immer aus Molekülen mit zwei Atomen Sauerstoff), oder warum im Wassermolekül zwei Atome Wasserstoff mit einem Atom Sauerstoff, in der Salzsäure aber ein Atom Wasserstoff mit einem Atom Chlor verbunden sind. Bei der Diskussion der Daltonschen Arbeit fand im Jahre 1811 Amadeo Avogadro das Gesetz (»Avogadrosches Gesetz«), daß bei gleicher Temperatur und gleichem Druck in gleichem Volumen immer dieselbe Zahl von selbständigen Teilchen (Atomen oder Molekülen unabhängig von ihrer Art) enthalten sei. Diese erst viel später bestimmbare Zahl ist bei dem Druck von einer Atmosphäre und null Grad Celsius $2{,}67 \times 10^{19}$ Teilchen je ein Kubikzentimeter; sie wurde von Josef Loschmidt berechnet und wird jetzt die Avogadrosche oder – bezogen auf das Mol – Loschmidtsche Zahl genannt.

Die Daltonsche Atomistik beruhte auf dem im Jahre 1785 von Lavoisier behaupteten Prinzip der Unzerstörbarkeit oder Konstanz der Materie. In berühmten, höchst diffizilen Untersuchungen haben Hans Landolt und Roland von Eötvös erst 1908 und 1909 dieses Prinzip mit einer Genauigkeit von fast einem millionstel Prozent bewiesen – bewiesen zu einer Zeit, da es schon gar nicht mehr als gültig angenommen werden durfte! Nach Einsteins Masse – Energiebeziehung (1905) ändert sich nämlich bei Reaktionen die Masse entsprechend der bei ihnen entwickelten oder aufgenommenen Energie. Um die hiernach zu erwartenden Änderungen der Masse bei chemischen Reaktionen zu messen, hätte die Wägungsempfindlichkeit noch rund hunderttausendmal größer sein müssen.

Während die Atomvorstellung der Chemie schon in der ersten Jahrhunderthälfte große Erfolge einbrachte, begann die physikalische Atomistik erst 1856/57 mit der kinetischen Theorie der Gase von Robert Krönig und Rudolf Clausius. Der Druck eines Gases auf die Wände des Gefäßes und der mit der Verkleinerung des Gefäßvolumens zunehmende Druck wird als Folge der mechanischen Stöße von (runden, starren oder vollkommen elastischen)

Atomen (oder Molekülen) auf die Gefäßwände gedeutet. Die Molekeln müssen also in ständiger Bewegung sein. Weil bei konstanter Gasmasse und konstantem Gefäßvolumen der Druck des Gases zunimmt, wenn seine Temperatur gesteigert wird, muß offenbar die Stoßenergie mit der Temperatur zunehmen. Es wird also die Bewegungsenergie der Gasmoleküle mit der Temperatur in Parallele gesetzt, oder – mit dem Gesetz der Erhaltung der Energie formuliert – die dem Gas zugeführte Wärmeenergie wird eine gleichgroße Steigerung der Bewegungs- oder kinetischen Energie der Molekeln bewirken. Die kinetisch-energetische Auffassung wurde sogleich dadurch bestätigt, daß sich aus ihrer mathematischen Formulierung das Avogadrosche Gesetz ableiten ließ. Bald wurde die kinetische Theorie auch auf die flüssige und feste Form der Materie übertragen. Die direkten Messungen (durch Otto Stern) der Geschwindigkeit der Atome fallen erst ins 20. Jahrhundert, ebenso der endgültige Beweis dafür, daß die von dem Botaniker Robert Brown 1827 mit dem Mikroskop entdeckte unregelmäßige Bewegung kleinster in Flüssigkeit suspendierter Staubteilchen auf den Stößen der Flüssigkeitsmoleküle beruht (Brownsche Molekularbewegung). Merkwürdig früh und vollkommen wurde die Atomistik des Kristallbaus entwickelt; Ludwig August Seeber baute die von René Just Hauy erdachten »Raumgitter« (1801) aus Atomen auf (1824), wobei er bereits zwischenatomare Kräfte für die Atomabstände einführte, aus denen Elastizität und Wärmeverhalten folgen. Mit Auguste Bravais begann 1850 die mathematische Behandlung der Raumgitter, die am Jahrhundertende durch Stepanowitsch von Federow und Artur Schoenflies endgültig gelöst wurde – die Grundlage für die Analyse der Kristallgitter mit Röntgenstrahlen durch Max von Laue und Bragg (Vater und Sohn) im 20. Jahrhundert.

Die kinetische Theorie der Materie beantwortet – zunächst indirekt – auch die Frage »was ist Wärme?« damit, daß sie eine Folge der Molekularbewegung sei. Noch immer wurde aber die Auffassung vertreten, daß Wärme auch aus einer atomistisch-stofflichen Emanation bestehe. Experimentelle Befunde – wie etwa die Messung der Reibungswärme beim Bohren von Kanonenrohren durch den Grafen Rumford in München – hatten manche Physiker von der Unmöglichkeit dieser Anschauung überzeugt; aber noch in den zwanziger Jahren benutzte sie Sadi Carnot bei seiner Theorie der Wärmekraftmaschinen; Robert Mayer lehnte bei der Bestimmung der Umrechnungszahl von mechanischer Energie in Wärmeenergie die Wärmestofftheorie natürlich ab, aber auch jede Diskussion über die Natur der Wärme. Daß die falsche Auffassung (bei Carnot) oder gar keine (bei Mayer) zu richtigen Folgerungen führte, beruht darauf, daß bei Betrachtungen der Energie nur der Unterschied zwischen Anfangs- und Endzustand in Betracht kommt, nicht aber der Mechanismus des Übergangs.

Mit der kinetischen Gastheorie wurde – und das war grundsätzlich neu – die Betrachtung der Wahrscheinlichkeit von Zuständen in die Physik eingeführt. Wegen der Zusammenstöße sind die Wege der Moleküle nur über sehr kleine Strecken (in einem Gas normaler Dichte etwa ein hunderttausendstel Zentimeter) geradlinig, außerdem sind weder die Geschwindigkeiten noch die Strecken zwischen zwei Zusammenstößen konstant; sie schwanken, so daß es nur sinnvoll ist, von mittlerer Geschwindigkeit, mittlerer kinetischer Energie, mittlerer freier Weglänge zu sprechen. Hierin bestand die Erweiterung der primitiven Gastheorie durch Maxwells und Boltzmanns berühmtes Geschwindigkeitsverteilungsgesetz (1860 und 1868) für die Wahrscheinlichkeit des Auftretens bestimmter Werte um den Mittelwert. Wichtig dabei wurde, daß Boltzmann den Begriff der Entropie (aus dem Hauptsatz der Thermodynamik von Rudolf Clausius, 1850) mit der Wahrscheinlichkeit eines Zustandes verband, also die modellfreie »abstrakte« thermodynamische Vorstellung mit der modellmäßigen, anschaulichen Atomistik. Gleichzeitig wurden die Beschränkung der Theorie auf starre Kugelatome beseitigt und die Schwingungs- und Rotationsbewegungen in Molekülen berücksichtigt: Alle diese inneren Bewegungen und die Bewegungen der Moleküle als Ganzes stellen die »Freiheitsgrade« dar, jeder Freiheitsgrad hat die gleiche, der (absoluten) Temperatur proportionale mittlere Energie. Nun war der Zusammenhang mit dem Experiment erreicht: Die lange bekannten spezifischen Wärmen der Gase und der festen Körper ergaben sich zahlenmäßig aus der Theorie.

Eine physikalische Atomistik anderer Art folgte aus den Faradayschen Gesetzen der Elektrolyse (1834). Die durch gleiche Strommengen an den Elektroden abgeschiedenen Mengen der Bestandteile beliebiger Salze sind proportional ihrem Äquivalentgewicht (Atomgewicht geteilt durch Wertigkeit), so formulieren wir heute. Zu Faradays Zeit waren das Verhältnis zwischen Atom- und Äquivalentgewicht und die Abhängigkeit der Wertigkeit von den Elektronen noch ungeklärt. Erst 1881 kam Helmholtz der Klärung näher, indem er folgerte, daß die Ladung eines Ions je Valenzeinheit konstant sei; Stoney nannte die Valenzeinheit 1891 »Elektron« als »natürliche Einheit der Elektrizität«. 1873 hatte Maxwell im gleichen Zusammenhang von der Möglichkeit gesprochen, daß es ein »Molekül Elektrizität« gebe.

Als sichergestellt war, daß die Kathodenstrahlen bewegte Elektronen sind, gelangen 1896 bis 1898 sichere Messungen ihrer »spezifischen Ladung«, das heißt des Verhältnisses von Ladung zu Masse (vor allem Thomson, Wien, Lenard) und ihrer Geschwindigkeit (Wiechert). Der gefundene Zahlenwert war eintausendachthundertfünfzigmal größer als die von Wien gemessene »spezifische Ladung« des entgegengesetzt geladenen (positiven) Wasserstoffions in den Kanalstrahlen. Das führte zu der richtigen Deutung, daß die Elektronen negative Ladung und eine eintausendachthundertfünfzigmal kleinere träge Masse als die Wasserstoffatome haben und in der Entladungsröhre von Wasserstoffatomen abgetrennt werden. Da sich aus der Lorentzschen Deutung des Zeeman-Effektes der gleiche Wert der spezifischen Ladung und das negative Vorzeichen ergeben hatte, war die generelle Bedeutung des Elektrons als Teil der Atome für die elektrischen und optischen Erscheinungen der Materie sichergestellt. Hier liegt die Grundlage für die ganze Entwicklung der Physik der Materie im folgenden Jahrhundert. Die Ladung des Elektrons selbst wurde erst zwanzig Jahre später von R. A. Millikan gemessen.

Mit Hilfe der Kathodenstrahlen gelang Philipp Lenard im Jahre 1895 eine erste Analyse des Atombaus, als er die von Heinrich Hertz 1892 gemachte Entdeckung, daß licht- und gasundurchlässige Metallfolien von Kathodenstrahlen durchdrungen werden, quantitativ untersuchte. Es ergab sich, daß ein schmaler, von der Kathode ausgehender Elektronenstrahl beim Durchgang durch Atome um so mehr diffus wird, daß also um so mehr Elektronen in ihnen aus ihrer Bahn abgelenkt werden, je größer das Atomgewicht ist. Die Folgerung war, daß ein Atom im wesentlichen ein leerer Raum ist, in dem sich kleinste Ablenkungszentren (»Dynamiden« nannte sie Lenard) befinden, deren Zahl mit wachsendem Atomgewicht zunimmt und deren Ladung gleich der des Elektrons ist. Mehr liefert die Sondierung des Atominneren mit Elektronen nicht.

Astronomie

Newton hatte mit dem allgemeinen Gesetz der Massenanziehung oder der Gravitation die Keplerschen Gesetze der Planetenbewegungen um die Sonne erklärt und damit auch die von Kepler schon vermutete Gleichheit aller Massenkräfte – die Anziehungskraft der Erde auf den Stein und auf den Mond wie die der Sonne auf die Erde und andere Planeten – postuliert. Den letzten – wir möchten sagen: entscheidenden – Beitrag zu dieser Entwicklung leistete erst 1798 Henry Cavendish durch die experimentelle Messung der Anziehungskraft irgendwelcher irdischer Massen aufeinander. Das ist kennzeichnend für die neue Forschungsmethode: wenn die »Indizienbeweise« auch qualitativ und quantitativ noch so sicher sind – die Physik darf nicht ruhen, bis sie den unmittelbaren Beweis experimentell geführt hat. Wenige Jahrzehnte später glückte noch ein experimentum crucis. Die Bahn des 1781 von William Herschel entdeckten siebenten großen Planeten Uranus (Kepler hatte gemeint, es könne nur sechs geben) zeigte Unregelmäßigkeiten, aber ein Zweifel an dem Gravitationsgesetz schien nicht mehr vernünftig. Man schloß daher auf die Existenz eines weiteren Planeten, der die Bahn des Uranus störe. Einige Astronomen unternahmen das Wagnis, auszurechnen, wie dieser laufen müßte, um einmal mehr, einmal weniger starke »Störungen« (infolge verschiedener Entfernung zu verschiedener Zeit) auf die Uranusbahn auszuüben. Am 23. September 1846 teilte Leverrier das Ergebnis seiner Rechnung dem Berliner Astronomen Galle mit; am gleichen Abend fand dieser fast genau an der berechneten Stelle den »Neptun« genannten Planeten. Auch für die Fixsternastronomie wurde das Gravitationsgesetz von Bedeutung, als William Herschel 1803 zeigte, daß Doppelsterne sich um einen gemeinsamen Schwerpunkt bewegen.

Die erfolgreichen Bemühungen von Josef Fraunhofer, Fernrohre mit größerer Lichtstärke und kleineren Linsenfehlern zu bauen, führten zu leistungsfähigeren Fernrohren und mit diesen zu neuen Entdeckungen am Fixsternhimmel. Während des ganzen Jahrhunderts widmete man sich der Aufstellung von Fixsternkatalogen, der Vermessung der Fixsternlage, der Fixsternparallaxe und der Einteilung der Sterne nach ihrer Helligkeit in »Größenklassen«. Die Ergebnisse sind als die »Durchmusterungen« (insbesondere die Bonner- und die Cordoba-Durchmusterung) bekannt. Erst gegen Ende des Jahrhunderts wurde die visuelle Vermessung der Sternörter durch photographische Aufnahmen ersetzt, wodurch mehr und mehr schwache Fixsterne und Nebel gefunden wurden.

Das besondere Interesse am Mond drückt sich in wunderbar gezeichneten (gegen Ende des Jahrhunderts auch photographischen) Mondkarten aus. Obwohl man sich zu Anfang des Jahrhunderts über die wesentlichen Strukturen der Mondoberfläche und über das

Fehlen einer Atmosphäre und von Wasser klar war, gab es immer noch phantastische Berichte: So entdeckte Franz von Paula-Gruithuisen 1824 kunstvollen Festungsbau auf dem Mond (1826 wurde er der erste Direktor der neuen Universitätssternwarte in München). Im letzten Jahrzehnt befaßte man sich besonders mit der Entstehung der »Krater«, Meteoriteneinschlag (besonders G. K. Gilbert) und Erstarrungsformen des Magmas oder Folgen von Vulkantätigkeit (vor allem H. Ebert, auch durch Laboratoriumsversuche gestützt). Die erste begründete Theorie der Meteormassen kosmischer Herkunft, und zwar aus dem Sonnensystem, lieferte 1794 Ernst Florens Friedrich Chladni; 1802 wurden von E. Howard Meteore zum erstenmal chemisch analysiert.

Ein anderes Gebiet, die Astrophysik, hat ihren Ursprung ebenfalls im 19. Jahrhundert, und zwar in einer Entdeckung Fraunhofers. Er hatte von 1812 bis 1814 zur prismatischen Zerlegung des Sonnenlichtes in ein kontinuierliches Spektrum, das Newton gleich dem Farbenband des Regenbogens gefunden hatte, auf Grund theoretischer Überlegungen (unter Verwendung von Erfahrungen englischer Physiker) ein verbessertes Spektrometer gebaut. Er wollte die Farbzerlegung nur vervollkommnen, um die Brechungseigenschaften von Gläsern für die Linsen seiner großen Fernrohre studieren und prüfen zu können. Nebenbei bemerkt: Fraunhofer wandte hier zum erstenmal physikalische Forschung gezielt zur Erreichung eines technischen Fortschritts an. Dabei entdeckte er, daß das Sonnenspektrum nicht, wie Newton meinte, ein kontinuierliches Farbenband sei, sondern daß in ihm eine ganze Reihe einzelner Farben fehlen. Das Band ist von vielen »schwarzen«, das heißt nichtleuchtenden Querstreifen unterbrochen, den »Fraunhoferschen Linien«. Das Licht des Mondes und des Planeten Venus zeigten das gleiche »Spektrum«, nicht aber die Fixsterne; das war der erste direkte Beweis, daß das Mond- und Planetenlicht reflektierte Sonnenstrahlung ist (was Galilei aus den von ihm entdeckten Phasen der Venus – ähnlich den Mondphasen – indirekt geschlossen hatte), während die Fixsterne andersartige Selbstleuchter sind.

Die Erklärung brachten 1859/60 Kirchhoffs Strahlungsgesetz und die Bunsen-Kirchhoffsche »chemische« Spektralanalyse. Die Fraunhoferschen Linien sind die Absorptionsspektren der die Sonnenatmosphäre bildenden Atomarten der Sonne. Der Vergleich der Spektren der Sonnenatome und der Erdatome zeigte, daß beide Weltkörper aus den gleichen Atomen, ja auch in annähernd gleichem Mengenverhältnis bestehen. Nur eine Spektrallinie – von Fraunhofer D_3 genannt – war nicht identifizierbar, man schrieb sie einer spezifischen Sonnenatomart zu, die man Helium nannte; 1895 zeigte William Ramsay, daß dieses »Edelgas« auch in der Erde und in der Erdatmosphäre vorkommt – allerdings in sehr kleinen Mengen. Die Ausdehnung der Spektralanalyse auf die Fix- und Nebelsterne zeigte bald, daß nicht nur das Sonnensystem in sich, sondern auch das Weltall aus der gleichen Materie besteht. »Approximavit sidera« (er näherte sich dem Gestirn) – ein wahres Wort steht auf Fraunhofers Münchener Grabstein.

Die Kosmogonie, der Versuch, die Entstehung des Sonnensystems – und allgemein der Fixsternwelt – nach physikalischen Grundgesetzen zu verstehen, war im 18. Jahrhundert von Kant und von Laplace begründet worden. Wenige Jahrhunderte vorher glaubte man noch, »unsere« Welt sei mit einer festen Sphäre umgrenzt, an der die Sterne angeheftet seien, oder die zahllose kleine Löcher enthalte, durch die man das helle Licht des himmlischen Paradieses als »Sterne« sehen könne. Die theoretischen Beiträge des 19. Jahrhunderts zur Kosmogonie sind nur Vorstufen ohne besondere Bedeutung für die Forschungen des 20. Jahrhunderts. Das gilt im wesentlichen auch für die Frage der Entstehung und Entwicklung unserer Erde; James Hutton hatte 1788 wohl als erster mit sehr viel längeren Zeiträumen gerechnet als die geologische Ausdeutung der Bibel. Noch vor hundert Jahren hielten zum Beispiel die Münchener Neptunisten, insbesondere Johann Nepomuk von Fuchs, an der biblischen Version der Erschaffung der Erde fest, so daß sie nur die vorausgehende Ordnung des Chaos, eine chemische Reaktion, als Forschungsthema der Naturwissenschaft ansahen. Aber auch die zehn Millionen Jahre, die andere Geologen als Lebenszeit der Erde annahmen, waren, wie wir heute wissen, noch tausendmal zu klein. Heute analysieren wir, wie Fraunhofer es zeigte, die Materie und darüber hinaus den physikalischen Zustand der Sterne: man findet dabei die gleichen Gesetze wie auf unserer Erde. Die Sterne sind zu einem Teil unserer Laboratorien geworden mit extremen Versuchsbedingungen, deren irdische Realisierung bisher nur im kleinsten Maße gelungen ist. Die erste Messung der Sonnentemperatur führte Ångström in den Jahren 1890 bis 1900 durch.

Chemie

In das Ende des 18. Jahrhunderts fallen zwei Ereignisse, die Voraussetzung einer wissenschaftlichen chemischen Forschung waren: die Einführung der Waage zur quantitativen Messung chemischer Umsetzungen durch Joseph Black zu Glasgow, den Begründer der Calorimetrie und Paten der Wattschen Dampfmaschine, und die Entdeckung des Sauerstoffs durch Karl Wilhelm Scheele (1772). Nach einem Worte Bunsens ist dies die eigentliche Geburtsstunde der Chemie. 1789 war der »Traité élémentaire de Chimie« von Antoine Laurent Lavoisier erschienen, der eine Diskussion des gesamten gesicherten Wissens gab.

Mit dem 19. Jahrhundert begann durch die Einführung des Atombegriffs (John Dalton in London »A new system of chemical Philosophy« 1808 – nach einem nicht durchgeführten Anlauf von Joseph Proust in Paris 1807) die außerordentlich schnelle Entwicklung der Chemie. Von besonderer Bedeutung war die durch das Volta-Element gegebene Möglichkeit der Erzeugung lang dauernder elektrischer Ströme. Mit ihnen zerlegten Johann Wilhelm Ritter in Jena und Humphry Davy in London durch Elektrolyse zum erstenmal ohne Wärme und chemische Mittel das Wasser in seine Elementarbestandteile Wasserstoff und Sauerstoff. Es folgte (1807) die erste Herstellung von metallischem Kalium (durch Elektrolyse von geschmolzenem Ätzkali) und dann von den bis dahin in reiner Form unbekannten Elementen Natrium, Calcium, Strontium, Barium, Magnesium. Daß dabei elektrische Kräfte eine Rolle spielten, führte Davy und Jöns Jacob Berzelius in Stockholm zu der Vorstellung, daß in den Daltonschen Atomen elektrische Ladungen vorhanden seien und elektrische Kräfte zwischen ihnen bei ihrem Zusammenschluß (bei chemischen Reaktionen) und bei ihrem Zusammenhalt in den Molekülen eine Rolle spielen dürften. Es sollte hundert Jahre dauern, bis diese Hypothese die Grundlage der theoretischen Chemie wurde.

Daltons Atomtheorie enthält als quantitatives Element das Atomgewicht. Das ist, in etwas vereinfachter Ausdrucksweise, die Zahl, die angibt, wievielmal schwerer irgendein Atom ist als ein Atom des leichtesten Elements, des Wasserstoffs, also eine relative Größe. Da die Atomvorstellung erst hundert Jahre nach Dalton gesichert war, benutzte man vielfach das Wort »Verbindungsgewicht«, weil es aus der experimentellen Bestimmung der Massen verschiedener Elemente folgt, die zur Bildung (zur Synthese) einer chemischen Verbindung notwendig sind und die sich bei der Aufspaltung (der Analyse) der Verbindung ergeben.

Hier lagen die Schwierigkeiten, weil in die so ermittelten Verbindungsgewichte noch die Größe der chemischen »Valenz« eingeht. Erst in der Mitte des Jahrhunderts war eine vollständige Klärung der Begriffe Atome, Moleküle, Äquivalenz und Valenz oder Wertigkeit der Elemente – man sagte damals »Sättigungswert« – vor allem durch Edward Frankland in England, Charles Gerhardt in Straßburg und Auguste Laurent in Paris erreicht, nicht zuletzt wegen der allzuspäten Erkenntnis der Bedeutung des Gesetzes von Avogadro. Damit waren die letzten Hindernisse für die endgültige Entwicklung der Atomchemie, die zu heftigen, den Fortschritt behindernden Kontroversen geführt hatten, beseitigt.

Berzelius zeigte, daß sich wie in den anorganischen auch in den organischen Verbindungen die Atome mit gleichen Verbindungsgewichten zusammensetzen, und Wöhler stellte als erster ein im lebenden Organismus auftretendes Molekül, den Harnstoff, synthetisch aus reinen Elementen her (1828). Man erkannte damit endgültig die Gleichheit der Atomarten und die Gleichheit der Gesetze für den chemischen Bau der anorganischen und organischen Welt. Das war damals aufregende und tief in die Weltanschauung eingreifende Entdeckung, als »Morgenröte eines neuen Tages« von Liebig begrüßt.

Heute macht es vielleicht keinen Eindruck mehr. Darum sei eine Bemerkung eingefügt. Es gibt verschiedene Arten – nicht Grade – der Bedeutung naturwissenschaftlicher Entdeckungen und Ideen. Die einen behalten als solche lange Zeit, vielleicht immer, ihren eigenen Wert als Grundsteine einer Disziplin, als welche sie oft erst spät erkannt werden. Andere sind für spätere Generationen nur noch Episoden einer längst über sie hinweggeschrittenen Entwicklung; aber in ihrer Gegenwart haben sie vielleicht dennoch Türen zu unbekannten Bereichen geöffnet und Schaffenslust und Phantasie mächtig angeregt.

Im Jahre 1811 hat Jöns Jacob Freiherr von Berzelius die noch heute üblichen Symbole für die chemischen Elemente und die chemische Formelsprache eingeführt, meist der erste oder die beiden ersten Buchstaben des Taufnamens, den bis heute nach einem ungeschriebenen Gesetz der Entdecker eines Elements zu geben das Recht hat. Die Namen der damals bekannten Elemente wurden teils aus dem Lateinischen gebildet: Hydrogenium H (»Wasserbildend«, wir sagen Wasserstoff); Oxygenium O (»Oxydbildend«, Sauerstoff – Feuerluft sagte man früher), andere wurden direkt aus dem Lateinischen übernommen wie cuprum (Cu, Kupfer) oder plumbum (Pb, Blei).

Zu Beginn des Jahrhunderts kannte man gegen dreißig, 1814 schon sechsundvierzig chemische Elemente, an seinem Ende waren es vierundachtzig (heute sind – soweit veröffentlicht – einhundertzwei bekannt). Besonders fruchtbar war die 1859 von dem Chemiker Robert Wilhelm Bunsen und dem Physiker Gustav Kirchhoff entwickelte spektroskopische Methode, aus der sich im folgenden Jahrhundert die wichtige und vielseitige analytische Methode der »chemischen Emissionsanalyse« entwickelte. Mit ihr wurden mehrere Elemente entdeckt, die zum Teil nach den Farben ihrer hellsten Spektrallinien benannt sind, wie Rubidium, Caesium, Thallium. Auf die gleiche Art ist auch das »nationalistische« Gallium oder die mit weitem Blick in die Zukunft von Eugène Demarçay »Europium« getaufte seltene Erde gefunden worden.

Abschluß und Krönung dieser chemischen Atomistik bildet das 1864 bis 1869 von Lothar Meyer und besonders von Dimitrij Iwanowitsch Mendelejew erdachte periodische System der Elemente. In ihm wurden die Elemente in der Reihenfolge ihrer Atomgewichte geordnet, die auch einer gewissen Regelmäßigkeit in ihren chemischen Eigenschaften, zum Beispiel der maximalen Valenz, entsprach. Jedes achte Atom hatte die Eigenschaft des ersten und so fort, so daß sich horizontale Reihen steigenden Atomgewichts und vertikale Reihen gleicher chemischer Eigenschaften ergaben, allerdings noch mit sehr viel Lücken. Mendelejew sagte unbekannte Elemente mit bestimmten Eigenschaften voraus, die zur Ausfüllung dieser Lücken noch zu entdecken waren – mit vollem Erfolg! Eine große Überraschung war die Entdeckung der chemisch völlig inaktiven Edelgase durch Lord Rayleigh (Argon, 1893) und Ramsay (Helium, Neon, Krypton, Xenon, 1898), die ihrem Atomgewicht nach an die erste Stelle der Horizontalreihen paßten. In der damals entworfenen Form wurde fünfzig Jahre später das periodische System die Grundlage für die Quantentheorie des Atombaus.

Die chemische Energetik (»Thermochemie«) begründete Hermann Heinrich Heß im Jahre 1840 vor der Aufstellung des Energiesatzes durch das Gesetz der konstanten Wärmesummen: die bei einer chemischen Reaktion freiwerdende (exotherm) oder verbrauchte (endotherm) Wärme ist unabhängig von der Art der Zwischenreaktionen, nur bedingt durch Ausgangs- und Endzustand.

Die zwei bedeutendsten Entdeckungen für die großartige Entwicklung der organischen Chemie (die Bezeichnung stammt übrigens von Novalis) gelangen August Kekulé: die Vierwertigkeit des Kohlenstoffs (1857) und das Sechseckmodell des (1825 von Michael Faraday erstmalig hergestellten) Benzols, der »Benzolring« (1865), nach seinen Worten Ergebnisse von Träumereien während einer langen Londoner Omnibusfahrt und an einem Kaminfeuer in Gent. Die von Kekulé eingeführten, heute üblichen Strukturformeln mit Bindungsstrichen für die Valenzbetätigung zwischen den Atomen gehen auf den jungen Archibald Couper in Edinburgh zurück. Die Einführung der Doppelbindung zum Beispiel zwischen Kohlenstoffatomen ebenso wie die Idee der Strukturisomerie durch verschiedene räumliche Anordnung der Atome stammt von dem Wiener Physiker Josef Loschmidt.

Damit waren die Grundlagen für die umfassende künstliche Herstellung, die »Synthese« (Hermann Kolbe) der Naturstoffe und die Farbstoffchemie gegeben, die 1880 in der Analyse und Synthese des Indigo durch Adolf von Baeyer ihren Höhepunkt erreichten. In den gleichen Jahren entwickelte sich die Chemie der Heilmittel, nachdem die von H. Kolbe 1859 hergestellte Salizylsäure sich als wirksam gegen Rheuma erwiesen hatte.

Es kann nur hingewiesen werden auf das Antipyrin von Knorr (1883) und das Aspirin von H. Dreser (1899). Die wissenschaftliche, wirtschaftliche und soziale Bedeutung der Auswertung dieser Entdeckungen und Erfindungen in der chemischen Großindustrie ist allgemein bekannt; sie wurde durch die Bildung von Schulen in den Universitätslaboratorien und die Errichtung von Forschungslabors in den Fabriken gefördert. Eine sehr frühe, wissenschaftlich und technisch immer wichtiger werdende Entdeckung ist die der Katalyse, von Berzelius schon 1835 prinzipiell und in ihrer Bedeutung für anorganische, organische und auch biochemische Reaktionen erkannt. Die erste großtechnische Verwendung dürfte in der Wöhlerschen Herstellung konzentrierter Schwefelsäure (1852) vorliegen.

Die beschreibenden Naturwissenschaften

Für das 19. Jahrhundert gilt noch weitgehend die Unterscheidung zwischen »exakten« und »beschreibenden« Naturwissenschaften. Man kann sie so kennzeichnen: beide gehen aus von den Erscheinungen, welche die Natur bietet. Die exakte Naturwissenschaft, vornehmlich die Physik, versucht die primären Ursachen, eine möglichst kleine Zahl von Faktoren, zu finden, aus deren Zusammenwirken sich die Vielzahl der Erscheinungsformen gesetzmäßig verstehen läßt. Der Physiker und Chemiker baut sich in seinen Versuchsanordnungen künstliche Teilwelten auf, in denen er in möglichst reiner Form die einzelnen mathematisch formulierten Gesetzmäßigkeiten und ihren Geltungsbereich prüft. Für die beschreibenden Naturwissenschaften sind die Erscheinungsformen selbst Forschungsobjekt. Erst spät beginnt das Fragen nach den Zusammenhängen verschiedener Formen, nach den Bedingungen für ihre Bildung und damit nach ihrer Entwicklung. Mit dem Übergang vom 19. zum 20. Jahrhundert verwachsen vor allem in der Biologie die beiden Forschungsmethoden mehr und mehr, nachdem zunächst die experimentellen Verfahren der Physik, dann aber auch ihre grundsätzliche Methodik (einschließlich der mathematischen Formulierung) in die biologische Forschung eindrangen. Nicht anders ist es in den anorganischen beschreibenden Naturwissenschaften, der Mineralogie, der Geologie und – soweit sie naturwissenschaftlich bleibt – der Geographie. Der Beginn des 19. Jahrhunderts bedeutet für sie alle der Anfang ihrer wissenschaftlichen Autonomie, äußerlich erkennbar an der Aufteilung von Professuren (zum Beispiel in Jena auf Goethes Veranlassung), durch die Gründung von Fachgesellschaften und Fachberichten. Von allgemeiner Bedeutung für die Naturwissenschaften sind die großen Forschungsreisen, die nicht mehr »Entdeckungen«, sondern die Erforschung bestimmter Probleme als Ziel haben. Beispielgebend war Alexander von Humboldt, der gerade zur Jahrhundertwende die erste Forschungsreise nach Südamerika durchführte. Auch für Darwins Arbeiten war seine fünfjährige Reise an Bord der »Beagle« (1832–1837) entscheidend.

»Das heroische Zeitalter der Geologie« nennt Karl Alfred von Zittel in seiner »Geschichte der Geologie und Paläontologie« von 1899 die Zeit zwischen 1790 und 1820. Es lagen die teils enzyklopädischen, teils spekulativen Werke von Georges Louis Leclerc de Buffon

»Histoire de la Terre« und James Hutton »Theory of the Earth« vor; Horace Bénédict de Saussure hatte das Hochgebirge, die Alpen, »entdeckt« und auf seinen Erstbesteigungen eine Fülle von Beobachtungen ebenso über die Art und Formen der Gesteine wie über die Meteorologie des Gebirges gesammelt. Den entscheidenden Schritt verdankt man Abraham Gottlob Werner durch die großangelegte Klassifikation der Gebirgsarten, der Gesteine, der Mineralien und der minuziösen Beschreibung ihrer Lagerung und Struktur; er ist zugleich der Lehrer der folgenden Geologengeneration. Wie schon seine Vorgänger, denkt er aber auch über ihre Geschichte, ihre Entstehung nach, er fragt, ob sie am Ort entstanden oder von anderen Stellen an den Fundort hintransportiert, und auch wie sie entstanden sind. Manche dieser Gedanken hatte John Playfair ausgearbeitet, so die Bedeutung des Eises für den Transport von Gesteinen und die Hebungen und Senkungen des Festlandes.

Man weiß (allein schon aus Goethes Werken) von dem erbitterten Gelehrtenstreit zwischen den Neptunisten, Plutonisten und Vulkanisten. Die Neptunisten, denen Werner noch bedingungslos anhing, lehrten die Gesteinsentstehung ausschließlich aus wäßrigen Lösungen, bis auf die sichtbarlich vulkanisch gebildeten Produkte wie etwa Lava, Bimsstein, nicht aber Basalt, den man als Sedimentgestein ansah. Goethe war von Werner entscheidend beeinflußt. Die Plutonisten vertraten die von dem schon genannten James Hutton begründete Lehre, daß – bedingt durch die im Innern der Erde herrschende hohe Temperatur – ein Schmelzprozeß der entscheidende Faktor für die Bildung zahlreicher Gesteine sei. Es ist wohl nicht zu bezweifeln, daß weltanschauliche Faktoren, so Ideen der Französischen Revolution, die ruhige wissenschaftliche Klärung verhinderten, die erst gegen die Mitte des Jahrhunderts erfolgte.

Die Bedeutung der Versteinerungen für die Geologie erkannten 1799 William Smith und Leopold von Buch. Versteinerungen haben schon in den ältesten Zeiten zu rationalen wie zu phantastischen Überlegungen angeregt. Sie waren im griechischen Altertum als Reste ausgestorbener Lebewesen, die ihrer Unvollkommenheit wegen zugrunde gingen, das Vorkommen versteinerter Muscheln und Fische auf Gebirgen als Zeichen dafür gedeutet worden, daß diese Stellen in früheren Zeiten Meer gewesen waren. Unbekannt sind uns die Gründe, warum sich andere Völker für die Versteinerungen interessierten: in Ägypten schrieb der Priester Tanofre um 1000 vor Christus auf einen versteinerten Seeigel den Fundort; in europäischen Ländern fand man in sehr alten Gräbern ganze Sammlungen von Versteinerungen.

Richtige Erklärungsversuche wurden teils durch Aristoteles' Theorie der Urzeugung, teils durch die »vis plastica«-Theorie seines Schülers Theophrast (Gesteine können Knochen und tierähnliche Gebilde formen) bis ins 19. Jahrhundert hinein gestört. Zwar traten im späten Mittelalter vereinzelt wieder die alten richtigen Vorstellungen auf; überwiegend aber wurden die Versteinerungen als »Beweise« für Aussagen der Bibel, insbesondere für die Sintflut, herangezogen, in der alle Tiere ertrunken waren (auch die Fische!). Die richtige Erkenntnis beginnt sich durchzusetzen, als William Smith die Gesteinsarten durch die in ihnen vorkommenden Versteinerungen charakterisiert: Gleiche Fossilien beweisen gleiches Alter der Erdschichten, von welchen Gegenden sie auch stammen mögen. Leopold von Buch, der mit Goethe in enger Verbindung stand, entwickelt unabhängig das gleiche

System und bildet 1810 die Bezeichnung »Leitfossil«. Nicht aus der speziellen Gesteinsausbildung, sondern aus der Art der Fossilien in ihnen folgt ihr Alter. Durch ihren Vergleich ergeben sich die zeitlichen Beziehungen für die Bildungen der Erdschichten in den verschiedenen Kontinenten. Die Erforschung der Versteinerungen wird das wichtigste Hilfsmittel für die historische Geologie, für unser Wissen um die Entwicklungsgeschichte der Erde. Freilich: die letzte Frage nach der zeitlichen Dauer ihrer großen Perioden bleibt noch ungelöst; sie wird erst nach der Entdeckung der Radioaktivität mit der Erkenntnis der zeitlichen Umwandlungsgesetze der radioaktiven Elemente im 20. Jahrhundert beantwortbar.

Am Anfang des 19. Jahrhunderts entwickelt sich auch die Paläontologie selbständig als die Wissenschaft vom Leben vergangener Erdperioden: die Paläozoologie durch Georges Cuvier und die Paläobotanik durch Ernst Friedrich von Schlotheim. Cuvier begründet die Methode des anatomischen Vergleichs des Knochenaufbaus der versteinerten und der noch lebenden Tierarten. Es erscheinen die großen beschreibenden Werke über die zunehmend systematisch gesammelten Fossilien, geordnet nach Linnés Nomenklatur und Systematik, die er selbst schon 1758 auch auf Versteinerungen ausgedehnt hatte. Langsam bricht sich die Erkenntnis Bahn, daß die Fossilien Unterlagen für die Geschichte des Lebens auf der Erde sind. Jetzt tritt auch der wissenschaftlich und auch weltanschaulich entscheidende Gedanke James Huttons hervor, daß alles Geschehen in früheren Zeiten der Erdgeschichte durch die gleichen Kräfte bewirkt wurde, die auch heute die Vorgänge in der Natur bestimmen. Charles Lyell hat mit seiner »aktualistischen Geologie« (Principles of Geology 1832) zur Fundierung und Verbreitung dieser Gedanken die nachhaltigste Wirkung ausgeübt, auch auf Darwin. Aber immer wieder lebt die »Katastrophentheorie« auf – zweifellos von der aus dem politischen Geschehen kommenden »Revolutionsphilosophie« gefördert –, die eine Neubildung der Arten nach weltweiten Erdkatastrophen, nicht eine systematische Fortentwicklung zugrunde legt und somit die Entfaltung der Entwicklungsgeschichte des Lebens stark behinderte.

Das ändert sich plötzlich mit dem Erscheinen von Charles Darwins Werk über die Entstehung der Arten (1859). Ludwig Rütimeyer in Basel hat es 1865 klar und systematisch für die Paläontologie nutzbar gemacht. Gleichzeitig wird die anatomisch-morphologische Erforschung der Fossilien durch Einführung der Dünnschliffe und dann auch wesentlich durch immer leistungsfähigere Mikroskope verbessert. Während man früher die Fossilien durch einen makroskopischen und mikroskopischen Vergleich mit den heutigen Formen zu verstehen versuchte, führt die Entwicklungslehre zu dem neuen Forschungsweg: aus den fossilen Formen die Entstehung der heutigen zu verstehen – Phylogenese und Ontogenese.

Die letzte Entwicklung der Paläontologie kann als Paläobiologie bezeichnet werden: man versucht aus den fossilen Resten die Formen der Tiere zu rekonstruieren, die Funktion der Formen zu erkennen und ihre Lebensweise mit dem Klima, mit der Pflanzenwelt in Verbindung zu bringen. Begründet von dem russischen Paläontologen Woldemar Kowalewskij, wurde sie besonders von dem belgischen Forscher Louis Dollo vertieft; von ihm stammt auch der Satz (1893) von der Irreversibilität der Entwicklung und des Nichtwiederauftretens von Organen, die im Laufe der Entwicklung verkümmerten oder verlorengingen.

Physik, Astronomie, Mathematik	*Chemie*

1800–1809

Friedrich Wilhelm Herschel, Ultrarot (1800). *Johann Wilhelm Ritter*, Elektrolyse des Wassers (1800); Abscheidung von Kupfer und Silber (1800); Ultraviolett (1801). *Alessandro Volta*, Elektrochemisches Element (»Säule« und »Becher«) (1800). *Carl Friedrich Gauß*, »Disquisitiones arithmeticae« (Zahlentheorie) (1801); »Theorie der Bewegung der Himmelskörper« (1809). *Thomas Young*, Interferenz der Lichtwellen (1801). *John Dalton*, *Joseph Louis Gay-Lussac*, Gasgesetze (1801/02). *Ernst Florens Chladni*, »Die Akustik« (1802). *Joseph Louis Gay-Lussac*, »Gay-Lussac-Versuch« Unabhängigkeit der freien Energie eines Gases vom Volumen (1807). *John Dalton*, Atomtheorie (1808). *Etienne Louis Malus*, *Dominique François Arago*, Entdeckung der »Polarisation« des Lichts (1808/11).

Sir Humphry Davy, Elektrolytische und elektrochemische Versuche (1802); Herstellung von: Kaliummetall (1807), Natriummetall (1808), Calcium, Strontium (1808), Barium Magnesium. *Jöns Jacob Frhr. von Berzelius*, Analyse von Mineralien und Gesteinen. Entdeckung des Elements Zer (1803). *William Hyde Wollaston*, Entdeckung von Palladium und Rhodium (1804).

1810–1819

Alessandro Amadeo Avogadro, Avogadrosches Gesetz (1811). *Sir Humphry Davy*, Elektrischer Lichtbogen (1813). *Joseph Fraunhofer*, Entdeckung der Fraunhoferschen Linien (1813/16). *Thomas Young*, Transversalität der Lichtschwingungen (1817). *Augustin Jean Fresnel*, »Fresnelsche Zonen« im Strahlungsfeld einer Lichtquelle (1818). *Pierre Louis Dulong*, *Alexis Thérèse Petit*, Gesetz der Konstanz der Atomwärmen (1819).

Sir Humphry Davy, Entdeckung des Chlors (1810); Untersuchungen über Flammen (1816/17). *Joseph Louis Gay-Lussac*, Molekulargewichtsbestimmung (aus Dampfdichte) (1811). *Bernard Courtois*, Entdeckung des Jods im Seetang (1811). *Jöns Jacob Frhr. von Berzelius*, Einführung der Symbole für die chemischen Elemente (1811); Elektrochemische Theorie und elektrische Bindungslehre (1819).

1820–1829

Hans Christian Oersted, *Michael Faraday*, *André Marie Ampère*, Begründung des Elektro-Magnetismus »Elektrodynamik« (1820/22). *Jean Baptiste Biot* und *Félix Savart*, Biot-Savartsches Gesetz der Wirkungen des galvanischen Stroms auf die Magnetnadel (1820). *Augustin Jean Fresnel*, Lichtschwingungstheorie (1821 ff.). *Friedrich Wilhelm Bessel*, Ortsbestimmung von 32000 Fixsternen (1821 1835). *Joseph Fraunhofer*, Beugungsgitter, Theorie der Beugung des Lichts (1822). *Jean Baptiste Joseph Fourier*, Analytische Theorie der Wärmeleitung (1822). *Michael Faraday*, Chlorgasverflüssigung (1823). *Nicolas Léonard Sadi Carnot*, Nutzeffekt für Wärmekraftmaschinen (1824). *Nikolai Iwanowitsch Lobatschewskij*, Nichteuklidische Geometrie (1826). *Georg Simon Ohm*, »Ohmsches Gesetz« (1826). *Robert Brown*, Entdeckung der Brownschen Bewegung (1827).

Michael Faraday, Entdeckung des Benzols (1825). *Justus Liebig*, Begründung des modernen Chemieunterrichts (1825 ff.); Einrichtung des ersten Labors (1825). *Friedrich Wöhler*, Erste Herstellung von Aluminium, Beryllium und Yttrium (1827/28); Harnstoffsynthese (1828).

1830–1839

Michael Faraday, Entdeckung der elektromagnetischen Induktion (1831); Gesetze der Elektrolyse; »Faradaysche Gesetze«; Ionen (1834 ff.). *Macedonio Melloni*, Gleichartigkeit von sichtbarem und ultrarotem Licht (1831). *Johann von Bolyai*, Nichteuklidische Geometrie (1832). *Carl Friedrich Gauß*, »Absolutes (CGS) Maßsystem« (1833). *Carl Friedrich Gauß* und *Wilhelm Weber*, Elektromagnetischer Induktions-

Jöns Jacob Frhr. von Berzelius, Entdeckung der Isomerie (1830); Entdeckung und Bedeutung der Katalyse (1835). *Justus Liebig*, Organische Elementaranalyse (1831 ff.); »Kaliapparat« für Kohlensäurebestimmung (1831); Chloral und Chloroform (1831/32). *Justus Liebig* und *Friedrich Wöhler*, Theorie der chemischen »Radikale« (1832).

Beschreibende Naturwissenschaften, Medizin | *Technik*

1800–1809

Alexander von Humboldt, Erste Forschungsreise (1799 bis 1803). *William Smith*, Bedeutung der Versteinerungen für die Geologie (ab 1799). *Georges Cuvier*, Vergleichende Anatomie versteinerter und lebender Tiere, »Katastrophen-Theorie« (mehrere Sintfluten) (1800). *J. Hall*, Begründung der experimentellen Geologie, Versuche zu Huttons Vulkantheorie (1800). *Immanuel Kant*, Physikalische Geographie (1801). *John Playfair*, Bedeutung von Wasser und Eis für die Form der Erdoberfläche; Hebung und Senkung des Festlandes (1802). *Thomas Andrew Knight*, Reizempfindlichkeit der Pflanzen (1806). Einführung der Pockenimpfung durch Gesetz: Schweiz (1806), Hessen und Bayern (1807). *Jean Baptiste de Lamarck*, Beginn der Abstammungslehre (1809).

Oliver Evans, »Dampfautomobil« in England (1801). *Richard Trevithik* und *Andrew Vivian*, Dampflokomotive auf Eisenschienen in England (1804). *Robert Fulton*, Erstes technisch brauchbares Dampfboot (1807). *Joseph Marie Jacquard*, Muster-Webmaschine (1808). *Samuel Thomas von Sömmerring*, Elektrochemischer Telegraph (1809).

1810–1819

Leopold von Buch, »Leitfossilien« (1810). *Christian Friedrich Samuel Hahnemann*, Homöopathie (1810). *Alexander von Humboldt*, Vergleichende Klimatologie, Isothermen (1816). *François Magendie*, Experimentelle Tierphysiologie (1816). *Georges Cuvier*, »Das Tierreich« (1817). *Adolf Stieler*, »Handatlas« (1817). *Carl Ritter*, »Die Erdkunde im Verhältnis zur Natur und zur Geschichte des Menschen« (1818).

Joseph Fraunhofer, Begründung der wissenschaftlichen optischen Technik (1812 ff.). *Friedrich Koenig* und *Friedrich Andreas Bauer*, Zylinderschnelldruckpresse (1812). Straßengasbeleuchtung in London (1814) und Paris (1815). *Sir Humphry Davy*, Sicherheitsgrubenlampe (1815/16). *Braconnot* und *Simonin*, Erste Herstellung von Stearinkerzen (1818). Raddampfer von den USA nach Europa (1819).

1820–1829

L. A. Seeber, Atomgitter der Kristalle (1824). *Ferdinand Petrowitsch von Wrangel*, Wrangel-Insel (1824). *Vincenz Prießnitz*, Kaltwasser-Heilanstalt (1826). *Karl Ernst von Baer*, Säugetiere (1827).

Joseph Nicéphore Niepce, Lichtbilder auf Asphalt (1822). *Johann Wolfgang Döbereiner*, Döbereinersche Platin-Feuerzeug (1823). Erste Sodafabrik in Liverpool nach Leblanc-Verfahren (1823). *Joseph Aspdins* Portland-Zement (1824). *Joseph Fraunhofer*, Fertigstellung des Dorpater Refraktors (1824). *Thomas Hancock*, Kunstleder (1824). *George Stephenson*, Lokomotive »Rocket« (1825). *Josef Ressel*, Schraubendampfer (1826/29). *Abel Shawk*, Erste Dampffeuerspritze (1829).

1830–1839

Robert Brown, Entdeckung des Zellkerns (1830). *Charles Lyell*, »Aktualistische Geologie« (gegen »Katastrophentheorie«) (1830 ff.). *Charles Robert Darwin*, Weltreise (1831–1836). *Sir John Ross*, Magnetischer Pol im Nordpolargebiet entdeckt (1831). *Leopold von Buch*, »Vulkanismus« (1834). *Heinrich Wilhelm Dove*, Windablenkungsgesetz (1835). *Karl Friedrich Schimper*, Moderne Eiszeitforschung (1836). *Theodor Schwann*,

Eisenbahn Liverpool–Manchester, max. Geschw. 34,4 km/h (1830). *Carl Friedrich Gauß*, *Wilhelm Eduard Weber*, Elektromagnetischer Telegraph in Göttingen (1833). *Moritz Hermann von Jacobi*, Elektromotor (1834). Eisenbahn Nürnberg-Fürth (1835). Schraubendampfer auf der Themse (1836). *Carl August von Steinheil*, Erdrückleitung bei der Telegraphie (1838/40). *Louis J. M. Daguerre*, »Daguerreo-

Physik, Astronomie, Mathematik — *Chemie*

Telegraph (1833). *Benoit Pierre Emile Clapeyron*, Thermisch-mechanischer Kreisprozeß (1835). *Samuel Finley Breese Morse*, Schreibtelegraph (1835/37). *Friedrich Wilhelm August Argelander*, Bewegung der Sonne durch den Weltraum (1837). *Friedrich Wilhelm Bessel*, *Wilhelm Struve*, Erste Messung von Fixstern-Parallaxen (1838).

1840–1849

Christian Doppler, Entdeckung des Dopplereffekts (1841). *Julius Robert Mayer*, Gesetz von der Erhaltung der Energie (1842, 1845, 1848). *James Prescott Joule*, Stromwärme (elektrisches Wärmeäquivalent) (1845). *Lord William Parsons Rosse*, Entdeckung der Spiralnebel (1845). *Michael Faraday*, Magnet. Drehung der Polarisations-Ebene: »Faraday-Effekt« (1846). *Urbain Jean Joseph Leverrier*, *Johann Gottfried Galle*, Entdeckung des Planeten Neptun (1846). *Hermann Helmholtz*, Gesetz der Erhaltung der Energie (1847). *Gustav Robert Kirchhoff*, Gesetze für den Widerstand elektrischer Leitersysteme (1847). *Armand Fizeau*, Erste terrestrische Messung der Lichtgeschwindigkeit (1849).

Henry Heß, Begründung der Thermochemie; Gesetz der konstanten Wärmesummen (1840). *Justus Liebig*, »Die organische Chemie in ihrer Anwendung auf Agrikultur und Physiologie« (1840). *Hermann Kolbe*, Synthese der Essigsäure. Erster Gedanke zur synthetischen Chemie der »Bestandteile des Pflanzenreichs« (1845). *Auguste Laurant*, Klärung von Atomgewicht und Äquivalent; Wasserformel (H_2O statt HO) (1846).

1850–1859

Rudolf Clausius, Begründung der Thermodynamik: Zweiter Hauptsatz (1850). *Léon Foucault*, Pendelversuch im Panthéon in Paris (1850). *Armand Fizeau*, Lichtgeschwindigkeit in bewegten Medien (1851). *Friedrich Wilhelm August Argelander*, Beginn der »Bonner Durchmusterung« der Fixsterne (1852 bis 1861). *James Clerk Maxwell*, Beginn der Theorie der Faradayschen Feldvorstellung (1856). *Johann Heinrich Müller*, Erste Spektrenphotographie (1856). *Wilhelm Weber*, Bestimmung der Lichtgeschwindigkeit aus elektrischen Daten (1856). *Robert Krönig* (1856), *Rudolf Clausius* (1857), Kinetische (atomistische) Theorie der Gase. *Hermann Helmholtz*, Wirbelsätze der Hydrodynamik (1858). *Gustav Robert Kirchhoff*, Strahlungsgesetz (1859). *Gustav Robert Kirchhoff* und *Robert Wilhelm Bunsen*, Deutung der Fraunhoferschen Linien durch Absorption in der Sonnenatmosphäre; chemische Spektralanalyse; Analyse der Sonnenmaterie (1859ff.).

Robert Wilhelm Bunsen, Herstellung von Aluminium durch Schmelzelektrolyse (1854). *Robert Wilhelm Bunsen* und *Sir Henry Roscoe*, Begründung der Photochemie, Chlorknallgas (1855ff.). *August Kekulé*, Vierwertigkeit des Kohlenstoffs (1857). *A. S. Couper*, Begründung der Strukturchemie (1858).

1860–1869

James Clerk Maxwell, Geschwindigkeitsverteilungsgesetz der Gasmoleküle (1860); Elektromagnetische Theorie des Lichts (1865). *Léon Foucault*, Messung der Lichtgeschwindigkeit im Labor (1862). *Rudolf Clausius*, Einführung des Entropiebegriffs (1865). *Ludwig Boltzmann*, Geschwindigkeitsverteilungsgesetz, Boltzmannsche Temperaturfunktion (1868). *Thomas Andrews*, Entdeckung des »Kritischen Punkts« (Druck, Temperatur) der Gase (1869). *Johann Wilhelm Hittorf*, Kathodenstrahlen (1869).

Dimitry Iwanowitsch Mendelejew und *Lothar Meyer*, Periodisches System der Elemente (1864/69). *August Kekulé*, Benzolstruktur (1865). *Joseph Loschmidt*, Zahl der Moleküle im Kubikzentimeter und Mol, erste Berechnung der »Avogadroschen Zahl« (1865). *Cato Maximilian Guldberg* und *Peter Waage*, Massenwirkungsgesetz (1867).

Beschreibende Naturwissenschaften, Medizin

M. J. Schleiden, Übereinstimmung von Zellstruktur und Wachstum bei Tier und Pflanze (1839).

Technik

typie« (1839). *William Henry Fox Talbot*, Papierlichtbilder (1839).

1840–1849

Johann G. F. Charpentier, Gletscherforschung (1841). *Charles Jackson*, Entdeckung der Äthernarkose (1841), Erste Operation in Narkose (1846). *Hugo von Mohl*, Entdeckung des Protoplasmas in der Pflanzenzelle (1844/46). *Alexander von Humboldt*, Erster Band des »Kosmos« (1845), Vierter Band (1858). *Sir James Simpson*, Chloroform-Narkose (1847). *Ignaz P. Semmelweis*, Entdeckung der Entstehung des Kindbettfiebers (1847, publ. 1861). *Sebastian Kneipp*, Wasserheilverfahren (1848). *Alois Pollender*, Milzbranderreger (1849).

Joseph Petzval, Porträtobjektiv (1840). *Christian Schönbein*, Schießbaumwolle (1846). *Justus Liebig*, Fleischextrakt (1847). *Werner von Siemens* und *Johann Georg Halske*, Telegraphiekabel (1847). *R. Böttger*, »Sicherheits«-Streichhölzer (1848). *Joseph Francis*, Freistrahl-Wasserturbine (1849).

1850–1859

Hermann Helmholtz, Augenspiegel (1850). *Auguste Bravais*, Mathematische Theorie der Kristallgitter (»Raumgitter«) (1850). *Thomas Addison*, Addisonsche Krankheit (1855). Neandertal-Schädel gefunden (1856). *Louis Pasteur*, Arbeiten über Gärung (1857). *Rudolf Virchow*, Zellular-Pathologie (1858). *Charles Darwin*, Entstehung der Arten (1859).

Robert Wilhelm Bunsen, Gas-Bunsenbrenner (1850). *Isaac Merrit Singer*, Verbesserte Nähmaschine (1851). *Friedrich Wöhler*, Technische Herstellung von rauchender Schwefelsäure (1852). *Heinrich Goebel*, Elektrische Glühlampe (1854). *Sir Henry Bessemer*, Massen-Stahlfabrikation mit »Bessemerbirne« (1855). *David Edward Hughes*, Typendruck-Telegraph (1855). *Friedrich Siemens*, Regenerator-Gasofen für Glasfabrikation (1856). *Gaston Planté*, Blei-Akkumulator (1859).

1860–1869

Urvogel »Archäopteryx« entdeckt (1861). *Hermann Helmholtz*, »Die Lehre von den Tonempfindungen« (1863). *Gregor Johann Mendel*, Mendels Vererbungsgesetze (1865). *Ludwig Rütimeyer*, Anwendung von Darwins Theorie in der Paläontologie (1865). *Ernst Haeckel*, Biogenetisches Grundgesetz (1866). *Joseph Lister*, Antisepsis (1867). *David Livingstone*, Erforschung des Kongogebietes (1867–1873).

Johann Philipp Reis, Erfindung des Telephons (1861). *Ernest Solvay*, Ammoniak-Soda-Verfahren (1861). Erster Siemens-Martin-Stahl (1864). *José Monier*, Eisenbeton (1867). *Alfred Nobel*, Dynamit (1867). *Nikolaus August Otto*, *Eugen Langen*, Verbrennungskraftmaschine (1867). *Christopher Latham Sholes*, *S. W. Soulé*, *C. Glidden*, Schreibmaschine (1867, Produktion 1873). *Werner von Siemens*, Dynamoelektrisches Prinzip (1867).

Physik, Astronomie, Mathematik / *Chemie*

1870–1879

Physik, Astronomie, Mathematik

August Kundt, Entdeckung der anomalen Dispersion (1870). *Henry Rowland*, Nachweis des magnetischen Feldes bewegter geladener Isolatoren »Rowlandstrom« (1872). *James Clerk Maxwell*, »Treatise of Electricity« (1873). *Raoul Pictet, Louis Cailletet*, Erste Luftverflüssigung (1877/78). *Arthur von Auwers*, »Fundamentalkatalog« der Sterne (1879).

Chemie

Josiah Willard Gibbs, »Phasenregel«; Thermodynamische Theorie des chemischen Gleichgewichts (1874ff.).

1880–1889

Physik, Astronomie, Mathematik

Hermann Helmholtz, Elementarquantum der Elektrizität aus Faradays Gesetzen (1881). *Ludwig Boltzmann*, Ableitung des »Stefan-Boltzmannschen Strahlungsgesetzes (T^4-Gesetz)« (1884). *Johann Jakob Balmer*, »Balmerformel« für die Linien des Wasserstoffspektrums (1885). *Eugen Goldstein*, Entdeckung der Kanalstrahlen (1886). *Heinrich Hertz*, Beginn der Arbeiten über elektrische Wellen (1886); Entdeckung des lichtelektrischen Phänomens (1887); »Über Strahlen elektrischer Kraft« (abschließende Arbeit) (1888). *Albert Abraham Michelson, E. W. Morley*, »Michelsonversuch«: Kein Ätherwind beeinflußt Lichtgeschwindigkeit (1887). *Wilhelm Hallwachs*, Klärung des Lichtelektrischen Effekts (1888). *Wilhelm Conrad Röntgen*, Magnetisches Feld eines im elektrischen Feld rotierenden Dielektrikums »Röntgenstrom« (1888).

Chemie

Adolf von Baeyer, Analyse und Synthese des Indigos (1880). *Svante Arrhenius*, Theorie der Elektrolyse, Elektrolytische Dissoziation (1882). *Ludwig Knorr*, Antipyrin (1883). *John William Strutt Lord Rayleigh*, Entdeckung eines ungeklärten Gases in der Luft (1883). *Jacobus Henricus van't Hoff*, Theorie der chemischen Kinetik (1884); Theorie der Osmose; Osmotischer Druck (1886). *Henri Moissan*, Herstellung von freiem Fluor (1886). *Walther Nernst*, Theorie des Voltaelements von 1800; »Lösungsdruck« der Metalle (1889).

1890–1900

Physik, Astronomie, Mathematik

Heinrich Hertz, Philipp Lenard, Durchlässigkeit von Metallen für Elektronen (Kathodenstrahlen) (1891/93). *Henry Deslandres, Henry Rowland*, Methode der Spektroheliographie (1892). *Hendryk Antoon Lorentz*, Elektronentheorie (1892). *Wilhelm Wien*, »Verschiebungsgesetz« für die Wellenlänge maximaler Strahlung mit der Temperatur (1893). *Friedrich Paschen, Wilhelm Wien*, Energieverteilungsgesetz im Spektrum des »Schwarzen Körpers« (1895/96). *Wilhelm Conrad Röntgen*, Entdeckung der Röntgen- (»X«-) Strahlen (1895/96). *Sir Joseph John Thomson, Wilhelm Wien*, Spezifische Ladung von Elektronen- und Kanalstrahlen (1895/97). *Henri Antoine Becquerel*, Entdeckung der Radioaktivität (1896). *Pieter Zeeman*, »Zeeman-Effekt«, magnetische Aufspaltung der Spektrallinien (1896). *Petr Lebedew*, Erste Messung des Lichtdrucks (1899). *Max Planck*, Quantentheorie der Strahlung des »Schwarzen Körpers«, Entdeckung des Wirkungsquantums (1900).

Chemie

Lord Rayleigh, Sir William Ramsay, Entdeckung des Edelgases Argon (1894). *Sir William Ramsay, Per Teodor Cleve*, Entdeckung des Heliums (1895). *Marie* und *Pierre Curie*, Entdeckung von Polonium und Radium (1898). *Sir William Ramsay*, Entdeckung von Krypton, Xenon, Neon (1898). *Gerhard Carl Schmidt*, Entdeckung der Radioaktivität des Thoriums (1898). *Julius Elster* und *Hans Friedrich Geitel*, Erste Theorie der Radioaktivität (1899).

Beschreibende Naturwissenschaften, Medizin — *Technik*

1870—1879

Anton Dohrn, Gründung der zoologischen Station Neapel (1870). *Charles Darwin*, »Die Abstammung des Menschen« (1871). *Max von Pettenkofer*, Untersuchungen über Milieufaktoren und Krankheiten (1872). Beginn der Tiefsee-Erforschung, Forschungsschiff »Challenger« (1872–1876). *Woldemar Kowalewsky*, Begründung der Erforschung der Lebensweise fossiler Tiere; Form und Funktion (1873). *Oskar Hertwig*, Befruchtung ist Verschmelzung von Ei- und Spermakern (1875). *Otto Straßburger*, *Oskar Hertwig*, Mitotische Kernteilung bei Pflanzen und Tieren (1875). *Alfred Russel Wallace*, »Geographische Verteilung der Tiere« (1876). *Louis Pasteur*, »Die Mikroben« (1878). *Leonhard Sohncke*, Raumgittertheorie der Kristalle, 65 »Raumgruppen« (1879).

Richard L. Maddox, Photographische Trockenplatte (1871). *Ernst Abbe*, Erstes Mikroskop nach der neuen Berechnungsmethode (1872). *George Mortimer Pullman*, Speisewagen (1872). *Carl von Linde*, Ammoniak-Kältemaschine (1875). *Alexander Graham Bell*, Verbessertes Telephon (1876). *Nicolaus Otto*, Viertakt-Gaskraftmaschine (1876). *Thomas Alva Edison*, Walzen-Phonograph (1877), Mikrophon (1877), erste technische elektrische Glühlampenbeleuchtung (1879 ff.). *Werner von Siemens*, Erste elektrische Eisenbahn in Berlin (1879). *Sidney Gilchrist Thomas*, Entphosphorung des Eisens (1879).

1880—1889

Robert Koch, Begründung der Bakteriologie; Entdeckung der Typhus-, Tuberkulose- und Cholera-Bazillen (1880/83). *Wilhelm Roux*, Begründung der Entwicklungsphysiologie (1881). *W. Flemming*, Entdeckung der Längsspaltung der Chromosomen bei der Zellteilung (1882). *Max von Pettenkofer*, Handbuch der Hygiene (1882/83). *Rudolf Ulrich Krönlein*, Erste Blinddarmoperation (1883). *Arthur Nicolaier*, Entdeckung des Wundstarrkrampferregers (1884). *Carl Rabl*, Konstanz der Chromosomenzahl bei einer Tierart (1885). *Ernst von Bergmann*, Asepsis (1886). *Fridtjof Nansen*, Skidurchquerung Südgrönlands (1888). *Joseph Frhr. von Mering*, *Oskar Minkowski*, Bauchspeicheldrüsenentfernung verursacht Zuckerkrankheit (1889).

Friedrich Otto Schott und *Ernst Abbe*, Gründung des glastechnischen Laboratoriums in Jena (1881). Elektrische Beleuchtung Weltausstellung Paris (1881), New York (1881), Glaspalast München (1882). *Carl Gustaf Patrik de Laval*, Dampfturbine (1883/84). *Ottmar Mergenthaler*, Setzmaschine (1884). *Carl Auer von Welsbach*, Gasglühstrumpf (1885). *Carl Benz*, *Gottlieb Daimler*, Kraftfahrzeuge mit Benzinmotor (1885). *Hilaire de Chardonnet*, Kunstseide (1885). *Reinhard* und *Max Mannesmann*, Schrägwalzen nahtloser Rohre (1885). *Hermann Helmholtz*, *Werner von Siemens*, Gründung der Physikalisch-Technischen Reichsanstalt (1887). Großtechnische Aluminium-Fabrikation in Rheinfelden (1888).

1890—1900

Ernst von Behring, Diphtherie-Heilserum (1890). *Jewgraph Stepanowitsch von Fedorow*, *Artur Moritz Schoenflies*, Abschließende Theorie der Kristallgitter (230 Raumgruppen) (1891). *Eugène Dubois*, Affenmensch (Pithecanthropus) auf Java gefunden (1891/92). *C. E. Dutton*, Lehre von der »Isostasie« (Gleichgewicht in der Erdkruste) (1892). *François Alphonse Forel*, »Der Genfer See« (Begründung der Limnologie) (1892). *Fridtjof Nansen*, Nordpolarexpedition auf der »Fram« (1893–1896). *Albrecht Penck*, Morphologie der Erdoberfläche (1894). *Max Rubner*, Energieerhaltungssatz für Lebewesen (1894). *Karl Ludwig Schleich*, Lokalanästhesie (1894). *Christian Eijkman*, *Vordermann*, Beri-Beri-Schutzstoff im Reishäutchen (1895). *Niels Ryberg Finsen*, Ultraviolettstrahlen in der Medizin (1895). Röntgendiagnostik (1896). *Eduard Buchner*, Zymase aus der Hefe als Gärungsferment (1898). *Dreser*, Aspirin (1899). *Karl Erich Correns*, *Hugo de Vries*, *Erich von Tschermak*, Wiederentdeckung der Mendelschen Gesetze. Beginn der modernen Vererbungslehre (Genetik) (1900).

John Boyd Dunlop, Luftreifen (1890). *Paul Rudolph*, Anastigmat-Objektiv (1890). *Otto Lilienthal*, erste Segelgleitflüge. Fernübertragung elektrischer Energie von Lauffen a. N. nach Frankfurt a. M. (1891). *Rudolf Diesel*, Dieselmotor (1893/97). *Dimitrij Iwanowitsch Mendelejew*, Gründung des russischen Hauptamts für Maß und Gewicht (1893). Erstes Automobilrennen Paris–Rouen mit 20,47 km/h (1894). *Carl von Linde*, Technische Herstellung von flüssiger Luft (1895). *Auguste* und *Louis Jean Lumière*, Kinematograph (1895). *Guglielmo Marconi*, Erste drahtlose Verbindung über den Bristol-Kanal (1897).

Während Darwins Werk erschien, ging der Naturkundelehrer der Brünner Staatsrealschule Pater Gregor – Johannes Mendel – bei seinem Hobby der Blumenzüchtung dem Gedanken nach, wie die Vererbung bestimmter Eigenschaften seiner Blumen, vor allem das Wiederauftreten »weggezüchteter« Merkmale zustande komme. Der Autodidakt denkt sich einen Versuchsplan aus, den er in den Jahren von 1856 bis 1865 an Gartenerbsen mit einigen hundert künstlichen Befruchtungen und weit über zehntausend Bastarden durchführt; er erkennt die beiden charakteristischen Merkmale der Vererbung, das dominierende und das rezessive, und stellt zahlenmäßig ihr Auftreten in der Generationenfolge dar, die berühmten Mendelschen Gesetze. Versuche mit Bienen und Mäusen blieben nach seiner Wahl zum Abt des Altbrünner Augustinerklosters liegen. Weder die Veröffentlichung in der Zeitschrift des Brünner Naturforschenden Vereins noch briefliche Mitteilungen hatten eine Wirkung; die bedeutendste biologische Entdeckung des 19. Jahrhunderts mußte noch einmal gemacht werden: 1900 fanden unabhängig voneinander Carl Correns, Hugo de Vries und Erich Tschermak die gleichen Gesetze.

Der Einfluß der Naturwissenschaft auf die Technik

Wir müssen uns auf einige wenige Beispiele beschränken, die für die neuartige Entwicklung der Technik charakteristisch sind. Daß allen Vorrichtungen und Vorgängen der Technik physikalische Gesetze zugrunde liegen, ist selbstverständlich, ob diese nun bewußt oder unbewußt angewendet werden, ob sie bekannt oder unbekannt sind. Je besser sie bekannt sind, desto rationeller ist das technische Verfahren. Die heutige wissenschaftliche Technik, in der Erkenntnisse in technische Einrichtungen umgesetzt oder wissenschaftliche Untersuchungen mit dem Ziel einer technischen Verwendung ihrer Ergebnisse ausgeführt werden, beginnt mit dem 19. Jahrhundert. Das erste Beispiel einer gezielten wissenschaftlich-technischen Entwicklung dürfte Josef Fraunhofers optische Arbeit in den Jahren 1807 bis 1826 sein. Er suchte nach besseren Methoden zur Prüfung der Gläser und fand dabei »nebenher« die Absorptionslinien im Sonnenspektrum. Zu seiner Zeit war es schon möglich, sphärische Linsenfehler durch vorher berechnete Umformung der Linsen zu verkleinern. Die chromatischen Fehler aber – auf der Dispersion oder Farbzerstreuung, das heißt der Abhängigkeit der Brechung von der Farbe des Lichts beruhend – wurden durch Verwendung von Achromaten (Kombination einer stärkeren Konvex- mit einer schwächeren Konkavlinse aus zwei verschiedenen Glassorten) mühsam ausgeglichen. Sie konnten nicht völlig beseitigt werden, weil die optischen Eigenschaften von der Zusammensetzung der Gläser abhängen. Es gelang Fraunhofer, diese Zusammensetzung mit feinsten physikalischen Methoden zu messen und Glas mit bestimmten optischen Eigenschaften und größter Homogenität zu schmelzen. Das jahrzehntelang berühmteste astronomische Fernrohr, der »Dorpater Refraktor« (1824 für die Sternwarte in Dorpat), war eine Frucht dieser Arbeiten. Erst in den achtziger Jahren nahm Otto Schott dieses Problem wieder auf und untersuchte den Zusammenhang zwischen optischen Eigenschaften und der Zusammensetzung der

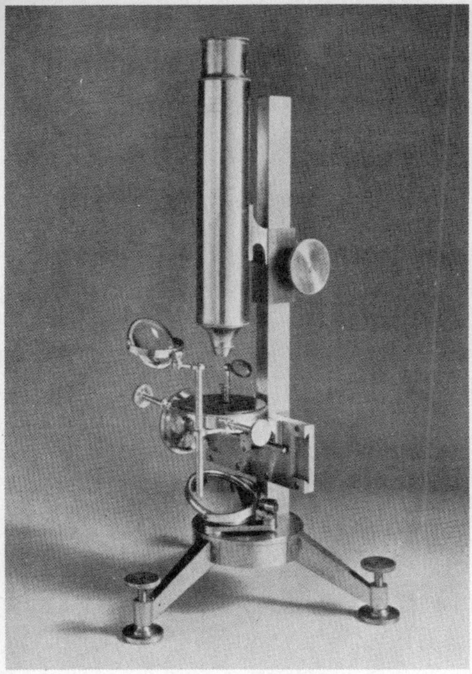

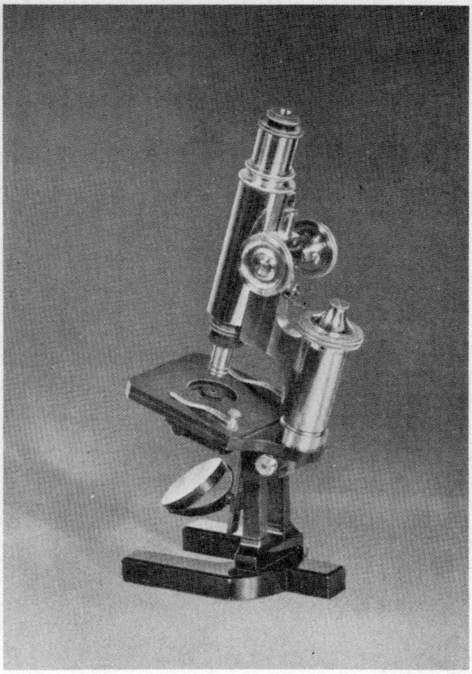

Achromatisches Mikroskop von Joseph Fraunhofer, 1817,
Zeiss-Mikroskop, um 1900, und kalorischer Kraftmesser von Robert Mayer, 1868
München, Deutsches Museum, und Oberkochen, Carl-Zeiss-Archiv

Thomas Edisons erstes Elektrizitätswerk in New York. Holzstich, 1882

Gläser. Die rechnerische Verbesserung von Linsensystemen hatte erst einen Sinn, als die Ergebnisse von Otto Schotts Untersuchungen vorlagen. Erst danach war es möglich, vollständig gleichmäßige Gläser mit den verschiedensten Eigenschaften fabrikmäßig – zuerst bei Carl Zeiss – herzustellen.

Fraunhofer begründete aber noch einen ganz anderen, völlig neuen Weg der »technischen Forschung«. Die damals besonders von Thomas Young und Augustin Fresnel geförderte Schwingungshypothese des Lichts hatte Fraunhofer zur Konstruktion des ersten Beugungsgitters veranlaßt. Er stellte nun die ganz neuartige Frage: Welche Folgerungen ergeben sich für die Wirksamkeit und damit für den Bau optischer Instrumente (Fernrohr, Mikroskop), wenn ein »Lichtstrahl« ein solcher Wellenzug ist? In einer Abhandlung, der bayerischen Akademie am 14. Juni 1823 vorgetragen, kommt er zur Erkenntnis, daß die »Grenze des Sehvermögens durch Mikroskope« durch die Beugung der Lichtwellen begrenzt ist. Nach dem baldigen Tod von Fraunhofer blieb dieser Grundsatz unbeachtet. 1842 wurde er von neuem von dem Engländer Lister gefunden, und erst 1873 begründete Ernst Abbe in Jena mit ihm die wissenschaftliche Methode des Mikroskopbaus. Aus der berühmten Denkschrift vom 4. Februar 1887 seien einige Sätze zitiert:

> Es betrifft dieses die von Utzschneider und Fraunhofer im ersten Viertel dieses Jahrhunderts in München begründete optische Werkstätte, aus deren kurzer Blüte die gesamte deutsche Optik ... unserer Zeit hervorgegangen ist. Die damals – auf diesem Arbeitsfeld und überhaupt – völlig neue Idee, technische Arbeit ganz und gar unter die Leitung strenger wissenschaftlicher Theorie zu stellen, die in der Person Fraunhofers eine absolut vorbildliche Verkörperung gefunden hatte, brachte jenes Münchner Institut binnen weniger Jahre an die Spitze der ausübenden Optik.
>
> Sie erzeugt aber zugleich so viel Keime des weiteren Fortschrittes, daß deren Entwicklung auf ihrem natürlichen Boden nicht nur den unbedingten Vorsprung der dortigen Werkstätte auf ein volles Jahrhundert wenigstens hätte gewährleisten können, sondern auch den Fortschritt der gesamten wissenschaftlichen Industrie in außerordentlichem Maße hätte fördern und beschleunigen müssen. Die Nachfolger Fraunhofers aber haben es nach dem frühzeitigen Tod wohl fertiggebracht, in kurzer Zeit Millionäre zu werden – jene fruchtbaren Anlagen aber haben sie dabei sämtlich verkümmern lassen. Einige davon sind, wie sich nunmehr herausgestellt hat, sechzig Jahre nach Fraunhofers Tod hier in Jena zur Entwicklung gekommen.

Die für Biologie, Medizin, Hygiene entscheidenden Entdeckungen und Untersuchungen sind letzten Endes der wissenschaftlich gegründeten und geführten Entwicklung der optischen Geräte zu danken.

Die elektrotechnische Industrie baut auf physikalischen Entdeckungen in anderer Weise auf. Die Grundlage für die Gleich- und Wechelstromerzeugung ist die Entdeckung der elektromagnetischen Induktion von Michael Faraday im Jahre 1831. In der Werner Siemensschen Dynamomaschine (1867) stecken aber außerdem die gesamte damalige Kenntnis über den Ferromagnetismus, die Gesetze des Stromkreises und der Stromverzweigung und ganz besonders das Gesetz der Erhaltung der Energie.

Die elektrische Nachrichtentechnik – Telegrafie und Telefonie – entwickelt sich von Stufe zu Stufe mit den physikalischen Entdeckungen. Der Münchener Anatom Samuel Thomas von Soemmerring erfand 1809 unter Benutzung des Voltaelements und der von Ritter und Davy erforschten Elektrolyse den elektrochemischen Telegrafen, die erste technische Anwendung des »Galvanismus«. Von der Senderstation liefen fünfundzwanzig

Drahtleitungen – jede einem Buchstaben zugeordnet – zur Empfangsstation, wo sie in fünfundzwanzig kleinen Elektrolysegefäßen endeten, die mit dem entsprechenden Buchstaben versehen waren. Wurde der Strom in eine »Buchstabenleitung« geschickt, so trat am gleichen Buchstaben der Empfangsstation Gasentwicklung auf. 1833 verbanden Carl Friedrich Gauß und Wilhelm Weber in Göttingen das physikalische Institut mit der Sternwarte durch einen auf dem Prinzip der Faradayschen Induktion aufgebauten Telegrafen. Durch Bewegung eines Magneten in einer Spule in der Sendestation wurde ein Induktionsstrom erzeugt, der durch eine Drahtleitung in einer Spule (in der ein Magnet hing) der Empfangsstation geleitet wurde. Je nach der Richtung des Stroms machte der Magnet eine Bewegung nach rechts oder links. Die Buchstaben wurden durch Kombination nach rechts und links ablenkender Ströme erzeugt. Der große Fortschritt lag in der Benutzung von nur zwei Leitungsdrähten zwischen Sende- und Empfangsspule. 1838 entdeckte Steinheil bei der Anlage eines Eisenbahntelegrafen, daß man den einen Draht durch die Erdleitung ersetzen könne. Von den weiteren Erfindungen sind hier nur das Morsealphabet (1837) und die Entwicklung der Kabel, besonders auch für große Unterseeleitungen, für die schwierige Probleme zu lösen waren, bemerkenswert. Zur technischen Auswertung wurde 1847 die Firma Siemens und Halske gegründet.

Im Jahre 1862 erfindet Philipp Reis – immer auf den gleichen Grundlagen aufbauend – das Telefon, das 1876 durch die Erfindungen von Graham Bell und vor allem durch Edison (Kohlekörnermikrophon) technisch brauchbar wurde. Zum automatischen »Aufschreiben« der Telefonate schuf Edison den Phonographen und ein Jahr später (1877/78) das Grammophon. Es beginnt die Zeit der »unvorstellbaren« Erfindungen: bei einer Vorführung verläßt ein Professor entrüstet den Raum, weil er sich nicht durch einen Bauchredner betrügen lasse. 1609 hatten es die Philosophieprofessoren von Pisa »mit der Hartnäckigkeit einer Natter« abgelehnt, durch Galileis Fernrohr die Jupitermonde zu sehen: weil sie nicht nach etwas blicken wollten, von dem sie wüßten, daß es nicht existiere.

Gegen Ende des Jahrhunderts eröffnet Guglielmo Marconi die drahtlose Nachrichtentechnik mit dem ersten geglückten Versuch am Bristolkanal (1897). Auch sie geht letzten Endes auf Faraday zurück, dessen neue Vorstellungsart über die elektrischen und magnetischen Kraftwirkungen die Grundlage für Maxwells elektromagnetische Theorie (1861) war. Aus ihr hatte Heinrich Hertz die Frage abgeleitet, ob die mit Funken erzielbaren schnellen periodischen elektromagnetischen Feldänderungen sich auch als »Wellen« im Raum ausbreiten. 1888 entdeckte er die »Strahlen elektrischer Kraft«. Auf den für diese Forschungen benutzten Methoden bauen Marconis Erfindungen auf.

Wie sich die Nachrichtenübermittlung im 19. Jahrhundert entwickelt hat, zeigt eindrucksvoll ein Vergleich: 1814 dauerte es neun Tage, bis Berlin die Einnahme von Paris erfuhr; 1901 kommt ein in England ausgesandtes Zeichen nach einer vierzigstel Sekunde in Amerika an.

Auch Thomas Alva Edison, wohl der in seiner Vielseitigkeit genialste Erfinder des 19. Jahrhunderts, geht stets von der Frage aus, was sich aus wissenschaftlichen Erkenntnissen technisch entwickeln lasse. Grundlage für alle seine Arbeiten ist das Experimentieren in einem wissenschaftlichen Laboratorium. Sein Erfinderruhm beruht hauptsächlich darauf, daß er jeweils sofort erkannte, was zu einer fruchtbaren technischen Entwicklung gehört. Als 1854 der nach Amerika ausgewanderte Heinrich Goebel die elektrische Glühlampe erfand und mit ihr sein Fernrohr, mit dem er nachts den New Yorkern die Sterne zeigte, beleuchtete, war technisch nichts erreicht. Als Edison 1879 ein Herstellungsverfahren für Kohlefäden, ihre Einschmelzung in die Kolben und deren Evakuierung durch technisch brauchbare Vakuumpumpen und damit die Fabrikationsmöglichkeiten für Glühlampen entwickelt hatte, fehlten für ihre Einführung nur noch die bequeme, leicht auswechselbare Fassung (der heute noch übliche »Edisonsockel«), die geeignete Dynamomaschine, die isolierten Kabel, ihre unterirdische Führung, die Lichtschalter, die Sicherungen, auch die »Zähler« für den Verbrauch von elektrischer Energie – alles das erfand er sogleich und machte es fabrikationsreif. Und als auf der Weltausstellung 1881 in Paris durch Schließen eines Schalters tausend Lampen zur gleichen Zeit aufleuchteten, da war erst die Grundstufe der technischen Entwicklung der elektrischen Beleuchtung abgeschlossen. Die hier gewonnenen Eindrücke führten zu der Entwicklung der Allgemeinen Elektricitätsgesellschaft (AEG) durch Emil Rathenau und zu Oskar von Millers Arbeiten für die Fernübertragung elektrischer Energie. Die Edison-Gesellschaft nahm am 4. September 1882 das erste große Elektrizitätswerk in New York mit zweitausenddreihundert Lampen in fünfundachtzig Häusern in Betrieb.

Zur gleichen Zeit, als Edison die Grundlagen für die elektrische Beleuchtung schuf, fuhr (1879) auf der Berliner Gewerbeausstellung die erste »elektrische« Eisenbahn von Siemens; im gleichen Jahr, in dem Siemens das dynamoelektrische Prinzip bekannt machte, wurden auf der Pariser Weltausstellung (1867) die Verbrennungskraftmaschinen von Otto und Langen ausgestellt. Innerhalb dieser wenigen Jahre werden die Grundlagen für die Technisierung gelegt. So viel Eigenständiges auch die chemische Technik schuf und behielt – ohne ihre Durchdringung mit den Möglichkeiten der Maschinentechnik ist ihre Entwicklung undenkbar; ein besonders anschauliches Beispiel bietet das 1827 von Wöhler erstmals hergestellte Aluminium; 1854 entwickelt Bunsen die Herstellung durch Elektrolyse geschmolzener Salze (1855 kostet ein Kilogramm tausend Franken); erst 1888 stand so viel elektrische Energie zur Verfügung, daß seine großtechnische Fabrikation die Periode der Leichtmetalle einleitete.

*

Eine Grundbedingung für den verbindlichen Vergleich wissenschaftlicher Forschungsergebnisse wie für die Übertragung wissenschaftlicher Ergebnisse in die Technik ist die Aufstellung verbindlicher Maßsysteme und Maßeinheiten. Länge, Masse, Zeit als Grundeinheiten, Leistung und Energie, Temperatur und Kalorie, Lichteinheit, die Einheiten für Strom und Spannung, dazu die Herstellung der Normalen (»Etalon, Prototyp«), die Untersuchung ihrer Konstanz, ihre Kopien als sekundäre Normale, die Vorschriften für ihren Vergleich und ihre Reproduzierbarkeit – das sind einige der Aufgaben, für die in den großen Ländern staatliche Anstalten gegründet wurden. Die Grundlagenforschung bedarf dieser Einheiten nicht nur für den Austausch von zahlenmäßig-verbindlichen Ergebnissen, auch die quantitative Verbindung verschiedener Forschungsbereiche miteinander ist nur mit festen, für alle verbindlichen Einheiten möglich.

Im Jahre 1836 zeigten Carl Friedrich Gauß und Wilhelm Weber, daß alle Einheiten der Physik – die mechanischen, elektrischen, magnetischen, thermischen, optischen – sich auf die drei »Dimensionen« Länge, Masse und Zeit zurückführen lassen. Gibt man diesen die Einheiten Centimeter, Gramm und Sekunde, so hat man das C-G-S-System, welches das »absolute Maßsystem« genannt wird, obwohl natürlich die Einheiten konventionell festgesetzt sind.

Es mag bemerkt sein, daß die erste Forderung nach einem definierten, reproduzierbaren Maßsystem nicht von Handel und Wirtschaft, sondern von der erwachenden Naturwissenschaft, der Astronomie, erhoben wurde, um Beobachtungen an verschiedenen Orten und zu verschiedenen Zeiten miteinander vergleichen zu können. Aber auch für Handel und Wirtschaft hat Johannes Kepler gesorgt: Am 30. Juli 1627 schenkte er dem Senat der Stadt Ulm mit einem langen Brief als Dank für Hilfe beim Drucken der Rudolfinischen Tafeln den berühmten »Ulmer Kessel« – »von Mess gegossen« –, in dem alle damals in Ulm gebräuchlichen Maße von Länge, Volumen und Masse enthalten sind, damit die Obrigkeit, in dem Besitz von unveränderlichen »Originalien«, einen Vorteil aus seiner »Profession und Kunst Mathematica« habe. So lauten Beschreibung und Gebrauchsanweisung des Ulmer Kessels:

Zween *schuch* mein tieffe, ein *eln* mein quer,
ein geeychter *aimer* macht mich lehr,
dann seyn mir vierthalb *centner* bliben,
voll Thonawwasser wäg ich siben.
Doch lieber mich mit kernen eich
vnd vierundsechzig mahl abstreich,
so bistu neunzig *Ime* reich.

Die moderne Entwicklung der Maßeinheiten ist ein Kind der Französischen Revolution. Auf Grund eines Gesetzes von 1795 wurden – sinngemäß so, wie Kepler es gemacht hatte – ein Platinstab als Einheit des Meters, ein Platinzylinder als Einheit des Kilogramms hergestellt und am 10. Dezember 1799 durch den Conseil des Anciens als »mètre« und »kilogramme des archives« (weil im Staatsarchiv aufbewahrt) als gesetzliche Maße festgelegt. Aber erst seit dem 1. Januar 1840 sind sie in Frankreich als alleinige Maße für Länge und Masse, seit 28. Juli 1866 in den USA, seit 17. August 1868 im Norddeutschen Bund und seit 1. Januar 1872 im damaligen Deutschen Reich durch Gesetz eingeführt. Im praktischen Gebrauch sind vielfach noch andere Maße, wie inch, yard, pound ..., für die genaue Verhältniswerte zu Meter und Kilogramm festgesetzt sind.

Am 20. Mai 1875 wurde die internationale Convention du mètre in Paris unterzeichnet, nach der bei dem Bureau international des Poids et des Mesures die wissenschaftlichen, mit der Prüfung und Reproduktion der Einheiten zusammenhängenden Fragen zu bearbeiten sind. Kopien des Pariser Urmeters und Urkilogramms wurden die Vergleichsmaßstäbe der ganzen Welt. 1799 hatte man zur Erinnerung an die immerhin bedeutende gesetzliche Festlegung der Längen- und Maßeinheit eine Medaille mit der Inschrift gegossen: à tous les temps, à tous les peuples. Allerdings: im Laufe der Zeit kamen Bedenken bezüglich der Unveränderlichkeit der Etalons. 1892 begannen auf Veranlassung des Amerikaners Albert Abraham Michelson die Versuche zur Einführung der Lichtwellenlänge bestimmter Spektrallinien als Längeneinheit, zur »Eichung« des Urmeters in Lichtwellenlänge. Diese haben eine stets reproduzierbare, unveränderliche und unzerstörbare Länge.

Die zunehmende Verbindung von Physik und Technik führte nach Plänen von Werner von Siemens zur Gründung der Physikalisch-Technischen Reichsanstalt in Charlottenburg (1888), deren erster Präsident Hermann Helmholtz war. 1893 gründet D. I. Mendelejew in Leningrad das russische Hauptamt für Maß und Gewicht. Seit 1901 arbeiten das National Bureau of Standards in Washington D. C. und seit 1902 das National Physical Laboratory in Teddington, England.

A. R. L. Gurland

WIRTSCHAFT UND GESELLSCHAFT IM ÜBERGANG ZUM ZEITALTER DER INDUSTRIE

Untergang und Fortschritt

Das 19. Jahrhundert läuten Revolutionen ein, die das gesellschaftliche Zusammenleben der Menschen nach neuen Grundsätzen ordnen wollen. Die Amerikanische Revolution verkündet, daß alle Menschen als Gleiche zur Welt kommen und daß ihr Recht auf Leben, Freiheit und das Streben nach Glück unveräußerlich ist. Die Französische Revolution folgt ihr mit der Verheißung der Freiheit, Gleichheit und Brüderlichkeit. Aber die Ära der Revolutionen bringt eine Kette von Kriegen hervor, die ein Menschenalter lang nicht abreißt. Die Zerstörungen und Verwüstungen der Kriegsepoche vernichten die Chance auf das zu erstrebende Glück und drosseln die Freiheit. Eine gegenrevolutionäre Welle läßt viel eher unerbittliche Kämpfe um die Menschenrechte vorausahnen als deren Verwirklichung.

Die ersten Revolutionen und die Kriege, die aus ihnen folgen, erschöpfen sich indes nicht in der Zerreißung der überlieferten gesellschaftlichen Bande. Sie sind zugleich der Motor neuer Entwicklungen in der Ebene der Technik und Wirtschaft. Je nachdem wie man den ursächlichen Zusammenhang begreifen will, erscheint die politische Revolution als Vorspiel oder als Begleiterscheinung der industriellen Revolution. Die industrielle Revolution aber, so segensreich ihre Fernwirkungen sein mögen, bringt zunächst unsagbares Elend. Ob sie es ist, die die traditionelle gesellschaftliche Verfassung des Dorfes umwälzt, ob umgekehrt erst diese agrarische Umwälzung die Voraussetzungen schafft für die Unterwerfung des menschlichen Daseins unter die Gebote der industriellen Technik oder ob beides so ineinandergreift, daß Ursache und Wirkung nicht mehr zu trennen sind, ist nur in der Abstraktion von Interesse. Wichtig ist, daß große Massen von Menschen, von der Scholle losgelöst und jeder Besitzgrundlage beraubt, ihr Glück in der Stadt suchen müssen.

Diesen entwurzelten Arbeitskräften brauchen nur Löhne gezahlt zu werden, die sie gerade vor dem Hungertod bewahren. Nicht nur Männer, sondern auch Frauen und Kinder sind zur Fabrikarbeit gezwungen. Menschen, die keine andere Existenz finden, kann man beliebig lange arbeiten lassen: der vierzehn- oder sechzehnstündige Arbeitstag ist keine Seltenheit. Werden große Menschenmassen in städtischen Siedlungen zusammengedrängt, deren Bevölkerung sich über Nacht verdoppelt, verdreifacht, verfünffacht, so ist an menschenwürdige Behausungen nicht zu denken. Die Tuberkulose grassiert. Aus jeder ansteckenden Krankheit wird eine Seuche. Unterernährt und überarbeitet, ohne

Licht und Sonne dahinvegetierend, sind Menschen gebrechlich. Sie leben nicht lange. Solange sie leben, ist König Alkohol der große Tröster in ihrem freudlosen Dasein.

Immer mehr Menschen drängen in die Städte, in denen keine Nahrung wächst. Die Landwirtschaft geht zurück; ihre bedrängte Lage läßt keine Verbesserung der Betriebsverhältnisse und Anbaumethoden zu; immer weniger Nahrung läßt sich der erschöpfte Boden abringen. Die junge Wissenschaft der Nationalökonomie wächst in die Vorstellung hinein, daß sinkende Bodenerträge ein Naturgesetz sind. Zwei Jahre vor Beginn des neuen Jahrhunderts formuliert Thomas Robert Malthus, Pfarrer und Nationalökonom, sein Bevölkerungsgesetz, wonach die Bevölkerung in geometrischer, ihr Nahrungsspielraum aber nur in arithmetischer Progression zunehme. Entschließen sich die Menschen nicht, die Geburten einzuschränken, so sind sie zum Hungertod verdammt. Das ist schon fast eine apokalyptische Vision vom Weltuntergang. Aber die Fortschritte der Naturwissenschaft, die gerade erst zur Welteroberung ansetzt, verheißen eine strahlende Zukunft. Die Maschine verspricht gesteigerte Produktivität, Fortschritt, Reichtum. Kann der Weltuntergang doch verhindert werden?

Offenbar muß die Gesellschaft, wenn die Katastrophe abgewendet werden soll, anders organisiert werden. Gibt es eine solche Chance, so ist keine Zeit zu verlieren. Die Rettungsmission gebiert ihre Propheten, verleiht ihnen ein unerschütterliches Sendungsbewußtsein. Die Menschen, die ihnen folgen, sind Jünger eines neuen Glaubens. Das Schicksal der Menschheit ist in ihrer Hand. Sie ist verloren, wenn die Sehenden und Entschlossenen nicht in letzter Minute das Rad der Geschichte herumreißen. Das gibt ihnen einen Zusammenhalt, einen inneren Halt, der allen Gefahren und allen Verfolgungen trotzen kann. Als kleines Häuflein fangen sie an und wollen doch Mächte bezwingen, die alles hinter sich haben: die staatlichen und rechtlichen Institutionen, die Gewaltmittel der Herrschaft, den Reichtum, die Tradition, die hergebrachten Weltanschauungen, die religiöse Verankerung. All dem glaubt sich das kleine Häuflein kraft tieferer Erkenntnis überlegen.

Das finstere Zeitalter des apokalyptischen Untergangs wird zum Zeitalter des Fortschritts, an den die Pioniere glauben: die Pioniere der Maschine, der Technik, der Industrie ebenso wie die Pioniere der sozialen Befreiung, die ihre revolutionären Banner entrollen. Die an der Schwelle des Jahrhunderts geborene Zusammenbruchsvision verschmilzt mit dem optimistischen Fortschrittsglauben der Aufklärungsphilosophen der vorrevolutionären Zeit zu einem Missionsbewußtsein von neuem, seltsam automatischem Gepräge. Muß der Fortschritt nicht doch mächtiger sein als alles Beharrende?

Ein zwiespältiges Zeitalter! Es fängt mit Kriegen an und bringt hundert Jahre einer friedlichen Entwicklung mit sich, die lokal begrenzte Kriege vorübergehend aus dem Gleis werfen, ohne doch den normalen Geschäftsgang fühlbar zu unterbrechen. Es hält sich für eine Epoche der Revolutionen und gebiert große revolutionäre Bewegungen ebenso wie drakonische Unterdrückungsmaßnahmen gegen sie, stellt sich aber im Rückblick als eine Ära politischer Reformen dar, die immer größeren Bevölkerungsmassen Schritt für Schritt die Teilnahme an politischen Entscheidungen ermöglicht, die institutionellen Garantien der Minderheitsherrschaft zerschlägt und die staatliche Ordnung und das politische Geschehen fortschreitend demokratisiert. Es glaubt voller Schrecken an die schicksalhafte Verknappung der Daseinsmöglichkeiten der Menschen und macht eine ungeahnte Ausweitung dieser Daseinsmöglichkeiten zur Wirklichkeit. Es hebt die Ausweglosigkeit des Elendsdaseins der großen Masse und die Unausweichlichkeit einer radikalen Umwälzung der gesellschaftlichen Grundlagen ins allgemeine Bewußtsein, aber im flagranten Widerspruch dazu erhöht es den Anteil der Massen am gesteigerten Ertrag der gesellschaftlichen Arbeit.

Mehr Menschen in einer reicheren Welt

Man muß sich einmal das technische und wirtschaftliche Fazit dieses Jahrhunderts vor Augen führen, um zu sehen, wie gründlich seine materiellen Errungenschaften die Vorstellungen von der unentrinnbaren Verknappung und Verengung des Lebensraums der Menschheit Lügen strafen. Dabei hat sich die Erwartung, daß sich die Zahl der Menschen, die den Erdball bevölkern, erheblich vermehren würde, bewahrheitet. Im Gegensatz zu mancher pessimistischen Kritik am vermeintlich degenerierenden Einfluß der industriellen Zivilisation ist das Wachstum der Bevölkerung gerade dort am sinnfälligsten gewesen, wo Technik und Industrie ihre größten Siege errangen: in Europa und Amerika.

Bei allen berechtigten Vorbehalten gegenüber Ermittlungen der Bevölkerungsgröße in Zeiten und Räumen, für die es keine exakten und systematischen Zählungen der Bevölkerung gibt, lassen sich die Entwicklungstendenzen wenigstens in groben Umrissen verfolgen:

Bevölkerung der Welt in Millionen

Jahr	Europa	Asien	Afrika	Nord-amerika	Mittel- und Süd-amerika	Australien und Ozeanien	Welt insgesamt
1650	103	257	100	1	7	—	468
1750	140	479	95	1	11	2	728
1800	187	602	90	6	19	2	906
1850	266	749	95	26	33	2	1171
1900	401	937	120	81	63	6	1608
1950	574	1360	199	168	162	13	2476

Das verschiedene Tempo der Zunahme in den einzelnen Regionen tritt in der folgenden Zusammenstellung anschaulich zutage:

Prozentuale Zu- oder Abnahme der Bevölkerung
im Vergleich zum jeweils voraufgehenden Stichjahr

Jahr	Europa	Asien	Afrika	Nord-amerika	Mittel- und Süd-amerika	Australien und Ozeanien	Welt insgesamt
1650	—	—	—	—	—	—	—
1750	36	86	−5	—	57	—	56
1800	34	26	−5	400	73	—	24
1850	42	24	6	333	74	—	30
1900	51	25	26	212	91	200	37
1950	43	45	66	107	157	117	59

Augenfällig ist die Zunahme der Bevölkerung in den menschenleeren Kontinenten Amerika und Australien. Darüber hinaus bekunden die Prozentzahlen für das 19. Jahrhundert ein offenkundiges Stagnieren der Bevölkerung Afrikas und eine verhältnismäßig niedrige Zuwachsrate in Asien bei gleichzeitiger Beschleunigung des Wachstums in Europa.

Bevölkerungsvermehrend wirkte zweierlei: die Hebung der Lebenshaltung und der gewaltige Fortschritt der Medizin. Von einem geradezu revolutionierenden Einfluß war Ignaz Semmelweis' Entdeckung des septischen Ursprungs des Kindbettfiebers und seiner Übertragbarkeit (1847). Der Anschaulichkeit halber sehe man sich doch die Stammbäume der regierenden Dynastien an, denen es weder an Wohlstand noch an ärztlicher Hilfe gemangelt hat: wie oft sind die achtzehn- oder neunzehnjährigen Landesmütter im Wochenbett gestorben, bis schließlich eine robust genug war, den Streptokokken Widerstand zu leisten und dem Land die erwarteten Prinzen und Prinzessinnen zu schenken! Und wie sehr hat Joseph Listers antiseptische Wundbehandlung überhaupt die Sterblichkeit reduziert und den heilenden Eingriff der Chirurgie ermöglicht! Daß die ungeheuren Verluste an Menschenleben, die epidemische Seuchen verursachten, durch Serumimmunisierung fast auf den Nullpunkt reduziert worden sind, braucht kaum noch im einzelnen dargestellt zu werden. Insgesamt ist im 19. Jahrhundert die Sterblichkeitsrate in den führenden europäischen Ländern erheblich zurückgegangen. Daß der Bevölkerungszuwachs nicht noch viel größer war, als ihn die angeführten Zahlen zeigen, lag an der Senkung der Geburtenziffer, aus der man vielleicht schließen kann, daß größerer Wohlstand größere »Rationalität« in der Fortpflanzung mit sich bringt.

Auch der Schwarzseher kann nicht bestreiten, daß das 19. Jahrhundert den Reichtum der Welt an materiellen Mitteln der Bedürfnisbefriedigung ungeheuer gesteigert hat. Allerdings mutet diese Zunahme im Vergleich zur Gütervermehrung in unserem Jahrhundert etwas bläßlich an, so daß man geneigt ist, die Produktionserfolge des vorigen doch eher als bescheidenen Anfang zu sehen. Die Weltförderung an Steinkohle – 1700 nur 3 und 1800 auch erst 13 Millionen Tonnen – stieg bis 1850 auf 80, bis 1870 auf 213 und bis 1900 auf 708 Millionen Tonnen. (Zum Vergleich 1950: 1394 Millionen Tonnen.) Die Weltgewinnung von Roheisen, 1800 nur wenige hunderttausend Tonnen, erreichte 1850 4,3 und 1900 bereits 41,2 Millionen Tonnen (und 1950 mehr als das Dreifache: 132 Millionen).

Dazu entdeckten Naturwissenschaft und Technik im Erdinnern neue Reichtümer, die der Energieproduktion dienen und damit zur Vermehrung der Menge verfügbarer materieller Güter beitragen. Noch ist hier nicht von der Produktion elektrischer Energie die Rede, die gegen Ende des Jahrhunderts beginnt, oder vom Einfangen der Sonnenstrahlen, das der Zukunft gehört; auch nicht von der Entfesselung der im Atomkern gebundenen Energie, die der zweite Weltkrieg zur industriell greifbaren Möglichkeit gemacht hat. Aber mit der Ausnutzung der Energiequelle Erdöl hat ganz gewiß schon das 19. Jahrhundert begonnen: von knapp 100000 Tonnen im Jahre 1860 wuchs die Erdölproduktion der Welt bis 1900 auf 20,6 Millionen Tonnen an (1956: 840 Millionen).

Es ist nicht anders mit agrarischen Rohstoffen. Der neue Rohstoff Baumwolle, um den politische und Handelskriege ausgefochten wurden, hat die Textilwirtschaft der Welt umgestaltet und dem Lebenszuschnitt des 19. Jahrhunderts manch neuen Zug aufgeprägt.

Die Baumwollproduktion und die maschinelle Ausrüstung der Baumwollindustrie zeigen einen relativ langsamen Anstieg in der ersten Hälfte des Jahrhunderts, dem eine stürmische Expansion wenige Jahrzehnte später folgt. Darin spiegelt sich eine zweite Welle der industriellen Revolution, deren Schwergewicht in den Produktionsgüterindustrien liegt. Hier deutet sich auch schon ein weiteres Kennzeichen der industriellen Entwicklung an: ihre geographische Verlagerung. Entfällt in der ersten Jahrhunderthälfte der weitaus größte Anteil an der industriellen Produktion der Welt auf Großbritannien, so tritt in den sechziger Jahren ein merklicher Wandel ein: der britische Anteil fällt auf ungefähr die Hälfte der für die Welt ausgewiesenen Ziffern. Die rückläufige Entwicklung setzt sich in dem Maße fort, wie die Industriewirtschaft der Welt von einem neuen, immer bedeutsameren Faktor geprägt wird: den Vereinigten Staaten, deren Industriepotential dann ihren rapid steigenden Anteil an der Weltbevölkerung mit Riesenschritten überflügelt.

Wie aber steht es mit der anfänglich so akut empfundenen Sorge um den Nahrungsspielraum der Welt? Kein Zweifel: die Erzeugung der menschlichen Nahrung wächst lange nicht in demselben Tempo an wie die Gewinnung von Bergbauerzeugnissen oder die Produktion der verarbeitenden Industrien. Die ersten drei bis vier Jahrzehnte des Jahrhunderts sind sogar durch eine schwere Agrarkrise gekennzeichnet, und die Sanierung und Stabilisierung nimmt geraume Zeit in Anspruch. Danach – etwa von den sechziger Jahren an – nimmt die landwirtschaftliche Erzeugung stetig und recht erheblich zu. Die Gründe sind unverkennbar: Verbesserung der Technik, Veränderung der Anbaumethoden unter dem Einfluß der Agrikulturchemie, gewaltige Zunahme des Kunstdüngerverbrauchs, größere Verwendung von Maschinen. Der Bodenertrag beginnt rapid zu steigen.

In den siebziger und achtziger Jahren setzt zudem eine neue Entwicklung ein: die überseeische Getreideproduktion bemächtigt sich des Weltmarkts. Das erschwert zwar den Existenzkampf der europäischen Landwirtschaft und ruft Abwehrmaßnahmen hervor, wirkt sich aber im Ergebnis dahin aus, daß die Getreideerzeugung der Welt beträchtlich anschwillt. Die Weltweizenernte steigt von 50 Millionen Tonnen im Durchschnitt der Jahre 1866–1870 auf 58 Millionen 1876–1880, 65 Millionen 1886–1890 und 106 Millionen 1913 (später: 143 Millionen 1950, 162 Millionen 1957). Die Weltproduktion von Roggen, der seinen Rang als Hauptgetreide bereits vorher eingebüßt hat, wächst immerhin von 30 Millionen Tonnen 1866–1870 auf 39 Millionen im letzten Jahrfünft des Jahrhunderts.

Einen enormen Aufschwung erlebt die Zuckerwirtschaft. Obgleich dem Rohrzucker seit Anfang des Jahrhunderts im Rübenzucker eine gefährliche Konkurrenz erstanden ist, geht die Rohrzuckerproduktion der Welt steil in die Höhe: von 0,2 Millionen Tonnen 1852/53 auf 2,5 Millionen 1880/81 und 9,2 Millionen 1912/13. In der gleichen Zeit nimmt die Weltproduktion von Rübenzucker von 1,2 auf 1,8 und dann 8,1 Millionen Tonnen zu.

Die Zunahme der Versorgung der Welt mit pflanzlicher Nahrung und ihr Tempo sind um so charakteristischer, als sich die Zusammensetzung der Ernährung wesentlich verändert, jedenfalls in den von der Industrialisierung ergriffenen Teilen der Welt. Fleisch, Milch und Molkereiprodukte erschüttern allmählich die überragende Position der Kohlehydrate als Hauptbestandteil der menschlichen Nahrung. Die Viehbestände der Welt sind von 1830 bis 1911 um das Vier- bis Sechsfache gestiegen.

Vermehrung der Erdbevölkerung, Ausweitung des Lebensraums durch massive Besiedlung der fast unbevölkerten Kontinente Amerika und Australien, Erschließung unermeßlicher Naturschätze, Umstellung der Gütererzeugung auf völlig neue technische Grundlagen, vorher unvorstellbare Erweiterung der industriellen Produktion: all diese neuen Erscheinungen des 19. Jahrhunderts, die in einem so auffallenden Kontrast zu den mindestens in seiner Frühzeit weithin akzeptierten pessimistischen Vorstellungen stehen, haben das Gesicht der Welt in vielem verändert. Sie haben die Welt nicht nur größer und geräumiger gemacht, sondern sie auch enger zusammenrücken lassen. Eisenbahn und Dampfschiff haben Entfernungen überbrückt. Die Länder, die zum Bereich der industriellen Zivilisation gehören, sind nicht nur enger miteinander verflochten, sondern auch dichter an den übrigen Teil der Welt herangeführt worden.

Am deutlichsten kommt das in der Entwicklung des Außenhandels der Welt zum Ausdruck. Zwar liegen für die Zeit vor 1850 zuverlässige statistische Angaben über den internationalen Handel nicht vor, und noch weniger gibt es eine exakte Erfassung des Auf und Ab der Warenpreise, mit deren Hilfe aus dem Geldwert der Ein- und Ausfuhr der einzelnen Länder das wirkliche Außenhandelsvolumen ermittelt werden könnte. Doch sind immerhin Schätzungen und Berechnungen verfügbar, aus denen sich folgendes Bild ergibt:

Welthandel, Wert und Volumen

Jahr	Außenhandelswerte, in Milliarden DM umgerechnet		Wertanteil Europas	Volumenindex 1936 = 100	
	Welt insgesamt	Davon Europa	(%)	Welt insgesamt	Davon Europa
1720	1,76	1,24	70,4	.	.
1750	2,80	2,06	73,6	.	.
1780	3,72	2,74	73,6	.	.
1800	6,04	4,56	75,5	.	.
1820	6,82	4,98	73,0	.	.
1830	8,14	6,02	73,9	.	.
1840	11,46	8,16	71,2	.	.
1850	17,5	12,2	70,0	15	20
1860	31,3	21,5	68,7	.	.
1870	46,1	33,1	71,8	.	.
1880	63,8	44,9	70,4	.	.
1890	70,6	47,2	66,8	.	.
1900	82,2	54,2	65,9	56,5	70,6
1910	131,4	82,7	62,9	77,2	92,1
Zum Vergleich:					
1920	290,1	142,9	49,3	73,3	68,5
1938	114,2	61,1	53,5	102,5	104,0
1956	789,6	346,1	43,8	200,0	164,5

Sieht man zunächst von allen Preisveränderungen ab, die sich im jeweiligen Zeitraum für die einzelnen Länder ausgleichen, so ist unverkennbar, daß von den frühesten erfaßbaren Anfängen bis zu den achtziger Jahren des 19. Jahrhunderts der Anteil Europas am Welthandel mit geringen Schwankungen bei rund sieben Zehnteln stabil blieb. Erst am Ausgang des Jahrhunderts begann – offensichtlich im Zusammenhang mit dem Aufrücken der Vereinigten Staaten in die Position einer industriellen Großmacht – das erst langsame, dann beschleunigte Absinken des Anteils der europäischen Länder: von rund 70 Prozent 1880 auf 66 Prozent 1900 und 63 Prozent 1910. Verstärkt macht sich dann die Verlagerung des industriellen Schwergewichts nach Übersee nach dem ersten Weltkrieg bemerkbar.

Seit es mehr oder minder sichere Angaben über die wirtschaftliche Verflechtung der Welt gibt, kann man von Jahr zu Jahr die Ausdehnung der internationalen Handelsbeziehungen beobachten. Offensichtlich folgt sie der Industrialisierung der europäisch-amerikanischen Welt. Wertmäßig hat sich zwischen 1850 und 1890 der Außenhandel der Welt um das 4,7fache, der Außenhandel Europas um das 4,4fache erhöht. Allerdings darf hier die im großen und ganzen steigende Tendenz der Preise nicht unberücksichtigt bleiben. Versucht man, sie auszuschalten, so zeigt sich eine etwas geringere Steigerung.

Auch in der Entfaltung des weltwirtschaftlichen Zusammenhangs stellt sich das Zeitalter zwischen den ersten Revolutionen Amerikas und Frankreichs und dem Ausbruch des ersten Weltkriegs gleichsam als Vorspiel dar. Es verliert etwas von seinem Glanz als »klassisches« Jahrhundert des Fortschritts. Um so einprägsamer präsentiert es sich als eine Zeit der Vorbereitung. Aber ohne den Prolog ist die spätere Handlung schwer zu verstehen. Auch der Prolog hat seine eigene Dynamik, die sich erst in zeitlicher Ferne enthüllt.

Das Erbe des Merkantilismus

Nach unserem aus dem 19. Jahrhundert stammenden Geschichtsbild ist mit dem Beginn der politischen Revolutionen Kontinentaleuropas und dem Anbruch der industriellen Revolution eine Scheidelinie gezogen, die das Ende des Feudalismus bezeichnet. Nur darf man dabei nicht vergessen, daß mächtige Überreste feudaler Strukturen noch bis ins 20. Jahrhundert hineinragen, daß aber anderseits die Herrschaftsordnung, die den Revolutionsstürmen zum Opfer fiel, nicht mehr im eigentlichen Sinne feudal war.

In der voraufgehenden Epoche hatte fast überall in Europa die Königsmacht (in den englischen Revolutionen des 17. Jahrhunderts sogar schon in gewissem Rahmen die Macht der bürgerlichen Städte) über die Feudalherren gesiegt und sie um die politische Herrschaft und die gesellschaftliche Alleinherrschaft gebracht. In der Zeit der merkantilistischen Wirtschaftspolitik, in England also seit der zweiten Hälfte des 16., auf dem Kontinent seit dem 17. Jahrhundert, veränderte sich grundlegend die Struktur der feudalen Gesellschaft. Der Sieg der absoluten Monarchie setzte einen unabhängigen Militär- und Regierungsapparat voraus. An die Stelle der privaten Waffenaufgebote der Feudalen traten als ständige Einrichtung Söldner-, zum Teil sogar schon Dienstpflichtheere; ihr Offizierkorps, vielfach mit den Feudalschichten verwandtschaftlich verbunden, wuchs im Laufe der Zeit in eigenständige Machtpositionen hinein. In noch höherem Maße galt das von den durchweg der feudalen Oberschicht entstammenden Hofkreisen, aber auch von der Bürokratie.

In den oberen Staatspositionen des absolutistischen Staates gab es ebenso Angehörige der feudalen Oberschicht wie Söhne des grundbesitzenden Kleinadels, der aus der Gefolgschaft der Feudalherren hervorgegangen war; ebenso bildungsbeflissene Sprößlinge des städtischen großbürgerlichen Patriziertums wie fachlich vorgebildete »Räte« aus Schichten des kleinen und kleinsten Besitzes in Stadt und Land; Kirchenmänner ebenso wie Nachkommen von städtischen Familien, die seit Generationen im Hof- oder Staatsdienst gestanden hatten. So buntscheckig die soziale Herkunft der Bürokratie sein mochte, so einheitlich gestalteten sich mit der Zeit ihre Vorstellungen von den Aufgaben des »Staatsdieners« als eines gegenüber allen Privat- und Sonderinteressen einzelner Schichten und Gruppen »neutralen« und »unparteiischen« Faktors.

Das merkantilistische Prinzip der wirtschaftlichen Abschließung der Staatsgebilde mit dem Ziel der Ansammlung materiellen (möglichst in Edelmetalle umgesetzten) Reichtums innerhalb der nationalstaatlichen Grenzen brachte überdies eine Organisation der wirtschaftlichen Betätigung mit sich, die sich mit der Autonomie der feudalen Wirtschaftsgebilde nicht mehr vertrug. Eine Wirtschaftspolitik, die sich auf nationale Vermögensbildung und Versorgungsautarkie richtete, mußte nicht nur zur staatlichen Förderung einer bis dahin nur rudimentär vorhandenen gewerblichen Wirtschaft führen, sondern vor allem auch für die Durchführung staatswirtschaftlicher und staatspolitischer Vorhaben monopolartige Institutionen schaffen oder vorhandene Institutionen mit Ausschließlichkeitsrechten ausstatten – alles auf Kosten der Autonomie feudaler Stände. Dem von der kameralistischen Bürokratie verwalteten absolutistischen Staat mußten die Steuerprivilegien der Feudalherren, ihr Gerichtsbarkeitsprivileg, ihr Anspruch auf bäuerliche Abgaben auf die Dauer äußerst störend erscheinen. Die Bürokratie durchlöcherte die feudale Ordnung.

Die neuen Armeen mit ihrer veränderten Waffentechnik bedürfen der ständigen Versorgung mit Waffen und Munition, der Speicherung von Lebensmittelreserven. Industrien, die für das Militär Waffen und Bekleidungsgegenstände herstellen, sind ebenso wichtig wie die, denen die Fundamentierung der nationalen Wirtschaftsmacht, das heißt die Ausnutzung der einheimischen Naturschätze obliegt (Bergbau, Erzaufbereitung, Metallgewinnung). Die Finanzierung des Heeresbedarfs ist immer eine kostspielige Sache.

Mit der Trennung der Verwaltung von der Feudalherrschaft wächst aber auch die Hofhaltung der monarchischen Spitze. Um den Hof gruppiert sich eine Hofgesellschaft mit einem neuen Lebensstil: Mehrverbrauch an Konsumgütern weitet sich zum Luxusverbrauch. Für den Kleidungs- und Wohnungsluxus arbeiten, staatlich gefördert, besondere Industriezweige, die Fertigwarenimporte einsparen, aber erhöhte Rohstoffzufuhr verlangen. Die merkantilistischen Autarkiegebote schreiben für die Beschaffung von fremden Rohstoffen und Kostbarkeiten eigenen Kolonialbesitz und eigene Schiffahrt vor. Das fördert die Bekanntschaft mit exotischen Kulturen, erweitert die Konsumsphäre, verwandelt Luxuswaren in Bedarfsartikel und führt wiederum zu verstärkter Handelsaktivität und zur Schaffung neuer Industrien (Beispiel: Porzellanmanufaktur). Solche Dinge kosten allerhand und zwingen zum Ausbau der Verwaltungsmaschine. Eine neue Konfliktsebene: die Bürokratie hat gewiß nichts gegen größere Aktivität, aber wo soll sie das Geld hernehmen?

Das Interesse an der Sicherung der staatlichen Unabhängigkeit, an wirtschaftlichem Vorsprung vor anderen Staaten und daher auch an reibungsloser Finanzierung der Staatsausgaben ist der Bürokratie wichtiger als die Verteidigung der Macht und der Privilegien der Feudalen. Nicht nur mit der Förderung der gewerblichen Wirtschaft vertritt die Bürokratie das fortschrittlichere Interesse der Staatsmaschine gegenüber den feudalen Gewalten.

Sie muß auch für gesunde Staatsfinanzen, für ergiebige Rekrutierungsmöglichkeiten und für eine Hebung des allgemeinen Bildungsniveaus eintreten. Sie wird damit zur Verbündeten der städtischen Kleinbürger, auf die sich die neuen Gewerbe stützen; sie muß dem Dorf helfen, denn sie braucht Bauern als Steuerzahler und Bauernsöhne als Soldaten.

Je mehr die staatliche Bürokratie an der Schaffung solider Grundlagen für eine gesunde bäuerliche Wirtschaft interessiert ist, um so mehr gerät sie in Konflikt mit den Feudalgewalten. Am Vorabend der Revolutionsära zeigen sich manche bürokratischen Schichten als Nährboden fortschrittlicher, reformerischer Ideen. Die Juristen der französischen Staatsverwaltung bremsen die Willkürherrschaft und höfische Korruption der monarchischen Staatsspitze; die Räte der preußischen Verwaltungskollegien entwerfen und propagieren weitgehende Staats- und Verwaltungsreformen. Von den Spitzen der Bürokratie gehen zersetzende Wirkungen aus, die auch Teile des grundbesitzenden Adels, der Geistlichkeit, der bürgerlichen Bildungsschichten ergreifen. Das *Ancien régime* ist innerlich ausgehöhlt, bevor es von außen berannt wird.

Die produktionstechnischen Grundlagen der merkantilistischen Gesellschaft verändern sich frühzeitig mit dem Vordringen maschineller Herstellungsverfahren in der gewerblichen Wirtschaft. Seit der Renaissance reißen Experimente in der Konstruktion von Maschinen und der Erarbeitung neuer Arbeitstechniken nicht mehr ab. Seit 1624 gibt es in England ein Patentrecht, das vor allem Erfindungen in der Eisengewinnung und der Glasindustrie schützt. Ende des 17. Jahrhunderts entdeckt Robert Boyle physikalische Eigenschaften der Gase, aus denen das Prinzip der Dampfmaschine abgeleitet werden wird. Aus den Kolonien kommen Rohstoffe, deren Verarbeitung neue Aufgaben stellt. Nach England verpflanzt, lösen die primitiven indischen Methoden der Baumwollverarbeitung endlose Konstruktionsbemühungen um Vorrichtungen und Werkzeuge aus, die Handarbeit durch mechanische Kraft ersetzen sollen. Der gewaltige Verbrauch von Holz für Heizungszwecke, für Wärmeentwicklung in der Produktion, für Bauwerke, Werkzeuge und Betriebsanlagen zehrt Englands Wälder so sehr auf, daß nur noch Einfuhr helfen kann, aber die Amerikanische Revolution stellt die bequeme und billige Kolonialeinfuhr in Frage. Als Ersatz für Holz muß mehr Kohle und Eisen gewonnen werden.

Bastille

Das sind noch Ausläufer des merkantilistischen Systems. Erst die politischen Umwälzungen am Ausgang des 18. Jahrhunderts schaffen einen neuen gesellschaftlichen Rahmen für die Entfaltung des technischen Potentials.

Mit der Aushöhlung der feudalen Ordnung durch die merkantilistische Gewerbeförderungs- und Metallhortungspolitik der absoluten Monarchien hatten sich gesellschaftliche Konflikte gehäuft, die das politische Gefüge erschütterten. Trotz sporadischer Förderung durch den Staat war eine gesunde Entwicklung der bäuerlichen Landwirtschaft im Rahmen des Feudalsystems nicht zu erreichen. Sie scheiterte am Recht des Grundherrn, für die Benutzung von Mühlen und Backöfen Abgaben zu erheben, am grundherrlichen Brauerei- und Ausschankmonopol und anderen Monopolrechten, die die Bauern ausspreßten.

Zu einem erheblichen Teil wurden die Großgüter gar nicht mehr von ihren Besitzern bewirtschaftet, sondern von Zwischenpächtern verwaltet, die sich – in England nicht anders als in Frankreich – vorwiegend damit beschäftigten, die bäuerlichen Abgaben einzutreiben. Die kapitalarme Bauernwirtschaft war für die Beschaffung von Betriebsmitteln, Saatgut und Vieh auf Kredit angewiesen; davon profitierten verschiedene Typen von Wucherern: Großbauern, Händler, Gastwirte, Schlächter. Weiterhin zu Frondiensten oder Pachtabgaben verpflichtet und zur Benutzung des grundherrlichen Bodens nur gemeinschaftlich zugelassen (Flurzwang, Allmende), blieben die Bauern an eine kollektive Betriebsweise gebunden, die eine intensive Bodenbebauung verhinderte.

Stagnierende Landwirtschaft bei gleichzeitiger staatlicher Gewerbeförderung und wachsendem Hof- und Heeresaufwand bedeutete, daß Staatsausgaben stiegen und Staatseinnahmen sanken. Staat und Privatwirtschaft träumten von großen Gewinnen, die alle Probleme lösen würden; Luftprojekte aller Art verschlangen viel Geld und – platzten wie Seifenblasen. In gewerblich höherentwickelten Ländern, denen auch noch Reichtümer aus den Kolonien die Finanzierung der Staatsausgaben erleichterten, blieb es (so in England) bei privatwirtschaftlichen Fehlinvestitionen. In Frankreich, einem Land mit geringerer Kolonialausbeute und größeren Ansprüchen einer unproduktiven Oberschicht, ruinierten solche Abenteuer den Staat. Auf solchem Boden gedeihen Revolutionen.

Sein werdendes Kolonialreich in Kanada und Indien hatte Frankreich an England verloren. Ein 1786 abgeschlossener französisch-englischer Handelsvertrag, der der königlichen Privatkasse eine Anleihe einbrachte, hatte der englischen Industrie den französischen Markt erschlossen und der gewerblichen Wirtschaft der französischen Städte erheblichen Schaden zugefügt. Schließlich litt die Bevölkerung darunter, daß die knapp fließenden Steuern nicht vom Staat, sondern von skrupellosen Steuerpächtern erhoben wurden.

War es die Kombination all dieser Faktoren, die den Sturm auf die Bastille unausweichlich machte? Hatte die politische und intellektuelle Gärung in den Reihen der Bürokratie und der Aristokratie die Widerstandskraft des Regimes zunichte gemacht? War die englische Konkurrenz der entscheidende Anlaß, der das städtische Bürgertum zur Revolte trieb? Jedenfalls fegte der Sturm über Nacht die alte Ordnung hinweg. Was folgte, war eine katastrophale Inflation mit völligem Staatsbankrott, wirtschaftlicher Lähmung und allgemeiner Not. Einen Ausweg schienen nur revolutionäre Eroberungsfeldzüge zu bieten.

Die neue Staatsgewalt hatte inzwischen ihr Gesicht verändert. Der Sturm – mit aller Zerstörung und allem Schrecken – hatte nur fünf Jahre gedauert. Die Zerstörer des Alten waren gefallen. Die Konsolidierung des Neuen wurde von ihren Nachfolgern im Rahmen einer verschärften merkantilistischen Politik angestrebt: autarke Wirtschaftsführung im großen kontinentalen Raum, großzügige staatliche Förderung der Wissenschaft und Technik, Finanzierung neuer Industriegründungen, Stabilisierung einer von allen Hörigkeitsfesseln befreiten, finanziell entlasteten und durch Landkauf gefestigten Bauernschaft.

Die schon 1789 durchgeführte Aufhebung der Wuchergesetze hatte den Ausbau eines zwar reichlich spekulativen, aber dafür um so beweglicheren Kreditsystems ermöglicht.

Zwei Jahre später waren die Zünfte liquidiert und die volle Gewerbefreiheit hergestellt worden. Der industriellen Initiative waren die Behinderungen der ständischen Ordnung aus dem Wege geräumt. Die aufblühenden Naturwissenschaften kamen der Eisengewinnung, den Farbstoffindustrien und der Textilverarbeitung zugute. In der Eisengewinnung nahm Frankreich 1807 mit einer Jahresproduktion von 225000 Tonnen gleich die zweite Stelle nach England (250000 Tonnen) ein. Jacquards mechanischer Webstuhl gab namentlich der Seidenindustrie einen mächtigen Auftrieb. Auf die Entdeckungen von Berthollet und Chaptal folgte der Aufschwung einer pharmazeutischen Industrie. Neue Verfahren eröffneten allenthalben neue Möglichkeiten industrieller Betätigung.

Die industrielle Revolution war in Gang gekommen, energisch gefördert von einem Staatsapparat, der zwar radikal umgebaut worden, dessen tragender Pfeiler aber eine in ihrer Zusammensetzung wenig veränderte Bürokratie geblieben war. Sie hatte ihre merkantilistischen Wirtschaftsprinzipien in die nachrevolutionäre Ära hinübergerettet.

Industrielle Revolution

Trotz allen Fortschritten der gewerblichen Wirtschaft und trotz aller Schrumpfung der landwirtschaftlichen Produktion war England zu Beginn der revolutionären Ära noch ein Land des handwerklichen Betriebs. Als die Bibel der kapitalistischen Nationalökonomie, Adam Smith' »Reichtum der Nationen«, erschien, übrigens im selben Jahr, in dem die amerikanische Revolution die Unabhängigkeit der Kolonien verkündete, war die kapitalistische Fabrik noch eine Seltenheit, die Maschinentechnik in ihren Anfängen und das Zeitalter der Eisenbahnen noch nicht einmal ein Traum. Aus dem handwerklichen Kleinbetrieb war zwar schon die arbeitsteilige Manufaktur hervorgegangen, und große Massen strömten bereits in die später millionenköpfigen Industriezentren, aber weitgehend herrschte noch Handarbeit vor.

Seit anderthalb Jahrhunderten war indes die Landflucht nicht mehr zum Stillstand gekommen, und von neuem wurde seit Mitte des 18. Jahrhunderts das einst für Ackerbau und Gemeindeweide verfügbare Land eingehegt, nicht nur der Schafzucht zuliebe. Schritt für Schritt behauptete sich der rationalisierte Großbetrieb mit Fruchtwechselfolge und kapital- und arbeitsintensiverer Bodenbebauung. In der Zeit der Koalitionskriege (1793–1815) wurde der Ausfall des Importgetreides durch Erweiterung der Getreideanbaufläche wettgemacht; nach Aufhebung der Kontinentalsperre kam mit dem Zwang zu intensiverer Wirtschaft erneutes Bauernlegen.

Die ruinierte Bauernwirtschaft stellte ein Überangebot an Arbeitskräften, die vom Gewerbe absorbiert werden, auswandern oder der Armenpflege zur Last fallen mußten. Diese Masse billiger Arbeitskräfte ermöglichte die industrielle Expansion, die aber auch deswegen auf der Tagesordnung stand, weil das merkantilistische System mit dem Abfall der amerikanischen Kolonien in ernste Gefahr geraten war. Die einheimischen Produktionsgrundlagen mußten verbessert werden.

Der von James Watt 1764 entwickelten (allerdings erst ab 1786 industriell verwertbaren) Dampfmaschine folgte im selben Jahr Hargreaves' »Jenny«, das Spinnrad mit mehreren Spindeln, dann 1768 Arkwrights mit Wasserkraft betriebene Spinnmaschine, 1779 Cromptons »Mule« für Feinspinnerei, 1786 Cartwrights mechanischer Webstuhl, 1803 eine verbesserte Webmaschine, schließlich 1825 die automatische Selfaktor-Feinspinnmaschine. In Lancashire und Yorkshire entstand eine Textilindustrie, bereits in Großunternehmungen betrieben. Zur Verarbeitung wurden nach England 1780 nicht mehr als 8000 Tonnen Baumwolle eingeführt; bis 1830 stieg die Einfuhr auf 100 000 und bis 1849 auf 340 000 Tonnen. Was sich da vollzog, war nicht nur eine technische, sondern auch eine gesellschaftliche Revolution: die »Proletarisierung«, die Verwandlung unzähliger Männer, Frauen und Kinder in Fabriksklaven bei miserabler Bezahlung und faktisch ohne Begrenzung der Arbeitszeit. Ein Arbeitszeitgesetz von 1802 sah einen Normalarbeitstag von fünfzehn Stunden vor; erst 1833 verfügte der Staat die Begrenzung der Arbeitszeit von Kindern und Jugendlichen.

Nur im Maschinenbetrieb möglich, ging der steile Aufstieg der Textilindustrie Hand in Hand mit dem Vormarsch von Steinkohle und Eisen. In Hochöfen wurde nicht mehr Holzkohle, sondern Koks verbrannt, und damit begann die neuere Entwicklung der Kohleverwertung (Leuchtgas!) und der Eisenchemie. Die englische Steinkohlenproduktion, die 1780 nur 6,4 Millionen Tonnen betragen hatte, erhöhte sich bis 1826 auf 21 und bis 1846 auf 44 Millionen Tonnen. Der erhöhte Brennstoffbedarf ergab sich nicht lediglich aus der Ausdehnung der Textilwirtschaft und anderer verarbeitender Industrien, sondern vor allem auch aus der revolutionärsten Errungenschaft dieser industriellen Frühzeit: der Eisenbahn. Schon 1803 wurde die erste Lokomotive für den Bergbau gebaut; 1829 lief die erste Dampfeisenbahn zwischen Manchester und Liverpool.

Man brauchte Eisen, mehr und mehr Eisen. Das Puddelverfahren (1784) hatte die Gewinnung von schmiedbarem und walzbarem Roheisen möglich gemacht. Im Jahre 1788 belief sich Englands nun schnell zunehmende Eisengewinnung noch auf 68 000 Tonnen. Bis 1806 stieg sie auf eine Viertelmillion, bis 1825 auf eine halbe Million Tonnen. Dann nahm die Produktion Jahrzehnt um Jahrzehnt in großen Sprüngen zu: eine Million Tonnen 1835, zwei Millionen 1846, drei Millionen 1855. Kohle und Eisen wirkten als Katalysator. Die vielgestaltigsten Zweige des Maschinenbaus kamen empor. Es gab hydraulische Pressen, es gab Dresch- und Schneidemaschinen für die Landwirtschaft. Es gab neue Baustoffe: ab 1796 Romanzement, ab 1824 Portlandzement.

Wer hier zwangsläufige Verkettungen von Ereignissen sehen will, darf sich fragen, warum dieselbe Automatik nicht fünfzig Jahre früher eingesetzt hat. Erst bei näherem Zusehen zeigt sich die nachhaltige Wirkung politischer Geschehnisse. Die Revolution der amerikanischen Engländer hatte die englische Oberschicht daheim, ein etwas schwerfälliges Mischgebilde aus verbürgerlichten Abkömmlingen feudaler Grundherren und geadelten Großkaufleuten, Seeräubern und Kolonisatoren, aus einer langen Lethargie aufgescheucht. Und die Französische Revolution mit ihrem großangelegten Versuch, die englische Wirtschaft vom Kontinent zu vertreiben, ja, England auszuhungern, gab den entscheidenden Anstoß zu einer Abwehrpolitik, die ein späteres Zeitalter mit dem Namen »wirtschaftliche Mobilmachung« bedacht hätte.

Schwarzwälder Glasbläserei
Aus dem Gemälde von Michael Dilger, um 1820. Freiburg i. Br., Augustinermuseum

Die Abriegelung Kontinentaleuropas bewirkte das genaue Gegenteil dessen, was sie hatte bewirken sollen. Auch wenn die Kontinentalsperre eine völlige Verdrängung der englischen Industrie von den europäischen Märkten nicht zustande brachte, zwang sie die englische Wirtschaft zu gewaltigen Produktionsanstrengungen im Inland und zum intensivsten Ausbau ihrer kolonialen Versorgungsquellen und ihres überseeischen Handels. Englands Gesamteinfuhr, die 1793 18,7 Millionen Pfund betragen hatte, war bis zum Ende des Krieges auf jährlich über 60 Millionen gestiegen, ebenso die Ausfuhr von 20,3 Millionen Pfund im Jahre 1793 auf 65 Millionen 1815. Nur im Lichte dieses politisch bedingten Ausbaus der englischen Weltreichsposition ist das Galopptempo der Industrialisierung zu verstehen.

Einer Bauernbefreiung hatte es in England für den Erfolg der industriellen Revolution nicht bedurft. Die rechtliche Hörigkeit der Bauern gehörte der Vergangenheit an, und ihre wirtschaftliche Hörigkeit zerbrach, als das Vordringen des landwirtschaftlichen Großbetriebes sie in die Stadt trieb. Die entscheidende Voraussetzung der industriellen Entwicklung, die in großen Teilen Kontinentaleuropas erst erkämpft werden mußte: Verfügbarkeit freier Arbeitskräfte, war von vornherein gegeben. Die Bevölkerung Großbritanniens, die zwischen 1750 und 1800 von 7,9 auf 10,9 Millionen, also um nicht ganz 39 Prozent, angewachsen war, stieg bis 1850 auf fast 21 Millionen, um über 91 Prozent.

In keinem anderen Land hatte die Vernichtung der Landwirtschaft und die Freisetzung ländlicher Bevölkerungsüberschüsse so rapide Fortschritte gemacht. Die gleichzeitige Expansion der Textilindustrie, der Montanwirtschaft und des aufstrebenden Maschinenbaus führte zur Zusammenballung von Arbeitskräften in immer größeren Industriebetrieben. Die neue Unternehmerschaft rekrutierte sich aus verschiedenen Schichten, größtenteils aus Kreisen der städtischen und ländlichen Klein- und Kleinsteigentümer, der bessergestellten freien Bauern und der städtischen Handwerker. Ihr sprunghafter Aufstieg zu Reichtum und gesellschaftlicher Macht machte sie wagemutig, unternehmungslustig und skrupellos.

Der industrielle Aufbau vollzog sich unorganisiert, unkontrolliert und unreguliert. Mit auffallender Regelmäßigkeit brachen allumfassende Wirtschaftskrisen aus: mit schweren Zusammenbrüchen, Bankrotten, Betriebsstillegungen, Massenarbeitslosigkeit. In fast kalendermäßig vorgeschriebener Abfolge kamen die Kriseneinbrüche 1825/26, 1836/37, 1846/47, 1857 und 1866. Auch in den Prosperitätsjahren waren bis weit in die zweite Hälfte des Jahrhunderts die Löhne niedrig, Arbeitszeit und Arbeitsbedingungen unmenschlich. Gerade erst volljährig geworden, schien der Kapitalismus unfähig, die von ihm mobilisierten wirtschaftlichen Energien zu beherrschen und zu regulieren, die Menschen, deren Arbeitskraft sein Lebenselixier war, am Leben zu erhalten. So sahen es Marx und Engels 1847 im »Kommunistischen Manifest«. So sah es fast überall die erwachende Arbeiterbewegung.

Die Borsigsche Werkstatt am Oranienburger Tor in Berlin
Aquarell von Eduard Biermann, 1847. Berlin, Borsigscher Familienbesitz

Nächtliche Ansicht des Hochofenwerks in Johanngeorgenstadt im Erzgebirge
Stich von P. Skerl. Dresden, Graphische Sammlung

Klassischer Kapitalismus?

Die drückenden Lebensbedingungen der arbeitenden Massen lösten ständig soziale Gärung, wiederholte Unruhen, blutige Zusammenstöße aus. Die Verdrängung der menschlichen Arbeit durch die Maschine hatte im Anfang »Maschinenstürmer«-Aufstände, später organisierten Widerstand gegen die uneingeschränkte Kommandogewalt der industriellen Unternehmer zur Folge. Seit 1799 war jede Kampforganisation der in Fabriken Arbeitenden verboten; unter dem Druck zunehmender Unruhen und Gewalttätigkeiten wurde das Verbot 1824 aufgehoben. Eine gesetzliche Arbeitszeitregelung führte 1847 den zehnstündigen Maximalarbeitstag für Frauen und Jugendliche ein; 1850 folgten Bestimmungen, die längere Arbeitszeit auch für erwachsene männliche Arbeitskräfte außerordentlich erschwerten. Praktisch war der Zehnstundentag zur allgemeinen Regel geworden. »Das Zehnstundengesetz«, schrieb Marx in der »Inauguraladresse« der Ersten Internationale, »war der Sieg eines Prinzips; zum erstenmal hatte die politische Ökonomie der Arbeiterklasse einen Sieg erfochten über die politische Ökonomie der Bourgeoisie.«

Das war nicht ohne den Druck einer zutiefst verzweifelten, aufbegehrenden Masse geschehen. Aber keine organisierte Aktion der Arbeiter hatte das Unternehmertum in die Knie gezwungen. Trotz Aufhebung des Koalitionsverbots war in der Zeit des größten Arbeiterelends – in den dreißiger und vierziger Jahren – von einer echten gewerkschaftlichen Organisation keine Rede. Die in die Industrialisierung hineingezogenen Massen hatten weder eine Tradition fabrikmäßiger Arbeit noch organisatorische Gewohnheiten entwickelt. Ihr Protest gegen Daseinsnot und drückende Arbeitslast ergoß sich in unorganisierte Aktionen oder verstärkte bestenfalls das Echo der von anderen Kreisen ausgehenden Agitation für demokratische Rechte und staatsbürgerliche Freiheiten. Eine erste Wahlrechtsreform war 1832 zustande gekommen: sie sicherte den wachsenden Städten eine Vertretung im Parlament und erweiterte die Reihen der Wahlberechtigten, ließ jedoch die Masse der Kleinbürger und Arbeiter leer ausgehen. In der zweiten Hälfte der dreißiger Jahre wurde der Chartismus, unter dessen Fahnen sich weite Kreise des minderbemittelten Bürgertums im Kampf um ein besseres Wahlrecht zusammengefunden hatten, zum Auffangbecken für den sozialen Protest der Arbeitermassen.

In den folgenden Jahren verflocht sich die Agitation der Chartisten mit dem Kampf gegen den Getreidezoll, den die von Textilfabrikanten geführte Anti-Corn Law League entfacht hatte, und auch diese Bewegung fand Anklang unter den Arbeitermassen. Sie erfocht einen ansehnlichen Erfolg mit der 1842 vorgenommenen gewichtigen Zollsenkung und – versandete. Die schwere Wirtschaftskrise von 1846/47 verschärfte zwar die Unruhe, aber mit der wirtschaftlichen Belebung, den Auswirkungen des Zehnstundentages und der langsam beginnenden Hebung der Lebenshaltung der Arbeiterschaft flauten die Proteststimmungen ab, ohne von neuen Massenbewegungen der Arbeiter abgelöst zu werden. Wenn die Sozialgesetzgebung tatsächlich ein »Prinzip der Arbeiterklasse« in die Wirklichkeit einführte, so war dieser Sieg des Prinzips nicht von den Arbeitern erkämpft worden. Den Wahlrechtskämpfen waren echte Erfolge erst Jahrzehnte später beschieden. Das allgemeine Wahlrecht kam 1884, auch wieder nicht als Resultat einer Kampfaktion der Arbeiter.

Den Aufstieg der Gewerkschaften brachte die internationale Konjunktur, die auf den Krimkrieg und die Wirtschaftskrise von 1857 folgte. Erst seit den sechziger Jahren nahm die Gewerkschaftsbewegung eine beschleunigte Entwicklung. Sie erlangte 1871 die gesetzliche Anerkennung und wuchs am Ausgang des Jahrhunderts zu einer Millionenorganisation heran. Aber es dauerte noch Jahre, ehe aus ihrem Schoß eine Arbeiterpartei hervorging.

Welch krasser Gegensatz zur kontinentalen Entwicklung, die die Marxsche Voraussage von der revolutionären Mission einer aus den Klassengegensätzen des Kapitalismus geborenen Arbeiterbewegung viel eher zu bestätigen schien! War aber nicht gerade England das »klassische« Land des Kapitalismus, fast frei von der auf der kontinentalen Gesellschaft schwer lastenden Hinterlassenschaft der Feudalzeit und längst nicht mehr im Banne der erbitterten Auseinandersetzung mit dem Unterdrückungsapparat eines absolutistischen oder halbabsolutistischen Staates? Hatte nicht Marx selbst (im Vorwort zum ersten Band des »Kapital«) England als die »klassische Stätte« der kapitalistischen Produktionsweise bezeichnet und gesagt, »das industriell entwickeltere Land« zeige »dem minderentwickelten nur das Bild der eigenen Zukunft«? Ergab sich der betont revolutionäre, betont sozialistische Charakter der kontinentalen Arbeiterbewegung vielleicht nicht aus der »Entwicklung der kapitalistischen Produktion«, sondern aus dem, was Marx den »Mangel ihrer Entwicklung« nannte, aus der »Fortvegetation altertümlicher, überlebter Produktionsweisen mit ihrem Gefolg von zeitwidrigen gesellschaftlichen und politischen Verhältnissen«?

Das auffallende Auseinanderklaffen der englischen und der kontinentalen Entwicklung läßt es ratsam erscheinen, das, was am englischen Modell »klassisch« ist, aus landläufigen Mißverständnissen herauszulösen. Zu solchen Mißverständnissen gehört die Vorstellung, daß der englische Kapitalismus deswegen »das Bild der Zukunft« zeige, weil er sich in völliger Autonomie unbehinderter Konkurrenz auf dem Markt ohne jede verfälschende oder seine innere Gesetzlichkeit abbiegende Dazwischenkunft des Staates entwickelt habe.

Eine solche Deutung der Entwicklung vernachlässigt Entscheidendes. Von den Anfängen der industriellen Ära an, ja, schon seit der Frühphase des Merkantilismus beruht alle englische Handelspolitik auf dem fast vollständigen Seehandelsmonopol der englischen Flotte. Dies Monopol war nicht nur kein Hindernis, sondern umgekehrt der eigentliche Motor der Außenhandelsstrategie, die sich auf die Rohstoffeinfuhr aus überseeischen Kolonien und den Industrieexport überallhin orientierte. Selbstverständlich hatten politische, staatliche Maßnahmen dazu geführt, daß England die Meere beherrschte, und selbstverständlich lag in dieser Beherrschung der Meere ein gewichtiges protektionistisches Moment. Mochte diese politisch-militärische Monopolposition später durch rein ökonomische Mittel – etwa die monopolistische Belieferung fremder Flotten und fremder Industrien mit englischer Kohle – aufrechterhalten werden, so blieben doch auch die ökonomischen Machtmittel das Produkt früherer Staatsintervention: der Industrieförderung im merkantilistischen System.

Unverkennbar ist der Anteil der Politik an der Entstehung und Entwicklung des englischen Kapitalismus und des englischen Industriepotentials. Beides wäre ohne die lange Geschichte der britischen Kolonialpolitik gar nicht vorstellbar. Nachdem die nationale Industrie im politischen und ökonomischen Gefüge des Weltreichsystems verankert und in ihren Existenzgrundlagen geschützt war, konnten im Innern die Maximen des *Laisser-faire*, des Nichteingriffs des Staates in die Wirtschaftssphäre, propagiert werden.

Allerdings hat auch in der inneren Wirtschaftspolitik das *Laisser-faire*-Prinzip nie ohne erhebliche Einschränkungen gegolten. Auch vor der Arbeitszeitgesetzgebung von 1847 und 1850 existierten Fabrikgesetze. Vor allem existierte ein staatlicher Apparat, der über die Befolgung sozialpolitischer Gesetze zu wachen hatte: die Gewerbeaufsicht. Die sorgsam veröffentlichten detaillierten Berichte der Fabrikinspektoren (die Marx im ersten Band des »Kapital« zum großen Teil als Anklagematerial gegen die Ausbeutungspraxis des Kapitalismus dienten) hatten einen nicht geringen Anteil am Zustandekommen der Sozialgesetzgebung. Sie beeinflußten die öffentliche Meinung, das Parlament, die an der Gesetzgebung beteiligten Regierungsstellen. Offensichtlich waren die Fabrikinspektoren, diese »sachverständigen, unparteiischen und rücksichtslosen Männer«, wie Marx sie nennt, keine Sachwalter kapitalistischer Interessen, sondern vom Staat bestellte Kontrollbeamte, die auf diese Interessen keine Rücksicht nahmen. Von ihnen aber sind Reformen ausgegangen, die die Alltagswirklichkeit des kapitalistischen Betriebes umwälzten.

Gewiß hat nach der Krise von 1857 die Gunst der wirtschaftlichen Gesamtlage, die die Lebensbedingungen der Arbeiter verbesserte und gewerkschaftliche Erfolge erleichterte, England der Notwendigkeit enthoben, eine allumfassende Sozialgesetzgebung zu erlassen. Viele Eingriffe, die auf die Kostenkalkulation der Betriebe einwirken und die Konkurrenzbedingungen auf dem Markt entscheidend verschieben, wie etwa Sozialversicherung, progressiv gestaffelte Steuern, Subventionierung notleidender Wirtschaftszweige und dergleichen mehr, gehören zwar einer späteren Zeit an. Nichtsdestoweniger weist Englands »klassischer« Kapitalismus auch schon in seiner Werdeperiode eine weitgehende Mitwirkung des Staates, der Politik, der Staatsbürokratie an der Gestaltung der Bedingungen wirtschaftlicher Betätigung auf. Auch im »klassischen« Modell sind Elemente enthalten, die die Entscheidung des Unternehmers an politisch Vorgegebenes binden.

Politik mischt sich ein

Die entscheidenden Impulse zur breitspurig verlaufenden industriellen Revolution waren zu Beginn des Jahrhunderts von revolutionären Entwicklungen außerhalb Englands ausgegangen. Der politische Gesamtkomplex der Napoleonischen Kontinentalsperre diktierte die nächsten Etappen der Industrialisierung. Die Sperre kam einer turmhohen Schutzzollmauer gleich. Dazu wurden zwischen 1808 und 1816 direkte Subventionen in Höhe von 49 Millionen Pfund in die Industrie hineingepumpt. Umgekehrt dürften die Kosten der Industriebetriebe dadurch in die Höhe getrieben worden sein, daß die Tee-, Zucker- und Tabakabgaben in der Blockadezeit nicht weniger als siebenmal heraufgesetzt wurden. Ab 1799 gab es auch noch für Einkommen über 200 Pfund eine zehnprozentige Einkommensteuer. (Sie wurde erst 1816 abgeschafft und kam 1842 in einer anderen Form wieder.)

Ab 1816 trug dann die Industrie die Last des Schutzzolls auf Getreide, der endgültig erst 1846 verschwinden sollte. Für Industriewaren war das Bild etwas bunter: Einfuhrverbote,

Einfuhrzölle auf Rohstoffe, Halbzeug und Fertigfabrikate, bei manchen Waren sogar Ausfuhrzölle. Mitte der zwanziger Jahre fielen verschiedene Einfuhrverbote und prohibitive Zölle. Eine gründliche Zollreform wurde von 1842 bis 1846 etappenweise vorgenommen, und 1853 wurden schließlich die letzten englischen Zölle beseitigt.

Auch die neue Industrialisierungsphase, die nun im Zeichen des Freihandels stand und deren Dynamik Tempo und Richtung der industriellen Entwicklung bis zum Ende des Jahrhunderts bestimmen sollte, wäre ungeachtet all ihrer privatwirtschaftlichen Merkmale ohne staatliche Sanktionierung und Förderung nicht möglich gewesen. Kohlenbergbau, Eisen- und Stahlindustrie, Fahrzeug- und Maschinenbau, alle Zweige der Metallverarbeitung, auf lange Sicht auch die gerade erst im Keimansatz entstehende Elektrotechnik: sie alle empfingen den entscheidenden Antrieb vom fast epidemischen Eisenbahnbau. Nun wurde zwar der Bau der Eisenbahnen in England privat finanziert und von privaten Aktiengesellschaften durchgeführt, und der Eisenbahnbetrieb ist bis in die allerneueste Zeit in privaten Händen geblieben; aber die Errichtung der Bahnanlagen, die Festlegung der zu bauenden Strecken, die Freigabe des Bahngeländes, der Bau der Bahnhöfe, die Verkehrsvorschriften und später auch die Tarife bedurften der staatlichen Genehmigung. Der Bau der einzelnen Strecken mußte vom Parlament beschlossen werden. Aktienemissionen der Eisenbahngesellschaften wären gegen den Widerstand der Staatsgewalt kaum denkbar gewesen. Ihr Erfolg hing vom Wohlwollen der Banken und der Presse ab, das in England das Einverständnis der politisch maßgeblichen Kreise voraussetzte. Die öffentliche Hand spielte überall mit, und sei es auch nur als unentbehrlicher Kiebitz.

Von kaum geringerer Bedeutung für den ununterbrochenen industriellen Aufschwung des Landes waren das Gleichgewicht der Staatsfinanzen und die Stabilität der Währung. Zu Beginn des Jahrhunderts war die Staatsschuld gewaltig, aber als das einzige Land mit reiner Goldwährung und großen Goldreserven konnte sich England auch Schulden erlauben. Es konnte, ohne seine finanzielle Position zu gefährden, die Einlösung der Noten während der Kontinentalsperre einstellen; es konnte sie, ohne das Dahinschwinden des Goldbestandes zu befürchten, bald wiederaufnehmen. Es ist bis nach dem ersten Weltkrieg bei der Goldwährung geblieben. Natürlich war dabei wichtig, daß es im Kolonialreich genug ergiebige Goldgruben gab und daß sogar neue hinzukamen. Darauf ließ sich nicht nur der Schutz der Währung aufbauen, sondern auch die Position der Londoner City als Finanzzentrale der Welt begründen. Selbstverständlich ruhte die für die Wirtschaft so wesentliche Währungspolitik der Bank von England, der seit 1844 das ausschließliche Notenprivileg zustand, trotz ihrer weitgehenden Autonomie auf politisch-staatlichen Fundamenten. Die Kontinuität der Kolonial- und Weltreichspolitik blieb das Primäre.

Staatliche Beteiligung, Förderung, Finanzierung oder Kontrolle war, so wichtig sie sein mochte, kein öffentlicher Streitgegenstand, ja, noch nicht einmal Gegenstand öffentlichen Interesses, solange sie mit den Bedürfnissen der Privatwirtschaft nicht kollidierte. Nur wenn der Staatseingriff – wie etwa bei der Arbeitszeit- oder Arbeiterschutzgesetzgebung – private Interessen verletzte, war er umkämpft, wurde er als Verstoß gegen Brauch und Sitte angeprangert. In Wirklichkeit war in England, wo sich das merkantilistische System besonders früh etabliert, besonders lange gehalten, die Feudalordnung so gut wie völlig entthront und große Ruhmestaten von historischem Prestigewert vollbracht hatte, die Nichteinmischung des Staates eine Propagandafiktion, seine Einmischung bewährte Praxis.

Historisch entscheidend war, daß die industrielle Revolution und die Allmacht der Maschine in England zu einer Zeit einzogen, da das Feudalsystem schon lange zerschlagen war. Die ökonomischen Grundlagen des Weltreichsystems hatten sich im Zeitalter des Merkantilismus herausgebildet. Den Übergang vom merkantilistisch geförderten Gewerbe zur modernen kapitalistischen Fabrik erleichterten nicht nur die Erträgnisse des Kolonialreichs, sondern auch ein festgefügtes System der staatlichen und gemeindlichen Verwaltung und ein schon in der merkantilistischen Zeit ausgebauter stabiler Banken- und Kreditapparat. Das neue industrielle Unternehmertum hatte keine zu großen Schwierigkeiten, mit einer verstädterten Großgrundbesitzer- und Hofwürdenträgerschicht ebenso wie mit der fest zementierten Oberschicht der Bürokratie zusammenzuwachsen. Zu diesem Wandel in der herrschenden Elite hatte es keines revolutionären Umsturzes bedurft. Das Parlament hatte langsam, schrittweise seine Zusammensetzung geändert: von der Mitte des Jahrhunderts an hatte sich das Schwergewicht immer mehr vom ländlichen zum städtischen Besitz verschoben.

Die schon in der merkantilistischen Zeit starke Bürokratie, in der die von Erbansprüchen ausgeschlossenen »jüngeren Söhne« des grundbesitzenden Adels die Tonart, städtisch-bürgerliche Berufsbeamte aber die nüchterne Büropraxis bestimmten, war in das Industriezeitalter mit einer eigenen Note hineingewachsen. Sie war dem industriellen und naturwissenschaftlichen Fortschritt ergeben, ohne sich die etwas parvenühafte Raffgier der allzu rasch emporsteigenden neuen Unternehmerschicht zu eigen zu machen. Sie war, ohne sich arbeiterfreundlichen Sentiments hinzugeben, für zivilisierte Lebensbedingungen, gediegene Leistungen und Hygiene; sozialpolitische Überlegungen und Rücksichten waren ihr nicht fremd, weil sie aus ihrer merkantilistischen Tradition Grundsätze zweckbedachter Bevölkerungspolitik und pfleglicher Behandlung einheimischer Arbeitskräfte ererbt hatte. Sofern sie machtgierig war und Unterdrückungsgelüsten frönte, sparte sie solche Neigungen für den kolonialen Herrschaftsbereich auf.

Das war nicht Produkt der kapitalistischen Industrie, eher nachwirkendes Erbe. Natürlich muß aber auch dieser geschichtliche Faktor im Modell des »klassischen« Kapitalismus Berücksichtigung finden. Er mildert die »rein wirtschaftlichen« Gesetzmäßigkeiten, die sich vom Modell ablesen lassen. Er wirkt eher retardierend als vorwärtstreibend, eher konservativ als demokratisierend. Aber er schwächt die im Modell angelegten Gegensätze ab und neutralisiert den sozialen Massenprotest. Für die Entfaltung revolutionären Umsturz- und Neuordnungswillens bietet dies beharrende Gerüst der staatlichen Ordnung auch in Zeiten wirtschaftlichen Umbruchs und gesellschaftlicher Gärung keine geeignete Angriffsfläche. Als Werbemittel für die Vorzüge des Kontinuierlichen keineswegs unwirksam, demonstriert es zugleich sogar einem so unnachsichtigen Beobachter wie Marx, »wie selbst in den herrschenden Klassen die Ahnung aufdämmert, daß die jetzige Gesellschaft kein fester Kristall, sondern ein umwandlungsfähiger und beständig im Prozeß der Umwandlung begriffener Organismus ist«. Organismen, die im Prozeß der Umwandlung begriffen sind, sind selten die Zielscheibe leidenschaftlicher Vernichtungswünsche.

Land der Bauern

Ohne den Zerfall feudal-ständischer Bindungen, der besitzlose Arbeitsuchende auf den Markt wirft, ist die moderne Fabrik nicht denkbar. Damit ist sie aber noch nicht zur vorherrschenden Organisationsform der Wirtschaft geworden. Für den Fortgang der industriellen Revolution und die Ausbreitung kapitalistischer Abhängigkeitsverhältnisse kommt es noch auf andere Dinge an und darauf, wie sie zusammentreffen. Halten die feudalen Bande noch oder sind sie bereits weitgehend zerrissen? Sind Gewerbe und Manufaktur im Treibhaus einer merkantilistischen Staatswirtschaft ausgebrütet worden? Welches Gewicht hat die landwirtschaftliche Produktion und welche Eigentums- und Betriebsformen hat sie entwickelt? Wie reich ist das Land an Naturschätzen? In welchem Maße kann es auf koloniale Hilfsquellen zurückgreifen? Wie mächtig ist sein Militärapparat?

Je nachdem wie diese Fragen beantwortet werden, treten die Konturen der Gesellschaftsmodelle hervor, die das Jahrhundert des Übergangs zur vollindustriellen Zivilisation in verschiedenen Ländern kennzeichnen. In mancher Hinsicht charakteristisch und aufschlußreich stellt sich dabei die französische Variante dar. Ist England das klassische Land der ersten industriellen Revolution, so ist Frankreich die Heimat der politischen. Im Revolutionsmythos des 19. Jahrhunderts erscheinen die Daten 1789 – 1830 – 1848 – 1871 als Entwicklungsetappen und zugleich als strategische Richtpunkte. Waren sie es wirklich?

Die Restauration der Bourbonen auf den Trümmern des napoleonischen Kontinentalreichs setzte einen Schlußstrich hinter den ersten Versuch, Europa als einheitliches und autarkes Wirtschaftsgebilde zu organisieren. Aber sie brachte keinen Bruch mit der merkantilistischen Methode der Wirtschaftspolitik, die die Revolution noch getreulicher befolgt hatte als das *Ancien régime*, und sie machte auch die von der Revolution geschaffene Eigentumsordnung nicht rückgängig. Die Neuverteilung des Grund und Bodens wurde vom Restaurationsregime nicht angetastet. Es zahlte zwar an die von der Revolution enteigneten Feudalherren Entschädigungssummen, die den Staat mehr kosteten als alle Kriegskontributionen an die Siegermächte, aber es wagte nicht, die von der Revolution gestrichenen Besitztitel wiederherzustellen. Nur ein geringer Teil der Entschädigungsgelder floß in den Rückerwerb oder Neuerwerb von Gütern; der Rückkauf galt vor allem forstwirtschaftlichem und bergbaulichem Besitz, der industrielle Bereicherungsmöglichkeiten verhieß. Immerhin bildete sich aus der Prominenz der Entschädigten und manchen Gutsherren von Napoleons Gnaden eine Aristokratie, die bis zur Revolution von 1830 regieren durfte.

Die landwirtschaftlichen Eigentumsverhältnisse, wie sie sich unter Napoleon herausgebildet hatten, blieben: als wichtigste Wirtschaftseinheit behauptete sich der bäuerliche Eigen- oder Pachtbetrieb. Die Betriebe waren klein, wurden im Laufe der Jahrzehnte durch Erbgang noch kleiner. Da sie kein Kapital hatten und produktive Betriebsmittelkredite nicht zu haben waren, verpfändeten sie den Boden an Hypothekenbanken. Die schwer verschuldeten Bauernhöfe, von denen die Mehrheit der französischen Bevölkerung lebte, trugen außerdem einen nicht unerheblichen Teil der nationalen Steuerlast.

Die einheimische Produktion war zwar seit 1826 durch hohe Zölle geschützt, und die Getreidepreise konnten auf einem nicht allzu niedrigen Niveau gehalten werden, aber nach

Abzug der Hypothekenzinsen, Steuern und schikanösen Stempelgebühren (die sich bis in die neueste Zeit vererben sollten) reichte der Ertrag des Parzellenbetriebes kaum zum Lebensunterhalt für den stolzen Grundeigentümer und seine Familie. An Betriebsrationalisierung und Verbesserung der Bodennutzung war nicht zu denken. Die konservative Einstellung zu allen Fragen der Produktion und Technik, die daraus erwuchs, blieb auch in späteren Zeiten das Hindernis, an dem jede Reorganisation scheitern mußte.

Die trotz allen Eigentumstiteln drückende Notlage machte die wirtschaftlich konservativen Bauern, die ihren Besitz der Revolution von 1789 verdankten, zu Feinden jeder Regierung, die die Steuern nicht abschaffte, die Banken und die Börse nicht bekämpfte und das unter dem ersten Napoleon begonnene Werk der umfassenden Bauernhilfe nicht fortführte. Namentlich in den vierziger Jahren verschärfte sich die Situation. Mehrere Mißernten waren einander gefolgt. Dann brach in England 1847 eine schwere Wirtschaftskrise aus, die die französische Exportindustrie lahmlegte und eine allgemeine Wirtschaftsstockung auslöste. Die Bauern waren am Rande der Verzweiflung. Dem »Bürgerkönigtum«, das Anfang 1848 zusammenbrach, weinten sie keine Träne nach. Unter Louis-Philippe hatten nicht mehr die Großgrundbesitzer, sondern die Kreise der Hochfinanz geherrscht; sie hatten den wachsenden Staatshaushalt mit Anleiheemissionen finanziert, die das städtische Bürgertum und die bessergestellte Bauernschicht schröpften und einen echten industriellen Fortschritt behinderten. Dieselben Finanzkreise waren aber auch – neben dem von ihnen beherrschten Staat – die Hauptgläubiger der Bauern.

Nun hatte die Revolution die verhaßte Hochfinanz aus dem Sattel gehoben, aber sie tat nichts für die Bauern, sondern vermehrte nur ihre Steuerlasten. Da erinnerten sie sich an die gute alte Zeit unter dem ersten Bonaparte und machten vom Geschenk des allgemeinen Wahlrechts Gebrauch, indem sie einen zweiten Bonaparte zum Staatschef wählten. Ihm verhalfen sie auch zu triumphalen Plebisziten. Für sie ging es nicht schlecht aus.

Ohne sein Zutun wurde das Kaiserreich von einer mächtigen internationalen Konjunkturwelle getragen. Der Export blühte auf: Frankreichs Außenhandel, der 1830 1211 und 1847 2319 Millionen Franc betragen hatte, stieg schon 1851 auf 2615 Millionen und erreichte 1869 mehr als das Dreifache: 8003 Millionen. Die erfolgreichen Kleinkriege Napoleons III. (Krimkrieg, Italien, China) brachten Frankreich in den Strahlungsbereich der britischen Empire-Sonne; den französischen Waren öffneten sich neue Märkte, die Industrie belebte sich, die Ära der Gründungen und großen Bauten begann. Vor allem aber nahm der Eisenbahnbau einen märchenhaften Aufschwung: von 1832 bis 1851 hatte Frankreich insgesamt nur 3541 Kilometer Eisenbahnstrecken gebaut, am Ausgang der Kaiserzeit – 1870 – waren es bereits fast 18000. (Bis 1910 sollten es nahezu 50000 Kilometer werden.)

Die rapide Erweiterung des Eisenbahnnetzes veränderte grundlegend die Marktlage der Landwirtschaft. Erzeugnisse, deren Verkauf bis dahin nur in einem Umkreis von wenigen Kilometern möglich war, konnten nunmehr mit Leichtigkeit entfernte Märkte – namentlich den großstädtischen Markt – erreichen. Die Bedarfs- und Naturalwirtschaft wich bald der Waren- und Geldwirtschaft. Die Bevölkerung differenzierte sich. Die Gewichte verschoben sich zu den etwas größeren, etwas bessergestellten Betrieben. Viele Kleinstbetriebe blieben auf der Strecke, aber der großen Masse der Landwirte gelang es in den folgenden

Bankenkrach in der Wall Street in New York am 13. Oktober 1857
Gemälde von James Cafferty und Charles Rosenberg
New York, Museum of the City of New York

Französische Arbeiterversammlung in der Salle Graffard zu Paris
Gemälde von Jean Béraud, 1884

Jahrzehnten, die Schuldenlast loszuwerden und sogar Überschüsse zu erarbeiten, die allerdings weniger in Betriebsverbesserungen als in zusätzlichen Grundbesitz (auch in der Stadt) und in festverzinsliche Anleihepapiere flossen.

Freilich produzierte die Bauernwirtschaft auch weiterhin keinen großen Warenüberschuß; was sie zu verkaufen hatte, nahm ihr der Inlandsmarkt ab, und der im letzten Viertel des Jahrhunderts einsetzende Zustrom überseeischen Getreides war ihr wenig gefährlich. Wichtiger blieb die ewige Auseinandersetzung um Steuern und Zinsen und der alte Protest gegen die Finanzmächte. Namentlich in Südfrankreich, wo die kombinierten Wein-, Obst-, Gemüse- und Ackerbaubetriebe wirtschaftlich beweglicher, aber auch kapitalintensiver und kreditbedürftiger waren, vollzog sich um die Jahrhundertwende eine sichtbare Linksschwenkung, die die Bauernschaft in die Reihen der Sozialisten oder mindestens der Radikalen, einer gegen Großkapital, Kirche und Militär ankämpfenden Partei der mittleren und kleinen Bürger und Intellektuellen, führte. Unter der Führung des großen Finanzorganisators Joseph Caillaux formierte sich eine Allianz von Radikalen und Sozialisten.

Caillaux, der als Finanzminister gegen die größten Interessentenwiderstände die Einführung der Einkommensteuer erfochten hatte, galt als der Mann der Reform und der Modernisierung. Er forderte eine Außenpolitik der Verständigung mit Deutschland, Abbau der Rüstungen, Ausbau einer modernen Industrie, Zurückziehung des Sparkapitals der Bauern und Kleinbürger aus Rußland-Anleihen und seine Investierung in agrarischen Industrialisierungsprojekten in Südamerika und im Nahen Osten (er selbst stand den Aufsichtsräten zweier Banken vor, die eine entsprechende Investitionspolitik in Argentinien und Ägypten betrieben). Am Vorabend des ersten Weltkriegs schien die Caillaux-Koalition auf dem Sprung, die Macht zu erobern. Eine neue Revolution war auf dem Marsch. Sie kam nicht ans Ziel: eine Gegenoffensive der bedrohten Interessen drängte Caillaux aus der politischen Arena. Als er wiederkam, war der Weltkrieg im Gange.

Das Jahrhundert der Revolutionen war zu Ende gegangen, ohne daß Frankreich den Durchbruch zur konsequenten Modernisierung gefunden hätte. Alle seine Revolutionen hatten mit schweren Rückschlägen geendet, im Ergebnis den Anschluß der Landwirtschaft an eine technisierte und industrialisierte Welt verbaut. Auch die Sanierung der bäuerlichen Wirtschaft unter dem zweiten Kaiserreich war in diese Sackgasse gemündet. Der stabilisierte Kleinbetrieb, der Extraeinkommen aus Anleihecoupons bezog, erwies sich als außerordentlich beharrlich in der Abwehr allen technischen Fortschritts. Intensiv wirtschaftende Großbetriebe gab es kaum; die allgemeine Ablehnung technischer Neuerungen verlangsamte das Aufstiegstempo der Industrie, die keinen stetig wachsenden Binnenmarkt vorfand.

Hinzu kam die absinkende Kurve des Bevölkerungswachstums. Am Vorabend der ersten Revolution war Frankreich mit seinen 25 Millionen Einwohnern das volkreichste Land Europas. Bis zum Ende der Napoleonischen Zeit wuchs die Bevölkerung nur um etwa 20 Prozent, zwischen 1821 und 1848 um 16 Prozent. In der Folgezeit schien sich das »Zweikindersystem« endgültig durchzusetzen; die Bevölkerungszunahme 1848 – 1870 betrug 5,6 Prozent, 1870 – 1910 nur noch 2,8 Prozent. Am Ende der Periode – 1910 – zählte Frankreich trotz erheblicher Einwanderung nicht ganz 39 Millionen Einwohner.

Das will nicht sagen, daß alles stagnierte. Mit eigenen Erzvorkommen versehen, konnte Frankreich seine Eisenerzeugung, die ebenso den Militärbedarf wie später den Bedarf der Eisenbahnen zu decken hatte, nicht unerheblich ausbauen. Ab 1826 durch Zölle geschützt, blieb die Eisenwirtschaft lange bei einer rückständigen Technik. Bis in die Mitte des Jahrhunderts hielten die Eisenhütten an der Holz- und Holzkohlefeuerung fest. Holzlieferanten waren die Großgrundbesitzer, die sich ihren vorrevolutionären Forstbesitz wiedergeholt hatten; ein schwerindustriell-agrarisches Bündnis hatte die Politik der Hochschutzzölle durchgesetzt und beide Bundesgenossen von dem Zwang befreit, ihre Betriebe technisch umzustellen und zu rationalisieren. Auch für die verarbeitende Industrie, die in der Ära der Kontinentalsperre groß geworden war und die nun von der englischen Konkurrenz arg bedrängt wurde, war der Zollschutz auf lange Sicht eher schleichendes Gift als Wohltat.

Auch im 19. Jahrhundert orientierte sich die verarbeitende Industrie überwiegend an den Zielen, die ihr die merkantilistische Politik im 17. und 18. Jahrhundert aufgenötigt hatte. Sie produzierte in der Hauptsache Luxuswaren und Fertigfabrikate für den gehobenen Qualitätsbedarf. Ihre wichtigsten Betriebe waren Woll-, Seiden- und Baumwollwebereien, Färbereien, Gold- und Silberschmiedewerkstätten, Glas-, Papier- und Metallwarenfabriken; am Rande der Textilindustrie hatten sich Farbstoff- und Chemikalienwerke entwickelt. Die Hauptausfuhrprodukte waren Luxuswaren, Farbstoffe, Chemikalien. Der Schutzzoll hielt den französischen Betrieben die englische Konkurrenz vom Leibe, erlaubte ihnen aber auch gleichzeitig, jeder technischen Umstellung auszuweichen. Die Mechanisierung der Produktionsvorgänge machte erst unter dem Bürgerkönigtum größere Fortschritte. Zur Zeit der Juli-Revolution von 1830 arbeiteten in der ganzen französischen Industrie nur 625 Dampfmaschinen; bis zur nächsten Revolution erhöhte sich die Zahl auf 5200.

Das Bild änderte sich unter dem Kaiserreich. Einerseits erhöhte die aktive, mit militärischen Expeditionen unterbaute Außenpolitik den Militärbedarf und gab der Rüstungsindustrie und damit auch der Schwerindustrie und dem Kohlenbergbau einen größeren Auftrieb, und in derselben Richtung wirkten umfangreiche Investitionen im Straßen- und Kanalbau. Anderseits nutzte das kaiserliche Regime die verbesserte außenpolitische Situation zum Ausbau der außenwirtschaftlichen Verflechtungen. Der 1860 mit England abgeschlossene Handelsvertrag führte zu einem radikalen Abbau der Einfuhrzölle und zu einer Reihe von Meistbegünstigungsverträgen mit anderen Ländern. Die Wendung zum Freihandel, aber auch der Ausbau der kolonialen Basis in Nordafrika und der Vorstoß nach China und Südostasien sicherten die Entfaltung der Exportkonjunktur. Staatlich gestützte Kreditinstitute finanzierten den Übergang von der Manufaktur zur Maschinenproduktion; bis zum Ende der Kaiserzeit erhöhte sich die Zahl der Dampfmaschinen in Industriebetrieben auf 26146, das Fünffache des 1848 registrierten Bestandes. Eine Eisenbahngesellschaft nach der anderen wurde gegründet. Der Staat stellte das Bahngelände zur Verfügung und kam für den Unterbau, die eigentliche Bahnanlage, auf.

Das alles kostete den Staat erhebliche Gelder. Der Deckung der Staatsausgaben dienten weiterhin die altbewährten Mittel: indirekte Steuern, Bodenabgaben und Gebühren mannigfacher Art. Die Hauptlast trugen die mittleren und unteren Bürgerschichten in der Stadt und die bessergestellten Bauern. Langfristige produktive Investitionen waren unter solchen Umständen wenig verlockend; es war vorteilhafter und weniger riskant, erspartes Kapital in festverzinslichen Staatsanleihen anzulegen und möglichst viel Familienangehörige in öffentlichen Ämtern unterzubringen. Die Finanzierung des schon unter Napoleon aufgeblähten Beamtenapparates, der immer größer wurde, blieb unter dem Kaiserreich wie auch später unter der Dritten Republik eines der unlösbaren Probleme aller französischen Regierungen. Die unzähligen Verwaltungssinekuren abzubauen war politisch unmöglich; demnach war es finanziell unmöglich, die Verbrauchsabgaben, die Binnenzölle, die Stempelgebühren durch ein wirtschaftlich sinnvolles Steuersystem zu ersetzen. Aber die Beibehaltung des überlieferten Finanzsystems machte ihrerseits eine expandierende, dynamische Industriewirtschaft unmöglich und vermehrte die Nachfrage nach Beamtenposten: eine Schraube ohne Ende, die der Bürokratie einen parasitären Charakter verlieh. Nach der Niederlage im deutsch-französischen Krieg kamen die Kosten eines übergroßen und wachsenden militärischen Apparats hinzu.

Schon zu Beginn der Kaiserzeit hatte die Ausgabe von Eisenbahnaktien den führenden Großbanken erhebliche Kapitalien zugeführt. Da der eigentliche Eisenbahnbau von der Staatskasse finanziert wurde, standen diese Kapitalien anderen Zwecken zur Verfügung: sie flossen in den Bau von Eisenbahnen im Ausland oder in Anleihen an ausländische Regierungen. Die Aktien und Obligationen der ausländischen Eisenbahnen und die ausländischen Anleihepapiere verschlang ein mit intensiver Propaganda narkotisiertes Publikum; immer mehr Bankmittel wurden für neue Auslandsgeschäfte frei gemacht. In der kurzen Entspannungsperiode von 1859 bis 1866, in der das Kaiserreich seine außenpolitischen Gewinne konsolidierte, wurde die Pariser Hochfinanz zum führenden Kapitalexporteur des Kontinents. Größere Investitionsbeträge flossen im Inland paradoxerweise nur der Wirtschaftssphäre zu, die das Risiko der Auslandsanlagen erhöhte: der Rüstungsindustrie. Auch dafür sorgten nicht nur die ansehnlichen Propagandafonds der Banken und der ausländischen Regierungen, sondern auch die »nationalen« Argumente der Bürokratie und des Militärs. Alle französischen Revolutionen hatten Bürokratie und Militär am Leben erhalten, ausgebaut und gestärkt. Um ihrer Selbsterhaltung willen bemühten sich diese Schichten nicht ohne Erfolg darum, Frankreich in der finanziellen und wirtschaftlichen Verstrickung einer Gesellschaftsstruktur zu halten, die das Land vom großen Strom des Industrialisierungsprozesses der Welt abschnitt.

Wie sehr die Entwicklung gebremst war, zeigt am deutlichsten die Verteilung der Bevölkerung auf Stadt und Land. Zu Beginn des Jahrhunderts war Frankreich das zweitwichtigste Industrieland der Welt. Wie schnell es diese Position einbüßte, ersieht man aus der Gegenüberstellung seiner Bevölkerungsverteilung und der Englands (ohne Irland). Im Jahre 1815 lebten in Gemeinden mit mehr als 5000 Einwohnern von der Gesamtbevölkerung Englands 28 Prozent, von der Gesamtbevölkerung Frankreichs 14 Prozent. Bis 1870 hatten sich in England bereits 57 Prozent der Bevölkerung in Gemeinden mit mehr als 10000 Einwohnern zusammengedrängt, in Frankreich erst 21 Prozent.

Das langsame Tempo der Urbanisierung ist ein eindeutiges Indiz dafür, daß auch die Proletarisierung der Bevölkerung im Lande der Revolutionen, dem Geburtsland der sozialistischen Strömungen des 19. Jahrhunderts, keineswegs dem englischen Vorbild folgte. Auch noch bei der Bevölkerungszählung von 1908 waren über 42 Prozent der Erwerbstätigen in Frankreich in der Landwirtschaft, zum allergrößten Teil als Eigentümer und Familienangehörige von Eigentümern, beschäftigt, nur 30 Prozent dagegen in Industrie und Bergbau. Dennoch war die »soziale Frage« in Frankreich nicht weniger akut. Die Lebensverhältnisse und Arbeitsbedingungen der gewerblichen Arbeiter in der Frühzeit der französischen Industrie waren ebenso miserabel wie in England. In der nachrevolutionären Zeit häuften sich Perioden der Teuerung, der Krisen, der Arbeitslosigkeit, der Lebensmittelnot. Vor allem die Krise von 1847 hatte unzählige Industrie-, Handels- und Handwerksbetriebe zum Erliegen gebracht. In den Städten gab es keine Arbeit und keine Lebensmittel. Hungerrevolten der Handwerker und Arbeiter trugen nicht unerheblich zum Sturz des Bürgerkönigtums und zu den erbitterten Kämpfen des Revolutionsjahres 1848 bei. In den sogenannten »nationalen Werkstätten« unternommene öffentliche Notstandsarbeiten zur Linderung der Arbeitslosigkeit gaben den Arbeitslosen die Chance, sich zusammenzufinden und organisiert aufzutreten; auf die Auflösung der »nationalen Werkstätten« antwortete ein Arbeiteraufstand, der blutig unterdrückt wurde. Der organisierten Aktion der Arbeiter war damit das Rückgrat gebrochen.

Freilich gingen agitatorische Bemühungen und Sammlungsversuche verschiedener sozialistischer Richtungen, die auch schon über internationale Verbindungen verfügten, weiter, ohne jedoch in einen organisierten Kampf um Löhne, Arbeitszeit und Arbeitsbedingungen einzumünden. Organisierte Kämpfe um Fabrikgesetze waren in der Zeit leidenschaftlicher Auseinandersetzungen um Regierung und Verfassung nicht aufgekommen. Schon 1841 war ein Gesetz erlassen worden, das die tägliche Arbeitszeit für Acht- bis Zwölfjährige auf acht Stunden und für Zwölf- bis Sechzehnjährige auf zwölf Stunden beschränkte, aber diese Arbeitszeitregelung galt nur für einen schmalen Wirtschaftssektor: Betriebe mit mehr als 20 Beschäftigten oder solche mit mechanischem Antrieb. Wirkliche sozialpolitische und arbeitsrechtliche Eingriffe des Gesetzgebers ließen viele Jahrzehnte auf sich warten.

Der organisierte Zusammenschluß von Arbeitern zur Erringung besserer Arbeitsbedingungen war während der ersten Revolution durch das Gesetz Le Chapelier untersagt worden; das Gesetz wurde weder 1830 noch 1848 aufgehoben. Das vorkapitalistische Koalitionsverbot fiel erst 1864, und in den letzten Jahren des Kaiserreichs zeigte sich in einigen Gewerbezweigen offene gewerkschaftliche Aktivität, ab 1868 auch offiziell geduldet. Viel deutlicher ausgeprägt war das politische Interesse der Arbeiter. Die politische Agitation verschiedener sozialistischer Gruppierungen machte sich in den Großstädten bemerkbar, namentlich in der letzten Kampagne der liberalen Opposition gegen das kaiserliche Regime, die Anfang 1870 seine Teilliberalisierung erzwang. In der Propaganda gegen die plebiszitäre Zustimmung zu den ungenügenden Reformen traten sichtbar die französischen Sektionen der Internationalen Arbeiterassoziation (Erste Internationale) hervor.

Zum wirklichen Fanal der erwachenden sozialistischen Bewegung wurde eine neue Revolution, die Erhebung der Pariser Kommune, im März 1871 in der gerade von deutschen Truppen geräumten Hauptstadt als lokale Regierung errichtet und schon im Mai in einem militärischen Massaker niedergemetzelt. Ihr Untergang mehr als ihre Taten machte die Kommune zum Symbol einer Revolution der unterdrückten Klassen mit dem Ziel der Schaffung einer neuen Gesellschaft ohne Klassen, ohne Besitzmonopol, ohne wirtschaftliche Ungleichheit. Wenige Tage nach ihrem Sturz nannte Marx (im Namen der Ersten Internationale) die Kommune eine »Regierung der Arbeiterklasse«, und zwanzig Jahre später meinte Engels, sie sei das erste Beispiel einer »Diktatur des Proletariats« gewesen.

In Wirklichkeit war die Kommune lediglich die Erhebung der bewaffneten Bürgerwehr einer monatelang von feindlichen Armeen belagerten, ausgehungerten und schließlich militärisch besetzten Stadt gegen eine vor dem Feind kapitulierende Regierung. Gegenüber der Regierung vertrat die Kommune die Ehre der Nation. Ihre einzige sozialistische Maßnahme bestand darin, daß sie eine Registrierung der von ihren Besitzern stillgelegten Fabriken und die Ausarbeitung von Plänen für ihre Inbetriebnahme durch Produktionsgenossenschaften der entlassenen Arbeiter anordnete. Was das revolutionäre Regime sozialpolitisch für die Arbeiter tat, war dürftig: es verbot die Nachtarbeit in Bäckereien und löste private Arbeitsnachweise auf, deren Aufgaben es der Gemeindeverwaltung übertrug.

Radikaler waren allerdings die politischen Maßnahmen der Kommune: Einführung des allgemeinen und gleichen Wahlrechts, Wählbarkeit aller Verwaltungsposten, Herabsetzung aller im öffentlichen Dienst und für politische Ämter gezahlten Gehälter, die künftighin nicht höher sein durften als die höchsten Arbeiterlöhne, jederzeitige Abberufbarkeit aller gewählten Mandatsträger durch die Wähler, konsequente Trennung von Kirche und Staat, Schule und Kirche. Zum größten Teil wurden damit alte Forderungen der früheren Revolutionen von neuem aufgegriffen, zu einem geringen Teil (Abberufbarkeit der Gewählten) neue Wege der Sicherung einer demokratischen, jederzeit vom Volk kontrollierbaren Verwaltung beschritten. Gerade dies wenige Neue verrät Geist und Gehalt des Kommuneaufstands: er war der Protest aktiver und interessierter Gemeindebürger gegen das fast erbliche Verwaltungsmonopol einer weitgehend korrumpierten Bürokratie.

Die antibürokratische Revolte entsprang einer weitverbreiteten Stimmung. Aber nur in der Hauptstadt fanden sich Gruppen, die gewillt waren, dem alten Apparat die Macht zu entreißen. Ist es verwunderlich, daß die kleinen und mittleren Bürger, die Handwerker und die Akademiker der Hauptstadt die tätige Bekundung des Protestes auf sich nahmen? In allen Revolutionen der Vergangenheit waren sie auf die Straße gegangen, um der Nation die Freiheit zu erkämpfen, und jedesmal war die gerade erkämpfte Freiheit noch während der letzten Phasen des Kampfes ihren Händen entglitten. Jedesmal war die politische Vertretung des Volkes von Berufsparlamentariern usurpiert worden, die aus der Politik ein Geschäft machten und den herrschenden Gewalten nie auch nur ein Stückchen wirklicher Macht zu entreißen vermochten.

Bei diesen Nachkommen der ersten Revolutionäre war das Verlangen lebendig geblieben, ins politische Geschehen aktiv einzugreifen, an Entscheidungen teilzunehmen, eine echte Selbstverwaltung aufzubauen: ein typisch städtisches Anliegen, das Anliegen von Gemeindebürgern und Steuerzahlern, seßhaften, praktischen, rechnenden Menschen aus produktiven Berufen, die das Drohnendasein einer unproduktiven und kostspieligen Bürokratie unvernünftig und sittenwidrig anmutete. Die Akten der Kommune und die Lebensläufe ihrer Ratsmitglieder haben sich erhalten, und man kann ihnen entnehmen, wer diese Repräsentanten der vermeintlichen Diktatur des Proletariats in Wirklichkeit waren und wo sie herkamen: Handwerksmeister, Apotheker, Journalisten, Fabrikanten, Ingenieure, Kaufleute und kaufmännische Angestellte, ein paar Advokaten, ein Häuflein Handwerksgesellen, die sich nach dem Brauch der Zeit eines Tages als Meister hätten selbständig machen können. Keine Industriearbeiter, keine Handwerker und Werkmeister aus Industriebetrieben, keine Handarbeiter aus den bereits gewerkschaftlich durchsetzten größeren halbhandwerklichen Betrieben des Druckereigewerbes oder der Bekleidungsindustrie. Am allerwenigsten waren die Männer der Kommune Funktionäre oder Organisationsbeauftragte aus der Sphäre des kollektiven Kampfes gegen das Industriekapital.

Politisch lag die Führung der Kommune in den Händen von Wortführern zweier sozialistischer Richtungen: der Anhänger Auguste Blanquis, denen an der Technik der Verschwörung und Machtergreifung (vor der die Marxsche Internationale eindringlich gewarnt hatte) mehr lag als an gesellschaftlicher Umgestaltung, und der mit anarchistischem Öl gesalbten Jünger Pierre-Joseph Proudhons, die die uneingeschränkte Freiheit der Konkurrenz wollten, weder an eine genossenschaftliche noch an eine staatlich organisierte Wirtschaft glaubten und ihre Hauptfeinde in »Finanz- und Börsenjuden« und einem korrupten Parlamentarismus sahen. Im Rahmen dieser Konzeptionen war »Regierung der Arbeiterklasse« bestenfalls politische Deklamation ohne sozialen Gehalt.

Aus der geistigen und mehr noch aus der emotionalen Hinterlassenschaft der Kommune ist wenige Jahre später eine Massenbewegung der französischen Arbeiter hervorgegangen, der abgrundtiefes Mißtrauen gegenüber staatlichen Institutionen und parlamentarischer Politik zur verpflichtenden Tradition wurde. In die Industriearbeiterschaft drang zum erstenmal auf breiter Grundlage eine gewerkschaftliche Bewegung ein, die sich von Anfang an von aller politischen Aktivität abgrenzte und Teilnahme an Wahlen, Einflußnahme auf Staatsorgane und jegliche Sozialgesetzgebung ablehnte. So entschieden war die Abkehr von der Politik in diesem syndikalistischen System, daß auch die anarchistische Aktion gegen den bestehenden Staat verworfen wurde, obgleich sie doch dem proudhonistischen Erbe entsprochen hätte. Aber auch ohne anarchistische Konsequenzen hat der Mythos der Gewalt und der direkten Aktion, wie ihn Georges Sorel, der große soziologische Interpret und glühende Hasser der politisch-parlamentarischen Verhüllungen der Gesellschaft des 19. Jahrhunderts, glaubte in der syndikalistischen Gewerkschaftspraxis entziffern zu können, den französischen Gewerkschaften alle Sozialpolitik und Sozialversicherung verleidet und sie dann auch nach dem ersten Weltkrieg für sowjetkommunistische Vorstellungen von der Zerschlagung der parlamentarischen Demokratie empfänglich gemacht.

Die syndikalistische Ausrichtung der Gewerkschaften zerriß die französische Arbeiterbewegung in zwei getrennte, kaum miteinander kommunizierende, fast feindliche Lager. Dabei haftete aber auch dem Sozialismus als der politischen Vertretung der Arbeiter, ungeachtet aller Spaltungen in gemäßigte und radikale Richtungen, der Hang zu reiner Propaganda und politischer Abstinenz an. Eine Wandlung wurde erst in den letzten Jahren vor dem ersten Weltkrieg spürbar; die Kämpfe, die sie auslöste, ließen indes erkennen, daß der ebenfalls in der Kommunetradition wurzelnde Sozialismus den Begrenzungen seiner Herkunft nicht entwachsen war: seine Basis in der Industriearbeiterschaft blieb schwach, seine Anhängerschaft rekrutierte sich zum großen Teil aus dem Handwerk, dem südfranzösischen Weinbau und dem öffentlichen Dienst (Lehrer, Postbeamte, Angestellte der öffentlichen Betriebe). Bei allem Glanz seines Beitrags zur politischen, soziologischen und geschichtsphilosophischen Debatte hatte der französische Sozialismus keinen Einfluß auf die Gestaltung der entscheidenden Strukturelemente der französischen Gesellschaft, die damit auch dem Blickfeld der Öffentlichkeit entzogen blieb. Die ideologischen Nachwirkungen der Revolutionen konzentrierten alles Licht auf die politisch-weltanschauliche Auseinandersetzung und ließen die fatale Verknöcherung des gesellschaftlichen Gewebes hinter einem undurchdringlichen Nebelschleier unsichtbar werden.

Deutschland sucht Anschluß an die neue Zeit

Ein ganz anderes Bild als an den entgegengesetzten Polen England und Frankreich zeigte der Verlauf der industriellen Revolution in den staatlich zersplitterten deutschen Landen. Weder war hier die Umwandlung der feudalen Agrarverfassung in ein System kapitalistischer Abhängigkeitsverhältnisse auch nur entfernt so weit fortgeschritten wie in England, noch nahm die technisch-industrielle Umwälzung wie in Frankreich den Umweg über die politische Revolution und die Zerschlagung der alten agrarischen Eigentumsordnung.

Das Land zerfiel in Dutzende von staatlichen Gebilden mit eigener wirtschaftlicher und politischer Struktur und verschiedener Ordnung der Agrarverhältnisse. Wesentlich war auch, daß Süd- und Westdeutschland in der Napoleonischen Zeit unmittelbar zum französischen Wirtschaftsbereich gehört und unter dem Druck der Kontinentalsperre einzelne Gewerbe künstlich emporgezüchtet hatte; umgekehrt hatte Ostdeutschland, ein Getreide- und Holzausfuhrland, dank steigenden Getreide- und Bodenpreisen während der französischen Kontinentaloffensive gegen England einen vorübergehenden Aufschwung der Land- und Forstwirtschaft erlebt, der zur allgemeinen Erweiterung der Anbauflächen geführt hatte, aber nach der Wiederherstellung des normalen Handelsverkehrs schwere Rückschläge hervorrief. Dieselbe Überexpansion war in allen anderen europäischen Ländern eingetreten, und nach dem Kriege schützten Frankreich, Holland und England ihre Getreideproduzenten mit hohen Schutzzöllen. Für den ostdeutschen Agrarexport war das der sichere Ruin. Die Getreideausfuhr über Danzig und Elbing sank nach 1815 um über 80 Prozent.

Ganz allgemein erforderte der Übergang zur Industriewirtschaft eine radikale Überwindung der feudalen und feudal-merkantilistischen Struktur, vor allem die Ersetzung der unfreien Arbeit der Leibeigenen und an die Scholle gebundenen untertänigen Bauern durch die Arbeitsleistung freier Arbeitskräfte. In Süd- und Südwestdeutschland waren bereits im 18. Jahrhundert die Fronlasten der bäuerlichen Bevölkerung zumeist in Grundlasten umgewandelt worden. Das Untertänigkeitsverhältnis konnte auf dem Wege der Geldablösung der Grundlasten beseitigt werden. Die dazu nötigen Gesetze wurden in den einzelnen süddeutschen und südwestdeutschen Staaten zwischen 1806 und 1821 erlassen. Gewiß gab es auch hier erhebliche regionale Unterschiede. Im Rheinland und in den südwestlichen Staaten hatte die traditionelle Erbteilung des Bauernlandes zu ungeheurer Besitzzersplitterung geführt. Die Kleinbetriebe verschuldeten, brachen zusammen, und es begann eine große Auswanderungswelle. Günstiger war die Lage der Bauernwirtschaft dort, wo das Anerbenrecht vorherrschte: in Bayern, im Nordwesten. Zu den Grundlasten kam hier zwar die Aussteuerung der Anerben hinzu, aber bei günstiger Marktlage setzte sich wenigstens der großbäuerliche Betrieb durch, der den größten Teil seiner Erzeugnisse mit Gewinn verkaufen konnte.

Allgemein machte die Beseitigung der Grundherrschaft, die mit der Aufhebung des Flurzwangs und der Allmende Hand in Hand ging, wirksamere Betriebsmethoden möglich: zumeist verbesserte Dreifelderwirtschaft, oft aber auch freie Fruchtfolge mit rationeller Viehwirtschaft. Nur zu einem geringen Teil erfaßte die Rationalisierung allerdings die Güter der früheren Feudalherren. Obgleich ihnen aus der Ablösung der Grundlasten erhebliche Mittel zuflossen, fanden sie selten den Weg zum industrialisierten Großbetrieb. Viele verkauften ihre Güter. Riesiger privater Forstbesitz blieb bestehen, aber im eigentlich landwirtschaftlichen Bereich wurde der bäuerliche Mittel- oder Kleinbetrieb zur vorherrschenden Betriebsform. Noch gab es keine allgemeine Landflucht.

Grundsätzlich anders verlief die Bauernbefreiung dort, wo die gutsherrschaftliche Verfassung überwog: in Preußen, Mecklenburg, Vorpommern und Teilen von Schleswig-Holstein. Um die Befreiung der Bauern hatte sich die staatliche Bürokratie im Interesse einer rationelleren Betriebsführung schon früher bemüht. In den staatlichen Domänenbetrieben wurden die Domänenbauern zwischen 1799 und 1806 aus der Untertänigkeit entlassen; günstige Ablösung der Fronlasten wurde ihnen mit staatlicher Unterstützung ermöglicht, so daß hier am ehesten gesunde Bauernbetriebe errichtet werden konnten. Die vom Freiherrn vom Stein vorbereitete umfassende preußische Agrarreform wurde 1807 verkündet; für 1810 war die allgemeine Bauernbefreiung vorgesehen. Wie die Fronlasten abgelöst und die Eigentumsverhältnisse geordnet werden sollten, wurde allerdings erst 1811 im Regulierungsedikt Hardenberg festgelegt. Theoretisch sollte der Staat die Finanzierung der Ablösung überall dort übernehmen, wo sich Bauern und Grundherren nicht einigen konnten. Praktisch konnte der Staat in Kriegs- und Krisenjahren solche Lasten überhaupt nicht tragen. Den bis dahin gutsuntertänigen Bauern blieb nichts anderes übrig, als den anderen im Edikt vorgesehenen Weg zu wählen: Ablösung der Fronlasten durch Abtretung eines Drittels des von ihnen bewirtschafteten Bodens an den Gutsherrn. Für die Bauern war das in vielen Fällen eine wirtschaftliche Verschlechterung, und manch einer sah sich genötigt, auf seinen Boden ganz zu verzichten und sich als Knecht zu verdingen.

Die Gutsbetriebe mußten nun ohne die bäuerliche Fronarbeit eine nicht unwesentlich erweiterte Bodenfläche bewirtschaften, also Lohnarbeiter bezahlen, für sie Wohnhäuser errichten, zusätzliche Dienstgebäude bauen, mehr Zugvieh und Inventar verwenden und für Meliorationen Geld ausgeben. Nur vermehrter Anbau erlaubte die Deckung der wachsenden Betriebsausgaben, aber die Mehrerzeugung war sehr bald nicht mehr abzusetzen. Auf lange Sicht konnte nur eine radikale Betriebsumstellung helfen, für die es an Kapital mangelte. Privates Leihkapital war kaum zu haben. Hypothekenzinsen hatten sich stark erhöht. Die verschuldeten Güter mußten verkauft werden – oder es kam zur Zwangsversteigerung. Nach Feststellungen, die im preußischen Abgeordnetenhaus 1851 getroffen wurden, hatten während der großen Agrarkrise, die erst in den dreißiger Jahren zu Ende gegangen war, 80 Prozent der Güter in den östlichen Provinzen Preußens ihre Besitzer gewechselt. Die Zahl mag übertrieben sein, aber sie gibt jedenfalls eine ungefähre Vorstellung von den Auswirkungen der Krise. Nur die bestbewirtschafteten Betriebe konnten sich behaupten, und auch unter neuen Eigentümern war der großbetriebliche Getreidebau nur zu halten, wenn er Anschluß an die Industriewirtschaft durch Angliederung von Sägewerken, Holzbetrieben und Schnapsbrennereien und Anbau von Zuckerrüben fand.

Die Bauernbefreiung hatte die Freizügigkeit der ländlichen Bevölkerung hergestellt, aber zahllosen Bauern die Möglichkeit einer selbständigen Existenz versagt. Die lang anhaltende Agrarkrise hatte überdies die Chancen einer industriellen Erschließung der vor dem Eisenbahnbau verkehrsmäßig vom Westen abgeschnittenen östlichen Provinzen zunichte gemacht. Wer nicht Gutsknecht werden oder bleiben wollte, mußte weg. Gebraucht wurden zusätzliche Arbeitskräfte in den Anfängen der Industrialisierung fast ausschließlich am Standort der Kohle- und Eisenerzvorkommen in Westdeutschland, wo binnen wenigen Jahrzehnten eine neue Industrie entstand. Das immer stürmischer wachsende neue Industrierevier mußte mit Arbeitskräften aufgebaut werden, denen nicht nur jede Industrieerfahrung abging, sondern die dazu auch noch »landfremd« waren.

Als die Industrialisierung an Tempo gewann, war die in Süd- und Westdeutschland durch die Umwälzung der Feudalordnung freigesetzte Landbevölkerung zu einem erheblichen Teil ausgewandert, und es mußten Arbeitskräfte aus dem Osten geholt werden, denn dort gab es keine industrielle Entwicklung zu der Zeit, als die große Masse der auf dem Lande Existenzlosen untergebracht werden mußte. Als die Industrialisierung – in bescheidenem Umfang – den Osten erreichte, war sein gutsherrlich-agrarisches Gepräge bereits stabilisiert. So wurde Ostdeutschland zu einer agrarischen Kolonie, der schwerindustrielle Westen zu einer Industriemetropole mit Arbeitskräften aus dem Kolonialreich.

Die Industrialisierung lief nur langsam an. Bei aller Förderung der gewerblichen Wirtschaft in den zur Napoleonischen Zeit von Frankreich beherrschten Gebieten hatte die neumerkantilistische Kontinentalpolitik des napoleonischen Systems eine industrielle Neugestaltung nicht wirklich gefördert, sondern lediglich dem Kleingewerbe und der verlagsmäßig organisierten Produktion eine verbreiterte Basis gegeben. Auch in der Schwerindustrie blieb es in Westdeutschland beim Kleinbetrieb und reichlich primitiven Produktionsverfahren. Es mußte dabei bleiben, solange sich die ständischen Fesseln erhielten und ein einheitlicher Markt nicht vorhanden war. Nach dem Zusammenbruch des napoleonischen Systems wurde mit vielem Zögern an die ständisch-zünftlerischen Schranken die Axt gelegt. Unmittelbar nach den Freiheitskriegen kam die Gewerbefreiheit in Preußen, 1825 folgte Bayern, erst 1840 Sachsen; im Gesamtgebiet des späteren Norddeutschen Bundes dauerte es bis zum Vorabend der Reichsgründung. Was der Kleinstaaterei am aktivsten entgegenwirkte, waren die direkten Kriegsfolgen: englische Konkurrenz und hohe Zollmauern, die alle wichtigen Märkte abriegelten. Preußen reagierte 1818 mit einem Zollgesetz, das auf alle Industrieerzeugnisse Gewichtszölle legte, die einem etwa zehnprozentigen Wertzoll entsprachen. Für kleinere deutsche Staaten mit Exportinteressen gab es nicht viel andere Möglichkeiten, als sich dem preußischen Zollgebiet anzuschließen, um Zugang zum preußischen Markt zu erlangen. Es dauerte trotzdem Jahre, ehe die wichtigsten industriell orientierten deutschen Länder den Deutschen Zollverein (1830) gründeten und ihre Zollgebiete mit dem Preußens zusammenlegten. Zusammen bildeten sie einen Markt, für den sich intensiver industrieller Aufbau zu lohnen schien. Bis zur Mitte des Jahrhunderts schlossen sich dem Zollverein auch die meisten anderen deutschen Länder an.

Verspäteter Industriedurchbruch

Die Entwicklungschancen des vereinheitlichten Zollgebietes beruhten einerseits auf der rapiden Zunahme der Bevölkerung, anderseits auf dem im ganzen Zollbereich niedrigen Lebenshaltungsniveau. In dem Maße, wie freie Arbeitskräfte nach der Bauernbefreiung verfügbar waren, waren sie auch zu besonders niedrigen Lohnsätzen zu haben. Auch sonst hielten sich die expandierenden Industrien, was Arbeitsbedingungen betraf, an englische und französische Vorbilder. Auch in Deutschland war der Arbeitstag unmenschlich lang. In Preußen wurde 1839 die Beschäftigung von Kindern unter neun Jahren verboten und die Arbeitszeit für Neun- bis Sechzehnjährige auf zehn Stunden täglich beschränkt, aber diese Bestimmungen blieben zum Teil unwirksam, weil keine Aufsichtsbehörde ihre Einhaltung überwachte. Erst 1852 führte Preußen die staatliche Gewerbeaufsicht ein, wobei zugleich das Verbot der Kinderarbeit bis zum zwölften Lebensjahr ausgedehnt, für Zwölf- bis Vierzehnjährige dagegen zwölfstündige Arbeitszeit zugelassen wurde. Immerhin begann mit der Schaffung von Gewerbeaufsichtsbehörden die wirksame Begrenzung der Arbeitszeit und der systematische Ausbau von Unfallschutzvorkehrungen. Der Kinderarbeit wirkte übrigens auch die ziemlich streng eingehaltene allgemeine Schulpflicht entgegen.

Die neue Industrie verfügte nicht nur über eine auf unabsehbare Zeit unbeschränkte Kohlenbasis; auch die einheimische Eisenerzgrundlage reichte zunächst für eine beschleunigte Entwicklung aus. Weniger ausgiebig war die Rohstoffgrundlage des anderen großen Sektors der frühen industriellen Entwicklung, der Textilindustrie; dafür kamen ihr eine Arbeitstradition von Jahrhunderten und geschulte Arbeitskräfte zustatten. Mit dem Übergang vom Handbetrieb zur Maschinenproduktion wurden einige alte Zweige der Textilindustrie vernichtet, und wie in England wehrte sich die alteingesessene Arbeiterschaft verzweifelt gegen die Einführung der Maschine (Leineweberaufstände in Schlesien), aber die Möglichkeit, an eine alte Tradition anzuknüpfen und auf Arbeitsgewohnheiten aufzubauen, die sich in Generationen herausgebildet hatten, erleichterte Umstellungen.

Der für die allgemeine Dynamik der Industrialisierung symptomatische Ausbau der Kohlen- und Eisenwirtschaft kam nur langsam in Schwung. Von 1825 bis 1840 erhöhte sich die Kohlenförderung Preußens allmählich von 1,1 auf etwas unter 4 Millionen Tonnen. Im ganzen späteren Reichsgebiet wurden aus den über 4 Millionen von 1840 bis 1857 11,3 Millionen Tonnen; erst danach kam der große Aufstieg: 1865 waren es 21,8 Millionen. Bis 1900 stieg die Steinkohlenförderung auf 109, bis 1912 auf 175 Millionen Tonnen.

Der steile Aufstieg hing wie auch anderswo mit der Expansion der Eisenwirtschaft zusammen, die ihrerseits natürlich erst mit dem Eisenbahnbau zu ungeahnten Höhen zu klettern begann. Eine Eisenindustrie hatte es freilich schon lange vor dem 19. Jahrhundert gegeben, und namentlich in Oberschlesien war die Mechanisierung der Gewinnungsverfahren bereits gegen Ende des 18. Jahrhunderts weit fortgeschritten: Verwendung von Dampfmaschinen ab 1788, erster Hochofen mit Koksverbrennung 1796, Einführung des Puddelverfahrens 1802. Mengenmäßig hielt sich das alles jedoch in engen Grenzen. Trotz breiterer Rohstoffgrundlage hatten die westdeutschen Reviere keinen größeren Anlauf genommen. In Schlesien wurden 1807 rund 16100 Tonnen Roheisen, in allen Rheinbundstaaten zusammen 18850 Tonnen erzeugt.

Das entsprach dem schleichenden Rhythmus des gesamten Industrialisierungsprozesses. In der gewerblichen Wirtschaft Preußens waren 1837 nur 419 Dampfmaschinen in Betrieb, 1843 auch erst 863 und 1849 nicht mehr als 1444. Ein eigener Maschinen- und Fahrzeugbau hatte noch nicht einmal den inländischen Markt erobert. Von den 245 Lokomotiven, die 1842 im Verkehr waren, stammten nur 38 (15,5 Prozent) aus deutschen Werken, der Rest aus dem Ausland. Da mußte erst der Eisenbahnbau kommen, um die Entwicklung ins Rollen zu bringen: 1840 hatten die Eisenbahnen in Deutschland eine Streckenlänge von 549 Kilometern, 1850 waren es 6044, 1870 19575 (zum Vergleich: 61148 Kilometer 1910). Damit war der Eisenindustrie das Entwicklungstempo vorgeschrieben. Die Roheisengewinnung, die sich von 1837 bis 1842 in der Nähe von 100000 Tonnen jährlich gehalten und 1847 auch noch nicht 230000 Tonnen erreicht hatte, stieg bis 1860 auf eine halbe Million und bis 1876 auf 1,8 Millionen Tonnen. Langsamer Beginn, dann sprunghafter Aufstieg.

Zu einem erheblichen Teil verdankte die deutsche Schwerindustrie ihren Tempogewinn einer Kombination von standortmäßigen und organisatorischen Vorteilen, die ihr aus der engen Verbindung von Kohlenzechen und Eisenhütten zuflossen. Auf der engen räumlichen und unternehmensmäßigen Zusammenfügung von Kohle und Eisen beruhte die überstürzte Entwicklung des westdeutschen Industriegebiets an der Ruhr zur Konzentrationsstätte der industriellen Leistung und zum Sammelbecken der Industriebevölkerung. Auf demselben Hintergrund zeichneten sich schon in den Anfängen der Industrie die Konturen der späteren Großkonzerne ab. Um die Kohlenbergwerke und Eisenhüttenbetriebe rankte sich jeweils ein ganzes Netz von Unternehmungen der verschiedensten Art und Spezialisierung.

Das Tempo, in dem die deutsche Industrie das in der ersten Hälfte des Jahrhunderts Versäumte nachholte, bedingte die Sprunghaftigkeit der Veränderungen auch in der sozialen Struktur des Landes. Die Bevölkerung des gesamten späteren Reichsgebietes, die am Ausgang der Befreiungskriege weniger als 25 Millionen betragen hatte, wuchs bis 1870 auf 40 Millionen, bis 1910 auf 65 Millionen an. Aus Berufen der Land- und Forstwirtschaft bezogen ihren Lebensunterhalt in Preußen 1804 etwa 80 Prozent der Bevölkerung, 1849 64

Prozent, 1867 nur noch 48 Prozent. Die Bevölkerungszählungen des Deutschen Reiches zeigen in der Land- und Forstwirtschaft 1882 noch 42,5 Prozent der Erwerbspersonen, 1895 35,8 Prozent, 1907 nur noch 28,6 Prozent.

Arbeiterbewegung und bürokratisierte Gesellschaft

Der verspätete Durchbruch der industriellen Revolution hatte das Hinwegräumen der feudalen Ordnung in den Händen der kameralistischen Bürokratie der voraufgehenden Periode belassen. Solange keine Fabrikschmelztiegel bereitstanden, die aus feudaler Untertänigkeit entlassenen Bauern zu industriellen Lohnarbeitern umzuschmelzen, konnten sich auf altfeudalem Boden auch ohne die Rechtsformen der Hörigkeit Abhängigkeitsverhältnisse festigen, die der alten, nur wenig veränderten Herrenschicht eine Sonderstellung verschafften. Wie granitne Felsvorsprünge ragten in das Zeitalter der Industrie und Technik die Machtpositionen der ostelbischen »Junker« hinein.

Das Beharrungsvermögen dieser überaus lebendigen Residuen der feudalen Gesellschaft änderte indes nichts daran, daß sich außerhalb ihres engeren Herrschaftsbereichs die für die industrielle Zivilisation typische gesellschaftliche Differenzierung vollzog und die ureigenste »soziale Frage« einer kapitalistischen Ökonomie – das Problem der »Menschwerdung« einer besitzlosen, schwer arbeitenden, in drückender Not lebenden Masse »freier« Fabriksklaven – in den Vordergrund trat. Mit dem Wachstum der Industrieproduktion vermehrte sich von Jahr zu Jahr die Industriearbeiterschaft. War sie im ersten Stadium der Industrialisierung als selbständiger Faktor außer in Maschinenstürmeraufständen und Hungerrevolten überhaupt nicht in Erscheinung getreten, so begann um die Mitte des Jahrhunderts ihr politischer und organisatorischer Aufstieg.

Das große Heer der Industriearbeiter wurde im wesentlichen aus zwei Quellen gespeist. In den verarbeitenden Industrien, die sich aus den historischen Gewerben der mittelalterlichen Stadt entwickelt hatten, stammte bis zum Ende des Jahrhunderts auch das Gros der Arbeitskräfte aus der alteingesessenen Stadtbevölkerung, aus den Familien der Handwerker, Kaufleute, unteren Beamten, Berufssoldaten, Hof- und Adelsbediensteten. Hier gab es die ererbte Routine gewerblicher Arbeit. Anwärter auf Industriearbeiterberufe erhielten die traditionelle handwerkliche Ausbildung und hatten, bevor sie in die Fabrik kamen, die Gesellen-, häufig auch die Meisterprüfung bestanden. Nicht so in den Industrien der Urproduktion und den mit ihnen am engsten verbundenen Beschäftigungszweigen: im Bergbau, in der eisenschaffenden Industrie, in der Baustofferzeugung, in der Gewinnung chemischer Ausgangsprodukte. Diese Industrien waren gleichsam aus dem Nichts entstanden und hatten über Nacht einen gewaltigen Bedarf an Arbeitskräften entwickelt, bei denen Handhabung von Werkzeugen, Arbeitsdisziplin und Arbeitsgewohnheiten weniger wichtig waren als Muskelkraft und Ausdauer. Hierher strömten aus überwiegend agrarischen Gegenden Arbeitsuchende, die keine gewerblichen Berufe »erlernt« hatten, mit industrieller Technik nicht in Berührung gekommen waren und von einem städtischen Lebens- und Arbeitsrhythmus nicht viel wußten.

Für den handwerklich geschulten und der Handwerkstradition verhafteten städtischen Arbeiter war der Betrieb – vornehmlich der Kleinbetrieb, an den er gewöhnt war – nicht nur Hölle der Ausbeutung, sondern auch Stätte der Bewährung; er fühlte sich qualifiziert, zu Leistung und weiterer Qualifizierung fähig und berufen; er wollte den Betrieb, den Beruf, die Industrie, die Gesellschaft umgestalten und wußte sich einem nur am Gewinn interessierten Unternehmer oder dessen Vertretern überlegen. Er war als Geselle auf Wanderschaft gewesen, hatte fremde Länder kennengelernt und seinen Horizont erweitert; er war wißbegierig und wissenshungrig, glaubte an Fortschritt und daran, daß Wissen Macht sei, und wollte sich nichts vormachen lassen. In diesem Sinne war er revolutionär. Vernunft, Technik und Organisation waren ihm Lebenselement. Er wollte Vernünftiges, nicht Unmögliches; er wollte Stetigkeit im Fortschritt, greifbare Verbesserungen; es lag ihm, überlegt, umsichtig, allmählich vorzugehen. Der Revolutionär war der geborene Kompromißler, ein Fanatiker der Ordnung, besorgt um Produktion und Dinge des Betriebes.

Er zweifelte nicht daran, daß alles hinweggeräumt werden mußte, was eine vernünftige Entwicklung hemmte: Überreste der ständischen Privilegien, Zunftwesen, Kleinstaaterei, die politische Herrschaft eines Staatsapparates, der noch feudale Interessen vertrat und sich von wirtschaftlicher Vernunft nicht leiten ließ. Er wütete gegen den »Klassenstaat«, aber er meinte den Staat der Junker und Bürokraten, in dem sein »Klassenfeind«, der Kapitalist, noch nicht regieren durfte. Er brandmarkte mit Inbrunst die »Klassenherrschaft der Bourgeoisie«, aber er wußte, daß die Bourgeoisie vor den Mächten der Vergangenheit kapituliert und auf ihre Herrschaft verzichtet hatte. Er glaubte an eine sozialistische Revolution zum Sturz des Kapitalismus, aber was er wirklich wollte, war die Beseitigung von Standesvorrechten und eine demokratische Staatsordnung, in der er mitentscheiden könnte.

Die ersten Arbeiterorganisationen in der Revolutionsperiode von 1848 vereinten Handwerksmeister und Handwerksgesellen; ihr Interesse galt der Politik, und sie wollten alle eine neue Ordnung. Dann traten mit der wirtschaftlichen Belebung in den sechziger Jahren Arbeiterbildungsvereine, Selbsthilfevereine und die ersten Gewerkschaften auf die Bühne, in denen immer noch Handwerker das Wort führten. So war es vor allem in den Arbeiterbildungsvereinen, die dem radikalen Liberalismus folgten und aus denen 1869 unter der Führung des selbständigen Drechslermeisters August Bebel die Sozialdemokratische Partei Eisenacher Richtung entstand. Viel anders war es auch nicht in dem 1863 gegründeten Allgemeinen Deutschen Arbeiterverein, als dessen Präsidenten nacheinander der Privatgelehrte Ferdinand Lassalle, der Rechtsanwalt J. B. von Schweitzer und der Lohgerber Wilhelm Hasenclever fungierten; hier gab es zwar Verbindungen zu den neuen Riesenbetrieben der großen Industrie, aber die Verbindungsleute waren Handwerker, die in Kleinbetrieben gelernt hatten.

Im Gefolge der Wirtschaftskrise von 1873 zerriß endgültig die demokratische Allianz von 1848. Schon das Abschwenken der Haupttruppen des Liberalismus zur Bismarck-Front hatte das Kleinbürgertum ins Wanken gebracht. Das kleine Unternehmertum und das selbständige Handwerk, durch die Konzentration in der Industrie und die nach der Krise verschärfte Konkurrenz in ihrer Existenz bedroht, wechselten in der Hoffnung auf die helfende Hand des Staates ins konservative Lager hinüber und erlagen bald der Lawine nationalistischer, antisemitischer und imperialistischer Strömungen, die sich über das Land ergoß. Das mit der Arbeiterbewegung einst verbündete Handwerk wurde zu ihrem bösesten Feind. Dennoch blieb die Arbeiterbewegung der handwerklichen Tradition treu. Ihre auf graduelle Verbesserungen gerichtete Tagespraxis geriet allmählich in Widerstreit mit den Revolutionsträumen, die aus derselben handwerklichen Sicht erwachsen waren.

Für das politische und ideologische Gepräge der deutschen Arbeiterbewegung war dieser Konflikt wichtiger als die Lage und Gefühlshaltung der Arbeiter in den neuen Massenindustrien. Hier sammelten sich die gerade erst proletarisierten, gestern oder vorgestern noch landwirtschaftlich gebundenen Massen. Für diese Entwurzelten und Deklassierten war die kapitalistische Fabrik einerseits Lebensrettung, anderseits bis zum äußersten verschlimmerte Daseinsnot, Verbannung, Fremde, Hoffnungslosigkeit. Maschine und Technik waren nicht verbindende Gemeinsamkeit, sondern das eigentlich Drohende, undurchschaubare Übermacht. Der Großbetrieb, in den viele von ihnen gerieten, war die neue Obrigkeit: ohne Widerrede hingenommen von den einen, fanatisch verwünscht von den anderen.

Verschiedenes kann auf solchem Boden gedeihen: passives Dulden oder Maschinenstürmerei; Bereitschaft, in unbedingter Treue zu alten kirchlichen Bindungen nach religiösem Trost zu suchen, oder bekennerisches Sektierertum; disziplinierte Befolgung kirchlicher Weisungen in der politischen und gewerkschaftlichen Ebene oder wirklichkeitsabgewandter Radikalismus, der alles Bestehende zerstören will. Die meisten dieser stadt- und fabrikfremden, dazu noch landfremden Arbeiter kamen zur Industrie, als sie im Aufstieg war und desperaten Nihilismus kaum gedeihen ließ; sie wirkten darum weniger radikalisierend als hemmend. Der Pessimismus der Entwurzelten verstärkte das Element des Jenseitsgerichteten, Utopischen im sozialistischen Lager; ihre Zaghaftigkeit führte zur Entstehung von Organisationen, die sich ideologisch absonderten und religiöse oder weltanschauliche Bindungen an diese oder jene Wertsphäre der überlieferten Gesellschaftsstruktur (Christentum, Monarchismus, Nationalismus) zu zementieren suchten.

Es ist schwer zu beweisen, daß diese Eigenheiten, die mit dem langsamen Anlauf der Industrialisierung und ihrem eigenartigen Rhythmus zusammenhingen, die Aktionsfähigkeit der Arbeiterorganisationen wesentlich beeinträchtigt haben. Die Erfolge kamen verspätet, aber spürbar. Daß es eine Sozialdemokratie gab, die trotz allen Erschwerungen ihrer politischen Aktion von Wahl zu Wahl größer wurde, und daß disziplinierte Gewerkschaften ihrer Führung folgten, war für den Bismarckschen Staat Veranlassung genug, das große Experiment einer Sozialversicherung für Arbeiter zu wagen. Aber selbst wenn man die Leistungen der Sozialversicherung außer acht ließe, so blieben immer noch die grandiosen Errungenschaften, die die politischen und gewerkschaftlichen Kämpfe den Arbeitern und mit ihnen allen übrigen Arbeitnehmern seit den sechziger Jahren eingebracht haben: höhere Reallöhne; ausreichende Ernährung; größere Muße- und Erholungszeit; menschenwürdige Wohnverhältnisse; Angleichung der Kleidung an die Norm der städtisch-bürgerlichen Schichten; allgemeine Hebung des Bildungsniveaus der Arbeitermassen, in keinem anderen Lande erreicht, in den kühnsten Träumen der Pioniere nicht vorausgeahnt. Eine historische Leistung, die vollauf ausreicht, die Existenzberechtigung dieser sozialistischen Arbeiterbewegung zu erweisen. Wahrscheinlich wäre sie ohne revolutionäre Ideologie und revolutionäres Sendungsbewußtsein weniger erfolgreich gewesen: eine Bewegung, die die Welt erlösen will, erreicht mehr (weil sie von ihren Anhängern unendlich viel mehr verlangen kann) als eine, die nur nach materiellen Gütern greift.

Und doch ist der sozialistischen Bewegung, gemessen an ihren eigenen Zielsetzungen, in der Zeit von 1848 bis 1914 ein durchschlagender Erfolg versagt geblieben: sie hat weder den Kapitalismus gestürzt noch eine demokratische Staatsordnung erkämpft. In Wirklichkeit verfügte der Staat der Junker und Bürokraten zu Beginn des 20. Jahrhunderts über größere Machtmittel und eine breitere Herrschaftsbasis als seine preußische Vorgängerorganisation ein halbes Jahrhundert früher.

Aus einem handwerklichen Kleinbetrieb war der deutsche Staat zu einem mächtigen industriellen Großkonzern geworden, auch im wörtlichen Sinn als einer der größten Industrieeigentümer des Landes. Ein kleiner bürokratischer Verwaltungsapparat, der sich nach Möglichkeit bemühte, außer den engeren Interessen der monarchischen Spitze auch die Interessen der feudalen Oberschicht zu vertreten, hatte sich in ein mächtiges Gebilde mit vielfältigen Machtfunktionen verwandelt: es hatte – in einem der größten Industrieländer der Welt! – die wirtschaftliche Entwicklung im Interesse der industriellen Unternehmer zu sichern, durfte dabei aber auch die ökonomischen Interessen des Großgrundbesitzes nicht antasten; es mußte überdies die Interessen der Wirtschaft mit denen eines gewaltigen Kriegsapparates in Einklang bringen; schließlich mußte es dafür sorgen, daß die organisatorisch und finanziell gefährlich große Arbeiterbewegung nicht von revolutionären Programmerklärungen zu revolutionärer Praxis überging.

Die Erfüllung solcher Aufgaben erforderte die Dienste einer viel größeren Bürokratie, die auch größere Unabhängigkeit und mehr gesellschaftliche Macht beanspruchte. Sie hatte aber auch ihren Charakter verändert. Bei aller Aufrechterhaltung der Spitzenprivilegien des grundbesitzenden Adels hatte sie Teile des industriellen Bürgertums in sich aufgenommen und war zugleich mit einer neuen Schicht in enge Verbindung gekommen, die es fünfzig oder siebzig Jahre früher noch gar nicht gegeben hatte: der industriellen Unternehmens- und Verbandsbürokratie. Hatte die Verbürgerlichung des Staatsapparats die Macht des Besitzbürgertums auf Kosten des adligen Agrariertums gestärkt? Oder hatte sie nicht vielmehr zur völligen Entmachtung der eigentlichen »Bourgeoisie« zugunsten einer neuen, in den Spitzen des staatlichen Zivil- und Militärapparates mit dem privilegierten Agrariertum eng verbundenen Bürokratenschicht geführt? Ohne Zweifel war das Ausbleiben der institutionellen Demokratisierung der Staatsmaschine nur der negative Ausdruck des neuartigen bürokratischen Monopols.

Der Wandel des politischen Machtgefüges zeigt, wie weit die Arbeiterbewegung in ihrem ruhmreichen Aufstieg vom ursprünglichen Ziel einer radikal neuen Machtverteilung abgekommen war. Um ihrer inneren Integration willen hatte sie einer verpflichtenden Ideologie und einer ideologisch zementierten Politik bedurft. Nun hatte sie der immer akuter empfundene Widerstreit zwischen Tagespraxis und programmatischem Ziel, an das leidenschaftlich geglaubt wurde, in einen ideologischen Konflikt verstrickt, der eine große emotionale Spannkraft und viel intellektuelle Energie verbrauchte. Mit sich selbst und mit der Erkämpfung greifbarer Verbesserungen beschäftigt, war die Arbeiterbewegung innerlich unfähig, die politischen und gesellschaftlichen Veränderungen zu verarbeiten und in Verhaltensmaßstäbe zu übersetzen. Sie wich aus. Sie wehrte sich dagegen, sich über die Tragweite der neuen Dinge Rechenschaft abzulegen. Sie vermied es beharrlich, das Bewußtmachen des Neuen zum Inhalt ihrer täglichen ideologischen Integrationsarbeit zu machen. Sie hielt sich für die einzige zur Demokratisierung des gesellschaftlichen Lebens befähigte Kraft, aber sie wollte nicht sehen, daß die Konsolidierung des neuen Machtgefüges jede konkrete Demokratisierungsmöglichkeit verbaut hatte. Sie fand sich damit ab, daß die Gesellschaft im Gefolge der zweiten Industrialisierungswelle unsichtbaren, anonymen und unkontrollierten Machtbildungsprozessen preisgegeben war.

Weltverkehr – Freihandel – Weltwirtschaft

Mit dem Eisenbahnbau war eine neue Epoche angebrochen. Daß die Zugkraft einer Dampfmaschine, die aus mitgeführtem Brennstoff gespeist wurde, Menschen und Güter auf festen Schienen befördern konnte: das war in der Tat eine Revolution. Nicht nur die Transportgeschwindigkeit wurde vervielfacht, was die Beförderungszeiten verkürzte, sondern auch die gleichzeitige Beförderung vieler Menschen und Güter ermöglicht. Völlig neue Bedingungen waren entstanden für Produktion, Verkauf, Versorgung, Nachrichtenübermittlung und direkte Verständigung, aber auch für Kriegführung, Massenzusammenrottung, Polizeiaktion. Die Revolution des Verkehrs veränderte das Gesicht der Welt.

Der Bau von Eisenbahnen begann schon Ende der zwanziger Jahre, aber 1830 gab es in der ganzen Welt nicht mehr als 332 Kilometer Eisenbahnstrecken. Erst das nächste Jahrzehnt brachte eine umfangreiche Bautätigkeit, wenn zunächst auch nur Teilstrecken gebaut wurden, die später zu verzweigten Netzen zusammengefügt werden sollten. Die Höhepunkte der Bautätigkeit lagen, wenn man die Welt als Ganzes nimmt, in den achtziger Jahren und unmittelbar vor dem Ausbruch des ersten Weltkriegs. Das sah so aus:

Eisenbahnnetz der Welt (in 1000 km)

Jahr	Europa	Amerika	Davon USA	Asien	Afrika	Australien und Ozeanien	Welt insgesamt
1840	2,9	4,8	4,5	—	—	—	7,7
1850	23,5	15,1	14,5	—	—	—	38,6
1860	51,9	53,9	49,3	1,4	0,5	0,4	108,0
1870	104,9	93,1	85,1	8,2	1,8	1,8	209,8
1880	169,0	174,7	150,7	16,3	4,6	7,8	372,4
1890	223,9	331,4	268,4	33,7	9,8	18,9	617,3
1900	283,5	402,2	311,1	60,3	20,1	24,0	990,1
1910	333,8	526,4	388,2	101,9	36,9	31,0	1030,0
1913	346,2	570,1	410,9	108,1	44,3	35,4	1104,2

Mit dem ersten Jahrzehnt des 20. Jahrhunderts war die große Epoche des Eisenbahnbaus in den Industrieländern faktisch abgeschlossen. Solange die Industrialisierung der übrigen Welt nur langsam voranschritt, mußte sich das Tempo der Erweiterung des Eisenbahnnetzes fühlbar verlangsamen. Hatte sich das Eisenbahnnetz der Welt zwischen 1870 und 1913 mehr als verfünffacht, so kamen in den folgenden vier Jahrzehnten wenig mehr als 12 Prozent hinzu: 1956 erreichte das Welteisenbahnnetz 1,25 Millionen Kilometer.

Wie die Eisenbahnen den Rhythmus des Daseins abgewandelt haben, mag ein Zahlenbeispiel zeigen. Mit der Postkutsche wurden 1831 in Preußen rund 500000 Reisende, in ganz Deutschland schätzungsweise eine Million Reisende befördert. Aber 1912 beförderte die Eisenbahn im Deutschen Reich 1744 Millionen Menschen! Die Verlangsamung des Eisenbahnbaus gegen Ende des Jahrhunderts bedeutete keinen Stillstand in der Zunahme des Verkehrs. Mit der Eisenbahn reisten 1882 in Europa 1371 Millionen Menschen, in der ganzen Welt 2300 Millionen; bis zum ersten Jahrfünft des neuen Jahrhunderts hatte sich der Verkehr weit mehr als verdoppelt: im Jahresdurchschnitt 1901 bis 1905 lauteten die Zahlen für Europa 3623 Millionen, für die ganze Welt 4977 Millionen.

Im Gütertransport ist die Zunahme der effektiven Leistung noch augenfälliger. Zwischen 1880 und 1913, in einer Zeit, in der das deutsche Eisenbahnnetz von 33838 auf 61148 Kilometer, also auf nicht ganz das Doppelte anwuchs, stieg die Güterbeförderungsleistung der Eisenbahn auf mehr als das Fünffache: von 13,1 auf 67,5 Milliarden Tonnenkilometer. Ähnlich in den USA: zwischen 1890 und 1913 Ausdehnung des Eisenbahnnetzes von 268409 auf 388173 Kilometer, um nicht ganz 45 Prozent; Zunahme der Beförderungsleistung von 124 auf 485 Milliarden Tonnenkilometer, um 291 Prozent.

Die Leistungen der Eisenbahn deuten die Reichweite ihrer revolutionierenden Wirkungen an. Schon der Bau der Bahnanlagen, Gleise, Lokomotiven, Personen- und Güterwagen veränderte alle wirtschaftlichen Proportionen. Zur Deckung des Mehrbedarfs an Eisen und Stahl mußte die Produktionskapazität der Eisen- und Stahlindustrie stark erweitert werden, zuerst in England, dann aber auch auf dem Kontinent, vor allem in Deutschland und Frankreich, und schließlich, seit den achtziger Jahren, in Amerika, dort natürlich mit Siebenmeilenschritten. Das Zeitalter des Stahls war gekommen.

Seit der Mitte des Jahrhunderts war das Holz endgültig als Brenn-, Werk- und Baustoff verdrängt. Damit war Großbritannien von der Holzeinfuhr unabhängig geworden, und es ist kein Zufall, daß um diese Zeit die konsequente Freihandelspolitik des Inselreichs, zugleich aber auch ein neues Kapitel der Schiffahrt beginnt. Seit den fünfziger Jahren wurden auch Wasserfahrzeuge (einschließlich der Segelschiffe) überwiegend aus Eisen statt aus Holz gebaut. Nun konnte sich auch das Dampfschiff durchsetzen, allerdings erst gegen Ende des Jahrhunderts entscheidend auf Kosten des Segelschiffs: die Tonnage der Seglerflotte der Welt stieg noch bis 1880 auf 13,9 Millionen Bruttoregistertonnen und ging dann bis 1910 auf 4,6 Millionen zurück; die Tonnage der Dampfer- und Motorschiffflotte wuchs ununterbrochen von 279000 Bruttoregistertonnen 1850 auf 22,4 Millionen 1900 und 37,3 Millionen 1910 (1950: 84,6 Millionen).

Der wachsende Beförderungsradius und das erhöhte Beförderungstempo brachten automatisch eine Intensivierung des Geschäftsverkehrs, weil sie Entfernungen auch in persönlichen und geschäftlichen Beziehungen annullierten. Die bloße Tatsache, daß postalische Sendungen von Anfang an von der Eisenbahn (und selbstverständlich später auch von Überseedampfern) mitgenommen wurden, gab dem gesamten Geschäftsleben einen neuartig dynamischen Charakter. Der nächste Schritt war die Internationalisierung des Postverkehrs und der Abschluß internationaler Vereinbarungen über seine Regelung. Die Lawine der Briefsendungen schwoll fast unabsehbar an: 1875 wurden 144 Millionen abgesandte Briefsendungen gezählt, 1913 2,4 Milliarden.

Ohne die Entwicklung elektrischer Signalanlagen wäre die rasche Ausdehnung des Eisenbahnverkehrs kaum denkbar gewesen. Dennoch mag es einer jener glücklichen Zufälle des wissenschaftlichen Erfindens sein, daß die Telegraphie um dieselbe Zeit praktisch anwendbar wurde, zu der der Eisenbahnbau einen größeren Umfang annahm. Dann war es natürlich kein Zufall mehr, daß Telegraphenlinien beim Bau der Eisenbahnen den Schienen entlang am Bahngelände gelegt wurden und daß ein gewiß noch sehr weitmaschiges Telegraphennetz den europäischen Kontinent schon um 1850 umspannte. Dann war es wieder eine Lawine: 8,9 Millionen abgeschickte Telegramme 1860, über eine Milliarde 1910/11. Noch viel stürmischer entwickelte sich der Fernsprechverkehr: 1876 gab es in der ganzen Welt 580 Fernsprechteilnehmer, 1912 fast 12,5 Millionen.

Für die weltwirtschaftliche Verflechtung bedeutete der Ausbau der mündlichen und schriftlichen Drahtverbindungen etwas sehr Konkretes: er machte erst einen Weltmarkt möglich. Sofortige Verständigung und Unterrichtung über Verfügbarkeit von Warenvorräten, über Preise und Lieferungsbedingungen, die Sofortverrechnung von Außenständen und Verpflichtungen, die Herauskristallisierung und Feststellung von Weltpreisen für international gehandelte Rohstoffe, Nahrungsmittel, Stapelwaren, Devisen und Effekten: das alles läßt sich erst erreichen, wenn Produzenten, Händler und Bankiers miteinander ungeachtet der Entfernung ohne Zeitverlust telephonieren oder telegraphieren können.

Charakteristischerweise machten die revolutionären Neuerungen die althergebrachten Beförderungs- und Verkehrsmöglichkeiten in keiner Weise überflüssig. Während der ganzen Periode des Eisenbahn- und Dampferbaus wurden unzählige Landstraßen neugebaut oder mit technisch vollkommeneren Mitteln zu widerstandsfähigen Fahrwegen für schwere Fahrzeuge ausgebaut (das war noch vor der Zeit der Autobahnen!). Die Kanalschiffahrt wurde mit neuen Kanalverbindungen zwischen den großen Inlandsströmen erweitert, die großen Flüsse wurden mit planmäßiger Stromregulierung schiffbar gemacht, internationale Vereinbarungen über den Warenverkehr auf Flüssen und Kanälen getroffen. Zum erstenmal in der Geschichte des Weltverkehrs wurden auch international zugängliche Seeverbindungsstraßen künstlich geschaffen: 1869 Eröffnung des Suezkanals.

Das Ergebnis war die Beschleunigung des Umschlags, die erhöhte Frequenz der Warenumsätze, das heißt intensivierter Waren- und Geldumlauf und allgemeine Zunahme des Handelsvolumens bei gleichzeitigem Ausbau der internationalen Finanzverbindungen. Die Revolution im Verkehrs- und Nachrichtenwesen wirkte wie ein Sauerteig, der eine behäbige, auf die Einhaltung nationaler Grenzen bedachte Wirtschaft in ein dynamisches, international verzahntes, stürmisch expandierendes Hochdruckgetriebe verwandelte.

Was diese Verstärkung der zwischenstaatlichen Wirtschaftsverbindungen und Austauschbeziehungen wesentlich erleichterte, war die Niederreißung der Zollmauern und die Beseitigung sonstiger Absperrungsmaßnahmen, die mit den englischen Zollgesetzen Ende der vierziger Jahre eingeleitet wurde. Gerade England hatte in der merkantilistischen Zeit eine besondere Vorzugsposition genossen. Es hatte sein überseeisches Kolonialreich, aus dem es Rohstoffe und Edelmetalle beziehen konnte. Es hatte seine eigene Schiffahrt, mit der es den Überseehandel bewältigen konnte, und diese Schiffahrt beherrschte seit der Zerschlagung der spanischen Armada (1588) die Meere. Zwei Jahrhunderte lang wurde das Schiffahrtsmonopol durch strikte gesetzliche Vorschriften aus den Jahren 1651 und 1660 – die Navigationsakte und ein Ergänzungsgesetz dazu – aufrechterhalten. Im Laufe der Zeit waren noch andere Abriegelungsmaßnahmen hinzugekommen. Rohwolle durfte aus England nicht ausgeführt werden: es sollte der englischen Wollindustrie nicht mit englischen Rohstoffen Konkurrenz gemacht werden. Europäische Industriewaren, die mit englischen hätten konkurrieren können, wurden mit hohen Zöllen ferngehalten. Seit dem Ende der Napoleonischen Kriege wurde mit Zöllen auch die Getreideeinfuhr verhindert.

Inzwischen war aber die industrielle Revolution im Vormarsch, das Produktionsvolumen der englischen Industrie erweiterte sich sprunghaft. Die Hochöfen und die Baumwollfabriken produzierten mehr, als der einheimische Markt aufnehmen konnte. Man mußte exportieren, und es sah so aus, als würde man fremde Grenzen nur öffnen können, wenn man auf die Schließung der eigenen verzichtete. Zwischen 1821 und 1857 wurden nach und nach die binneneuropäischen Schiffahrtswege für den allgemeinen Verkehr geöffnet. Was nutzte aber die Freigabe der Wasserstraßen, wenn nach wie vor hohe Zölle auf allen Seiten den Warenverkehr behinderten? Ab 1823 hatte England endlich mit der Aufhebung verschiedener Einfuhrverbote begonnen, mehrere Industriezölle gesenkt und die Bestimmungen der Navigationsakte aufgelockert. Die Krise von 1836/37 brachte den Textilindustriellen die Überzeugung bei, daß ihr Auslandsgeschäft erst wieder florieren würde, wenn man den noch überwiegend agrarischen Ländern des Kontinents die Möglichkeit gäbe, ihre Agrarerzeugnisse in England zu verkaufen. Eine weitere Senkung der Industriezölle kam 1842, und 1846 wurde auch der Getreidezoll schließlich zu Fall gebracht. Es folgte der Entschluß, wenigstens die gesetzliche Verankerung des britischen Schiffahrtsmonopols aufzugeben und sich auf die faktische Überlegenheit der englischen Flotte zu verlassen. Zwei Jahre vor dem zweihundertsten Geburtstag der Navigationsakte wurden ihre Hauptbestimmungen aufgehoben; der Rest verschwand 1854. England hatte die große Ära des Freihandels eröffnet.

In Frankreich stieß die Freihandelsidee zunächst auf den Widerstand der Industriellen und Agrarier. Auf parlamentarischem Wege war eine Revision der Zollpolitik nicht zu erreichen. Nun wollte aber das kaiserliche Regime seine erfolgreichen Bemühungen um ein engeres wirtschaftliches Verhältnis zu England nicht aufs Spiel setzen, und außerdem lag es im Sinne der vom Kaiser selbst einst verkündeten *idées napoléoniennes*, die dem Kaiserreich feindlichen Arbeiter wenigstens mit der Aussicht auf blühenden Außenhandel und Verbilligung der Lebenshaltung zu ködern. Im Handelsvertrag mit England wurde 1860 der Abbau der Industriezölle konzediert; die in den Vertrag aufgenommene Meistbegünstigungsklausel sicherte England überdies den Genuß aller Zollsenkungen, die Frankreich anderen Mächten einräumen würde. Tatsächlich schloß Frankreich in den folgenden Jahren Handelsverträge, die allgemeine Zollsenkungen vorsahen, mit Preußen, Italien, der Schweiz, dem Deutschen Zollverein, den skandinavischen Ländern, Holland, Spanien,

Portugal und Österreich-Ungarn ab; ihre Bestimmungen kamen automatisch England zugute. Auch Frankreichs Kolonien wurden für den Handel geöffnet.

In der Handelspolitik des Deutschen Zollvereins hatten sich schutzzöllnerische Tendenzen von Anfang an kaum durchsetzen können. Innerhalb des Zollvereins war und blieb Preußen führend. Nach dem preußischen Zollgesetz von 1818 war die Einfuhr von Rohstoffen frei und die Getreideeinfuhr nur teilweise betroffen; als Preußen 1827 alle Agrarprodukte zollpflichtig machte, begnügte es sich mit relativ niedrigen Sätzen. Die Fertigwarenzölle, nach Gewicht berechnet und anfänglich um zehn Prozent des Warenwertes schwankend, erhöhten sich prozentual im Lauf der Jahre, da mit der Industrialisierung viele Industriepreise gesunken waren; dem Schutzbedürfnis der einheimischen Produzenten genügte das offenbar, Zollerhöhungen wurden auch später nicht beschlossen. Da die Fabrikanten zum größten Teil noch auf ausländisches Roheisen angewiesen waren, wurde erst in den vierziger Jahren ein mäßiger Zoll auf Roheisen eingeführt.

In den Niederlanden und in Skandinavien überwogen Exportinteressen, die jeder Zollabsperrung entgegenwirkten. Italien, wirtschaftlich im Schlepptau Englands, von dem es Kohle und sogar Getreide bezog, folgte der englischen Freihandelsmarschroute. Sogar Rußland, das eine Industrie mit Staatssubventionen und Sondervergünstigungen aufzubauen suchte, lockerte die Importdrosselung und senkte seine Hochschutzzölle.

Europa war zwar keine Freihandelszone geworden, hatte aber Zollmauern und andere Handelsbehinderungen so beträchtlich abgebaut, daß die durchgehende Einführung von Meistbegünstigungsklauseln beinahe der Schaffung eines einheitlichen Zollgebiets gleichkam. Außerhalb des Gürtels der liberalen Handelspolitik blieben fast nur noch die Vereinigten Staaten. Reich an Land und Naturschätzen, hatten sie alles Interesse an der Verringerung der Industriewareneinfuhr aus Europa und an der Brechung des englischen Lieferungs- und Schiffahrtsmonopols. Vom Beginn ihrer staatlichen Existenz an hatten sie auf die Einfuhr von Industrieerzeugnissen hohe Zölle gelegt. Im Interesse des nach dem Bürgerkrieg fieberhaften Industrieaufbaus wurden noch höhere Zollmauern errichtet.

Nach Europa lieferten die Vereinigten Staaten weiterhin Baumwolle, ohne auf Konkurrenz zu stoßen. Seit Whitney 1793 die Baumwollentkernungsmaschine erfunden hatte, war die Massenproduktion sichergestellt. Die amerikanische Baumwollerzeugung, die 1810 noch keine 23000 Tonnen betragen hatte, stieg bis 1860 auf über 900000 Tonnen. Der Produktionsausfall nach dem Bürgerkrieg steigerte nur die europäische Nachfrage. Bis Ende des Jahrhunderts stieg die amerikanische Produktion weiter auf jährlich rund 2,3 Millionen Tonnen. Ihre protektionistische Politik verschloß den Amerikanern nicht den europäischen Markt. Als sie aber in den siebziger Jahren anfingen, Europa mit billigem Getreide zu überschwemmen, erfuhr die freundliche europäische Freihandelsatmosphäre mehrere Unwettereinbrüche. Die weltwirtschaftliche Entwicklung war inzwischen zu weit gediehen, als daß man mit Einfuhrsperren hätte antworten können. Jedoch bestanden die europäischen Getreideerzeuger wenigstens auf einem Preisausgleich durch Schutzzölle.

Strikt genommen, hat die Freihandelsära noch keine drei Jahrzehnte gedauert. Aber auch die Rückkehr zu Schutzzöllen bedeutete nicht, daß der weltwirtschaftliche Zusammenhang zerrissen wurde. England blieb beim Freihandel, es blieb aber auch nach wie vor die führende Seemacht mit gigantischem Kolonialbesitz, und selbstverständlich versuchten die europäischen Großmächte, sein Beispiel nachzuahmen und sich größeren Kolonialbesitz zuzulegen. Nur hatte England auch im kolonialen Bereich die Isolierung durchbrochen und die Möglichkeit der Einbeziehung der Kolonien in den weltwirtschaftlichen Verkehr auf die Tagesordnung gesetzt. Die Industrialisierung der kolonialen Länder im Rahmen eines internationalen Warenverkehrs hatte begonnen, und damit war ihre politische Verselbständigung nähergerückt.

Stahl und Elektrizität

Um die Mitte des 19. Jahrhunderts nimmt die industrielle Revolution einen zweiten Anlauf. Den Anfang machen wieder technische Vervollkommnungen. Am Ausgang des 18. Jahrhunderts hatte das Puddelverfahren die Möglichkeit geschaffen, das im Hochofen durch Entoxydierung des Erzes gewonnene kohlenstoffreiche, leicht schmelzbare und daher nicht schmiedbare Eisen zu entkohlen und ein dank dem geringeren Kohlenstoffgehalt (0,06 bis 1,5 Prozent) hartes und geschmeidiges Produkt zu erhalten, das bleibende Formveränderungen verbürgt. Indes ist der im Puddelverfahren erzeugte Puddel- oder Schweißstahl nicht frei von Phosphor- und Siliziumbeimengungen und deswegen für feinere Arbeit, so für Härtung auf einen meßbaren Festigkeitsgrad hin, nicht geeignet. Für die Verfeinerung der Stahlerzeugung mußte versucht werden, die chemische Beseitigung der Unreinheiten im flüssigen Eisen vor sich gehen zu lassen.

Dieser Vorgang gelang in Henry Bessemers Konverterbirne (1856) mit Hilfe eines Preßluftgebläses, das Kohlenstoff, Silizium und Mangan im flüssigen Eisen verbrennen läßt. Die Verwendung von Eisenabfällen (Schrott) bei der Gewinnung von Qualitätsstahl wurde dann mit dem Siemens-Martin-Verfahren (1864) möglich: kohlenstoffarmes Eisen wird im (mit Regenerativgas betriebenen) Herdflammofen mit Schrott verschmolzen, wobei ein in bezug auf Festigkeit besonders zuverlässiger Stahl gewonnen wird, der sich für Brückenkonstruktion, Zahnräder, Schiffsschrauben eignet. Für stark phosphorhaltige Erze (etwa die lothringische Minette) wurde mit der weiteren Entwicklung der Eisenchemie das Entphosphorungsverfahren von Thomas (1878) geschaffen, bei dem die Konverterbirne mit einer basischen Fütterung versehen wird und basischer Flußstahl entsteht; die anfallende Thomasschlacke liefert eines der wichtigsten Kunstdüngemittel.

Erst mit diesen Verfahren, die Gichtgase als Wärmequelle verwenden und den Stahlgewinnungsprozeß rationalisieren und verbilligen, wird die Erzeugung von Eisen und Stahl der Sphäre des Handwerklichen entzogen und als Massenproduktion auf eine rentable Basis gestellt. Jetzt erst kann der steigende Stahlbedarf der Eisenbahnen zuverlässig gedeckt werden. Daß nun bestimmte Materialqualitäten nach Bedarf und mit dem gewünschten

Exaktheitsgrad hergestellt werden können, ermöglicht aber auch erst die Entfaltung des Fahrzeug- und Maschinenbaus, namentlich die Mehrproduktion von Werkzeugmaschinen und Präzisionsinstrumenten. Weitere Fortschritte der Metallurgie und metallurgischen Chemie sichern eine wirtschaftlichere Verwertung des Rohmaterials.

Die Vervollkommnung technischer Verfahren bedeutet Steigerung der Produktivität. In der Hochofenindustrie betrug die Roheisenerzeugung je Arbeiter 1860 20,3 Tonnen, 1884 156, 1901/02 254 und 1913 400 Tonnen. Das Anwachsen der Gesamterzeugung in dieser Periode der technischen Entfaltung wurde bereits erwähnt: zwischen 1860 und 1910 stieg die Weltproduktion von Roheisen von 7,6 auf 66,3 Millionen Tonnen.

Die Produktionsziffern veranschaulichen auch die Wirkung des technischen Fortschritts auf die wirtschaftliche Entwicklung der einzelnen Länder. England, das eigentliche Eisenland der Welt in der ersten Hälfte des Jahrhunderts, konnte, durch die in der voraufgehenden Periode vorgenommenen ansehnlichen Investitionen belastet, seine Roheisengewinnung nach 1870 nur noch langsam ausdehnen: von 6,7 Millionen Tonnen 1870 auf 7,8 Millionen 1895 und 9,5 Millionen Tonnen 1899; danach trat sogar ein Produktionsrückgang ein. Umgekehrt zeigte sich in Deutschland, das 1870 erst 1,4 Millionen Tonnen Roheisen erzeugte, ein fast ununterbrochener Aufstieg: 4,7 Millionen 1890, 5,5 Millionen 1895, 8,5 Millionen 1900. Einen noch größeren Aufschwung erlebte die Roheisenproduktion der Vereinigten Staaten: sie belief sich 1880 auf 3,9, 1895 auf 9,4, 1903 auf 18,0 Millionen Tonnen. Im folgenden Jahrzehnt zeigte sich weitere Stagnation in England – 1912 nicht mehr als 9,0 Millionen Tonnen –, dagegen gewaltige Vermehrung der Produktion in Deutschland mit 17,2 und den USA mit 30,2 Millionen Tonnen. Nun erst steht der Stahl wirklich im Mittelpunkt. Zwischen 1890 und 1913 steigt die Rohstahlerzeugung der Welt von 12,6 auf 75,5 Millionen Tonnen.

Hat das Wachstum der Eisen- und Stahlindustrie, der Zwang, ihre Erzeugnisse abzusetzen, zu einer Vermehrung der Rüstungen geführt oder hat umgekehrt der wachsende Bedarf der Staaten an Rüstungsmaterial die gewaltige Produktionsvermehrung hervorgerufen? Zweifellos laufen die Entwicklungslinien parallel. In Millionen Mark ausgedrückt, stiegen die Heeres- und Kriegsmarineausgaben in Großbritannien von 533 1874 auf 1165 1907/08 und 1540 1913/14, in Frankreich von 550 1873 auf 975 1908 und 1109 1913/14, in Deutschland von 426 1881/82 auf 1162 1908 und 1411 1913/14.

Die Eisenerzeugung spornt nicht nur den Kohlenbergbau, sondern auch eine Reihe seiner Nebenzweige an: die Erzeugung von Leuchtgas und die Verarbeitung der Abfallprodukte der Kokserzeugung, vor allem des Steinkohlenteers. Von hier führt ein gerader Weg zur Herstellung synthetischer Farbstoffe und überhaupt zum umfangreichen und weitverästelten Gebiet der Kohlechemie. Mit dem Thomasmehl deckt die Eisenindustrie einen erheblichen Teil des Düngerbedarfs der Landwirtschaft. Auf der Chemie und ihrer Verbindung nicht nur mit dem Kohlen-, sondern auch mit dem Kalibergbau bauen sich weitere Industrien auf, die die Landwirtschaft beliefern: Kalichemie, Nitraterzeugung; mit der Stickstoffindustrie hängt wiederum die Rüstungsindustrie (Dynamit) zusammen.

Der rapide Aufstieg der Kunstdüngererzeugung förderte Technik und Ertrag der landwirtschaftlichen Produktion. Die durch den metallurgischen Fortschritt bedingte Ausdehnung des Maschinenbaus ermöglichte die Massenproduktion von Zug- und Arbeitsmaschinen für die Bodenbearbeitung und die Verarbeitung landwirtschaftlicher Produkte. Die landwirtschaftliche Produktion wurde intensiviert, rationalisiert, gesteigert. Menschliche Arbeitskraft wurde eingespart. Das war wesentlich für den Fortgang der Industrialisierung, die Menschen verdrängt und dennoch neue Arbeitsplätze schafft.

Die Vielfalt der neuen industriellen Techniken und Produktionsverfahren konnte hier nur angedeutet werden. Eine summarische Vorstellung vom Umfang der in der zweiten Industrialisierungsphase ins Leben gerufenen oder aktivierten Arbeitsgebiete und Fabrikationszweige vermittelt eine Produktionsberechnung für alle verarbeitenden Industrien: in Hundertsätzen des Durchschnittsproduktionsvolumens von 1925/29 betrug die Erzeugung der verarbeitenden Industrie der Welt 1870 14,4, 1890 30,4, 1910 63,8 (zum Vergleich 1956: 346 Prozent). Die Ausbreitung und Volumenerweiterung brachte wiederum geographische Verschiebungen mit sich:

Verarbeitende Industrie, Anteile der Hauptproduzenten
(in % der Weltproduktion)

Jahr bzw. JD	Großbritannien	Frankreich	Deutschland	USA	Rußland (UdSSR)	Sonstige
1870	31,8	10,3	13,2	23,3	3,7	17,7
1881/85	26,6	8,6	13,9	28,6	3,4	19,9
1896/1900	19,5	7,1	16,6	30,1	5,0	21,7
1906/10	19,7	6,4	15,9	35,3	5,0	17,7
1913	14,0	6,4	15,7	35,8	5,5	22,6
Zum Vergleich:						
1936/38	9,2	4,5	10,7	32,2	18,5	24,9

Die jüngeren Industrieländer sind Nachzügler, die, um sich einen Vorsprung zu verschaffen, von allen erfolgversprechenden technischen Neuerungen schneller Gebrauch machen als die Veteranen. Das wird vor allem dann wichtig, wenn die Energiewirtschaft entscheidende Fortschritte macht. Nun entdeckt die Menschheit gerade in den letzten Jahrzehnten des 19. Jahrhunderts die Elektrizität als Energiequelle, die auf absehbare Zeit unendlich vermehrt werden kann. Die Umstellung der Industrie auf elektrischen Antrieb geht in Deutschland und den Vereinigten Staaten am rapidesten vonstatten.

Telegraph und Telephon bewiesen in der zweiten Hälfte des Jahrhunderts die Fähigkeit der Menschen, mit Schwachstrom umzugehen. (Am Ende kam auch noch Marconis Entdeckung der drahtlosen Nachrichtenübermittlung.) Die industrielle Verwendung des Starkstroms begann erst eigentlich mit dem letzten Drittel des Jahrhunderts. Die erste praktisch verwendbare Dynamomaschine gab es seit 1866, die erste elektrische Bahn wurde 1879 gezeigt, die Kraftübertragung auf Entfernung zum erstenmal 1881 praktisch demonstriert. Dann überstürzte sich die Installierung elektrischer Beleuchtungsanlagen, elektrischer Kraftmaschinen und elektrischer Bahnen. Zugleich setzte auf breiter industrieller Grundlage die Verwendung elektrischen Stroms in chemisch-metallurgischen Verfahren ein: elektrolytische Gewinnung von Metallen, Elektrizität in der Analyse und Synthese.

Elektrische Kraft wurde in Deutschland 1895 von 2003 Industriebetrieben verwendet, 1907 dagegen schon von 71000 Industriebetrieben. Von der in Preußen 1907 verfügbaren

Energie stehender krafterzeugender Maschinen von 9,86 Millionen PS entfielen bereits 3,15 Millionen PS oder fast 32 Prozent auf elektrische Maschinen. In den Vereinigten Staaten verfügte die sich rasch ausdehnende gewerbliche Wirtschaft 1899 über Kraftmaschinen mit einer Gesamtleistung von 10,1 Millionen PS, wovon auf elektrische Energie 493000 PS oder 4,9 Prozent entfielen; 1914 war die gesamte verfügbare Energie auf 22,4 Millionen PS gestiegen; auf elektrische Energie kamen 8,8 Millionen PS oder 39,4 Prozent.

Größere Entfernungen, größere Anlagen, größere Konzentration sind die hervorstechenden Merkmale der neuen industriellen und produktionstechnischen Expansion. Das für die Energiewirtschaft im Zeichen der Elektrizität erreichbare Entwicklungstempo läßt die tatsächliche Nutzung der elektrischen Energie vor dem ersten Weltkrieg als einen bescheidenen Anfang erscheinen. Am Vorabend des ersten Weltkrieges konnte man immerhin ahnen, daß man an der Schwelle einer elektrifizierten Welt stand. Noch war nicht sichtbar, daß es auch eine motorisierte Welt sein würde. Verbrennungsmotoren für den Kraftwagen waren zwar schon 1885 von Daimler und Benz entwickelt worden, aber bis zur Serienfabrikation des Kraftwagens war es noch ein langer Weg. Erst im letzten Vorkriegsjahrzehnt vollendete Henry Ford das organisatorische und technische Schema der Massenproduktion mit Fließband, Standardisierung der Teile und Werkzeuge und teilautomatisierten Arbeitsprozessen. Die neue industrielle Revolution warf ihren Schatten voraus.

Zölle und Rüstungen

Auch wenn die Gloriole der Freihandelsära das ganze 19. Jahrhundert im Schein liberaler Handelspolitik erstrahlen läßt, ist die Zeit des Freihandels in Kontinentaleuropa eine kurzlebige Episode gewesen. Im einzelnen hatte schon Frankreich nach dem verlorenen Krieg mit Zollerhöhungen begonnen. Ende der siebziger Jahre setzte nun allgemein eine neue Ära zollpolitischer Absperrungen ein, die allmählich den ganzen Kontinent ergreifen sollte. Der Anstoß kam vom Programm der Industrie- und Agrarzölle, das Bismarck 1878 dem Parlament unterbreitete und für das er 1879 eine parlamentarische Mehrheit fand. Die deutsche Initiative widersprach der Praxis und Tradition des Zollvereins und des neuen Reichs. Noch 1873 hatte der Reichstag gegen die Regierung mit großer Mehrheit beschlossen, den Roheisenzoll aufzuheben und Zölle auf verschiedene Fabrikate, Maschinen, Lokomotiven usw. bis zu ihrer für 1877 vorgesehenen (und tatsächlich vorgenommenen) Aufhebung wesentlich zu senken. Die Agrarier waren noch an »freiem Eisen« und an weiterem Getreideexport interessiert, und die Eisenindustrie fühlte sich vom Ausland nicht bedroht. In fünf Jahren vollzog sich eine radikale Schwenkung.

Die Sinnesänderung der Agrarier war verständlich. Mitte der siebziger Jahre begannen die Vereinigten Staaten und Argentinien, Europa mit billigem Getreide zu überschwemmen. Waren 1870 nur 8500 Tonnen Weizen nach Deutschland eingeführt worden, so waren es 1879 bereits 324000. Ebenso mit Mais: Einfuhr 1870 insgesamt 900 Tonnen, 1879 bereits 160000. Die deutschen Agrarier verfielen in Panik.

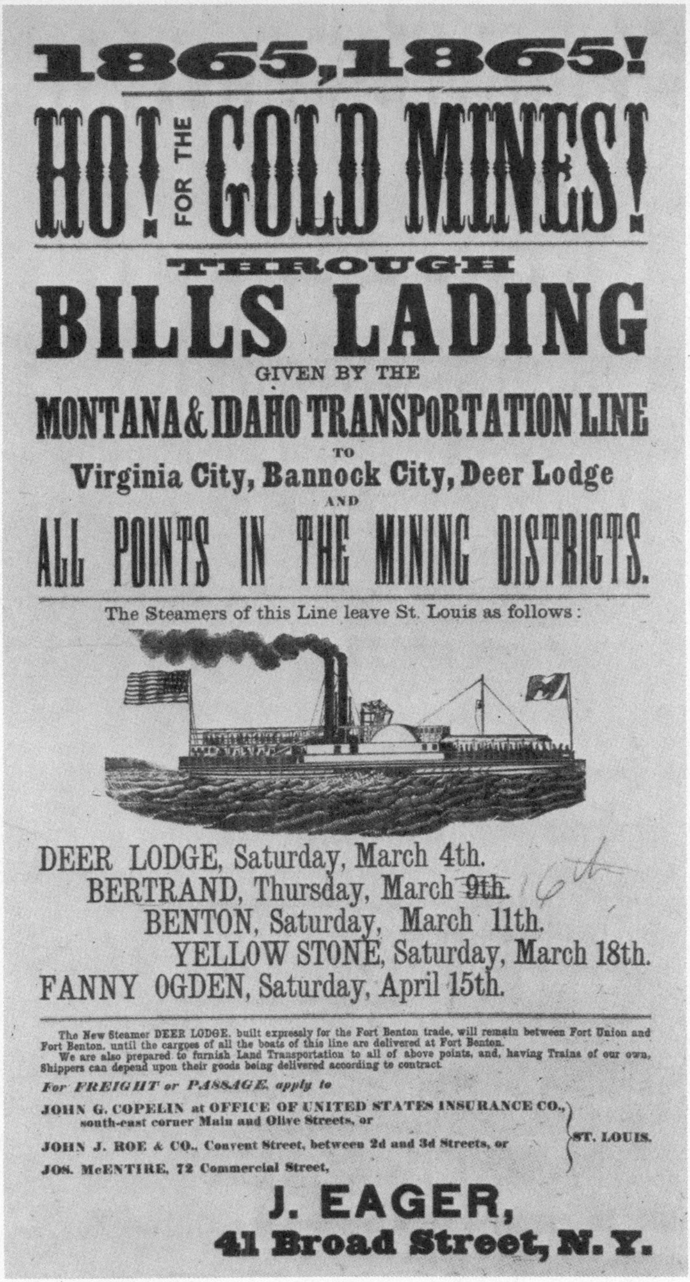

Mit dem Dampfer zu den Goldminen von Montana und Idaho!
Dampferfahrplan auf einem Plakat, 1865
New York City, New York Historial Society

EIN DRITTEL THALER 10 GR.

Preussische National Versicherungs Gesellschaft in STETTIN

Umgestellt auf Rm 1200.-

genehmigt durch Allerhöchste Cabinets Ordre vom 31ten October 1845.

ACTIE

No. 6981 über 400 Rthlr. Pr. Court.

Nachdem Herr J. M. Abel in Stargard i/Pom. diese Actie durch baaren Einschuss von Einhundert sage 100 Reichsthalern Pr. Court. [illegible] Dreihundert sage 300 Reichsthalern Pr. Court. [illegible] Mitglied der Gesellschaft [illegible] Inhalt der Statuten verhältnissmässigen Antheil an dem Vermögen derselben und ist berechtigt den auf [illegible] Dividenden-Scheine zur Vertheilung kommenden [illegible] zu erheben.

Diese Actie kann ohne schriftliche auf derselben zu bemerkende Genehmigung des Verwaltungsraths nicht veräussert oder verpfändet werden.

Stettin, den 1ten Januar 1846.

Der Verwaltungs-Rath:

Die Direction:

Ausgegeben anno 1853.

Die statutarische [illegible] ist durch den vom Kaiserlichen Aufsichtsamt für Privatversicherungen [illegible] aufgehoben. Es tritt dafür die gesetzliche Verpflichtung des Aktionärs [illegible] für den noch nicht eingezahlten Teil des Betrages ein.

Stettin, den 23. März 19[illegible]

Preußische National-Versicherungs-Gesellschaft.

Der Verwaltungsrat. Die Direktion.

Braun, Lichfeld, Blaschke, Zander. Walter

Außerdem strömte Weizen aus Osteuropa, vor allem aus Rußland, nach Deutschland ein. Konnte die überseeische Einfuhr kaum noch abgewehrt werden, so sollte wenigstens die Bedrohung aus dem benachbarten Rußland abgeschwächt werden. Daß das einen langwierigen Zollkrieg mit dem Zarenreich zur Folge haben, Bismarcks rußlandfreundliche Politik auch nach der Beilegung des Zollkriegs zum Erlahmen bringen und das russisch-französische Bündnis mit all seinen Konsequenzen zementieren würde, mag 1878 nicht vorausgesehen worden sein. Aber selbst wenn diese Folgen erkannt worden wären, ist es fraglich, ob man die neue Zollpolitik abgebremst hätte. Aus eigenen Kräften haben die Agrarier die Zollgesetzgebung von 1879 nicht zustande gebracht. Sie wäre gescheitert, hätte sich nicht inzwischen die Eisenindustrie zur aktiven Zollpolitik bekehrt und hätte nicht Bismarck die Einführung der Zölle zu einem unabdingbaren Bestandteil des Regierungsprogramms gemacht. Hier vermengt sich Politisches mit Ökonomischem auf eine eigentümliche Weise. Hätte die Eisenindustrie keine Zölle gewollt, so wäre es natürlich nicht zum »Bündnis der Krautjunker mit den Schlotbaronen« gekommen, das die Politik des Kaiserreichs bis an sein Ende bestimmt und dann auch noch die Weimarer Republik in den Abgrund gestürzt hat. Warum haben die Eisengewaltigen auf Industriezöllen bestanden und dafür Getreidezölle bewilligt, die die Lebenshaltung der Arbeiter und die Produktionskosten der Industrie verteuern mußten?

Konkurrenzmäßig befand sich die deutsche Schwerindustrie in einer keineswegs ungünstigen Lage. Die Annexion Elsaß-Lothringens nach dem Deutsch-Französischen Krieg hatte ihr einen beträchtlichen Teil der lothringischen Minetteerzvorkommen eingebracht und eine ausreichende einheimische Rohstoffgrundlage gesichert (die Eisenerzgewinnung im eroberten Lothringen stieg von 684600 Tonnen 1872 auf 20,1 Millionen Tonnen 1912). Die Wirtschaftskrise von 1873 hatte sie weniger getroffen als andere Industrien. Die Roheisenproduktion ging zwar von 2,2 Millionen Tonnen 1873 auf 1,8 Millionen 1875 zurück, überschritt aber 1880 mit 2,6 Millionen bereits den Vorkrisenstand. Daß die Inlandsnachfrage auf die Dauer nachlassen könnte, war nicht zu befürchten: der Bedarf der metallverarbeitenden Industrie, des Maschinenbaus, der Eisenbahnen, des Schiffsbaus, der Armee und Marine war weiter im Steigen. Der Wettbewerb des Auslands war in keiner Weise bedrohlich: Deutschland führte zwar 1877 für 72 und 1878 für 65 Millionen Mark rohe Metalle ein, aber es führte zugleich auch eine größere Menge an rohen Metallen aus: 1877 für 77, 1878 für 82 Millionen Mark.

Die Eisenindustrie brauchte keinen Zollschutz, um ihre Existenz zu verteidigen. Was sie zu verteidigen hatte, waren ihre überhöhten Gewinne und ihre Kartellorganisation. Weniger die Krise von 1873 als die mit dem Übergang zur Massenproduktion erreichte phantastische Erhöhung der Produktivität hatte das Preisgefüge der Eisenwirtschaft ins Wanken gebracht. Die Preiseinbrüche waren enorm: zwischen 1873 und Ende 1877 fielen

---

Aktie über 400 Reichstaler Preuß. Courant
der Preußischen National-Versicherungs-Gesellschaft in Stettin vom 1. Januar 1846
Berlin, Archiv der Berliner Bank

die Preise bei Schienen und Bessemerstahl von 366 auf 128 Mark je Tonne, bei Spiegeleisen von 234 auf 66, bei Gießereisen von 156 auf 60. Hätte der Preissturz nicht aufgehalten werden können, so wären eine Verschärfung der Konkurrenz und gegenseitige Preisunterbietung der Produzenten unausweichlich gewesen. Das gerade errichtete kunstvolle Gebilde der Kartelle und Verbände, das noch lange nicht die gesamte Industrie erfaßte, wäre zusammengebrochen. Die Einführung der Zölle sollte die Preise wieder in die Höhe bringen und die Unternehmer an ihre neuen Organisationen binden. Für die organisatorische Führung der Industrie war das Ziel wichtig genug: dafür lohnte es sich, auch die kostensteigernden Agrarzölle in Kauf zu nehmen.

Den Getreideproduzenten haben allerdings auch die Zölle nicht wesentlich helfen können. Die überseeische Getreideausfuhr wuchs weiter von Jahr zu Jahr: zwischen 1875 und 1880 stieg der amerikanische Weizenexport von 1,5 auf über 4,3 Millionen Tonnen an. Diese Sturzflut drückte fortwährend auf die Preise der europäischen Agrarmärkte. Auf Betreiben der Interessenten mußten die Getreidezölle mehrmals erhöht werden. Damit wurde das Existenzproblem des unrentablen Getreidebaus nicht gelöst, die Landwirtschaft aber immer stärker an die Wirtschaftspolitik des Staates und an die Interessen der Schwerindustrie gebunden. Von einer Aufhebung der Zölle mußte sie nunmehr das Schlimmste befürchten. Einmal in das Bündnis einbezogen, konnte sie auch nicht mehr abspringen, wenn ihr mit der Vermehrung der Staatsausgaben (Rüstungen, Sozialpolitik) eine Erhöhung der Lasten drohte. Für die wirtschaftlich weniger gefährdete Schwerindustrie galt das nicht minder, wenn auch in anderer Form: von ihrer Regierungstreue hing nicht nur die Beibehaltung der Zölle ab, sondern auch der Umfang der Staatsaufträge (Waffen und Munition, Flottenbau, Befestigungsanlagen, Eisenbahnbau).

Die Bindung mächtiger gesellschaftlicher Kräfte an den Staatsapparat war denn auch zweifellos der innenpolitische Beweggrund, der Bismarck vom Freihandel zum Protektionismus führte. Schon sein Versuch, durch die Verstaatlichung der Eisenbahnen den Staat finanziell zu stärken und militärisch manövrierfähiger zu machen, hatte zum Abbröckeln wichtiger Teile der Regierungsfront geführt. Das parlamentarische Bündnis mit dem Liberalismus war 1878 aufgegeben und ein Keil ins liberale Lager hineingetrieben worden. Es kam nun darauf an, den Zerfall der liberalen Kräfte zu fördern und zu beschleunigen; in diesem Sinne war es wichtig, zollfreudige liberale Industriekreise zu gewinnen. Der Kulturkampf gegen den Katholizismus war vorbei, und es schien nicht unmöglich, die Zentrumspartei aus der Opposition herauszulösen; dazu mochten zollpolitische Geschenke an den noch machtvollen agrarischen Flügel des Zentrums nicht unerheblich beitragen. Es war Bismarck 1878 gelungen, die auseinanderstrebenden Kräfte des bürgerlichen Parlamentarismus im gemeinsamen Vorgehen gegen das Schreckgespenst des sozialistischen Umsturzes zusammenzuschließen und die Ausnahmegesetzgebung gegen die Sozialdemokratie (»Sozialistengesetz«) durchzusetzen. Diese Front mußte aber auch noch für die geplanten weiteren Maßnahmen gegen die Revolutionsgefahr – die Neutralisierung der Arbeiter mit Hilfe der Sozialversicherung – Gewehr bei Fuß gehalten werden.

Über alle innenpolitischen Überlegungen hinaus diente jedoch die Einführung der Zölle dem konkreten Ziel der Stärkung der außenpolitischen Aktionsfähigkeit Deutschlands.

Freihandel bedeutete im Umgang mit allen Ländern gleiche ökonomische Voraussetzungen: keine Druckmittel, keine Nötigungsmöglichkeiten. Fühlte man sich stark und wollte man von seiner Machtposition Gebrauch machen, ohne zu kriegerischen Mitteln zu greifen, so brauchte man einen autonomen Zolltarif mit hohen Zollsätzen, um größere oder geringere vertragliche Milderungen als Mittel zur Erreichung politischer oder wirtschaftlicher Zugeständnisse benutzen zu können.

Der Grundsatz der Gleichheit der Staaten in den internationalen Handelsbeziehungen sollte verschwinden. Nur noch die Stärke der eigenen wirtschaftlichen Position sollte entscheiden. Gewiß wollte es Bismarck nach den gewonnenen Kriegen von 1864, 1866 und 1870/71 auf einen neuen Waffengang nicht ankommen lassen, aber eine Außenpolitik ohne Druckmittel erschien ihm als notwendigerweise schwächlich und wirkungslos. In der seit den fünfziger Jahren herrschenden Atmosphäre des Freihandels war jedoch die Wendung zum Schutzzoll eben deswegen gleichbedeutend mit einer wirtschaftlichen Kampfansage. Die starke Position, die ihr mit der Zollpolitik eingeräumt worden war, benutzte die Schwerindustrie, um Landrüstung und Schlachtflottenbau voranzutreiben. Die Vorkriegsperiode, die Zeit der potenzierten Hochspannung und der kaum verhüllten Aggression, hatte begonnen.

Zeitalter des Imperialismus?

Die Ära des Freihandels war vom intensiven Ausbau der wirtschaftlichen Verbindungen mit dem Ausland begleitet gewesen. Es stieg sowohl die Einfuhı als auch die Ausfuhr. Es wuchsen die internationalen Kapitalverflechtungen. Der mächtige Aufschwung der deutschen Industrie hatte Kapitalbildung und Spartätigkeit in großem Umfang gefördert. Die Frankreich auferlegte Kriegskontribution hatte erhebliche Kapitalien flüssig gemacht. Die Industrie finanzierte vielfältige Wirtschaftsvorhaben im Ausland; der inländische Kapitalmarkt erübrigte erhebliche Geldmittel für Anleihen ausländischer Regierungen. Das alles sprach eher für die Weiterführung der Politik internationaler wirtschaftlicher Verflechtung und politischer Zusammenarbeit als für nationale Isolierung oder gar für autarke Wirtschaftsführung. In der folgenden Schutzzollperiode weitete sich der Außenhandel trotz allen Erschwerungen erst recht aus, und die internationalen Verflechtungen der Wirtschaft wurden immer enger. Nichtsdestoweniger paarte sich die protektionistische Wirtschaftspolitik mit einer aktiv vorprellenden Außenpolitik, zu der nationalistische, chauvinistische, militaristisch-imperialistische Ideologien die nötige Folie lieferten.

Das blieb nicht auf Deutschland beschränkt, wenn auch die ideologische Umhüllung protektionistischer Wirtschafts- und aggressiver Außenpolitik in Deutschland vielleicht am deutlichsten ausgeprägt war. Gewiß hatte es seit Beginn des Jahrhunderts an imperialistischen Vorstößen, Kolonialeroberungen und internationalen Konflikten nicht gemangelt. Dennoch trägt gerade das letzte Viertel des Jahrhunderts die Bezeichnung »Ära des Imperialismus« insofern nicht zu Unrecht, als es die Zeit war, in der die imperialistischen Expansionsbemühungen intensiviert und neu organisiert wurden.

Die Ausweitung des französischen Wirtschaftsbereichs in Nordafrika und Frankreichs konzentrisches Eindringen in Indochina; Rußlands erfolgreiche Offensive gegen das Ottomanenreich mit der Errichtung schwacher Balkanstaaten, die dann zum Objekt des Wettstreits aller Großmächte wurden; Rußlands Vordringen bis über die Grenzen Persiens und Afghanistans und die Konsolidierung seines asiatischen Herrschaftsbereiches, namentlich der Ausbau Ostsibiriens und die Eingliederung des Amurgebietes als Ausbruchsposition am Pazifik; die restlose Aufteilung Afrikas mit der Eingliederung einerseits ganz Südafrikas, anderseits Ägyptens in den englischen Machtbereich; die Errichtung italienischer Sprungbrettpositionen in Tripolis und am Roten Meer und Deutschlands Erwerb eines umfangreichen Kolonialbesitzes in Ost- und Südwestafrika: das alles sind Symptome eines aggressiven Imperialismus.

Paradoxerweise führten alle diese Vorstöße weder zur hermetischen Abschließung der eroberten Einflußsphären noch zur Lockerung der wirtschaftlichen Verbundenheit der imperialistisch aktiven Mächte. Die Freihandelsära hatte, wie erwähnt, nicht nur den Ausbau der wirtschaftlichen Beziehungen aller Industrieländer mit den Kolonialreichen zur Folge; ihr Ergebnis war auch, daß die innere wirtschaftliche Entwicklung der kolonialen Gebiete angeregt und gefördert, ihre Industrialisierung begonnen und in der britischen Sphäre die Autonomie, zum Teil schon die politische Unabhängigkeit kolonialer Territorien in die Wege geleitet wurde. Die endgültige Aufteilung des afrikanischen Kontinents und die Vorbereitungen zur Aufteilung des Vorderen Orients leiteten die kapitalistische Durchdringung dieser unerschlossenen Gebiete ein, intensivierten aber auch zugleich die gegenseitigen wirtschaftlichen Bindungen der beteiligten Mächte. Mit der offensichtlichen Vermehrung der Konfliktsflächen wuchsen die Ebenen der Ergänzung, der wirtschaftlichen Abhängigkeit, des gemeinschaftlichen Konsortialvorgehens bei der finanziellen und kommerziellen Erschließung der »unterentwickelten« Länder, bei der Herstellung von Schiffahrts- und Bahnverbindungen und bei unzähligen verkehrstechnischen, hygienischen und kulturpolitischen Maßnahmen.

Die aggressive Außenpolitik und die verstärkte kolonialpolitische Aktivität kamen der Industrie der beteiligten Länder, namentlich ihrer Schwerindustrie, zugute: direkt in zunehmenden Rüstungsaufträgen und indirekt über die staatliche Förderung verschiedener in- und ausländischer Wirtschaftsvorhaben. Ist der verschärfte Kurs der Außen- und Kolonialpolitik von den führenden Industriekreisen um der zu erwartenden höheren Profite willen erzwungen worden? Oder hat erst dieser verschärfte politische Kurs mit dem durch ihn bedingten Wettrüsten die expansive Investitionspolitik der Industrie und der Banken verursacht? Beweisen läßt sich weder das eine noch das andere. Feststellbar ist nur die Parallelität eindeutiger Expansionstendenzen in Politik und Wirtschaft. Feststellbar ist ebenfalls eine beträchtliche Zunahme der internationalen Kapitalverflechtungen, also auch die Gemeinsamkeit der Interessen führender kapitalistischer Gruppierungen in verschiedenen Ländern. Feststellbar ist die internationale Verflechtung vor allem der Rüstungsindustrie, die über die politischen Frontlinien hinweg alle miteinander in Widerstreit stehenden Staaten mit Kriegsmaterial beliefert und ungeachtet aller nationalen Interessen für die Finanzierung der Kriegsausgaben auf allen Seiten gesorgt hat.

Besonders auffallend ist unter diesem Gesichtspunkt das Anwachsen der Auslandsinvestitionen gerade in der Periode der verstärkten imperialistischen Expansion. Auf Grund verschiedener Ermittlungen und Berechnungen läßt sich der Umfang dieser Auslandsinteressen etwa folgendermaßen bestimmen:

Kapitalanlage im Ausland (in Milliarden Mark)

Hauptgläubigerländer	1880	1913
Großbritannien	30	76 — 77
Frankreich	12 — 15	48 — 49
Deutschland	4 — 5	30 — 32
Belgien		2 — 3
Schweiz	3 — 4	6 — 7
Niederlande		4 — 5
Zusammen	49 — 54	166 —174

Etwa die Hälfte der britischen Auslandsinvestitionen entfiel auf Empire-Länder; dagegen war nur ein Bruchteil der für 1913 ermittelten deutschen Auslandsanlagen in dem mit viel Lärm und ideologischem Aufwand geschaffenen deutschen Kolonialreich investiert: nach maximalen Schätzungen 600 Millionen Mark, also nicht mehr als 2 Prozent. Forderungen europäischer Mächte aus Anleihen oder Direktinvestitionen in den Vereinigten Staaten wurden auf 6 Milliarden Dollar beziffert; umgekehrt waren amerikanische Investitionen in europäischen Industrieländern noch minimal, während sie in Kanada, Mittel- und Südamerika und Ostasien etwa 1 Milliarde Dollar erreichten. Umfangreicher amerikanischer Kapitalexport nach Europa kam erst nach dem ersten Weltkrieg.

Mit einer Deutung, die die widerspruchsvollen Erscheinungen auf eine einzige Ursache zurückführt, ist dem »Zeitalter des Imperialismus« schwer beizukommen. Ohne Zweifel stehen indes die politischen und wirtschaftspolitischen Entwicklungstendenzen der imperialistischen Periode im Zusammenhang mit der gesellschaftlichen Struktur der führenden Staatsgebilde und mit der strukturellen und organisatorischen Entwicklung der Industriewirtschaft seit der zweiten Welle der industriellen Revolution.

In keinem europäischen Industrieland war die soziale Struktur der staatlich-politischen Organisation vor dem ersten Weltkrieg ein ausschließliches Produkt der Industriegesellschaft oder eine Schöpfung der bürgerlichen Revolution. Die Staaten der merkantilistischen Zeit hatten ein Herrschaftssystem geschaffen, in dem die monarchische Spitze von einer mehr oder minder breiten bürokratischen Schicht getragen wurde. Das Rekrutierungsfeld dieser Schicht war in den einzelnen Ländern verschieden: in den einen der grundbesitzende Feudaladel, in den anderen der besitzlose Teil des Feudaladels, in den dritten ein Gemenge von zum Teil deklassierten Angehörigen verschiedener Schichten: des Feudaladels, der städtischen Bürgerschichten und des ländlichen Kleinbesitzes; in manchen Ländern, in denen sich die absolute Monarchie schon seit längerer Zeit von der Vormundschaft der feudalen Gewalten befreit hatte, waren die bürokratischen Träger der Staatsgewalt unabhängig von ihrem ursprünglichen sozialen Herkunftsort schon längst zu einer selbständigen, fast erblichen Schicht geworden. Hier gab es eine besondere Lebensweise und besondere Merkmale des »Staatsdiener«daseins. Was immer ihr Werdegang sein mochte: überall hatte sich die vorrevolutionäre Bürokratie gegen die alten feudalen Schichten durchsetzen und gegen sie ein neugeformtes Staatsinteresse vertreten müssen: Verteidigung der Fundamente staatlicher Macht, der wirtschaftlichen und finanziellen Staatserfordernisse, der staatlichen Sicherheitsbedürfnisse.

Sie war an bestimmte Sonderinteressen der privilegierten Schichten nicht mehr eindeutig gebunden, sie konnte sich auch einer veränderten Gesellschaftsordnung anpassen, ja sogar zu deren Exekutive werden, ohne sich mit den neuen herrschenden Schichten, deren Interessen sie nunmehr zu vertreten hatte, eins zu fühlen. Überhaupt hatte sie gelernt, gegenüber den Interessen einzelner sozialer Schichten den Standpunkt eines unabhängigen Gebildes, des »Staates«, herauszukehren, und als dies übergeordnete Staatsinteresse erschien ihr zumeist das Interesse des Staatsapparates, also der Verwaltung und der militärischen Organisation. In allen Ländern, die im 19. Jahrhundert einen Industrialisierungsprozeß durchmachten, hat sich diese Bürokratie erhalten und erweitert und auch Elemente der neuen bürgerlichen Schichten in sich aufgenommen. Sie hat dazu beigetragen, die Machtfundamente der staatlichen Ordnung durch Ausweitung der wirtschaftlichen Betätigung des Staates auszubauen. Mit der Verschärfung der Rekrutierungsbestimmungen für ihren Nachwuchs vermochte sie ihre automatische Selbstergänzung und Selbstverewigung zu sichern. Sie pflegte alte Herkunftsverbindungen zur Militärkaste auch in der Zeit der Modernisierung des Heereswesens. Durch den Ausbau der wirtschaftlichen Unternehmungen des Staates wußte sie sich gegenüber den besitzenden Schichten der Industriegesellschaft eine gewisse Unabhängigkeit zu verschaffen.

Das bedeutete in der Innenpolitik, daß hin und wieder dem Gesichtspunkt des sozialen Ausgleichs, der öffentlichen Wohlfahrt oder des technischen Fortschritts Rechnung getragen wurde, auch wenn Interessen mächtiger Wirtschaftsgruppen dadurch verletzt wurden. In der Außenpolitik hatte dieselbe Haltung zur Folge, daß private wirtschaftliche Interessen als »Interessen der nationalen Wirtschaft« gefördert und nach außen hin vertreten wurden, solange es der staatlichen Machtposition und dem Regierungsprestige zuträglich war; drohte dagegen eine Machteinbuße oder ein Prestigeverlust, so wurde das wirtschaftliche Interesse fallengelassen und seinen Exponenten bedeutet, sie handelten aus niederen materiellen Beweggründen, denen gegenüber ideelle Werte höherer Ordnung den Vorrang hätten. Man kann sich vorstellen, daß die Politik der führenden europäischen Industriemächte in manchen Situationen anders verlaufen wäre und zu anderen Ergebnissen geführt hätte, wenn die politische Macht des Staatsapparats direkt in den Händen der besitzenden Schichten der Industriegesellschaft gewesen wäre.

Vielleicht wäre manche sozialpolitische Maßnahme und Verstaatlichung unterblieben, aber auch mancher außenpolitische Konflikt. In mancher spannungsgeladenen Situation, in der gewissermaßen die Standesethik der bürokratischen Schichten die unnachgiebige Wahrung der »nationalen Ehre« und des »nationalen Prestiges« diktierte, hätte möglicherweise die Handhabung der Staatsgewalt durch direkte Sachwalter geschäftlicher Interessen die Aggression gedämpft und einen *casus belli* nicht aufkommen lassen. Die Geschichte der gewiß inkonsequenten und an Prestigeverlusten nicht armen Außenpolitik der Vereinigten Staaten liefert für beide Haltungsvarianten nicht wenig Illustrationen.

In der als »imperialistisch« gekennzeichneten Periode, in der das überragende Interesse der meisten kapitalistischen Unternehmer und Bankiers Expansion um der Geschäftserweiterung willen, das heißt Expansion ohne Unterbrechung des normalen Wirtschaftsablaufs verlangte, war die politische Vormachtstellung der Staatsbürokratie und ihrer Verbündeten in den Generalstäben und Kriegsministerien aus einem konkreten historischen Grunde besonders gefährlich. Die Ära des industriellen Aufschwungs, dem der Drang zur Expansion entsprang, hatte im Getriebe der Industriewirtschaft selbst organisatorische Veränderungen von großer Tragweite hervorgerufen. Nicht mehr direkte Träger geschäftlicher Interessen, sondern Organisationsbürokraten und Beauftragte überbetrieblicher Machtgruppierungen traten in zunehmendem Maße als Wortführer und politische Repräsentanten »der Wirtschaft« in den Vordergrund.

Organisiertes Verhängnis

Den Weg der Industrie im 19. Jahrhundert kennzeichnen ständige Verbesserungen der Produktionsverfahren und Produktionsanlagen. Aber viele der neuen Maschinen konnten in Kleinbetrieben weder untergebracht noch rentabel benutzt werden; viele Apparaturen lohnten sich erst, wenn man sie räumlich mit anderen kombinierte und mehrere Fabrikationsstufen aneinanderreihte. Zusammenlegung sparte Arbeit und Transportkosten und ermöglichte die volle Ausnutzung der Maschinerie. Der technische Fortschritt drängte zur Vergrößerung der Betriebe. Im deutschen Steinkohlenbergbau beschäftigte 1871/75 ein Bergwerk im Durchschnitt 308 Personen bei einer Jahresförderung von 61 800 Tonnen, 1913 dagegen 1868 Personen, die 543 000 Tonnen förderten; zwischen 1880 und 1910 wuchs je Hochofen die durchschnittliche Belegschaft von 151 auf 458, die jährliche Eisenerzeugung von 19 500 auf 149 800 Tonnen.

Wo die Technik nicht stillstand, vergrößerten sich die Betriebe. Von allen in der deutschen Industrie beschäftigten Personen arbeiteten 1882 erst 26,3 Prozent in Betrieben mit mehr als 50 Personen, 1907 bereits 45,5 Prozent; die Gesamtzahl der in der Industrie Beschäftigten hatte sich unterdes fast verdoppelt. Über 16 Industriezweige (darunter Bergbau, Metallverarbeitung, Maschinenbau, Elektrotechnik, Chemie), die 1882 34,9 Prozent, 1907 aber schon 58,3 Prozent aller in der Industrie Tätigen beschäftigten, weiß man mehr: hier entfielen auf Betriebe mit mehr als 50 Personen 1882 51,8, 1907 68,5 Prozent der Branchenangehörigen, und der Anteil der Betriebe mit mehr als 1000 Personen erhöhte sich von 7,2 auf 13,7 Prozent. Ähnlich in den Vereinigten Staaten: von je 100 in der Industrie (ohne Bergbau und ohne Steine und Erden) Beschäftigten arbeiteten 1914 in Betrieben mit mehr als 50 Personen 76,3, darunter in Betrieben mit mehr als 1000 Personen 17,8. Zwischen 1904 und 1914 hatte die Zahl der Industriebetriebe insgesamt um 64 Prozent, die der Betriebe mit einem Jahresproduktionswert von über einer Million Dollar um 108 Prozent zugenommen. Dieselbe Entwicklung – hier schneller, dort langsamer – ist in allen Industrieländern der Welt festzustellen.

Größere Betriebe verlangen größeres Kapital, das ein einzelner Unternehmer nicht aufbringen kann. Für Betriebserweiterungen, größere Betriebsanlagen, neue maschinelle Ausrüstung müssen fremde Mittel herangezogen werden. In manchen Wirtschaftszweigen ist wegen der Größe der Anlagen schon das kleinste Unternehmen ein Riese, der Kapitalaufwand enorm. Am frühesten zeigte sich das im Eisenbahnbau. Auch wenn sich in einigen Ländern der Staat direkt oder indirekt an der Finanzierung beteiligte, mußte das Kapital zum größeren Teil aus privaten Quellen beschafft werden. Es wurden Aktiengesellschaften gegründet und ihre Aktien dem Publikum zum Kauf angeboten. Hohe Gewinne und fortgesetzte Kapitalerhöhungen und Neugründungen machten die Eisenbahnwerte zur traumhaften Attraktion für Banken, Börse, Kapitalbesitzer (auch kleine). Trotz allen Nieten und Verlusten machte das Glücksspiel die auch vorher nicht unbekannte Aktiengesellschaft erst wirklich populär. Die Aktie, das über Banken und Börsenmakler überall absetzbare Inhaberpapier, wurde rasch zum beliebtesten Mittel der Kapitalbeschaffung auch dort, wo sich der Unternehmer mit der Rolle eines bloßen Dividendenbeziehers noch keineswegs begnügen wollte.

Indes erleichterte die Rechtsform des Aktienunternehmens zweifellos die Verdrängung des Unternehmers. Wo sich der Aktienbesitz zersplittert, kommt die Firmenleitung auch ohne die Mehrheit des Aktienkapitals aus, setzt sich dabei allerdings der Gefahr aus, von neuen Mehrheitskombinationen überrumpelt zu werden. Wem Konkurrenten im Wege sind oder wer die Kontrolle über Rohstofflieferung, Halbzeugbeschaffung, Verarbeitung oder Absatzkanäle an sich reißen will, findet genug Möglichkeiten, so viel Aktien der entsprechenden Firmen aufzukaufen, daß er an Entscheidungen teilnehmen oder die Firmen unter Druck setzen kann. Nun wird es wichtig, nicht nur die Betriebe zu vergrößern, sondern sie auch zu größeren Unternehmungen mit einer Kapitalkraft zusammenzulegen, die Risiken reduziert. Nötigenfalls erwirbt man neue Betriebe oder beteiligt sich an anderen Unternehmungen derselben oder verwandter Branchen. Die Ausweitung oder Verschachtelung des Aktienbesitzes entwickelt sich rasch zur Trust- oder Konzernbildung.

Auf allen Seiten wächst der Kapitalbedarf. Es wird aber auch auf längere Zeit disponiert; größerer Umsatz und Aktienverkäufe bringen Gelder herein, die nicht sofort ausgegeben werden müssen; langfristige Investitionsplanung führt zu Reservenbildung. Flüssige Mittel werden in Aktien oder Obligationen anderer Unternehmungen oder in Staatsanleihen angelegt oder zur Bank getragen. Die Bank ist nicht mehr bloßer Geldverleiher, sondern eine Zentrale, die ständig wechselnde Beträge an fremden Geldern verwaltet. Auch sie kauft Aktien und erwirbt Beteiligungen, organisiert Konsortien, vermittelt Verflechtungen, Zusammenschlüsse, Fusionen. Auch ihr Kapital ist Aktienkapital, das vielen gehört; oft ist es so zersplittert, daß Mehrheitseigentümer nicht mehr feststellbar sind. Je mehr Beteiligungen die Bank erwirbt oder verwaltet, um so mehr wird auch das Eigentum an Industrieunternehmungen anonym. Ob der Direktor, der Geschäftsführer, das Vorstandsmitglied einer Aktiengesellschaft Miteigentümer ist, wird unwichtig; die Leitungsfunktion haftet nicht mehr am Eigentumstitel. Die meisten Chefs sind kaufmännische, technische oder juristische Fachleute, die sich in der bürokratischen Hierarchie des Unternehmens hochgedient haben oder – seltener – aus dem öffentlichen Dienst oder einer freiberuflichen

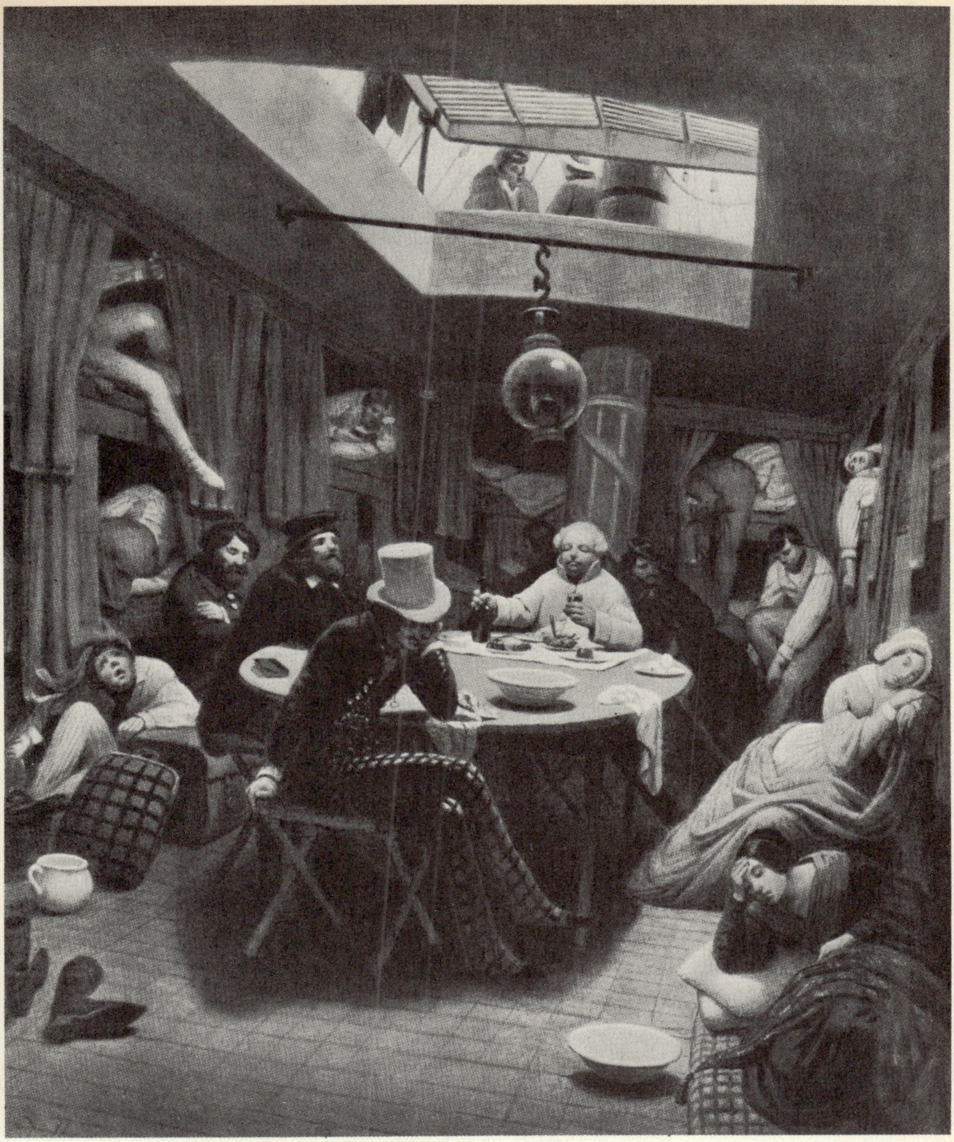

An Bord eines Auswandererschiffes
Gemälde von Johann Conrad Zeller. Zürich, Privatbesitz

Kramladen mit Postamt in den USA. Gemälde von Thomas Waterman Wood, 1873
Cooperstown/N.Y., New York State Historical Association

oder akademischen Laufbahn wegengagiert worden sind. Ihre Vorstellungen, ihre Denkweise sind weniger durch unternehmerische Sorge um die Erhaltung und Mehrung des Besitzes oder um die Verzinsung des investierten Kapitals bestimmt als durch das fachliche Interesse am Gelingen dieses oder jenes spezialisierten Vorhabens, an einer Leistung, die auch auf Kosten des konkreten Eigentumsgebildes gehen kann, an der Verfolgung eines technischen, wirtschaftlichen oder organisatorischen Planes, der nicht unbedingt zum Vorteil der Eigentümer, der Aktionäre des Unternehmens auszuschlagen braucht.

In den wachsenden Unternehmenseinheiten wurde noch von einer anderen Seite her die individuelle unternehmerische Leistung und Initiative von organisatorischer Routine abgelöst. Mit größerem Kapital- und Kreditvolumen und vermehrtem Risiko drängte sich den Betrieben das Gebot der maximalen Ausnutzung der immer kostspieligeren Produktionsanlagen auf. Kalkulatorische Rationalität in der Gesamtorganisation der Produktion verlangte Zerlegung und Normung der einzelnen Arbeitsgänge, Austauschbarkeit und Ersetzbarkeit der Produktionselemente, das heißt Standardisierung des Erzeugnisses, des Werkzeugs, der Maschine, der Teile. Dasselbe im Absatz: einheitliche Verkaufs- und Abrechnungsbedingungen, gleichförmige Vertriebsverfahren, schematisierte Publizität und Nachfragestimulierung (Werbung). Alle Produktions- und Absatzvorgänge mußten in ein einheitliches Schema gebracht, routinemäßig vereinfacht werden. Das alles ging nicht ohne bürokratische Organisation und zusätzliches Personal für Planung, technische Konstruktion, Rechnungswesen, Aufsicht, Menschenauslese und Menschenführung. Nicht nur auf den obersten Sprossen ersetzten die Träger aufgegliederter unternehmerischer Funktionen den Eigentümer-Chef; auf allen Stufen der Unternehmenspyramide wurden Leitung, Organisation und Rechnungslegung in bürokratische Einzelaufgaben zerlegt. Als »neuer Mittelstand« prägten sich um die Jahrhundertwende ihre Träger dem allgemeinen Bewußtsein ein.

Für die Anfangsphase der Bürokratisierung der Wirtschaft, die mit der zweiten Industrialisierungswelle einsetzt, läßt sich diese bürokratisierte Mittelschicht der industriellen Hierarchie von der Masse der mit rein mechanischen Verrichtungen betrauten Gehaltsempfänger statistisch nicht absondern. Immerhin spiegelt sich ihr Anwachsen in der Zunahme der Gesamtzahl der »Angestellten«. Von den in der Industrie Beschäftigten waren Angestellte: in Deutschland 1882 2 Prozent, 1895 3,3 und 1907 5,7 Prozent; in den Vereinigten Staaten 1899 6,3, 1904 8,4 und 1914 13,8 Prozent. Die Zahl der Angestellten in der Wirtschaft stieg sogar schneller an als die Zahl der Angehörigen der Staatsbürokratie und der öffentlichen Dienste. Zwischen 1882 und 1907 nahm in Deutschland die Angestelltenschaft in der Industrie von 116000 auf 615000 oder um 430 Prozent zu, im Handel von 87000 auf 379000 oder um 338 Prozent, dagegen die Zahl der im Hof-, Reichs-, Staats- und Gemeindedienst Beschäftigten von 258000 auf 491000 oder um 51 Prozent, die Zahl der Angehörigen des Post-, Telegraphen- und Eisenbahndienstes von 247000 auf 683000 oder um 174 Prozent. Der Zuwachs der Gesamtbevölkerung des Deutschen Reiches betrug in derselben Zeit nur 35,7 Prozent.

Dieselben Erfordernisse der Betriebsrationalität, die zur Aussonderung und Verselbständigung bürokratischer Funktionen führten, mußten die Unternehmungen nach Mitteln suchen lassen, die Risiken zu verringern, die Unberechenbarkeit der Marktschwankungen und Wechselfälle der Konjunktur auszuschalten. War nach aller Betriebsvergrößerung und -zusammenlegung kein Unternehmen stark genug, die Konkurrenz aus dem Felde zu schlagen, so mußte versucht werden, die Konkurrenten zusammenzufassen und auf gemeinsame Preise, Verkaufs- und Lieferbedingungen festzulegen, gemeinschaftliche Verkaufsorganisationen zu errichten, Höchstgrenzen für Produktion und Verkauf und Anteile (»Quoten«) für die einzelnen Produktionseinheiten festzusetzen. Der Aufbau der Marktkontrolle durch Kartelle und Syndikate begann; Deutschland stand von Anfang an an der Spitze. Einige Kartelle hatte die deutsche Industrie schon in den sechziger Jahren, 1875 wurden ihrer 8 gezählt, 1885 90, 1890 210, 1906 315 und 1911 über 550. Am Vorabend des Krieges gab es auch bereits über 100 internationale Kartelle.

Die Krise von 1873 hatte in zahlreichen Bankrotten und schweren Preiseinbrüchen die Auswirkungen unbehindert freien Wettbewerbs gezeigt. In den siebziger Jahren kamen weitere Preisstürze als Folge der neuen Massenproduktionsverfahren in der Stahl- und Eisenindustrie. Das Verlangen nach festen Preisen und wirksamen Maßnahmen gegen Preisunterbietung siegte zunächst bei den industriellen Ausgangsprodukten: Kohle, Eisen, Zement, Kalk, Kali, Ziegel. Die Kartellbildung war hier am einfachsten, weil es sich um Massengüter aus ziemlich gleichförmigen Herstellungsprozessen handelte und volle Marktbeherrschung mit wenigen Preisbindungen zu erreichen war; Schutzzölle untermauerten die Marktkontrolle. War aber die Urproduktion einem durchgängigen Preisdiktat unterworfen, so konnten auch die von ihren Produkten abhängigen Verarbeiter bezwungen werden. Fusionen und Kartelle machten das Gros der verarbeitenden Betriebe, die mit freier Konkurrenz, Preisermäßigung und zollfreier Ein- und Ausfuhr sympathisiert hatten, zu Vasallen der Schwerindustrie. Überdies war es den Rohstoff- und Halbfabrikaterzeugern dank ihrer Preisdiktatur möglich, schwächere Verarbeitungsbetriebe aufzukaufen, wichtige Konzernbeteiligungen zu erwerben und mit Hilfe der Großbanken weitgestreckte Imperien in der Metallverarbeitung und im Maschinenbau aufzubauen.

Parallel, teilweise auch zusammen mit den Kartellen wurden die Industrieverbände mit ihren Spitzenorganisationen als wirtschaftspolitische Interessenvertretungen geschaffen. Schon 1873 entstand der Verein zur Wahrung der gemeinsamen Interessen der eisenschaffenden Industrie in Rheinland und Westfalen, als »Langnamverein« viele Jahrzehnte das Sprachrohr der Schwerindustrie; 1875 folgte der Zentralverband deutscher Industrieller, bis nach dem ersten Weltkrieg die Dachorganisation der Industrieinteressen (mit Hunderten von Fachverbänden). Daneben breiteten sich die Arbeitgeberverbände aus, denen die Regelung des Arbeitsverhältnisses oblag. Schon vorher hatten sich als öffentlich-rechtliche Vertretungen die Handels- und Gewerbekammern gebildet, seit 1861 zentral im Deutschen Handelstag zusammengefaßt. Ein dichtes Netz von Organisationen umspannte die gesamte Wirtschaft. Faktisch nur im Rahmen dieser Organisationen und nur durch ihre Vermittlung konnten sich Einzelunternehmer und Unternehmensleitungen als aktiver Faktor in das öffentliche Geschehen einschalten und politische Entscheidungen beeinflussen.

Die Organisationen präsentierten dem Staat und der Öffentlichkeit die Forderungen »der Wirtschaft«; sie bemühten sich, lange bevor das Wort Gleichschaltung erfunden wurde, ihre Mitglieder als geschlossenes Ganzes auftreten zu lassen; sie waren bestrebt, die Politik der Parteien zu bestimmen, die als politische Vertretungen wirtschaftlicher Interessen galten. Die Verantwortung der Industrieverbände für die Selbstentmannung des deutschen Liberalismus in den siebziger Jahren und für die Unterwerfung der Parteien unter wirtschaftliche Gruppeninteressen (»Sozialisierung der Politik«) wurde von einem so bedächtigen Historiker wie Karl Lamprecht schon vor über fünfzig Jahren nachgewiesen, ohne daß damit freilich der Einfluß der Verbände im geringsten erschüttert worden wäre.

Die Entscheidungsbefugnisse in den Organisationen der Industrie, formal den Mitgliederversammlungen vorbehalten, waren in der Regel an die Vorstände delegiert, in denen fast ausnahmslos die größten der angeschlossenen Unternehmungen dominierten. Faktisch jedoch wurde nicht nur die tägliche Organisationsarbeit einschließlich der Vorbereitung gesetzgeberischer Maßnahmen und der Fühlungnahme mit Behörden und Parlamentariern, sondern auch die ideologische Ausrichtung der Mitgliedschaft von den Geschäftsstellen der Organisationen, ihrer eigenen Bürokratie, besorgt. Die Verbandssyndizi, Kartellgeschäftsführer, Handelskammersekretäre nebst zahlreichen Dezernenten und wissenschaftlichen Hilfsarbeitern formulierten Entschließungen, entwarfen Reden, hielten Vorträge, verfaßten die vielen Berichte und Broschüren, in denen »die Auffassung der Wirtschaft« den Wirtschaftskreisen selbst, den Politikern und Beamten, dem akademischen Nachwuchs und der breiten Öffentlichkeit als wissenschaftlich unumstößlich und im nationalen Interesse unabweisbar eingeträufelt wurde.

Diese Organisationsbürokraten waren weder Unternehmer auf Urlaub noch Unternehmer a.D. Sie waren hauptberufliche Organisationsangestellte, fast durchweg Akademiker, sehr oft Juristen, nicht selten als Korpsstudenten durch Empfehlungen auf ihre Posten gebracht; viele von ihnen waren Söhne mittlerer oder kleiner Unternehmer, denen sich im väterlichen Betrieb keine Aussicht auf wirtschaftlichen Erfolg oder gesellschaftlichen Aufstieg bot, andere wieder Söhne von Beamten und Angestellten mit höheren Bildungsansprüchen oder von mäßig bezahlten Angehörigen akademischer Berufe; die meisten entstammten einem Mittelstand, der mit dem Industrialisierungstempo nicht ganz mitgekommen war und an Aufstieg durch unternehmerisches Wagnis nicht mehr so recht glaubte. Studierte Leute und Reserveoffiziere, sahen sie in der Organisationshierarchie einen Ersatz für das, was ihnen verschlossen blieb: müheloses Reichwerden und Aufrücken in die privilegierte Oberschicht. Sie, die kein Vermögen hatten und keine Verantwortung für geschäftliche Risiken trugen, mißtrauten dem »Krämergeist« der Unternehmer und Betriebsleiter, die ihre Entscheidungen unter Bilanzgesichtspunkten statt aus »nationalen« oder »gesamtwirtschaftlichen« Überlegungen zu treffen hatten.

Natürlich vertraten sie die Interessen »der Wirtschaft«, nur war die Wirtschaft für sie ein nach weltanschaulichen Gesichtspunkten zu lenkendes unpersönliches Getriebe, nicht die Summe der konkreten Unternehmungen mit ihren bescheidenen privaten Überlegungen und Wünschen und ihrem überragenden Interesse am Frieden und am internationalen Geschäft. Tägliche Rentabilitätsprobleme, Verbraucherbedürfnisse und Konsumsteigerung interessierten sie weniger als Zollschutz, »Lebensraum« und nationales Prestige.

Selbst das Produkt einer organisatorischen Versteifung des kapitalistischen Lebens- und Arbeitsprozesses, trugen die Verbandsbürokraten noch weniger als die Bürokraten in Betrieben und Regierungsbehörden dazu bei, die Starre aufzulockern. Nicht eine dynamische, sondern eine organisierte, leicht übersehbare, leicht dirigierbare Wirtschaft war ihr unmittelbares Ziel; was dieser Wirtschaft an materiellen Hilfsquellen fehlte, sollte durch territoriale Expansion, nötigenfalls durch Eroberung ausgeglichen werden. Statt im Interesse der Industrieunternehmungen, die sie zu vertreten hatte, den technischen Fortschritt voranzutreiben und von politischen und sozialen Fesseln zu befreien, förderte die Organisationsbürokratie der Wirtschaft Tendenzen, die die Weiterführung der Industrialisierung erschweren und das Land in kriegerische Auseinandersetzungen hineintreiben mußten. Ihre Machtposition wurde nicht einmal von der starken sozialistisch geführten Gewerkschaftsbewegung angetastet.

Unter diesem Aspekt erscheint die Bürokratie der Industrieverbände als getreues Spiegelbild der historischen Widersprüche der deutschen Gesellschaftsstruktur. Dennoch ist sie kein ausschließlich deutsches Phänomen. Die Bürokratisierung der Wirtschaft machte in den meisten Industrieländern Fortschritte; mit ihr breiteten sich überbetriebliche Organisationen der Kapitalisten und Manager aus. Aber nicht überall waren sie ein politisch entscheidender Faktor, und nicht überall vermochten sie Regierungsorgane und Parteien zu beeinflussen.

Wo die Wirtschaftsbürokratie etwas zu sagen hatte, war sie allerdings an die bestehenden organisatorischen und Machtstrukturen zu sehr gebunden, als daß sie den Übergang zu einer voll entfalteten industriellen Gesellschaft hätte radikal beschleunigen und zur Überwindung der Weltkonflikte beitragen können. Weder von ihr noch von ihrem Gegenspieler, der Arbeiterbewegung, wurde die Explosion abgewendet, in deren Gefolge sich das Schwergewicht der industriellen Welt nach den Vereinigten Staaten verlagert hat. Daß die amerikanische Gesellschaft die dadurch bedingte überstürzte Industrialisierung ohne schwere soziale Schäden verdauen konnte, verdankt sie nicht nur ihrem materiellen Reichtum, sondern vor allem auch dem Glücksumstand, daß sie an keinen feudalen Überresten zu tragen und von der vorindustriellen Zeit keine Staatsbürokratie vererbt bekommen hatte. Da sie aus diesem Grunde die Handhabung der Staatsgewalt häufig direkten Beauftragten kapitalistischer Interessen überließ, entwickelten die industriellen Unternehmungen kein Bedürfnis nach einer machtvollen Interessenvertretung, und es ist im Industriebereich keine politisch aktive überbetriebliche Verbandsbürokratie entstanden. Ob es sich gelohnt hat, dafür ein erkleckliches Maß an Planlosigkeit und sehr heftiges Ausschlagen des Konjunkturpendels in Kauf zu nehmen, mag die Gegenwart eher beantworten können als die Geschichte.

Max Rychner

DER ROMAN IM 19. JAHRHUNDERT

Das 19. Jahrhundert beginnt in Europa mit dem Völkerepos der Taten Napoleons. Der Erste Konsul hat an der Wende 1800 schon alle Macht seines Landes in Händen; es ist mehr, als er weiß, und ihre Grenzen wird er erst erfahren, wie er, antik noch bis in seine Vermessenheit, sie überschreitet. Die Revolution von 1789, Valmy, die Siegesreihe des Generals Bonaparte in Oberitalien haben eine Energie vorerst in Frankreich freigegeben, die das gesamte Volk durchströmte und durchwetterte und es über sich hinaustrieb. Goethe hat sie gespürt, als er nach der Kanonade von Valmy 1793 das berühmte Wort vom Beginn einer neuen Epoche am Biwakfeuer aussprach. Lange vorher schon war »die große Unruhe« durchs Land gegangen und hatte das Volk bald da, bald dort unerklärlich erregt, ein vages mythisches Wesen, welches bevorstehendes Unheil anzukünden schien, während doch die Aufklärung voll im Gange war und ihre entmythologisierenden Lichter in der Höhe anbrachte.

Die große Unruhe, die große Angst: es war Energie, die sich noch nicht wußte trotz aller enzyklopädischen Vernünftigungen, die scheinbar regellos, vorwiegend aber in notleidenden Landstrichen panisch umging, bis dann die Catone und Brutusse der Revolution ihr zu Sammlung und Richtung verhalfen. Maler und Redner griffen auf die Zeiten der römischen Republik zurück, auf Szenenbilder und Metaphern ihrer Eigenschaften, um ihre Gegenwart als Renaissance begreifen zu können: David hat Napoleon im gleichen Stil wie die schwörenden Horatier dargestellt, Prudhon 1801 als Triumphator auf einer römischen Quadriga, und Gros gab ihm auf dem Bild, das ihn mit dem Banner die Brücke von Arcole stürmend zeigt, die Schönheit eines strengen jugendlichen Halbgottes. Das vorderste Bewußtsein der Zeit sah sich selbst klassizistisch, die unter den befolgten, geglaubten Traditionen so heftig aufräumende modernistische Verständigkeit erzeugte Mythologie: eine Göttin der Vernunft war bereits auf dem Marsfeld auf einen blumengeschmückten Thron gesetzt worden, ein junges Mädchen, doch hatte diese déesse de la Raison nur ein kurzes Auftreten in einem Festakt, eigentlich einer Komödie, während die Staatsraison des mit harten Stößen aufstrebenden Halbgottes aus Korsika ihre Taten und Tragödien vorbereitete. Mit einem Menschen mythischen Maßes beginnt das Jahrhundert, das an seinem Ende nur noch das Volk kennen wird, auch wo dieses noch einen Thron duldet.

Thiers hatte geäußert – und Sainte-Beuve, der große Kritiker, unterstützte das Urteil –, Napoleon sei der erste Schriftsteller seiner Epoche gewesen. Doch nicht der Schriftsteller hat die Faszination auf die Dichter ausgeübt, die wir aus ungezählten Zeugnissen kennen; auch diese Person in ihm war nur dienend. Der Emporkömmling, der Sohn der Revolution, ihr Vollstrecker und Totengräber, der neue Alexander, nein, Cäsar, der neue Augustus, dessen Schöpfung eine Pax europaea sein würde: all das und von alledem das Gegenteil ließ sich aus seinem Schicksal ablesen, während es sich entfaltete und mit seinem Gang erkennen ließ, was an Schicksal dem einzelnen überhaupt möglich war, wieder möglich, so wie man es seit den römischen Imperatoren nicht mehr gesehen hatte. Kronen, nicht nur Marschallstäbe, lagen in den Tornistern, wenn das Glück es so wollte, wenn ein Genie es verstand, den Genius seines Volkes aufzurufen ... Jeder konnte teilhaben an einem neuen starken Gefühl der Größe, der Hoffnung, der Rechtfertigung aller Nichthochgeborenen, der nationalen Selbstliebe – und das bis zu jedem Grad der Verblendung. Wie hätte der Gegensatz, Ablehnung einer solchen Erscheinung und Feindschaft gegen sie, fehlen können! Das Ungeheuer, le monstre, so wird der Kaiser von den entschiedensten seiner Gegner genannt, und unter diesen sind die beiden angesehensten Verfasser von Romanen in der erzählerisch nicht sehr angeregten Zeit, die das Völkerepos entrollt: Mme. de Staël und Chateaubriand. Bald nach 1800 war der Roman »Delphine« der Germaine de Staël, geb. Necker, erschienen, ein Briefroman nach englischem Vorbild, in dem die Prüfungen und Leiden einer Frau dargestellt werden, die durch ihre Liebe mit der geltenden Gesellschaftsmoral in Konflikt gerät. Das Vorbild einer sich rasch entwickelnden Gattung lyrisch-prosaischer Gesellschaftskritik vom Frauenherzen aus war hier errichtet, in »Corinne« der Roman der genialen Frau und des »kosmopolitischen«, wir würden heute sagen des internationalen Lebens, wie es die Verfasserin in England, Italien, Deutschland – im Exil – führte. Ihre stürmische Hinwendung zu deutschem Leben und Geist war, französisch gesehen, auch etwas Illegitimes, auch eine neu erschlossene innere Möglichkeit, wobei neben der Großherzigkeit ihrer Neigung der Haß gegen Napoleon zu den treibenden Kräften gehörte. Die negative Faszination durch den erzmännischen Gegner war stark bei ihr, die für weiche Männer wie den geliebten Benjamin Constant, A. W. Schlegel und andere aus eigener Stärke weit eher geschaffen war, sie gern um sich heranzog und ihnen dann oft mit Ausbrüchen ihrer Launen aufs unbehaglichste zusetzte.

Dieselbe Faszination ist wahrzunehmen bei Chateaubriand, dessen »René« – tragische Passion einer Geschwisterliebe –, als französischer »Werther« bezeichnet, wie der deutsche über Jahrzehnte ein poetisches Fieber verbreitete. Mehr noch tat dies die Erscheinung des Dichters selbst: der Melancholiker mit den Anläufen zum Tatmenschen, der Revolutionsgegner und gefährlich rhetorische Verherrlicher des Christentums, Napoleonfeind mit der Schwäche, 1769, statt richtigerweise 1768, als sein Geburtsjahr zu bezeichnen, weil es das des Korsen war, der bourbonische Minister, der von den Substanzen des Lebens Enttäuschte, der befremdend großartige, mit Schatten und weitgespannten Rhythmen arbeitende Prosaiker der »Mémoires d'outre-tombe«, worin ein Thema des Jahrhunderts wiederkehrend ist: der Ennui, der offen als eine innerste Lebensäußerung einbekannte Lebensüberdruß. »Das Leben muß uns heilen von der Sucht, zu sein.« Es klingt wie Schopenhauer, wie Byron; bis zu den Symbolisten zieht sich dieser Grundklang durch die Lyrik, er ist aber ebenso vernehmbar in der Epik, wo diese dem lesenden Blick strotzend von Diesseitigkeit erscheint, wie bei Flaubert, bei Maupassant. Er ist bezogen auf den anderen, nicht abgelöst von ihm, aus dem sich Vollgesänge der Freude, der Lebensgier, der Kraft erheben – daß die Lebensverneinung alles andere als Schwäche sein kann, demonstriert Chateaubriand in seiner Biographie des gewaltigen Mannes Rancé, der den Trappistenorden gegründet hat, wo die Welt im Menschen total und noch im geistigen Abglanz des Wortes überwunden und ausgetilgt wird: durch Schweigen. Das kleine Meisterwerk ist mit einem Schwung geschrieben, der ausreicht für die Apologie Rancés wie für die mitgemeinte Polemik gegen ein im Religiösen angefaultes Zeitalter, welches den Sinn für Größe im Entsagen eingebüßt habe. Der im Gefühl seiner eigenen Größe sich manchmal verirrende Dichter, ein romantischer Exotiker auch darin, hat in sich und in der Welt nach dem Punkt gesucht, von dem aus diese poetisch-politisch noch einmal im Sinne von Thron und Altar zu bewegen wäre.

Bei verebbender Dramatik war die Zeit in ein episches Stadium übergetreten, in welchem neue Momente der geschichtlichen Entwicklung in der Anschauung und Erkenntnis großer Romanschriftsteller zutage kamen, trotz der restaurativen Gleichgewichtszwänge unter Druck und Temperatur von Energien, die von ihren Trägern als napoleonisch ihrer Herkunft nach erträumt und gewünscht wurden. Stendhal hat sich selbst als Franzose und Italiener gefühlt, wie Napoleon, der es war; der »Code civil« war ihm schriftstellerisches Vorbild: ein Mindestmaß an lyrischem Ich bei einem Höchstmaß an objektiver Kälte und Schärfe der Welterfassung, an satirischer Emanzipation von einer Gesellschaft, der er doch eine günstige Entwicklung zutraute, denn um 1880, nahm er an, würde sie ihn, den Romancier, entdecken und verstehen. Seine Helden, die jungen Franzosen, sind, bis auf einen, Polytechniker, adlig, reich, »modern«, das heißt jenseits aller Gefühligkeiten schöne, von Willen und Intelligenz gespannte Menschenexemplare, aus denen alles Romantische weggesengt ist. Und der andere, der Reichere, der ihn als erster in seinen Ausmaßen erkannt hatte: Balzac, von dem Albert Thibaudet sagt, er habe mit jenen Sorten von Willensmenschen. die Napoleon überall aufspürte und an sich zog, »die Große Armee seiner Romane zusammengestellt«, er hatte um den Degen seiner Napoleonstatuette auf dem Schreibtisch, an dem er die Nächte hindurch die Sturmgewalt seiner Arbeit zu entfesseln und auszuhalten vermochte, ein schmales Papierbandelier geschlungen, auf das er geschrieben hatte: »Was er mit dem Degen begann, werde ich mit der Feder vollenden.« Eine Mission, die er ererbt hatte, mußte durchgeführt werden – welche? Die politische Tat konnte nicht gemeint sein oder nur in dem Maß, als Balzac sich in vager Weise alles zutraute und vornahm, auch die politische Wiederherstellung; in erster Linie aber war gedacht an die laufende Offenbarung von Genie, die nicht unterbrochen werden durfte, weil in ihr eine oberste Vereinigung des Menschen mit dem Menschengeschlecht und des Menschen mit göttlichen Willenskräften stattfindet. Der Weltgeist, den Hegel im Kaiser verkörpert erschaut hatte, ergriff neue Sendboten, neue Formen, Ausdrucksmittel; dem Erzähler menschlichen Schicksals, dem Erdichter von Menschen wurde eine Leistung zugemutet, die das Äußerste an gehorsam wahrnehmender Hingabe und Weltsetzung durch freie Taten des Genies erforderte. Rodins Balzac-Statue enthält den Schauder, der den Dichter schlechthin unter den Zügen Balzacs im Augenblick der Erkenntnis seiner Berufung, seines Vermögens und der ergreifenden Fülle der Welt durchfuhr – sie ist eine herrliche »Verkündigung«.

Um 1830 beginnt eine Zeit, in der Europa durch die Eisenbahnen kleiner, durch den wachsenden Volkreichtum der Städte größer wird. Eine durch Jahrhunderte gleichbleibende Bevölkerungszahl schwillt auf mehr als das Dreifache an, und nie in aller Welt sind von Romanautoren so viele Menschen geschaffen und ausgesandt worden wie in der Epoche, in der Scott, nach ihm Dickens und Thackeray ihre Federn eilen ließen – alle drei auch unter dem Zwang, ihre persönliche Existenz aus finanziellem Ruin herauszuführen –, da auf dem Kontinent Balzac, Stendhal, Victor Hugo, Dumas und George Sand, drüben auf der Insel auch die Engländerin George Eliot, den Atem in die Nasen ihrer Geschöpfe bliesen, als Goethe, Jean Paul, Gotthelf, E. T. A. Hoffmann, Keller, Stifter, jeder seine und alle zusammen nochmals eine Welt aus Sprache erstehen ließen und sie mit denen der anderen verhängten, und als dann auf wunderhafte Weise Rußland die Gleichzeitigkeit mit dem Westen erlangte in einer epischen Schöpfung, die Riesen voraussetzte: Gogol, Gontscharow, Dostojewskij, Tolstoj, Leskow. Das sind überwiegend Namen von Dichtern, die in der Gegend der Jahrhundertmitte mit erzählenden Werken auftraten oder noch wirkend geblieben waren: Scott auf die Franzosen und, schon darum, ebensosehr auf die Russen. Der epische Aufbruch erfaßte, durch Induktionsströme ausgelöst, auch die nördlichen Gebiete über dem Atlantik: Cooper, Poe, Melville, das sind Erzähler, die in den großen Reigen der Abendländer traten. Dann Henry James! Cooper gehört zu den frühen; er ist noch im alten Jahrhundert geboren, 1789, wie Scott (1771) und Stendhal (1783), alle Vorläufer, die Vorbilder werden sollten. Innerhalb von zwanzig Jahren sind folgende Romanciers geboren, nur einige der großen Namen seien angeführt: Balzac 1799, Victor Hugo 1802, Merimée 1803, George Sand 1804, Stifter 1805, Gogol 1809, Poe 1809, Thackeray 1811, Dickens 1812, Gontscharow 1812, die Schwestern Brontë 1816 und 1818, George Eliot, Melville, Gottfried Keller, Fontane 1819, Flaubert und Dostojewskij 1821. Tolstoj, 1828, gehört auch altersmäßig noch in den Kreis, gleichwie Gotthelf 1797. So wie früher die nach unseren Begriffen notwendige Anzahl von großen Männern vorhanden war und hervortrat, wenn in einer Nation die Sterne zur Konstellation der Klassik sich zusammengeordnet hatten, so wurden zu Jahrhundertbeginn in vielen Ländern äußerst verschiedener Entwicklung jene Begabungen, in wachsender Zahl Frauen darunter, in die Welt gesetzt, welche die übernationale Schar der Klassiker des realistischen Romans ausmachen sollten. Der Roman: er tritt an Bedeutung auf eine höhere Stufe, wenn auch angezweifelt; das hohe Stilgebilde der nationalen Klassiken, die Verstragödie, die sich Napoleon auf Zügen durch die Länder noch von einer Pariser Truppe mit dem großen Talma vorspielen ließ, sie hatte damit ihr letztes Leben in hoher Repräsentation ausgeströmt, sie, die der Kaiser noch als »die Lehrschule der Könige und der Völker« bezeichnete, als er sich Goethe gegenüber in Erfurt als siebenmaliger Leser des »Werther« ausgab, den Roman kritisierte, das Trauerspiel dann grundsätzlich erhob, weil die eisige und feurige Sphäre staatlichen Lebens die seine sei. So, während er frühstückend bei Tisch saß, Goethe vor ihm stand und von ihm aufgefordert wurde, Weimar aufzugeben und nach Paris überzusiedeln, wo ihm Weltstoff in Fülle zu Gebote stehe, denn: »Die Politik ist das Schicksal.« Das Trauerspiel wurde durch die allerhöchste Fürsprache beim größten lebenden Dichter nicht gerettet. »Die natürliche Tochter«, fünf Jahre früher erschienen und nicht, wie geplant, fortgeführt, erhielt auch durch die Unterredung keine neue produktive Anziehungskraft für ihren Dichter. Im folgenden Jahr, 1809, erschienen »Die Wahlverwandtschaften«, an zart durchgeführter Geometrie in der Begegnung von Leidenschaft und Sitte, autonomer Reiche feindlicher Götter, an Transparenz des Stoffes und der Sprache von kristallhafter Schönheit, die von der anderssprachigen Welt nicht angemessen aufgenommen wurde, bis heute nicht und nicht von ihr allein.

Die Politik, einzig sie, war »das Schicksal«, eine neu aufkommende Art von Politik, neu in ihrer Bestimmtheit durch ihr scheinbar fremde Faktoren. Der steigende Bevölkerungsdruck mit noch verborgenen dynamischen Gewalten sollte sich auswirken, er selbst

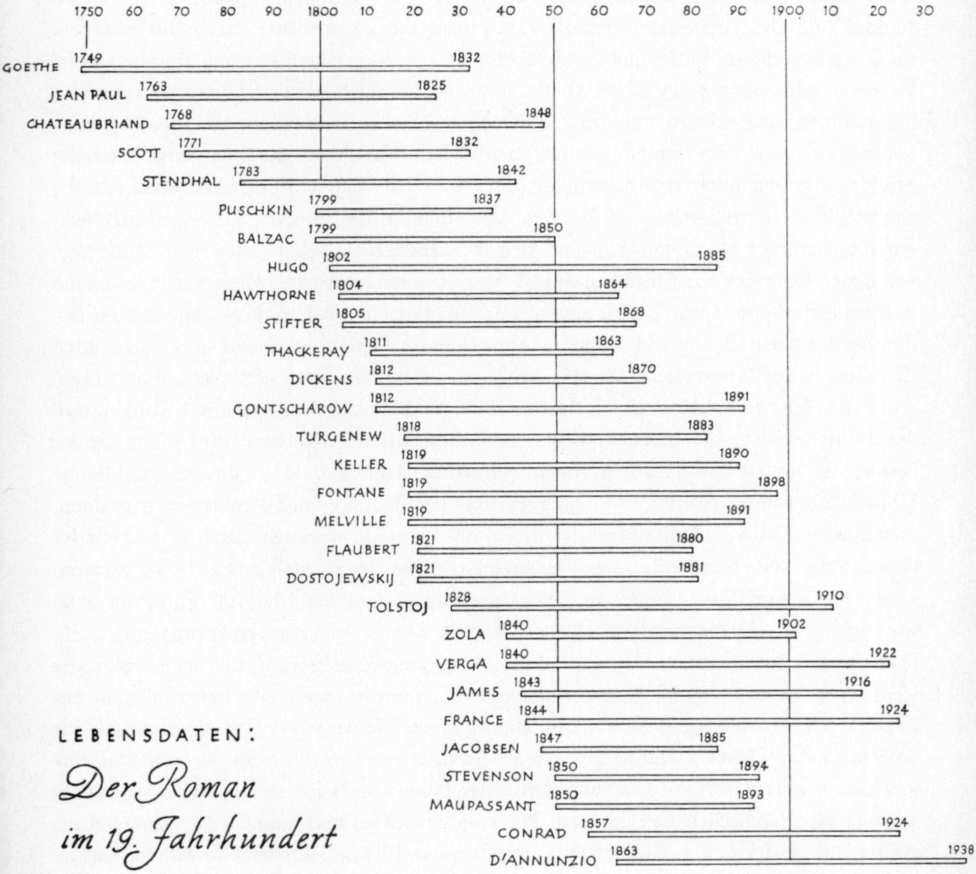

LEBENSDATEN:

Der Roman im 19. Jahrhundert

war bewirkt durch Erfindungen von seuchentötenden Mitteln. Die Bakteriologie war auch und bereitete Schicksal. Pasteur, Semmelweis, Koch und andere haben der Medizin, ohne es zu ahnen, vor allem ohne es zu wollen, politisches Gewicht verliehen durch Rettung und Vermehrung des wollenden, denkenden Lebens. Die Erkenntnis der Heilkräfte allein im Chinin war folgenreicher als alle Schlachten und Siege und Niederlagen von 1815 bis 1900; jährlich wurden Millionen von Menschen durch die Bitternis des weißen Pulvers dem Tod entzogen – in Indien etwa – : auf diese leise Umwälzung hat Paul Valéry hingewiesen. Eine weitere Hilfe für das abendländische Menschengeschlecht, welches im Beklagen des Menschenloses stets besondere Gaben an den Tag legte, war die aufkommende Verkehrstechnik, durch welche die strichweise würgenden Hungersnöte überwunden wurden, an denen zum Beispiel im Frankreich des 18. Jahrhunderts manchmal noch Provinzen litten, indessen ihre anstoßenden Nachbarprovinzen ihren Getreideüberfluß verfaulen ließen. Die Organisation der Güterverteilung mußte erfunden werden wie eine komplizierte Maschine. Dampf und in der Folge Elektrizität wurden genial in Dienst genommen, während noch um die Zeit des »Werther« Lessing und Lichtenberg in Göttingen vor dem Elektrophor der Universität standen und als Ästheten der Technik zum reinen Vergnügen Blitze daraus hervorzogen, im Gedanken daran, daß andere andere Möglichkeiten erkennen werden. Im alten Jahrhundert hatten nur wenige Räder Dienst getan, an Pferdewagen und Uhren vornehmlich, nun nahmen sie überhand, auf Straßen, Schienen, Meeren, in den Fabriken; die Bewegung nahm zu als eine neue Epidemie, auch nachts, denn Maschinen konnten vierundzwanzig Stunden arbeiten, und mit der Eisenbahn durchbrach der sich selbst nie genügende Mensch erstmals die Grenzen seiner natürlichen Schnelligkeit, die ihm im Sattel gewährt war. An den sich vermehrenden Universitäten konzentrierten sich Massen von Studenten, von denen jeder sich zur Einzigkeit des erkennenden, schöpferischen Geistes heranzubilden strebte; technische Hochschulen, neu entstanden, rangen vor den älteren vornehmen Bildungsinstituten und ihren Humaniora um ein gutes Gewissen. Neben den wachsenden Garnisonen der Wissenschaft die des Militärs; neben den Kasernen die Mietkasernen, darin die bleichen Soldaten der Industriearbeit. Es ist beklagt und gerühmt worden, daß der Mensch seit damals so in eine technische Landschaft hineingeboren wird wie in die der Natur, daß er als zweinaturiges Wesen aufwächst, denn alsbald ist ihm die technische Umwelt zur zweiten Natur geworden. Fernkabel und Zeitung erlaubten es dem einzelnen, an mehreren Orten und mit abgestufter Intensität gegenwärtig zu sein, auch in wechselnder Gestalt: die über hundertzwanzig Decknamen, unter denen Stendhal schrieb, verraten etwas von einem Darstellungs- und Wirkungswillen, dem die Identität mit Proteus so wichtig wurde wie die mit dem eigenen Namen. Der Katalog neuer Errungenschaften, bekannt und doch erst teilweise, auch dann erst phasenweise bewußt, soll nicht verlängert werden: er deutet auf einige Elemente der vielfältig zusammengesetzten Lebensluft, die das Leben der Romanciers mit ausmachte. Die zahllosen Elemente, welche die einzelnen als »objektivierten Geist« vorfanden, wirkten einzeln oder in wechselnden Gruppen zu verschiedenen Zeiten verschieden auf jeden unter ihnen, der seinerseits als Person aus der Vielfalt seiner seelischen und geistigen Prozesse, bewirkten und unableitbar persönlichen, auf sie zurückwirkte. Das Geld etwa und seine anwachsende Herrschgewalt ist für Balzac

Die Schriftsteller Balzac und Gautier und der Schauspieler Lemaître (Mitte) in Pierrefitte, 1840
Aus einem Aquarell von Théophile Gauier. Privatbesitz

Nataschas erster Ball
Illustration zu Tolstojs »Krieg und Frieden«
Aquarell von Leonid Pasternak, 1897. Moskau, Tolstoj-Museum

nicht ein Gegenstand wie andere, den er in freier Wahl ergreift und romanhaft ausformt: der Dichter ist, bevor er ergreift, der Ergriffene, der seine Überwältigung durch die Schicksalsprozesse der aggressiven Großmacht Geld erkennend und formend seinerseits überwältigt und als Kunstwerk grell zur mitleidenden Anschauung und zu deren Wirkungen bringt. Wie könnte es auf die dichterische Persönlichkeit bezuglose Phänomene in einer Epoche geben, wo noch das Nichtwissen, das Nicht-zur-Kenntnis-Nehmen, das bewußte Auslassen aktive Kräfte im bewegten gesamthistorischen Vorgang sind. Dichterische Kraft – bemessen wir sie nicht mit unseren innersten Ansprüchen danach, wieviel sie uns von der Beziehungsfülle offenbart, in die wir empfindend und aufmerkend hineinorganisiert sind; und dichterische Größe – gibt sie uns nicht in jenem Schauder erstmals ihr Zeichen, wo wir jedes auf alles und alles auf jedes einzelne und viele bezogen ahnen und uns an ein paar geordneten Worten, an einer Terzine Dantes, einer Strophe Goethes, einer Ode von Keats das Gefühl des Allzusammenhangs und seiner Schönheit mit zerreißender Innigkeit aufgeht?

Ein Augenblick solcher Berührung kann für einen Menschen die Bedeutung von »Schicksal« erhalten, mehr als die Verflechtung in die Übergewalten der politischen Materie, die ihn auf einen Typus zu vereinfachen streben. Große Prosaiker des beginnenden Jahrhunderts sind von Napoleons Schicksal berührt worden, nicht aber von dem, was er unter Politik verstand: so Stendhal, der Antiromantiker, der ihn liebte, der auf dem Rückzug der Großen Armee aus Rußland von dem vorbeireitenden Kaiser erkannt, begrüßt und mit einem Lob für sein frisch rasiertes Gesicht bedacht worden war, und so Chateaubriand, der Erzromantiker, der negativ Faszinierte; von beiden gibt es eine Schilderung der Schlacht von Waterloo – in der »Chartreuse de Parme« und in den »Mémoires d'outre-tombe«; die endgültige Schicksalswendung einer titanischen Politik zum Untergang, das Scheitern wurde das Motiv zu künstlerischen Leistungen, die dann 1869 in Tolstojs »Krieg und Frieden« ein olympisches Romanepos an die Seite erhielten, wo das Schicksal sozusagen mit seinen eigenen Augen reglos kalt angeschaut wurde und ebenso die geschehende Geschichte, welche als umfassende mythische Macht alle persönlichen Taten und Antriebe zu Taten unverzüglich von der Persönlichkeit ablöst, sie ihr wegnimmt, um sie im Anonymen untergehen zu lassen. In Napoleon, Kutusow und anderen wird der Menschenwille, der sich dazu erkühnt, Schicksal zu machen, zu lenken und zu bestimmen, vom Dichter mit höhnischer Abneigung gedemütigt – was vermögen die schon! »An den historischen Ereignissen sind die sogenannten großen Menschen nur Etiketten, die den Ereignissen die Namen geben«, hat Tolstoj in seinem klaren Antihumanismus bekannt. Es ist die Erkenntnis des verwundet auf dem Schlachtfeld von Austerlitz liegenden Andrej, an dem Napoleon vorüberreitet. »Wie kommt es nur, daß ich diesen hohen Himmel früher nie gesehen habe?« fragt sich Andrej. Vor diesem kosmischen Hintergrund scheint ihm menschliche Größe nichtig. Der Mensch als Erleidender hat in der russischen Literatur ja ohnehin einen anderen Rang als in der westeuropäischen; so hat denn in »Krieg und Frieden« der junge Bauer Karatajew, von innen gesehen, eine höchste Stelle inne, die in allen Erzählungen dem idealisierten Helden zusteht. Der Volkswille, den er versinnbildlicht – »die unfaßliche, runde, ewige Verkörperung des Geistes der Einfalt und der Wahrheit« –, er ist die treibende Macht der Geschichte und als solche zutiefst gegen alles persönliche Bezwecken. Kutusow, dem Feldherrn, dem Volksorgan, werden, sobald der Volkskrieg um Rußland sein Ziel erreicht hat, die Kräfte abgezogen: er hat seine Sendung erfüllt, genau das, was sein mußte, die Vertreibung des Usurpators vom Boden des Vaterlandes: verläßt er selbst diesen, so wird er kraftlos wie Antäos, den Herakles in die Luft hob, um ihn zu brechen. Politik des Zaren, die nicht mehr von der einen elementaren Notwendigkeit, der heiligend vaterländischen, befohlen wird, ist seine Sache nicht mehr; schon bei der Erörterung verwickelter taktischer Schachzüge in seinem Stabe war er leicht eingeschlafen, was seine Art von Flucht vor dem Vorwitz des Kalküls ist. Berechnung ist für eine so geartete Natur verminderte Realität. Er hängt in einer Tiefe mit seinem Land und Volk zusammen, unterhalb der Wortwelt, daß er unter Menschen von einer Zone der Einsamkeit umgürtet scheint. Der Dichter schreibt ihm die antike Gabe zu, »den Willen der Vorsehung zu erkennen und ihm den eigenen, persönlichen Willen unterzuordnen«. Sein Zaudern, Ausweichen, Abwarten, alles, was zu seinem Nichtwirken gehört, das er den ununterbrochenen Wirkungsstößen Napoleons entgegensetzt, läßt ihn unwirklich erscheinen wie einen zeitweise nicht vollständig in seiner irdischen Hülle anwesenden Ahnengeist.

Der passive Held, der mit einer ihrer geschichtlichen Ausbildung noch harrenden gestaltlosen Wirklichkeit rein vegetativ verbunden ist, träumend, lauschend, für die Ungeduld der Täter eine durch ihre scheinbare Außerweltlichkeit oft aufreizende Erscheinung, er war schon in Gogols Werk aufgetaucht und hatte dann, zehn Jahre vor »Krieg und Frieden«, 1858, in Gontscharows Roman »Oblomow« eine klassische Verkörperung gefunden. Oblomow, der Held, rauchend und träumend auf sein Sofa hingelagert, scheint einem Ideal der Reglosigkeit nachzuhängen, unfaustisch, ein Gegenfaust, jeden müßigen Augenblick zum Verweilen ladend. Er wünscht nichts, als daß das Leben ein Traum sei, und vermag doch nicht, es traumhaft zu bewahren: Liebe erfaßt ihn, doch die in Romanen so häufige endgültige Verwandlung eines Menschen durch Liebe geschieht an ihm nicht; sein Wesen überdauert, gebannt in schwebendes Gleichgewicht, alle Akzidenzien des Daseins. Sein so ganz anderer Freund Stolz, der Tatmensch, braucht keinen Vergleich so gern wie »Kristall«, wenn er von Oblomow spricht, er, der prometheisch Rührige mit seinem strammen Meliorismus in bezug auf die russische und die ganze menschliche Gesellschaft, mit seiner erobernden Sittlichkeit, die nach außen als Strenge und Sachlichkeit wirkt, in deren Namen Forderungen und abermals Forderungen an andere – aber auch an sich selbst! – mit dem Begleitgefühl voller Berechtigung erhoben werden. Die Arbeits- und Leistungswelt, in der er sich umtut, wird vom Dichter übergangen; Aufgaben dieser Gattung überließ der Flaubert-Verehrer Gontscharow dem Flaubert-Verehrer Zola und seiner einer komplex zusammengesetzten Gesellschaft entsprechenden Widerspiegelung komplexer Interessen. Oblomow ist als Inbegriff eines russischen vegetativen Lebensversäumers bemängelt (und geliebt) worden; von westlichem Arbeitsethos aus beurteilt, von Freund Stolz aus, erscheint er als gesellschaftswidriger Nichtsnutz, der das Versumpfen wählt. Innerhalb einer Welt, in der nun die Arbeit das Schicksal wurde und war, gibt er auf russische Weise einem alten Menschheitstraum Gestalt und Farbe: dem Traum glücklicher Schicksalslosigkeit, der träumenden, betrachtenden Errettung von alledem, was das Lebensprinzip des Willens mit dem Menschen immer und immer wieder vorhatte und stets zu dessen Schmerz. Etwas von der

Verheißung des Wortes Christi von den Lilien auf dem Felde scheint sich in diesem liebenswerten Menschen erfüllt zu haben, in dem reiche und feine Arten des Fühlens wie in einem Schutzpark gedeihen dürfen, fast schon als exotische Gewächse in einer Umwelt, die sich zum Bauplatz machte. War hier die Selbstentfremdung des Menschen aufgehoben, die Marx als Zwangsgeschick des Arbeiters im kapitalistischen System beschrieben hatte, war mit dieser Gestalt ein Gegenbeispiel geschaffen: der von Verlusten an Menschlichkeit Verschonte, der innerweltlich Gerettete? Kaum. Selbstversponnenheit, liberales Genügen am eigenen Ich, das Zurückbleiben vieler Entwicklungen der Person, welche Weltkontakte, auch schmerzende, zur Voraussetzung haben, eine innere Verweichlichung, die sich in Form von Ansprüchen gegen die Mitwelt kehrt und, wenn ihnen nicht Genüge getan wird, in wehleidigem Grollen nicht Gegengroll, sondern süßes Mitgefühl zu erlangen hofft: was es an Gefährdungen für Oblomow gab, war dem Dichter wohlbewußt; jede ließ er ihm nahen, keine ihn überwältigen. Unter all den zeitgenössischen Romanhelden, die von den jugendlichen Rittern des mittelalterlichen Epos abstammen und wie sie ausziehen, um die Welt handelnd zu bestehen, ist dieser sich allem Tun und, wenn möglich, Leiden Entziehende wie eine mythische Urgestalt, ein Adam, der den Anfangspunkt einer Skala menschlicher Seins- und Verhaltungsweisen setzt, an einem Maßstab, der nie als wesenlos zu erklären sein wird. Der junge Goethe, ein bewegtes Gegenbild, wußte um diese Sphäre und reichte bis zu ihr hinüber – in Augenblicken des Leidens und Mitleidens –, wie aus seiner Vorliebe für das von ihm vielzitierte Prophetenwort hervorgeht: »So ihr stille bliebet, würde euch geholfen.«

Wenige Jahre nach »Oblomow« kam Dostojewskijs »Schuld und Sühne« heraus, 1866, dessen Held, Raskolnikow, der reflektierteste Täter, der Missetäter, bei der Überlegung, inwieweit es eine Hierarchie der menschlichen Leben gebe, und zwar so, daß höchstbegabtes Leben aus Gründen des Menschheitsnutzens zur Vernichtung von niedrigerem berechtigt sei, seinen Mord von der Ordnung napoleonischer Taten aus betrachtet und damit durchaus nicht etwas Extravagantes unternimmt. »Heutzutage hält sich doch bei uns in Rußland jeder für einen Napoleon«, dieses für das Klima jener Epoche bezeichnende Wort spricht nicht einmal er selbst, sondern einer seiner Bekannten zu ihm, zu dem Verbrecher, der sich abmüht, seiner Untat einen politischen Sinn abzugewinnen oder unterzulegen. Der Erfolg, so argumentiert er in sich hinein, entscheidet letzten Endes über die Sittlichkeit der Taten; die Blutbäder, die Mohammed oder Napoleon und andere veranlaßt haben (»allesamt Verbrecher«), werden ihnen nicht nachgetragen von einer Menschheit, die zugleich »Du sollst nicht töten« als Gebot anerkennt und Taten großer geschichtlicher Beweger in ihrer Sittlichkeit so wenig zu bestimmen versteht, daß sie diese Taten als in einem Jenseits sittlicher Schranken geschehend annimmt, dort, wo Genie oder Dämon und folglich wohl Notwendigkeit walten. Raskolnikow sieht ein, daß er »über die Schranke nicht hinweggekommen ist«. Er mißt sich an dem jungen Artilleriegeneral, der ohne Wimpernzucken einen Aufstand im revolutionären Paris zusammenkartätschte, und denkt sich dabei die Leichen der beiden alten Frauen, die er umgebracht hat. »Ja, ich bin wirklich eine Laus«, erkennt er mit selbstquälerischer Genugtuung, und gerade daß er dies erkenne, sagt er sich, bestätige die Richtigkeit der Einsicht. Das ist die andere Phase des Übermenschen mit den dämonischen

Tatträumen aus dämonisierter Unzulänglichkeit. Wie Kain zu Abel steht er zu dem schön entworfenen, vom Schicksal in den Tod zurückgenommenen Platon Karatajew bei Tolstoj, auf den die Stelle bei Georg Lukacs in der »Theorie des Romans« bezogen werden darf wie auf seine Brüder bei Balzac und Dickens: »Die Helden der Jugend werden auf ihren Wegen von den Göttern geleitet: ob Glanz des Unterganges, ob Glück des Gelingens am Ende des Weges winkt oder beides in einem, niemals gehen sie allein, sie sind immer geführt. Daher die tiefe Sicherheit ihres Ganges ...«

Aus dieser tiefen Sicherheit führt der Gang selbst den jungen Helden heraus in die Erfahrung dessen, was ist, was äußerlich so ist wie er innerlich, nur gewaltig groß: Balzac hat den Menschen noch im Sinne der spätmittelalterlichen Auffassung als Mundus minor angesehen, als kleines kosmisches Abbild. Neben ihm hat der konservative Theoretiker und Erforscher der gesellschaftlichen Grundlagen, Bonald, auf eine etwas extreme Weise formuliert, was immer schon zum Gesamtschatz französischer Erkenntnisse gehört und die ganze Denkerei der Moralisten so stark bestimmt hatte: »Die Gesellschaft ist die wahre und sogar die einzige Natur des Menschen.« Organischer als so kann wohl gar nicht gedacht werden. Diese Denkweise wurde mit dem Klebezettel »reaktionär« versehen, aber Bonalds Axiom deckt sich mit der Lehre des Sozialismus und der durch ihn zu starkem Auftrieb gebrachten Soziologie bis in unsere Tage. Der konservative Dostojewskij hat als Dichter nicht anders gedacht, wenn ihm auch das gesellschaftliche Naturgefühl ohne Bewußtsein der Übernatur, des christlichen Spiritualismus, als Abfall galt, als lichtloses Fortleben im Zustande der Verwesung. In Stawrogin – »Die Dämonen« – hat er den Täter dargestellt, der als menschlich verkörpertes nichtendes Nichts im geordneten Gemeinschaftsleben zu bezeichnen wäre. Alles, was er berührt, zerfällt, seine Macht über Menschen ist pure Dämonie, groß allein schon durch die Unberechenbarkeit seines Verhaltens, welches jäh den Modus des acte gratuit annimmt, des Handelns aus undurchsichtigem, frei bleibendem Antrieb. André Gide hat Stawrogin, wie seinen Schöpfer, mit mehr als Anteilnahme studiert: an dieser Figur erwiesen sich die Gesetze der psychologischen Kausalität durchbrochen, und zwar aus einer noch unerkannten, dämonisch allem naturwissenschaftlichen Gesetzesdenken entzogenen Region des Menschen, die dessen Natur ursprünglicher ausmacht als die Gesellschaft. Sich selbst gefallender und genießender Hohn auf die Systemtendenz aller Gesellschaftsordnungen und ihrer Psychologien spielt da mit und empfiehlt uns, das späthumanistische Menschenbild als allzu verengt zu durchschauen. Er wendet sich gegen die Idee als die eindeutige Charakterdominante, gegen den idealistischen Nenner, auf den der Mensch niemals zu bringen sei. Was als Amoral zur Erscheinung gelangte, schien einer noch unerschlossenen Region schöpferischer Kräfte zu entstammen: Dostojewskij und Nietzsche waren für Gide die bis weit ins 20. Jahrhundert überragend gebliebenen Entdecker.

Die »Dämonen« sind ein Jahrzehnt nach Turgenews Roman »Väter und Söhne« erschienen, in dem erstmals eine Gestalt, Bazaroff, als »Nihilist« bezeichnet wurde und Aufsehen erregte: von da an war es, als sei der Nihilismus auf das literarische Pflichtprogramm gesetzt worden. Der Begriff machte rückwirkend in Westeuropa sein Glück; der späte Nietzsche verkündete: »Ich beschreibe, was kommt, was nicht mehr anders kommen kann: die Heraufkunft des Nihilismus.« Berühmteste Worte. Aber Bazaroff, an satanischer Besessenheit geringer als Dostojewskijs Verneiner, wirkt in seinem redenden Hohn auf alle Konventionen, die er doch fügsam befolgt, als ein fast gemütlicher Nihilist, wäre nicht seine Kälte, die etwas Reptilisches hat. Gegen alles, was Autorität heißt, in prinzipienfester Auflehnung, behandelt er seine Eltern im Stile der schlimmsten Autorität. Der Nullpunkt: an ihm ist er in affektloser Reinheit wahrnehmbar, in der Art, wie er seine sich selbst auferlegte persönliche Erstorbenheit als sozialen Fortschritt und Sieg des wissenschaftlichen Geistes nimmt – bis zu den Augenblicken des Wunderglaubens an sich selbst. Die Haltung unerbittlichster Analyse, o Rache der Dinge, schlägt um in leeres Bramarbasieren; wie er mit allgemeiner Blutvergiftung auf den Tod liegt und als Arzt es weiß, ruft er aus: »Sterben, ich? Ah bah! Ich habe eine Mission! Ich bin ein Riese!« Erworben wurde das Riesengefühl, das beinahe das letzte Wort hat, durch Abtötungen, an erster Stelle der Liebe; dies ist es, was er, der neue Mensch, der Kraft- und Stoffmensch, an Unternehmung innerhalb der Gesellschaft gegen sie geleistet hat, als einzige Tat, ohne an irgend etwas zu glauben, auch an das Liebesopfer nicht.

Es ist, als würde in unheimlicher Umkehr des geschichtlichen Fortganges der Mensch hinunter- und zurückentwickelt, einer neutralen Ebene gleicher Möglichkeiten entgegen, von der aus unter Umständen eine neue Menschwerdung ausgehen könnte, denn gehaßt wird nicht so sehr die Staats- oder Gesellschaftsform als das Menschengeschlecht. Im Grundsatz geht das weiter, als was Revolutionäre oder Anarchisten zu wollen haben. Und ein Motiv tritt auch an dieser Verwerfungsstelle in den Tag, welches das ganze Jahrhundert durchzieht, den Westen und Osten, die absoluten und parlamentarischen Monarchien, die Demokratien, die literarischen Bewegungen von der Romantik über den Realismus bis zum Symbolismus: das Motiv des Ennui, des Überdrusses, der Langeweile, der Lebensöde. Der junge Goethe schon hatte den deutschen bürgerlichen Verhältnissen einen innewohnenden »Ennui« zugesprochen, gegen den er durch die beständig ausgreifende wohlgeordnete Vielfalt seiner Interessen im tiefsten Grunde und immer wieder beschützt wurde. Bei Chateaubriand gehört der Ennui zu seiner Konstitution, er wiegt sein ichüberhöhendes Selbstgefühl aus als Weltschmerz, das heißt Schmerzgefühl über Weltverlust. Die schlechte Unendlichkeit eines entnervenden Traumlandes ist zugänglich geworden, doch wer dorthin aufbricht, macht die melancholische Erfahrung der Leere, die Ich und Welt in sich zieht. Flaubert war von dieser Melancholie gezeichnet, deren schwarze Grundwasser den lyrischen Unterstrom seiner Prosa abgeben, noch seine Zynismen, diese ohnmächtigen Überwinder, bezeugen sie. Und am Ende des Jahrhunderts verbittet sich der zwanzigjährige Paul Valéry den Namen eines Dichters; er sei weiter nichts als »le monsieur qui s'ennuie«, jener Herr, der sich langweilt. – Das sind wenige Beispiele für viele. Der Zerrissene, der Melancholiker, der Europamüde, der Pessimist, das sind Gestalten, die nun als Typen durch die Literatur gehen, Geschöpfe und Schöpfer wie Byron, Büchner, Musset, Heine. Der vom *Taedium vitae* Beschwerte wird in einer total auf Arbeit sich einstellenden Welt eine Paria-Figur, verfemt von den täglich Tüchtigen, doch von vielerlei Anziehung für die differenzierter ins Dasein Hineinverflochtenen. Das Wort »Weltschmerz«, von Heine 1831 erfunden, machte Karriere, weil es für einen seelischen Zustand wenigstens die Erlösung der Benennung brachte, für ein Gefühl, das in Burtons »Anatomy of Melancholy« (1621) noch streng und ausschließlich den Motivkreisen der Liebe und der Religion zugeordnet worden war, das dann mit vordringender Verweltlichung zu einer scheinbar selbstgesetzlichen Größe heranwuchs. Die seit dem Mittelalter an den Mönchen fast klinisch umrissene, mit warmen Bädern und Diät behandelte Acedia, die barocke Vanitas, die pietistische Traurigkeit im irdischen Jammertal, sie lösen sich von ihren bisherigen erklärbaren Gründen und wachsen der ontologischen Kategorie Schmerz der Welt zu. Schmerz als Bestandteil der Welt – Virgils sunt lacrimae rerum –, er gehört zu den Erfahrungen des losgerissenen Menschen. Zu einer Metapher, die als solche bald nicht mehr bedacht wird, einem Topos, bei dem das Hauptwort das Beiwort schon automatisch herbeizieht, ist die stehende Formel »namenloser Schmerz« geworden, was ursprünglich nicht zuerst die Heftigkeit meinte, sondern die Nichterkennbarkeit der Ursache, das dunkel Verhängte. In seiner »Theorie des Romans« handelt Georg Lukacs von der veränderten Stellung des veränderten Menschen in einer veränderten Welt: »Die Welt hat einen Sinnzusammenhang und eine Kausalverknüpfung erhalten, die der lebendig wirkenden Kraft des zum Dämon gewordenen Gottes unverständlich ist und aus deren Augenpunkt gesehen sein Treiben als reine Sinnlosigkeit erscheint.« Das mit der Rückbildung des alten Glaubens zur Ungebundenheit entlassene Dämonische, von Goethe seinem Eckermann klassisch beschrieben, erscheint irrational, zufällig, dem Denken in Gesetzhaftigkeiten sinnlos, aber mächtig eingreifend, verwirrend: »Alles, was uns begrenzt, schien für dasselbe durchdringbar; es schien mit den notwendigen Elementen unseres Daseins willkürlich zu schalten; es zog die Zeit zusammen und dehnte den Raum aus. Nur im Unmöglichen schien es sich zu gefallen und das Mögliche mit Verachtung von sich zu stoßen.«

Das Dichterische des Daseins selbst ist mit diesen Worten andeutend bezeichnet, alles zunächst Überraschende, Unbegreifliche, Bewegende im Menschenschicksal, das im Verlauf sich als ein Kristallisationsgitter für »Sinn« erweist, wobei Sinnerkenntnis durch Lebenskontemplation und Sinngebung durch das kunstvolle Gefüge dichterischer Akte sich entsprechen. Sinnschöpfung und Sinnfindung erscheinen da als ein und dasselbe, so wie dem Helden, dem Abenteurer die Welt ebenso abenteuerlich begegnet wie er ihr, wobei denn Handeln und Erleiden in rhythmischer Bezogenheit zueinandergeordnet sind. Goethe und Schiller gelangten dazu, den epischen Helden passiv zu denken und zu fordern, als reine Welterwartung gleichsam, welche Kraft genug ist, um die ihm zukommenden Bewegungen der Welt – seine Weltverstrickung – in Gang zu bringen. Ihm begegnet, stößt zu, passiert, geschieht, widerfährt, droht, steht bevor, bietet sich dar: er ist dazu ersehen, in einer so aktiv andringenden Welt sich zu behaupten, wachsend und ausdehnend sich zu verwirklichen als »das prozeßhafte Wesen in einer prozeßhaften Welt«, welches, nach einer Formulierung Nicolai Hartmanns, der Mensch ist. Der jugendliche Mensch des Dichters ist als solcher eine Weltchiffre für sämtliche Möglichkeiten an Schicksal; er enthält sie, alles kann er haben und werden, alles kann ihm geschehen, er hat die Fülle einer unentwickelten Ganzheit, die dem Leser etwas verspricht, was auf der Ebene seiner ihr zugewandten Erwartung nicht zu verwirklichen ist, denn diese verlangt immer wieder, unbelehrt und unbelehrbar, mehr als das besondere, individuell abgesponnene Schicksal zu erfahren, mag dieses noch so befriedigend symbolisch und mithin stellvertretend für einen Typus von Mensch und Lebenslauf sein.

Ausgesprochene Begabung ist selten unter den Romanhelden, weil Analogien heraufrufend, die stören, und eine Entschiedenheit des Denkens, insbesondere des Willens, durch welche die Allempfänglichkeit eingeschränkt, von vornherein spezialisiert wird. Julien Sorel oder Lucien de Rubempré bei Stendhal und Balzac sind Grenzfälle, beides einzelne, deren Durchgang durch die Gesellschaft ein steiler sprühender Aufstieg ist, der zu Selbstverkennung und Verkennung der Umwelt führt und die den Wollenden beständig umlauernden feindlichen Dämonen heranlockt. Abgesehen von diesen beiden schönen, unheimlich umdunkelten jungen Männern, welche die Gesellschaft in vermessenen Momenten wie einen schwierigen, aber zu brechenden Gaul beherrschen zu können glauben, die dann wirklich im Sattel zu sitzen meinen, abgesehen von ihnen und ihrem direkten Ehrgeiz: Untergang oder Scheitern des Helden ist die Rettung seines intelligiblen Charakters, die Reinerhaltung eines beseelten Wesens, das als solches über allen objektiven Gegebenheiten der Gesellschaft steht, in welcher Ordnung oder Unordnung sich diese auch befinde. Im katholischen Alteuropa wie in dem zwischen Monarchie und Republik unruhig wechselnden Frankreich gilt dieses vorherrschende Schicksalsmodell wie im protestantischen, jungen und demokratischen Amerika oder im protestantischen monarchistischen Deutschland oder in dem griechisch-orthodoxen Zaren-Rußland, das kein Bürgertum und kein Industrieproletariat im Sinne des Westens kannte – es ist soziologisch schwierig zu erklären! Im englischen Roman wird ein tragisches Ende am ehesten vermieden; Dickens hat sich von seinem Verleger bereden lassen, für »Große Erwartungen« einen zweiten, glücklichen Schluß zu schreiben, der schwächer ist. Aber es bleibt dabei. Thackeray erwartete von den Lesern von »Jahrmarkt der Eitelkeit«, sie möchten am Ende der Geschichte »unzufrieden und unglücklich« sein, wie man es mit allen, auch der eigenen Geschichte sein müsse angesichts der Unzulänglichkeit, in der wir gehalten werden und in der auch der gute Wille verläuft. Der Held im »Grünen Heinrich« der ersten Fassung wird zum Tode gebracht; in den späteren Ausgaben lebt er als Amtmann beispielhaft weiter, eingeordnet, dem Staate nützlich, ausgeschöpft an allem Dichterischen. Das ihn Versuchende hat sich von ihm verzogen, er ist eingegangen in eine Sphäre, die mit oder ohne ihn gleicherweise besteht, wo das Persönliche, Einmalige, Mehrdeutige nicht vorkommen darf, kurz, er ist übergelaufen zum Feinde, weil dieser, wie er schließlich überzeugt ist, das Rechte vertritt. Ein Selbstopfer an den Gemeingeist, dargebracht von einem Künstler, der einzig in unbedachtem Gegensatz zu ihm gelebt hatte, in der schwindelhaften Autonomie eines Talents, das von der Gesellschaft einen Glauben an sich erwartet, den es selbst, mit Recht, nicht aufbringt, dabei wohlgeartet genug, um das Auseinanderklaffen von Wesen und Anspruch, ein Dasein mit dem Dorn im Gewissen nicht zu ertragen. Ein seltener, hochmoralischer Fall: der Staat als die sich ins Werk setzende Sittlichkeit genommen, der vor seiner Sendung resignierende Held sich in ihr bergend wie frühere Helden im Kloster ... Ihren vollen Sinn erhält diese Schlußwendung indessen erst, wenn man sich vergegenwärtigt, daß der Staat, den Gottfried Keller im Auge behält, die Schweiz von 1848 mit ihrer im ganzen geglückten liberalrevolutionären Erneuerung ist, ein kleines Land mit einer so freiheitlichen Verfassung, daß das Volk damals all jene Hoffnungen, die man zum Leben brauchte, an sie hängen konnte, und daß der Dichter diesen von Herzen bejahten Staat einem nahezu absoluten Guten, wenigstens für den Augenblick, gleichsetzen konnte. Er spürte Zug und Richtung der geschichtlichen Bewegungen seiner Zeit, in deren Gesamtspiel seine Gestalten eingeflochten sind, und zwar so, daß ihnen ein Höchstmaß an moralischer Einwirkung zugetraut und zugestanden wird – den Frauen mit ihrem Vorzug der Schönheit fast noch mehr als den Männern – durch eine dämonisierte Rechtlichkeit, die das Ethos der Person, des einzelnen, unmittelbar als Leben des Staates, der Gesellschaft, empfindet und die im Bewußtsein solcher Identität gründet. Bei welchem Autor wäre, wie bei ihm, der demokratisch im Großen geordnete, im Kleinen sich Tag für Tag genauer ordnende Staat als Dramatis persona zugegen, mitunter bis zur Beengtheit in seiner sittlichen Machtstellung über den Zweifeln. Arbeitsunlust, unschädliche Eigenbrötelei, Teilnahmslosigkeit am Leben der Polis, also am politischen Leben, werden da schon zu eigentlichen Vergehen in diesem eingespielten hochentwickelten System aus Systemen; für die Durchartikulierung des Bösen bis zum Genialen, wie etwa bei Dostojewskij, ist in solcher vom Christentum sacht abgehobener, darum doppelt achtsam humanisierter Welt kein Raum mehr. – Anders in Jeremias Gotthelfs bäuerlicher Elementarwelt, wo es gewaltsam, aber großartig zugeht, wenn Träger des liberalen, vom alten Glauben emanzipierten Selbstbewußtseins ihrem irdischen Gerichtstag entgegengeführt werden, mit einer Folgerichtigkeit, die der Gewalt ihrer Leidenschaften wunderbar genau entspricht und den Gang der Erzählung auf gerader Linie hält. Hingerissen von den Leidenschaften seiner Gestalten, auch den dunklen unter ihnen, erschaut sie der Dichter doch immer als Blendwerk der Hölle, ja, obwohl er reformierter Geistlicher war, in einer darin der katholischen angenäherten Sehweise, daß sie neben den göttlichen Tugenden – Glaube, Liebe, Hoffnung – eine verminderte Kraft des Seins haben, auch in den Augenblicken, in denen sie das Leben selbst weiterzubewegen scheinen und es vielleicht, einer sittlichen Vernunftlist folgend, auch tatsächlich tun müssen.

Zu den merkwürdigen Sachverhalten gehört es, daß gerade in der deutschen Literatur um die Jahrhundertmitte vier Dichter von Rang ihr Werk politisch orientieren, und dies mit unverhohlen pädagogischem Einschlag, als wollten sie ihren angesprochenen Völkern eine Lebenslehre auf schöne Weise faßbar machen. Neben den zwei genannten Schweizern sind es zwei Österreicher: Grillparzer, der Dramatiker, und Adalbert Stifter, der Erzähler. Auf dem Boden des bedenkenvoll zu seiner Einigung drängenden neuen Kaiserreiches wurde diese Art von Weisheit mit dem Überlegenheitsgefühl der mit glücklichem Auftrag geschichtlich Handelnden übergangen. Stifter hatte immer eine Gemeinde, die ihn freilich als den edlen Fürst einer »rein dichterischen« Enklave betrachtet wissen wollte, während er die Revolution von 1848 als Vorspiel einer Europa bedrohenden Katastrophe bis in den Grund erschüttert erlebte, mit der Vision – Bachofen und Tocqueville hatten sie auch –, daß unsere westlichen Zustände sich so weit auflösen könnten – Burckhardt sprach von der jederzeit möglichen drohenden »Schnellfäule« –, »bis ein wildes, zahlreiches und barbarisches Volk, das aber seine Kraft neben seiner Roheit bewahrt hat und das vielleicht jetzt noch im fernen Asien wohnt, über uns hereinfluten und uns und unsere Bildung auf viele Jahrhunderte hin verschlingen wird ...« (1849). In dem geschichtlichen Roman »Witiko«, 1865, der den Aufstieg des böhmischen Grafengeschlechts der Rosenberg aus dem Nichts und den Böhmens zum Königreich als Gegenstand hat, wird das Geschehen aus einem

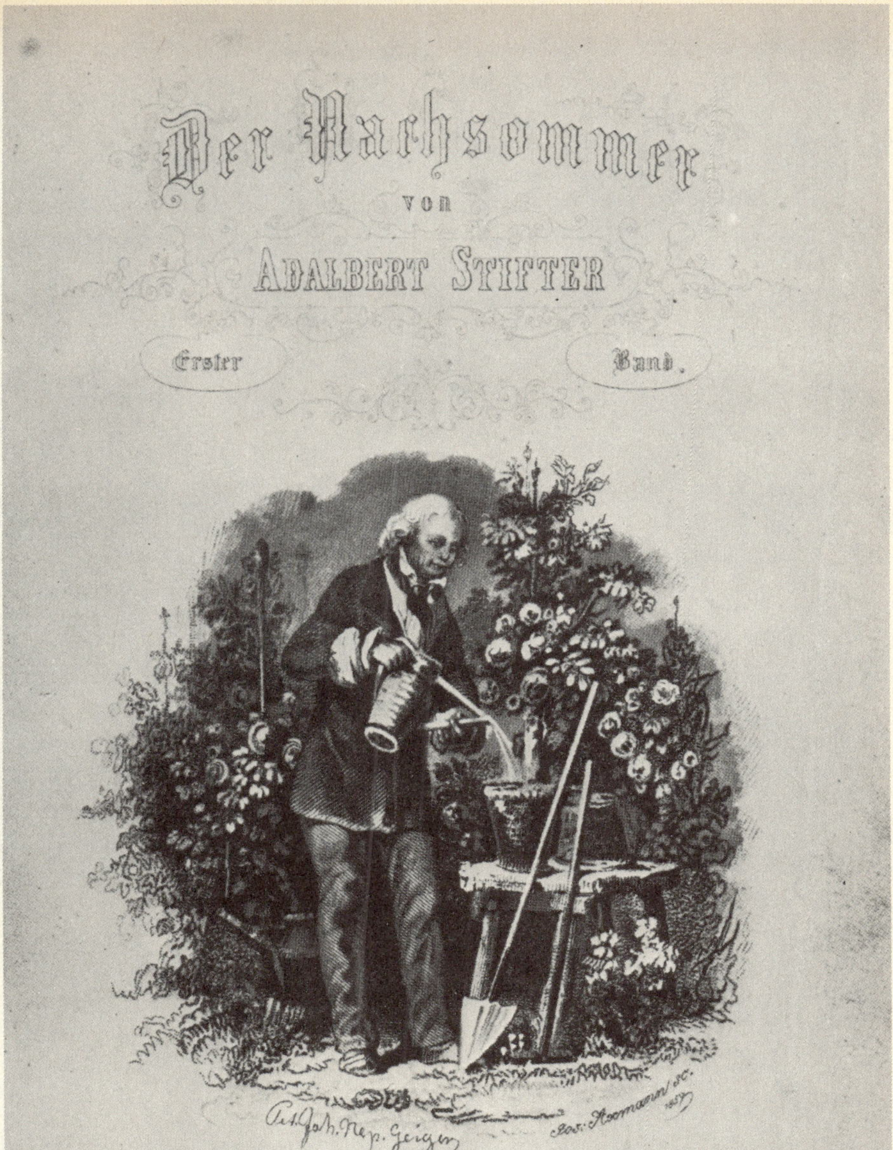

Titelseite von Adalbert Stifters »Der Nachsommer«, Band I, 1857

Aufbahrung Victor Hugos am Arc de Triomphe in Paris, 1885
Gemälde von Jean Béraud. Paris, Musée Carnavalet

Rechtsfall entwickelt: Beugung des Rechtes aus Gründen der Opportunität bei der Nachfolge des Herzogs, Politik gegen Recht, ein Greuel für Stifter, der ihm Gelegenheit gibt, mit subtiler Behutsamkeit und mit der Breite gewissenhaftester Genauigkeit die in den Handlungen der Menschen sich vollziehende Selbstbewegung des Rechtes aus der zeitlich-politischen Trübung zu seiner ewigen Reinheit zu entwickeln und mit ihr »die schreckliche Majestät des Sittengesetzes«, das auf göttlichem Grund aufruht und nie ermattende verinnerlichte Hinwendung jedes Gewissens verlangt. »Dem Größten fehlt Geschichte«, hat Stifter in einem Gedicht geschrieben, denn von dem Ewigen geht er aus, vom unbewegten Beweger. Die langsame Erdgeschichte scheint ihm sodann für die ins Überstürzte geratene abendländische Menschheit das Bedenkenswerteste. Doch auch ihrer Geschichte nimmt er sich an: der langsame, gewissensfeine, fromme Witiko ist der Held, das erstehende Böhmen der Ort, das christliche Mittelalter die Zeit: alle Dinge, die staatlichen und geistlichen, ihre Rangordnungen und Bezüge, die Lebenslagen, die Menschen, deren Verhalten, erscheinen paradigmatisch und normativ, in einem durchgeläuterten Einst, das ein zeitlos gültiges Vorbild darstellt, edel und etwas steif. Die Versammlung der Notabeln auf dem Wyschehrad ist ein pädagogisches Modell der politischen Auseinandersetzung, in welcher die Leidenschaft der Gegensätze überwunden wird in gemeinsamer Suche nach dem Gerechten, dem für das Gemeinleben Rechten, in dem erweckten Gefühl beider Parteien für die Menschenwürde des Gegners und ihre Zartheiten. Es ist, als habe Stifter etwas wie ein deutscher »Télémaque« vorgeschwebt, den er für ein seine politische Mündigkeit anmeldendes Volk in der sanften Rolle eines Gesetzgebers ohne Macht habe niederlegen müssen.

Zu gleicher Zeit wie »Witiko« erschien »Der Idiot«, den Dostojewskij selbst von seinen Romanen am liebsten hatte und in dem er »eine alte Lieblingsidee« zu verwirklichen unternahm, nämlich »die Darstellung eines vollkommen schönen Menschen«. Das war auch Stifters Absicht: wie aber diese Vollkommenheit erträumt und erwogen wurde, ist weit eher christlich als platonisch, ja bei dem Helden des Russen, dem Fürsten Myschkin, der mitten in die zeitgenössische Sankt-Petersburger Gesellschaft hineingestellt wird, geht es um die Aufrichtung einer Menschengestalt, an der diese – und alle – Gesellschaft zu messen wäre, ihr Unwesen an der Wesentlichkeit. Unser 20. Jahrhundert hat in der Kierkegaard-Nachfolge einen Gegensatz zwischen Ästhetizismus und Existentialismus möglichst weit aufgerissen; bei einem Existentialisten wie Dostojewskij, der die Dichte und Schwere der Lebensnot jeden Tag zu ermessen und zu überwinden hatte, sind Sätze zu lesen, die man bei Turgenew suchen würde: »Die Schönheit wird die Welt retten«, so im »Idiot«, und im »Tagebuch«: »Der heilige Geist ist das unmittelbare Verstehen der Schönheit, das prophetische Bewußtsein der Harmonie – folglich unablässiges Hinstreben zu ihr.« Das ist nicht die klassische Schönheit Weimars mit ihrem Idealbild eines allseitig gebildeten menschlichen Apolls von Belvedere, es ist auch nicht die vom Dichter im Stoff seiner Prosa herzustellende Schönheit, wie Flaubert sie als den kategorischen Imperativ seines Lebens verstand, und nur von ferne hat sie etwas zu schaffen mit dem zynisch-epikureischen Charmides einer Londoner Gesellschaft der neunziger Jahre, die um Oscar Wildes »Dorian Gray«, den verführerisch Schönen, tanzte – nur von ferne und in dem Bewußtsein, daß Schönheit und Heiligung nicht nur als Gegensatz zueinander geschaffen sind. In der Gestalt

DATENGERÜST

Der Roman im 19. Jahrhundert

1774 *Goethe*, Werther

1793 *Jean Paul*, Die unsichtbare Loge

1795 *Goethe*, Wilhelm Meisters Lehrjahre (1795/96), *Jean Paul*, Hesperus, Leben des Quintus Fixlein (1795/96)

1796 *Jean Paul*, Siebenkäs (1796/97)

1800 *Jean Paul*, Titan (1800/03)

1801 *Brentano*, Godwi

1802 *Chateaubriand*, René, *Foscolo*, Die letzten Briefe des Jacopo Ortis, *de Staël*, Delphine

1804 *Jean Paul*, Flegeljahre (1804/05)

1807 *de Staël*, Corinne ou l'Italie

1809 *Goethe*, Wahlverwandtschaften (1809/10), *Jean Paul*, Doktor Katzenbergers Badereise, Des Feldpredigers Schmelzle Reise nach Flätz

1810 *Arnim*, Gräfin Dolores, *Kleist*, Erzählungen (Michael Kohlhaas, Die Marquise von O.)

1811 *Austen*, Sense and Sensibility

1812 *Jean Paul*, Leben Fibels

1813 *Austen*, Pride and Prejudice

1814 *Chamisso*, Peter Schlemihl, *Scott*, Waverley

1815 *E. T. A. Hoffmann*, Elixiere des Teufels (1815/16), *Scott*, Guy Mannering

1816 *Constant*, Adolphe, *Scott*, The antiquary

1817 *Arnim*, Die Kronenwächter, Band I

1818 *Scott*, The heart of Midlothian, The bride of Lammermoor

1820 *E. T. A. Hoffmann*, Kater Murr (1820-22), *Jean Paul*, Der Komet (1820-22), *Scott*, Ivanhoe

1821 *Cooper*, The spy, *Goethe*, Wilhelm Meisters Wanderjahre (1821-29), *Scott*, Kenilworth

1823 *Cooper*, Leather-stocking tales (1823-41), *Scott*, Quentin Durward

1824 *Cooper*, The pilot

1825 *Manzoni*, Die Verlobten, *Puschkin*, Eugen Onjegin (1825-31), *Scott*, The Talisman

1826 *Scott*, Woodstock, *de Vigny*, Cinq-Mars

1827 *Stendhal*, Armance

1828 *Bulwer*, Pelham, *Scott*, The fair maid of Perth

1829 *Mérimée*, Chronique du temps de Charles IX.

1830 *Stendhal*, Le rouge et noir

1831 *Balzac*, La peau de chagrin, *Hugo*, Notre-Dame de Paris

1832 *Balzac*, Colonel Chabert, La femme de trente ans, *Mörike*, Maler Nolten, *George Sand*, Indiana

1833 *Balzac*, Eugénie Grandet, Le médecin de campagne

1834 *Balzac*, La Recherche de l'absolu, *Bulwer*, The last days of Pompeii, *Carlyle*, Sartor Resartus

1835 *Andersen*, Der Improvisator, *Balzac*, Le père Goriot, *Bulwer*, Rienzi, *Gutzkow*, Wally, die Zweiflerin

1836 *Balzac*, Le lys dans la vallée, *Dickens*, Barnaby Rudge (1836-41), Pickwick Papers (1836/37), *Gotthelf*, Bauernspiegel, *Immermann*, Die Epigonen, *de Musset*, Confession d'un enfant du siècle, *Puschkin*, Die Hauptmannstochter

1837 *Balzac*, Histoire de la grandeur et de la décadence de César Birotteau, Illusions perdues (1837-39), *Dickens*, Nicholas Nickelby (1837-39), Oliwer Twist (1837/38), *Puschkin*, Der Mohr Peters des Großen

1838 *Gotthelf*, Leiden und Freuden eines Schulmeisters (1838/39), *Immermann*, Münchhausen (1838/39), *Poe*, Gordon Pym

1839 *Balzac*, Splendeurs et misères des courtisanes (1839-47), *Stendhal*, La Chartreuse de Parme

1840 *Dickens*, The old curiosity shop (1840/41), *Gotthelf*, Uli der Knecht, *Lermontow*, Ein Held unserer Zeit

1841 *Poe*, The Murder in the Rue Morgue (unvollst.)

1842 *Bulwer*, Zanoni, *Gogol*, Die toten Seelen (1842, 1855), *Gotthelf*, Geld und Geist (1842-46), *Flaubert*, Novembre, *Sue*, Les mystères de Paris (1842/43)

1843 *Dickens*, Martin Chuzzlewit (1843/44), *Gotthelf*, Anne Bäbi Jowäger (1843/44), *Sand*, Melchior

1844 *Chateaubriand*, Vie de Rancé, *Disraeli*, Coningsby, *Dostojewskij*, Arme Leute, *Dumas (Vater)*, Les trois mousquetaires, *Sue*, Le juif errant (1844/45)

1845 *Dumas (Vater)*, Le comte de Monte-Christo

1846 *Alexis*, Die Hosen des Herrn von Bredow (1846-48), *Balzac*, La cousine Bette, *Dickens*, Dombey and son (1846-48), *Dostojewskij*, Der Doppelgänger, *Melville*, Typee, *George Sand*, La mare au diable

1847 *Balzac*, Le cousin Pons, *Ch. Brontë*, Jane Eyre, *Gontscharow*, Eine alltägliche Geschichte, *Melville*, Omoo, *Thackeray*, Vanity fair (1847/48)

1848 *Dickens*, David Copperfield (1848-50), *Dumas (Sohn)*, La dame aux camélias, *George Sand*, François le Champi, *Thackeray*, Pendennis (1848-50)

1849 *Dostojewskij*, Nettchen Neswanow, *Gotthelf*, Uli der Pächter, *Melville*, Redburn, *Chateaubriand*, Mémoires d'outre-tombe

1850 *Gotthelf*, Die Käserei in der Vehfreude, *Hawthorne*, The scarlet letter

1851 *Beecher-Stowe*, Uncle Tom's cabin (1851/52), *Hawthorne*, The hous of the seven gables, *Melville*, Moby Dick

1852 *Dickens*, Bleak House (1852/53), *Hawthorne*, A wonder book, *Thackeray*, Henry Esmond

1854 *Arnim*, Die Kronenwächter, Band II, *Dickens*, Hard times, *Keller*, Der grüne Heinrich, 1. Fassung

1855 *Balzac*, Les paysans, *Dickens*, Little Dorrit (1855-57), *Freytag*, Soll und Haben, *Thackeray*, The Newcomes, *Turgenew*, Rudin

1856 *Raabe*, Chronik der Sperlingsgasse

1857 *Ch. Brontë*, Ihr Professor, *Flaubert*, Madame Bovary, *Stifter*, Nachsommer

1858 *Gontscharow*, Oblomow, *Thackeray*, The Virginians (1858/59), *Turgenew*, Adelsnest

1859 *Dickens*, A tale of two cities, *George Eliot*, Adam Bede

1860 *George Eliot*, The mill on the Floss, *Hawthorne*, The marble faun, *Turgenew*, Vorabend

1861 *Dickens*, Great expectations, *Dostojewskij*, Aufzeichnungen aus einem Totenhaus (1861/62), *George Eliot*, Silas Marner

1862 *Hugo*, Les misérables, *Turgenew*, Väter und Söhne

1863 *Flaubert*, Salammbô, *A. Tolstoi*, Iwan der Schreckliche

1864 *Dickens*, Our mutual friend (1864/65), *Freytag*, Die verlorene Handschrift, *Edmond et Jules de Goncourt*, Germinie Lacerteux, Renée Mauperin, *Raabe*, Hungerpastor, *Reuter*, Ut mine Stromtid, *L. Tolstoj*, Krieg und Frieden (1864-69)

1865 *Raabe*, Drei Federn, *Stifter*, Witiko (1865-67), *Thackeray*, Denis Duval (unvollendet)

1866 *Dostojewskij*, Schuld und Sühne, *George Eliot*, Felix Holt, *Hugo*, Les travailleurs de la mer

1867 *Dostojewskij*, Der Spieler, *Marlitt*, Das Geheimnis der alten Mamsell, *Turgenew*, Rauch, *Zola*, Thérèse Raquin

1868 *de Coster*, Tyll Ulenspiegel, *Daudet*, Le petit chose, *Dostojewskij*, Der Idiot, *Raabe*, Abu Telfan

1869 *Gontscharow*, Die Schlucht (1869/70)

1870 *Dickens*, The mystery of Edwin Drood, nachgel. Fragm., *Dostojewskij*, Der Hahnrei, *Flaubert*, L'éducation sentimentale, *Peréz Galdós*, La fontana de oro, *Raabe*, Schüdderump

1871 *Dostojewskij*, Die Dämonen (1871/72), *Zola*, La fortune des Rougon, La curée

1872 *George Eliot*, Middlemarch, *Freytag*, Die Ahnen (1872-81), *Leskow*, Die Domgeistlichen (Die Klerisei), *Raabe*, Dräumling

1873 *Leskow*, Der verzauberte Pilger, *Peréz Galdós*, Episodios nacionales (1873-1910), *L. Tolstoj*, Anna Karenina (1873-76), *Verga*, Geschichte einer Grasmücke, *Verne*, Le tour du monde en 80 jours, *Zola*, Le ventre de Paris

1874 *Hugo*, Quatre-vingt-treize

1875 *Dostojewskij*, Werdejahre, *de Queiróz*, Das Verbrechen des Paters Amaro

1876 *George Eliot*, Daniel Deronda, *Jacobsen*, Frau Marie Grubbe, *James*, Roderick Hudson, *Raabe*, Horacker, *Turgenew*, Neuland, *Mark Twain*, Tom Sawyer (1876/77)

1877 *Edmond de Goncourt*, La fille Elisa, *James*, The American

1878 *Fontane*, Vor dem Sturm, *James*, The Europeans, *Raabe*, Wunnigel, *Zola*, Une page d'amour

1879 *Dostojewskij*, Die Brüder Karamasow (1879/80), *Keller*, Der grüne Heinrich, 2. Fassung, *Strindberg*, Das rote Zimmer

1880 *de Alarcón*, Manuel Venegas, *Fontane*, L'Adultera, *Jacobsen*, Niels Lyhne, *de Queiróz*, Der Mandarin, *Raabe*, Alte Nester, *Lewis Wallace*, Ben Hur, *Zola*, Nana

1881 *de Alarcón*, Die Werbung des Richters (1881/82), *Flaubert*, Bouvard et Pécuchet, *Fogazzaro*, Malombra, *James*, The Portrait of a Lady, *Maupassant*, La maison Tellier, *Mark Twain*, The prince and the pauper, *Verga*, Die Malavoglia

1882 *de Alarcón*, Die Verschwenderin, *Verga*, Ihr Gatte

1883 *Fontane*, Graf Petöfy, *James*, The siege of London, *Maupassant*, Une vie, *Stevenson*, Treasure island, *Strindberg*, Die Leute auf Hemsö, *Zola*, Au bonheur des dames

1885 *Maupassant*, Bel-Ami, *Mark Twain*, Huckleberry Finn, *Zola*, Germinal

1886 *Bloy*, Le Désespéré, *James*, Princess Casamassima, *Keller*, Martin Salander, *Stevenson*, Dr. Jekyll and Mr. Hyde, Kidnapped, *Strindberg*, Der Sohn einer Magd

1887 *de Queiróz*, Die Reliquie, *Zola*, La terre

1888 *Fontane*, Irrungen, Wirrungen, *Zola*, Le rève

1889 *d'Annunzio*, Lust, *Maupassant*, Fort comme la mort, *Peréz Galdós*, Torquemada (1889-1895), *Stevenson*, The master of Ballantrae, 1889, *Mark Twain*, A Connecticut Yankee in King Arthur's Court

1890 *Fontane*, Stine, *Hamsun*, Hunger, *Maupassant*, Notre cœur, *Strindberg*, An offener See, Die Beichte eines Toren, *Tolstoj*, Die Kreutzersonate, *Zola*, La bête humaine

1891 *Lagerlöf*, Gösta Berling, *Kipling*, The light that failed, *Wilde*, The picture of Dorian Gray, *Zola*, L'argent

1892 *d'Annunzio*, Der Unschuldige, *Fontane*, Frau Jenny Treibel, Unwiederbringlich, *Hamsun*, Mysterien, *Strindberg*, Die Entwicklung einer Seele, *Zola*, La débacle

1893 *France*, La rôtisserie de la reine Pédauque, *Hamsun*, Neue Erde, *Stevenson*, Catriona, *Zola*, Le docteur Pascal

1894 *France*, Le lys rouge, *Hamsun*, Pan, *Kipling*, Jungle book, *Sienkiewicz*, Quo vadis? (1894-96) *Stendhal*, Lucien Leuwen, *Verga*, Don Candeloro, *Zola*, Les trois villes (1894-98)

1895 *Conrad*, Almayer's folly, *Fogazzaro*, Die Kleinwelt unserer Väter, *Fontane*, Effi Briest, *Wells*, The time machine

1896 *Conrad*, An outcast of the islands, *Raabe*, Die Akten des Vogelsangs, *Shaw*, Byron's profession

1897 *Bloy*, La femme pauvre, *Conrad*, The nigger of the Narcissus, *James*, What Maisie knew, *Shaw*, The unsocial socialist, *Wells*, The island of Doctor Moreau, The invisible man

1898 *Fontane*, Der Stechlin, *Galsworthy*, Jocelyn, *Hamsun*, Victoria, *L. Tolstoj*, Auferstehung

1899 *James*, The awkward age, *Lagerlöf*, Eine Gutsgeschichte, *Wells*, When the sleeper wakes, *Zola*, Les quatre évangiles (1899-1903)

1900 *d'Annunzio*, Feuer, *Conrad*, Lord Jim, *Mann*, Buddenbrooks, *Shaw*, Love among artists

des jungen Aljoscha – »Die Brüder Karamasow« – hat Dostojewskij später wiederum ein Beispiel menschlicher Schönheit als Verheißung für die Mühseligen und Beladenen bilden wollen; von ihr umleuchtet ist auch der Staretz Sossima, eine franziskanische Seele unter den aufgerissenen, umgetriebenen Exzentriks, die den Roman und seine Höllenkreise bevölkern. Sie, am absichtsvollsten aber Fürst Myschkin, sind Versuche, etwas von der selten durchscheinenden, ewig bedrohten Gottebenbildlichkeit des Menschen in solche Sehnsuchtsbilder hineinzuretten: in einer Hitzewelt von Gier, Ichsucht, Hochmut, Grausamkeit, Bosheit, Tatlust ist Myschkin mit seiner Güte, Sanftmut, Teilnahme, Ruhe, Hilfsbereitschaft ein Idiot im Sinne der Weltkinder. Schön ist er fast einzig aus den Negativzügen zum Wesen seiner zur Hauptsache aufs Unschöne, Verzerrte hin angeschauten Umwelt, in die er passiv sich fügt, dadurch aber überall, wo er auftritt, zum unbewegten Mittelpunkt wird, mit tiefer strömendem Einfluß als die revolutionären Aktivisten zum Beispiel in den »Dämonen«: die Schönheit seiner Güte wirkt auf die ihm Nahenden. Diese erscheint von der Bergpredigt unmittelbarer bestimmt als von einem innerweltlichen Tugendsystem. Das »prophetische Bewußtsein der Harmonie« ist bei diesem Autor nicht die utopische Projektion von wünschenden Vorstellungen einer radikal neuen Sozialordnung, die nicht zu wollen von den aktivistischen Intellektuellen als Untat gewertet wurde; viel näher verwandt ist es mit jenem vom Apostel verheißenen Frieden, »der höher ist als alle Vernunft«.

Aus der gefährdetsten Schicht, dem Adel, läßt Dostojewskij sein schönes Menschenbild hervorgehen, indem er freilich das Herrenmäßige in ihm umkehrt und mit dem Heiligmäßigen durchfärbt. Die entsprechende Klasse in Frankreich hatte die Feuer mehrerer Revolutionen mit Verlusten und Machteinbußen überstanden und aus uraltem, bourbonischem, napoleonischem Adel in Verbindung mit aufgestiegenem Bürgertum die an Typen wohl reichste Oberschicht geschaffen, die nicht müde wurde, ihre eigenen Gegensätze klingend scharf herauszuarbeiten: in den sozialistischen Lehren der Saint-Simon, Fourier, Blanc, Proudhon und anderer. Das gesellschaftliche Material ist gehärteter als in Rußland, wo anarchische Unterspülungen manchmal alles mit weicher Auflösung oder mit Einsturz bedrohen, es ist schärfer durchgeformt, ausgekühlter, mehr Satire als Elegie enthaltend – Turgenew lebte gern in diesem Element, Dostojewskij litt darin und fühlte, wie überall in Westeuropa, nur das eine, daß »sie uns niemals liebten und auch beschlossen hatten, uns niemals zu lieben«. In achtzig Jahren vier Revolutionen, mehrere Republiken, Monarchien verschiedenen Stils, rote Fahnen auf den Barrikaden, Blut in Menge für Ideen des demokratisch-sozialen Fortschritts vergossen: Frankreich war das oft rauchende und knallende Laboratorium moderner Lebensformen, welche bei Stendhal und Balzac Widerstand hervorriefen, bei Flaubert Gelächter, bei Baudelaire Abscheu (nachdem er 1848 auf der Straße, den Zylinder auf dem Kopf, die behandschuhten Hände schmerzend vom heißen Gewehrlauf, unter den Revolutionären mitgeschossen hatte), bei Zola Billigung und Einsatz für sie.

Neben den gläubigen Katholiken tritt der konfessionell Gleichgültige und neben diesen der Freidenker genannte Atheist. Balzac ist überzeugter katholischer Monarchist, Stendhal kommt nicht los von einem spöttisch kühlen, intensiven Interesse für den Priesterstand, Flaubert vergöttert die Kunst, Zola die Wissenschaft und seine eigene Vorstellung einer auf ihren Wegen fortschreitenden, in stufenweisen Selbstbefreiungen sich vernünftigenden (auch verflachenden) Menschheit, Maupassant ein hartes, mit eisernen Händen novellistisch eingreifendes Fatum. Drei der Helden in Stendhals vier Hauptromanen sind Polytechniker, das heißt naturwissenschaftlich erzogene, geschichtsfeindliche Intelligenzen mit präzisem Willenseinsatz, vom Dichter so modern gewollt, daß er ihre sie verstehenden Zeitgenossen erst in einem halben Jahrhundert herangereift annahm, Offizierstypen, reich, adlig, hochstrebend, mit einem Einschlag von mathematisiertem Faust und von Machiavelli. Hochstrebend im Element der vorgefundenen Gesellschaft, herausfordernd bald wie Hochgeborene, bald wie selbstbewußte gescheite Plebejer; untergehend. Energie ist ein Wort, das zu Stendhal in einer besonderen Beziehung steht, namentlich Energie in der Form leidenschaftlicher Liebe, so wie Kraft zu Balzac, Schönheit zu Flaubert, Masse zu Zola. Stendhal spürt auch, was alles an Energien in den Bau von Staatsformen einging: »Es gibt kein Wort in unserer Verfassung, das Frankreich nicht tausend Leichen gekostet hätte.« Energie: auch als Selbstbehauptung will sie Ausdruck, in der Gegenstellung zu einer Umgebung, die immer wieder Verachtung verdient und jeweils nur in einer einzigen Person, der Geliebten, Höhe und Fülle des Daseins erreicht. Die Enklaven der Liebe innerhalb der Interessenwelt sind dem Dichter viel eigentlicher als diese, Passionen, in denen äußerste Verlorenheit mit Selbstgewinn eins ist und in die sich diese antiromantischen Helden werfen. Weltschmerz kennen sie nicht, aber zeitweilig die Selbstvergiftung durch Ekel vor sich selbst. »Dieser konnte gar nicht mehr weiter getrieben werden«, heißt es von Julien Sorel, und an anderer Stelle: »Er brauchte seine ganze Energie, um seine Verzweiflung niederzuhalten.« Beständige Grenzüberschreitungen gehören ja zum Romanhelden, die Vermenschlichung jener Einschläge in seinem Wesen, die er vom Erzengel oder von Luzifer haben könnte; die Grundtrauer der Schöpfung und ihre Lust bis zum Übermut sind in der organisierten Romanwelt und dem in sie hineinbewegten Helden an ihre Stelle gebracht. Aus unteren Zonen der Seele vermögen sie sich hoch zu erheben zu Erscheinungen, an denen das Irdische für Augenblicke Lichterspiele von Überirdischem widerspiegeln muß: Balzacs Lucien in den »Verlorenen Illusionen« hat durch die Anmut seiner anfänglichen Lebensbewältigung mit dem hohen Ziel – Dichter – Generationen entzückt, sein Leiden und Tod hat Dichter zum Weinen gebracht. Und in den Jünglingen bei Dickens, Edwin Drood im Roman, der seinen Namen trägt, Steerforth im »David Copperfield«, Wrayburn in »Our Mutual Friend«, Richard Carstone in »Bleak House« ist etwas von der Bezauberungskraft des Dichters Menschengestalt geworden, bei allen ethischen Fragwürdigkeiten, die durch die Helden ins Spiel gemischt werden. Die Natur sät Vorzugskinder in die Gesellschaft; wie reagiert diese, wie benehmen jene sich, da beide in wechselnden Phasen als Helfershelfer oder als Feinde zueinander stehen? Grenzfiguren gehören zum Salz der Erzählung, deren realistische Anlage von ihnen her verschoben, perspektivisch gestreckt oder zusammengedrückt erscheint, das heißt in innerlich unausgekühlter »Wirklichkeit«.

Die konventionelle Wirklichkeit jedoch und ihre sittlichen Setzungen, sie werden durch eine eigene Gattung von Huldgöttinnen gesichert: diese sprechen nicht nur deutsch, es gibt auch englische Spielarten von ihnen, viktorianische, ebenfalls bei Dickens, junge Mädchen engelhaften Wesens, unberührt von allem, was nicht Seelenreinheit und entzückendes

Nichtwissen, Nichterfahrung des Bösen, Häßlichen, Gemeinen ist. Lieblich haben sie zu sein in einer nicht unbedingt lieblichen Welt, gut, gütig, in allen Nebenmenschen nur, was gut ist, gewahrend, anerkennend, ansprechend; wo sie auftreten, entsteht leicht ein Genrebildchen, so idealisch sind sie. Die jungen Männer mit den hervortretenden Schatten ihres Wesens wirken vollständiger menschlich, plastischer, wirklicher. Man hat Dickens, wie einst Schiller, so idealisierend erschaute weibliche Gestalten zum Vorwurf gemacht, Agnes und Esther und Nell und Lucie und Florence, weil ihre Unwahrscheinlichkeit das System der vom Realismus geglaubten Voraussetzungen und erhobenen Forderungen sprenge. Aber sie stehen in ihrer Epoche mit Zügen von präraffaelitischen Erscheinungen, Grenzfiguren, die in einem so gestaltenreichen Werk damals nicht ungeschaffen bleiben konnten, weil das Mögliche bei diesem ungeheuer vitalen, Ossa auf Pelion türmenden Autor bis ins Unmögliche sich überbieten mußte. Dickens folgte Aristoteles darin, daß er das Unmögliche wahrscheinlich oder nicht unwahrscheinlich zu machen verstand. Von seinen Menschen wurde gesagt, sie seien manchmal lebendiger als das Leben selbst; bei diesem alle Effekte experimentell erforschenden, steigernden, häufenden Dichter kein Wunder. Tränenströme tropften in England und in den Staaten nieder, als er Klein Nell – im »Raritätenladen« – sterben ließ, eine von ihm erweckte, vorher unruhig schlafende Herzfigur zahlloser Leser. Da wird der Realismus entwirklicht, wie in den hochdosierten Bösewichtern, auch den bösen Weibern; das Übertreibende, Karikierende bezeugt die an allem zerrende, alles überhöhende Stilkraft, die sich mit Exzessen der Natur zu messen liebt, etwa in der Sturm- und Schiffbruchszene in »David Copperfield«.

Die Originale, als Sauerteig im alltäglich Banalen, sind Menschen, in denen das Leben sich nicht aufs Gewöhnliche ausrichtet, sondern es fortlaufend desavouiert durch Verstöße, die menschlicher sind als die Regel. So werden die Querköpfe, Käuze, Eigenbrötler, die Humoristen zu Beispielfiguren der Menschlichkeit, etwa Dr. Jeddler, »der die ganze Welt als einen ungeheuren Spaß betrachtet, als etwas allzu Lächerliches, als daß ein vernünftiger Mensch ernsthaft daran und darüber denken könnte«. Das ist eine Sorte von Übertreibung, die zu nichts verpflichtet und bequemerweise jeden moralischen Indifferentismus begründen könnte. Eine harmlose, obschon totale Negation des Bestehenden. Sein weiches Herz jedoch handelt seiner harten Philosophie entgegen und bringt ihn in jedem Probefall unter die Menschen zurück – während Jean Pauls ihm verwandter Dr. Katzenberger seinen närrisch konsequenten Kopf gegen eine Welt ansetzt, in der ihm folgerichtig nichts dermaßen ehrenvoll vorkommt wie Verkennung. In knorrigen Käuzen wird wie in Eichenschränken die Wärme und Güte geborgen, die dann als Paradoxie in Situationen ausströmen darf, wo niemand es erwartet, wo das Leben sich vergletschert hat und aufgetaut werden soll. Immer häufiger werden von nun an Gleichgültigkeit, Verhärtung, Teilnahmslosigkeit, Kälte als klimatische Erscheinungen in der menschlichen Lebensluft dargestellt. Der Fühllose, der Harte, der Menschenverächter erscheint in mannigfaltigeren Nuancierungen als je auf den Romanbühnen und muß gerührt, bekehrt, eingemenschlicht werden. Plötzlich gibt es den Asozialen, den Kranken, den Unverstandenen, den, lockend oder ärgernd, Volksfremden, den Exoten von schwererem Wirklichkeitsgehalt als die fröhlich polemisch entworfenen Perser oder Chinesen des 18. Jahrhunderts, die nur in unserem

Sinne konsequenter als wir vernünftig zu sein hatten. Ein Reich der Häßlichkeit ist im Entstehen, wie es noch nie bestand, und es etabliert sich gegen verblüffend wenig Widerstand. Nach der Jahrhundertmitte entstehen Bauten von einer in der Geschichte noch nicht gesehenen Scheußlichkeit, Mietskasernen, Vorstädte, Fabriken, Bahnhöfe, Amtshäuser: Gebäude, die von der Trostlosigkeit selbst aufgerichtet scheinen in einer und für eine Regenwelt. Hochgetriebene Schnelligkeit der Arbeitsprozesse, des Geld- und Warenumsatzes, Ausdehnung der Kolonien, der Geschäfte, der Forschungsgebiete, Auftauchen der minderen Qualitäten in Möbeln, Kleidern, Geräten, Gesinnungen – das Gefühl des Kurzdauernden, Provisorischen greift um sich, die Gewöhnung an Notlösungen für den Moment unter Belastung einer vage vorgestellten besseren Zukunft mit fester gegründeten Lösungen. All diese Vorgänge spielen sich auch innerhalb der Literatur ab, wo Romanfabrikanten, die im Höllentempo mit einer Schar von »Negern« (Gehilfen) arbeiten (Dumas, Sue, Ohnet und andere), um das in den dreißiger Jahren geschaffene Zeitungsfeuilleton mit fesselnd zugerichtetem erzählendem Stoff zu beliefern, für eine großstädtische Masse, deren Geschmack und Bedürfnisse erst durch die gierige Abnahme der versuchsweisen Angebote erkennbar werden. Auch ein so großer Autor wie Dickens hat in Fühlung mit der riesigen Lesermasse oftmals den Gang der Erzählung nach dem steigenden oder nachlassenden Absatz der Zeitschriftenhefte mit seinem entstehenden Roman, das heißt nach dem Leserinteresse, gelenkt: die in den »Pickwickiern« spät eingeführte Gestalt des Dieners Sam Weller brachte ungesäumt eine Neubelebung des erscheinenden Werkes und des Verlangens nach ihm hervor, indem sie an eine archetypische Figur im kollektiven Unbewußten rührte. Der Bühnendichter, der aus angeschauter Erfahrung mit seinen Zuschauern Effekte herausarbeitet, wenn er obendrein, wie Shakespeare, Molière und andere, Schauspieler ist, er kennt am schärfsten solche Gesetzmäßigkeiten im Hin- und Herspiel zwischen der tätig hervorbringenden Phantasie des Dichters und der passiven, aber unruhig brütend ihre Erweckung fordernden Phantasie eines Publikums, das über sich hinaus will zu Vorstellungen glücklicherer Lebensverhältnisse, in denen alles Unverstandene in freundlichem Lichte sich aufklärt, wo die Maßstäbe von Gut und Böse geradezu ehern fest sind, Liebe und Gegenliebe zu symmetrischer Entsprechung gelangen, die Identifizierung des Lesers mit Romangestalten sich leicht anbietet, welche nach mancherlei Verkennung und Leiden Erfolg haben, sozial aufsteigen, ihr Schicksal »meistern«, weil die Gerechtigkeit selbst sie nie aus den Augen läßt und darauf brennt, für sie ordnend einzugreifen. Es entstehen da einfache Charakter- und Schicksalsmodelle, die von den Wunschkonstellationen kleinbürgerlicher Gewerbler-, Angestellten- und Beamtenschichten den Romanschriftstellern abgefordert werden; im deutschen Schrifttum hat die Marlitt – »Das Geheimnis der alten Mamsell« – für diese Gattung ihren Namen als Begriff hergeben müssen; es sei nicht verschwiegen, daß Gottfried Keller von seinem anderen Ufer aus über die Anlage und spannende Durchführung ihrer Geschichten, also über die Handgriffe des Talents, mit Respekt gesprochen hat. Erzählt gelangt auf dieser Stufe unbefochtenes feudales und bürgerliches Dasein in angenehmem Konnubium zur Erscheinung, Graf Botho und Geheimrat Doktor Krause und Förster Knast und die treuherzigen Bauern . . ., eine intakte Welt, die den Eindruck macht: so könnte – und sollte! – es ewig weitergehen. Schon ihre Begrenztheit gibt dem Leser Sicherheit, die wenigen Faktoren, die da Schicksale bestimmen, die zu wenigen Elemente in Charakteren, Zuständen, Vorgängen, die aber diese in vereinfachten Reinzuständen wiederzugeben erlauben. Die Unwirklichkeit von Öldrucken nimmt auch da realistische Masken an, die der Surrealismus dann als Groteskschöpfungen triumphierend vorzeigen wird.

Die neuen Wirklichkeiten entspringen der Großstadt, wo die intensivsten Unternehmungen auf die einzelnen Bewegungen der Gesellschaft einwirken und wo diese als eine Ganzheit – Lebewesen oder Bau – erkannt wird. Das London Dickens', Gogols und Dostojewskijs Sankt Petersburg werden zu Hauptstädten im Reiche der Epik – »Wir alle kommen aus Gogols Mantel«, meinte Turgenew –, in besonders überlegter und gewollter Weise Paris durch Balzac. Auf dem Boden der deutschen Kleinstaaterei zieht der junge nationalstaatliche Einigungsgedanke die Kräfte an sich; das historisch-politische Denken leitet das gesellschaftliche immer entschiedener auf das eine, fällige Ziel hin. Wien verwaltet produktiv ein musikalisches Erbe sondergleichen und ein theatralisches; der Roman schlägt dort nicht aus. Berlin, das nach protestantisch sauberer, unscheinbarer Vorzeit erst in der Aufklärung und durch sie mit der Blässe mittelständischer Gedanken zu leben begann, an Geschichte mit geringer gesamtdeutscher Substanz ausgerüstet, gelehrt, philosophisch und für Theaterkünste empfänglicher als für die langsamen, mit umfassend sinnenhaftem Repertoire arbeitenden Entwicklungen der Epik: das sich selbst erzählende Berlin kam erst spät zu sich, in gut fritzischer Weise durch einen Refugianten-Abkömmling, durch Theodor Fontane, der mit konservativen und sozialistischen, jedenfalls unbürgerlichen Neigungen zwischen und über den Ständen, empfindlich für die Spannungen in ihrem Stromkreis, die Gefährdungen des späten Reiches voraussagte. Seine jungen Offiziere, anmutig im Plaudern, haben als preußische Landjunker, auch wenn sie zeitweilig in Berlin wohnen, ihre Wurzeln in unstädtischen Traditionen, die es ihnen verwehren, sich selbst als individuell einbezogen in die Auseinandersetzungen, in denen überindividuelle Gegenwart entsteht, zu wissen und zu wollen. In geistreich gebrochenem Lichte treten in den Werken des alten Dichters alte Herren in den Vordergrund, die jungen Helden in fast allem überwiegend, der alte Briest, der alte Stechlin, in denen ein gealterter Zustand süß und weise wird. In zärtlich getönter Heiterkeit werben sie um die Jugend und deren Bereitwilligkeit, von ihnen eine Menschlichkeit als Erbe anzunehmen, die in langen Zeiten reifte und in einer Sphäre über allen Glaubenssätzen und ausformulierten Willenszielen in Religion und Politik unantastbar bewahrt werden sollte. Ein Jenseits der Leidenschaft, des noch verletzend interessierten Willens wird hier betreten, der Dialog wird zu auseinandergesetzter Einigkeit im Tiefsten, zu erkennender Duldung dessen, was nur als Gegensatz zur Welt gelangt, zum Übereinklang von persönlicher Intelligenz, alter Sippenweisheit, religiös unterbauter Moralität und zweiflerischer Verschämtheit oder Vorsicht im Religiösen. Wie die junge Hauptstadt durch den alten Fontane ihre feinsten Eigenschaften zur Darstellung brachte, ist umso mehr zu bewundern, als ihr rapider Aufstieg sehr robuste Energien brauchte, entfesselte und einsetzte. Jugendgefühl und Zukunftswille mußten auch für die geringe geschichtliche Mitgift entschädigen.

Es sind Energien, die das London Dickens' in ähnlicher Weise erfüllen und auch jenes Paris, das Balzac noch einmal geschaffen hat als die vollständigste Stadt seines Jahrhunderts. Diese beiden Erzähler waren Ausnahmefälle an Vitalität und schöpferischem Schwung, jeder der Lebenskern seiner Stadt in Menschengestalt. Das Leben von Paris ist ein Fieber; wen es aus den Provinzen heranzieht, steckt es an mit Fieberbränden, die alle Kräfte des Willens, des Geistes, der Herzenspassionen vervielfacht. Ein Inferno: »Nehmt dieses Wort als wahr«, schreibt Balzac. »Da raucht, brennt, glänzt, siedet, flammt, verdunstet, erlischt, entzündet sich, sprüht, glitzert und verzehrt sich alles.« In keinem Romanwerk noch war das Bewußtsein der Stadt als eines Wesens, das Willen und Intelligenz eines Landes, eines Zeitalters, einer Kultur repräsentiert, dermaßen ausgebildet vorhanden wie bei Balzac. Das Ganze mit unabsehbarer Vielfalt innerer Bewegungen ist vor dem einzelnen da, dessen Seele es in sich reißt. Balzac ist durchschauert, entrückt in den Anblick der Stadt, in die Schau ihres Genius. Sie ist ihm »ein Gehirn, das vor Genie platzt«. Im Mittelalter schon groß mit Hunderttausenden von Einwohnern, ist sie seither noch gewachsen. Alles, was dem Jahrhundert an Aufgaben zu erdenken möglich ist, wird hier in höchster Intensität geplant und entworfen. Selbst in den Heimlichkeiten der Dachkammern, der Hinterhofateliers sind junge Genies oder in den Wahnwitz verstiegene Künstler daran, ihre Gedanken bis in letzte Folgerungen vorzutreiben, ins Neuland der Erfindungen, Entdeckungen, in die Unsterblichkeit. Emporkommen: die Stadt bietet Maßstäbe für das Einzelschicksal, man ist wichtig oder nichtig in bezug auf sie. »Einen Doktor vom Sozialen« hat Balzac sich genannt; er war ein Schwelger in gesellschaftlicher Erkenntnis und Phantasie in dem Element, in dem sich, wie er mit jeder Fiber spürte, die Gesamtheit des Lebens erfassen ließ wie noch niemals und von jedem Punkt aus.

Die Politik, die Religion, die Wissenschaften: ihre Zusammenhänge gingen ihm auf und rauschhaft die Schnelligkeit großer Entwicklungen, für deren Gang und Richtung sein Wort von innerster Bedeutung sein würde. »Oh, diese Zivilisation ist wunderbar!« ruft der junge Dichter aus: es ist das Lebensgefühl seiner Valentin, Rubempré und Rastignac bei der Berührung mit der fieberheißen Stadt. Er weiß, welche Anziehungskraft Geld und Genuß ausüben, aber er führt ein wunderschönes Motiv ein: seine jungen Helden streben nach Paris, um in den Umkreis großer Männer zu gelangen. Sie sind empfänglich für die Ausstrahlungen von bedeutenden Menschen. Er selbst ist trunken im Gedanken, was beständig Neues und Großes geschaffen wird dicht neben ihm, aber noch geringere Leistungen erblickt er generös in ihrer Einmaligkeit: der Erfolgsmann César Birotteau bringt ein wissenschaftlich hergestelltes Haarmittel auf den Markt; der Koch Giardini geht an seinen Erfindungen zugrunde; der Hutfabrikant Vital hat nur das eine Ziel: die Hutform zu reformieren und dann abzutreten. Jeder wirft sich mit ganzer Wucht in seinen größten Wunsch, seinen liebsten Gedanken, seine Leitvorstellung vom Dasein und der eigenen Rolle darin; er ist in einem Grade Willen, ja Besessenheit, daß er sein Wesen charaktervoll bis ins Zerrbild auslebt, oft unter dem furchtbaren Zwang, der er sich selber ist. Dadurch gewinnt auch der kleine Mann, wenn es das gibt bei Balzac, Gebärden, die etwas Monumentales haben. Louis Lambert, dem Dichter sehr ähnlich entworfen, hat mit vierzehn Jahren einen Traktat vom Willen verfaßt. Auf seine Weise hat Balzac die Welt als Wille erschaut und hat diesen zu der gleichen Zeit, als Schopenhauers Willensverneinung zu ihren wichtigsten Einwirkungen ansetzte, mit feurigem Einverständnis bejaht. In diesem Zeichen fühlte er sich Napoleon brüderlich verwandt, empfand er die Symmetrie von Napoleons Willen zur Macht und dem eigenen Willen zum Ruhm. Ruhm: er ist nur ein Aspekt seines geplanten Wirkens; dessen innerster Antrieb ist die Überzeugung, daß er das Glück der Gesellschaft erhöhen, erweitern könne. Er wußte sein Schreiben als Ausgießung eines Heils.

»Tiefe Originalität« hat schon sein erster Lehrer von dem Kinde bemerkt. Zweitausend Menschen hat der Dichter in der »Menschlichen Komödie« erschaffen; er hat die Grundtypen der Großstadt, namentlich der seinen, herausgegriffen und so überdeutlich charakterisiert, daß man sie noch heute in den Straßen, Läden, Restaurants, Salons von Paris erkennt. Den Geiz verkörpert Grandet, Goriot die Vaterliebe, Hulot die Sinnlichkeit, Cousine Bette den Neid, Rastignac das Emporkommen, Vetter Pons die Sammlergier, Gaubertin den Betrug, César Birotteau die Rechtlichkeit, Dr. Benassis das soziale Wohltun ... Jeder lebt seine dominante Eigenheit mit einer Leidenschaft, die ihn vereinsamt. Lamartine sah als Balzacs Grundzug: die Güte. Die zweitausend bilden eine Menschheit in nuce, das der Wirklichkeit einer total erfaßten Gesellschaft übergeordnete, ja aufgeprägte Inbild ihrer selbst. »Sprechen wir von wirklichen Dingen!« sagte Balzac zu Sandeau, als dieser ihm von seiner kranken Schwester erzählen wollte, und dann sprudelte er los von seiner Eugénie Grandet. Über der statistischen Wirklichkeit ist die von der dichterischen Phantasie gesetzte – Emile Zola, der die Form des Romanzyklus übernimmt, fühlte sich durch Balzacs Phantasie, wie er schrieb, »irritiert«: sein Verhältnis zur Wirklichkeit war unpersönlicher, zählender, mehr entdeckend als erfindend. Er belädt sich mit Dokumentationen im wissenschaftlichen Willen zu einer Genauigkeit, die ihm als Lebenswahrheit schlechthin gilt. Er selbst sagt: »Wenn der Romancier seine Dokumentation beisammen hat, wird sich sein Roman von selbst schreiben. Der Schriftsteller muß nur die Tatsachen logisch anordnen ... Das Interesse konzentriert sich nicht mehr auf die Eigenart der Fabel, im Gegenteil: je banaler und allgemeiner sie ist, desto typischer wird sie.« Es gibt Beschreibungen bei ihm, die groß entworfen sind – die Kavallerieattacke oder das überfüllte Militärspital im »Zusammenbruch« (La débâcle), die Markthallen von Paris, das Bergwerk in »Germinal« ... –, doch oft schwache Sinnträger bleiben, in sich beschlossen wie vertauschbare Glanzstücke eines Berichterstatters. Der damals letzte wissenschaftliche Schrei, die Theorie von der Bedingtheit des Menschen durch Zeit, Milieu, Erbmasse, hat im Werk Zolas Züge der Vorherbestimmung, ja der verhängten Ausweglosigkeit angenommen, trotz seines Glaubens an den wissenschaftlichen Meliorismus und seine unausbleiblichen Wohltaten für die Menschheit. Doktrinärer, schon dadurch freudloser Gesellschaftsoptimismus im großen ganzen ist verkoppelt mit Trostlosigkeit von Einzelschicksalen, an denen keine Stelle mehr ist, wo ein Strahl der Freiheit, der Überwindung einbrechen könnte. Die oberen offenen, wirkenden Regionen des Geistes, bei Balzac wie lautloses Gewitterleuchten noch über dem alltäglichsten Geschehen in Aufruhr, sind bei Zola, wo die Vision einer allgemeinen ungenialen Verständigkeit zu dienen hat, mit Wolken verhängt, während das schwere Diesseits, Mensch und Umwelt, sich nach Gesetzen einer allzusehr durchschauten Kausalität fordernd gegeneinander bewegt. Neben Balzacs Phantastik nimmt sich die mittlere Verständigkeit Zolas absurd aus, da sie den Banausen etwas beweisen will. Wie rasch wurde die aufregend gemeinte Kokotte Nana langweilig! Welcher seiner jungen Männer packt den Willen der lesenden Jünglinge? Noch eine so groß geschaute Szene wie die vom führerlos dahinrasenden Zug voll betrunkener Soldaten – »La bête humaine« – wird durch ihre allegorische Lehrhaftigkeit künstlerisch beeinträchtigt.

Während in den dreißiger Jahren Balzacs »Physiologie der Ehe«, auch seine Absicht, eine Physiologie der Krawatte zu schreiben, damaliger Mode der Ergründung von Erscheinungen der Natur und Kultur entsprach, die noch ein halbes Jahrhundert später in russischen Romanen herumspukt, bringt Zola aus einer Pedanterie der rücksichtslosen Wahrhaftigkeit die Lebensvorgänge des Körpers bis zu den peinlichen zur Darstellung: der metaphysischen Abwertung des Menschen entspricht in der Zeit, da Nietzsche unter seinen Verkündungen auch Eßvorschriften als ihnen gleichberechtigt aussendet, eine fast ärztliche Aufmerksamkeit auf den Leib, seine Schicksale, seine verborgenen unsteten Bündnisse mit Regionen der Seele, Feindschaften gegen andere, oder dieselben, kurz: auf den so verschiedenartigen Contrat social zwischen den beiden und den unterschiedlichen Vereinbarungen zwischen einzelnen Organen, oder Gruppen, mit seelischen Funktionsbereichen. (Das 20. Jahrhundert – Proust, Thomas Mann – wird durch minuziöse Beobachtung und bis auf Zehntelquanten differenzierenden Stil das verlangsamte und beschleunigte Leben des Kranken auf nie geschehene Weise im Medium einer säkularisierten fragevollen Teilnahme am Leiden darstellen.)

Der leidende, darum nicht weniger lebendige Mensch wird von der Epik schließlich vorgezogen als die Walstatt sich bekämpfender Energien, die sein Wesen, indem sie es doch ausmachen, dennoch bedrohen und auseinanderreißen, schließlich aber es herausformen, läutern, erhöhen: Hans Castorp – Zauberberg – im Opfer des Lebens auf dem Schlachtfeld; das erzählende Ich bei Proust im Erschaffen des dem Leser vorliegenden erzählten Werkes. Leidend ist das Verhältnis zur Epoche, zur Gesellschaft, zu sich selbst, auch aus dem Grunde, weil selbst die Dichter nicht ahnten, daß und in welchem Maß die als schlimm empfundene Lage noch der Verschlechterung fähig sei – was das 20. Jahrhundert dann vor Augen führte. Eine seltsame Verblendung verführte zur Annahme, ein Unterstes und Äußerstes an Leiden sei nunmehr erreicht, jede Entwicklung müsse zwangsläufig zu glücklicheren Zuständen führen. In eine aus Brutalität und Verzärtelung zusammengesetzte Bürgerwelt werden Nervenbündel künstlerisch hineingefügt, deren Leiden an der Umwelt und seine Formulierung die gedämpfteste Empörung, die mit Sordine, darstellen. Die aus napoleonischem Holz geschnittenen Helden Stendhals und Balzacs, die Sorel und Rastignac, sind von Gestalten abgelöst worden, denen Ludwig von Bayern und Richard Wagner zu leitenden Traumbildern einer Welt als Kunst wurden. Goethe hatte seinen Wilhelm Meister durch die Kunst hindurch über sie hinaus zur helfenden Teilnahme am Leiden des Nächsten und in die Regionen offenbarer wie geheimer Gesellschaftsweisheit und Menschenkunde geführt; das Gesunde ist in ihm und außerhalb. Balzac hat Genies geschaffen, die noch im Wahnsinn den frenetischen Glauben an ihre Kunst, mithin an sich, ohne Riß bewahren. Mögen sie als Person krank sein – daß sich Genie offenbart, gehört zur Gesundheit, zur Lebensnotwendigkeit der Gesellschaft, der Epoche; Frenhofer, Schmucke, Gambara, Sarrasine, Louis Lambert: Maler, Musiker, Dichter, sie kennen keine Skepsis, die ihr Leben in der Fülle und ihrer Herrlichkeit fragbar machte. Ihr Schöpfer gedachte den unvergleichbaren Bau der »Menschlichen Komödie« am Ende zu krönen mit einem »Philosophisch-politischen Dialog über die Vollkommenheiten des 19. Jahrhunderts«. Es wäre eine Überwölbung geworden, die von Platons Begründung der ewigen Ideen bis zu der eigenen, zu Balzacs Schau derselben gereicht hätte, von Athen über zweieinhalb Jahrtausende nach Paris, in sich bewegt und in bewegenden Bezügen zu aller, auch der schrecklich geschehenen Geschichte des Abendlandes. Welchen Mut hätte es gebraucht, das Zeitalter, das sich modern nannte, auf Vollkommenheiten hin zu untersuchen, bei allem Wissen um seine Mängel und der Erfahrung, daß und wie die Optik der Zeitgenossen sich immer verengter auf diese einstellte. Flauberts erlesene Kunstprosa war die mit einer sich selbst feiernden Mühsal erreichte Ausgleichung für ein Leben, das sonst, wie alles vorgefundene Leben für den Schöpfer von »Bouvard und Pécuchet«, einzig Misere und Dummheit gewesen wäre. Und Zola, der ihn hoch verehrte, überblickte von seinen aufgehäuften Tatsachentürmen aus von monotonen Verhängnissen durchwaltete Reiche, deren Glanzlosigkeit in seiner nicht mehr erlösenden Anschauung beruht. Balzac als letzter besaß die Kraft, Vollkommenheiten rings um sich zu entdecken, mitten in einer Welt, die doch in manchem Betracht im argen lag – oder wollte Ranke, als er jede Epoche »unmittelbar zu Gott« erklärte, etwas Ähnliches ausdrücken? Wollte auch er darauf hinweisen, wie sein Zeitgenosse in Paris, der sich Historiker seiner Zeit wußte und fühlte, daß das Arge nie alles zu sein vermag, wollte er mit dieser Formel hindeuten auf jene niemals ganz vom Menschen zurückgezogene Ebenbildlichkeit, die in Epochen herabdunkelnder Selbstentfremdung vom Dichter als die Möglichkeit aller Möglichkeiten stets wiederzuentdecken und nachzuschaffen ist aus dem Traumstoff, der allein verlorene Lichter vom Abglanz der Vollkommenheit widerspiegelt?

Ursprünglich wollte Thackeray seinem Hauptwerk »Jahrmarkt der Eitelkeit« den Titel »Roman ohne Held« geben. Das Element Gesellschaft, später auch Klasse, wird im Laufe des 19. Jahrhunderts an sich so differenziert, daß der einzelne immer schwerer als einzelner aus ihr sich herausentwickelt. Ein Schöpfer so zahlreicher, so origineller Menschengestalten wie Balzac hat in der »Menschlichen Komödie« dem Individualismus, der Emanzipation der Einzelvernunft, wie die Aufklärung sie gefordert hatte, den Kampf angesagt und hat für die Rückbindung des einzelnen an die Autoritäten der römischen Kirche und des monarchischen Staates gesprochen. Sein Werk ist umfassender als seine von Bonald und de Maistre mitgeformte politische Theorie, es enthält auch die Elemente der Empörung, zusammengefaßt wie in einem Sprengkörper in der Persönlichkeit des Vautrin, und die der Utopie, die ihn von der »großen Familie unseres Kontinents« sprechen lassen, die in all ihren Unternehmungen auf einen, wie er schrieb, noch nicht abzusehenden wunderbaren Kulturzustand hinarbeite ... Solcher Zukunftsglaube hatte in diesem Dichter Raum neben seiner wachsenden schweren Besorgnis über das bedrohte Leben der Seele in einer

Welt kapitalistischer, noch ungebundener Dämonen. Solche Motive werden im großen russischen Roman aufgenommen: Dostojewskij hat auf seinen Reisen in Westeuropa mehrfach den Eindruck aufgezeichnet, man liebe »uns«, das heißt die Russen, hier nicht. Immer wieder litt er an Demütigungen durch ihm bezeigte »Verachtung«, die, wie er annahm, dem Russen galt, und kam nicht los von dieser Entdeckung. Jedoch diese Lieblosigkeit dem Empfindlichen gegenüber galt ihm nur als Anzeichen dafür, daß die Seele im Westen überhaupt erstorben sei. »Ich will nach Europa fahren, Aljoscha ...«, sagt Iwan Karamasow zu seinem jungen Bruder. »Ich weiß es ja, daß ich nur auf einen Friedhof fahre, doch auf den teuersten, den allerteuersten Friedhof der Erde ...« Diesem Friedhof sollte eine Auferstehung warten: nationalistische Gedanken und solche eines johanneischen Christentums verbinden sich in Dostojewskij zu glühendem russischem Messianismus. Aus diesem wandte er sich gegen die Staat, Kultur, Kirche, Ehe mit verengendem Eifer befehdenden Theorien des alten Tolstoj, der in seiner Weise Auferstehung von dem einzelnen forderte und an einem Beispiel predigend ins Werk setzte – im Roman dieses Titels –, wie Dostojewskij es ja auch tat, der von einer im Osten beginnenden, nach dem Westen sich ausbreitenden Wiedergeburt träumte, mit auffahrendem Stolz, mit gewundener Demut: »In diesen kranken und bleichen Gesichtern leuchtete schon die Morgenröte einer neuen Zukunft der völligen Auferstehung zu neuem Leben ...«

An diesem Punkte, an einer eschatologischen Wende war der Roman schließlich angelangt, der mit Scott in homerischer Gesundheit die Gestaltenfülle einer die Gegenwart befremdend und dennoch fühlbar konstituierenden Vergangenheit in diese hereinnahm und ihren Verlust an menschlicher Ganzheit damit aufwog. Keine Geschichte bei ihm, deren Verlauf nicht etwas vom Wunderbaren und Selbstverständlichen der Natur hätte, die ihre Anstrengungen genau bemißt. Zu Stendhals »Rot und Schwarz« hat der kritische Entdecker dieses Dichters – Balzac – erklärt, Machiavelli könnte ihn geschrieben haben. Mit Schlangenklugheit und Verblendung wird vom Helden der ihm zufallende Erdenraum ausgeschritten, doch nicht transzendiert. Von Gottfried Keller stammt das Wort, das die Grundsituation der Menschen zueinander kennzeichnen sollte: »Alles ist Politik.« Auch damit ist ein äußerster Punkt bezeichnet, der nämlich einer sich selbst strikt überwachenden Daseinsvernunft, die sich alle Wagnisse von Ausbrüchen in die Transzendenz verbietet. Von dieser aus jedoch war einzig ein Seelenbild wie Fürst Myschkin im »Idiot« mit menschlichen Zügen darzustellen, ein vollkommen schön erträumter Mensch, an dem durch die Nacht seiner quälenden Umwelt in den Augenblicken seiner Erniedrigung die Bruderähnlichkeit mit Christus aufleuchten sollte. Der junge Mensch, der schöne Mensch, der sich erfüllend lebendige Mensch – wie viele Gestalten, Seelenbilder ins Licht gehobener Träume von dem, was der Sterbliche ist, sein könnte, sein sollte, hat allein der Roman des 19. Jahrhunderts hervorgebracht! Höchste Energie des Diesseits, mythische Verkörperung derselben in Napoleon, so begann es; am Ende stehen Myschkin und Emanuel Quint, »der Narr in Christo«, Fogazzaros Heiliger und die Kunst als solche oder ihre soziale Sendung anbetende Dichter, die an die Stelle von erdichteten Helden treten. Mereschkowski hat von Dostojewskij und Tolstoj gesagt, sie seien beide wie noch kein Westeuropäer »vom ersten Strahl einer schrecklichen Sonne« getroffen worden, vom Gedanken an das bevorstehende

Ende der Weltgeschichte. Enderwartung und Geist der Apokalypse: die russische Literatur hatte die kürzeste, nicht immer ganz legitime Verbindung zu ihnen. Aber doch. Ende und Auferstehung: Gesichte der Verzweiflung, Frühfiguren neuer Hoffnungen, beides zusammen, schreckliche Sonne und Sonne, von Liebe bewegt – wie fern voneinander diese Systeme liegen, und doch im selben Dichter, wie breit die Gefilde des Lebens dazwischen!

Ob die Bewegung unserer Westwelt zu einer Auferstehung oder Renaissance hinführt, wer wollte es klären; aber zu dem Ganzen, das uns als Wahrheit auferlegt ist, gehören die erzählenden und erzählten Genien – Dichter und ihre Geschöpfe –, Zeugen eines Jahrhunderts, das uns vorausbedacht hat wie kein früheres seine Nachfolger und dem wir noch Gerechtigkeiten schulden, Zeugen auch dessen, was farbig in Gestalten der Zeit erscheinend über diese hinaus auf ihren – und unseren – unfaßlichen Grund verweist.

Golo Mann

POLITISCHE ENTWICKLUNG EUROPAS UND AMERIKAS 1815–1871

Die großen politischen Themen des 19. Jahrhunderts stammen aus dem Zeitalter der Revolutionen; die Kontinuität ist dicht: Freiheit von fremder oder ferner Herrschaft (Lateinamerika, Balkan, Italien, Polen); Sammlung und Einheit an Stelle von wirklicher oder angeblicher Zersplitterung (Deutschland, Panslawismus); im Inneren die Frage der Regierungsform oder »Verfassung«, spielend zwischen dem alten Absolutismus über alle nur denkbaren Kompromisse, Teilungen der Regierungsmacht, Umgrenzung der königlichen und der Volksrechte, bis zur Demokratie; Ringen zwischen »Reaktion«, »Konservativismus«, »Fortschritt«, »Revolution«; Kampf um die Forderungen der Gleichheit und der Menschenrechte (Überreste des Feudalismus in Westeuropa, Sklaverei in den Kolonien und in den Vereinigten Staaten, russische Leibeigenschaft); Drängen der Revolution aus dem nur-politischen Bereich in den sozialen, was in den »Menschenrechten« schon angelegt war, Aufwerfen von Fragen der Eigentumsordnung, sozialer Protest, Kommunismus: mit sehr unterschiedlicher Kraft und Klarheit waren alle diese Konfliktselemente schon vor 1815 da. Die Folgezeit brachte sie zur Reife; den Konservativismus, zumal in der Form des Metternichschen paneuropäischen Interventionismus gleich nach 1815; Nationalismus, Demokratie, Sozialismus um 1848. Vereinfachend möchte man sagen: Die Zeit vor 1848 war die Zeit der Ideen, die Revolution von 1848/49 der letzte große Versuch Westeuropas, politische Ideen zu verwirklichen. Nach dem Scheitern dieses Versuches begann, in den fünfziger Jahren, das Zeitalter der Verwirklichungen. Sie sind immer anders als die Ideen in ihrer Reinheit, verwirren, vermischen, verraten sie. Nun fanden Verbindungen und Trennungen statt, von denen man sich in den dreißiger Jahren nichts hatte träumen lassen; Bündnisse zwischen Nationalismus und Konservativismus, Trennung des nationalen Prinzips von dem demokratischen, Feindschaft zwischen einem Nationalismus und dem anderen (da man sie doch alle für brüderlich verbunden gehalten hatte), soziale Veränderungen, die gemäß der strengen kommunistischen Theorie keine Realität haben konnten und sie dennoch hatten. Überall, in Europa wie in Amerika, siegten die erfolgreichen Hantierer mit Wirklichkeiten, die Praktiker und Gelegenheitsergreifer über die Idealisten. Diese bemühten sich vergebens, Idee und Ereignis zusammenzuzwingen; wofür das Wirken oder Nichtwirken von Karl Marx seit 1849, seine »Randglossen« und bitteren Polemiken, sein Ja oder Nein zu Situationen, die er gar nicht hatte beeinflussen können, das bezeichnendste Beispiel sind. Nicht viel anders erging es Mazzini, dem italienischen Nationaldemokraten; nicht viel anders den Reinsten unter den deutschen Liberalen, den französischen oder preußischen Konservativen, den amerikanischen Humanisten. Aus trüber, gärender, von Naturwissenschaft und Industrie zuletzt stärker als von Ideen bestimmter Wirklichkeit ging das Europa der nationalen und imperialistischen Machtstaaten, ging das Amerika der Plutokratie hervor.

Wenn im folgenden die politische Entwicklung der westlichen Welt, Europas und Amerikas, als ein Ganzes, Einiges dargestellt wird, so wird damit Vergangenheit gewissermaßen von der Gegenwart her gesehen, werden die dichten, von beiden Seiten her so sehr stark wirksamen Beziehungen zwischen beiden Kontinenten, so wie sie heute sind, nach rückwärts übertragen. Sie waren nicht immer so dicht. Aber sie waren immer; andernfalls könnten sie das, was sie heute sind, gar nicht sein. Die proklamierte Trennung zwischen beiden »Welten«, Europa-in-Europa und Europa-in-Amerika, war immer eine Illusion.

Zunächst wurde die Geschütztheit und einsame Sicherheit, die machtmäßige Isolierung der Vereinigten Staaten entscheidend mitbedingt durch europäische Haltungen und Vorgänge. Hatte europäische, zumal französische Politik den Sieg der Kolonien im Unabhängigkeitskrieg ermöglicht, so war es nun die Seemacht Englands, welche zwischen beiden Hemisphären zugleich vermittelte und beide voneinander getrennt hielt. Für die Unabhängigkeit Lateinamerikas hat die britische Entscheidung mehr geleistet, als die junge nordamerikanische Republik leisten konnte. Der Friede, welcher danach bis gegen Ende des Jahrhunderts auf dem Atlantik herrschte, war die Pax Britannica. In ihrem Schutz ist die amerikanische Nation entstanden, hat sie, von außen ungestört, einen Kontinent erforscht, erobert und zivilisiert.

Diese Entwicklung ist, an sich betrachtet, die bei weitem folgenschwerste des 19. Jahrhunderts. Auch die europäischen Nationen haben sich wandeln müssen, sind gewaltig gewachsen an Zahlen und Energien; wenigstens von einer von ihnen, der deutschen, ist man versucht zu sagen, daß sie ihre alte Identität verlor und eine neue erwarb. Tief aber, wie diese Veränderungen waren, so kamen sie doch nicht an jene auf der anderen Seite des Ozeans heran. Dort entstand eine große Nation, wo vorher eigentlich keine war; entstand, man darf nicht sagen aus dem Nichts, aber doch aus den bescheidensten Anfängen; und im Entstehen, im Sie-selber-Werden, getragen von einer Entwicklung, zu der sie ihrerseits machtvoll beitrug, der explosionsartigen Vermehrung menschlicher Energien im 19. und 20. Jahrhundert, wuchs sie mit so reißender Schnelligkeit, daß, keine hundertfünfzig Jahre, nachdem sie sich der Welt in einem berühmten Dokument zuerst vorgestellt hatte, der deutsche Soziologe Max Weber von ihr sagen konnte: nun sei die amerikanische Weltherrschaft so unvermeidlich wie die römische nach dem zweiten Punischen Krieg.

Ihre ungestörte Ausbreitung gab den Amerikanern die Idee ein, daß sie wesentlich anders, neu und glücklich und von der Alten Welt völlig abgetrennt seien. Aber eben diese Ausbreitung war gleichzeitig ein Faktor von ungeheurer Bedeutung für die Alte Welt selbst, die nicht umhin konnte, nach Westen zu schauen, so wie umgekehrt die Amerikaner trotz allem über den Ozean, nach Osten schauen mußten, lange bevor die Freiheitsstatue verheißend und herausfordernd im Hafen von New York stand. Im Wirtschaftlichen ist dies

Herüber und Hinüber schon gezeigt worden. Nun gilt es, die politischen und ideellen Wechselwirkungen darzustellen. Wie hätten nicht auch sie tiefgreifend sein sollen; wie das triumphale Wachstum eines ursprünglich europäischen und christlichen Gemeinwesens auf neuem Lande, unter republikanischen, demnächst unter demokratischen Institutionen, genährt von europäischer Einwanderung, beschwingt von europäischen Ideen, nicht zurückwirken sollen auf den Geist und die Ordnungen Europas? Die Vereinigten Staaten waren nicht nur europäisch, nämlich englisch, holländisch, schwedisch, deutsch, französisch, ihrem Ursprung nach. Es floß ihnen im 19. Jahrhundert ein Strom von europäischen Einwanderern zu, ohne den sie, was sie ihr »Manifest Destiny«, ihre »offenbare Schickung« nannten, nie hätten erfüllen können. Allein in den zehn Jahren zwischen 1847 und 1857 waren es mehr als dreieinhalb Millionen; eine bis dahin beispiellose Völkerwanderung; eine europäische wie amerikanische Grundtatsache und im allgemeinen Bewußtsein stets gegenwärtige Möglichkeit.

Dann ist die große Veränderung der Gesellschaft in Europa und Amerika offenbar die gleiche: die industrielle Revolution, welche eine überwiegend ländliche, landwirtschaftliche Zivilisation zu einer überwiegend städtischen machte. Im Zusammenhang damit standen die politischen Bestrebungen und Forderungen: Nationalstaat, Demokratie, Sozialreform. Der Durchbruch zur nationalen Demokratie in Amerika, unter der Regierung des Präsidenten Jackson, fällt zeitlich zusammen mit der ersten großen Parlamentsreform in England, dem »Bürgerkönigtum« in Frankreich. Amerikas Raubzug gegen Mexiko, 1846, begann nach langem Frieden eine Kriegsepoche, die in Europa sich fortsetzte. Es ist sehr wohl möglich, obgleich nicht beweisbar, daß die Psychologie des großen amerikanischen Bürgerkrieges mitbedingt war durch Ereignisse, die in Europa jüngst stattgefunden hatten, die Einigung Italiens durch Krieg und Revolution; und beinahe sicher, daß Bismarck an eben jenen auf der anderen Seite des Atlantiks tobenden Bürgerkrieg dachte, als er seinen Ausspruch von Blut und Eisen tat, durch die allein die Streitfragen der Zeit gelöst würden. Eine Art von Bürgerkrieg zwischen Nord und Süd, ein innerer Konflikt war ja auch der preußisch-österreichische Konflikt von 1866. Der neue deutsche wie der neue amerikanische Nationalstaat wurden durch Blut und Eisen geschaffen; beide Neugründungen bewährten sich in gewaltiger wirtschaftlicher Expansion.

In Europa und Amerika waren dieselben Ideen am Werk: solche, die ihrer Zeit dienten; solche, die ihr utopisch vorauseilten und sich nie recht verwirklichten; solche, die sich ihr protestierend entgegenstellten, von ihr fortwollten ins Unzeitgemäße oder Zeitlose. Es ist hierbei die Frage, was europäischen, was amerikanischen Ursprungs war, um so weniger sinnvoll, als schließlich das gesamte amerikanische Gemeinwesen aus Europa stammte und aus Europa noch immer frischen Zuzug erhielt. Die Forderung nach der politischen Gleichberechtigung der Frauen; nach Aufhebung der Sklaverei; nach der Abschaffung des Krieges; nach milderer Kriminaljustiz – waren solche und andere Humanisierungsbestrebungen europäisch oder amerikanisch? Offenbar waren sie beides; der stärkere, organisiertere Impetus kam manchmal aus Europa, manchmal aus Amerika. Ihr zusammengedrängtes Leben ließ die Alte Welt führen in gewissen gesellschaftlichen Bildungen, zumal den Arbeitervereinigungen, und auch wieder im Reich der Kunst, der Wissenschaft und Philosophie. Da nahm Amerika mehr als es gab. Von seiner Seite war es beispielgebend in der Herausbildung moderner demokratischer Politik und Selbstverwaltung samt allem Guten und weniger Guten, was dazugehörte: Parteien und Partei-Maschinen, öffentliche Debatte, Propaganda, Demagogie. Voraus war es auch in dem, was zum Thema des 20. Jahrhunderts werden sollte, in der Eliminierung der Klassenunterschiede, der bürgerlichen Gleichheit. Eben dies, das Erscheinen der Demokratie als staatsrechtlicher und sozialer, war es, was, vor allem in den dreißiger und vierziger Jahren, ganze Scharen europäischer Intellektueller nach den Vereinigten Staaten zog. Sie wollten nicht nur etwas an sich Interessantes studieren, sie wollten in Amerika die Zukunft ihrer eigenen, der europäischen Gesellschaft vor Augen sehen.

Mit alledem wollen wir die Gemeinsamkeiten nicht übertreiben. Ideen gehen durch die Luft hin und her, aber sie bleiben nicht in der Luft. Aus der Wirklichkeit aufsteigend, müssen sie zu ihr zurück, und was dort aus ihnen wird, hängt ab vom Unterschied des Wirklichen. Die Ideen des 19. Jahrhunderts, benennen wir sie mit den gleichen Namen, mußten in Amerika anders artikuliert werden als in Europa, und sie brachten dort Konflikte von charakteristischer Eigenheit hervor. Aber finden wir nicht gleich tiefe Unterschiede in Europa selber? Sind England und Spanien, Spanien und Deutschland sich im 19. Jahrhundert nicht fremder als England und Amerika? Wären wir also nicht wenigstens so berechtigt, europäisch-amerikanische Geschichte zu schreiben wie gesamteuropäische?

Europa: die Pentarchie

Die europäische Wiederherstellung hatte schon vor 1814/15 begonnen. Lange vor 1814 wenigstens hatte dasjenige begonnen, ohne das keine Wiederherstellung stattfinden konnte: der Niedergang von Napoleons Herrschaft. Der begann nach dem Frieden von Tilsit, als Talleyrand aus dem französischen Außenministerium schied, und wieder, als nach dem Frieden von Wien (1809) Metternich das österreichische übernahm. Seitdem hatten wenigstens Europas Politiker und politische Schriftsteller über das, was »nachher« kommen sollte, spekulieren müssen. Aber spekulieren war etwas anderes als verwirklichen, was nur durch Zusammenarbeit vieler divergierender Willenszentren in die Wirklichkeit übergeführt werden konnte. Nie wird man, in diesem Sinn, das Werk der Friedensmacher von 1814/15 genügend bewundern können. So mißtrauisch sie sich auch, als Vertreter spröder, gieriger Großmächte, voneinander unterschieden, sie machten doch gemeinsam der großen Unordnung ein Ende, und zwar ohne alles Schöpferische, Wohltätige zu beseitigen, das durch jene, oder zusammen mit ihr, in die Welt getreten war. Das Werk des Wiener Kongresses war Wiederherstellung der Ordnung, nicht Wiederherstellung des Alten. Zu einem guten Teil war es Neuordnung oder Übernahme, Rationalisierung, Modifikation des von Napoleon Geschaffenen. Nur die unnatürlichste Gewalttat hätte Geschehnisse und Leistungen eines Vierteljahrhunderts aus der Welt schaffen können; bei näherem Hinsehen wohl auch diese nicht, denn es gibt in der Geschichte kein Zurück, nie und unter keinen Umständen. Auch lag den erfahrenen und gemäßigten Männern des Kongresses die unnatürliche Gewalttat nicht. Sie paßten sich an, verglichen sich und balancierten.

Die alten Dynastien waren nach Frankreich, nach Spanien und Portugal, nach Piemont und Neapel, nach Holland und nach einigen deutschen Staaten zurückgekehrt. Aber nur in Spanien und Italien gefiel es ihnen, so zu tun, als ob die Französische Revolution nicht stattgefunden hätte. In Frankreich wurde dieser Versuch nicht gemacht und konnte er ernsthaft nicht gemacht werden. Auch in Italien waren die Dinge nicht so wie vor 1796; einmal darum nicht, weil das österreichische Imperium tiefer als im 18. Jahrhundert in die Halbinsel eingedrungen war, welche es durch sein Königreich Lombardo-Venetien, durch allerlei dynastische Niederlassungen, Hilfeleistungen und Pressionen nun ganz beherrschte; und aus anderen Gründen.

Neuartig war die »Pentarchie« selber; der enge, emsig gepflegte Kontakt zwischen den fünf Mächten Rußland, Österreich, Preußen, England und Frankreich. In seinen Kriegen und Friedensschlüssen, seinen Verbindungen und Feindschaften, seinen dauerhaften Gründungen und aufwühlend phantastischen Abenteuern hatte Napoleon eine europäische Einheit aufleuchten lassen, wie sie seit dem Ende des Mittelalters so nicht erlebt worden war. Mit ihr war es nun vorbei. Aber sie wirkte nach und wurde ersetzt durch ein geregeltes System der Großmächte, die gemeinsam sich für die Dauer der neuen Ordnung verbürgten. Nie vorher, vor 1789, hatte auch nur der Schatten eines solchen Zusammenspiels bestanden.

Wer führte in diesem System? – Man hätte darauf keine eindeutige Antwort geben können.

England, das ein gutes Jahrzehnt lang dem von Napoleon eroberten und geeinigten Kontinent die Waage gehalten, das allein sich die sieben Meere offen gehalten hatte, England, die geheime Triebkraft hinter jedem von Bonaparte erfahrenen Widerstand und der Schmied der letzten, siegreichen Koalition, England, erweitert durch neuen Kolonialerwerb und bereichert durch neue Industrien, England, dies glorreiche, im 18. Jahrhundert so sehr verhaßte, nun so sehr bewunderte, war eine erste, führende Macht des Systems. Es hatte entscheidend mitgewirkt bei der politischen Neuordnung von 1815; die Vereinigung Belgiens mit Holland, der Rheinlande mit Preußen war vornehmlich sein Werk. Aber die führende Macht war es doch nicht und wollte es nicht sein nach seinen tiefsten Anlagen, seinen echtesten Interessen. Es wollte führen im Nichtführen, im Hindern, daß eine andere Macht auf dem alten Kontinent sich überwältigend stark machte. Dies war der Kern seiner von Lord Castlereagh mit ruhiger Könnerschaft verwalteten Außenpolitik; und da Gleichgewicht, dauernder Friede, Vermeidung neuer Hegemonial-Abenteuer den Friedensmachern von 1815 insgesamt als das wünschenswerteste Ziel vorgeschwebt hatten, so erschien England wohl zunächst als die Macht des Kongreßsystems par excellence.

Auf dem anderen Flügel Rußland. Das große östliche Kaiserreich, seit gut hundert Jahren in der europäischen Politik anwesend und tätig, war nun ein Faktor, so bedeutend wie der britische, obgleich auf weniger subtile Art. Auch dies hatte mit seinen Großleistungen während des letzten Krieges zu tun, dem Winter von 1812, dem Frühling von 1813. Es hatte dem Eroberer Widerstand geleistet, dann Halbpart mit ihm gemacht, dann ihn aufs neue bekämpft, schließlich ihn in seine eigene Hauptstadt zurückgetrieben und dort ihn heimgesucht. Seinerseits hatte es sich als unbezwingbar erwiesen. Daß England die Nachfolge des französischen Imperialismus antreten würde, fürchtete niemand. Daß Rußland dies Erbe erstrebte, ja, es an sich zu reißen schon im Begriff sei, fürchteten viele; und daß es ganz andere, gefährlichere Gaben dazu mitbrächte. Nur ein Anfang schien die Beute, die es aus der Napoleon-Zeit davongetragen: Polen, Finnland, Bessarabien. Jedoch gab der Charakter dieser neuen, unheimlichen Großmacht sich nicht eindeutig. Sie konnte europafremd, nationalistisch und selbstisch erscheinen, wie in der Figur des alten, 1813 verstorbenen Feldmarschalls Kutusow; dann expansiv, begierig, große Teile Europas zu verschlingen; dann auch wieder gemäßigt, europaverantwortlich, geleitet von sowohl christlichen wie auch »modernen«, fortschrittlichen, nahezu demokratischen Ideen. In Wien und Paris hatte Zar Alexander I. die Sprache dieser letzteren artig und wohl nicht ohne innere Überzeugung zu sprechen gewußt. Die »Heilige Allianz«, der christliche, den Völkern dienende Bund frommer Potentaten, war sein persönlichster Beitrag. Ein »Stück hochtrabenden Mystizismus und Nonsense« hatte Castlereagh dies Dokument genannt, und gestaltende Kraft hatte es nicht haben können. Aber wohlgemeint war es; und der es verfaßte und seine gekrönten Brüder es zu unterzeichnen nötigte, ein Vorkämpfer monarchischer Solidarität, dem wären neue Rechts- und Friedensbrüche übel angestanden.

Dann Österreich. Die Habsburger Monarchie; das alte, bunte, in die Geschicke Deutschlands, Italiens, Südosteuropas tief und sonderbar verflochtene Kaiserreich ohne Namen. Wohl besaß es weder den russischen Raum und die russische Menschenmasse noch Englands Seemacht, Reichtum und weltweiten Aktionsradius. Es besaß nicht einmal Nationalität. Ursprünglich deutsch, noch immer deutsch in seiner Hof- und Amtssprache, noch immer überwiegend deutsch in seinen Kulturzentren, war es doch offenbar kein Nationsstaat, sondern ein Staat aus Nationalitäten oder Nationsfragmenten, ein Staat, dem Dynastie und Herrschaftstradition, nicht das »Volk« seine Identität gaben; und sehr bald nach 1815 ließen sich die ersten kritischen Stimmen vernehmen, die einem solchen Staat im 19. Jahrhundert eine unsichere Zukunft prophezeiten. Eine führende europäische Macht war auch Österreich. In der Revolutions- und Napoleon-Zeit hat es zähe Widerstandskraft bewiesen; zuletzt, unter der Leitung des Ministers Fürst Metternich, eine äußere Politik von klassischer Geschicklichkeit getrieben. In seiner Kapitale, Wien, fand der große Friedenskongreß statt, aus dem es nicht unmäßig gestärkt, aber klug konsolidiert hervorging. Es beherrschte Italien; es übte in Deutschland einen leitenden Einfluß aus; es gab seinen eigenen Deutschen, dann Tschechen, Südslawen und Magyaren, auch Polen und einigen Ukrainern politische Heimat und leidliche Ordnung. England und Rußland grenzten an Europa, handelten mit ihm, handelten gleichzeitig aber auch mit ganz anderen Erdgegenden. Österreich *war* Europa, war sein größtes und mannigfaltigstes Stück; es »lebte von Europa, durch Europa, für Europa«.

Italien bezeichnete Metternich als einen geographischen Begriff, was hieß, daß Nation und Land keine gemeinsame politische Form besaßen noch besitzen sollten. Für Deutschland hatten die Friedensmacher sich eine politische Form ausgedacht. Es war ein Bund souveräner Staaten, ohne Exekutive und Legislative, sich darstellend nur in einem Gesandtenkongreß, dem »Bundestag« in Frankfurt; mit gemeinsamer Heerespolitik, auch, falls seine Mitglieder wünschten, gemeinsamer Handelspolitik. Die deutsche, zentraleuropäische Masse sollte geeignet sein zur Verteidigung – das war der Gedanke –, aber unfähig zum Angriff. Die kleineren deutschen Staaten blieben in ihren Grenzen wie im Stil ihrer Regierung und Verwaltung wesentlich das, wozu Napoleon sie gemacht hatte. Die großen waren Österreich und Preußen; Mitglieder des Bundes auch sie, aber nicht mit allen ihren Territorien; zugleich europäische und deutsche Mächte. Preußen, das von Napoleon so lieblos behandelte, im letzten Krieg neu bewährte, war wieder da, und britische Staatsweisheit hatte ihm am Rhein eine beträchtliche Erweiterung gegönnt, damit es dort dem unruhigen Frankreich gegenüber als Friedenshüter fungieren könnte. Als eine der fünf Großmächte galt es, aber als dessen bescheidenste, als Großmacht höflichkeitshalber. Von seiner alten polnischen Beute hatte es den größeren Teil Rußland zediert, jedoch so viel behalten, daß der gemeinsame Raub, das gemeinsame Unterdrückungsgeschäft Zaren und Preußenkönig zu verläßlichen Bundesgenossen machten. Würde das preußische Herrschaftsprinzip einmal dem innerdeutschen Gleichgewicht gefährlich werden? Nachdenkliche Beobachter glaubten davon in der Ferne die Möglichkeit zu sehen. Eine Bedrohung von Europas Gleichgewicht und Libertät bedeutete der preußische Staat nimmermehr; eben darum die vergleichsweise Freigebigkeit, mit der man ihn in Wien neu equipiert hatte.

Weit eher, glaubte man, kam eine solche Drohung von Frankreich. Was die Franzosen zwischen 1792 und 1814 vor der Welt aufgeführt, was sie zwischen Moskau und Madrid geleistet und andere zu leisten gezwungen hatten, vergaß sich so schnell nicht. Zu einem guten Teil diente so das ganze in Wien beschlossene europäische System dem Zweck, einer Wiederkehr französisch-revolutionärer und imperialer Unruhe vorzubeugen. Nicht, daß Frankreich von den Siegern schwer benachteiligt, ausgebeutet, in seinem inneren Leben behindert worden wäre. Auch nach Waterloo war die europäische Diplomatie gemäßigt im Sieg. Sie legte dem Störenfried gewisse Zahlungen auf, sie ließ, bis diese beglichen waren, eine alliierte Garnison im Lande. Aber sie erlaubte dem Königreich, in seinen alten Grenzen, unter seinem alten König zu existieren; und dieser war in der Wirklichkeit sofort, formal seit 1818, ein Bundesgenosse jener, die den Frieden diktiert hatten. Im gleichen Jahr, 1818, wurde die fremde Besatzung aus dem Lande gezogen. Damit war Frankreich ein Mitglied der Pentarchie, so gewichtig und frei wie die anderen.

Soweit die Großmächte. Es kamen einige Staaten von geringerer Energie hinzu: im Norden die skandinavischen, von denen Schweden sich, nicht ohne Gewaltsamkeit, Norwegen als ein Nebenkönigreich angefügt hatte; im Westen die Niederlande, vergrößert durch Belgien und, ungefähr wie Preußen, als ein Bollwerk gegen Frankreich verstanden; im Süden Spanien und Portugal.

Übrigens die Türkei. Aber diese, obgleich sie die Balkanhalbinsel beherrschte hinauf bis zu den Grenzen Österreichs und Rußlands, war nicht Europa. Sie gebot Millionen von christlichen Untertanen, aber sie gehörte nicht zum System der christlichen Mächte. Vom östlichen Mittelmeer, von Südosteuropa und Nordafrika übte sie bis tief nach Asien eine vielfach nuancierte, manchenorts kaum mehr als nominelle Oberherrschaft aus; noch immer zu beträchtlichen Anstrengungen fähig, im Grunde aber doch dekrepid, mehr Gegenstand als Subjekt europäischer Politik. Daß sie reif sei zur Aufteilung und Vertilgung, war eine Spekulation von Russen und Österreichern schon im 18. Jahrhundert gewesen. Was dann?

Verschwand das türkische Imperium, oder wurde es weiter reduziert, welche Souveränität würde dann auf dem Balkan und in Ägypten, in Syrien und Mesopotamien an seine Stelle treten? Die Friedensmacher von 1815 waren zu erfahrene Diplomaten, als daß sie die Tragweite des türkischen Problems nicht gekannt hätten. Tatsächlich war in Wien davon die Rede, das Gesamtgebiet der Türkei zu garantieren. Aber der Sultan selber lehnte ein so wenig ehrenvolles Geschenk ab; und Castlereaghs Argument: man könnte ein Reich nicht garantieren, dessen Grenzen, zumal Rußland gegenüber, gar nicht klar bestimmt seien, war schwer zu widerlegen.

Europa fühlte sich als Mittelpunkt der Welt, als die Gemeinschaft zivilisierter Staaten, so daß »europäisch«, »christlich« und »zivilisiert« in ihrer Bedeutung ungefähr gleichgesetzt wurden; als ein System von Willenszentren, die, zusammengenommen, ungefähr alle Energie enthielten, welche es auf Erden gab. Zwar, der Kontinent nahm auf dem Globus sich gering genug aus, eine asiatische Halbinsel, groß nur dann, wenn man das ganze Russenreich, das europäische wie das nichteuropäische, dazurechnete. Kaum gab es aber außerhalb Europas Gegenden von vergleichbarer Dichte und Tätigkeit des Lebens. Jedenfalls waren sie europäischen Mächten untertan, Indien, Indonesien; sie waren von Europäern besiedelt wie beide Amerika, von denen das andere, räumlich größere, spanisch und portugiesisch redende zudem noch den iberischen Monarchien gehorchen sollte; sie waren barbarische Ärgernisse, aber im Ernstfall jederzeit zu zähmen wie Marokko oder Algerien; sie waren wohl auf ihre Weise organisiert und zivilisiert, aber sehr weit entfernt, einsam, unaktiv, wie Japan und wie China, von dem Napoleon gemeint hatte, das sei ein schlafender Löwe, und man täte gut, ihn schlafen zu lassen. Wäre es der europäischen Staatengemeinschaft, als ganzer, beigekommen, auf Erden etwas zu wollen und zu befehlen, das hätte sie durchsetzen können.

Zu diesem Bild von der Mächteverteilung in der Welt stand nur die Existenz der Vereinigten Staaten von Nordamerika im Widerspruch. Sie waren zivilisiert, sie waren christlich, und es hatte einen guten Sinn, daß Zar Alexander sie aufforderte, sich seiner »Heiligen Allianz« anzuschließen. Einen guten Sinn hatte aber auch die amerikanische Nichtannahme dieser Ehre; die Vereinigten Staaten, ließ Staatssekretär John Quincey Adams wissen, seien allerdings ein Mitglied der »allgemeinen zivilisierten Staatengemeinschaft«, und sie billigten auch die von dem Zaren proklamierten Grundsätze, aber ihr politisches System sei wesentlich außereuropäisch, und je klarer man beide Machtkreise, den europäischen und den amerikanischen, voneinander getrennt hielte, desto besser wäre es für den Frieden aller. Damit wurde das europäische Machtmonopol, die Gleichsetzung von Europa und Zivilisation verwirrend bestritten. Verwirrend; denn die neue Republik nahm sehr wohl teil am Spiel der europäischen Rechtsgemeinschaft, dem Jus Publicum Europaeum. In der Verteidigung ihrer aus dem allgemeinen Völkerrecht sich ergebenden Rechte übertrafen die Amerikaner jeden europäischen Staat. Vor allem in der Verteidigung ihrer Neutralität. Aber sie taten es mit dem Blick auf das Recht und *ihr* Recht; nicht auf die europäische Politik oder das Gleichgewicht der Kräfte. Daher ihr Krieg gegen England, dieser wunderliche Krieg von 1812, der zeitlich und wirklich mit dem europäischen Krieg zusammenfiel und so die Republik zum Bundesgenossen Napoleons machte, ohne daß diese Ansicht der Sache die Mehrheit der Amerikaner interessiert hätte. Der Vertrag von Gent, Weihnachten 1814, stellte auch in Amerika den Frieden wieder her, und zunächst schien es nun den europäischen Politikern, daß man die neue, unfertige Großmacht im fernen Westen sich selber überlassen könnte, um so mehr, als ihre letzte Kriegsanstrengung keinen ihrer Zwecke, weder die ausgesprochenen noch die unausgesprochenen, erreicht hatte.

War eine lange, von heroischer Außenpolitik beherrschte Epoche jetzt nicht überhaupt zu Ende? Krieg haben die Menschen, wenn sie ihn haben wollen. Und da sie ihn nun dreiundzwanzig Jahre lang gehabt, seine Freuden und Leiden gründlich ausgekostet und schwer dafür bezahlt hatten, so würden sie ihn jetzt auf absehbare Zeit nicht haben wollen. Die europäischen Mächte waren vereinigt in der zu Chaumont 1814 gegründeten Liga, die, ursprünglich ein Kriegsbündnis, nun zur dauerhaften Friedensorganisation werden sollte. Nach dem erfolgreichen Beispiel des Wiener Kongresses würde man sich treffen, wenn immer ein gemeinsames Verhandeln und Handeln im Interesse des Friedens geboten schien. Von den Großen würden die Kleinen das Gesetz annehmen, zumal wenn es ein gerechtes Gesetz war. Was dann die außereuropäische Welt betraf, so hatte im Augenblick keine europäische Macht den Ehrgeiz, in ihr sich auszudehnen. Daß Kolonien sich nicht lohnten, hatte die Geschichte der amerikanischen klar genug gezeigt. Handel lohnte sich. Friede, äußerer wie bürgerlicher, lohnte sich; ihm würde man sich nun ergeben.

Aber dann gab es kein Land, in dem der innere Friede nicht auch innere Bewegung, gesellschaftlichen und geistigen Widerspruch, Hoffnung, Furcht und Streit bedeutet hätte. Nicht lange, so wurde solche innere Dialektik auch wieder zur äußeren.

Ideen am Werk

Eben dies war zu Ende des vorigen Jahrhunderts schon der Französischen Revolution geschehen. Das stärkste, heißeste Andenken, welches sie und Bonaparte hinterließen, war das einer Kette von Kriegen, eines imperialen Abenteuers. Aber nicht das einzige. Die Ideen und Sehnsüchte, die zur Revolution geführt hatten oder von ihr ausgeheckt worden waren, die Einrichtungen, die Napoleon gestiftet, die Versprechen, die er gegeben, die Hoffnungen, die er angereizt, die Proteste und Gegnerschaften, die er provoziert hatte – sie lebten alle nach, indem sie von neuen Wirklichkeiten neue, wechselnde Farben annahmen. Man hat hier von einer »Religion der Freiheit« gesprochen, welche sich erhob gegen ältere freiheitsfeindliche Religionen. (Benedetto Croce hat das getan.) Und müßte man den langsam sich herausbildenden Konflikt dieser Nachkriegszeit auf zwei Namen bringen, so wären zutreffendere als »Freiheit« und »Bindung durch Tradition« wohl nicht zu finden. Nur, daß es klüger wäre, auf solche Benennungen überhaupt zu verzichten. Sie werden der lebendigen Vielfalt der Situationen und Geister nicht gerecht.

Das, was der Französischen Revolution ursprünglich mit der amerikanischen gemeinsam war und was sie in ihren ersten Jahren zu verwirklichen gemeint hatte, war das Ideal eines rational konstituierten, von freien Bürgern frei bestimmten Rechtsstaates. Für diesen

Komplex einander zugeordneter Maßstäbe und Hoffnungen kam nach 1815 ein spanisches Wort auf: Liberalismus. Die Freiheit, die hier in Rede stand, war nicht so sehr die Freiheit des Staates, der war am Ende am freiesten unter der absoluten Monarchie. Es war Freiheit vom Staat, geregelte Sicherheit vor jeder staatlichen Willkür. Nicht der Staat war hier der zentrale Denk-Ort, sondern der einzelne Bürger, die in der Entfaltung ihrer Talente, in der Bewegung ihres Geistes, in der Bewahrung ihrer materiellen Interessen ungehinderte Individualität. Um diese Sicherheit, auf die es hauptsächlich ankam, zu genießen, mußte der Bürger an der Staatsmacht teilhaben, durfte sie nicht unabhängig von ihm, über ihm, gegen ihn, sondern nur durch ihn sein. Daher die Forderung nicht nur nach genauer Begrenzung dessen, was der Staat und was seine einzelnen Organe tun durften, sondern auch nach der Wahl der Behörden, nach Repräsentanz. Die alte Obrigkeit hatte zuviel, nicht zuwenig regiert. Der konstitutionelle Staat würde das zur Erhaltung des Gemeinwohls Notwendige tun, übrigens aber den einzelnen in Freiheit tun lassen.

Die liberale Forderung konnte sich mit der nationalen, mit jener nach dem Nationalstaat, verbinden. Ob sie es tat oder nicht, hing von den Umständen ab. Die Amerikaner hatten ursprünglich für ihre Rechte als britische Bürger gekämpft, dann für ihre Unabhängigkeit; schließlich hatten sie ihr Staatswesen so eingerichtet, daß ihre unter dem britischen König gemachten schlechten Erfahrungen sich nicht wiederholen, gleichzeitig aber ein rechtes Maß von Zusammenhalt, Ordnung und Schlagkraft gesichert werden sollten. Man könnte von der amerikanischen Revolution nicht sagen, daß sie nationalistisch war; eine Nation waren die Völker der dreizehn Kolonien eigentlich nicht, das sollten sie erst noch werden. Die Franzosen waren es längst; so sehr und so lange schon, auch im staatlichen Sinn, daß es keines Umsturzes, keiner gewalttätigen Neuerung bedurft hätte, um ihren Staat zum nationalen zu machen. Trotzdem wurde die neue Einheit des Staates, welche aus der Vernichtung alter, irrationaler, geschichtlich gewordener Gliederungen hervorging, von nationalistischen Kräften bestimmt; die Republik sollte eine einzige, unteilbare sein, weil die Nation es war. Seinen Höhepunkt erreichte dieser Einheitstaumel in dem Augenblick, in dem auch die revolutionäre Demokratie und in dem gleichzeitig die Kriegsanstrengung gegen außen ihren Höhepunkt erreichten, zur Zeit des Wohlfahrtsausschusses. Die Begeisterung von 1793 war so nationalistisch wie demokratisch, das »une et indivisible« eng verbunden mit der égalite et fraternité; beide, Nationalismus und Demokratie, bewährten sich im Krieg, stärkten sich am Krieg. Darüber ging das Ziel des Anfanges, der konstitutionelle Freistaat, zunächst verloren und zeigte sich eine alte, der klassischen wie der neueren Staatsphilosophie wohlvertraute Wahrheit: daß Demokratie die Freiheit des Individuums nicht zuverlässig verbürgte.

Napoleon, Praktiker und Opportunist, hatte für solche Unterscheidungen geringes Interesse. Er gab Ordnung, straffe Verwaltung, Rechtssicherheit für alle, die seinem Regiment keinen politischen Widerstand leisteten. Er ließ die bedeutendsten Errungenschaften der Revolution bestehen: die neue Einheit und Organisation des Staates und die neue bürgerliche Gleichheit, das »La carrière ouverte aux talents«. Er gab Freiheit, nicht des Geistes, viel weniger der Presse oder Rede, aber Freiheit, Geld zu verdienen. Seine Verfassungen, seine gewählten Räte waren Hokuspokus. An die glaubte er nicht, der nur an

Ordnung und Befehl glaubte, gleichgültig, ob sie ihre Legitimation vom Plebiszit oder von geheiligter Überlieferung nahmen. Einer, der ihn kannte, meint, er habe es seinem tiefsten Instinkt nach immer mit den Königen, nicht mit den Völkern gehalten. Erst 1815 versuchte er, notgedrungen, Frankreichs Liberale zu versöhnen. Nun gab es ein Parlament mit zwei Häusern, Pressefreiheit, Ministerverantwortlichkeit. Siegreich, hätte er wohl alldem bald wieder ein Ende gemacht. Da er aber nach hundert Tagen wieder verschwinden mußte, so blieb diese letzte, freiheitliche Erinnerung von ihm zurück, und daraus hat die Legende des »Bonapartismus« als einer Verbindung von Cäsarentum, Volksherrschaft und wohlgeregelter Freiheit ihre Nahrung ziehen können.

Bonapartismus, gepflegt und propagiert von dem gefangenen Kaiser und seinen Getreuen, war aber etwas anderes als die Nachwirkungen der Revolution und des bonapartischen Abenteuers in ihrer Gesamtheit. Die Widersprüche, in denen Napoleon sich gefangen, die er als bloß »ideologische« verachtet hatte und an denen er gescheitert war, lebten fort in der Mannigfaltigkeit nachnapoleonischer Begehrungen. Überall in Europa war das öffentliche Leben intensiver geworden unter den Ärgernissen der Kontinentalsperre, den Sensationen der Grenzziehungen, der Verwaltungsreformen und Eigentumsverschiebungen, im Feuer der Kriege und Befreiungen. Dort, wo es öffentliches, politisches Leben vorher nicht gegeben hatte, war eines entstanden. Was würde es nun mit sich anfangen, und wie würden jene es anstellen, die es wieder abzutöten wünschten?

Nicht »Demokratie« war es, was nachwirkte. Dies Wort hatte um 1816 keinen guten Klang. Frankreich konnte als Demokratie allenfalls unter Robespierre gelten, und diese kurze Epoche, blutig und närrisch, hatte dem demokratischen Ideal keine neuen Anhänger gebracht. Nachwirkten die Ideen vom nationalen Staat und vom innerlich freien, konstitutionellen Staat. Sie taten es manchmal im Sinn der französischen Erfahrung, manchmal in feindlicher Reaktion gegen sie, manchmal wohl auch unter dem bloß mittelbaren, ungefähren Eindruck dessen, was in Europa zwischen 1789 und 1815 geschehen war.

In Norditalien lebte die Erinnerung an die Franzosenzeit als an eine gute fort. Das waren die Gegenden, die Napoleon als Königreich Italien organisiert und denen er eine sympathische, wesentlich italienische Regierung gegeben hatte, wogegen die zurückgekehrte österreichische Herrschaft als landfremd, bald als kleinlich und gehässig abstach. In Spanien hatte das Volk sich gegen die von Napoleon ihm aufgezwungene moderne Verwaltung erhoben, forderte aber nun von der wiederhergestellten Bourbonenmonarchie politische Einrichtungen französischen oder amerikanischen Stils – »liberale« Einrichtungen. In Deutschland war ein neuer Patriotismus am Werk, der sich entschieden auf das Gesamtvaterland, das deutsche Sprachgebiet, bezog und eine würdige Zusammenfassung der in gar zu vielen Staaten und Stätlein kanalisierten deutschen Energien ersehnte. Er ging auf Einheit mehr als auf Freiheit, von der wohl auch die Rede war, ohne daß man jedoch die Aufgabe ihrer begrifflichen Entfaltung sehr genaugenommen hätte. Frei in dem Sinn, in dem die Franzosen es 1791 gewesen waren, wollten die jungen deutschen Patrioten, die »Teutomanen« nicht sein, dies Ideal kam ihnen zu künstlich, zu französisch vor; und Tatsache war ja, daß gerade die von Napoleon geschaffenen deutschen Staaten, und nur sie, jetzt mit »Verfassungen«, mit dem Zweikammersystem prangten. Den Polen hatte

Bonaparte eine staatliche Existenz versprochen, aber sein Versprechen schlecht gehalten. Ob der Zar es besser halten würde, blieb abzuwarten. Modischem Prinzip, auch wohl dem eigenen Gewissen zuliebe, ließ er das vergewaltigte Königreich, von Rußland getrennt, unter »fortschrittlichen« Institutionen verwalten; die aber wohl nur so lange in Kraft bleiben würden, wie man sie auf keine ernste Probe stellte. Polen sollte frei sein, aber nicht frei, anders zu wollen, als der Sankt Petersburger Imperialismus. Im Südosten, unter Griechen und Serben, regte sich unabweisbar stark das Begehren, Herr zu sein im eigenen Land, frei von türkischen Paschas und Janitscharen. Der Aufstand der Serben hat eine Vorgeschichte im 18. Jahrhundert; wie so mancher Konflikt, der nach 1815 wieder erschien, schon vor 1789 da war. Auch hier aber gaben die großen Revolutionen des Westens den entscheidenden Antrieb; die Welle, die von Amerika nach Westeuropa, von Frankreich über den Kontinent schlug und früher oder später seine entferntesten Halbinseln und Gebirge erreichte.

Vielfältig wie das Erbe der Revolution war auch die Gegenbewegung. Manchmal, in Deutschland, in Spanien, ist das, was Erbe und was Gegenbewegung war, gar nicht voneinander zu trennen. Man sagt nicht viel, wenn man sagt, daß der umstürzenden, erneuernden, verändernden Tendenz eine erhaltende sich entgegenstemmte. Nach 1815 kam ein Wort dafür auf: konservativ, Konservativismus. Die Sache war ein paar Jahrzehnte älter. Zu ihren Vertretern wurden nun jene, die im 18. Jahrhundert selber die Agenten der Veränderung, der Rationalisierung und Zentralisierung gewesen waren, jetzt aber sich als Nutznießer der bedrohten Ordnung fühlten: die Monarchien, die Könige.

Im lateinischen Südeuropa war ihr stärkster Bundesgenosse die Römische Kirche und der Papst: zugleich ein weltlicher Souverän und das Oberhaupt der katholischen Christenheit. Unbezweifelte Autorität im Religiösen verband sich natürlich mit einer Herrschafts- und Eigentumsordnung, die, mühselig wiederhergestellt, nun bleiben wollte, was sie war, ungeschmälert von Volksvertretungen oder den Extravaganzen freier Schriftsteller. In den überwiegend protestantischen Ländern spielte die katholische Kirche eine solche konservative Rolle nicht; nicht in Preußen; noch weniger in England. Dort, wo die Katholiken an keiner der Staatsuniversitäten studieren, kein öffentliches Amt bekleiden, nicht einmal wählen durften, war vielmehr die katholische Forderung nach Gleichberechtigung, »Emanzipation«, mit anderen »liberalen« Forderungen verwandt, vor allem mit jener nach einer zeitgemäßen Reform des Parlaments. Überhaupt war das politische Leben Englands tief verschieden von dem des Kontinents. Veränderungen wurden auch hier gefordert oder verneint. Eine »Verfassung« aber gab es weder von Literaten zu erfinden noch von Königen zu dekretieren; sie war da seit Jahrhunderten; die Monarchie eine eng begrenzte Nebenmacht; die Parlamentsherrschaft Tatsache, gleichgültig, wie das Parlament gewählt wurde und wessen Interesse es vornehmlich vertrat. Die unter den Händen Edmund Burkes im letzten Jahrzehnt des 18. Jahrhunderts entstandene konservative Staatsphilosophie war nicht roh und geistlos wie jene, welche dem König von Spanien genügte, nicht starr, paradox und pessimistisch wie jene, welche in Frankreich von Revolutionsfeinden wie dem Grafen Joseph de Maistre verkündet wurde. Sie schloß Reformen nicht aus, wenn sie nur praktisch wären anstatt doktrinär, nur den wirklichen Umständen gemäß, nur im Sinn der Vergangenheit, der Kontinuität – nur englisch anstatt universal, überall gültig. In den Schatz Burkescher Weisheit hat im Laufe des Jahrhunderts manch britischer Staatsmann gegriffen, und es läßt der von dieser Philosophie nicht erfundene, nur unübertrefflich ausgedrückte Geist verstehen, warum, trotz aufwühlender Krisen, die englische Geschichte im 19. Jahrhundert doch friedlicher und regelmäßiger gewesen ist als die kontinentale.

Merkwürdig war der Kompromiß zwischen Altem und Neuem, mit dem das lange Revolutionsdrama in Frankreich abgeschlossen hatte: die konstitutionelle Monarchie. Der wiederhergestellte König datierte seine Regierungszeit vom traurigen Tode Ludwig XVI. oder XVII., bestritt also die staatsrechtliche Wirklichkeit alles dessen, was zwischen 1792 und 1814 geschehen war. Er gab sich als König in der uralten, heiligen Nachfolge. Aber diese Fiktion stand in Widerspruch mit einer Überfülle gesellschaftlicher und rechtlicher Wirklichkeiten. Der Aufbau des Staates von den Munizipalitäten bis zu den Ministerien in Paris, das Werk der Jakobiner und Bonapartes, blieb bestehen. Seine Gültigkeit behielt der Code Napoleon, das Gesetzbuch bürgerlicher Gleichheit. Die in der Revolutionszeit reich geworden waren durch Belieferung der Heere, durch Aufkauf der Kirchen- und Emigrantenbesitzungen, die blieben reich. In der Umgebung des Königs, in der Pairs-Kammer, in den Regierungsämtern, in den Hauptquartieren des Heeres traf eine Minderheit ältlicher Emigranten sich mit der Generation, die am Ruder war und am Ruder blieb: mit den Männern, die in den revolutionären Versammlungen gesessen hatten, Bonapartes Administratoren, Marschällen, Finanzleuten. Die katholische Kirche behielt die Verfassung, welche die Revolution ihr gegeben und nachmals der Papst bestätigt hatte: ein mit Rechten und erzieherischen Verantwortlichkeiten ausgestattetes, aber vom Staat bezahltes, vom Staat kontrolliertes Institut. Niemand rüttelte an der vollen Freiheit nichtkatholischer Religionsgemeinschaften. Die Armee rekrutierte sich durch Freiwillige und durch das Los – eine Form von Napoleons Conscription, deren Namen man vermied, um die Sache zu retten; Seniorität und Verdienst, nicht die Herkunft, bestimmten die Beförderung. Schließlich gab es das, was in der besten Zeit der Revolution versucht worden und der Beginn aller folgenden Wirrsal gewesen war: die Definition und Beschränkung der Monarchie, die Verfassung, die »Charta«. Sie kam, der Theorie nach, von oben, ein Geschenk des Königs; ein solches allerdings, das, einmal gegeben, nicht mehr zurückgenommen noch einseitig modifiziert werden durfte. Hinter dem schönen Schein königlicher Gnade blickte auch hier die nicht wegzuzwingende, nicht wegzuargumentierende Wirklichkeit hervor.

Die konstitutionelle Monarchie ist eines der politischen Themen des 19. wie noch des frühen 20. Jahrhunderts; ein Halbweghaus zwischen Absolutismus und Republik, in dem allerlei geistige Widersprüche nisteten, das aber unter günstigen Umständen der aristokratisch-bürgerlichen Gesellschaft wohl Unterschlupf oder selbst dauerhaftes, bequemes Asyl bot.

In gewissem Sinn, ohne daß es Begriff und Namen gab, waren die Monarchien des Mittelalters konstitutionell gewesen; aus mittelalterlicher Theorie und Praxis war die viel bewunderte, oft mißverstandene, immer noch sich wandelnde englische Konstitution allmählich hervorgegangen. Dazu kam weithin wirkend das modernere amerikanische Beispiel: die Verfassungen der Union und der Gliedstaaten. In Amerika aber war Republik, war alles wohl ausgedacht und rational, war nichts, was vor dem Richtstuhl der Vernunft sich nicht rechtfertigen konnte. In Frankreich verband das Rationale sich mit dem Irrationalen. Die Nation sollte sich Gesetze geben durch erwählte Vertreter. Ihre Ausführung war einem Staatschef anvertraut, der es noch immer war, weil seine Vorfahren es gewesen waren, durch Gottes Gnaden. Seine Agenten, die Minister, bedurften einer Mehrheit in der Deputiertenkammer. Neben dieser, ihr staatsrechtlich gleichgeordnet, dem britischen House of Lords mehr als dem amerikanischen Senat nachgeahmt, gab es eine Kammer teils erblicher, teils ernannter Pairs, welche Familientradition oder persönlichem Verdienst Gewicht geben sollte gegenüber der bloßen Zahl. Diese selber war ängstlich beschränkt durch das Kriterium des Besitzes, so daß die Zahl der Wähler in einem Staat von dreißig Millionen Menschen sich auf kaum fünfzigtausend belief. Über Wesen und Wirklichkeit einer solchen Verfassung, die Ehrlichkeit, mit der sie gepflegt und praktisch wahrgenommen wurde, die Verengung oder Erweiterung des Stimmrechts, das Verhältnis zwischen Exekutive und Legislative, ist in dem folgenden halben Jahrhundert fast immer gestritten worden. Wo es noch keine gab, wo schweigsame Oberbürokraten, Zensoren, Polizisten und Grenzwächter das Machtgeschäft, unkontrolliert von Volksvertretern, besorgten, da wurde die Forderung, daß es eine geben sollte, lauter und lauter. Dabei erschien das logische Ende aller solchen Bestrebungen, die Republik mit der gewählten, zeitlich befristeten Exekutive und dem allgemeinen Stimmrecht, nur selten während besonders stürmischen Wetters am politischen Horizont. Republik und Demokratie waren kompromittiert durch die Schreckenserfahrung von 1793. Das Mitspracherecht, welches das Bürgertum von König und Adel verlangte, wünschte es der großen Masse der Besitzlosen, der Taglöhner und Analphabeten, nicht einzuräumen.

Die Westmächte

Noch immer war Frankreich oder galt es als das energienreichste Land des Kontinents, noch immer kam hier der öffentliche Lebensstil vor allem von der Staats-Spitze und von der Hauptstadt.

Chateaubriand gibt uns das folgende Porträt des konstitutionellen Monarchen: »Egoist und ohne Vorurteile, wollte Ludwig XVIII. um jeden Preis seine Ruhe; er stützte seine Minister, solange sie die Mehrheit hatten, und schickte sie fort, sobald diese Mehrheit erschüttert war und so seine eigene Ruhe bedroht schien; nie zögerte er, zurückzuweichen, wenn um des Sieges willen ein Schritt nach vorwärts notwendig gewesen wäre. Seine Größe lag in seiner Geduld; er ging den Ereignissen nicht entgegen, sondern ließ sie auf sich zukommen. Er war nicht grausam, aber er war nicht menschlich; tragische Katastrophen überraschten ihn nicht und berührten ihn nicht; dem sterbenden Duc de Berry (seinem Neffen), der sich entschuldigte, durch seine Ermordung den Schlaf der Majestät gestört zu haben, erwiderte er nur: ›Meine Nacht war gut‹ ...« Freilich mochte die Abneigung des Schriftsteller-Staatsmannes darauf beruhen, daß er monarchischer gesinnt war als der Monarch selber. Ludwig war ein Freigeist aus dem 18. Jahrhundert und sah in der Religion kaum etwas anderes als ein Instrumentum Regni; zu den angeborenen hochmütigen Instinkten der Majestät fügte er eine kluge, hoffnungsarme Bereitschaft, mit den Kräften des Zeitalters, die er nicht liebte, aber verstand, Kompromisse zu schließen. Den eigentlichen Reaktionären und extremen Monarchisten, den »Ultras«, wie sie genannt wurden, zog er die konstitutionell Gesinnten, die undramatisch Gesinnten vor.

Die Nation, nach langen Abenteuern, war politikmüde, friedwillig, arbeitswillig. Nur geringe Minderheiten agitierten und provozierten einander; auf der einen Seite Fanatiker der Restauration, rachsüchtige Hasser Napoleons und aller seiner Werke; auf der anderen treue Anhänger des großen Verbannten, Offiziere auf Halbsold, unversöhnte Patrioten. Sie waren die Verfolgten während des ersten Jahres nach Waterloo, das ein Jahr der Prozesse und Exekutionen, der rechtlosen, von der Staatsmacht geduldeten Racheakte war. Dann, allmählich, beruhigten sich die Gemüter. Nun spielte sich das politische Leben auf enger hauptstädtischer Bühne ab.

Drei Gesinnungsgruppen agitierten gegeneinander. Die Ultras, adelige Landbesitzer oder solche, die ihren verlorenen Besitz noch wiederzugewinnen hofften, Prinzen des königlichen Hauses, ehemalige Emigranten, wünschten die Revolution ungeschehen zu machen, den Geist des 19., vielmehr des 18. Jahrhunderts zu vernichten, wünschten eine Rückkehr zum Absolutismus. Düster-fromme, scharfe, grimmige Staatsdenker, Bonald, de Maistre, artikulierten ihre Philosophie. Einem praktischer gesinnten Großbürgertum, vertreten auch durch einsichtige Aristokraten wie den Duc de Richelieu, war der gegenwärtige Stand der Dinge lieb, vorausgesetzt, daß er nun blieb, wie er war: die Errungenschaften der Revolution, die persönlichen Freiheiten und Rechtsgleichheiten, die Verbreiterung des Besitzes, geschützt durch die alte Monarchie. Die Liberalen – Advokaten, Journalisten, Professoren, ehemalige Militärs – gingen weiter als die Konstitutionellen, ins Doktrinäre. Sie verteidigten wenn nicht die ganze Revolution – das durfte niemand –, so doch die Revolution in ihrer Frühzeit. Die Monarchie, die ihnen vorschwebte, wäre, um einen späteren Ausdruck zu gebrauchen, der parlamentarischen nahegekommen. Übrigens lag ihnen die äußere Ehre der Nation, Frankreichs Größe und freie, würdige Aktivität unter anderen Nationen mehr am Herzen als der Partei der Mitte, daher denn auch ihre Haltung gegenüber der napoleonischen Vergangenheit eine zwiespältige, wenn nicht, wie im Falle des politischen Dichters Béranger, eine schlechthin bewundernde, verherrlichende war. Der »Held zweier Welten«, La Fayette, gehörte zu den Liberalen; ein alter, vager, von geringem wirklichem Können verwalteter Ruhm. Im Parlamentshause, dem Palais Bourbon, saßen sie auf der linken Seite; daher die Unterscheidung zwischen der Rechten und der Linken, welche in der europäischen Politik des 19. und 20. Jahrhunderts eine verwirrend-vereinfachende Rolle spielen sollte.

Alle Gruppen kamen in Zeitschriften von hohem literarischem Niveau zu Wort, zumal sie sich an wenige tausend Leser richteten; die Debatten in der Kammer waren es wert, daß man ihnen zuhörte. Trotzdem haftete dem ganzen Betriebe etwas Enges, Künstliches an. Die Nation, in ihrer überwältigenden Mehrheit, war nichts als Zuschauer, insofern sie zuzuschauen wünschte. Und da sie vor gar nicht langer Zeit so leidenschaftlich mitgetan, eines großen, gefährlichen öffentlichen Lebens sich sehr wohl fähig gezeigt hatte, so lag der Verdacht nahe, daß ihr Schweigen kein endgültiges, die elegante offizielle Ordnung nur eine dünne Rinde war, unter der niemand wußte, welche Feuer schwelten. Furcht, von dem Erlebnis der Revolution erweckt, verschwand nie aus der französischen, der europäischen Welt. Ludwig XVIII. war beherrscht von dem Willen, auf dem Thron zu sterben. Keinen Augenblick vergaß er, daß die Erfüllung dieses Wunsches ein immer aufs neue zu vollbringendes, nur das Heute, nie das Morgen sicherndes Meisterstück sein würde.

Furcht gab es auch in England, wenngleich dort die herrschende Klasse in ihrem Selbstvertrauen nicht in der Art wie in Frankreich erschüttert worden war. Sie hatte unter der Führung der Tory-Partei den großen Krieg gegen Revolution und Kaiserreich gewonnen, aber die Furcht vor der Revolution nicht verloren. Sie war politisch geteilt in zwei Parteien, Whigs and Tories, und diese Parteien waren hundertfünfzig Jahre alt; sie brauchten sich nicht erst zu erfinden wie die neuen, unerfahrenen Parteien Frankreichs. Das aber hatten sie mit dem französischen Parteisystem gemein, daß sie die gesellschaftliche Wirklichkeit des Landes, welche zur politischen Wirklichkeit zu werden strebte, nicht, in ihrem Falle nicht mehr ergriffen. Sie waren beide aristokratisch, landwirtschaftlich und ländlich; die Welt der wachsenden Städte und wachsenden Industrien vertraten sie nicht. Dort, wo es keine Vertretung gab und geben sollte, das Bewußtsein von deren Gerechtigkeit und Notwendigkeit aber längst erwacht war, da mußte es Unterdrückung geben. Auf den ersten Blick könnte es scheinen, als sei das politische Leben in England nach Waterloo übler eingerichtet gewesen als in Frankreich, die Atmosphäre düsterer, die Konflikte brutaler. England war der Sieger, und äußere Siege hinterlassen im Inneren oft so bösartige Stimmungen wie Niederlagen. Es hatte keinen großen Bürgerkrieg erlebt wie Frankreich und war daher, vielleicht, besser zu ihm aufgelegt und imstande. Übrigens wurde Frankreich von einer Monarchie regiert, wenn auch von einer künstlich eingeführten, künstlich beschränkten; England von einer Oligarchie, über der ein schwaches, verachtetes Königtum stand. Oligarchien können volksfremder sein als Dynastien; meist sind sie selbstischer in der Gebundenheit ihrer Standesinteressen. In Paris bestimmte der Hof den öffentlichen Stil; in London taten es die großen Adelsfamilien, noch immer reich, aber bedroht durch den aktiveren, moderneren Reichtum der Industriellen, verschwenderisch, verklatscht, bequem und hartherzig. Disraeli, der sie kannte und zu bessern wünschte, hat sie etwas später in seinen Romanen beschrieben.

Während des langen Krieges war jede innere Veränderung hintangehalten worden. Unerfüllt blieb die politische Gleichberechtigung der Katholiken und der Dissentierenden. Vereinigungen der Arbeiter, Trade-Unions, waren verboten seit 1799. Das Parlament war und blieb, was es in vier Jahrhunderten geworden; eine Versammlung, die insgesamt wohl etwa vierhunderttausend Wähler repräsentierte, aber so, daß über einhundert Sitze von großen Grundherren zu vergeben oder durch die Gunst von nur ein paar Dutzend Wählern zu gewinnen waren. Auch eine so wunderlich konstituierte Nationalversammlung konnte bedeutenden Talenten zu Wort verhelfen (gerade sie konnte es); auch sie konnte dem Einfluß einer breiteren öffentlichen Meinung zugänglich sein. Daß sie aber bestimmte materielle Interessen vertrat und andere nicht, zeigte sich schon im ersten Friedensjahr, 1815; das Getreidezollgesetz, das jede Einfuhr von Getreide verbot, solange das im Land gewachsene nicht einen bestimmten Preis erreichte, begünstigte in gar zu offener Weise den Landbesitz auf Kosten der Städte, der Arbeitgeber wie der Arbeitnehmer. – Unverändert, wie Ordnung und Recht bleiben sollten, blieb schließlich die Regierung, welche sie verwaltete; das von Lord Liverpool geleitete Tory-Kabinett.

Nicht so unverändert war die Gesellschaft, die man unter einer erstarrten Ordnung zu halten gedachte. Zwischen 1800 und 1830 wuchs die Bevölkerung des Königreichs von elf auf mehr als sechzehn Millionen. Städte wie Manchester, Leeds, Sheffield, Birmingham verdoppelten oder verdreifachten ihre Einwohnerzahl. Vervielfachung der Eisenproduktion, der Einfuhr von Baumwolle; Vervielfachung des Exports und Imports überhaupt; gewaltige Menschenkonzentrationen um die Bergwerke, die Schmelzöfen, die Textilmühlen – solche Entwicklungen mußten auf die Dauer stärker sein als der konservative Herrschaftswille einer dünnen Oberschicht. Und wenn auch die Lebensdauer der Engländer im Durchschnitt länger, nicht kürzer wurde, und wenn auch der Realwert der Löhne im Durchschnitt stieg, nicht sank, so war der ungeplante Aufbau der englischen Industrie doch mit Härten verbunden so furchtbar wie jene, mit denen hundert Jahre später der geplante Aufbau der Industrie in einem anderen Lande verbunden war. Die vierzehn- bis sechzehnstündige Arbeitszeit, die Fron siebenjähriger Kinder, der jammervolle Konkurrenzkampf zwischen Handwebstuhl und Maschine, die Keller- und Höhlenwohnungen, die Infernos der Armenhäuser, sie gehören noch immer zur Geschichte, nicht der Legende von der industriellen Revolution. Zu den Qualen des Entstehungsprozesses auf lange Sicht kamen die dringenderen Nöte, die vorübergehenden Schwankungen des Wirtschaftslebens zuzuschreiben waren. Zwischen 1815 und 1820 lebte England im Zeichen einer Nachkriegs-Deflation, mit sinkenden Preisen, Lohndruck, Arbeitslosigkeit, Sparmaßnahmen der öffentlichen Hand. Konnten an der Spitze eines solchen Gemeinwesens immer dieselben großen Herren stehen, die jetzt noch dort standen und von denen einer leichthin meinte, mit vierzigtausend Pfund im Jahr ließe sich allenfalls auskommen; die einen Palast in der Hauptstadt und mehrere auf dem Land besaßen; die in ihren eigenen schweren Equipagen reisten, begleitet von ihren Sekretären, Kaplanen, Ärzten, Spaßmachern; die, wie die Götter in Goethes Schicksalslied, an goldenen Tischen bei ewigen Festen saßen? So lange vielleicht konnten sie es, wie sie alle zusammenhielten, Whigs und Tories, und wie auch das reiche neue Industriebürgertum zu ihnen hielt, weil die Forderungen der Radikalen zu gefährlich klangen.

So war die Situation während der ersten Jahre nach Waterloo. Damals konnte die uralte, platonische Vorstellung von den zwei Nationen, die in jedem Lande fremd und feindlich nebeneinander lebten, den Reichen und den Armen, wieder auferstehen – Disraeli hat sie zum Thema eines Romans gemacht. Nie im späteren 19. Jahrhundert war der Gegensatz zwischen reich und arm so tief, so gefährlich. Daß aufgeregtes Volk, belehrt von radikalen Schriftstellern wie William Cobbett, das allgemeine gleiche Wahlrecht verlangte, auch wohl die Streichung der gesamten Staatsschuld, die Nationalisierung des Bodens, lähmte den Reformeifer der Opposition, der aristokratischen, im Parlament vertretenen wie der noch unvertretenen, bürgerlichen. Zwischen 1817 und 1820 kam es zu einer eigentlichen Krise: zur Außerkraftsetzung alter englischer Rechte wie Habeas Corpus und der Versammlungsfreiheit; zur Knebelung der Presse durch finanzielle Tricks; zu Hochverratsprozessen; zu Kavallerieattacken und Gewehrsalven gegen friedlich versammelte Arbeiter auf freiem Feld. Angstgeborene Mißverständnisse und Krämpfe, denen auch Europas vernünftigste Nation nicht entging. Die Herrschenden fühlten sich nicht eins mit der Masse der Beherrschten. Nach einem guten Diner am Fenster seines Salons stehend, wandte der Premierminister, Lord Liverpool, sich mit tragischer Geste zum französischen Botschafter: »Was soll man denn mit diesen enormen Städten anfangen? Ein einziger Aufstand hier in London, und alles ist verloren.« Es sollte lange dauern, bis es den Menschen dämmerte, daß sie wohl unter einem Gesetz schneller und schnellerer Veränderung lebten, daß aber die Furcht vor der Anarchie, der alles mit einem Schlag umstürzenden Massen-Gewalttat die Furcht vor einem Gespenst und in den zivilisierten, dicht besiedelten Gegenden des Westens niemals »alles verloren« war.

Am wenigsten in England. Das Massaker auf dem St. Petersfeld in Manchester (August 1819) wurde »Peterloo« genannt in bitterer Anspielung auf den Sieger von Waterloo, den starr konservativen Herzog von Wellington, der es ungeprüft billigte, wie seine Kollegen im Kabinett. Die öffentliche Meinung billigte es nicht. Daß Empörung herrschte über den Mord an zwölf Manifestanten, daß im Parlament die Whigs eine Untersuchung forderten, war eben, was man von dem guten, nicht erloschenen, nur vorübergehend überschatteten Genius der englischen Politik erwarten konnte. Mit Peterloo war der Tiefpunkt der Unterdrückung erreicht.

Verbesserte Wirtschaftsbedingungen taten das Ihre. Diese wieder hingen zusammen mit nutzbringenden Maßnahmen, die das Kabinett ergriff und die nicht möglich gewesen wären, hätten nicht vorurteilsfreiere, praktischere Geister mit den Nichts-als-Konservativen die Regierungsmacht geteilt. Castlereagh, der Außenminister, starb 1822 durch eigene Hand. Sein Nachfolger, George Canning, war aus anderem Stoff gemacht als der kühle wie maskenhaft verhaltene Aristokrat; ein Emporkömmling und Demagoge, mit starkem, modernem Sinn für Publizität, energiegeladen, arrogant, höhnisch und furchtlos. Auch Canning war nichts weniger als ein Demokrat, kaum ein Liberaler; er verachtete alle Ideologien und wünschte sich keine Parlamentsreform. »Das Parlament«, hatte er einmal gesagt, »hat die Aufgabe, praktischen Übeln praktisch zu steuern, nicht einem theoretischen Perfektionismus nachzujagen.« Er meinte aber auch, so recht im Sinne Burkes: »Wer allen Verbesserungen Widerstand leistet, weil sie Neuerungen sind, der wird bald Neuerungen annehmen müssen, welche nichts verbessern.« Canning besaß, was die Wellington, Eldon und Sidmouth und selbst der weisere Castlereagh nicht besaßen: Lust zu den großen Möglichkeiten seines Jahrhunderts, Zukunftsmut. Sein Eintritt in die Regierung, obgleich er Castlereaghs Außenpolitik fortzusetzen beauftragt war und, bei nur verändertem Ton, auch wirklich fortsetzte, war ein Anzeichen dafür, daß die Dinge nun wieder in Bewegung gerieten. Gefiel das den Nur-Konservativen in beiden Parteien nicht, so mußten neue Gegensätze und Verbindungen, schließlich auch neue Namen an die Stelle der alten Parteien treten.

Einstweilen, zögernd und in sich selber gespalten, brachte das Tory-Kabinett seit 1822 Reformen zuwege, die 1816 unmöglich erschienen wären. Der Combination-Act von 1799 fiel 1824; nun war es den Arbeitern gestattet, ihre beruflichen Interessen vereinigt wahrzunehmen, wobei freilich die Grenze zwischen der erlaubten Trade-Union und den Verbrechen der »Verschwörung« eine gefährlich unsichere blieb. Der Innenminister Robert Peel, ein Konservativer auch er, aber ein praktisch und wirtschaftlich denkender Großbürger, ging an die Reform des barbarischen Strafgesetzbuches: für über hundert Delikte wurde die Todesstrafe abgeschafft. Peel organisierte die London Police, die erste moderne Polizei, welche England sah. Im Wirtschaftspolitischen fand, nach innen wie nach außen, eine Liberalisierung statt. Hunderte von Zolltarifen fielen oder wurden reduziert; die aus dem 17. Jahrhundert stammenden, längst veralteten Navigations-Akte praktisch abgeschafft, so daß nun die Handelsschiffe Europas und Amerikas Waren jeden oder beinahe jeden Ursprungs nach England führen durften; es verschwanden die Überreste einer merkantilistischen Gesetzgebung, die festgesetzten Löhne und Preise, die Exportsubventionen. All das war Bewegung in einer Sphäre, die man für sicher getrennt hielt von der politischen, dem großen Streit zwischen alter Ordnung und neuer Unordnug; all das half nur »praktischen Übeln praktisch« ab, ohne einem »theoretischen Perfektionismus nachzujagen«. Eben darum wurde es den tätigeren Ministern von den untätigeren gern oder ungern erlaubt. Wo aber einmal Bewegung war, die 1816 gar nicht hatte sein sollen, wo die Regierung in das Leben der Gesellschaft fördernd und befreiend eingriff, da mußte über kurz oder lang auch das Verhältnis zwischen Volk und Führung, die Konstitution, wieder zur Sprache kommen. Und so werden wir England nach 1825 in einen rascheren historischen Arbeitsprozeß gerissen sehen; einen Prozeß, den es trotz allem hektischen Widerstand meisterte und der für das vielgerühmte Viktorianische Zeitalter die Grundlage schuf.

Mitteleuropa: Fürst Metternich

In England und Frankreich gab es öffentliches politisches Leben rechtens; in England ein uraltes, geformtes, das in seinen Formen sich nicht mehr wohl fühlte; in Frankreich ein von der Obrigkeit künstlich normiertes, eingeschränktes. Was es in Deutschland und Italien, Deutschlands Schicksalsschwester, an politischem, gemeinschaftsbildendem Willen überhaupt gab, mußte sich andere Ausdrucksmittel suchen als die parlamentarischen, die es nicht gab; und meistens verbotene. Wir reden hier vom Bannkreis der Mächte, die in Mitteleuropa wirklich zählten, Preußen und Österreich. Die Napoleon-Staaten Süddeutschlands bildeten eine manchmal gehässige, manchmal liebenswürdige Ausnahme. Sie haben aber im 19. Jahrhundert nicht mehr geschichtsgestaltend wirken können. Das, was geschichtsgestaltend wirkte, waren die Nationen und waren die großen Staaten.

Die Deutschen hatten es besser als die Italiener. Sie wurden regiert von Leuten ihrer Sprache und Tradition, sie waren bei sich zu Hause, und über die Grenzen der einzelnen deutschen Staaten ließ sich mit leidlicher Freiheit reisen. Über Italien herrschte Österreich, eine Macht, nicht von vielen Völkern, sondern über viele Völker, aber entschieden keine italienische Macht. Beide Nationen hatten dies gemein, daß sie eins werden wollten, irgendwie, auf die eine oder andere Weise, so einig, wie die Nationen des Westens es waren. Den Italienern wurde dies Ziel nur um ein geringes später als den Deutschen bewußt. Erreicht haben sie es etwas früher.

Daß die Deutschen sich in einem nationalen Staat, einer Föderation, einem »Reich« einzubürgern wünschten, war deutlich schon zur Zeit des Wiener Kongresses. Fremde Beobachter, offizielle oder solche auf eigene Faust, berichteten während der folgenden Jahre und Jahrzehnte wieder und wieder davon. Die politische Grundfrage war hier nicht, wie in England und Frankreich, die nach dem Verhältnis zwischen Volk und Macht, Legislative und Exekutive; sie war die nach dem Verhältnis zwischen den wirklichen Staaten und einem Zentralstaat, Föderativ- oder Nationalstaat, der nicht war, aber sein sollte. Freilich hätte mit einem solchen Zentralstaat auch das Volk so oder so mehr zu tun gehabt, als es mit seinen bürokratischen Fürstenstaaten zu tun hatte; insofern spielte auch hier die politische Frage des 19. Jahrhunderts überall in Westeuropa, die Frage nach dem Verhältnis zwischen Herrschenden und Beherrschten, mit herein. Nationalismus und Demokratie sind nicht dasselbe, aber Zwillinge sind sie. Übrigens war die Vorstellung von dem, was ein deutscher Staat sein sollte, vielfacher Art, wechselnd mit den Zeiten und Moden.

Nach 1815 wurde sie vor allem von der Jugend gepflegt, Studenten, heimgekehrten jungen Kriegsveteranen. Damals war es eine romantische, von einer ungenau gekannten, idealisierten Vergangenheit mehr als von nüchterner Zukunft gefärbte Vorstellung. Den Mitgliedern der großen deutschen Studentenvereinigung, den »Burschenschaften«, lagen nicht Amerika oder Frankreich, nicht Parlamentsverfassung und Republiken im Sinn; sie empfanden nur Abneigung für die süddeutschen Konstitutionen, eben weil sie sie für landfremd und seelenlos hielten. Ein deutsches Reich wollten sie, so wie es in sagenhafter Zeit gewesen sein sollte, belebt von edler Tugend, christlich und germanisch, fromm und frei. Sie fühlten die Nation um ihre Kraft betrogen durch den Deutschen Bund, der ein ausgeklügeltes, feingegliedertes Klein-Europa war an Stelle eines deutschen Staates. Es erschien hier, was später noch mehrmals erscheinen und den westlichen Beobachter vor ein verwirrendes Rätsel stellen sollte: der Geist der Bewegung, des Protestes gegen die alte Staatsmacht wollte in Deutschland nicht dasselbe, was er in England, in Frankreich, selbst in Spanien wollte. Er war nicht »links«, obgleich in gewissem Sinn umstürzlerisch.

Als umstürzlerisch empfanden ihn jedenfalls die Regierungen. Ihnen war tief unerwünscht, daß deutsche Bürger, junge oder alte, etwas wollten, was es nicht gab, daß sie sich versammelten, marschierten, feurige Lieder sangen, anstatt ihren Pflichten nachzugehen und dem Gesetz zu gehorchen. Als ein politisches Verbrechen pathologischen, in seinem Stil aber doch nicht untypischen Charakters – die Ermordung des Schriftstellers Kotzebue durch den Studenten Sand – ihnen einen Anlaß bot, griffen sie ein. Die »Karlsbader Beschlüsse« (1819) entsprachen, auf deutsche Verhältnisse übertragen, ungefähr dem, was in England im nächsten Jahr (1819) die »sechs Akte« waren, beide Unternehmungen kamen aus demselben Geist, derselben ängstlichen Überzeugung: man lebte in einem hochgefährlichen Zeitalter, schwanger mit Revolutionen, aber man konnte sich retten und die Ordnung retten, wenn man nur beizeiten zuschlug und energischer handelte als der arme König von Frankreich vor dreißig Jahren... Nun begann auch in Deutschland, wie der rheinische Publizist Josef Goerres es ausdrückte, ein »Lärm erbrochener Kisten und Kasten, ein Gehen und Kommen der Gendarmen und Polizeihäscher, ein hastiges Überrennen aller rechtlichen Normen in der vornehmsten Behutsamkeit, eine Beunruhigung ruhiger Männer, die der gewöhnlichste Lebenstakt schon zum voraus freisprechen mußte, ein Verhören und Versiegeln, Verhaften und der Haft Entlassen«. Die Karlsbader Beschlüsse richteten sich vor allem gegen die Universitäten, gegen die akademische und literarische Freiheit. Ihrem Buchstaben oder doch ihrem Sinn gemäß sind später die Schriften eines so hervorragenden Publizisten wie Heinrich Heine verboten und ist so mancher Gelehrte oder Literat in die Verbannung getrieben worden.

Der Inspirator der Karlsbader Beschlüsse ist uns aus dem letzten Teile des Napoleon-Epos wohlbekannt. Staatskanzler Fürst Metternich, der Leiter der österreichischen Politik, war ein Diplomat von hervorragenden Talenten, ein vollendeter Menschenbehandler, Autorität und Elastizität, System und Kompromiß auf hochpersönliche, fast künstlerische Weise verbindend. Er war kein Fanatiker, kein Despot, obgleich er Despoten auf ihren Thronen hielt; nicht grausam, obgleich grausame Taten in der Folge seiner Politik begangen wurden. Gebildet in allen Künsten des Aristokraten aus dem 18. Jahrhundert, schön von Gestalt, heiter und hell, lebensfreudig und vergnügungssüchtig, ein literarischer Feinschmecker, ein Rationalist übrigens und mit den Naturwissenschaften spielend – mit alledem schien Metternich kaum der Mann, einer Art zweiten Gegenreformation zu präsidieren. Wie kam er dennoch dazu? Metternich gehörte einer Klasse und einer Generation dieser Klasse an, die das böse Erlebnis der Französischen Revolution nie überwand. Er war pessimistisch seit 1793. Seitdem war Politik ihm ein Spiel zwischen Ordnungswillen und Chaos, zwischen dem Bändiger und dem wilden Tier; wie er denn auch in Napoleon den Bändiger der Gesellschaft geschätzt und nur den abenteuernden Imperialisten mißbilligt hatte. Den großen Zusammenbruch, der am Ende doch kommen würde, wenigstens zu seinen Lebzeiten hintanzuhalten, seine Auftraggeber, seinen Stand, sich selber obenzuhalten, die große Masse der Beherrschten gegen ihre eigene Verrücktheit zu schützen, sah er als seine Aufgabe an. Er nannte sich den »Arzt im großen Weltspital«, was ungefähr soviel hieß wie »der weise Mann im Narrenhaus« und eine mehr als gewöhnliche Eitelkeit anzeigte. Er war kein Staatsmann im Sinn späterer Zeiten, keiner, der dem Zusammenleben der Menschen im Staat große Zwecke hätte geben können; nur ein Chef-Diplomat. Ein solcher taugte allerdings dazu, dem österreichischen Staatswesen vorzustehen, das wesentlich nach außen blickte, wesentlich ein Unternehmen zu Zwecken der Außenpolitik war und zu seinen eigenen Territorien, den deutschen, italienischen, slawischen, magyarischen sich diplomatisch verhielt. Nach Österreich war der Rheinländer in seiner Jugend verschlagen worden und liebte diese schöne, mannigfaltige Region Europas, ohne sich je ganz in ihr zu Hause zu fühlen. In »Europa« fühlte er sich zu Hause. Europa nannte er sein Vaterland – ein schöner, seltener, in seinem Kosmopolitenmunde berechtigter Ausdruck. Österreich und Europa gehörten zusammen, waren beinahe ein und dasselbe. Unruhe in Deutschland, in Italien, auf der Balkanhalbinsel war Unruhe in Österreich, weil Österreich selber ein Stück Deutschland, ein Stück Italien, ein Stück Balkan war. Und weil es ein Stück Europa war, durch tausend Fäden mit ihm verbunden, so mußte auch Unruhe in Frankreich, in

Spanien, in Griechenland es anrühren und war die Gefährdung jedes gekrönten Hauptes, jeder Ordnung, eine Gefährdung Österreichs. Daher Metternichs demnächst zu betrachtende Theorie von der Intervention.

Allmächtig war er nicht. Rückblickend hat er später gesagt, er habe gelegentlich Europa in der Hand gehabt, aber nie Österreich. Dort diente er einem absoluten Monarchen, Kaiser Franz, der, arbeitsam, beschränkt und hartherzig, sich oft genug das letzte Wort vorbehielt. Er hatte es übrigens mit einer Wirrsal von ständischen und nationalen, bürokratischen und kirchlichen Traditionen zu tun, die keines Menschen Wille zu einem rationalen System gestalten konnte, weder damals noch später. Metternich, der Europäer, vertrat Österreich nach außen, aber er beherrschte es nicht.

Was nun die Ordnung der italienischen Dinge betraf, so war dort 1815 mit mehr gutem als bösem Willen ungefähr getan worden, was getan werden konnte. Es war nicht gegen die Volksstimmung, daß die alten Dynastien nach Neapel, Florenz, Modena und Turin zurückgeführt wurden, daß der Papst nun wieder im Kirchenstaat herrschte. Selbst die österreichische Herrschaft über Norditalien schien 1815 das praktisch Richtige, moralisch und psychologisch wenigstens Erträgliche zu sein. Einen italienischen Staat, die Vereinigung von Poebene, Halbinsel und Inseln, hatte es vordem überhaupt niemals gegeben. Tief waren die natürlichen, geschichtlichen, zivilisatorischen Unterschiede zwischen Norden, Mitte und Süden; gering an Zahl die Bildungsschicht, der die Gestaltung der öffentlichen Sache am Herzen lag. Den meisten Italienern war 1815 ein staatlich zerteiltes, von Fürsten, Bürokraten, Militärs und Priestern gelenktes, ein wesentlich unverändertes, untätiges Gemeinwesen das als natürlich Hingenommene. – Dies ist ja überhaupt der Kern der politischen Geschichte Europas nach 1815 und bis 1871: das Werk des Wiener Kongresses war im Moment nicht unweise. Aber es hörte im Laufe der Zeit, in vielen Gegenden mit überraschender Schnelligkeit, auf, passend zu sein. Und nun war kein Modus vorgesehen, nach dem es hätte reformiert werden können. Nun hielten die, die es gegründet hatten, seine Erben und Nutznießer, mit starrem Willen an ihm fest, und es entstand jener »Kampf des Alten gegen das Neue«, an den man 1815 kaum gedacht hatte.

Die Verwaltung des österreichischen Lombardo-Venetien war gut in dem, was eine Verwaltung leisten kann: in Gesetzgebung und Rechtspflege, im Straßenbau, in Polizierung und Hygiene. In alledem war sie die beste, die Italien besaß, und blieb es bis in die fünfziger Jahre. Die kaiserliche Regierung schickte Fachkönner, auch geistvolle, humane Leute nach Mailand. Nur daß es eine streng obrigkeitliche, patriarchalische, obendrein landfremde Verwaltung war; das allen österreichischen Staatsdienern anerzogene Mißtrauen wurde gesteigert durch den Widerstand, den sie erfuhr. Im benachbarten Piemont, nach der Insel, über welche der gleiche Souverän gebot, auch Königreich Sardinien genannt, herrschte geistlose Reaktion, die aber hier von Österreich unabhängig war, ja einen antiösterreichischen Akzent hatte. Es war diese antiösterreichische Haltung, welche das piemontesische Königshaus zu seiner späteren bedeutsamen Rolle in der italienischen Geschichte prädestinierte. Im tyrrhenischen Italien hob die reiche, gut regierte Toskana sich wohltuend ab von den Staaten des Papstes, die ein Bild von Verwahrlosung und obskurantistischer Willkür boten. Der König von Neapel war faul und indolent. Er ließ die französischen

Neuerungen im wesentlichen bestehen und hätte seine Untertanen in Ruhe gelassen, wenn sie ihn und sein absolutes Herrschertum in Ruhe gelassen hätten. Wozu die allermeisten, die analphabetischen Bauern und Fischer, die Barone auf dem Land, die Bürger in den engen, durch keine brauchbaren Straßen verbundenen Städten, wohl auch bereit waren. – Wer hätte damals voraussehen können, welche Springquellen unruhigen und fruchtbaren, das Land und die Welt bereichernden Geistes bald überall in Italien emporschießen würden?

Dicht gesät waren die bemalten Grenzpfähle, hinter denen die Zöllner und Polizisten lauerten. Nächst dem täglichen Brot kam nichts an Bedeutung dem Reisepaß gleich. Politische Flüchtlinge konnten sich retten, indem sie von einem Staat in den anderen sprangen, durch Flüsse schwammen, in Verkleidung mit gefälschten Pässen die Grenzwächter narrten; Banditen, Spione, Provokateure, Agenten geheimer Orden bewegten sich zwischen den Herzogtümern und Königreichen. Der Orden der Carbonari war ungefähr wie die Freimaurerei des 18. Jahrhunderts organisiert; mit greulichen Initiationen, mystischen Rängen, an deren Spitze Gott selber stand, Schwüren, Geheimzeichen, Geheimschriften. Er war in Neapel zur Zeit des napoleonischen Königs Murat entstanden und gegen die Fremdherrschaft gerichtet; jedenfalls war konstitutionelle Freiheit sein Ziel. Seine Mitglieder, »buoni cugini«, gehörten meist den oberen Ständen an, dem Adel, der Armee, der Beamtenschaft, selbst der Kirche. Was Mode, Spiel, Geheimnistuerei, was echte Leidenschaft, ein der Zeit dienender Drang war, das läßt sich kaum unterscheiden. Es war die Form, welche der Liberalismus annahm, da wo er offen nicht wirken durfte und sich im Geheimen gefiel. Die guten Vettern machten gewaltige Fortschritte nach 1815, breiteten sich nach Norditalien aus, hatten ihre »Venditas« selbst in Frankreich. Ermuntert durch das spanische Beispiel, rebellierten im Juli 1820 Einheiten der neapolitanischen Armee unter Führung von Carbonari-Offizieren mit dem Ruf »Gott, König und Konstitution«. In Ländern, denen es an entwickelten bürgerlichen Einrichtungen fehlt, ist einer Offiziers-Junta, die weiß, was sie will, schwer Widerstand zu leisten. Der erschreckte Bourbonenkönig Ferdinand beeilte sich, eine Verfassung im spanischen Stil zu proklamieren, und beschwor sie feierlich am Altar. – Es war dies der Beginn der in dürren Variationen immer wiederholten Wirren, der erst liberalen, dann republikanischen Schläge und österreichischen Gegenschläge, die Italien in den nächsten dreißig Jahren heimsuchen sollten.

Sizilien wollte nicht wie Neapel, die sizilianischen Städte nicht wie die Hauptstadt Palermo, der Pöbel von Palermo nicht wie die Besitzenden. Sizilianischer Separatismus, Bürgerkrieg in Palermo, Krieg zwischen Sizilien und Neapel, Terror und Gegenterror schienen jenen recht zu geben, welche dafür hielten, daß Italien noch kein geeigneter Platz für Verfassungsexperimente sei. Fürst Metternich war dieser Meinung. Freilich wäre ihm ein Erfolg des neapolitanischen Liberalismus noch unwillkommener gewesen als sein Mißerfolg. Ein Parlament in Neapel mußte über kurz oder lang ein Parlament in Mailand bedeuten – die Verwaltung italienischen Schicksals durch Italiener. Was wurde dann aus dem österreichischen Imperium? Was aus der alten Ordnung überhaupt, wenn die katholischen Monarchien Südeuropas, auf deren absoluten Charakter der festeste Verlaß schien, ins Wanken gerieten? Die neapolitanischen Vorgänge hatten ihre Parallele in

Spanien, vielmehr, sie waren eine Nachahmung spanischer Vorgänge. »Europa« mußte handeln, wollte es das Gesetz des Handelns nicht an ordnungsfeindliche Mächte verlieren.

Unter den Monarchenkongressen der Nachkriegszeit ist der von Troppau (in Österreichisch-Schlesien, Oktober/Dezember 1820) ideell der merkwürdigste, weil hier Metternich den Grundsatz universaler Intervention verkündete. Ein Staat, der seine innere Verfassung durch Revolution veränderte, so hieß es in dem von Österreich, Preußen und Rußland unterzeichneten Protokoll, verlöre alle Rechte eines Mitgliedes der europäischen Allianz. Bedrohte seine Revolution die Sicherheit anderer Staaten, so sei es Pflicht der vereinten europäischen Mächte, ihn mit friedlichen oder kriegerischen Mitteln auf den rechten Weg zurückzuführen ... England und Frankreich, in Troppau nur durch ihre Botschafter vertreten, erkannten dies Prinzip nicht an, wodurch ein längst schwelender Gegensatz zwischen den »konstitutionellen« Westmächten und den »drei Despotien des Nordens« in Erscheinung trat. Schon in Aachen, 1818, hatte Lord Castlereagh erklärt: »Nichts wäre unmoralischer und der Würde der Regierungen abträglicher als ein Prinzip, wonach wir uns jederzeit zur Unterstützung der bestehenden Mächte herzugeben hätten, ohne uns irgend um das Maß zu kümmern, in dem sie Gutes oder Schlechtes tun ...« Nun, in einem Memorandum, das sich auf Spanien wie auf Italien bezog, ließ er wissen: Europas große Allianz sei wohl gegen die Revolution gerichtet gewesen, aber nicht gegen jede Form von Demokratie, sondern gegen die besondere, militärische und aggressive Form, welche Bonaparte ihr gab. Sie war »keine Union zu Zwecken der Weltregierung oder für die Überwachung der inneren Angelegenheiten fremder Staaten«. »Großbritannien hat vielleicht ebensoviel Macht wie jeder andere Staat, um einer praktischen und verständlichen Gefahr zu steuern, welche die Nation zu fühlen vermag. Sollte Europas Gleichgewicht bedroht sein, so kann England wirkungsvoll eingreifen, aber meine Regierung ist die letzte in Europa, von der man erwarten sollte, sich in einer Frage von nur abstraktem Charakter zum Handeln zu verpflichten.« Castlereaghs »State Paper« ist so denkwürdig wie das Troppauer Protokoll; die Formulierung einer rein praktischen Politik des Handelns von Fall zu Fall gegenüber dem universalen und grundsätzlichen Anspruch Metternichs. Soll man diesen als den höheren ansehen? Dann, vielleicht, wäre er es gewesen, wenn die Interventionsmächte großzügige, gerechte, schöpferische Lösungen produziert hätten. Leider taten sie das nicht und konnten sie es nicht, so wie die Probleme lagen, die zu lösen sie sich anmaßten, und so, wie sie selber konstituiert waren.

Der Troppauer Kongreß wurde nach Laibach nahe der Grenze Italiens verlegt und der König von Neapel eingeladen, vor seinen gekrönten Brüdern seine Sache darzulegen. Kaum fand dieser Potentat sich unter dem Schutz der Großmächte, als er auch schon die von ihm beschworene Verfassung widerrief und Europa um Hilfe bat. Von Rußland und Preußen ließ Österreich sich die Pflicht übertragen, in Neapel Ordnung zu schaffen. Ein rascher, leichter Feldzug stellte den Absolutismus wieder her und lieferte die Liberalen der Rache des Königs aus. Es war das Schmähliche dieser Intervention und aller ihr in gleichem Geiste folgenden bis 1849 wie ja auch vergleichbarer Interventionen im 20. Jahrhundert: die stärkere, auch zivilisiertere Macht von außen konnte wohl handeln, um eingeborene Legitimität zu retten. Aber sie konnte dann die gerettete kaum beeinflussen,

Das Massaker auf dem St.-Peters-Feld in Manchester am 16. August 1819
Kupferstich. The Manchester Public Libraries

Einzug Ottos, des ersten griechischen Königs, in Nauplia am 6. Februar 1833. Gemälde von Peter Heß. München, Bayerische Staatsgemäldesammlungen

kaum zur Mäßigung nötigen, eben weil der wiederhergestellte Monarch ungeschmälert sein sollte in seiner Würde; und sah angeekelt zu oder sah weg, während ihr Schützling seine barbarische Rachsucht kühlte. Daß er es aber durfte, daß diese wie alle österreichischen Interventionen in Italien auf so geringen Widerstand stießen, lag auch wieder daran, daß die Volksmassen nicht interessiert waren. Sie waren monarchisch gesinnt oder gleichgültig. Angehörige einer dünnen Oberschicht spielten Liberalismus, eroberten die Macht in bluffenden Staatsstreichen und verloren sie so schnell, wie sie sie gewonnen hatten; ihre »Verfassungen« waren Hirngespinste mehr denn solide Staatsgebäude. Der Kern der italienischen Geschichte der folgenden Jahrzehnte ist dann, daß es nicht immer so blieb, daß, zumal im Norden, Bildung und Besitz sich verbreiterten und eine in ihrem Selbstbewußtsein erstarkte Mittelklasse zur liberalen Aristokratie hinüberschwenkte.

Italien ließ sich isolieren. Daß es Österreich oder unter dem Schutz Österreichs seinen eigenen Despoten gehören sollte, war ein Grundstein der Ordnung von Wien. Selbst England bestritt nicht, daß Österreich ein Recht hätte, in seinem Interesse in Neapel oder demnächst im Piemont zu intervenieren; bestritt nur den universalen Grundsatz, welcher zur Rechtfertigung der Intervention diente. Es sollte lange Jahrzehnte immer wiederholter Wirren und Opfer, schließlich der hohen Kunst eines diplomatischen Meisters bedürfen, um Italien den europäischen Mächten interessant zu machen. Anders Spanien, anders die Balkanhalbinsel. Wer die Türkei, ob überhaupt jemand sie beerben sollte, darüber war in Wien nichts ausgemacht worden. Und anders als Italien war Spanien ein Staat für sich, souveräne Macht, wenn auch eine geringfügige; es hatte noch unlängst seine große strategische, moralische Bedeutung gezeigt; es war übrigens noch immer tief in die amerikanischen Dinge verflochten. Die europäische Allianz hielt schlecht und recht die italienische Frage aus. Über der spanischen und nahöstlichen brach sie auseinander oder nahm sie neue, unvorhergesehene Gestalten an.

Griechenland

Die Griechen waren ein Balkanvolk wie die anderen, ein Volk von Bauern und Fischern und Priestern, von Händlern, Matrosen und Piraten; jedoch durch die Jahrtausende mit dem alten Hellas durch einiges mehr als den Namen verbunden, durch Brauchtum und die noch immer erkennbaren schönen Eigenheiten der Rasse. Ihre Sprache hatte unlängst durch die Arbeit patriotischer Philologie eine zeitgemäße Kodifizierung erfahren. Die türkische Herrschaft war im Laufe der Zeit milder sowohl wie unbeständiger geworden. Die regionalen Stellvertreter des Sultans waren die Herren, und von ihrem Charakter, ihren Launen wurden die Bedingungen bestimmt, unter welchen die Menschen lebten. Der Großteil des Landes gehörte dem Herrschaftsvolk. Seit 1774 (Vertrag von Kütchük-Kainardsche) besaß der russische Zar ein vages Schutzrecht über alle orthodoxen Untertanen der Hohen Pforte.

Dem Aufstand von 1821 gingen Jahre moralischer und zivilisatorischer wie auch praktischer Vorbereitung voraus. Literarische Klubs in Athen und anderwärts suchten das

Selbstbewußtsein der Nation zu stärken; eine 1815 gegründete »freundliche Gesellschaft« mit Zentren in Moskau, Triest und den griechischen Städten Kleinasiens war der bestehenden Ordnung nicht freundlich gesinnt. Die große Bewegung Westeuropas erreichte die Halbinsel von Rußland, von Österreich, von Italien her. Schon hatten die Serben sich ein Maß von Unabhängigkeit erkämpft. Vor den Völkern Serbiens, der Moldau, der Walachei hatten die Griechen zwei Dinge voraus: die Magie ihres Namens und die strategische Mittelmeerposition.

Während des Laibacher Kongresses (März 1821) geschah es, daß Zar Alexander die Nachricht von einem ersten griechischen Revolutionsversuch erhielt. Alexandros Ypsilanti, russischer Offizier, aber Grieche von Geburt, behauptete, als er mit einer Gruppe Gleichgesinnter von der russischen Grenze her in die Moldau einfiel, im Einverständnis mit einer Großmacht zu handeln. Der Zar, unter Metternichs Einfluß und stärker denn je einem mystischen Konservativismus ergeben, wies den Gedanken einer Hilfe für den Rebellen weit von sich. Die Rumänen liebten die Türken nicht, aber die griechischen Aristokraten, die als Beauftragte des Sultans in Bukarest regierten, auch nicht; dem befreienden Abenteurer kam nicht die Volksstimmung entgegen, auf die er gezählt hatte. Nach wenigen Gefechten mit den Türken mußte Ypsilanti nach Österreich fliehen, wo man ihn bis kurz vor seinem Tode, sieben Jahre später, ohne Gnade gefangenhielt. Das von ihm gegebene ruhmlose Vorspiel wurde bald von ernsthafterem Lärm übertönt. Noch während Ypsilanti in Rumänien sein Glück suchte, begann, geführt von dem Erzbischof Germanos, der Aufstand auf dem Peloponnes; von da an, April 1821, datiert der griechische Unabhängigkeitskrieg.

Er spielte sich auf drei Ebenen ab. Einmal in der Wirklichkeit, im kontinentalen Griechenland, auf dem Peloponnes, zur See und auf den Inseln. Hier war es ein Balkankrieg im schlimmen Sinn des Wortes, ein Krieg zwischen Barbaren, die einander in Massen umbrachten, die Gefangenen, die Bewohner eroberter Städte, Frauen und Kinder. Die Griechen oder Christen waren nicht besser als die Türken oder Moslems; sie zuerst hatten die Art bestimmt, in der der Krieg zur wechselseitigen Schlächterei werden sollte. Zur wechselseitigen, nahezu allseitigen; denn die Rebellen stritten unter sich, sobald der Türke ihnen eine Atempause gab, stritten um die Führung, stritten um Geld, welches das gute Europa ihnen schickte, stritten um Beute. Der Europäer, welcher der griechischen Wirklichkeit nahekam, mochte seine Hellenenbegeisterung wohl verlieren, und fast schien der amerikanische Politiker recht zu haben, der seine Regierung beschwor, nichts zugunsten der Griechen zu unternehmen, welche Barbaren und eher noch weniger zivilisiert als die Türken seien.

Trotzdem gab es die zweite Ebene, auf welcher der Krieg sich abspielte: jene der öffentlichen Meinung Europas und Amerikas. Die Amerikaner benannten ihre neuen Städte mit griechischen Namen, und große Rhetoren wie Edward Everett und Daniel Webster feierten den griechischen Befreiungskampf in wohltönenden Reden. In Europa ging man über das Reden hinaus. Freiwillige aus aller Herren Ländern strömten nach Griechenland, Anleihen wurden organisiert, selbst ein gekröntes Haupt, der König von Bayern, der seine Hauptstadt mit griechischen Tempeln schmückte, sandte den Rebellen Offiziere und Geld. Die Griechen, kraft ihres Namens und durch die imponierende, wenn auch wilde Tapferkeit ihres Widerstandes, leisteten den europäischen Intellektuellen das, was die Neapolitaner und Spanier nicht hatten leisten können: sie rissen sie aus der polizeigehüteten, müden Langweile der Nachkriegszeit heraus, sie boten ein großes Schauspiel. Und während man im Machtkreis Metternichs nicht liberal sein durfte: philhellenisch durfte man sein, hier war ein Ventil, das sich nicht schließen ließ. Unter den Freunden der Rebellen war der eindrucksvollste Lord Byron, der auf eigenem Schiff mit Gefolgsleuten, Dienern und Geld nach Griechenland gefahren kam. Der gemäßigte Rebellenführer Mavrocordatos bot ihm die Stelle eines Generalgouverneurs über alle befreiten Gebiete Griechenlands an, die Byron auch wohl akzeptiert hätte. Der leidende Romantiker erwies sich in seinen letzten Tagen als tüchtiger Exerziermeister, Organisator und Diplomat. Er vermittelte zwischen den streitenden Fraktionen, gab sein Vermögen, um die Truppen zu bezahlen, trug bei zur Verbesserung des Sanitätswesens. Vielleicht aber war sein frühes Sterben vor Missolonghi (April 1824) das Beste, was er für die Rebellen leisten konnte. Denn es bewegte Europa, wie seit den Heldentaten des jungen Bonaparte nichts es bewegt hatte; Goethes Faust gibt Zeugnis davon.

Die dritte Ebene war die europäisch-politische. Sie hatte zu tun mit der öffentlichen Meinung, die man allenfalls benutzen konnte und gegen die zu handeln schwieriger und schwieriger wurde. Aber sie war nicht dasselbe. Die öffentliche Meinung war enthusiastisch; die Politiker waren kalt und wußten es besser. Selbst George Canning nannte die Rebellen »a most rascally set«. England sollte »weder für Aristides noch für den heiligen Paulus« kämpfen. Lange geschah auf der politischen Ebene nichts als ein Diskutieren von Möglichkeiten, ein wechselseitiges Sich-Behindern und -Belauern der Mächte.

Von alters her war Österreich Europas Vorkämpfer gegen den Türken; im 18. Jahrhundert hatte die Wiener Politik die Auflösung des türkischen Imperiums gern erwartet und die Stücke, die es sich nehmen würde, ausgewählt. Das war nun anders. Einer von Metternichs Freunden, Friedrich Gentz, prophezeite 1815, die Habsburger Monarchie könnte die ottomanische nicht überleben; triumphierender Nationalismus auf der Balkanhalbinsel würde nicht haltmachen vor den Grenzen Österreichs. Er würde das um so weniger, wenn hinter ihm, ihn treibend und ausnutzend, die große nach Süden und Westen drängende Macht des Ostens stünde. Rußland nicht an die Donau und über die Donau zu lassen, war seit 1815 das defensive Ziel der österreichischen Politik; hier bereitete sich ein Konflikt vor, der so lange währen sollte, wie beide Monarchien, die zu Wien und die zu St. Petersburg, währten. Metternich hätte also die politische Anordnung der Balkanhalbinsel am liebsten so unverändert gesehen, wie sie überall in Europa sein sollte. Das selbstverschuldete Schicksal der Griechen kümmerte ihn nicht; die Zivilisation, dozierte er, hörte an den Grenzen Österreichs auf. Ungefähr war dies zunächst auch der englische Standpunkt. Auch hier galt, daß Rußland nicht zum Mittelmeer durchbrechen, daß es sich nicht in Konstantinopel festsetzen dürfte und daß eine schwache, große, allenfalls für zeitgemäße Reformen zu gewinnende Türkei manche Bequemlichkeit bot. Die Tories der alten Schule, der Herzog von Wellington zum Beispiel, waren Freunde der Türken.

Die Rolle des bloßen Zuschauers ließ sich nur dann aufrechterhalten, wenn sich alle mit ihr begnügten. Das war nicht der Fall. Dezember 1825 starb Zar Alexander, in dessen wirrer

Seele das nur erhaltende Prinzip zuletzt das befreiende, philantropische wie das imperialistische entschieden überwogen hatte. Sein Bruder und Nachfolger, Nikolaus I., war aus anderem Holz geschnitzt; ein Despot auch er, die Inkarnation und klassische Selbstdarstellung des Despotismus, aber klaren, trockenen Geistes und sehr auf die Mehrung seines Reiches bedacht. Rußland, der Hort aller Konservativen, würde handeln zur Rettung der griechischen Revolution. Es würde um so eher handeln, als ohne seine Hilfe die griechische Sache offenbar verloren war. Seit 1825 hatten die Rebellen es nicht mehr nur mit dem Sultan, sondern mit dessen kriegsmächtigstem Vasallen, Mehemed Ali, Pascha von Ägypten, zu tun, dessen wohlgedrillte Truppen den Peloponnes verwüsteten und dessen Adoptivsohn, Ibrahim, drohte, er werde ganz Griechenland entvölkern. Es kam der Moment, da Athen fiel und nur noch die Akropolis Widerstand leistete (1826/27); und wieder ein anderer, als auch sie übergeben wurde (Juni 1827) und die völlige Unterdrükkung des Aufstandes eine Frage kurzer Zeit schien. Den Ausgang entschied nicht die Macht der Rebellen, mit deren Führung es bis zuletzt übel bestellt war, sondern europäische Politik.

In dem Vertrag von London (6. Juli 1827) kamen England, Frankreich und Rußland – nicht Österreich und nicht Preußen – darin überein, daß Griechenland unter dem Schutz der Großmächte autonom sein sollte. Einstweilen würden sie einen Waffenstillstand zwischen den Kriegführenden vermitteln und ihn sichern durch eine friedliche Blockade des noch immer auf dem Peloponnes hausenden Paschas Ibrahim. Was nun geschah, war unvorhergesehen und, wie der Nachfolger Cannings, Wellington, wissen ließ, hoch unerwünscht. Die friedliche Blockade fiel unfriedlich aus. Im Hafen von Navarino wurde die türkisch-ägyptische Flotte durch ein englisch-französisch-russisches Geschwader zerstört. Sultan Mahmud proklamierte den Heiligen Krieg gegen solche Friedensvermittler; Rußland ergriff begierig die Chance, sich dem südlichen Nachbar überlegen zu erweisen und eine eigentlich schon entschiedene Frage auf eigene Faust noch einmal zu entscheiden. Es folgte ein regelrechter Kontinentalkrieg zwischen Türken und Russen; diese hatten härtere Anstrengungen zu machen, als erwartet wurde, um die unfertige, in voller Reorganisation begriffene türkische Militärmacht zu brechen. Im Friedensvertrag von Adrianopel (September 1829) bestätigte der Sultan das, was zwischen den Großmächten, Griechenland betreffend, vereinbart worden war; gab den Donaufürstentümern (Moldau und Walachei: die Gebiete des heutigen Rumänien) einen an Unabhängigkeit grenzenden Status und anerkannte die russische Besitzergreifung der Gebiete zwischen dem Schwarzen und dem Kaspischen Meer, über die er bis dahin noch einen vagen Rechtstitel innegehabt hatte. Im folgenden Jahr erlebten sowohl England wie auch Frankreich tiefe innere Veränderungen. Dies aber hatten das englische Reform-Kabinett und die Regierung des Königs Louis Philippe gemeinsam mit der Diplomatie ihrer Vorgänger: der neue griechische Staat sollte seine Existenz durchaus nicht nur Rußland verdanken. Es fand also etwas wie ein Wettbewerb zugunsten der Griechen statt, die von solcher Konkurrenz den Vorteil hatten: die Einräumung vollständiger Unabhängigkeit an Stelle der ursprünglich vorgesehenen beschränkten Autonomie; dann die Erweiterung ihrer Grenze im Norden, so daß sie nun vom Golf von Volos nach Arta verlief; schließlich die Erhebung zum Königreich. Die drei Großmächte besorgten auch den König, den Prinzen Otto von Bayern, der sich durch den bewährten Philhellenismus seines Vaters empfahl. Ein Heer von bayerischen Zivilisatoren, Offizieren, Beamten, Architekten, Gelehrten und Schulmeistern ergoß sich in das Land. Es begann damit die Mode, den Balkanvölkern, oder doch ihren Hauptstädten, durch deutsche Fürsten politischen Stil zu geben. Wurzeln haben aber wohl diese eingeführten Dynastien in den fremden Boden so wenig schlagen können wie vor ihnen die Kreuzfahrer-Monarchien des Mittelalters.

Viel begann mit dem griechischen Freiheitskampf.

Vor allem die »orientalische Frage«, an der der Kampfsport der europäischen Mächte sich üben sollte durch das ganze 19. Jahrhundert und tief ins zwanzigste. Daß anderen Balkanvölkern, Rumänen, Bulgaren, Südslawen, billig sein würde, was den Griechen recht gewesen war, lag in der Logik der Dinge, aber jede Gründung eines neuen Balkanstaates traf auf Widerstand nicht bloß der Türken, sondern europäischer Mächte, und England fand später die kühne Lösung einer Zusammenarbeit mit dem Zaren nicht mehr, die George Canning erzwungen hatte. Auch die andere Seite der orientalischen Frage, die ägyptisch-syrische, meldete sich schon im Zusammenhang mit dem griechischen Drama an. Damals zeigte sich nicht nur die Schwäche des türkischen Imperiums, sondern auch die vergleichsweise Stärke Ägyptens; noch waren die Grenzen des neuen griechischen Staates ungewiß, als Mehemed Ali von Ägypten seinem Oberherrn den Gehorsam kündigte. Damit wurde auch Ägypten zum Faktor und, im wachsenden Maße, zum Gegenstand der europäischen Politik.

In der griechischen Sache kam das 1815 gegründete System ins Wanken. Auf einem Gebiet zwar, das in die großen Garantien von 1815 nicht einbezogen war; aber im Zusammenspiel mit Hauptagenten des Systems. Was George Canning dem griechischen Problem gegenüber anwandte und gleichzeitig in einem demnächst zu schildernden Konflikt anwenden sollte, war nichts weniger als der Grundsatz, nach welchem die Nationen über ihr Schicksal selbst bestimmen sollten – ein Grundsatz, der 1815 nicht geradezu verneint, aber doch mißachtet worden war. Durch das Protokoll von Troppau wurde er ausdrücklich verneint. Aber eben der Unterzeichner des Protokolls, der Zar, half den Griechen in der Rebellion gegen ihre rechtmäßige Regierung – ein nachdenklicher Präzedenzfall. Kluge, wenn auch schmählich verspätete Zusammenarbeit der Großmächte fand in der griechischen Sache statt. Aber es war nicht mehr die universale, salbungsvolle Zusammenarbeit der großen Kongresse. Einzelne Mächte, vor allem England und Rußland, fanden sich nach dem Diktat dessen, was sie für ihr Interesse hielten. Der Zar führte Krieg, ohne den europäischen Areopag um Erlaubnis zu fragen. Der hörte so praktisch zu existieren auf. Das zwischen 1815 und 1822 erstarrte Mächtespiel war wieder in Bewegung, wie von alters her.

Schließlich könnte man auch von einem Triumph der öffentlichen Meinung sprechen. Das denkende, schreibende Europa war progriechisch, bevor seine Regierungen es wurden, und war nicht ohne Einfluß auf das gute Ende. Freilich, die öffentliche Meinung allein hätte es nicht geleistet. Sie half, wenn ihr Wünschen mit dem der Macht koinzidierte; war diese Bedingung nicht erfüllt, so versprach die öffentliche Meinung mehr, als sie leisten konnte, wie Polen im Laufe des Jahrhunderts nur zu oft erfuhr.

Spanien, Lateinamerika und die Monroe-Doktrin

Der griechische Befreiungskampf eröffnete die orientalische Frage. Spanien war im Niedergang seit Jahrhunderten, aber noch nicht völlig getrennt von Ruhm, Wirkungskreis und Herrschaftsanspruch einer gewaltigen Vergangenheit; ein Schatten des Reiches, in dem die Sonne nicht unterging, der sich für die lebendige Wirklichkeit dieses Reiches nahm. Wir haben die internationale Bedeutung eines spanischen Bürgerkrieges im 20. Jahrhundert erlebt, zu einer Zeit, da Spanien die letzten Reste seines amerikanischen Imperiums längst verloren hatte. Um wieviel schwerer mußte spanisches Schicksal wiegen, als Madrid noch ein amerikanisches Reich beherrschte oder zu beherrschen prätendierte, das an schierem Raum die Vereinigten Staaten zusamt dem britischen Kanada übertraf.

Es war ein unseliges Schicksal; das unseligste, das eine europäische Nation sich damals und später bereitete. Mit sich selber, mit der nachnapoleonischen, modernen Zeit, in der es nun leben sollte und wollte und auch nicht wollte, wußte Spanien nichts Rechtes anzufangen. Der Befreiungskrieg gegen Napoleon ließ es in einem zugleich aufgewühlten und ermatteten, an kriegerischen Gewohnheiten der greulichsten Art gesättigten Zustand zurück. Die Verfassung von 1812, beschlossen zu Cadiz, als der Großteil des Landes in französischer Hand und der Bourbonenkönig ein Gefangener in Frankreich war, hatte eigentlich republikanischen, demokratischen Charakter. Sie machte eine einzige gesetzgebende Versammlung allmächtig, ließ den Monarchen nur als eine Art von erblichem Staatspräsidenten bestehen und suchte der Gefahr eines Parlamentsdespotismus dadurch zu steuern, daß Abgeordnete der alten Cortes nicht wieder wählbar sein sollten. Gleichzeitig wurde freilich der katholische Glaube zur Religion des Staates erhoben, die Freiheit der Presse, unter Ausschluß des Geistlichen und Metaphysischen, auf das Gebiet des eigentlich Politischen reduziert – ein bezeichnender Kompromiß zwischen dem Radikalismus des ausgehenden 18. Jahrhunderts und dem, was Spaniens eigenste, tiefste Tradition war. Leider nur konnte eine Staatsform, die das so ungleich reichere und zivilisiertere Frankreich nicht mit Leben erfüllt hatte, für Spanien nicht geeignet sein. Eine geringe Minderheit von Gebildeten, von Gewerbetreibenden, Gelehrten und Advokaten trug sie und trug sie nicht. Als der König 1814 in sein Land zurückkehrte, widerrief er sie, und nur zu sehr bewies die feurig-wilde Reaktion der Massen, daß er den Geist des Volkes richtig erraten hatte. Es begann ein Regiment, über das wir freilich vorwiegend durch die protestantisch-liberale Geschichtsschreibung der Angelsachsen und Deutschen unterrichtet sind, das aber auch der in die Eigenheiten des spanischen Charakters am freundlichsten Eingeweihte wohl nicht wird loben wollen. Ein aus der Vorzeit überkommener, jeden wirtschaftlichen Fortschritt erstickender Merkantilismus; unvorstellbare Extreme von arm und reich, ein Großteil des Landes im Besitz der toten Hand, der Klöster und geistlichen Ritterorden; Korruption der Regierung und der Provinzverwaltungen; blutige Verfolgungen der Liberalen; der Analphabetismus der Massen eher gefördert denn ernsthaft bekämpft, die Hochschulen auf das Bildungsniveau des Mittelalters künstlich herabgedrückt; dazu das Persönliche, der dumpfe, feige und grausame Charakter Ferdinands VII., über dessen Gebaren selbst die Berater Metternichs die Hände über dem Kopf zusammenschlugen – unter so düsteren, einzigartigen Bedingungen war Spanien kaum ein Mitglied der europäischen Gesellschaft. Dennoch sollte es eines sein; und sollte übrigens ein Weltreich beherrschen. Dieser Aufgabe war es nicht mehr gewachsen.

Der Prozeß der Abtrennung Spanisch-Amerikas begann in der Kaiserzeit. In den Bannkreis des französischen Imperiums gezwungen, konnte Spanien damals nichts tun, um seine Autorität in Amerika geltend zu machen. Längst war es eine unfruchtbare, erstarrte, wesentlich ausbeuterische Autorität. Das Volk von Buenos Aires im Süden, von Bogota und Caracas im Norden – sagen wir besser, die dünne Oberschicht reicher Kreolen, die allein für das Volk sprechen konnte – dachte zunächst nicht an Unabhängigkeit. Die Argentinier erklärten sich gegen Josef Bonaparte, für den in Frankreich gefangenen legitimen König. Aber die 1810 in Caracas und Buenos Aires gebildeten Junten waren doch von Spanien unabhängige Willenszentren; die ersten autonomen Regierungen Lateinamerikas. Französische Bildung des 18. Jahrhunderts, Nordamerikas imponierendes Beispiel und fortwirkende nordamerikanische Einflüsse, Stolz und Interesse der Kreolen, auf deren Kosten Spaniens Handelspolitik betrieben worden war, britische Ratschläge und, demnächst, Hilfeleistungen, all das kam zusammen, um die Möglichkeit einer lateinamerikanischen Revolution oder Kette von Revolutionen zur Wirklichkeit zu verdichten. Es gab etwas wie eine unausweichliche Logik der Dinge, den kreolischen Führern wohl bewußt: wenn England, das so ungleich intaktere, fähigere, seine nordamerikanischen Kolonien nicht hatte bewahren können, wie sollte es Spanien gelingen? – Das Element persönlicher Größe fehlte nicht; Simon Bolivar im Norden, José de San Martin im Süden bewiesen sich als Anführer von unbeugsamer Willensstärke und schöner Integrität. Die Botschaft, welche sie zu geben hatten, war aus zweiter Hand, war europäisch und nordamerikanisch in ihrem Ursprung; ihre wirklichen Leistungen mußten von jenen George Washingtons sich tief unterscheiden. Der riesige, dünn besiedelte Kontinent mit seinen Steppen und Hochgebirgen verlangte Kriegstaten von größerer Weite; seine politische Unreife, das Fehlen eines starken Bürgertums, die gähnende Tiefe der Klassenunterschiede, die Neigung selbst der kreolischen Oberschicht zur Zwietracht zwangen die Revolutionsführer zur stärksten persönlichen Initiative. In Mexiko, dem riesigen, bis an die Nordgrenzen des heutigen Texas und bis nach San Franzisko reichenden Vizekönigtum Neuspanien, blieb die spanische Aristokratie zunächst Meister der Situation. Aber gerade hier hatten sich 1810 die untergrundigsten Möglichkeiten gezeigt. Hier waren es nicht bloß die Kreolen, die aufbegehrten gegen die Spanier, sondern die Armen und Zertretenen, die wahren Eingeborenen, Mestizos und Indianer, die sich erhoben gegen Spanier und Kreolen und nicht so sehr Unabhängigkeit wie soziale Gerechtigkeit auf ihr Banner schrieben. Der Aufstand, geführt von einem Priester und dem Schutz der Heiligen Jungfrau anvertraut, war dennoch inspiriert von den radikalsten Lehren der Französischen Revolution, war eine Art von Bauernkrieg und Aufstand der unterdrückten Rasse. Er wurde furchtbar unterdrückt; die Erinnerung daran blieb.

Und nun war es so, daß die wiederhergestellte Bourbonenmonarchie der amerikanischen Bewegung niemals völlig Herr wurde. Wohl wurden Truppen nach Südamerika geschickt, die meisten Provinzen vorläufig gesichert oder zurückerobert. Aber das Gewonnene wurde auch wieder verloren, und Siege wechselten mit Niederlagen. Von zwei Zentren des Widerstandes, Buenos Aires im Süden, Nueva Granada (Columbia) im Nordwesten, führten die Rebellen den Krieg fort, stets gab die Weite des Landes ihnen die Möglichkeit zu Rückzügen, neuen Sammlungen, neuem Vorprellen. Von großartiger Kühnheit war im Winter 1817 der Zug San Martins mit viertausend Mann von La Plata über die Anden nach Chile, das er der spanischen Kontrolle entriß. Seit 1819 kam dem Anführer des Nordens, Bolivar, eine Fremdenlegion zu Hilfe, die aus Iren und Briten, Veteranen der Napoleon-Zeit, bestand. Wir wissen aus den Erfahrungen unseres Jahrhunderts, welche Qual der Kampf um die Rückeroberung eines Kolonialreiches für das Mutterland bedeuten mag. Man glaubt sich dem gewünschten Ende stets nahe und erreicht es doch nie; man fühlt sich im Recht und hat doch gegen sich eine Haupttendenz der Zeit und Zukunft, und die Rebellen wissen es und nähren damit den Starrsinn ihres Siegesglaubens. Sie wissen auch, daß ein guter Teil der Welt hinter ihnen steht, praktisch sowohl wie moralisch. Die Vereinigten Staaten von Nordamerika verfolgten mit wärmstem Interesse das, was ihnen als noble Nachahmung des von ihnen selbst gegebenen Beispiels erscheinen mußte. Und es war offenes Geheimnis, daß auch England mit den Südamerikanern sympathisierte, wiewohl es, als Mitglied der Heiligen Allianz, seiner Gesinnung zunächst nur geringe praktische Folge geben konnte. Madrid wollte sein Weltreich wiederherstellen, so, wie es vor Napoleon gewesen war, und das hieß: den Ausschluß allen nicht-spanischen Handels von Spanisch-Amerika. Darin konnten die angelsächsischen Mächte ihm nicht wohl Erfolg wünschen.

Die Wirren Südamerikas führten zu neuen Wirren in Spanien. Im Herzen eines zu Cadiz versammelten Expeditionsheeres, das von dem schrecklichen Charakter des amerikanischen Krieges nur zu Genaues gehört hatte, brach Januar 1820 eine wohlgeplante Offiziersrevolte aus. Sie fand Widerhall und Nachahmung im Norden, in den großen Städten, in Saragossa, in Barcelona, schließlich in Madrid. Der erschreckte Monarch konzedierte, »um Weitläufigkeiten zu vermeiden«, was gefordert wurde, die Verfassung von 1812. Drei Jahre lang existierte Spanien als gekrönte Republik. Es wurden die Reformen vollzogen, welche sich radikalem Geist empfahlen: Auflösung der Inquisition, der geistlichen Ritterorden und beinahe aller Klöster, Konfiskation ihres Besitzes, der auf achtzehn Milliarden Pesetas geschätzt wurde und nun in der Form von »Nationalgütern« dem kauflustigen Publikum angeboten wurde, Abschaffung der Majorate, der Binnenzölle und so fort. Inwieweit das »Volk« solche Neuerungen wünschte, ist schwer zu entscheiden, da das Volk wohl kaum wußte, was es wollte; es hatte 1814 die Verfassung verhöhnt und allenthalben verbrannt, verehrte sie 1820 wie eine Reliquie, um, wieder drei Jahre später, ihren abermaligen Untergang zu bejubeln. Es können nicht sehr viele gewesen sein, die wirklich verstanden, was mit der Verfassung gemeint war, die wirklich Träger des modernen Geistes waren; der König Ferdinand stand im Grunde den Massen näher als die Liberalen ihnen standen. Vorläufig beschwor er in süßen Tönen, paßte sich an, manövrierte und bat heimlich seinen königlichen Bruder von Frankreich um Hilfe.

Wie gewöhnlich, setzten bald sich »Exaltados« von »Moderados« ab und wurden die neuen Regenten um so radikaler, je weniger sicher sie sich fühlten. Sicher konnte sich in Spanien allerdings nicht fühlen, wer sich die unversöhnliche Feindschaft der Kirche, des alten spanischen Geistes in seiner Totalität zugezogen hatte. Auch von außen in Frieden gelassen, hätten die Verfechter einer hektischen Modernisierung Spaniens ihrer Sache keine Festigkeit geben können. Aber man ließ sie nicht allein. Die Häupter der Heiligen Allianz beurteilten die spanische Entwicklung als eine das Allgemeinwesen bedrohende, und darin hatten sie insofern recht, als, wie wir gesehen haben, die spanische Revolution bald auf Neapel übersprang. Zwei Jahre lang wurde über Spanien geredet und korrespondiert. Es lag weiter ab als Italien, war schwerer, zu Lande nur durch französisches Gebiet zu erreichen und gehörte niemandem, während Italien ohnehin Österreich gehörte; daher seine Ungeschorenheit während zweier Jahre. Zar Alexander wünschte eine große Armee durch Frankreich nach Spanien zu schicken. (»Die Allianz ist gegen die Revolution gerichtet, wir müssen sie heute da angreifen, wo sie sich am furchtbarsten zeigt.«) Ein solcher neuer Russenbesuch im Westen war weder Metternich noch den Franzosen willkommen.

Erst der Kongreß von Verona (Oktober/November 1822), der letzte und prunkvollste der großen europäischen Kongresse, machte Spanien zu seinem Hauptgegenstand. Hier vertrat England, nach dem plötzlichen Tod Lord Castlereaghs durch Wellington vertreten, die Meinung, daß Spaniens innere Angelegenheiten die europäischen Mächte nichts angingen; und Rußland vertrat die genau entgegengesetzte Ansicht. Das Resultat, ein von den drei Ostmächten und Frankreich gezeichnetes Protokoll, versprach gemeinsame Maßnahmen friedlicher oder nichtfriedlicher Art für den Fall, daß die Lage in Spanien sich verschlimmerte. Ungenau gehalten, gab es doch der Macht Handlungsfreiheit, die Spanien am nächsten lag und aus Spanien gern das gemacht hätte, was Italien für Österreich war, Frankreich. Längst wünschten die französischen Ultras, geführt von dem romantischen Schriftsteller-Staatsmann Chateaubriand, die Intervention in Spanien, um den Revolutionsdrachen zu töten, den Glanz der eigenen Monarchie heller scheinen zu lassen, die französische Macht aufs neue vor der Welt zu beweisen. Im Frühling des nächsten Jahres, 1823, fand diese Intervention statt, der Form nach ein Krieg zwischen den beiden Ländern, nachdem die üblichen Vorwürfe, Grobheiten und Drohungen ausgetauscht worden waren. Nun wiederholte sich das Schauspiel der österreichischen Intervention in Neapel im Größeren, Schlimmeren. Nur zu klar bewies die Haltung der Spanier, wie wenig im Grunde die Liberalen für sie gesprochen hatten, wie künstlich und landfremd ihre Unternehmung gewesen war. Das, was Napoleon in fünf Jahren nicht zuwege gebracht hatte, die Unterwerfung Spaniens, gelang dem Bourbonenprinzen Duc d'Angoulème, welcher die Invasionsarmee führte, in wenigen Monaten mit geringen Kosten. Das Volk, das Napoleon als den Gottseibeiuns gehaßt hatte, weil er Fremdes brachte, haßte den Eindringling nicht, welcher das gute Alte wiederherzustellen versprach. Wen unter diesen Umständen die Cortes eigentlich vertraten, da sie doch immerhin von einem zahlreichen Elektorat gewählt worden waren, bleibt ein dunkles Rätsel. Eilends verließen sie Madrid und schleppten den König mit sich, erst nach Sevilla, dann nach Cadiz, von wo sie ihn zwangen, dem Gegner trutzige Noten zu übersenden. Schließlich mußten sie ihn freigeben und in die französischen Linien hinüberschicken.

Das Ende war Reaktion und Rache; Widerrufung alles dessen, was seit 1820 beschlossen worden war, gebrochene Amnestieversprechen, Prozesse, Hinrichtungen. Leichten Herzens hatten die Franzosen den chirurgischen Eingriff unternommen, ohne zu bedenken, daß sie für die wirkliche Heilung des Kranken kein Rezept besaßen. Umsonst beschwor Angoulème die wiederhergestellte Majestät, Mäßigung walten zu lassen. Umsonst belehrte selbst Ludwig XVIII. seinen königlichen Bruder in Tönen milder Aufklärung: »Eine blinde Willkürherrschaft dient nicht zur Stärkung der Macht des Monarchen, sondern zu ihrer Schwächung. Erkennt diese Macht kein Gesetz an, so erliegt sie bald ihren eigenen Launen.« Franzosen und Österreicher hatten gut reden von der Erneuerung uralter spanischer Repräsentativ-Formen und zeitgemäßen Verbesserungen. Zwischen dem, was die Liberalen versuchten, dem Extrem, dem sie zuletzt mehr und mehr zugeneigt hatten, und dem anderen, das Spanien von Europa düster trennte, fand sich kein Mittelweg.

Damit, daß Spanien wieder in sich selbst zurücksank, der König wieder absolut war, die Kirche das Ihre zurückerhielt, die liberalen Anführer nach England flohen oder der Garrotte verfielen, war Spaniens imperiales Problem nicht gelöst. Die letzte Entscheidung über die Zukunft seines Reiches hatte erst noch zu fallen, eine im buchstäblichen Sinn des Wortes welthistorische Entscheidung. Die Cortes waren so imperialistisch wie die Bourbonen; unter ihrer Ägide war der Kampf in Südamerika schlecht und recht fortgesetzt worden, so, wie er auch unter dem hergestellten Absolutismus weiter andauerte. Aber gerade in der Zeit des triumphierenden Liberalismus, 1821, proklamierte Mexiko seine Unabhängigkeit, und zwar eben, um sich liberalen oder radikalen Reformen zu entziehen. Spanier und Kreolen, weltlicher Reichtum und Kirche hielten hier zusammen gegen die Revolution im Mutterland. Mexiko sollte fortan ein Staat für sich sein, ein Kaiserreich, und die Kirche in ihm alle hergebrachten Vorrechte genießen. Das Kaisertum des Rebellenführers Itúrbide hat dann freilich nur ein Jahr gewährt.

Europa, der guten Vorsätze von 1815 ungeachtet, hatte in keiner der seither auftauchenden großen Fragen eine gemeinsame Politik zuwege gebracht; nicht in der italienischen, nicht in der griechischen, nicht in der lateinamerikanischen. Spanien wollte sich mit nichts Geringerem zufriedengeben als dem Unmöglichen, der Wiederherstellung seines geschlossenen Großreiches, und wurde dabei von den guten Wünschen, wenn auch nur diesen, der Russen und der Österreicher gestärkt. Französische Diplomaten spielten mit der Möglichkeit befreundeter Bourbonenmonarchien auf amerikanischem Boden. Werde Südamerika republikanisch, warnte Chateaubriand, dann sei auch die Republikanisierung Europas nur noch eine Frage kurzer Zeit. Auch dem britischen Tory-Kabinett schien die Anerkennung von Rebellen und Thronstürzern an sich nicht wünschbar. Gegen diese Antipathie stand das Handelsinteresse; überall in Südamerika hatten sich in der Kriegs- und Nachkriegszeit britische Exporteure und Konzessionäre eingenistet, und auch der hartnäckigste Konservative konnte diese neue Quelle des Reichtums dem Grundsatz monarchischer Solidarität nicht opfern wollen. Castlereagh suchte nach einem Kompromiß; konnten die Kolonien nicht autonom sein unter der spanischen Krone, konnte nicht vor allem ihr Handel der Welt offen sein? Aber weder Madrid noch die Rebellenführer wollten von Kompromissen hören, und England wurde auf einen Weg gezwungen, an dessen Ende die Anerkennung der neuen Republiken stand. Eine Reihe von Faktoren beschleunigte das an sich Unvermeidliche: die Tatsache, daß im Jahre 1822 Spanisch-Amerika von Mexiko bis Buenos

Aires, mit der Ausnahme des heutigen Bolivien, praktisch unabhängig war; die Haltung der Vereinigten Staaten; der französische Feldzug in Spanien; schließlich das Verschwinden Castlereaghs. In der Substanz setzte George Canning wohl Castlereaghs Politik fort, aber er gab ihr einen impetuosen, rhetorischen, aggressiven Charakter, der seinem kühlen und schweigsamen Vorgänger ferngelegen hatte.

Die Haltung der Vereinigten Staaten war der britischen vergleichbar. Auch sie unterhielten einen blühenden, schon 1810 durch Konsulate geschützten Handel mit Spanisch-Amerika; auch sie – nämlich der erfahrene John Quincy Adams, der als Staatssekretär im Kabinett Präsident Monroes die amerikanische Politik leitete – zweifelten nicht am Ausgang des ungleichen Kampfes. Zu dem Handelsinteresse kam hier das spezifisch Amerikanische, Republikanische, Antieuropäische oder, um es genauer zu benennen, Nichteuropäische, von Europa Wegstrebende, das in Adams seinen bewußten Vertreter hatte. 1819 erwarben die Vereinigten Staaten die Wälder und Sümpfe Floridas von Spanien durch Kauf. Im Frühjahr 1822 sprach Monroe die Anerkennung der Republiken La Plata (Argentinien), Chile, Peru, Kolumbien und Mexiko aus. Im Herbst desselben Jahres, auf dem Kongreß zu Verona, mußte Wellington seinen Verbündeten, kaum noch Verbündeten, mitteilen, daß England demnächst ein Gleiches tun werde. Im folgenden Sommer, August 1823, während französische Truppen durch Spanien zogen, unterbreitete Canning dem amerikanischen Gesandten einen überraschenden Vorschlag: England und die Vereinigten Staaten sollten gemeinsam Frankreich davor warnen, sein restauratives Kriegsunternehmen von Spanien auf Südamerika auszudehnen. Nicht viel fehlte zur Annahme des Vorschlages. Er wäre von dem Gesandten auf eigene Faust angenommen worden, wenn Canning ihn mit der sofortigen Anerkennung der Republiken hätte verbinden können; was jedoch die Stimmung in England noch verbot. Er wäre zwei Monate später – so langwierig warendie Kommunikationen über den Atlantik – in Washington angenommen worden, hätte die Ansicht Monroes und seiner nobelsten Berater, der greisen Expräsidenten Jefferson und Madison, sich durchgesetzt. Adams vereitelte es. Dieser stärkste und klügste unter den amerikanischen Politikern, der Europa wie kein anderer kannte und wie kein anderer sein Amerika völlig und endgültig von Europa zu trennen wünschte, wußte, daß England an sich die Macht hatte, jede französische Einmischung in Südamerika zu verhindern, wenn es wollte und hierzu eine bündnisähnliche Zusammenarbeit beider angelsächsischer Mächte nicht nötig war; daß aber eine solche, einmal proklamiert, Amerika zum Partner des europäischen Mächtespiels zu machen drohte. An Stelle einer englisch-amerikanischen Willenserklärung riet er zu einer nur-amerikanischen, der Verkündung eines Prinzips. Eine solche erschien in Monroes Jahresbotschaft an den Kongreß, Dezember 1823. Das, was viel später die Monroe-Doktrin genannt wurde, enthielt mehrere Komponenten. Eine nahm Bezug auf den unlängst von Zar Alexander erhobenen Anspruch, die Grenzen des russischen Alaska nach Süden auszudehnen. Eine zweite richtete sich gegen die prätendierte moralische Überlegenheit der Monarchien, der Heiligen Allianz, welche besonders der Zar gegenüber amerikanischen Vertretern geltend zu machen liebte. Eine dritte warnte die Franzosen vor jeder Einmischung in Südamerika. »Kraft der Freiheit und Unabhängigkeit, welche die amerikanischen Kontinente erworben haben und aufrechterhalten, sind sie von jetzt ab nicht mehr als Subjekte zukünftiger Kolonisierung durch europäische Mächte anzusehen.« »Das politische System der Alliierten ist... von dem Amerikas wesentlich unterschieden... Ehrlichkeit und die freundschaftlichen Beziehungen, welche zwischen uns und jenen Mächten bestehen, verpflichten uns daher zu erklären, daß wir jeden Versuch von ihrer Seite, ihr System auf einen Teil dieser Hemisphäre auszudehnen, als eine Gefährdung unseres Friedens und unserer Sicherheit ansehen müßten.« Die Botschaft enthielt die mildernde Einschränkung, daß die Vereinigten Staaten gegen europäische Besitzungen in Amerika, so, wie sie jetzt waren, nie etwas unternehmen würden. Übrigens wurde sie balanciert durch das Versprechen, in Zukunft wie in der Vergangenheit sich von Europas Kriegen fernzuhalten, nie sich in die inneren Angelegenheiten einer europäischen Macht einzumischen, jede De-facto-Regierung als rechtens anzuerkennen, mit jeder sich zu vertragen, solange es ohne Verzicht auf das Recht geschehen konnte. Der geforderten Nicht-Intervention Europas in Amerika entsprach grundsätzlich die Nicht-Intervention Amerikas in Europa.

Es entbehrte nicht der Ironie, daß die gleiche Botschaft eine warme Sympathieerklärung für die Sache der Griechen enthielt, eine Erklärung, die viel energischer formuliert worden wäre, hätte nicht Adams den alten Revolutionsfreund Monroe am Zügel gehalten. Man hatte gut versichern, daß die beiden politischen Systeme, das europäische und das amerikanische, völlig voneinander getrennt seien. Im Geiste waren sie es nicht, und nie ließ Politik sich völlig entgeistigen.

Die »Monroe-Doktrin« ist die erste in einer langen Reihe von Doktrinen, durch welche die Vereinigten Staaten in Krisenzeiten ihre Politik zu definieren suchten, damit das praktisch zu Tuende vom Grundsätzlichen mit Sicherheit sich sollte herleiten lassen. Jedoch wurde der doktrinäre Gehalt von Monroes Weihnachtsbotschaft erst später, in den vierziger und wieder in den sechziger Jahren, identifiziert; jetzt erst wurde sie zu einer ewigen, nahezu heiligen Wahrheit erhoben, an die niemand zu rühren wagen durfte. Es habe eine einzige Welt gegeben, bis Monroe kam und zwei aus ihnen machte; und nun seien es zwei. Wohl entsprach dieser Glaube oder Aberglaube einer vorübergehenden Konstellation; der Epoche nämlich, in welcher die Vereinigten Staaten noch zu gering waren, um als Weltmacht in die Angelegenheiten der Alten Welt mitentscheidend einzugreifen, gleichzeitig aber dank ihrer geographischen Lage, dank eigenen beispiellosen Wachstums und dank der britischen Flotte guten Grund hatten, sich sicher zu fühlen. Der Epoche der Isolierung, mit einem Wort, der wirklichen oder der scheinbaren. Jedoch haben Doktrinen ein zähes Leben. Diese wurde noch immer geglaubt, nachdem die Wirklichkeit über ihren stets eingeschränkten und halben Sinn längst hinweggegangen war; wie denn die Vereinigten Staaten im Jahre 1919, nachdem sie eben den ungeheuersten Eingriff in die Verhältnisse der Alten Welt vorgenommen hatten, zur Bedingung ihres Eintrittes in den Genfer Völkerbund machten, daß dieser die Monroe-Doktrin noch einmal ausdrücklich anerkennen sollte.

Im Augenblick und praktisch bewirkte die Botschaft wenig. Wir wissen, daß es keine ernste Absicht einer französischen Intervention in Südamerika gab. Hätte es sie gegeben, so würde die wirkliche Macht der englischen Flotte, nicht die Rhetorik des Weißen Hauses, sie vereitelt haben. Im Dezember 1823 stand die Unabhängigkeit der spanischen Kolonien in Wahrheit nicht mehr zur Diskussion. Damit wird jedoch die geschichtliche Bedeutung der Monroe-Doktrin, vielmehr der ganzen langen, meisterhaft ausgewogenen Botschaft, nicht verneint. Enthielt sie keine ewigen Wahrheiten, so doch praktisch nützliche, für das Jahr und den größeren Teil des Jahrhunderts gültige, klärende, das Nationalbewußtsein stärkende Formulierungen. Ein Gehilfe und intellektueller Einbläser Metternichs, Friedrich Gentz, hat dies erkannt, als er, sofort nach Lektüre der Botschaft, schrieb: »Die Rede des Präsidenten der Vereinigten Staaten ist ein Aktenstück, welches in der Geschichte unserer Zeit Epoche machen wird. Jede Zeile derselben verdient mit der ernstesten Aufmerksamkeit erwogen zu werden. Nicht bloß die heutige Stellung gegen Europa, jener so mächtig und furchtbar gewordenen Föderation, auch das Verhältnis des gesamten amerikanischen Kontinents zur Alten Welt ist hier mit einer Deutlichkeit und Präzision ausgesprochen, die allen Zweifeln und Zweideutigkeiten ein Ende setzt. Die Trennung zwischen Amerika und Europa ist vollendet und unwiderruflich vollendet...« Im nächsten Jahr nötigte George Canning seine widerstrebenden Auftraggeber, Monarch und Premierminister, sich mit der Anerkennung der Republiken zu versöhnen. Was dem Amerikaner Anlaß zu einer grundsätzlichen Stellungnahme von säkularer Bedeutung gab, war für den Briten Gelegenheit zu allerlei wunderlichen Großsprechereien. Er habe, donnerte er im Parlament, die Neue Welt ins Dasein gerufen, um das Gleichgewicht in der Alten wiederherzustellen. »Ich beschloß, daß, wenn Frankreich Spanien haben würde, es nicht Spanien samt Amerika sein sollte...« Nun, die Neue Welt war wohl damals nicht mehr ins Dasein zu rufen; auch hatte der französische Feldzug in Spanien das europäische Gleichgewicht nicht in dem Maße gefährdet, wie der dramatisierende Canning es anzunehmen liebte. Daß die europäische Macht, welche Einfluß in Spanien besaß, sich zur Hegemonialmacht erheben könnte, war ein altes Vorurteil; es sollte noch ein halbes Jahrhundert später eine verhängnisvolle Rolle spielen. Ernsthafter war ein anderer Gesichtspunkt, der Cannings Politik leitete: durch ein positives Verhältnis Englands zu Südamerika wünschte er eben die Trennung der beiden »Hemisphären« zu verhindern, welche Adams statuierte. »Die große Gefahr der Zeit«, schrieb er rückblickend, »eine Gefahr, welche die Politik des europäischen Systems nährte, war eine Teilung der Welt in Europäisch und Amerikanisch, Republikanisch und Monarchisch; auf der einen Seite eine Liga verbrauchter Regierungen, jugendlich kraftvolle Nationen, geführt von den Vereinigten Staaten, auf der anderen.« *Dieser* Gefahr hat die Politik Cannings in der Tat gesteuert. Er war kein Ideologe, verachtete die sich bekämpfenden »Bigotterien«, wie er sie nannte, die absolutistische wie die liberale. Aber er fürchtete die neue Zeit nicht; wenn schon Bewegung sein mußte, so wußte er sein England zum Mitbeweger und Mitgewinner zu machen, anstatt wie die konservativen Allianzpolitiker – »die Heiligen« nannte er sie – den großen Bestrebungen der Zeit nur ein starres Nein entgegenzuhalten. Zupackend, phantasievoll, mit dem Hochmut der starken freien Intelligenz – so hat Canning während der kurzen fünf Jahre seiner Amtszeit der englischen Politik neue Sprache und neue Stoßkraft gegeben. Es sah anders aus, im Osten wie im fernen Westen, es war vom Kongreßsystem nichts übrig, als er, 1827, starb.

Die Trennung Brasiliens von Portugal ging unter freundlicheren Formen vor sich. Die Dynastie Braganza hatte während des Napoleonkrieges selber in Rio de Janeiro residiert, und ein Prinz dieses Hauses, Dom Pedro, ließ sich 1822 zum Kaiser von Brasilien ausrufen.

Monarchien europäischen Stils, sagt man uns, hätten in Amerika nie Wurzeln fassen können. Immerhin hat diese über sechzig Jahre gedauert, und der politische Stil Brasiliens hat sich während dieser Zeit von dem der hispanischen Republiken nicht zu seinem Nachteil unterschieden. Dort herrschte zunächst ja kein sehr glücklicher Stil. Unter dem Antrieb einiger heroischer, hochfliegender Geister war Spanisch-Amerika dem Beispiel Englisch-Amerikas gefolgt. Aber es besaß die Gesellschaft nicht, welche das republikanische Prinzip von Freiheit und Ordnung hätte erfüllen können. Die politische Abhängigkeit von außen entfiel; es blieben die inneren Abhängigkeiten, die besitzenden, herrschenden Minderheiten, der endlose Wechsel der Diktaturen.

War mit dem griechischen Befreiungskampf eine große Frage erst eigentlich eröffnet, so war mit der Anerkennung der hispanischen Republiken ein Prozeß abgeschlossen, der 1776 begonnen hatte: die politische Trennung Amerikas von Europa. Daß sie damals nicht vollständig war, ja genaugenommen selbst heute noch nicht vollständig ist, besagt nichts gegen das Wesen der Sache. Der Friedensvertrag von Gent, welcher den törichten Krieg von 1812 beendete, hatte zwischen England und Amerika, Europa und Amerika wenig bereinigt. Das Scheiden Spaniens, des Entdeckers der Neuen Welt, bereinigte viel. Der bei weitem reifsten und stärksten Kräftekonzentration der westlichen Hemisphäre, den Vereinigten Staaten, zeigte es an, daß sie nun und nun erst sich ihren eigenen inneramerikanischen Aufgaben ungestört würden zuwenden können, ein Vorhaben, welches Monroes Botschaft der Welt verkündete wie ein Trompetenstoß. Den Europäern bestätigte das Schicksal von Spaniens Imperium das Urteil, zu welchem schon das Schicksal von Englands erstem Imperium Anlaß gegeben hatte: Kolonien machten sich auf die Dauer nicht bezahlt. Das war während der nächsten vier oder fünf Jahrzehnte die öffentliche Ansicht. Weitergegangen ist freilich das Erobern und Kolonisieren nichteuropäischer Gebiete auch in diesem unimperialistischen Zeitalter; aber in vergleichsweise bescheidenen Dimensionen und ohne viel Aufhebens davon zu machen.

Die Vereinigten Staaten: inneres Wachstum

Wir müssen hier einen Blick auf das Leben und Treiben der Vereinigten Staaten werfen, vom Genter Vertrag bis zu Monroes Botschaft oder ein wenig darüber hinaus.

Es ist wachsendes Leben, Expansion; die Besiedlung neuer Territorien, die Schaffung neuer Staaten. Als der erste Präsident sein Amt antrat, bestand die Union aus dreizehn Staaten. Als der sechste Präsident, John Quincy Adams, seinen Einzug ins Weiße Haus hielt – das war nur einige dreißig Jahre später –, bestand sie aus dreiundzwanzig Staaten und hatte ihre Einwohnerzahl sich verdreifacht. Daß die neubesiedelten Gebiete sich zu Staaten bilden durften, ebenbürtig den alten, anstatt ihnen wie Kolonien untertan zu sein, erscheint als eine der weisesten politischen Vorkehrungen, die je getroffen wurden; die »nordwestliche Ordinanz« von 1789, welche dies Prinzip der Staatwerdung zuerst festlegte, verdient in der amerikanischen Geschichte einen Ehrenplatz gleich hinter der Konstitution.

Immerhin, es war nicht eine einzige Identität, ein Organismus, was hier wuchs, sondern eine Gemeinschaft aus Gemeinschaften, die unterschiedliche Stile lebten, unterschiedliche Interessen zu verfechten hatten. Es sollte ein Gleichgewicht zwischen ihnen bestehen. Nicht zwischen den Staaten. Von ihnen gaben wohl einige der älteren und ältesten, Massachusetts, New York, South Carolina, ihren Bürgern ein entschiedenes Bewußtsein. Von einem Gleichgewicht zwischen Staaten ist aber in Amerika weder damals noch später je die Rede gewesen. Die Staaten gehörten zu Gruppen von Staaten, zu Sektionen; nicht etwa, indem sie eine Art willkürlicher Bündnispolitik betrieben, sondern weil ihre wirkliche Natur, ihre Geographie es so haben wollte. Wieviel sprunghaften Wechsel, Willkür und Unfug gab es in der europäischen Staatenpolitik. Nicht so in der amerikanischen Politik der Sektionen. Sie waren längst da zur Zeit der Unionsgründung. Jeder kannte sie und kannte ihre Benennung aus wirtschaftlichem Vokabular: die »kommerziellen« Staaten des Nordens oder Ostens; die »agrikulturellen« Staaten des Südens. Ihre Lebensinteressen wechselten und damit auch die philosophischen oder staatsrechtlichen Argumente, mit denen sie ihre Interessen schützten. Auch kamen allerlei Unehrlichkeiten versteckend und verwirrend dazu; wie denn zum Beispiel der Krieg von 1812, welcher angeblich zur Verteidigung von Amerikas maritimen Interessen und Rechten geführt wurde, gerade dem Nordosten, den Seehandel treibenden Staaten von Neuengland, sehr unerwünscht war und gerade von den Süd- und Weststaaten, welche weder mit England noch mit Frankreich Handel trieben, mit Feuereifer verfolgt wurde. Man wußte es damals schon: die Verteidigung von Amerikas beleidigten Neutralitätsrechten gab nur den Vorwand, nicht den wahren Sinn des Krieges ab. Ihn führten die Sektionen des Südens und Westens in der Hoffnung auf fetten Landgewinn: Florida im Süden, Kanada im Norden ... Wir werden solchen scheinbaren Widersprüchen und ihren Lösungen, welche die Historiker uns gefunden haben, in der amerikanischen Politik noch mehrfach begegnen. Durch sie hindurch zeigt sich ein Bündel brutaler und unerfundener, nämlich wirtschaftlicher, Gegensätze, ein Bild von kühnen, einfachen Linien. Da, wo es keine echten Staaten gab, keine solchen wie in Europa, weder dynastische noch nationale, keine mächtigen, mit dem Staate einigen Kirchen, keine der Staatsräson verschriebenen Aristokratien und Bürokratien, wo das Leben nicht in tiefe, von der Geschichte gezogene Furchen gebannt war, da gruppierte es sich und bildete politische Bereiche nach dem Wirtschaftsinteresse. Nach dem Gesamtinteresse geographischer Regionen mehr als dem von Klassen. Natürlich gab es auch sie, wir werden ihrem Wirken und wachsenden Bewußtsein noch begegnen; es mochte wohl vorkommen, daß der Konflikt der Sektionen durch Klassenkonflikte durchkreuzt wurde. Für die Zeit, von der die Rede ist, und lange über sie hinaus gilt aber, daß die Sektionen trotz ihrer obwaltenden Klassenunterschiede nach »außen«, gegenüber anderen Sektionen wesentlich als Einheit wirkten; sei es auch, daß eine herrschende Klasse die Vertretung dieser Einheit usurpierte. – Wachstum, das nach verschiedenen Richtungen ging, bei weitem am stärksten nach Westen, mußte das Gleichgewicht zwischen den Sektionen gefährden. Die Verteidigung des alten Gleichgewichts zwischen den Sektionen, das Suchen nach einem neuen oder aber nach einem Staats- und Gesellschaftsprinzip, welches ein bloßes Gleichgewicht überflüssig machen würde – dies sind die Hauptthemen der inneramerikanischen Politik.

Parteien kamen hinzu. Nicht vorhergesehen von der Verfassung und dem Pater Patriae, George Washington, sehr unwillkommen, waren sie doch schon im letzten Jahrzehnt des 18. Jahrhunderts in Erscheinung getreten, wobei, den Gründern kaum bewußt, das englische Zweiparteiensystem zweifellos als Beispiel wirkte. Die »Föderalisten« wünschten sich eine starke, in das Wirtschaftsleben der neuen Nation schützend und anregend eingreifende Zentralregierung, gedachten, in diesem Sinn, die Verfassung frei zu interpretieren und haßten die Französische Revolution. Die »Republikaner« billigten sie, wenn auch nicht ihre schlimmsten Ausschreitungen, wollten der Union nicht mehr geben, als der Buchstabe der Verfassung bestimmte, und hielten eifersüchtig an den Rechten der Gliedstaaten fest; diese, nicht die Union, waren ihnen recht eigentlich das »Volk«, das sich selber regieren sollte. Ungefähr, sehr ungefähr, waren die Föderalisten die Partei des Nordens und der kommerziellen Interessen, die Republikaner die Partei des Südens und der Landwirtschaft. Wie es aber überall und immer geht, in Amerika noch mehr als anderswo: beide Parteien hantierten mit ihren Prinzipien und ließen sie fallen je nach Stimmung und Interesse des Augenblicks. Sosehr Thomas Jefferson, der Republikaner, die Rechte der Einzelstaaten hochhielt und eine strikte, buchstäbliche Interpretation der Verfassung befürwortete, so leitete er als Präsident doch eine folgenschwere Transaktion, von der er selber meinte, sie sei wohl nicht eben der Verfassung gemäß: den Kauf Louisianas. Und damit fand er den Beifall seiner Parteifreunde: der »Louisiana Purchase«, verfassungsmäßig oder nicht, bot dem nach neuen Siedlungen gierigen Volk der Pflanzer und Farmer gar zu verlockende Möglichkeiten. Daß andererseits die Kaufleute von Neuengland überwiegend Föderalisten waren, hinderte sie nicht daran, während des Krieges von 1812 eine nahezu separatistische, hochverräterische Haltung einzunehmen; die Union sollte stark sein, aber in ihrem Sinn, sollte nicht mit dem Zweck der Eroberung Kanadas einen Krieg führen, welcher ihnen Lasten ohne Gewinn brachte ... Unter dem letzten Präsidenten der »Republikanischen Dynastie«, James Monroe (1816–1824), war der Unterschied der Parteien bis zur Unkenntlichkeit verwischt, und es wurde damals von einer »Epoche des guten Willens« (Era of good Feeling) gesprochen. In der neuen Friedenszeit, die nun endlich beginnen sollte, nachdem die Wirren der amerikanischen Revolution sich in Europas Wirren ein Vierteljahrhundert lang fortgesetzt hatten, schien eine Stimmung wechselseitiger Toleranz sich auszubreiten. Glücklich ergänzten sich Monroe, liberaler Aristokrat aus Virginia, sentimentaler Freiheitsfreund, der einst vor dem französischen Konvent den Bruderkuß empfangen hatte, und sein frommer, strenger Staatssekretär Adams; das Staatsdokument, das sie miteinander verfaßten, die Botschaft von Anno 23, war allen Bürgern zu Dank geschrieben. Unternehmungen, über die man sich ehedem gestritten hatte und bald wieder streiten sollte, wurden nun von beiden Gruppen, insofern es sie überhaupt noch gab, gemeinsam initiiert. Die regierenden Republikaner beschlossen 1816 ein System gemäßigter Schutzzölle, so als sei der Geist des ersten Föderalisten, Hamilton, in sie gefahren. Ebenso ließen sie die Gründung einer neuen »Bank der Vereinigten Staaten« zu, welche die Währung des Landes zu kontrollieren vermochte. All das hieß nicht, daß Norden, Süden und Westen von jetzt ab immer dieselben Grundinteressen haben würden. Es hieß nur, daß die Dinge im Fluß waren. Gewisse Positionen des Anfangs waren veraltet, die Parteien, aristokratische Parteien, Gründungen von Honoratioren alle beide, waren veraltet.

Henry Clay aus Kentucky, einer der starken, wortgewaltigen, nicht mehr aristokratischen, noch nicht demokratischen oder plutokratischen Parlamentarier, wie es sie in der ersten Hälfte des Jahrhunderts zu Dutzenden gab, sprach von einem »amerikanischen System«. Es sollte Zölle zum Schutz der jungen Industrien verbinden mit sogenannten »inneren Verbesserungen«, den Bauten von Straßen und Kanälen durch die Union, finanziert durch den Verkauf der »Public Lands«. Die öffentlichen Ländereien, das waren jene unermeßlichen Gebiete, die noch in keines einzelnen Bürgers Besitz waren, also der Nation in ihrer Gesamtheit – nicht den Staaten – gehörten und von der Unionsregierung in festgesetzten Größeneinheiten, zu festgesetzten Preisen verkauft wurden. Zölle und Public Lands waren die Einnahmequelle der Union, die Steuern nicht ausschrieb; und Zölle, Public Lands und »innere Verbesserungen« die Hauptgegenstände der Politik durch die Jahrzehnte. Zu welchen Preisen, in welchen Größeneinheiten die öffentlichen Länder anbieten? Was mit dem Erlös machen? Wie die Auswanderer behandeln, die sich, ohne zu zahlen, auf dem besten Land schon festgesetzt und es urbar gemacht hatten? Wie die ärgerliche Bedeutung industrieller Schutzzölle für die Farmer des Westens durch angebotene Vorteile, die Verbilligung der öffentlichen Ländereien oder bessere Überlandverbindungen, kompensieren? Was die Wirkung solcher neuen Verbindungen, Bundesstraßen oder Kanäle für Handel und Arbeitsmarkt der älteren, meerverbundenen Zentren? Hier waren Möglichkeiten für zahlreiche Gegnerschaften, zahlreiche Tauschgeschäfte unter Menschen, die, ungeachtet eines starken und stolzen Nationalbewußtseins – das hatten sie jetzt alle, das verband alle –, entschieden ökonomisch dachten, hart zu arbeiten, gut zu leben, wohlhabend zu werden oder wohlhabend zu bleiben wünschten. – Um 1820 war das »amerikanische System« dem Süden lieber als dem Norden. Das änderte sich später.

Öffentliche Ländereien, und für was eine nahezu funktionslose Zentralregierung den Ertrag aus ihnen verwenden sollte; Zölle; innere Verbesserungen – ein europäischer Politiker hätte Amerika um seine Sorgen beneiden können. Es waren die Sorgen eines von der Vergangenheit unbelasteten, im Raum der Gegenwart nahezu unbeschränkten, potentiell unvorstellbar reichen Gemeinwesens. Den Reichtum zu heben, brauchte es nichts als Arbeit und Frieden.

Die »Mason-Dixon-Linie«, zwischen dem neununddreißigsten und vierzigsten Breitengrad verlaufend, bestimmte ursprünglich die Grenzen des Staates Pennsylvania gegenüber den Staaten Delaware und Maryland, wurde aber schon im späten 18. Jahrhundert zur Grenze zwischen »Norden« und »Süden« schlechthin; das hieß, unter anderem, zwischen Staaten, in denen die Negersklaverei rechtens abgeschafft oder praktisch erloschen war, und Staaten, in welchen sie fortbestand. Kommerzielle und Agrikultur-Staaten – man wandte auf sie auch die ominöse Unterscheidung von »freien« und »sklavenhaltenden« Staaten an. Daß auch zwischen diesen beiden Sphären, und vor allem zwischen ihnen, ein Gleichgewicht sein müßte, war ein ungeschriebenes, aber den Vätern der Verfassung wohl bewußtes Grundgesetz. Da nun Amerika im Zeichen ungeheuren Wachstums stand, so war die schwierige Aufgabe: zu verhindern, daß eine der beiden Regionen schneller wuchs als die andere. Tatsächlich wuchs der Norden schneller an Bevölkerungszahl. Die Zahl der Staaten selbst, und der sie in Washington vertretenden Senatoren, wog man vorsichtig ab. Immer entsprach der Schaffung eines »sklavenhaltenden« Staates die Schaffung eines freien. In den Staaten, die sich im Nordwest-Territorium bildeten, sollte die Sklaverei ausgeschlossen sein. Nicht so in den ehemals französischen oder spanischen Gebieten von Louisiana. Indem nun im Norden dieses riesigen Gebietes ein neuer Staat, Missouri, sich bildete und 1819 als sklavenhaltender Staat Einlaß in die Union begehrte, kam der Gegensatz zwischen den Sektionen zu einem unerwarteten Ausbruch. Der Süden, hieß es im Kongreß, in Versammlungen und Zeitungen, dehnte sich aus in Gebiete, auf die er kein Anrecht hätte, das Gleichgewicht sei gefährdet; auf beiden Seiten wurde das drohende Wort »Sezession« gehört. Im nächsten Jahr fand man einen Ausgleich, den »Missouri-Kompromiß«. Dem neuen Staat Missouri wurde der Eintritt in die Union als ein sklavenhaltender Staat gewährt, gleichzeitig aber im Nordosten ein freier Staat (Maine) zugelassen; im Territorium von Louisiana sollte fortan eine Linie halbwegs zwischen dem sechsunddreißigsten und siebenunddreißigsten Breitengrad Freiheit und Sklaverei voneinander trennen. Eine einfache Lösung, einfach, großzügig und grob, wie damals die amerikanische Politik in den meisten Stücken war, aber praktisch; sie hat den Sektionen während dreißig Jahren einen leidlichen Frieden gewährt.

Die Verfassung hatte das Verbot der Einfuhr afrikanischer Sklaven von dem Jahre 1808 an vorgesehen, nicht aber die Aufhebung der Sklaverei selber oder den inneramerikanischen Sklavenhandel. Dabei trösteten sich die humanistischen und aufgeklärten Unionsgründer mit der Hoffnung, daß eine Institution, die mit dem guten Geist der Zeit so offenbar in Widerspruch stand, auch wirtschaftlich sich nur sehr zweifelhaft bezahlt machte, von selber allmählich erlöschen werde. Das Gegenteil trat ein. Die seit der Jahrhundertwende gewaltig sich ausbreitende Baumwollkultur erhöhte die Bedeutung der Sklaverei zu vorher nie erlebtem Maße. Immer hatte es nahe der atlantischen Küste Tabak- und Reisplantagen gegeben, auf denen Sklaven arbeiteten und deren Besitzer im 18. Jahrhundert einen aristokratischen Lebensstil entwickelt hatten. Im Hinterlande aber herrschte auch im Süden das freie, robuste, anarchische Leben der Pioniere. Das änderte sich jetzt, im Zeichen der Baumwollplantage. Sie machte den Unterschied zwischen Süden und Norden tiefer, als er bisher gewesen, schärfer das erhaltende Interesse an der Sklaverei, bewußter auch die Notwendigkeit eines Gleichgewichts zwischen den Sektionen. Einstweilen fühlten jedoch die denkenden Vertreter des Südens keine Gefahr für sich und ihre besondere Institution (wie sie die Sklaverei nannten); der bedeutendste unter ihnen, John C. Calhoun, eiferte im Bunde mit Henry Clay für das »amerikanische System« eines Sektionen und Staaten verbindenden, tätigen Nationalismus. Daß die Amerikaner noch nicht in jeder Beziehung eine einige Nation seien, daß sie aber eine werden könnten und sollten, im Zeichen eines Wachstums, welches ihre nationale Existenz zugleich erhöhte und gefährdete, Calhoun sah es so gut wie einer: »Unser Wachstum ist stark und schnell, beinahe hätte ich gesagt erschreckend. Das ist unser Stolz und unsere Gefahr; unsere Schwäche und unsere Stärke. Laßt uns also die Republik durch ein vollkommenes System von Straßen und Kanälen zusammenbinden.« (1817.)

Auf eigenartige Weise kam die Tätigkeit des Obersten Bundesgerichts dem jungen Nationalismus zu Hilfe. Die Aufgabe, in einem gegebenen Streitfall über den verfassungsmäßigen Charakter eines Unionsgesetzes zu entscheiden, konnte unter den Händen eines eigenwilligen, geistvollen Obersten Richters sich wohl erweitern zur Interpretation, welche die Verfassung lebendig hielt und in dem ihr eigenen Sinn sie wachsen ließ. John Marshall (Oberster Richter 1801–1835) war ein solcher schöpferischer Hüter des Grundgesetzes. Fragen, die historisch gesehen wohl strittig waren oder keine eindeutige Antwort zuließen, entschied er aus eigenem Ermessen im Sinn der lebendigen Gegenwart und Zukunft: die Bundesregierung sei eine von der Souveränität der Gesamtnation getragene, nicht eine von den Staaten mit ihren Rechten nur beliehene; Amerika sei etwas anderes als ein Bund von Staatsvölkern, sei eine Nation wenn nicht in allen, so doch in den wesentlichsten Bezügen; seinen gesetzgebenden Versammlungen müßten alle Mittel erlaubt sein, welche einem der Nation wohltätigen, von der Verfassung aber wenigstens indirekt vorgesehenen Zweck entsprächen, und so fort. Es war eine nationalistische Rechtsphilosophie, ein politischer Wille, was hier waltete, wie juristisch kühl auch die Formulierungen. Man sagt wohl – Lord Bryce zum Beispiel hat es gesagt –, daß Marshall der Verfassung nichts Fremdes antat oder hinzufügte, nur ihr weise entlockte, was in ihr angelegt war. Immerhin, ein anderer Oberster Richter, etwa von der Jeffersonschen Schule, hätte mit gleich starken Argumenten andere Urteile fällen und mit ihnen dem Wuchs der Verfassung eine andere Richtung geben oder ihr Wachstum hindern können. Auch Bryce gestand das ein, wenn er gegen Ende des 19. Jahrhunderts schrieb: »Es ist kaum eine Übertreibung, zu sagen, daß die amerikanische Verfassung ..., so, wie sie heute vor uns steht, ein ungleich vollkommeneres, fertigeres Instrument ist, als sie, brandneu aus den Händen der (Philadelphia-) Konvention kommend, gewesen war. Sie ist nicht nur deren Werk, sondern auch das Werk der Richter und vor allem eines Mannes, des großen Obersten Richters Marshall.«

Das Oberste Bundesgericht tat so, auf seine Weise, was Präsident und Kongreß auf die ihrige taten. Die drei großen Regierungsorgane hielten den gewaltig wachsenden Strom des amerikanischen Lebens in seinem Bett. Mehr als in Europa fielen hier zwei Bereiche auseinander: das, was das Volk tat, die Kraft, die Sache, und das, was die Hauptstadt daraus machte, die Form. Nicht die Hauptstadt trieb alljährlich die Hunderttausende, Mann, Weib und Kind, Freie und Sklaven, in das Tal des Mississippi und über den Mississippi hinaus. Sie taten es von alleine, in einzelnen Familien oder in Gruppen, getrieben von der Lust nach reicherem Leben und Abenteuer. Und dies war in jenen Jahren und blieb durch die Jahrzehnte das stärkste Element der amerikanischen Entwicklung. Der Hauptstadt oblag, zu sehen, daß nicht die Identität zerbrach dessen, was sich hier ausbreitete; wofür viel Klugheit und Kompromißbereitschaft nötig waren. Andere Nationen, zum Beispiel die deutsche, sind staatlich zerfallen, indem sie im Raume wuchsen, oder wurden, wie die russische, in ihrem Wachstum durch einen zentralen Despotismus zusammengehalten. Das Wachstum einer föderativen Republik, die Gebiet nach Gebiet, Staat nach Staat sich anfügte und doch sie selber blieb, sich bindende Formen auferlegte und ihnen die Treue hielt trotz allen mitunterlaufenden Unrechts, aller Wildheit und Anarchie – es bleibt die erstaunlichste Leistung von Europas staatenbauendem Genius.

Die Nation wurde bewußter und einiger, je weiter der von ihr eingenommene Raum. Bald auch wirkten die Interessen und Stimmungen des stetig sich erweiternden, auffüllenden Westens auf die Politik des Ostens und der Gesamtnation zurück, führten sie zu neuen Parteibildungen, brachten sie einen neuen Ton in die Hauptstadt und in den Palast des Präsidenten.

Wir haben schon gesehen, wie die äußere Politik jener Jahre dem Geist der inneren entsprach, die Abkehrung von Europa, die bewußte Konzentrierung auf Nur-Amerikanisches. Noch deutlicher als in Monroes Botschaft kam sie in einem Schreiben zum Ausdruck, in welchem, drei Jahre früher, Staatssekretär Adams seinen Gesandten in St. Petersburg instruierte, die Einladung des Zaren zum Anschluß an die Heilige Allianz höflich abzulehnen. »Das politische System der Vereinigten Staaten ist ... essentiell außereuropäisch. Mit Festigkeit und Vorsicht sich freizuhalten von jeder Verwicklung in das europäische System, war das Leitprinzip ihrer Politik unter jeder Regierung seit dem Frieden von 1783 bis zu diesem Tag ... In dem Maße jedoch, in dem die Bedeutung der Vereinigten Staaten als eines Mitgliedes der allgemeinen Gesellschaft zivilisierter Völker in den Augen der anderen wächst, wachsen auch die Schwierigkeiten, diese Praxis aufrechtzuerhalten, vermehren sich die Versuchungen, von ihr abzuweichen ... Im Interesse der Ruhe Europas wie Amerikas sollten die europäischen und amerikanischen politischen Systeme so getrennt und unterschieden voneinander gehalten werden wie möglich ...« Es ist hier abwechselnd von dem »System der Vereinigten Staaten« und von dem »amerikanischen System« die Rede. Was also wurde von Europa getrennt, Europa als ebenbürtig entgegengesetzt: eine einzige Nation, die der Vereinigten Staaten, oder ein Kontinent, »die amerikanischen Kontinente«, von denen drei Jahre später in Monroes Botschaft die Rede war? Die ambivalente Bedeutung des Namens »Amerika«, an sich wohl keine ganz zufällige Ambivalenz, läßt auf diese Frage keine klare Antwort zu. Adams wußte, daß die Vereinigten Staaten das Maximum ihrer Ausdehnung noch längst nicht erreicht hatten. Die Monroe-Doktrin hatte die gesamte westliche Hemisphäre, nicht bloß das Staatswesen, welches sie verkündete, zu ihrem Gegenstand. Andererseits kann man gerade von John Quincy Adams, als er nun, 1824, Präsident der Vereinigten Staaten wurde, nicht sagen, daß er eine panamerikanische Politik betrieben hätte. Der Vater der Monroe-Doktrin, angelsächsischer Protestant und Puritaner, der er war, hatte keine optimistische Ansicht von der Zukunft der lateinamerikanischen Republiken, er traute ihnen wohl äußere Unabhängigkeit, nicht aber innere Freiheit zu. Einem allamerikanischen Kongreß, der 1826 auf Betreiben Bolivars in Panama stattfand, wurde seitens der Vereinigten Staaten nur eine verspätete, dürftige Teilnahme gegönnt; nie, im 19. Jahrhundert, wurden Allianzen mit lateinamerikanischen Staaten geschlossen.

Was dann die andere noch wirkliche Macht auf dem Kontinent, England, betraf, so hinderte ihr stolzer »Amerikanismus« diese zweite Generation nicht daran, sich mit ihr zu vertragen. In aller Diskretion, ohne viel theoretischen Aufhebens davon zu machen, wurde damals der Grund einer späteren britisch-amerikanischen oder kanadisch-amerikanischen Vernunftgemeinschaft in der westlichen Hemisphäre gelegt. Entscheidend war der Vertrag von 1817, der die Gefahr eines Flottenwettrüstens auf den großen Seen durch Begrenzung der Schiffseinheiten auf ein ungefährliches Minimum bannte: der erste moderne Abrüstungsvertrag und nahezu der einzige, dem dauernder Erfolg beschieden war. Er erleichterte die Arbeit einer Reihe von anglo-amerikanischen Kommissionen, welche die Grenzen zwischen Kanada und den Vereinigten Staaten zu bestimmen hatten und deren Aufgabe sich oft als eine der geographischen Forschung herausstellte, ehe sie eine diplomatische sein konnte; die alten Friedensverträge hatten manches in Dunkelheit gelassen. Die vergleichsweise Leichtigkeit, mit der hier riesige Territorien so oder so vergeben wurden, war etwas Neues in der Diplomatie, dem Geist der Neuen Welt wie angelsächsischem Geist zugute zu halten; mit Frankreich oder Spanien als Partner würde England kaum zu so großzügigen Lösungen gelangt sein. Schon 1818 waren im Fernen Westen bis zu den Rocky Mountains die Grenzen dort gezogen, wo sie heute noch sind, und nur die Frage des großen, zwischen dem russischen Alaska und dem spanischen Kalifornien gelegenen Oregon-Territoriums offen. Der Streit über die Nordostgrenze, zwischen dem St.-Laurence-Strom und dem Ozean – der Provinz Quebec auf der einen, den Staaten Vermont, New Hampshire und Maine auf der anderen Seite –, wurde erst 1842 beigelegt.

Der Stil der Politik

König Ludwig XVIII. starb im Jahre 1824. Ihm folgte auf den Thron Frankreichs sein Bruder, Karl X., seit langem die Hoffnung der »Ultras«, ein vornehmer Mann von gradlinigen, einfachen Gesinnungen. In der Kathedrale zu Reims ließ er sich krönen und salben mit dem Öl, das sein Vorfahr Chlodwig vor 1300 Jahren geweiht hatte; zwar war die heilige Ampulle während der Revolution zerbrochen worden, aber, so erfuhr man, den Inhalt hatte ein wunderbarer Zufall gerettet. In purpurner Seidenrobe lag der alte Herr auf den Kissen, indes der Erzbischof aus goldener Nadel ihn mit der kostbaren Flüssigkeit bestrich; worauf vier Marschälle des Reichs, alte Jakobiner, die Marschälle Napoleons, ihm Krone, Szepter, Schwert und Hand der Gerechtigkeit darreichten. Eine geringe Einräumung an die neue Zeit war es, daß der Gesalbte schwor, die Charta zu ehren, anstatt, wie ehedem, die Ungläubigen auszutilgen. Nach vollbrachter Feierlichkeit besuchte der Monarch das Armenspital der Stadt, legte den Bresthaften seine Hand auf und versprach ihnen, daß Gott sie heilen werde.

Vier Jahre später wurde in der Hauptstadt Washington ein neuer Präsident inauguriert, der erste einer langen Reihe, die aus dem Westen kamen, General Andrew Jackson. In einem einfachen schwarzen Anzug und schwarzer Krawatte, mit wehendem weißem Haar – er war nur wenige Jahre jünger als der König von Frankreich – schritt Jackson die unfertige Pennsylvania Avenue hinauf zu dem unfertigen Kapitol und mußte sich seinen Weg durch die jubelnde Menge bahnen. Der Eidesleistung folgte der Zug zum Weißen Haus: der neue Präsident zu Pferde voran, hinter ihm gedeckte Farmwagen, ein Schwall ungeladener Gäste der weißen wie der dunklen Rasse, die sich in die Residenz des Staatsoberhauptes drängten, sich um die Erfrischungen balgten, Porzellan und Gläser zerbrachen, mit kotigen

Stiefeln auf Tischen und Stühlen herumstiegen; schließlich lockte man sie aus dem Palast, indem man Punschbowlen im Park aufstellte. Jackson selber, ein wetterfester Mann, aber doch in Verlegenheit gebracht von so viel republikanischer Freiheit, mußte sich durch ein Fenster aus dem Gedränge retten.

Wir wollen nicht sagen, daß beide eben beschriebenen Feierlichkeiten für die Staatsformen, welche sie unterstrichen, die monarchische und die republikanisch-demokratische, durchaus bezeichnend gewesen seien. Die Gesellschaft von Washington, republikanisch auch sie, war entsetzt über den »Einzug von König Mob« ins Weiße Haus; das intellektuelle Frankreich, auch das nicht geradezu antimonarchische, höhnte über die zu Reims gegebene mittelalterliche Schaustellung. Der republikanische Stil war im Jahrhundert des Bürgertums nicht schwer zu finden, solche Ausschweifungen wie bei der Inaugurierung Jacksons kamen später nicht wieder vor; es war die Monarchie, die es schwer hatte, sich einen Stil zu geben. Trat sie zu einfach, zu bürgerlich auf, so imponierte sie nicht; und was war eine Monarchie, die nicht imponierte? Nahm sie es in ihrer Selbstdarstellung ernst mit ihrem theoretischen Anspruch, ging sie zurück zu den Wurzeln ihrer Herkunft, zu Saul und David, zu Chlodwig und zu Pippin, so gab es Spottgedichte ... Politik hat zu tun mit allen großen Gegenständen der Gesellschaft, den ökonomischen, moralischen, religiösen; im 19. Jahrhundert auch und vor allem mit der Frage, wer bei der Entscheidung über solche Gegenstände mitwirken durfte und auf welche Weise und wer nicht. Politik ist aber auch öffentliche Stilgebung, welche von oben kommt. Und da Stil hier nicht bloß modische, auch ästhetische, auch moralische Wertungen involviert, so ist die Bedeutung dieser Seite der Politik keineswegs zu unterschätzen. Sie war übrigens in Europa viel wichtiger als in Amerika. In den kleinen, gedrängten Ländern Europas waren Staatsspitzen und Hauptstädte eigentlich stilgebend. Die Hauptstadt Washington war es kaum. Ihr Lebensstil wuchs ihr zu aus dem weiten Lande, welches den seinen, vielmehr seine verschiedenen Lebensstile von selber entwickelt hatte und von selber veränderte.

Die britische Monarchie war unter den Engländern verachtet bis zum Regierungsantritt Königin Victorias und war auch in der ersten Zeit der Königin nichts weniger als beliebt. Von dem alten Georg III., keinem unlauteren Charakter, aber kapriziös, störrisch, schließlich geisteskrank, wußte man, daß er, wenn er überhaupt eingriff und tätig war, regelmäßig mehr Schaden als Nutzen gestiftet hatte. Seine Söhne genossen, ohne darunter zu leiden, den Ruf profunder Unzuverlässigkeit und Würdelosigkeit; ausschweifende, gedunsene Roués, hinter denen, wenn ihre Equipagen durch die Straßen von London rasselten, Flüche fielen und Steine flogen. Gerade das, was später eine Funktion der britischen Monarchie wurde: dem Lande ein Beispiel mustergültigen Sittenlebens zu geben, tat der Hof von St. James vor 1837 am wenigsten; nicht zu zählen waren die Mätressen und unehelichen Kinder von Prinzen des Hauses Hannover, und 1821 wurden die Gemüter der Untertanen durch die skandalösen Details eines königlichen Ehescheidungsprozesses in Wallung gebracht. Noch immer verbunden mit seinen deutschen Besitzungen und halbwegs als landfremd empfunden, gab das englische Königtum damals in Wahrheit keinen Stil. Der kam viel eher vom Adel auf dem Lande und in der Stadt, von Tories wie dem feierlichen, sehr selbstbewußten, allverehrten Herzog von Wellington; von den Chefs der großen

Whig-Häuser, die ihr Leben zwischen parlamentarischer Arbeit, Gesellschaft und Literatur teilten. Nach nächtelanger Debatte sah man sie in den frühen Morgenstunden den Weg zwischen Westminster und ihrem Stadthaus zu Pferde zurücklegen. Stil kam auch, in steigendem Maße, von dem neuen Großbürgertum, das in den zwanziger Jahren Robert Peel, Sproß einer geadelten Textilindustriellenfamilie aus Lancashire, im Kabinett vertrat. Es war ein sittenstrenger, frömmerer, sentimentalerer Stil als der des Adels; mit Peel oder, demnächst, dessen jungem Protegé William Ewart Gladstone hätte der Puritaner von Massachusetts, John Quincy Adams, sich gut verstanden.

Das französische Königtum besaß stärkere Ausstrahlungskraft als das englische. Napoleon, der seine Franzosen kannte, hatte es gewußt: Ein Vierteljahrhundert Revolution hatte den uralten Glanz des Hauses Bourbon nicht austilgen können. Nur, daß freilich jeder Nachfolger Napoleons es schwer haben mußte; am schwersten einer, dessen Stellung so offenkundig ein Produkt von Napoleons Niederlage war. König Louis zog sich mit viel Klugheit aus der Affäre; daß dieser impotente, gichtbrüchige Greis, der nur auf einer Tragbahre bewegt werden konnte – »eine Mischung aus altem Weib, Bourbonenfürst und Professor« nannte ihn ein eher freundlich gesinnter Beobachter –, sich und dem Lande leidlichen Frieden gab, galt schon den Zeitgenossen als achtenswerte Leistung. Der Nachfolger, Karl, war der bessere, im Grunde auch der volkstümlichere Mann, aber felsenfest überzeugt von der Güte des Alten und der Untauglichkeit des Neuen, während Louis ein humanistischer Skeptiker gewesen war. Er fing brav an mit Aufheben der Zensur, Amnestieren wegen politischer Abirrungen Verurteilter und leutseligem Sich-unter-das-Volk-der-Hauptstadt-Mengen; entfremdete sich aber die Sympathie der Mehrheit schnell durch die steilen Gesinnungen, welche die Krönung zu Reims symbolisierte. Der französische Adel war wunderlich geteilt in den alten, wahren, nämlich bourbonischen, und den neuen, bonapartischen. Dieser hatte der Wiederherstellung sich angepaßt, so gut er konnte und so weit er durfte – nur die ärgsten Sünder, Königsmörder von Anno 93 und Verräter von Anno 15, durften es nicht. Alte Kriegsmänner des Konvents und des Ersten Konsuls, die ehedem für die »Prêtraille« keine Zeit gehabt hatten, begaben sich nun an der Spitze ihres livrierten Gesindes feierlich zur Heiligen Kommunion, weil das jetzt wieder zum Stil der Großen gehörte; keiner betrieb die Intervention in Spanien so feurig und diente den Ultras so treuherzig wie der ehemalige Marschall Napoleons, Victor, Duc de Belluno. Überwiegend waren jedoch die Erben des Kaiserreiches, Napoleons Militärs, Verwalter und gelehrte Forscher auf der liberalen Seite, und überwiegend waren die zurückgekehrten Emigranten auf der konservativen. Da nun Revolution und Empire in der Kammer der Pairs sehr zahlreich vertreten waren, so ergab sich ein in England völlig undenkbares Paradox: Das Oberhaus, welches Tradition, Reichtum und persönliches Verdienst vertreten und konservativ wirken sollte, zeigte manchmal sich liberaler, »fortschrittlicher«, »vernünftiger« als die gewählte Deputiertenkammer. Aristokratisch war auch in Paris noch der Stil der Macht trotz des bürgerlich industriellen Charakters der Ökonomie; von der monarchischen Spitze her wurde die Hierarchie bestimmt, die in Stadtpalästen und sommerlichen Châteaux in goldenem Prunke residierte. Glücksritter des Geldes, an ihrer Spitze den Baron de Rothschild, ließ sie bei sich ein. Erfolgreiche Großbürger, wie die Bankiers Lafitte und Casimir

Perrier, trieben liberale Opposition – die eine äußerst gemäßigte, nur auf geringfügige Nuancen der Staatsform sich beziehende Opposition war. »Die Welt«, meinte der Herzog von Orléans, »hat sich in den letzten vierzig Jahren geändert. Sie machen sich keine genügende Idee von der Verbreitung kritischen Geistes, welche die Folge dezentrierten Reichtums ist. Die Mittelklassen sind nicht die ganze Gesellschaft; aber sie sind ihr Rückgrat. Ihr dauerndes Interesse ist die Erhaltung der Ordnung, und sie haben Kraft genug, gewisse üble Leidenschaften im Zaum zu halten... Alles, was das Land will, ist ein ehrliches Verfassungsregime...« Orléans selber, der Sohn Egalités, ein sehr reicher Mann, erschien gern als Bürgerfürst, in dessen Palais die Wortführer der Opposition aus und ein gingen.

Mittlerweile trieben die Bonapartes sich heimatlos in beiden Welten umher. Die älteren, Brüder des Kaisers, schonten ihr Geld und ihre Lebenskräfte; die jüngeren erinnerten sich ihrer revolutionären Herkunft und spielten, wenn sich Gelegenheit dazu bot, in Italien Verschwörung und Umsturz. Das, was später Bonapartismus genannt wurde, die Verbindung des großen persönlichen Andenkens mit Liberalismus und Nationalismus, eine angebliche Staatsphilosophie, machte in den zwanziger Jahren allmählich sich Bahn, dank der schlauen Propagandatätigkeit, welcher sich der Verbannte zuletzt noch auf seiner Insel gewidmet hatte, und der seiner Getreuen. In Frankreich wurde das Wiederaufleben eines Ruhmes, um den es nach Waterloo schlecht genug gestanden hatte, dadurch begünstigt, daß die Restaurationsherrschaft stattlich, aber langweilig war. Junge Leute, die das Elend des großen Krieges nicht mehr bewußt erlebt und keinen Grund hatten, die Friedensneigungen der Alten zu teilen, begeisterten nun sich an der großen Legende; ein enorm begabter Verseschmied, seinerseits jung und romantisch, Victor Hugo, gab ihr Klang. So tat Pierre Béranger, herzhafter und verführerischer für das Volk in Stadt und Land, die Bauern, die alten Soldaten:

Le Peuple encore le revère
Oui, le revère.
Parlez-nous de lui, grand' mère,
Parlez-nous de lui.
Mes enfants, dans ce village,
Suivi des rois, il passa.

Der Chef des Hauses, des großen Mannes armer Sohn, der eine melancholisch überwachte Existenz in Österreich lebte, konnte dem aufsteigenden Mythos keinen Rückhalt geben, so daß es zunächst nur ein rückblickender, kein vorblickender Mythos war.

Die deutschen Monarchien waren in ihrer Erscheinung so vielfältig, wie sie zahlreich waren; in Berlin nüchtern, fromm und sparsam, bürokratisch und militärisch; großartiger in Wien, in die Formen eines Zeremoniells aus der Zeit der spanischen Gegenreformation gebannt, dabei nicht ohne Volkstümlichkeit. In den kleinen Staaten bestimmten die Mittel, die Charaktere, die Launen der Dynasten. Man möchte aber sagen, daß gerade die kleinen deutschen Staaten, die deutschen Monarchien überhaupt, stilgebend waren, eben weil es so viele Hauptstädte gab mit ihren Fürsten und Ministern und Hofräten, ihren Galerien und Theatern, ihren Staatsstraßen und Paradegründen. Es waren monarchische Gründungen, diese Städte, ob sie aus dem Mittelalter stammten, wie München, aus dem Barock, wie

Dresden, aus dem 18. Jahrhundert, wie Karlsruhe, und fuhren fort, zeitgemäße Bereicherung, Griechentempel und Renaissancepaläste, von ihren Monarchen zu erhalten. Die Beherrscher Italiens hatten sich in den Städten von glorreicher, oft bürgerlich republikanischer Vergangenheit eingenistet, auf die sie keinen Anspruch hatten, in Mailand, Venedig, Florenz; selbst der Papst in Rom inkarnierte doch nur *eine* der Traditionen, aus denen die Ewige Stadt vielschichtig erbaut war. Die deutschen Hauptstädte gehörten zu den deutschen Dynastien wie das Gehäuse zur Schnecke; Zentren ästhetischer Gesittung, der das Bürgertum bis über die Mitte des Jahrhunderts sich fügte. Danach, wirtschaftlich erstarkt und vom Nationalismus ergriffen, hörte es auf, sich zu fügen; die Zeit der Fürstenstaaten war vorbei.

Wie von alters her spann sich zwischen den Dynastien Europas ein feinmaschiges Netz von Verwandtschaften; zwischen England und Norddeutschland; zwischen Deutschland, Skandinavien und St. Petersburg; zwischen Österreich, Bayern, Italien, Spanien und Portugal. Von Mitgliedern dieses Doppelklubs wurden auch die während der kommenden Jahrzehnte neugeschaffenen Throne besetzt, Belgien, Griechenland, Rumänien, Bulgarien. Politisch entscheidend wie ehedem waren diese Verwandtschaften nicht mehr und konnten es nie wieder sein; aber daß es in Europa im Grunde nur zwei regierende Familien gab, eine katholische und eine protestantische – dazu noch, mit dieser liiert, die russisch-orthodoxe –, war doch ein nicht fortzudenkender Faktor im politischen Bewußtsein des Kontinents. Wenn übrigens im 17. und frühen 18. Jahrhundert das Beispiel königlicher Existenz und Selbstdarstellung vor allem aus Versailles gekommen war, so kam es jetzt nicht mehr daher und kam auch nicht aus Wien, viel weniger aus Potsdam; es kam aus St. Petersburg. Auf den Zaren aller Reußen blickten, von Kopenhagen bis Neapel, Europas Fürsten, er, seit 1825 Nikolaus I., war ihr Hort, ihr Trost, manchmal ihr Schiedsrichter. Rußland war die stärkste Militärmacht auf dem Kontinent und die vom Liberalismus am wenigsten angekränkelte; wenn aber auch hier einmal der neue Geist rumorte, wie in den Tagen von Nikolaus' Regierungsantritt – Dezember 1825 –, so zeigte der schlanke, harte, furchtlose Selbstherrscher seinen gekrönten Vettern, wie man das Übel der Zeit im Keim zu ersticken habe. Die St. Petersburger Monarchie war im Ursprung eine Nachahmung der westeuropäischen. Jetzt blickten die geschwächten Lehrmeister auf den gewaltig erstarkten Schüler und neideten ihm die Autokratenstellung der guten alten Zeit, die unbezweifelte Sicherheit, die ihnen leider abhanden gekommen war.

Neben den Monarchien die gesetzgebenden Versammlungen. In England waren sie uralt, und auch in Amerika, viel älter dort als die Unabhängigkeit selber; in Frankreich und Süddeutschland neu, willkürlich eingeführt, willkürlich beschränkt. Noch waren die europäischen Versammlungen wesentlich aristokratische, ihrem Bildungsniveau nach nur eine dünne Oberschicht wirklich vertretende. Nicht nur war das Wahlrecht an finanzielle Bedingungen geknüpft, der Beruf der Deputierten ein unbezahlter, den nur wohlhabende Honoratioren sich gestatten konnten. So hoch standen Besitz und Bildung überall im Preis, daß es auch den Armen natürlich erschienen wäre, sich von ihnen vertreten zu lassen. Staatsführung und Menschenführung sollte etwas Großartiges an sich haben. In Washington wie in London wurden an Hand von spärlichen Notizen Reden gehalten, die viele Stunden dauerten, wurden warnende Beispiele aus der Geschichte, zumal der antiken, geboten, wurde nicht gespart mit lateinischen Zitaten und Satzperioden voller prachtvoller Rhythmen und Ründungen. Das ging zurück auf Chatham, den noch die Amerikaner studiert hatten, auf Pitt, auf Burke und letzthin auf Cicero. Senator, Parlamentsmitglied, Deputierter wollten nicht sprechen, wie der gemeine Mann sprach; hauptstädtische Politik ging in Sonntags-, nicht in Werktagskleidern. Hauptstädtische Politik – in den Legislativen der amerikanischen Einzelstaaten, zumal der neuen, westlichen, war der Ton ein entschieden derberer, werktäglicherer, und von dort drang er allmählich auch in Washington ein. Der Franzose de Tocqueville war voller Verwunderung über den Unterschied zwischen den beiden Häusern. »Betritt man das Repräsentantenhaus, so ist man befremdet von dem vulgären Wesen dieser großen Versammlung. Oft ist kein einziger Mann von Bildung oder Verdienst im ganzen Saal...« »Ein paar Meter davon ist der Eingang zum Senat, der in engem Raum einen Großteil der berühmtesten Männer Amerikas zusammenfaßt. Da ist kaum jemand zu finden, der nicht eine aktive, ehrenvolle Laufbahn hinter sich hätte; im Senat sitzen beredte Advokaten, verdiente Generale, weise Magistraten, Staatsmänner von Rang, deren Argumente den vornehmsten europäischen Parlamentsdebatten Ehre machen würden.« Ein wesentlicher stilistischer wie verfassungstechnischer Unterschied zwischen den europäischen und den amerikanischen Versammlungen blieb der, daß in Paris und in London die Minister vor den Versammlungen erschienen, in Washington aber Exekutive und Legislative zwei streng voneinander getrennte, nur zu bestimmten Zeiten und Orten sich berührende Aktionskreise waren. Die dramatischen, publizitätshaschenden Rechtfertigungsreden der Canning und Palmerston waren John Quincy Adams versagt.

Vergleicht man die Gegenstände, über die debattiert und entschieden wurde, so fällt auf, daß sie in den angelsächsischen Ländern materiellerer, man möchte sagen, soziologisch echterer Natur waren als in Frankreich. In Amerika ging es um Zolltarife, »innere Verbesserungen«, den Preis der öffentlichen Ländereien, die Aufnahme neuer Staaten. Um Zölle auch in London; in den zwanziger Jahren war es der Getreide-Schutzzoll, welcher den regierenden Tories, den Landbesitzern im Parlament nicht hoch genug sein konnte. In Paris wurde nichts so hitzig diskutiert wie Religion: der angebliche Einfluß der Jesuiten; die Gründung und die Besitzrechte von Frauenklöstern; die gräßlichen für Religionsfrevel angedrohten Strafen. Es fehlte nicht eine finanzielle Frage, welche die Geister schied; aber auch diese hatte stark politischen, historischen, ideologischen Charakter: die Frage der endlichen Entschädigung der Emigranten. 1825 wurde ihnen für ihre während der Revolution enteigneten Güter eine Milliarde Francs zugesprochen; eine Entschädigung, welche den Ultras ungenügend, den Liberalen aber unnötig schien. Immer noch, dreieinhalb Jahrzehnte nach dem Bastillensturm, ging es hier eigentlich darum: ob die Revolution Rechtens gewesen war und dem Lande gutgetan hatte oder nicht. Dieser prinzipielle, eigentlich philosophische Kampf wurde in der Kammer und in Zeitschriften auf hoher intellektueller Ebene ausgetragen, der höchsten, welche französischer Parlamentarismus je erreichte.

England: Krise und Reform

In den späten zwanziger Jahren ging die Periode vergleichsweise politischer Ruhe, an welche England sich seit 1815 gewöhnt hatte, zu Ende. Ein künstlich verlängertes 18. Jahrhundert ging zu Ende, nun auch in der politischen Sphäre, nachdem es in der wirtschaftlichen und gesellschaftlichen längst geschwunden war. Elementare Kräfte waren am Werk, im Reich der Schlote und Räder und im Reich des Geistes. Sie ließen sich durch ein gut hundert Jahre altes Balancespiel, das zwischen zwei Flügeln der Aristokratie gespielt wurde, nicht mehr bändigen. Zur Zeit des jüngeren Pitt hatte England vor der Möglichkeit oder Ratsamkeit milder Reformen gestanden und war ihnen ausgewichen. Jetzt geriet es rasch vor die Wahl zwischen tiefgreifenden Reformen und Revolution.

Da beide Parteien dem Ancien régime angehörten und kein echter Gegensatz mehr zwischen ihnen bestand, so funktionierte das Parteiwesen nicht mehr. 1827 schien eine neue, durchaus persönliche Partei zu entstehen, die Partei George Cannings, der nach dem Tode Liverpools zum ersten Minister aufrückte und sein Kabinett aus Whigs und fortschrittlichen Tories – »Canningites« – bildete. Wie Canning die andrängenden Probleme der nächsten Jahre gelöst hätte, bleibt ein Gegenstand der Spekulation; der Verächter der »beiden Bigotterien«, der große, vorurteilsfreie Opportunist starb nach einer Regierung von drei Monaten. Sein Nachfolger, Wellington, war bekannt für seine konservativen Gesinnungen. Aber gerade der »eiserne Herzog« führte das Land nahe an die Hauptreform heran, die hintanzuhalten er entschlossen war. Unter seinem Präsidium fiel erst der »Test Act«, welcher dissentierende Protestanten von der Bekleidung öffentlicher Ämter ausgeschlossen hatte; dann das alte Gesetz, welches die Katholiken, Briten wie Iren, zur politischen Nicht-Existenz verurteilte. Diese »Emanzipierung« war ein in das politische Leben des Königreiches schon tief eingreifender Schritt. Hier wollte Wellington stehenbleiben. Die Partei, die er führte, die Tories, war über der Emanzipierungsfrage vollends in die Brüche gegangen, ein Großteil der Mitglieder hatte gegen die Vorlage gestimmt, und Wellington war nicht der Mann, sich wie Canning eine eigene verläßliche Gefolgschaft zu bilden. Die parlamentarischen Kämpfe des Jahres 1830 spielten sich ab gegen den Hintergrund einer Welle von Streiks und sozialem Protest, von politischer Agitation, die neben dem Schlagwort »Reform« auch wohl die Forderung nach dem allgemeinen und gleichen Wahlrecht hören ließ, von Maschinenzerstörungen und Brandstiftungen auf dem Lande. Der Tod Georgs IV. machte eine Auflösung des Parlamentes notwendig; die folgenden Wahlen ließen dort, wo sie überhaupt etwas von der öffentlichen Meinung widerspiegelten, in der Vertretung der Grafschaften, eine überwiegend reformfreundliche Stimmung erkennen. Nicht verfehlten ihren Eindruck die Ereignisse des Sommers auf dem Kontinent, von denen noch zu reden sein wird, die Revolutionen in Paris und in Brüssel. Im November trat Wellington zurück, nachdem er sich jüngst noch verschworen hatte, nie an die vollkommene britische Verfassung zu rühren. Dem König William, einem einfältigen alten Seebären, der aber unter den Söhnen Georgs III. wohl noch der beste war, blieb nichts übrig, als nun die Whigs ihr Können zeigen zu lassen.

Auch hier war eine neue Partei im Entstehen, ein Vorbote der späteren »Liberalen«.

In dem von Charles Lord Grey gebildeten Kabinett saßen Ex-Tories oder Anhänger Cannings, Whigs von der alten Art, Schüler von Fox, radikale Freigeister und Utilitaristen. Fast durchweg waren sie Angehörige der Aristokratie, Träger berühmter Namen – Grey, Russell, Lansdowne –, fast durchweg reiche Leute. Lord Palmerston, der neue Chef des Außenamtes, hatte noch vor kurzem sich als einen geschworenen Feind der Parlamentsreform bekannt. Lord Melbourne, der Greys Nachfolger wurde, hielt nichts von den »Mittelklassen«; die Obersten und die Untersten, an denen sei etwas Gutes, aber an den Mittelklassen nichts als Affektation, Dünkel und Heuchelei. Eine Erweiterung der Wählerschaft, urteilte Melbourne jetzt, würde weder den armen Leuten noch sonst jemandem nützen, aber da der Wahnsinn im Lande einmal so weit gediehen sei, sei es besser, ihn zu befriedigen als ihn zu unterdrücken. Ein guter Teil des Kabinetts dachte so. Trotzdem war es von Anfang an ein Reform-Kabinett; die vom Lande gewünschte Verfassungsreform durchzuführen, war seine erste Aufgabe, vielleicht seine einzige – man würde dann weitersehen.

Verfassungsreform: das hieß, den neuen Großstädten und dem neuen Bürgertum eine politische Vertretung geben, welche sie bis dahin nicht hatten, und dem landbesitzenden Adel einen Teil seines politischen Einflusses nehmen, insofern dieser an Parlamentssitzen hing. Niemand anderes konnte die Reform beschließen als der Adel selber, er selber mußte freiwillig eine teilweise Abdankung vollziehen. Gelang dies, so war für die Zukunft der englischen Verfassungsentwicklung ein Beispiel geschaffen. Gelang es nicht, so, meint man, hätte auch England den Weg des Kontinents, den Weg der Umwälzungen und geschichtlichen Abbrüche gehen müssen. Es gelang. Zäh war der Widerstand der Lords, des landbesitzenden Adels, am zähesten der Widerstand des hohen Klerus, der in der Ferne schon die Trennung von Staat und Kirche drohen sah, dann seine Enteignung, zum Schluß die atheistische Republik. Im Lande ging Revolutionsfurcht um wie nie seit Cromwell; Gefängnisse wurden gestürmt, Soldaten schossen auf Bürger; französische Beobachter versicherten, die Stimmung sei wie in Frankreich im Jahre 1789. Zum Schrecken, den die Haltung der Arbeiter einflößte, kam der klare Ausdruck bürgerlichen Willens: würdige Massenversammlungen; die Beschwörungen der Zeitungen, zumal der »Times«. Nach einer abermaligen Parlamentsauflösung, die den Reformwilligen im Unterhaus die Mehrheit brachte, nach der von Grey geforderten, vom König loyal ausgesprochenen Drohung, so viele neue Peers zu ernennen, wie zur Annahme der Reformbill durch die Lords notwendig wäre, gab das Hohe Haus endlich nach. Im Juni 1832 wurde die Reform unter Dach gebracht.

Lord Grey hatte der Reform-Kommission einen Entwurf aufgegeben, »bei dem wir stehenbleiben können«, der also großzügig genug wäre, um zu dauern. Es hieße den Reform-Ministern mehr als menschliche Voraussicht zutrauen, würde man meinen, sie hätten 1831 schon 1867, 1884 und 1918 vorausgesehen. Die Fortsetzung, die Kette weiterer Reformen, das Ende, das gleiche Wahlrecht aller Männer und Frauen, lag, wenn man will, in der Logik der Dinge, nachdem man sich einmal auf eine vernunftgemäße Korrektur des Wahlrechts eingelassen. Die vielhundertjährigen Rechte der »Boroughmonger«, der adeligen Besitzer von »rotten boroughs«, waren nun zerstört; daß die Besitzer von Häusern, die einen jährlichen Mietwert von wenigstens zehn Pfund darstellten, ihr neues nüchternes Vorrecht lange behalten würden, war nicht wahrscheinlich. Aber das war das Problem späterer Generationen. Diese hatte es nur mit ihrem eigenen zu tun und löste es praktisch und maßvoll – für eine Generation. Etwa hundertvierzig Parlamentssitze gingen dem Adel verloren und wurden an die neuen Industriestädte verteilt. Die Zahl der Wähler in England und Wales stieg von vierhundertfünfunddreißigtausend auf ungefähr sechshundertachtzigtausend. Noch waren städtisches Proletariat und Landarbeiterschaft, noch war ein Teil der »Mittelklasse« vom Wahlrecht ausgeschlossen. Die Unterscheidung zwischen Boroughs und Grafschaften wurde beibehalten. Die Bill bedeutete keine revolutionäre Trennung vom Althergebrachten, einer neuen Philosophie zuliebe, vielmehr die Anpassung alter Einrichtungen an neue Tatsachen. Daß wirtschaftlicher Besitz und politische Macht nur durch gewalttätige Künsteleien auseinanderzuhalten seien, hatte angelsächsische Staatsphilosophie längst erkannt. Hier wurde neuem Besitz ein Teil der Macht eingeräumt, verspätet, aber nicht zu spät. Daß er sich damit zufrieden gab, daß auch jene, die gar nichts besaßen, sich leidenschaftlich an der Sache beteiligt und »die Bill, nur die Bill und die ganze Bill« gefordert hatten, gab der Reform den Charakter eines Triumphes der Nation über eine geringe privilegierte Minderheit; wodurch die Klassenkämpfe der Zukunft nicht aufgehoben, aber gemildert wurden. Hier liegt ein tiefer Unterschied zwischen der englischen und der kontinentalen, zumal der französischen Entwicklung.

Die Frage, wie eine industrielle Massengesellschaft, auf gedrängtem Raum, sich ordnen und regieren sollte, war gestellt und hörte fortan nicht auf, sich zu stellen. Kritiklos hingenommene Tradition, Respekt der Unteren für die Oberen, Loyalität, Glaube leisteten es nicht mehr. Schon meldete persönliche Demagogie sich an; nicht nur von unten, dort, wo populäre Schreiber und Redner sich mit aufpeitschender Wirkung an die Massen wandten, auch von oben Politiker: wie Canning und Palmerston wußten die Instrumente der Propaganda wohl zu handhaben. Den neuen Vertretern des Bürgertums, welche nun in das Parlament einziehen durften, lag der kühle, vernünftige Kampf und Ausgleich der Interessen. Aber Tradition, Autorität, Glaube, das, was nach Edmund Burke die Gesellschaft zusammenhielt und ohne das sie nicht bestehen konnte, waren nicht tot. Noch genoß auf dem Lande der Squire den unbezweifelten Respekt seiner Pächter und Bauern. Im hohen Adel selber hatten sich die Führer gefunden, die, mit mehr Klugheit als Enthusiasmus, den Übergang zu einem zwischen Adel und Bürgertum geteilten Herrschaftssystem leiteten und so die ungeschriebenen Rechte und Pflichten der großen Familien Englands noch einmal bekräftigten. Als ein Mißverständnis erwies sich die Furcht des Klerus. Ein halbes Jahrhundert nach der Reform stand die Kirche einflußreicher da als in den zwanziger Jahren. Und nur einer einzigen imposanten Monarchengestalt bedurfte es, um der Krone die Sicherheit, Achtung und Liebe – freilich nicht die Macht – zurückzugeben, welche sie unter dem Haus Hannover verlor und, sieht man genau zu, seit den Tudors nicht besessen hatte.

Reformen folgten auf die Reform. Zwar hielt Lord Melbourne, Premierminister zwischen 1834 und 1841, dafür, daß einer guten Regierung gar nichts anderes obläge, als Verbrechen zu verhüten und über die Einhaltung von Kontrakten zu wachen, daß es im Zweifelsfall immer das Zuverlässigste sei, gar nichts zu tun, und alle Hoffnungen auf ein vermehrtes

Glück des Menschengeschlechts sich als eitel erweisen würden. Aber solche Ansichten des indolenten, verwöhnten, noch immer wie durch einen tiefen Abgrund von den Sorgen und Qualen des kleinen Mannes getrennten Aristokraten hinderten ihn und hinderten seine Kollegen im Whig-Kabinett nicht daran, Neuerungen einzuführen, die auf ihre Art ebenso weittragend, ebenso ein Anfang waren wie die Reformbill selbst, und die sich aus ihr ergaben. 1833 wurde im britischen Weltreich die Sklaverei abgeschafft, den Besitzern von Sklaven aus der Tasche des englischen Steuerzahlers eine Entschädigung von zwanzig Millionen Pfund zugesprochen. Eine schöne Tat der Nation; ein Triumph nicht sosehr der Kirche wie des Christentums in seiner tätigeren, freieren Form und der ihm verbündeten Humanisten. Im gleichen Jahr brach der Jammer der Fabrikkinder in den Bannkreis der Gesetzgebung ein: ein erster Factory Act verbot die Arbeit von Kindern unter neun Jahren in den Spinnereien, beschränkte die Arbeitszeit der Jugendlichen und sah bezahlte Inspektoren vor, welche allein diese wie jede spätere Fabrikgesetzgebung wirksam machen konnten. Ein Anfang, von schierer Menschlichkeit dem Widerstande der Fabrikanten und der Laissez-faire-Theoretiker abgewonnen, ein Anfang, der Vorbote von weiterem. 1835 gab ein Municipal Corporations Act der Selbstverwaltung der Stadtgemeinden eine neue, nahe an eigentliche Demokratie heranreichende Form; an die Stelle unkontrollierter, sich durch Zuwahl perpetuierender Gremien traten Stadträte, die das Recht hatten, Steuern auszuschreiben, und von allen Steuerzahlern gewählt wurden. Ein Anfang auch das; erst in dieser veränderten Form konnten die Munizipalitäten die Verantwortungen übernehmen, die ihnen im Laufe des Jahrhunderts, eine nach der anderen, zuflossen.

Die Tories, oder doch ein Teil von ihnen, verhielten sich unter der Führung Robert Peels nicht mehr rein negativ zu solchen Neuerungen. Sie kritisierten und korrigierten, aber sie machten mit. Peel bestand darauf, daß die Partei einen neuen Namen haben sollte. Nicht mehr die Tories, die »Konservativen« nahmen das jüngst Erworbene an und versprachen den Wählern, es auf ihre Weise fortzuführen. Daß es fortgeführt werden müßte, daß die neue Zeit immer neue schöpferische Anpassungen erheischen würde, nachdem so lange so wenig Schöpferisches geleistet worden war, dafür fehlte es nicht an warnenden Zeichen.

Irland, seit 1801 ein Bestandteil des Vereinigten Königreiches, bedeutete für jede englische Regierung ein Nest von Problemen, die im Zeitalter des Nationalismus immer nur dorniger werden konnten. Eine schnell sich vermehrende, von Hungersnot bedrohte, im Geist kaum dem Mittelalter entwachsene, unterdrückte »einheimische« Bevölkerung; eine rohe englische Herrenklasse, die den Boden besaß; eine landfremde, von der Obrigkeit gestützte Kirche, die der überwältigenden Mehrheit nichts geben konnte, aber ihren Zehnten von Katholiken wie Protestanten einzog; das Land durchsetzt mit geheimen Gesellschaften, geplagt von Verschwörungen und Morden – eine solche Dauersituation paßte schlecht zum Wesen des reformfreudigen Gesamtstaates. Die politische Emanzipation der Katholiken war eine Einräumung vor allem an die Iren gewesen, die nun in Westminster eine Rolle spielen konnten, manchmal die des Züngleins an der Waage. Der Iren-Führer O'Connell ging aber weiter, sobald diese erste Runde gewonnen war, und schrieb nun die Auflösung der Union von 1801 auf seine Fahne. An sie konnte 1835 kein englischer Politiker denken. Den Nachdenklichen unter ihnen schien der Weg der Konzessionen so unsicher und auf die Dauer so hoffnungslos wie jener der bloßen Repressionen. »Die Besitzungen und Provinzen großer Monarchien«, meinte Lord Melbourne mit einem Achselzucken, »sind gewöhnlich zu groß und stark geworden, um dem Mutterland gehorsam zu bleiben; und dies vielleicht eben in dem Maß, in dem das Mutterland ihre Interessen wahrnahm und ihnen Wohlstand erlaubte.« Die Gefahr blühenden Wohlstandes gab es allerdings für die Iren nicht.

Auf der anderen, der herrschenden Insel fanden die politischen Vereinigungen, die für Parlamentsreform erfolgreich agitiert hatten, rastlose Nachfolger. 1838 wurde die »Liga gegen die Kornzölle« gegründet, eine Organisation freihändlerisch gesinnten Mittelstandes. Die Bewegung des Chartismus – so benannt nach einer Charta von sechs Forderungen – schwankte zwischen industrieller und politischer Aktion. Ihre politischen Programmpunkte waren die radikal-demokratischen, die aus dem späten 18. Jahrhundert kamen: allgemeines, gleiches und geheimes Wahlrecht, rationale Einteilung der Wahldistrikte, Bezahlung der Abgeordneten, jährliche Wahlen – die letztere die einzige von ihren Forderungen, welche unerfüllt geblieben ist. Gespalten in Fraktionen, unentschieden in seiner Taktik, welche mittelständische Bundesgenossen suchte und zugleich abstieß, hat der Chartismus wenig erreicht; nichts anderes, als daß er Unruhe stiftete und das Gewissen der Nation stachelte. Daß nicht alles recht war, so wie es war, daß vieles im Ungenüge und im schändlichsten Unrecht war, die Armenfürsorge, die Versorgung der Alten, die Schulen, die Wohnungen des Proletariats, die Arbeitszeiten und Löhne, dies Bewußtsein wurde von den Chartisten geweckt und wachgehalten. Sie leisteten damit in der Masse, was große Romanciers, wie Charles Dickens, durch ihre Kunst leisteten.

William IV., der »Matrosenkönig«, starb 1837. Auf dem Thron folgte ihm, da es keine männlichen Erben gab, seine Nichte Viktoria, Tochter einer deutschen Prinzessin, ein Mädchen von siebzehn. Der Premierminister Lord Melbourne blieb im Amt, zynischer und indolenter als je, und fand seine Freude daran, die junge Königin in die Geheimnisse der Regierungskunst einzuführen.

Amerika: Nationale Demokratie

Auf der Bahn zur Demokratie war Amerika weiter vorgerückt als England. Es war keine Demokratie zur Zeit der Gründung der Vereinigten Staaten; das Wort selber war verpönt damals, und die schreckhafte Bedeutung, welche Robespierre ihm gab, konnte seine Beliebtheit nicht erhöhen. Noch Jahrzehnte nach Napoleons Sturz waren die Erfahrungen der Französischen Revolution ein Gespenst, auf das amerikanische Konservative, Gegner der Demokratie, mit Vorliebe warnend verwiesen. In den Einzelstaaten war das Wahlrecht meist ein durch Besitzklauseln qualifiziertes; auch sorgte eine geschickte Grenzziehung zwischen den Wahldistrikten dafür, daß die älteren, reicheren Gebiete eine gewichtigere Vertretung erhielten als die neubesiedelten. Trotzdem war, wie sich zeigen sollte, in dem amerikanischen Gemeinwesen Demokratie von vornherein mitangelegt; wobei wir den klassischen Streit um die Frage, was stärker wirkte, die Tradition der europäischen Kolonisten, der neue Zeitgeist oder die besonderen Bedingungen des jungfräulichen Kontinents, hier sich selber überlassen müssen. In der Zeit, von der die Rede ist, den späten zwanziger und den dreißiger Jahren, hatte das Wort für die meisten seinen Schrecken verloren, und der Begriff kam seiner Verwirklichung nahe. So hieß denn auch das geistvollste Werk, das je ein Europäer über die Vereinigten Staaten geschrieben hat und das 1835 erschien: »Von der Demokratie in Amerika.«

Zu dieser Entwicklung trugen die neuen agrarischen Staaten des Westens bei, die das allgemeine Wahlrecht von Anfang an vorsahen und in der gesamtamerikanischen Atmosphäre ihren Einfluß geltend machten. Das Wachstum der Städte und der Industrien in den Neuengland- und Mittelstaaten, die schreckhafte Erfahrung von Wirtschaftskrisen (1819, 1829), die von ihnen hervorgerufene Unruhe der Farmer und Arbeiter taten das Ihre. Eine demokratische Welle ging in den zwanziger Jahren durch das Land, unter deren Zwang die älteren Staaten ihre Verfassungen revidierten. Danach gab es nur noch zwei Gliedstaaten, die aristokratisch eher als demokratisch zu nennen gewesen wären, South Carolina und Rhode Island.

An die Stelle der Honoratioren, der philosophischen Grundbesitzer, Financiers und Advokaten, welche die Union gegründet hatten, trat ein neuer Schlag von Berufspolitikern. Da die Träger fast aller öffentlichen Ämter Gehälter empfingen, so entstanden Interessengruppen, für die der politische Sieg ihrer Gruppe die Verteilung von Pfründen bedeutete, und deren Mitglieder sich ihren Einfluß auf mannigfache Weise entgelten lassen konnten. Die regionalen Leiter solcher Gruppen – Parteimaschinen – waren oft von geringer Herkunft, oft korrupt und skrupellos, aber Meister in der Menschenbehandlung; mitunter Politiker von äußerster Geschicklichkeit und erworbener Welterfahrung. Von Martin van Buren, dem »Boß« von New York und späteren Präsidenten, hat die Wiener Tänzerin Fanny Elßler gesagt, er besäße so viel elegante Selbstsicherheit wie Metternich. Es waren regionale Gruppen, deren unmittelbares Interesse auf Stadt und Staat noch nicht auf die Union ging, die aber zu Bündnissen mit entsprechenden Gruppen in anderen Staaten tendierten.

Die beiden Parteien der Frühzeit hatten, wie wir sahen, um 1820 eine höchst unsichere Existenz. Praktisch verschwunden waren die »Föderalisten«, die Partei einer starken, energisch das nationale Wirtschaftsleben fördernden und die Eigentumsordnung schützenden, ein wenig oligarchisch gefärbten Zentralregierung. Von dem aber, was sie wollten, hatte die überlebende siegreiche Partei der Republikaner so vieles übernommen, wurde auch durch die Tätigkeit des Obersten Gerichtshofs in aller Diskretion so viel erfüllt und bestätigt, daß in der ersten Jahren nach dem Krieg etwas wie ein parteiloser Zustand obwaltete. Das »amerikanische System« Calhouns und des jüngeren Adams konnte sich auf föderalistisches Erbe wenigstens so gut berufen wie auf republikanisches – eine Verwischung der Gegensätze, die in dem englischen Parteienwirrwarr der zwanziger Jahre ihre Parallele hat. Daher die »Ära des guten Willens«. Sie war nicht von Dauer. Die Dynamik des amerikanischen Lebens gebar neue Gegensätze oder ließ die alten unter neuen Namen zu neuen, überraschenden Kombinationen wieder erstehen.

Politische Parteien werden von neuen Streitfragen und Interessen und von neuen Menschen gebildet. Besitzen sie durch Tradition und Organisation eine starke Identität, so können sie wohl in veränderte Zeiten hinüberleben und Stellung nehmen zu Problemen, für die sie ursprünglich nie hatten gemeint sein können; es bleiben dann von der alten Partei noch vage Bilder und Ansprüche. Das Programm von Jeffersons Republikanischer Partei, insofern sie je eines gehabt hatte, war die Erhaltung eines agrarischen Idealzustandes; einer Gesellschaft tüchtiger, unabhängiger Farmer und Handwerker. Die Industrien und die großen Städte samt allen ihren Lastern sollte man neidlos dem alten Europa überlassen. Der zweite Programmpunkt, »State-Rights«, starke, ihre Souveränität eifersüchtig wahrende Einzelstaaten gegenüber einer unkräftigen Zentralregierung, hing mit dem ersten, um den es eigentlich ging, zusammen: der einfache Mann und echte Amerikaner – so der Gedanke – war im eigenen, übersehbaren Staatswesen zu Hause, aber fremd einer Zentralregierung, welche, wenn sie zu stark wurde, neue Konzentrationen von Reichtum und Macht, korrupte Förderungen der Industrie, Extreme des Unterschiedes zwischen reich und arm, kurz, alle Despotismen der Alten Welt auszubrüten imstande war. Es wäre billig, dies Programm zu verspotten, wäre überdies falsch, ihm jede Realität abzusprechen. Jefferson hatte einen Mythos geschaffen, der amerikanische Grundstimmungen, Hoffnungen, Möglichkeiten mit zeitloser Gültigkeit ausdrückte; selbst in der tief veränderten Welt von heute würde der Prophet noch die Erfüllung einiger seiner Versprechen – Gleichheit der Bürger, allgemeine Wohlhabenheit, Zwanglosigkeit des Lebens – erkennen. Praktisch aber war das Programm Jeffersons dazu verurteilt, mit reißender Schnelligkeit zu veralten, ein Prozeß, den der Expräsident noch selber erlebte. Das Amerika, das seine Rohstoffe nach Europa schickte und von dort seine Fertigwaren bezog, ein Amerika ohne Fabrikarbeiter, gehörte schon um 1825 für immer der Vergangenheit an. Nur wenige alte Herren suchten damals noch durch ihre Lebensführung und Schriftstellerei – man könnte kaum sagen: durch ihr politisches Wirken – melancholisch eine Sache aufrechtzuerhalten, die sie selber als verloren erkannten.

Nun ist merkwürdig zu sehen, wie die einzelnen Gedankenstücke des Jeffersonschen Programms sich voneinander lösten und gewissermaßen frei durch Amerikas politischen Raum irrten, um da und dort sich niederzulassen. Der Grundsatz der State-Rights fand im alten Süden ein Asyl und in John C. Calhoun seinen geistvollsten Verteidiger. Auch Calhoun gehörte noch der Republikanischen oder, wie sie sich gegen Ende der zwanziger Jahre zu nennen anfing, der Demokratischen Partei an. Aber Gleichheit, unumschränkte Herrschaft der Mehrheit lagen ihm nicht mehr am Herzen; kaum auch nur das bukolische Ideal Jeffersons, wiewohl der wirtschaftliche Niedergang seines eigenen Pflanzerstaates, South Carolina, ihn jetzt gegen die Politik hoher industrieller Schutzzölle eifern ließ. »State-Rights« wurde der Schlachtruf derer, die durch die Dynamik des nationalen Lebens, durch eine numerische Mehrheit ihre eigenen Interessen, Staats- oder Standesinteressen, gefährdet glaubten. Die demokratische Erbschaft Jeffersons fiel auf einen anderen Boden: den des Ostens, den der Städte. Dort erhielt sie einen nicht sozialistischen, aber entschieden antiplutokratischen Charakter; gegen die im Zeichen des »amerikanischen Systems« entstehenden finanziellen Machtkonzentrationen ereiferten sich die Handwerksunternehmer und kleinen Geschäftsleute, die Arbeiter, die Immigranten, kurz, das Volk der

Großstadt, welches durch die neuen Parteimaschinen bearbeitet wurde. Zwischen beiden Gruppen, der neuen Demokratie des Ostens oder Nordens und der State-Rights-Schule des Südens, wurde ein Bündnis geschlossen, wenn man will, nicht geschlossen, sondern erneuert, da es ja im Rahmen von Jeffersons Partei von jeher, wenn auch mit anderen Akzenten, existiert hatte. Eben in diesem Bündnis bestand die Demokratische Partei. Für die Präsidentenwahlen des Jahres 1828 fand sie in einem populären alten Kriegshelden, General Andrew Jackson, dem schon vier Jahre früher zum Erfolg nicht viel gefehlt hatte, den geeigneten Kandidaten.

Wir dürfen aus der ideellen Klarheit der Parteigegensätze nicht zu viel machen. Amerika, berichtete de Tocqueville, »hat ehedem große Parteien gehabt, aber hat sie nicht mehr«; an Stelle von Prinzipien seien materielles Interesse und schierer Opportunismus getreten. Aus Gründen, die mit der Weite und Eigenart des Landes wie auch, vielleicht, mit dem Wesen vollendeter Demokratie selbst zusammenhängen, ist es den Vereinigten Staaten nie wieder gelungen, einen so klärenden Gegensatz hervorzubringen, wie die Parteien des Anfangs, Jeffersons und Hamiltons Parteien, ihn darstellten. Lokale oder regionale Interessengruppen und Verbindungen zwischen ihnen, Maschinerien zum Stimmenfang und zur Verteilung von Pfründen konnten mit der Reinheit von Ideen einen nur losen Kontakt pflegen. Und wenn die großen englischen Parteiführer des 19. Jahrhunderts, die Canning, Grey und Peel, die Russell und Palmerston, die Disraeli und Gladstone, selber sich ihre Parteien erzogen und umschufen, so war es in Amerika eher so, daß die schon entstandene große, bunte, an inneren Widersprüchen überreiche Koalition, »Partei« genannt, sich den Kandidaten erst noch suchen mußte, der den besten Wahlerfolg versprach, sei es, weil er ein echter Menschenführer war – Jackson war das –, sei es, weil er bei übrigens dürftiger Geistesbeschaffenheit alle innerhalb der Partei geborgenen widerstreitenden Interessen halbwegs versöhnte. So war denn auch der Wahlkampf von 1828 der erste in einer langen Reihe seinesgleichen. An die Stelle sachlicher Auseinandersetzungen traten »Investigierungen« wirklicher oder angeblicher Korruptionsfälle und, von beiden Seiten, Beleidigungen der gröbsten Art. Die Partei des »amerikanischen Systems«, geführt von Henry Clay und John Quincy Adams, erlag, um demnächst unter dem Namen der »Whigs« Auferstehung zu feiern, ohne daß zwischen ihr und der Partei der englischen Reformbill eine nahe Verwandtschaft zu erkennen wäre. Jackson gewann. Wir wissen schon, auf welche Weise er im Weißen Haus Einzug hielt; und es begann nun eine Epoche von acht – rechnet man die folgende Präsidentschaft van Burens dazu, von zwölf – Jahren, die unter dem Namen »Jacksonsche Demokratie« in die Geschichte einging. Den verdient sie. Die Persönlichkeit des Präsidenten und der Durchbruch neuer sozialer Kräfte, mit denen er sich identifizierte, haben Epoche gemacht. Vergebens aber würde man in Jacksons Demokratie die Eindeutigkeit des Strebens finden, welche das gleichzeitige englische Reformkabinett bezeichnet. Der Charakter der großen Republik, in der alle Politik auf Kompromissen, auf Bundesgenossenschaften ungleicher Bettgenossen beruhen mußte, ließ sie nicht zu. Will man nach dem greifen, was Jacksons Demokratie eigentlich war, so erfaßt man wohl etwas Atmosphärisches, eine Stimmung; übrigens aber allerlei Transaktionen und Konflikte, die in den verschiedensten Richtungen verliefen.

General Jackson war ein patriarchalischer Grundbesitzer aus dem Staate Tennessee. Die Whig-Geschichtsschreibung des 19. Jahrhunderts hat einen ungehobelten Mann aus ihm gemacht und in »Jacksons Demokratie« den Einbruch und Sieg des Wilden Westens in der amerikanischen Politik sehen wollen. Ein Blick auf die politische Karte lehrt jedoch, daß sein Wahlsieg südlichen und östlich-nördlichen Stimmen so gut wie westlichen zu verdanken war – ein Klassenwahlsieg mehr als ein regionaler. Was den Mann selbst betrifft, so war er allerdings stürmischen, hochfahrenden Charakters und machtwillig; übrigens ein Aristokrat von hoher, imposanter Gestalt, feinen Gesichtszügen unter dem schlohweißen Haar, den würdigsten Manieren. Ein erprobter alter Soldat, der im Jahre 1812 Amerikas militärische Ehre gerettet, später sich mit den Indianern herumgeschlagen hatte, ein Aristokrat, der es gegen die neue Hochfinanz mit dem Volke hielt, aber nicht mit dem »Mob« – das war er, und das wußte man ungefähr von ihm. Seine genaueren politischen Meinungen kannte man nicht, und wahrscheinlich kannte er sie selber nicht. Politiker sind ja nicht die Inkarnation von Ideen, sondern bilden sich ihre Urteile erst durch die Sache, die es zu beurteilen gibt, von Fall zu Fall, und die »Ära des guten Willens« gab zu scharfer Ausprägung theoretischer Ansichten keinen Anlaß.

Das erste, was nach Jacksons Amtsantritt in Washington in Erscheinung trat, war das »Beutesystem«. Ein Anhänger des Präsidenten sprach das bedenkliche Wort: »Den Siegern gebührt die feindliche Beute.« Das hieß: wenn eine Partei den Wahlkampf gewann und die nationale Regierung antrat, durfte sie die politischen, auch die weniger oder gar nicht politischen Regierungsämter, etwa die der Postverwalter, von einem Ende der Union zum anderen, mit ihren Leuten besetzen. Korruption, wenn man will, oder nicht einmal Korruption, weil volle Offenheit herrschte; das materielle Interesse in der Parteipolitik wurde zu einem direkten, zugegebenen gemacht. Aber auch klassische demokratische Tradition war im Spiel: die Gesinnung, die zu Athen jedem Bürger jede Art von Verantwortung, womöglich durch das Los, zuspielte, und die, unter einem ganz anderen Vorzeichen, noch Lenin am Beginn seiner Diktatur glauben ließ, er würde ohne gelernte Administratoren auskommen, jeder Arbeiter oder Bauer könnte das auch; ferner der Glaube, daß es gut sei, Ämter »rotieren« zu lassen, und daß dauerhafte, von professioneller Geheimnistuerei geschützte Amtswaltung Standesdünkel und bürokratische Verknöcherung auszubrüten geeignet sei. »Die Pflichten aller öffentlichen Beamten«, erklärte Jackson, ». . . sind so klar und einfach, daß jeder Mensch von Intelligenz sie ohne weiteres erfüllen kann; und ich kann nicht umhin zu glauben, daß das lange Verbleiben der Leute in ihren Ämtern mehr Schaden tut, als es durch die gesammelte Erfahrung Nutzen bringen mag.« Man hat nachgewiesen, daß die Zahl der von Jackson selber vorgenommenen Ernennungen vergleichsweise bescheiden gewesen ist; das sollte nicht immer so bleiben.

Während seiner ersten Amtsperiode wurde Jackson vor ein Problem gestellt, das damals nur wie ein Wetterleuchten am politischen Horizont erschien und wieder verschwand, aber die Gefahr eines fernen Gewitters anzeigte. Die Ökonomie des »alten Südens« befand sich in einem relativen Niedergang. Die Hoffnung, daß auch hier im Schutz der Zollmauern eine bedeutende Industrie entstehen werde, hatte sich nicht erfüllt, weil der Menschenschlag, der einen Großteil der Arbeitskraft darstellte, die Negersklaven, sich dafür nicht eignete. Eine extensive, unwissenschaftlich betriebene Baumwollkultur erschöpfte den Boden; die Unternehmendsten unter den Pflanzern wanderten aus in die fruchtbareren Länder des neuen »tiefen Südens«. Was nun auch die wahren Ursachen des Elends waren: in der Hauptstadt von South Carolina, Charleston, wollte man glauben, die Schutzzollpolitik der Union, die seit 1816 eine immer entschiedenere geworden war, sei daran schuld, die Südländer müßten für den industriellen Wohlstand des Nordens zahlen. Und auf das, was die Leute glauben oder glauben wollen, kommt es in der Politik ja oft mehr an als auf die wahren, verborgenen oder ignorierten Sachverhalte. John C. Calhoun, einst selber der kräftigste Befürworter von Schutzzöllen, jetzt aber ihr leidenschaftlicher Gegner, entwarf eine staatsrechtliche Theorie, welche die gesetzgebende Versammlung von South Carolina im Jahre 1828 als die ihre verkündete. Die Staaten der Union seien jetzt so souverän wie vor 1787, sie hätten das, was sie ihrem Wesen nach waren, nie preisgeben können. Daher sei die Union nichts anderes als ein Bund souveräner Staaten, bei denen letzthin die Entscheidung über das, was die Bundesverfassung sei oder nicht sei, liegen müsse. Werde von den Organen der Bundesregierung etwas in die Verfassung hineininterpretiert, was ursprünglich nicht in ihr war, in diesem Falle die Errichtung eines Hochschutzzollsystems, geschehe dadurch einem der Bundesstaaten Unrecht und Schade, so sei er berechtigt, innerhalb seiner Staatsgrenzen die Vollziehung solchen Beschlusses zu verhindern ... Calhouns These vom Recht der »Nullifizierung«, wie es genannt wurde, fehlte es nicht an einer feinen Schlüssigkeit des Denkens und an vorsichtigen Einschränkungen. Es war ein politischer Denker von bohrendem Scharfsinn, der hier sprach; er hat es später in gründlicheren Schriften bewiesen. Über ihre »Richtigkeit« ist viel und müßig gestritten worden. Was hieß hier »richtig«? Der Begriff des Bundesstaates, dieses Zwitters aus Staat und Bund, wird immer verschiedene interessendiktierte Auslegungen zulassen, und ihre »Richtigkeit« wird nicht sosehr vom Verfassungstext abhängen wie vom Willen und der Macht der Geschichte. War Calhoun im Unrecht, so darum, weil die geschichtliche Wirklichkeit Amerikas gegen Ende des ersten Jahrhundertdrittels schon überwiegend gegen ihn stand.

Jackson war ein Freund vernünftig interpretierter »State-Rights« in der Tradition Jeffersons, gleichzeitig aber ein Patriot, der, wenn die Union bedroht war, keinen Spaß verstand. Daß Calhoun, selber Vizepräsident der Vereinigten Staaten, der Autor der »Nullifizierungs«-These war, blieb zunächst geheim. Als es bekannt wurde, kam es in der Öffentlichkeit zu verhaltenen Zusammenstößen zwischen den beiden, wie kein Dramatiker sie wirksamer und unheilverkündender hätte erfinden können. Schon war damit die Koalition der Ansichten und Interessen bedroht, auf welcher die neue Demokratische Partei beruhte. Die folgenden Jahre brachten ein Spiel des Tauschens und Seilziehens, des Werbens und Lockens zwischen den Sektionen. Nichts in der europäischen Politik ist ihm zu vergleichen. Der Osten stand für Hochschutzzölle; der Westen für billiges Land; der Süden für State-Rights. Billiges Land: die öffentlichen Ländereien oder doch jene, die zum festgesetzten Preis nicht zu verkaufen waren, sollten von der Union billiger angeboten werden zum Vorteil der Auswanderer und der Spekulanten. Im Osten sprachen industrielle, plutokratische Interessen gegen eine solche Verbilligung, weil, so glaubte man wenigstens, je verlockender das freie Land des Westens sich darbot, desto günstiger die Verhandlungsposition des Arbeiters gegenüber dem Kapitalisten wurde. Der Süden hatte nichts gegen die Verschleuderung der Ländereien, und er warb um die Freundschaft des Westens, indem er sie ihm versprach. Auch der Osten bot etwas in dem Wettbewerb. Es war der unermüdliche Henry Clay, der ein neues Tauschgeschäft zwischen Osten und Westen ausheckte. Nicht verschleudert werden sollte der öffentliche Landbesitz, aber sein Erlös verteilt werden an die einzelnen Staaten, und zwar besonders an jene, in deren Grenzen er lag; wofür dann der Westen sich mit Hochschutzzöllen befreunden mochte. Der Vorschlag gefiel. Der Westen rückte an den Osten heran. Im Sommer 1832 wurde in Washington ein neuer Zolltarif beschlossen, der den Protektionismus der letzten Jahre verstärkte. South Carolina reagierte im Sinne der unlängst verkündeten Philosophie. Eine Nationalversammlung des Staates erklärte den neuen Zolltarif für verfassungswidrig, verbot den Zollbeamten der Union, die Gebühren im Hafen von Charleston zu erheben, und drohte mit Sezession, falls solche Haltung zu weiteren Widrigkeiten führen sollte.

Jackson antwortete, wie seine oberste Pflicht ihm gebot: sein Protest, sein Aufruf an das Volk von South Carolina liest sich schöner als Calhouns noble Spitzfindigkeiten. Auch erriet er mit seinem intuitiven Verstand, daß die Einfuhrzölle im Grunde von so tragischer Bedeutung gar nicht waren. Die Zölle, schrieb er später, »waren nur der Vorwand, Auflösung der Union und eine Konföderation des Südens das wahre Ziel. Der nächste Vorwand wird die Neger- oder Sklavenfrage sein . . .« Ein paar Monate lang wurde von Widerstand und Gegenwiderstand, von Krieg zwischen der Union und den Gliedstaaten gesprochen. Schließlich fand man einen Ausgleich. Der Präsident ließ sich vom Kongreß das Recht bestätigen, wie jedes Gesetz, so auch den Zolltarif exekutieren zu dürfen, notfalls unter Einsatz der Armee und der Flotte (»Force-Act«). Wie zufällig sanktionierte er am gleichen Tag eine beträchtliche, wenn auch allmähliche Herabsetzung der Einfuhrzölle; worauf South Carolina seine »Nullifizierung« des Zollprogramms widerrief und sich mit der Nullifizierung des nun gar nicht mehr zu erprobenden »Force-Acts« begnügte. Es war ein ungeschriebener, irrationaler Kompromiß, wie er in der amerikanischen Politik noch mehrfach vorkommen sollte. Ein solcher Kompromiß mag, obwohl er auf keinem bewußten Grundsatz beruht, eine endgültige, wenn auch grobe Lösung bieten und dauerhaft wirksam sein. Dieser nicht. Er war hilfreich nur im Moment, in dem er sowohl den Präsidenten wie auch den rebellischen Staat aus großer Verlegenheit befreite. Der Streitfall aber ging ambivalent aus; die Frage, welcher Art die Souveränität der Gliedstaaten sei, war, wenigstens in den Augen des Südens, nicht entschieden. Andererseits hatte die Krise zu schönen Kundgebungen eines kämpferischen Nationalismus oder Unionismus Anlaß gegeben. Die schönste kam von dem Senator für Massachusetts, Daniel Webster; ein Denkmal amerikanischer Rhetorik, das antiken und britischen Vorbildern sich würdig an die Seite reiht.

Die Nullifizierungskrise fiel zeitlich zusammen mit einem anderen Konflikt, in dem der Präsident selber die Rolle des großen Verneiners spielte und der zum Symbol und Höhepunkt seiner Regierung wurde. Aber auch der »Bankkrieg«, wie amerikanische Historiker ihn nennen, hatte keinen eindeutigen Sinn und Ausgang.

Die »Bank der Vereinigten Staaten« (B.U.S.) hatte ihre Charta 1816 erhalten. Sie war eine Säule des »amerikanischen Systems«; ein Instrument, durch das nicht sosehr die

Regierung, wie eine mit der Regierung verbündete Hochfinanz die Währung und bis zu einem gewissen Grad auch das Handelsvolumen des Landes zu kontrollieren vermochte. Der Bund bestellte eine Minderheit ihrer Direktoren, besaß einen geringen Anteil ihres Grundkapitals, deponierte bei ihr seine Geldmittel. Daß die Bank diese, ohne Kosten, zu eigenen Profitzwecken gebrauchen, im Gesamtgebiet der Union operieren und von keinem Staat besteuert werden konnte, machte sie zur größten, wesentlich unabhängigen und privaten Geldmacht. Es scheint, daß diese Macht mit Klugheit, zum Vorteil der Aktionäre und zum Schutz der Währung gebraucht wurde. Nicht nur die Bank der Vereinigten Staaten, auch Hunderte von sogenannten Staatsbanken – Privatbanken, die ihre Lizenz von einem Einzelstaat hatten und nur innerhalb seiner Grenzen operieren durften – gaben damals Banknoten aus, welche als legales Zahlungsmittel galten; gedruckte Versprechen, dem Besitzer auf Verlangen den Gegenwert in Gold zu bezahlen. Daß dies Banknotensystem zu Inflation, zu billigem Geld, leichten Gewinnen und hohen Preisen führte, war an sich unvermeidlich; die Banken brachten mehr Noten in Umlauf, als ihrem Besitz an Edelmetall entsprach, im Vertrauen darauf, daß man sie nicht beim Wort nehmen würde. Allein die Bank der Vereinigten Staaten vermochte den unheimlichen Betrieb in Grenzen zu halten. Da sehr viele der Banknoten aus allen Staaten bei ihr zusammenflossen, so besaß sie gegenüber den Staatsbanken ein unfehlbares Druckmittel: sie konnte die »Wildecat Banks«, wie sie genannt wurden, zwingen, genügend Gold in Reserve zu halten und ihre Notenausgabe zu mäßigen. Das war im Interesse einer leidlich gesunden Währung; es war auch im Interesse und entsprach der konservativen Gesinnung der alten Hochfinanz von Boston, New York und Philadelphia, in welch letzterer Stadt die B.U.S. ihr Hauptquartier hatte. Und man versteht, warum den kleinen Bankiers des Westens, den Unternehmern, Spekulanten und Abenteurern die große, strenge Geldmacht von Philadelphia verhaßt war.

Aus anderen Gründen war sie dem Präsidenten Jackson verhaßt. Er gehörte zu den Leuten, die dem ganzen »Papiergeldschwindel« nicht trauten und ihn am liebsten wieder aus der Welt geschafft hätten. Es war, noch einmal, die Tradition Jeffersons. Amerika sollte das Land des freien, arbeitenden Mannes sein, der etwas Ehrliches produzierte und ehrliches, nämlich hartes, Geld dafür nahm. Es sollte nicht das Land mysteriöser Menschen und Mächte sein, die Geld ausgaben und den Umlauf von Geld kontrollierten und die kleinen Leute durch einen Federzug ruinieren konnten und reicher und immer reicher wurden, ohne etwas Nützliches zu leisten. Ungefähr der gleichen Ansicht, des gleichen Gefühls waren die Demokraten von New York und ihre Arbeiterwähler. Konsequenterweise hätte diese Philosophie sich freilich gegen die Staatsbanken noch mehr als gegen die B.U.S. richten müssen. So weit ging aber Jackson nicht. Sein Haß galt dem vornehmen, übermächtigen Institut in Philadelphia und seinem Präsidenten, dem Financier Nicolas Biddle. Als nun eine Erneuerung der Bank-Charta, die nur für zwanzig Jahre inkorporiert worden war, vom Kongreß beschlossen wurde, machte Jackson von seinem Recht Gebrauch und sprach sein Veto aus. Präsidentielle Vetos pflegten mit ausführlichen Erklärungen verbunden zu sein, wie sie noch heute sind. So im Sommer 1832. Die Bank, erklärte Jackson, gehöre wenigen hundert reichen Aktionären, von denen mehr als ein Viertel Europäer seien. Ihre enormen Profite zögen das Geld vom Westen nach den Städten des Ostens und nach Europa. Weder das Volk noch die Regierung der Union habe Einfluß auf ihre Tätigkeit. Ihr Leiter habe selber eingestanden, daß die kleinen Staatsbanken völlig von ihr abhingen. »Bedeutet eine Bank, die ihrer Natur nach so wenig mit unserem Land verbunden ist, keine Gefahr für unsere Freiheit und Unabhängigkeit? ... Wird ihr Einfluß in den Händen eines selbstgewählten Direktoriums konzentriert, dessen Interesse sich mit dem Interesse ausländischer Aktionäre deckt, besteht dann kein Anlaß, im Frieden für die Sauberkeit unserer Wahlen, im Krieg für die Unabhängigkeit unseres Landes zu zittern? ... Es ist zu bedauern, daß die Reichen und Mächtigen die Regierung so oft zu selbstischen Zwecken mißbrauchen. Gesellschaftliche Unterschiede wird es immer, unter jedem gerechten Regierungssystem geben. Keine menschlichen Einrichtungen können Gleichheit der Talente, der Erziehung, des Reichtums hervorbringen. In vollem Genusse der Gaben des Himmels und der Früchte seines überlegenen Fleißes, seiner Sparsamkeit und Tüchtigkeit, hat jeder Mensch gleichen Anspruch auf den Schutz des Gesetzes; unternehmen es aber die Gesetze, solchen natürlichen und gerechten Vorzügen künstliche Unterschiede, Titel, Gratifikationen und ausschließliche Privilegien hinzuzufügen, machen sie die Reichen reicher und die Machtvollen mächtiger, so haben die bescheideneren Mitglieder der Gesellschaft, die Farmer, Handwerker und Arbeiter, denen es an Zeit und Möglichkeit fehlt, sich solche Extravorteile zu gewinnen, guten Grund, sich über die Ungerechtigkeit der Regierung zu beklagen. Regierung bedeutet kein unvermeidliches Übel. Was übel an ihr ist, das stammt von Mißbräuchen ...« Es war, gelegentlich eines speziellen Anlasses, eine jener grundsätzlichen, dröhnenden Erklärungen, wie sie für die amerikanische Politik vom ersten Tage bis zum heutigen so charakteristisch sind; demokratisch, nationalistisch, auch wohl antieuropäisch. Nicht sozialistisch. Als die besten, echtesten Amerikaner galten Jackson die Farmer, Handwerker und Arbeiter (»Farmers, Mechanics and Laborers«); die großen Geldleute als die schlechtesten. Dann, vor allem, waren sie die schlechtesten, wenn sie sich zu Korporationen, Banken, Versicherungsgesellschaften, Kanal- und Straßenbauunternehmungen, Monsterverbindungen mit dem Zweck der Ausplünderung des kleinen Mannes zusammentaten. Wohlhabend zu werden durch seine eigene Arbeit, das war gut, dazu sollte jeder die Freiheit haben, und insofern waren soziale Unterschiede gut. Zu bekämpfen galt es die anonyme Macht des Kapitals, des amerikanischen und des europäischen. Eine Laissez-Faire-Philosophie, gerichtet nicht mehr gegen den Staat, sondern gegen die großen Privatgesellschaften; ein Kleinkapitalismus gegen das Großkapital. Das appellierte an den Arbeiter in New York, der gegen mageren Lohn dreizehn Stunden am Tag arbeitete, so gut wie an den Farmer oder Kaufmann im Westen. Es war spezifisch amerikanisch; nur unter amerikanischen Bedingungen konnte der Arbeiter hoffen, ein kleiner Unternehmer zu werden, konnte man noch alles, was nicht »Plutokratie« war, als »Volk« gegen die Plutokratie zusammenfassen. – Nach hundertdreißig Jahren haben wir es leicht, hinzuzufügen, daß es auch für Amerika nicht zeitlos galt. Die Generation Andrew Jacksons verstand die Dynamik des Kapitalismus noch nicht; daß eben gerade »Laissez-Faire« zu den großen Kapitalkonzentrationen geführt hatte und immer wieder und immer mehr zu ihnen führen würde.

Was Jackson, mit dem Instinkt des Machtmenschen, sehr wohl verstand, waren die Macht und die Unverschämtheit des Leiters der B.U.S. Nicolas Biddle, der große Financier, setzte Himmel und Erde in Bewegung, um im Kongreß die Zweidrittelmehrheit zu sammeln, die zur Aufhebung des präsidentiellen Vetos nötig war. Die Bank kaufte, was Geld kaufen konnte, Zeitungen, Parlamentarier, Kanzeln. Der Präsident, mehr gewohnt anzugreifen, als sich zu verteidigen, antwortete, indem er ihr die Fonds der Union entzog und sie auf einige Staatsbanken verteilen ließ. Das war ein Schlag, von dem die B.U.S. in der kurzen ihr noch gegebenen Frist sich nicht mehr erholen konnte. Wenn aber Jacksons Ziel ein deflationäres, die Wiedergewinnung einer gesunden Goldwährung gewesen war, so hatte das Schwinden der B.U.S. die entgegengesetzte Wirkung. Inflation und Spekulationsfieber erreichten 1836 ihren Höhepunkt. Auf ihn folgte 1837 ein Fall von entsprechender Tiefe. Wie gewöhnlich kamen mehrere Ursachen zusammen: Maßnahmen der Regierung, durch die Geld aus dem Umlauf gezogen wurde, eine Mißernte im Westen, der Zusammenbruch großer englischer Firmen und so fort. Grundsätzlich war der Rhythmus am Werk, der dann den Prozeß der Zivilisierung und Ausplünderung des amerikanischen Kontinents bis ins 20. Jahrhundert begleitet hat: der Wechsel zwischen übermäßiger Ausdehnung und plötzlicher, panischer Zusammenziehung, des »boom and bust«. – Unter Jacksons Nachfolger, Präsident van Buren, wurde die Frage, wer die Geldmittel der Union verwalten und ausnutzen sollte, durch die Errichtung eines »unabhängigen Schatzes« gelöst; die Regierung verwaltete nun ihr Geld selber.

Die Wirtschaftskrise von 1837 führte in den Großstädten des Ostens, zumal in New York, zu einer Radikalisierung der Arbeiterschaft. Es gab damals mehr Klassenbewußtsein, Klassenangst und -leid in Amerika, als jene Historiker uns glauben machen wollen, für die Europa und Amerika auf verschiedenen Sternen liegen. Sogar gab es Arbeiterparteien; und eine von ihnen, die »Locofocos« – eigentlich eine lokale Spielart der Demokraten –, konnte innerhalb des Staates New York zeitweise einen beträchtlichen Einfluß ausüben. Aber ihr Programm war nie sozialistisch, nur radikal-demokratisch: Kampf den großen Korporationen und Monopolen, Abschaffung der Schuldhaft, allgemeine, billige Volkserziehung, Legalisierung der Gewerkschaften, Fabrik- und Arbeitszeitgesetzgebung. Es waren Forderungen, die von der Jacksonschen Demokratie absorbiert werden konnten, wie umgekehrt die Jacksonsche Demokratie sich auch an die Arbeiter der großen Städte wandte. Darum, und weil Amerika für reine Klassen-Parteien immer zu groß und vielfältig war, ist es im gesamtnationalen Rahmen nie zur erfolgreichen Gründung einer Arbeiterpartei gekommen.

Was dann den Sozialismus betraf – nun, der war in den dreißiger Jahren ja auch in Europa »utopistisch«, die Sache nicht der Arbeitermassen, sondern einzelner edler Träumer; und war da nicht sosehr die Rede von der Enteignung des Kapitals und Übernahme der Wirtschaft durch den Staat wie von der Flucht aus der Industrie und der Zivilisation in ideale Gemeinschaften. Dieser Sozialismus war europäisch und amerikanisch, wurde von Europäern in das Land gebracht, das, einst selber Utopie, nun für Utopien den Boden abgeben sollte. Es sind Versuche – New Harmony, Brook Farm –, deren guter, sorgender Wille ihren Gründern Ehre macht, aber Bleibendes oder Fortzeugendes gewirkt haben

Pioniere auf dem Weg in den amerikanischen Westen
Aus einer Folge von Zeichnungen von Joshua Shaw, Anfang 19. Jahrhundert
Chicago, Museum of Science and Industry, Dunbar Collection

Umzug während des Wahlkampfes zwischen van Buren und Harrison um die Präsidentschaft, 1840
Aquarell von Francis Schell
New York, Harry Shaw Newman, The Old Print Shop

sie nicht, und die Ideengeschichte muß größeres Interesse an ihnen nehmen als die Geschichte der Politik.

Mittlerweile war die Gegenpartei, die Partei der »Business Community«, der Jackson Kampf angesagt hatte, nicht müßig. Ihre Gesinnung war im Grunde noch immer die der alten »Föderalisten«, und ihre konservativen Vertreter sahen in der Jacksonschen Demokratie den drohenden Untergang von Staat und Gesellschaft. »Die Annahme des allgemeinen Wahlrechts und eine skrupellose freie Presse sind meiner Ansicht nach mit Ordnung und Sicherheit des Eigentums nicht vereinbar; unser Land, seine Regierung und sein Charakter sind verloren.« (Chancellor Kent, 1835.) Ein passives Verzweifeln hat jedoch der amerikanischen Geschäftswelt nie gelegen. Dazu war sie viel zu dynamisch, viel zu bereit und fähig, das Gemeinwesen auf ihre Weise zu leiten, den Aufbau und die Ausplünderung des Kontinents weiterzutreiben. In diesem Sinn darf man sie eigentlich nicht »konservativ« nennen. Was die südliche Pflanzer-Aristokratie, was selbst Demokraten vom Schlage Jacksons fürchteten, war gerade ihre Expansionskraft. Um es in den einfachsten Worten zu sagen: Konservativismus konnte es in Amerika überhaupt nicht geben oder doch nur unter Leuten, die sich weigerten, am Rhythmus des amerikanischen Lebens zu partizipieren, die folglich nicht zählten. Fortschritt und Ausbreitung wollten alle Bewohner des neuen Kontinents, über den man sich ausbreiten konnte; und der Streit ging wesentlich nur um die Frage, unter welchen Formen der Organisation, unter wessen Leitung, zu wessen Vorteil die Ausbreitung vor sich gehen sollte. Nun hatte das Zeitalter Jacksons dies mit sich gebracht, daß man öffentlich nicht mehr gegen das »Volk«, die Demokratie sein konnte. 1790 war das möglich gewesen, nicht mehr 1840. Alexander Hamilton und seine Freunde hatten als Aristokraten gesprochen, aristokratische Manieren zur Schau getragen und über die Notwendigkeit einer gesellschaftlichen Schichtung und Hierarchie ernsthafte, offene Betrachtungen angestellt. Man konnte politische Philosophie von ihnen lernen, auch wenn man nicht mit ihnen übereinstimmte. Nicht so von ihren Nachfolgern, den »Whigs« von 1840. Daß es gar nicht oder nur sehr mittelbar, bei mannigfachen Reserven und Sicherheitsvorkehrungen, zur Regierung taugte, durfte man jetzt dem Volk nicht mehr sagen, auf dessen Stimmen man angewiesen war. Eine Minderheit, die Interessen und Werte einer Minderheit verteidigte, aber zur Erfüllung ihres Machtwillens nach den Regeln des allgemeinen Wahlrechts auf die Gunst der Mehrheit angewiesen, mußte die andere amerikanische Partei ihre Zuflucht nehmen zu verschwommenen Redensarten, zur Ignorierung der eigentlichen Konflikte, die es gab, und zur Erfindung von falschen, zur Demagogie. Demagogisch sind seither die großen amerikanischen Wahlkämpfe – von beiden Seiten – geführt worden.

Der von 1840 war ein markantes Beispiel dafür. Damals bestimmten die Whigs als Kandidaten für die Präsidentschaft den General Harrison, Helden eines Indianerkrieges, der Politik völlig fremd, aber populär. Als nun eine demokratische Zeitung von dem alten Haudegen spöttisch bemerkte, eine Blockhütte und ein Faß Apfelwein (Hard Cider) seien alles, was er zu seinem Glück benötige, machten die Leiter der Whig-Kampagne dies leichtsinnig gesprochene Wort zu ihrem Hauptschlager. Harrison war nun der biedere Pionier aus dem Westen, der Mann von Blockhütte und Apfelwein; der demokratische Gegenkandidat, van Buren, ein blasierter Prasser, der seine Backenbärte parfümierte und Champagner aus Silberbechern trank. In improvisierten Blockhütten wurden die Wähler mit Apfelwein regaliert, man trug die Blockhütte im Knopfloch; Apfelweinfässer wurden von Ort zu Ort gerollt und als Symbol des Whig-Sieges bejubelt. Hier nachzuweisen, daß Harrison ein wohlhabender Mann war, der mit einer Blockhütte nie etwas zu tun gehabt hatte, war verlorene Mühe. Es war ein Wahlkampf von totaler Unvernunft, obgleich lustig. Mit gewaltiger Mehrheit gewählt, zog Harrison, wie auf einem Fasse rollend, ins Weiße Haus ein, wo er übrigens schon nach einem Monat verstarb... Nachdenkliche Demokraten waren von diesem Schauspiel ebenso befremdet, wie nachdenkliche Föderalisten oder Konservative es zwölf Jahre früher von dem Wahlsieg Jacksons gewesen waren. Die Demokratie war auf demokratischem Wege, mit ihren eigenen Mitteln geschlagen worden; das betrogene Volk hatte gegen sich selbst gestimmt. Wenn das möglich war, wie stand es dann um den demokratischen Kernsatz, wonach die Mehrheit im Recht war und auf die Dauer nicht irren konnte? »Die Arbeiter haben die Wahl gegen sich selbst entschieden!« meinte einer. »Sie haben den ersten Präsidenten im Stich gelassen, der es je wagte, die vereinigte Macht des Geldes herauszufordern und unbeugsam zu solchen Maßnahmen zu stehen, die allein der Arbeiterschaft ihren gerechten Anteil an dem von Kapital und Arbeit gemeinsam produzierten Reichtum zu sichern vermögen.« Ein anderer: »Nie hatte ich in meinem Leben so düstere Vorahnungen als die, welche mich jetzt quälen. Kann dies Volk sich selbst regieren?« In Wahrheit beruhte wohl der Sieg der Whigs nicht so sehr auf Volksbetrug und Volksblindheit wie auf der einfachen Tatsache, daß nach zwölf Jahren Demokratenherrschaft der Nation ein Wechsel willkommen war – die Hauptfunktion des Zweiparteiensystems und ein Rhythmus, der uns aus der späteren amerikanischen Geschichte wohlbekannt ist. Auch war es diesmal kein gründlicher Wechsel. Das Whig-Zwischenspiel erwies sich als kurz und inhaltsleer; nichts von dem, was Jackson oder van Buren getan hatten, wurde rückgängig gemacht; und schon 1845 saß wieder ein Jacksonianer, James K. Polk aus Tennessee, auf dem Präsidentenstuhl.

Die Gegensätze, mit denen Andrew Jackson es zu tun gehabt hatte, verschoben sich, verschwammen, verdampften; andere traten an ihre Stelle, andere Parteiverbindungen, andere Menschen. Übrig blieb, daß in den dreißiger Jahren das amerikanische politische Leben auf eine andere Stufe gehoben worden war, auf der es sich nun, wohl oder übel, halten mußte. Die Vollendung der Demokratie in den meisten Einzelstaaten; die Politisierung der breiten Massen; ein geschärftes Klassenbewußtsein der Armen in den Großstädten des Ostens, Gewerkschaften, selbst Arbeiterparteien; an der Spitze des Gemeinwesens ein Mann, den seine Gegner als »König Andrew«, als Nachahmer Napoleons verhöhnten und der, wenn er auch nicht der Diktator war, als welcher er in Europa galt, doch der Exekutive eine starke, kämpferische, dramatische, wahrhaft populäre Rolle verlieh – solche Neuerungen ließen sich nicht mehr ausstreichen. Übrig blieben auch die großen Parteimaschinen, von denen es im Lande wenigstens zwei geben mußte und nur zwei geben konnte: enorm komplizierte Verbindungen mit dem Zweck des Stimmenfangs. Aus Jacksons Zeit stammt das System der vierjährlichen »nationalen Parteikonventionen«, wie wir es noch heute haben; tolle politische Feste, zu denen die Parteien der Einzelstaaten ihre durch Gemeinden und Bezirke ausgesiebten Vertreter sandten und deren Aufgabe es war, die Kandidaten für Präsidentschaft und Vizepräsidentschaft zu stellen. Beide Parteien waren vor allem Monsterorganisationen zur Eroberung der politischen Macht. Klasseninteresse, Sektions- und Staatsinteressen konnten wohl in sie eingehen, Leidenschaften und Feindschaften aller Art, auch Ideen; aber die letzteren hatten es schwer, nicht überwuchert zu werden von der unsagbaren Vielfalt der Meinungen, dem Gewirr der materiellen Interessen, den korrupten Machenschaften. In beiden Parteien waren Reichtum und Armut und waren die längste Zeit Norden, Westen und Süden vertreten – das Gefährliche ihrer Entwicklung zu reinen Sektionsparteien lag auf der Hand. Beide mußten sich Kandidaten suchen, die allen Sektionen und Parteiflügeln genehm waren; Kompromiß-Kandidaten, populäre alte Kriegshelden, Mediokritäten. Mehr ungewollter Zufall als Absicht war es, wenn ein Präsident sich doch als starke Persönlichkeit herausstellte – Jackson, Lincoln. Ein solcher konnte dann, unter furchtbaren Anstrengungen, der Partei seinen Stempel aufdrücken, etwas ideell Sinnvolles aus ihr machen. Immer hatte das seine Grenzen, nie war es ein einziger, eindeutiger Sinn. Dazu war der Gegenstand, mit dem der Parteiführer es zu tun hatte, ein viel zu riesenhafter, formloser, flüssiger; und schließlich war er selber kein Philosoph, sondern ein Ergreifer von Gelegenheiten und Praktiker, dem es an letzter geistiger Klarheit fehlte. Nie dauerte der ihm zu verdankende ideelle Aufschwung lange. Kaum war er verbraucht und verschwunden, so schwand auch die Idee; so, wie eine Wolke am Himmel herumschwimmt, unversehens ihre Form ändert, sich mit anderen vereinigt und wieder trennt, so daß man nicht sagen kann, ob es nun noch dieselbe Wolke sei. Nur der Name blieb – im Falle der Whigs nicht einmal der.

Nation, Volk, Gleichheit, Freiheit, Kampf gegen die privilegierten Minderheiten; mit solchen Schlagwörtern wurde zu Jacksons Zeit die Grundtendenz der Demokratischen Partei bezeichnet. Es kam die Zeit, die späten vierziger und fünfziger Jahre, da sie auf solchen schönen Titel wenig Recht mehr hatte und die Gegenpartei – die neuen »Republikaner« – das bessere. Noch etwas später, und der Funke der Jefferson-Jackson-Tradition war versteckt unter Bergen von Asche.

Europa: Das Juste-milieu

Das französische Bürgerkönigtum ist gleichzeitig mit der Jacksonschen Demokratie und gleichzeitig mit der Epoche, die in England durch die Reformbill inauguriert wurde. Ein bloßer Zufall ist diese Gleichzeitigkeit nicht; wir haben schon gesehen, welchen direkten Einfluß die Pariser Juli-Revolution auf die Entwicklung in England hatte. Freilich aber bedeutete die Regierung Louis Philippes kein Sich-Bahn-und-Luft-Machen neuer sozialer Kräfte wie die Jacksonsche Demokratie, keinen weittragenden organischen Fortschritt wie Greys Reformbill. Es war ein Auf-dem-Platz-Treten; eine lange Verlegenheit, welche eine andere Verlegenheit ablöste und von einer dritten abgelöst wurde. Die französischen Regierungsformen des 19. Jahrhunderts verneinten einander, sie setzten einander nicht fort, sie führten zu nichts. Aber jede von ihnen hatte eine gewisse Ausstrahlungskraft und Bedeutung für die Welt. Und das Land in seiner Ökonomie gedieh unter ihnen allen. Ein reiches und glückliches Land, das doch der Welt ein Schauspiel hauptstädtischer Nervosität, Unordnung und Wandelsucht bot und dem auch Kriegslüsternheit nicht ganz ohne Grund nachgesagt wurde – so war Frankreich zwischen 1815 und 1870; irren wir uns nicht, sogar ein wenig darüber hinaus.

Wohlhabend war es unter der Restauration gewesen, die Verwaltung sauber, die Finanzen gesund. Hatten auch die Patrioten wirklich Grund, über eine äußere Politik zu klagen, welche die Katastrophe von 1815 so schnell überwand? Sie glaubten Grund dazu zu haben, und auf den Glauben, nicht die Tatsachen, kam es an. Was das Land, die Hauptstadt, die Jugend der wiederhergestellten Monarchie nicht verziehen, war dies, daß sie identisch war mit der Niederlage von 1815, daß sie auf seiten der Sieger von Waterloo hatte stehen müssen. Ludwig XVIII. gelang es leidlich, dies Gefühl zu neutralisieren, wobei ihm die zeitliche Nähe zu Hilfe kam; noch war das Land kriegsmüde, noch hätten auch die Alliierten einen Umsturz in Paris gar nicht hingenommen. 1830 gab es praktisch keine Alliierten mehr; Karl X. war beschränkter, nobler und frömmer als sein Bruder und unwiderstehlich angezogen von dem Gedanken einer Wiederherstellung des Ancien régime; eine neue Generation war groß geworden, die nichts von Blut, Schweiß und Tränen des Kaiserreiches wußte.

So kam es denn zu den »trois glorieuses«, dem Pariser Umsturz der letzten Julitage des Jahres 1830. Die »Juli-Revolution« – der gepriesene Prototyp der europäischen Revolutionen des 19. Jahrhunderts. Delacroix hat sie in einem Gemälde verherrlicht, in dem der Genius der Freiheit seinem Volk die Trikolore in der Schlacht voranträgt; Dostojewskij hat sie mit Vorliebe verhöhnt und noch lieber die Russen, welche sich von solchem westlichen Theater imponieren ließen. In den europäischen Staatskanzleien, auf den Börsen, ja selbst in den Studierstuben so ernster Gelehrter wie Niebuhrs, des Historikers, und Hegels, des Philosophen, rief sie Schrecken und Grauen hervor und Jubel in den Herzen aufsässiger Jugend; was alles mit der Zeit sich als Überschätzung des Ereignisses herausstellte... Unnötig, über das nahezu gegenstandslose Querulieren zwischen König und Kammer zu berichten, welches vorhergegangen war. Es war nur der Ausdruck einer Stimmung, einer Fremdheit zwischen dem starrsinnigen Greise aus dem Rokoko und dem Industriebürgertum, den machtgierigen, redegewaltigen Advokaten und Journalisten der neuen Zeit. Aber nicht die Liberalen der Kammer machten Revolution. Die protestierten nur. Als der König durch eine Reihe von staatsstreichartigen »Ordonnanzen« das Parlament auflöste, das Wahlrecht zugunsten des Großbesitzes modifizierte, die Zeitungen der strengsten Zensur unterwarf, erhob sich, wie im Jahre 89, die Stadt Paris: Arbeiter, Studenten, Kleinbürger. Der Aufstand hatte keine uns bekannte Führung, ein spontaner Akt des Masseninstinktes, des Enthusiasmus, des Trotzes und Hasses. Merkwürdig war die Methode, die dann für die Kämpfe zwischen alter und neuer Ordnung in den nächsten Jahrzehnten bezeichnend werden sollte: die Barrikaden. Niemand – das Volk selber hat sie erfunden. Quer über die Straßen wurden aus Pflastersteinen, gefällten Bäumen und Hausrat Bollwerke improvisiert, welche die Truppen aufhielten und hinter denen die kämpfenden Bürger sich verschanzten, indes andere die Angreifer aus den Häusern beschossen. War eine Barrikade endlich genommen, so entkamen die Aufständischen durch Hinterhöfe und Nebenstraßen, um das Werk an einem anderen Engpaß aufs neue zu beginnen. Nach drei heißen Tagen gab der königliche Befehlshaber, Napoleons Marschall Marmont, die Schlacht um Paris für verloren. Karl X., jammernd, jetzt sei er in der gleichen Lage wie sein unglücklicher Bruder 1792, zog sich von St. Cloud nach Versailles, von Versailles nach Rambouillet, von Rambouillet gegen die Küste zurück und verschwand schließlich nach England.

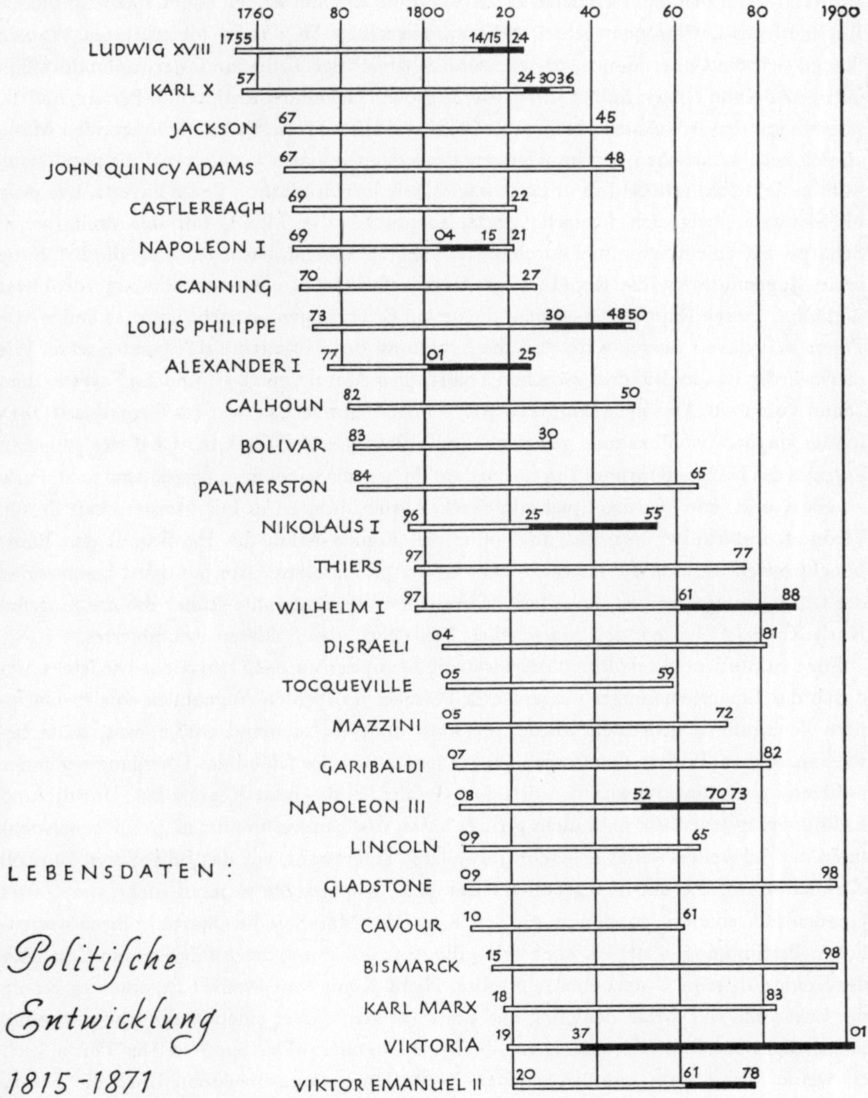

LEBENSDATEN: *Politische Entwicklung 1815-1871*

Der Aufstand, unvorbereitet und ohne bewußtes Ziel, mußte dahin führen, wohin seine stärksten und klügsten Teilnehmer ihn führen wollten. Als die Stärksten und Klügsten erwiesen sich zur rechten Zeit die, die eigentlich gar nicht an ihm teilgenommen hatten: die Vertreter eines liberalen Großbürgertums. Sie hatten das restaurierte Königtum nicht leiden können, weil sie in seinem Rahmen den ihre Eitelkeit befriedigenden Platz nicht fanden. Aber ungleich verhaßter als die Bourbonen-Monarchie war ihnen der Gedanke einer Wiederkehr von 1793, einer radikalen, anarchischen, sozialistischen Demokratie. Der Aufstand sollte sich nicht vertiefen zur Revolution, er sollte schnell enden in einem bloßen Regimewechsel, Personenwechsel, Stimmungswechsel. In diesem lobenswerten Wunsch fanden sich die Generationen, der sechsundsiebzigjährige Talleyrand, der fünfunddreißigjährige Adolphe Thiers; in ihm stimmten die großen Geldleute, Rothschild, Perrier, Lafitte, überein mit den Advokaten, den Journalisten und Historikern. Es gelang ihnen, den Mann zu sich herüberzuziehen, der im Wirrwarr des letzten Julitages noch einmal die populärste, mithin die mächtigste Gestalt in Paris war: Marie Joseph Marquis de La Fayette. Der ewig überschätzte, ewig sich überschätzende, mythische alte Mann, mit der dreifarbenen Schärpe auf einem Schimmel durch die Straßen sprengend, hatte zunächst die Erfüllung seines Jugendideales, die Republik, im Kopf; aber da es ein ungründliches Ideal war und mit früheren Republiken er nicht die besten Erfahrungen gemacht hatte, so ließ er von Thiers sich davon überzeugen, daß die Erhaltung der Monarchie das bessere wäre. Wie merkwürdig ist dies Bündnis zwischen Thiers, dem Mann von 1871, und La Fayette, dem Mann von 1778. Der neue Monarch war schnell gefunden, er war im Grunde seit 1815 immer da und wohlbekannt gewesen: Louis Philippe von Orléans, Chef des jüngeren Zweiges des Hauses Bourbon. Ihn überredete Thiers, aus seiner Sommerresidenz nach Paris zu eilen, und jene, die das Spiel ausgeheckt hatten, führten es mit Meisterschaft durch. Verdutzt, mißtrauisch zunächst und ohne viel Freude nahm die Hauptstadt den Bourbonenprinzen an, den die Kammer zum König proklamierte. Am 9. August beschwor er die Charta, umgeben von denselben Marschällen, die fünf Jahre früher das Salbungsfest Karls X. geziert hatten, den Marschällen Napoleons, den Soldaten Robespierres.

Für den Studenten revolutionärer Strategie bleibt der Vorgang lehrreich: wie leicht hier durch das Eingreifen einiger ausgepichter Politiker im rechten Augenblick eine revolutionäre Bewegung abgedrosselt wurde, die sonst der Welt, niemand wußte, was, hätte bescheren können. Wir werden freilich bald sehen, daß in der Glätte des Überganges von der »älteren« zur »jüngeren« Linie auch eine Gefahr für das neue Regime lag. Unruhe und Enttäuschung jener, die man nicht gefragt hatte, brachen aus in allerlei greulichen Attentaten und schwelten weiter achtzehn Jahre lang. Interessant, wie das Juliereignis, ist auch die Staatsform, die auf ihm gründete. Der neue König sollte es nicht mehr von Gottes Gnaden sein, sondern durch eine Art von Kontrakt. Man ließ die Charta in ihren wesentlichen Bestimmungen stehen, aber strich die Anfangsklausel, der zufolge sie ein Geschenk des Königs an seine Untertanen sein sollte. Nicht König von Frankreich, sondern König der Franzosen war fortan der Titel, und um zu zeigen, daß er einen Neubeginn darstellte, nannte der neue Monarch sich »Louis Philippe I.«, nicht »Philippe V.«. Der Thron, hieß es, werde fortan »von republikanischen Institutionen« umgeben sein. Blieb die Frage, warum es dann überhaupt eines Throns bedurfte und warum der Mann auf dem Thron ein naher Verwandter des früheren Königshauses sein mußte, mit dessen Tradition man doch gerade brechen wollte. Unlogisch das alles, aber bezeichnend für den historischen Moment. Noch wollte man die Bequemlichkeit der Monarchie nicht aufgeben, obgleich sich befreien von ihrem Ärgernis; nicht mehr am königlichen Gängelbande gehen, aber doch der goldenen Krücken notfalls nicht entbehren. Über die Funktion des Königs in der gekrönten Republik ist dann in der Folgezeit, nicht mehr mit dem geistvollen Glanz der Restauration sondern ziemlich hohl und albern, gestritten worden. »Le roi reigne et ne gouverne pas«, verkündete Thiers; »der Thron ist kein leerer Fauteuil«, antwortete Guizot. Nicht zuletzt verdankte der Orléans seine Erhebung einer historischen Parallele, trügerisch, wie historische Parallelen sind. Die englische Revolution des 17. Jahrhunderts war gleichsam rückgängig gemacht worden durch die Restauration von 1660, aber die restaurierten Stuarts hatten sich als unbelehrbar erwiesen, und schließlich hatten die »jüngeren Linien«, der Oranier, die Hannoveraner, sie passend ersetzt. War eine entsprechende Lösung nicht geeignet, die Französische Revolution endlich abzuschließen? Auf dem Höhepunkt des Schreckens, im Spätherbst des Jahres 1792, hatte Danton, der Mann der Septembermorde, dem jungen Sohn Philippe Egalités eben dies prophezeit; und »Egalité Fils« sich seine Worte gern eingeprägt. Seitdem war das heimliche Reden von der »jüngeren Linie« im Grunde nie verstummt. Dann würde auch die französische Nation endlich Glück und inneren Frieden finden, würde jeder Bürger König sein unter einem König, der ein Bürger war: »sous un roi citoyen tous les citoyens sont rois...« Es war das Ideal der achtziger Jahre, damals den Deutschen wie den Franzosen vertraut, gar nicht weit entfernt von dem Ideal George Washingtons und der amerikanischen »Föderalisten«. So zogen denn auch die überlebenden Größen der ersten Revolution, alte Herren jetzt, im Kaiserreich baronisierte oder gefürstete Königsmörder, in die Räte Louis Philippes ein, zufrieden, doch noch ergreifen zu dürfen, was ihnen vor vierzig Jahren entwichen war. Daß es auch diesmal nicht das Endgültige war, dies zu erleben ist ihnen erspart geblieben.

Louis Philippe eignete sich für die ihm zugedachte Rolle. Als Patriot und fähiger Offizier hatte er sich in der Führung von Truppen der Republik im Jahre 1792 bewiesen; als lebenstauglich in harten Emigrationsjahren; unter der Restauration als Bürgerprinz, der im grauen Hut und mit Regenschirm herzhaft grüßend durch die Straßen der Hauptstadt eilte; als vorbildlicher Familienvater; als rechnender Verwalter eines Riesenvermögens – übrigens als schlauer politischer Beobachter. Metternich, der an das Bürgerkönigtum nicht glaubte, gestand doch ein, daß Louis Philippe der fähigste Politiker des Landes sei. Aber sein Verstand war nüchtern. Tocqueville, der ihn gut kannte, meint, er sei nur dem Nützlichen zugewandt gewesen, sein Interesse nur der Industrie; hochfliegende Gedanken, Ideen von Gerechtigkeit, Wahrheit, Schönheit seien ihm vollständig fremd gewesen. »Er war ohne Religiosität wie das 18. Jahrhundert und skeptisch in der Politik wie das 19.; selbst ohne Glauben, mißtraute er dem der anderen..., sein Ehrgeiz, dem nur seine Vorsicht Schranken setzte, war unersättlich und zugleich so wenig hochstrebend, daß er immer am Boden haften blieb.« Phantasie und was die Phantasie der anderen anregt, die Würde, die Magie echter Könige besaß Louis Philippe nicht. Aber die sollte er ja wohl, dem Begriff des

Bürgerkönigtums nach, gar nicht besitzen. Ist er also an diesem Mangel gescheitert, so war aus dem Grunde etwas falsch mit der ihm gestellten Aufgabe und der von ihm nur allzu treu repräsentierten Gesellschaft. Dann hatte Metternich recht, der das Bürgerkönigtum für eine Unmöglichkeit erklärte. »Wenn er (Louis Philippe) sich der Rechten nähern will, so findet er dort keinen Platz; nähert er sich der Linken, so ist er verloren. Verurteilt, zwischen zwei Wahrheiten, der Monarchie und der Republik, in der Mitte zu schweben, befindet Louis Philippe sich im Leeren; das Leere ist die Lüge...« Metternich sah kein Drittes zwischen dem Ancien régime und der radikalen Demokratie. Für den Augenblick tat Louis Philippe, was von ihm erwartet wurde. Er erschien auf dem Balkon, wenn das »Volk« ihn rief, stimmte die Marseillaise an und schlug den Takt dazu; ernannte die populärsten Liberalen zu Ministern; empfing alle, die empfangen sein wollten.

Die Sommererschütterung teilte dem Lande sich eigentlich nicht mit, die Provinzen nahmen an, was Hauptstadt, Parlament und wenige politische Köpfe entschieden hatten. Von dem Wahlzensus wurde etwas Geringes abgelassen, so daß die Zahl der Wähler auf etwa hundertneunzigtausend stieg; sonst blieb alles beim alten.

Stärker als Frankreich selber reagierte Europa. Ein Umsturz in Paris war etwas anderes als ein Umsturz in Neapel oder in Madrid; was in diesem Nervenzentrum geschah, das spürte, lustvoll oder angstvoll, der ganze europäische Körper. Im August erhoben sich die Belgier gegen die Bürokratie des Königs der Niederlande; im November die Polen sich gegen die russische Herrschaft; im nächsten Februar sich die Römer gegen ihren veralteten Souverän. Selbst in dem ruhigen, vernünftigen, in seiner gestickten Zwangsjacke sich nicht gar zu unwohl fühlenden Deutschland kam es zu Ausbrüchen; einer seiner fürstlichen Herrscher mußte nächtens aus brennendem Schlosse fliehen. Die Logik von 1830 war die, daß, wenn Frankreich, der Hauptleidtragende von 1815, das damals ihm auferlegte System umwarf, alle anderen, denen 1815 Unrecht geschehen war und die solches Unrecht seither entdeckt hatten, es ihm gleichzutun versucht waren; daß in der neuen französischen Revolution ein Hilfsversprechen an alle Unterdrückten lag; und die Unterdrücker im Sinne ihres eigensten Anspruches von Paris nicht hinnehmen durften, was sie von Neapel, Turin und Madrid nicht hingenommen hatten. Also war Krise ein gutes Jahr lang. Sie führte jedoch zu keiner großen Explosion; darum nicht, weil beide Seiten, die angeblichen Verteidiger der Ordnung von 1815 und die angeblichen Revolutionäre, sie nicht wollten, ohne sich über das, was die andere Seite wollte, so recht klar zu sein.

Die Pariser – die Pariser nämlich, welche Karl X. vertrieben hatten – waren kriegerisch. Der Sturz des Bourbonen war die Revanche für Waterloo oder der Anfang davon, ein Angriff auf die Friedensverträge. Leidenschaftlicher Nationalstolz war im Spiel, und der schien mehr fordern zu müssen als die kümmerliche Ersetzung eines Monarchen durch einen anderen. Aber der neue Monarch war nichts weniger als kriegerisch; noch auch war es die Menschenklasse, die jetzt das Ruder allein in Händen hielt, nachdem sie es unlängst noch mit der alten Aristokratie hatte teilen müssen: die hundertneunzigtausend Wähler, das Besitzbürgertum. Während dreier kurzer Julitage hatte etwas Elementares sich geregt; gar nicht elementar war der Geist, der, von dem Erdbeben an die Spitze gebracht, es so überraschend schnell meisterte. »Der besondere Geist der Mittelklasse«, urteilte de Tocqueville,

Karl X.
Gemälde von François Gérard. Versailles, Museum

Adolphe Thiers
Photographie, 1870

»... ist regsam, fleißig, oft unredlich, bisweilen kühn aus Eitelkeit oder Egoismus, aber von Natur furchtsam, gemäßigt in allen Dingen, außer in der Lust am Wohlleben, mit einem Worte mittelmäßig.« So, trotz seines persönlichen Mutes, war Louis Philippe von Orléans, so seine Berater und Auftraggeber: nicht im mindesten willens, das Ihrige in einem revolutionären Kreuzzug gegen Europa aufs Spiel zu setzen oder Europa zu einem antirevolutionären Kreuzzug zu provozieren. Der Unterschied zwischen dem, was die Julirevolution einen Augenblick lang war, und dem, was ihre Nutznießer daraus machten, hat in Frankreich zu neuen Spannungen geführt. Er führte übrigens zu einer kläglichen Diskrepanz zwischen dem, was die Regierung tat und was sie für den Konsum zu Hause bedrohlich redete. Seine Minister seien Dummköpfe, meinte dann Louis Philippe begütigend zu einem fremden Botschafter; man dürfe ihre Großsprechereien nicht ernst nehmen. Der König hatte das schwierige Kunststück zu vollbringen, den Franzosen als Völkerbefreier, den europäischen Mächten aber als ein Mann zu erscheinen, mit dem man würde auskommen können. Auf der anderen Seite war das konservative Europa längst nicht mehr das Europa von Troppau und Laibach. Dazwischen lagen Griechenland; Südamerika; Canning; der türkisch-russische Krieg. Wie von selbst kam man überein, das Versprechen von 1815 einstweilen ruhen zu lassen und abzuwarten; schnell erkannten die Mächte den neuen König an. England zuerst – »Wir werden euch anerkennen, aber euch beobachten« –, dann Preußen, Österreich, der Zar zuletzt, mit allen Zeichen der Ungnade.

Indem Europa sich der Veränderung in Frankreich anbequemte, empirisch und ungroßzügig, fand es auch Mittel und Wege, die Brände zu ersticken, welche sich an dem Pariser Feuer hier und dort entzündet hatten. Einer, der belgische, wurde durch das »Konzert der Mächte« kunstvoll gelöscht; die anderen, der polnische, der italienische, durch die Gewalt russischer und österreichischer Truppen ausgetreten.

Das Königreich der Niederlande, die Vereinigung Belgiens mit Holland und Luxemburg, zu Wien 1815 ausgeheckt, hatte in den Gemütern der katholischen, französisch sprechenden Belgier wenig Anklang gefunden. Da nun nationale Unabhängigkeit die Mode war, so wollten auch sie das, was Griechen und Argentinier schon hatten. Die Revolution begann im Theater, angeregt durch ein Opernstück, erwies sich aber als stark genug, um die holländische Besatzung aus Brüssel zu vertreiben. Die Frage war nun, was mit Belgien geschehen sollte. Einen belgischen Staat hatte es in der Vergangenheit nie gegeben. Wohl aber hatten Engländer und Franzosen oft, und noch unlängst zwanzig Jahre lang, über Belgien gefochten; was sie jetzt wieder tun würden, wenn etwa der neue König der Franzosen der Stimmung der Pariser nachgab und Belgien annektierte. Daß es dazu nicht kam, statt dessen aber zur Gründung und Neutralisierung des belgischen Königreichs, ist eine der diplomatischen Meisterleistungen des 19. Jahrhunderts. – Louis Philippes Botschafter in London war niemand anderes als Talleyrand, »old Tally«, wie die Engländer ihn nannten. Der Greis hatte die Stellung sich ausgesucht, wohl wissend, daß hier, in dem Verhältnis zwischen England und Frankreich, in den nächsten Jahren das Nützlichste zu tun oder das Schädlichste zu verhindern war. Der Außenminister des Reformkabinetts war der Schüler Cannings, Lord Palmerston. Diese beiden Politiker, der Minister des Directoire und der Minister Königin Viktorias, gründeten den belgischen Staat.

Talleyrand, dem Manne des 18. Jahrhunderts, wäre eine Teilung nach gutem altem Brauch, eine Abrundung der französischen Grenzen in Flandern, lieber gewesen. Palmerston, der Mann des 19., weigerte sich, eine andere Lösung der Krise in Betracht zu ziehen als die, welche das Prinzip nationaler Selbstbestimmung eingab. »Wir hatten kein Recht, wegzugeben, was Belgien und nicht uns gehört, wir konnten nicht, unter dem Vorwand, einen Streit zwischen Belgien und Holland zu schlichten, einen der Streitpartner zugunsten eines der Vermittler ausplündern.« »Im Augenblick, in dem wir Frankreich auch nur einen Gemüsegarten, einen Weinberg abtreten, verlieren wir die Frontlinie des Prinzips ...« Es war die Sprache, die England im zweiten Drittel des Jahrhunderts noch mehrfach hören lassen sollte und die »old Tally« begriff, wohl nicht so sehr, weil sie schön und recht war, sondern weil Macht hinter ihr stand. Daß Zar Nikolaus mit der Unterdrückung des polnischen Aufstandes voll beschäftigt war, machte ihn in der belgischen Sache weniger aggressiv, als er sonst zu sein Lust gehabt hätte. Die beiden anderen »nordischen Höfe«, Österreich und Preußen, ließen sich widerwillig für Palmerstons Politik gewinnen. Obgleich richtig und noch heute erfolgreich, war es eine mit den zähesten praktischen Schwierigkeiten belastete Politik. Der König von Holland wollte nichts, so wenig wie möglich, weniger als möglich hergeben, die belgischen Nationalisten verlangten mehr, als ihnen zukam, Luxemburg durfte, weil es ein Mitglied des Deutschen Bundes war, gar kein Gegenstand der Verhandlungen sein, die bewaffnete Unterstützung, die Frankreich den Belgiern gegen Holland gewährte, war mehrdeutigen Charakters. Nachdem der neue Staat endlich geschaffen war, galt es, da er eine Republik ja nicht sein durfte, ihm einen König zu finden; und als die erste Wahl der Belgier auf einen Sohn Louis Philippes fiel, drohte Palmerston noch einmal mit einem »allgemeinen Krieg«. Man drohte leicht mit Krieg damals. Schließlich einigten sich die Mächte auf einen anglisierten deutschen Fürsten, Leopold von Coburg. Im November 1831 war das Werk getan, das neue Königreich von den fünf Großmächten anerkannt. »Es ist eine ungeheure Sache«, rühmte sich Palmerston, »Österreich, Rußland und Preußen zur Unterzeichnung eines formellen Freundschafts- und Garantievertrages mit Leopold gebracht zu haben. So ist Belgien außer jeder Gefahr, und das Schweigen und Schmollen des Königs von Holland hat wenig oder gar keine Wichtigkeit mehr, außer für ihn selber.« Es bedurfte noch voller acht Jahre, einer englischen Blockade, eines französischen Bombardements von Antwerpen, bis der Oranier sich endlich bequemte, zu räumen, was ihm nicht mehr gehörte, und den neuen Nachbar im Süden anzuerkennen; worauf endlich – man schrieb 1839 – das Fünfmächteprotokoll unterzeichnet werden konnte, welches Belgien ewige Neutralität zusicherte. Es sollte später noch eine sinistre Bedeutung erlangen.

Schöpfung englisch-französischer Zusammenarbeit, des Liberalismus und Nationalismus, des Bürgertums, konstitutionelle oder parlamentarische Monarchie, fast schon Republik unter einem erblichen Präsidenten, nüchtern, ohne großen Ehrgeiz, aber wohlhabend und zunehmend industrialisiert – kein Staat hätte mehr »neunzehntes Jahrhundert« sein können, als der neue belgische es war.

In Polen siegte die russische Gewalt. Es gehörte in den Machtkreis der »nordischen Höfe«, der »Despotien des Ostens« und vorwiegend in den russischen Machtkreis. Das war im Grunde so, seit Frankreich die erste Teilung Polens widerwillig, aber tatenlos hatte geschehen lassen. Selbst Napoleon hatte die Folgen dieser Transaktion nicht aufheben können, der Wiener Kongreß sie in ihrer ganzen Schwere wiederhergestellt. Daß Polen damals nicht als Provinz, sondern als Königreich mit gesonderter liberaler Konstitution an Rußland gegeben wurde, war eine billige Einräumung an den Zeitgeist; eine vom guten Willen der Russen unabhängige Wirklichkeit hatte es nicht. Es bekam den Polen schlecht, als sie, vom Beispiel Frankreichs angesteckt, im November 1830 ihre Freiheit auf die Probe stellen wollten. Daß ihre Lage anders war und immer bleiben würde als die der Griechen oder der Belgier, anders nicht dem Recht oder der Idee, aber anders der Machtgeographie nach – man konnte den polnischen Patrioten wohl nicht zumuten, es zu sehen.

Europa gab ihnen keine Hilfe. Preußen trug im Gegenteil dafür Sorge, daß der Aufstand nicht in seine eigenen polnischen Gebiete übergriffe; ein Gehilfe und Partner Rußlands in dieser bösen Sache jetzt wie später. In Frankreich, in der Schweiz, auch im liberalen Deutschland war die Polenbegeisterung stark in Comités, Liedern und Empfängen, die man den Flüchtlingen gab. Das änderte nichts daran, daß Polen im russischen Machtkreis lag, abgeschnitten von Westeuropa durch die rußlandfreundlichen, konservativen Staaten Österreich und Preußen. Also tat Westeuropa nichts, während die Armee der Aufständischen vernichtet wurde, tat nichts, als die Russen Warschau bombardierten, in der halbzerstörten Stadt ein greuliches Massaker anrichteten; tat nichts, als fünftausend polnische Landbesitzer nach Sibirien deportiert wurden und ein kaiserlicher Ukas das Land zu einem integralen Teil Rußlands machte. Unter dem Volk von Paris erregten diese Schauernachrichten (September 1831) ohnmächtige Wut, welche die Erklärung des Außenministers, »nach den jüngst eingegangenen Nachrichten herrsche in Warschau Ruhe«, nicht beschwichtigen konnte. (Man hat daraus das kürzere »L'ordre reigne à Warsovie« gemacht.) Geschäfte und Vergnügungsstätten schlossen; auf der Place de la Concorde drängten sich die Massen und riefen nach Rache und Krieg gegen Rußland. Aber in der Kammer fragte der Ministerpräsident Perrier, der es besser wußte, ob Frankreich wirklich um Polens willen zum Krieg gegen Rußland bereit wäre, und erhielt die Antwort, das sei allerdings nicht der Fall.

Seit 1815 war Rußland die stärkste Macht auf dem Kontinent. Es war nicht Hegemonialmacht in dem Sinn, daß es überall in Europa hätte befehlen können. Das konnte es nicht, wie das Beispiel Belgiens eben gezeigt hatte. Ein europäisches Gleichgewicht gab es, das auch Rußland nicht bedrohen konnte, ohne universalen Krieg zu produzieren. In seiner Zone aber war es Meister. Dort, in einer essentiell osteuropäischen Sache es kriegerisch heimzusuchen, hatten die Westmächte weder Willen noch Macht. Der unterdrückte polnische Nationalismus war für Westeuropa eine Peinlichkeit, eine Quelle bösen Gewissens; was jedoch keinen der westlichen Staaten daran hinderte, gelegentlich sich mit dem Zaren zu einer Interessengemeinschaft zu finden. Dabei blieb es, jetzt und später.

Nachdem so die belgische und anders die polnische Frage entschieden war und an der italienischen sich nichts geändert hatte, sank im Jahre 1832 Europa wieder in seine politische Routine zurück.

Es war ein Zustand, von dem Heinrich Heine, der in Paris lebende deutsche Poet und Kulturkritiker, behauptete, daß er der neuen herrschenden Klasse Frankreichs am gemäßesten sei: den Financiers, den Männern der Börse. »Der Kurs der Staatspapiere und des Diskontos«, schrieb Heine 1832, »ist freilich ein politisches Thermometer; aber man würde sich irren, wenn man glaubte, dieses Thermometer zeige den Siegesgrad der einen oder der anderen großen Fragen, die jetzt die Menschheit bewegen. Das Steigen oder Fallen des Kurses beweist nicht das Steigen oder Fallen der liberalen oder servilen Partei, sondern die größere oder geringere Hoffnung, die man hegt für die Pazifikation Europas, für die Erhaltung des Bestehenden oder vielmehr für die Sicherung der Verhältnisse, wovon die Auszahlung der Staatsschuldzinsen abhängt ... Bei dem Falle Warschaus frug man nicht: Wieviel Unheil wird für die Menschheit daraus entstehen?, sondern: Wird der Sieg des Kantschus die Unruhestifter, das heißt die Freunde der Freiheit, entmutigen? Durch die Bejahung dieser Frage stieg der Kurs.« Fünf Jahre später charakterisierte Heine das Getriebe der französischen Innenpolitik als ein »System von Fiktionen, welches die Sache der Freiheit mehr vertagt als befördert und keine großen Persönlichkeiten aufkommen läßt, weder im Volke noch auf dem Throne. Denn dies System, diese Verhöhnung wahrer Vertretung der Nationalinteressen, dieses Gemische von leeren Wahlumtrieben, Mißtrauen, Keifsucht, öffentlicher Insolenz, geheimer Feilheit und offizieller Lüge, demoralisiert die Könige ebensosehr wie die Völker. Hier müssen die Könige Komödie spielen, ein nichtssagendes Geschwätz mit noch weniger sagenden Gemeinplätzen beantworten, ihren Feinden huldreich lächeln, ihre Freunde aufopfern ... Eine solche Verkleinlichung aller Größe und radikale Vernichtung des Heroismus verdankt man aber ganz besonders jener Bourgeoisie, jenem Bürgerstand, der durch den Sturz der Geburtsaristokratie hier in Frankreich zur Herrschaft gelangte und seinen engen, nüchternen Krämergesinnungen in jeder Sphäre des Lebens den Sieg verschafft ...« Man könnte Heines Urteil die Unverantwortlichkeit des Artisten zugute halten. Aber Alexis de Tocqueville, der Soziologe von so ganz anderer Herkunft und Bildung, hat 1850 über die abgeschlossene Epoche des Bürgerkönigtums genauso geurteilt.

Der Ausdruck »Juste-milieu«, mit dem sein System bezeichnet wurde, stammte von dem redseligen König selber. Weder Absolutismus noch Demokratie: der goldene Mittelweg von Fortschritt und Ordnung. Dem langjährigen ersten Minister der vierziger Jahre, Guizot, wurde ein anderes berüchtigtes Wort zugeschrieben: »Enrichissez-vous!« In Wahrheit war es wohl länger und lautete: Bereichert euch durch eure Arbeit, dann werdet auch ihr an der Regierung des Landes teilnehmen. Es war an jene zweiunddreißig Millionen Franzosen gerichtet, die nicht zu den hundertneunzigtausend Wählern gehörten, weil sie nicht genügend besaßen. Der Volksmund hatte aber so unrecht nicht, wenn er die Mahnung kürzte auf die zwei Worte »Bereichert euch!« Die Besitzenden, die hundertneunzigtausend Wähler, nannte Guizot »le pays légal, das Land, rechtlich gesprochen« – eine gefährliche, ungemein charakteristische Unterscheidung.

Besitz und finanzieller Erfolg als Quelle einer neuen ausschließlichen Aristokratie, der einzigen jetzt – das konnte auf die Dauer nicht glücken. Nie hätte der alte Adel sich als Pays légal bezeichnet. Er war ein Teil des Landes gewesen, ein Stand über anderen Ständen und unter der Krone, an die das Land glaubte, wie es in der alten Zeit auch an den Adel glaubte. An die Krone Louis Philippes glaubte das Land im Grunde nicht; an die Vorrechte der Bourgeoisie auch nicht. Ein Stand hatte herrschen können, besser gesagt, einen bevorzugten Platz einnehmen können in einer Hierarchie von Ständen; nun gab es die Herrschaft einer Klasse. Sie war mehr isoliert, als der Adel in seiner guten Zeit gewesen war, sie ließ das, was unter zweiunddreißig Millionen Nichtwählern vorging, nicht ein in ihre Beratungen. Folglich hatte der Parlamentarismus des Bürgerkönigtums mit seinen Parteien, Debatten, Ministerstürzen etwas Irreales. Fast nie ging es um große Gegenstände, nie stießen, wie in den Debatten der Restaurationszeit, echte ideelle Positionen gegeneinander. Man war unter sich, nur allzusehr unter sich, ob man zum »Centre Droite« oder zum »Centre Gauche« gehörte, zur »Partei der Bewegung« oder zur Partei von Friede und Ordnung. Die brillantesten, von theatralischer Leidenschaft durchpulsten Parlamentsreden täuschten nicht darüber hinweg, daß hier viel Lärm um nichts gemacht wurde, um den Gegensatz zwischen persönlichen Klüngeln, Machtbestrebungen und Eitelkeiten. Die großen Redner, erzählt uns de Tocqueville, langweilten einander und langweilten die Nation. In England war es anders. Hier war der Adel nicht besiegt und vom Spiel ausgeschlossen, er war noch da, trug noch das Seine bei, er hatte selber der Parlamentsreform vorgestanden. Hier war auch das »Volk« nicht ausgeschlossen, bestand eine aktivere, positivere Beziehung zwischen jenen, die das Wahlrecht hatten, und jenen, die es noch nicht hatten. England war unterwegs von einer ständischen zu einer demokratischen Gesellschaft, von einem ständischen zu einem demokratischen Repräsentativsystem; im englischen Parlament kamen die Stimmungen des Landes zu Wort, wurden die großen öffentlichen Fragen erfaßt und entschieden. In Frankreich war Klassenherrschaft, beschränkt nur durch die persönliche Macht, die der hart arbeitende Louis Philippe sich aufbaute.

Indem das »legale Land«, eine politisch organisierte Erwerbsgesellschaft, sich isolierte, die unzähligen Amtspfründen und Einkommen der Staatsmaschine, von den Ministersesseln zu den Bureaux de Tabac, unter seine Günstlinge verteilte, die Presse seinen Zwecken dienstbar machte, konnte es nicht anders sein, als daß das »illegale Land« gelegentlich von sich hören ließ in Tönen, welche keine Verfassung vorsah. In den ersten Jahren nach 1830 waren die greulichsten Attentate auf Louis Philippe an der Tagesordnung. Für seine Person bewies der alte König-Bürger dabei die ritterliche Tugend der Furchtlosigkeit; wenn eine Höllenmaschine ganze Hagel von Geschossen auf ihn niedergehen ließ und rings um ihn seine Begleiter getroffen zu Boden sanken, so hob er sich in seinen Steigbügeln, rief: »Ich bin noch da!« und ritt weiter zur Parade; und setzte auch bei der nächsten Gelegenheit der Gefahr sich wieder aus, nicht ohne vorher sein Testament gemacht zu haben. Vertieft man sich in die Geschichte dieses achtzehnjährigen Martyriums, so mag man sich wohl fragen, warum in aller Welt Louis Philippe eigentlich König sein und bleiben wollte. Da er es einmal war, hatte er wohl keine Wahl und Freiheit mehr, wenn er sie je gehabt hatte. Übrigens war in dem grauen Biedermann mehr Machtwille verborgen, als die Königsmacher von 1830 ihm zutrauten, wie sie zu ihrem Ärger erfuhren.

Das, was die Attentäter auf ihre persönliche, verrückte Art versuchten, erschien in breiteren Ausbrüchen: Lyon 1831, Paris 1834 und wieder Lyon 1834. Der Pariser Aufstand war politisch: Mitglieder geheimer Gesellschaften, alte Soldaten, polnische, italienische, spanische Flüchtlinge demonstrierten für die Republik und wurden von königlichen Truppen zusammengeschossen. In Lyon meldete eine Klasse sich an, von der das »legale Land« nichts wußte: die Seidenspinner, die Arbeiterschaft. 1831 ging es um die Herabsetzung der Löhne, die ohnehin jammervoll niedrig waren; 1834 wieder darum, dazu noch um das Recht der Arbeiter, sich zu organisieren, welches ein Gesetz ihnen genommen hatte. Damals kam es zwischen Arbeitern und Truppe zu einer Straßenschlacht, deren Wildheit und Dauer etwas von der Stimmung des Proletariats erkennen ließen. Hunderte von Toten blieben auf dem Platz; Tausende von »Verdächtigen« wurden verhaftet. Ein Fort, welches von nun an die große Fabrikstadt beherrschte, war nur zu deutlich nicht zur Verteidigung Lyons gegen äußere Feinde, sondern zur Bedrohung des inneren bestimmt. Es waren Vorboten der Katastrophe des Juni 1848. Die Bourgeoisie verstand keinen Spaß, wenn die Ordnung, ihre Ordnung, bedroht war. Zur Klassenherrschaft gehörte der Klassenkampf; Napoleons glorreiche Marschälle mußten jetzt Schlachten gegen ihre eigenen Landsleute, gegen ein paar tausend arme Seidenspinner schlagen. Es versteht sich von selbst, daß die vielen Gedankengewebe von dem unvermeidlichen Zusammenstoß zwischen den beiden Klassen, der besitzenden und der besitzlosen, welche damals in der Luft herumschwirrten, aus solchen leider wirklichen Erfahrungen ihre Nahrung zogen. In den vierziger Jahren haben dann zwei anmaßende deutsche Jünglinge alle diese Theorien in einer eisernen, von der deutschen Philosophie gelieferten Form zusammengefaßt, und so ist der »Marxismus« entstanden; eine durchaus an den Augenblick gebundene, schon sehr bald nach ihrem Entstehen hoffnungslos veraltete Gesellschafts- und Geschichtslehre, die nichtsdestoweniger noch im 20. Jahrhundert eine lästige Rolle spielen sollte.

Das »legale Land« war ohne Traum, ohne Ideal; eine nüchterne Identität dessen, was war, mit dem, was sein sollte. Die Bourgeoisie hielt dafür, und so wurde es ihr von ihren Historikern gesagt, daß die Geschichte auf das Repräsentativsystem mit dem Zensus, auf die Herrschaft der hundertneunzigtausend hinausgewollt hatte und nun nichts Neues mehr zu erstreben war. Der Traum war bei dem illegalen Land und den gegnerischen Gruppen; den Legitimisten – aber die träumten, beinahe ohne Hoffnung, von der Vergangenheit –, bei den Republikanern, den Sozialisten. Auch bei den Bonapartisten, die unter Louis Philippe entschieden aufblühten.

Aus der Geschichte des wirklichen Napoleon übernahmen sie den Ruhm, die Energie und Intensität, mit welcher die Nation in den Tagen des Kaisers existiert hatte, in ihre freilich wenig systematische Staatslehre. Sie verbanden es mit Republikanismus, mit einer Art von Demokratismus, Dinge, für welche der große Verstorbene wenig übrig gehabt hatte. Der Cäsar und das Volk, das Volk in allen seinen Schichten, Bauern, Arbeiter, Soldaten, gegen die gekrönte Klassenherrschaft von 1830; ruhmvolle Existenz der Nation unter anderen Nationen, gegen feige Passivität – so lautete jetzt die imperiale Botschaft, zu deren einfallsreichstem Verkünder sich der selbsternannte Chef des Hauses machte: Louis Bonaparte, Sohn von Napoleons Bruder und seiner Stieftochter Hortense. Zweimal versuchte der junge Mann, durch eine Art von Staatsstreich die Macht in Frankreich an sich zu bringen; beide Versuche waren pueril in unglaubwürdigem Maße. Aber was war nicht möglich in dem großen Niemandsland unter der dünnen Schicht des »pays légal«? – Die Polizei nahm die bonapartistische Gefahr ernst.

Der König-Bürger suchte ihr auf homöopathische Weise zu steuern, indem er seinerseits dem Andenken Napoleons jede Ehre angedeihen ließ. Die Kaiserzeit lag zwanzig, fünfundzwanzig, dreißig Jahre zurück; einer nach dem anderen verschwanden die Mitwirkenden des großen Dramas, nicht ohne eine Flut von Memoiren zu hinterlassen. Gierig las man sie. In den Theatern jagten sich die Napoleon-Stücke; Schlachtengemälde füllten die Galerien. Von der Säule auf der Place Vendôme grüßte wieder die Statue des Kaisers; am oberen Ende der Champs-Elysées wurde am Triumphbogen gearbeitet. Es war, als ob Frankreich erst jetzt, da sie weit zurücklag, die imperiale Vergangenheit wirklich sähe und in Büchern, Bildern und Schaustellungen sie noch einmal erleben wollte. Der Höhepunkt dieser Renaissance kam 1840: die prunkvolle Überführung des kaiserlichen Sarges von St. Helena nach Frankreich, nach Paris, nach dem Invalidendom.

> Die elysaeischen Felder entlang
> Durch des Triumphes Bogen
> Wohl durch den Nebel, wohl über den Schnee
> Kam langsam der Zug gezogen . . .
>
> Heinrich Heine

Der Schriftsteller, der durch eine monumentale, überaus lebendige Geschichte des Konsulats und Kaiserreiches am meisten für die Napoleon-Legende tat, war zugleich ein führender Politiker des Julikönigtums: Adolphe Thiers. Karl Marx, der ihn haßte, spricht in seiner Geschichte der Pariser Kommune von ihm meist als »das Männlein«; Metternich nannte ihn den »kleinen Thiers«, Louis Philippe mit Vorliebe »mon petit ministre«. Wir dürfen daraus schließen, daß er nicht groß von Körpergestalt war. Was sein geistiges Kaliber betrifft, so erwies Talleyrand ihm die Ehre, bei den Anfängen seiner Karriere zu helfen. Und eine Karriere war es, wie aus einem Roman von Balzac genommen; vielmehr, Balzac nahm so manches aus der Karriere des jungen Thiers und gab es seinem Rastignac. Ein junger, bettelarmer Advokat aus der Provence, der unter Ludwig XVIII. nach Paris kam mit dem blanken Willen, es sich zu erobern; und der es sich wirklich eroberte: die Presse, die Buchhandlungen, die aristokratischen Salons, die Académie Française, schließlich die Macht oder das, was man in Paris so nannte. Der Ehrgeiz so groß wie die Arbeitskraft, die zwanzigbändige, wohldokumentierte Werke über Vergangenes produzierte und gleichzeitig sich die politischen Probleme der Gegenwart unterwarf; die Eitelkeit kontrolliert durch dreiste Selbstsicherheit; die Intelligenz immer gegenwärtig, penetrant, praktisch. Ein Schriftsteller und Redner von beträchtlichem Stil, ein glänzender Causeur über Politik, Geschichte, Philosophie, Literatur, Kunst; ein geriebener Verwalter seiner eigenen Angelegenheiten, der für seine Schriftstellerei Millionen-Honorare herauszuschlagen wußte. Der Minister der Bourgeoisie, der neuen Besitzesaristokratie, wie sie ihn passender nicht wünschen konnte; was Adolphe Thiers auch dadurch bewies, daß er, wenn es unterhalb des Pays légal rumorte, alsbald die schärfsten Maßnahmen befürwortete. Er war es, der 1834 gelegentlich des zweiten Lyoner Aufstandes forderte, man müßte die große, sich über ganz Frankreich erstreckende sozialistische Verschwörung ohne Gnade zerschmettern – und der siebenunddreißig Jahre später, in einer ganz anderen historischen Landschaft, selber entsprechend handelte. Bei alledem hatte der kleine Thiers eine Schwäche, die sich mit dem Geiste Louis Philippes nicht vertrug: er besaß Phantasie, er war nicht völlig ohne Traum; das tiefe Studium der Geschichte Napoleons, welchem er sich ergab, verführte ihn dazu, sich selber ein wenig mit dem Kaiser zu identifizieren und eine Art von zivilem Napoleon in sich zu sehen. Während der außenpolitischen Krise von 1840, welche abermals durch die sogenannte orientalische Frage verursacht wurde, kam diese Schwäche auf bedenkliche Weise zum Vorschein.

Es ist eine der Krisen, die nach viel Lärm zu nichts führten; und da sie sich im Zeichen einer Mächtekonstellation – England und Rußland gegen Frankreich – abspielte, welche so sich nie wiederholte, so dürfen wir uns kurz über sie fassen.

Mehemed Ali, Gründer der letzten ägyptischen Dynastie, der »Moslem-Napoleon«, wie er sich gern benennen hörte, war seiner Herkunft nach ein albanischer Abenteurer, der sich zum Pascha von Ägypten aufgeschwungen hatte. Wir kennen ihn und seinen Sohn Ibrahim schon aus der Geschichte des griechischen Befreiungskrieges. Dieser Despot neigte modernen Ideen zu; zahlreiche Europäer, meist Franzosen, waren in seinem Dienst; auf Kosten der Türkei, deren Tributär er war, wünschte er sich ein großes arabisches Erbreich zu gründen. Schon 1832 hatte er sich zum Meister über Syrien gemacht und Konstantinopel bedroht. Damals hatte Rußland dem bedrängten Sultan Hilfe angeboten und dieser sie gern oder ungern akzeptiert; »ein Ertrinkender«, meinte er, »klammert sich an eine Schlange«. Im Vertrag von Hunkjar Iskelessi (Juli 1833) versprach Sultan Mahmud, die russische Regierung in allen Angelegenheiten seines Reiches, inneren wie äußeren, zu Rate zu ziehen. Nach siebenjährigem unsicherem Waffenstillstand entbrannte der Konflikt zwischen Oberherren und Vasallen aufs neue, indem Mehemed Ali seine Herrschaft über Ägypten-Syrien zu einer erblichen und unabhängigen zu machen, der Sultan aber seinen rebellischen Untertan zu zerschmettern wünschte. Wieder wurden die türkischen Truppen in Syrien geschlagen, wieder stand im Hochsommer 1839 keine Macht mehr zwischen dem ägyptischen Expansionismus und dem Goldenen Horn.

Für die europäischen Großmächte berührte das Schicksal der Türkei verschiedene wirkliche oder eingebildete Interessen. Alt und von der Geographie ernsthaft vorgeschrieben war der russische Wunsch, sich in Konstantinopel festzusetzen, sei es als Eroberer, sei es als Beschützer der Türkei. Für England stand der Landweg nach Indien auf dem Spiel, den Lord Palmerston für wichtiger hielt als den Weg über Suez und der Kontrolle einer möglicherweise unfreundlichen Großmacht vorzuenthalten wünschte. Österreich war protürkisch, von 1814 bis zum bitteren Ende. Frankreich machte gemeinsame Sache mit Ägypten. Noch war Napoleons Expedition nicht vergessen; nicht vergessen, daß Frankreich der Neuentdecker Ägyptens war und während des großen Krieges Ägypten und Syrien zum erstenmal wieder in die europäische Politik gezogen hatte. Ägypten zu einem Daueralliierten, zu einer Art von Protektorat zu machen, da die Eroberung Algeriens Schritt für Schritt weiterging und zwischen Ägypten und Algerien nur die verrotteten Herrschaftsgebilde Tunis und Tripolis lagen, und so das Mittelmeer von seinem westlichen bis zum östlichen Ende zu umklammern – das war ein Ziel, dessen Erreichung für Waterloo endlich entschädigen konnte. »Ce qui manque à tout cela, c'est un peu de conquête«, hatte der unlängst verstorbene Talleyrand gesagt. War nicht in Afrika zu holen, was in Europa ohne das schrecklichste Risiko nun einmal nicht erreicht werden konnte? Die Pariser dankten es dem König Louis Philippe nicht, daß er der König des Friedens war, ganz im Gegenteil; der alte Herr wußte es gut. Also war er jetzt »Ägypter« oder tat doch energisch, als ob er es wäre. Thiers, der Ministerpräsident, war es noch mehr.

Palmerston, nach einigem Zögern, hielt es mit der Türkei. Nicht ein von Frankreich abhängiges Ägypten sollte Syrien kontrollieren, auch nicht Rußland als Protektor der Pforte. Daß die Türkei selber Herr bliebe in ihrem weiten Hause und seine Türen dem englischen Durchgangsverkehr offenhielte, dies, entschied er, war das Wünschenswerte. »...Die Erhaltung des türkischen Reiches muß die Basis unserer Politik sein; seine Erhaltung ist wesentlich für die Unabhängigkeit Osteuropas.« Da nun Rußland im Augenblick die gleiche Politik verfolgte, so auch Österreich; und da Preußen, wie gewöhnlich in Fragen der großen Politik, die es nur sehr mittelbar angingen, sich der Haltung Metternichs anschloß, so entstand in der türkisch-ägyptischen Sache etwas wie ein Verband zu vieren, ja, sah man die Namen der Teilhaber genauer an, etwas wie die große Koalition von 1813. Im Juli 1840 präsentierten die vier Mächte dem Moslem-Napoleon ein Ultimatum: Gebe er sich nicht augenblicks mit der erblichen Herrschaft über Ägypten und einer nur lebenswierigen über das südliche Syrien zufrieden, so werde er sich die Folgen selber zuzuschreiben haben. Eine englische Mittelmeerflotte unternahm es, jeden Schiffsverkehr zwischen Ägypten und Syrien zu unterbinden. Thiers schrieb an seinen Botschafter in Berlin: »Man hat in London einen Hauptschlag getan. Ich weiß in Wahrheit nicht, ob der Friede wird erhalten bleiben können, man sollte sich aber in acht nehmen; betritt Frankreich den Kampfplatz, dann wird es ihn nicht anders als auf schreckliche Weise betreten können, mit höchst ungewöhnlichen und für alle Seiten verderbensschwangeren Mitteln. Sie könnten das Antlitz der Welt ändern.«

Von da ab, bis Ende Oktober, war in Paris Krieg das Thema der von Mehemed Ali generös bedachten Zeitungen, der Salons, auch der Leute auf der Straße. In aller Hast wurden Pläne zur Erweiterung des Heeres, zur Befestigung der Hauptstadt gemacht; Thiers sprengte selber zu Pferde umher, um die Lage der zu erbauenden Forts zu bestimmen. Kam es zum Krieg, so würde man verspätet auch für Polen kämpfen, würde die belgische Frage wieder aufrollen, ja selbst die der französischen Grenzen von 1815. Anspielungen, die in dieser Richtung, nämlich auf das Rheinland zielend, in der Presse gemacht wurden, hatten zur Folge, daß in Deutschland eine Explosion des dort schon lange glimmenden Nationalismus stattfand. Zwei im rechten Augenblick gedichtete Lieder, »Die Wacht am Rhein« und »Sie sollen ihn nicht haben, den freien deutschen Rhein!«, gewannen stürmische Popularität. Preußen setzte seine Truppen im Westen auf Kriegsfuß. Die Nation, eben noch in sechsunddreißig Staaten geteilt, erschien plötzlich als eine, die begeisterten, grimmigen Blicks zum Rhein schaute. Es gehörte zu den Mysterien der europäischen Politik, die der Nachlebende zu verstehen schwierig findet: daß ein deutsch-französischer Krieg drohte, weil ein türkischer Pascha gegen seinen Oberherrn rebellierte. Ferner: daß Frankreich bereit und begierig war, um Mehemed Alis willen einen Krieg gegen sämtliche anderen europäischen Großmächte zu führen.

Aber all das schien nur so. Thiers irrte sich in seiner Beurteilung der kriegerischen Chancen Mehemed Alis und in seiner Einschätzung des Königs Louis Philippe. Palmerston, kein Politik spielender Literat, sondern ein echter Politiker, hatte das bessere Urteil.

Wie zehn Jahre vorher in der belgischen Sache, so hatte der Bürgerkönig auch jetzt bis nahe an die Grenze des Krieges gehen wollen, um vielleicht die Lorbeeren zu ernten, deren er sich so bitter bedürftig fühlte, aber nie über die Grenze hinaus. Schon im Juli hatte er zu seinem Botschafter in Wien gesagt: »Ihre offiziellen Instruktionen sind ausgezeichnet. Zur Bestimmung Ihrer persönlichen Haltung sollen Sie aber wissen, daß ich mich von meinem kleinen Minister nicht zu weit treiben lassen werde. Im Grund will er den Krieg, und ich will ihn nicht; läßt er mir keinen anderen Ausweg, so werde ich eher ihn zerschmettern als mir ganz Europa auf den Hals laden.« So geschah es. Durch die englische Flotte von ihrer Basis abgeschnitten, mußten die Truppen des Paschas ihre syrischen Eroberungen Stück für Stück preisgeben. Schon war des Paschas Stellung in Ägypten bedroht. Als nun Thiers Ernst machen wollte mit den Drohungen der vergangenen Monate, verweigerte Louis Philippe seine Mitwirkung. Die Ehre, die Erniedrigung Frankreichs, das sei die Sprache der Zeitungen; nicht der Verantwortlichen. Dem Minister blieb nichts übrig als zu demissionieren. Zu Beginn des nächsten Jahres unterwarf sich Mehemed Ali und kam, dank des nun zu seinen Gunsten wirkenden Einspruches der Großmächte, mit einem blauen Auge davon; mit Syrien war es nichts, aber die erbliche Herrschaft über Ägypten wurde ihm zugesprochen (Vertrag in London vom 15. Juli 1840).

Kümmerlicher Ausgang eines politischen Unternehmens, das leichtsinnig und ohne genügende Kenntnis begonnen worden war. Guizot, der Nachfolger von Thiers, schreibt in seinen Erinnerungen: »Die Irrtümer, die zu dieser Lage geführt hatten, waren nicht die einer einzelnen Partei noch die eines einzelnen Menschen; es waren politische Irrtümer der Nation, überall verbreitet und verfochten, in den Kammern wie im Lande, von der Opposition wie von der Regierung, im Schoße der verschiedensten Parteien. Alle hatten der ägyptischen Frage mehr Wichtigkeit gegeben, als das französische Interesse rechtfertigte; alle hatten die vorgeschlagenen Kompromisse verworfen; alle hatten die Stärke Mehemed Alis, die Schwierigkeiten der Vier-Mächte-Intervention überschätzt. Die Stunde, da diese falsche Rechnung bezahlt werden mußte, war gekommen...« Schuld war wohl auch der König selber, der das Bramarbasieren zu lange mitgemacht hatte. Er war nun sehr bitter gegen Europa, das ihm so gar nicht half im Kampf um sein Prestige in Frankreich. »Der Kaiser Nikolaus«, so brach er aus gegenüber dem österreichischen Botschafter, »hat von jeher versucht, die englisch-französische Allianz zu zerstören, und das ist ihm jetzt gelungen. Und ihr alle zittert und kriecht vor ihm... Ich gebe es zu, ich bin tief verärgert.

Was! So beiseite gestoßen, wie ein Paria behandelt zu werden, wie es von Euch geschieht, ist das erträglich? Glaubt Ihr denn, ich habe kein Blut in den Adern? Ihr habt die ganze europäische Situation erschüttert, Ihr habt die Stellung ruiniert, die ich mir endlich geschaffen hatte nach zehn Jahren unsagbarer Anstrengungen!« Armer Louis Philippe! Daß ein Potentat Rücksicht nehmen sollte auf die inneren Schwierigkeiten eines anderen, verlangte mehr Weisheit, als dem europäischen Mächtespiel eigen war; Lord Palmerston war ein überlegener Spieler, aber nicht weise, er tat nicht das mindeste, um den Franzosen die bittere Pille zu versüßen. Es wurde denn auch gleich wieder ein Attentat auf den Bürgerkönig gemacht, von einem seiner Mitbürger, der ihn für einen feigen Tyrannen hielt.

Schließlich kam die Orléans-Monarchie auch über diese Krise hinweg. Frankreich, das um eine große Tat in Belgien, in Italien, in Polen betrogen worden war, hatte eine große Tat tun wollen zu einem recht ungeschickt gewählten Zweck und war wieder betrogen worden. Nun war alles beim alten, bei der alten Langweile, bei der Herrschaft der hundertneunzigtausend. Guizot, Ministerpräsident von 1840 bis 1848, war ein hagerer, bleicher Mann im hochgeknöpften schwarzen Rock, mit traurig verschleierten Augen, ganz Integrität, Ernst und Verachtung. Er fand, daß die Zeit der Abenteuer nun vorbei sein sollte. Ordnung nach innen, aufrechtzuerhalten durch starke eindeutige Autorität; Friede nach außen; Wohlstand als das willkommene Produkt beider. Keine Reform des Wahlrechts, kein neues Experimentieren mit der Staatsform; sie war perfekt und sollte so bleiben. Eben dies war auch die Meinung Louis Philippes, der seinen strengen Minister seinen »Mund« nannte und vorzüglich mit ihm auskam.

England: Tories und Freihandel

In England bedurfte es keiner »unsagbaren Anstrengungen«, um die Monarchie zu festigen. Sie war gefestigt dank uralter und akzeptierter Niederlagen, im Laufe der Jahrhunderte ihr auferlegter Verzichte. Sie war längst Nebenfigur auf dem nationalen Theater, obgleich noch immer eine in der Mitte der Bühne sich haltende, keineswegs stumme Nebenfigur. Ohne die loyale Hilfe, die William IV. seinen Ministern Grey und Russell gern oder ungern gegeben hatte, wäre die große Reformbill nicht durchzusetzen gewesen.

Die Individuen, welche im ersten Drittel des 19. Jahrhunderts die Krone trugen, genossen im Volk weder Liebe noch Achtung und verdienten sie nicht. Dann, 1837, kam ein junges Mädchen auf den Thron, bestimmt, einer langen Epoche den Namen zu geben und – blickte man über den Kanal – das Bürgerkönigtum, die zweite Republik, das zweite Kaiserreich und noch drei volle Jahrzehnte der dritten Republik zu überdauern. Königin Viktoria erwarb der Monarchie wenn nicht Liebe, so doch wieder Achtung durch die Würde und Klugheit ihres Gebarens, noch mehr durch die schiere Dauer ihrer Existenz, ohne die ihre großen Eigenschaften nicht hätten zur Geltung kommen können. Als sie zum erstenmal vor ihren Ministern erschien, »ein rundbäckiges, blauäugiges Persönchen, in tiefer Trauer einfach gekleidet, zugleich kindlichen und königlichen Ausdrucks« (Lord David Cecil), wußte man noch nicht, wes Geistes Kind sie sei.

In den ersten Jahren ließ sie sich gern von dem Whig-Premier, dem erfahrenen alten Spottvogel Lord Melbourne, leiten. Das änderte sich nach der Heirat mit ihrem Vetter, Albert von Coburg. Coburg war der strebsamste, gewissenhafteste Mentor, den je eine Königin besaß; mit deutschem Ernst dem Gedanken des Fortschritts ergeben, der Förderung der Wissenschaft und Industrie, des Weltverkehrs, des Weltfriedens. Zusammen studierten die beiden die ihnen zugehenden Staatsgeschäfte und die allgemeineren Fragen, deren Kenntnis zu ihrer Beurteilung notwendig war, wobei sie denn entschiedene Ansichten zugunsten des Freihandelsprinzips entwickelten. Dies wurde zu Viktorias Regierungspraxis: informiert zu sein, ihre Meinung kundzutun, insofern sie von der des Kabinetts abwich, aber nachzugeben, wenn der Premier auf der seinen bestand. Dazu kam das moralische Beispiel, das die Königsfamilie der Nation gab: ein liebevolles, pflichttreues Familienleben, von der lasterhaften Existenz der letzten Hannoveraner wie Tag und Nacht unterschieden.

Ein Onkel des Prinzgemahls wie der Königin war der staatskluge König der Belgier, Leopold, seinerseits mit einer Tochter Louis Philippes verheiratet. Es entstand so etwas wie ein Coburg-Clan, deutsch, englisch und international, liberal und monarchisch, emsig korrespondierend, vermittelnd zwischen England und Frankreich, später seinen Einfluß auch in Preußen fühlbar machend. Ein merkwürdiges Phänomen des mittleren 19. Jahrhunderts, dessen Bedeutung der Historiker im Zeitalter des Parlamentarismus und der Industrie nicht überschätzen, das er aber auch nicht ignorieren darf.

Die Entscheidungen fielen anderswo. Die Coburgsche Verwandtschaft half dem König Louis Philippe nicht gegen die rauhe Behandlung, die Lord Palmerston ihm 1840 zuteil werden ließ. Das von Lord Melbourne geführte, längst verbrauchte Whig-Kabinett mußte 1842 zurücktreten, wie sehr auch die Königin an seinem Leiter hing. Neuwahlen brachten den Konservativen eine ausreichende Mehrheit; an die Spitze der Regierung trat der seitherige Oppositionsführer im Unterhaus, Sir Robert Peel.

Der Übergang Englands von einem überwiegend agrarischen in das industrielle Zeitalter war schwierig; stürmischer, gefährlicher, als er im Rückblick, nachdem das Ziel erreicht worden war, sich wohl ausnehmen mochte. Der aristokratische Leichtsinn der Whigs hatte die Staatsfinanzen in die übelste Verwirrung gebracht. Allerlei Unruhe wühlte im Lande; fanatische Forderungen, an deren Erfüllung für ihre Träger das Heil der Welt hing. Es war eine Tendenz der Zeit, stark in England wie in den Vereinigten Staaten, große Fragen durch Vereine vor das Volk zu bringen und es in Unruhe zu halten; im Parlament, das allein die Gesetze zu machen hatte, sich eine Mehrheit zu erzwingen durch außerparlamentarischen Druck. So gab es die »Anti-Corn-Law-League« unter der Führung Richard Cobdens, die, wohlgeölt durch Beiträge interessierter Fabrikanten, gewaltige Anstrengungen machte, um die öffentliche Meinung von den Vorteilen einer freien Getreideeinfuhr zu überzeugen; so, noch immer, die radikaldemokratische Bewegung des Chartismus und, neuerdings, die Agitation für eine Beschränkung der Arbeitszeit auf zehn Stunden. Solche Forderungen berührten sich, aber deckten sich nicht. Hochfliegend, wie die Ideen der Freihändler vom Schlage Cobdens waren – gehobener Wohlstand aller, Friede, Aufgabe der Machtpolitik –, so konnten sie sich doch mit keinem staatlichen Eingriff in das Wirtschaftsleben versöhnen; das war menschliche Natur, das war Vernunft, die mußte man sich selber überlassen.

Robert Peel glaubte, sehr im Gegensatz zu seinem Vorgänger Melbourne, daß Regierungen da seien, um etwas zu tun; die seine tat viel und er am meisten. Eigentlich stand er dem industriellen Interesse näher als dem agrarischen; dreißig Jahre später hätte er ein Führer der Liberalen sein können, wie denn jetzt der junge William Ewart Gladstone sein vertrautester Mitarbeiter wurde. Ein Whig aber war er nicht, so wenig wie ein altmodischer Tory; ohne Leidenschaft in der religiösen Sphäre, ohne liebenden Sinn für die alten, dahinschwindenden patriarchalischen Verhältnisse. Aber ein Parteiführer von vollkommener Autorität, kühl, verhalten, weniger beliebt als geachtet und gefürchtet – Cobden meinte, weder der Großtürke noch der Zar von Rußland seien mächtiger als Peel; ein Administrator von äußerstem Ernst und Können. Es ist dabei bezeichnend für den Prozeß der Intensivierung des öffentlichen Lebens, daß gerade Peel an seiner Aufgabe fast zerbrach und während der dramatischen Endkrise seiner Regierung nicht mehr ganz wohlbalancierten Geistes gewesen zu sein scheint. »...Er sagte«, so lesen wir in Gladstones Tagebuch, »die Masse der Regierungsgeschäfte vermehrte sich so schnell, daß man nicht mehr wissen könnte, wo es enden würde und auf welche Weise auch nur in wenigen Jahren der Staat verwaltet werden sollte.« Niemand könne sich vorstellen, was das sei, die Arbeit und Qualen eines Premierministers; die Korrespondenz mit der Königin; die sieben oder acht Stunden täglich im Unterhaus; die notwendigen Lektüren und Studien, ohne die man doch über Dinge wie Oregon oder Neuseeland sich kein Urteil bilden könnte! Und als der junge Gladstone ihn trösten wollte: er sei auch ein Premier, wie England seit Mr. Pitt keinen gehabt habe: »Pitt«, rief er, »der konnte noch jeden Tag um elf Uhr aufstehen und jeden Abend zwei Flaschen Portwein trinken...«

Sir Robert Peel setzte eine starke Reduzierung der Zölle durch, und, trotz des Protestes der Freihändler, eine Einkommenssteuer. Es war die verhaßte Steuer Mr. Pitts, die gleich nach Waterloo verabschiedet worden war; diesmal kam sie auf längeren Besuch. Beide Maßnahmen erwiesen sich als wohltätig für den Staatssäckel; das Defizit verwandelte sich in einen Überschuß. Andere Neuerungen folgten: sanitäre Gesetze und Einrichtungen, auf Grund schaudererregender Kommissionsberichte; eine antiinflationäre Bankgesetzgebung; Bergwerks- und Fabrikgesetze, welche die Arbeit von Frauen unter Tage verboten, die Arbeit von Frauen und Kindern über Tag auf zwölf und sechseinhalb Stunden einschränkten. (Endlich, 1847 – aber das geschah nach Peels Sturz und gegen seinen Willen –, wurde eine allgemeine Zehnstundenbill beschlossen.) Gladstone, als Handelsminister, bemühte sich, den Bau und die Praxis der Eisenbahnen staatlichen Normen zu unterwerfen. Nützliche, notwendige Dinge das alles, wenngleich nicht so fesselnd wie Palmerstonsche Außenpolitik und einen romantischen Konservativen wie Benjamin Disraeli nicht ganz befriedigend.

Disraeli, hochbegabter Außenseiter von iberisch-jüdischer Herkunft, egozentrischer Dandy und Phantast, aber nicht ohne ernste gesellschaftliche Einsichten, stand damals an der Spitze einer Gruppe junger Aristokraten, die nach einer modernen, ins Volk gehenden, romantisch demokratischen Spielart des Konservativismus suchten. In seinen Romanen geißelte er die Selbstsucht der Aristokratie wie der neuen Kapitalistenklasse, die Hohlheit des gesellschaftlichen Betriebes und kontrastierte sie mit dem Elend der Arbeiter, das er freilich kaum aus direkter Anschauung kannte. Es sind künstlerisch merkwürdige Gebilde, teils Darstellung, teils eingestreute historisch politische Theorie. Disraeli verdammte den Lauf der englischen Geschichte seit dem 17. Jahrhundert: ein neuer, falscher, durch Plünderung der Kirche reich gewordener Adel habe die Krone entmachtet und dem Volk eine Beteiligung an der Regierung vorgegaukelt, die in Wahrheit nie bestand; hinter der vielgerühmten englischen Verfassung verberge sich die Herrschaft einer »venetianischen« Oligarchie. Wohl habe die Parlamentsreform den Puls des öffentlichen Lebens ein wenig beschleunigt, übrigens aber nichts geleistet, als materielle Interessen noch nackter und ausschließlicher zum Gegenstand des politischen Kampfes zu machen. »War der Geist wütender Habgier, alle humaneren Aspekte des Lebens entheiligend, die Sünde Englands seit anderthalb Jahrhunderten, so strahlte seit der Annahme der Reformbill Mammons Altar in dreifach erhöhtem Glanze. Zu erwerben, Schätze zu häufen, mit Hilfe philosophischer Phrasen einander auszuplündern, einer Utopie, die von nichts wußte als von Reichtum und Arbeit, zu dienen, das allein war des stimmberechtigten England atemloses Geschäft in den letzten zwölf Jahren...« (Aus dem Roman »Sybil oder die zwei Nationen«.) Mit Inbrunst glaubte Disraeli an die Mission der Krone, an die junge Königin; an das betrogene Volk; und, trotz allem, auch an den Adel, »die großen Häuser von England« (soweit es nicht Whig-Häuser waren). Der echte Adel sollte seine Pflichten wieder entdecken, sich mit dem Volk verbünden gegen dessen Ausplünderer. Das Volk brauchte Brot, aber Brot allein genügte nicht für das Leben einer echten Gemeinschaft; es brauchte Liebe, Freude am Dienst, gemeinsamen Stolz, gemeinsame Hoffnungen und Ideale... Kein Wunder, daß nicht nur die kühle Vernünftigkeits- und Nützlichkeitslehre Richard Cobdens und der Benthamschule, daß auch der Geschäftsmanns-Konservativismus Robert Peels den Romancier abstieß. Lange Zeit hatte er es schwer, sich unter den Tories durchzusetzen, denen die Erscheinung eines dunkeläugig feurigen Literaten im Lockenhaar unter ihnen etwas Befremdliches war. Schließlich aber, dank seines Geistes- und Rednertalents, schwang er sich zu einem Wortführer des agrarischen Interesses, einer eigentlichen Opposition innerhalb der Partei auf. Peel hatte sich geweigert, ihn in den Kreis seiner Mitarbeiter einzuladen; nun wurde er zu Peels gefährlichstem Feind. Peel, sagte er, werde die konservative Partei zerstören und jede andere Partei, mit der er irgend in Berührung kommen würde. Es war eine Anspielung darauf, daß Peel schon einmal den Kurs seiner Politik plötzlich gedreht und die alte Torypartei der Auflösung nahegebracht hatte durch die Emanzipation der Katholiken.

Nun ging es um die Kornzölle. Peel war, als er die Regierung übernahm, grundsätzlich schon für die Freihandelslehre gewonnen. Von ihr war seine Zollreform inspiriert, von ihr auch sein erster Versuch, die elastische Skala der Getreidezölle zugunsten der Importeure zu verbessern. Dann kam, im Jahre 1845, die Nachricht von einer bevorstehenden Kartoffelmißernte in Irland, welche drohende Hungersnot bedeutete, während gleichzeitig ein anhaltender Regen die Weizenfelder Englands heimsuchte. Dergleichen war wohl schon früher geschehen, ohne eine Revolution in der britischen Wirtschaftspolitik zu verursachen. Jetzt aber waren die psychologischen Bedingungen so, daß, wie Cobden sagte oder gesagt haben sollte, »drei Wochen Regen, wenn der Weizen reifte, die Kornzölle wegregnen«

würden. Der Premierminister wurde von dieser Stimmung übermannt. Kritiker wenden ein, daß sein von Panik diktierter Entschluß nur rational schien, ohne es zu sein; auch verbilligtes Importgetreide konnte den Irländern nicht helfen, da sie es nicht bezahlen konnten; übrigens stand das früher erprobte Mittel einer vorübergehenden Suspendierung der Zölle zur Verfügung. Aber selbst die nüchternsten Sachfragen können zum Gegenstand irrationaler politischer Leidenschaft werden. Es scheint, daß es Sir Robert Peel Genugtuung bereitete, von seiner Autorität Gebrauch zu machen und seine Partei in einer Richtung zu führen, in der sie durchaus nicht geführt werden wollte; daß er diese Autorität, groß wie sie war, überschätzte; daß er andererseits parteimüde war und der Gedanke einer abermaligen Sprengung der konservativen Partei ihn nicht schreckte. Unbeirrbar ging er während des ersten Halbjahres 1846 seinen Weg; um so unbeirrbarer und eigensinniger, als es eben der Weg war, den nicht zu gehen er anfangs versprochen hatte und den man einer Partei von Agrariern schwer zumuten konnte. Im Juni 1846 wurde Peels Freihandels-Vorschlag endgültig zum Gesetz: Ein geringfügiger Zollschutz für englischen Weizen, samt Hafer und Gerste, noch drei Jahre lang, und dann gar keiner mehr. Dafür stimmten die Whigs und eine Handvoll treuer »Peelites«, das Gros der Partei, zweihunderteinunddreißig Tories, ermutigt und erhitzt durch Disraelis beißende Angriffe, dagegen. Noch wurde das House of Lords vom landbesitzenden Adel beherrscht. Aber, wie Disraeli unlängst geschrieben hatte, es besaß seine Rechte nur noch unter der Bedingung, daß es keinen Gebrauch von ihnen machte. Am Tag, an dem das Oberhaus sich dieser neuen wirtschaftspolitischen Abdankung anbequemte, wurde der große Minister durch eine Koalition von Whigs und Protektionisten gestürzt. Der Whig-Leader, Russell, trat an die Spitze der Geschäfte; Lord Palmerston durfte wieder dafür sorgen, daß die Außenpolitik die Gemüter erregte und fesselte.

Zunächst und während langer Jahre hatte die Abschaffung der Getreidezölle nicht die Folgen, welche die Tories von ihr befürchteten. Disraeli verlor rasch sein Interesse an der Sache – sie hatte in der merkwürdigen Laufbahn seines Lebens ihre nützliche Rolle gespielt und ausgespielt. Es ging der englischen Landwirtschaft gut bis gegen Ende der siebziger Jahre. Dann erst, im Zeichen der transkontinentalen Eisenbahnen, machte die amerikanische und kanadische Einfuhr sich im Ernst geltend, und die Ernährung des Landes geriet in vollständige Abhängigkeit von fremden Ernten.

Trotz diesem gedämpften Charakter seiner Wirkung war der Entschluß von 1846 epochemachend im eigentlichen Sinn; von ihm mag man die »mittelviktorianische«, die wahre victorianische Zeit datieren. Er war ein symbolischer Sieg der Freihändler schlechthin; die Agitation der Anti-Corn-Law-League kam damit zur Ruhe. Die Verwirrung in den Reihen der Tories spielte den Whigs – demnächst »Liberale« genannt – die Macht für nahezu zwanzig Jahre zu. Schon nach zwei Jahren gab es Revolution auf dem Kontinent, gefährlicher und gründlicher diesmal als 1830; aber England blieb unberührt davon und von der langen Kette stürmischer Ereignisse, die nun begann, außer, daß es in stolzer Sicherheit von außen eingriff, um nach seinem Belieben zu hindern oder zu fördern.

Amerika: Manifest Destiny

Im Jahre 1850 begrüßte Daniel Webster, der gewaltige Whig-Politiker, die schwedische Reisende Fredericke Bremer in Washington mit dröhnender Stimme: »Madame, you have toiling millions; we have boundless area.« »Yes, very much«, antwortete die Dame... Very much, in der Tat. Die Zahl der europäischen Einwanderer nach den Vereinigten Staaten war in den dreißiger Jahren etwa eine halbe Million; zwischen 1840 und 1850 stieg sie auf anderthalb Millionen, wovon die Hälfte aus dem hungernden Irland kam; in den folgenden Jahrzehnten auf zweieinhalb, auf fünf, ja schließlich auf acht Millionen oder nahezu eine Million jährlich. Die Möglichkeit der Auswanderung, das immer offene amerikanische Abenteuer, war ein stimmunggebendes Element im Lebensgefühl der Europäer; die Wirklichkeit der Einwanderung eine vitale Tatsache der inneramerikanischen Wirtschaft und Politik. Auch der Politik. Denn die Einwanderer, die sich zunächst in den großen Hafenstädten des Ostens versammelten, gingen, wenn sie nicht dort blieben, überall hin, nach dem Mittleren Westen, dann nach dem neueröffneten Fernen Westen, nach Kalifornien, schließlich wohl auch nach dem neuen Süden, nach Texas; nur die Region des Alten Südens, Virginia, die Carolinas, Georgia, lockte sie nicht. Die europäische Einwanderung trug so zur Intensivierung eines Prozesses bei, der ohnehin stattfand, Tag für Tag, Jahr für Jahr, und den keine Erfindung des politischen Machtkampfes aufhalten konnte: den Prozeß des wirtschaftlichen, moralischen, schließlich politischen Niedergangs der Sklavenstaaten im Vergleich mit den »freien« Gebieten. Geschwellt durch den Strom der Emigranten wie durch inneren Geburtenzuwachs, schob das amerikanische Gemeinwesen sich weiter und weiter vor in unerforschte, unbesiedelte oder dünn besiedelte Regionen des Kontinents, die armen »Indianer« erbarmungslos vor sich her treibend. Aber diese Bewegung war nicht gleichmäßig, nicht symmetrisch, so wenig wie die Dynamik der Industrie. Sie bedeutete eine Verlagerung der wirklichen Machtverhältnisse, die früher oder später ihre politische Form finden mußte.

Das fünfte Jahrzehnt des 19. Jahrhunderts ist in Europa etwas wie eine geistige Wasserscheide. Es geschah äußerlich nicht viel, aber es bereitete viel sich vor, was dann seit 1848 zum Durchbruch kam und zu den revolutionären Veränderungen der fünfziger und sechziger Jahre führte. Es wurde, in aller Stille, von der guten alten Zeit der agrarischen Monarchien ein endgültiger Abschied genommen. Anders in Amerika. Da waren die fünfziger Jahre eine Stille vor dem Sturm; und die vierziger brachten einen gewaltigen äußeren Ruck, eine neue Expansion, die fast mit einem Schlag die Republik auf dem Kontinent zu dem machte, was sie heute noch ist. Die Gebiete, um die es ging, hießen Texas, Oregon, New Mexico, Kalifornien. Das Schlagwort, das den ungeheuren amerikanischen Drang nach Westen benannte, ihn rechtfertigen und, obgleich er oft auf unheilige Weise erfüllt wurde, ihn gewissermaßen heiligen sollte, hieß »Manifest Destiny«. Es sei die offenbare Sendung der Republik, den Kontinent zu beherrschen von einem Ozean zum anderen – wenigstens dies; ein Schicksal, dessen Vollendung allen Menschen zum Vorteil gereichen und Gott selber wohlgefällig sein würde. Wie ein junger Redakteur in Brooklyn, Walter Whitman, es ausdrückte: »Es ist im Interesse der Menschheit, daß Macht und Gebiet der Vereinigten Staaten sich ausdehnen – je weiter, desto besser.«

TERRITORIALE ENTWICKLUNG DER VEREINIGTEN STAATEN VON AMERIKA

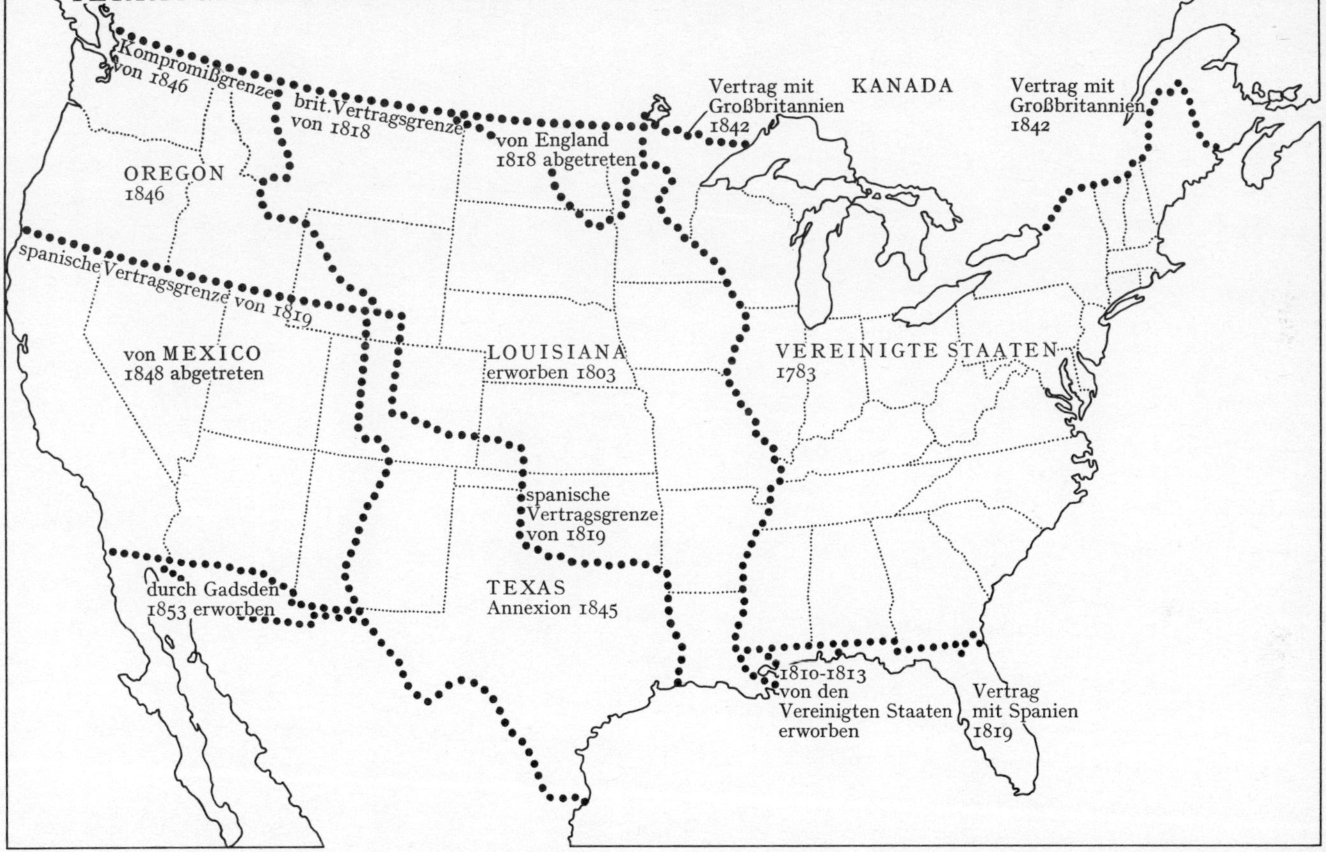

Zum Drang nach Westen fügten die verschiedensten Elemente sich zusammen: die imperialistische Politik der Hauptstadt und die einsamen, entbehrungsreichen, gefährlichen Abenteuer der Auswanderer; der Wunsch der Sklavenstaaten, ihr Gebiet auszudehnen, und der Wunsch der freien Staaten, jeden Gewinn des Südens durch einen eigenen zu balancieren; der Menschheitstraum philosophischer Poeten und die rasende Gier nach dem neu entdeckten Golde Kaliforniens; ein Gefühl der Unsicherheit, das nach Sicherung, nach Komplettierung eines geographisch offenbar noch unfertigen Reiches verlangte und auch die Sehnsucht nach Unsicherheit, nach Abenteuer, Freiheit, Weite und fernem Glück. Es war die gleiche Verbindung der Reinen und Unreinen, der Heiligen und der Sünder, die zweihundert Jahre früher die ursprüngliche englische Landnahme in Nordamerika charakterisiert hatte.

Von den Heiligen waren die wunderlichsten die Mormonen oder Anhänger der Kirche »of Jesus Christ of the Latter-Day Saints«. Sie stehen als ein Beispiel nicht bloß für die alte Wahrheit, daß der Glaube Berge versetzen und die Wüste urbar machen kann, sondern auch dafür, daß es auf den Gehalt des Geglaubten wenig ankommt, solange brave, tüchtige Menschen sich ihm ergeben. Die von Joseph Smith um 1830 zuerst im Staate New York gegründete Sekte sammelte sich um zweifelhafte Offenbarungen; es ist nur zu wahrscheinlich, daß der Prophet seine Jünger anschwindelte und daß er sie bewußt anschwindelte. Welchen Unterschied machte es? Smith besaß das Zeug, das es brauchte, um eine Gemeinde zusammenzuhalten trotz der brutalen Feindschaft der Ungläubigen, die ihn und die Seinen von New York nach Ohio, von Ohio nach Illinois trieb; nach seiner Ermordung fanden die Mormonen in Brigham Young einen ebenso wetterfesten, noch praktischeren Anführer. Im Jahre 1846 brachen sie, zwölftausend an der Zahl, zu ihrem großen Zug nach Westen auf; und die Geschichte ihrer Niederlassung am Großen Salzsee, in der bergumrahmten Wüstenei von Utah, ist eines der heroischsten Abenteuer des 19. Jahrhunderts. Man sagt wohl, das sei ein nüchternes Jahrhundert gewesen. Aber wieviel Phantasie, wieviel uralte utopische Sehnsucht ging nicht in den Bau dieses Gemeinwesens ein, das Theokratie und Demokratie, Vielweiberei und gelebte Frömmigkeit, Kapitalismus und Planwirtschaft verband und das es nach Jahren der Not zu blühendem Wohlstand brachte. Nicht das am wenigsten Merkwürdige am Erfolg der Mormonengemeinde ist ihr enger Kontakt mit der Alten Welt. An die viertausend Anhänger erhielt sie aus England vor 1846, und zahlreiche englische Kirchen trugen zur Finanzierung des Unternehmens bei.

Weiträumiger, historisch folgenschwerer waren die Ereignisse, durch die zwischen 1845 und 1848 der Herrschaftsbereich der Vereinigten Staaten sich noch einmal um rund ein Drittel vermehrte und Manifest Destiny schlecht und recht erfüllt wurde.

Texas, ein Gebiet ungefähr so groß wie der Gesamtbesitz der Habsburger Monarchie, hatte 1835 seine Unabhängigkeit von Mexiko proklamiert. Genauer gesagt, die von der fernen mexikanischen Regierung leichtsinnig nach Texas hereingelassenen amerikanischen Einwanderer hatten es getan; wobei neben den natürlichen Gegensätzen zwischen Angelsachsen und Spaniern auch die Tatsache eine Rolle spielte, daß die Negersklaverei in Mexiko abgeschafft, unter den amerikanischen Texanern aber im Schwange war. Nach einigen Zusammenstößen hatte die amorphe, von einer Unordnung in die andere schwankende hispanische Republik sich dem neuen Zustand, den sie nicht ändern konnte, de facto, wenn auch nicht de jure, anbequemt. Die Texaner, unter ihrem Präsidenten Sam Houston, gaben sich eine Verfassung im amerikanischen Stil und baten um Zulassung in die Union. Das lag in der Logik der Dinge, denn Amerikaner waren sie, aber das Gebiet, in dem sie wohnten, war bloßes Abfallprodukt des alten spanischen Großreiches, war noch kein Staat und konnte ohne amerikanische Hilfe keiner werden.

Fast zehn Jahre lang blieben die Dinge in der Schwebe. Die europäischen Westmächte spielten mit der Idee, die texanische Selbständigkeit festigen zu helfen im Interesse eines »amerikanischen Gleichgewichts«, und zeigten sich nicht abgeneigt, zwischen dem mexikanischen Mutterland und der rebellischen Tochter zu vermitteln, unter der Bedingung zwar, daß Texas die Sklaverei unterdrückte. Eben diese Möglichkeit, ein großer sklavenfreier Staat im Südwesten, war ein Alptraum für die amerikanischen Südpolitiker; während ihnen umgekehrt die Annexion von Texas, als Sklavenstaat, ein geeignetes Mittel erschien, um das Gleichgewicht zwischen den Sektionen auf lange Zeit zu sichern. Aus dem gleichen Grunde machte im Norden unter den Gegnern der Sklaverei eine tätige Opposition gegen den Anschluß von Texas sich geltend, die auch im Rückblick, als alles längst entschieden war, nicht verstummte: südliche Begier, das Dominium der Sklaverei zu erweitern und die nördliche Schutzzollpolitik zu durchkreuzen, habe zur Annexion des »fremden Volkes von Texas« geführt... 1844 begann die Expansionslust zu überwiegen, und zwar, wie das noch mehrfach geschehen sollte, im Zeichen eines Wahlkampfes. Die Demokraten machten die Annexion von Texas zu einem Wahlschlager, in dem sie das Problem der Sklaverei weislich unter den Tisch fallen ließen, statt dessen von Manifest Destiny sprachen und, da schon Expansion an der Tagesordnung war, auch noch den Namen eines Gebietes mit in die Wortschlacht warfen, in dem nun von Sklaverei nicht die Rede sein konnte: Oregon. Diese weite, vage begrenzte Nordwestzone, zwischen dem russischen Alaska und dem spanischen Kalifornien über das, was heute Britisch-Kolumbien, Oregon, Washington, Montana, Idaho heißt, sich ausbreitend, galt seit 1818 als englisch-amerikanisches Kondominium; ein Rechtszustand, den man, im Zeichen des amerikanischen Dranges nach Westen, keine lange Dauer mehr versprechen konnte. Seit den dreißiger, in zunehmender Stärke seit Beginn der vierziger Jahre wagten Auswanderer nach dem Westen den gefährlichen, den besseren Teil eines Jahres dauernden Zug von Missouri nach der Hudsonbay, den »Oregon Trail«; Berichte über die Herrlichkeiten des Landes, seine Gebirge und Wälder, Wasser und Weiden und fette Erde schmeichelten dem unersättlichen Expansionismus des jungen Riesen, der amerikanischen Nation. Die Idee wurde populär, daß das ganze Oregon, alten Abmachungen zum Trotz, amerikanisches Territorium werden müsse; und wann hätten die Parteien sich populäre Ideen zu Wahlkampfzwecken entgehen lassen? Texas und Oregon, dieser Zuwachs wurde den Wählern 1844 von den Demokraten versprochen. Das ganze Oregon; sonst Krieg mit England. (»Fifty four, forty or fight.«) – Im Frühjahr 1845 bot der amerikanische Kongreß durch einen sogenannten »Beschluß der beiden Häuser« den Texanern den Eintritt in die Union an.

James K. Polk, der Demokratenpräsident, der eben damals sein Amt antrat, stand über dem Gegensatz zwischen Sklaven- und freien Staaten.

Was der wenig liebenswürdige, humorlose, mißtrauische, selbstgerechte und engstirnige, der schlaue, harte, fromme, unbeirrbare Patriot sich in aller Stille ausgerechnet hatte, war, daß nicht bloß Texas, sondern noch ganz andere Gebiete auf den Zugriff der Union warteten: Kalifornien und was zwischen Kalifornien und Texas, zwischen den Sierras und den Rocky Mountains lag und vage unter den kalifornischen Namen fiel. Es war seine eigenste Idee, wie er zu Beginn seiner Amtstätigkeit einem seiner Vertrauten trocken mitteilte. Polk gehörte zu den Politikern, die wenig Aufhebens von sich selber, ihren Taten und ihren Zielen machen, die aber genau das erreichen, was sie sich vorgenommen. In diesem Fall war es eine ganze Menge.

Der Krieg zwischen den Vereinigten Staaten und Mexiko (1846–1848) war eine Folge der Polkschen Politik, und man könnte wohl nicht gerade sagen, eine unerwünschte. Er war ein Mittel dieser Politik, vorbereitet für den Fall, daß sich der geplante Kauf des Gebietes, den er vorgezogen hätte, zerschlug. Die ungeschickten Verhandlungen mit den Leitern des schwachen, chaotischen, aber von hispanischem Stolz beseelten Mexiko, das nie auch nur die Selbständigkeit von Texas anerkannt hatte, schlugen fehl. Da bot sich als Kriegsanlaß ein Grenzstreit, die Frage, ob der Nueces Fluß oder der Rio Grande die Grenze von Texas sei. In dem umstrittenen Gebiet stießen Truppen zusammen; die Mexikaner, erklärte nun der Präsident, »vergossen amerikanisches Blut auf amerikanischem Boden«; »durch die Tat Mexikos« war der Kriegszustand zwischen beiden Gemeinwesen erklärt. – Wir wissen, daß Polk auch ohne den willkommenen, übrigens leicht vermeidbaren Zwischenfall den Krieg gegen Mexiko forciert hätte, nachdem die Kaufverhandlungen zu nichts gediehen waren. Der Krieg von 1846 war ein Raubkrieg, wenn es je einen gab.

Ein guter Teil der Nation empfand ihn so; sei es aus echter moralischer Überzeugung – zum Beispiel war dies bei einem jungen Whig-Repräsentanten aus Illinois, Abraham Lincoln, der Fall –, sei es auch nur, weil es eben ein Krieg der regierenden Partei, der Demokraten, und vornehmlich ein Krieg von Sektionen, des Südens und südlichen Mittelwestens war. Dies Mitdabeisein und doch nicht Mitdabeisein einer Volkshälfte, dies heimlich oder laut die Güte der eigenen Sache Bezweifeln hatte schon einen Krieg der Union, den von 1812 bezeichnet; und tat es jetzt nicht zum letztenmal... Im übrigen ging der Krieg, wie Kriege in der guten alten Zeit gingen; Offiziere – Lee, Grant, Jefferson Davis – machten von sich reden, die später noch mehr von sich reden machen sollten; beide Seiten fochten brav, aber die Amerikaner waren die Stärkeren; und im September 1847 zogen sie in der Hauptstadt Mexiko ein. Damals fragte mancher, ob es nicht das beste wäre, die gesamte mexikanische Republik unter die Regeln des »offenbaren Schicksals« zu zwingen, aber Polk nahm, was er sich vorgesetzt hatte, nicht mehr und nicht weniger. Im Vertrag von Guadalupe Hidalgo (Februar 1848) trat Mexiko Kalifornien, New Mexiko und Texas, mit dem Rio Grande als Grenze, an die Vereinigten Staaten ab.

Die Oregon-Frage war schon im Frühsommer 1846 durch einen jener vernünftigen Grenz- und Teilungsverträge, wie sie seit 1815 das amerikanisch-englische Verhältnis mehr und mehr bestimmten, bereinigt worden. Polk, wesentlich, um desto freiere Hand gegen Mexiko zu haben, verzichtete auf »Fiftyfour-fourty«, trotz des propagandistischen Wohlklangs der Forderung; Peel und sein Außenminister, Aberdeen, verzichteten auf den

Columbia-Fluß. Grundsätzlich wurde die weiter östlich geltende Grenze des 49. Breitengrades bis zum Ozean weiter geführt, so jedoch, daß die Insel Vancouver zu Kanada gehören sollte.

Wir sprachen von der Opposition, die während des Krieges im Lande selber nie verstummte. Eine Zeitung im Staate Maine meinte geradezu: »Keiner der Angreifer Europas und Asiens hat je Argumente geboten, so falsch und heuchlerisch wie jene, mit denen wir unseren Angriff gegen Mexiko zu rechtfertigen versuchen.« Die gesetzgebenden Versammlungen von Vermont, Rhode Island, Massachusetts und Maryland verurteilten den Krieg in scharfen Formulierungen; Senator Webster nannte ihn »hassenswert«; noch kurz vor dem Ende beschloß das Repräsentantenhaus in Washington mit knapper Mehrheit, daß er »unnötiger- und verfassungswidrigerweise vom Präsidenten der Vereinigten Staaten begonnen worden« sei. Andererseits waren die Resultate derart erfreulich, daß nur der strengste Moralist auf die Dauer gegen sie sein konnte. Der Historiker Bernard Devoto, der dem Expansionismus der vierziger Jahre ein überaus lebendiges Buch gewidmet hat, gibt uns das folgende Zitat aus einem Leitartikel der Zeitschrift »The Harbinger«: »Kein Zweifel kann bestehen über das Ziel der Führer und Anstifter dieses infamen Unternehmens, das ›Gebiet der Freiheit‹ bis zu den Küsten Kaliforniens auszudehnen durch ungeheure Beraubung Mexikos; das Volk ist bereit, den Plan buchstäblich auszuführen. In vielen und den meisten Beziehungen, in denen dieser räuberische Angriff betrachtet werden kann, ist er unrecht bis zum Monströsen, aber immerhin scheint er der Verwirklichung eines umfassenderen Planes der Vorsehung zu dienen, welcher darauf abzielt, die Macht und Einsicht der zivilisierten Nationen über die ganze Erde zu verbreiten, auch in solche Gebiete, welche zur Bewegungslosigkeit verurteilt schienen, und so dem Fortschritt der Wissenschaft und Künste Bahn zu brechen; und Waffen scheinen das einzige Mittel zu sein, durch welches dies große Streben nach Einheit unter den Nationen erfüllt werden kann...« Wunderlich ist freilich die Ambivalenz der hier zum Ausdruck kommenden Gefühle; noch wunderlicher, daß wir ein gutes Jahrhundert später im Grunde kaum anders urteilen können. Was die Vorsehung wollte, wissen wir allerdings nicht mehr so genau, wie die Patrioten von Manifest Destiny es wußten; aber das erkennen wir immerhin, daß die Resultate des Krieges gegen Mexiko natürlich, auf die Dauer so oder so unvermeidlich waren. Die im Jahre 1848 annektierten Gebiete gehörten Mexiko, weil das spanische Imperium Jahrhunderte früher ein Besitzrecht über sie proklamiert hatte, das damals niemand ihm streitig machen konnte, aber sie waren nicht Mexiko. Die spanischen Siedler in Texas und in Kalifornien zählten nach wenigen tausend; noch weniger zwischen den Sierras und den Rocky Mountains. Riesige Außenposten, schwache Bollwerke einer Tausende von Meilen entfernten Festung, die ihrerseits bis vor kurzem der Außenposten einer ganz anderen Festung gewesen war, konnten sie dem unvergleichlich energischeren, dichteren, gewinnsüchtigeren Leben des angelsächsischen Amerika nicht standhalten. Und da Mexiko zu stolz war, um zu verkaufen, was es nicht verteidigen konnte, so ergab sich hier einer der Fälle, in denen, wie es hieß, der Gott der Waffen zu entscheiden hatte; wobei keinen Augenblick im Zweifel stand, wie er entscheiden würde. Gegen schwaches, wie eingeschlafenes historisches Recht stand die Natur der neuen Dinge. Am Ende ist es nicht

Aufgabe des Rechts, die Kräfte der Natur zu unterdrücken, sondern ihnen eine Form zu geben. Dies tat der Vertrag von Guadalupe Hidalgo, auf wie häßliche Art man auch zu ihm gelangt war. Die enormen Veränderungen, welche nun, nach Jahrhunderten geschichtslos-gemütlichen Schlafes, in den neu erworbenen Gebieten begannen, sollten zeigen, welchen Kräften er Form oder freie Bahn gab.

In Kalifornien zuerst. Dort, wo, ungefähr wie in Texas, einige tausend amerikanische Siedler einigen tausend spanischen die Waage hielten, waren die Dinge im Jahre 1846 genau nach Polks Plan verlaufen. Unterstützt von einer im rechten Augenblick nach Zentralkalifornien entsandten, eher militärischen als gelehrten »Forschungsexpedition«, bemächtigten die amerikanischen Siedler sich des Landes und gründeten sich eine Republik völkerrechtlich oder staatsrechtlich unbestimmten Charakters; ein paar Tage später proklamierte ein amerikanischer Offizier in Monterey die Annexion Kaliforniens durch die Vereinigten Staaten, welche der Friedensvertrag bestätigte. Januar 1848 wurde im Tal des Sacramento Gold gefunden. Die Nachricht, mit den üblichen Übertreibungen, verbreitete sich schnell. Und nun begann eine jener von Gier und Hoffnung beflügelten Migrationen zu Pferd und Wagen durch Wüsten und über Gebirge, zu Schiff um das Kap Hoorn, aus dem amerikanischen Osten und Mittelwesten, aus Europa, der pazifischen Küste dem Golde zu. Man schätzt die Einwanderer, die Nutznießer und Opfer des »Gold-rush« auf achtzigtausend; Matrosen, die von ihren Schiffen desertierten, Farmer, die ihre Gehöfte im Stich ließen, Stadtvolk und Landvolk. Die schön gelegene Hafensiedlung, San Franzisko, wurde über Nacht vom Dorf zur großen Stadt. Eine Männer-Republik entstand, gesetzlos oder doch mit eigens gemachten, chaotisch verwalteten Gesetzen existierend, voll wilden Lebens: phantastische Preise für die Bedürfnisse des Tages, Kampf um die verheißungsvollsten Plätze, Spielhöllen, Morde. Schwach war die Autorität, welche der amerikanische Militärgouverneur über dies dämonische Gewimmel auszuüben vermochte, dringend die Notwendigkeit der Normalisierung durch geeignete politische Ordnung. Aber eben die Frage, wie Kalifornien zu ordnen, unter welcher Verfassung es in die Zahl der Vereinigten Staaten aufzunehmen sei, stürzte die Union in die schwerste Krise seit ihrer Gründung.

Sie war nicht neu, ihrem Gegenstande nach, sondern wenigstens so alt wie der Krieg gegen die Mexikaner, dessen Geist und Zielen der Norden von Anfang an mißtraut hatte. Ja selbst der vornehmste, weitsichtigste Sprecher des Südens, John Calhoun, hatte zwar die Annexion von Texas befürwortet, aber den Krieg nicht gewünscht, wohl wissend, daß neue kriegerische Eroberungen im Südwesten zu einem schweren inneren Konflikt führen müßten. So geschah es. Schon im Sommer 1846 beantragte ein Demokrat aus Pennsylvanien, David Wilmot, ein Gesetz, wonach »Sklaverei und jede Art von unfreiwilliger Knechtschaft« in den von Mexiko zu gewinnenden Territorien verboten sein sollte. Dies »Wilmot Proviso« fand keine Mehrheit im Kongreß, weder damals noch später; aber die große Minderheit, die hinter ihm stand, die Leidenschaft, mit der es debattiert wurde, ließen erkennen, daß die alte schlimme Sklavereifrage wieder in den Mittelpunkt der amerikanischen Politik rücken würde. Beide Seiten verleugneten den Grundsatz des »Missouri-Kompromisses«, unter dem die Union ein Vierteljahrhundert lang existiert hatte. Die Anhänger des »Provisos« wollten die Sklaverei in allen neuen Territorien verboten wissen, gleichgültig ob sie nördlich oder südlich des Breitengrades 36,30 lagen; ihnen gegenüber bestanden die Vertreter des Südens auf dem Recht des amerikanischen Bürgers, im freien Gebrauch seines Privateigentums in allen neuen – und warum dann nicht auch den alten – Territorien Toleranz und Schutz des Staates zu genießen. Die Tendenz beider Seiten ging dahin, den Grundsatz, für den sie standen, vom sektional begrenzten zum nationalen, überall gültigen zu erheben. Die Gefahr einer solchen Entwicklung lag am Tage.

Wilmot selber gehörte einer Gruppe von radikalen Demokraten an, die mit den südlichen Führern der alten Partei nichts mehr als den Namen gemein hatten und demnächst, 1848, sich von ihnen trennen sollten. Sie führten unter veränderten Zeitumständen die Jacksonsche Tradition weiter; keine Klassenkampftradition – das war sie nie gewesen –, wohl aber eine, welche die Nation mit der Zahl der meisten, der kleinen Leute, der Farmer und Arbeiter identifizierte. »Die Frage«, schrieb Redakteur Whitman in Brooklyn, »... ist eine Frage zwischen dem großen Ganzen der weißen Arbeitsmänner, der Millionen von Handwerkern, Farmern und Arbeitern unseres Landes mit ihren Interessen auf der einen Seite – und den Interessen einiger weniger tausend reicher, ›wohlerzogener‹ und aristokratischer Sklavenbesitzer des Südens auf der anderen.« Die europäische Krise von 1848 verfehlte nicht, dem Streit neuen Auftrieb zu geben. Die Europäer, hieß es, brächen nun ihre letzten Fesseln und gingen daran, wahre Volksherrschaften zu begründen. Und Amerika, von welchem alles dies ausgegangen, sollte nicht mithalten, sollte statt dessen der Sklaverei neue Reiche erobern? Daß Demokratie und Sklaverei in schreiendem, um hohen Preis zu lösendem Widerspruch zueinander stünden, diese Willensmeinung brach nun unter den Demokraten Jacksonscher Farbe sich Bahn; und auch, aber mit anderen Vorzeichen, unter den Führern des Südens, die sich noch immer den Parteinamen von »Demokraten« gaben, aber sich tief entmutigt fühlten durch den Sturz des Königs Louis Philippe.

Das innere Paradox der Demokratischen Partei wurde während des Wahlkampfes von 1848 insofern behoben, als die New Yorker Radikalen sich von dem Gros der Partei trennten, um unter der Führung des alten Expräsidenten Van Buren eine dritte Partei der »Freien Erde« zu organisieren. Wie es mit dritten Parteien in Amerika noch öfter gehen sollte: die »Freesoilers« gewannen nirgends, nahmen aber den Demokraten genügend Stimmen fort, um den Whigs zum Sieg zu verhelfen. Der Whig-General, der Kriegsheld von 1847, Taylor, hielt Einzug in das Weiße Haus.

Indem Anhänger und Gegner der Sklaverei in der Hauptstadt einander blockierten, geschah nichts zur Organisation der neu erworbenen Gebiete, kaum etwas war geregelt, als der kalifornische »Goldrausch« begann. Amerikas und Europas Goldsucher drangen in ein Land ein, von dem man wußte, daß es den Vereinigten Staaten gehörte, das aber keinerlei politische Existenz hatte. Ja, die politische Existenz der Vereinigten Staaten selber schien auf dem Spiel zu stehen. Man begann im Süden offen davon zu reden, daß Trennung von der Union besser sei als Annahme der neuen, im Wilmot-Proviso festgelegten Lehre.

Die neuen Kalifornier halfen sich zunächst damit, daß sie ihr Gebiet im Herbst 1849 als Staat konstituierten, ohne daß es zuvor den Charakter eines »Territoriums« gehabt hätte – und daß sie die Sklaverei verboten. Dies Vorgehen hatte die Sanktion des General-Präsidenten, nicht aber des Kongresses. Daß es bei den einzelnen Staaten, nicht bei der Union liege, für oder gegen die Sklaverei zu entscheiden, war an sich ein Bestandteil südlicher Staatsphilosophie und war auch noch während des letzten Wahlkampfes von dem Kandidaten der Demokratischen Partei verfochten worden. Wir wählen aber und verwerfen unsere Prinzipien unter dem Drang des Augenblicks, der Interessen und Leidenschaften. In den Augen der südlichen Politiker war es das gute Recht der Kalifornier, sich für die Sklaverei zu entscheiden; nicht dagegen. John Calhoun ließ wissen: die Aufnahme Kaliforniens als eines »freien« Staates in die Union werde die Sezession des Südens zur Folge haben.

Es war der alte Henry Clay, der geistige Vater des »amerikanischen Systems«, der unter diesen bedrohlichen Umständen noch einmal einen Kompromiß zutage förderte. Was er dem Süden bot, war im Grunde nur dies: ein Gesetz, welches die Flucht von Negersklaven in freie Staaten erschweren oder ihre Rückschaffung erleichtern sollte, und dessen strenge Handhabe. Dafür sollte Kalifornien als freier Staat aufgenommen, der Rest der neu erworbenen Gebiete als zwei Territorien – New Mexico und Utah – organisiert werden und hier die Frage der Sklaverei bis zum Moment ihrer Konstituierung als Staaten offenbleiben. Die Debatten, die während der Spätwintermonate des Jahres 1850 im Senat zu Washington über dies En-bloc-Programm stattfanden, entbehrten nicht des tragischen Ernstes. Die Wortführer der zweiten Generation, Calhoun, Clay, Webster, waren damals alt. Calhoun starb wenige Tage nach seinem letzten feierlichen Auftreten im März, dem Auftreten eines Sterbenden; Webster und Clay zwei Jahre später. Keiner von ihnen erlebte das Ende, die furchtbare Lösung des Konflikts. Aber sie alle kannten die Wahrscheinlichkeit des Endes. Calhoun war längst zu der Überzeugung gekommen, daß Demokratie im Sinne einer schieren Mehrheitsregierung zur Entrechtung der Minderheiten – seiner Minderheit – und zur Zerstörung der Union führen würde. Was er in seiner letzten Rede – der Sterbende mußte sie von einem anderen ablesen lassen – vorschlug, war eine tiefgehende Verfassungsänderung: nicht die Mehrheit sollte regieren, sondern Mehrheit und Minderheit, Norden und Süden zusammen, alle großen Interessen und Sektionen in der Exekutive vertreten sein, alle ein Vetorecht besitzen. Es wäre auf zwei Exekutiven, zwei Präsidenten hinausgelaufen, wie in der römischen Republik. »Wenn Sie vom Norden das nicht wollen, dann lassen Sie unsere südlichen Staaten im Frieden sich trennen und ihrer Wege gehen.« Und Webster, drei Tage später, mit seiner Orgelstimme: »Ich spreche heute für die Erhaltung der Union. Hört meine Sache an.« Hinter den Alten stand eine jüngere Generation, die die Generation des Bürgerkrieges werden sollte, schärfer, schriller, härter; ohne die begütigende Liberalität jener, die ihre Bildung in den ersten Jahrzehnten des Jahrhunderts erworben hatten. Jefferson Davis wetterte gegen den Clayschen Kompromiß, weil er dem Süden viel zuwenig bot; William Henry Seward aus dem umgekehrten Grunde.

Für diesmal trug, nach langwierigen Verhandlungen, die kompromißbereite Mitte den Sieg davon. Clays Vorschläge wurden angenommen, nicht en bloc, aber stückweise. Und so war die Union gerettet – für zwölf Jahre, wie Calhoun meinte.

Der südliche Staatsmann war eine der merkwürdigsten Erscheinungen seiner Zeit; eine Verbindung von Politiker und Denker, wie sie in Amerika seit dem Verschwinden der ersten Generation nicht eben häufig vorkam. Ein Historiker unserer Tage (Richard Hofstadter) hat ihn den »Marx der herrschenden Klasse« genannt, und daran ist etwas; denn Calhoun war behext von der Idee des Klassenkampfes, den er, der reiche Pflanzer, freilich nicht auf seiten der Unterdrückten durchzuhalten entschlossen war. Die Negersklaverei, meinte er, sei nur eine Art von Ausbeutung der vielen durch die wenigen, auf der jede höhere Zivilisation beruhe. Sei die Pflanzer-Aristokratie ruiniert, so werde im Norden der Krieg zwischen Unternehmern und Arbeitern erst recht losgehen, »wie in Europa«; je dynamischer der Kapitalismus, desto schneller und tiefer die Verelendung des Proletariats und so fort – Prophezeiungen, die, unter anderem, beweisen, wie wenig originell das zwanzig Jahre später gedruckte berühmte Elaborat von Marx und Engels im Grunde war. Gescheite, momentan richtige, im Grunde und auf die Dauer übrigens falsche Prophezeiungen. Tief durchdacht hatte Calhoun das Problem der Demokratie und der Minderheiten, nämlich der aristokratischen, besitzenden Minderheiten, welche allein ihn interessierten – innerhalb einer Demokratie. Aber die Mittel zur Rettung seiner Minderheit, vielmehr zur Aufrechterhaltung ihrer Macht, die er ausheckte, konnten nicht taugen: weder der in der Verfassung verankerte Herrschafts-Dualismus, den er zum Schluß forderte, noch selbst die Sezession, die er andernfalls für unvermeidlich hielt. Es waren Mittel, welche die wirtschaftliche, moralische, geistige Lage des alten Südens eingab: statische Mittel, um einen dynamischen Prozeß zu behindern; hoffnungsarme Waffen der Verteidigung trotz scheinbarer Aggressivität, scheinbaren Übermutes.

Neue Theorien

Von »Manifest Destiny« war in den vierziger Jahren auch in Europa die Rede, sei es, daß es sich als unvermeidliches Schicksal darstellte, sei es als durch Organisation und Tat zu erringendes Ziel. Aber es waren kleine, verfolgte Gruppen, einzelne hochfliegende Geister, die es zu sehen glaubten: die freie, christlich-republikanische Gemeinschaft der europäischen Nationen; die kommunistische Gesellschaft ohne reich und arm.

Aus verschiedenen Quellen drängte das neue Wort »Sozialismus« sich in den dreißiger Jahren in die englische und französische Sprache. Von Anfang an war es vieldeutig: allerlei Gedanken, Pläne, Proteste, Prophezeiungen, die aufstiegen aus den Leiden und Widersprüchen der Zeit und solche überwinden wollten und zu ihrer Überwindung auch wirklich beitrugen, ohne sie doch je zu beherrschen, und allmählich veralteten ebensowohl dadurch, daß sie von der Wirklichkeit angenommen und bestätigt, wie dadurch, daß sie durch die Wirklichkeit widerlegt wurden.

In einem anderen Kapitel war von der neuen nationalökonomischen Wissenschaft die Rede, auch schon vom Sozialismus, insofern er ein Zweig eben dieser Wissenschaft war. Er war aber nie reine Wissenschaft. Im weiteren Sinn des Wortes war er eine politische Sache auch dort, wo er, im engeren Sinn, *gegen* die Politik war und die Herrschaft der Politiker durch die Herrschaft der Produzenten zu ersetzen strebte. Vom Sozialismus als einem Agens der Politik muß gehandelt werden, hier, bevor wir, chronologisch gesprochen, die Mitte des Jahrhunderts erreicht haben. Denn in allen seinen Formen, die Marxsche und kommunistische nicht ausgenommen, ist er eine Erscheinung der dreißiger und vierziger Jahre in Westeuropa. Dort gehört er historisch hin.

Aus der großen Französischen Revolution kamen Impulse, die von den Sozialisten, vielen von ihnen, übernommen wurden: der egalitäre, der rationalistische, der internationalistische. Trotz dieser Gemeinsamkeiten war aber die Französische Revolution nicht sozialistisch gewesen. Noch keine »Arbeiterklasse« damals, noch kein »vierter Stand« unterschieden vom »dritten«; noch kein Protest gegen das Privateigentum, nur gegen die Privilegien, die seiner Ausbreitung, seinem freien Genuß im Wege standen. Damals brachen uralte rechtliche und politische Institute im geistigen Feuer des 18. Jahrhunderts zusammen. Dagegen respondierte Sozialismus der neuen Industrie. Und zwar war, bei allen Unterschieden in den Lehren der »Sozialisten«, die Grundüberzeugung die, daß den von der neuen Industrie verursachten neuen Übeln mit neuen Mitteln zu steuern wäre; sei es, indem man ihren Fortschritt hemmte oder rückgängig machte; sei es, indem man sie unter Bedingungen weitertrieb, die jetzt nicht obwalteten. Was hier nach den verschiedensten Richtungen überhaupt gedacht werden konnte, das wurde gedacht. Sozialismus war gegen den Staat, wollte seine Ziele erreichen ohne den Staat, durch Zusammenarbeit freier Gemeinschaften (Owen, Fourier). Er wollte auch seine Ziele erreichen durch den Staat, aber durch einen ganz anders zu organisierenden, von ganz anderen Menschen zu lenkenden Staat (Saint Simon, Comte). Er war gegen die Politik, die nichts lösen konnte, für direkte Aktion derer, die Sachen produzierten (Owen, Proudhon); er war auch für politische Aktion, für seine eigene Vermählung mit der Demokratie, für Eroberung der Staatsmacht durch die Masse der Armen, kraft des Stimmzettels (die Chartisten in England, Blanqui, Louis Blanc, Ledru-Rolin in Frankreich). Er war egalitär, aber er wußte auch von neuen, sachgemäßen Hierarchien. Er war nur kritisch, nur pessimistisch, sah für den Widerspruch von wachsendem Elend der vielen bei wachsendem Reichtum der wenigen nur die eine Lösung, den katastrophalen Abbruch der ganzen Entwicklung; er war auch optimistisch, traute dem Staat zu, den Reichtum der Gesellschaft im Interesse der Gesellschaft zu verwalten und planvoll zu mehren (Pecqueur, Saint Simon, Blanc). Er war gleichgültig oder feindlich gegenüber den Religionen; aber auch von einem christlichen Sozialismus war die Rede, und von jenen, die das Christentum fortan für hinderlich hielten, glaubten doch einige, der bindenden Macht des Religiösen für den Bau des neuen Tempels nicht entraten zu können. Anarchistisch und etatistisch, moralistisch und amoralistisch, fatalistisch und voluntaristisch – alle diese Meinungen, Wertungen, Haltungen deckte dasselbe Wort. Die europäische Menschheit stand vor neuen, großen Dingen, soviel war klar. Neben jenen, welche diese neuen Dinge nur taten, getrieben von der Peitsche der Gewinnsucht und Konkurrenz, und reich und mächtig dabei wurden, neben jenen, die ihnen dienten und leidend nicht wußten, was ihnen geschah, gab es die wenigen, die ergründen wollten, was da geschah und zu welchem wünschbaren Ende es zu steuern wäre. Sozialismus, man kann es nicht stark genug betonen, war eine Sache des Anfanges. Einzelne, erregte, edle Geister grübelten über eine große Krise, einen Neubeginn der Menschheitsgeschichte.

Dem Elend der Fabrikarbeiter abzuhelfen, lag ihnen vor allem am Herzen. Aber sie selber waren keine Arbeiter und konnten keine sein. Einer von ihnen, der schon im ersten Jahrzehnt des Jahrhunderts zu wirken begann, der Engländer Robert Owen, war selber ein großer Industrieller. Seine sozialen Experimente, verkürzte Arbeitszeiten, gute Löhne, Schulen, Kindergärten zuerst, dann eigentlich kommunistische Siedlungen in Amerika, dann wieder in England Genossenschaften und Tauschbörsen, bezahlte er mit seinem Geld. Ein anderer der ersten Generation, Saint Simon, war ein Aristokrat aus berühmtem Hause, zeitweise reich durch Spekulationen, dann bettelarm aus dem gleichen Grunde, zuletzt von der Wohltätigkeit reicher Freunde lebend. Die meisten waren gelehrte Literaten mit oder ohne Ehrgeiz, sich politische Macht zu erobern. Nur einer kam wirklich aus dem Elend und wollte immer mit »seinen Brüdern der Arbeit und des Elends« leben: Proudhon, erst Kuhhirt, dann Schriftsetzer. Als der Sozialismus, viel später, zur Laufbahn ehrgeiziger, begabter Arbeiter wurde, da war es der »Sozialismus« aller dieser frühen Propheten nicht mehr.

Zu Untersuchungen über die widerspruchsvolle Dynamik der neuen Industrie kamen schrille moralische Thesen – Proudhons »Eigentum ist Diebstahl« zum Beispiel – und ausgreifende geschichtliche Spekulationen. Man lebte in einer Übergangszeit. Die Politik war am Ende, nun galt nur noch die soziale, direkt auf das Wirtschaften sich richtende Tat; Könige, Priester, Militärs seien am Ende und würden durch die Gelehrten und Techniker abgelöst werden (Saint Simon). Es gebe drei Epochen der Menschheitsgeschichte: die der Autorität, der erzwungenen Ordnung und Sklaverei; die des entfesselten skeptischen Individualismus; die der sozialen Demokratie und Brüderlichkeit (Louis Blanc). Oder, indem man die drei Epochen nach den Formen des Eigentums bestimmte: die einer primitiven Gütergemeinschaft; die des Privateigentums; die einer neuen, edlen Gemeinschaft, eine Synthese, gewissermaßen, der beiden früheren (Proudhon). Dergleichen lag in der geistigen Luft Westeuropas, bevor noch die neue deutsche Geschichtsphilosophie allgemein bekannt wurde, die sich der Dreizahl, der Grundzahl der Dialektik, zur Ordnung der Menschheitsgeschichte bediente. Zu Beginn der vierziger Jahre wurde die aufsässige Pariser Intelligenz mit der Philosophie Hegels vertraut.

Hegel – man darf diesen merkwürdigen Denker nicht erwähnen, ohne das, was er gedacht hat, dem Leser ins Gedächtnis zu rufen. Es war die Vollendung der deutschen Romantik, der deutschen Philosophie, man könnte wohl sagen, der abendländischen Philosophie überhaupt; denn wo hat nach Hegel noch ein philosophisches System alle Welträtsel zu entschlüsseln gewagt? Das Hegelsche tat es für die Natur – da bot es freilich vorwiegend Unsinn (hierüber in einem anderen Kapitel) – und für die menschliche Geschichte. Es war eine Metaphysik der Geschichte. Immanuel Kant hatte zu diesem Thema gemäß seiner Grundhaltung nur einen spekulativen Vorschlag machen können: Sinn, Ziel, Hoffnung, Einheit waren für Kant Ideen des Glaubens, nicht Gegenstände des Wissens. Hegel machte ein Wissen daraus. Begriff und Wirklichkeit wurden eins; Notwendigkeit und Freiheit, Sein und Sollen, Philosophie und Politik, Erfolg, Macht und Recht, Menschheit und Gottheit wurden eins. Mystik im Grunde; aber die artikulierteste, bewußteste, reichste Mystik, die noch die nüchternsten Gegenstände der Gesellschaft in sich hineinnahm und aus sich heraus zu entwickeln und zu beweisen vorgab. Es war, nach Hegel, immer »vernünftig« in der Geschichte hergegangen. Sie war das Zusichselberkommen des Menschen, sein Aufstieg zur Freiheit, die im alten Orient die Freiheit nur eines einzigen, in der klassischen Antike die Freiheit nur einiger, im Christentum, klarer im protestantischen Christentum, am klarsten im bürgerlich-republikanischen, philosophischen Christentum des 19. Jahrhunderts, die Freiheit aller war. Den Institutionen des Rechts- und Freistaates entsprach die rechte, nämlich die Hegelsche Philosophie.

Hier hing alles zusammen. Man durfte Religion, Kunst, Philosophie nicht getrennt sehen von Staat und Gesellschaft und Arten des Erwerbes. Noch das in völliger Einsamkeit Vollbrachte, wenn es wirklich war, hing zusammen, war seiner Substanz nach identisch mit dem im Lärm der Kriege und Revolutionen Vollbrachten; Revolutionen in Staat und Gesellschaft, in der Wissenschaft, in der Philosophie waren ein und dasselbe. »Was das Individuum betrifft«, schrieb Hegel, »so ist ohnehin jedes ein Kind seiner Zeit; so ist auch die Philosophie ihre Zeit, in Gedanken ausgedrückt.« Oder: »Wer, was seine Zeit will, ausdrückt, ihr sagt und vollbringt, ist der große Mann seiner Zeit.« Napoleon tat das aus Instinkt, wirklichkeitsnah, praktisch, ruchlos, genau wie in der Stille seiner Studierstube Hegel selber. Jener wurde besiegt, verschwand, ging unter, sobald er sein Werk getan hatte, und das schien so recht wie ehedem seine Siege. Die »Geschäftsführer des Weltgeistes« endeten stets auf dem »Schindanger«, dem »Kehrichthaufen der Geschichte«, nachdem sie ihr Werk vollbracht hatten.

Überhaupt war für Hegel die Geschichte des Menschen keine eigentlich glückliche; Epochen des Glücks, meinte er, seien in der Geschichte leere Blätter. Immer war Kampf, Gegensatz, Ringen um Neues; jede erreichte Stufe mußte wieder verlassen werden, sei es von dem Geschichtsagenten selber, der sie erklommen hatte, sei es von einem anderen, Jüngeren, der dem Älteren provozierend gegenübertrat und sein Nachfolger zu werden bestimmt war. »Geist« war alles, war die letzte, die einzige Realität. Aber auf Erden entfaltete er sich in »Volksgeistern«, von denen jeweils nur einer die Fackel vorwärtstrug, die er einem anderen, ermüdeten entrissen hatte: der Grieche dem Perser, der Römer dem Griechen, der Germane dem Römer. Auch den Menschen der »germanischen Welt« – so nannte Hegel, was wir Westeuropa nennen – würde sie einmal entrissen werden, auch Europas Weltstunde und Weltherrschaft würde nicht ewig dauern. Aber darüber, wie sie enden und was ihr nachfolgen würde, verriet Hegels Philosophie nichts. So reich und bildhaft sie von der Vergangenheit, noch der fremdesten, fernsten zu reden wußte und auch von der Gegenwart, soweit sie Produkt und Überwindung aller Vergangenheit war, so kühl und verschwiegen war sie gegenüber der Zukunft. Ex officio kümmerte die Zukunft den Philosophen nicht; eine um so merkwürdigere Selbstbeschränkung, als er selber am Ende und durchaus nicht in der Mitte eines langen Äons zu leben wähnte. Philosophie kam grundsätzlich spät. Sie drückte die Wirklichkeit erst dann im Reiche des Gedankens aus, wenn sie vollendet war; und Philosophie konnte sie bloß erkennen, nicht verjüngen. Dies galt für alle echte Philosophie. Am stärksten aber für die späte, listenreiche, überreife, eben die Hegelsche, die alles, was vor ihr gedacht worden war, in sich hineinnahm, es zugleich widerlegte und bestätigte, die buchstäblich von aller Vergangenheit lebte. Ihr, der Philosophie aller Philosophien, mußte eine Epoche aller Epochen entsprechen. Und danach? Nur eine schwermütige Stimmung, die in Hegels Werk, zumal seinem Spätwerk, mitschwang, beantwortete diese Frage. Danach würde gar nichts mehr kommen; oder etwas ganz, ganz anderes.

Wäre hier vom Staat die Rede und insbesondere vom deutschen Staat, so müßte nun gezeigt werden, wie Hegels Philosophie auf ihn gewirkt hat. Er hatte einen hohen Begriff vom Staat, er vergötterte ihn, und so schön er von Menschheit und Freiheit zu reden wußte, so pries er auch die Macht, die Machtpolitik und den Krieg, und das hat für deutsches Denken und Tun nachmals schwerwiegende Folgen gehabt, denn Hegel war ein einflußreicher Philosoph. Aber hier ist nicht von der Entwicklung des europäischen Machtstaates die Rede, sondern vom Sozialismus; dem durch eine Weiterführung des Hegelschen Werkes auf überraschende Weise mitgespielt wurde.

Die Nachfolger Hegels zerfielen in zwei »Schulen«: eine offizielle, die das Werk des Meisters starr verwaltete, ohne ihm etwas hinzuzufügen; eine inoffizielle, auch wohl illegale, denn ihre Vertreter sahen sich in den deutschen Staaten verfolgt und ihre Schriften unterdrückt. Sie verwirklichten die revolutionären Möglichkeiten, die in Hegels Werk verborgen waren, denen aber der Meister selber, in seiner Spätzeit einem entschiedenen Konservativismus, ja Quietismus huldigend, mit knapper Not ausgewichen war. Hegel, Pantheist im Grunde, hatte noch das Christentum auf kunstvolle Weise bewahrt; die »Jung-Hegelianer« waren Atheisten. Konsequenter Theismus, meinten sie, sei stets Pantheismus, und konsequenter Pantheismus stets Atheismus; Religion hob, konsequent genommen, sich selber auf. Ein nettes Beispiel der Bewegung des Geistes, der »Dialektik«, wie sie nun angewandt wurde. In Bewegung, in vorwärtstreibendem Selbstwiderspruch befanden sich der menschliche Geist und seine Gründungen immer, so hatte Hegel gelehrt. Wenn das für alle Vergangenheit galt, warum sollte es nicht auch für die europäische Gesellschaft der Gegenwart gelten? Woher überhaupt die Unruhe des Geistes, warum seine Religionen, seine Träume, seine Utopien? Stammten sie nicht daher, daß die von ihm selber, aber unbewußt geschaffene Wirklichkeit ihm fremd war und falsch eingerichtet; war nicht alle bisherige Philosophie die ungeschickte Widerspiegelung ungeschickter wirklicher Verhältnisse? Es kam, so beschloß einer dieser Jung-Hegelianer, Dr. Marx, nun nicht mehr darauf an, die Hegelsche Philosophie durch eine noch kunstvollere zu übertrumpfen. Als Philosophie war sie ein Nonplusultra. Es kam jetzt darauf an, zu begreifen, warum es überhaupt je Religion, Metaphysik, Philosophie gegeben hatte, und sie alle als falsch zu erweisen. Dies konnte man nur, indem man die soziale Wirklichkeit verstand, aus der sie aufgestiegen waren. Es genügte nicht, den Himmel zu kritisieren; man mußte sich zur Erde wenden, die den Himmel geboren hatte. Die bloße Betrachtung mußte zur Kritik werden, die Kritik zur Tat, die Tat zur Revolution. Die soziale Revolution war die einzige jetzt noch mögliche Philosophie. »Die Philosophen haben die Welt nur verschieden interpretiert. Es kommt aber darauf an, sie zu verändern.«

So die deutsche, die philosophische Herkunft des »Marxismus«. Dr. Marx, deutscher Rheinländer mit jüdischen Antezedenzien, ein überaus gescheiter und ebenso herrschgieriger, arroganter, verachtungsvoller junger Mann, verneinte wohl die Hegelsche Philosophie; aber sein eigenes Denken war doch von ihr geprägt; so ernst nahm er dies Gedankenspiel, daß er es auf die soziale Wirklichkeit übertrug und die Wirklichkeit allgemeinen

Begriffen – »die Bourgeoisie«, »das Proletariat«, »die Revolution« – gleichsetzte und im Hegelschen Philosophenjargon große Politik machen wollte. Es hatte das Proletariat »zum Bewußtsein seiner selbst zu kommen« – ein Hegelscher Ausdruck –, hatte sein feindliches Gegenüber, den Kapitalismus, und damit auch sich selber »aufzuheben« – ein anderer Hegelscher Ausdruck –, hatte die bestehende Ordnung, die selber eine Negation war, zu negieren, die Spannung zwischen Sein und Bewußtsein aufzuheben, den Sprung von der Notwendigkeit in die Freiheit zu tun und so fort – alles Hegelsche Ausdrücke, Hegelsche Gedanken, Hegelsche Irrtümer. Denn kaum brauchen wir dem Leser zu verraten, daß die geschichtliche Wirklichkeit nicht so ist, daß sie sich in ein paar scharfe Begriffe auflösen ließe. Marx träumte sein Leben lang von Gegensätzen, die sich konsequent forttrieben, bis sie in aller Sauberkeit explodierten und eine neue Synthese an Stelle der alten Antithetik trat. Aber nach Marx, wie vor ihm, ist die wirkliche Geschichte eine von keimenden und nicht zur Reife gelangenden, immer wieder überraschend durchkreuzten, ungelöst veraltenden Gegensätzen gewesen.

Bei solcher angeblichen Überwindung der deutschen Philosophie oder Philosophizierung der Politik blieb es nicht. Sie allein würde Marx seine Herrscherstellung im Reich des Sozialismus nicht erobert haben. Was der junge Deutsche, während der vierziger Jahre sich in Paris und Brüssel aufhaltend, nun tat, war, das sozialistische und ökonomische Denken der Zeit in sich aufzunehmen und für seine Zwecke zurechtzustutzen. Die Schriftsteller kritisierend, angreifend und bitter verhöhnend, die er bestahl, war er von Grund auf Eklektiker. Sein Freund Friedrich Engels führte ihn zu den ökonomischen Theorien der Engländer; dort fand er die Lehre vom Arbeitswert, dort das »eherne Lohngesetz«, dem zufolge die Arbeiter auf die Dauer nie mehr verdienen konnten, als die Reproduktion ihrer Arbeitskraft kostete. Die Franzosen – Sismondi, Proudhon – lieferten die pessimistische Analyse des neuen Industrialismus: Konzentration des Besitzes, Überproduktion, Verelendung der Massen. Marx nahm das an, indem er die empfohlenen Heilmittel höhnisch verwarf, zumal die Proudhonschen, die mit der Initiative kleiner Gruppen und mit menschlicher Hilfsbereitschaft rechneten. Von der Utopie zur Wissenschaft! Nicht der stets sehr zweifelhaften Güte einzelner Menschen war zu vertrauen, nicht moralischen Überzeugungen, nicht wohlgemeinten, angeblich freien sozialen Experimenten innerhalb des Staates und der Gesellschaft, so wie sie jetzt waren. Zu vertrauen war ausschließlich der Dynamik des Kapitalismus selber. Sie würde sein katastrophales Ende, die »Expropriation der Expropriateure«, die Enteignung der immer weniger werdenden immer Reicheren durch die stetig wachsende Zahl der Arbeitssklaven mit absoluter Sicherheit herbeiführen.

Im »Kommunistischen Manifest« findet sich die neue Lehre in demagogischer Einfachheit und Brillanz, gleichzeitig aber auch schon in voller Reife. Was danach noch kam, war wissenschaftliche und pseudowissenschaftliche Vertiefung nach der ökonomischen Seite, war journalistischer Kommentar und praktische Anpassung. Der »Marxismus« war 1848 fertig; ein viel zu doktrinäres Geistesgebilde, um, einmal geschaffen, noch frei entwicklungsfähig zu sein. Es hat viele Generationen überwältigt. Die ersten, die es überwältigte, so daß sie nie wieder etwas anderes denken konnten, waren seine beiden Schöpfer. Die Geschichte, die bisher immer eine Geschichte von Klassenkämpfen war, wobei immer der herrschenden, ausbeutenden Klasse eine ausgebeutete, leidende gegenüberstand, die Revolution, die bisher immer das Mittel war – wenn die Zeit reif –, eine neue herrschende Klasse an Stelle der alten zu setzen; Denken, nämlich falsches abergläubisches Denken, das bisher immer ein Reflex widerspruchsvollen, falsch eingerichteten Seins gewesen war; das radikal Neue, Einzigartige der gegenwärtigen Situation, darauf beruhend, daß die Kapitalisten die letzte herrschende Klasse, die Proletarier, die sie ablösen würden, aber keine Klasse mehr waren oder doch nicht mehr sein würden, sondern die Menschheit waren oder doch sein würden und daher, nach ihrer Revolution, niemanden mehr ausbeuten, niemanden mehr beherrschen würden, außer allerdings in einer kurzen Periode, in der es noch den Widerstand der nicht ganz vertilgten alten Ordnung gab, so daß eine proletarische Diktatur notwendig sein würde – an allen diesen subtilen Grobheiten hat Marx später nichts mehr verändert und konnte er auch gar nichts verändern. Entzog man dem Bau einen einzigen Pfeiler, so brach er zusammen. Einräumungen, Revisionen, welche seine Architekten nachmals versuchten, mußten, kaum waren sie ausgesprochen, »in letzter Instanz« zurückgenommen werden. Innerhalb des Marxismus mochte manche sinnvolle Behauptung stecken, die Marx bei den verachteten Sozialisten der Frühzeit, den »Utopisten«, geplündert hatte. Der Marxismus war in seiner Gesamtheit richtig, oder er war in seiner Gesamtheit falsch.

Die Sozialisten der Frühzeit, Owen und Sismondi, Saint Simon, Fourier und Proudhon, liest man lange nicht mehr. Sie wurden von Marx zur Seite gestoßen. Aber was immer im Marxismus zur Einheit zusammengezwungen wurde: englische Ökonomie, französischer Sozialismus, deutsche Geschichtsphilosophie; Fortschrittsglaube, Revolutionsglaube, die Überzeugung, eine einzigartige Krise des Menschen zu durchleben und sie wissenschaftlich meistern zu können; der Glaube an Wissenschaft überhaupt und an die Erkennbarkeit eines einzigen, die Menschheitsgeschichte beherrschenden Naturgesetzes, Atheismus und Positivismus; Verachtung der Politik, Reduktion des Politischen auf das Gesellschaftliche, die Lehre vom Klassenkampf, vom Arbeitswert, Mehrwert, Verelendung – alles das war vorher da, nichts davon war Marxsche Erfindung; in seiner Gänze gehört der »Marxismus« selber der industriellen Frühzeit an. Das Lächerliche der folgenden Entwicklung ist dann: daß Denkmoden und Modetheoreme der Frühzeit, durch Marx mit dem Kitt einer so geistvollen wie abenteuerlichen, schwindelnden deutschen Philosophie zum starren System zusammengeleimt, durch ein Jahrhundert mitgeschleppt wurden bis zum heutigen Tag, ein Irrblock in der Zeit, ein Irrblock auch im Raum: denn was haben Asien und Afrika in der zweiten Hälfte des zwanzigsten Jahrhunderts mit dem Paris des Königs Louis Philippe gemeinsam?

Womit wir den Ereignissen vorgegriffen haben. Erwarb der junge Marx sich schon in den vierziger Jahren unter Europas Rebellen allmählich den Ruf eines scharfsinnigen, kenntnisreichen Mannes, so war er doch, als das Revolutionsjahr 1848 begann, noch ohne jeden wirklichen Einfluß; der kam später. Die Leute fürchteten sich damals vor dem »Kommunismus«; ein so feinfühliger, intuitiv begabter Beobachter wie der deutsche Dichter Heinrich Heine zeigte sich in seinen Berichten aus Paris wie behext von dieser Drohung. Aber sie meinten nicht die werdende Marxsche Theorie damit und überhaupt keinen der gelehrten, philosophierenden Sozialisten; vielmehr einen vagen Komplex von Protesten und Verbrechen des Elends, von Arbeiterverschwörungen, von Streiks und Straßenschlachten, wie sie in den ersten Jahren des Bürgerkönigtums ja wirklich stattgefunden hatten, von englischem Chartismus und ultrajakobinischer, sozialistischer Demokratie, wie Louis Blanc sie verfocht. Diese letztere ist im Jahre 1848 dann auch für kurze Zeit zum Zuge gekommen.

Europa: Die Wasserscheide der vierziger Jahre

Das offizielle Europa wußte von keinen großen Erfüllungen der Zukunft. Wir denken an zwei alte, nahezu gleich alte Männer, wenn wir an das offizielle Europa der vierziger Jahre denken: an Louis Philippe und an Metternich. Sie kollaborierten selten, aber sie ergänzten einander und etwas wie ein ungeschriebenes Bündnis bestand zwischen ihnen: dem König-Bürger mit dem Profil Ludwigs XIV. unter der braunen Perücke, aber durch Backenbärte und gedunsene Schwere verbürgerlicht, und dem Fürsten-Staatskanzler mit dem feinen, kalten Greisengesicht. Beide waren sie erfahrene Schüler der Geschichte, die sie seit den Anfangsstürmen der Französischen Revolution miterlebt und gelegentlich mitgemacht hatten, beide von Haus aus praktisch und klug. Aber längst erstarrt unter dem isolierenden Banne der Macht; redselig aus seniler Eitelkeit und immer redend, nie hörend auf besseren Rat; ohne Achtung vor dem Menschenbild, ohne Hoffnung; sich an die Bedingungen der Gegenwart klammernd und ihre Unverrückbarkeit beschwörend in falscher Selbstsicherheit oder falscher Verzweiflung.

Seit 1834 war Deutschland, ohne Österreich und ohne einige kleine nach dem Meer und nach England orientierte Staaten – Hannover, Hamburg –, eine wirtschaftliche Einheit, ein einziges Zollgebiet. Der von Preußen gegründete und vornehmlich verwaltete »Zollverein« war bei weitem die positivste deutsche Schöpfung der dreißiger Jahre. Zuerst hatte Preußen sein eigenes Gebiet von allen Binnenzöllen befreit; dann einige von ihm eingeschlossene Zwergstaaten gezwungen, seinem Zollsystem sich anzuschließen; wonach die deutschen Mittelstaaten, zuerst Hessen, dann Bayern und Württemberg, dann Baden, dann Sachsen mehr oder weniger freiwillig beitraten und die Führung ihrer Handelspolitik, trotz formalen Mitspracherechts, den Regenten Preußens überließen. Die Absichten des Zollvereins waren wirtschaftlich, sein Prophet ein so unpreußischer, ideenreicher, zukunfts- und freiheitsfreudiger Schriftsteller wie der württembergische Nationalökonom Friedrich List, der in Amerika gelebt und dort die Vorzüge eines weiten, innerlich freien, nach außen aber geschützten Wirtschaftslebens studiert hatte. Ein solches Gebiet sollte Deutschland werden, und nicht bloß Deutschland, sondern Mittel- und Südosteuropa, bis zum Schwarzen Meer, ein zweites Amerika, belebt und verbunden durch deutsche Energien, deutsche Eisenbahnbauten, Häfen, Industrien. Der preußische Plan war weniger großzügig als der Traum Friedrich Lists und nicht ohne politische Akzente. Die Wichtigkeit des Zollverbandes zwischen Preußen und Süddeutschland, so schrieb ein preußischer Finanzminister, liege unter anderem darin, daß »Einigung dieser Staaten zu einem Zoll- und Handelsverband zugleich auch Einigung zu einem und demselben politischen System mit sich führt«.

Der Österreicher, Metternich, begriff das sehr gut, konnte aber den preußischen Zollverein nicht hindern, noch auch Österreich in ihn hineinzwingen. – Das Wirtschaftliche ist nicht dasselbe wie das Politische, und wir wollen uns hüten zu sagen, daß seit der Gründung des Zollvereins die Eroberung Deutschlands durch Preußen unvermeidlich gewesen sei. Allerdings aber gewaltig erleichtert. In jeder Krise mußte von jetzt an die Tatsache der wirtschaftlichen Einheit und Abhängigkeit ihre heimliche, aber mächtige Wirkung tun, mußte die süddeutschen Staaten nach der preußischen Seite ziehen, ob ihre Potentaten und Diplomaten es begriffen oder nicht.

Verglichen mit dem Zollverein und dem, was während der vierziger Jahre den Raum des Zollvereins langsam zu füllen begann, den Eisenbahnen, mutet der politische Betrieb in Deutschland als geringfügig an. Friedliche, wohlverwaltete Staaten ohne ein gemeinsames Zentrum, ohne gefährliche Konflikte, ein wenig isoliert von der großen, bewegten Welt des Westens, ein wenig barock noch, schläfrig gehorsam der Obrigkeit – dies ungefähr war der Gesamtbegriff, den man sich damals von Deutschland machte und nicht ohne Grund machte. Aber wie es mit solchen Vorstellungen von einer Nation zu gehen pflegt: sie sind richtig und sind es auch nicht, werden der Bewegung, der heimlich verändernden, zerstörenden, schaffenden Zeit nicht gerecht. Von dem System idyllischer Kleinstaaten, kleiner Residenzen, kleiner Universitäten, als welches Deutschland vor der Jahrhundertmitte galt, war es damals schon längst unterwegs zu etwas ganz anderem.

Von einem im Wachsen begriffenen reizbaren Nationalstolz, der entschieden sich auf die ganze Nation, nicht auf den Staat bezog, wußten französische Beobachter zu berichten. Auch dafür, daß Deutschland nicht mehr das harmlose Land der Metaphysik und der Musik war, als welches es in Frankreich in der Napoleonzeit galt, oder doch es nicht mehr lange bleiben werde, fehlte es nicht an Zeichen. Ein preußischer Diplomat notierte vor 1848 in seinem Tagebuch: »In der Hauptstadt merkt man das noch nicht so, aber in den Handels- und Provinzstädten wächst ein Geschlecht heran, das, alle idealen Bestrebungen vergessend oder gar ihnen feindlich, dreist und roh auf das rohe Wirkliche hinstürmt und bald nichts wird gelten lassen, als was die äußeren Bedürfnisse und Genüsse betrifft.« Ein reizbarer Rechtssinn, Freude am Streit und am Protest gegen patriarchalisch-lastende Autorität brachen aus, wo immer Anlaß und Ventil sich boten. So 1837, als der überwiegend protestantische preußische Staat in seiner neu erworbenen Rheinprovinz in Konflikt mit der katholischen Kirche geriet. Merkwürdig war hier nicht so sehr der Gegenstand des Streites wie die tiefe Bewegung, die er in der öffentlichen Meinung Gesamtdeutschlands verursachte. Hier war etwas, worüber man öffentlich reden und schreiben durfte, ein Ersatz für unmittelbar politisches Treiben, das es nicht gab; und es zeigte sich eine Bereitschaft zur Auflehnung, zur aufwühlenden Diskussion, wie der alte König von Preußen sie kaum erwartet hatte, als er den widerspenstigen Erzbischof von Köln in Haft nehmen ließ.

Friedrich Wilhelm III., der letzte Monarch der Napoleonzeit, starb 1840. Ein Monarchenwechsel, eine feierliche Ablösung der Generationen, das mochte im Europa des 19. Jahrhunderts eine mehr als nur symbolische Bedeutung haben. So war noch die Herrschaftsordnung und blieb sie im deutschen Sprachgebiet bis ins 20. Jahrhundert, daß dem individuellen Träger der Krone eine wichtige, manchmal entscheidende Rolle zugemutet war.

Das Bewußtsein gab es, daß mit dem alten König auch die gute alte Zeit entschwunden und daß sie längst nicht mehr gut gewesen sei. Der patriarchalische Obrigkeitsstaat, rechtlich zwar und »aufgeklärt«, aber absolut, nicht durch das Volk, sondern über dem Volk – der neue Monarch würde es sehr schwer haben, ihn aufrechtzuerhalten. »Auf allen Seiten war man einig, daß das alte System überlebt und bankrott sei und aufgegeben werden müsse, und was man unter dem alten König schweigend ertragen, wurde nun laut für unerträglich erklärt... In dilettantischer Weise hatte er (Friedrich Wilhelm IV.) sich mit den Elementen der meisten Wissenschaften bekannt gemacht und hielt sich daher für kenntnisreich genug, sein Urteil in jeder Sache für entscheidend anzusehen. Er war überzeugt, er sei ein Redner ersten Ranges, und es gab sicher keinen Handlungsreisenden in Berlin, der ihn an Fülle vermeintlichen Witzes und an Geläufigkeit im Sprechen übertreffen konnte... Kaum war das Mundwerk des neuen Königs durch den Tod seines Vaters entfesselt, da machte er sich auch schon daran, seine Intentionen in Reden ohne Zahl zu verkündigen...« So beschrieb Karl Marx – richtiger Friedrich Engels – die Lage für eine New Yorker Zeitung. Es ist mit Marxscher Bosheit gesehen. Aber Marxsche Bosheit traf manchmal den Kern der Sache.

Friedrich Wilhelm IV. war ein über Durchschnitt begabter Erbmonarch; wohlmeinend, geistreich, gebildet, liebebedürftig und schönheitsbegeistert. Aber ohne Kraft zu konsequentem Handeln; hochmütig und treulos; in Krisenzeiten verlor er völlig den Kopf. Zum Schluß wurde er geisteskrank, ein Leiden, von dem man treffend sagt, daß es »ausbricht«; was in uns ausbricht, hat immer in uns gelegen. Den Ehrgeiz hatte er, etwas Großes mit Preußen und Deutschland zu tun, und er war feinfühlig genug, um zu ahnen, daß über kurz oder lang etwas würde getan werden müssen. Aber er dachte an der Wirklichkeit der vierziger Jahre vorbei, die ihm mißfiel; seine romantischen Träume trafen sich nicht mit den nüchternen Forderungen des Bürgertums. »Die schnöde Judenclique«, schrieb er an einen Freund, »legt täglich durch Wort, Schrift und Bild die Axt an die Wurzeln des deutschen Wesens; sie will nicht (wie ich) Veredelung und freies Übereinanderstellen der Stände, die allein ein deutsches Volk bilden, sie will: Zusammensudeln aller Stände...« Da lag es. Die Begriffe Friedrich Wilhelms waren die eines stark idealisierten Mittelalters: fröhliche, dienende Bauern, biedere Bürger, frommer Klerus, treuer Adel, im Kreise seiner Vasallen der König, der auch wohl noch als »Reichserzfeldherr« dem Kaiser in wiedererstandener Reichsherrlichkeit Gehorsam schulden sollte. Zu den nüchternen Forderungen einer bürgerlichen Klassengesellschaft paßte dies schöne Bild nicht. Es hat dann auch die Regierung Friedrich Wilhelms IV. trotz der Hoffnungen des Anfangs und der schweren Wirren der mittleren Jahre fast nichts zuwege gebracht; als sie 1858 in bitterem Jammer endete, waren die preußischen Bürger ebenso froh, wie sie 1840 über ihren Beginn gewesen waren.

Einstweilen begann sie gut. Eine Amnestie entließ die politischen Strafgefangenen, die Zeitungen, die Provinzial-Landtage genossen größere Freiheit, der katholischen Kirche wurden beschwichtigende Konzessionen gemacht – zum erstenmal seit 1815 schien Preußen einen von Metternich und dem Zaren unabhängigen Kurs zu steuern. Aber dann blieb alles stecken. Der König temporisierte, bankettierte, redete, er entschloß sich nicht; im

Feld der Verfassung wollte er die Dinge lassen, wie sie waren, während sie anderswo nicht so blieben. Es waren Jahre des Bauens, die vierziger Jahre, des Eisenbahnbaues vor allem, Jahre der industriellen und finanziellen Gründungen; Jahre auch des scharfen, kritischen Denkens. 1843 wurde in Köln die »Rheinische Zeitung« eines Doktor Marx »wegen Zügellosigkeit des Ausdrucks und der Gesinnung« verboten. Im Jahr darauf kam es in Schlesien zu einem verzweifelten Aufstand der armen Leineweber, die die Häuser der Fabrikanten verwüsteten und die Maschinen zerstörten. Untersuchungen deckten die entsetzlichen Bedingungen auf, unter denen sie lebten.

Erst 1847 entschloß sich Friedrich Wilhelm zu einem Schritt in der seit seinem Regierungsantritt schwelenden Verfassungsfrage. Er berief Vertreter der Nation zusammen. Allerdings war es nicht die Art von Volksvertretung, von der die öffentliche Meinung sich jetzt das Heil versprach, die direkt gewählte; in Berlin trafen sich nur die Mitglieder der schon existierenden Ständeversammlungen der preußischen Provinzen, Vertreter des Adels, der Städte, der Bauern. Dieser »Vereinigte Landtag« erregte den nach Neuerungen lüsternen Zeitgeist, ohne ihn zu befriedigen, zumal seine Rechte und Verantwortlichkeiten unklarer Art waren. Er gefiel auch sich selber nicht. Eben dadurch bewiesen die Deputierten, daß sie, obgleich auf barocke Weise gewählt, doch die öffentliche Meinung recht wohl vertraten. Die Mehrheit präzisierte die klassischen Forderungen des Liberalismus: sie seien noch gar nicht die Reichsstände, die der verstorbene König versprochen; solange ihre Rechte, vor allem das der periodischen Einberufung, der Steuer- und Anleihebewilligung, nicht klar umschrieben seien, könnten sie keine Verantwortung oder Halbverantwortung übernehmen. Die entscheidende Abstimmung war die über die sogenannte »Ostbahn«, die Bahnlinie Berlin–Königsberg, welche die Regierung selber zu bauen wünschte, weil sich für das unrentable Unternehmen keine private Gesellschaft bereit fand. Dazu war eine Anleihe notwendig. Die Versammlung verweigerte sie, sogar eine Mehrheit der Abgeordneten aus Ostpreußen, die so das Prinzip höher als das materielle Interesse ihrer Provinz setzte. Etwas später wurde der Landtag durch allerhöchsten Bescheid ungnädig nach Hause geschickt. Er hatte manches diskutiert, manches vorbereitet; die bloße Tatsache, daß seine Verhandlungen unzensuriert in der Presse wiedergegeben werden durften, beschleunigte das Tempo der öffentlichen Meinung. Gelöst hatte er nichts; die Prophezeiung Guizots, der preußische Vereinigte Landtag werde die »Welt verändern«, blieb unerfüllt.

Im selben Jahr 1847 geschah manches, was auf ein nahes Ende der Metternich-Zeit hindeutete und auch von klugen Beobachtern so verstanden wurde. Die repräsentativsten Träger der alten Ordnung freilich, der Staatskanzler in Wien, der König der Franzosen, verstanden es nicht.

Wie in Frankreich und Deutschland, in Italien und Spanien, so stand auch in der kleinen Republik der Schweizerischen Eidgenossenschaft der erhaltende Geist gegen den bewegenden, modernisierenden, liberalisierenden. Das Land, in der Mitte Westeuropas gelegen, im Osten und Süden von dem Habsburg-Imperium umklammert, bedeutete für die Großmächte mehr, als die Zahl seiner Menschen oder Quadratmeilen hätte erraten lassen. Eine Zivilisation, so entwickelt, reich und schöpferisch wie irgendeine auf der Welt, in den drei verbreitetsten Sprachen des Kontinents sich ausdrückend, frei vom Zugriff der großen Monarchien – längst war die helvetische Freiheitsinsel nicht nur an sich selbst ein ausstrahlendes Zentrum bewegender Energien gewesen, sondern hatte sie auch politischen Flüchtlingen aus Italien, Deutschland, Österreich ein Asyl gewährt. Berüchtigte Verbannte, der Italiener Mazzini, der Franzose Louis Napoleon Bonaparte, tummelten sich auf Schweizer Boden. Diese Abnormität hatte Metternich, bei der gemäßigten Rechtlichkeit, die seiner Politik eigen war, nicht verhindern können; ein hochzivilisiertes Staatswesen, dessen Neutralität die fünf europäischen Großmächte garantiert hatten, mit Gewalt zu zwingen, war ein verfängliches Unternehmen. Übrigens fehlte es auch der konservativen Sache in Helvetien nicht an Freunden. Das Gesamtgemeinwesen war ein lose föderiertes, ein Bund von Staaten eher denn ein Staat, und obgleich auch in der Schweiz das katholische und demokratische Element einander gelegentlich durchdringen mochten, so waren doch die katholischen Kantone der Innerschweiz die weniger dynamischen, auf die Erhaltung ihrer historischen Rechte und Sonderheiten bedachten. Einer von ihnen, Luzern, erlaubte dem streitbaren Jesuitenorden, sich in seinen Grenzen niederzulassen. Dagegen stand protestantisch-radikaler Geist, wie er etwa in dem Beschluß des Kantons Aargau zur Unterdrückung sämtlicher Klöster zum Ausdruck kam; stand die triumphierende Demokratie der volkreichsten Kantone, Zürich, Bern, Genf. Beide Lager organisierten sich. Die demokratischen Kantone schlossen sich 1832 zu einem »Siebener Konkordat« zusammen, forderten zwei Jahre später (in den »Badener Artikeln«) den über den Konfessionen stehenden laizistischen Staat, volle Religionsfreiheit überall, die Erziehung der Jugend durch den Staat anstatt durch die Kirche. Da der liberale, radikale Geist entschieden in der Offensive war, sich ausbreitete, einen Kanton nach dem andern gewann und eine Reform des Bundes erstrebte, so gründeten die sieben katholischen Kantone 1845 einen Sonderbund »zur Wahrung ihrer Souveränitäts- und Territorialrechte«. Ein solcher Bund innerhalb des Bundes war an sich vertragswidrig, verteidigte wohl aber das, worauf die alte Verfassung beruhte, die Rechte der Einzelstaaten, und tat es, indem er sich von Frankreich und Österreich, Guizot und Metternich, heimlich Waffen schenken ließ. Zwei Jahre lang lebten die Schweizer in gefährlicher Nähe des Bürgerkrieges, der ein politischer und zugleich konfessioneller sein würde. Historisches Recht stand gegen neues, das werden wollte; der Anspruch des Nationalstaates, in dem die Mehrheit der Minderheit befehlen konnte, gegen die alte Ordnung eines aus vielen Ganzen. Und wie es in der Welt schon gegangen war und fürder noch gehen sollte: der Streit der Schweizer wurde als repräsentativ aufgefaßt für den großen Streit überall. Wer in Europa sich zu den Liberalen, den Demokraten, den Sozialisten rechnete, dessen gute Wünsche galten dem schweizerischen Revisionismus; Metternich und Guizot hätten sehr gern zugunsten des Sonderbundes interveniert. Aber das Einvernehmen zwischen beiden Flankenmächten war dünn, beide hatten sie schwere Sorgen zu Hause; Lord Palmerston, der den Sieg des Schweizer Liberalismus wünschte, hielt sie mit Vorschlägen zu einer demnächst abzuhaltenden Konferenz über die Schweizer Angelegenheiten hin, so lange, bis die Schweizer Bundesversammlung (Tagsatzung) die Auflösung des Sonderbundes befahl und bis sie, ein halbes Jahr später (November 1847), die Sezessionisten durch überlegene Waffengewalt auseinandertreiben ließ. Der Weg war frei für die »Suisse une et indivisible«, wie Metternich das Ziel der Liberalen bitter charakterisierte. Im folgenden Jahr gingen die Schweizer im Ernst daran, ihren Staat zu reformieren, jetzt erst recht von ihren mächtigeren Nachbarn ungestört. Die neue Bundesverfassung war stark von der amerikanischen inspiriert: die Verbindung von nationaler und kantonaler Staatlichkeit; die Bundesstadt (Bern); der Ständerat, welcher die Kantone, das nach dem allgemeinen und gleichen Wahlrecht gewählte Repräsentantenhaus (Nationalrat), welches das Gesamtvolk vertrat; die von der Bundesversammlung (der Vereinigung beider Kammern) gewählte Exekutive (Bundesrat). Wenn diese in der Folgezeit nicht zu einer von wechselnden Majoritäten abhängigen, von einer regelrechten Opposition bekämpften Regierung wurde, weder im westeuropäischen noch im amerikanischen Sinn, vielmehr sich zu einem obersten Gremium von praktisch auf Lebensdauer gewählten Honoratioren entwickelte (das eines patriarchalisch-autoritären Charakters nicht ganz entbehrte), so lag das nicht im Denken und Wollen von 1848; hier setzten sich historische Kräfte und Eigenarten des Landes auf die Dauer wieder durch, die den Autoren der Verfassung im Moment kaum bewußt waren.

Die Errichtung des neuen Schweizer Bundesstaates konnte während der Stürme von 1848 die europäische Aufmerksamkeit kaum noch erregen. Das Negative, was ihr vorhergegangen war, die Niederlage des Sonderbundes, wurde sehr wohl bemerkt. »Ich sehe die calvinistische Republik in der Schweiz triumphieren. Und diese Republik steigt schon den Alpen herunter, sie bedrängt euch, sie überflutet euch, morgen werdet ihr sie haben...«, so warnte der französische Konservative Montalembert im Jahre 1848. Die Schweiz als ein Herd innerer Unruhen, als ein Zentrum des Radikalismus, vor dem Europas Konservative sich fürchteten – in der Mitte des 20. Jahrhunderts bedarf es einiger Phantasie, um sich das vorzustellen. Damals war die Schweiz ein kleines Amerika inmitten Europas; wie denn die Konstellation des Sonderbundskrieges mit der des Bürgerkrieges von 1861 durchaus zu vergleichen ist. Die beiden Gemeinwesen der westlichen Welt, die um die Mitte des 20. Jahrhunderts bei weitem die konservativsten sind, waren vor Mitte des 19. die radikalsten. Dialektik, wenn man will; keinesfalls sinnloser Zufall. Denn eben weil sie früh sich modern machten, früh aufräumten mit den Resten historischer, ständischer, konfessioneller Differenzierungen, die hier ohnehin schwächer waren als irgendwo sonst, haben beide Gemeinwesen dann einen so starken Erhaltungssinn entwickelt, das Erreichte, Demokratie und Kapitalismus, schien ihnen gut genug.

Wie in der freien Schweiz, so verdichteten sich auch im unfreien Italien die Dinge während der vierziger Jahre zur Krise; sie waren krisenhaft immer seit 1830. Und lagen viel unglücklicher dort.

Von Lombardo-Venetien berichtete der Korrespondent der Londoner Times, das Land sei unter der österreichischen Verwaltung so reich, wie es in einem freien Italien nie sein könnte, aber dieser Erfolg komme der österreichischen Stellung nicht zugute; denn je wohlhabender sie seien, desto stärker verlangten Adel und Bürgertum nach der verbotenen Frucht der Politik, anstatt »nur wie Schafe zu grasen und fett zu werden auf der grünen Weide des Vaterlandes«. Die Bevölkerung der Städte sei eins in ihrem Wunsch nach Befreiung von der fremden, überall gegenwärtigen deutschen Polizeiherrschaft. Daß Italien nach einer anderen Form seiner politischen Existenz strebte und streben mußte, war so am deutlichsten in Mailand und in Venedig; aber die Sehnsucht nach großartiger Veränderung wühlte überall, genährt von den universalen, abgewandelt von den regionalen und persönlichen Einflüssen und Bedingungen.

Die Nation war schöpferisch damals, im Reiche der Kunst, der Musik, der Literatur, wie sie es seit drei Jahrhunderten nicht gewesen, und eben daß sie es war, verstärkte das Gefühl nationaler Identität, auch wenn das künstlerische Werk, die Musik Rossinis und Verdis, der Roman Alexander Manzonis, mit der Politik nur sehr mittelbar zu tun hatte. Oft auch, in den Romanen D'Azeglios, in der Lyrik Gabriele Rossettis, in den Erinnerungen – »Meine Gefängnisse« – Silvio Pellicos war der Zusammenhang ein direkter. In keinem Fall hatte das offizielle, österreichische, fürstliche Italien etwas mit dem »Risorgimento« zu tun. Die Nation betrieb ihre höchsten Anliegen trotz der politischen Formen, unter denen sie existierte, ohne die politische Macht, gegen die politische Macht. Eben daher der Gedanke: daß es so, wie es war, nicht bleiben sollte, daß politisches und ideelles Reich in Entsprechung zueinander gebracht werden müßten.

Zu welchem Ziel, auf welche Weise? Es bestand keine Einmütigkeit über diese Frage, es gab überhaupt keine denkbare Lösung, die nicht von der einen oder anderen Gruppe gedacht oder propagiert worden wäre. Ein geeintes Italien, une et indivisible, als Republik; ein geeintes Italien als Monarchie; föderierte italienische Republiken; eine Föderation von Monarchien unter dem Präsidium des Papstes – jede dieser Lesarten hatte ihre Anhänger; die vom monarchisch geeinten Italien unter dem Haus Savoyen die wenigsten. Daß die Österreicher fort müßten, war die einzige Forderung, der kein Patriot widersprach.

Giuseppe Mazzini, der aktivste Prophet der einen Republik, war ein frommer, einsträngig denkender, von Zweifeln an der eigenen Sache nicht angekränkelter Mensch. Ihm stimmte alles zusammen: die Güte Gottes, des Menschen, der Nationen; die Mission Italiens, eins zu werden, dann groß und führend; die Verbindung im edlen Wettbewerb aller europäischen Völker, wenn sie erst frei wären von fremden und heimischen Tyrannen; Europas herrschende Stellung auf Erden; Denken und Handeln. Im Norden und Süden der Halbinsel übel vorbereitete Aufstände schürend; von einem Verbannungsort zum anderen getrieben; Gründer weitverzweigter Organisationen, das »Junge Italien«, das »Junge Europa«; immer scheiternd, nie gebrochen, der kämpferische Humanist, der Don Quichotte der Revolution; schließlich überholt von der Wirklichkeit, die seine Ideale erfüllte und doch nicht erfüllte – so erreichte Mazzini immerhin dies, daß er das Land in Unruhe hielt; und mehr konnte ein Philosoph seines Schlages nicht erreichen. Die dreißiger Jahre waren die Epoche seiner stärksten Wirksamkeit; in den vierzigern begannen die Leute sich von ihm abzukehren, weil sie ihm zu Recht oder Unrecht schuld an wiederholten und erfolglosen Aufständen und den ihnen folgenden blutigen Strafgerichten gaben. Damals machte ein früherer Hauskaplan des Königs von Sardinien, Vincenzo Gioberti, die Idee eines Staatenbundes unter dem Präsidium des Papstes populär. Mit einer Anspielung auf das 13. Jahrhundert nannte man diese Hoffnung den Neoguelfismus. Im Mittelalter hatte Italien seinen rechtmäßigen Platz an der Spitze von Europa eingenommen, und seine Größe war auch die Größe des Papsttums gewesen. Mußte das patriotische Italien sich an den Säkularismus der Französischen Revolution halten? Wäre es nicht besser, wenn es seinen eigenen frommen Weg ginge, denselben, den jetzt ohnehin in Frankreich, Deutschland, England so viele gingen, fort von Voltaire und flachem Aufklärertum, zurück zu einem Glauben, der zugleich fromm und fortschrittlich, volkstümlich und katholisch war ...? Die Ansicht Giobertis bot unter anderem den Vorteil, daß sie Erfüllung ohne böse äußere und innere Wirren versprach. Der römische Papst war eine Gestalt, der auch die protestantische Welt, der selbst Zar Nikolaus von Rußland Ehrfurcht nicht versagte, deren Willensmeinungen die alten Mächte nicht den Widerstand leisten würden, zu dem Mazzinis Staatsstreiche sie provozierte.

Das Konklave des Juni 1846, das den Bischof von Imola, Kardinal Mastai-Ferretti, auf den päpstlichen Thron erhob, bestärkte die Hoffnungen der Neoguelfen. Pius IX. war ein feingebildeter römischer Aristokrat, ein gütiger Mann und ein Bewunderer Giobertis. Er begann sein Pontifikat mit einer Amnestierung aller wegen politischer Vergehen Verurteilter; der Jubel der hunderttausend Römer, die an diesem Tag sich vor dem Quirinal versammelten und »Pius IX., König von Italien« hoch leben ließen, regte seinen guten Willen zu tiefergreifenden Reformen an. Der englische Historiker Lord Acton, der in seinen Vorlesungen über die Französische Revolution die Freudenstimmung während des feierlichen Einzuges der Generalstände beschrieb, erzählte in diesem Zusammenhang: »Nahe Verwandte von mir waren 1846 in Rom, als alle Welt erregt war über die Reformen des neuen Papstes, damals des populärsten Fürsten in Europa. Sie fragten eine italienische Dame, die mit ihnen war, warum alle diese Demonstrationen sie nur trauriger stimmten. Sie antwortete: ›Weil ich 1789 in Versailles war.‹« Die erfahrene Kassandra traute dem Festrausch nicht und sollte recht behalten. Zwar so tragisch wie die Regierung Ludwigs XVI. ging die Pius' IX. nicht aus. Aber der wohlmeinende Priestermonarch besaß den geistigen Charakter nicht, der zur Führung Italiens in den Wirren des späteren 19. Jahrhunderts notwendig gewesen wäre. Übrigens blieb die Frage offen, ob das Oberhaupt der römischen Kirche, selbst bei stärkeren Gaben des Geistes und Charakters, zu einer solchen Aufgabe berufen sein konnte und ob nicht Metternich wahr urteilte, wenn er einen liberalen Papst für etwas Unmögliches erklärte ... Die lange Regierung Pius' IX. sollte an wunderlichen Wechseln von Glück und Gefahr vorbeiführen, durch bittere Enttäuschungen für ihn selbst und für seine frühen Anhänger, sehr weit fort vom Liberalismus.

Jetzt, für den Augenblick, bot er der staunenden Welt das Bild eines Führers der Nation; dergestalt, daß Mazzini ihn mit feierlicher Hoffnung als Bundesgenossen anredete und ein anderer erprobter Revolutionär, Giuseppe Garibaldi, ihm von Montevideo aus sagen ließ, sein Schwert stehe zu des Papstes Verfügung. Die Pressefreiheit wurde im Kirchenstaat gewährt, und Hunderte von Zeitungen und Zeitschriften begannen das an solchen Segen nicht gewohnte Gemeinwesen zu informieren. Ein Kreis von Laien-Honoratioren sollte fürderhin die Regierung beraten, eine Bürgergarde sie beschützen – Konzessionen an den Zeitgeist, die mit der Existenz des Priesterstaates eben noch oder – wie Metternich glaubte – schon nicht mehr zu vereinen waren. Die Bewegung teilte sich dem benachbarten Toskana, dem Königreich Sardinien-Savoyen, mit; König Karl Albert, ein erbitterter Feind Österreichs, und Großherzog Leopold, der sich schmeichelte, der liberalste Fürst Italiens zu sein, wollten auf dem vom Papst gewiesenen Wege nicht zurückbleiben. Die drei Staaten schlossen sich zu einer Zollunion zusammen. Also etwas wie ein liberaler Block in Italien: Sardinien,

Toskana, Rom gegen Österreich und gegen die unbeirrbar trotzigen Satelliten Österreichs, Neapel, Modena, Parma.

Alles das bedeutete ein In-Bewegung-Geraten der Dinge, die nach dem Willen der österreichischen Zentralmacht unbewegt bleiben sollten; das gleiche, was zur gleichen Zeit das Wirken des Vereinigten Landtags in Berlin bedeutete.

Die vielsprachige Habsburger Monarchie selber lag nicht außerhalb Europas und konnte den Wind fordernder Unruhe, der durch Europa ging, nicht zwingen, an ihren Grenzen haltzumachen, trotz Polizei und Zensur; in ihren deutschsprachigen Gebieten, dann in Ungarn, Böhmen, Galizien so wenig wie in Norditalien. »Magyarismus«, »Illyrismus«, »Tschechismus«, »Slawismus«, »Polonismus« – dieselbe Tendenz wühlte in all diesen neuen, nationalen Programmen; und wühlte gegen das gesamtösterreichische Staatswesen wie auch gegen sich selber, weil die Träume der habsburgischen Völker, so wie sie waren, sich untereinander nicht versöhnen ließen.

Ungarn existierte unter seiner feudal-repräsentativen Konstitution, die einerseits den Magnaten, den großen Grundbesitzern, andererseits dem Kleinadel und einigen Delegierten des Königreiches Kroatien eine altmodische Art von Vertretung gab. Die Magyaren waren uneins in dem, was sie wollten: kulturelle Wiedergeburt, einen Verfassungsstaat im westlichen Sinn, aber im Rahmen der österreichischen Monarchie; radikale Demokratie und Trennung von Habsburg. Einig waren sie im Nationalismus, dem Willen, die Länder der Stephanskrone, in denen sie selber eine Minderheit waren, zu magyarisieren und den Nebenvölkern, Kroaten, Rumänen, Slowaken, Deutschen, die Rechte ganz zu nehmen, deren Erfüllung sie für sich selber forderten. Das Lateinische wich dem Magyarischen als Verhandlungssprache im Reichstag; den Kroaten wurde auferlegt, Magyarisch zu lernen oder des Rechtes, ein staatliches Amt zu bekleiden, verlustig zu gehen. Es begann damit ein Streit, der so lange dauern sollte wie die Habsburger Monarchie, der nicht einmal mit ihr endete und der von trostloser Dummheit und Dürftigkeit war: der Sprachenstreit. Des Menschen menschlichste Gabe, die Sprache, wurde zum Trennenden, boshaft Konkurrierenden.

Dem magyarischen Nationalismus antwortete der südslawische oder »illyrische«; das Bestreben, aus verschiedenen südslawischen Dialekten eine Schriftsprache zu schaffen (Ludewit Gaj); auch schon der Traum eines Königreiches der Kroaten und Slowenen, vielleicht mit Einbeziehung der Serben und Bulgaren.

In Böhmen meldeten sich Professoren, Schriftsteller, auch aristokratische Politiker zu Wort und entdeckten aufs neue die slawische Nation der Tschechen. Soweit die Bestrebung eine antiquarisch-kulturelle war, hatte der Staatskanzler Metternich nichts gegen sie, weder im Fall der Tschechen noch anderswo. Es lag aber im Wesen des europäischen Nationalismus, so wie die Slawen ihn von den Deutschen übernommen hatten und ihn nun gegen die Deutschen kehrten, wie die Magyaren ihn gegen die Slawen, daß er *nur* kulturell nicht bleiben konnte und sollte, sondern nach politischer Erfüllung trachtete; daß nur zu oft der Nachweis alter Kulturherrlichkeit im Dienste politischen Ehrgeizes stand, wobei es dann auch nicht ganz ohne Fälschungen abging; daß, während doch Kultur das Schöpferische, nur Positive ist, hier das Negative, die Antipathie, die Konkurrenz, der Neid ein konstituierendes Element waren. Die tschechischen Patrioten erstrebten etwas wie die staatsrechtliche Erneuerung des alten böhmischen Königreiches. Es sollte aber sein, was das alte Böhmen nicht gewesen war, ein tschechischer Nationalstaat, in dem die Deutschen eine Minderheit wären; zuerst die kulturelle Gleichberechtigung mit den Deutschen, dann Prädominanz. Obgleich eng verwandt mit dem in Rußland zentrierenden gesamtslawischen Nationalismus, Panslawismus, und kaum möglich ohne ihn, hatte der »Tschechismus« in den vierziger Jahren einen nur tschechischen, sogar einen entschieden österreichfreundlichen Charakter, wie wir noch sehen werden. Österreichfreundlich, aber nicht deutschfreundlich. Die Idee war, die Habsburger Monarchie zu einem überwiegend slawischen Bundesstaat zu machen. Der Dynastie Habsburg, die deutsch war, dann italienisch, lothringisch, spanisch, nur nicht slawisch, war diese Idee fremd; fremd dem historischen Stil der Donaumonarchie. Selbst Metternich, nichts weniger als ein deutscher Nationalist, hielt doch fest am deutschen Charakter des Gesamtstaates; deutsch in der Form, deutsch nach außen hin. – Übrigens ging es in Böhmen zu wie in Ungarn und wie im deutschsprachigen Niederösterreich: die Stände oder Landtage verlangten Rechte, welche die Vertreter des Monarchen ihnen zu verweigern hatten: Mitwirkung an der Gesetzgebung, Steuerbewilligungsrecht, Kontrolle des Budgets, Öffentlichkeit der Verhandlungen und so fort – die Forderungen des Konstitutionalismus.

Das kleine, künstlich ausgeschnittene und umhegte Stück Land, welches der Wiener Kongreß 1815 dem polnischen Patriotismus eingeräumt hatte, die Republik Krakau, wurde 1846 dem österreichischen Staatswesen einverleibt. Metternich, der an nichts so sehr glauben wollte als an die Heiligkeit der Verträge von 1815, verfügte das ungern, aber das unruhige Treiben der Polen ließ keine Wahl, und hätte er Krakau nicht genommen, so hätte es der Zar getan. Das klassische Volk des Unglücks, das polnische, konnte nicht ruhig bleiben, wenn selbst die glücklichsten Völker sich in Unruhe gefielen. Von Krakau spülte der polnische Nationalismus hinüber in die österreichische Provinz Galizien, wo der Konflikt ein zugleich nationaler und sozialer war: ukrainische Bauern gegen die Grundbesitzer polnischer Nationalität. Dort kam es zu fürchterlichen Gewalttaten von arm gegen reich, Exzessen, von denen es hieß, daß der Staat, Österreich sie begünstigte, oder doch sie nicht hinderte, um die polnische Herrenschicht zur Räson zu bringen.

All das und mehr der gleichen Art, dessen wir noch Erwähnung tun müßten, wenn Vollständigkeit in unserer Aufgabe läge, all das ließ eine große innereuropäische Explosion erwarten. Sie wurde auch erwartet. Sie wurde von vielen vorausgesagt, von Konservativen und von Neuerungssüchtigen, von tätig Anteilnehmenden und von kühlen Zuschauern. Die Revolution von 1789 hat eigentlich niemand vorausgesehen, sie kam von selber, machte sich selber. Die Revolution von 1848 wurde gemacht, sie kam, *weil* sie vorausgesehen wurde. Zu fragen ist hier nicht so sehr, warum sie kam, das ist deutlich, sondern warum sie so wenig ausrichtete, so wenig löste; warum die Aufgaben, die sie zu lösen versprach, nicht damals auf einmal, sondern während der nächsten zwei und der nächsten sieben Jahrzehnte gelöst wurden und letzten Endes auch dann nicht und bis zum heutigen Tag ungelöst sind.

Louis Philippe mit seinen Ministern, 1842
Aus dem Gemälde von Claude Jacquand. Versailles, Museum

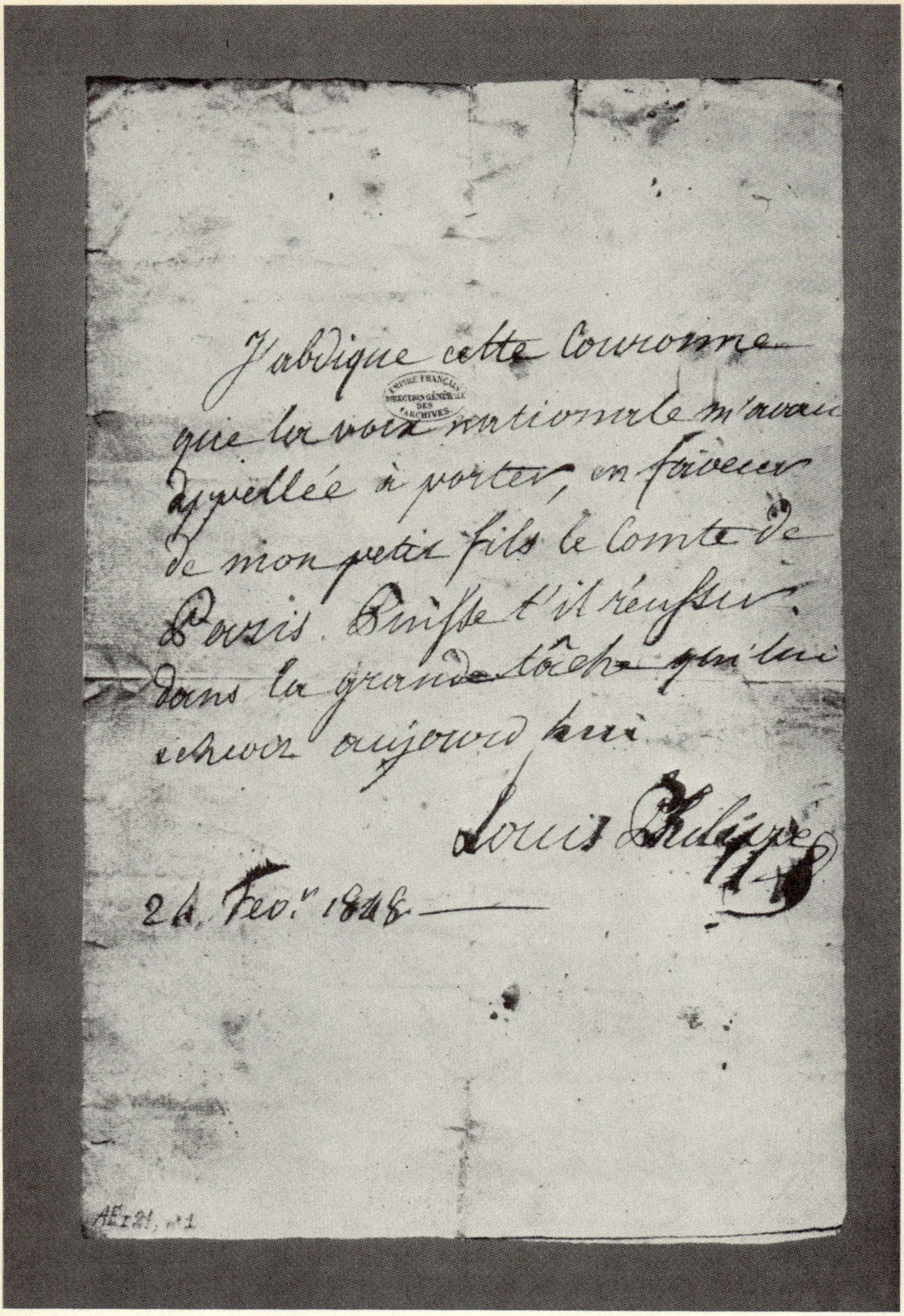

J'abdique cette Couronne que la voix nationale m'avait appellée à porter, en faveur de mon petit fils le Comte de Paris. Puisse t'il réussir dans la grande tâche qui lui échoit aujourd'hui

Louis Philippe

24 Fev.r 1848

Achtzehnhundertachtundvierzig

König Louis Philippe war gegen Erweiterung des Stimmrechts vor allem darum, weil er Demokratie in Frankreich mit Krieg gleichsetzte; der erfahrene alte Mann wollte Frieden beinahe, wie er gestand, um jeden Preis. Er machte sich taub gegen die stärker und stärker werdende Forderung nach einer Wahlrechtsreform, in der die Pariser Linke den Agitationsstoff gefunden hatte, den sie brauchte. Er hielt nichts von der Macht, die hier agitierte, der Drohung, die hier gegen sein System unter seinen Augen sich aufbaute. »Meinen Sie?« fragte er den General Sebastiani, der ihn vor revolutionärer Unruhe warnte, »Sie werden sehr alt, Marschall, es geht offenbar mit Ihnen bergab.«

Die drei Pariser Spätwintertage des Jahres 1848, der 22., 23. und 24. Februar, verliefen ähnlich wie die drei berühmten Julitage des Jahres 1830. Es gab Unterschiede: Louis Philippe hatte nicht blind provoziert wie Karl X., er hatte nur verweigert; das »Volk« wurde nun die »Arbeiterschaft« genannt und fühlte sich von dem oppositionellen Bürgertum stärker unterschieden als 1830; die Erwartung der »jüngeren Linie« der Orléans konnte nun nicht mehr rettend ins Feld geführt werden. (Daß es in der Tat eine noch jüngere Linie gab, zeigte sich einige Monate später; im Februar dachte niemand daran.) Aber das plötzliche Aufwallen der städtischen Massen, das Barrikadenbauen und einander durch Schlachtrufe von vager Bedeutung zum Kampfe Ermuntern; der Starrsinn, das unbegründete Sicherheitsgefühl der alten Autorität zuerst, das verspätete Erkennen der Gefahr, die populären Ernennungen, hastig zugestanden, die nun nichts mehr helfen konnten, der Verzicht auf lange vorbereiteten militärischen Widerstand, das dennoch statthabende ungewollte, jedenfalls von der alten Autorität ungewollte Blutvergießen, die Panik im Palast vor dem wachsenden Geheul und Gefuchtel der Straße, endlich die Abdikation – so war es 1830 gewesen, so nun 1848. Den 24. Februar stand Louis Philippe am Schreibtisch, noch immer umgeben von den Marschällen Napoleons – Soult, Gerard, Sebastiani – sehr alten Leuten jetzt und selber sehr alt, Louis Philippe, der mit Danton gesprochen hatte, der Sohn Egalités, der Bürger-General von 1792, und unterschrieb seine Abdankung. Dann floh der letzte König von Frankreich, der schon kein rechter mehr gewesen war. Man hielt zwölf Staatskarossen bereit, um ihn und die Seinen fortzubringen, aber sie konnten nicht durchkommen. Auf der Place de la Concorde, inmitten einer höhnenden Menge, die im Augenblick zu wilden Taten schreiten konnte, bestieg er einen Fiaker, er, die Königin und die Witwe des Kronprinzen. Die Tür wurde von außen geschlossen, und er dankte. »Nichts zu danken«, sagte der höfliche Mann draußen. »Auf diesen Moment habe ich seit siebzehn Jahren gewartet.« Und Louis Philippe, als der Wagen durch die öden Vorstädte rollte: »Schlimmer als Karl X.; tausendmal schlimmer als Karl X.!« – Schlimmer vielleicht; jedenfalls endgültiger.

Welche revolutionären Energien, welch rasende Volkswut damals in Paris aufgespeichert war, zeigten die nächsten Stunden und Tage. Alte Leute, welche die erste Revolution gesehen hatten, hatten doch dergleichen noch nicht gesehen: die Plünderung und Verwüstung der

---

Die Abdankungsurkunde Louis Philippes vom 24. Februar 1848
Paris, Archives Nationales

Königsschlösser, der Tuilerien, des Palais Royal, deren Schätze, Porzellan, Gobelins, Bücher, zerstampft und zerfetzt die Höfe knietief bedeckten; aus den Tuilerien allein wurden fünfundzwanzigtausend Kilo Porzellan- und Kristallscherben ausgekehrt. Daß ein gleiches auch dem Palast des Bankiers Rothschild geschah, stimmte die wohlhabenden Leute nachdenklich. Am Ende war es leichter, einen König zu stürzen, als seine Nachfolge anzutreten.

Am Abend des 24. Februar trat eine »provisorische Regierung« diese Nachfolge an, eine pariserische Bildung, ein Amalgam aus Resten des alten Parlaments mit radikaleren, im Stadthaus zentrierten Kräften. Sie proklamierte die Republik; sie war in sich geteilt, in rechts, links und sehr links; die Bedingungen, unter denen sie am ersten Tage ihres Amtes waltete, versprachen nichts Gutes für die folgenden Tage.

Das war der Anfang der europäischen Revolution. Anstatt nun über die Fülle dieser beiden merkwürdigen Jahre – genauer besehen sind es vom Anfang, dem Sturz Louis Philippes, bis zum Ende, der Kapitulation der aufständischen Ungarn, nur anderthalb – von Tag zu Tag und Ort zu Ort zu erzählen, müssen wir uns mit einer Analyse, einer knappen Anordnung der Ereignisse begnügen. Sie sind vielfältig und wirr. Das erschwert im Rückblick ihre Darstellung; es hat sie selber erschwert, als sie Gegenwart waren, hat den kreißenden Berg mit Unfruchtbarkeit geschlagen. Wenn es je eine europäische Revolution gab, so war es die von 1848; nicht die von 1789, die nur französisch, die von 1917, die nur russisch, überdies die Folge eines militärischen Zusammenbruches war. 1848 gab es keinen militärischen Zusammenbruch, auch keinen Staatsbankrott wie 1789. Das Positive, das schöpferische Ändernwollen übte sich an sich selber, ungehindert von Kriegen und Katastrophen, die ihm fremd gewesen wären. Das Adlerauge des revolutionärsten Theoretikers, den es je gab, Karl Marx, des Apostels, des scharfsinnigen Fetischisten der Revolution, wachte über dem Geschehen. Das war seine Revolution; oder sollte es sein; oder sollte es demnächst werden. Hic Rhodus, hic salta. Aber der Sprung gelang nicht. – Sagen wir: Die Revolution gelang eben darum nicht, weil ihr keine Katastrophe, kein Zusammenbruch der Gesellschaft und Wirtschaft vorausging, so wäre damit gegen den Begriff der Revolution als freier umwälzender Tat etwas Wesentliches ausgesagt; was überhaupt erst wirken kann, wenn etwas anderes schon zerstörend gewirkt hat, besitzt nicht die Autonomie, die man ihm zutraute.

Europa war eine Einheit in dem Sinn, daß die Verjagung eines französischen Königs in Deutschland, Italien, Ungarn, Böhmen die und die Folgen hatte; nicht aber in dem Sinn, daß in einer der europäischen Hauptstädte, sei es selbst in Paris, für die anderen hätte entschieden werden können. Nicht einmal Deutschland war eine solche Einheit. Viele Schicksale, viele Willenszentren, viele Begehren walteten nebeneinander; wollten sie dasselbe, so konnten sie eben darum und darin einander feind sein; so die Dänen und die Deutschen, die Deutschen und die Polen. Hier war nicht ein gordischer Knoten, der sich dem Schwerte revolutionärer Vernunft darbot, sondern viele Knoten, viele Schwerter; und die Knoten waren untereinander verknotet, die Schwerter bedrohten einander, schlugen gegeneinander, Staaten, Nationen, Nationalitäten, Klassen. Auch Marx, der es mit furchtbarem Machtwillen, mit ätzender Feder versuchte, hat in dies Gewühl die erwünschte Einheit oder Zweiheit nicht bringen können. Im Frühling 1848 glaubte man an die Neuordnung des Kontinents zu aller Befriedigung, auf niemandes oder doch nur auf Kosten der alten irrationalen

Mächte. Danach war Enttäuschung, Verwirrung, Ermüdung, war vielerlei neue Feindschaft und Furcht zu alter, die weiter bestand; auf das kurze Zeitalter der Prinzipienritter folgte das längere der Opportunisten.

Was wollte das Europa der »achtundvierziger«? Es wollte die lange erträumte rechte Regierungsform: die Republik, mit oder ohne König, den Staat Immanuel Kants, in dem keine anderen Gesetze sein sollten als die, welchen seine Bürger zugestimmt hätten. »Freiheit« wäre das ungefähre Wort dafür. Wo landfremde Herren saßen, in Norditalien vor allem, auch in Polen, später in Ungarn, war Freiheit von Fremdherrschaft Vorbedingung der inneren, wobei angenommen wurde, daß man die innere gewiß haben würde, wären erst die fremden Tyrannen verjagt. Zur Forderung der Freiheit kam die der Einheit entgegen bestehender Zerstückelung, gleichgültig, ob diese von landfremden Gewalten auferlegt oder eine aus alten Zeiten überkommene war. Einheit bezog sich auf Nationalität; Nationen sollten geeint sein im Freistaat: Freiheit und Einheit. Unter subnationalen Einheiten, den Fürstenstaaten Italiens und Deutschlands, wirkte diese Forderung verbindend; sprengend im übernationalen Imperium der Habsburger (des Zaren, des Sultans). Vorausgesetzt wurde im Frühling 1848, daß beide Prozesse, der des Verbindens wie der des Trennens und Sprengens, sich gerecht vollziehen würden; jede Nation sollte zu dem Ihren kommen. Aber schon im Herbst erfuhr man, daß dies nicht ging und daß man es nicht wollte, selbst wenn es ging; nun wurde so geredet, als ob eine Nation, zum Beispiel die deutsche, recht wohl frei und einig sein könnte auf Kosten von anderen. Hieraus der Kampf der Nationalitäten, damals und später, eine neue, unerwartete Sache in der europäischen Geschichte; genügend, um das Jahr 1848 zum Schicksalsjahr zu machen, an sich selbst genügend, um die Revolution zu verderben.

Zur Spaltung des Kontinents in Nationalitäten, die nun sich ernst zu nehmen begannen wie nie zuvor, kam ein anderer Gegensatz innerhalb jeder Nation: der Gegensatz sozialer Klassen. Er war weniger bewußt als der nationale, war übrigens diesem begrifflich nachgemacht; zu welcher Nation einer gehörte, das konnte, von gewissen Grenzgegenden abgesehen, ein jeder sagen, während, seine Klasse zu bestimmen, mehr Sache der Denker, der Soziologen und Sozialisten war. Die mangelnde Bewußtheit bewies an sich nichts gegen die Wirklichkeit der Sache. Sie war wohl wirklich; wirklicher als der Gegensatz zwischen den Nationen, welcher bei näherem Zusehen doch nur eingebildet und albern war. Es ging um nichts zwischen Tschechen und Deutschen; zwischen Landarbeiter und Baron, zwischen Leineweber und Webereiunternehmer, Bergmann und Bergwerksbesitzer ging es allerdings um etwas. Marx, immer begierig, gedankliche Ordnung zu schaffen, wo in der Wirklichkeit keine war und jene dieser aufzuzwingen, hat dann sogar die Begriffe von Klasse und Nation einander zugeordnet. Durfte man ihm glauben, so gab es revolutionäre Nationen, die Polen, die Magyaren, auch wohl Deutsche und Italiener, und ihnen gegenüber reaktionäre Nationen, die Slawen des Habsburgerreiches, die Skandinavier: Eine Unterscheidung, zu deren Gunsten man allenfalls sagen kann, daß sie geringen Schaden tat.

Reaktionäre Staaten gab es: den russischen, der von der Revolution nicht berührt wurde, eine ungeheure, erst zum Schluß eingesetzte Reserve der alten Ordnung; den österreichischen, dessen gewalttätige Wiederherstellung durch sich selber und die eigenen Kriegsheere unter allen Niederlagen der Revolution die entscheidendste, für das momentane Gesamtschicksal Europas folgenschwerste darstellte.

Deutschland und Italien vermochten sich von dem habsburgischen Imperium nicht zu trennen; was habsburgische Generale, Minister, Abgeordnete, was tschechische, kroatische Bauernrekruten taten, hatte Folgen in Berlin, Mailand und Rom. Deutschland und Österreich grenzten an die russische Machtsphäre von der Ostsee bis zur Donaumündung; obschon die Intervention des Zaren Nikolaus erst im Sommer 1849 erfolgte und regional beschränkt blieb, so war sie doch eine Drohung von Anfang an und wirksam als solche. Dagegen war Frankreich, das im Sinn der Verträge von 1815 der abhängigste, von einer europäischen Polizei überwachte Staat hätte sein sollen, nun es ein »europäisches System«, eine »Heilige Allianz« nicht mehr gab, in Wahrheit autonom. Ihm drohte keine Einmischung von außen, sosehr es seinerseits nach außen wirkte. Es besaß überdies die Einheit längst und zum Überdruß, um welche Italiener und Deutsche rangen. Also war der Verlauf der Revolution hier ein anderer als in Mitteleuropa und ging es hier um andere Spaltungen und Ziele. Marx, der sie in seinen glanzvollsten zeitgeschichtlichen Schriften analysiert hat, ist damals der Wahrheit nähergekommen als sonst, und das ist kein Wunder; denn von französischen Zuständen der vierziger Jahre war seine ganze Lehre im wesentlichen abgezogen, und von dort wurde sie auf Gegenden und Zeiten übertragen, zu denen sie nicht paßte. Vereinfacht hat Marx freilich auch die französischen Dinge seiner Gegenwart; eine so übersichtliche Arena, in der die »Klassen« gegeneinander agiert hätten wie Figuren auf einem gruseligen Kasperletheater, ist auch das Frankreich des Jahres 1848 nicht gewesen.

Eine Periode revolutionärer Einheit, provisorisch, unartikuliert und explosiv, gab es dort bis in den April. Solange wirkte die Stoßkraft der Februartage nach. Alles wollte »links«, ja, alles »Arbeiter« sein; »mein Großvater war Arbeiter, mein Vater war Arbeiter, ich selbst bin Arbeiter, ich bin Arbeiter-Notar« ließ auf seinen Plakaten einer wissen, der in die Nationalversammlung gewählt werden wollte. Die Regierung, von der Hauptstadt kreiert, war durchweg republikanisch, auch wohl sozialistisch; so wenigstens, daß ein gewesener Arbeiter und zwei sozialistische Theoretiker – Louis Blanc, Ledru-Rollin – sie zierten. An ihrer Spitze stand Alphonse de Lamartine, Historiker der Gironde, Poet der Menschheitsverbrüderung, Volkstribun. Er regierte durch Reden, war geliebt kraft seiner Reden, redete zum Guten nach allen Seiten, besprach das Chaos der wimmelnden, gärenden Riesenstadt von Treppen und Balkons, in Schweiß gebadet, beschwörend; unter Aufgebot seiner letzten Kräfte das zusammenhaltend, was auf die Dauer nicht zusammenzuhalten war. Die soziale Leistung seiner Regierung, eine Konzession an die Sozialisten, war die Proklamation des »Rechtes auf Arbeit«, der die Einrichtung von »Nationalwerkstätten« folgte; sie gaben den Pariser Arbeitslosen Beschäftigung oder den Schein davon in einem Moment, in dem das echte Wirtschaftsleben durch die allgemeine Unsicherheit gelähmt war, lockten allerlei Volk aus den Provinzen nach der Hauptstadt, wurden zum Zentrum der »roten« Gefahr, die sie beschwichtigen sollten. Louis Blanc forderte die rote Fahne statt der Trikolore, eines Kompromisses aus der ersten Revolution, die jetzt veraltet sei; Lamartine verhinderte das mit knapper Not. Im Außenpolitischen war der erste republikanische Staatschef alsbald in der Lage, welche den letzten König achtzehn Jahre lang gequält hatte: er mußte den starken

Aufbahrung der Märzgefallenen auf dem Gendarmenmarkt in Berlin, 1848
Aus dem Gemälde von Adolph Menzel
Hamburg, Kunsthalle

Barrikadensturm in Paris im Juni 1848
Lithographie

Mann, den Nationalrevolutionär und Hasser der Verträge von 1815, den Freund aller um ihre Freiheit ringenden Völker spielen und wollte doch den Frieden. Was sich in Paris an politischen Verbannten herumtrieb, Polen, Irländer, Italiener, Deutsche, Belgier, tat sich zusammen zu kämpferischen Vereinigungen, die sich anschickten, ihr Vaterland zu erlösen. Die Regierung oder doch deren radikale Mitglieder halfen ihnen mit Geld und guten Worten; indes Lamartine dem englischen Botschafter versicherte, nichts habe sich in der Außenpolitik geändert, und den Frieden zu erhalten sei sein oberstes Gesetz.

Mittlerweile durchlief die Revolution ihre schon klassischen Stadien. Eine von Grund auf neue Verfassung mußte sein, nur das Volk konnte sie sich geben. Wahlen zur konstituierenden Nationalversammlung gab es im April, sie brachten den Rückschlag des Landes gegen den Radikalismus der Hauptstadt. Neun Zehntel der Deputierten waren erhaltend gesinnt, wenigstens in Fragen des Eigentums, Monarchisten der verschiedensten Spielart, Bürger- und Bauernrepublikaner. Machte dieser Sieg der Nichtsozialisten die folgende Katastrophe unvermeidlich? Die Arbeiter von Paris waren keine Klasse, die dem Land eine taugliche Ordnung hätte geben können; auch dann nicht, wenn man ihnen die Diktatur übertragen hätte, was schwer genug vorzustellen ist. So aber, wie sie gestimmt und erregt waren, betrogen durch die großartigen Versprechen ihrer Ratgeber, jammervoll enttäuscht durch die Wirklichkeit ihrer Lebensbedingungen, die in den Revolutionsmonaten schlechter waren als unter dem alten König, fühlend, daß ihnen das Versprochene, theoretisch Erworbene nun wieder entglitt, konnten, wollten sie ihre scheinbare Macht über die Hauptstadt nicht kampflos preisgeben. Eben dadurch ließen sie der Regierung – dem Exekutivausschuß der Versammlung – im Grunde keine Wahl. Zuverlässige Truppen wurden um Paris zusammengezogen. Ihr Kommandant, General Cavaignac, kannte sein Ziel, »den Feind zu zerschmettern, in Masse, wie im Kriege«. Und Lamartine, der Poet, der edle Volksfreund, pflichtete bei: »Diese Schlacht muß geschlagen werden wie eine echte Schlacht, nicht wie ein zerstreuter Kampf gegen Rebellen.« Der Rat wurde buchstäblich befolgt. Ein lange vorbereiteter Angriff der Regierung auf die Nationalwerkstätten warf den Funken in das Pulverfaß. Die »Junischlacht« (23.–26. Juni) dauerte vier Tage: die Eroberung einer Hälfte von Paris, Barrikade nach Barrikade, von der anderen her, unter greulichem Morden, in wechselseitig gesteigerter Wut. Am Ende lagen ganze Stadtviertel in Asche, die Toten hat niemand gezählt: Schätzungen gingen von zwölf- bis fünfzigtausend. Prozesse, Verurteilungen, Deportationen folgten nach. Die Kraft, die hier gebrochen wurde, hatte die Februarrevolution entschieden und entscheiden können, weil der alte Monarch das nimmermehr tun wollte, was der Beauftragte der bürgerlichen Republik kühlen Mutes tat: das Volk von Paris wie einen Feind im Krieg zu behandeln. In ihrem Ergebnis verleugnete so die Junischlacht die Stimmungen der Februarrevolution. Nicht zwar so, daß die Mehrheit nun die alte Monarchie zurückgewünscht hätte; noch immer war ihr der Begriff der Republik ein Gegenstand fetischhafter Verehrung. Aber jetzt sollte es eine starke Republik sein, ordnungsstiftender, ordnungserhaltender als die gekrönte Republik des Orléans gewesen. Der Kult des Arbeiters verschwand im Nu. Der Exekutivausschuß wich einem einzigen von der Versammlung bestellten Inhaber der ausübenden Gewalt: General Cavaignac. Bis zur Vollendung des Verfassungswerkes war seine Stellung stärker als je die der wiederhergestellten Bourbonen. Auf

1848

DEUTSCHLAND

12. Februar In der badischen Kammer fordert Mathy die Einberufung eines Reichsparlaments.

5. März Ein in Heidelberg tagender Kongreß erläßt einen Aufruf zur Bildung eines Frankfurter Vorparlaments, das die Einberufung einer deutschen Nationalversammlung beschließen soll.

18.–19. März Aufstand in Berlin, König Friedrich Wilhelm IV. beruft ein liberales Ministerium.

20. März Ludwig I. von Bayern dankt zugunsten seines Sohnes Maximilian II. (bis 1864) ab.

31. März – 4. April Das Frankfurter Vorparlament tagt.

12. April Hecker proklamiert die deutsche Republik.

2. Mai Preußische Truppen marschieren in Dänemark ein, nachdem Dänemark am 23. März Schleswig einverleibt hatte.

18. Mai Die Nationalversammlung in der Paulskirche wird eröffnet.

22. Mai Die preußische Nationalversammlung in Berlin eröffnet.

29. Juni Auf Vorschlag des Präsidenten Heinrich von Gagern wählt die »Paulskirche« Erzherzog Johann von Österreich zum Reichsverweser.

26. August Preußen schließt mit Dänemark einen Waffenstillstand und gibt Schleswig-Holstein preis.

18. September Aufstand in Frankfurt, bei dem zwei preußische Abgeordnete ermordet werden.

10. November General von Wrangel rückt in Berlin ein.

5. Dezember Die preußische Nationalversammlung wird aufgelöst.

ÖSTERREICH

13.–15. März Aufstand in Wien. Metternich dankt ab.

25. April Die Regierung oktroyiert eine Verfassung.

15. Mai Aufstand in Wien, die Verfassung wird zurückgezogen.

17. Mai Der kaiserliche Hof flieht nach Innsbruck.

17. Juni Ein tschechischer Aufstand in Prag wird unterdrückt.

22. Juli Eröffnung des Reichstages in Wien.

12. August Der kaiserliche Hof kehrt nach Wien zurück.

12. September Kossuth erklärt sich zum Diktator Ungarns.

6. Oktober Beginn der »Oktoberrevolution« in Wien.

7. Oktober Der kaiserliche Hof flieht nach Olmütz.

31. Oktober Fürst Windisch-Graetz erobert Wien.

9. November Robert Blum wird in Wien erschossen.

2. Dezember Kaiser Ferdinand I. dankt zugunsten seines Neffen Franz Joseph I. (bis 1916) ab.

1849

DEUTSCHLAND

28. März Friedrich Wilhelm IV. wird in Frankfurt zum Kaiser der Deutschen gewählt.

3. April Er lehnt die Kaiserwahl ab.

27. April Die preußische Kammer wird aufgelöst.

28. April Absage Preußens an die Nationalversammlung.

3.–8. Mai Preußische Truppen unterdrücken einen Aufstand in Dresden.

11.–13. Mai Der Großherzog von Baden flüchtet vor Aufständischen und rebellierenden Truppen.

30. Mai Das Drei-Klassen-Wahlrecht wird in Preußen eingeführt.

6.–18. Juni Das »Rumpfparlament«, Reste der Frankfurter Nationalversammlung, tagt in Stuttgart und wird von der württembergischen Regierung aufgelöst.

ÖSTERREICH

4. März Eine zentralistische Gesamtstaatsverfassung für Österreich wird oktroyiert.

7. März Der österreichische Reichstag wird aufgelöst.

14. April Ungarn erklärt seine Trennung von Österreich.

13. August Die revolutionäre ungarische Armee kapituliert vor den Russen und Österreichern.

FRANKREICH	ITALIEN
1848	
	12. Januar Aufstand in Palermo. *10. Februar* In Neapel wird eine Verfassung erlassen. *17. Februar* In Toskana wird eine Verfassung erlassen.
21. Februar Die Regierung verbietet ein Reformbankett der oppositionellen Abgeordneten in Paris. *22. Februar* Unruhen in Paris. *24. Februar* Die Aufständischen siegen, Louis Philippe dankt ab, die Republik wird ausgerufen. *25. Februar* Nationalwerkstätten werden errichtet.	
	4. März In Sardinien wird eine Verfassung erlassen. *14. März* Papst Pius IX. erläßt ein Fundamentalstatut für den Kirchenstaat.
17. März Eine von Louis Blanc inszenierte Demonstration soll die für die Linken ungünstigen Wahlen zur Nationalversammlung verzögern.	*22. März* Aufstand in Venedig unter Führung Manins und Tommaseos. *22. März* Mailand wird von den Österreichern befreit. *23. März – 9. August* »Guerra santa«, Freiheitsbewegung unter Führung König Karl Alberts von Sardinien.
23. April Wahlen zur Nationalversammlung.	*8. April* Sieg der Sarden über die Österreicher bei Goito. *13. April* Sizilien erklärt sich unabhängig. *29. April* Pius IX. trennt sich von der nationalen Bewegung.
15. Mai Linke politische Kreise, die bei den Wahlen schlecht weggekommen sind, organisieren einen Massenaufstand, der von der Regierung unterdrückt wird.	*15. Mai* Aufstand in Neapel. Die zusammentretende Nationalversammlung wird gesprengt. *29. Mai* Radetzky besiegt die Toskaner bei Curtatone.
21. Juni Nationalwerkstätten werden aufgelöst. *24.–29. Juni* Der »Juniaufstand« wird im Auftrage der Konstituante von General Cavaignac unterdrückt.	*10. Juni* Die Österreicher siegen über die Sarden bei Vicenza. *25. Juli* Die Österreicher siegen über die Sarden bei Custozza. *9. August* Karl Albert schließt mit den Österreichern den Waffenstillstand von Mailand. *8. September* Sizilien wird von den Neapolitanern zurückerobert.
12. November Die Verfassung der zweiten Republik wird verkündet. *10. Dezember* Louis Napoleon zum Präsidenten gewählt.	*15. November* Der päpstliche Minister Rossi wird in Rom ermordet. *24. November* Der Papst flieht in die Festung Gaeta.
1849	
	20. März Karl Albert eröffnet den Krieg mit einem Angriff auf die Österreicher und wird am *23. März* von Radetzky bei Novara besiegt. *23. März* Er dankt zugunsten von Viktor Emanuel II. ab. *30. April* Garibaldi besiegt die Franzosen an der Porta San Pancrazio, am *9. Mai* die Neapolitaner bei Palestrina, und am *11. Mai* zieht er in Rom ein.
13. Juni Ein von der Linken organisierter Aufstand gegen Louis Napoleon wird unterdrückt.	*3. Juli* Die Franzosen ziehen in Rom ein. *28. Juli* Der Großherzog von Toskana wird durch die Österreicher zurückgeführt. *22. August* Venedig ergibt sich nach heftigem Widerstand unter Manin den Österreichern.

die werdende Verfassung selber konnte die nun herrschende Desillusion, Reaktion und Düsternis nicht ohne Einfluß sein.

Für die französische Revolution von 1848 war die Junischlacht ungefähr das, was der neunte Thermidor für die alte, große Revolution gewesen war; die Revolutionskurve ging von da an bergab, eine Entwicklung und Stimmung, die außerhalb der französischen Grenzen nicht ohne Einfluß blieb. Eine andere bleibende Bedeutung der Katastrophe liegt darin, daß sie dem jungen Beobachter Dr. Marx die Wahrheit seiner Theorien bestätigte. Kaum war die bürgerliche Demokratie verwirklicht, so begann der offene Kampf mit der nachrückenden Klasse der Zukunft, dem Proletariat; und war nun viel nackter, viel blutiger als zuvor, solange das Bürgertum sich noch hinter dem Rücken der Monarchie versteckte. In einem Lande, in dem der echte, alles beherrschende Gegensatz der Zukunft, der zwischen Kapital und Arbeit, schon so scharf artikuliert war wie in Frankreich, konnte es darum, so folgerte der Doktor, die bürgerliche Republik mit den klassischen Einrichtungen und Freiheiten einer solchen gar nicht geben. Sie war nur ein kurzer Übergang. Entweder sie erlag dem Proletariat, machte Platz dem Kommunismus; oder sie schlug das Proletariat vorläufig nieder; womit sie sich selber im Grunde schon wieder aufhob, weil Parlamentarismus, Presse- und Vereinsfreiheit und alle die bürgerlichen »Menschenrechte« inmitten von Massakern nicht gediehen. Es würde dann eine Diktatur geben; nicht mehr die historisch verwurzelte gemäßigte Diktatur des Feudaladels, die Monarchie, sondern die Diktatur schlechthin, ohne Verschleierung. Die neuen Machthaber würden gemäß den Interessen des Kapitals regieren, aber ohne die politische Kontrolle und Beistimmung der Kapitalisten, die sich ihre materielle Existenz erkaufen durch Preisgabe ihrer politischen. Marx sagte das nicht im Juni voraus, so weit ging sein Scharfblick nicht. Aber es ist nicht zu bestreiten, daß es in der Konsequenz seiner Theorie lag und seine Theorie ihm ermöglichte, den Gang der Ereignisse, die er nicht vorausgesagt hatte, mit treffender Schadenfreude zu kommentieren. – Sollen wir hinzufügen, daß er doch nur scheinbar recht hatte? Daß die Junischlacht aus Übermut und Trotz, aus Angst und Haß stammte, nicht aus einem unvermeidlich auszutragenden Gegensatz zwischen Kapital und Arbeit? Daß Frankreich im Jahre 1848 vor einer echten Wahl zwischen Kapitalismus und Kommunismus gar nicht stand und auch später nicht stehen sollte? Daß die »bürgerliche« demokratische Republik sich zum Schluß gleichwohl als eine dauerhafte, mannigfacher sozialer Inhalte fähige Staatsform erwiesen hat? Daß, so nahe auch im Moment die Marxsche Begriffswelt und die französische Wirklichkeit einander zu sein schienen, beide Bereiche doch nie eine echte Einheit bildeten, selbst dort und damals nicht, geschweige denn später, geschweige denn anderswo? – Man tut vielleicht gut, daran zu erinnern. Denn aus keinem anderen Ereignis zwischen 1848 und 1917 hat die Rechthaberei des Marxismus so starke Nahrung gezogen wie aus der Junischlacht – aus dem Mißverstehen eines Mißverständnisses, um es in Marxscher Diktion zu sagen.

Unter dem Schutz General Cavaignacs schritt die konstituierende Versammlung zur Vollendung ihres Werkes. Es war eine Republik zugleich radikalen und kräftigen Charakters: das allgemeine und gleiche Wahlrecht, eine einzige Kammer, ihr gegenüber ein von der Nation für vier Jahre zu wählender, mit bedeutenden Vollmachten ausgestatteter Staatschef, ein Präsident, nahezu amerikanischen Stils, obgleich es unter ihm ein Ministerium geben sollte. Die Wahlen zu diesem neuen Hauptamt fanden am 10. Dezember statt. Gewählt wurde nicht Cavaignac, der Sieger des Juni, viel weniger der seit dem Juni ganz um seinen Kredit gekommene Lamartine. Louis Napoleon Bonaparte, Neffe des Kaisers, wurde gewählt. Kaum gibt es in der europäischen Geschichte während des Zeitraumes, den wir hier betrachten, etwas Wunderlicheres als den Aufstieg Louis Napoleons.

Man könnte nicht sagen, daß er den Franzosen vertraut war, als sie ihn wählten. Sie wählten den Namen. Der Sohn von Napoleons Bruder Louis und seiner Stieftochter Hortense Beauharnais hatte nur kurze Zeit seines bewußten Lebens in Frankreich, diese meist in Festungshaft verbracht. Aufgewachsen in Bayern und in der Schweiz; italienischer Verschwörer im Stile der Romane Stendhals; Verbannter in Amerika, englischer Dandy und Schuldenmacher; bekannt durch zwei operettenhafte Versuche, dem König Louis Philippe die Krone zu entreißen, die beide grotesk endeten; weniger bekannt durch sozialpolitische Pamphlete, bei denen Saint Simon hatte Pate stehen müssen; zierlich für seine Person, mit sanften träumerischen und wie verschleierten Augen, Verbraucher von vier Dutzend Zigaretten am Tag, Charmeur, wenn er es sein, rätselhaft, wenn er es scheinen wollte: so war Bürger oder Prinz Bonaparte, als er vier Tage nach Sturz der Orléans in Paris eintraf. Er ließ sich in die Nationalversammlung wählen und wurde von der großen Presse ausgelacht; verschwand während der Krise des Frühsommers, kehrte im Herbst zurück und wurde wiedergewählt, diesmal mit einer Stimmenzahl, welche die Politiker zwang, den Sonderling ernst zu nehmen. Für seine Propaganda, Kettenbriefe, Broschüren, Plakate standen ihm eine Zahl begabter, zielsicher ergebener Helfer zur Verfügung; die Leitung, die Ideen gab der Prinz selbst, aus der Prunksuite seines Pariser Hotels. So wie der Kaiser jenseits der ideellen Gegensätze, jenseits der Parteien gestanden hatte, so auch der Neffe; aber nicht mit des Onkels Verachtung für die »Ideologien«, vielmehr, indem er sie sorgsam mischte. Der Name Bonaparte, so ließ er wissen, sei ein Symbol der Ordnung und der Disziplin – das gefiel den verängstigten Reichen; auch der sozialen Gerechtigkeit; auch der Nationalität und des Ruhmes – das gefiel den kleinen Leuten. Er bekannte sich zur Republik, das war die Mode seit Februar, und zur Notwendigkeit einer starken Regierung, das war die Sehnsucht seit Juni. Tatsächlich gelang es ihm, was nach ihm anderen anderswo im Spiel der Demokratie gelang: an Klassen der Gesellschaft zu appellieren, die einander feind waren oder eben noch gewesen waren. Unter jenen, die ihn zum Präsidenten wählten, müssen Großgrundbesitzer und Proletarier, Atheisten und Katholiken, Republikaner und Royalisten gewesen sein. Viel verdankte er dem Zauber seines Namens, viel der Revolutionsenttäuschung, der ausweglosen Situation, aus der der plötzlich Erschienene, Landfremde einen Ausweg verhieß; sein Glück aber letzthin doch sich selber. Louis Philippe war König geworden, als der Mann der »jüngeren Linie«, weil die Leute es so erwarteten. Napoleon III. folgte ihm kraft seines von Jugend auf gehegten, unbeirrbaren Glaubens an seinen Stern. Eines mehreren bedurfte es nicht, um die Diktatur über Frankreich zu gewinnen, um lange Zeit eine erste Rolle auf der europäischen Bühne zu spielen; keiner machtvollen Persönlichkeit; keiner brillanten Begabung.

Das Erscheinen des »Prinz-Präsidenten« hatte so keine klare reaktionäre Bedeutung. »Bonaparte« war ein vieldeutiger Name seit nun genau fünfzig Jahren. Waffenglanz, Neuziehung staatlicher Grenzen, Erfüllung nationaler Träume der Franzosen, vielleicht anderer Völker, das lag in ihm und war revolutionäres Erbe. Im Inneren aber würde nun Ordnung sein, würde fester Befehl herrschen; in diesem Sinn signalisierte die Wahl Bonapartes das Ende der zweiten französischen Revolution. »Taufen mag man mich mit dem Wasser des allgemeinen Wahlrechts«, sagte der Präsident später zu einem fremden Gesandten, »aber mein Leben mit den Füßen im Wasser verbringen werde ich nicht.« – Nur wenige Wochen nach der Wahl bewies der veränderte Lebensstil von Paris, daß die Reichen keine Angst vor den Armen mehr hatten.

Hier könnten wir unseren Bericht über die französischen Revolutionsereignisse schließen. Was folgte, die Geschichte der »Zweiten Republik«, geht über in die Geschichte des »Zweiten Kaiserreiches«, der zuerst kronenlosen, dann gekrönten Diktatur Bonapartes, in der die Revolution von 1848 zugleich unterdrückt und aufbewahrt blieb. Der Prinz-Präsident wußte, wohin er steuerte, ungleich genauer, als was er, einmal am Ziel, mit der erstrebten Kaisermacht dann anfangen würde. Die Regierung »Napoleons« würde irgendwie alles können, alle Probleme lösen, alle Klassen befriedigen, Arbeiter, Industrielle und Börsenspekulanten, Pazifisten und Imperialisten. Schon sein erstes Ministerium war entschieden monarchischer Art. Die Nationalversammlung, die ihr Werk schlecht und recht getan hatte, nötigte er im Januar 1849 zur Selbstauflösung. Daß in dem im Frühling zusammentretenden Routineparlament die konservative Mehrheit einer tätigen radikaldemokratischen Minderheit gegenüberstand, konnte ihm lieb sein. Er ließ den Streit weiterbrennen. Die Demokraten hatten im Juni auf seiten der »Ordnung« gestanden; nun wurden sie die Opfer der immer weiter nach rechts drängenden Entwicklung, nach ihnen die Demokratie selbst; denn im Mai 1850 nahm ein wohlerdachter Gesetzestrick den Arbeitern – allen denen, die nicht wenigstens drei Jahre am gleichen Ort wohnten – das Wahlrecht, indes gleichzeitig die Kontrolle über die Volkserziehung der katholischen Kirche in einem Umfang zugespielt wurde, wie er seit 1789 nicht erhört gewesen war. Der Prinz ließ es geschehen, weil es in sein mit geduldigster Ungeduld gespieltes Spiel paßte, wirkte emsig am Ausbau seines persönlichen Machtapparates, genoß seine in mehrfachen Schüben wachsende Zivilliste in kaiserlichem Prunk. Bis 1852 hatte er Zeit, aber nicht länger; nach vier Jahren ging sein Amt zu Ende, und Wiederwahl verbot die Verfassung, für deren Revision er die vorgeschriebene Dreiviertelmehrheit in der Kammer nicht fand. Aber dieser Widerstand half den Republikanern nichts, wie Karl Marx mit Schadenfreude feststellte. Ihr habt, dies war der Sinn seines Kommentars, den Sozialismus blutig zertreten; ihr habt dann eure eigene Demokratie dreimal verraten; dafür werdet ihr zum Schluß auch noch das aufgeben müssen, woran euch gelegen ist, die politische Herrschaft, und werdet einem hergelaufenen Abenteurer gehorchen müssen . . .

So die Entwicklung der Dinge in Frankreich. Sie war autonom und konnte es um so eher sein, weil das alte Europa, das noch in den vierziger Jahren einen Bonaparte auf dem Präsidentenstuhl nie geduldet haben würde, 1848/49 ganz andere Sorgen hatte als den Gedanken einer Intervention in innerfranzösische Angelegenheiten. – Dem Schicksal des Blockes Deutschland–Österreich–Italien müssen wir uns nun zuwenden.

Die »Märzrevolution« in Deutschland war überwiegend friedlich. Was die dynastischstaatlichen Bürokratien jahrzehntelang verweigert hatten, wurde nun, unter dem Eindruck der Pariser Ereignisse, plötzlich bewilligt: Presse- und Versammlungsfreiheit, Geschworenengerichte, »Bürgerwehr«, Reform des Wahlrechtes, wo es eines gab, die Ernennung populärer Minister. »Alles bewilligt!« war die freudig wiederholte Botschaft; die Fürsten bewilligten, wenn man so sagen darf, die Freiheit, wobei sie in dem Bewußtsein handelten, einer gleichfalls vielberufenen Macht, dem »Zeitgeist«, nachzugeben; es dankte ihnen der verbrüdernde Jubel ihrer Untertanen, die nun keine bloßen Untertanen mehr, sondern eine Art von Mitbürgern sein sollten. Es waren idyllische Verhältnisse in München, Stuttgart, Coburg und dreißig anderen Hauptstädten. In dem »erlaubten«, friedlichen Charakter der Reform lag auch eine Gefährdung, ein Element der Irrealität; es wurde dem Bürgertum jede Lust zur Gewalttat, die an sich gering war, genommen, und es wurden die revolutionären Energien, die trotz allem auch in Deutschland damals vorhanden waren, isoliert und paralysiert. Die Monarchen, hätten sie mit List und planvoller Tücke gehandelt, hätten im Grunde nichts Klügeres tun können, als zunächst »alles zu bewilligen«, um ein Jahr später das meiste wieder zurückzunehmen. Der revolutionäre Stoß, an sich schwach, ging ins Leere, weil die alten Mächte ihm auswichen und Versöhnung spielten. Aber sie selber wußten das nicht, es war Sache des Instinkts, nicht des Planes, und zwar von beiden Seiten: »Revolution« liegt den Deutschen nicht, ihr Sinn für Legalität, für Rechtskontinuität war ein sehr stark ausgeprägter damals wie später.

In den beiden großen, von stärkerem Leben durchpulsten Hauptstädten des Landes, Wien und Berlin, ging es nicht wesentlich anders zu. Auch in Wien wurde »alles bewilligt«, die Entlassung Metternichs zuerst, der am 14. März sich von seinen Ämtern zurückzog und, immer noch redend, immer noch philosophierend, nach England entwich; dann das Zauberding, dem man unbeschränkte Heilkraft zutraute, die »Konstitution«. Berlin folgte fünf Tage später. Daß es hier dennoch zu einer argen Schießerei zwischen Truppe und Bürgerschaft kam, bewies keinerlei planvollen Widerstand, nur Nervosität und Mißverständnis; es konnte im Ergebnis die Bereitschaft des Monarchen nur verstärken, die Wünsche seiner »lieben Berliner« zu erfüllen. Auch in Preußen sollte eine Staatsverfassung zwischen der Krone und einer Nationalversammlung »vereinbart« werden; Hof, Bürokratie, die konservativsten Grundbesitzer selbst waren von der Unvermeidlichkeit eines solchen, den Amerikanern und Franzosen nachgeahmten Prozesses überzeugt. »Die Vergangenheit ist begraben«, erklärte ein junger Deputierter, von Bismarck, in der letzten Sitzung des Vereinigten Landtages, »und ich bedaure schmerzlicher als viele von Ihnen, daß keine menschliche Macht imstande ist, sie wieder zu erwecken, nachdem die Krone selbst die Erde auf ihren Sarg geworfen hat.« Tränen erstickten die Stimme des sehr gescheiten, sehr erhaltend gesinnten Junkers, als er diese Worte sprach und die bittere Wahrheit zu reden glaubte.

Was in Österreich und Preußen, in Bayern und Bückeburg galt, galt schließlich auch im gesamtdeutschen Vaterland, das jetzt, und jetzt erst und endlich, wieder eines werden sollte: ein »Reich« anstatt eines bloßen Bundes. Die Entwicklung war hier die gleiche wie in den Hauptstädten der deutschen Einzelstaaten: ein zunächst spontanes, von keinem Gesetz vorgeschriebenes, von liberalen Politikern und Professoren inspiriertes Unternehmen wurde von den alten Behörden – hier dem Frankfurter Bundestag, Metternichs Bundestag – alsbald eingefangen, gutgeheißen, legal gemacht. Das war deutsche Art, so gefiel es, nicht allen, aber den meisten. Der Bundestag selber schrieb Wahlen aus zu einem deutschen Nationalparlament. Sie fanden, vorwiegend nach dem allgemeinen und gleichen Wahlrecht, am 1. Mai statt. Die deutsche Konstituante trat in dem kahlen Rundtempel der Frankfurter Paulskirche zusammen: ein Parlament von regionalen Politikern, Bürokraten, Industriellen, Professoren der Geschichte, der Staats- und Rechtswissenschaft, Poeten auch und greisen Patrioten aus der Napoleonzeit, von Honoratioren insgesamt, wie die moderne Welt ein gelehrteres, würdigeres nie sah. Diese Reichsgründer setzten zur Erfüllung ihrer großen Aufgabe vieles als gesichert voraus. Sie selber waren nun die oberste gesetzgebende, solange die Gesetze erst noch zu machen waren, auch regierende Macht in deutschen Landen. Der Stoff, mit dem sie umgingen, war so weich, daß er nach ihrem Gutdünken geformt werden konnte – der preußische, der österreichische, der deutsche Stoff. Und das, was deutsch war, konnte getrennt werden von dem, was nicht deutsch war. Konkreter gesprochen: nicht nur hatten die alten Herrschaftsklassen Preußens abgedankt und endgültig abgedankt. Das habsburgische Imperium, das teilweise deutsch war und teilweise nichtdeutsch, war aufgelöst; oder würde sich auflösen; oder würde sich eine neue Form geben, so locker, daß es von ihr zur ganzen Auflösung nicht weit war. Mit Präzision ausgesprochen wurden alle diese Bedingungen nicht. Aber sie lagen in der Logik der Aufgabe. Auch konnte man im Frühling des Jahres 1848 wohl glauben, daß sie, ungefähr, obwalteten. Ein Irrtum; aber rückblickend leichter zu erkennen, als er es damals war.

Die Trennung der deutschen Nation von anderen, nichtdeutschen Nationen, die mit ihr seither verknüpft gewesen waren, gelang nicht; und gelang nicht auf eine Weise, die den alten dynastisch-feudalen Mächten zugute kam. Sie erholten sich, kamen wieder zu sich selbst, indem sie die Aufstände nichtdeutscher Nationen niederschlugen. Sie taten es unter dem Beifall der Deutschen. Aber dadurch war auch schon die deutsche Revolution selber verloren; von allen europäischen Revolutionen die kampfunlustigste, auf die Schwäche von innen her und das freiwillige Kleinbeigeben der alten Mächte am offenbarsten angewiesene. Dies, in wenigen Worten, ist das Geheimnis von 1848. In Frankreich der Klassenkampf; in Mitteleuropa der Kampf der Nationalitäten. Vor 1848 war der deutsche Liberalismus polenfreundlich gewesen. Er war es, als die Opfer, die man einer solchen Freundschaft konsequenterweise bringen mußte, praktisch nicht zur Diskussion standen; solange überwog der Wunsch, das den Polen von raubgierigen Fürsten, nicht vom deutschen Volk, angetane Unrecht einmal in Freiheit wiedergutzumachen. So auch noch im Frühling des Revolutionsjahres. Selbst preußische »Märzminister« dachten damals ernsthaft an ein Bündnis mit der französischen Republik, gegen Rußland, zum Zwecke der Wiederherstellung Polens. Daß das revolutionäre Europa einen Krieg gegen den Zaren zu führen haben würde, um seine Revolution zu sichern, zu bestätigen, zu vertiefen, und Polen der edelste Nutznießer eines solchen Krieges sein sollte, war die Idee der Linken, der deutschen wie der französischen. Dr. Marx, auf seinem Kölner Beobachtungsposten, meinte, er würde nicht bloß den Zarismus, sondern ebenso die deutschen und westeuropäischen Monarchien erledigen; ein Argument, das, wenn und insofern es zutraf, erklären mag, warum der König von Preußen auf einen deutsch-russischen Krieg nicht sonderlich begierig war. Nicht nur kam es zu diesem Krieg

Eidesleistung Louis Napoleons am 20. Dezember 1848
Aus einer lavierten Zeichnung von Constantin Guys

»Es lebe unser General Garibaldi!« Szene in einer römischen Revolutionskneipe
Zeichnung von Frank Buchser, 1849. Basel, Kupferstichkabinett der Öffentlichen Kunstsammlung

vorläufig nicht; auch zwischen den Deutschen und den im deutschen Königreich Preußen lebenden Polen entwickelten sich die Dinge während des Revolutionsjahres zur Feindschaft. Es war der Fluch des alten Raubes, der Teilungen von 1772 und 1793. In Posen, der preußischen Provinz, einem Stück des alten Polen, das, eben weil es polnisch war, nicht zum Deutschen Bund gehört hatte, zum neuen Reich aber dennoch gehören sollte, stießen die beiden Nationalitäten aufeinander; die preußische Militärmacht, nach anfänglichem Zögern, kam den Deutschen gegen die Polen zu Hilfe; und das war ihr erster Sieg, der erste Schritt zur Wiedergewinnung ihres seit dem März übel gesunkenen Ansehens. Den Deutschen gefiel es; auch den deutschen Liberalen zu Frankfurt am Main. Die deutsche Nationalversammlung, polenfreundlich in ihren Ursprüngen, war es nicht mehr im Sommer des Jahres; nun hieß es, Macht sei nur zu oft auf Kosten deutschen Rechtes gegangen und es könnte und müßte dort, im preußischen Polen, auch einmal deutsche Macht auf Kosten fremden Rechtes gehen. Dies war die Ansicht nicht aller, aber der überwiegenden Mehrheit; und blieb dabei.

Das österreichische Böhmen hatte zum alten Deutschen Reich gehört, so zu Metternichs Deutschem Bund. Die deutschen Liberalen nahmen wie selbstverständlich an, daß es auch zum deutschen Nationalstaat gehören werde, wobei sie den vorwiegend deutschen Charakter der städtischen Kultur Böhmens im Auge hatten. Aus Prag kam die Antwort: die böhmischen Lande seien tschechisch, die Tschechen ein Glied der slawischen Völkerfamilie und wollten mit einem deutschen Reich nichts zu tun haben. Palacký, ihr Wortführer, fügte allerdings hinzu, daß sie, wie zahlreiche andere Völker slawischer Zunge, auch nicht für sich allein stehen könnten: ihr Hort sei Österreich, das nichtdeutsche, nichtnationale, das politische Heim der kleinen slawischen Nationalitäten, das nimmermehr zerstört werden dürfe. Dies Schreiben Palackýs, gerichtet an die Vorbereiter der Paulskirchenversammlung, hat Bedeutung für die Geschichte Europas: ein Trennungsstrich zwischen Slawen und Deutschen, die Proklamierung einer Nation und eines Nationalismus, von denen man bis dahin in Deutschland nichts gewußt hatte. Die deutsche Antwort war feindlich von der Rechten bis zur extremen Linken; über dies neue Phänomen, den tschechischen Nationalismus, haben Marx und Engels den giftigsten Hohn ausgeschüttet, dessen sie fähig waren. Eine positive Möglichkeit lag in dem, was man später Austro-Slawismus genannt hat, der Bejahung des Habsburgerimperiums als eines schützenden Daches über vielen kleinen Völkern. Sie hat, obgleich sie wohl künstlich war, im 19. Jahrhundert eine nützliche Rolle spielen können; in der einfacheren, barbarischeren Welt des 20. Jahrhunderts ist sie verklungen. – Im Augenblick, Juni 1848, stießen die Tschechen der Hauptstadt Prag und stieß besonders ein allslawischer Kongreß, den sie, als Replik zur deutschen Nationalversammlung, veranstaltet hatten, mit der österreichischen Garnison zusammen. Der Kommandant der Stadt, Fürst Windisch-Graetz, handelte nach dem Grundsatz: »Gegen Demokraten helfen nur Soldaten.« Die Soldaten, Bauernsöhne meist slawischer Zunge, gehorchten ihrem Feldmarschall, nicht den Demokraten. Ihre Bomben trieben den Slawenkongreß auseinander und unterwarfen die rebellische Stadt – der erste Sieg der alten Ordnung in Österreich, so wie die Niederwerfung des polnischen Aufstandes in Posen der erste Sieg der alten Ordnung in Preußen gewesen war. Und wieder: gegen *diesen* Sieg hatten die Deutschen nichts einzuwenden.

Im Frühling schwankte die Habsburger Monarchie wie ein großes Schiff ohne Steuer; die Zentralregierung, die Nachfolger Metternichs, unerfahren und schwach; die Hauptstadt Wien, bereit und begierig, sich mit Deutschland zu vermählen, ohne über die Folgen, die eine solche Verbindung für das Habsburgerreich und ihre eigene hauptstädtische Stellung haben mußte, sich klar zu sein; Ungarn, Kroatien, Böhmen, Galizien wirbelnd mit unbotmäßigen Forderungen. Und Italien in hellem Aufruhr. Mit Italien gemeinsame Sache zu machen wäre die unabdingbare Aufgabe des deutschen Liberalismus gewesen. Ein preußischer Konservativer, Bismarck, hat später die italienische Karte zu spielen gewagt und gewonnen. Die Liberalen von 1848 spielten sie nicht.

Von Hause aus kämpferischer, dramatischer gesinnt als die Deutschen, überdies von einer eigentlichen Fremdherrschaft belästigt, handelten die Italiener mit größerer Energie. Zwei Wochen nach dem Sturz Metternichs erhoben sich die Mailänder; der österreichische Kommandant, Radetzky, mußte seine Truppen in das Festungsviereck im Zentrum der Po-Ebene, den »Quadrilateral«, zurücknehmen. In Venedig wurde eine Republik ausgerufen. Der König von Sardinien-Piemont, Karl Albert, ließ sich bereden, mit dem Strom zu schwimmen, den er nicht aufhalten konnte, und schickte den aufständischen Lombarden sein Heer zu Hilfe. So tat das päpstliche Rom, so Neapel; eine kurze Zeit war ganz Italien revolutionär und im erklärten oder unerklärten Kriegszustand gegen Habsburg. Es war der erste Krieg, den das europäische Friedensfest provozierte. Verlor ihn Österreich und wurde es aus Italien vertrieben, so konnte es auch in Deutschland nicht mehr viel tun und hindern; anders, wenn es seine italienische Stellung noch einmal rettete.

Es gelang. Dieselben panösterreichischen Magnaten, die Prag unterworfen hatten, Kenner des norditalienischen Kriegstheaters, an der Spitze wohlgedrillter Bauernsoldaten, eroberten die Lombardei; die Piemontesen, vernichtend geschlagen, mußten Ende Juli sich zu einem Waffenstillstand bequemen. Die Hilfe, welche Italien von Frankreich erhoffte, blieb aus und mußte ausbleiben; die französische Revolution war gelähmt und gegen sich selber gerichtet seit der Junischlacht. Die deutschen Liberalen hatten gegenüber den italienischen Dingen von vorneherein Behutsamkeit geübt, das sei Sache Österreichs und gehe sie nichts an; es würde sie aber, drohten sie, sehr wohl etwas angehen, wenn Italien etwa Forderungen auf deutsches Bundesgebiet, auf Triest, anmelden sollte. Kurzsichtige Drohungen, die ebensowenig wahr gemacht werden konnten wie Hilfsversprechen von dieser Seite; die deutschen Liberalen hatten versäumt, sich rechtzeitig Macht zu organisieren. Der österreichische Sieg in Italien war ein rein militärischer; ungenügend, um die italienische Frage dauerhaft zu lösen, aber genügend doch, um das Schicksal Mitteleuropas für ein Jahrzehnt zu bestimmen. Von seinen Grenzprovinzen her wurde das Habsburgerimperium zusammengezwungen und wiederhergestellt. Die Soldaten, die Mailand eroberten, würden demnächst Wien selber erobern und so Deutschland von Österreich isolieren und das Unternehmen der deutschen Nationalversammlung zum Spott machen. Gegen Ende des Jahres kam es in Italien zu einer zweiten Bewegung, unter schon viel ungünstigeren, eigentlich hoffnungslosen Umständen. Sie ging aus von Rom, wo die Demokratie dem liberalisierenden Papst über den Kopf wuchs. Im November floh er, als Priester verkleidet, südwärts, in den Schutz Neapels. Die Bürger der Hauptstadt proklamierten eine römische Republik

(Februar 1849); und es war, um ihr zu Hilfe zu kommen, getrieben von dem panitalienischen, nationaldemokratischen Impetus, daß Piemont sich noch einmal ins Getümmel wagte und den Waffenstillstand mit Österreich kündigte. Vergebens. Novara (23. März) bestätigte Custozza; König Karl Albert dankte ab; sein Sohn, Victor Emanuel, schloß Frieden mit dem noch übermächtigen Nachbarn. Dies ließ Rom allein; unter einem Triumvirat, dem Mazzini vorstand. Ein anderer Volksführer, Träger eines großen Namens der Zukunft, schlug damals zuerst das Volk von Rom in seinen Bann: Giuseppe Garibaldi. Aus der Gegend stammend, wo Italien in Frankreich übergeht, Schiffskapitän in der Levante, republikanischer Verschwörer in Genua, dann viele Jahre lang Abenteurer, Bürgerkriegssoldat, Guerillaführer in Uruguay, brachte der wildbärtige Mann auf weißem Roß etwas von südamerikanischen Kampfesmethoden, amerikanisch-romantischer Freiheitsluft in den italienischen Befreiungskrieg; menschenbezwingend in seiner Reinheit, der Phantasie, dem unbeugsamen Willen seiner Kraftnatur. Damals kam er zu früh; hielt sich aber heil und bereit, um zehn Jahre später zur rechten Zeit wiederzukommen.

Der römische Streit wurde durch Louis Napoleon entschieden. Es ist nahezu sicher, daß er andernfalls durch österreichische Truppen entschieden worden wäre, die schon im Kirchenstaat standen, und daß der Prinz-Präsident etwas Wahres sagte, wenn er sein Parlament wissen ließ, in Rom müsse Frankreich handeln, um Österreich zuvorzukommen. Andererseits war er begierig, dem französischen Katholizismus zu gefallen, überhaupt irgend etwas Stattliches zu tun. So übernahm denn ein französisches Expeditionskorps die Aufgabe, die römische Republik zu erobern, Garibaldi und die Seinen aus der Stadt und durch das Gebirge zu treiben, den Papst in seine Residenz zurückzuführen. Unter französischem Schutz begann der belehrte Ex-Liberale die zweite, ungleich längere, geistesgeschichtlich ungleich merkwürdigere Periode seines Pontifikats und blieb unter französischem Schutz, solange Bonaparte ihn geben konnte, länger als zwei Jahrzehnte ... Was für ein überquerer Vorgang. Frankreich, das republikanische, das völkerbefreiende, griff in Italien ein; aber nicht um die Revolution zu retten, sondern um ihren letzten Funken zu ersticken und den Papst wieder zum absoluten Herrscher zu machen. Es war der Triumph der Staatsräson oder dem, was als solche galt, über die internationale Demokratie, von der man ein Jahr früher geträumt hatte. Nicht bloß Deutschland, auch Frankreich ließ die europäische Revolution im Stich.

Dem nichtdeutschen Europa durch kurzsichtigen Nationalstolz entfremdet, selber versagend in dem Machtspiel, das er nicht verstand, erlag der deutsche Liberalismus den alten Herrschaftsklassen, auf deren Ohnmacht oder guten Willen er gerechnet hatte.

Die Versammlung in der Paulskirche schuf die Regierung und Apparatur eines »Reiches«, ehe noch dieses selber geschaffen war: Minister, die nichts zu befehlen, Bürokratien, die nichts zu verwalten, Botschafter, die nichts zu vertreten hatten, das Ganze unter einem provisorischen Staatschef, einem »Reichsverweser«. In dies Amt wählten die Überklugen ein Mitglied des Hauses Habsburg; wähnend, damit Österreich für die deutsche, die Fürsten aber für die liberale Sache zu gewinnen. Danach schritt man zu einer gründlichen Durchforschung dessen, was die künftige deutsche Verfassung sein sollte. Während die Deputierten einander ihre wohlvorbereiteten Reden vorlasen, fanden schärfere Debatten in zwei anderen Gremien statt: im verfassunggebenden Reichstag in Wien und in der preußischen Nationalversammlung. Daß es diese beiden Konkurrenzunternehmen überhaupt gab, hieß, daß Österreich und Preußen weiterexistieren wollten und würden, auch von unten, vom »Volke« her; ein Grund dafür, daß sie, von oben her, zusammengerufen und geduldet wurden. Sie gaben den dynastischen Staatswesen eine neue demokratische Identität. Übrigens leistete der österreichische Reichstag beträchtliche und reale Arbeit: er befreite die Bauern von allen feudalen Lasten, den Überbleibseln der Leibeigenschaft.

Daß der preußische Staat noch fortexistierte, tat sich im Spätsommer auf unerfreuliche Weise kund. Wir müssen hier die ehedem berüchtigten Händel um Schleswig-Holstein erwähnen, insofern es zum Verständnis der Ereignisse des Jahres 1848 notwendig ist. Ein boshafter, aber nicht unwitziger Gott hatte diesen Stein des Anstoßes, das Problem Schleswig-Holstein, auf den Weg der deutschen Geschichte geworfen, damit die einen ihr Nichtskönnen und später ein anderer sein Können an ihm bewiesen.

Die Herzogtümer Schleswig und Holstein, auf einer Halbinsel zwischen der Nordsee und Ostsee gelegen, waren von alters her in »Personalunion« mit Dänemark verbunden. Das rein deutschsprachige Holstein hatte zum alten Deutschen Reich gehört und gehörte nun zum Deutschen Bund; Schleswig nicht; dieses war überwiegend deutschen, in seinen nördlichen Strichen aber dänischen Charakters. Es trafen nun im Jahre 1848 zwei einander entsprechende Bestrebungen feindlich aufeinander: der Wunsch der Deutschen, Schleswig in das zu gründende Deutsche Reich zu bringen; der Wunsch der Dänen, ihr Gemeinwesen im Sinne der zentralisierenden Tendenz der Zeit umzugestalten und das Verhältnis Schleswigs zum Gesamtstaat zu festigen. Dies letztere Geschäft erschien um so dringender, als die Wirrsal dynastischer Rechte eine Auflösung der alten Personalunion in naher Zukunft befürchten ließ, so wie unlängst aus einem ähnlichen Grunde die Personalunion zwischen England und Hannover beendet worden war. Der dänische König hatte keine Söhne; in Kopenhagen galt die weibliche, in den Herzogtümern aber die männliche Erbfolge. Indem die Schleswiger sich als Bürger Deutschlands erklärten und die schon gewohnten Gesten der Revolution von 1848 taten, der Dänenkönig aber im Gegenteil die unzertrennliche Verbindung Schleswigs mit Dänemarks durch eine gemeinsame Verfassung zu sichern versprach, schien dem deutschen Nationalismus sich die Gelegenheit zu einer schönen, kriegerischen und klärenden Tat zu bieten. Preußen, im Augenblick von liberalen Ministern regiert und führungsbegierig, machte selber sich zum Exekutor des Nationalwillens. Begleitet von den Segenswünschen der Frankfurter Nationalversammlung – um genau zu sein, zuerst des Ausschusses, welcher der eigentlichen Versammlung vorherging –, marschierten preußische Truppen in Schleswig ein und von da ins eigentlich Dänische, nach Jütland. Eine solche diplomatisch in keiner Weise vorbereitete Kriegsunternehmung erwies sich als unpraktisch. Zwar befand sich Europa im Frühsommer in beträchtlicher Unordnung, aber es war doch noch da. Die beiden großen Flügelmächte, England und Rußland, waren von der Revolution so gut wie unberührt, und gerade sie besaßen ein starkes Interesse an den »Dardanellen des Nordens«. Dem Druck dieser beiden Großmächte, welchem auch Frankreich sich anschloß, gab Preußen nach. Im August schloß es den Waffenstillstand von Malmö, welcher die Entscheidung der Sache einem künftigen Friedensvertrag überließ, einstweilen aber die militärische Räumung der Herzogtümer stipulierte.

Daß Preußen die kriegerische Aktion gegen Dänemark gemeinsam mit anderen deutschen Truppen und gewissermaßen im Auftrag Gesamtdeutschlands geführt, den Waffenstillstand aber auf eigene Faust geschlossen hatte, erschien der Nationalversammlung in Frankfurt als ein Verrat. Es wurden grimmige Reden gehalten: ein geeinigtes Deutschland, für eine gerechte Sache kämpfend, könnte es wohl mit ganz Europa, mit Rußland und Frankreich und England aufnehmen. Schließlich aber sanktionierte die Versammlung den Waffenstillstand doch. Es lag in der Logik der Machtverhältnisse. Solange Preußen und Österreich echte Staaten waren, war Deutschland keiner. Alles, was das deutsche Parlament tat und vorhatte, setzte die Auflösung der beiden deutschen Machtkerne, des preußischen und österreichischen, voraus. Es folgten ein paar Tage blutiger Unordnung in der Stadt Frankfurt; so wie die Versammlung sich von Preußen, so fühlte »das Volk« sich von seiner Nationalversammlung verraten, weshalb es denn ein paar konservative Abgeordnete grausam umbrachte und Bastillensturm spielte. Vergebens. Nicht und in keiner Weise lagen die deutschen Dinge, wie sie in Frankreich 1789 gelegen hatten. Es gab keine Bastille, auch nicht als Symbol, es gab keine Hauptstadt, deren Eroberung durch eine Partei die Eroberung des Landes hätte bedeuten können. Die schattenhafte »Reichsregierung«, deren Vertreter eben noch gegen den preußischen Verrat gewettert hatten, bat um Schutz dort, wo allein Schutz gegeben werden konnte, bei der preußischen Armee; königlich-preußische Truppen stellten die Ordnung in Frankfurt wieder her. In keiner ihrer Parteiungen besaß das deutsche Parlament Führungswillen und Ruchlosigkeit, die zum Gebrauch der im Lande hie und da aufflackernden revolutionären Kräfte notwendig gewesen wären; diese ihrerseits waren zu solchem Einsatz ungenügend und ungeeignet. So blieb als Macht nichts als die alte ungebrochene, die preußische. Unter ihrem Schutz debattierten und beschlossen die Abgeordneten eine Verfassung für Gesamtdeutschland; ein Werk, das illusionär bleiben mußte, eben weil es unter preußischem Schutz entstand.

Von da an ging es überall bergab mit der europäischen Revolution, die manchenorts, in Paris, Mailand, Budapest, selbst Wien, doch eine echte gewesen war; und ging bergab mit der deutschen Revolution, die niemals eine echte, nur ein Reflex der europäischen gewesen war. Wenn Deutschland passiv und gehorsam blieb, so war die Aussicht für eine Befreiung Italiens düster. War aber Italien unterjocht, so ließ sich auch der Schein einer deutschen Revolution nicht lange aufrechterhalten. Die Frankfurter Nationalversammlung ist nie erobert worden wie das rote Paris, das republikanische Rom und Venedig. Indem aber das revolutionäre Europa ringsumher Niederlagen erlitt, schwand ihr die Lebensluft, bis sie, noch immer diskutierend, noch immer leere Beschlüsse fassend, zuletzt wie eines natürlichen, jämmerlichen Todes verstarb.

Der vorletzte Schlag zur Wiederherstellung der Habsburgermonarchie geschah Ende Oktober: die regelrechte Eroberung Wiens. Beherrscht von einer radikalen deutsch-nationalen und demokratischen Minderheit mit sozialistischem Einschlag, von einem »Zentralkomitee«, von »Studentenlegionen«, »Bürgergarden«, »Arbeiterbataillonen«, hatte die Hauptstadt im Herbst sich auf sich selber gestellt, den Kaiser vertrieben oder fliehen lassen, Hilfe von Ungarn und Deutschland erwartet. Die erstere kam nicht, weil die aufständischen Magyaren selber um ihr Leben zu kämpfen hatten und zwischen ihnen und Wien kaisertreue Truppen manövrierten; die letztere – weil sie nicht kam. Isoliert von den Provinzen des Reiches, zumal den slawischen, die eine Züchtigung des deutschen Wien mit Vergnügen sahen, feind auch sich selber, dort, wo eine habsburgisch fühlende passive Mehrheit von einer lärmenden, ihrerseits gespaltenen Minderheit tyrannisiert wurde, konnte Wien weder Österreich eine neue Ordnung geben, noch sich von Österreich trennen, noch Österreich erfolgreichen Widerstand leisten. Österreich aber war damals vor allem das Heer, waren seine Anführer, die wir schon kennen. Sie eroberten Wien. Einer von ihnen, Fürst Felix Schwarzenberg, der intelligenteste, kräftigste und dreisteste dieses feudalen Soldatenkreises, wurde zum »Ministerpräsidenten« ernannt, was praktisch hieß, daß er sich selber dazu ernannte. Der formal diese Wahl besorgte, der schwachsinnige Kaiser Ferdinand, wurde einige Wochen später zur Abdankung gezwungen. An seine Stelle trat der jugendliche Erzherzog Franz, oder wie er nun, in Anspielung auf den guten Kaiser Joseph heißen sollte, Franz Joseph I. Es ist derselbe, der 1914 eine Schicksalsrolle gespielt hat ... Wo ein paar Monate lang aufgeregte Anarchie geherrscht hatte, herrschte nun die weiße Generalsuniform des österreichischen Heeres, der weiße Terror. Zweifelhaft war nur noch das Schicksal Ungarns.

Berlin folgte Wien, in kahler, fast parodischer Nachahmung. Kein heroischer Widerstand der Freiheit hier, kein Blutvergießen. Die alten Herrschaftsklassen hatten im Frühling dem »Zeitgeist« nachgegeben. Als sie merkten, daß dieser Zeitgeist ein so gefährlicher Geselle gar nicht war, nahmen sie ihm das Eingeräumte Stück für Stück wieder fort. Das Ende war, daß die preußische Nationalversammlung durch die königliche Regierung aufgelöst wurde und der König eine Verfassung für den preußischen Gesamtstaat »oktroyierte«. Diese preußische Verfassung ist bis 1918 gültig geblieben; im Grunde war sie liberaler, als man im Dezember 1848 noch erwarten konnte. Der Übergang vom absolutistisch-bürokratischen Staatswesen zum repräsentativen wurde mit ihr trotz allem gemacht. Ihr berüchtigster Charakterzug, das »Dreiklassenwahlrecht«, das einer winzigen Minderheit von Reichen ein parlamentarisches Übergewicht über die Masse der Armen sicherte, ist erst später dazugekommen. Die preußische Verfassung bot Entwicklungsmöglichkeiten; was sie sein würde, stand 1849 nicht fest, und zu verschiedenen Zeiten ist sie verschiedenes gewesen. Aber nie kam sie ganz über die Art ihrer Geburt hinweg. Die Idee der »Verfassung«, wie anderwärts gezeigt wurde, ist amerikanischen Ursprungs. Zu ihr gehört die »Convention«; das Volk, durch seine gewählten, und zwar nur zu diesem großen Behuf gewählten Vertreter »gibt« sich die Verfassung. So in den Vereinigten Staaten, von Anfang an und wieder und wieder; so in Frankreich, 1792 und 1848; in Deutschland 1919; so auch in Wien, Frankfurt und Berlin 1848, wobei die preußische Unternehmung von vornherein dadurch sonderbar qualifiziert war, daß hier eine »Vereinbarung« zwischen Krone und Volk stattfinden sollte. Jetzt tat die Krone es allein, usurpierte sie das volkstümlichste Allheil- und Wundermittel, den Gegenstand par excellence des liberalen Glaubens und Aberglaubens. Die »Verfassung« war ihr Werk, ihr Geschenk, und zwar ein dem Volke aufgezwungenes.

Wenn das in Preußen ging, warum nicht in Österreich? Die Energie, welche die neuen Minister des Königs von Preußen an den Tag legten, fehlte dem Fürsten Schwarzenberg am wenigsten. Im März tat er dem österreichischen Reichstag, was der preußischen Nationalversammlung geschehen war; dekretierte er die Verfassung eines zentralistischen Einheitsstaates, in dem Magyaren, Lombarden, Polen, Tschechen, Deutsche fortan unter denselben vage liberalen Einrichtungen zu leben hätten; forderte er die Aufnahme dieses Staates in das deutsche Bundesreich. Ob das letztere bloßer Hohn und Siegerübermut war oder ob Schwarzenberg dergleichen – ein »deutsches Reich« mit Mailand, Venedig, Agram, Budapest, Krakau – für möglich und wünschbar hielt, können wir nicht entscheiden. Tatsächlich hat er später die wenigstens zollpolitische Vereinigung Gesamtösterreichs mit Deutschland, dem »Reich der siebzig Millionen«, wie es genannt wurde, ohne Erfolg erstrebt.

Die Initiative des eisernen Österreichers bestimmte, noch einmal, die nur reflektierende Haltung der Frankfurter. Wohl oder übel siegten nun die »Kleindeutschen«, die einem deutschen Reich ohne Österreich, unter preußischer Führung, das Wort redeten, über die »Großdeutschen«, die Österreich hatten einbeziehen wollen. Es war kein politischer, viel weniger ein moralischer Sieg, nur eine trübselige Konstatierung des Schwarzenbergschen Fait accompli. Also ein deutsches Reich ohne Wien, ohne die Alpen, ohne die Donau, dort, wo sie am schönsten fließt. Aber ein deutsches Reich, das seinen Bürgern vortreffliche Grundrechte garantieren sollte; ein deutsches Reich mit einer nahezu amerikanischen Verfassung, mit dem allgemeinen, gleichen Wahlrecht, mit Volkshaus und Staatenhaus und einem Präsidenten, der zwar erblich sein und den Namen eines Kaisers führen, aber den Beschlüssen des Reichstages gegenüber nur ein aufschiebendes Veto haben sollte. Dieser lebenslange, erbliche Präsident, dieser deutsche »Kaiser« sollte niemand anderes sein als der König von Preußen.

Friedrich Wilhelm IV. lehnte die ihm angebotene Würde ab. Wir brauchen die Motive, die den geisteskranken Aristokraten dabei bewegten, nicht zu bestimmen; tiefe Antipathien gegen das ganze demokratisch-moderne Unternehmen mögen zusammengeflossen sein mit machtpolitischen Erwägungen, der Furcht vor europäischen Komplikationen im Falle der Annahme. Solche wären jetzt kaum ausgeblieben. Das Frankreich des Prinz-Präsidenten war nicht mehr das Frankreich Lamartines, das Österreich Felix Schwarzenbergs nicht mehr das Österreich, wie es in den Wochen und Monaten nach Metternichs Sturz sich präsentiert hatte; die Ernte der Revolution war auf dem Halm verfault, es war jetzt sehr spät, sie einzubringen. Hohle Gesten folgten. Versuche wurden gemacht, den König von Preußen sich erklären zu lassen, was denn an der neuen Reichsverfassung ihm mißfiele; Wahlen, wie diese sie vorsah, wurden dennoch ausgeschrieben. Aber die Mehrzahl der Abgeordneten machte sich allmählich aus dem Staube, überzeugt, daß es ihre Aufgabe gewesen sei, eine vollkommene Verfassung zu entwerfen, nicht aber deren Verwirklichung durchzusetzen; die Österreicher zuerst, dann die Preußen, dann überhaupt alle »Gemäßigten«. Die übrigen, ein radikaldemokratischer »Rumpf«, siedelten von Frankfurt nach Stuttgart über, wo der dortige Potentat, der König von Württemberg, sie noch eine Weile ihre Ohnmacht exhibieren ließ. Zum Schluß ließ er ihnen durch berittene Polizei bedeuten, daß es mit der deutschen Nationalversammlung nun ein Ende hätte.

So viel Zündstoff war aber trotz allem in Deutschland aufgehäuft, so viel Leidenschaft für die Sache der Einheit, so viel Wut über den Verrat der Regierungen, daß im Mai etwas wie eine zweite Revolution den ratlosen Volksvertretern zu Hilfe kam. In Sachsen, in der bayrischen Pfalz, in Baden erhob sich Volk zugunsten der Reichsverfassung; Fürsten entflohen aus ihren Residenzen; noch einmal erschallten die schrillen Manifeste »provisorischer Regierungen«. Es war die Energie, die ein Jahr früher wohl anders gehaust hätte, wäre damals nicht gleich »alles bewilligt« worden. Jetzt wurde sie blutig verzettelt und mit einem gewaltigen Überschuß an militärischer Macht unterdrückt. Preußen, das sich dem demokratischen Nationalstaat verweigert hatte, verweigerte sich nicht dem Hilferufe der Fürsten; preußische Truppen machten den Aufständen in Südwestdeutschland, preußische Standgerichte dem Leben so manches jungen Idealisten ein frühes Ende. Die deutsche Revolution, die anders hatte sein wollen als andere Revolutionen, freundlich, tolerant, gesetzlich, endete in einer Kette von Hochverratsprozessen.

Von allen revolutionären Nationalbewegungen des Jahres 1848 war die magyarische die einzige, die mit einer anderen, nämlich der deutschen, gemeinsame Sache zu machen wenigstens versucht hatte. Zwischen dem roten Wien, dem aufständischen Budapest gab es ein ungeschriebenes Bündnis. Eben darum waren die Slawen Österreichs antiungarisch; und waren es um so mehr, als auch die magyarischen Republikaner, und gerade sie, im Umkreise ihres alten, von mannigfachen Völkerschaften bewohnten Königreiches durchaus die Herren zu bleiben gedachten. Die Ungarische Revolution besaß mehr Kampfgeist als Weisheit. Front machend gegen Schwarzenbergs Zentralismus, geriet sie unter die Führung eines brillanten, selbstischen Fanatikers – Kossuth –, der von der Größe seiner Nation und von dem, was, innerhalb Ungarns, das Los nichtmagyarischer Völker sein sollte, höchst unbillige Vorstellungen hatte. Seine Sache war nicht gerecht. Wäre sie aber auch die heiligste gewesen, so hätte ihr das nun auch nichts mehr geholfen. Denn nun endlich trat Zar Nikolaus von Rußland auf den Plan, um die lange Agonie der europäischen Revolution mit einem Schlag zu beenden.

Bis Juni 1849 hatte der Zar sich gegenüber allen Wirren nur als aufmerksamer Beobachter verhalten, mit huldreichen Handschreiben jene bedenkend, die zur Niederschlagung der Revolution in Italien oder Österreich etwas Gutes beitrugen, nicht sparend mit verachtungsvoller Kritik an seinen Schwägern und Vettern, den Fürsten Europas. »Ich habe russisches Blut«, bemerkte er drohend, »ich werde nicht dulden, daß Europa von den Arbeitern regiert wird.« Auf seine Art empfand Nikolaus mehr Verantwortung für Gesamteuropa als je ein Monarch des Westens. Er bewies sie jetzt, als er dem jungen Franz Joseph Rußlands militärische Hilfe anbot, um der Magyaren Herr zu werden, eine Aufgabe, welcher die österreichische Reaktions-Herrschaft allein sich nicht gewachsen zeigte. Schwarzenberg ergriff das dargebotene Geschenk, indem er vertraulich erklärte, Österreich beabsichtige nicht, dem Hilfespender dankbar zu sein. Auf Dankbarkeit rechnete Nikolaus wohl; nicht auf unlauteren Gewinn. Es ging ihm um die europäische Ordnung an Rußlands Grenzen, um monarchische Solidarität; die abscheulichste Intervention des 19. Jahrhunderts war zugleich die am stärksten idealistische, am wenigsten von enger Staatsräson diktierte. Russische Truppen erzwangen, was österreichische allein nicht hatten erzwingen können. Die Rebellen ergaben sich im August; wer in die Türkei fliehen konnte, floh, so Kossuth selber (mit der Begründung, ein Christ müsse das härteste Leben der willkommenen Ruhe des Todes vorziehen); die am Ort Verbliebenen traf die Rache der österreichischen Militärmacht auf eine Weise, welche die Empörung selbst der russischen, in der Bestrafung von Rebellionen doch nicht unerfahrenen Bundesgenossen erregte. Es war die arge Schwäche Habsburgs: die Grausamkeit und Sterilität seiner Unterdrückungen.

Während der anderthalb Revolutionsjahre hatte Englands Außenminister, Lord Palmerston, eine konsequent proösterreichische Haltung eingenommen, den Italienern nichts gegeben als gute Worte, mit der ungarischen Republik jeden Kontakt verweigert. Österreich sei eine europäische Notwendigkeit, ein Hort des Gleichgewichts, ein unersetzliches Bollwerk gegen Russen und Franzosen Aber das Racheschauspiel, das nun die österreichischen Sieger in Ungarn veranstalteten, war den robusten Liberalen zuviel; und als gar die beiden »imperial bullies«, Nikolaus und Franz Joseph, von der Türkei die Auslieferung der geflohenen Rebellen forderten, da war es die Haltung Englands, die dem Sultan den Nacken steifte und ihn das Asylrecht mit Erfolg verteidigen ließ. Eine einzige christliche Tat beendete die Revolution von 1848; sie kam von dem Kalifen des Islam.

Mit dem »Ende« der Revolution ist es freilich eine unsichere Sache. Klar ist ihr Anfang, der Sturz Louis Philippes; aber was damals begann, spann sich weiter fort, über die Erregung und Niederlagen von 1848/49 hinaus ins nie Endende. Wenigstens zwei Ereignisse könnte man noch direkt zu dem Revolutionszyklus rechnen: die preußische Kapitulation zu Olmütz und Bonapartes Staatsstreich.

Begierig, etwas für die Größe Deutschlands oder seine eigene zu tun, wenn es nur durch die Fürsten, nicht durch die Demokraten geschähe, machte das königliche Preußen 1849/50 einen matten Versuch, im Rahmen einer weiteren, Österreich einschließenden Konföderation eine engere nurdeutsche, oder wenigstens norddeutsche, preußisch geführte zu schaffen. Schwarzenberg sprach sein Veto gegen diese späte Künstelei aus: »Aus Deutschland hinauswerfen lassen wir uns nicht«; und da hinter ihm nicht bloß das wiederhergestellte Österreich, auch der drohende Wille des Zaren stand, so gab Preußen klein bei. Der Vertrag von Olmütz (November 1850) stellte die Dinge buchstäblich so wieder her, wie sie im Januar 1848 gewesen waren: den Deutschen Bund mit dem Gesandtentag in Frankfurt, unter österreichischem Präsidium.

Kein eindeutiges Zurück zum Alten war der lange vorbereitete, mit vollkommener Technik vollzogene Staatsstreich des Prinz-Präsidenten in Paris (2. Dezember 1851); eine eigentliche »Machtergreifung«. Das Wort gab es noch nicht, aber die Sache, so wie sie im 20. Jahrhundert ausgebildet wurde, erschien damals zum erstenmal und sofort in erstaunlicher Reife: das Verhaften aller derer, von denen Opposition zu befürchten war, in ihren Betten, das Mundtotmachen und Deportieren, die Unterdrückung populären Widerstandes durch Kanonen und das gleichzeitige Appellieren an das Volk durch Wiederherstellung des allgemeinen Wahlrechtes. Bei einer nachfolgenden Volksbefragung ging es so zu, wie es seither bei Volksbefragungen durch die Diktatur immer zuging. Von siebeneinhalb Millionen Bürgern, gegen sechshundertvierzigtausend, erhielt Louis Napoleon das Recht, sich eine Verfassung selber zu schreiben; und die er schrieb, war die Verfassung der bonapartistischen

Monarchie, mit den demokratischen Ornamenten und Scheinbarkeiten, deren die alten Leute sich aus der Zeit Napoleons I. erinnerten. Das Kaisertum selber kam ein Jahr später. Zu Ehren des armen Königs von Rom nannte der neue Monarch sich »Napoleon III.«.

Auch diese Wendung der Dinge wurde von enttäuschten Demokraten als das Ende der Revolution empfunden; erst damals, nach dem 2. Dezember 1851, beschlossen einige von ihnen, nicht länger auf Wunder zu warten, sondern Europa für immer den Rücken zu kehren und ihr Glück in Amerika zu versuchen. Aber Bonaparte, so sehr er sich als »Retter der Ordnung« feiern ließ, war kein gewöhnlicher Reaktionär, kein Legitimist, kein Garant der Ruhe; das *konnte* er nicht sein. Tatsächlich ist er in den nächsten anderthalb Jahrzehnten nicht bloß der Verräter, auch der Verwalter und Fortsetzer der revolutionären Traditionen von 1848 gewesen.

Nicht der einzige. Selten gibt die Geschichte ein so starkes Beispiel ungetaner Arbeit, die später von anderen Leuten und in anderem Sinn stückweise getan werden mußte. Es lag alles noch da, so wie man es 1849 hatte liegen lassen: die lombardische, die venezianische, die römisch-päpstliche, die gesamtitalienische Frage; die deutsche samt der schleswig-holsteinischen, samt der Frankfurter Verfassung und dem norddeutschen Bundesprojekt; die ungarische, die polnische; die Frage eines »liberalen« Krieges gegen den Zaren; alles. Die fordernde Unruhe, die sich zu den Unternehmen von 1848 verdichtet hatte, war echt, ging tief, entstammte keiner bloßen modischen Willkür, deren Außermodekommen man hätte abwarten können. Es gab kein Zurück zum »Vormärz«, wie der charakteristische deutsche Ausdruck lautete. Wohl wurde Metternichs »Deutscher Bund« wiederhergestellt, saßen Italiens Zwergdespoten wieder auf ihren Thronen, kommandierten die Österreicher wieder in Mailand und Venedig und jetzt auch in Budapest. Sie taten es dank bloßer Waffensiege. Die politische Unschuld war verloren; die Unschuld der *Völker*, während man vor 1848 gewohnt war, die Schuld bei den Fürsten und Staaten zu suchen. 1848 scheiterte die Demokratie, die sich selber *und* den Nationalstaat mit generösen Mitteln schaffen wollte. Danach trennten sich die beiden Schwesterbewegungen, und es wurde, um den Nationalstaat zu schaffen, zu weniger generösen Mitteln gegriffen. Die Machiavellisten der fünfziger und sechziger Jahre, die Louis Napoleon, Cavour, Bismarck, sind die Vollstrecker des idealistischen Testaments von 1848.

Sie konnten es um so eher sein, als die Idealisten, die edlen Schönredner, es nach der Niederlage an gründlicher Selbstkritik fehlen ließen. Sie erklärten sich durch die bloße Tücke der Gegner, allenfalls die noch nicht vollkommene Reife der Sache, was letzthin doch aus den tiefsten menschlichen Unstimmigkeiten kam. Sie, viele von ihnen, verschoben selber die Akzente ihres Glaubens, wurden zu Nationalisten im Hauptberuf, zu Anbetern der Macht und des Erfolges, ohne es auch nur zu merken. Gründliche Kritik kam allein von den Kommunisten; Kritik, die man genial nennen könnte, wäre sie nicht so furchtbar einseitig und schadenfroh gewesen.

Marx und Engels haben alle diese Ereignisse, kaum waren sie geschehen, in ihren Schriften kommentiert: »Die Klassenkämpfe in Frankreich«, »Revolution und Konterrevolution in Deutschland«, »Der achtzehnte Brumaire des Louis Bonaparte«. Es sind überaus scharfsichtige, witzige Pamphlete, und was die Schwäche der Liberalen in Frankreich und Deutschland betrifft, so mag man das Urteil der beiden arroganten jungen Männer noch heute als gültig ansehen. Dennoch täuschten sie sich, und zwar eben, wieder und wieder, auf Grund ihrer Klassendoktrin. Sie sahen in der Revolution von 1848 keine an sich gültige, mit sich selber identische Sache, nur eine Annäherung an die wahre Revolution des Jahrhunderts, die proletarische, die noch kommen würde. In Frankreich, meinten sie, war dieser Vorbote schon ganz nahe an das Wirkliche herangekommen, hatte die bürgerliche Republik sich als unmöglich erwiesen, war nichts übriggeblieben als die Bourgeois-Diktatur, unter deren bleierner Decke der Kommunismus sich nun desto sicherer zur Reife entwickelte. In Deutschland nicht ganz so nahe. Ruiniert aber waren auch hier ein für allemal der Liberalismus – eine leider nicht ganz falsche Voraussage – wie auch die Masse des Kleinbürgertums; auch hier würde in der nun einsetzenden Reaktionsperiode das Proletariat reif werden, ja überhaupt keine Alternative bleiben als die kommunistische. Daher die Schadenfreude der beiden, trotz Niederlage und Exil. Ihre Analysen waren bestätigt; nicht sie waren erlegen, sondern alle ihre Konkurrenten, und die einzigen übrigen Mächte, die Diktaturen und wiederhergestellten Monarchien würden ihres Sieges nicht lange froh sein . . . Unsere klugen Jünglinge irrten. Wer heute noch glaubt, das europäische 19. Jahrhundert habe sich auf den Kommunismus hinentwickelt und im Jahre 1917 sein krönendes Ende gefunden, ist das Opfer eines gründlichen Mißverständnisses. Europa hat sich vielmehr seit 1848 vom Kommunismus fortentwickelt, und dazu ist keine große Anstrengung notwendig gewesen, weil der Kommunismus nie etwas anderes war als eine mit dem frühen Stadium der industriellen Revolution gedanklich verbundene Utopie. Auf Demokratie aber hat Europa sich unvermeidlich hinentwickeln müssen, und unvermeidlich war wohl auch die Formung der neuen Nationalstaaten, Italien und Deutschland, weil die Menschen jetzt weiterer politisch-ökonomischer wie kultureller Räume bedurften und die Nationalität sich als raumbestimmende Macht begeisternd anbot.

Für den Augenblick war ein großer Aufwand schmählich vertan; war Ernüchterung, Enttäuschung, ja Verzweiflung. Verzweiflung wenn nicht am Leben, so doch an Europa. Sie kam in der Zahl derer zum Ausdruck, die nun nach Amerika auswanderten, Deutsche zumal. Sie waren in den vierziger Jahren etwa hunderttausend jährlich, sanken auf die Hälfte davon während der beiden Revolutionsjahre, stiegen nach 1849 auf zweihundertfünfzigtausend an. Es waren die Tätigsten, die Mutigsten, die den Schritt ins Unbekannte wagten, jene, die auf ein würdigeres, freieres Leben in der Alten Welt vergebens gehofft hatten; geborene Menschenführer darunter.

Die Wirkung der gescheiterten Revolution von 1848 auf das Verhältnis zwischen Amerika und Europa ist darum eine ambivalente. Der Strom der Einwanderer in das neue Land wurde ungleich dichter als vorher. Aber gerade diese europäischen Neu-Amerikaner, die »Forty-Eighters«, wandten sich von der Alten Welt kraft eines bewußten Entschlusses endgültig ab. Seinerseits hatte Amerika, und zwar gerade das demokratische, das »linke«, in New York zentrierte Amerika sich von der Februar- und Märzrevolution die erfreulichsten völkerverbindenden Erfolge erhofft. Als diese Folgen ausblieben, griff eine neue Gleichgültigkeit Platz; man kann wohl sagen, daß beide Kontinente sich nie fremder, nie gleichgültiger waren als in den fünfziger Jahren. »Europa«, meinte ein amerikanischer Senator berühmten Namens, »Europa ist veraltet, verrottet, seiner Auflösung nahe. Es ist ein riesiger Kirchhof.«

Die fünfziger und die sechziger Jahre

Wenn die abendländische Geschichte seit dem 17. oder 18. Jahrhundert unter dem Gesetz der Beschleunigung stand, so ist dies Gesetz in der zweiten Hälfte des Jahrhunderts deutlicher am Werk als in der ersten; mehr und mehr an die Zeit heranführend, in der es nicht mehr bloße Beschleunigung, sondern Explosion befiehlt. Fortschritte der Naturwissenschaft, der Technik, der Industrie; Verlegung des Schwergewichts der allgemeinen Bildung vom Humanistischen zum Wissenschaftlich-Praktischen; Vermehrung der Bevölkerung, der Produktivität; Stärkung des Staates gegenüber älteren Aktions- und Traditionszentren; Ausbreitung des europäisch-amerikanischen Einflusses über Süd- und Ostasien – solche Tendenzen, längst am Werk, drängen in den fünfziger und sechziger Jahren zu schärferen, dramatischeren Weisen der Verwirklichung. Es gehört alles zusammen: die Öffnung nach außen und die beginnende »Modernisierung« Japans; die Befreiung der Bauern und die nachfolgenden Reformen in Rußland; die Vernichtung der alten Pflanzeraristokratie in den Vereinigten Staaten; Aufstieg und Niedergang des französischen Zweiten Kaiserreiches; Wahlrechtsreformen in England und Deutschland; Gründung des italienischen, Gründung des deutschen Nationalstaates; überall stärkere, schrillere Töne des Nationalismus und der Demokratie; innere und äußere Machtkämpfe, eine Kette von Kriegen nach langen Jahrzehnten des Friedens. Nach 1871 – wenn man will, nach 1878 – folgt dann wieder eine Epoche, die an äußerem Drama ärmer ist, obgleich der Prozeß der Beschleunigung weitergeht; diese hat nun Kanäle gefunden, in denen sie eine Zeitlang wirken kann, ohne sie zu sprengen. Und wenn in den fünfziger Jahren nachdenkliche Leute die Macht Gesamteuropas – Gesamt-Westeuropas – unrettbar im Sinken glaubten gegenüber einem sich nun erhebenden System von Weltstaaten – Amerika, Rußland, China, allenfalls England –, so erlebt nach 1870 Europa noch einmal einen Zuwachs weltweiter Wirkungsmöglichkeiten, wie zu Metternichs Zeiten kein Mensch ihn voraussah.

So sehr, im großen, dies alles zusammenhängt, so sehr geht, im einzelnen, alles anders vor sich; in Westeuropa anders als in Amerika und Rußland; in Italien anders als in Deutschland und Frankreich; in Rom anders als in Florenz, in Preußen anders als in Bayern. In jeder Gegend liegen die Bedingungen anders, leisten andere Menschen ihr geschichtlich Genügendes oder Ungenügendes. Das Erscheinen neuer Nationalstaaten in Europa, die Straffung der nordamerikanischen Republik, die erst jetzt eigentlich zum Nationalstaat wird, haben den Kern gemeinsam; aber tief verschieden sind die Gegensätze, deren Austragung zu diesem Resultat führt. Die europäischen Kriege der Epoche, fünf an der Zahl, sind nicht universal wie die des 18. und 20. Jahrhunderts, sondern beschränkt, einer oder zwei gegen einen, kurzfristig, vergleichsweise unblutig. Die Amerikaner führen Krieg gegen niemanden als sich selber, und zwar den blutigsten Krieg zwischen der Zeit Napoleons und 1914. Daß die nordamerikanische Republik ein echter Staat erst dann sein werde, wenn sie echte Kriege führen, mit anderen Mächten ernsthaft sich auseinandersetzen würde, hat Hegel vorausgesagt. Die Prophezeiung des Philosophen geht auf überraschende Art in Erfüllung. Amerika trifft auch jetzt auf keinen fremden Staat, von Europa wird es in Ruhe gelassen. Es trifft auf sich selber, setzt mit sich selber sich gewalttätig auseinander – und wird dabei

Klemens Fürst von Metternich
Photographie, um 1858

Das österreichische Kaiserpaar Franz Joseph I. und Elisabeth auf einer Spazierfahrt bei Ischl
Aus einem Gemälde, um 1855. Wien, Schloß Schönbrunn

Eröffnung der ersten Weltausstellung durch Königin Viktoria im Londoner Kristallpalast, 1851
Aquarell von Eugène Louis Lami. Windsor Castle, Royal Library

Platz in Rio de Janeiro. Aquarell von Josef Selleny, gemalt während der Weltumseglung der österreichischen Fregatte »Novara«, 1857/59
Wien, Heeresgeschichtliches Museum

zum neuen, stärkeren Staat. In Europa sind die altgewohnten Machteinheiten noch einmal die Konfliktsträger: Frankreich, England und Rußland, Frankreich und Österreich, Preußen und Österreich, Preußen und Frankreich. Eine einzige neue Macht, Piemont-Italien, kommt dazu.

Ein jeder dieser Kriege hat seine mehr oder weniger plausiblen Gegenstände. Zwischen den europäischen Westmächten und Rußland ging es um Machtkonkurrenz im Nahen Osten, zwischen Frankreich und Österreich um die Zukunft Italiens, zwischen Österreich und Preußen um die Vorherrschaft in Deutschland; in Amerika explodierten endlich die alten regionalen und Klassengegensätze, die wir schon kennen. Zu den Gründen mag ein psychologischer Hintergrund kommen. Es ist wohl möglich, daß diese Epoche im Zeichen der Gewalt stand, weil, mehr als in den nachnapoleonischen Jahrzehnten, Gewalt damals den Leuten gemäß schien und ihnen Freude machte; und daß, wenn dies nicht der Fall gewesen wäre, die oben erwähnten »Gründe« zur Entfesselung aller dieser Kriege nicht ausgereicht hätten. Es ist möglich, daß auch die Amerikaner ihren Krieg wollten, nachdem die Europäer eben schon zwei, den russischen und den italienischen, genossen hatten. Daß Bismarck an den amerikanischen Bürgerkrieg dachte, als er sein Wort sprach von »Blut und Eisen«, durch welches die großen Fragen der Zeit entschieden würden, ist höchst wahrscheinlich. Nur: die kausale Wirkung solcher Stimmungen zeigt uns kein Dokument; sie ist Sache der Spekulation, und Vater Marx und allen seinen Nachkommen wird man sie nie beweisen können.

Was das Individuelle betrifft, so beherrschen, stärker als zuvor und nachher, einige markante Persönlichkeiten das Bild. Im Jahre 1866 bemerken zwei französische Romanciers, die Brüder Goncourt, in ihrem Tagebuch: »Merkwürdig, wie bei aller Revolution, bei der Verminderung der monarchischen Autorität überall in Europa, bei dem Gewicht des Volkes in den Regierungsangelegenheiten, kurz, bei aller Herrschaft der Massen, es doch nie größere Beispiele vom allmächtigen Einfluß, vom Despotismus des Willens eines einzelnen gegeben hat wie eben jetzt. So Napoleon III., so Bismarck.« Zu ihnen kommt der Piemontese Cavour, der an geschickter Zielsicherheit jenen, diesen an Feinheit der Gesinnung übertrifft. Zu ihnen kommt jenseits des Ozeans die so ganz anders geartete, schlechterdings nur-amerikanische, bizarre und tragische, reine und liebenswerte Gestalt Abraham Lincolns. Lincoln und Bismarck – sie sind die beiden grundverschieden gebauten Türme der Epoche. (Türme auch physisch gesprochen; denn beide waren sie Hünen von Gestalt.) Gekannt haben sie sich nicht und, soviel wir sehen, nie Notiz voneinander genommen, aber es gab Leute, die beide gut kannten: John Motley etwa, amerikanischer Diplomat und Historiker, und Carl Schurz, deutscher Demokrat von 1848, der amerikanischer General und Staatsmann wurde ... Neben den obersten Anführern die zeittypisch-dramatischen Mitspieler, Garibaldi, der triumphierende, John Brown und Orsini, die sich aufopfernden Verschwörer; die großen Kriegsmänner, Lee und Moltke; der furchtbare Beobachter, Marx; die lebenszähen, Generation nach Generation überdauernden, gekrönten Repräsentanten, Viktoria, Wilhelm I., Franz-Joseph.

Wohl sollte man das Gleichzeitige, historisch Zusammenhängende auch auf einmal erzählen können. Aber man kann es nicht; weswegen wir uns zuerst dem amerikanischen Schauplatz zuwenden und so sprechen müssen, als ob es den europäischen nicht gäbe.

Amerika: der Konflikt, „den nichts unterdrücken kann", und der Krieg zwischen den Staaten

Droysen, der deutsche Historiker, schrieb 1854 von der neuen Weltmacht, dem »maßlos wachsenden, demokratischen Nordamerika«, das bald die Staaten Europas als Kleinstaaten werde erscheinen lassen. Er war darin nicht klüger, als Tocqueville zwanzig Jahre früher gewesen war; nicht klüger als der Papst der Napoleonzeit, Pius VII., der schon 1818 prophezeit hatte, eines Tages werde die Neue Welt der Alten das Gesetz vorschreiben.

Dies Wachstum maß sich nicht an fremdem; stieß nicht ernsthaft gegen fremde, ältere Mächte, die in jenen Gegenden Jahrhunderte früher gewachsen waren. Wir wissen schon, wie die alten Mächte, Spanien, Rußland, der jungen Republik aus dem Weg gingen, sich gleichsam wie Phantome verhielten, wenn sie in ihrer Richtung vorstieß; und wie, wenn sie schon Widerstand leisteten – Mexiko 1846 –, dieser ihnen schlecht bekam. Was schließlich die älteste »Macht« auf dem amerikanischen Kontinent, die wahren Eingeborenen betrifft, so ist ihre Geschichte während des ganzen 19. Jahrhunderts eine ununterbrochene Kette von Niederlagen, von Versprechen, die ihnen gemacht und gebrochen, von Grenzen, die ihnen beschworen und wieder genommen wurden. Der weiße Mann, der schon sehr viel Land hatte und es noch sehr undicht bevölkerte, wollte das ganze amerikanische Land haben und bekam es auch.

Das Wachstum Amerikas brach sich an inneren Gegensätzen, die mitwuchsen. Wir kennen sie bereits. Der Kompromiß von 1850 war der letzte große Versuch, sie, wenn nicht zu lösen, doch in der Schwebe zu halten. Dann kam eine neue, schärfer gesinnte Generation zum Zuge, im Norden und Westen wie im Süden.

Die politische Stellung der südlichen Pflanzeraristokratie war stark. Sie regierte nicht bloß unumschränkt in ihren Staaten; durch das Instrument der Demokratischen Partei, das sie sich geschmiedet, vielmehr umgeschmiedet oder umgebogen hatte, regierte sie auch die Union bei weitem den größeren Teil der Zeit zwischen 1828 und 1860. Die letzten Präsidenten vor dem Bürgerkrieg, selber keine Südländer, selber keine entschiedenen Charaktere, waren umgeben von Beratern, Kabinettsmitgliedern, machtvollen Senatoren aus den Südstaaten. Auf ihrer Seite war der Bundesgerichtshof, dem der greise, feine, erzkonservative Taney präsidierte; auf ihrer Seite oder mit ihr identisch war die elegante Welt der Hauptstadt. Diese politische Stellung beruhte auf einer alten Herrschaftstradition, beruhte auch darauf, daß die Gegner schlecht organisiert, die »Whigs« im Aussterben waren und die nördlichen »Demokraten« sich von den südlichen hatten überspielen lassen; sie besaß, wie der verstorbene Calhoun längst durchschaut hatte, keine ausreichende Basis im Sozialen oder Wirtschaftlichen. Die Resultate jeder Volkszählung sprachen gegen sie. Die Einwanderung aus Europa, nach 1849 sich vervielfachend und einen kräftigen, demokratischen Menschentyp nach dem Norden und Westen führend, sprach gegen sie. Gegen sie sprach die wirtschaftliche Entwicklung des Landes, an der eben der Süden am wenigsten teilnehmen konnte; der Eisenbahnbau, der in den fünfziger Jahren die großen Seen mit dem Osten, Chikago mit New York verband und an Stelle der alten nord-südlichen Achse des binnen-amerikanischen Handelsverkehrs eine neue ost-westliche treten ließ. So wie in den

Jahrzehnten vor 1914 die preußischen Junker sich durch Tradition und Künsteleien der Verfassung, durch Monarchie und Heer eine politische Macht erhielten, die ihrer wirtschaftlichen nicht entsprach, so, ungefähr, die südlichen Pflanzer in dem Jahrzehnt vor ihrer Katastrophe.

Angriffe und Gegenangriffe moralischer Natur kamen verwirrend dazu. Es wäre falsch zu sagen, daß die Mehrheit der Amerikaner damals mit Leidenschaft gegen die Sklaverei gewesen wäre. Die meisten nahmen kein besonderes Interesse an der Sache weder im einen noch im anderen Sinn. »Geschichte« kann ja aber auch von kleinen Minderheiten gemacht werden und wird es meistens. Seit den dreißiger Jahren schon waren die »Abolitionisten«, jene, die die sofortige ganze Abschaffung der Sklaverei forderten, am Werk, in Zeitschriften, Versammlungen, Flugblättern den Haß gegen die »besondere Einrichtung« des Südens schürend. Der Roman der Harriet Beecher-Stowe, »Onkel Toms Hütte«, erschien 1852; das wirksamste Propagandabuch, das es je gab. Die Abolitionisten erreichten nichts Faßbares, das konnten sie nicht, außer daß ihre Gesellschaften flüchtige Sklaven auf wohlorganisierten Wegen aus dem Lande schafften. Wichtiger: sie hielten das Sklavereiproblem, als ein moralisches, im Bewußtsein der Bürger, die nur zu gern es vergessen hätten; ihren Wortführern, schrill und fanatisch, wie ihre Sprache war, fehlte es nicht an einprägsamen Argumenten und Beispielen. Der sklavenhaltende Süden, Politik, Justiz, Universität, Kirche, reagierte mit verletztem Stolz und Trotz: das, was völlig schlecht sein sollte, war völlig gut, naturgewollt, gottgewollt, und wehe dem, der von außen drohte, es anzutasten. Schlimmer sich in die Ecke getrieben fühlend, als sie es im Grunde schon waren, Angriffe, die von wenigen vorwärtsgetragen wurden, als einen Ausdruck breiter Stimmungen, das Resultat wohlgeplanter Verschwörungen des Nordens empfindend, gingen die südlichen Politiker zu einer Art von Gegenangriff über.

Der Kansas-Nebraska-Akt vom Mai 1854 widerrief den Kompromiß von 1820. Dieser hatte die Sklaverei von allen neu zu organisierenden Territorien nördlich des Breitengrades 36.30 ausgeschlossen. Nun wurden durch den Willen des Kongresses zwei neue Territorien, Kansas und Nebraska, gebildet, mit der Bestimmung, daß es den Siedlern vorbehalten sein sollte, zu entscheiden, ob sie die »besondere Einrichtung« auf ihrem Boden wünschten oder nicht. Der geistige Vater des Gesetzes, Stephen A. Douglas aus Illinois, ein Politiker von überaus verschmitztem, kraftvollem Typ, glaubte damit die rechte Lösung gefunden zu haben: Sklaverei würde da sein, wo die Leute sie haben wollten und wo sie wirtschaftlich Sinn hatte, anderswo nicht; also wahrscheinlich nicht in Kansas. Was aber als gesunder, praktischer Kompromiß gemeint war, ohne Grundsatz und ohne Tragik, erwies sich als das Aufreißen des alten Gegensatzes in seiner ganzen Schärfe. Der Friedensvertrag von 1820 – die Bedeutung eines solchen hatte der Missouri-Kompromiß gehabt – war nun aufgehoben, nicht nur implizite, in der Logik des neuen Beschlusses, sondern, worauf die südlichen Parteiführer bestanden hatten, ausdrücklich. Alsbald begann der Kampf um das neue Gebiet zwischen sklavenhaltenden Siedlern aus dem benachbarten Missouri und Einwanderern aus dem Norden; ein Bürgerkrieg im kleinen. Im »blutenden Kansas« konzentrierte sich der Gegensatz, der die Nation teilte und erst jetzt als »nicht mehr unterdrückbar« ins Bewußtsein der Nation trat.

Zwei neue politische Parteien entstanden im Zeichen der neuen Wirren. Eine, die bald wieder verschwand, versuchte einen amerikanischen Frieden zu stiften, indem sie sich gegen naturalisierte oder nicht-naturalisierte Europäer, zumal gegen Katholiken, wandte und einen bildungsfeindlichen Nationalismus pflegte. Die Geschichte der anderen ist im Moment, in dem dies niedergeschrieben wird, nicht abgeschlossen; es ist die »Republikanische«.

Der Name war Jeffersonsche Tradition, auf welche die neue Gruppe besseren Anspruch erheben konnte als die Demokraten des Südens. Ihr Wirkungskreis war, ohne daß sie es wollte oder proklamierte, streng sektional beschränkt, denn ihr Haupt- und beinah ihr einziger Programmpunkt, Ausschluß der Sklaverei von den neuen Territorien, sonderte sie vom Süden ab. Ihre Sprache war entschieden »westlichen Charakters«, schlicht, fromm, egalitär; sie appellierte an die Einwanderer, die Pioniere, die Farmer. Viel Neubürger, Deutsche zumal, stießen zu ihr; »Whigs«, denen die sterbende Whigpartei nichts mehr bot; »Demokraten« des Nordens, die mit jenen des Südens längst nur noch den Namen gemein gehabt hatten. Sie nahm die philosophischen Sätze der Unabhängigkeitserklärung in ihre »Plattform«, und das war ehrlich und so berechtigt, wie dergleichen bei einer politischen Partei überhaupt sein kann. Die Bedenklichkeit der neuen Formierung lag eben in ihrem rein sektionalen Charakter – worauf man antworten mag, daß sie den sektionalen Gegensatz nicht schuf, nur entschlossen ins Auge faßte. Bei den Präsidentenwahlen von 1856 schnitt sie für eine neue Partei überraschend gut ab; aber die Demokraten gewannen noch einmal mit zuverlässiger Mehrheit, indem sie, wie schon zuvor, einem weltgewandten und schwachen Parteistrategen des Nordens, James Buchanan aus Pennsylvania, das höchste Amt, der südlichen Pflanzeraristokratie aber die Substanz der Macht in Washington zuspielten. Noch einmal hatte die Nation sich mehrheitlich für die Sklaverei entschieden, jedenfalls nicht gegen sie; und gegen die neue Partei, welche den Widerstand gegen die Ausdehnung der Sklaverei auf ihre Fahne schrieb.

Trotzdem vergiftete die Atmosphäre sich zusehends. Da war das »blutende Kansas«, dem eine Minderheit eingewanderter Südländer eine Verfassung, welche die Sklaverei erlaubte, aufzwingen wollte, ein Versuch, der den Segen des Präsidenten und des Senates in Washington hatte. Da war, 1857, ein unheimliches Urteil des Obersten Gerichtshofes; der Missouri-Kompromiß, so entschied der greise, feine Taney, war vom ersten Tag an gegen die Verfassung und ungültig gewesen, Regierung und Kongreß hatten kein Recht, irgendwo in den Vereinigten Staaten irgendwie geartetes Eigentum anzutasten, ein Sklave war nirgends Bürger der Union und konnte es auch in keinem neuen Territorium werden, da er dort wie überall Eigentum seines Besitzers blieb. Das Urteil in der »Dred-Scott-Sache« stieß nicht nur noch einmal den alten Friedensvertrag um; es machte auch der populären Theorie von der freien Entscheidung durch das Volk am Ort selbst – »Squatter Sovereignity« – den Garaus, die Stephen Douglas zur Lösung des Sklavenproblems in den neuen Territorien befürwortete; und ein aufstrebender Politiker aus Illinois, Abraham Lincoln, verfehlte nicht, Douglas, mit dem er um den Senatssitz des Staates focht, über seine Auffassung dieser neuen Kalamität zu befragen. Zwischen beiden Konkurrenten fand, Sommer 1858, eine Reihe von öffentlichen Redezweikämpfen statt, die das politische Leben im neuen freien Westen im schönsten Lichte zeigen oder zeigen würden, wäre es nur nicht um einen so gefährlichen

Gegenstand gegangen und wären die Folgen keine so fürchterlichen gewesen. Es gelang Lincoln, seinen ungleich berühmteren, verwöhnteren Gegner nach links zu treiben und zur Verkündung einer neuen »Lehre« zu nötigen: dort wo die Leute die Sklaverei nicht haben wollten, werde keine sich halten können und keine sein, gleichgültig, was die Verfassung und was das Oberste Bundesgericht sagte. Mit dieser Lehre, meinte Lincoln, »wird Douglas nie Präsident werden«. Mehr: mit dieser Lehre, formuliert vom stärksten Mann der Demokratischen Partei, konnte die Demokratische Partei nicht eins bleiben, weil der Süden sie nimmermehr akzeptieren würde.

Die Lincoln-Douglas-Debatten dramatisierten zwei Persönlichkeiten, von denen die eine der Nation bisher unbekannt gewesen war, und verschärften die anscheinende Dringlichkeit des Problems. So tat, auf brutalere Art, ein wilder Puritaner, der sich schon im »blutenden Kansas« auf seiten der Sklavereifeinde hervorgetan hatte. Was John Brown im Oktober 1859 versuchte, erinnert von fern an Garibaldis Unternehmen ein halbes Jahr später. Aber Staat und Gesellschaft im amerikanischen Süden waren ungleich intakter als das verrottete neapolitanische Königreich. Browns Plan, mit einer Handvoll Spießgesellen im nördlichsten der Südstaaten einzudringen und einen Aufstand der Sklaven zu entfachen, der lawinengleich über das Land rollen würde, scheiterte jammervoll schon in seiner allerersten Etappe; es blieb dem Staat Virginia nichts anderes übrig, als den finsteren Eindringling aburteilen und hinrichten zu lassen. Lincoln verglich ihn nicht mit Garibaldi, sondern mit Orsini, der versucht hatte, den Kaiser der Franzosen in die Luft zu sprengen, und mißbilligte die Tat. Andere priesen sie. Auf John Browns Grabstein, forderte Victor Hugo, sollte man schreiben: Pro Christo Sicut Christus, und das war ungefähr die Meinung vieler Amerikaner in Nord und West. Noch immer an den Hebeln der Macht in Washington, noch immer die Präsidenten zu ihren Begünstigern zählend und einer leidlichen Mehrheit im Senat sicher, noch immer die Herren zu Hause, fühlten die Wortführer des Südens sich angegriffen, ungerecht verfolgt, umzingelt von ruchlosen Feinden. Wann hatten sie ihrerseits, so machte ihr energischster Vertreter, Senator Jefferson Davis aus Mississippi, wieder und wieder geltend, sich je in die Angelegenheiten des Nordens eingemischt? Zogen sie gegen die Nicht-Sklaverei zu Felde, wie man im Norden gegen die Sklaverei zu Felde zog? Was wollten sie anderes, als in Ruhe gelassen werden, als Gleichberechtigung, als Bewahrung der Union und Verfassung, wie sie die Väter gegründet hatten? War die Lage des Proletariats in den großen Städten des Nordens besser als die der Sklaven im Süden? Was wußten die Yankees überhaupt von der sozialen Wirklichkeit des Südens? Waren die Pamphlete der Abolitionisten die rechte Quelle, um sie zu verstehen? ... Argumente, die noch nach hundert Jahren zu beeindrucken vermögen. Diese Männer waren wohl nicht schlechter als die Politiker des Nordens und Westens; sie fühlten sich häufig besser, weil sie die Politik nicht als Erwerb, sondern als Pflicht wohlhabender Patrioten betrieben; sie waren fromm, gebildet, persönlich integer, einen eleganten Lebensstil pflegend; den Europäern in Washington waren sie im Durchschnitt lieber als die Parteifüchse von New York und Philadelphia und, neuerdings, von Chikago. Daß sich ihre »besondere Einrichtung« in das moderne, demokratische, industrielle Amerika nicht mehr schickte, mochte auch ein Teil der Sklaven besser daran sein als ein Teil der freien Arbeiterschaft, dies einzusehen und dementsprechend zu handeln, hätte es großer Weisheit bedurft; und es war kein Zar da, von den Pflanzern durch Machtspruch die Reformen zu erzwingen, die sie spontan nicht zuwege brachten. Im Trotz der Defensive wurde jetzt sogar die Forderung laut, die längst verbotene Einfuhr von Sklaven wieder zu legalisieren.

Auf der anderen Seite gingen in die neue Republikanische Partei so viele unreine Interessen ein, wie dies bei politischen Parteien, zumal den amerikanischen, noch immer der Fall gewesen war. Es fehlte hier nicht an Politikern, denen es, wie einer von ihnen sagte, nicht um Grundsätze, sondern um »the management of men« zu tun war. Seward, Senator für New York, der Mann, der den Ausdruck vom »Irrepressible Conflict« geprägt hatte, gestand unter Freunden ein, daß er überhaupt niemals glaube, was er öffentlich sage. Trotzdem hatte die Partei den großen inneramerikanischen Gegensatz der Zeit eingefangen und ausgedrückt, an ihm sich gebildet. Und als es nun im Sommer 1860 zur Aufstellung eines Kandidaten für die herannahenden Präsidentenwahlen kam, da einigte sich der Parteikonvent in Chikago auf keinen der geriebenen Parteigeschäftsleute, der Opportunisten; aus dem Spiel konkurrierender Gruppen ging unerwartet ein vor kurzem noch unbekannter, aber scharf profilierter Sieger hervor.

Abraham Lincoln, Rechtsanwalt aus Springfield in Illinois, war ein unbeugsamer Gegner der Sklaverei, und seine Seele war aus einem Stoff, der sich weder biegen noch brechen ließ. Zu sehr begabt mit Humor, zu sehr belastet mit Melancholie, um Fanatiker zu sein, strenger Anhänger von Gesetzlichkeit und Ordnung, war er dennoch unbeirrbar treu den Grenzen, die er sich gesetzt hatte; der eigenen Bescheidenheit; seiner Beurteilung der Dinge. Sklaverei war schlecht. Sie auszurotten hatte die Nation kraft der alten Verfassung keinen Auftrag. Dort wo sie war, sollte sie bleiben dürfen, dort allmählich absterben, vielleicht erst in hundert Jahren. Aber sie durfte sich nicht mehr ausdehnen. Und was noch wichtiger war: man mußte sagen, daß sie schlecht war, und ihre moralische Verurteilung mußte das Herz des Republikanischen Programms sein. Diesen Kurs hatte Lincoln in seinen Debatten mit Douglas geführt und dabei das widerwillige, weniger grundsätzlich gesinnte Gros der neuen Partei hinter sich her geschleppt. Es ist unbestreitbar, daß er politisches Kapital aus dem Sklavenproblem schlug; daß er ehrgeizig war; daß es seine Haltung in dieser Frage war, die ihm eine plötzlich wachsende Reputation gewann und die ihn zum Präsidenten machte. Sie hätte ihn aber ebensowohl ruinieren können. Zwei Jahre früher hätte sie ihn wahrscheinlich ruiniert. Lincoln gewann Macht und bald viel mehr Macht, als ihm lieb war, indem er seinem Herzen folgte.

Er war ein langer, mit seinem Körper, seiner Kleidung sonderbar linkischer Mann, damals um die Fünfzig. Daß er häßlich gewesen sei, behaupten viele, die ihn sahen, aber seine Photographien bestätigen es nicht; am wenigsten jene, die gemacht wurden, bevor er, 1860, anfing, sich den Bart stehenzulassen, mit dem er berühmt wurde. Ein Gesicht wie das seine, durchgeistigt, klar und traurig, männlich und zart, jünglingshaft und alterslos, bis ein historisches Leid es zerfurchte, das Gesicht eines Künstlers weit eher als eines Politikers – ein solches fragt man nicht, ob es schön oder häßlich sei. Geboren im wilden Westen als armer Leute Kind; in manchen harten Berufen erfahren; Autodidakt, sein Englisch an Shakespeare und an der Bibel bildend; beliebt bei seinen Mitbürgern und begabt, ihr vollständiges

Vertrauen zu erwerben, gleichzeitig aber in einer Aura von Einsamkeit lebend, ein Gleicher unter Gleichen und doch hoch über ihnen; die Sprache schlicht, immer direkt, manchmal humoristisch, manchmal derb, oft poetisch und schön; ein Mann, an dessen Integrität buchstäblich niemand zweifelte, der ihn kannte; ein Nur-Amerikaner, unvorstellbar in Europa, das er nie sah, fremd auch in New York, das er spät sah und das dem Manne aus dem Westen zunächst mit herablassender Neugier begegnete – so erschien Lincoln in der Zeit, da er plötzlich berühmt wurde. Von den Professionellen, die ihm die Nachricht von seiner Wahl zum Kandidaten überbrachten, sagte nachher einer: »Wir hätten wohl was Glänzenderes kaufen können, aber nichts Besseres.« Die Augen Lincolns, aus denen Wahrheit, Güte und Trauer sprachen, hatten es diesem geriebenen Politiker angetan ... Ob seine Wahl ein Zufall war, wie die sich durchkreuzenden Züge der Parteistrategie ihn mit sich bringen, ob guter Volksinstinkt, Schicksal oder was noch sich hier durchsetzte, dürfen wir nicht fragen; auch nicht, ob sie ein Glück war. In dem Geflecht von Ursache und Wirkung, das in der Katastrophe endete, bildete sie unbestreitbar ein bedeutendes Glied. Es ist aber ein Abgrund zwischen dem Kriegsschicksal, das Lincoln inkarnierte, und dem Spiel des Allianzen-Schmiedens, Kriege-Entfesselns, Kriege-wieder-Abbremsens, das gleichzeitig Louis Napoleon und Bismarck spielten.

Seine Haltung als Politiker, als Kandidat, als noch nicht amtierender Präsident war wohl durchdacht und korrekt. Sklaverei war schlecht und durfte sich nicht weiter ausbreiten. In den Grenzen, in denen sie bestand, war sie zu beschützen wie anderes bestehendes Recht. Lincoln verdammte die schrille Agitation der Abolitionisten, den Versuch John Browns. Aber einmal, in einer berühmten Rede 1858, hatte er, die Bibel zitierend, gesagt, ein in sich selbst geteiltes Haus könnte nicht bestehenbleiben; auflösen sollte und würde aber die Union sich nicht; folglich würde sie entweder ganz frei werden oder sich ganz der Sklaverei ergeben. Daß sie das letztere *nicht* werden durfte, war impliziert; die Rede, eine Verneinung dessen, was in unseren eigenen Tagen »Koexistenz« genannt wird. Der Süden vergaß sie nicht. Die kompromißlose Mäßigung, mit der Lincoln seine »besondere Einrichtung« verneinte, erregte ihn mehr als die stärkere Drohung der Abolitionisten.

Das andere Hauptglied in dem Kausalgeflecht, das zum Bürgerkrieg führte, war dies: die Demokratische Partei, die Partei Jeffersons und Jacksons, brach nun endlich auseinander. Das Instrument, durch welches der Süden sich eine ihm nicht mehr zukommende Macht in der Union zu sichern verstanden hatte, längst irrational, längst nur noch durch Geschick und erstorbene Tradition zusammenhaltend, taugte nicht mehr. Die Farmer und Handwerker des Nordens rebellierten gegen die Aristokratie des Südens; jene bestellten sich Douglas zu ihrem Kandidaten, den Mann der goldenen Mitte, der »Volkssouveränität am Ort selbst«, und proklamierten ihren unbedingten Gehorsam gegenüber Verfassung und Oberstem Gerichtshof; diese einigten sich auf ein klassisches Sklavenhalterprogramm. Indem so die Demokratische Partei den Schein einer gesamtnationalen Willensbildung nicht mehr aufrechterhalten konnte, standen die großen Sektionen des Landes sich zum erstenmal parteipolitisch gebunden gegenüber: der Norden und Westen mit den Republikanern, der Süden mit dem Minoritätsflügel der Demokraten. Dazu kamen zwei vermittelnde Gruppen, denen es nicht an gutem Willen zum Ganzen, aber an Stoßkraft fehlte, die »Unions-

Partei« und die nördlichen Demokraten unter Douglas. Bei den folgenden Novemberwahlen gewannen die Republikaner; nicht die Mehrheit aller, aber die meisten von allen Wahlstimmen, eine Pluralität. Sie genügte, um Lincoln zum Präsidenten zu machen. Der Staat South Carolina antwortete mit der Einberufung eines Konvents, der am 20. Dezember 1860 unter brausendem Jubel den Austritt des Staates aus der Union beschloß. In Anlehnung an die alte Tradition von 1776 ließ er eine Erklärung der Gründe folgen: warum der Staat, der nie aufgehört hatte, souverän zu sein, die Union verlassen durfte, und warum, schwer beleidigt, mißverstanden und benachteiligt, er sie verlassen mußte ... Wie der Politiker, der schon oft an die Grenze des Krieges ging, so daß sein Geist längst kriegsgewohnt wurde, sie endlich überschreitet; wie der Melancholiker, der oft schon an Selbstmord dachte, auch ihn wohl schon versuchte, endlich ihn ausführt, so hier der Staat South Carolina: mit der seit dreißig Jahren angespielten Trennung wurde es nun Ernst.

Die Atmosphäre dieses Winters war gespannt, verwirrt, ratlos und nach Rat suchend; obgleich das Leben der Hauptstadt nie so elegant gewesen sein soll wie in den letzten Monaten ihres alten Glanzes. Präsident Buchanan war schwach von Charakter, schwach, weil seine Amtszeit zu enden im Begriffe war, schwach, weil seine milde Verurteilung der Sezession mit seinen südlichen Sympathien stritt. Der Nachfolger redete zum Guten, beschwor den Süden, daß er von ihm nichts zu fürchten hätte. Aber Lincoln war nicht geschickt, in dem, was er für recht hielt, etwas nachzugeben; die Vermittlungsversuche, die gemacht wurden und deren wesentlichster Punkt die Wiederbelebung und Ausdehnung des Missouri-Kompromisses auf alle Territorien gewesen wäre, unterstützte er nicht. Als er sein Illinois verließ, meinte er, selbst George Washington hätte keine so schwere Aufgabe zu lösen gehabt wie die ihm nun bevorstehende. Als Anfang März seine Amtsführung mit einer düsteren Feier begann, hatten schon sieben Staaten – South Carolina, Mississippi, Florida, Alabama, Georgia, Louisiana, Texas – die Union verlassen und sich zu den »Konföderierten Staaten von Amerika« zusammengeschlossen. Vier weitere folgten nach: Virginia (dessen westlicher, gebirgiger Teil sich jedoch bei dieser Gelegenheit abtrennte und als neuer Staat Westvirginia von der Union anerkannt wurde), Arkansas, North Carolina und Tennessee. Zwei andere Sklavenstaaten, Kentucky und Missouri, schwankten, konnten jedoch für die Union gesichert werden.

Von da an kannte Lincoln nur eine Pflicht: »die Union zu retten.« Sie zu retten beinahe um jeden Preis: nur nicht um den einer Ausdehnung der Sklaverei. Hier fand sein zugleich subtiler und vereinfachender Geist den Kompaß, nach dem er sich richtete. »Ich will die Union retten«, schrieb er. »Wenn ich die Union retten könnte, ohne einen einzigen Sklaven zu befreien, so würde ich es tun; wenn ich sie retten könnte, indem ich alle Sklaven befreite, so würde ich es tun; wenn ich sie retten könnte, indem ich einige Sklaven befreite und andere nicht befreite, so würde ich es tun ...« Wohl gab es im Norden nachdenkliche Menschen, die dafür hielten, man könnte eine Union nicht auf Bajonetten begründen: wenn die Südstaaten sich abtrennen wollten, dann sollte man sie ziehen lassen. Lincoln entschied anders. Es war das Zeitalter des Nationalismus, in Amerika wie in Europa. Lincoln, ohne es zu wissen, war ein Nationalist. Die amerikanische Einheit, jetzt sieben oder acht Jahrzehnte alt, war ihm heilig wie sein Eid. In seiner Inauguralrede verwarf er die staatsrechtliche Theorie, wonach den Staaten Trennung vom Bund erlaubt sei, ebenso gründlich, wie South Carolina sie vertreten hatte. Die Mehrheit könnte jederzeit wieder zur Minderheit werden und sei überdies in ihren Aktionen durch die Verfassung in sicheren Schranken gehalten; der Grundsatz aber, wonach die Minderheit, wenn die Mehrheit ihr nicht gefiele, das Gemeinwesen auflösen dürfe, sei Anarchie. Er fügte ein starkes Argument aus dem Reich der Tatsachen hinzu: »Physisch können wir uns nicht trennen. Wir können unsere beiden Sektionen nicht voneinander fort bewegen oder eine unübersteigbare Mauer zwischen ihnen bauen.« Es werde kein Blutvergießen geben, es wäre denn, die abtrünnigen Staaten entschieden, daß es eines geben sollte; er werde sie nicht, sie müßten den Bund angreifen. Allerdings werde er die Besitzungen des Bundes überall okkupieren und beschützen, die Gelder, zu deren Erhebung der Bund berechtigt sei, überall erheben lassen ... Es war diese letzte Versicherung, die den großen Bürgerkrieg unvermeidlich machte. Die Rede war schön wie das meiste, das aus Lincolns Munde kam, sie kam aus bedrängtem Herzen, sie klang wie eine Friedensrede. Tatsächlich, angesichts der Lage, wie sie im Süden sich jetzt hergestellt hatte, war sie eine Kriegsrede; wenn man will, eine Annahme der separatistischen Herausforderung. Er verweigerte die Preisgabe von Bundesrechten. Konföderierte Truppen beschossen das im Hafen von Charleston gelegene Fort Sumter und zwangen es zur Übergabe (14. April 1861); nun hatte der Süden angegriffen; der Präsident rief nach fünfundsiebzigtausend Freiwilligen, um eine »ungesetzliche Verbindung« zu unterdrücken; der Bürgerkrieg, oder Krieg zwischen den Staaten, war da.

Die Ursachen dieses Krieges, Motive, Rechtslage, moralische Lage, Verdienst, Schuld, sind ungefähr so gründlich untersucht, so leidenschaftlich debattiert worden wie die Ursachen des Krieges von 1914; je mehr man sich in die Argumente der Parteien, der Epochen, der einzelnen Denker vertieft, desto näher gerät man an Grundfragen, die nur willkürlich zu entscheiden sind. Wahr und trivial ist die Feststellung eines neueren Historikers: daß der demokratische Prozeß versagt habe, weil zwei Hauptparteien sich über die Basis ihres Zusammenlebens nicht mehr einig waren, und daß, wo immer ein solches Versagen stattfindet, Revolution oder Bürgerkrieg die natürliche Folge sei. Also ungefähr wie in Spanien in den dreißiger Jahren unseres Jahrhunderts. Der Unterschied war der, daß, während der Konflikt in Spanien einer zwischen Klassen war, die auf dem gleichen Territorium lebten und sich nicht trennen konnten, so daß eine die andere zu unterwerfen trachten mußte, die amerikanische Spaltung vertikal, nicht horizontal verlief. Wohl standen sich auch hier Klassen gegenüber, aber regional bestimmte, der Süden, der Norden; und die Trennung schien um so eher in legalen Formen möglich, weil diese Regionen politisch aus Staaten bestanden, von denen die südlichen ihre Sezession als völkerrechtlich gültig glaubten nachweisen zu können und sie übrigens auf demokratischem Wege beschlossen. Der Süden hatte lange sehr viel von der Union gewollt; Ausdehnung der Sklaverei, eine ihm genehme Zollpolitik, Herrschaft über das Ganze; jetzt wollte er das genaue Gegenteil, Verzicht auf das Ganze, Trennung vom Ganzen und angeblich nichts weiter als vom Ganzen in Ruhe gelassen zu werden. Was das für den ursprünglichen Gegenstand des Streites, die Territorien, die ja ein Patrimonium eben des Ganzen waren, bedeuten würde, blieb völlig offen. Von vornherein in die Verteidigung gedrängt und um ihre bloße neue Existenz kämpfend, haben die »Konföderierten Staaten« an einen Kampf um die westlichen Territorien nie denken können. So gesehen waren sie die Angreifer nicht. Im Gegenteil; sie waren es, die Verzicht leisteten, die in beleidigtem Stolz und Trotz nun nichts mehr wollten, als sich isolieren, weil die Herrschaft über das ihnen entfremdete, das dynamisch auf- und ins Weite strebende Ganze ihnen entglitten war. So daß nun, wenn Friede blieb, der Norden in seinem Gebiet seine Antisklavereipolitik, seine Hochschutzzollpolitik viel freier als bisher hätte betreiben können. Was eine solche Freiheit des Nordens den Südstaaten eigentlich genützt hätte, ist schwer einzusehen; und allein diese Frage zeigt das Irrationale der ganzen Tragödie. Angreifer, richtiger Rebellen, waren die Konföderierten nur dann, wenn man die Union für unauflöslich, wenn man die Vereinigten Staaten von Amerika für eine solche Einheit hielt, wie Spanien war. So verstand es Lincoln, unter dem Beifall nicht aller, aber der Mehrheit seiner Mitbürger in Nord und West, zumal der Ärmeren. – Kennten wir die Persönlichkeit Lincolns und den Platz, den er in der amerikanischen Tradition einnimmt, nicht, nicht die moderne Geschichte der Union und ihre Verwirklichungen im 20. Jahrhundert, so würde man versucht sein, das, was nun folgte, als monströs anzusehen. Elf Staaten, alte und echte Staaten darunter, ein Gebiet so groß wie Westeuropa umfassend, sechs Millionen Menschen der weißen Rasse, wurden gezwungen, zu einem politischen Gemeinwesen zu gehören, zu dem sie nicht mehr gehören wollten; und wurden dazu gezwungen durch einen Krieg, der an Schrecken die europäischen Kriege des Zeitalters weit übertraf. Aber der Mann, der diesem Zwange vorstand, ist noch heute der Heilige der Nation (obgleich nicht des Südens); niemand (selbst im Süden) hat in unserem Jahrhundert den Ausgang der Sache bedauert; die den Deutschen vertraute Gleichsetzung von Weltgeschichte und Weltgericht hat hier sich durchgesetzt.

Von der Sklaverei war nun erstaunlich wenig die Rede. Lincoln griff nicht die Sklaverei an, er verteidigte die Union. Die Südstaaten verteidigten ihre Existenz, die auf Trennung von der Union beruhte. Der Präsident der neuen Konföderation, Jefferson Davis, erwähnte in seiner Inauguralrede die Sklaverei überhaupt nicht. In der Verfassung wurde sie erwähnt, die Einfuhr von Negersklaven in das Gebiet der Konföderierten Staaten aber verboten. Ein sonderbarer Widerspruch in der Verfassung der neuen Nation, deren ungeschriebenes Grundgesetz, ja deren *raison d'être* eben die Rechtlichkeit und Gottgewolltheit der Sklaverei war. Diese war der Gegenstand des Krieges, oder er hatte keinen. Man hat dagegen eingewandt, daß der ganze Sklavenbesitz längst nicht wert war, was der Krieg den Südstaaten dann gekostet hat; daß also tieferliegende »Wirtschaftsgründe« zum Verständnis der Katastrophe herbeizuziehen seien. Ein Trugschluß. Krieg, wenn er einmal da ist, kostet, was er will, nicht, was jene, die ihn begannen, sich allenfalls dachten (wenn sie überhaupt etwas dachten). Die Kosten des Krieges beweisen darum nichts für Gewicht und Wert seines Gegenstandes. Die divergierenden Wirtschaftsinteressen des Nordens und Südens waren nicht derart, daß um ihretwillen ein entsetzlicher Bürgerkrieg hätte geführt werden müssen oder können. Man führt nicht Krieg um Zolltarife; es führt eine Gesellschaftsklasse im Lande nicht darum Krieg, weil sie in einem allmählichen, relativen wirtschaftlichen Niedergang begriffen ist; zwei Regionen eines Gemeinwesens, von denen die eine überwiegend industriell, die andere überwiegend landwirtschaftlich ist, führen darum nicht Krieg gegeneinander. Um die Sklaverei ging es; und zwar nicht um den Besitz an den Sklaven in den Südstaaten, der unmittelbar nicht bedroht war, sondern um das Prinzip, das Gute oder Schlechte; insofern hatte der Krieg etwas vom Religionskrieg. Übrigens war Stolz im Spiel, Stolz der Südländer auf ihre alten Staaten, South Carolina, Georgia, Virginia, die in der Tat etwas anderes waren als Illinois oder Michigan; Stolz auf ihren Lebensstil, den sie bedroht fühlten durch die plumpe Einmischung dynamisch-vulgärer Yankees; Stolz und Übermut und wohl auch Lust, sich zu schlagen. Wo diese nicht ist, da gibt es keinen Krieg. Aber, wir wissen es: dies Zeitalter war kriegerisch zu beiden Seiten des Atlantik.

Jefferson Davis, der Präsident der neuen Konföderation, und Vizepräsident Alexander Stephens, zwei befähigte Politiker, machten sich keine Illusion über die Schwere der Prüfung, die bevorstand. Sie hätten sie gern vermieden, wenn ein Kompromiß noch möglich gewesen wäre. Im großen und ganzen aber herrschte im Süden wie im Norden helle Freude, als nach langen, schwülen Monaten die Entscheidung endlich gefallen war; und im Süden herrschte der Glaube, daß man das nördliche Krämervolk schnell zu Paaren treiben würde. Der Glaube an einen leichten Sieg ist zu Beginn eines Krieges meist beiden Gegnern gemeinsam. Hier war es eine machtgewohnte, zum Sportlichen und Soldatischen neigende Gesellschaftsklasse, die ihn hegte. Außenpolitische Spekulationen kamen dazu. Europa, hieß es, war ganz abhängig von der Ausfuhr des Südens, Reis, Tabak, Baumwolle zumal; auch mit ihren Sympathien stand die europäische Führungsschicht der südlichen Aristokratie ungleich näher als den Yankees und ihrem barbarischen Holzfäller-Präsidenten; so oder so würde Europa der Konföderation helfen . . . Die Statistiken redeten eine bösere Sprache. Elf Südstaaten standen dreiundzwanzig Nordstaaten gegenüber, neun Millionen Menschen, davon ein gutes Drittel Negersklaven, zweiundzwanzig; der Norden hatte die Industrie, die Banken, die Eisenbahnen, die Handelsflotte. So ungeheuer war seine Überlegenheit in allen den Dingen, die den Krieg nähren, daß ihr gegenüber das vierjährige Aushalten der Südstaaten als eine der imposantesten Leistungen der Kriegsgeschichte erscheint.

Es war der erste moderne Krieg, in seiner Jahr für Jahr sich steigernden Intensität, seiner aufwühlenden, tief verändernden Wirkung im Moralischen, Sozialen, Wirtschaftlichen den Kriegen unseres Jahrhunderts ähnlicher als den Kriegen des 18. Das hatten die nicht erwartet, die ihn begannen, auf beiden Seiten nicht; obgleich bis zum Schluß keiner von ihnen bereute. Nach fünfundsiebzigtausend Freiwilligen, die drei Monate dienen sollten, hatte Lincoln im Frühling 1861 gerufen; vier Jahre später hatte der Norden – die Union – neunhundertachtzigtausend unter den Waffen und hatte das Prinzip der Freiwilligkeit längst durch Zwangsrekrutierung ersetzt oder doch ergänzt. Im Süden bestand allgemeine Wehrpflicht schon im zweiten Jahr, zuletzt auf die Altersstufen von siebzehn bis fünfzig sich erstreckend. Gefallen oder sonst zugrunde gegangen sind insgesamt etwa sechshunderttausend Soldaten.

Modern war der Krieg auch in der Weite seiner Operationen. Daß Amerika für einen Eroberer zu groß sei, hatte der ältere Pitt vor achtzig Jahren seinen Landsleuten vergebens zugerufen; nun galt es, nicht Amerika, aber doch einen gewaltigen Teil von Amerika zurückzuerobern. Es geschah in zwei durch Gebirge voneinander getrennten Kriegstheatern.

Die Aufmerksamkeit des zuschauenden Europa war auf das östliche konzentriert, wo die Maßstäbe europäisch waren und die Hauptstädte, Washington und Richmond, lagen. Dort, in einer Kette von Schlachten im Napoleonstil, war der Süden lange Zeit erfolgreich. Das Verhängnis kam vom Westen. Sommer 1863 war hier das Ziel der Union erreicht, das ganze Tal des Mississippi unter seiner Kontrolle, das Gebiet der Konföderierten in zwei Teile gespalten, ihre letzte freie Verbindung mit Europa gesperrt. Dieser Zweiteilung folgte, vom Westen her, eine abermalige Zweiteilung des Restgebietes: General Shermans Marsch von Chattanooga nach Atlanta, von Atlanta zum Ozean, unter planmäßiger Verwüstung eines breiten Landgürtels auf seinem Wege. Indem er dann sich nach Norden, gegen South Carolina, wandte, war die schon in den ersten Kriegsmonaten geplante Umzingelung des südlichen Kerngebietes vollendet. Verglichen mit den Ergebnissen dieser großzügig-langfristigen, von Erfolg zu Erfolg schreitenden West-Strategie waren die Ereignisse auf dem östlichen Schauplatz dramatisch und kostspielig, aber die längste Zeit nichts entscheidend. Wieder und wieder seit dem Sommer 1861 versuchten die Generale des Nordens die feindliche Hauptstadt zu nehmen und nahmen sie – April 1865. Wieder und wieder drang Lee, der Fähigste unter den Anführern des Südens, zuletzt Oberbefehlshaber aller südlichen Armeen, gegen Norden, nach Maryland, nach Pennsylvania vor; die berühmtesten Schlachten des Krieges, Antietam, Gettysburg (Juli 1863), zwangen ihn zum Rückzug. Seit Gettysburg waren die südlichen Armeen auch an dieser Front in der Verteidigung, aller Diversionen und Präventivangriffe ungeachtet; zuletzt, nach den Worten eines englischen Historikers, wie die Nuß zwischen den beiden Zangen des Knackers. Am 9. April 1865 ergab sich Lee dem nördlichen Oberbefehlshaber, General Grant.

Die Zugeständnisse, die Grant in Appomattox machte – die Offiziere durften ihren Degen, die Soldaten ihre Pferde behalten und alle als freie Männer nach Hause gehen –, waren Zugeständnisse unter Soldaten ritterlichen Charakters; grundsätzlich war diese Übergabe, wie schon die allererste gewesen war, bedingungslos. Von Anfang bis Ende blieb Präsident Lincoln treu dem Grundsatz, wonach er es mit Rebellen, nicht mit einer fremden Macht zu tun hatte; sehr zornig wurde er, wenn seine Generale von der Befreiung *ihres*, des nördlichen Bodens vom Feinde sprachen, als ob der Boden des Südens nicht auch der ihre und er, Lincoln, der Präsident des Nordens und nicht der Präsident der Union wäre. Es war eine Ansicht der Dinge, die Verhandlungen buchstäblich ausschloß. Sie war hart und hatte harte Folgen, aber sie war unausweichlich, wenn die »Union gerettet« werden sollte; und mit unbeugsamer Härte im Grundsätzlichen verband Lincoln ein schönes Erbarmen im Menschlichen. Die Rebellen waren Rebellen, aber ihre Bestrafung wies er weit von sich – »richtet nicht, damit ihr nicht gerichtet werdet«; unter allen Bürgerkriegen war dieser der am wenigsten rachsüchtigste, wenigstens solange Lincoln lebte. Bis zuletzt, nach den schlimmsten, jede vernünftige Hoffnung ihm raubenden Niederlagen war der Gegner frei, aufzugeben und in das Gemeinwesen zurückzukehren, dem er sich hatte entziehen wollen. Erschüttert von den Beschreibungen des Elends im Süden, die ihm zukamen, schlug Lincoln im Februar 1865, nach vier Kriegsjahren, seinem Kabinett vor, eine große Summe Geldes unter den Südstaaten verteilen zu lassen, wenn sie jetzt aufgäben – ein Gedanke, der auch seinen ergebensten Ministern zu generös war. »Ihr seid alle gegen mich«, meinte er traurig. Es ist diese Caritas, die ihn in aller Düsternis des Krieges zur lichten Gestalt und die Lincoln-Legende zur Wahrheit macht.

Er schreckte vor keiner Kriegsnotwendigkeit zurück, und eine von ihnen war die Blockierung der feindlichen Häfen. Die Südstaaten waren auf ihren Handel mit der Alten Welt angewiesen. Die europäischen Staaten erkannten beide Parteien bald als kriegführende Mächte an und damit die Rechtlichkeit der Blockade des Nordens. Diese steigerte allmählich ihre Wirksamkeit. Der Export südlicher Baumwolle sank auf zwei Hundertstel der Vorkriegsmasse, ein Ausfall, der die englische Textilindustrie in die schwerste Krise stürzte, ohne die von Jefferson Davis erhofften politischen Folgen zu zeitigen. Wohl war die englische Oberschicht, Aristokratie und Großbürgertum, mit ihren Sympathien überwiegend auf der Seite des Südens; in dem instinktiven Gefühl, daß seine Niederlage einen weltgeschichtlichen Sieg der Demokratie, und zwar einer radikalen, das Proletariat nicht ausschließenden Demokratie bedeuten würde; teils wohl auch die Folgen einer dauernden Spaltung der Union für die Verteilung der Machtgewichte im weltpolitischen Spiel hoffnungsvoll berechnend. Von Gladstone, dem Finanzminister, dem edlen humanitären Gladstone stammen die öffentlich gesprochenen Worte, deren er sich später selber schämte: »Wir wissen gut, daß das Volk der Nordstaaten den Kelch noch nicht geleert hat – daß es ihn noch fern von seinen Lippen zu halten sucht –, während doch alle Welt sehen kann, daß es ihn wird trinken müssen. Wir mögen unsere eigene Meinung über die Sklaverei haben; wir mögen für oder gegen den Süden sein; aber kein Zweifel besteht darüber, daß Jefferson Davis und die anderen Anführer des Südens eine Armee geschaffen haben; eine Flotte, scheint es, schaffen sie auch; und sie haben geschaffen, was viel mehr wiegt als Armee und Flotte, eine Nation.« Wieder und wieder erwogen Palmerston, der Premier, und Russell, der Außenminister, die Ratsamkeit einer Anerkennung der Konföderierten, einer Vermittlungsaktion, und warteten nur auf den Durchbruch General Lees im Norden, um zur Tat zu schreiten. Vom Kontinent her trieb Louis Napoleon zu einer solchen an; auch er von aristokratischen oder autokratischen Sympathien bewegt, immer begierig, etwas Großes zu unternehmen, übrigens aus einem gewissen paneuropäischen, daher antiamerikanischen Instinkt oder Stolz, der ihm eigen war. Sein unglückliches mexikanisches Abenteuer, von dem später die Rede sein muß, steht in diesem Zusammenhang. Eine formelle Anerkennung der Südstaaten wagte er nicht ohne England, England wich ihr aus. Es kam zu den gewohnten Trakasserien zwischen Kriegführenden und Neutralen zur See, Verfehlungen des Nordens, des Südens und Englands gegen das Völkerrecht, zu bedrohlichen Krisen; aber sie wurden beigelegt dank der weisen Mäßigung Lincolns und dank der Erfahrung der englischen Staatsmänner, die eine Politik phantastischen Abenteuers von einer auf lange Sicht verantwortlichen Politik zuletzt doch immer zu unterscheiden wußten. Seine Anerkennung durch Europa, nach der Jefferson Davis fiebernd verlangte, der er oft nahe zu sein glaubte, entging ihm bis zum bitteren Ende.

Wäre Europa noch das Europa von 1815 gewesen, vielleicht hätte es den Wunschtraum des Präsidenten der Südstaaten erfüllt. Nicht so das trotz aller dramatischen Niederlagen der Revolution sich auf der breiten Straße der Industrialisierung und Demokratisierung vorwärtsbewegende Europa der Jahrhundertmitte. Zu den treuesten Anhängern Lincolns im amerikanischen Norden gehörten die deutschen »Achtundvierziger«; zu seinen entschiedensten Freunden in Europa die englischen Arbeiter. Zwischen der Arbeiterschaft von Manchester und dem Präsidenten wurden (Winter 1862/63) herzerwärmende Botschaften ausgetauscht; kein anderer als Karl Marx organisierte eine Versammlung der Londoner Trade Unions, die einen Sieg des Nordens als unabdingbar für die Zukunft der Freiheit in England erklärte. Es war die Politik, die wir schon kennen, hier angewandt auf die besonderen amerikanischen Verhältnisse: sich vorläufig auf die Seite des »Kapitalismus« zu stellen, dort, wo er gegen den »Feudalismus« kämpfte. Aber gleichgültig, wie die verbogenen Marxschen Spekulationen verliefen; die von ihm angesprochenen Arbeiter dachten gerader, gerader auch die Propheten des Freihandels, Cobden, Bright, die sich unbezahlt in den Dienst der nördlichen Propaganda stellten. Es waren Stimmungen, die das britische Kabinett nicht ignorieren konnte. Sie wurden zur mitentscheidenden Macht, als Präsident Lincoln fünf Tage nach der Schlacht von Antietam (22. September 1862) für den 1. Januar 1863 die Befreiung aller Sklaven im Gebiet der im Kampf gegen die Union liegenden Staaten proklamierte.

Der denkwürdige Akt war das Produkt langen Zögerns und Zweifelns. Der Gegenstand des Bürgerkrieges war die Sklaverei; aber die unbeirrbare Theorie Lincolns, daß er für die Union, nicht gegen die Sklaverei Krieg führte. Er wollte die letzte Brücke zu den Rebellen nicht abbrechen, solange noch die fernste Hoffnung bestand, daß sie sie freiwillig beschreiten würden; solange rührte er das Problem der Sklaverei nicht an, trotz der Verwirrung und Enttäuschung seiner radikalen Anhänger im Norden. Erst nach anderthalb Jahren tat er den großen, gründlich überlegten Schritt, eine Kriegshandlung des amerikanischen Generalissimus, welcher der Präsident war, jenseits aller von der Verfassung bestimmten Rechte; man könnte in moderner Sprache nahezu sagen, ein Akt der psychologischen Kriegführung. Sein Erfolg war im liberalen Europa so durchschlagend wie im demokratischen Amerika; nun konnte kein europäischer Staatsmann ernsthaft mehr an Intervention zugunsten des Südens denken. (Eine Vermittlung hat Louis Napoleon noch 1863 angeboten, erhielt aber vom Kongreß in Washington eine scharfe Absage.)

Was die Proklamation von 1862 als einen Akt des Krieges begann, beendete ein Zusatz zur Verfassung, vom Kongreß 1865 beschlossen, im Lauf des Jahres von der notwendigen Zahl von Staaten ratifiziert – damals gab es Mittel und Wege, die Südstaaten zur Ratifizierung zu bewegen. Das dreizehnte Amendment unterdrückte die Sklaverei auf dem gesamten Gebiete der Union.

Was vom Norden her geschah, erst als Kriegsakt, dann als verfassungsrechtlicher Prozeß, geschah gleichzeitig im Süden als Folge des alles aufwühlenden, verbrauchenden, einschmelzenden Krieges. Die südlichen Pflanzer verloren ihre »besondere Einrichtung« schon, während und weil sie um sie kämpften. In ihrer Bedrängnis riefen sie die Sklaven zum freiwilligen Heeresdienst auf, jedem die Freiheit versprechend, der dem Ruf folgte; in den letzten Monaten des Krieges kämpften Negerbataillone auf beiden Seiten. So oder so sei die Sklaverei am Ende, erklärte Davis, und es läge ihm auch gar nichts daran. Zuletzt bot er den europäischen Mächten ihre bedingungslose Abschaffung an – wenn sie die Konföderation anerkennten. Das, um dessentwillen der Krieg angefangen worden war, wurde preisgegeben, damit er nur noch eine Weile weitergehen könnte. Über die Möglichkeit des Weitermachens und Doch-noch-Siegens nährte Davis Illusionen bis zum letzten Tag; wenn er endlich aufgab und südwärts floh – seinen Häschern in die Arme –, so darum, weil seine Generale ihm weitere Gefolgschaft verweigerten.

Es war ein zugleich zerstörendes und schöpferisches Chaos, in dem die Sklaverei unterging. Zerstörend – zwischen dem Dreißigjährigen Krieg und den Kriegen unseres Jahrhunderts ist kein Krieg in Europa so zerstörend gewesen wie dieser. Verbrannte Städte, verwüstete Felder, planvoll zerstörte Eisenbahnlinien; obdachlos umherirrende Flüchtlinge, viele befreite Sklaven darunter; Inflation im Verhältnis von eins zu zwanzig und mehr, schließlich Ausstreichung der gesamten konföderierten Staatsschuld, Ruin aller patriotischen Wohlhabenheit, die sich in den Dienst des Krieges gestellt hatte – dies waren 1865 die Tatsachen im Süden. Ganz anders im Norden. Hier erlebte Amerika, was es später noch wieder erleben sollte: daß der Krieg, der zerstört und ärmer macht, auch reicher machen kann, und zwar nicht eigentlich durch den Sieg – was konnte der Besiegte geben –, sondern durch die Kriegsanstrengung selber. So sehr die Ausgaben für den Krieg ins ungeheure wuchsen – man hat eine Gesamtsumme von fünf Milliarden Dollars errechnet –, die Industrie wuchs noch mehr, der Norden konnte, während er strategische Eisenbahnlinien, Kanäle, Kriegsschiffe baute und eine Millionenarmee reichlich versorgte, noch gleichzeitig seine Ausfuhr nach Europa erhöhen. Es fehlte nicht die Rasse der überbezahlten Heereslieferanten, der Kriegsgewinnler, der neuen Reichen; greller Luxus in den beiden Hauptstädten kontrastierte mit dem Leid der Truppe.

Übrigens konnte der Norden, der nie ernsthaft, nur gelegentlich in Randgebieten, vom Feind bedroht war, auch jederzeit an seine friedlichen Interessen denken; und tat dies nun, ungestört von jenen, die vorher seine Bestrebungen jahrzehntelang durchkreuzt hatten. Die Gründung neuer riesiger Territorien im Westen – Colorado, Nevada, Arizona, Idaho, Montana; ein Gesetz, das die öffentlichen Ländereien dieser Gebiete den Siedlern zu einem nominellen Preis zur Verfügung stellte (Homestad Act von 1862); riesige Landzuweisungen an die Union Pacific Railway Company, die den Bau der ersten transkontinentalen Eisenbahn übernahm; Straffung der Währung, wie der alte Jackson sie, als nur dem Interesse der Reichen dienend, nie geduldet hätte; Schutzzölle, die schließlich nahezu die Hälfte des Warenwertes erreichten – solche inmitten des Kriegsgewühls nun leicht und ohne Lärm durchgesetzten Neuerungen schienen denen recht zu geben, die im Bürgerkrieg vor allem einen Kampf zwischen zwei Wirtschaftssystemen sahen. Kapitalist, Farmer und freier Arbeiter, nicht länger behindert durch die Sklavokratie, erfüllten nun uralte Wünsche und nahmen sich, was sie konnten – die Arbeiter freilich am wenigsten.

Wenn dann im Süden die Kriegsnot jede innere Politik praktisch aufhob, die unionistische Opposition zum Schweigen oder aber zu hochverräterischem Wirken gezwungen war, so gingen im Norden Verfassungsprozeß und Parteipolitik weiter, nicht ohne sich an den Notwendigkeiten des Krieges zu reiben, aber im Kern unversehrt. Nie wurde vergessen, daß es zwei Parteien gab und die eine der anderen nichts Gutes wünschte. Die nördlichen Demokraten bejahten die Union und, implizite, den Krieg; nicht seine Führung. Im Wahlkampf von 1864, vertreten durch einen Heerführer von zweifelhafter Loyalität, forderten sie schleunige Beendung des Krieges durch Verhandlungen und Bewahrung der Union, ohne zu zeigen, wie diese durch jene zu haben war. Ihre Propaganda war damals frei; schwer die Sorge des Präsidenten, daß sie gewinnen könnten. Sie gewannen nicht. Mit gewaltiger Mehrheit wiedergewählt, konnte Lincoln die letzten Kriegsentscheidungen seinem Generalleutnant Grant überlassen, um sich den großen Fragen des Friedens und Wiederaufbaues zuzuwenden.

Der Kriegspräsident regierte mit starker Hand. Ungefähr wie ein Geringerer, Woodrow Wilson, ein halbes Jahrhundert später, war er, der zutiefst freiheitsliebende, aus dem Volke kommende, dem Volk vertrauende Mann, in der Lage, mit starker Hand regieren zu müssen. Er war praktisch, und er war nicht sentimental; das Notwendige ordnete er an, und dieses, in einem solchen Krieg, war viel und oft böse, nicht nur gegen den Feind. Habeas Corpus wurde außer Kraft gesetzt; Kriegsgerichte waren emsig am Werk; eine geheime Polizei spürte Verschwörungen und verschwörerischen Gesinnungen nach; die Gefängnisse füllten sich mit Kriegsgegnern. Wo immer Lincoln selber entscheiden konnte, machten wohl seine Klugheit, seine Güte, selbst sein Humor sich geltend. Aber diese waren auf die Riesenzahl der Ausführenden nicht übertragbar; und an Haß und Hohn gegen den »Despoten« im Weißen Haus, »König Abraham I.«, der den Südländern ohnehin als der Teufel galt, fehlte es auch im Norden nicht. Lincoln wußte das und ging seinen einsamen Weg, ohne sich's anfechten zu lassen. »Gottes Wille geschieht«, schrieb er einmal für sich. »In großen Konflikten behaupten beide Parteien in Harmonie mit dem Willen Gottes zu handeln. Aber beide mögen und eine muß im Unrecht sein. Gott kann nicht für und gegen dieselbe Sache zur selben Zeit sein. In dem gegenwärtigen Bürgerkrieg ist es wohl möglich, daß Gottes Absicht verschieden ist von den Absichten beider Parteien und daß die menschlichen Instrumente, gerade so wie sie sind, sich am besten in seine Absichten fügen. Beinah würde ich sagen, wahrscheinlich ist es so, daß Gott diesen Kampf will und will, daß er noch nicht ende ...« An die Vorsehung glaubte er mit der Kraft seiner einfachen und tiefen Seele; auch, in einem weltlicheren Sinn, an die Macht der Geschichte. »Wir können uns der Geschichte nicht entziehen« (We cannot escape history), hieß es in einer seiner Botschaften. Und obwohl ganz offenbar er es war, dessen Energie die Union zusammenhielt, schätzte er seinen eigenen Einfluß gering ein mit der Bescheidenheit, die mit Frömmigkeit, und mit dem Skeptizismus, der mit Erfahrung zusammengeht. »Ich behaupte nicht, die Ereignisse beherrscht zu haben; ich gebe offen zu, sie haben mich beherrscht.«

Die vier Jahre von Lincolns Regierung waren Kriegsjahre und nichts weiter. Den Krieg bis zu Ende geführt, die These, wonach die Union auflösbar war, endgültig widerlegt zu haben, ist seine Leistung. Sein Ruhm beruhte jedoch nicht auf ihr allein, die an sich selbst ihn nicht über den jüngeren Pitt oder Clemenceau und andere solche »Durchhalter« stellen würde. Auch ist es ja sehr wohl denkbar, daß die Südstaaten ohne Krieg über kurz oder lang in die Union zurückgekehrt wären. Lincoln gehört zu den Persönlichkeiten der Geschichte, die noch mehr waren, als sie taten, und durch ihr Sein, ihre Taten die ganze Krise, in der sie sich abkämpften, mit einem versöhnenden Zauber umgaben. Man könnte ihn in diesem Sinn etwa mit Friedrich II. von Preußen vergleichen – dem Kriegshelden auf einem anderen Pol der Geschichte und Gesellschaft, dem Menschenverächter und Zyniker, der trotzdem einiges mit Lincoln gemein zu haben scheint: Einsamkeit, Humor, Trauer, Originalität

Abraham Lincoln
Photographie, 1863. Washington, Library of Congress

San Francisco. Blick auf die Stockton Street. Photographie, 1856

Postamt in San Francisco. Lithographie, um 1850
Beide: New York City, New York Historical Society

und persönliche Souveränität. Bei Lincoln, wie bei Friedrich, ist alles originell, jeder Brief, jede Rede und noch die wahren oder erfundenen Anekdoten aus seinem Leben. Wenn er der amerikanische Demokrat war, wie die Demokratie sich angesichts dieser Prüfung einen repräsentativeren nicht wünschen konnte, so war er so wenig Durchschnitts-Demokrat, wie Friedrich Durchschnitts-Monarch war; aus dem Politikerberuf, sonst in seiner Zeit keinem sehr noblen, machte er eine unvergleichliche Kunst. Einige seiner Reden haben den Schatz angelsächsischer Staatstradition nicht bloß bereichert, sondern recht eigentlich gekrönt: die Gettysburg-Rede, die zweite Inauguralrede. In dieser versprach er den Frieden, wie er ihn sich vorstellte: »Mit Bosheit gegen niemanden; mit Erbarmen für alle; mit Festigkeit im Recht, wie Gott uns das Recht zu verstehen erlaubt, laßt uns streben, das Werk zu vollenden, in dem wir stehen: die Wunden unseres Volkes verbinden, für den sorgen, der die Last des Kampfes trug, und für seine Witwe, seine Waisen – alles tun, was uns einen gerechten, dauernden Frieden mit uns selber und mit allen Völkern geben mag.«

Fünf Tage nach der Kapitulation von Appomattox, am 14. April 1865, wurde Lincoln, in Washington im Theater sitzend, von Pistolenschüssen tödlich verwundet. Der Mörder und seine Helfer waren Idioten; eine weitverzweigte Verschwörung, die man hinter ihnen vermutete, gab es nicht. Der Zufall von Haß und Schwachsinn und schlechter Polizei setzte seinem Wirken auf dem, was erst der Höhepunkt werden sollte, ein Ende. Daß er, der den Krieg gewann, auch den Frieden gewonnen hätte, der nach ihm schlecht genug verwaltet wurde, ist denkbar; denkbar auch, daß er an dieser Aufgabe gescheitert wäre. So verschwand er mit einem Schlag, sobald die eine ihm aufgegebene Arbeit getan war. Sinn, höher als Menschen ihn geben können, schien wohl auch in diesem plötzlichen Entschwinden zu liegen. Der das Gelobte Land versprochen und sein Volk nahe daran geführt hatte, durfte es nicht sehen. Die langsame Trauerprozession nach dem heimatlichen Illinois, die Leere, die der Entrissene hinterließ, der Schmerz des Verlustes, die Reinheit von den Schlacken der folgenden trüben Epoche, die nun ihm bewahrt blieb – sie vollendeten sein Bild. Die Lincoln-Legende ist bis heute intakt geblieben.

Den Nachfolger, Andrew Johnson, hatte man 1864 zum Vizepräsidenten genommen, weil er zur unionstreuen Gruppe im nördlichsten der rebellierenden Südstaaten, Tennessee, gehörte und so für die Einheit von Nord und Süd ein persönliches Beispiel gab. Zu Lincolns Programm von Amnestie und Versöhnung stand er aufrichtig, aber über seine Kunst der Menschenführung ist nicht viel Gutes zu sagen. Danach, 1868, wählten die siegreichen Republikaner sich den General Grant zum Präsidenten, der ein großer Soldat gewesen war, aber den schlechtesten Präsidenten der amerikanischen Geschichte abgab. Das Pendel schlug nach der anderen Seite. Auf eine kurze Epoche persönlicher Führung durch den Präsidenten folgte eine lange, in welcher der Kongreß die Macht ausübte, und, hinter dem Kongreß und durch ihn, die nun üppiger denn je sich ausbreitende Welt des Geschäftes.

War die große Operation gelungen? Ja und nein. Die Union war ganz und ungeteilt; und vier Millionen ehemaliger Sklaven waren nun frei, was sie ohne den Bürgerkrieg wohl sobald nicht geworden wären. In diesem Sinn war die Redensart, wonach Kriege nichts lösen können, hier einmal unzutreffend. Freilich aber ließ der Krieg manches ungelöst, und er schuf neue Probleme an Stelle der alten. Besser hatte er die Menschen in keinem Falle gemacht, das tun Kriege nun einmal nicht; und der einzige, der Krieg und Frieden ein klein wenig Licht aus einem höheren Reiche geben konnte, Abraham Lincoln, lag in seinem Grabe.

Reporter aus dem Norden und aus Europa eilten nach dem unterworfenen Süden und kehrten mit ihren Berichten zurück. Die einen meldeten: die Unterwerfung sei rein äußerlich, die Südländer hätten nichts gelernt und nichts vergessen. Sie verachteten die zurückgekehrten Emigranten, hielten unter sich zusammen, sabotierten die Arbeit der Militärregierungen; die Lage der befreiten Neger sei schlimmer als vorher die der Sklaven; zöge der Norden seine Truppen zurück, so würden alsbald die schuldigsten Unionsfeinde wieder zur Macht kommen; nur strenge Kontrolle könnte bis auf weiteres eine siegesgemäße Ordnung sichern. Dagegen andere: Das Verdikt der Geschichte sei im Süden gleichwohl angenommen, an neue Abtrennung denke niemand mehr; für die durch die befreiten Neger aufgeworfenen Probleme müsse man Verständnis haben; Vernunft, Vertrauen und die Zeit würden das Ihre tun. Mit ihnen hielt es Präsident Johnson, selber Südländer und treu der Lincoln-Tradition; und geriet darüber in schwersten Konflikt mit der rachsüchtigen Mehrheit des Kongresses. Es waren die Fragen, die den Deutschen aus der Zeit nach 1945 vertraut sind und die damals, 1945, von den Amerikanern eben unter dem Eindruck der früheren Erfahrung gestellt und beantwortet wurden: gab es die Südstaaten überhaupt noch, oder waren sie nicht ganz neu zu konstituieren? Nach welchen Regeln? Wer durfte mitmachen, wer sollte ausgeschlossen sein, wie war die politische Schuld des einzelnen zu bestimmen? – Auch die Wirklichkeit, über der solche Fragen schwebten, hielte wohl den Vergleich mit 1945 aus; die Wirklichkeit von zerstörten Städten und Farmen, entwurzelten Familien, Kindern ohne Schule, Flüchtlingen ohne Dach; von Generalen und Exgrundbesitzern, die sich als Taglöhner verdingten; von Räuberbanden und gesetzlosen Rächern; die Wirklichkeit von Hunger und Angst. Es ist jedoch dann auch die Erfahrung vorweggenommen worden, die in unserem Jahrhundert noch mehrfach gemacht wurde: der Süden ging an das Werk des Friedens mit der gleichen Energie, mit der er den Krieg geführt hatte, und fast so schnell, wie man zerstört, kann man bauen.

Die Arbeit des materiellen Wiederaufbaus wäre erfreulicher, glatter vor sich gegangen, hätte nicht die mehr fiktive, formale Arbeit der Politik sich störend darüber gebreitet. Läßt man die Geschichte des amerikanischen Bürgerkrieges im April 1865 enden, dann ist er eine tragische Ereigniskette, aber sein Sinn ist doch auf der Seite dessen, was man Fortschritt nennt; diesen Sinn gab ihm Lincoln; so verstanden ihn edle Geister zu beiden Seiten des Atlantik, Walt Whitman, Alfred Lord Tennyson; so hat er wohl, indirekt, auch auf Europa gewirkt. Nimmt man aber die lange Geschichte der Nachkriegszeit, ein gutes Jahrzehnt, mit dazu, die Handhabung und Ausnutzung des Sieges, so verliert der edlere Funke sich in einem breiten, sehr trübe fließenden Strom. Wie wenig dauerhaft ist das Werk auch des besten Führers! Nur drei Jahre nach Lincolns Tod gab das politische Leben der Hauptstadt Washington das Bild beschämenden moralischen Tiefstandes; und schuld daran waren *seine* Parteifreunde, die Radikaleren unter den Republikanern.

Wir müssen uns über die Geschichte der »Reconstruction« kurz fassen. Sie hatte schon während des Krieges in den Staaten begonnen, die als erste von der Union zurückerobert worden waren, in Tennessee, North Carolina, Louisiana und anderen. Lincoln, immer als

Präsident der ganzen Union handelnd und die Fragen, welche die völkerrechtliche oder staatsrechtliche Position der Abtrünnigen betrafen, als »verderbliche Abstraktionen« verwerfend, war dabei mit dem ihm eigenen generösen Realismus vorgegangen: wenn nur soviel wie ein Zehntel der Wähler von 1860 ihre Loyalität beschworen, so durften sie einen Konvent wählen und, unter der Kontrolle des Präsidenten, ihren Staaten neue Verfassungen geben. Andrew Johnson wünschte diesem Grundsatz zu folgen. Aber die Stellung des durch tragischen Zufall zum höchsten Amt berufenen, parteilosen Südländers war zu schwach. In Senat und Repräsentantenhaus ergriff eine Gruppe von Fanatikern die Zügel. Zu ihren Antipathien und Rachegelüsten kam eine politische Rechnung: die Republikaner waren im Grunde noch immer die Minderheitspartei, die Partei nur einer Sektion, als die sie 1860 gewonnen hatten; kamen die Südstaaten mit allen Rechten, allen ihren Interessen und Stimmungen wieder in die Union hinein, so würde man bald wieder da sein, wo man 1859 gewesen war. Was dann mit den Vorteilen der Parteiregierung? Lincoln hatte Krieg geführt, um den Süden in die Union zurückzuzwingen. Nun wurde die Stellung des Siegers benutzt, um einen Wiederaufstieg der Demokraten zu verhindern und die Südstaaten der Republikanischen Partei zu unterwerfen.

Den sachlichen Vorwand dafür lieferte die angeblich im Süden vorherrschende reuelose Unbotmäßigkeit, wie sie besonders in den sogenannten Black Codes zum Ausdruck kam, Sondergesetzen zur Definition und Einschränkung der neuen Bürgerrechte und Freiheiten der Neger. Das konstitutionelle Argument war, daß die Reorganisation der schuldigen, eroberten Provinzen dem Kongreß, nicht dem Präsidenten obliege. Vergebens machte Johnson Gebrauch von seinem Vetorecht; regelmäßig fand sich im Kongreß die zu dessen Überwältigung notwendige Zweidrittelmehrheit. Die Konzentration der Macht in der Hauptstadt, die der Krieg mit sich gebracht hatte und die an sich das Ende des alten, lockeren Föderativstaates bedeutete, blieb bestehen; nun war die Legislative, nicht mehr die Exekutive ihr Nutznießer. Sie, das heißt die Gruppe gehässiger Radikaler, die ihr ihren Willen aufzwang, machte endlich den Versuch, den Präsidenten auf Grund eines schmählichen und verleumderischen Anklageaktes abzusetzen; beinah wäre auch das gelungen.

Erst zwei Jahre nach Beendigung des Krieges wurden die Südstaaten einer vollständigen militärischen Kontrolle durch den Sieger unterworfen und ihre Repräsentation im Kongreß von der Annahme zweier neuer Verfassungszusätze abhängig gemacht. Das vierzehnte Amendment stipulierte die gleichen Bürgerrechte aller in Amerika geborenen oder naturalisierten Personen, also auch der Neger, die kein Staat einzuschränken das Recht hätte, indem es gleichzeitig die Offiziere und Beamten der Konföderation von den bürgerlichen Ehrenrechten ausschloß. Das fünfzehnte verbot die Vorenthaltung des Wahlrechts in der Union und in jedem Staat der Union »auf Grund von Rasse, Farbe oder vormaliger Unfreiheit«. Beide Zusätze klangen schön und humanitär, der zweite in seiner Gänze, der erste wenigstens teilweise, und wurden so von gutgläubigen Idealisten verstanden. Indem aber der Kongreß sich selber vorbehielt, darüber zu wachen, daß sie ausgeführt würden, maßte er sich wie nie zuvor ein Recht an, in das innere Leben der Einzelstaaten einzugreifen. Indem er Millionen ehemaliger Sklaven mit einem Schlag das Wahlrecht gab oder aufzwang, glaubte er der Republikanischen Partei eine dauerhafte Mehrheit zu sichern; denn würden die Neger, richtig belehrt und geführt, anders wählen, als ihre Befreier es wünschten? ... Auf Grund dieser Amendments, dieser Maßnahmen, dieser Zielsetzungen ist es dann in den Südstaaten zu einer Periode »schwarzer Herrschaft« gekommen. Unerfahren und für ihre Aufgabe schlechterdings unvorbereitet, nur allzu leicht zu betrügen und zu korrumpieren, übten Neger die Macht aus, im Bunde mit einheimischen Weißen, die es nicht verschmähten, von solcher Not zu profitieren, und herbeigeeilten Spekulanten aus dem Norden, unter dem Schutz nördlicher Bajonette. Die Folge waren Zustände, die die schlimmsten Befürchtungen der alten Pflanzeraristokratie, die schärfsten Argumente des südlichen Separatismus nachträglich zu rechtfertigen schienen. Keine schlechtere, plumpere Einführung der afrikanischen Rasse in ihre neuen Bürgerrechte war denkbar. Was Wunder, daß die Weißen mit illegaler Selbsthilfe, mit Terror, ausgeübt durch Geheimbünde, reagierten? Daß an Stelle des großen Bürgerkrieges zwischen den Staaten nun eine Zahl heimlich schwelender lokaler Bürgerkriege im Süden trat? Daß die Entschlossenheit, »den Neger wieder auf seinen richtigen Platz zu stellen«, in dem Maße wuchs, in dem man Vertretern der schwarzen Rasse Verantwortungen aufbürdete, für die sie noch nicht qualifiziert sein konnten? Fragt man, welche Epoche auf die Mentalität des amerikanischen Südens stärker, folgenschwerer gewirkt hat, tief ins 20. Jahrhundert hinein, der Krieg selber oder diese Nachkriegserfahrung, so wird man antworten müssen, die letztere. Rassenstolz, Rassenhaß und die Formen vermummten Terrors, in denen er periodisch zum Ausbruch kam, stammen von daher.

Die Epoche der »schwarzen« und »Carpet-Bagger« Herrschaft hat insgesamt etwa zehn Jahre gedauert, in einigen Staaten, in denen die Weißen den Negern an Zahl überlegen waren, weniger lang. Das Unnatürliche ließ sich auf die Dauer nicht aufrechterhalten; die weißen Bürger des Südens, nicht mehr stark genug, das Schicksal der Union zu kontrollieren, waren doch noch, was sie bis zum heutigen Tage sind, stark genug, in ihrem eigenen Land die Herren zu sein. Die Mittel, mit denen sie die neuen Verfassungszusätze am Orte praktisch außer Kraft setzten, waren ihrerseits illegal und terroristisch; sie halfen sich, wie sie konnten. Um ihren regionalen Wiederaufstieg zu hindern, wäre notwendig gewesen, daß im Norden Haßstimmung und Herrschaftsgelüste durch die Jahrzehnte unvermindert fortdauerten. Die Erfahrung lehrt, daß die von Kriegen erzeugten Stimmungen das nie tun, und auch diesmal taten sie es nicht. Man wurde der Unruhe und unnatürlichen, widrigen Zustände im Süden überdrüssig. 1874 war die Demokratische Partei auf gesamtamerikanischer Ebene so weit wiederhergestellt, daß sie die Mehrheit im Repräsentantenhaus erringen konnte; 1876 kam sie nahe an einen Sieg bei den Präsidentenwahlen heran, ja sie hatte sie wohl eigentlich gewonnen, und eine in ihrer Rechtlichkeit zweifelhafte Arbitrierung war notwendig, um den Republikaner Rutherford Hayes ins Weiße Haus zu führen. Der erste Demokraten-Präsident seit 1861 wurde Grover Cleveland (1884) zu einer Zeit, als die aus dem Bürgerkrieg stammenden Ausnahmebestimmungen und Entrechtungen nicht mehr galten.

Aber das war nicht mehr die Republik Jeffersons und Jacksons, Polks und Buchanans, deren höchste Ämter nun gelegentlich auch wieder von Demokraten eingenommen werden konnten. Die unzentrierte, bequeme, vergleichsweise noch energiearme Staatenföderation der Väter gehörte nun für immer der Vergangenheit an. Der Süden blieb der Süden, mit seinen eigenen wiederaufsteigenden Traditionen, seinen alten und neuen Vorurteilen, markant unterschieden von allen anderen Gebieten der Union. Aber mochte er auch seine Landwirtschaft wiederherstellen und weiterentwickeln, mochte er selbst eine beträchtliche Industrialisierung erleben, nie wieder konnte er, die konservativste und ärmste der großen Sektionen, den anderen Gesetze geben wie zur Zeit Calhouns und des Oberrichters Taney. Nicht nur war die These von der Auflösbarkeit der Union, so lange angespielt und durch ihre Drohung wirkend, nun widerlegt für alle voraussehbaren Zeiten. Eine neue Wirklichkeit ließ die Frage selber als jeden Sinnes entbehrend erscheinen. Krieg und Nachkriegszeit hatten die Union in einen riesigen Nationalstaat verwandelt, der wohl noch immer aus sich selbst verwaltenden Provinzen, nicht mehr aus echten Staaten bestand. Eines der ersten Produkte der amerikanischen Filmindustrie, das vom großen Bürgerkrieg handelte, hieß »The Birth of a Nation«, und nicht mit Unrecht. Daß eine Nation entstand, dadurch daß sie zerriß und Krieg gegen sich selber führte, ist ein Paradox der amerikanischen, bei näherem Nachdenken aber doch nicht nur der amerikanischen Geschichte. Selbst die Französische Revolution, die man gemeinhin mit der Geburt des modernen französischen Nationalstaates gleichsetzt, hat ja viel von einem Bürgerkrieg gehabt.

Amerikanische Geschichte in den Jahrzehnten nach dem Bürgerkrieg ist überwiegend Wirtschaftsgeschichte. Man mag einwenden, das sei sie auch vorher gewesen. Wenn aber in den Tagen Hamiltons und Clays, Jacksons und Calhouns einander entgegengesetzte Wirtschaftsinteressen ernsthaft miteinander stritten und Wirtschaft kontrolliert wurde durch Politik, so war es jetzt ein in seiner Philosophie einmütiger, enthemmter Kapitalismus, der in ungeheurer Korruption sich die Politik unterwarf. Lincoln hatte gemeint, Rechtens sollte kein Mensch mehr als zwanzigtausend Dollar besitzen. Er hat den Aufstieg der Stahl-, Öl-, Eisenbahn- und Finanzvermögen, der Carnegie, Rockefeller, Vanderbilt und Morgan nicht erlebt; obgleich der Beginn dieses Aufstiegs in seine Amtszeit fiel oder durch damals getroffene Regelungen ermöglicht wurde. Zwanzig Jahre nach seinem Tod wurde Amerika von Geldmächten beherrscht, ungleich kompakter und dynamischer, als die alte Aristokratie des Südens in ihrer besten Zeit je hatte sein können. Intensivierung der Einwanderung aus Europa – achthunderttausend sogar während des Krieges, drei Millionen in dem Jahrzehnt danach –, Aufbau, Ausfüllung und Ausplünderung des Kontinents durch private Interessen, Verschwinden der »Grenze«, des freien Landes – alles das wäre wohl auch ohne Bürgerkrieg gekommen. Er hat es nicht gemacht. Er hat gewisse Hindernisse beiseite geschafft, die ihm entgegenstanden, hat den an sich unvermeidlichen Prozeß beschleunigt und den Übergang von einem Zeitalter ins andere dramatisiert.

Im Jahre 1898 wurden den letzten überlebenden Führern der Konföderation ihre Bürgerrechte zurückgegeben. Im gleichen Jahr meldete der spanisch-amerikanische Krieg den Eintritt der Vereinigten Staaten in eine neue Weltpolitik, ihren Aufstieg zur Weltmacht an; seinerseits eine nicht länger vermeidliche Folge der wirtschaftlichen Expansion und politischen Konzentration, welche der Bürgerkrieg eingeleitet hatte. Weltmacht – nicht sie hatte der fromme Mann aus dem Westen, Abraham Lincoln, erstrebt, als er die Union rettete. Wenn ein Staatsmann die ferneren Folgen dessen, was er tut, voraussehen könnte, so würde er wohl meist gar nichts tun ... Die Vertreibung der Spanier von Kuba war lange Zeit ein strikt regionaler Wunsch des Südens gewesen und eben darum vom Norden abgelehnt worden. Jetzt erschien sie eine gesamtamerikanische Angelegenheit und Sensation. Die alten Gegensätze waren abgestorben; nicht mehr wesentlich regional bestimmte Konflikte, Forderungen und Sehnsüchte traten an ihre Stelle.

Die Erinnerung an ihren Bürgerkrieg haben die Amerikaner nachmals liebend gepflegt als die einzige große Tragödie in ihrer Geschichte. Nun erschien die besiegte Sache attraktiver als die siegende; Romane, in denen der »vom Winde verwehte« Lebensstil der alten Aristokratie wehmütig dargestellt wurde, erreichten die Popularität von »Onkel Toms Hütte«. Die beiden Armeen bemühten sich, ihre Tradition zu erhalten, mit jährlichen Treffen, Paraden und Wahlen der Kommandanten, nahezu ein Jahrhundert lang; in unseren Tagen, als keine Veteranen mehr zu finden waren, hat man sie feierlich aufgelöst.

Das Zweite Kaiserreich

Von den ins ungeheuer Weite schweifenden Arbeiten, den einfachen Ideen, den brutalen Gegensätzen der amerikanischen Szene wechselt unser Theater zu dem bunteren Machtspiel Frankreichs und der Alten Welt; von Sklaven- und Freien Staaten zu Legitimisten, Orleanisten, Bonapartisten und Republikanern. Alle die Zeit, während Pierce und Buchanan, Lincoln, Johnson und Grant einander im Weißen Haus ablösten, residierte Louis Napoleon in dem neu, schwer und prunkvoll eingerichteten Königsschloß der Tuilerien.

Napoleon III. hat, Dezember 1851, Blut vergießen lassen, um sich die Macht zu sichern, und ist damals mit seinen Gegnern ziemlich rauh verfahren. Das war, um das Ziel zu erreichen, dem er – ein Ausdruck der Schriftstellerin George Sand – mit der Sicherheit eines Nachtwandlers zustrebte. Seitdem der Traum seines Lebens erfüllt ist, hat er keinen verläßlichen Kompaß mehr. Im Grunde ist er gutmütig, ja schwach, und wird von stärkeren Willen in seiner Umgebung nach verschiedenen Seiten gezogen. »Er war ein braver Mann«, meint im Rückblick Emile Zola, »von generösen Träumen erfüllt, einer bösen Handlung unfähig ...« Er verachtet die Menschen im einzelnen, aber glaubt an die Menschheit; will helfen, versöhnen, rächt sich nie an seinen Feinden; lacht gutmütig über ihren Spott, wenn er nur halbwegs witzig ist, zumal wenn er von jungen Leuten kommt, sich erinnernd, daß auch er einmal jung, auch er einmal Revolutionär war. Für die schwierige Rolle des Monarchen im 19. Jahrhundert, des Stilgebers, besitzt er glanzvolle Talente, aber nicht die Verzichtbereitschaft; er möchte doch nebenher auch der abenteuernde Privatier von früher bleiben und sich persönlich amüsieren. Das gibt seinem Hof etwas Unstimmiges, Theaterhaftes. Es ist ein glänzender, aber moderner, direkt von den Wellen der Zeit berührter Hof, ohne altmodische, feierlich konservative Züge. Gelehrte, Künstler, Opernsänger, Schriftsteller von oppositioneller Gesinnung werden zu sommerlichen Aufenthalten nach Fontainebleau oder Compiègne gebeten, wo der Kaiser mit seinen Gästen Charaden spielt; selbst Gustave Flaubert, der ihn verachtet, ist nicht wenig stolz darauf, in dieser Gesellschaft sich als geistreich zu erweisen. Auf den Bällen in den Tuilerien trifft man Industrielle, Bankiers, Börsenspekulanten; sehr viele Ausländer, Spanier, Italiener,

Deutsche, Amerikaner; eine »vergoldete Boheme«. Der alte Adel meidet die Paläste des Bonaparte; anstatt von La Rochefoucaulds und Rohans werden die Hofämter von Neys, Murats und Massénas versehen. Die Familie des Kaisers selber, lange Zeit verbannt und arm, findet sich wieder herrlich etabliert: der alte Jérôme, letzter überlebender Bruder Napoleons I., dessen Sohn »Plon-Plon«, der den Frondeur, den Republikaner und Atheisten spielt, und seine Schwester Mathilde, die eine literarische Tafelrunde hohen Ranges um sich sammelt.

Die Interessen Louis Napoleons erinnern an die seines Vorgängers Louis Philippe, insofern sie vor allem auf das Praktische, auf Technik und Industrie sich konzentrieren. Durch seinen eigenen Kopf gehen allerlei Erfindungen und Projekte: das Maschinengewehr, der Panamakanal oder Speisefett aus Pflanzenöl. Sehr liebt er archäologische Grabungen, für die er noch mehr Geld ausgibt als für seine Mätressen. Den hohen Künsten steht er im Grunde fern. Durch die kostbarsten Bilderausstellungen eilt er gelangweilten Blicks, kaiserliche Beobachtungen äußernd, unter denen die Höflinge erröten; er liebt Offenbach und amüsiert sich herzlich in seiner Loge, während die Pariser Gesellschaft dem neuen Komponisten aus Deutschland, Richard Wagner, einen bübischen Theaterskandal bereitet. Was bei dem Kaiser Verständnislosigkeit und Unkenntnis ist, die er mit einer gewissen Bescheidenheit zugibt, wird aggressiver und törichter bei seiner Frau, der Spanierin Eugenie di Montijo. Die ist nichts als schön – Bismarck nennt sie die schönste Frau ihrer Zeit; nichts als bigott, nichts als gefallsüchtig, herrschsüchtig, egoistisch und leer. Regierend im Reich der Mode, hat sie den Ehrgeiz, auch in anderen Reichen zu regieren, das französische Geistesleben im Sinn des spanischen Katholizismus zu bestimmen. Ihr schädlicher Einfluß wächst in dem Maße, in dem die Lebenskraft des kränkelnden Gatten nachläßt.

Die ersten Jahre der Herrschaft Napoleons mag man seine besten oder doch äußerlich erfolgreichsten nennen. Von den Franzosen akzeptiert, findet er es nicht schwer, sich durchzusetzen gegenüber dem alten Europa, welches die in Paris nun wieder herrschende Ordnung im Grunde als Bequemlichkeit empfindet. Man beeilt sich, den neuen Kaiser anzuerkennen; nur Zar Nikolaus ersetzt in seiner Anrede das unter Monarchen übliche »Herr Bruder« mit »Sire und guter Freund«. »Desto besser«, scherzt Napoleon, »unsere Brüder erleiden wir, unsere Freunde suchen wir uns aus« – ohne übrigens dem Zaren die höfliche Beleidigung zu vergessen. Die Königin Viktoria kaptiviert er gelegentlich eines Besuches in Windsor völlig. »Der Kaiser ist so wenig französisch wie möglich, ist viel mehr Deutscher als Franzose in seinem Charakter«, schreibt sie lobend in ihrem Tagebuch. »Daß er ein sehr ungewöhnlicher Mann ist mit großen Eigenschaften, darüber kann kein Zweifel sein – ich würde fast sagen, ein mysteriöser Mann. Offenbar besitzt er unbändigen Mut, unbeugsame Festigkeit der Absichten, Selbstvertrauen, Ausdauer und große Heimlichkeit ... gleichzeitig ist er begabt mit wundervoller Selbstbeherrschung, mit großer Ruhe, sogar mit Sanftheit, und mit einer Faszination, deren Wirkung alle, die näher mit ihm bekannt werden, sehr stark fühlen. Wieweit ein klarer moralischer Sinn, der Recht und Unrecht unterschiede, sein Tun lenkt, ist schwer zu sagen ...« Die Times nennen den kaiserlichen Gast einen großen Mann, einen Friedensbringer, die Hoffnung der Welt. Auf welche Weise er zur Macht kam, scheint hier vergessen.

Seine Gegner vergessen es nicht. Die Regierung Louis Napoleons ist eine mit scheinrepräsentativen Einrichtungen verbrämte Diktatur bis etwa 1860. Minister, abhängend vom Monarchen, der neben ihnen oder gegen sie noch oft seine persönliche Politik führt; eine allwissende, all-spionierende Polizei; strenge Überwachung der Presse; Unöffentlichkeit der parlamentarischen Debatten, deren Träger ohnehin fast ausschließlich loyale Bejaher des Regimes sind (der Präfekt eines Departements schreibt: »Die Regierung will den Triumph ihrer Kandidaten, so wie Gott den Triumph des Guten will ...«); Verwarnungen, Verhaftungen, Verbannungen – von allen diesen Stützen des modernen Polizeistaates wird Gebrauch gemacht. Die Diktatur ist jedoch nie vollständig. Der Diktator selber ist kein Tyrann von Natur, ist, hinter elegant-phlegmatischer Maske, gutmütig, zögernd und träumerisch. Er spielt den Monarchen, die Monarchie mildert die Diktatur. Seine nächsten Gehilfen, sein Halbbruder Morny (meist Präsident der Kammer), sein treuer Verehrer Persigny (zweimal Innenminister), sind zu kultiviert, um gute Terroristen zu sein. Der Geist der Zeit, der Geist Frankreichs, Louis Napoleons eigene Philosophie wirken der Diktatur entgegen. Er glaubt an das »Volk«, will als Bonaparte und »Erwählter der sieben Millionen« daran glauben und verspricht die politische Freiheit nicht als Basis, aber als Krönung seines Werkes. Merkwürdig ist nun, wie Freiheit, Kritik, Feindschaft durch enge Spalten des Baues eindringen, die zu schließen er verschmäht. Die Wahlen von 1857 führen, aller »Aufklärungsarbeit« der Regierung zum Trotz, fünf Republikaner in die Kammer, wo sie nun reden und wirken dürfen. Sie sind zunächst eine kleine Gruppe, aber die Zahl der tatsächlich für die republikanische Opposition abgegebenen Stimmen ist schon damals nicht gering und beängstigend groß gerade in den Vorstädten von Paris, deren Beifall der Kaiser vergebens sucht. Seitdem weiß er, was die folgenden Abstimmungen deutlicher und deutlicher bestätigen: die Republikaner sind nicht versöhnt, nicht die von 1848 und nicht die heranwachsende Generation, die auf die »Bärte von 48« spöttisch herabsieht. Sie nehmen die Freiheiten, die man ihnen allmählich konzediert und die zum Schluß vollständig sein werden, ohne sie dem Spender zu danken. Es ist viel schwelender Haß im Lande. Louis Napoleon versteht ihn nicht. Er selber, der gar nicht haßt, der sich und seiner Dynastie und allen wohl will, der immer das sich Widersprechende verbinden, um die scharfen Gegensätze herumsteuern will, wird zum Schluß von diesem Echo tief enttäuscht und der Macht müde sein, ohne sie doch abgeben zu können.

Der Haß richtet sich gegen den Staatsstreich von 1851, gegen den Mann, der recht behalten hat und im Königsschlosse sitzt, während man selber in Zukunft noch recht zu behalten hofft. Nicht so sehr gegen die Folgen, die Früchte des Systems, am wenigsten die materiellen. Denn es geht dem französischen Gemeinwesen gut unter Napoleon III. Die Ökonomie dehnt sich aus, wie sie es schon unter Louis Philippe tat, in beschleunigtem Tempo. Regierungen, Verfassungen wechseln dramatisch; der Verwaltungskörper bleibt, was er war; das Wirtschaftsleben entwickelt sich weiter auf der ihm schon vorher eigenen Bahn. Immerhin tut der Staat für die Wirtschaft, was in Westeuropa im 19. Jahrhundert möglich ist. Er repräsentiert prachtvoll, er verbraucht und lädt zum Verbrauch ein. Er gibt enorme Aufträge. Die Hälfte der Stadt Paris wird niedergerissen und in geraden breiten Straßenzügen neu aufgebaut; »das ist nicht mehr Paris«, klagt ein konservativer Schriftsteller, »das ist Philadelphia oder St. Petersburg!« Der Zweck ist mehrerlei: den Glanz der imperialen Stadt zu mehren, gesündere Wohnquartiere zu schaffen und den Aufrührern das Barrikadenbauen zu versalzen; viel leichter als das alte Paris läßt das neue sich von der Truppe kontrollieren ... Es wimmelt von kapitalistischen Neugründungen; Großbanken, die der Industrie langfristige Kredite gewähren, Eisenbahngesellschaften, deren Dividenden der Staat garantiert. Inmitten des Krimkrieges zeigt eine Weltausstellung in Paris, der englischen nachgeahmt, daß die Regierung Napoleons dem Fortschritt dient. Einem Fortschritt, der altem und neuem, solidem und spekulierendem Reichtum zugute kommt, von dem aber auch die kleinen Leute keinen Nachteil haben. Louis Napoleon traut der politischen Freiheit des Volkes nicht, aber er will den Armen Gutes tun. Eine der ersten, bezeichnenden Handlungen der neuen Machthaber ist (1852) die Konfiskation des Riesenvermögens der Orléans; der Innenminister, Persigny, gibt es aus für den Bau von Arbeiterwohnungen und andere soziale Leistungen. Krankenkassen, Gesellschaften mit dem Zweck wechselseitiger Hilfe finden die Unterstützung der Regierung. 1864 wird, gegen den Widerstand der Industrie, das alte Streikverbot aufgehoben, die Organisierung von Gewerkschaften praktisch zugelassen; ein Versuch, diesmal ein bewußter, die Sympathien der Arbeiterschaft zu gewinnen.

Man könnte nicht sagen, daß sie gewonnen werden. Aus Arbeitern, Handwerkern und Intellektuellen rekrutiert sich die immer wachsende republikanische Opposition. Die Stützen des Regimes sind und bleiben: die Armee; die vom Staat reichlich bedachte, mit Erziehungsprivilegien ausgestattete Katholische Kirche; die Bauern; der Teil des Bürgertums, dem Ruhe und Ordnung wichtiger sind als politische Rechte.

Ordnung und Ruhe – um die letztere zu erhalten, wäre auch eine ruhige, stetige Diplomatie notwendig, ein Verzicht auf äußere Abenteuer. Wirklich hat Louis Napoleon, wenige Wochen bevor er den Thron bestieg, versprochen, das Kaiserreich sei der Friede. Dergleichen war damals notwendig, um das eigene Bürgertum und um Europa zu beruhigen. Und er meint es wohl auch, er will das Erworbene genießen und die Fehler des wahren Napoleon vermeiden. Aber er ist ein Bonaparte, und dieser Name, solange er überhaupt etwas bedeutet, bedeutet Krieg und kriegerischen Ruhm. Er ist Verschwörer von Jugend auf, französischer und, mehr noch, italienischer Verschwörer. Indem er dem Papst gegen die römischen Republikaner zu Hilfe kam, hat er sich von dieser Erinnerung befreien wollen, aber nicht können. Er hat die Philosophie des Nationalstaates im Kopf, von der er glauben will, sie sei das Testament des Onkels. Die politische Karte zu verändern, so daß sie dann, und dann erst, endgültig in Ordnung wäre, etwas Großes zu tun für Frankreich und alle Nationen, von diesem vagen Traum kommt er nicht los; wenn er seinen Franzosen Frieden versprach, so mag er sich sagen, daß sie doch besser wissen müssen, *was* der Name Bonaparte bedeutet. Schließlich, was will denn Frankreich? Ist das alte nationale und revolutionäre Ziel, die Verträge von 1815 auszustreichen, nicht noch dasselbe? Sind die Orléans, die pazifistisch waren, nicht letzthin eben darüber zu Fall gekommen? »Louis Philippe«, sagt Napoleon noch als Präsident zum österreichischen Botschafter, »ist gestürzt worden, weil er Frankreich den Respekt der Welt verlieren ließ. Ich muß etwas tun!« Weltausstellung und Industriepaläste, Schiffstaufen und Monarchenbesuche, die Selbstdarstellung der Kaisermacht durch die schönsten Pferde und Wagen – auf die Dauer genügt das nicht. Dieser reichbegabte, kluge und einfallsreiche Mensch kann nicht Frieden halten. Und ehe er sich's versieht, ist er gefangen in unlösbaren Widersprüchen. Sie hängen damit zusammen, daß er selber, seinen früheren Erfahrungen nach, mehr Europäer – Italiener, Deutscher, Engländer – als Franzose ist, daß er etwas Großes mehr mit Frankreich als für Frankreich will; dieses stimmt nicht mit jenem zusammen. Denn im Grunde hat ja Frankreich durch die Verträge von 1815 kaum etwas verloren, was ihm Rechtens gebührte, wenn man nämlich Nationalstaat gleich Recht setzt. Das durchgeführte Nationalprinzip käme den Italienern, den Deutschen, den Polen, den Ungarn zugute; nicht den Franzosen. Die Zeiten des Eroberns seien vorbei, sagt dieser durchaus moderne Politiker zu Beginn des Krimkrieges und wird es noch oft sagen; nur noch generöse Ideen, Gerechtigkeit, Freiheit seien an der Tagesordnung. Aber was bedeuten solche Ideen für die »Größe« Frankreichs? Nationalist, nicht so sehr für Frankreich wie für andere Völker; Dynast und Demokrat; Pazifist und Paneuropäer, der für Kongresse, gelegentlich für Abrüstung schwärmt, und doch auch Bonaparte, das heißt Mann des Krieges oder Kriegsruhms; und doch auch notgedrungen französischer Imperialist, weil über Mehrung der Größe Frankreichs ein stillschweigendes Einverständnis ist zwischen ihm und seinen Untertanen und seine Macht auf diesem Einverständnis beruht – wäre er weniger leichtsinnig und genußsüchtig, sein Grübeln schärfer, seine Philosophie reifer, so würde er solche Widersprüche durchschauen, an ihnen leiden, allenfalls sie zu überwinden versuchen. Aber er durchschaut sie bis zum Ende nicht. Er verläßt sich auf sein Glück, auf den Augenblick, auf das ohnehin unvermeidliche Schicksal; nicht auf scharfes Denken. »Es ist Wahres dran«, äußert er, nachdem er eine Denkschrift des alten Thiers durchflogen hat, der ihn vor dem italienischen Krieg warnt, »aber insgesamt ist es bloß von einem Bourgeois.« Bürger mögen kleinlich-konsequent denken. Er, der Aristokrat, handelt widerspruchsvoll; großzügig; zugleich zögernd und aus dem Grunde leichtsinnig.

Der Krieg gegen Rußland ist das erste seiner äußeren Abenteuer, das vergleichsweise freieste und erfolgreichste. Von da an gilt Goethes »Beim Ersten sind wir frei, beim Zweiten sind wir Knechte«. Europa, einmal aufgestört, kommt nicht wieder zur Ruhe, bis zum Frieden von Frankfurt (1871) oder zum Berliner Kongreß (1878).

Die Entstehung des »Krimkrieges« ist verworren und langwierig. Es gibt einen Schein-Gegenstand oder Anlaß: die Rechte katholischer Mönche im Heiligen Land, deren Protektor Louis Napoleon spielt, gegenüber den Rechten der Orthodoxen, die traditionell von dem russischen Zaren geschützt werden. Dahinter ein echterer Gegenstand: die Integrität der Türkei, Konstantinopel, ein britisches Hauptinteresse im Nahen Osten, bedroht von Rußland. Es gibt den allgemeinen Hintergrund des Machtspiels und der Psychologie. In dem Moment, in dem England und Frankreich den Krieg gegen Rußland erklären (28. März 1854), ist es keine fünf Jahre her, daß Zar Nikolaus die Revolution in Ungarn blutig erstickte, im Streit zwischen Österreich und Preußen als Schiedsrichter agierte. Seitdem, wenn nicht seit 1815, gilt das europäische Gleichgewicht von Rußland her bedroht; England führt Krieg, um Rußland einzudämmen, um das Gleichgewicht wiederherzustellen, und nie ist ein Krieg bei den Engländern so populär gewesen. Andererseits erinnert man sich, wie begierig die Revolutionäre von 1848, zumal die französischen, nach einem »Volkskrieg« gegen den russischen Despotismus waren. Dieses Motivs ist Napoleon sich bewußt; jedenfalls liegt ihm mehr an einem Umsturz des Gleichgewichts, der phantastische Veränderungen der Landkarte möglich machen würde, als an seiner Sicherung. Aber es bezeichnet die Haupt- und Staatsaktionen dieses und des folgenden Jahrzehnts, daß sie alle verfälscht werden, keine von ihnen das ist, was sie unter früheren Umständen gewesen wäre. Es bezeichnet vor allem die Taten Napoleons. Seine eigene Situation ist falsch, und er spielt falsch; sucht das Bündnis mit Österreich, gegen Rußland, während er schon daran denkt, »etwas für Italien zu tun«; schielt schon nach der Allianz mit Rußland, während er es bekämpft; präsentiert sich zugleich als Revolutionär und als Hort gegen die Revolution.

Im Frühling des Jahres 1853 stellt Rußland weitreichende, die »Beschützung« der christlichen Untertanen des Sultans betreffende Forderungen an die Türkei. Sie werden, nicht ohne Zutun des englischen Botschafters in Konstantinopel, abgelehnt. Zar Nikolaus läßt die Donaufürstentümer, Moldau und Walachei, besetzen; ein klassischer Akt der Bedrohung des Gleichgewichts, alarmierender für Österreich als für die Westmächte. Österreich sucht zu vermitteln; die Revolution, wenn es sich gegen Rußland, den Verlust Italiens – also wieder die Revolution – fürchtend, wenn es sich gegen die Westmächte erklärt. Die Vermittlung mißlingt. Oktober 1853 erklären die Türken Krieg gegen Rußland, im November erleiden sie eine Niederlage zur See. Englische und französische Flotten dringen ins Schwarze Meer ein. Im Februar fordern die Westmächte die Evakuierung der Donaufürstentümer durch die Russen; erhalten keine Antwort; erklären den Krieg Ende März 1854. In der Woche darauf wird eine Allianz zwischen England und Frankreich geschlossen – die erste wirkliche seit undenkbaren Zeiten.

Ein Krieg beider Westmächte gegen Rußland, das hat es noch nie gegeben, das könnte eine ungeheuer weittragende Unternehmung werden. Aber er wird das nicht, die allgemeine Gemütslage entartet nicht; als mitten im Krieg Zar Nikolaus stirbt, kondoliert Napoleon seinem Sohn und Nachfolger, Alexander II., und erhält eine Antwort des russischen Kanzlers Nesselrode, in der es heißt: »Zwischen Frankreich und Rußland besteht ein Krieg ohne Feindschaft . . .« Tatsächlich wird ununterbrochen verhandelt. Die Strategie wird beschränkt dadurch, daß die deutschen Mächte nicht mittun; Preußen nicht, weil es durch Krieg nichts zu gewinnen, Österreich nicht, weil es zuviel zu verlieren hätte. Die Neutralität Mitteleuropas nimmt dem Krieg das Haupttheater, macht ihn zum »Krimkrieg« anstatt zum europäischen »Weltkrieg«.

Trotzdem ist die österreichische Diplomatie mitentscheidend. Österreich mobilisiert seine Armee in Galizien, nötigt die Russen durch ein Ultimatum, die Fürstentümer zu räumen, die es für die Kriegsdauer selber besetzt; so daß, vier Monate nach Kriegsbeginn, der eigentliche Anlaß des Krieges, eben die russische Besetzung Rumäniens, schon wieder beseitigt ist. Es schließt im nächsten Jahr ein Bündnis mit England und Frankreich, um seine stets gefährdete Stellung in Italien zu sichern für den Fall, daß und während es gegen Rußland zu kämpfen hätte. Schließlich ist es ein neues österreichisches Ultimatum, das Rußland nötigt, das alliierte Friedensprogramm als Verhandlungsbasis anzunehmen. Im Ergebnis konnte Rußland sich eines lokal begrenzten englisch-französischen Angriffs im Schwarzen Meer nicht erwehren, konnte es einen Krieg gegen die Westmächte und gleichzeitig gegen

Österreich nicht wagen – eine auf lange Sicht schwere Beeinträchtigung des seit 1812 immer nur gewachsenen russischen Prestiges. Aber dies Ergebnis kommt Österreich nicht zugute. Indem es Rußland auf dem Balkan drohend entgegentrat, hat es einen Gegensatz aufgedeckt, der nun so lange dauern wird wie die beiden Kaiserreiche, Romanow und Habsburg. Indem es den Krieg mitentscheiden half, aber ohne aktiv zu ihm beizutragen, hat es sich Anspruch auf die Dankbarkeit der Westmächte nicht erworben; hat auch durch die üble Art, in der es die Dankesschuld von 1849 dem Zaren bezahlte, noch einmal gezeigt, wie wenig im Machtspiel auf Dankbarkeit zu rechnen ist. Indem es half, Rußlands Schwäche zu entlarven, hat es Veränderungen in Europa möglich gemacht, die nicht möglich waren, solange Rußland stark war oder schien. Veränderungen aber können schwerlich der weitausgedehnten, ungerechten, unzeitgemäßen Macht zugute kommen, die nur noch erhalten will.

Ein anderer Staat hat den Krieg benutzt, um sich in Westeuropa einen guten Namen zu machen: Piemont-Sardinien. Das kleine Königreich hat keine Interessen im Nahen Osten, hat Rußland nichts vorzuwerfen; oder allenfalls nur dies, daß Rußland 1848/49 die Vertreterin par excellence des Absolutismus war, dem es, aber in dessen habsburgischer Form, bei Novara erlag. Das hindert den König, Viktor Emanuel, und seinen Erstminister Graf Cavour nicht, sich aus freien Stücken den Alliierten anzuschließen und ihnen ein Expeditionskorps von fünfzehntausend Mann zur Verfügung zu stellen, das auf der Krim sich bestens bewährte. Der Vorgang, dies Mitmachen ohne jeden ersichtlichen Grund, hat etwas von altertümlicher Kabinettspolitik, vom 18. Jahrhundert. Aber dem 19., der Zukunft, gehörten die Ziele an, die der weitsichtige Cavour dabei verfolgte. Piemont vertrat Italien, das ganze, unter dem habsburgischen Joch leidende. Mit den Piemontesen kämpfte Italien auf der Seite des Westens »gegen den Koloß des Nordens, den schlimmsten Feind aller Kultur«. Es ist ein Sichanmelden durch die Tat; ein Dienst am liberalen Europa, bedingungslos geleistet, aber in der schweigenden Hoffnung, daß dem wohl eines Tages ein Gegendienst antworten könnte.

Der Krieg hat seinen Schauplatz im Schwarzen Meer und auf der Krim, wo der Kampf um die Festung Sebastopol nahezu ein Jahr dauert. (Oktober 1854 bis September 1855.) Der Winter dort ist furchtbar. Die Toten werden auf insgesamt eine halbe Million geschätzt, Russen und Franzosen zumeist; Kälte, Hunger, Mangel an Arzneimitteln, Entbehrungen aller Art fordern weit mehr Opfer als die Waffen des Gegners. Alle Parteien zeigen die Überalterung ihrer Heeres-Organisation, die mangelnde Vorbereitung, das Ungenügen der Führung; aber die Schwäche der Russen ist bodenloser als die Schwäche der Alliierten, der allmählich, unter gewaltigen improvisierten Anstrengungen, abgeholfen werden kann. Der endliche Fall Sebastopols, darauf die österreichische Interventionsdrohung erzwingen das Ende.

Der Machtprobe folgt ein Diplomatenkongreß, der prachtvollste seit dem Wiener, und zwar in Paris: Pariser Kongreß, unter dem Vorsitz des französischen Außenministers (Walewski, der überdies ein Sohn Napoleons I. ist), im Zeichen des Kaisertums. Es sind die meisten europäischen Staaten vertreten, auch die Türkei, auch Sardinien, Österreich, Preußen. Der Besiegte ist Rußland, unter den Siegern Frankreich der aktivste – eine hübsche Befriedigung nationaler und bonapartischer Eitelkeit. Louis Napoleon erhofft von dem Kongreß eine großartige Rekonstruktion Europas, die Erlösung Italiens, die Wiederher-

Die Schlacht an der Alma auf der Krim am 20. September 1854. Farblithographie

Camillo, Graf Benso di Cavour

Viktor Emanuel II., König von Italien

stellung Polens, aber weder England noch Österreich befreunden sich mit solchen Ideen, so daß, in seinen eigenen Worten, »wie ein gewöhnliches Tournier ausgeht, was eine große politische Revolution hätte sein sollen«. Die Türkei verspricht innere Reformen, bürgerliche Gleichberechtigung der Christen und wird in das »Konzert der Mächte« aufgenommen. Das Schwarze Meer soll fortan »neutralisiert« sein, so daß weder Türken noch Russen dort Befestigungen und Kriegsschiffe unterhalten dürfen; eine Bestimmung, die genauso lange in Kraft bleibt, wie Rußland sich zu schwach fühlt, sie umzustoßen. Die Donaufürstentümer werden unter die Garantie der Großmächte gestellt. Mehr will England nicht, da man eben für die Erhaltung der Türkei gekämpft hat und die Vereinigung der Fürstentümer zu einem »rumänischen« Nationalstaat ihre Zugehörigkeit zum türkischen Reich zu einer Fiktion machen müßte. Aber der Einheitswille unter den Bewohnern der Moldau und der Walachei erweist sich als stark und wird von Napoleon patronisiert, unter dessen Boheme-Freunden es nicht an Rumänen fehlt. Schließlich, nach unnützen Manövern und Verzögerungen, erlaubt man die Vereinigung. Die Lösung erinnert an die griechische von 1831; wieder geht (1866) ein deutscher Fürst, Karl von Hohenzollern, zunächst noch als Vasall des Sultans nach dem neuen Staat ab. Seine Unabhängigkeit erhält Rumänien, wie Serbien, erst 1878.

Da man einmal so großartig beisammen ist, soll auch etwas für das internationale Recht geschehen. Auf dem Pariser Kongreß werden die Regeln des Seekrieges in einem die Neutralität entschieden begünstigenden Sinn neu festgelegt: Die neutrale Flagge soll auch Feindesgut schützen, neutrales Gut auch auf feindlichen Schiffen unantastbar sein. Ein Codex der Mäßigung, der Kriegs-Zähmung, der während des amerikanischen Bürgerkrieges sich leidlich bewährte; dem Geist des 20. Jahrhunderts wird er nicht mehr standhalten.

Ob alles das die fünfhunderttausend Toten des Krimkrieges wert ist, könnten aufsässige Menschen fragen. Der Krieg, im Rückblick, erscheint wie ein bedauerliches Mißverständnis. Rußland hat die mäßigen Bedingungen der Alliierten akzeptiert und hat sich als militärisch schwach erwiesen, aber davon, daß es eine katastrophale Niederlage erlitten hätte, kann keine Rede sein. Noch während der Verhandlungen rückt es an Frankreich heran; es beginnt damit das wunderliche Staaten-Gesellschaftsspiel der nächsten Jahre, in dem Gegner von heute immer schon den möglichen Freund von morgen zu sehen und, kommt es zur Krise, nicht so genau zu wissen, für wen und gegen wen man eigentlich ist. Rußland wird in Zukunft Österreich nicht mehr schützen, wie 1849, Preußen nicht mehr hindern, wie 1850: eine neue Freiheit für Mitteleuropa. Louis Napoleon, der schon während des Kongresses mit dem Gedanken spielt, »etwas für Italien zu tun«, was er nur gegen Österreich tun kann und was die Billigung Englands jetzt nicht findet, sucht sich darum dem Zaren zu nähern. Bei Monarchenbegegnungen werden allerlei Möglichkeiten vage berührt. Es gibt noch immer ernste Fragen in Europa: die italienische, die deutsche, die ungarische, die polnische – alle die von der letzten Revolution übriggelassenen Fragen. Aber der, der sie lösen will und jetzt ein Prestige gewonnen hat, auf Grund dessen er glaubt, sie lösen zu können, der Mann in den Tuilerien, ist im Grunde nicht ernst; er ist nur ein Spieler. Wenn er Partner findet, so ernst wie die Fragen, um die es geht, Partner, die nur ein Ziel ernsthaft verfolgen, während er Dutzende von widersprechenden Ideen in seinem unruhigen Geiste wälzt, dann wird er den kürzeren ziehen.

Über das offizielle Italien der Reaktionszeit nach 1849 ist nichts Gutes zu sagen, welche Sympathien man auch immer, im Abstrakten, der konservativen Sache gegenüber der nationalistisch-liberalen entgegenbringen möge. Hier handelt es sich um Wirklichkeiten, nicht um Ideen; jene waren abscheulich. Es genügt, daran zu erinnern, daß im Revolutionsjahr annähernd tausend Patrioten im Norden der Halbinsel dem österreichischen Henker verfielen und auch danach die Hochverratsprozesse nicht aufhörten. Ähnlich im Süden. Gladstone, nichts weniger als ein Radikaler, aber ein Christ, der 1851 die neapolitanische Justiz am Orte selber studierte, nannte die Regierung der letzten Bourbonen »die Leugnung Gottes zum System erhoben«. Sein offener Brief über die Gefängnisse von Neapel führte zu einer englischen Demarche in Wien, über die Fürst Schwarzenberg sich lustig machte: politische Verbrecher seien die allergefährlichsten für die Gesellschaft, und England möge seine eigene Justiz in Irland, Indien und anderswo unter die Lupe nehmen.

In der Tat lag der Schlüssel zu den italienischen Verhältnissen in Wien. Ohne die österreichische Stellung in Lombardo-Venetien, ohne die österreichischen Truppen in den Herzogtümern (Parma, Modena, Toskana) und im Norden des Kirchenstaates brach die längst unnatürliche italienische Ordnung zusammen. Aber Provinzen zu räumen, aus denen ein Viertel ihrer Revenuen kam, freiwillig ein neues Lebensprinzip anzuerkennen, das ihren eigenen alten schnurstracks zuwiderlief, war den Habsburgern nicht gegeben. Mit ein wenig Milde versuchten sie es in Mailand und Venedig, als es zu spät war, etwa ab 1856; zu spät dazu wäre es auch früher gewesen.

Der Widerstand der Unterdrückten ging weiter fort trotz der Niederlage von 1849; das spekulative Vorbereiten der Befreiung; Mazzinis nie zu entmutigende, immer scheiternde Verschwörungen. Das Neue in der Entwicklung der fünfziger Jahre war das Entstehen einer Partei, welche die Lösung weder im fürstlichen noch im republikanischen Föderalismus fand, sondern im monarchischen Einheitsstaat unter dem Haus Savoyen. Gioberti, der ehedem auf den Papst gesetzt hatte, auf den nun allerdings kein Liberaler mehr setzen konnte, wurde selber einer der Gründer dieser Bewegung. Eine »Italienische Nationalgesellschaft« (Società nazionale italiana) begann das neue Ziel zu propagieren, erlaubterweise in Piemont, hochverräterisch in den übrigen Gebieten. Ihr schnell sich ausbreitender Erfolg beruhte auf der Anziehungskraft, die Piemont jetzt ausübte, das hieß, vor allem auf den Leistungen des piemontesischen Ministers Camillo Benso di Cavour.

Cavour kam von der Westgrenze Italiens, und seine Bildung war mehr westlich, englisch und französisch, als mitteleuropäisch. Der Gründer des modernen Italien hat Venedig, Rom, Neapel in seinem Leben nicht gesehen; Florenz nur einmal, auf dem späten Höhepunkt seiner Laufbahn. Aber London und Paris kannte er gut, dort hatte er die für sein Leben richtunggebenden Bekanntschaften gemacht, dort sein Denken fundiert. Das Evangelium des Freihandels, der Industrialisierung in Freiheit, fand in ihm einen kräftigen Vertreter. Er wurde zum Ökonom und Finanzier, Theoretiker und Praktiker; wurde selber wohlhabend durch wissenschaftliche Ausbeutung seiner Güter und durch Spekulationen. Dem entsprach sein politisches Ideal: Rechtsstaat und Juste Milieu, aristokratisch-bürgerlicher

Parlamentarismus in der englischen besser noch als in der orleanistischen Form. Ein Ideal, mit dem die Anhänger Mazzinis so wenig anzufangen wußten wie die Nur-Konservativen. Cavour war überall geachtet, als er 1850 in das Turiner Kabinett eintrat, aber nicht überall beliebt, weder bei der extremen Rechten noch bei der Linken. Übrigens war er, bei allen liberalen Überzeugungen, von autoritärem Temperament, wie vom Durchschnitt umgebene, überlegene Menschen es leicht sind. Die größeren Eigenschaften des Staatsmannes zeigten sich später: Schlauheit, Geduld, Weitsicht des Odysseus; der gebändigte Wagemut, der nie irrende Instinkt, hinter aller praktischer Meisterschaft die brennende, auf das gesamte, schöne, leidende Italien sich richtende Vaterlandsliebe. Von ihm sagte Manzoni, er hätte »alle Klugheit und alle Unklugheit des wahren Staatsmannes«.

Zu den Vorläufern der italienischen Freiheit, den Carbonari und Mazzinisten, verhält Cavour sich ungefähr wie Lenin zu den Vorläufern der russischen Revolution; wie Lenin nach dem Opfer seines Bruders konnte er von den Verschwörungen Mazzinis sagen: »So geht es nicht.« Das italienische Problem war nicht durch Revolution und Anarchie, nicht durch übel vorbereitete Kriegstaten im Stil des Jahres 1849 zu lösen; es war auf die Ebene zu heben, auf der Europas Staaten sich bewegten. Ein italienischer Staat, der piemontesische, hatte sich durch innere Reformen zur Führung bereitzumachen und Bündnisse zu suchen, deren Auswahl nicht Sympathie, sondern Staatsräson bestimmen mußte. »Ich bin resigniert«, sagte Cavour einmal, als Mazzini ihm vorwarf, er wollte sich mit dem Tyrannen Bonaparte verbünden; »es gibt in Europa drei Mächte, die an der Zerstörung des Status quo interessiert sind, nämlich Frankreich, Rußland und Preußen; und es gibt zwei Mächte, die an der Erhaltung des Status quo Interesse haben: Österreich und England. Ich bedaure, daß die ersten drei Mächte nicht liberal sind, aber was tun? Ich kann nicht mit den beiden anderen zusammengehen.« Die praktischen Argumente stimmten mit dem geistigen Charakter zusammen; Cavour war kein Freund der Revolution, der Massen, der Demagogie und demagogischen Diktatur. Nicht einmal das Ziel der Einheit Gesamt-Italiens war klar in seinem Geist, nur dies: die Österreicher aus Norditalien zu werfen, um dort einen starken modernen Staat aufzubauen. Blieb dann selbst der Papst in Rom, der Bourbone in Neapel, so würden doch Rom und Neapel nicht das bleiben, was sie unter dem Schutz Österreichs waren, und man würde weitersehen.

Unsere Erzählung handelt von Völkern, Staaten und Staatsmännern, nicht von Königen; der König Viktor Emanuel von Sardinien-Piemont darf gleichwohl nicht unerwähnt bleiben. Die europäische Monarchie und der nationale Einheitsstaat widersprachen einander an sich; dieser schien jene eliminieren zu müssen. Daß der moderne italienische Staat nicht als jakobinische Republik, sondern als entscheidend von Piemont her bestimmte Verfassungsmonarchie den geschichtlichen Schauplatz betrat, war dem Minister Cavour, war aber auch dem König Viktor Emanuel zuzuschreiben; dergleichen war nicht mit jedem König zu machen, wie das Beispiel Friedrich Wilhelms von Preußen noch unlängst gelehrt hatte. Viktor Emanuel war von einem andern Schlage. Stolz auf die achthundertjährige Geschichte seines Hauses, aber nicht ohne demokratische Sympathien; Soldat durch und durch; von kraftvoll gedrungener, bizarrer Erscheinung, zu rüden Worten, derben Galanterien neigend, machte er auf seine Standesgenossen den Eindruck, als habe er sich aus dem Mittelalter

– besser noch: aus der Zeit der barbarischen Invasionen – ins 19. Jahrhundert verirrt. In diesem aber bewährte er sich. Er war intelligent und bereit, sich zu riskieren. Der Soldat stand auf seine Art dem Volke näher als der liberale Nationalökonom; er verstand Garibaldi besser, als Cavour ihn verstand; die Idee der Befreiung Italiens war seine Idee so gut wie die Cavours. Daß er Cavour gegenüber die Autorität des Monarchen wohl manchmal zornig herauskehrte, in den großen Krisen aber ihn machen ließ, gleichgültig, wie gefährlich der Weg, den Cavour führte, dies allein würde ihn das Monument verdienen lassen, das, riesenhaft aus weißem Marmor, heute auf der Piazza Venezia in Rom steht.

Unter der festen Hand des Ministers für Landwirtschaft, Handel, Flotte und Finanz, Camillo di Cavour, seit 1852 Ministerpräsident, wurde Piemont zum modernen Verfassungsstaat. Die Regierung beruhte auf einer Koalition der Mittelparteien. Die Privilegien der Kirche wurden auf ein mit dem Machtmonopol des modernen Staates verträgliches Maß reduziert; Eisenbahnbau, Banken, Kooperativen, Kredite für die Landwirtschaft gefördert; Finanzen und Armee reformiert. Die letztere bewährte sich während des Krimkrieges. Auf dem Pariser Friedenskongreß konnte Cavour dem versammelten Europa zur Kenntnis bringen, daß es eine italienische Frage gab. Nicht mehr als dies, die Vertreter der freilich jetzt aufgelösten Heiligen Allianz ließen es nicht zu; aber immerhin dies. Und großzügig-herablassend, hatte ihm der Kaiser, der ehemalige politische Flüchtling Louis Bonaparte, schon 1855 gesagt: »Schreiben Sie Walewski, was ich, Ihrer Meinung nach, für Italien tun kann.« – Die Verschwörung der beiden, die folgenschwerste, an der Napoleon teilnahm, begann zwei Jahre später.

Für die französische oder bonapartische Seite der Sache ist bezeichnend, daß den ersten Anstoß dazu ein greulicher Bombenanschlag gab, der im Januar 1858 Kaiser und Kaiserin auf dem Weg zur Oper um ein Haar das Leben gekostet hätte. Der Attentäter, Felice Orsini, wollte den Verräter an der Freiheit Italiens treffen. Sein Verhalten vor Gericht, an sich imposant, beeindruckte niemanden tiefer als den grübelnden Monarchen. Louis Napoleon tat einen sonderbaren Schritt. Er stellte dem Verteidiger Orsinis den Brief zur Verfügung und übergab so ihn der Öffentlichkeit, in dem Orsini ihn aus dem Gefängnis beschwor, »Italien seine Unabhängigkeit zurückzugeben«. »Mögen Sie bedenken, daß, solange Italien nicht seine Unabhängigkeit hat, die Ruhe Europas und die Ruhe Eurer Majestät nur eine Chimäre sind ...« Den Verbrecher zu begnadigen, was der Kaiser nur zu gern getan hätte, war unmöglich, und die erste Reaktion war eine Verschärfung des französischen Polizei-Regiments. Aber ein halbes Jahr nach dem Attentat ging er an die Vollstreckung des Testaments Felice Orsinis, der ihn hatte umbringen wollen.

In aller Heimlichkeit, ohne seine Minister zu informieren, ließ er Cavour nach dem Vogesenbad Plombières kommen. Dort wurde ausgemacht: Wenn es Piemont gelänge, die Österreicher zum Krieg zu provozieren, etwa durch einen Aufstand im Herzogtum Modena, in den einzugreifen es gezwungen wäre, das heißt, wenn es gegen Österreich Krieg machte derart, daß man Österreich die Schuld daran zuschieben könnte, so würde Frankreich eingreifen. Die Lombardei und Venetien sollten dann mit Piemont vereinigt werden, das übrige Italien aus drei Staaten bestehen, Neapel und einem zu organisierenden mittleren Reich (vielleicht unter einem Bonaparte?) und Rom. Für solchen Dienst eine Gegenleistung zu verlangen war heikel. Der Kaiser erwähnte Savoyen, in dem französisch gesprochen wurde, und die Stadt Nizza, ließ aber den peinlichen Gegenstand fallen, als Cavour Einwände machte: das sei eine durchaus sekundäre Frage.

Von da ab war der stärkere Staat in der Hand des schwächeren; der schwächere Mann in der Hand des stärkeren.

Napoleon traf Vorbereitungen. Er versuchte Rußland zu gewinnen, das wohlwollende Neutralität versprach; er machte Preußen Vorschläge in dem Stil, der nun Mode wurde: es möge sich die und die deutschen Gebiete aneignen. Das wurde abgelehnt, aber nach London weitergegeben. Im Dezember (1858) ließ er einen Vertrag mit Piemont unterzeichnen, der ungefähr der Verschwörung von Plombières entsprach. Er erging sich in verheißungsvollen Reden über das Zeitalter der Massen, der Volksstaaten und einer ihm entsprechenden Politik; in einem Pamphlet, das man seiner eigenen Feder verdankte, hieß es, Napoleon I. habe die Völker erobert, um sie frei zu machen, Napoleon III. werde sie frei machen, ohne sie zu erobern. Aber er war unsicher bis zuletzt; und das Echo, das sein Plan, als er nun stückweise bekannt wurde, in Frankreich hervorrief, konnte ihn nicht sicherer machen. Alle kirchlich Gesinnten, alle monarchisch Gesinnten, die Geschäftsleute, die Gleichgewichts-Diplomaten und beruflichen Kenner der Staatsräson, die Minister selber waren gegen den Krieg, dafür allenfalls die Republikaner – keine willkommenen Bundesgenossen. Die Börsenkurse sanken. Die Königin von England ließ freundschaftliche, aber strenge Warnungen hören. Die Bischöfe donnerten von den Kanzeln gegen eine Politik, die auf Beraubung des Obersten Hirten hinauslaufen mußte. Im Frühling war er so weit, sich um die gütliche Regelung der italienischen Frage durch einen europäischen Kongreß zu bemühen; Cavour, der selber nach Paris eilte, um an gegebene Versprechungen zu erinnern, zu bitten, zu drohen, zu erpressen, konnte zunächst nichts anderes bewirken, als daß der Kaiser sich mit erschütterten Nerven zu Bett legte. Verwünschtes Italien! Hatte der Minister Walewski recht, wenn er Napoleon zurief, er habe sich da auf ein ruinöses Abenteuer eingelassen?

Um aber jetzt noch den Kurs zu ändern, hätte es stärkerer Entschlußkraft bedurft als zur Verfolgung des eingeschlagenen. Was Bonaparte nicht tat, tat Cavour. Er schürte die Revolution in Italien, deren Freund er nicht war, deren Dynamik er aber jetzt gegen Österreich brauchte. Er mobilisierte Truppen und vermehrte sie durch Freiwillige aus der Lombardei. Er ließ kein Mittel unversucht, um den Gegner zu provozieren. Unter Aufregungen, die seinen robusten Geist auf die furchtbarste Probe stellten, bewahrte er eine korrekte Haltung gegenüber Europa, indes er gleichzeitig nach dem Krieg gierte wie ein Verdurstender nach dem Trunk. Es gab einen Moment, in dem alles verloren, nämlich der Friede durch englische Vermittlung gerettet schien und Cavour von Selbstmord sprach. Aber gerade damals tat Österreich, was Frankreich nicht wollte und Piemont nicht durfte. Gepeinigt von einer Kette liebevoll geplanter Herausforderungen, verloren die österreichischen Diplomaten die Geduld. Den 23. April kamen sie mit einem die Abrüstung binnen drei Tagen fordernden Ultimatum heraus, dem die Kriegserklärung folgte. Nun war Österreich der Angreifer, brutalisierte es Piemont, bedrohte es Frankreichs Grenzen . . . Das Programm von Plombières konnte beginnen.

Der italienische Krieg von 1859, merkwürdig in seinen Folgen, ist merkwürdig auch darin, daß die Macht, welche die Gesinnungen des liberalen Europa gegen sich hatte und deren Niederlage noch kein Historiker beklagt hat, formal im Recht war. Die wahren Angreifer waren Frankreich und Piemont. Sie hatten sich längst heimlich zum Krieg verschworen mit dem Ziel, Österreich etwas wegzunehmen, was ihm seit 1815 gehörte. Zur Verteidigung seines Rechts fühlte der Kaiser Franz Joseph sich verpflichtet, 1859 wie 1914; von einem Mann seines Schlages konnte man wohl nicht verlangen, daß er es anders sähe. Überdies war es auch kaum je seine oder seiner Leute Absicht gewesen, die italienischen Provinzen des Hauses Habsburg unnötig zu quälen. Die österreichische Verwaltung der Lombardei war gut, so lange, wie die Italiener sie sich gefallen ließen; sie wurde unvermeidlich schlecht, weil die Italiener sie sich nicht mehr gefallen ließen; gegen aufsässige Kritik der Untertanen, gegen Rebellion und Hochverrat gab es traditionsgemäß kein anderes Mittel als Gefängnis und Hochgericht. Ein Begriff vom Staat als Eigentum der Dynastie, der wohl einmal getaugt hatte, stand gegen einen neuen; Recht, das war, gegen Recht, das werden wollte. Zuungunsten Österreichs muß man hinzufügen, daß im Jahre 1859 über das Ander-Zeit-Sein und den Triumph des neuen Rechtes längst kein Zweifel mehr hätte sein sollen; zu seinen Gunsten, daß, wenn man aus dem neuen Recht alle in ihm liegenden Konsequenzen zog, die österreichische Monarchie überhaupt zu existieren aufhörte. Gegen die Technik, deren Cavour sich bediente, um den ersehnten Krieg herbeizuzwingen, konnte der Moralist Einwände machen; als symbolisch mag man es ansehen, daß einer der ersten Beschlüsse der provisorischen Revolutionsregierung von Toskana die Veranstaltung einer Prachtausgabe Machiavellis war. Ein zeitgenössischer englischer Historiker von erprobter liberaler Gesinnung, Lord Acton, hat denn auch den italienischen Krieg verdammt und den Beginn eines neuen, ruchlosen Zeitalters in ihm erkannt. Aber mit reineren Mitteln, den Mitteln der Carbonari, den Mitteln Mazzinis, wohin war Italien gekommen?

In der Lombardei, wo vor drei Jahrhunderten im Kampf zwischen Bourbon und Habsburg Europas Machtpolitik geboren worden war, stießen die österreichischen, französischen und piemontesischen Armeen noch einmal gegeneinander. Wir nennen die beiden berühmten Schlachten: Magenta und Solferino. Die Ansicht der letzteren hat den Genfer Kaufmann Henri Dunant zur Gründung des »Roten Kreuzes« angeregt; wie und warum sie es tat, mag man in seinen »Erinnerungen an Solferino« nachlesen. So wie Dunant, der Zivilist, war Louis Napoleon, falscher Bonaparte, falscher Soldat, von den Greueln des Schlachtfeldes beeindruckt; beim Besuch eines Operationszeltes wurde er grün im Gesicht, taumelte und ritt danach lange Zeit mit geschlossenen Augen. Zwei Wochen später ließ er dem Kaiser Franz Joseph einen Waffenstillstand anbieten.

Nicht bloß, weil seine Nerven dem Krieg nicht standhielten. Die politische Bewegung, die er selber ausgeheckt und angestachelt hatte, entzog sich bedrohlich seiner Kontrolle; der Zauberlehrling bekam es mit der Angst. Italien war im Aufruhr. Die Regenten der Herzogtümer, die Legaten im nördlichen Teil des Kirchenstaates wurden von der Bevölkerung vertrieben, provisorische Regierungen eingesetzt, der Anschluß an Piemont vorbereitet. In beispielhafter Ordnung, ohne häßliche Gewalttaten; ein eindeutiger Willensakt des Volkes, der Widerstand gar nicht aufkommen ließ. Das Programm von Plombières, der Plan eines viergeteilten, föderierten Italien war damit bereits zerrissen. Die Österreicher, bei Solferino geschlagen, aber nicht außer Gefecht gesetzt, hatten sich über die Etsch in die Nähe ihrer Hauptstützpunkte zurückgezogen, aus denen ein zweiter Feldzug, blutiger als der erste, sie hätte vertreiben müssen. Mittlerweile kamen gefährliche Zeichen aus Deutschland. Dort gab der italienische Krieg den Bürgern die Freiheit erregter öffentlicher Diskussion, wie sie sie in zehn Reaktionsjahren nicht gehabt hatten. Dem allgemeinen Gefühl nach war hier eine Chance zu ergreifen, Partei zu nehmen. Gegen wen? Eine radikale Minderheit wollte gegen Österreich entscheiden, den wahren Feind aller Freiheit, also für Italien, obgleich nicht eigentlich für Louis Napoleon, der als der tückische, falsche Freund Italiens galt. Die Mehrheit aber neigte gegen Frankreich – ohne deswegen pro-österreichisch oder anti-italienisch zu sein; so verwirrt lagen die Dinge. Es galt, Frankreich vom Rhein her zu bedrohen, während es in Italien beschäftigt war. Zu dieser Mehrheit gehörte Karl Marx und gehörte der Prinzregent von Preußen. Der letztere hatte die Macht, die Marx so gern gehabt hätte: Truppen zu mobilisieren und Politik zu entscheiden. Zar Alexander schickte seinen neuen Freunden einen Eilboten nach Paris: wenn nicht raschestens Friede gemacht würde, so hätte Frankreich die Deutschen auf dem Hals.

So die Umstände, die Napoleon bewogen, sein Abenteuer vorzeitig abzubrechen. Zu seinem vorläufigen Glück konnte er es; wie sehr man auch von Volkskriegen, Demokratie, Zeitalter der Massen sprach, an der Spitze herrschten noch immer die alten Rittersitten, und die Spitzen, die Monarchen, konnten noch immer in kurzem Gespräch über Leben und Tod von Hunderttausenden entscheiden. Franz Joseph und Napoleon trafen sich in Villafranca, redeten einander mit »Sire« und »Herr Bruder« an, machten sich Komplimente über die Tapferkeit ihrer Truppen und beschlossen, daß Friede sein sollte. Österreich trat die Lombardei an Frankreich ab, welches sie, wenn es so wünschte, an Piemont zedieren mochte; Österreich behielt Venetien einschließlich der zum »Quadrilateral« gehörenden Festungen; die Herzogtümer sollten ihren vertriebenen Regenten restituiert werden. Aus Italien war eine Föderation, etwa nach Analogie des Deutschen Bundes, zu bilden, welcher der Papst präsidieren und auch Österreich, als Besitzer Venetiens, angehören sollte. Wohl oder übel bequemte sich Viktor Emanuel diesen Bedingungen an, wenigstens denen, deren Durchführung aktuell war. Cavour, nach einer stürmischen Szene mit dem König, legte in Wut und Schmerz seine Ämter nieder. »Dieser arme Kaiser hat in Villafranca getan, was er konnte. Ja, er hat auf Venedig verzichtet, auf die Romagna, auf Toskana, Modena, Mantua-Peschiera ... Er hätte noch viel mehr gegeben, wenn Franz Joseph nur etwas insistiert hätte; warum nicht Mailand, warum nicht Turin? Was wollen Sie? Er war müde, er langweilte sich, es war ihm heiß!« ...

Die liberale Welt Europas und Amerikas, die nichts für Italien, weniger als nichts für Frankreich getan hatte, schallte wider von Empörung gegen den schurkischen Bonaparte. Man nahm ihm übel, daß er sich im Dienste der italienischen Freiheit nicht vollends hatte ruinieren wollen; von jetzt ab galt er als einer, dessen Unterschrift das Papier nicht wert war, auf dem sie stand. Wir greifen ein beliebiges Zeugnis heraus. »Die Völker der Erde«, schrieb der amerikanische Diplomat John Motley, »in ihrer Feigheit und Trägheit, haben dem gefährlichsten Übeltäter, der je die Macht usurpierte, erlaubt, sie alle lahmzulegen, zu betrügen und vor Angst blöde zu machen. Das Vertrauen, welches das italienische Volk zu Beginn des Jahres in Louis Napoleon setzte, ist so unglaublich wie ergreifend und würde jeden anderen Menschen in seiner Lage, der auch nur einen Funken von Tugend und Edelmut besaß, in einen Helden verwandelt haben. Zwei Dinge stehen fest: Er hat die italienische Sache begonnen, und er hat dann die Italiener, entgegen ihrem einmütigen Wunsch, im Stich gelassen . . . Die feste, maßvolle, konsequente, einmütige, würdige und tapfere Haltung der Italiener in dieser furchtbaren Krise wird immer eine der großen Lehren der Geschichte bleiben.« – Louis Napoleon wollte große Taten tun, und hier hatte er eine getan oder doch begonnen und ermöglicht; aber das Talent, für seine Taten Dank und Anerkennung zu ernten, besaß niemand weniger als er.

Mittlerweile bewahrheitete sich, was Cavour bald erkannt hatte: daß der Vertrag von Villafranca zu großen Teilen gar nicht ausführbar war. Toskana, die Herzogtümer, die päpstliche Romagna schlossen sich an Piemont an in einer nobel disziplinierten Aufwallung, die um den Vertrag von Villafranca sich nicht im mindesten kümmerte. Sollten französische Truppen die Italiener zwingen, unter ihren habsburgischen Vasallenfürsten zu bleiben? Unmöglich! Anachronistisch genug erschien es jetzt, daß noch immer französische Truppen in Rom standen, um die weltliche Herrschaft des Papstes zu beschützen.

Pius IX. sollte der Ehrenpräsident der italienischen Konföderation sein; aber vergebens bemühte sich Napoleon, dem Priester-Fürsten und dessen französischen Anhängern die neue Lage der Dinge gefällig zu machen. Wieder griff er zur Feder: in einer Broschüre, die »Der Papst und der Kongreß« hieß – denn noch hoffte er auf einen europäischen Kongreß, der alles weise und gütlich regeln würde –, versicherte er: allerdings müßte das Haupt der Christenheit souverän sein, aber dafür genügte die Stadt Rom selber; »je geringer die päpstlichen Staaten sind, desto größer wird ihr Souverän sein«. Eine These, die später sich als ganz wahr erweisen sollte, im Moment aber bei dem Papst und seinen Anhängern nur Empörung, bei den Gegnern der päpstlichen Staatsmacht nur Hohngelächter erregte. Der Kaiser schrieb an den Oberhirten und drängte ihn, das Präsidium des italienischen Bundes anzunehmen, er werde dann eine Stellung haben wie ehedem der Doge von Venedig, »der mit einer Geste die Wogen der Adria zu erregen und wieder glätten zu können schien«. »Hübsch«, spottete Pius IX., »wunderhübsch; der Doge und die Wellen der Adria und eine einzige Geste . . . aber ich will seine Konföderation nicht . . .« In Wahrheit wollte sie niemand; die einen nicht, weil nur ein Zurück zur Vergangenheit, die Wiederherstellung des ganzen Kirchenstaates, ihnen annehmbar war, die anderen nicht, weil eine Föderation mit dem Papste als Präsidenten und Österreich als Mitglied allen Hoffnungen auf eine Erneuerung Italiens Hohn sprach.

Mit gutgemeinten Worten und Vorschlägen einen Erdrutsch beschwörend, sich verrenkend, um es allen recht zu machen, und von allen zurückgestoßen, fand Louis Napoleon sich im Winter 1860 plötzlich wieder in der Nähe seines alten Mitverschworenen von Plombières. Im Januar trat Cavour noch einmal an die Spitze der Geschäfte, versöhnt mit Villafranca, glücklich, weil die Dinge wie von selber nun doch im Sinne des Anstoßes liefen, den er gegeben hatte. Noch immer fand er keinen anderen Bundesgenossen auf der politischen Landkarte als Frankreich; noch immer kannte er das Geheimnis der kaiserlichen Psychologie.

Jetzt bot er in Frankreich das schon versprochene, durch den Vertrag von Villafranca aber zurückgenommene Opfer an: Savoyen und Nizza für Frankreich, als Dank für eine Anerkennung der neuen Annexionen. Natürlich sollte die Sache nicht den Charakter alter fürstlicher Tausch- und Teilungsgeschäfte haben. Nicht nur sollte Italien italienisch werden; auch für Savoyen – weniger eindeutig für Nizza – durfte man geltend machen, daß es französisch war. »Wir können«, erklärte der piemontesische Politiker D'Azeglio, »nicht diesseits der Alpen für das Nationalitätenprinzip und jenseits der Alpen dagegen sein.« Um den demokratisch-nationalen Charakter der Veränderung zu bekräftigen, fanden sowohl in den neuen Provinzen Piemonts wie in Savoyen und Nizza Volksbefragungen statt, deren Ergebnis niemanden überraschte. Grenzziehungen auf Grund von Volksbefragungen: die Methode sollte Schule machen.

Die italienischen Republikaner und Ultranationalisten, an ihrer Spitze General Garibaldi, schnaubten gegen den Verrat Cavours, der italienisches Land dem Despoten Bonaparte überantwortet hatte. Andererseits war die Freude über den schönen Zuwachs in Frankreich nicht so groß, wie Napoleon erhoffte. Sie wurde gedämpft durch das Gefühl, daß die italienischen Dinge sich gegen das Interesse der französischen Machtpolitik entwickelten, widerlegt, in den Augen aller guten Katholiken, durch die Verluste, die der Papst schon erlitten hatte, und die anderen, die ihm offenbar noch bevorstanden. Louis Napoleons Politik in Italien war zwiespältig von Anfang an: seit 1849 verteidigte er den Kirchenstaat, seinen eigenen katholischen Untertanen zuliebe, seit 1855 wollte er »etwas für Italien tun«, das hieß, dem italienischen Nationalismus zur Verwirklichung helfen. Beide Ziele stritten gegeneinander wie Feuer und Wasser. Daß er beide verbinden zu können glaubte, ist ein Beispiel für seine Art, sich um Widersprüche herumzudrücken, wähnend oder träumend, sie würden sich schon irgendwie aus der Welt schaffen lassen. Nicht, daß der Rat, den er jetzt dem Papste gab, freiwillig zu verzichten und sich mit dem neuen Italien zu versöhnen, an sich schlecht gewesen wäre. So veraltet wie die Sklaverei in den Vereinigten Staaten, so veraltet wie die habsburgische Herrschaft über Norditalien, so veraltet war, auf andere Art, der Kirchenstaat. Wir wissen heute, daß sein Verlust ein Glück für die Kirche war, wir staunen darüber, daß gescheite, hochstehende Männer vor hundert Jahren es nicht so sehen konnten. Jedenfalls, sie sahen es nicht. Keine veraltete, verlorene Position, die nicht bis zum bitteren Ende verteidigt wurde; kein Lärm um nichts, den man sich ersparte; kein hoffnungsloses Rückzugsgefecht, das nicht stattfand.

Während noch das monarchische Europa über die unzeremonielle Verabschiedung dreier gekrönter Häupter die Stirn runzelte, während Papst Pius seine Bannflüche schleuderte, in Paris fromme Katholiken und freigeistige Orleanisten Napoleons Politik geißelten, erreichten die italienischen Ereignisse erst ihren fast unglaublichen Höhepunkt. Am 5. Mai 1860 schiffte Garibaldi sich mit tausend Anhängern – diese runde Zahl gaben sie sich – in Genua nach Sizilien ein, landete am 11. in Marsala und eroberte am 25. Palermo. Diktator über Sizilien, die zwanzigmal zahlreicheren Truppen des Königs vor sich her treibend oder als Gefangene hinter sich lassend, überschritt er im August die Meerenge von Messina. Im September war er in Neapel und dessen letzter König in seiner nördlichen Festung Gaeta eingeschlossen.

Cavour hatte von der Unternehmung gewußt und sie erlaubt, ohne sie zu billigen. Er stand nicht gut mit Garibaldi; er stand noch schlechter mit Garibaldis radikaleren Freunden, so dem fähigsten unter ihnen, Francesco Crispi, dem kraftvollen Sizilianer jakobinischen Typs, der noch unlängst die eine italienische Republik an Stelle eines vergrößerten Piemont laut gefordert hatte. Aber Garibaldi genoß den Schutz König Viktor Emanuels, der als Soldat den Soldaten schätzte, und die Liebe eines Großteils der Nation gehörte ihm. Man mußte ihn machen lassen. Gewann er, so galt es, seinen Sieg für Piemont zu appropriieren. Verlor er, so war man ihn los. Es war, noch einmal, Cavours Politik, die Revolution an den Wagen der Staatsräson zu schirren.

Garibaldis Triumph war einer Reihe wunderbar zusammenspielender Faktoren zuzuschreiben: seiner eigenen mitreißenden Persönlichkeit und Kunst revolutionärer Kriegsführung; der gründlich vorbereitenden Arbeit, die Crispi und andere in Sizilien geleistet hatten; den Sympathien, im ungünstigen Fall der Gleichgültigkeit der Bevölkerung; dem überall vorwaltenden Gefühl, daß diesmal alles ganz anders lag, Österreich geschlagen, Nord- und Mittelitalien frei und das schuldige, verrottete Bourbonen-Regime wie ein Stück alten Schnees in der Maisonne. Ein nicht unbeträchtlicher Wechsel in der außenpolitischen Situation kam dazu. Denn in diesen Monaten war es, daß England sich entschloß, besser spät als nie, die italienische Karte zu spielen. Italien war im Werden, ein bedeutender neuer Staat im Mittelmeer; also mußte man den Franzosen das Monopol seiner Freundschaft nehmen. Der englische Gesandte in Turin förderte Garibaldis Abenteuer, englische Schiffe deckten seine Landung; und als der König von Neapel gegen die englische Anerkennung der Usurpation protestierte, erteilte ihm Außenminister John Russell eine so schmetternde Lektion über gute und schlechte Regierungen und die Heiligkeit der Volksrechte, daß England nun plötzlich als der große, liebenswerte Helfer Italiens dastand, ohne daß es sich's viel hätte kosten lassen. In reichem Maße besaß die englische Diplomatie ein Talent, welches Louis Napoleon nicht gegeben war.

Dieser verhielt sich ratlos und doppeldeutig wie gewöhnlich, während Garibaldis Lawine rollte. Er protestierte in Turin; aber zum Gesandten des Königs von Neapel sagte er: »Meine Stellung ist schwierig. Eine Revolution hält man nicht mit Worten auf. Die Italiener wissen Bescheid: nachdem ich das Blut meiner Soldaten für ihre Unabhängigkeit gab, würden sie meine Drohungen keinen Augenblick ernst nehmen.« Als Cavour ihm mitteilen ließ, er müsse Truppen durch die noch dem Papst gehörenden Gebiete schicken, um nach Neapel vorzustoßen, damit Garibaldi und die Revolution dort nicht allein Herr blieben, hörte er das schnurrbartstreichend an, äußerte etwas über die große Verlegenheit, die das ihm nun wieder bereiten würde, und schloß mit einem: »Bonne chance, mais faites vite!« Das Gefühl, daß die italienische Sache ihm entglitten und da nun gar nichts mehr zu machen sei, paralysierte ihn völlig. Anders Cavour. »Die Dynastie Savoyen«, erklärte er, »darf nicht erlauben, daß ein gewöhnlicher Condottiere das Werk des Risorgimento vollendet. Sie muß selber erobern, was es noch zu erobern gibt. Um ihr Prestige in Süditalien wiederherzustellen, um den Süden an den Norden zu binden, muß sie sich einen Weg durch die Staaten des Papstes bahnen, die Marken und Umbrien besetzen, bis nach Neapel vordringen, die Truppen des Bourbonen in Gaeta angreifen, wenn sie noch Lust haben, sich zu schlagen, und so Garibaldi auf den Platz stellen, der allein ihm zukommt, den eines heroischen Abenteurers...« September-Oktober wurde dies Programm buchstäblich ausgeführt. Gemeinsam hielten Viktor Emanuel und Garibaldi triumphalen Einzug in Neapel. Die Bewohner Siziliens, Neapels, der Marken und Umbriens stimmten für Anschluß an Piemont. Im März (1861) trat in Turin das erste Parlament Italiens zusammen. England und Frankreich beeilten sich, den neuen Staat anzuerkennen. Zögernd und sehr verärgert folgten die »Höfe des Nordens«. Was hier geschehen war, diese Verbindung von Staatenaktion und demagogischem Abenteuer, von Königtum und Revolution, von der Enteignung uralter Rechte und der Begründung eines neuen, des Volksrechtes, des Plebiszits, diese unerhört schnelle, immer unerwartete, dramatische Ereignisfolge traf die europäische Ordnung ins Mark. Sie war wie das stärkste Echo, das die große Französische Revolution noch gehabt hatte, und eigentlich erfolgreicher als diese; denn sie wurde nicht durch Mord schimpfiert, und während es »Frankreich« längst gegeben hatte, war »Italien« ein absolut neues Ding. Metternichs »geographischer Begriff« war über Nacht zum Staat geworden. Wie hätte der Alte, der einst so rüstig interveniert hatte in Neapel und Piemont und Rom, über diesem Erlebnis den Verstand verloren! Es blieb ihm mit knapper Not erspart: Metternich starb zwei Wochen vor der Schlacht von Solferino.

Camillo Cavour, eine gute Generation jünger, folgte ihm nur zwei Jahre später, Juni 1861; verbraucht von seiner Arbeit wie Lincoln, nachdem nur eben sein Hauptwerk getan war, und wie dieser eine schwierige Erbschaft hinterlassend.

Und wieder gilt hier, was oben über den amerikanischen Bürgerkrieg gesagt wurde: Läßt man die italienische Revolution enden mit der Proklamierung des Königreichs, so ist diese Geschichte schöner, als wenn man sie weiter führt durch die Jahre erfüllter und doch nicht recht erfüllter Hoffnung, eine schwierige, nie endende Hindernisbahn entlang. Was auf dem Höhepunkt des europäischen Liberalismus begonnen wurde, sollte vollendet werden in einer Zeit, in welcher der Liberalismus langsam absank und bleich wurde gegenüber neuen, schärferen Gesinnungen.

Das Zusammenspiel zwischen Königtum und Revolution, zwischen dem liberal-konservativen Cavour und den Radikalen, Garibaldi, Crispi und den anderen, war im Augenblick wunderbar erfolgreich, aber war immer ebensosehr Spannung und Streit gewesen, momentweise, als es um Neapel ging, ein buchstäbliches Wettrennen. Es fehlte im Grund nicht viel dazu, daß Italien eine radikale Republik geworden wäre anstatt einer konstitutionellen Monarchie. Diese Spannung bestand weiter fort sowohl im allgemeinen wie in der Form dramatischer Reibereien zwischen königlichen Regierungen und dem Mann von der Insel Caprera. Schicksalsgeprüft und glücksverwöhnt und nachgerade sich für unwiderstehlich haltend, wünschte Garibaldi das größte Abenteuer seines Lebens zu wiederholen, einmal gegen das noch »unerlöste«, nämlich zu Österreich gehörende Trentino, einmal (oder dreimal) gegen Rom; es kam so weit, daß Truppen des neuen Staates sich mit Garibaldianern schlugen und der große Patriot für kurze Zeit hinter Festungsmauern verschwand. Die Tatsache, daß Italien noch nicht vollständig war, Rom fehlte, die proklamierte Hauptstadt, und Venedig und dahinter das Reich, über das ehedem die venezianische Republik geboten hatte, gab der Unruhe neuen Auftrieb, verschärfte ein Gefühl von Unsicherheit. Das Land war arm, seine Finanzen in schlimmem Zustande. Die äußere Einheit war in einem generösen Aufschwung hergestellt worden, aber die tiefe Fremdheit zwischen Süd und Nord, Fremdheit durch grundverschiedene Geschichte, verschiedene Kultur und Ökonomie, ließ sich nicht ebenso überwinden. Die enteigneten Fürsten und ihre Anhänger wühlten gegen die neue Ordnung; im Königreich Neapel, das aus spätmittelalterlichen Bedingungen nun plötzlich in die Moderne treten sollte, mußte ein regelrechter Krieg gegen Räuberbanden geführt werden. Keiner von den Nachfolgern Cavours besaß seinen Genius; sie lösten einander in rascher Reihenfolge ab, und es fehlte nicht an Skandalen, die den Glanz der jüngsten Vergangenheit trübten.

Die venezianische Frage wurde schon fünf Jahre nach Gründung des Königreiches gelöst dadurch, daß das italienische Erdbeben nach Deutschland übergriff und von Deutschland nach Italien zurückwirkte; weitere vier Jahre später die römische. Aber der endliche Einzug der königlichen Regierung in die Ewige Stadt (September 1870) konnte den inneren Frieden nicht sichern, solange der Papst auf seinem Nein gegenüber allem seit 1859 Geschehenen bestand.

In den letzten Monaten seines Lebens hatte Cavour das Erdenkliche versucht, um Pius IX. zur freiwilligen Aufgabe der weltlichen Herrschaft zu bewegen, aber einen immer tragischer akzentuierten Widerstand gefunden. 1864 ließ Louis Napoleon sich bereden, seine Truppen aus Rom binnen zwei Jahren zurückzuziehen unter der Bedingung, daß Florenz zur Hauptstadt Italiens erhoben würde. Die Abmachung führte zu einer schweren Krise in Turin, das sich seines Erbrechts beraubt sah. Der Entwicklung des Gesamtstaates tat die Verlegung des Regierungssitzes nach Mittelitalien gut; erst dadurch wurde die piemontesische Dynastie zur italienischen. Irrig war die Rechnung Napoleons, wonach die Wahl von Florenz den Verzicht auf Rom implizierte. Nicht lange, so wurde Garibaldi aufs neue von dem römischen Magneten angezogen. Nicht lange, so waren auch französische Truppen wieder dort und blieben nun dort, so lange wie Napoleon III. auf seinem Thron blieb. Der erste moderne Staat, Frankreich, hatte bei seiner revolutionären Umgestaltung nicht auf die päpstliche Enklave Avignon verzichten können, ein höchst unbedeutendes Ländchen, weit von den Zentren französischen Lebens entfernt. Wie sollte das neue Italien, dessen Staatsbegriff letzthin von der Französischen Revolution herstammte, auf dies ungeheure Symbol, Rom, verzichten? Daß der Papst seinerseits auf die weltliche Herrschaft hätte verzichten *können*, mag man sagen, insofern ein beträchtlicher Teil des italienischen Klerus auf Verzicht drängte. Am Ende aber lag die Größe der Römischen Kirche von alters her im Widerstand, in der zögernd späten Assimilierung von Neuerungen, und am Ende war Pius IX. kein unechter Vertreter der Tradition. In ein Europa, das, halb Bauplatz, halb Schlachtfeld, von liberaler und nationaler Umgestaltung lärmte, sandte er (Dezember 1864) seinen »Syllabus der hauptsächlichen Irrtümer unserer Zeiten«, ein in Jahrzehnten gründlich vorbereitetes Dokument. Es verdammte die materialistische Wissenschaft, Toleranz, spekulative Philosophie und Freidenkertum, den Sozialismus, den Nationalismus, die Ansprüche des modernen Staates; es bestimmte als achtzigsten, letzten und höchsten Irrtum den Glauben, wonach »der Papst mit dem Fortschritt, mit dem Liberalismus und mit der modernen Zivilisation sich versöhnen und mit ihnen übereinstimmen könnte und sollte«.

Dem folgte, Juli 1870, die feierliche Verkündigung der Lehre von der päpstlichen Unfehlbarkeit, abgepreßt einem Konzil, von dem ein katholischer Beobachter aus England schrieb, es sei »weder legitim in seiner Konstituierung noch frei in seinen Handlungen, noch einstimmig in seinen Beschlüssen« gewesen. Die neue Lehre verschärfte überall, und überwiegend in den katholischen Ländern, Österreich, Bayern, Frankreich, den Konflikt zwischen Kirche und Staat, indes sie gleichzeitig innerhalb der römischen Kirche die schwerste Gewissenskrise hervorrief. Im gleichen Augenblick bewies der Fall des letzten kümmerlichen Überbleibsels der weltlichen Herrschaft, daß der Papst im Reich der Politik nur allzu verwundbar, nur allzu fehlbar war.

In seiner Verurteilung des Nationalismus stand Pius IX. nicht allein; und ferne sei es dem Schreiber dieser Zeilen, seinen Argumenten und denen anderer Warner eine ernste Bedeutung zu bestreiten. Zwei Jahre früher als der »Syllabus der Irrtümer« erschien, Bezug nehmend auf die italienischen Ereignisse, Lord Actons Essay über das Nationalitätenprinzip. Acton, ein guter Katholik und guter Liberaler, aber nicht in dem Sinn, den er jetzt auf dem Kontinent und im amerikanischen Norden triumphierend zu finden glaubte, machte hier geltend: die wahre Freiheit liege in der Vielheit, nicht in der starren Einheit, im freundlichen Hausen verschiedenartiger Gruppen unter dem gleichen Dach, nicht in der Isolierung. An Stelle eines verbindenden geistigen Prinzips verfechte der Nationalismus ein biologisches oder zoologisches. »Er ist eine Chimäre. Die Lösung, die er fordert, ist unmöglich. Er kann nie befriedigt, in seiner Wirkung nie erschöpft werden . . . Sein Ziel ist weder Freiheit noch Wohlhabenheit, die beide der zwingenden Notwendigkeit geopfert werden, die Nation zu Form und Maß des Staates zu machen. Seine Laufbahn wird bezeichnet sein mit materiellem und moralischem Ruin, damit eine neue Erfindung über Gottes Werk und die wahren Interessen der Menschen triumphiere . . .« Wenn wir bedenken, welches Schauspiel der italienische Nationalismus in unserem Jahrhundert mehr als einmal bot, welche Erfahrungen er mehr als einmal machte, wie der Ruf nach Rom und Venedig sich wandelte und gellend fortklang in den Ruf erst nach dem Trentino, dann nach Tirol und Dalmatien, dann nach Savoyen, Korsika, dem afrikanischen Großreich, dann werden wir die Worte Actons in ihrer Anwendung auf Italien so prophetisch finden wie in ihrer Anwendung auf Deutsche und Slawen. Das Nationalprinzip bis zu der und der Forderung, der und der Grenze für »gut« zu erklären und von da ab für »schlecht«, wird hier auch nicht helfen. Eine solche mechanische Unterscheidung entspräche der lebendigen geschichtlichen Wahrheit nicht. Die Untugenden Mussolinis waren schon mit angelegt in den Tugenden Mazzinis und Garibaldis. Aber solche die Zukunft vorausnehmenden, auf der Relativität und Ungewißheit alles Menschlichen beruhenden Spekulationen dürfen uns doch nicht daran hindern, in diesem Moment der Geschichte, 1859 bis 1870, für das werdende Italien Partei zu nehmen. Österreich in Italien war nicht das Reich, wie Acton es sehen wollte, in dem mehrere Rassen und Traditionen fromm und fröhlich zusammen hausten. Es war auch nicht die historische Vielheit und Buntheit, deren Schwinden etwa der Schweizer Historiker Jakob Burckhardt für Italien bitter beklagte. Das Königreich Lombardo-Venetien war keine historische, war eine bürokratisch und militärisch roh gezimmerte Ordnung, die so manches alte Fürstentum, so manche glorreiche Republik verschluckt hatte. Wenn sie, wenn der Kirchenstaat und das Neapel der letzten Bourbonen gerettet zu werden weder fähig waren noch verdienten, so war damit über die Frage des Nationalstaates schon entschieden, weil es ein anderes ordnendes und zusammenfassendes Prinzip damals nicht gab. Und wie sehr auch das geeinte und freie Italien, demnächst das geeinte Deutschland und später die Nachfolgestaaten Österreichs hinter der ursprünglichen Idee zurückblieben: diese war anständig, und großartig der erste Aufschwung, der sie 1860 verwirklichte.

England: Die Mittelviktorianische Zeit

Von England in den fünfziger und sechziger Jahren zu sprechen, heißt den Bericht von der Revolution, die damals Europa in einer Kette rascher Arbeitsgänge umgestaltete, unterbrechen. Nahezu unberührt von 1848, blieb England unberührt von der stückweisen, verzerrten Erfüllung des Testamentes der Achtundvierziger in den folgenden Jahrzehnten. Kein Bürgerkrieg hier, keine Diktatur und blutigen Wirren, nahezu kein Drama; nur ein einziges kriegerisches Eingreifen in Europa. So gesehen ist die englische Geschichte insulär, ausgenommen, typisch nur für sich selber. Dennoch wird das Zeitalter das Viktorianische genannt – wobei die Grenze zwischen mittel- und spätviktorianisch keine fest bestimmte ist –, nicht nur für England, sondern für Europa, ja selbst für Amerika; so als ob die Schöpfungen der englischen Politik und Gesellschaft und Moral die für das Zeitalter überall typischen gewesen wären. Dies nicht, weil England herrschte. Durch seine zivilisierte, wachsame Existenz wirkte es wie ein Wächter der Ordnung oder Mäßiger der Unordnung; wie eine Polizei, die von ihrem Recht einen diskreten, fast nie aktualisierten Gebrauch machte. Es herrschte nicht; ließ auch Dinge geschehen, die ihm keineswegs eindeutig willkommen waren, zum Beispiel die Einigung Deutschlands. Es war das wirtschaftlich stärkste Land: Investitionen in Übersee, Export, Handelsflotte, einheimischer Verbrauch wuchsen in gleich imposanten Verhältnissen. Und Prosperität – nicht die Wohlfahrt der Armen – meint man wohl, wenn man »viktorianisch« sagt. Ferner: eine Reihe von Tendenzen, die alle mit Emanzipation zu tun haben, Vermehrung der Menschen, Vermehrung und Befreiung von wirtschaftlichen Energien, Eindringen neuer Klassen in den politischen Raum, Entfallen uralter religiöser Bestimmungen und Beschränkungen des öffentlichen Lebens, und zwar ohne, daß deswegen Religion und Kirche ihre Macht verloren hätten. Wie auch die oberen Stände den ihnen gebührenden Respekt nicht verloren, weil sie die niederen zunehmend heranließen. Dies gehört ja eben zum Komplex des »Viktorianischen«: ein Fortschreiten zur Demokratie und Verweltlichung hin, aber gelenkt von der erfahrenen Hand frommer, wohlhabender Staatsmänner. Auf dem Kontinent trafen die gleichen Tendenzen auf Widerstand, der sie dramatisierte, wurden sie überschattet durch ephemere Gründungen, welche nichts lösten, verzerrten sie sich, indem sie überraschende Bündnisse eingingen. In England schritten sie vorwärts, lange Zeit ohne solche Verzerrungen und Vermischungen, mit majestätischer Stetigkeit. Hier war man ohne Theaterglanz und ohne

Katastrophe ganz dem Positiven hingegeben, und hier regierte die Hoffnung des 19. Jahrhunderts ungetrübt, inkarniert in einer fortschreitenden Reihe von Gestalten. Prosperität war die Grundlage des viktorianischen Erfolges. Indessen ist bekannt, daß wirtschaftliche Dynamik auch mit politischer Unrast und Unsicherheit Hand in Hand gehen kann. Gute Volksinstinkte und gute Führungstraditionen taten hier das Ihre, Erfahrung, Kompromißbereitschaft, eine gesunde Konkurrenz der Parteien und Personen, der Ehrgeiz, neue Aufgaben sachgemäß zu meistern.

Es fehlte an aufwühlenden Gegensätzen. Sie gab es früher, sie würde es auch später wieder geben. In den fünfziger und sechziger Jahren gab es sie nicht. Demokratisierung und Säkularisierung schritten vorwärts, nahezu als hätte man ein halbes Jahrhundert weise vorausgeplant. Eines folgte aus dem anderen. Warum keine politische Gleichberechtigung der Juden, nachdem die Katholiken sie erhalten hatten? Warum keine neuerliche Verdoppelung der Wählerschaft, nachdem man sich einmal auf den Bruch mit einer uralten Tradition eingelassen hatte? Dergleichen ging nun nicht ohne Widerstand, aber ohne gefährlich passionierten Widerstand. Da alle Welt, oder beinahe alle Welt, Fortschritt wollte, ein demokratischeres Wahlrecht, soziale und Arbeitsgesetzgebung, mehr und bessere Schulen, Frieden in Irland (wenn er ohne allzu großes Opfer zu haben war), so wetteiferten beide Parteien im reformierenden Angebot.

Folglich waren beide Parteien in einem inneren Wandel begriffen. Die Whigs wurden in den fünfziger Jahren zur Liberalen Partei. Es war zunächst eine Koalition verschiedenartiger Elemente: der Whigs von der alten Schule; dann der »Peelites«, der Anhänger des verstorbenen Sir Robert Peel, die als Tories begannen, über die Kornzollfrage sich von den Tories trennten und Konservatismus mit Modernität, mit dem Glauben an gute, arbeitsame, sparsame Regierung verbanden; schließlich der Radikalen, die Säkularisierer, Freihändler und eigentliche Demokraten waren. Diese Koalition war unsicher, solange der alte Lord Palmerston lebte und regierte, ein Mann von mächtiger Vitalität und Popularität, aber durch und durch Edelmann, dessen bildende Erlebnisse jetzt ein halbes Jahrhundert zurücklagen – er war Minister zur Zeit des ersten Napoleon. Sein Tod, 1865, machte Gladstone zum Haupt der Partei und ließ sie durch diesen frommen Meisterparlamentarier erst recht ihre Identität finden. Die Tories, jetzt Konservative genannt, hatten keine gute Zeit seit dem Sturz Robert Peels und dem Abfall der Peelites. Von den Kabinetten, die sie präsidierten, war in dieser Zeit nur eines von einiger Dauer und Leistung: das erste Kabinett Benjamin Disraelis, 1866 bis 1868. Disraelis zweite und eigentliche Regierung, 1874 bis 1880, könnte wohl auch noch zur Mittelviktorianischen Epoche gerechnet werden; es fehlen in England in dieser Zeit die eigentlich epochemachenden Ereignisse. Die große indische Rebellion der fünfziger Jahre schneidet nicht so sehr in die englische Geschichte wie in die Geschichte der britischen Macht in Indien ein. Die sechziger Jahre brachten das Verschwinden der letzten Whig-Generation, Palmerston und Russell, und die zweite Reformbill.

Programme und Gesinnungsunterschiede zwischen den Parteien schwankten; auch die Loyalitäten der einzelnen Politiker. Gladstone war Tory von Haus aus, Schüler und Anhänger Peels, dann Liberaler; noch in den fünfziger Jahren hofften die Konservativen nicht ganz ohne Recht, er werde sich ihnen wieder anschließen. Palmerston, der große Whig-Führer, begann als Schüler Cannings, einer Tradition, die auf Pitt, den Tory, zurückging; Disraeli, der die Konservative Partei zur Zeitgemäßheit umerzog, als Radikaler, nahezu als Sozialist. Versuchsweise mag man feststellen, daß die Liberalen einer profranzösischen und pro-italienischen Außenpolitik zuneigten, die Konservativen einer proösterreichischen und pro-türkischen; daß diese den Prozeß der Säkularisierung in Universität, Schule, Ehegesetzgebung zu verlangsamen wünschten, daß sie weniger begierig als die Liberalen waren, dem irischen Nationalismus – dem leidenden irischen Volk – Einräumungen zu machen. Was beide Parteien in der Frage der zweiten Parlamentsreform praktisch unterschied, war nicht der Rede wert: sie waren beide dafür, weil sie dafür sein mußten, die Liberalen von Herzen, die Konservativen gern oder ungern; der Konservative, Disraeli, führte sie durch. Die Männer beider Parteien standen sich nahe in dieser Zeit, menschlich und sachlich. Sie orientierten sich gegenüber neu auftauchenden Fragen, wie es ihnen am besten oder vorteilhaftesten schien, sie suchten Gegenstände, die sich für den politischen Kampf eigneten, wo solche sich nicht von selber aufdrängten. Erst die Frage der irischen Autonomie spaltete das Land und die Parteien, wie es die Reformbill von 1832 getan hatte.

Wo Programme und sachliche Gegensätze fließend waren, spielten die Persönlichkeiten eine um so größere Rolle. Die Liberalen waren die Partei Palmerstons und Russells, dann Gladstones. Die Konservativen waren blaß und unterlegen, bis Disraeli sich zu ihrem Führer aufschwang; dann für ein gutes Jahrzehnt (1868 bis 1880, wohl auch schon früher) waren sie seine Partei, erhielten sie Zielgebung und Farbe von seinem persönlichen Ingenium. Wenn Gladstone gegen die Tories war, dann war er vor allem gegen Disraeli, der ihm die Antipathie zurückgab; zwischen beiden Parteiführern fanden, selbst wenn es nur um eine trockene Budgetfrage ging, Redekämpfe statt, welche die Politik noch einmal zur Kunst, zur Sache hohen, originellen Stils erhoben. Es waren verschiedene Redner, verschiedene Menschen.

Disraeli, Premier 1868 und 1874 bis 1880, in den letzten Jahren seines Lebens Earl of Beaconsfield, hatte einen langen, einzigartigen Weg hinter sich. Als Jude von portugiesischer Abstammung, als Verfasser sozialkritischer und sentimentaler Romane, als Snob, Schuldenmacher und Dandy, der sich in den auffallendsten Kostümen und Haartrachten gefiel, war er den Klassen und Zirkeln, bei denen in den dreißiger Jahren noch ein Monopol des politischen Spieles lag, so fremd, wie man nur sein konnte. »Wie lang«, fragte Thomas Carlyle einmal, »wird John Bull diesem absurden Affen erlauben, ihm auf dem Bauch herumzutanzen?« Nun, John Bull erlaubte es bis zum Ende. Es ist ein schöner Zug der englischen Parteiengeschichte, ein Zeichen der Liberalität und Fairneß dieses Volkes in dieser Zeit, daß Disraeli sich durchsetzen konnte trotz seiner Schwächen und Fremdheiten. War er eitel, so war er auch ehrgeizig im großen Stil; war er ehrgeizig, so war er auch der geduldigste, härteste Arbeiter, an sich selbst und am Gemeinwesen. Wie wäre er sonst an die Spitze gekommen? Dieser Außenseiter nährte die generösesten Ideen über Adel und Volk, das Land und die Krone; ein echter Schüler Edmund Burkes, aber ohne dessen Pomp, warmherziger und witziger als Burke. Seinem Herzen nahe war die Überzeugung, daß der

Staat etwas für den Leib und für die Seele des gemeinen Mannes tun müsse, daß Krone, Adel und Volk einander nicht feind seien, sondern zusammengehörten und kein Widerspruch sei zwischen Pflege der Tradition und Pflege der Wohlfahrt; das Programm des großen britischen Weltreiches mit gemeinsamen Schutzzöllen, imperialem Parlament, Land für jeden britischen Untertan, das er in den Wahlkampf von 1874 warf, war doch nur eine Ausspinnung längst gehegter Ideen. Eigentlich verwirklicht wurden sie nicht. Aber die Sozialgesetzgebung seines großen Ministeriums war imposant genug; sein improvisierter Kauf von vierundvierzig Prozent der Suezkanalaktien schuf die Grundlage der englischen Herrschaft über Ägypten; der Titel einer Kaiserin von Indien, den er für seine Königin erdachte, gab dem Lande etwas von dem ihm teuren orientalischen Märchenglanz.

Für William Ewart Gladstone war solcher Glanz ein fremder, korrumpierender Zauber. Als die Konservativen im Wahlkampf von 1880 von den Liberalen erdrückt wurden, schrieb er: »Der Sturz des Beaconsfieldismus ist wie das plötzliche Verschwinden eines phantastischen Riesenschlosses in einer italienischen Romanze ... ich juble im Inneren, bin jedoch gegen alle äußeren Zeichen der Freude, außer im streng lokalen Rahmen, denn sie sind nicht ritterlich und würden die politische Kriegführung barbarisieren. Es genügt, wenn wir Gott schweigend danken ...« Charakteristische Worte. Indem Disraeli die Konservative Partei zu einer ins Volk gehenden Massenpartei umerzog und die Philosophie eines demokratischen Imperialismus predigte, hat er stark auf die englische Zukunft gewirkt; die Erscheinung des Künstlers in der Politik faszinierte Land und Welt. Unzweifelhaft aber war sein liberaler Gegenspieler der ernstere, gewaltigere Vertreter des Mittelviktorianischen, des ganzen langen Viktorianischen Zeitalters; sein öffentliches Leben begann zur Zeit der ersten Reformbill, und sein letztes Ministerium endete 1894. Daß die Königin Viktoria selber Disraelis Charme und Witz dem Riesenfleiß, der Pedanterie und dem Pazifismus Gladstones vorzog, tut hier nichts zur Sache.

In Gladstone war nichts Exotisches. Er war der britische Großbürger seiner Zeit, stark und gesund, Holzfäller und Homer-Übersetzer, Theologe und Finanzspezialist, sparsam nüchterner Ökonom und gewiegter Parteipolitiker, war alles, was seinen Landsleuten vertraut war, aber in Gigantendimensionen. Kritiker warfen ihm vor, daß er sich von der öffentlichen Meinung führen ließe, und sicher fehlte es ihm nicht an Instinkt für das, was im Volke vorging und womit Wahlen zu gewinnen wären. Aber ebenso war er fähig, für das als gerecht und notwendig Erkannte zu kämpfen und es durchzusetzen gegen schwere Widerstände: die irische Landgesetzgebung von 1870 und 1881, die Trennung von Staat und Anglikanischer Kirche in Irland. Der Greis ist zuletzt an der Autonomie für Irland, für die er keine Mehrheit gewinnen konnte, gescheitert. Wie Disraeli besaß er die höchsten Ideen von England und Englands Platz in der Welt; aber darin war er mittel-, nicht spätviktorianisch, daß er jeden Imperialisten verdammte. Herrschaft über Fremde vertrug sich nicht mit seinem Christentum, seinem Gerechtigkeitsideal; wirtschaftliche Abschließung des Reiches sich nicht mit seiner ökonomischen Wissenschaft, die von Adam Smith herkam. Disraeli liebte die Diplomatie, das europäische Gleichgewicht, den Umgang mit fremden Monarchen. Gladstone war vorwiegend Innenpolitiker; daher die Niederlagen seiner Spätzeit, als Diplomatie auch in England wieder Notwendigkeit oder Mode wurde und die letzte große Welle des europäischen Imperialismus herannahte. Noch 1880 war sein Sieg über Disraeli ein anti-imperialistischer, anti-diplomatischer; damals zog er gegen eine britische Politik zu Felde, welche die Türkei stützte, ohne sich um die von den Türken auf dem Balkan verschuldeten Greuel zu kümmern, wie er drei Jahrzehnte früher gegen die Gefängnisse des Königs von Neapel zu Felde gezogen war. So entsprach es seiner Vorstellung von Englands Platz und Pflichten in der Welt. Daß er theologische Fragen sehr ernst nahm, mit liberalen Katholiken Englands und Deutschlands theologischen Umgang pflog, tief erschüttert war, als einige seiner Oxforder Freunde unter Henry Newmans Führung zur Römischen Kirche übergingen, daß er Kraft in täglichem Gebet suchte und, was er auch immer politisch tat, in höchstem Auftrag zu tun meinte, heimelte die meisten seiner Mitbürger an. Sosehr das Viktorianische Zeitalter säkularisierte, Universität und Parlament von den letzten religiösen Einschränkungen befreite, so war es doch noch tief den verschiedenen Formen des Christentums verhaftet. Die Fortschrittshoffnung selber war für Gladstone eine christliche. Wenn er vereinfachte und sparte, viele schlechte Steuern durch wenige gute ersetzte, Zölle abschaffte, Energien befreite, den Frieden zwischen den Nationen auf freien Handelsverkehr zu gründen suchte, wenn er für solche Ziele seine Arbeitskraft, seine durchdringende Intelligenz, seine schöne klare Diktion und seine Orgelstimme einsetzte, so geschah es im höchsten Dienst, ganz ebenso, wie wenn er gegen Unrecht in der fernen Türkei donnerte. Daß der Allmächtige ihn, das unwürdige Instrument, scheinbar noch zu dem und dem aufgespart habe, vertraute er häufig seinem Tagebuch an.

Soviel über die beiden Politiker, die den parlamentarischen Betrieb durch ihr Ingenium erhöhten; außerordentliche Repräsentanten ihrer Zeit, wie es sie in Westminster noch immer gegeben hatte. Als Disraeli sich 1876, um seine abnehmenden Kräfte zu schonen, in das House of Lords versetzen ließ, meinte ein Mitglied des Unterhauses, das sein Freund nicht war: »Alle Ritterlichkeit, aller Zauber der Politik scheinen uns verlassen zu haben. Nichts bleibt zurück als die Routine.« Nach Gladstones Tod nannte der konservative Führer im Unterhaus, Balfour, ihn »das größte Mitglied der größten beratenden Versammlung, die die Welt je sah«. »Sir, er gab den Beratungen dieses Hauses durch seinen Genius eine Würde, gab ihnen ein Gewicht, die nie genügend werden ersetzt werden können ... Der bloße Durchschnitt bürgerlicher Tugend ist nicht genug, um diese Versammlung vor dem Schicksal zu schützen, das andere von demokratischen Kräften genährte Versammlungen überkam.«

Werfen wir nun einen Blick auf die Gesetzgebung der fünfziger und sechziger Jahre, wobei, wenn die Logik dazu einlädt, auch späterer, nicht mehr in die chronologischen Grenzen dieses Kapitels fallender Kämpfe und Lösungen gedacht werden kann.

Eine zweite Parlamentsreform ist, eine Generation nach der ersten, überfällig. Sie wird lange und hitzig debattiert, ein Angebot nach dem anderen gemacht und verworfen; über die Frage, wieviel Jahresmiete ein Haushälter zahlen muß, um stimmberechtigt zu sein, handeln die Parteien, als ginge es um ein Naturrecht. Schließlich sind es die Konservativen, die, unter Disraelis widerwillig akzeptierter Führung, 1867/68 die Reformbill einbringen, um die Liberalen zu übertrumpfen und weil die Stimmung im Land keinen längeren Aufschub zuläßt. Die Bill hält an der Trennung zwischen Stadt und Land, Boroughs und

Counties fest. Ihre praktische Bedeutung ist, daß das Gros der städtischen Arbeiterschaft, aber nicht die Landarbeiter, das Stimmrecht erhält, die Zahl der Wähler sich verdoppelt. Die neuen Wähler danken den Konservativen schlecht; die nachfolgenden Wahlen schaffen die parlamentarische Basis für Gladstones größtes Ministerium (1868–1874). 1872 wird die geheime Wahl eingeführt. Eine neue Verdoppelung der Wählerschaft, ein praktisches Verschwinden des Unterschiedes zwischen Stadt und Land bringt die dritte, von Gladstone durchgesetzte Reform (1884–1885). Von da ab gibt es das allgemeine und gleiche Wahlrecht in einer nur noch durch wenig bedeutende Ausnahmen qualifizierten Wirklichkeit, wenn auch nicht in der Theorie. Was auf dem Kontinent mit einem Schlag revolutionär, spekulativ und unehrlich getan wurde, ist in England das Werk eines langwierigen, von drei Generationen geförderten und gebremsten Prozesses.

Demokratisierung im öffentlichen Dienst (Civil Service) durch Einführung von Fachexamen, der Armee durch Abschaffung des Kaufes von Offiziersstellen. Reformierung des Schulwesens, dringend geboten, wenn der Wähler der Zukunft die Entscheidungen der von ihm bestellten Vertreter begreifen soll. Die Forderung der Radikalen, obligatorische, kostenlose Staatsschulen, ohne Religionsunterricht, bleibt unerfüllt, wie ihre Forderung des allgemeinen, gleichen Wahlrechts theoretisch unerfüllt bleibt. Das Viktorianische England liebt die Kompromisse, seien es echte, seien es solche, welche die Wirklichkeit verschleiern. Die Gladstonesche Schulreform von 1870 läßt die kirchlichen Schulen bestehen, erhöht sogar ihre finanzielle Unterstützung durch den Staat; schafft neben ihnen öffentliche, von lokalen Bürgerausschüssen (Boards) zu verwaltende Schulen; unentgeltlich, aber nur für Kinder, deren Eltern nicht zahlen können, mit Religionsunterricht, aber keinem konfessionell gebundenen. Eine Situation, die die Hälfte aller Kinder ohne Schulen, das englische Erziehungswesen weit hinter dem preußischen zurückbleiben ließ, wird damit überwunden.

Fortschreitende Säkularisierung. Die Juden erhalten 1858 die politische Gleichberechtigung, die 1829 den Katholiken zugestanden wurde. 1871 entfällt die alte Regel, die Studenten von Oxford und Cambridge nach ihrer Religion zu befragen. In den achtziger Jahren macht ein Atheist im Unterhaus Sensation, indem er sich weigert, den religiösen Eid zu schwören; nach langen Kämpfen wird beschlossen, daß eine bloße Erklärung an Stelle des Eides treten darf. – Die öffentliche Moral bleibt streng; noch kann ein Ehescheidungsskandal der Laufbahn eines Politikers für immer ein Ende setzen.

Verwirklichung des Freihandelsprinzips. Das »große Budget«, das Gladstone 1853 in einer vielgepriesenen Rede verteidigt, reduziert oder eliminiert an die dreihundert Zolltarife. Der englisch-französische Handelsvertrag von 1860 ist für England nichts grundsätzlich Neues mehr; eine Revolution in der französischen Wirtschaftspolitik, die ihre alte prohibitive Praxis durch mäßige Zölle für englische Industrieprodukte ersetzt. Die Motive sind wirtschaftsphilosophisch, zwei gelehrte Propheten der Freihandelslehre die eigentlichen Väter der Sache. Sie sind auch politisch. Spannungen zwischen beiden Mächten, die als gefährlich gelten, sollen auf diesem Wege, durch wirtschaftliche Zusammenarbeit, beseitigt werden. Das ist ganz im Sinn Gladstones, auch im Sinn Louis Napoleons, der den Vertrag gegenüber einem starken protektionistischen Interesse zu Hause verteidigen muß, ihn auf Grund alter Vollmachten buchstäblich befiehlt und mehr Schwierigkeiten als Dank von ihm erntet.

Den liberalisierenden, demokratisierenden Neuerungen in England entsprechen solche im Imperium: Gründungen von dauernder, wahrhaft weltgeschichtlicher Bedeutung. Auch hier wird Schritt für Schritt und so, als ob ein großer ungeschriebener Plan bestünde, gebaut. Der Britisch-Nordamerika-Akt von 1867, durch den das Dominion Kanada entsteht, hat eine auf die neunziger Jahre des 18. Jahrhunderts zurückgehende Vorgeschichte. Die Provinzen Upper und Lower Canada genießen seit 1791 eine beschränkte Autonomie. 1840 werden beide Provinzen vereinigt, ihre Rechte erweitert. Unterschiede der Sprache, der Religion und Sitte, des wirtschaftlichen Interesses lassen die Vereinigung als keinen vollen Erfolg erscheinen; neue Zentren britischen Lebens in Nordamerika entstehen. Der Akt von 1867 föderiert sie, indem er gleichzeitig die Existenz der alten Provinzen erneuert: zu Ontario und Quebec kommen New Brunswick und Nova Scotia, demnächst Manitoba und British Columbia. Die Verfassung, ein Werk der Kanadier selbst in Zusammenarbeit mit den Behörden in London, zeigt eine Verbindung britischer und amerikanischer Züge: Bundesregierung und Provinzregierungen, Bundesparlament mit zwei Häusern, eines die Provinzen, das andere die neue Gesamtnation vertretend, Premierminister, britischer Generalgouverneur. Eine transkontinentale Eisenbahn soll die Regionen des riesigen neuen Dominions – so genannt, weil es genaugenommen weder Republik noch Königreich ist – miteinander verbinden. – 1850 werden die australischen Kolonien zu Staaten, die sich ihre Verfassung geben und sie verändern, ihr Wahlrecht und ihre Zollpolitik bestimmen dürfen. Daß auch sie den Weg der Konföderierung gehen werden, ist gegen Ende der Epoche, die hier betrachtet wird, schon beschlossene Sache.

Die vielfach getönte, formal noch immer in den Händen der Ostindien-Kompanie liegende, stetig sich erweiternde britische Herrschaft über Indien durchlebt in den fünfziger Jahren eine schwere Krise: die Rebellion der Armee, die zu vier Fünfteln aus Indern besteht, die Great Mutiny. Sie wird, nachdem von beiden Seiten die üblichen Greuel begangen und Verstärkungen nach Indien geführt wurden, niedergeschlagen. Danach wird auch hier der Weg der Reform beschritten. Die Ostindien-Kompanie, deren Werk längst getan, deren Recht längst veraltet ist, weicht nun der direkt ausgeübten Autorität der Krone. Gleichzeitig verschwindet der letzte Schein eines in Delhi zentrierten Mogul-Reiches. Ein Vizekönig tritt an die Stelle des Generalgouverneurs; zwanzig Jahre später repräsentiert er die ferne »Kaiserin von Indien«. Indische Vertreter werden in die gesetzgebenden Räte berufen, indische Richter ernannt, ein imposantes Werk der Verwaltungsreform, der finanziellen Sanierung, der wissenschaftlichen Verbesserung des Lebens begonnen. Daß auch Indien einmal sich selber regieren und schließlich ohne englischen Rat auskommen wird, hat Macaulay, der Historiker, schon in den dreißiger Jahren vorausgesagt. Aber der Weg dahin ist noch weit, die Materie zäh, komplex und fremd, die Gegenwart durch vergangene Schuld belastet.

Die ist noch schwerer ein paar hundert Meilen von London entfernt. In das Bild viktorianischen Fortschrittes und Erfolges paßt am wenigsten die irische Frage, die wieder und wieder sich böse in Erinnerung bringt und keine befriedende Lösung findet. Der europäische Nationalismus kann an den Grenzen der Insel nicht haltmachen. Er ist hier zugleich ein amerikanischer, weil es in den Vereinigten Staaten so viele Iren gibt und New York ein

Zentrum der irischen Revolution gegen England ist. Er ist ein religiöser – irische Katholiken gegen das protestantische England und ihre eigene anglikanische Staatskirche; er ist ein sozialer – irische Landarbeiter und Pächter gegen den englischen Grundbesitz. Nirgendwo sonst in der Welt ist die englische Stellung so ungerecht wie in diesem Teil des Vereinigten Königreiches, nirgends die Interessen und Leidenschaften, die dem Reformer im Weg stehen, so zäh und stark. Gladstone will ein solcher Reformer sein, auch und vor allem für Irland. In dem Moment, in dem er, 1868, zum erstenmal an die Spitze der Regierung tritt, erreicht die anti-englische Bewegung in Irland einen Höhepunkt; der Versuch eines Umsturzes hat stattgefunden, in England kommt es zu Bombenattentaten. Gladstone versucht es mit Veränderungen im Sinn von Vernunft und Gerechtigkeit. Seine irische Kirchenbill, gegen den Widerstand der Konservativen durchgesetzt, trennt die Anglikanische Kirche in Irland von der in England, macht sie zu einer freiwilligen Gemeinschaft und entzieht ihr einen großen Teil ihres Einkommens, damit die Iren nicht mehr eine Kirche unterhalten müssen, mit der sie nichts zu tun haben. Ein Landgesetz verbessert die Lage der Pächter um ein geringes. Elf Jahre später (1881), während seiner zweiten Regierung, vermag er weiter zu gehen; ein zweiter Land-Akt macht den irischen Pächter zu einer Art von Mitbesitzer des Landes, von dem er nun während fünfzehn Jahren nicht vertrieben werden darf, und sichert ihm »faire Pacht«. Die Reform bedeutet eine kühne Modifizierung des britischen Eigentumsbegriffes, beschwichtigt aber die wachsenden Energien des irischen Nationalismus nicht; neue Morde an den höchsten britischen Magistraten in Dublin haben neue Zwangsmaßnahmen zur Folge. Die dritte Parlamentsreform macht die irischen Nationalisten zu einer zahlenstarken Partei in Westminster; ihr Führer, Parnell, nutzt diese Position, um mit beiden Hauptparteien zu handeln. Daß Autonomie – Home Rule – das Ziel für Irland sein muß, weiß Gladstone längst. Der Widerstand dagegen, auch innerhalb der Liberalen Partei, ist leidenschaftlich; die irischen Extremisten tun das Ihre, um ihn zu verhärten; im Zeichen des Imperialismus der neunziger Jahre ist die irische Frage schwieriger zu lösen, als sie es auf dem Höhepunkt des viktorianischen Friedens gewesen wäre; von dem alten Jahrhundert erbt sie das neue in ihrer ganzen vergifteten Aktualität.

Auch dann wäre also, von innen her, der viktorianische Friede schärferen Stimmungen und Konflikten gewichen, wenn England nur mit sich selber gelebt hätte, wenn es wahrhaft isoliert gewesen wäre; ein Wenn, das ernsthaft nicht ausdenkbar ist. Das Inselreich war im Gegenteil in die Angelegenheiten der weiten Welt am tiefsten und unentrinnbarsten verflochten. Selbst Gladstone wurde während seiner späteren Ministerien zu Schritten gezwungen, die unter den Begriff des Imperialismus fallen. Wer Macht in Afrika und Asien war, entging in den letzten Jahrzehnten des Jahrhunderts nicht einer Konkurrenz mit anderen Mächten, nicht dem Geist, der solcher Konkurrenz entsprach und sie steigerte. Auch die Veränderungen auf dem nahen Kontinent blieben nicht ohne Rückwirkungen auf Englands Politik und Seelenlage. Es hatte die Einigung Italiens gefördert, die es hätte hindern können; es ließ die Einigung Deutschlands zu, die ihm nicht eindeutig willkommen war. Was die neue europäische Zentralmacht sein und wirken würde, mußte sich erst herausstellen; noch Jahrzehnte später schienen die beiden Flankenmächte die gefährlicheren zu sein. Seit den achtziger Jahren kannte England wieder, was es seit 1805 nicht gekannt hatte, die schwere außenpolitische Sorge, die Furcht. Nun waren die Zeiten vorbei, da der alte Palmerston sein schiedsrichterliches Römerwort zu den Dingen jenseits des Kanals hatte sprechen können; nun war der Pazifismus Gladstones der Wirklichkeit nicht mehr gewachsen; zur Sorge um die Lebenssicherheit, zur Furcht vor dem relativen Niedergang kam ein neuer, lauter und aggressiver Stolz, der ähnlichen Stimmungen auf dem Kontinent antwortete.

Preußen und Deutschland

Die Ausgestaltung des italienischen Staates ging weiter in den sechziger Jahren, während das Schwergewicht der politischen Entwicklung sich von Italien nach Deutschland verlagerte. Wir finden hier eine Kombination von Wiederholung und Unterschied. Die Flankenmächte spielten gegenüber der deutschen Revolution nahezu die gleiche Rolle wie gegenüber der italienischen: Österreich die des Behinderers und Verlierers, Napoleon III. die des Geburtshelfers, der doch dies Kind nicht wollte. Auch in Deutschland gab es die Mächte von unten, Liberalismus, Nationalismus, Demokratie, ohne die, was nun geschah, nimmermehr geschehen konnte; auch dort den Königsstaat, der es endlich wagte, die nationale Sache zur eigenen zu machen, und den einen verwegenen Staatsmann. Wenn aber für Italien von einer Zusammenarbeit zwischen Staatsräson und Revolution ungefähr gesprochen werden kann, so unterwarf in Deutschland der Staat sich die Revolution. Diese war schwächer als in Italien, bereiter, sich unterwerfen zu lassen; jener, Preußen, war stärker als Piemont. Der Hergang war ränkevoller, undurchsichtiger, unerfreulicher; das Ergebnis solider. Es steckte mehr alte Macht, weniger neue Idee in ihm und geringere Spannung zwischen der einen und anderen.

Die fünfziger Jahre waren in Deutschland von der Tendenz beherrscht, die man »die große europäische Reaktion« nannte. In Preußen herrschten der Staat und die von alters mit dem Staat verbündete Klasse, der ostelbische Adel. Die regierenden Bürokraten legten die 1848/49 »oktroyierte« Verfassung im Sinne der Staatsmacht aus, entschieden durch administrative Maßnahmen, was sich durch Künste der Auslegung nicht bewältigen ließ. Das Wahlrecht, das die Bevölkerung nach der Steuerleistung in drei Klassen teilte, sicherte konservativer Wohlhabenheit eine Mehrheit im unteren Hause des Parlamentes um so verläßlicher, als die liberale Opposition dazu neigte, die Wahlen zu sabotieren; das Oberhaus war ein Monopol des Adels und von der Krone ernannter Würdenträger. Vergleicht man die deutschen Dinge mit den italienischen, so war Deutschland besser daran, insofern keine fremde Tyrannei über ihm lastete; schlechter oder peinlicher, eben weil es nur von sich selber, seinen eigenen Herren, in unzeitgemäßen Formen gefangengehalten wurde. Seine soziale Dynamik war stärker, seine Zivilisation dichter, gleichmäßiger, materiell produktiver.

Das italienische Drama, an sich geeignet, von außen her frische Luft auch nach Deutschland zu bringen, fand dort schon eine gewisse Auflockerung im Gange. Sie war teilweise noch einmal dem Zufall fürstlicher Individualität zuzuschreiben. Von unheilbarer Geisteskrankheit getroffen, trat Friedrich Wilhelm von Preußen 1858 von der politischen Bühne ab.

Sein Bruder und Nachfolger, Wilhelm I., war ein Mann von anderem Schlage; beschränkten, aber festen und klaren Geistes, nüchtern, soldatisch und ehrenhaft. Ohne die Notwendigkeit parlamentarischer Volksvertretungen einzusehen, viel weniger sie zu lieben, hielt er dafür, daß man, was einmal beschworen war, auch achten sollte, indem man es gleichzeitig in sauberen Grenzen hielte. Dies war sein Regierungsprogramm: »Königtum von Gottes Gnaden, Festhalten an Gesetz und Verfassung, Treue des Volkes und des siegbewußten Heeres, Gerechtigkeit, Wahrheit, Vertrauen, Gottesfurcht.« Der Thron sollte die goldene, hohe Mitte, gleichwohl von »zeitgemäßen Einrichtungen umgeben« sein.

Die Krise von 1859 bewegte die Deutschen tief. Italien, Deutschlands Schicksalsschwester, ging jetzt einen Weg, den man nicht umhin konnte, ihm zu neiden; und so tief auch der preußische Regent den Kronenraub des Piemontesen verurteilte, so war doch die Idee, daß Preußen das »Piemont Deutschlands« sein könnte, trivial genug, um fortan die Bereitschaft der Geister zu beeinflussen. Es entstand, Herbst 1859, ein »Nationalverein«, der italienischen Società nachgebildet, mit dem Ziel der »Einigung und freiheitlichen Vereinigung des deutschen Vaterlandes«; ausdrücklich wurde dabei betont, daß die Interessen Preußens und Deutschlands »im wesentlichen« zusammenfielen. Indessen durfte der Verein seinen Sitz nicht in Berlin, er mußte ihn in einem deutschen Kleinstaat (Coburg) nehmen.

Innerhalb Preußens ging aus einer Spaltung der Liberalen eine neue Partei hervor, der man an Stelle des vorgeschlagenen, gar zu herausfordernden »Demokratischen« den Namen »Fortschrittspartei« gab. Ihr Programm war bürgerlich-liberal: ein Ernstnehmen der Konstitution, die von der reaktionären Beamtenschaft noch immer nicht recht ernst genommen wurde, gerechtere Verteilung der Steuerlasten, vor allem Beseitigung der Grundsteuerfreiheit der Rittergutsbesitzer, genauere Kontrolle des Budgets durch den Landtag, Reform des Herrenhauses – dessen Veto alle liberalisierenden Versuche der Regierung im Keim ersticken konnte –, Sparsamkeit im Militärwesen, Gewerbefreiheit und so fort. Dabei wurde angenommen, daß die Industriearbeiterschaft dem »fortschrittlichen« Bürgertum folgen würde, und zwar ohne daß man es sich viel kosten lassen müßte; die Fortschrittspartei machte halt an der Grenze, die durch das gleiche Wahlrecht markiert wurde und jenseits derer die Demokratie begann. Der Anspruch, das Ganze, das »Volk« zu vertreten, wurde ihr dennoch bei den nächsten Wahlen durch eine absolute Mehrheit der Stimmen bestätigt. Eine Entwicklung der Dinge, die in jedem Fall Veränderung und wahrscheinlich Streit verhieß. Die Fortschrittler, maßvoll, prosaisch und wenig kampflustig, wie sie waren, verstanden doch den Staat und die Funktionen des Bürgers im Staat anders als der König und die adligen Militärs seiner Umgebung.

Zwischen den beiden deutschen Machtzentren, Wien und Berlin, fand, schon seit 1849, ein meist schweigendes, diskretes Ringen um den Einfluß in Deutschland statt. Da Preußen sich nun zu liberalisieren schien, um, wie es hieß, »moralische Eroberungen« in Deutschland zu machen, mußte Österreich wohl oder übel ein Gleiches tun, um so mehr, als die Niederlage von 1859 die Reaktionsherrschaft erschüttert hatte. Auch hier wurde der unfruchtbare Triumph der Reaktion von 1849 stückweise abgetragen. Aber das österreichische Staatswesen war durch seine Geschichte und Gegenwart ungleich belasteter als das preußische, ungleich schlechter geeignet für einen Umbau oder Neubau im Sinne der

Identität von Staat und Volk. Der Begriff, der auf die Wirklichkeit gepaßt hätte, fehlte; und das, was den Schweizern ohne Begriff, ohne Theorie gelungen war, die Form ihrer föderativen Republik mit dem Leben einer mehrsprachigen, charakteristischen Nation zu erfüllen, war dem ungleich größeren Kaiserreich nicht gegeben. Der Dynast, Franz Joseph, konnte nicht anders, als in der Dynastie den Träger, den Zweck des ganzen enormen Länder-Agglomerates zu sehen; wenn er während der nächsten fünfzig Jahre seiner Regierung sich wieder und wieder bereit zeigte, dem Zeitgeist Einräumungen zu machen und solche auch zu achten, so hatten sie doch mit seinem innersten Wesen und Glauben nichts zu tun. Seine Skepsis gegenüber dem Neuen wurde ihm bestätigt durch dessen widerspruchsvolle, unsichere Erscheinungsformen. Ein zentralisierter Staat mit liberal-parlamentarischen Einrichtungen, nach Deutschland blickend und von den deutschen Österreichern beherrscht; ein Föderativstaat, unterteilt im Sinne historischer und, wenn man sie an dem neuen Nationalprinzip maß, veralteter Grenzen; eine Föderation von Nationalitäten – jede dieser Auslegungen hatte ihre Vertreter. Der Kaiser, der an keine von ihnen ehrlich glauben konnte, ließ sich zum Versuch mit der einen und gleich darauf mit der anderen bereden: Einrichtung von Landtagen in den Provinzen der Monarchie (Oktober 1860); Einrichtung eines Zentralparlamentes in Wien (Februar 1861). Wenn die Art der Repräsentation dem Adel und dem deutschsprachigen Bürgertum ein Übergewicht über die Nicht-Deutschen gab, so war der Vorteil ein doppelter: der liberale deutsche Mittelstand galt jetzt als die loyalste Klasse in der Monarchie, und man brauchte ihn im Kampf um die Vorherrschaft in Deutschland, der bevorstand. In ihm schien Österreich jetzt das, worauf es vor allem ankam, die Sympathie des deutschen Liberalismus, für sich gewinnen zu können.

Der Konflikt, in den der König von Preußen mit seinem Parlament geriet, hatte eine Heeresreform zum Gegenstand. Das Heer, das theoretisch auf dem Grundsatz der allgemeinen Wehrpflicht beruhte, aber seit 1815 sich mit einer unveränderten Zahl von Rekruten begnügt hatte, sollte entsprechend dem Wachstum der Bevölkerung vermehrt werden, eine Notwendigkeit, die, angesichts des kriegerischen Zeitalters, in dem man lebte, niemand bestritt. Mit der Aufstellung zusätzlicher Regimenter wünschten König Wilhelm und seine Ratgeber andere Neuerungen zu verbinden. Es ging darum, die Landwehr, ein Überbleibsel aus der demokratischen Reformbewegung der Napoleonzeit, in ihrer Bedeutung stark zu reduzieren, indem man ihre jüngeren Jahrgänge mit der regulären Reserve vereinigte. Die Landwehr, schrieb des Königs Kriegsminister, General von Roon, sei eine politisch falsche Institution. »In dem Prozeß der allgemeinen Zersetzung vermag ich nur noch einen widerstandsfähigen Organismus zu erkennen, die Armee. Sie unverfault zu halten ist die Aufgabe, die ich noch für löslich erachte, aber freilich auch nur noch für einige Zeit.« Das preußische Parlament, nach dem Dreiklassenwahlrecht gewählt, nichts weniger als revolutionär, nichts weniger als begierig, den neuen Regenten, von dessen liberaler Gutwilligkeit man sich so viel versprach, vor den Kopf zu stoßen, sah trotzdem den Angriff auf die Landwehr als einen politischen an, dem man sich widersetzen mußte. Es gestand die für die Heeresreform notwendigen Gelder nur unter Bedingungen zu. Der König, ergrimmt über das Eindringen des Parlaments in eine Domäne, die er traditionsgemäß als seine eigenste ansah, löste es auf, indem er gleichzeitig seine liberalen Minister durch streng konservative ersetzte (1862). Neuwahlen, mit beispielloser Beteiligung durchgeführt, brachten der im Vorjahr gegründeten Fortschrittspartei einen durchschlagenden Erfolg, den Konservativen eine vernichtende Niederlage. In ihrem Kampf um das Heer, das ein nationales, kein Besitz des Monarchen mehr sein sollte, hatten die Liberalen das Land auf ihrer Seite. Versuche, zwischen der Parlamentsmehrheit und der Regierung zu vermitteln, scheiterten. Mit dreihundertacht gegen elf Stimmen strich nun der Landtag die Kosten für die Heeresreform aus dem Etat und stellte so die Regierung vor die Alternative, die neuen Regimenter wieder nach Hause zu schicken oder ohne Etat zu regieren. Das letztere, wie auch geistreiche Konservative daran deutelten, lief auf ein Regieren gegen das Verfassungsgesetz hinaus.

Unfähig nachzugeben in einer Sache, von der seine Einflüsterer ihm bewiesen, daß sie für die Zukunft des preußischen Kriegerstaates entscheidend sei, geriet der König zögernd in die Lage des Verfassungsbrechers. Er fühlte sich tief unwohl darin, da er ein frommer, rechtlicher Herr war; sah keinen Ausweg; mußte übrigens erfahren, daß seine wichtigsten Minister zur Kapitulation rieten. Ihr zog er die Abdankung vor. Sein Sohn, englisch-liberal verheiratet und in der üblichen Kronprinzen-Opposition gegen den Vater lebend, würde dann mit dem Parlament ins reine kommen und Preußen eine gekrönte Demokratie werden, wie die belgische eine war. Eine Abdankungsurkunde wurde entworfen. Ehe sie vollzogen war, erschien, nicht zufällig, der preußische Gesandte in Paris, von Bismarck, in Berlin, erhielt Audienz und bot sich an, den Kampf gegen das Parlament zum siegreichen Ende durchzuführen, »nicht als konstitutioneller Minister im üblichen Sinn des Wortes, sondern als Eurer Majestät Diener«.

Während der nächsten neun Jahre, 1862 bis 1871, ist die politische Geschichte Deutschlands die Geschichte Bismarcks. Was sonst mitwirkte, reagierte hilflos gegen ihn, ließ sich von ihm überzeugen, überraschen, übertölpeln, mitreißen oder blieb am Wege zurück. Nicht, daß er das Ziel, die politische Einigung Deutschlands, erfunden hätte; das gab es längst, und seine Verwirklichung war so oder so unvermeidlich. Die Art aber, in der es verwirklicht wurde, in der solche widerstrebenden Kräfte wie der Machtwille der alten Herrschaftsklasse in Preußen und der vorwärts drängende bürgerliche Nationalismus zusammengeschirrt wurden, war sein Werk allein. Es hat weittragende Folgen gehabt.

Bismarck spottete gern, daß er »Ansichten sich erst anschaffen müßte«, also keine hätte; er nahm sie aus den Dingen, vorurteilsfrei. Er handle konkret, schrieb er einmal, er wolle Zwecke erfüllen, nicht Theorien verwirklichen. So unbestimmt und wandelbar aber seine Ansichten waren, so stark waren seine Instinkte; diese richteten sich auf die Wirklichkeiten des Lebens, auf die Unterschiede zwischen arm und reich, Herr und Knecht, Adel, Bürger und Bauern, auf die »gottgewollten Abhängigkeiten«. Sie, einer Idee von Gerechtigkeit zuliebe, zu reformieren, lag ihm nicht; nicht seiner skeptischen, praktischen Intelligenz; nicht seinem eigenen, sehr bewußten Standesinteresse; nicht dem Innersten seiner harten und erbarmungslosen Seele. Dagegen war er bereit, mit jeder Tendenz der Zeit ein Zweckbündnis zu schließen, wenn ihre Stärke sie bündniswürdig machte. Sein Royalismus reichte nicht weiter als bis zu den Grenzen Preußens, die auszudehnen er allerdings Lust hatte. An das Prinzip der Legitimität glaubte er so wenig wie an andere Prinzipien oder »Ismen«. Das »Volk« fürchtete er nicht, am wenigsten das deutsche, von dem er wußte, daß es im

Grund nicht revolutionär sei. Furchtlos, geistreich, kampf- und lebensfreudig, hochmütig, witzig und überlegen konnte er mit Parlamenten, fremden Regierungen, der eigenen Nation umspringen, wie er es als junger Mensch mit den würdigen Behörden seiner Universität getan hatte, nämlich, sich über sie lustig machen. Durch einschmeichelnde Argumente gewinnen konnte er auch; auch täuschen. Was konnte solch ein überlegener, freier Mensch, umgeben von Mittelmäßigkeiten, nicht! Und wie schwierig ist sein Porträt in Worten zu zeichnen. Bismarck war aggressiv und bereit, die Dinge zu forcieren; auch bescheiden. Von dem, was ein Politiker im besten Fall tun und was er nicht tun kann und bescheiden abwarten muß, hat er ganz ähnlich wie Abraham Lincoln gesprochen. Er war brutal und ein Höfling von den vollkommensten Manieren, der geistreichste Causeur; kraftvoll, Jäger und Waldmann, doch auch wieder den Landjunker nur spielend, nervös und kränkelnd; Ehrenritter und mit allen Wassern gewaschener Politiker; Royalist und Rebell. Er war ein verwegener Spieler, aber auch ernst und fromm und trug schwer an schweren Verantwortungen. Er war machthungrig und plagte sich und die Welt mit einem überstarken Egoismus; aber auch fähig, Zwecken zu dienen, die weit über ihn hinausgingen, und mit ihnen zu wachsen.

Die Zwecke, was waren sie? Daß er ganz nach oben zu kommen und sich oben zu halten wünschte, versteht sich von selbst; und da er sein Leben lang mit einer Monarchie zu tun hatte, die stark war, eben dank seiner Tätigkeit, so blieb das bloße Sich-an-der-Macht-Halten, ein Hauptzweck an sich selber. Mit der Macht wollte er den preußischen Königsstaat erhalten – ein Prinzip nicht so sehr territorialer wie sozialer Ordnung und Hierarchie. Anderes kam und wandelte sich mit der Zeit. Er war anfangs nur Preuße, ohne Liebe zu Süddeutschland und Gesamtdeutschland; dem Reichskanzler wird man Sinn für Würde und Schickung der deutschen Nation nicht absprechen, wiewohl er die Wirkungskraft des deutschen Nationalismus in strengen Grenzen zu halten entschlossen war. Von Europa sprach er gelegentlich mit Verachtung, überzeugt, daß es nichts sei als ein Bündel spröder, der eigenen Erweiterung dienender, das große Ganze nur heuchlerisch im Munde führender Mächte. Dem Alternden hat es aber an Sicht des europäischen Gesamtinteresses nicht gefehlt, und seine eigene Bildung war europäisch-aristokratisch eher als nur-deutsch. Von Haus aus war er wenig geneigt, dem Elend dieser Welt abzuhelfen, das er für naturgegeben oder gottgewollt hielt; aber der neue Minister hat mit Sozialisten neugierig-spekulativen Umgang gepflogen, der alte Reichskanzler einem bahnbrechenden Werk von Sozialversicherungen präsidiert. Er war fähig zu lernen und veränderten Bedingungen veränderte Zwecke zu entnehmen. Er regierte lange, lebte von einem Zeitalter in ein anderes, sah scharf auf den Lauf der Welt. Der Junker wurde zum parlamentarischen Freibeuter, der Parlamentarier zum Diplomaten, der Diplomat zum Staatslenker, der Staatslenker wieder zum Parlamentarier, Wahlkampfmanager, Parteienbändiger. Erst gegen Ende, bei verbrauchter Nervenkraft, vereinsamt, bitter und böse, war er zu keiner Anpassung mehr imstande.

Bismarck versuchte zunächst, das Parlament zu einer Art freundlicher Kapitulation zu überreden, indem er andeutete, daß er große Pläne mit Deutschland vorhätte, für die eine starke Armee benötigt würde, und daß er in dem ganzen Streit nichts Tragisches finden könne. Als die Fortschrittspartei auf ihrem Recht bestand, wurde er schneidend. Verfassungsleben beruhe auf Kompromissen; sei einer der Partner zu keinem Kompromiß bereit, so bleibe nichts als Kampf zwischen Macht und Macht, und es werde sich zeigen, wo die stärkere zu finden sei. Hierauf setzte er: Armee, Bürokratie, Justiz, der gesamte Staatsapparat gehörte dem König, nicht dem Parlament. Von einer starken Hand geleitet, würde er arbeiten wie zuvor, mit oder ohne Verfassung. Wilhelm besorgte, sein Minister würde enden wie der Earl of Strafford, er selber wie Karl I. Vier Jahre herrschte in Preußen ein verfassungswidriges Regiment, indem nicht bloß die Regierung Geld ausgab, das der Landtag nicht bewilligt hatte, sondern auch Staatsbeamten ihr politisches Verhalten als ein mit Entlassung zu bestrafendes Vergehen ausgelegt, die Presse geknebelt, die Staatsmacht gegen die öffentliche Meinung eingesetzt wurde. Es gelang. Die Parlamentsmehrheit protestierte, wies aber den Plan eines politischen Generalstreikes, der von der extremen Linken an sie herangetragen wurde, weit von sich: ein so revolutionäres Spiel würde der Reaktion ihr Werk nur erleichtern.

Ein Aufstand der Polen gegen die russische Fremdherrschaft, der zweite große seit 1815, gab dem Minister erwünschte Gelegenheit, ein Motiv seiner äußeren Politik ins Spiel zu bringen. Was in Polen vorging, veranlaßte Frankreich, England, selbst Österreich, in St. Petersburg Protest zu erheben. Nicht so Preußen. Vielmehr nötigte Bismarck dem Zaren Alexander II. eine Konvention auf, der zufolge beide Staaten den Kampf gegen die polnische Revolution notfalls gemeinsam führen und preußische Truppen das Recht haben sollten, die Grenzen von Russisch-Polen zu überschreiten. Eine tiefsitzende, gnadenlose Feindschaft des preußischen Grundbesitzers gegen das polnische Volk war hier wirksam; ebensosehr der Wunsch, sich Rußland zu verpflichten. Von Preußen gedeckt, wies der Zar den Einspruch Westeuropas zurück. Nach anderthalb Jahren mörderischer Kämpfe war die polnische Unabhängigkeitsbewegung unterdrückt.

Die verfassungswidrigen Zustände in Preußen, aufrechterhalten durch einen Minister, der als typischer arroganter Junker galt und mit dem Zaren gemeinsame Sache gegen Polen machte, waren nun nicht geeignet, die Chancen des großen norddeutschen Staates im Ringen um die Sympathien des liberal-nationalen Deutschland zu verbessern. Sie ließen die Stellung Österreichs, das sich neuerdings als Verfassungsstaat gab, als die vorteilhaftere erscheinen. Franz Joseph meldete denn auch Österreichs deutschen Führungsanspruch noch einmal an, indem er den versammelten deutschen Fürsten in Frankfurt den Plan zu einer Reform des Deutschen Bundes vorlegte. Aber Preußen fehlte auf dieser Versammlung, und ohne oder gegen Preußen gab es keine Reform. Daß Bismarck gleichzeitig vorschlug, ein gesamtdeutsches, nach dem allgemeinen und gleichen Wahlrecht zu wählendes Parlament in Frankfurt zusammentreten zu lassen, wurde allenthalben als ein Scherz des dreisten Edelmannes, als demagogisches Überbieten des österreichischen Angebotes empfunden. Was es wohl auch war; aber nicht nur dies.

1864 begann die deutsche Krise sich zu »erhitzen«, wie man damals sagte. Was Bismarck in den nächsten zwei Jahren leistete: diese verwirrend schnelle Vorwärtsbewegung, dies Zusammenzwingen und wieder Trennen und Gegeneinanderkehren zweier großer Staaten, das Betrügen des einen, das Zum-Höhepunkt-der-Macht-Führen des anderen, dies Seine-Feinde-Verblüffen-und-Gewinnen, dies Mit-einem-Zauberschlage-Lösen, was fünfzig Jahre ungelöst geblieben war – es duldet keinen Vergleich. Manches kam ihm zugute, was seinen Vorgängern nicht zugute gekommen war, vor allem die veränderte Konstellation der europäischen Mächte. Rußland war geschwächt durch den Krimkrieg, voller Ressentiment gegen Österreich; Österreich geschwächt durch die Ereignisse von 1859; England behindert durch die weltpolitischen Gefahren, die dem amerikanischen Bürgerkrieg anhingen; das französische Kaisertum an innerer Sicherheit zusehends verlierend, übrigens deutschfreundlich und besonders preußenfreundlich und stets begierig nach Veränderungen, die sich im Sinn des Nationalprinzips auslegen ließen; das Eis der großen Reaktion längst gebrochen, Europa nachgerade daran gewöhnt, die großen von 1848 stammenden Probleme stückweise, überraschenderweise, durch tolle Vermischung alter und neuer Zwecke erst hier und dann dort gelöst zu sehen. Aber alle diese Begünstigungen wirkten nicht ohne den Mann, der sie wahrnahm – man könnte ebensowohl die vielen Faktoren aufzählen, die gegen eine preußische Lösung der deutschen Frage sprachen.

Es bestand etwas wie eine Front Österreichs und der deutschen Kleinstaaten gegen Preußen, die es aufzulockern galt. Hierzu diente der zu guter Zeit wieder auftauchende Konflikt um Schleswig-Holstein. Von den europäischen Mächten in seinem Recht über die norddeutschen Herzogtümer bestätigt, gleichzeitig aber verpflichtet, sie gemäß alter Tradition von dem Hauptstaate getrennt zu halten, beging Dänemark aufs neue den Fehler, Schleswig zu inkorporieren. Wieder wie 1848 hatte Deutschland hier seinen gerechten Streit; wieder wurde von einer Mehrheit der Gliedstaaten des Deutschen Bundes die »Bundes-Exekution« gegen Dänemark beschlossen. Hier waren die kleinen Staaten führend, und zwar weil ihre Bürger es so wollten. Von einem gesamtdeutschen Patriotismus bewegt, wohl fähig, Recht und Unrecht zu unterscheiden, längst bedrückt von der Erfahrung, Gemeinwesen anzugehören, die in der Welt nichts und selbst im deutschen Europa nicht viel bedeuteten, sah der deutsche Bürger in der Schleswig-Holstein-Sache eine Aufgabe, an der er sich endlich bewähren konnte. Bismarck wollte aber nicht ein liberal-nationales Deutschland die dänische Affäre entscheiden lassen, um aus Schleswig-Holstein etwa einen neuen liberalen deutschen Kleinstaat zu machen. Unter Aufbietung seines ganzen Charmes, aller seiner verbergenden Kunst redete er Österreich los von seiner natürlichen Basis in Deutschland, der gemeinsamen Front mit den Fürsten. Im Frühling 1864 führte er einen Krieg gegen Dänemark, der nicht ein Krieg Deutschlands in einer nationalen, sondern ein Krieg zweier Mächte, Preußens und Österreichs, in einer diplomatisch-kalten, betont völkerrechtlichen Angelegenheit war; zwang Dänemark, auf Schleswig-Holstein zu verzichten, das unter die gemeinsame Verwaltung der Sieger gestellt wurde. Mit der ihm eigenen spielerischen Offenheit sagte er während des Dänenkrieges zu einem Diplomaten, er habe Österreichs Hilfe nur gemietet. Zu welchem Zweck denn aber Österreich da mitmache? »Elle travaille pour le roi de Prusse.« Der französische Ausdruck »für den König von Preußen arbeiten« stammte aus dem 18. Jahrhundert und bedeutete soviel wie sich betrügen lassen, ohne Lohn im Interesse eines anderen arbeiten. – Der Krieg gegen Dänemark war charakteristisch für die Verwilderung der Epoche, in der das europäische Konzert zu funktionieren aufgehört hatte; er wäre so, in seiner lokal beschränkten, zweckentsprechenden Form weder früher noch später möglich gewesen.

Napoleon III.
Photographie. Arenenberg, Napoleon-Museum

Die Schlacht von Königgrätz
Husarenattacke bei Schweinschädl am 29. Juni 1866. Gemälde von A. v. Bensa. Wien, Heeresgeschichtliches Museum

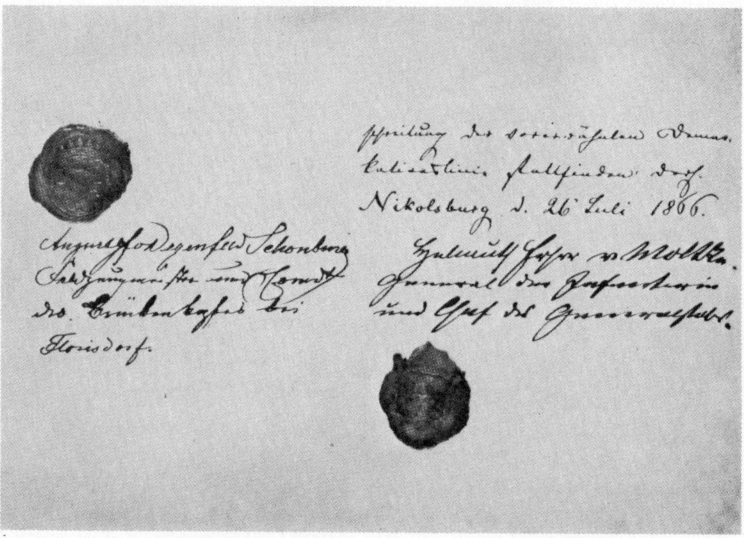

Nikolsburg d. 26 Juli 1866.

Die Unterschriften von Helmuth v. Moltke und August Graf Degenfeld-Schonburg
unter dem Vorfriedensvertrag von Nikolsburg, 26. Juli 1866
Wien, Haus-, Hof- und Staatsarchiv

Es versteht sich, daß Bismarck die »Dardanellen des Nordens« auf die Dauer nicht mit Österreich zu teilen gedachte. Weiteres stand 1864 kaum in seinem improvisierenden Geiste fest; allerdings ergab Weiteres sich aus seiner vorläufigen Zielsetzung.

Im Grunde hatte er größere Ziele, ohne sie wohl noch genau zu kennen. Längst, während er sich mit seinem Kampf gegen die preußischen Liberalen amüsierte, ahnte er und sprach es gelegentlich aus, daß der deutsche Liberal-Nationalismus nicht Ruhe geben würde, ehe seine Forderungen nicht irgendwie erfüllt wären. Er ging längst damit um, sie erfüllen zu helfen, aber so, daß er sie umschränkte, beherrschte, der preußischen Monarchie erträglich machte, für den preußischen Staat Vorteile aus ihnen zog.

Das Ergebnis des Dänenkrieges, die »gemeinsame Verwaltung« Schleswig-Holsteins durch Österreich und Preußen, barg das chemische Element in sich, das die zwischen beiden deutschen Hauptstaaten liegende alte Konfliktmasse wieder in Bewegung brachte. Hier ging es um die Vorherrschaft in Deutschland, die unvermeidlich gewordene Neugestaltung des deutschen Gemeinwesens im preußischen oder österreichischen Sinn. Überblickt man die verschiedenen zugunsten beider Staaten wirkenden Sympathien, so lag der Vorteil bei Österreich. Für Österreich waren die deutschen Fürsten und Aristokratien; die Katholiken; die Demokraten und das, was neuerdings, links von den Demokraten, sich der politischen Zusammenfassung der Arbeiterschaft widmete. Für Preußen waren grundsätzlich einige liberale, zumal norddeutsche akademische Wortführer, energische Historiker, welche die preußische Lösung für die geschichtlich gemäßere hielten. Selbst ihre Haltung wurde durch den Verfassungskonflikt erschwert. Aber alle die pro-österreichischen Stimmungen summierten sich zu keiner Schlagkraft. Österreich selber besaß kein tragfähiges deutsches Programm und konnte keines haben, wie sehr man sich auch mühte, eines zu finden. Das Lebensprinzip des Habsburger-Reiches stimmte mit dem des Nationalstaates nicht zusammen, in Deutschland so wenig wie in den Ländern slawischer Zunge. Die preußische Lösung war einfach. »Ich zweifle nicht daran«, schrieb ein bayerischer Politiker schon 1862, »daß Bismarck die Auflösung des Deutschen Bundes, die Trennung Deutschlands von Österreich und die Unterwerfung der deutschen Staaten unter Preußen erstrebt.«

»Nationalverein« und ein österreichfreundliches Konkurrenzunternehmen (der »Reform-Verein«), Kongresse deutscher Parlamentarier, Publizisten, Projekte schmiedende Einzelgänger wühlten die Erde rings um die deutsche Frage. Preußen und Österreich zankten sich um ihre gemeinsame Beute; versuchten es mit einer Teilung, Schleswig für Preußen, Holstein für Österreich, die nichts löste; ließen den an sich mittelmäßigen Streit sich verschärfen dadurch, daß er auf den größeren, den Streit um die Vorherrschaft in Deutschland, bezogen wurde. Die europäische Diplomatie verfolgte die Entwicklung der deutschen Dinge mit wachsendem Interesse. Italien war noch immer unbefriedigt in seiner römischen, seiner venezianischen Forderung. Daran, daß die großen Fragen der Zeit »durch Blut und Eisen gelöst würden«, hatte man sich schon gewöhnt; der Mann, der selber diesen Ausspruch getan, der preußische Minister von Bismarck, befand sich in einem ungesetzlichen Verhältnis zu seinem eigenen Parlament, der Inhaber einer den Deutschen nicht liegenden, unerfreulichen, auf die Dauer unhaltbaren Diktaturmacht. – Aus dieser gärenden Masse von Bedingungen ging der preußisch-österreichische Krieg von 1866 hervor.

Louis Napoleon vermittelte ein Bündnis zwischen Preußen und Italien. Wir müssen mit Bedauern erwähnen, daß dieser Monarch, den der Anblick eines Schlachtfeldes mit Entsetzen erfüllte, doch nichts gegen Schlachtfelder hatte, die er nicht zu sehen brauchte, und nach Kräften agierte, um den Zusammenstoß der deutschen Mächte herbeizuführen. Er würde dann vermittelnd eingreifen, dem Unterliegenden seine guten Dienste verkaufen und, wieder in der Stellung des Schiedsrichters, die noch ausstehenden Veränderungen der politischen Karte bewirken, welche die Vernunft erheischte. Preußen mochte Norddeutschland integrieren. Italien mußte Venedig haben, dann würde es endlich ruhig sein und den Papst in Ruhe lassen ... Wäre hier Raum, auf die Verhandlungen und Angebote des Frühjahrs 1866 einzugehen, so müßte manches Charakteristische, aber historisch Gewichtslose erwähnt werden; schattenhafte Variationen der Wirklichkeit, die den Hirnen der Monarchen und Diplomaten entsprangen und die nicht wirklich wurden, und zwar vor allem darum nicht, weil Napoleon nicht mehr die Kraft hatte, sich beizeiten zu entscheiden, und einheimsen wollte, ohne zu wissen, was, und ohne für das unklare Ziel etwas Klares zu tun. Wirklich wurde: die preußisch-italienische Allianz, April 1866. Von da ab zog das stärkste Gewicht nach dem Kriege hin; welcher Art die in den letzten Wochen rasch noch in die Schale des Friedens geworfenen Gewichte waren, ob sie bloßer Schein waren oder eben nicht schwer genug, ob der Kriegswille Bismarcks das Feld vor ihm völlig deckte oder ob er andere Möglichkeiten ehrlich erwog, andere Möglichkeiten vorgezogen hätte, entscheiden wir nicht. Wie 1859 führten Rüstungen und Gegenrüstungen endlich den Zustand herbei, der den Wert von Rüstungen auf die Probe stellt. Indem Österreich das Problem Schleswig-Holstein vor den Deutschen Bund brachte, brach es seine Abmachungen mit Preußen. Der Bund stellte sich auf die Seite Österreichs und beschloß die Mobilisierung der Bundestruppen. Preußen erklärte die Bundesakte für gebrochen, den Deutschen Bund für aufgelöst. Der Einmarsch preußischer Truppen in Böhmen erfolgte ohne Kriegserklärung.

Der amerikanische Bürgerkrieg hätte ein paar Monate dauern sollen und dauerte vier Jahre. Diesen preußisch-österreichischen Krieg stellte man sich lang und schrecklich vor: Louis Napoleon sich wenigstens so lang, um ihm Zeit zu gewinnbringenden Manövern zu lassen. Er dauerte sieben Wochen. Das preußische Heer, verfassungswidrig, aber gründlich reorganisiert und von einem Meisterstrategen, General von Moltke, geführt, bewies eine Schlagkraft und Fähigkeit des Einsatzes neuer technischer Mittel, zumal der Eisenbahnen, die eines Studiums durch die französischen Militärs wert gewesen wären. Den Österreichern genügte eine einzige Schlacht in Böhmen, »Königgrätz« oder »Sadova«. Sie waren danach noch nicht am Ende, so wenig wie nach Solferino, zogen aber wie damals einen eng begrenzten Verlust einer ins Gefährliche, Uferlose führenden Fortsetzung des Widerstandes vor. Der Vorfriede von Nikolsburg war wie eine Wiederholung des Vorfriedens von Villafranca. Wieder beschlossen zwei Monarchen, hinter denen der nervös treibende, rechnende Wille Bismarcks stand, daß ein schleuniger Friede sein sollte. Wieder war die neutrale Welt tief überrascht und sehr unliebsam die zuschauende Hauptmacht, der Kaiser Napoleon. Er »vermittelte« nun; aber nachdem bereits Waffenstillstand war und die wesentlichsten Bedingungen festlagen, fand er sich in der Lage des zu spät eintreffenden, nichts mehr ausrichtenden Schiedsrichters. Der Deutsche Bund war aufgelöst, Österreich praktisch von Deutschland getrennt. Nördlich des Mains durfte Preußen einen »Norddeutschen Bund« errichten, übrigens einige norddeutsche Kleinstaaten, die gewagt hatten, auf der Seite Österreichs zu sein – Hannover, Hessen-Kassel, Nassau, Frankfurt – sich einverleiben. Die Staaten südlich des Mains blieben frei und mochten, wenn es ihnen so gefiel, sich zu einem Süddeutschen Bund zusammenschließen.

Es ist während dieses Krieges und kurz danach wieder von einer Möglichkeit die Rede gewesen, die schon während des Krimkrieges und 1859 angespielt wurde: der Möglichkeit einer Entfesselung der Revolution innerhalb der Habsburger Monarchie, der Revolution überhaupt. Das Strategem, das die Politik des 19. Jahrhunderts als ein versuchsweise anklingendes, nie zur rechten Geltung kommendes Motiv begleitet, ist erwähnenswert, weil es im Krieg von 1914 endlich seine volle Verwirklichung fand; durch die Deutschen in Rußland, durch Rußland und die Westmächte in Österreich-Ungarn. Cavour hat 1859 mit ungarischen Patrioten verhandelt, etwas später Bismarck. Im Siebenwochenkrieg verschmähte Preußen es nicht, aus Kriegsgefangenen eine ungarische Legion zu bilden und den Tschechen, etwa auch den Kroaten ihre Befreiung vom habsburgischen Joch anzubieten. Ob »die Revolution« in der zweiten Hälfte des 19. Jahrhunderts wirklich etwas wie eine Pandora-Büchse war, die von machiavellistischen Diplomaten nach Belieben geöffnet werden konnte, ist schwer zu sagen, da die Probe mit vollem Ernst nicht gemacht wurde; manches spricht dagegen. Die Aristokraten in den europäischen Staatskanzleien wußten am Ende nicht sehr gut, was eine Revolution ist und wie sie zustande kommt. Jedenfalls ist das Spiel bezeichnend für den verwegenen Geist Bismarcks, so wie er in diesen seinen stärksten Jahren funktionierte. Auch in Deutschland war der »Junker«, der »Konservative«, der »Royalist« notfalls bereit, Revolution zu entfesseln, nachdem er sich auf das große Abenteuer einmal eingelassen hatte. Als Zar Alexander die Vertreibung der hannoveranischen und hessischen Dynastien durch seinen Oheim, den König von Preußen, streng tadelte und von ferne die Gefahr einer russischen Einmischung am Horizont erschien, telegraphierte er nach St. Petersburg: »Pression des Auslandes wird uns zur Proklamierung der Reichsverfassung von 1849 und zu wirklich revolutionären Maßnahmen treiben. Soll Revolution sein, so werden wir sie lieber machen als erleiden.«

Dazu kam es nicht. Die Pression des Auslandes erwies sich als unernst. Übrigens war kein deutscher Garibaldi da, mit dem Bismarck sich hätte verbinden können; keinesfalls seit dem Tod Lassalles, der auch kaum die Kraft Garibaldis besaß. Es gab auch kein Sizilien zu befreien. Wohl aber beruhte die Verfassung des neuen »Norddeutschen Bundes« auf einem überraschend großzügigen Kompromiß zwischen der preußischen Königstradition und dem liberalen Programm. Das hastig entworfene Dokument stammte von Bismarck selber; einige Veränderungen wurden einem »konstituierenden Reichstag« zugestanden. Der Name »Reichstag« selber, welcher der Volksvertretung des Bundes gegeben wurde, ließ das Ziel erkennen; Norddeutschland war kein »Reich«; kam Süddeutschland dazu, so konnte es als Reich, als Universum der deutschen Staaten und Stämme, mit knapper Not gelten. Dieser Reichstag war nach dem allgemeinen und gleichen Wahlrecht zu wählen – die Erfüllung eines Grundsatzes von 1848. Er erhielt nicht alle, aber sehr wesentliche Rechte einer demokratischen Legislative, Öffentlichkeit der Verhandlungen, Einnahme- und Ausgabekontrolle. Dagegen sollte es keine Unionsregierung im Stile der amerikanischen oder schweizerischen, keine eigentliche Exekutive geben. Sie wurde durch die »Verbündeten Regierungen« dargestellt, einen von den Vertretern der Gliedstaaten zu beschickenden »Bundesrat«, der dem alten Bundesrat Metternichs ähnelte, freilich einen Wesensunterschied aufwies: Österreich war nun abwesend, Preußen einer Mehrheit allemal sicher. Ein Vertreter Preußens hatte als Kanzler die Geschäfte des Rates zu koordinieren. Die Liberalen gaben diesem Amt eine Bedeutung, die dem ersten Entwurf gemäß nicht in ihm lag, machten aus dem bloßen Geschäftsführer einen »verantwortlichen« – es war nicht klar, wem verantwortlichen – »Bundeskanzler«, der die Politik des Bundes im Reichstag zu vertreten hätte, eine Art von Bundes-Ministerpräsidenten ohne Minister. Die so gesteigerte Funktion konnte Bismarck keinem anderen als sich selber gönnen.

Die Verfassung des Norddeutschen Bundes ist von weltgeschichtlichem Gewicht, weil sie die Verfassung des neuen Deutschen Reiches bis 1918 blieb und für dieses auch gemeint war; der »Bund« selber, die Vereinigung Preußens mit einigen norddeutschen Zwergstaaten, hätte den Aufwand nicht gelohnt. Nicht daß es ein theoretisch imposanter Aufwand gewesen wäre. Über die beliebtesten Themen der liberalen Staatswissenschaft, Menschen- und Bürgerrechte, Gewaltenteilung, Träger der Souveränität, schwieg das Dokument sich aus, da sie den herrischen und praktischen Geist Bismarcks nicht interessierten. Mit Dingen, nicht mit Ideen war er befähigt umzugehen. Was er hier zuwege brachte, war ein deutscher Nationalstaat oder doch der Anfang davon, aber war beherrscht von dem alten, dynastischen, in seiner Herrschaftsschichtung unveränderten Preußen. Eine Verbindung, die jeder Theorie widersprach und die 1848 kein Professor für möglich gehalten hätte. Piemont verschwand in Italien; Preußen, mit seinem König, Adel und Heer, seiner Bürokratie und Kirche, gedachte in Deutschland nicht zu verschwinden. Der Bundeskanzler vertrat die Politik des Bundes in einem vollkommen demokratischen Parlament, demgegenüber der Bundespräsident, demnächst »deutscher Kaiser« genannt, nicht einmal das Recht des aufschiebenden Vetos besaß. Aber dieser Präsident war gleichzeitig der noch immer halbabsolute König von Preußen; der Bundeskanzler gleichzeitig der Diener des Königs, von ihm ernannt, von ihm zu entlassen, nur ihm verantwortlich, vom Vertrauen des Reichstages technisch nicht abhängig. Neben dem Reichstag und in der gleichen Hauptstadt Berlin bestand der nach dem Dreiklassenwahlrecht gewählte preußische Landtag samt dem preußischen Herrenhaus weiter fort und besorgte die Gesetzgebung für das preußische Staatsgebiet, verglichen mit dem die übrigen Gliedstaaten des Bundes nur ein Miniatur-Anhängsel waren. Ein roh und praktisch gezimmerter, theoretisch schiefer Kompromiß. Wir dürfen nicht sagen, daß er nicht entwicklungsfähig war. Er hat sich entwickelt; das deutsche Verfassungsleben war 1913 nicht, was es 1867 oder 1872 gewesen war. Neue Energien drängten in die alten Formen, dehnten sie, machten sie vielfach undeutlich. Aber diese Veränderungen waren doppelt schwierig, weil keine Theorie, etwa im Stil der amerikanischen Bundesgerichtsbeschlüsse, ihnen klärend zu Hilfe kam und weil wirkliche Machtinteressen hinter den alten Formen Schutz suchten. John Motley, der von uns schon mehrfach zitierte amerikanische Historiker-Diplomat, kommentierte 1866: »Für den Anfang haben wir einen Kaiser über dreißig Millionen Deutsche, der sich König nennt, umgeben von einem Dutzend Präfekten oder Gouverneure, die noch eine Weile glauben machen wollen, daß sie Könige und Souveräne seien. Aber da sie weder Armeen noch Flotte haben, keine Beziehungen zu fremden Mächten, keine Freiheit über ihre Zölle, keine Entscheidung über Frieden und Krieg, so sind sie ungefähr so souverän wie die Staaten Delaware oder North Carolina, die auch Souverän spielen. Nun, vorläufig ist es eine Norddeutsche Union mit einem erblichen Oberhaupt in der Mitte und erblichen Vasallen um ihn herum, mit einem nationalen Zentralparlament und regionaler Autonomie; Karl der Große (»Charlemagnism«) mit amerikanisierten Einrichtungen. Beides paßt nicht zusammen. Entweder Karl der Große oder der Amerikanismus hat zu verschwinden. Eine Konföderation unabhängiger Monarchen ist möglich. Der selige Bund beweist es. Aber die Vereinigung vieler ehemals unabhängiger Körper zu einem Ganzen muß entweder in militärischem Despotismus oder in einer demokratischen Nationalregierung enden.« Hier waren die Alternativen gut gesehen; aber Deutschland hat in den nächsten fünfzig Jahren die Wahl zwischen ihnen, zwischen »Karl dem Großen« und der Demokratie, nicht vollzogen. Die Meisterschaft des Mannes, der den Kompromiß zwischen beiden zuwege gebracht hatte, war notwendig, um ihn halbwegs sich bewähren zu lassen. Bismarck schnitt die neue deutsche Verfassung auf sich selber zu. Wie es nach ihm weitergehen würde, darüber hat er, mit dem Egoismus des Großen, ernsthaft gar nicht nachgedacht.

Die politische Vorbedingung des Bismarckschen Kompromisses war, daß die Liberalen ihn annahmen. Das taten sie mehrheitlich, im alten Preußen sowohl wie in den neuerdings von Preußen annektierten Provinzen und demnächst in Süddeutschland. Der Erfolg tat seine Wirkung. Als der verhaßteste Mann im Staat war Bismarck mit seinem König zum Krieg gegen Österreich aufgebrochen, Regimentern folgend, die, der preußischen Verfassung gemäß, gar nicht hätten existieren dürfen. Als er nach Berlin zurückkehrte, empfing ihn brausender Beifall. Der Junker, der Königsdiener hatte, mit seinen Methoden, zuwege gebracht und gegründet, woran die Liberalen und Demokraten, die Professoren und Advokaten gescheitert waren; nicht den Volksstaat, aber doch den Nationalstaat, der dann ja wohl auch ein wenig von einem Volksstaat werden würde. Mit diesem wenigen beschlossen die norddeutschen Liberalen, nicht alle, aber viele, sich einstweilen zufriedenzugeben, indem sie es an demütiger Selbstkritik nicht fehlen ließen: man habe sich wohl übernommen und Macht und Mission des preußischen Königtums unterschätzt. Der Übergang ins Lager des Siegers wurde ihnen durch die Mäßigung erleichtert, die Bismarck im Inneren ganz ebenso walten ließ, wie er sie eben den Österreichern gegenüber hatte walten lassen. Auf seinem Triumph hätte er für den Augenblick wohl eine Art von Königsdiktatur errichten können. Statt dessen erwies er nun dem preußischen Landtag die Ehre, ihn um »Indemnität«, das hieß eine nachträgliche Gutheißung aller Staatsausgaben seit 1862, zu bitten. Darin lag kein Eingeständnis unrechten Handelns, der König bestritt es ausdrücklich; wohl aber war es ein Versuch, das Verhältnis zwischen Parlament und Macht nun doch in eine zeitgemäße Ordnung zu bringen. Die Indemnität wurde gewährt. Ein Teil der in unversöhnlicher Opposition verharrenden Fortschrittspartei vereinigte sich mit Politikern aus den neuen Provinzen zur Gruppe der »Nationalliberalen«, die in den nächsten zehn Jahren die wichtigste parlamentarische Stütze von Bismarcks Politik abgab. Einer von ihnen meinte: »Die

Zeit der Ideale ist vorüber. Die deutsche Einheit ist aus der Traumwelt in die prosaische Welt der Wirklichkeit hinuntergestiegen. Politiker haben heute weniger als je zu fragen, was wünschenswert als was erreichbar ist.« Blickte man auf die Landkarte, so waren die Ergebnisse des Krieges von 1866 bescheiden genug. Italien hatte sein Venetien, Preußen seinen Norddeutschen oder »engeren« Bund, mit dem schon zu Zeiten Napoleons I. und wieder 1849 gespielt worden war. Die Austilgung einiger deutscher Fürstentümer, Hannovers zumal, war eine Usurpation, die dem frommen König von Preußen übel anstand und diesen auch wohl nicht glücklich machte, aber im europäischen Rahmen doch nur eine Miniatur-Usurpation. Italien hatte im Krieg wenig Glück gehabt und seine Beute nur, weil es an den preußischen Siegeswagen angehängt war, erhalten. Österreich, noch einmal geschlagen, aber nicht zerschmettert, noch einmal um eine Provinz verkürzt, machte weiter als ein großes Staatswesen, an Raum westlich von Rußland noch immer das größte. Aber hinter diesen geringfügigen Veränderungen verbarg sich eine entscheidende, und die Menschen wußten es gut. Von allen europäischen Kriegen zwischen 1812 und 1914 war der deutsche Siebenwochenkrieg der folgenschwerste. Mit ihm ging die Führung Deutschlands und Mitteleuropas an Preußen über und sehr bald das, was man die europäische Hegemonie genannt hat. Nicht nur hatte Preußen sich als schlagkräftiger erwiesen als Österreich; durch die liberale Ausgestaltung des Norddeutschen Bundes zeigte es seine Bereitschaft und Fähigkeit, die seit einem halben Jahrhundert zerredete deutsche Sache nun auf seine Weise zu Ende zu bringen. Der militärische und administrative Genius des preußischen Staates würde sich mit dem deutschen Nationalismus verbinden und ihm zu einer charakteristischen, zugleich verkürzten und gestrafften Wirklichkeit verhelfen. Verkürzt, weil Preußen und die süddeutschen Kleinstaaten zusammen längst nicht das ganze Deutschland waren; gestrafft, weil Preußen in einem solchen Kleindeutschland ganz anders dominieren würde, als der habsburgische Vielvölkerstaat in einem irgendwie reformierten Großdeutschland je hätte dominieren können. Nicht auf die Veränderung politischer Grenzen kam es an, die hätten ebensowohl ganz unterbleiben können. Was in den fünfziger und sechziger Jahren in Europa stattfand, war etwas wie eine Reihe von militärischen Ausscheidungswettkämpfen. Der Besiegte schied aus und erkannte das Ergebnis an. Darum auch war, nach der törichten Logik des Machtspieles, seit 1866 ein letzter Wettkampf zu erwarten, und zwar zwischen Preußen-Deutschland und Frankreich. Die beiden hatten sich noch nicht aneinander gemessen, und noch immer behauptete Frankreich den ersten Platz, der ihm vielleicht (wahrscheinlich) nicht mehr zukam. Weiterer Motive bedurfte es für den Krieg von 1870 nicht.

Hier ging es um keinen echten Gegenstand mehr. Nur dann wäre es um einen gegangen, wenn Österreich versucht hätte, die Entscheidung von 1866 rückgängig zu machen, wenn es sich Frankreich angeschlossen und die Arena noch einmal betreten hätte. Daran wurde wohl gedacht, Louis Napoleon rechnete damit. Aber es wurde nicht getan. Es hätte ja auch allen sportlichen Regeln widersprochen. Indem Österreich die Entscheidung von 1866 als endgültig anerkannte, hatten die süddeutschen Staaten machtpolitisch keine Existenz mehr. Sie waren nur passive Ehrenmitglieder des Mächte-Vereins, die Frage, wie stark sie seien, kümmerte niemanden, es gab sie nur, weil und solange es eine von den Großmächten beschützte Ordnung gab. Nun beschützte Österreich diese Ordnung nicht mehr, an Frankreich allein konnten und wollten sie sich nicht anlehnen. Sie konnten es um so weniger, als der deutsche Nationalismus auch im Geiste der Süddeutschen längst sehr stark rumorte und nun bereit war, sich mit dem neuen Preußen zu versöhnen. Dagegen gab es Widerstände; dynastisch-aristokratische, katholische, ländlich-konservative, auch demokratische. Sie konnten eine Weile verzögern, konnten Lösungen qualifizieren; auf die Dauer nimmermehr verhindern. Längst war Süddeutschland durch den Zollverein auf Gedeih und Verderb an Preußen gebunden, eine Tatsache, die den Ministerien, den Handelskammern, der liberalen Geschäftswelt in München und Stuttgart nicht verborgen blieb. Gleich nach dem Siebenwochenkrieg nötigte Bismarck den süddeutschen Staaten, die er begnadigte, militärische Schutz- und Trutzbündnisse auf. Unter diesen Umständen war der Anschluß Süddeutschlands an den Norddeutschen Bund nur eine Frage der Zeit, und keiner langen; er änderte nicht mehr viel, war kein großes Ereignis mehr, sicher kein solches, zu dessen Herbeizwingung noch ein europäischer Krieg notwendig gewesen wäre. Unserer Phantasie bleibt frei, ihn ohne Krieg sich vorzustellen. Trotz allem schon Geschehenen, trotz 1859 und 1866, wäre das neue Europa der Nationalstaaten dann doch wohl etwas friedlicher, entspannter und innerlich liberaler gewesen. Das Gesetz des sportlichen Ausscheidewettkampfes erwies sich als stärker.

Es begann damit, daß die französische öffentliche Meinung den preußischen Sieg über Österreich – »Sadova« – als eine Niederlage Frankreichs, und zwar als eine besonders insultierende Niederlage, als preußische Unverschämtheit empfand. Hierüber mag man sich heutzutage wundern, da unsere Staatsmänner und Publizisten so sehr viel weiser geworden sind; jedenfalls war es so. Eine große Entscheidung war blitzschnell gefallen, mit Frankreichs ungeschicktem, zögerndem Zutun; war anders gefallen, als es sich vorgestellt hatte; war, wie wenige vorher gewarnt hatten und viele nachher erkannten, zu seinem Nachteil gefallen. Zu seinem Nachteil dann, wenn man Außenpolitik als ein Streben nach Macht, und zwar nach relativer Macht ansah; und als was anderes sah man sie in diesen törichten Zeiten an? Erschwerend kam hinzu, daß Napoleon III. das preußische Spiel gefördert hatte, unter der Bedingung, daß er selber »Kompensationen« erhielte, Landzuwachs am Rhein, irgend etwas, was als »Zerreißung der Verträge von 1815« angesehen werden konnte. Einen solchen Vorteil hatte Bismarck seinem alten Bekannten vor dem Krieg verheißungsvoll-vage zugesagt, ohne sich auf Präzisierungen einzulassen, die französischerseits auch nicht gefordert wurden. Als der Kaiser nach »Sadova« mit seiner jetzt ohnmächtig gewordenen Vermittlung auf den Plan trat, wußte der preußische Staatsmann von dem Versprechen nichts. Übrig blieb in den Tuilerien das Gefühl, ungeschickt gespielt zu haben und düpiert worden zu sein; was weniger peinlich gewesen wäre, wenn die öffentliche Meinung es nicht auch so verstanden hätte. Bei alledem war das Herz Louis Napoleons gar nicht bei den Kompensationen. Daher die Unsicherheit seiner Wünsche. Kompensationen waren alter Stil, entsprachen der Außenpolitik des Absolutismus; vergrößerte sich der eine, so mußten, um das Gleichgewicht zu erhalten, auch andere sich vergrößern. Jetzt aber sollte ein neuer Stil sein, sollten die Nationen die Staatsgrenzen haben, die ihnen als Nationen gebührten, und Eroberungen von Fremdem ausgeschlossen sein. Napoleon war selber der Verkünder des neuen Stils. Galt er, so war die politische Einigung Deutschlands nichts, was

Kompensationen für Frankreich berechtigte. So im Fall Italiens; nur daß da immerhin über einen französischen Besitz Piemonts »gerecht« hatte verfügt werden können. Deutschland, wie der Kaiser seufzend bemerkte, hatte kein Savoyen zu vergeben. War es jetzt nicht besser, die Gründung des deutschen Nationalstaates in Freiheit zu erlauben, ohne etwas dafür zu fordern? War denn aber das, was Preußen trieb, eine solche Gründung, nicht eine Vergrößerungspolitik alter Art? War es überhaupt je zum Vorteil Frankreichs gewesen, in Europa zur Verwirklichung des nationalen Prinzips anzutreiben? Wieder: ließ es sich verhindern? ... Solche Fragen gingen durch Napoleons erschlafften und verwirrten Geist, ohne daß er sie klar beantwortet hätte. Immer war seine Politik eine mehr europäische als französische gewesen, aber ohne Klarheit, indem er »Gerechtigkeit« für die Völker Europas wollte, nebenher aber »Größe« für Frankreich. Europa dankte es ihm nicht und hielt ihn für den Meister-Bösewicht, der er nicht war. Frankreich dankte es ihm auch nicht, verstand die Politik nicht, die er selber nur halb verstand. Erfahrene Politiker, wie Guizot und Thiers, dachten in alten Gleichgewichtsbegriffen. Die Masse der Pariser war aufsässig und nicht frei von hysterischen Anfällen nationaler Eitelkeit. Ihr zuliebe tastete der Kaiser, mühselig und unsicher, nach Kompensationen; versuchte, nachdem mit Deutschland nichts zu machen war, das Großherzogtum Luxemburg zu kaufen (1867) und wurde auch dort durch die aufbrausende Willensmeinung Deutschlands um sein bescheidenes Ziel betrogen.

Das Kaiserreich verfiel. Nicht das Land; nicht seine wirtschaftliche, seine geistige Produktivität. Frankreichs Energien zeigten sich kräftig genug im Wiederaufstieg der Dritten Republik seit 1871. Es war nur die bonapartische Ordnung, die verfiel, das Regime und seine Symbole. Es band die Energien des Landes nicht mehr. Und dieser Autoritätsverfall, wie gering auch die Soziologen den persönlichen Faktor einschätzen mögen, war eins mit dem physischen und geistigen Verfall des obersten Trägers der Autorität. Früh gealtert, von körperlichen Leiden gequält, übersättigt durch die Erfüllung seiner Träume, die in ihrer Erfüllung ihn wohl mehr enttäuscht als beglückt hatten, der fortschreitenden Zeit, der er vor dreißig Jahren als Revolutionär entgegenzutreten glaubte, schon wieder entfremdet, hatte Louis Napoleon allen »élan vital« verloren. Kaiser zu werden war das Traumziel des jungen Abenteurers gewesen; jetzt hatte er nichts mehr als den Wunsch, die Krone seinem Sohn zu vererben, ein defensives, ungenügendes Anliegen. Rings um ihn her ungelöste Fragen, verfahrene Projekte, Mißerfolge. Von diesen war der jammervollste der Versuch, in Mexiko eine katholische Monarchie europäischen Stils zu errichten. Während des amerikanischen Bürgerkrieges auf Grund unwahrer mexikanischer Willenskundgebungen unternommen, mußte er aufgegeben werden, als die Vereinigten Staaten wiederhergestellt waren und die Lage in Europa die Rückkehr des nach Mexiko entsandten französischen Expeditionskorps erheischte. Der falsche Kaiser, Maximilian von Habsburg, erlag im Kampf gegen die echten Mexikaner. Seine Exekution war ein widriges Ereignis für Napoleon, der sich hatte überreden lassen, die Sache, verworrenen Spekulationen zuliebe, anzuzetteln; die Opposition verfehlte nicht, »Mexiko« in den Katalog der Fehl-Leistungen aufzunehmen, welchen sie dem Regime höhnend vorhielt.

Es war eine zunehmend freie Opposition. Napoleon, der auf der Höhe seines Glücks seine Autorität so wacker hatte verteidigen lassen, erlaubte nun, da Verteidigung ihr bitter not tat, daß man sie angriffe und verhöhnte; seit 1868 nahezu ohne Hemmung. Die Idee war, daß eine schwach gewordene Autorität sich stärken würde, indem sie den Leuten zugestand, was sie wollten, und so sie versöhnte; die Republikaner bedienten sich der neuen Freiheiten nach Kräften und blieben unversöhnt. Im bonapartischen Kaisertum lag an sich etwas Provozierendes, die Behauptung magischer persönlicher Stärke, belohnt durch eine prunkende Existenz des Einen inmitten des Volkes; ein toleranter, schwacher Bonaparte war ein Widerspruch in sich. Die Gruppen, die der Diktator beleidigt hatte, kehrten sich nun gegen den konstitutionellen Monarchen; zu den alten, Legitimisten und Republikanern, kamen neue Gruppen, neue Typen, trompetende Nationalisten, scharfzüngige, grimmige, höhnische, militant-gottlose Jakobiner, die den Ton angeben sollten bis ins 20. Jahrhundert hinein. Sie waren jung damals, Produkte der Riesenstadt, die allmählich schon das Gesicht annahm, das wir kennen, und ihrer Vorstädte. Sie waren keine Mehrheit. Die große Mehrheit der Franzosen war konservativ, war monarchistisch und blieb es auch nach 1870. Aber diese Monarchie hatte den Griff auf das Land nicht mehr.

In seinen Ursprüngen ging das »liberale Kaisertum« schon auf das Jahr 1860 zurück. Seitdem schritt der Prozeß der Parlamentarisierung in vorsichtigen Schüben vorwärts. Öffentlichkeit der Kammer-Debatten; striktere Kontrolle des Budgets durch die Volksvertreter; Recht der Interpellation; Recht der Gesetzes-Initiative; Verwandlung des Senats in ein bei der Gesetzgebung mitwirkendes Oberhaus: solche Stück für Stück gemachten Konzessionen summierten sich zu etwas, was der parlamentarischen Monarchie belgischen Stils nahezukommen schien. Nachdem die Wahlen von 1868 dem Regime einen Sieg gebracht hatten, der für eine gekrönte Diktatur die schreckenvollste Niederlage bedeutete – es fehlte der Opposition nicht sehr viel zu einer Mehrheit im Lande, und sie gewann sie in allen großen Städten –, erfolgte ein weiterer Schritt: die Bildung eines eigentlich parlamentarischen Ministeriums. Ein brillanter junger Republikaner, der sich mit der Verfassungs-Monarchie ausgesöhnt hatte und ehrlich sie zu retten wünschte, Emile Ollivier, übernahm seine Leitung. Gehetzt von der immer massenhafteren, frecheren Unruhe, die in der Hauptstadt sich hören ließ, eilte er weiter auf der Bahn der Konzessionen. Schließlich wandte er und wandte der Kaiser sich noch einmal an das Volk, wie 1851; das ganze Volk sollte sagen, ob es die neue liberale Form des Kaisertums, alle seit 1860 eingeführten Veränderungen, billigte oder nicht. Das Plebiszit fand im Mai 1870 statt. Wieder gewann die Opposition in den großen Städten. Das Land aber gab dem nach Trost und Stärkung lechzenden kaiserlichen Regime eine bessere Antwort, als es zu hoffen gewagt hatte: über sieben Millionen Ja-Stimmen gegen anderthalb Millionen Nein. Das Suffrage Universelle hatte noch einmal für Cäsar entschieden. Überglücklich bei seinem Sohn eintretend, rief Napoleon: »Mein Kind, du bist gesalbt durch das Plebiszit. Lang lebe unser kleiner Kaiser!«

Es ist nicht wahrscheinlich, daß sich dies parlamentarische Kaisertum ohne den bedauerlichen Zwischenfall, der vier Monate später eintrat, hätte halten können. Letzthin machte es wohl auch keinen wesentlichen Unterschied mehr, ob es sich hielte oder nicht. Mit freier Opposition, freier Presse, Regierung durch die Parlamentsmehrheit war der Bonapartismus kein Bonapartismus mehr. Der war die charakteristische Geburt eines Augenblicks, und zwar eines solchen, der jetzt schon sehr weit zurück lag. Er hatte eine Zeitlang geblüht durch Talent und Glück, Dreistigkeit und Bluff, dann langsam gewelkt und nur noch durch das Gesetz der Trägheit sich erhalten. Sollte nun eine gekrönte Republik sein, an sich eine der Zeit angemessene Staatsform, so brauchte man am Ende den Bonaparte nicht dazu. Seit dem Tod Ludwigs XVI. hatte kein regierendes Individuum, keine Verfassung in Paris länger als achtzehn Jahre gedauert; ein Grund mehr, um dieser Autorität, die nun schon zwanzig dauerte, keine lange Zukunft mehr zu prophezeien. Leider zählte ihre Unsicherheit an sich als ein politischer Faktor. Daß von innen her bedrohte Machthaber Rettung in äußeren Kriegen suchen oder, wenn nationale Hysterie solche fordert, nicht den rechten Widerstand leisten können, entsprach einer alten Erfahrung.

Indem Louis Napoleon den letzten Ausscheidewettkampf, den Krieg zwischen Frankreich und Preußen, unvermeidlich herankommen sah, eine Überzeugung, die von Bismarck geteilt wurde, trafen beide Parteien diskret ihre Vorbereitungen. In Preußen waren sie vor allem militärischer Art; nie, bis dahin, war ein Feldzug, durch das Studium der zu schlagenden Schlachten und zu erobernden Festungen, mit der Konstruktion fahrbarer Brücken, welche die Überquerung der Ströme beschleunigen sollten, so liebevoll vorbereitet worden. Frankreich suchte Allianzen. Da England ausschied, Rußland enger denn je an Preußen gebunden war, so kamen nur die Partner der jüngst vorhergehenden Wettkämpfe in Betracht, Italien und Österreich. Aber schwerlich sieht man, was denn nun Italien von Deutschland wollen sollte, mit dem es eben noch so gute Geschäfte gemacht hatte, oder was es zu Österreich ziehen konnte. Diese neue Kombination – und viele ihrer Art waren jetzt mathematisch nicht mehr möglich – gedieh nicht über geheime Vorbesprechungen hinaus.

Daß Österreich das Verdikt von 1866 endgültig angenommen hatte, trat zunächst nicht in das Bewußtsein Franz Josephs und seiner Berater, die sich tief in die Verhandlungen mit Frankreich einließen. Erst in der Krise von 1870 selber erschien, durch ihr Tun oder Nicht-Tun, die wahre Lage der Dinge. Sie war mitbestimmt durch Veränderungen, die mittlerweile innerhalb des habsburgischen Staatsgefüges stattgefunden hatten.

Verhandlungen zwischen Wien und Budapest führten bald nach der Entscheidung von 1866 zu dem »Ausgleich« (wie der Name war); einem eigentlichen Friedensschluß zwischen Habsburg und den Madjaren. Ungarn, die Länder, die historisch zur Stephanskrone gehörten und in denen die Madjaren selber gegenüber den Kroaten, Slowaken, Rumänen und Deutschen eine Minderheit darstellten, wurde zu etwas wie einem madjarischen Nationalstaat mit eigener Legislative und Exekutive. Mit dem übrigen Österreich verband es die Person des Kaiser-Königs, eine gemeinsame Außenpolitik, ein gemeinsames Heer, eine Zollunion, deren Politik alle zehn Jahre durch Verhandlungen zwischen beiden Parlamenten zu bestimmen war. »Delegationen« aus beiden Teilen des so gespaltenen Reiches, gleich an Gewicht und Vertreterzahl, würden miteinander ausmachen, was sonst beide Reichsteile anging. Da die Madjaren als einige Macht erschienen, die österreichische Delegation aber theoretisch nach Provinzen, praktisch nach Nationalitäten – Deutsche, Tschechen, Polen, Italiener, Slowenen – geordnet war, so würde Ungarn in dem, was von dem gemeinsamen Staatswesen noch blieb, einen entscheidenden Einfluß ausüben können. Dieses System, kein Föderativstaat, sondern die Föderation zweier Staaten, von denen der eine keine geordnete Einheit darstellte und nicht einmal einen Namen hatte, der andere,

Ungarn, von einer nationalen Minderheit beherrscht wurde, war es, was die Existenz Österreichs im letzten halben Jahrhundert vor seinem Ende bestimmte. Ein Nest von Widersprüchen für den Gelehrten des Staats- oder Völkerrechts. Aber eine Wirklichkeit, solange sie dauerte; und, für die Bürger wenigstens der westlichen Reichshälfte, trotz aller nationalistischen Zänkereien im Grunde keine schlechte Wirklichkeit.

In der österreichischen Reichshälfte kamen innere Reformen hinzu. Eine Reihe bürgerlicher Grundrechte ergänzte die Verfassung: Pressefreiheit, Gleichheit aller vor dem Gesetz, Zivilehe, Bewegungsfreiheit. Das Schulwesen wurde der Kontrolle der katholischen Kirche entzogen, das Konkordat mit dem Heiligen Stuhl 1870 aufgekündigt. Österreich war ein liberaler Staat seit 1867, übrigens ein von einer verläßlichen, ehrenhaften Bürokratie verwalteter, in dem der Bürger seinen Interessen ungestört nachgehen, seine Überzeugungen ungefährdet äußern konnte. Kein eigentlich demokratischer Staat. Noch immer ernannte der Kaiser seine Minister selber, noch immer verkörperte er die Tradition und Macht, nahezu die einzige, die das Konglomerat von Völkern zusammenhielt; der einfache Name »die Monarchie«, den man dem habsburgischen Doppelstaate bequemlichkeitshalber gab, war in der Tat der am besten passende. In dem Gewühl widerstreitender Nationalinteressen, wirklicher oder eingebildeter, besaß der Monarch, dem sie alle fremd waren, noch immer beträchtliche Freiheit des Manövrierens und persönlichen Entscheidens. Noch immer betrachtete er die Größe des Gesamtreiches und der Dynastie als den innersten Zweck Österreichs. Aber deutlicher als bisher mußte er sich von nun an auf Interessen- und Überzeugungsgruppen stützen, deren Macht in der Zahl von Parlaments-Abgeordneten zum Ausdruck kam; einmal auf die zentralistisch gesinnten deutschen Liberalen, einmal auf Föderalisten, Klerikale und Slawen. Da nun in den Jahren nach 1866 die deutschen Liberalen in Wien den stärksten Einfluß hatten und die Magyaren ihre neue Stellung eben dem preußischen Sieg von 1866 verdankten, so waren die beiden stärksten regierenden Volksgruppen innerhalb der Habsburger Monarchie pro-deutsch, das hieß jetzt pro-preußisch; und dies mag erklären, warum Österreich, gewisser matter Vorbereitungen ungeachtet, die Gelegenheit von 1870 ungenutzt vorübergehen ließ, um wenige Jahre später sein Schicksal für immer an das preußisch-deutsche zu binden. – Frankreich blieb allein.

Der Gegenstand der diplomatischen Krise, die, Juli 1870, zum Krieg zwischen Preußen und Frankreich führte, war, selbst wenn man diplomatisches Herkommen zum Maßstab nimmt, so ungewöhnlich töricht, daß man sich schämt, ihn zu erwähnen. In Spanien hatte eine, wenn man so sagen darf, Revolution stattgefunden, die Bourbonenkönigin das Weite suchen müssen. Die provisorische Regierung suchte nach einem König. Sie verfiel auf einen süddeutschen Aristokraten, Leopold von Hohenzollern, der mit den preußischen Hohenzollern wenig zu tun hatte und überdies ein naher Verwandter des Hauses Bonaparte war. Aus Gründen, die nicht ganz geklärt sind, auch gar nicht geklärt zu werden verdienen, einer antifranzösischen Bosheit jedoch keinesfalls entbehrten, förderte Bismarck diese Kandidatur. Aus Motiven eines veralteten, großsprechenden Staatsräsonnements, dem zufolge hier die Wiedererrichtung des »Reiches Karls V.« – einer Verbindung Deutschlands mit Spanien – drohte, reagierte die französische öffentliche Meinung voller Wut dagegen. Die preußische Regierung, Bismarck, bestritt jedes Wissen von, jedes Interesse an der Angelegenheit. König Wilhelm, bedrängt von dem französischen Botschafter, weigerte sich, von seiner Autorität als Haupt der Familie Gebrauch zu machen, riet aber seinem süddeutschen Vetter nichtsdestoweniger, auf die dargebotene Krone zu verzichten. Leopold verzichtete. Damit nicht zufrieden, begierig, aus einem geringfügigen Sieg einen schallenden Triumph zu machen, forderte nun die französische Diplomatie von dem König von Preußen weitere Satisfaktionen: eine Zusicherung, wonach die Kandidatur nie erneuert werden würde, eine Art von Schuldgeständnis. Dies wurde verweigert, vom König auf das höflichste, von Bismarck, der das betreffende königliche Telegramm für die Öffentlichkeit edierte, auf das schärfste; ein Trick, dessen er sich noch nach Jahrzehnten in seinen Memoiren gerühmt hat. Nach dem Ehrenkodex der Diplomatie des 19. Jahrhunderts war die verstümmelte »Emser Depesche« keine Kriegserklärung, aber doch eine Provokation, auf die der Provozierte mit Krieg antworten mußte, um nicht übel dazustehen. Das französische Kabinett, gehetzt von der öffentlichen Hysterie, tat den Schritt, den Bismarck von ihm erwartete. Napoleon, ermattet und fast verzweifelt, ließ es geschehen. Die Straßen der Hauptstadt hallten von dem Rufe: »A Berlin!«

Die Spanier, die den Hohenzollern nicht erhielten, wählten sich bald darauf einen italienischen Prinzen, Amadeo von Aosta, zum König. Davon, daß diese Thronbesteigung zu einer Bindung Spaniens an Italien geführt und die Macht des letzteren gestärkt habe, wurde nie etwas gehört; und schon nach zwei Jahren reiste Amadeo, der sich in Madrid nicht hatte durchsetzen können, wieder ab. Was die süddeutschen Hohenzollern betrifft, so war ein Bruder des Prinzen Leopold ein paar Jahre früher zum Fürsten von Rumänien erhoben worden; die Dynastie Hohenzollern blieb bis 1947 in Bukarest. Ungeachtet der deutschen Herkunft ergriff das rumänische Königreich im Krieg von 1914 die Partei der Westmächte und Rußlands gegen Deutschland. – Das Schicksal Amadeos und die Geschichte der rumänischen Hohenzollern werfen ein Licht auf die Weisheit, mit der im 19. Jahrhundert große Kriege begonnen wurden.

Dieser dauerte zehn Monate, Juli bis Mai, die eigentlichen Kämpfe etwa sechs (Anfang August bis Ende Januar). Jene, die im juristischen Sinn die Angegriffenen waren, die Deutschen, waren es nicht den wirklichen Vorgängen nach; denn sie blitzten mit drei Armeen nach Frankreich hinein, mit einer technischen Präzision und Begeisterung des Gemütes, die alle Gegenwehr zuschanden machten. Auf der anderen Seite Zerfahrenheit, glücklose Führung, flaue Stimmung der Soldaten, vergebliches Heldentum, Debakel über Debakel. In der Festung Sedan eingeschlossen, ergab eine Hauptarmee sich samt dem Kaiser. Recht gern hätte Bismarck damals mit dem gefangenen Monarchen unterhandelt und ihn zur Unterzeichnung eines Verlustfriedens vermocht, in welchem Fall die französischen Armeen zur Wiederherstellung der kaiserlichen Autorität hätten verwendet werden können. Napoleon, ehrenhafterweise, weigerte sich, Partner in einem solchen Spiel zu sein. Während der Kämpfe hatte er, mühselig sich preußischen Geschossen aussetzend, vergebens den Tod gesucht. Daß er jetzt in fürstliche Gefangenschaft abgeführt wurde, war das Beste, was ihm begegnen konnte, denn in Frankreich war kein Platz mehr für ihn. Zwei Tage nach der Kapitulation von Sedan wiederholten in Paris sich die Szenen des Juli 1830, des Februar 1848: Forcierung des Parlaments durch das Volk der Straße, Ausrufung der

Republik, Errichtung einer provisorischen Regierung »der nationalen Verteidigung«. Die Kaiserin-Regentin entfloh in das Haus ihres amerikanischen Zahnarztes und von dort nach London.

Die neue Regierung, in der der junge Advokat Léon Gambetta die stärkste Figur war, ging mit Mut an ihre hoffnungslose Aufgabe. Nur das ermüdete, lähmende Bonaparte-Symbol brauchte zu verschwinden, und das Land zeigte seine ungeschmälerte Energie. Im Süden wurde ein Widerstand improvisiert, der dem Krieg von beiden Seiten einen neuen Charakter gab; erschossene Partisanen, eingeäscherte Dörfer bezeichneten nun seine Bahn. Die im Herbst gefallenen Entscheidungen ließen sich jedoch nicht mehr rückgängig machen. Auch blieb die militärische Führung im Westen und Norden die alte, bonapartistische. Ende Oktober übergab General Bazaine die Festung Metz mit hundertdreiundsiebzigtausend Mann, sei es aus guten militärischen Gründen, sei es, weil er die neue Republik nicht liebte (jedenfalls liebte er sie nicht). Länger hielt das belagerte Paris aus, einen kalten hungrigen Winter lang. Es kapitulierte Ende Januar. Ein Waffenstillstand sollte dem Land erlauben, den Volkswillen zu befragen und, wenn er so wünschte, Frieden zu schließen.

Mittlerweile geschah unter den Deutschen, was besser ohne Krieg geschehen wäre. Die süddeutschen Staaten schlossen sich dem Norddeutschen Bunde an. Von dem Augenblick, in dem sie sich entschieden, den Krieg mitzumachen – eine freie Entscheidung war auch schon das nicht mehr –, ging diese späte und verzerrte Erfüllung des Programms von 1848 wie von selber. Der Geist in Süddeutschland war so, oder überwiegend so. Die konservativen, partikularistischen Widerstände kamen dagegen nicht mehr auf; die Stimmung zu Hause wurde bestärkt von gewissen weniger sentimentalen Ansichten der diplomatischen Lage. Die resignierte Neutralität Österreichs, der Sturz Frankreichs ließen Süddeutschland allein mit dem preußischen Freunde. Dieser erwies sich großmütig; er verlangte nicht mehr als das für das Funktionieren eines Bundesstaates unbedingt Notwendige; so daß etwa Bayern seine eigene Heeresverwaltung, sogar seinen eigenen diplomatischen Dienst behalten durfte. Solche Konzessionen taten im Augenblick wohl, erwiesen sich aber in Zukunft als bedeutungslos. Der Name des Bundes wich dem des »Reiches«, eine Anspielung auf die alte, zu Beginn des Jahrhunderts untergegangene Herrlichkeit. Und da zum Reich ein Kaiser gehörte, so nahm der Präsident des Bundes, der König von Preußen, diesen Titel an. Nur ungern; mit feinem Instinkt fühlte der alte Herr, daß, wie furchtbar auch Bismarck sich angestrengt hatte, den preußischen Staat zu erhalten und zu mehren trotz des deutschen Nationalismus, das alte, schmale, blanke Preußen nun doch verschwimmen würde im neuen größeren Gemeinwesen. Was auch geschah; nicht von heute auf morgen, aber allmählich. – Der deutsche Kaiser wurde, zehn Tage vor der Übergabe von Paris, im Schlosse von Versailles proklamiert vor einer Versammlung von Offizieren und Fürsten, die sich dort in wirklichen oder fiktiven Kriegsdiensten herumtrieben. Eine entschieden militärische Veranstaltung des Siegers im Prunkschloß des Besiegten. Wenn das Zufall war, weil die Herren sich gerade dort befanden, so war es auch ein Symbol. Das neue Deutsche Reich war im Krieg entstanden, war Frucht eines Triumphes über Frankreich, war Rache für alle erlittenen, eingebildeten oder Jahrhunderte zurückliegenden Demütigungen, welche die Franzosen den Deutschen je auferlegt hatten. Der Tag der Übergabe von Sedan, der 2. September, wurde zum deutschen Nationalfeiertag. Diese anachronistische Sinngebung der deutschen Einheit hat in den folgenden Jahrzehnten nie ganz ausgewischt werden können.

Sie wurde verstärkt durch die wesentlichsten Bedingungen des Friedens von Frankfurt (Mai 1871). Frankreich hatte als Kriegsentschädigung die nach den Begriffen der Zeit ungeheure Summe von fünf Milliarden Francs zu bezahlen und zwei Gebiete abzutreten: Elsaß und einen Teil von Lothringen. Aus ihnen wurde kein deutscher Staat, sondern ein, praktisch von Preußen verwaltetes »Reichsland« Elsaß-Lothringen gemacht. Strategische Argumente, nationalistische Begier, historisch-romantische Erinnerungen wirkten zusammen zu dieser schädlichen Annexion: die Festung Straßburg galt als Schlüssel zu Frankreich und Süddeutschland; Elsaß und Lothringen hatten in grauer Vorzeit zum Deutschen Reich gehört; die Bevölkerung war überwiegend deutscher Zunge. Nur daß sie leider nicht deutsch werden wollte und auf ihre Befragung weislich verzichtet wurde. Ernest Renan, der französische Theologe, hat damals in Protest einen schönen Essay über das, was eine Nation sei, geschrieben. Sie werde weder durch Rasse noch notwendigerweise durch Sprache, noch durch alte Rechtsdokumente bestimmt. Sie beruhe auf gemeinsamen Erfahrungen, auf gegenwärtigem Leben, auf dem Willen, zusammen zu existieren, sie sei ein »Plebiszit jeden Tages«. Goldene Worte; aber jene, an die sie gerichtet waren, hörten nicht. Das Deutsche Reich regierte das eroberte Elsaß; streng, prompt und rechtlich, die Prosperität des Landes entschieden fördernd, aber nie zur Zufriedenheit der Elsässer; indes die Franzosen sich einredeten, es sei ihnen ein Stück ihres mystischen Körpers abgeschnitten, und die nie heilende Wunde mit schmerzlicher Genugtuung pflegten.

Aus der Gefangenschaft entlassen, träumte Louis Napoleon in der Nähe von London einem nahen Tode entgegen. »Er war kein schlechter Mensch«, meinte später Bismarck herablassend von ihm, »er wollte das Gute.« Übrig blieb die Familie Bonaparte, eine europäische Adelsfamilie unter anderen, schließlich selbst mit den Bourbonen verwandtschaftliche Beziehungen eingehend. Von »Bonapartismus«, dieser merkwürdigen Erscheinung des 19. Jahrhunderts, ist praktisch nie wieder die Rede gewesen.

Nicht so bald hatten, im August 1870, die letzten französischen Truppen Rom verlassen, als die Italiener sich ihrer Hauptstadt bemächtigten. Die Regelung, die der Staat dem Papste bot, war weise und großzügig; sie gab ihm alle Ehren des Souveräns, alle Freiheiten und Sicherheiten, alles Geld, das der Verlust seiner Territorien ihn kostete. Aber der Achtzigste Irrtum war für Pius IX. nicht weniger irrig geworden, jetzt, da man ihm den letzten Rest der weltlichen Herrschaft geraubt hatte. Er blieb starr, ein Gefangener im Vatikan aus eigenem Entschluß, unfähig, die Macht des neuen Rechtes der Volkssouveränität gegenüber seinem alten, geheiligten Recht anzuerkennen.

Die Beendigung des Krieges und der Übergang zur Republik waren in Frankreich mit schweren inneren Kämpfen verbunden. Wieder, wie 1848, hatte das rote Paris die Revolution gemacht, die Napoleon stürzte; wieder, wie 1848, wurde einige Monate später das radikale Pariser Volk vom Lande her überwältigt. Diesmal nahm der Bürgerkrieg die Form eines Kampfes zwischen der »Commune«, der Munizipalität von Paris und der provisorischen Staatsmacht an. Eine Nationalversammlung war, unter dem Schutz des Waffenstillstandes, im Februar in Bordeaux zusammengetreten. Wenn sie in ihrer Mehrheit konservativ und monarchistisch war, so entsprach das der wahren Gesinnung der Provinzen immer und besonders jetzt, da die radikalen Republikaner, und nur sie, den verlorenen Krieg im Stil von 1793 fortzusetzen wünschten. An die Spitze der Exekutive trat Adolphe Thiers, der Minister Louis Philippes, der Mann der Krise von 1840, dessen Dienste Louis Napoleon sich zu seinem Schaden nicht verpflichtet hatte und der im Alter weise geworden war. Thiers besorgte die Friedensverhandlungen mit Preußen. Gleichzeitig eroberten seine Truppen Paris. Es geschah während des Waffenstillstandes (April und Mai), während deutsche Truppen noch rings um die Hauptstadt lagen. Bismarck erlaubte dem neuen französischen Staatschef ausdrücklich, diesen Krieg zu führen.

In der Regierung der rebellischen Hauptstadt waren die verschiedensten Elemente vereinigt; zentralistische und dezentralisierende Republikaner, radikale Bürger im Jakobiner-Stil, Sozialisten mehrerer Spielarten, auch solche, die der Marxschen Gründung, der »Internationale«, nahestanden. Die Commune war nicht überwiegend sozialistisch, viel weniger marxistisch; wenn Marx später ihren Kampf zur eigenen Sache machte, so war das eine illegitime Aneignung. Produkt der Belagerungszeit, der Kriegsnot, Verwirrung und Enttäuschung, hatte sie keine innere Einheit und keine Zeit, sich eins zu werden. Wohl aber war wildes Volk hinter ihr, das, im Namen der Commune, sich abscheulicher Taten schuldig machte. Ende Mai eroberten die Truppen der Nationalversammlung von Versailles aus die Stadt; während des Kampfes verbrannte und verschwand für immer das Tuilerienschloß, in dem die Bourbonen, die Orleans und Bonaparte gehaust hatten. Dem roten Terror folgte der weiße; ein Wüten der Kriegsgerichte, ein militärisches Morden unter den Proletariern von Paris, das die Greuel der Junischlacht von 1848 verblassen ließ. – Nachdem der Wille der revolutionären Hauptstadt gebrochen war, schien Frankreich bereit für eine Rückkehr des Königs. Sie wurde erwartet, das Land war dasselbe Land, das noch im Frühling 1870 die Monarchie Napoleons bestätigt hatte; die erwählten Staatschefs der Republik, erst Thiers, dann (1873) Marschall MacMahon, galten nur als Statthalter des Königs. Aber der König kam nicht. Zuerst nicht, weil der Bourbone und der Orleans sich nicht einigen konnten; dann auch nach ihrer Einigung nicht. Mit dem schönen, quichotischen Stolz seines Großvaters, Karls X., machte der Graf von Chambord das weiße Lilienbanner zur Flagge Frankreichs, weigerte er sich unter der Trikolore zu regieren; eine Haltung, in der die Bourbonen-Unversöhnlichkeit gegenüber der Geschichte von acht Jahrzehnten zum Ausdruck kam. Nur um ein Symbol ging es, aber an ihm scheiterte die Restauration, und während sie wieder und wieder verschoben wurde, begann Frankreich sich allmählich in dem Haus ohne Thron einzurichten.

Soweit die Geschichte von der Gründung des Deutschen Reiches, mit der eine ereignisreiche Epoche abschließt. Freilich ist es mit geschichtlichen Epochen eine unsichere Sache, und es gibt Historiker, welche die Kette stürmischer, aber stets regional begrenzter Veränderungen auf dem Kontinent erst mit dem Jahre 1878, dem Berliner Kongreß und dem auf ihn folgenden Kurswechsel der inneren und äußeren Politik Deutschlands, enden lassen wollen. Nun, an neuen Dingen hat es auch nach 1878 nicht gefehlt. Ereignisse aber, so bedeutend wie die Gründung Italiens und Deutschlands, wie der Verfall der französischen Vormachtstellung, wie der Sturz der weltlichen Herrschaft, wie der österreichische »Ausgleich«, wie die Katastrophe der Commune von Paris hat es zwischen 1871 und 1917 nicht gegeben, und darum meinen wir, daß, wenn schon Epochen gesetzt werden müssen, 1871 sich besser dazu eigne. Wahr ist, daß man damals sich nicht bewußt war, in ein friedliches Zeitalter einzutreten. Im Gegenteil, der vorherrschende Glaube war, daß es jetzt erst recht losgehe, ein Katarakt von Kriegen noch bevorstehe. Diese Erwartung wurde gedämpft durch den Schlußakt des Berliner Kongresses; sie kam den Leuten, zumal den Jüngeren, allmählich aus dem Sinn.

Thomas Carlyle, englischer Historiker-Philosoph, schrieb im Herbst 1870 einen Brief an die Times: das sich breitmachende Mitleid mit Frankreich sei nichts als Albernheit, und er freue sich, den Aufstieg Deutschlands, des frommen, ernsten, arbeitsamen, zur Königin des Kontinents noch erleben zu dürfen. Carlyle kannte das Deutschland der Romantiker, das Deutschland von 1830; das jetzt werdende oder schon seiende kannte er nicht mehr. Andere urteilten anders; in Frankreich, das hier ja entschieden Partei war, auch in England, auch in Österreich und, was am merkwürdigsten ist, in Italien. Mancher italienische Patriot spürte, daß die Einigung Deutschlands, so wie Bismarck sie erzwungen hatte, nicht dasselbe war wie die Einigung Italiens; nicht wie deren schöner Traum; auch nicht wie ihre Wirklichkeit. So Garibaldi, der 1866 doch praktisch nahezu ein Bundesgenosse Bismarcks gewesen war und der, nach dem Sturz Napoleons, mit einer Schar von Getreuen nach Frankreich eilte, um am Kampf gegen den preußischen Despotismus teilzunehmen. So der edelste unter den damals lebenden Genien der italienischen Musik, Giuseppe Verdi. Er hatte Frankreich etwas vorzuwerfen; aber dieser preußisch-deutsche Triumph, diese Kriegführung, diese Friedensbedingungen, diese so charakterisierte Machtzusammenballung in der Mitte Europas mißfielen ihm tief.

Italien hatte zur Erreichung seines Zieles machiavellistische Mittel nicht gescheut, aber es hatte gegen eine Macht gekämpft, die sein Unterdrücker gewesen war, und sich nichts genommen, als was zu ihm gehören wollte. Es hatte noch nicht einmal alles, was, in diesem Sinn, ihm gebührte. Deutschland wohl auch nicht. Deutschland hatte sich beschränkt unter dem Zwang seines politischen Meisters, der gar kein Nationalist war, der dem Nationalismus ein Minimum, die Vereinigung Preußens mit Süddeutschland, gab und entschlossen war, das Maximum, die Auflösung Österreichs, zu verhindern. Statt dessen hatte Deutschland sich genommen, was eben nicht zu ihm gehören wollte, Elsaß-Lothringen. Es hatte Krieg geführt gegen eine Macht, die sein Bedrücker nicht war, und seine Einigung in fremdem Lande schwertklirrend gefeiert. In Italien waren die alten Dynastien gestürzt, die alten Staaten aufgelöst, in Deutschland nicht. Wenn das angesichts der Zivilisation, Liberalität und Harmlosigkeit der deutschen Kleinstaaten kein Unglück war, so war doch der Fortbestand des Königreichs Preußen eine sehr ernst zu nehmende Tatsache. Auch Preußen hatte, 1866, sich genommen, was nicht zu ihm gehören wollte, Schleswig-Holstein, Hannover und so fort. Es hatte wieder und wieder, zuletzt noch 1863, mit Rußland die rauheste gemeinsame Sache gegen Polen gemacht. Die italienische Einigung war ein Befreiungskrieg nach außen, Revolution nach innen; die deutsche mit erobernder Gewalttat nach außen und selbst nach innen unlösbar verquickt. Der »Kartätschenprinz«, der 1849 mit der preußischen Armee gegen die deutsche Revolution zu Felde gezogen war, war jetzt deutscher

Kaiser; Herr von Bismarck, der die preußische Verfassung gebrochen, der das Wort von Blut und Eisen gesprochen hatte, war jetzt deutscher Reichskanzler. Beide, König und Kanzler, mochten sich gewandelt haben, sie hatten es in der Tat. Aber mit der Wandlung von Menschen ist es eine unsichere Sache. Sie bleiben, bei allem sich Wandeln und Wachsen, doch auch, was sie am Anfang waren, wie Bismarck es in seiner Spätzeit oft genug bewies. Er hatte seinen Frieden mit den Liberalen gemacht, aber auf seine so gut wie auf ihre Bedingungen. Er hatte den Bürgern ein Mitbestimmungsrecht im Staate eingeräumt, aber so, daß die Obrigkeit eine streng von ihnen getrennte, unabhängige bleiben sollte. Auch diese Einräumung war nur eine vorläufige; ob sie sich bewähren würde, wußte Bismarck nicht, später hat er wohl daran gedacht, sie wieder zurückzuziehen, und nur seine Vernunft war bei der Sache, nie sein Herz. Seine eigene Macht, solange der König ihn deckte, war enorm; nicht die eines Diktators, aber auch nicht die eines parlamentarischen Ministers, es gab keinen Namen dafür. Sie beruhte auf seinen »großen Erfolgen«, wie die Kette seiner Leistungen zwischen 1864 und 1871 genannt wurde. Erfolge wurden weiterhin gebraucht. Erfolge nach außen, Erfolge nach innen, im Streit gegen eine sich breitmachende Opposition, erst gegen die katholische Kirche und ihre neue politische Partei, das »Zentrum«, dann gegen die Sozialdemokraten. – Es würde ein machtvolles Unternehmen sein, dies Deutsche Reich, und war es schon. Es konnte seinen Kaufleuten in der Welt, seinen Seeleuten und Siedlern endlich den Schutz geben, den sie so lange entbehrt hatten; konnte Untertanen zu Bürgern machen, konnte alte Idylle zerstören und ihre bisherigen Genießer oder Opfer in den Strom modernen Lebens reißen. Kein Zar, kein Habsburger würde fürderhin in innerdeutsche Angelegenheiten schiedsrichterlich eingreifen. Eine auf mancherlei Weise befreiende Wandlung der Dinge, voller großartiger Möglichkeiten. Aber die Verfassung des neuen Deutschland war schief, seine Atmosphäre bald materialistisch und zänkisch; von dem Idealismus jener, die zuerst von Einheit geträumt hatten, war kaum ein Hauch.

Rückblick und Ausblick

Die europäische Staatenordnung, der seit 1871 der deutsche Reichskanzler, Fürst von Bismarck, präsidierte, war eine vergleichsweise solide. Aber sie beruhte auf Bedingungen. Bedingungen, in der Menschengeschichte, halten nie sehr lange; in der unruhig-schöpferischen Geschichte Europas kürzer als anderswo. Sie beruhte darauf, daß nun auch Deutschland ein Nationalstaat geworden war, aber ein verkürzter und von dem konservativen Preußen zunächst noch beherrschter; daß der Siegeszug der Nationalitäten an den Grenzen der Habsburger Monarchie haltgemacht hatte; daß Preußen und Rußland gemeinsam Polen unterworfen hielten; daß keine Revolution war in Wien und Prag, in Warschau und St. Petersburg. Sie beruhte auf dem guten Einvernehmen der monarchischen Mächte Mittel- und Osteuropas; und darauf, daß die über die Erde strahlende Dynamik Europas, der eigentliche »Imperialismus«, die Formen scharfer Konkurrenz im Augenblick nicht annahm. Es war, als ob die europäische Bewegung in einem Halbweghaus ausruhte.

Die Monarchie war 1871 noch stark, man könnte sagen, wieder stark; stärker als in der ersten Hälfte des Jahrhunderts. Nach den Gesetzen der Soziologie hätte sie schon am Ende sein sollen; denn an den Hebeln der wirtschaftlichen Macht saß jetzt allenthalben das kapitalistische Bürgertum, das sie nicht mehr gegen Monarchie und Adel, sondern gegen die andrängende Arbeiterschaft zu verteidigen hatte. Die Wirklichkeit übersah aber zunächst solche gelehrten Erkenntnisse. Alte Einrichtungen bestanden weiter fort kraft ihres Schwergewichtes und der Treue und Trägheit der Menschen. Daß es den Hohenzollern gelungen war, den deutschen Nationalismus aufzufangen und auszunützen, gab nicht bloß dieser Dynastie, sondern der Monarchie auf dem Kontinent überhaupt ein neues Selbstvertrauen. Nach wie vor konnten Könige und Zaren ihre persönliche Willensmeinung in die Waagschale werfen, nach wie vor herrschten aus dem Mittelalter überkommene Rittersitten, selbst während der Schlacht oder kurz danach. Nicht lange, nachdem sie sich bekriegt hatten, besuchten sich die hohen Herren wieder, in Aufzügen von farbenfroher Eleganz; Johann Strauß persönlich mußte ihnen aufspielen; und es war von der Möglichkeit eines Bündnisses die Rede. Der erste Krieg, der eine rasche Versöhnung ausschloß und ein lange nachwirkendes Gift hinterließ, war der von 1870, und zwar nicht der zwischen Hohenzollern und Bonaparte, sondern der zwischen Deutschland und der Französischen Republik. Was die Monarchie schließlich überwältigte, war nicht so sehr die Demokratie wie der Nationalismus – eine freilich der Demokratie sehr eng verwandte Ideenmacht. Indem Hohenzollern und Romanows gezwungen wurden, nationalistisch zu werden, konnten sie die nützlichste Funktion der Monarchie, die vermittelnde, europäisch-konservative, nicht mehr erfüllen.

Wie die Monarchie war der europäische Adel 1871 noch intakt und tätig, obgleich auch ihm die ökonomische Basis längst entzogen war. Er beherrschte die Diplomatie fast ausschließlich; Japan, im Prozeß seiner Modernisierung, mußte sich beeilen, seinen Diplomaten europäische Adelstitel zu verleihen. Er hatte noch seinen Anteil am Regierungsgeschäft, an der Macht, an den von der Gesellschaft zu vergebenden Ehren. Wie bürgerlich-kapitalistisch die Struktur der englischen Ökonomie war, so übte doch nicht bloß das House of Lords noch immer seine Rechte aus; auch eine große Zahl der frei gewählten Mitglieder des Unterhauses entstammten Adelsfamilien, und neben den Führern aus dem reichen Bürgertum, den Peel und Gladstone, saßen in den Kabinetten noch immer die alten Principes, die Palmerston und Russell, die Derby und Salisbury. In Preußen erhielt der Adel sich sein Halb-Monopol im Heer und in der höheren Verwaltung. Er war mächtig in Ungarn, reich und glanzvoll in Österreich, in Italien und Spanien, wohlhabend und geachtet in Frankreich, in Süddeutschland. Wenn Tocqueville in seinem berühmten Buch über die amerikanische Demokratie den Untergang des Adels und aller Rangunterschiede, das Heraufkommen der Gleichheit aller Bürger als eine wie von göttlichem Beschluß verhängte, unausweichliche Entwicklung sah, so wurde die Voraussage des resignierten Edelmannes von dem folgenden Jahrhundert nur unvollkommen bestätigt. Sie traf wohl den Kern der Sache, war wohl soziologisch richtig. Aber sie wußte nichts von der Trägheit und Langsamkeit des Wirklichen, nichts von den Bindungen nach rückwärts, von all den Überkreuzungen und Verfälschungen. Würde es nicht zum Beispiel in Deutschland so kommen, daß das reiche Industrie-Bürgertum keinen höheren Ehrgeiz kannte, als den Stil des Adels nachzuahmen und von ihm aufgenommen zu werden? Das Zeitalter der vollen und ganzen Gleichheit war noch nicht gekommen. – Kam es je?

Alexis de Tocqueville reiste 1831 nach den Vereinigten Staaten, um die amerikanische Gegenwart zu studieren und durch sie die europäische Zukunft. Ihm stand fest, daß die Alte Welt der Neuen in die Demokratie werde folgen müssen; und an Stelle von »Demokratie« hatte er im zweiten Band seines Werkes eigentlich »Gleichheit« sagen wollen. Demokratie, schrieb er, war unausweichliches Schicksal. Würde sie Anarchie, Raub und Mord und eiserne Diktatur bringen? Das war eine Möglichkeit. Den friedlichen Wettbewerb aller Gleichen, Industrie und allgemeine Wohlhabenheit, kräftige Selbstverwaltung der Gemeinden und Landschaften? Das war eine andere, vorzuziehende, die in Amerika verwirklicht war. Auch sie aber schloß, nach Tocqueville, die Gefahr einer Tyrannei der Mehrheit nicht aus, den schweren Druck, der den einzelnen zwingen könnte, so zu leben und zu denken wie die Masse seiner Mitbürger. Diese Gefahr vor allem fürchtete er. War sie mittlerweile in Europa zur Wirklichkeit geworden? – Man könnte es nicht sagen.

Überall in der westlichen Welt war im 19. Jahrhundert die öffentliche Meinung zu einer Hauptmacht geworden. Ihr waren, direkt oder indirekt, so verschiedene Neuerungen zuzuschreiben wie die Aufhebung der Sklaverei, der Sieg des Freihandels in England, der österreichische »Ausgleich«, der Sturz des Königs von Neapel. Um die öffentliche Meinung warben die Monarchen und Halb-Diktatoren, Louis Napoleon, Bismarck, Franz Joseph so gut wie Gladstone. Eine freie höhnende Presse unterminierte in den letzten Jahren vor dem Ende den französischen Kaiserthron; die Times in London sprach mit unabhängiger Autorität; selbst die preußischen Konservativen bequemten sich 1848 zur Gründung einer vorzüglich redigierten Tageszeitung. Es mochte vorkommen, daß eine aufgepeitschte, hysterische öffentliche Meinung, die dann die Meinung einer lauten Minderheit war, die Machthaber zu verhängnisvollen Schritten trieb; so Louis Napoleon 1870. Das war die Ausnahme. Noch gab es keine »Gelbe Presse«, noch waren die Menschenmassen in den großen Städten nicht so leicht zu schlechten Zwecken zu mobilisieren, wie es dann, beginnend mit den neunziger Jahren, zunehmend der Fall sein sollte. Die öffentliche Meinung, schon die Meinung des Bürgertums und der Industriearbeiterschaft, aber noch wesentlich von Honoratioren, von einer intellektuellen Elite gestaltet, hat sich nie besser bewährt im Verursachen des Guten und Verhindern des Schlechten als im 19. Jahrhundert. Mehr und bessere Schulen, mehr Bücher und Zeitungen, promptere und billigere Post bestätigten damals die Hoffnungen, welche die Liberalen, die Humanisten, Utilitaristen, Radikalen auf diese Fortschritte setzten.

Zur Regierung durch die öffentliche Meinung gehörte, als Korrelat, die Regierung durch die Partei. Sie war nun vollständig in den Vereinigten Staaten und in England, hier auf Grund eines noch immer qualifizierten, dort des allgemeinen, gleichen Wahlrechts. In keinem der großen europäischen Staaten konnte man noch von eigentlicher Parteiregierung sprechen; überall von einer so oder so zu beschreibenden Abhängigkeit der Regierung von einer parlamentarischen Mehrheit, die parteilich organisiert war. Eine Tyrannei der Mehrheit war das nicht; schon allein darum nicht, weil die Mehrheiten wechseln konnten, die

Konkurrenz um die Gunst der Wähler wesentlich frei war. Auch die von Berufspolitikern geleitete Massenpartei, wie sie zuerst in Amerika erschien, dann, im letzten Drittel des Jahrhunderts in England und Deutschland, hielt sich an die Spielregeln der Konkurrenz; ihr An-die-Macht-Kommen war keine »Machtergreifung«; das Machtmonopol, das die Republikaner sich in der Union nach dem Bürgerkrieg gründeten, hielt nicht lange. Auch der Bonapartismus, in der Zeit seines Glanzes, war keine eigentliche Tyrannei der Mehrheit gewesen. Die sieben Millionen, die Napoleon III. in seinem Amt bestätigten, resignierten eher, als daß sie bedrückt hätten. Sie resignierten für eine Zeit, weil sie der Unordnung überdrüssig waren. Auch im Zweiten Kaiserreich artikulierte die Masse der Wähler sich in Parteiungen, in Gruppen verschiedenen Sinnes, sobald dem Parlament wieder reale Aufgaben gestellt wurden.

Wenn im letzten Jahrhundertdrittel ein neuartiger Machtdruck sich in Europa stärker und stärker geltend machte, so kam er nicht von der unfertigen Demokratie; er kam auch nicht mehr von der alten Hierarchie als solcher, von Königen und Baronen. Er kam vom Staat. Von allen Verwirklichungen des kollektiven Willens in Europa war jener der schicksalsschwerste, der den Erdteil im 19. Jahrhundert noch einmal in Staaten zerfallen ließ. Es sollten jetzt Volksstaaten, Nationalstaaten sein. Sie waren das wohl auch. Aber es waren Machtstaaten. Sie standen gegeneinander wie eh und je. Daß die Deutschen ihre Einheit kraft eines Sieges über die Franzosen gewonnen hatten, war hierfür das sprechendste Symbol. Die Verbrüderung der Nationalstaaten, welche die Mazzini und Garibaldi, die Lamartine und Victor Hugo erträumt hatten, blieb aus. Die Nationen übernahmen die Staatsraison, das stehende Heer, die Vergrößerungswut, die ewig wühlende Machtkonkurrenz, sie übernahmen alles Unrecht und allen Unfug von den Fürsten und gaben ihnen verhundertfachte Kraft. Nur der Staat konnte diese Kraft erziehen, kontrollieren, steigern. Er mochte nun ein Rechtsstaat sein und Gleichheit vor dem Gesetz garantieren, er mochte seinen Kapitalisten das liberalste Aktienrecht gewähren, seinen Armen die beste unentgeltliche Schulbildung; er mochte Arbeiter-Assoziationen erlauben, die Wissenschaft fördern, die Wirtschaft stützen, eine ins ungeheure wachsende Zahl nützlicher Funktionen erfüllen. Deswegen war er doch und vor allem Machtstaat, und von den Pflichten, die er auferlegte, war die allgemeine Wehrpflicht die bezeichnendste. Seine innerste Natur hat dieser europäische Machtstaat im Krieg von 1914 enthüllt.

Der allmächtige Staat war nicht dasselbe wie die allmächtige Mehrheit; auch dort nicht, wo eine so oder so gewählte Parlamentsmehrheit die Gesetze machte. Soziologisch hätte man die eigentlichen Träger und Agenten des Staates eher als eine Reihe von Minderheiten zu beschreiben: Hohe Bürokratie, Generalität, Staatskirche und so fort. Wichtiger als der Charakter des leitenden Personals ist die Ausrichtung der Menschen auf den Staat, auf das übermächtige, ordnende, zwingende Staatssymbol, welches das Königssymbol ersetzt hatte.

Es ist merkwürdig, daß die beiden tiefsten sozialen Denker der ersten Jahrhunderthälfte, Tocqueville und Marx, die Bedeutung des Staates so sehr unterschätzten. Den Franzosen interessierte die Gesellschaft, nicht der Staat. Indem er die europäische Gesellschaft mit der amerikanischen verglich, übersah er den einschneidendsten Unterschied: daß es in Amerika den Machtstaat nicht – sollen wir sagen: noch nicht? – gab. Welchen Einfluß der Staat und der Nationalismus als neue Triebkraft des Staates auf die Demokratie ausüben könnte, davon ist in seinem Buch fast gar nicht die Rede. Karl Marx fehlte es nicht an scharfem Sinn für Machtpolitik. Er sah jedoch nur den Einfluß der Gesellschaft auf den Staat, nicht den des Staates auf die Gesellschaft. Er hielt den Kampf der Klassen, nicht der Staaten, für Europas Schicksal. Diese Auffassung war insofern bestätigt worden, als die inneren Gegensätze der Gesellschaft, die Gegensätze wirtschaftlich bestimmter Klassen, die Gegensätze der Traditionen, Gesinnungen und Konfessionen in Europa lebendiger und schärfer geblieben waren, als Tocqueville in den dreißiger Jahren auf lange Sicht geglaubt hatte. Eine graue Gleichheitsmonotonie bedrohte den europäischen Geist im Jahre 1871 nicht. Hieß das aber, daß die Lehre vom Klassenkampf sich bewahrheitet hatte?

Die Furcht vor der »roten Gefahr« war nach 1871 geringer als vor 1848; jedenfalls, sie hätte geringer sein dürfen. Die Fabrikarbeiterschaft war nicht mehr ein Mysterium des Elends und der schlummernden, zerstörerischen Gigantenkraft. Mit dem Fall Napoleons III. ging die Linie der Thronstürze und provisorischen Regierungen im Stadthaus in Paris zu Ende, mit der »Commune« die Linie der Schlachten zwischen der Truppe und dem Volk von Paris; dergleichen ist seither in diesem Stil nicht wieder vorgekommen. In England war der Chartismus tot; die Arbeiterschaft erfolgreich am Werk, ihre Lebensbedingungen zu verbessern durch beide Parteien und, direkter, durch die Trade-Unions. Selbst Marx bemerkte ärgerlich, der englische Arbeiter sei im Begriff, bürgerlich zu werden, was er sich, da er auf Kosten der ganzen Welt lebe, wohl auch leisten könne. In Deutschland begann nach 1870 ernsthaft der Aufstieg der Sozialdemokratischen Partei, und sowohl Marx wie Bismarck verstanden ihn im Sinn von 1848: als radikale Bedrohung der bürgerlichen und aller Ordnung. Dies Mißverständnis wurde ihnen bestätigt durch die Theorie der deutschen Sozialdemokraten selber, die eben die Marxsche war. Aber die Theorie war etwas anderes als die Wirklichkeit der deutschen und, in ihrer Nachbarschaft, der österreichischen, schweizerischen, französischen, belgischen Sozialisten. Ihre wirkliche Funktion war von Anfang an das, was später »revisionistisch« oder »reformistisch« genannt wurde: innerhalb der Gesellschaft, so wie sie war, von dem Gewicht, das der Zahl und Tätigkeit der Arbeiter zukam, Gebrauch zu machen und vom Staat absorbiert zu werden. Der erste Weltkrieg, der so vieles enthüllte, hat auch dies enthüllt, da endlich stellten überall die Sozialisten sich auf seiten des Staates. Wenn dann, gegen Ende des Krieges, der veraltete Begriff der Revolution wieder auflebte, so geschah es von Rußland her, dem fernen, fremden und armen. Jetzt war er ein Import. Ein solcher übrigens, der in Westeuropa allerlei blutigen Unfug anrichtete, aber nirgends sich durchsetzte. Das Zeitalter der Revolutionen, der romantisch begeisterten, radikalen Umsturzbewegungen war für Europa vorbei. Die Organismen der europäischen Staaten waren zu dicht dafür geworden.

Nein, nicht der Klassenkampf war Europas Schicksal. Klassen gab es, aber nicht deren zwei überall, wie Marx mit vereinfachender Plumpheit prophezeit hatte, sondern unzählige Nuancen von Klassen. Sie hatten immer zusammen gelebt, sie würden schlecht und recht auch weiter zusammen leben, Veränderungen im Sinne wachsender Gleichheit sich allmählich vollziehen. Der Staat war Europas Schicksal. Er auch bestimmte, so oder so, das Verhältnis der Klassen zueinander. Er bot einer Klasse mehr als der anderen, wurde zu ihrem Vorteil stärker ausgenutzt als von anderen, aber er war mit keiner identisch. Was in den folgenden Jahrzehnten den Lauf der Dinge im Guten und Bösen charakterisierte, koloniale Expansion und imperialistischer Streit, Schutzzölle und Flottenbau, Bündnisse, Gegenbündnisse und Wettrüsten, technische Erziehung und Welthandelskonkurrenz und philosophische Doktrinen vom Recht des Stärkeren – es war alles durch den nationalen Machtstaat und nicht ohne ihn. Ohne ihn lag in der kapitalistischen Industrie nichts, was zum Krieg getrieben hätte. Die Staaten trieben zum Krieg; wie allem, was innerhalb ihrer Grenzen wirksam war, prägten sie auch der Industrie ihren Stempel auf, gaben ihr, die ihrem innersten Wesen nach rational und verbindend war, eine irrationale, feindliche Spitze. Durch ihre Machtkonkurrenz haben die Staaten dann schließlich auch die Revolution zur Hintertür wieder hereingelassen: ohne 1914 kein 1917. Nun wurden, spät, die extremsten Versprechen von 1848 verwirklicht; der Nationalismus dort, wo er noch unbefriedigt geblieben war, und der Kommunismus. Aber: anders, ganz anders. Was nun geschah, hätten die Achtundvierziger, Karl Marx nicht ausgenommen, kaum als die Erfüllung ihres Testamentes anerkannt.

Theodor H. von Laue

RUSSLAND IM 19. JAHRHUNDERT

Rußland und Europa: eine Übersicht

Man hat sich im 19. Jahrhundert oft gefragt, ob Rußland, obgleich Mitglied des europäischen Staatensystems, seinem Wesen nach überhaupt zu Europa gehöre. Rußland galt als die Großmacht, die europäisch geprägten Vorstellungen von einem Staatswesen am wenigsten entsprach.

Aus guten Gründen. Es unterschied sich als massive Landmacht, die ein Sechstel der Landoberfläche der Erde einnahm (was auch damals schon gern von russischen Patrioten betont wurde), von den räumlich ungleich begrenzteren Westmächten. Ohne direkten Zugang zum Meer, an der Wurzel Europas, an der übergangslosen Verbindung zwischen der europäischen Halbinsel und Asien gelegen, besaß es nicht nur europäische, sondern auch große asiatische Territorien. Jede Regsamkeit im inneren und äußeren Verkehr war durch die großen Entfernungen, die für Wegebau schwierige Bodenbeschaffenheit und durch ein rauhes Klima behindert. Die russischen Grenzen waren besonders in Asien viel weniger stabil als die europäischen; sie waren teils offen, teils fluktuierend; bis 1841 reichte Rußland sogar nach Kalifornien hinein, bis 1867 nach Alaska. Im Kaukasus, in Zentralasien und auch China gegenüber breitete sich die russische Macht langsam aus. Außerdem gab es im Inneren noch große unerforschte und unzugängliche Gebiete, besonders im sibirischen Norden.

Im Vergleich zu den schon recht einheitlichen Westmächten hatte Rußland eine sehr heterogene Bevölkerung. Die slawischen Volksgruppen, Großrussen, Ukrainer, Weißrussen und Polen, unterschieden sich voneinander immerhin so sehr wie Schweizer, Holländer und deutsche Stämme. Dazu kamen aber noch die baltischen Völker, Litauer, Esten und Letten, auch Deutsche, Juden, Armenier, Georgier, die verschiedenen türkischen und mongolischen Völkerschaften und die verstreuteren finnisch-ugrischen Stämme. Der Kaukasus ist bis heute noch ein wahres ethnographisches Museum, und auch in anderen Gebieten gab es bunte Volksmosaiken, zum Beispiel an der mittleren und unteren Wolga. Das kulturelle Niveau, allgemein von Westen nach Osten abfallend, zeigte ebenfalls starke Gegensätze. Es gab Beispiele für fast jede Kulturstufe, von den primitiven Samojeden bis zu den westeuropäischen Vorposten der polnischen oder baltischen Städte oder bis zur Hauptstadt St. Petersburg.

Die Religion trug zur weiteren Trennung von Westeuropa bei, direkt durch die Tatsache, daß die orthodoxe Staatskirche in Westeuropa nicht vertreten war und sich in einem durch die Politik noch verschärften Gegensatz zur römisch-katholischen Kirche befand, und indirekt in der Vielheit der in der Bevölkerung verbreiteten Kulte, die über das in Europa übliche Maß weit hinausging. Es gab nicht nur seit Mitte des 17. Jahrhunderts die innere Spaltung in der orthodoxen Kirche zwischen Rechtgläubigen und Altgläubigen (die wiederum in verschiedene Sekten zerfallen waren), sondern auch die Sondergruppe der Uniaten, die sich der katholischen Kirche untergeordnet, jedoch ihre östliche Liturgie beibehalten hatte. Dazu gesellten sich noch einige Gruppen von Protestanten, Armenische und Georgische Christen, Juden, Mohammedaner sowohl der Schia wie auch Sunna, Lamaistische Buddhisten und verschiedene Gruppen primitiver Religion.

Bei all dieser komplexen Vielfalt bestand allerdings eine gewisse Einheitlichkeit unter der Führung des großrussischen orthodoxen Volksteils, durch den der russische Staat groß geworden war (und von dem auch dieses Kapitel im wesentlichen handeln wird). Dieser Volksteil, der zu Ende des Jahrhunderts weniger als die Hälfte der Bevölkerung ausmachte, konnte die andersartigen Elemente weder in einen anregenden assimilierenden Austausch einspannen noch sie alle mit Gewalt angleichen oder gar ausrotten. Deshalb wurde das Problem der Minderheiten immer dringlicher. Kurz, die gewaltige Ausdehnung Rußlands und die Größe und Vielseitigkeit seiner Bevölkerung waren wegen der ungeheuren Schwierigkeiten für eine geordnete Staats- und Gesellschaftsbildung nach westlichem Vorbild eher eine Belastung als ein Vorteil.

Auch das Verhältnis zwischen Staat und Gesellschaft war in Rußland ganz anders als in Westeuropa. Dort hatte sich überall seit dem Mittelalter eine breite Schicht feudaler Herren und städtischer Bürgerschaft herausgebildet, die durch ihren Reichtum und ihre Kenntnisse auch allgemeine Aufgaben des öffentlichen Lebens übernahm, so daß sich der moderne Staat auf ihre Beiträge stützen konnte. Das hatte nicht nur eine Einschränkung der Staatsvollmachten zur Folge, sondern verringerte auch die Aufgabenlast des Staates. Der kulturelle und wirtschaftliche Fortschritt blieb, trotz Absolutismus, weitgehend der Initiative der Allgemeinheit überlassen. Im Gegensatz dazu hatte die russische Autokratie zu den üblichen Verpflichtungen des Staates auch noch solche Aufgaben übernehmen müssen, die im Westen außerhalb des staatlichen Rahmens bewältigt wurden.

Historisch gesehen, war der russischen Autokratie keine andere Wahl gelassen worden, denn die äußere Bedrohung zu Beginn des 17. Jahrhunderts und die spätere scharfe Konkurrenz innerhalb des europäischen Staatensystems verlangten geradezu eine gewaltige Machtausdehnung des Staatsapparates. In der weiten Ebene zwischen Europa und Asien gab es nur eine Alternative: Zersplitterung oder Großmacht. So war denn der russische Staat von oben herab und von außen her aufgebaut worden auf Kosten der Bevölkerung und ohne deren spontane Mitarbeit. Daraus ergab sich eine tragische Zwangsläufigkeit: je größer der Selbstbehauptungswille des Staates in der äußeren Politik – und die äußere Sicherheit war Voraussetzung für jede Hebung der Volkswohlfahrt –, um so größer war auch der Kontrast zwischen Staatsansprüchen und Untertanenrechten, zwischen Staatsvollmacht und Volkswohlfahrt. Die extremen Anstrengungen zum Zwecke der äußeren Selbstbehauptung verschlangen alle Ansätze einer Wohlhabenheit und Selbständigkeit in der Bevölkerung. Der Staat war reich, das Volk arm.

Aber die Staatsaufgaben waren letzten Endes nur bei einer Mitarbeit der Bevölkerung zu bewältigen, die vielfach – weil es anders nicht ging – mit Zwang und Gewalt organisiert werden mußte. Der moderne russische Staat war so seiner Natur nach »Dienststaat«, in dem es, wie der große Staatsmann Speranskij es im frühen 19. Jahrhundert ausgedrückt hat, nur zwei Kategorien von Untertanen gab: die Diener der Autokratie (der Adel) und die Diener des Adels (die Leibeigenen). Diesen Dienstcharakter hat das russische Staatsgefüge nie ganz verloren; er war am schärfsten ausgeprägt in der Bürokratie und im Offizierskorps, die (vom Adel sich lösend) zum Träger des Staatsgedankens wurden.

In der Praxis war allerdings die Autokratie nicht absolut, denn ihre Macht konnte nicht in den letzten Winkel des riesigen Landes dringen. Auch hatte der Adel allmählich das strenge Gepräge des »Dienststaates« verwischt. Es war ihm schon Mitte des 18. Jahrhunderts gelungen, sich von der Dienstpflicht zu befreien und darüber hinaus durch Eingriffe in die kaiserliche Nachfolge (etwa die Ermordung des Kaisers Paul I. 1801) die Autokratie zu seinen Gunsten einzuschränken. Dennoch: wo gab es nach der Französischen Revolution noch einen europäischen Großstaat, in dem die öffentliche Tätigkeit so weit der Bürokratie überlassen war und die staatliche Autorität so zügellos und brutal walten konnte? Daß die Passivität und das Unverständnis der Bevölkerung Willkür und Korruption der Beamten begünstigten, muß man allerdings zugestehen. Der Gegensatz zwischen Staat und Volk verdarb beide Parteien.

In keinem anderen europäischen Land bestimmte die Persönlichkeit des Herrschers den Gang der Entwicklung so entscheidend, daß selbst heute noch russische Geschichte am besten nach ihren Regierungszeiten periodisiert wird. Kaum anderswo war der Herrscher so ungeheuren inneren und äußeren Spannungen ausgesetzt. Begann und endete doch im 19. Jahrhundert die Regierung jedes Zaren in einer schweren inneren Krise (mit Ausnahme des Übergangs von Alexander III. zu Nikolaus II. im Jahre 1894 – die Ruhe vor der endgültigen Katastrophe).

Der Gegensatz zwischen Staat und Volk spiegelte sich auch in der Struktur der russischen Gesellschaft. Im Adel und in der Bürokratie gab es zu Anfang des 19. Jahrhunderts eine kleine Oberschicht, deren Geschmack und Gebaren europäisiert waren. Auf Anregung oder unter Zwang der Kaiser hatte sich der Dienstadel nach westeuropäischem Vorbild umgeschult, vielfach mit erstaunlichem Erfolg. Das späte 18. Jahrhundert bis zu den Napoleonischen Kriegen war das goldene Zeitalter des russischen Adels. Er lebte, schon von der Dienstpflicht befreit, oft großspurig auf Kosten der leibeigenen Bauern, entwickelte dabei aber nicht wie die preußischen Junker oder die englischen Gentry die Fähigkeit, sich wirtschaftlich zu behaupten. Diese Kreise pflegten Kultur in der besten europäischen Tradition; und der russische Beitrag zur Weltliteratur ist ihnen zu verdanken. Aber es gab daneben, besonders beim ärmeren Adel, eine unglaubliche Verrohung und den Machtmißbrauch des Gutsherrn über seine Leibeigenen. In diesen für unsere Begriffe unvereinbaren Eigenschaften hat man vielfach mit Recht etwas »typisch Russisches« gesehen.

Auf der anderen Seite »das schwarze Volk«. Darunter fiel zunächst eine dünne Schicht von Kaufleuten mit einer gewissen Sonderstellung, oft altgläubig und der Europäisierung gegenüber fremd. Dann kam die etwas größere Zahl der Handwerker und des städtischen Kleinbürgertums und schließlich die Masse der Bauernschaft. Der Zustand der leibeigenen Bauern erregte oft entsetztes Erstaunen ausländischer Besucher, nicht nur wegen ihrer Kollektivordnung (an der man manches Positive finden konnte), sondern wegen ihrer sklavischen Hilflosigkeit dem Staate und den Gutsherren gegenüber und wegen ihrer

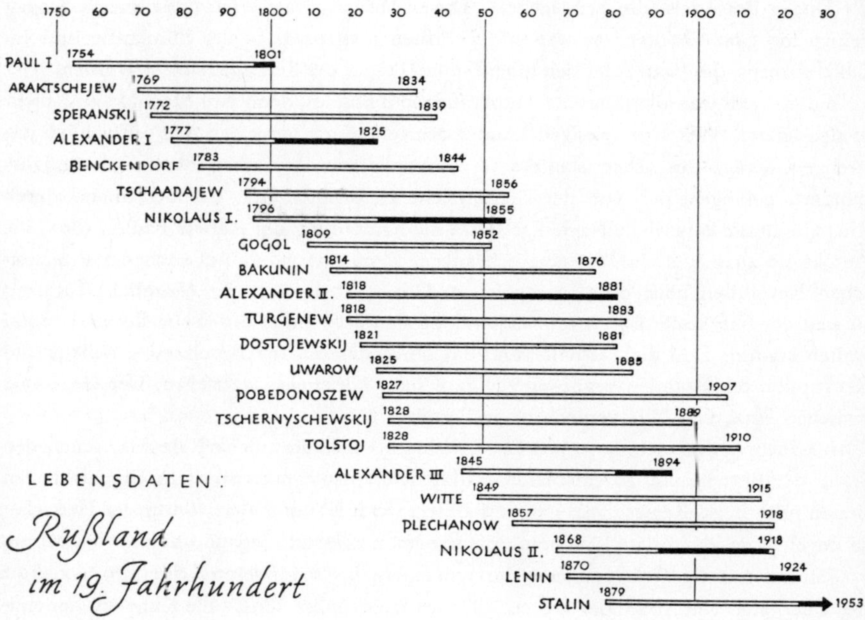

unglaublichen Armut und Rückständigkeit. Da gab es tiefes religiöses Sehnen, instinktives Bestehen auf allgemeiner Gleichheit und sozialem Recht, Bauernschläue, explosive Bitterkeit gegen die Härte des Lebens und die Mitmenschen, Ergebenheit gegenüber der erbarmungslosen Natur und der von Staat und Gutsherrn auferlegten Bürde, Abneigung gegen Einzelgänger und Gewöhnung an Zusammenarbeit im täglichen Leben. Auch brodelte ein blinder Haß gegen Staat, Adel, europäische Manier und jegliche Autorität, der in fast ununterbrochenem Aufruhr, in Flucht oder Abwanderung seinen Ausdruck fand. In der Misere der leibeigenen Bauern sah man am deutlichsten den Preis der russischen Großmachtstellung.

Der Gegensatz zwischen Volk und Staat schwächte auch die orthodoxe Kirche. Seit Peter dem Großen war sie nicht nur Staatskirche, sondern wie ein Ministerium dem Staatsapparat eingegliedert, weil sie sich wie das Volk gegen die erzwungene Europäisierung gesträubt hatte. In der Gefangenschaft des Staates konnte sie sich nicht spontan entfalten, so daß ein reges religiöses Empfinden oder soziales Gewissen nur zu leicht in die Opposition, ja selbst in den Atheismus getrieben werden konnte. Die Kirche wurde gewiß nicht unfähig ihr heiliges Erbe zu verwalten, aber es fehlte ihr an Elastizität, die neuen, vom Westen hereindringenden Strömungen zu verarbeiten.

Noch zu Ende des 18. Jahrhunderts hatte der russische Staat seine Untertanen in eine von oben kontrollierte ständische Ordnung gezwungen. Der Adel besaß eine eigene korporative Organisation mit gewählten (und bestätigten) Vertretern, die Kaufmannschaft ihre drei Gilden mit deren Vorstehern, eine für die reichen, die andere für die weniger wohlhabenden Kaufleute – gemessen nach den Steuern; dann kamen die »Zechen« der Handwerker, die Genossenschaften der Kleinbürger und schließlich die Bauerngemeinden. Auch die Kosaken nahmen eine besondere Stellung ein. Sie waren bevorzugte Bauern, denen gleichzeitig militärische Aufgaben, besonders im Grenzschutz, übertragen waren. Ebenso war der Klerus ein besonderer Stand. Nur eine Ausnahme gab es: die sich allmählich vergrößernde Gruppe der »Ehrenbürger«, der gewisse Privilegien des Adels gewährt waren, aber ohne das Recht, sich korporativ zu organisieren. Hier fand man eingebürgerte Ausländer und die Abkömmlinge verschiedener Stände, die sich eine mittlere oder höhere Schulbildung erworben hatten. Nun war allerdings innerhalb dieser Ständeordnung ein Auf- und Abstieg nicht undenkbar, was der russischen Gesellschaft im 19. Jahrhundert einen gewissen demokratischen Zug verlieh. Es gelang manchem Bauern, aus der Leibeigenschaft in den Kaufmannsstand einzutreten (Zulassung hing nur von der Steuerzahlung ab), auch diente sich mancher fähige Schreiber durch die höchsten Ränge der Bürokratie in den Adel hinein. Solche Möglichkeiten verhinderten aber nicht die zunehmende Vertiefung des Gegensatzes zwischen der sich langsam vermehrenden europäisierten Oberschicht (von der, wie noch gezeigt werden wird, eine wachsende Gruppe dem Staat untreu wurde) und dem »schwarzen Volk« der Bauern und Kleinbürger. Nur in einem waren alle Untertanen gleich: sie benötigten einen Paß, wenn sie sich von ihrem Wohnort entfernen wollten.

All diese Unterschiede zu westeuropäischen Verhältnissen hatten einen Hintergrund in der besonderen russischen Wesens- und Denkart. Ausländer bewunderten oft die Begabung und Energie der Russen, beklagten aber gleichzeitig die Unberechenbarkeit und Unordnung, das Fehlen jedes Sinnes für Zeiteinteilung, ja für jede Art von Beschränkung. Mit Staunen bemerkten sie, wie Gefühle über Sachlichkeit dominierten. Es war bekannt, daß man mit russischen Gastgebern gut Brüderschaft trinken, jedoch schlecht verhandeln und Geschäfte machen konnte. Sie waren den Ausländern gegenüber oft stolz und mißtrauisch, und selbst einen Romantiker mußten die ungewohnten Extreme ihrer Gemütshaltung verwirren. Die biblisch-einfache, moralisch orientierte, langsame Denkweise der Russen konnte sich nicht so leicht in das schnelle, rationale westliche Denken einfinden.

Dennoch mußte sich Rußland, so hatte schon Peter der Große gelehrt, zwangsweise der allgemeinen europäischen Entwicklung anpassen. Nichtmithalten bedeutete Niederlage und möglicherweise Auslöschen der Selbständigkeit, Anpassung war mit unermeßlichen Schwierigkeiten verbunden. Da war der rasche europäische Fortschritt von der Französischen Revolution bis zur modernen Demokratie, von den Anfängen der Industrie bis zum Hochindustrialismus, von der Niederzwingung Napoleons bis zur Weltpolitik. Es schien fast unmöglich, die sich überstürzenden westeuropäischen Ereignisse aufzunehmen und die eigenen Verhältnisse danach einzurichten.

Herrscherpersönlichkeit und Staatsaufgaben

Die Regierung Alexanders I. 1801–1825

Diese Probleme stellten von Anfang an die höchsten Anforderungen an Kaiser Alexander I., der im Jahre 1801 die Regierung antrat. Seine Persönlichkeit war durch eine seltsame Mischung ausländischer Einflüsse geformt; Rußland spielte in seiner Erziehung eine geringe Rolle. Seine Großmutter Katharina II. nahm ihn früh seiner Mutter fort und erzog ihn im Winterpalais, im Geiste der französischen Aufklärung mit ihm herumexperimentierend. Der Schweizer La Harpe begeisterte den noch unreifen Knaben mit republikanischen Idealen, vermittelte ihm jedoch keine praktische politische Erfahrung. Gleichzeitig mußte er sich aber auch seinem Vater Paul gefällig zeigen, einem bigotten, unberechenbaren Manne, der in der benachbarten Residenz Gatschina seine Truppen auf gut preußisch exerzierte. Der Sohn lernte, sich geschickt diesen beiden miteinander in Fehde lebenden Höfen anzupassen, doch auf Kosten jeder tieferen Überzeugung und Charakterstärke; so blieb er bei all seinem Charme sich selbst und seinen Zeitgenossen immer ein Rätsel. Napoleon sagte später, es sei schwierig, klüger als er zu sein, doch fehle ihm irgendein Charakterzug, den er selbst nicht nennen könne. Während der Regierung seines Vaters lebte Alexander dann in beständiger Furcht und Aufregung. Der Schrecken erreichte seinen Höhepunkt, als Paul I. im Nebenzimmer erdrosselt und Alexander, noch zitternd und bleich, zum Kaiser ausgerufen wurde. Wie konnte der junge Mann nach solchen Erschütterungen die Stärke zur Führung seines Landes im Zeitalter der von der Französischen Revolution ausgelösten europäischen Krise haben?

Er fing mit der guten Absicht an, die staatliche Ordnung nach dem Vorbild der Aufklärung umzugestalten. Zum erstenmal wurde die Diskussion öffentlicher Fragen möglich. Von einem Kreis seiner engsten Freunde – von ihren Feinden Jakobiner genannt – beraten, ordnete der Kaiser die Regierungsorgane neu. Aus diesen Jahren stammen die modernen Ministerien des Zarenregimes. Nur zu schnell zeigten sich aber die Grenzen des kaiserlichen Reformeifers, denn als man den Senat reformieren wollte, wurde die Frage akut, ob sich der Zar dem Gesetz unterstellen sollte. Niemals! Auch andere liberale Pläne scheiterten bald an der russischen Wirklichkeit. Die Vorrechte des Adels blieben die alten. Und bei der Leibeigenschaft, die Alexander verabscheute, kam es wegen des Widerstandes des Adels nur zu einigen unwesentlichen Erleichterungen. So tröstete man sich mit der Förderung und Vermehrung der Schulen und Universitäten in einem dem neuen französischen Vorbild nachgeahmten System. Doch auch hier gab es Schwierigkeiten, so daß sich der Kaiser schließlich, durch die unerwarteten Mißerfolge entmutigt, zurückzog und seine Aufmerksamkeit auf sein und seiner Damen Privatleben lenkte.

Den Problemen der äußeren Politik konnte er nicht ganz so leicht ausweichen. Nachdem er sich zu Anfang seiner Regierung aufklärerisch gegen jeden Krieg ausgesprochen hatte – außer wenn Rußland selbst angegriffen würde –, verwarf er alle Neutralität, als Napoleon sich zum Kaiser krönte. Auf seine Art, mit einem idealistischen Plan des Weltfriedens, der aber an den Siegen Napoleons scheiterte, trat er in die große Politik ein, verbrüderte sich dann mit Napoleon in Tilsit (1807) und ersetzte seine ursprünglichen Pläne durch weniger kostspielige Eroberungskriege. Die Anstrengungen der Feldzüge gegen Napoleon ließen die inneren Experimente schnell erlahmen. Als der Kaiser sich 1805 ins Feld begab, erneuerte er sogar die anfangs von ihm unterdrückte Geheimpolizei.

Die Mißerfolge in der Außenpolitik – der Frieden von Tilsit war gewiß kein Meisterstück – zwangen den Kaiser zu einem neuen Anlauf in der Innenpolitik. Diesmal zog er einen sehr fähigen Mitarbeiter heran, Michael Speranskij, der, unter dem Einfluß westlicher Vorbilder und mit der russischen Praxis besser vertraut, den Plan einer breiten, aber indirekten Volksvertretung ausarbeitete. Da sich der Kaiser wieder vor einer Revision des Staatsgefüges auf Kosten seiner eigenen Macht scheute, wurde von Speranskijs Projekten nur der Reichsrat verwirklicht, und zwar recht unvollkommen, weil der Kaiser das Votum des Reichsrats nach Belieben annehmen oder verwerfen konnte. Selbst diese Neuerung fand den Widerstand des um seine Stellung fürchtenden Adels. Als Speranskij die Befugnisse der Bürokratie gegen den Adel zu stärken suchte und wirtschaftliche Sanierungsmaßnahmen vornahm, mehrte sich die Opposition, so daß er am Vorabend der Napoleonischen Invasion nach Sibirien verbannt wurde.

Der innere Widerstand gegen die westlichen Neuerungen konnte den äußeren Angriff Napoleons nicht verhindern. Im Jahre 1812 befand sich Alexander I. in der schlimmsten Lage, in die er je geraten konnte: Rußland wurde von den vereinten Streitkräften fast aller europäischen Staaten angegriffen, nur England blieb als Verbündeter. Daß der Feind schließlich aus dem Lande getrieben wurde (die Höhepunkte sollte man in »Krieg und Frieden« von Tolstoi nachlesen), verdankte man weniger der Fähigkeit des Kaisers – er war während des Krieges sehr in den Hintergrund getreten – oder selbst der Regierung, sondern mehr der Zähigkeit der Soldaten und des Volkes und der mit ihnen verbündeten »Generäle« Dreck, Werst und Winter. Und daß die russische Armee schließlich im Triumph in Paris einmarschierte, lag auch weniger am Geschick der russischen Führung als an dem vereinten Bemühen der unterjochten Völker des Festlandes und der Engländer. Immerhin war es ein Glück für Europa, daß der siegreiche Zar sich als Erbe der Aufklärung fühlte. Denn er war es, der auf der Charta von 1814 für Frankreich bestand und in der europäischen Neuregelung auch seinen polnischen Untertanen eine Verfassung gab.

Seinem eigenen Lande brachte der Sieg keine Vorteile. Nach den ungeheuren Anstrengungen des Krieges fehlte der Schwung zu neuen Reformen. Des Kaisers Hauptinteresse blieb der großen Politik, soweit er nicht überhaupt die Lust an den Geschäften verlor. Er sprach sogar mehrmals vom Abdanken. In seiner Umgebung nahmen die Reaktionäre überhand. Die Universitäten fielen unter die Aufsicht eines Obskuranten, des Fürsten Golizyn, der die Schul- und Kirchenverwaltung vereinigte. Noch größeren Einfluß gewann Araktschejew, der die berüchtigten Soldatenkolonien aufbauen ließ, in denen die Soldaten mit ihren Familien zur landwirtschaftlichen Arbeit herangezogen wurden. Der Plan hatte gewisse Vorteile, Mißbräuche der staatlichen Gewalt waren aber an der Tagesordnung. Im Jahre 1819 wurde dann noch in den baltischen Provinzen die Bauernbefreiung durchgeführt, aber ohne jegliche Landzuteilung. Das verschlechterte die Stellung der Bauern und kam deshalb für die russischen Provinzen nicht in Betracht. In den letzten

Lebensjahren des Kaisers stagnierte die innere Entwicklung völlig. Die fähigeren Beamten beklagten die Ziellosigkeit und Korruption der Verwaltung.

Und das Heer? »Alle Grade der Armee, von den Generälen bis hinunter zu den einfachen Soldaten, redeten nur davon, als sie heimkamen, wie gut das Leben in fremden Ländern eingerichtet sei. Durch den Vergleich mit den Verhältnissen in der Heimat stieß man natürlich auf die Frage, warum es denn nicht auch bei uns so sei?«, so berichtete später einer der Dekabristen. »Warum es denn auch nicht bei uns so sei?« Diese fatale Frage bedrohte die öffentliche Sicherheit und Staatsautorität Rußlands weit über die Nachkriegsjahre, ja weit über das 19. Jahrhundert hinaus. Es waren gerade die Söhne der einflußreichsten Familien, die patriotischen Heißsporne, die diese Frage zutiefst bewegte. Offene Diskussion wurde bald zu gefährlich, also schritt man zu Geheimbünden und Verschwörung. Das Ziel dieser geheimen Gesellschaften, unter denen sich schließlich eine gemäßigtere nördliche und eine radikalere südliche Gruppe herausschälten, war die Erneuerung Rußlands als einer zivilisierten und freien Macht. Da der Kaiser und die Regierung unfähig schienen, diese Aufgabe durchzuführen, bereitete man sich auf Revolution vor.

Als Alexander im Jahre 1825 starb (manche behaupten, er habe noch viele Jahre als heiliger Einsiedler in Sibirien gelebt), hatte er sein Land zwar um einige Gebiete (Finnland, Warschau, Bessarabien) bereichert, aber der Gegensatz zwischen Rußland und den führenden Mächten des Westens war noch gewachsen. Rußland hatte sich in der Generation nach der Französischen Revolution innerlich nicht erneuert, und das trieb einen kleinen, aber wertvollen Teil der russischen Führerschicht in die Opposition.

Die wahre Lage des Landes zeigte sich nach dem Tod des Kaisers. Die Frage der Nachfolge war in Zweifel gelassen worden, und in den drei Wochen Interregnum im Dezember 1825 reifte die Verschwörung der Geheimbünde heran. Als Nikolaus, ein jüngerer Bruder, endlich die Nachfolge annahm, brach in St. Petersburg der Aufstand los. Der neue Kaiser überwältigte nach kurzem Gefecht die aufständischen Regimenter und verhaftete ihre Anführer, die »Dekabristen«, die keinerlei Unterstützung durch das Volk hatten. Aber die Furcht vor einer neuen blutigen Revolution verließ den Kaiser danach nie wieder. Sie trug zur Verhärtung der Autokratie bei und stärkte den alten Gegensatz zum Westen. Die Problematik des russischen Staates im 19. Jahrhundert konnte sich so in all ihrer Tiefe entfalten.

Der Versuch, ein monolithisches Staatssystem zu schaffen

Die Regierungszeit Nikolaus' I. 1825–1855

Der zwanzig Jahre jüngere Nikolaus hatte keine Beziehung mehr zur Aufklärung. Er reifte in den Jahren der Reaktion heran, und der Aufstand der Dekabristen konnte nur sein Vertrauen in das Prinzip der Autokratie stärken. Seine politische Überzeugung formulierte er folgendermaßen: Gewisse Staaten könnten sich in ihrer Reife vielleicht den Luxus einer Verfassung leisten. Rußland aber müsse noch um seine Existenz und seine Bestimmung kämpfen. Es stehe noch nicht da wie ein Monolith. Die verschiedenen Elemente, aus denen es zusammengesetzt sei, seien noch nicht harmonisch verbunden. Nur die Autokratie halte

Zusammenkunft Alexanders I. mit Napoleon auf dem Njemen bei Tilsit am 25. Juni 1807. Gemälde von A. J. Melling. Arenenberg, Napoleon-Museum

Moskau vor dem großen Brand. Aquarell von W. von Faber du Faur, 8. Oktober 1812. München, Bayerisches Nationalmuseum

sie zusammen. Nähme man den unbegrenzten, allmächtigen Willen des Herrschers weg, so würde Rußland bei der geringsten Erschütterung zerfallen. Die großen Ereignisse seiner Regierung: der Dekabristenaufstand 1825, die polnische Revolution von 1830/31, der schwelende Kleinkrieg im Kaukasus, Krisen und Kriege im Nahen Osten, die wachsende Unruhe unter seinen Untertanen, dazu noch die Wellen der Revolution in Europa – all dies mußte ihn in seiner Überzeugung stärken.

Und so mühte sich der Kaiser, wie ein neuer Peter der Große gegen alle Widerstände und bösartigen Umstände, einen neuen Staat zu schaffen, der dastehen sollte wie ein Monolith. Er arbeitete unermüdlich als vorbildlicher Landesvater einsam und vereinsamend an seiner Aufgabe. Er verabscheute allen Prunk; so war sein Schlafzimmer im Winterpalais spartanisch einfach, er schlief auf einem Feldbett. Aber mit noch größerem Recht als der Sonnenkönig konnte Nikolaus I. sagen: »Ich bin der Staat.« Sein Wille, verstärkt – und auch grausam verzerrt – durch die Macht der Armee und der Polizei, sollte das ganze Reich durchdringen. Alle Geschäfte behielt er in seiner Hand, die große Politik, die Auswahl der Gemälde für die Eremitage, ja selbst die Wiederherstellung der Jungfräulichkeit einer zu Unrecht verheirateten Dame. Seine persönliche Kanzlei wurde der Mittelpunkt des Staates, und innerhalb der Kanzlei die berüchtigte Dritte Abteilung, das Hauptquartier seiner neuen Geheimpolizei. In der Tradition des Obrigkeitsstaates betrachtete Nikolaus seine Gendarmen (er nannte sie auch seine »moralischen Ärzte«) für die Verbesserung der öffentlichen Ordnung als am besten geeignet. Und er ließ sich nie träumen, in welchen üblen Ruf sie schnell gerieten.

Seine Armee lag ihm ebenfalls am Herzen. Er war in ihr aufgewachsen, ja seine Denkgewohnheiten entsprachen denen eines Kommandierenden Generals. Er erwartete blinden Gehorsam von allen seinen Untertanen und besonders von seinen Beamten. Er kleidete ganze Kategorien seiner Bürger in Uniform und schrieb persönlich die kleinsten Einzelheiten der Ausstattung, selbst in der Barttracht, vor, als ob er auf diese Weise seine Untertanen zur Ehrlichkeit und Pflichterfüllung anhalten könnte. Jedes Jahr machte er seine Inspektionsreisen, gelegentlich ein Unrecht wiedergutmachend, öfter durch seine Unwissenheit Verwirrung schaffend und immer seine Untergebenen in Zittern und Zagen haltend. Selbst der allmächtige Chef der Geheimpolizei, Graf Benckendorff, fürchtete sich vor ihm. Der Kaiser konnte wohl auch weich sein und schwere Vergehen gegen die Beamtenpflicht mit väterlicher Güte vergeben, doch nie Angriffe auf seine eigene Autorität. Sein größter Fehler – und die zentrale Schwäche seines Systems – war seine Unfähigkeit, die eigenen Grenzen zu erkennen; mehr und mehr fühlte er sich über allen Rat erhaben.

Und wie hätte er auch seine Befugnisse auf Untergebene verteilen können, da er der Meinung war, daß »er und sein Nachfolger die einzigen ehrlichen Leute in Rußland« waren? Das mochte übertrieben sein, doch war die Bestechlichkeit seiner Beamten sprichwörtlich; der Staat war zu arm, ihnen ein angemessenes Gehalt zu gewähren. Und so jagte er seine Befehle durch seine Adjutanten und Feldjäger – den Offizieren mehr vertrauend als den Zivilbeamten – in alle Richtungen seines Landes und sandte Inspektoren und Agenten hinterdrein mit der Herkulesaufgabe, die Mißbräuche abzuschaffen. Wie seine Untertanen, die in die Opposition gingen, kämpfte er in bitterer Feindschaft gegen die

DATENGERÜST

Rußland im 19. Jahrhundert

1793 Zweite Teilung Polens

1795 Dritte Teilung Polens

1796 Odessa gegründet; Tod *Katharinas II.*; Regierung des *Zaren Paul Petrowitsch* (bis 1801)

1801 Grusien wird annektiert; *Kaiser Paul* durch Verschwörer erdrosselt; Regierung *Alexanders I.* (bis 1825); *Alexander* bildet das »intime Komitee«

1802 Gründung von sieben (später acht) Ministerien

1803 Erlaß von Richtlinien über die Volksbildung

1804 Bündnis mit Österreich gegen Napoleon; Universitäten Charkow und Kasan werden gegründet

1805 Niederlage der Russen und Österreicher bei Austerlitz

1806 *Napoleon* proklamiert die Kontinentalsperre; Russisch-türkischer Krieg (bis 1812); Rußland und Preußen führen Krieg gegen *Napoleon* (bis 1807)

1807 Niederlage der Russen bei Friedland; *Alexander* verbündet sich mit *Napoleon;* Friedensvertrag von Tilsit

1808 Kongreß von Erfurt; Russisch-schwedischer Krieg (bis 1809)

1809 Finnland von Rußland annektiert; *Speranskijs* Verfassungsprojekt; *Gogol* geboren

1810 Gründung eines Reichsrates nach dem Plane *Speranskijs*

1811 Reorganisation der Ministerien; *Alexander* erhöht die Zölle für importierte Luxuswaren; wachsende Opposition gegen französischen Einfluß

1812 Russisch-türkischer Friede zu Bukarest; Bessarabien wird von Rußland annektiert; *Speranskij* wird verbannt; *Napoleons* Angriff auf Rußland, Zug der »Großen Armee« nach Moskau und Flucht aus Rußland

1813 Völkerschlacht bei Leipzig

1814 Einzug der Alliierten in Paris; in St. Petersburg wird die kaiserliche Bibliothek dem Publikum zugänglich gemacht; Wiener Kongreß (bis 1815)

1815 Zweiter Einzug der Alliierten in Paris; die Heilige Allianz; »Kongreßpolen« bekommt eine Verfassung

1816 Anfänge der Dekabristen-Verschwörung; Bauernbefreiung in Estland; *Araktschejew* errichtet die Militärkolonien

1817 Universität Warschau gegründet (nach dem polnischen Aufstand 1831 wieder geschlossen); Bauernbefreiung in Kurland

1818 *Alexanders* liberale Thronrede bei der Eröffnung des polnischen Sejms; *Turgenew* geboren

1819 Universität St. Petersburg gegründet; Bauernbefreiung in Livland

1820 Kongresse von Troppau, Laibach und Verona (bis 1822). Alexander im Fahrwasser Metternichs, selbst in der griechischen Frage

1821 *Dostojewskij* geboren

1822 Freimaurerlogen und geheime Gesellschaften geschlossen

1823 Geheimer Thronverzicht des *Großfürsten Konstantin*

1825 *Tod Alexanders I.* in Taganrog; Regierung *Kaiser Nikolaus I.* (bis 1855); Putschversuch der Dekabristen

1826 Fünf Dekabristen durch den Strang hingerichtet; »Dritte Abteilung« gegründet; Russisch-persischer Krieg (bis 1828)

1827 Seeschlacht bei Navarino; Rußland unterstützt griechische Unabhängigkeit

1828 Russisch-türkischer Krieg; *Leo Tolstoj* geboren

1829 Russisch-türkischer Friedensvertrag; Rußland erhält die Donaumündungen und Gebiete im östlichen Schwarzen Meer

1830 Polnischer Aufstand (bis 1831); Polnische Verfassung und Autonomie aufgehoben, Russifizierung Polens beginnt

1831 Choleraepidemie in Rußland; *Puschkin* »Onjegin«

1832 »Organisches Statut« für Russisch-Polen; *Uwarows* reaktionäres Programm

1833 *Speranskij* beendet Kodifizierung der russischen Gesetze; Vertrag von Hunkjar Iskelessi; Höhepunkt des russischen Einflusses in Konstantinopel; wachsender russisch-englischer Gegensatz im Nahen und Mittleren Osten

1834 Universität Kiew gegründet; Expansion im nördlichen Kaukasus; lang andauernder Kleinkrieg; der Freiheitskampf *Schamils* im Kaukasus (bis 1859); *Belinskij:* »Literarische Träumereien«

1836 Erstaufführung von *Gogols* »Revisor«; *Tschaadajews* erster »Philosophischer Brief« veröffentlicht

1837 *Puschkin* stirbt

1838 Erste Eisenbahn (St. Petersburg – Tsarskoje Selo)

1839 *Speranskij* stirbt

1841 Meerengen-Konvention; nach erneuter Nahost-Krise werden die Meerengen für Kriegsschiffe geschlossen

1842 *Gogol:* »Die toten Seelen« (Erster Teil)

1845 *Chomjakow:* »Die Meinung der Ausländer über Rußland«; in den vierziger Jahren Polemiken zwischen Slawophilen und Westlern

1847 *Alexander Herzen* emigriert nach Westeuropa

1848 *Belinskij* stirbt; *Bakunin* am Slawenkongreß in Prag; Leibeigenen wird gestattet, mit Bewilligung des Herrn Grundstücke zu erwerben

1849 Prozeß gegen den Kreis *Petraschewskijs* (*Dostojewskij* verurteilt); *Bakunin* in Dresden gefangen, an Österreich und dann an Rußland ausgeliefert; Russischer Feldzug in Ungarn

1851 Eisenbahn St. Petersburg – Moskau eröffnet

1852 *Gogol* stirbt; *Turgenew:* »Aufzeichnungen eines Jägers«; Streit zwischen Rußland und Frankreich über die Heiligen Stätten in Palästina

1853 Krimkrieg (bis 1856); *Herzens* »Glocke« beginnt in London zu erscheinen

1855 Sewastopol fällt; Regierung *Alexanders II.* (bis 1881); *Turgenew:* »Rudin«

1856 Friede von Paris: scharfe Zurückdrängung des russischen Einflusses im Nahen Osten, Verlust der Donaumündungen und Bessarabiens, das Schwarze Meer neutralisiert; Rede *Alexanders II.* über die Notwendigkeit, die Leibeigenschaft aufzuheben; Beginn der Ära der liberalen Reformen; die Militärkolonien werden aufgehoben

1857 Geheimes Komitee für die Frage der Bauernbefreiung; *Plechanow* geboren; Eisenbahnbau in großem Stil projektiert

1858 Das Amurgebiet wird annektiert

1859 *Gontscharow:* »Oblomow«; das östliche Kaukasusgebiet wird unterworfen

1860 Russische Staatsbank gegründet; Gebietserweiterungen am Pazifischen Ozean; Wladiwostok gegründet; *Bakunin* flieht aus Sibirien; erste Vorlesung über *Marx* an der Universität Moskau

1861 Manifest über die Aufhebung der Leibeigenschaft

1862 *Reutern* Finanzminister; langsame Ausdehnung des Eisenbahnnetzes; *Turgenew:* »Väter und Söhne«

1863 Neues Statut für die Hochschulen; Gesetz über Abschaffung der körperlichen Strafen; Aufstand in Polen

1864 *Tschernyschewskij* zu Pranger, Zwangsarbeit und Deportation verurteilt; Reform des Gerichtswesens; die Semstwos werden gegründet; erste Privatbank gegründet; beginnende Entwicklung des Kapitalismus in Rußland

1865 Liberales Gesetz über die Presse; Taschkent erobert

1866 Attentat auf *Alexander II.; Dostojewskij:* »Schuld und Sühne«

1867 Alaska an die USA verkauft; *Turgenew:* »Rauch«

1868 Samarkand erobert; Buchara erobert; Ausdehnung des russischen Einflusses in Zentralasien

1869 Universität Warschau als russische Hochschule wiedereröffnet; *Leo Tolstoj:* »Krieg und Frieden«; *Danilewskij:* »Rußland und Europa«

1870 Neues Statut für die Städte; *Lawrow* flieht nach Paris; *Lenin (Uljanow)* geboren; Rußland hebt die Neutralisierung des Schwarzen Meeres auf

1871 Neues Statut für die Gymnasien; *Danilewskij:* »Rußland und Europa«; *Dostojewskij:* »Die Dämonen«

1872 Neues Statut für die Realschulen; erste russische Ausgabe des »Kapitals« von *Marx*

1873 Chiwa erobert; Dreikaiserbund, deutsch-österreichisch-russisches Zusammenhalten auf monarchischer Basis (bis 1876); *Tkatschow* flieht nach Genf

1874 Heeresreform. Allgemeine Wehrpflicht; erster »Zug ins Volk« (Narodniki)

1875 Rußland erhält von Japan Sachalin gegen Abtretung der Kurilischen Inseln

1876 Grausamkeiten der Türken in Bulgarien; wachsender österreichisch-russischer Gegensatz auf dem Balkan; *Bakunin* in Bern gestorben; erste politische Demonstration mit roter Fahne in St. Petersburg *(Plechanow); Tolstoj:* »Anna Karenina«

1877 Russisch-türkischer Krieg (bis 1878); Prozeß gegen die Gründer des Südrussischen Arbeiterbundes; Organisation »Semlja i Wolja« gegründet

1878 Nordrussischer Arbeiterverein gegründet; Vertrag von San Stefano; Berliner Kongreß; Rußlands Plan für ein befreundetes Großbulgarien auf englischen Druck aufgegeben

1879 Attentat auf *Alexander II.; Jossif Dschugaschwili (Stalin)* geboren; Gründung der Narodnaja Wolja

1880 *Plechanow* emigriert nach Westeuropa

1881 *Dostojewskij* gestorben; *Alexander II.* ermordet; Regierung *Alexanders III.* (bis 1894); *Pobedonostsews* Einfluß; erneute Russifizierungsversuche unter den Minderheiten, auch religiöse Verfolgung unter den Andersgläubigen; Judenpogrome (bis 1882)

1882 Reaktionäres Presserecht; Bauern-Agrarbank gegründet; erstes Fabrikgesetz

1883 *Turgenew* stirbt

1884 *Plechanow:* »Unsere Meinungsverschiedenheiten«; Marxistische Polemik gegen die Narodniki

1885 Anglo-russische Krise über Afghanistan; Gründung der Adels-Agrarbank

1886 Bulgarische Krise; transkaspische Eisenbahn eröffnet; großes Arbeiterschutzgesetz

1887 Russisch-britisches Abkommen über Afghanistan; *Bismarcks* Rückversicherungsvertrag; *Alexander Uljanow* hingerichtet

1888 Universität Tomsk eröffnet

1890 Reaktionäres Semstwogesetz; deutsch-russischer Rückversicherungsvertrag von 1887 abgelaufen

1891 Protektionistische Zollpolitik. Zollkrieg mit Deutschland (bis 1894); Bau der Transsibirischen Eisenbahn geplant; forcierter Getreideexport. Hungersnot (bis 1892)

1892 Finanzminister *Witte* (bis 1903)

1893 Ratifizierung der geheimen russisch-französischen Allianz; Bau der sibirischen Eisenbahn begonnen

1894 Deutsch-russischer Handelsvertrag; Regierung *Nikolaus' II.* (bis 1917)

1895 Wirtschaftliche Erschließung von Sibirien begonnen mit Ausdehnung nach der Manchurei und China; staatliches Wodka-Monopol

1896 Katastrophe bei den Krönungsfeierlichkeiten *Nikolaus' II.;* russisch-japanischer Vertrag über Korea; russisch-chinesischer Vertrag und Konzession für die ostchinesische Eisenbahn

1897 Erstes Gesetz über Arbeitsdauer in den Fabriken (maximal elfeinhalb Stunden täglich); Rußland pachtet Port Arthur und Talienwan; Goldwährung eingeführt; *Lenin* nach Ostsibirien verbannt

1898 Erster Kongreß der Russischen Sozialdemokratischen Partei (in Minsk); Rußland regt eine internationale Abrüstungskonferenz an; Höhepunkt der Wirtschaftskonjunktur unter dem »Witte-System«; *Leo Tolstoj:* »Auferstehung«

1899 *Lenin:* »Die Entwicklung des Kapitalismus in Rußland«; Abrüstungskonferenz im Haag; Wirtschaftskrise (bis 1903); *Wittes* Memorial: »Selbstherrschaft und Semstwo«

1900 *Lenins* erste Emigration nach Westeuropa (bis 1905); Gründung der »Iskra«; Tibet unter russischem Protektorat; Boxeraufstand in China

1902 *Lenins* Schrift: »Was tun?«; Bauernunruhen; Gründung der Partei der Sozialrevolutionäre; Komitees »zur Klarstellung der Nöte der Landwirtschaft«; *Maxim Gorki:* »Nachtasyl«

1903 Gründung des liberalen »Befreiungsbundes«; zweiter Parteitag der russischen Sozialdemokraten in Brüssel und London; »Bolschewiki« und »Menschewiki«; Streiks in der Ukraine; erstes Erscheinen von Rasputin am Zarenhof

russischen Zustände. So ist es seinem persönlichen Eingreifen zu verdanken, daß die Zensur die Aufführung der Komödie »Der Revisor« von Gogol zuließ, in der die Angst der Provinzbeamten vor den Inspektoren und ihr Versuch, sich durch Bestechung, Täuschung und hündische Unterwerfung zu sichern, lächerlich gemacht wird.

Zum erstenmal seit zwei Jahrhunderten wurden die russischen Gesetze kodifiziert; ohne eine einheitliche Rechtsprechung konnte es keinen Monolithen geben. Diese Aufgabe wurde in der Hauptsache von Speranskij, der aus der Verbannung zurückgerufen worden war, 1833 bewältigt; spezielle Gesetzsammlungen folgten in späteren Jahren. Auch die Angelegenheiten der Bauern hatte Nikolaus, der wie sein Bruder die Leibeigenschaft als »ein brennendes Übel« betrachtete, im Auge.

Während seiner Regierungszeit verschlechterte sich die Lage der Bauern, weniger der Staatsbauern und Kosaken als der in privatem Besitz befindlichen Leibeigenen, deren Zahl bis zum Jahre 1835 zugenommen hatte. Da das ihnen zugeteilte Land sie oft nicht erhalten konnte, nahmen die Gutsherren mehr Leibeigene in ihren Haushalt auf, wo sie undiszipliniert und häufig brutalisiert herumlungerten. Nur gelegentlich ließ ein reicher Herr sie besonders ausbilden, manchmal sogar im Ausland. Die Leibeigenen, besonders die im Haushalt beschäftigten, waren ihren Herren rechtlich und menschlich hilflos ausgeliefert. Von Staat und Kirche empfohlene gegenseitige Verpflichtung und Achtung konnten sich bei solcher Ungleichheit niemals entwickeln. Bei den Behörden wegen unmenschlicher Behandlung zu klagen, war den Bauern bei Prügelstrafe verwehrt (was aber solche Klagen nicht verhinderte). Nur in ganz wenigen Fällen wurde grausamen Gutsherren das Verfügungsrecht über ihren Besitz entzogen. Die Gemeindeorganisation gewährte den Bauern keinen Schutz, sondern war eher ein Organ der Gutsherren und des Staates. Erbitterte Feindschaft herrschte zwischen Dorf und Gutshof. Die Machtmittel des Gutsherrn, Verbannung nach Sibirien, Einziehung in die Armee oder körperliche Mißhandlung bis zum Tod, wurden von den Bauern durch Verstellung, Betrug, schlechte Arbeit, Starrköpfigkeit, roten Hahn und Mord beantwortet. Zur Zeit des Kaisers Nikolaus sind über fünfhundert Aufstände verzeichnet worden, viele von beträchtlichem Umfang. Die Regierung stand natürlich auf seiten der Gutsherren und setzte bereitwillig Strafexpeditionen in Marsch.

Allerdings darf man nicht übersehen, daß die Zahl der leibeigenen Bauern nicht gleichmäßig über ganz Rußland verteilt war. Die größte Dichte fand sich in einem Gürtel von Provinzen südlich von Moskau, von Tula zur oberen Wolga, und im westlichen Rußland von Witebsk zum Westufer des Dnjepr. In den anderen Gebieten waren Staatsbauern, Kosaken und gelegentlich auch freie Bauern in der Mehrheit. In den Steppengebieten im Süden und Südosten gab es am wenigsten Leibeigene. Insgesamt betrug die Zahl der Leibeigenen in den vierzig europäischen Provinzen achtunddreißig Prozent der Bevölkerung, die 1853 die Siebzig-Millionen-Grenze überschritt. Und nach 1835 nahm die Zahl der Leibeigenen langsam ab.

Auch die Gutsbesitzer wurden ihrer Lage nicht froh. Ein paar Großgrundbesitzer im Süden erzielten beträchtliche landwirtschaftliche Erfolge auf kapitalistischer Grundlage, doch hatte im allgemeinen die Nachahmung des englischen Vorbildes wenig Erfolg. Die Mehrheit des gutsbesitzenden Adels – in dem Roman »Die toten Seelen« von Gogol herrlich porträtiert – stagnierte auf ihren Gütern in wachsender Verschuldung und sträubte sich mehr denn je, auf ihre einzige Einnahmequelle, die Arbeit ihrer Leibeigenen, zu verzichten. Im Gegenteil, sie versuchte oft, diese Einnahmequellen zu steigern, um ihre wachsenden Lebensansprüche – eine Folge des europäischen Einflusses – zu befriedigen. In den fruchtbaren Schwarzerdegebieten erpreßte der Adel manchmal mehr als die dreitägige Fronarbeit in der Woche, in den ärmeren nördlicheren Provinzen höhere Geldabgaben, oder er forderte beides. Gewisse Grenzen für diese Art der Ausbeutung gab es. Der Ertrag der Landwirtschaft, des Handwerks oder auch der Industrie konnte sich nicht heben, solange nicht der privaten Initiative aller Bürger freier Lauf gelassen wurde. Viele Grundbesitzer schickten ihre Bauern in die Fabriken und kassierten ihre Löhne als Abgaben ein. Auf diese Weise entwickelte sich in der Gegend von Moskau und an der oberen Wolga eine immer regere Textilindustrie.

Auf dem Lande jedenfalls fanden sich die Kräfte zu einer grundlegenden Umgestaltung der Leibeigenschaft nicht. Im Gegenteil, als der Adel sich widersetzte, mußte Nikolaus einsehen, daß der Autokrat an den Eigentumsrechten des Adels nicht rütteln dürfe. Nach langer und geheimer Vorbereitung – geheim, da sonst die Bauern in Erregung geraten wären – setzte der Kaiser zwar durch, daß in einigen westlichen Provinzen, wo die Gutsherren nichtrussischer Nationalität waren, die Leistungen der Bauern festgelegt wurden. In Rußland selbst blieb der Kern des Problems unangetastet. Wie hätte auch Nikolaus eine revolutionäre Änderung durchführen sollen, da seine ganze Politik auf Vermeidung und Unterdrückung von Revolution, in Europa und zu Hause, ausgerichtet war?

Dem Kaiser war es immer klar gewesen, daß die westlichen Ideen von Verfassung, Bürgerrecht und von sozialer Gleichheit eine große Gefahr für den Bestand seines Reiches bildeten. Das Volk gegen eine Unterminierung von außen immun zu machen, war deshalb die feste Absicht seiner Regierung. Und so beschäftigte sich der Kaiser eingehend mit der Frage der öffentlichen Meinung. Wie es einer seiner Mitarbeiter ausdrückte, war die öffentliche Meinung für die Regierung gleichsam eine topographische Karte; man mußte sich nach ihr orientieren und die Marschroute festlegen. Wie dieser Beamte zugab, war das Gelände durchaus schwierig. Die Ansichten einer aus dem Mittelstand, den in den Städten residierenden Adligen, Beamten, Schriftstellern und Leuten mit höherer Bildung zusammengewürfelten Gruppe, welche »die Seele« des Reiches darstellte, seien keinesfalls zuverlässig. Und die Jugend sei geradezu eine Eiterbeule. Unter diesen Umständen war dem Kaiser keine Wahl gelassen, er mußte die öffentliche Meinung selber zu beeinflussen suchen und seine Untertanen von der Überlegenheit der bestehenden russischen Einrichtungen überzeugen. So schuf er mit Hilfe seines Kultusministers Graf Uwarow und einiger Publizisten einen bewußten Staatsnationalismus, eine offizielle Ideologie, die in dem dreifaltigen Schlagwort: orthodoxe Kirche, Autokratie und Russentum zusammengefaßt wurde. Es sollte bewiesen werden, daß Rußland Europa überlegen sei. Der Kaiser wollte das Volk stolz auf seine Heimat machen. Was in Westeuropa im Laufe von Jahrhunderten gewachsen war und täglich durch faktische Überlegenheit bewiesen wurde, mußte in Rußland durch einen Akt des politischen Willens künstlich geschaffen werden, wenn nötig mit Hilfe der Polizei. Die Dritte Abteilung ging an die Arbeit, die russische Publizistik auszurichten, die loyalen Federn zu ermutigen und die kritischen zum Schweigen zu bringen. Leider arteten diese Versuche, »geistige Deiche« gegen westliche Ideen zu errichten, zunehmend in Repressalien aus; der Unterricht auf Schulen und Universitäten wurde beschränkt, das geistige Leben nahezu erstickt. Nach Ausbruch der Revolution von 1848 wurde selbst Uwarow als zu liberal entlassen. Sein Nachfolger erklärte einmal, daß der Nutzen der Philosophie nicht bewiesen, ihre Schädlichkeit aber wahrscheinlich sei. Deshalb überantwortete er auch den Unterricht in der Logik und Psychologie den Professoren der Theologie. Als im Jahre 1849 die Polizei eine Verschwörung aufdeckte, von der die eifersüchtig mit ihr konkurrierende Gendarmerie der Dritten Abteilung nichts gewußt hatte, verhängte der Kaiser die seit langem nicht angewandte Todesstrafe. (Er begnadigte allerdings im allerletzten Moment die Verurteilten, unter denen sich auch Dostojewskij befand.)

Auch die Überlegenheit der rechtgläubigen Staatskirche wurde mit Intoleranz und Unterdrückung der Andersgläubigen durchgesetzt. Die verschiedenen Sekten wurden säuberlich in Kategorien der Schädlichkeit geteilt, wobei die pazifistischen Duchobory zu den schädlichsten gerechnet und mit anderen zur Ausrottung bestimmt wurden. Daß der Kaiser so keine Sympathien für die Autokratie gewinnen konnte und die störrische Öffentlichkeit über die Vorteile der russischen Zustände hinweg auf deren Unvollkommenheiten sah, ist verständlich. Die ausführenden Organe waren korrupt und unfähig, sie machten sich in ihrem blinden Eifer lächerlich. Welcher andere zivilisierte Staat mußte solch drastische Maßnahmen ergreifen, um seine Größe zu beweisen? So waren alle mühevollen und originellen Anstrengungen des Kaisers, ein monolithisches Staatswesen zu schaffen, vergebens.

Hier lag der wunde Punkt des Nikolaischen Systems. Eine ständig wachsende Gruppe von Untertanen aus den verschiedensten sozialen Schichten, die »Intelligenz«, ein Produkt des Gegensatzes zwischen Rußland und Europa, bestand darauf, westeuropäische Maßstäbe anzulegen. Sie beschäftigte sich geistig mit den Ereignissen, mit den literarischen und philosophischen Strömungen im Westen. Sie waren sozusagen halbanwesende, halbabwesende Untertanen, die sich vielfach bitter beklagten, daß sie dazu verurteilt seien, ihr Leben in der »widerlichen russischen Umwelt« zubringen zu müssen. Einer von ihnen drückte es noch krasser aus: Je besser seine Erziehung, desto weniger russisch sei er auch. Oder umgekehrt: Wenn sie zur russischen Umwelt wieder zurückfinden wollten, fiel es ihnen ungeheuer schwer, sich im Licht der westlichen Einflüsse mit ihr auszusöhnen. In beiden Fällen stand das westeuropäische Erlebnis am Ausgangspunkt ihrer geistigen Arbeit.

In dieser Hinsicht hatten sie manches Gemeinsame mit dem Kaiser. Wie Nikolaus waren sie von dem Gegensatz zwischen Rußland und Europa angespornt. Ihre Meinung über die russischen Zustände unterschied sich gar nicht so wesentlich von der des Kaisers. Nur, sie trugen nicht die tägliche Verantwortung für die Verwaltung oder Weltstellung Rußlands. Sie konnten es sich leisten, frei zu kritisieren und mit Theorien zu experimentieren. Dabei waren sie wie der Kaiser bemüht, die großen Gegensätze zu überbrücken; wie seine mußten auch ihre Versuche scheitern.

Die russische Intelligenz war weder in Europa noch in Rußland heimisch. Sie war nicht nur den üblichen geistigen Spannungen ausgesetzt, sondern auch der Verfolgung durch den

Staat. Die größte Last war die Unlösbarkeit des Problems, das ihnen gestellt war: Wie ließ sich der Gegensatz zwischen Vergangenheit und Zukunft, zwischen den russischen Tatsachen und dem Westeuropa entlehnten Ideal versöhnen? Es ist kein Wunder, daß die russische Literatur im 19. Jahrhundert gequält und zerwühlt wirkt.

Aber gerade weil die Begegnung zwischen Europa und Rußland so herausfordernd und aufreibend war, ergaben sich an Tiefe und Einsicht einzigartige Schöpfungen. Unter Nikolaus begann die große Epoche der russischen Literatur. Puschkin, vielleicht der größte aller russischen Dichter, war am wenigsten von dem Unvereinbaren überschattet. Ihm gelang es noch, die westeuropäischen Anregungen harmonisch mit den Schätzen der russischen Volkskunst zu vereinen. Die späteren Schriftsteller, Lermontow, Gogol, Turgenew, Tolstoj, Dostojewskij, gerieten immer tiefer in geistige Wirrsal. Ihre Werke spiegeln die Zwitterstellung der russischen Intelligenz wider. Wo ist innere Ruhe zu gewinnen, in Europa, in der Heimat, in Taten oder Kontemplation? Wo überhaupt soll man anfangen, was tun? Gibt es dauernde Werte, die über den Gegensätzen stehen? Russische Wesensart prallte hier auf den abendländischen Rationalismus und erzeugte eine Literatur, in der die Grundfragen der christlich-europäischen Literatur wie nie zuvor gestellt und durchleuchtet wurden.

Die Publizisten, eine zweite, ebenfalls einflußreiche Gruppe der russischen Intelligenz, beschäftigten sich noch direkter mit den Problemen des großen Gegensatzes. Ihre Meinung war nicht einheitlich, sondern schwankte zwischen einer völligen Identifizierung mit dem Westen bis zur völligen Verwerfung des Westens (natürlich auf Grund der vom Westen übernommenen Ideen). Die »Westler« sammelten sich überwiegend in der Hauptstadt St. Petersburg, die »Slawophilen« in Moskau.

Den Auftakt zu dieser eigentlich das ganze Jahrhundert dauernden Kontroverse gab der berühmte Brief Tschaadajews, eines ehemaligen Gardeoffiziers und philosophierenden Weltmannes. In diesem Brief, datiert in »Nekropolis«, behauptete er, daß Rußland nie einen schöpferischen Beitrag zur Weltgeschichte geleistet habe und daß es in seinem gegenwärtigen Zustand auch niemals einen leisten könne. Die einzige Hoffnung liege in einem völligen Aufgehen Rußlands im Katholizismus, als der Essenz des Westens. Für diese kühne Beleidigung des patriotischen Stolzes wurde er alsbald vom Staate als verrückt erklärt und an weiterer publizistischer Tätigkeit gehindert. Eine gemäßigtere Richtung wurde etwas später von Belinskij vertreten, einem armen und kränklichen Manne, der sich in seiner kurzen Laufbahn zum einflußreichsten Kritiker in der russischen Literaturgeschichte erhoben hatte. Auch er nahm die Überlegenheit Europas als Tatsache hin und vermittelte die neuesten philosophischen Richtungen, vom deutschen Idealismus der dreißiger Jahre bis zum französischen Sozialismus des folgenden Jahrzehnts. In ihm brannte aber auch eine patriotische Begeisterung für ein europäisiertes Rußland, das Europa noch einmal überholen würde. Gegen Ende seines Lebens schenkte er der russischen Literatur ein neues Motiv, das Mitleid mit den Armen und Leidenden. Rußland selbst war ja seiner Stellung in Europa nach verachtet und verworfen.

Alexander Herzen, einer der berühmtesten Vertreter der aufgeklärten Intelligenz Rußlands in der Jahrhundertmitte, gehörte ebenfalls in das Lager der Westler. Wegen seiner gefährlichen Ansichten wurde er in die Provinz verbannt, floh nach Europa und ging zunächst nach Paris. Seiner russischen Natur widerstrebte das enge und verkrustete europäische Leben (so erschien es ihm wenigstens), und er zweifelte an der Zukunft Europas, nachdem die Revolution von 1848, bei der er mitgekämpft hatte, gescheitert war. Er fand schließlich Asyl in London und gründete die Zeitschrift »Kolokol«, die das Heil Rußlands und der Welt in der russischen Bauerngemeinde zu finden glaubte. Seine »Glocke« war für lange Zeit, regelmäßig nach Rußland geschmuggelt, das einflußreichste Blatt der russischen Intelligenz. Es kritisierte die Autokratie mit großer Schärfe, aber nicht gänzlich negativ.

Während Herzen eine gewisse Mittelstellung einnahm, vertraten die Slawophilen, Chomjakow, Samarin, die Brüder Kirejewskij und Aksakow – um nur die wichtigsten zu nennen –, das andere Extrem. Auch sie importierten Gedankengut, und zwar die in Deutschland gegen französischen Einfluß erprobten Ideen. Die halfen freilich, wirksamere Deiche zu errichten als die des Unterrichtsministers Uwarow; zudem konnten die Slawophilen radikaler sein und selbst Peter den Großen als Verfälscher der russischen Geschichte brandmarken. Sie vertraten nicht das offizielle Rußland, sondern das Volk. Im Volke fanden sie die dem Westen überlegenen Qualitäten Rußlands. Bei Angriffen auf den Westen schonte man gelegentlich England, das man wegen seiner ungestörten inneren Entwicklung bewunderte. So hätte es Rußland auch machen sollen! Aber man wetterte schonungslos gegen den Rationalismus, Individualismus, Materialismus, gegen Großstädte und Fabriken, Verfassungen und rechtliche Sophisterei, wobei das Beweismaterial für solche Anklagen bereitwillig aus Europa selbst geliefert wurde. Die Substanz Rußlands, die sich trotz Europäisierung in seinem Volke erhalten hatte, lag, so hieß es, in seiner seelischen Tiefe, der innigen Frömmigkeit, der Demut und der Ungebundenheit des Gebarens. Man betonte besonders das Gemeinschaftsgefühl in Familie und Bauerngemeinde, die Kirchlichkeit und die biedere Treue zum Zaren. Obwohl diese Eigenschaften mit der russischen Wirklichkeit wenig zu tun hatten, wurden sie von allen geschätzt, die dem schnellebigen, städtischen, konkurrenzwütigen Westen ausgesetzt waren. Sie blieben Wunschideale eines dem Volke entfremdeten und geistig isolierten Kreises, der sich allzugern am warmen Herd einer Volksgemeinschaft gewärmt hätte. Es tat gut, zu glauben, daß Europa im Absterben und Rußland, dank seiner geistigen Vorzüge, im Aufstieg begriffen war.

Daß einige Publizisten ihre Aufmerksamkeit auch auf die anderen slawischen Stämme ausdehnten und sich für die Einheit aller so bevorzugten Slawen interessierten, war selbstverständlich. Danilewskij, einer der bekanntesten »Panslawisten«, ging so weit, ein zukünftiges slawisches Weltzeitalter »wissenschaftlich« vorauszusagen. Dabei blieb die Einheit aller Slawen aber immer nebelhaft. Die Polen waren solchen Anregungen wenig geneigt, und unter den West- und Südslawen fand sich Sympathie für Rußland meist nur bei reichlicher geographischer Entfernung. Wichtig bei diesem übersteigerten Panslawismus (wie auch beim Slawophilismus im allgemeinen) war aber wiederum nicht die harte Wirklichkeit, sondern die Intensität des Glaubens. Der Erfolg Europas in der Welt war überwältigend. Sollte Rußland deshalb keine eigene Sendung haben? Der überlegene Anspruch Europas steigerte den Glauben an die eigene Weltmission. In seiner aus Leiden gewonnenen Weisheit würde Rußland und nicht Europa Erlösung für die ganze Menschheit bringen.

»Selbst auf einem sehr geräumigen Bett kann man sich unbehaglich fühlen«
Karikatur auf Nikolaus I. von Honoré Daumier, 1854
Lithographie

Alexander II. von Rußland

Es war das Verdienst der Intelligenz zur Zeit des Kaisers Nikolaus, Rußlands Situation gründlich durchdacht und durchgrübelt zu haben. Weder die Regierung noch die Revolutionäre konnten die dabei gewonnenen Perspektiven übersehen. Es zeigte sich bald, daß die Haltung der Westler die größere Folgerichtigkeit hatte. Daß Rußland irgendwie die Errungenschaften Europas übernahm, war unvermeidlich. Dagegen mußten die Slawophilen und ihre geistigen Nachfolger eine Position nach der anderen aufgeben. Ihr Wunsch, dem Vaterland Unruhe und Unterminierung des Hergebrachten durch das westliche Beispiel zu ersparen, wurde nicht erfüllt.

Beide Lager bekämpften die an den Zuständen mitschuldige Autokratie und versuchten, die Öffentlichkeit gegen sie zu mobilisieren. Obgleich sie sich bemühten, ihre Gedanken in unschuldige literarische Kritik oder Anspielungen einzukleiden, wurden sie von der Polizei verfolgt. Während der Kaiser mit immer größerer Verbissenheit die ihm vorschwebende monolithische Einheit zu schaffen versuchte, radikalisierte sich langsam die Intelligenz.

Wenn man von den Spätjahren des Kaisers Nikolaus auf seine Regierung zurückschaut, könnte man sagen, daß ihm bis kurz vor dem Ende ein gewisser Erfolg nicht versagt geblieben sei. Er hatte die Polen zum Gehorsam gezwungen, die unbeugsamen Völkerschaften des nördlichen Kaukasus fast gänzlich unterworfen, die Deiche gegen Subversion erhöht und die Macht des Staates im Inneren und Äußeren gefestigt. Im Jahre 1849 spielte er noch die Rolle des »Gendarmen von Europa«, als er seine Truppen zur Unterwerfung der ungarischen Rebellen aufbot und die Autorität der österreichischen Monarchie wiederherzustellen half. Und doch erwartete ihn nach diesen Erfolgen ein vollständiger Bankrott.

Es war ihm nicht gelungen, die Intelligenz, die »Seele Rußlands«, für seinen Staat zu interessieren (was sich allerdings erst unter seinen Nachfolgern auswirkte). Außerdem hatte sich die Kluft zwischen Europa und Rußland weiter vertieft. Während sich in West- und Mitteleuropa gewisse Prinzipien des Liberalismus eingebürgert hatten, war Rußland auf der Stufe des Absolutismus stehengeblieben. Und selbst der unbegrenzte Absolutismus hatte es nicht vermocht, die Abschaffung der Leibeigenschaft, deren Reste durch die Revolution von 1848 im übrigen Europa gänzlich beseitigt worden waren, durchzusetzen. Auch war Rußland wirtschaftlich zurückgeblieben. Nikolaus hatte zwar selbst gegen den Rat seiner Minister auf den Bau einer Eisenbahn von St. Petersburg nach Moskau bestanden – mit einem Lineal hatte er die Streckenführung bestimmt –, doch blieb sie die einzige. Die Eisenproduktion, ein getreuer Index der industriellen Entwicklung, hatte sich in Rußland zwischen 1800 und 1860 kaum verdoppelt, in England war sie um das Vierundzwanzigfache gestiegen. Rußland mußte unvermeidlich im Hintertreffen bleiben, solange die rechtlichen und sozialen Voraussetzungen für eine moderne Wirtschaft fehlten. Europa stand am Vorabend eines ungeheuren Aufschwungs, vorwärtsgetragen durch den freien Wettbewerb seiner Bürger. Konnte Rußland folgen?

Das Nikolaische System hatte die Autorität des Staates und die Ergebenheit seiner Bürger stärken wollen, doch dabei – paradox und tragisch zugleich – den Staat wieder geschwächt. Es hatte die russischen Einrichtungen zu einer Zeit verhärtet, in der sie sich, gemäß der allgemeinen europäischen Entwicklung, hätten weiterbilden müssen. Und so endete Nikolaus' Regierung mit einer schweren Niederlage. Im Krimkrieg (1853–1856), in dem

Rußland sich auf eigenem Boden mit England und Frankreich über die Frage der Vorherrschaft im Nahen Osten maß, unterzog sich das Nikolaische System der Machtprobe, die über den Erfolg von Regierungssystemen entscheidet – und versagte. Die Moral der Niederlage (unter deren Eindruck der Kaiser starb) war allen Zeitgenossen klar. »Man kann nicht in Europa leben, ohne den physikalischen, chemischen, mechanischen, finanziellen, administrativen und gesellschaftlichen Neuerungen und Entdeckungen zu folgen«, schrieb selbst ein Publizist, der an der Ideologie des Nikolaischen Systems mitgearbeitet hatte. Abschließung von Europa hatte Rußlands Stellung in der Welt gefährdet. Folglich mußten die Deiche wieder abgebaut werden. Es begann das Reformzeitalter des Kaisers Alexander II.

Autokratie und Freiheit

Die Regierung Alexanders II. 1855–1881 und Alexanders III. 1881–1894

Der neue Herrscher war nicht uneingeweiht in die Geschäfte, besaß aber keine tiefere politische Einsicht. In den Spätjahren seines Vaters hatte man in ihm einen Reaktionär gesehen, doch war er nicht verhärtet, vielmehr lavierte er zaudernd, niemals Herr der Lage, zwischen liberalen und reaktionären Ratgebern.

Die Konsequenzen aus der Niederlage seines Vaters zu ziehen, war eine schwierige Aufgabe. Die Tore für Ideen und Waren aus dem Westen wurden geöffnet, die Zensur gemildert, die Zölle erniedrigt, die Finanzverwaltung modernisiert, und zum erstenmal wurde ein einheitlicher Staatshaushalt geschaffen. Man zog westeuropäisches Kapital für den Bau eines großen Eisenbahnnetzes und für die allgemeine industrielle Entwicklung ins Land. Man entsandte Fachleute zum Studium ins Ausland. Und man ging schließlich daran, das größte einer inneren Erneuerung entgegenstehende Hindernis, die Leibeigenschaft, zu beseitigen.

Abschaffung der Leibeigenschaft bedeutete eine Machtprobe zwischen Adel und Autokratie. Obwohl der Eindruck der Niederlage selbst in den Augen vieler Adliger das alte System erschüttert hatte und obwohl die Regierung nicht zögerte, mit der Bauernrevolution zu drohen, ging der Kaiser mit größter Vorsicht zu Werke. Er erreichte es, daß die Initiative zu den Vorarbeiten vom Adel ausging. Nachdem er einmal das grundlegende Prinzip der Befreiung mit Landzuteilung durchgesetzt hatte, machte er dem Adel Zugeständnisse. Vorsicht war auch den Bauern gegenüber geboten, damit sie sich nicht übertriebenen Hoffnungen hingaben. Die Befreiung wurde 1861 proklamiert; zu großen Aufständen ist es bei ihrer Durchführung nicht gekommen.

Angesichts der Unterschiedlichkeit und Kompliziertheit der örtlichen Umstände war die den vorbereitenden Kommissionen gestellte Aufgabe ungeheuer schwer und ihre Durchführung gewiß kein Meisterstück gesetzgeberischer Kunst, selbst nicht in wichtigen Einzelheiten. Doch waren die Hauptzüge klar. Was am wichtigsten war: die Bauern wurden endlich von ihrer rechtlichen und persönlichen Abhängigkeit von den Gutsherren befreit.

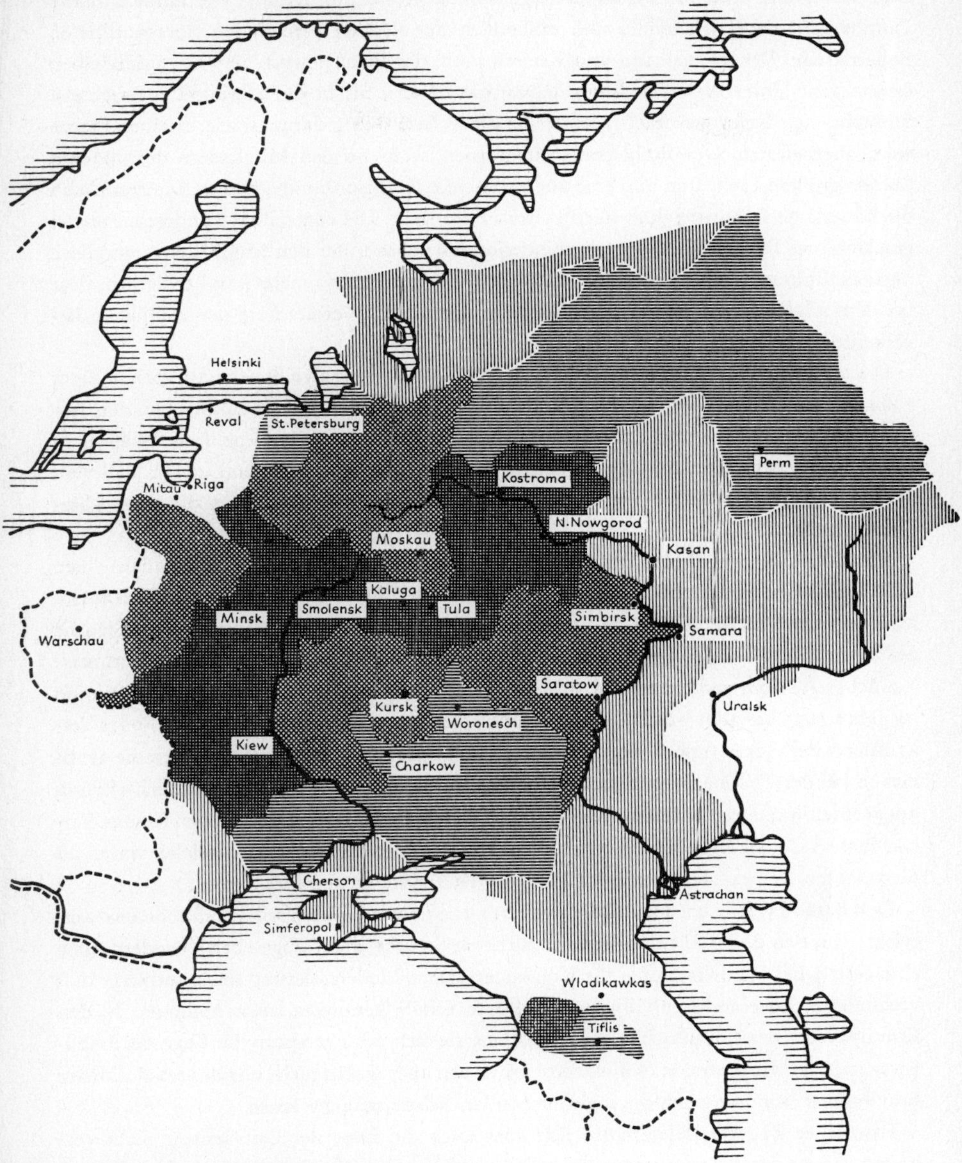

Prozentzahl der Leibeigenen in Russland 1858

über 55 | 36-55 | 16-35 | bis 15 | keine Angaben

Sie blieben aber nach wie vor an ihre eigenen kollektiven Einrichtungen gebunden, an die Familie, die Bauerngemeinde und schließlich an die den Gemeinden übergeordneten Bauernkreise. Den Gemeinden und Kreisen hatte der Staat gewisse Verwaltungsaufgaben übertragen. Unter dieser Ordnung lebten die Bauern bis in die Sowjetzeit – auch die Stolypinschen Reformen nach 1907 änderten *de facto* wenig daran – wie in einer Eigenwelt, überliefertem Gewohnheitsrecht überlassen, während den Mitgliedern der anderen Stände größere Freiheiten und eine angemessenere Rechtsordnung gewährt wurden. Auch die bäuerliche Landwirtschaft blieb kollektiv geordnet. Die zugeteilten Ländereien waren gemeinsames Eigentum der Flurgemeinden und wurden unter den Mitgliedern periodisch nach egalitärem Prinzip verteilt: je größer die Familie, um so mehr Land erhielt sie (was bei dem allgemeinen Landhunger übrigens zur schnellen Vermehrung der ländlichen Bevölkerung beitrug).

Die Slawophilen hatten seit langem die Kollektivordnung der Bauern als Vorbild einer wahren menschlichen Gemeinschaft idealisiert. Seit Herzen sah man in ihr auch den Ansatz zu einer höheren sozialistischen Wirtschaftsordnung. Aber die Gegenfrage blieb nicht aus: Konnten sich die russische Gesellschaft und Wirtschaft so genügend schnell und vielseitig entwickeln? Wurde diese Ordnung der modernen wirtschaftlichen Situation überhaupt gerecht?

Kaum weniger wichtig bei der Bauernbefreiung war der Umstand, daß die Bauern einen Teil des adligen Landbesitzes zugeteilt erhielten, jedoch so, daß sie weniger Land bekamen, als sie vorher für ihren eigenen Unterhalt zur Verfügung gehabt hatten. Auch mußten sie auf lange Jahre Abzahlungen leisten, was in vielen Fällen bis 1932 und in manchen noch beträchtlich länger gedauert hätte, wären diese Verpflichtungen nicht durch die Revolution im Jahre 1905 beseitigt worden. Die Abzahlungen überstiegen häufig den Pacht- oder Verkaufswert der Äcker (und dieser bald den Wert der Ernte). Gewöhnlich wurden die Gutsherren bei der Teilung bevorzugt, besonders im Süden, wo der landwirtschaftliche Ertrag am größten war; im Norden wußten sie sich durch die Höhe der Abzahlungen für den Verlust ihrer Arbeitskräfte schadlos zu halten. Nur den Staatsbauern, die zahlreicher waren als die privaten Leibeigenen, wurden günstigere Bedingungen gewährt.

Den Bauern wurde bei der Befreiung nicht nur eine unmögliche wirtschaftliche Last auferlegt (von den dauernd wachsenden indirekten Steuern ganz abgesehen), sondern auch eine gesellschaftliche Ordnung, die eine angemessene Modernisierung der Landwirtschaft verhinderte. Zu einer Kapitalbildung auf dem Lande konnte es kaum kommen. In den Randgebieten des europäischen Rußlands besserte sich zwar langsam die Lage der Landwirtschaft, in den zentralen Schwarzerdeprovinzen aber wuchs nicht nur der revolutionäre Landhunger, sondern auch die schleichende landwirtschaftliche Krise.

Trotz aller Zugeständnisse hatte sich aber auch die Lage der Gutsbesitzer nicht verbessert. Unter den neuen Umständen konnten sie nicht leistungsfähig wirtschaften. Bestenfalls investierten sie die Abfindung, die der Staat ihnen gleich nach der Bauernbefreiung auszahlte, in der Industrie, doch blieben die Beziehungen zwischen Landadel und Kaufmannsstand recht locker. Der Adel verarmte weiter, nicht ohne dauernd den Staat um weitere Unterstützungen anzugehen.

Die Bauernbefreiung führte gleichsam automatisch zu weiteren Maßnahmen. Die Aufgaben der ländlichen Wohlfahrt, die bisher in den Händen der Grundbesitzer gelegen hatten, wurden im Jahre 1864 neugeschaffenen Organen der ländlichen Selbstverwaltung, den Semstwos, übertragen. Sie bestanden aus gewählten Vertretern aller Stände (der Adel war bevorzugt) und wurden in jeder Provinz und jedem Kreis, außer den Grenzgebieten, eingerichtet. Mancher Adlige hoffte, daß mit Hilfe der Semstwos eine zentrale Volksvertretung durchgesetzt werden könnte, doch baute der Staat dieser Gefahr durch starke Einschränkung der Semstwosbefugnisse vor, was zwar die Begeisterung für die neuen Einrichtungen lähmte, aber den liberalen Wunschtraum nicht gänzlich unterdrückte. Die Semstwos entwickelten sich im Laufe der Zeit zu bedeutenden ländlichen Zentren und trugen sowohl zur Hebung des Wohlstandes als auch zur politischen Aktivierung der Bevölkerung bei.

Einige Jahre später (1870) wurde auch den größeren Städten das Recht zugestanden, sich in beschränktem Maß selbst zu verwalten. In ihren Versammlungen (Duma) war die mittlere und ärmere Bevölkerung kaum vertreten, während die Kaufleute der ersten Gilde die führenden Stellen einnahmen. Da wie bei den Semstwos die Bürokratie sorgsam über die Verhandlungen wachte, konnte sich kein kräftiges Verantwortungsgefühl für städtische Wohlfahrt entwickeln.

Um das russische Leben weiter zu modernisieren, reformierte die Regierung im Jahre 1864 endlich auch das Justizwesen. Jetzt erst führte Rußland die Trennung von Verwaltung und Rechtsprechung ein; die Richter wurden – theoretisch jedenfalls – vom Staate unabhängig. Eine Stufenleiter von Gerichten unter dem Senat als der obersten Kammer trat an die Stelle der früheren Verwaltungsbehörden; auch Geschworenengerichte wurden nach westlichem Vorbild eingerichtet. Seit dieser Zeit gab es also eine moderne Rechtsprechung und auch den bisher nicht bestehenden Beruf der Rechtsanwälte. Die hohe Qualität der neuen Gerichte wurde allgemein anerkannt. In politischen Strafsachen allerdings verletzte der Staat bald die Unabhängigkeit der Richter oder setzte schließlich die Verurteilung »auf administrativem Wege« durch.

Das Reformwerk Alexanders II. wurde durch die Übertragung des neuen Geistes auf die russische Armee abgeschlossen. Im Jahre 1874 führte man die allgemeine gleiche Wehrpflicht ein und damit auch eine angemessenere menschliche Behandlung der Soldaten. Begünstigungen in der Dienstzeit wurden nur Bürgern mit mittlerer oder höherer Schulbildung gewährt.

Innerhalb von zwei Jahrzehnten wurde so das innere Gefüge des russischen Reiches gründlich umgestaltet. Trotz der weiterhin bestehenden Ständeordnung und obrigkeitlichen Fürsorge war die Beweglichkeit der Gesellschaft erheblich vergrößert worden. Jetzt konnte Rußland schneller dem westlichen Fortschritt folgen. Eine ganze Lösung aber waren die Reformen Alexanders II. nicht. Denn obwohl der Kaiser die Bevölkerung zur Beteiligung an öffentlichen Aufgaben herangezogen hatte, mußte er gleichzeitig aus Angst vor den Konsequenzen ihre Tätigkeit wieder beschränken.

Der Zusammenbruch des Nikolaischen Systems bewegte die Gemüter in allen Kreisen. In den Reihen des liberalen Adels (und der liberalen Öffentlichkeit) hörte man wiederholt den Ruf nach einer Verfassung. Aber jede liberale Agitation scheiterte an der Unerbittlichkeit der Autokratie, gegen die sich der Liberalismus – das war seine Tragik – einfach nicht durchsetzen konnte. Ganz anders die Radikalen, die gerade in diesen Jahren die Hemmungen des Liberalismus abstreiften und im Namen des Sozialismus mit wirkungsvolleren Formen der Opposition experimentierten.

Am Anfang der revolutionären Bewegung in den sechziger Jahren stand ein neuer Typ, der »Nihilist«, der die aristokratischen Salons und deren ästhetische Ideale bekämpfte. In Turgenews Roman »Väter und Söhne« kann man ihn gut studieren. Schuhe für das Volk, so schockierte einer dieser Generation die Väter, waren wichtiger als Shakespeare. Auch hatten sie keine Sympathie für kleinbürgerliche Rechtschaffenheit. Sie erkannten keine Autorität an außer sich selbst und den Ergebnissen der Naturwissenschaften. Sie waren aber auch, ohne es zugeben zu wollen, Idealisten. Ihr Ideal war eine bessere Welt ohne Armut, Unterdrückung und Ausbeutung und ihre Lebensaufgabe, der sie sich mit puritanischer Redlichkeit widmeten, Dienst am Volke. »Geht ins Volk«, rief ihnen Herzen 1861 zu. Und sie gingen, aus dem Sozialismus der bäuerlichen Gemeinde eine bessere soziale Ordnung für das ganze Land zu schaffen, die den westeuropäischen Kapitalismus überspringen würde. Nihilismus und Sozialismus vereinten sich hier. Viele erwarteten eine gewaltige Bauernrevolution, welche die Autokratie endlich aus den Angeln heben werde. Auch die Industriearbeiter wurden jetzt gelegentlich in die Agitation einbezogen. Zu einer erfolgreichen Zusammenarbeit mit den Bauern ist es aber in den siebziger Jahren nicht gekommen. Zuweilen denunzierten die Bauern sogar ihre sonderbaren Bewunderer bei der Polizei, was zu weiteren erregten Diskussionen über revolutionäre Strategie Anlaß gab.

Dabei war nicht nur die Praxis schwierig und kaum zu bewältigen, sondern auch die Theorie. Man war einer verwirrenden Vielseitigkeit geistiger Anregungen aus Europa ausgeliefert. Die umfassenden philosophischen Systeme, vor allem das Hegelsche (und später das Marxsche) wie auch die radikaleren der französischen Sozialisten mit ihren weiten Zukunftsperspektiven, hinterließen den nachhaltigsten Eindruck. Da man die so stark von außen beeinflußte eigene Entwicklung geistig nicht meisterte, griff man eher nach großen und kühnen Konstruktionen als nach rationalen Plänen für die Bewältigung von Einzelheiten. Die großen Perspektiven mußten das Sehnen der russischen Intelligenz nach großartiger Verbesserung befriedigen, und so wurden die importierten Systeme, ursprünglich philosophische Lehrmeinungen, in der russischen Verarbeitung zu Glaubensbekenntnissen. Auf welche der so schnell aufeinanderfolgenden Geistesrichtungen konnte man sich verlassen? Manche Geister kamen in dem Bemühen, modern zu sein, nie zur Ruhe.

»Was tun?« Die Antworten auf die »verfluchte Frage« lauteten verschieden. In dem berühmten Buch Tschernyschewskijs wurde unter diesem Titel die allgemeine Richtung klar angegeben: revolutionäre Arbeit unter den Bauern. Eine einflußreiche gemäßigte Gruppe der siebziger Jahre fand die Lösung, ursprünglich von dem Publizisten Lawrow 1868 formuliert, in der ethisch bestimmten aufklärerischen täglichen Arbeit unter dem Volk. Die unruhigeren Geister, Bakunin und seine Anhänger, wünschten aber schnellere Erfolge; sie wollten die Bauern aufrütteln, wenn nötig mit gefälschten kaiserlichen Manifesten. Sie begeisterten sich für die Schöpferkraft der aufrührerischen Gewalt. Eine andere Stimme, der Publizist Tkatschew, sprach verächtlicher vom Volke und setzte statt dessen auf die Ausbildung einer revolutionären Elite.

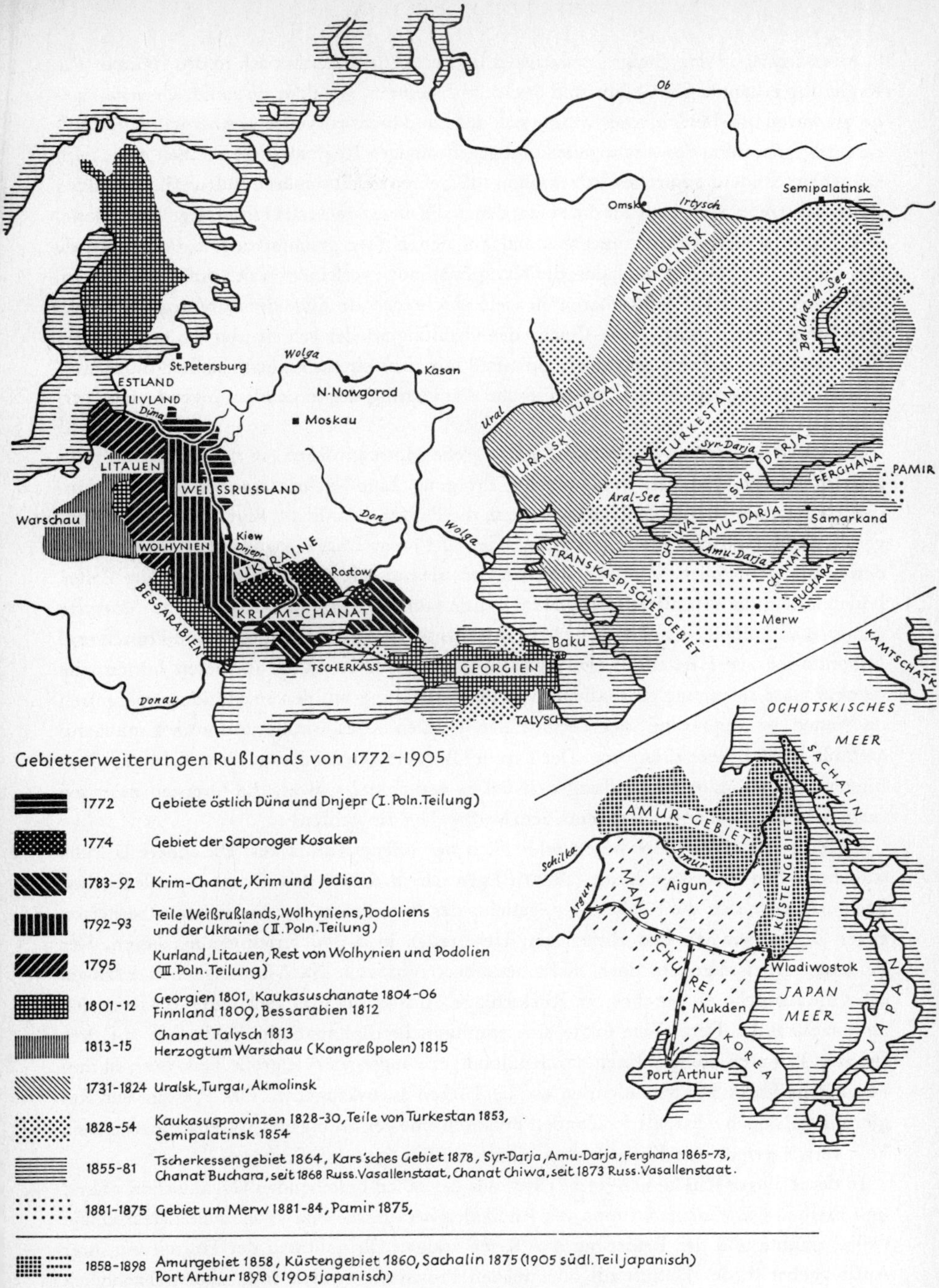

Gebietserweiterungen Rußlands von 1772-1905

All das gärte in den Emigrantenzentren und brodelte aufrührerisch in der Heimat. Die Regierung erkannte die Gefahr und auch das Dilemma, vor dem sie stand. Gewisse Freiheiten waren unerläßlich, sonst konnte sich das Land nicht entwickeln. Aber würde die aufgestaute Opposition des vergangenen und gegenwärtigen Regimes diese Freiheit nicht mißbrauchen? Studentenunruhen gab es schon 1861, einen revolutionären Aufruhr im folgenden Jahre. 1863 revoltierten wieder die Polen, denen die neue Ära auch Hoffnung gemacht hatte. Drei Jahre später wurde zum erstenmal auf den Kaiser geschossen. Die Polizei wurde strenger, die Opposition radikaler; die Kampfmethoden verfeinerten sich auf beiden Seiten. Das revolutionäre Rußland übernahm viele abschreckende Züge des Zarenregimes. Nach erprobtem Rezept wurden die Deiche der Ordnung wieder erhöht und die gefährlichen Einflüsse in den Schulen ausgemerzt, diesmal mit Hilfe eines strengen klassisch-humanistischen Lehrplans, der freilich die politische Aktivierung der lernenden Jugend nicht verhindern konnte.

Politische Verfolgung, dramatisiert durch große Massenprozesse (1877), härtete die radikale Intelligenz. Man lebte in fieberhafter Erregung. Eine Nachricht, wie die von der Auspeitschung eines politischen Häftlings durch die Polizei, konnte das Blut zum Kochen bringen. Und oft fand sich ein junger Mann oder eine junge Dame (sogar aus bester Familie), den schuldigen Polizeioffizier im Namen der Menschheit zu bestrafen. Geheime Zellen bildeten sich, die verhafteten Mitglieder wurden durch neue Freiwillige ersetzt. Märtyrer gab es allenthalben, aus allen Schichten der russischen Gesellschaft. Geheime Pressen und Laboratorien zur Herstellung von Bomben entstanden. So wurde in diesen Jahren eine revolutionäre Bewegung geschaffen, in enger Verbindung mit den revolutionären Zentren im Westen, gewappnet mit der Technik der illegalen Konspiration und zum Fanatismus gestählt durch bittere Erfahrung. Der Typ des Berufsrevolutionärs taucht auf. In der überhitzten revolutionären Vorstellungswelt fiel es manchmal schwer, die Grenzen zwischen revolutionärer Heldentat und gemeinem Verbrechen zu wahren.

Ende der siebziger Jahre brach schließlich der offene Kampf aus. Die innere Unruhe war durch den türkischen Krieg (1877/78) gewachsen. Unter dem Druck der öffentlichen Meinung hatte sich die Regierung angesichts der Brutalitäten der türkischen Oberherren gegen ihre slawischen und christlichen Untertanen in diesen Krieg treiben lassen. Der Feldzug verlief siegreich, doch nicht besonders ruhmvoll. Nach anfänglichen Erfolgen erlitt die russische Armee mehrere Rückschläge: Ausrüstung und Versorgung erwiesen sich als unzulänglich. Dem Siege folgte eine empfindliche diplomatische Niederlage auf dem Berliner Kongreß (1878), durch den Rußland gezwungen wurde, große Teile des von ihm neu geschaffenen Staates Bulgarien an die Türken zurückzugeben. Das Prestige der Regierung sank noch tiefer, als der Zar den Bulgaren eine Verfassung gab, die er seinem eigenen Volk verweigerte. Weite Kreise sympathisierten offen mit der Revolution.

In deren Lager schälte sich jetzt (1879) aus der schon bestehenden Organisation »Land und Freiheit« eine kleine Gruppe von Radikalen heraus, die sich »Volkswille« (Narodnaja Wolja) nannte und der Regierung den Krieg erklärte. Brutalitäten der Polizei und ihrer Auftraggeber in der Hauptstadt oder in den Provinzen wurden trotz aller polizeilichen Gegenmaßregeln systematisch an ihren Urhebern gerächt, und bald wurde der Kaiser selbst

»Befreite« Bauern beim Mittagsmahl vor einem Bezirksamt
Aus dem Gemälde von Grigori Grigorjewitsch Mjassojedow, 1872
Moskau, Staatliche Tretjakow-Galerie

Burlaken an der Wolga. Aus dem Gemälde von Ilja Jefimowitsch Repin, 1870/73. Leningrad, Staatliches Russisches Museum

zum Tode verurteilt. Er war schon 1866 nur durch Zufall der Ermordung entgangen. 1873 wurden fünf Schüsse auf ihn abgefeuert, ohne ihr Ziel zu erreichen. Nun begann eine systematische Jagd auf sein Leben. Eisenbahnlinien wurden unterminiert und der kaiserliche Zug in die Luft gesprengt, auf den Straßen und Brücken von St. Petersburg entdeckte man Sprengstoffanschläge. Selbst unter dem Speisesaal des Winterpalais wurde eine schwere Mine gelegt, die mit großem Krach explodierte, aber den Kaiser, der sich verspätet hatte, unversehrt ließ. Die Regierung stand dem Terror fast machtlos gegenüber. In dieser Gefahr, so meinte der General Loris-Melikow, dem zeitweilig diktatorische Gewalt übertragen worden war, gab es keinen anderen Ausweg als Versöhnung mit den Gemäßigten durch das Zugeständnis einer beratenden Versammlung. Alexander stimmte bei. Doch ehe er noch das verheißungsvolle Dekret unterzeichnen konnte, wurde er auf einer Spazierfahrt in St. Petersburg (1881) von einer Bombenexplosion aufgehalten und dann von einer weiteren Bombe, die ihm ein Verschwörer vor die Füße warf, schwer verwundet. »Nach Hause, zum Schloß und dort sterben«, rief er noch, und ohne das Bewußtsein wiedererlangt zu haben, verschied er kurz darauf. So endete das Zeitalter der großen Reformen.

So endeten freilich auch für das 19. Jahrhundert die großen politischen Tumulte. Die Bluttat löste eine tiefe Ernüchterung aus, in der Öffentlichkeit wie bei den Revolutionären. Das Volk hatte sich nicht erhoben, die Autokratie ging gestärkt aus der Krise hervor. Unter dem neuen Kaiser, Alexander III. – einem Manne ohne besondere Begabung, aber mit natürlicher Würde und Charakterstärke –, der letzten Herrscherfigur der Romanow, war deshalb eine ruhigere innere Entwicklung möglich. Von der beratenden Versammlung war natürlich keine Rede mehr. Unter dem Einfluß seines Mentors Pobedonoszew (auch eine der großen tragischen Figuren Rußlands im 19. Jahrhundert) ging Alexander III. auf die Politik seines Großvaters zurück und versuchte, die alten Fundamente Kirche, Autokratie und Russentum wieder zu stärken und dadurch dem Staatsgefüge neuen Halt zu geben. So verschlechterte sich wieder das Los der religiösen und nationalen Minderheiten, was der revolutionären Bewegung eine neue Generation, die Führer und Gefolgschaft der Revolution des 20. Jahrhunderts, zuführte. Auch wandte der Staat sich wieder dem Adel zu, als dem einzigen mehr oder minder zuverlässigen Rückhalt, und verhalf ihm zu neuen Subventionen, vermehrtem Einfluß in den Semstwos und größerer Aufsicht über die Bauern. Weiter hätte man in der Stützungsaktion für einen dem Untergang geweihten Stand kaum gehen können.

Doch war der neue Kurs nicht einseitig reaktionär, zumindest nicht auf der wirtschaftlichen und finanzpolitischen Seite. Die Innenminister mochten reaktionär sein, die Finanzminister waren immer »Westler« und »liberal«. Eine fruchtbare Gesetzgebung half, das nach dem Krimkrieg errichtete Eisenbahnsystem zu konsolidieren, die Zollpolitik zu stärken, die Bauernbefreiung endgültig abzuschließen und Mittel für den ländlichen Kredit bereitzustellen. In der Mitte der achtziger Jahre wurde auch eine Reihe von sorgfältig durchdachten Arbeiterschutzgesetzen erlassen. Sie kamen zur rechten Zeit, denn vom Ende der achtziger Jahre bis zur Jahrhundertwende entwickelte sich Rußland industriell äußerst rasch. Diese Entwicklung hat der große Finanzminister Witte nach der Hungersnot von 1891 geschickt gesteuert. Ihm verdankte Rußland den schnellen Ausbau seines Eisenbahnnetzes und besonders den Bau der großen sibirischen Linie, die »planmäßig« in zehn Jahren vollendet wurde. Damals begannen auch die großen Anstrengungen der Regierung für die wirtschaftliche Erschließung Sibiriens. Im Jahre 1897 führte Witte die Goldwährung ein und erreichte damit Rußlands Anschluß an den Weltkapitalmarkt. Erst gegen Ende der neunziger Jahre lebte die politische Agitation wieder auf. Streiks, die in Rußland immer einen politischen Charakter trugen, mehrten sich; dazu kamen ganz zuletzt schwere Studentenunruhen. Auch hielt die Agrarkrise unvermindert an; man beobachtete mit Besorgnis den wirtschaftlichen Verfall »der Mitte«, der zentralen Schwarzerdeprovinzen. Doch im großen und ganzen stand Rußland in den Augen der Welt und seiner eigenen Regierung am Ende des 19. Jahrhunderts gefestigter da und blickte zuversichtlicher in die Zukunft als je. Kaum einer ahnte damals die alles verschlingende gewaltige Krise des kommenden Jahrhunderts.

Das wirtschaftliche und politische Dilemma der Modernisierung (1880–1900)

Und doch war um die Jahrhundertwende das Zarenregime schon tief unterminiert und der Zusammenbruch kaum noch vermeidlich.

Da bestand zunächst das Rahmenproblem: die russische Stellung in der Welt. Rußland hatte einerseits den Übergang von der europäischen Politik zur Weltpolitik anscheinend erfolgreich mitgemacht. Von seiner geographischen Brückenposition aus hatte es sich überall, besonders in Zentralasien und dem Fernen Osten, ausgedehnt. Es hatte seit dem Türkischen Krieg zwar einen größeren militärischen Konflikt vermieden, hatte aber seine Position von Bulgarien bis zur Manchurei, Großbritanniens Geduld strapazierend, gestärkt. Zum Jahrhundertende konkurrierte es auf dem Balkan, in Persien, in China und Korea mit den anderen Großmächten. Dazu spielte es noch eine wichtige Rolle im europäischen Gleichgewicht durch sein Bündnis mit Frankreich. Schließlich war man in Regierungskreisen von der russischen Mission, im Namen der Autokratie die Gegensätze zwischen Europa und Asien zu überbrücken, überzeugt. Die Europäer, hieß es, kämen als Ausbeuter, die Russen als wahre Freunde der Asiaten. (Die radikale Intelligenz glaubte damals schon an die Aufgabe Rußlands – eines sozialistischen Rußlands –, die Führung aller nichtkapitalistischen Länder gegen den Weltkapitalismus zu übernehmen.) Kurz, man folgte in allen Lagern dem westeuropäischen Beispiel eines zur Weltmission ausgeweiteten Nationalismus.

Wie stand es anderseits mit der militärischen, wirtschaftlichen und politischen Stärke Rußlands? Witte war unbefangen genug, darauf hinzuweisen, daß das russische Reich innerlich keineswegs eine Großmacht war. Die Staatsfinanzen erlaubten keinerlei Anstrengung in der äußeren Politik (von Kriegen ganz zu schweigen), und alle Versuche, sie zu stärken, setzten Investitionen voraus, für die keine Mittel vorhanden waren. In allen Branchen der Industrieproduktion lag Rußland hinter den Großmächten an der letzten Stelle. Aber was Kindersterblichkeit und Analphabetentum oder die allgemeine Armut betraf, war es allen überlegen. Wirtschaftlich gesehen war es ein Kolonialland; es tauschte Rohstoffe und landwirtschaftliche Produkte gegen europäische Fertigwaren aus. Es hing zudem noch finanziell stark von Europa und besonders von Frankreich ab, und eben dies behinderte seine politische Aktionsfreiheit.

Zur materiellen Schwäche gesellte sich die politische. Die europäischen Großmächte hatten mit Hilfe ihrer parlamentarischen Einrichtungen ihre Bürger zu einer mehr oder minder engen Mitarbeit an der Regierung herangezogen; sie konnten sich im Ernstfall auf sie verlassen. In Rußland jedoch bestand ein bitterer Gegensatz zwischen Volk und Regierung, und die innenpolitischen Erfahrungen nach dem Türkenkrieg waren kein gutes Omen für künftige außenpolitische Verwicklungen. Die russische Öffentlichkeit war der Großmachtpolitik der Regierung an sich nicht abgeneigt. Sie warf ihr nur vor, daß sie unfähig sei, diese Politik erfolgreich durchzuführen. Sie übersah die tatsächliche materielle und politische Schwäche Rußlands, die sich allerdings erst im ersten Weltkrieg ganz offen zeigte.

Was die wirtschaftliche Rückständigkeit betraf, so war die Regierung besonders nach der Hungersnot von 1891 eifrig bemüht, den westeuropäischen Vorsprung einzuholen und schnell zu industrialisieren. Damit sollten auf der einen Seite die landwirtschaftliche Krise gelöst, anderseits die Staatsfinanzen gestärkt und die kapitalmäßige und wirtschaftliche Abhängigkeit von Europa vermindert werden. Rußland sollte eine wirtschaftliche »Metropole« werden. So wurde die Frage nach dem Tempo der industriellen Entwicklung schon damals aktuell. Aber wie unter russischen Bedingungen Westeuropa eingeholt werden könnte, war ein Problem, zu dem man die europäische Erfahrung einmal nicht heranziehen konnte. Die europäische Industrie hatte sich unter günstigeren Umständen zu ihrer wirtschaftlichen Bedeutung erhoben.

In Rußland fehlte es an Kapital, an kühnem Unternehmertum, an Kenntnissen und vielen anderen Voraussetzungen. Trotzdem hatte sich seit der Bauernbefreiung langsam eine moderne Industrie etabliert (von früheren Gründungen, besonders in der oft hochwertigen Rüstungsindustrie, abgesehen). Im Zusammenhang mit dem Eisenbahnbau war in der Ukraine eine moderne Schwerindustrie erstanden, die an Bedeutung die seit langem bestehende Uralindustrie bald übertraf. In den neunziger Jahren nahm dann die Industrieproduktion einen ungeheuren Aufschwung, weniger als Folge des 1891 errichteten ungewöhnlich hohen Schutzzolls als der Eisenbahnbau- und Industriepolitik des Finanzministers. In der Tradition der Autokratie mußten diese Maßnahmen naturgemäß planwirtschaftlich sein; jedenfalls fanden sich viele theoretische und praktische Ansätze dazu in der Arbeit Wittes.

Gegen diese Wirtschaftsplanung erhoben sich jedoch bald gewaltige Widerstände, da sie große Opfer von der ohnehin schon armen Bevölkerung verlangte, selbst wenn ein Teil der Kosten zeitweilig auf ausländische Kreditgeber abgewälzt werden konnte (mit all den daraus folgenden Nachteilen). Die wachsende Steuerlast verschärfte die Krise in der Landwirtschaft. Das trieb zwar der neuen Industrie billige Arbeitskräfte zu, führte wegen der niedrigen Löhne und langen Arbeitszeit in ungewohnter und oft abschreckender Umgebung aber auch zur Erbitterung der Arbeiter. Wie konnte die russische Regierung die weitere Verarmung der Bevölkerung politisch rechtfertigen zu einer Zeit, in der wachsender Reichtum in den westlichen Ländern so vielen Russen ständig klarer zu Bewußtsein kam?

Gerade in diesen Jahren (und bis zum ersten Weltkrieg) nahm die europäische Durchdringung Rußlands sehr intensive Formen an; es waren die Jahre des allerengsten Anschlusses an Europa, den es je in der russischen Geschichte gegeben hat. Und der europäische

Einfluß führte unerbittlich immer wieder zu der Frage: »Warum ist es bei uns nicht auch so?« Wie konnte die Regierung es erreichen, daß dieser Vergleich die Bevölkerung nicht immer zu Kritik und Protest anstachelte? Wie konnte sie die Bevölkerung von dem Paradox überzeugen, daß die Vernachlässigung der Volkswohlfahrt auf lange Sicht für die Stärkung Rußlands notwendig war? Wie schließlich konnte sie verhindern, daß der tiefe Unwille, den die schnelle Industrialisierung hervorrief, der revolutionären Bewegung zugute kam?

Aber nicht nur die wirtschaftlichen Folgen der Industriepolitik gefährdeten die staatliche Macht, sondern auch die sich hebende allgemeine Volksbildung. Obwohl sie für den wirtschaftlichen und kulturellen Fortschritt absolut nötig war, konnte sie, so fürchtete man in den höchsten Kreisen, bei der schon bestehenden Unruhe zu weiterer revolutionärer Anfälligkeit führen. Wittes Meinung, daß die Volksbildung für Rußland notwendig sei, selbst wenn sie umstürzlerisch wirke, konnte dem Kaiser kaum zum Trost gereichen. Der Mangel an wissenschaftlichen und technischen Schulen hielt der Furcht vor der politischen Unzuverlässigkeit der studierenden Jugend die Waage.

Und weiter: Die industrielle Entwicklung führte zu einer äußerst rapiden sozialen Umschichtung und gewaltsamen Umgewöhnung der Volksmassen. Aus ihrer ländlichen Kollektivordnung, aus dem langsamen Leben der Naturalwirtschaft wurden sie über Nacht in die moderne Gesellschaft mit ihrem Individualismus, ihrer Mobilität und Rationalität, ihren Annehmlichkeiten und Gefahren verpflanzt. Wie konnte sich der bäuerliche Mensch in der ungewohnten Umgebung zurechtfinden, was konnte ihm die gewohnte Sicherheit der alten Zustände ersetzen? Aus dem menschlichen Unvermögen, sich einer so radikal entgegengesetzten Lebensform schnell anzupassen, entstanden gefährliche Spannungen. Je schneller die industrielle Entwicklung vorwärts schritt, um so größer mußten diese Spannungen werden (und je langsamer sie ging, um so weiter geriet Rußland ins Hintertreffen gegenüber den anderen Weltmächten).

Diese Spannungen fanden zunächst in einer Feindschaft gegen die »Kapitalisten« Ausdruck, doch wurde auch der Staat bald in Mitleidenschaft gezogen. Er hatte keine Wahl. Er mußte trotz mancher Sympathien für die Arbeiter die Arbeitgeber unterstützen. In vieler Hinsicht zwar war die staatliche Arbeitergesetzgebung vorzüglich und durchaus unparteiisch. Im Lohnkampf selbst konnte die Regierung aber nichts tun, denn die niedrigen Löhne waren bei der Kapitalarmut und dem Menschenüberschuß auf dem Dorfe unvermeidlich. So entbrannte der Kampf in aller Härte – die Polizei auf der Seite der Unternehmer. Auch in anderer Hinsicht war der Staat auf die »Kapitalisten« angewiesen. In seiner Industriepolitik konnte er sich nur auf die Kaufmannschaft und die »Kulaken«, die energischen und rücksichtslosen Elemente im Dorfe, verlassen; Adel, Intelligenz oder die Bauern waren zu moderner Wirtschaftsführung völlig ungeeignet (selbst die Kaufmannschaft ließ sich ungern in die staatliche Wirtschaftspolitik einzwängen). Unpopulärere Schichten aber als die Kaufmannschaft und die Kulaken gab es in der russischen Gesellschaft nicht. Und gerade sie zogen unvermeidlich für lange Zeit als die einzigen einen sichtbaren Gewinn aus der staatlichen Politik. Wohin immer man blickte, ergaben sich so ungeahnte neue Schwierigkeiten. Und überall beobachtete man eine tiefgehende politische Aktivierung der Massen, gefördert durch die neue Mobilität in der russischen Gesellschaft, durch den Eisenbahnverkehr, die Fabrikbeschäftigung und die landwirtschaftliche Saisonarbeit, durch die langsam zunehmende Volksbildung und das wachsende Bewußtsein der Rückständigkeit. Wie lange würde es dauern, bis der Funke in diese explosive Mischung fiel?

Eine weitere Dimension der Krise zeigte sich bei der Frage nach der Führung. Autokratie muß führen oder sie zerfällt. Und zu Ende des 19. Jahrhunderts bedeutete Führen: die gesamte Bevölkerung, Russen und Nichtrussen, zu einer vereinten, gewaltigen und lang anhaltenden Anstrengung der inneren Erneuerung und Modernisierung anspannen. Aber wie unendlich weit war Alexander III. von dieser Fähigkeit entfernt (von seinem Sohn Nikolaus II., der 1894 auf den Thron kam, ganz zu schweigen!). Nikolaus vermochte nicht einmal, mit seinen Ministern auszukommen. Die Förderung der Industrie in den neunziger Jahren war die Politik eines Mannes, vom Hofe und der Bürokratie zunehmend gehaßt. Der Kaiser stand gefühlsmäßig auf seiten der Slawophilen und damit jedem Verständnis für die moderne Industrie fern. Kurz, um die Jahrhundertwende war die Autokratie unfähig, sich auf die wichtigsten Aufgaben zu konzentrieren, ja, sie verstand sie nicht einmal, trotz Wittes Warnungen. Der Kaiser war unfähig einzusehen, daß die Volksmassen zu den Staatsaufgaben herangezogen und die wachsenden sozialen Spannungen beseitigt werden mußten. Wer mit den Zuständen in der kaiserlichen Familie vertraut war, konnte sich auch keinen Illusionen auf eine innere Erneuerung der Romanows hingeben. Die Charakterschwäche des letzten Zaren sollte allerdings erst später jedem offenbar werden.

Als die Unfähigkeit der Autokratie täglich offensichtlicher wurde, war auch der Kampf um die Nachfolge schon in vollem Gange. Alle Oppositionskreise waren sich einig, daß die Regierung zunächst nach westlichem liberalem Vorbild umgestaltet werden müsse. Doch wie stand es mit der Fähigkeit und Stärke der liberalen Kreise? Der russische Liberalismus hatte seinen größten Rückhalt im grundbesitzenden mittleren Adel und in der wachsenden Schicht der freien Berufe und seinen eigentlichen Wirkungsbereich in den Semstwos. Er war also hauptsächlich agrarisch orientiert; die Vertreter des Handels und der Industrie besaßen hier wenig Einfluß – sie waren bisher selten der liberalen Versuchung erlegen. In den Semstwos hielt sich auch die Hoffnung auf ein russisches Parlament. Doch hatten sie bei allen Bemühungen um die ländliche Wohlfahrt wenig Gefolgschaft unter den Bauern. Bei den Führern der freien Berufe (diese fingen gerade an, sich in Berufsvereinigungen zusammenzuschließen) das gleiche: hervorragende Kräfte, aber keine verläßliche Gefolgschaft im Volke.

Auch fehlte dem Liberalismus zur Jahrhundertwende ein optimistischer Glaube an die Zukunft. Wie in Tschechows Dramen und Erzählungen schien über allem die gleiche unglückliche Verknüpfung der Probleme ohne Ausweg zu lasten. Der mit der industriellen Entwicklung sich ausbreitende Materialismus erzeugte Verachtung für die moderne Welt. Einige, so Leo Tolstoi, zogen sich von ihr angewidert zurück. Es gab hervorragende russische Wissenschaftler, aber wenn sie nicht geradezu politischer Verfolgung ausgesetzt waren, litten sie häufig an Unverständnis und an der Unmöglichkeit, ihre Arbeit praktisch auszuwerten. Es waren gewöhnlich die westeuropäischen Gelehrten, die den Ruhm davontrugen. Wirtschaftlich war der liberale Adel hart bedrängt, politisch von der Regierung eingeengt. Aber einen Ausweg mit Gewalt zu suchen, dazu konnte man sich als Liberaler auch nicht entschließen. So geriet der russische Liberalismus, der zum Jahrhundertende durchaus noch eine Zukunft zu haben schien, gegenüber schlagkräftigeren Feinden ins Hintertreffen. Aber man muß doch in diesem Zusammenhang fragen, ob das russische Volk wirklich fähig gewesen wäre, sich der parlamentarischen Staatsform, der schwierigsten von allen, zur Lösung seiner ungeheuren Probleme zu bedienen? Hat sich jemals in einem wirtschaftlich rückständigen Land unter solch komplizierten Umständen eine parlamentarische Mehrheit für eine Politik lang anhaltender Opfer zur Stärkung des Staates gefunden?

Die Umstände begünstigten die radikaleren Gruppen. Um die Jahrhundertwende war die nach 1881 unterbrochene revolutionäre Bewegung wieder in vollem Aufleben. Und jetzt erhielt sie endlich, was ihr bisher immer gefehlt hatte, die ersehnte Massenunterstützung. Der industrielle Aufschwung vermehrte nicht nur die städtische Arbeiterschaft, sondern er radikalisierte sie auch. Im Lichte dieser Tatsachen begann eine bedeutende Neuorientierung der radikalen Intelligenz. Ein Teil von ihr gab in den neunziger Jahren ihre Hoffnung auf das revolutionäre Potential der Bauernschaft und das Überspringen der kapitalistischen Phase auf und wandte sich, unter Anleitung Plechanows, des Vaters des russischen Marxismus, dem Industrieproletariat zu. Die Bauern rührten sich in den neunziger Jahren weniger als je, um so mehr aber die Arbeiterschaft. Die Marxisten konnten auch eine etwas positivere Haltung gegenüber der Witteschen Wirtschaftspolitik einnehmen. Die Phase des Kapitalismus ließ sich nach ihrer dialektischen Theorie eben nicht vermeiden. Schon zu Anfang der neunziger Jahre traten die jungen Marxisten systematisch mit den Arbeitern in Verbindung. Um 1900 war es ihnen schon fast gelungen, sie unter ihre Führung zu bringen. Dabei lag ihnen weniger daran, die Lebensbedingungen der Arbeiter zu verbessern als die Autokratie zu diskreditieren und zu stürzen. Und in dem unvermeidlichen Kampf mit der Polizei griffen sie dankbar auf die revolutionäre Tradition und das Arsenal des illegalen Kampfes zurück.

Nun besaß allerdings die revolutionäre Bewegung keine einheitliche Front. Die alten Gegensätze zwischen Westlern und Slawophilen spielten auch hier ihre Rolle. Die eine – und in diesen Jahren schwächere – Richtung setzte ihre Hoffnung immer noch auf die Bauern. Die anderen betonten die Notwendigkeit der klassenmäßigen Organisation der Arbeiter; sie übernahmen bereitwilliger und direkter westliche Vorbilder. In beiden Lagern wuchs ein starker Kampfwille heran, doch hatten in dem Machtkampf um die zukünftige Führung die letzteren die besseren Chancen. Diese Gruppen waren dank ihrer täglichen agitatorischen Arbeit unter dem Volk eher fähig, das Problem der Führung zu lösen, als die Autokratie oder die Liberalen. Ihnen sollte die Zukunft gehören.

Die Geschichte hat Rußland im 19. Jahrhundert vor ein unlösbares Problem gestellt. Um seine Unabhängigkeit und Eigenart zu wahren, mußte es versuchen, die westeuropäischen Errungenschaften, die es zur politischen Macht benötigte, auf Bedingungen zu übertragen, die in Europa einzigartig dastanden. Es mußte sich dauernd verändern und – im Lichte seiner Vergangenheit gesehen – verfälschen, neu anfangen, Notlösungen schaffen, nicht nur unter großen materiellen Opfern, sondern auch unter unglaublichen politischen und moralischen Anfechtungen. Man kann die Lösung dieser Probleme im 20. Jahrhundert nicht verstehen, wenn man sich nicht vergegenwärtigt, daß Rußland ein tragischeres Schicksal auferlegt war als irgendeiner anderen europäischen Macht.

Herschel Webb

JAPAN 1850–1890

Europäer und Amerikaner, die Japan in den ersten Jahren nach der Wiederaufnahme des Verkehrs mit der Außenwelt besuchten, beschrieben das Land als wirtschaftlich zurückgeblieben, streng, aber stabil regiert und von einem freundlichen und verständigen Volk bewohnt, das sich voller Eifer zeigte, über die Lebensweise des Westens möglichst viel zu erfahren. Beeindruckt waren die Besucher von den geduldigen, schwer arbeitenden Bauern, die aus dicht zusammengedrängten, in straffer Zucht gehaltenen Dörfern Tag für Tag den Weg antraten zu ihren winzigen, aber intensiv bebauten Reisfeldern. Merkwürdig aber muteten den Fremden die riesigen übervölkerten Städte an, wo die Bodenerzeugnisse des Landes gespeichert und gehandelt wurden und wo sich die Samurai, die waffentragende Oberklasse, von den Früchten der Arbeit der sozial Niedrigergestellten nährten.

Um die Mitte des 19. Jahrhunderts war Japan fast noch reines Agrarland. Vier Fünftel seiner Bevölkerung waren Bauern. Von einer entwickelten Industrie war keine Rede. Die meisten gewerblichen Güter wurden im bäuerlichen Haushalt erzeugt, der so sein mageres landwirtschaftliches Einkommen aufbesserte; in den Städten arbeiteten gewöhnlich sogar die Handwerker mitsamt ihren Familien in kleinen Fabriken, denen noch der Charakter der Heimindustrie anhaftete. Werkzeuge mit Kraftantrieb waren unbekannt. Die Verkehrsmittel waren primitiver, als man sich in westlichen Ländern seit Jahrhunderten vorstellen konnte. Die Landstraßen waren nicht viel mehr als ausgetretene Fußpfade; die meisten Flüsse überquerte man an Furten, nicht auf Brücken. Reiche und vornehme Reisende wurden mit menschlicher Muskelkraft in Sänften befördert; wer sonst unterwegs zu sein hatte, war zu Pferde oder wanderte zu Fuß.

Bei diesem primitiven Stand des Verkehrs- und Nachrichtenwesens war das Land von der Hauptstadt aus nicht einheitlich zu regieren. Die Zentralregierung, das Shôgunat, waltete ihres Amtes so despotisch, wie sie nur konnte, aber die Wirkung ihres Polizeisystems schrumpfte mit der Entfernung vom Shôgunatssitz im Zentrum des Landes. An der Peripherie war das lokale Regiment fast unabhängig von der staatlichen Zentralgewalt.

In mehr als zwei Jahrhunderten Isolierung von der übrigen Welt hatte das japanische Volk als Ganzes jede Kenntnis fremder Sitten eingebüßt und alles Fremde fürchten gelernt. Als einzelne durchaus bereit, westlichen Menschen mit viel Charme und Güte gegenüberzutreten, empfanden die Japaner als Nation nur Angst vor der militärischen Übermacht des Westens und der zersetzenden Wirkung westlicher Ideen. Auch das Christentum flößte Angst ein: es galt als das bewährte Mittel des Westens, die Völker des Ostens zu verweichlichen und gefügig zu machen, um ihrer kriegerischen Unterjochung den Weg zu ebnen. Die Betätigung christlichen Glaubens blieb Japanern auch nach der Aufnahme von diplomatischen und Handelsbeziehungen mit christlichen Ländern verboten. Östlichen Religionen gegenüber herrschte dagegen volle Toleranz. Der einheimische Shintô-Kult, der Buddhismus und der Konfuzianismus existierten unbehelligt nebeneinander, die beiden ersten als Religionen fürs Volk, der zuletztgenannte als ein von der Aristokratie gepflegtes System sozialer und politischer Maximen.

Von Altertumstraditionen indischen, chinesischen und einheimisch-japanischen Ursprungs beherrscht, erschien Japan westlichen Beobachtern als versteinert und jeglicher Veränderung unzugänglich. Weithin erhielt sich die Vorstellung, daß nur mächtige Impulse von außen je einen Umbau im Gefüge der japanischen Gesellschaft herbeiführen könnten. So sind denn auch westliche Autoren stets geneigt gewesen, die gewaltigen Umwälzungen, die Japan in den vier Jahrzehnten vom Ende der Abschließung bis zum chinesisch-japanischen Krieg von 1894/95 in fast allen Lebensbereichen erfuhr, so gut wie ausschließlich westlichen Einflüssen zuzuschreiben. In Wirklichkeit aber waren es die Japaner selbst, die den großen gesellschaftlichen Umbau der zweiten Hälfte des 19. Jahrhunderts geplant und in die Praxis umgesetzt haben, und das ist wohl auch das eine zentrale Motiv in Japans neuerer Geschichte, dem die größte Beachtung gebührt. Japans auswärtige Beziehungen in der Zeit bis zum chinesisch-japanischen Krieg unterlagen schweren vom Ausland diktierten Beschränkungen; immerhin hatte Japan das Glück, der ständigen Einmischung zu entgehen, die die europäischen Kolonialmächte in dieser Zeit gegenüber anderen Völkern Asiens und Afrikas praktizierten.

Die Hauptthemen der japanischen Geschichte in dieser Periode – Industrialisierung, technische Modernisierung, politische Einigung, militärischer Aufbau, geistige Aneignung so mancher Werte der europäischen Kultur – fanden ihre Initiatoren und Förderer in einer kleinen einheimischen Führungsgruppe. Die Anfänge und der Aufstieg dieser Führungsgruppe, die Zwistigkeiten in ihren Reihen und ihre Kompromisse mit feindlichen gesellschaftlichen Kräften stehen notwendigerweise im Brennpunkt der Darstellung. Das alles aber ist schwer zu verstehen, wenn man sich nicht zuerst klarmacht, auf welche Weise Japan die beiden ersten Schritte vollbracht hat, mit denen die Modernisierung des Landes ermöglicht wurde: zuerst die Öffnung des lange verriegelten Tores zur westlichen Welt und sodann die Errichtung eines zentralistischen monarchischen Staates an Stelle der jahrhundertealten feudalen Ordnung.

Zerfall der feudalen Ordnung

Äußerlich mochte die japanische Gesellschaft in der Zeit, die der Aufnahme der Beziehungen zum Westen voraufging, starr und unwandelbar erscheinen. In Wirklichkeit wurde ihre Stabilität von mancherlei Kräften, die den Keim des Umsturzes in sich bargen, untergraben. Gewiß hätte das plötzliche Ende der Isolierung auch ohne die Wirksamkeit dieser Kräfte viele tiefgreifende Veränderungen herbeiführen müssen. Indes wurde ihre Richtung in hohem Maße durch Prozesse bestimmt, die schon vor der Intervention des Westens eingesetzt hatten.

Eine folgenschwere Eigentümlichkeit des politischen Lebens Japans war die merkwürdige Struktur der Shôgunatsherrschaft. Von 1603 bis 1867 blieb das Amt des Shôguns – »Generalissimus« – erblich in den Händen einander ablösender Mitglieder des Hauses Tokugawa, einer Dynastie, die aus dem Kriegeradel emporgekommen war. In der europäischen Geschichte gibt es kein echtes Gegenstück zum Shôgunat, wenn es auch manche Ähnlichkeit mit der Institution des erblichen Hausmeiertums aufweist, das im merowingischen Frankreich im Namen der Titularkönige die Macht ausübte. Der Shôgun war theoretisch der absolute militärische Herrscher, aber rechtlich und religiös leitete sich seine Machtfülle nur vom Auftrag des erblichen Kaisers her. Der Kaiser übte für das Staatsgefüge wesentliche magische oder religiöse Funktionen aus, aber er war politisch nicht mächtiger als die *fainéants*, die Nichtstuerkönige aus dem Merowingergeschlecht.

Allerdings waren die späten Tokugawa-Shôgune selbst Männer von geringer Willenskraft und wenigen Talenten. Einer von ihnen, der im 18. und 19. Jahrhundert fünf Jahrzehnte lang die hohe Würde des Shôguns bekleidete, ist hauptsächlich im Zusammenhang mit den ständig wiederkehrenden Schwierigkeiten bekannt, die ihm sein übergroßer Harem und die fünfzigköpfige Schar seiner Kinder bereiteten; die Führung der Staatsgeschäfte hatte er notgedrungen zum größeren Teil seinen Beamten überlassen müssen. Von den Nachfolgern dieses langlebigen Schwerenöters hatten einige im Regierungsgetriebe noch weniger zu sagen, und in ihrer Amtszeit ging die tatsächliche Regierungsgewalt gleichsam von selbst auf eine sich automatisch verewigende Clique zweitrangiger Höflinge über.

Die ökonomische Basis der Shôgunatsmacht war das Steueraufkommen aus Ländereien, die der Regierung direkt unterstanden. Sie waren zwar von beträchtlicher Ausdehnung, umfaßten aber keineswegs das ganze Land. In der Hauptsache handelte es sich um ein mitteljapanisches Gebiet, das an der Pazifikküste von der Shôgunatshauptstadt Yedo (heute Tôkyô) bis zur Umgebung der alten kaiserlichen Hauptstadt Kyôto reichte.

Das übrige Territorium Japans – ungefähr drei Viertel der gesamten Landfläche – zerfiel in etwa zweihundertsechzig Feudaldomänen, deren Herrscher, die Daimyô, die Steuerhoheit über ihre Lehnsbezirke innehatten und die fast uneingeschränkte Verfügungsgewalt in lokalen Angelegenheiten ausübten. Einige der Daimyô standen im erblichen Vasallenverhältnis zum Shôgun, dessen Oberherrschaft über ihre Domänen infolgedessen relativ fest begründet war. Aus dieser Gruppe rekrutierten sich die Mitglieder der Shôgunatsbürokratie. Die übrigen Daimyô, darunter die reichsten und mächtigsten des westlichen und nördlichen Japans, galten als »Herren der Peripherie«, »Außenherrscher«, wurden von der überlegenen militärischen Macht des Shôgunats in Schach gehalten und waren von den entscheidenden Ämtern in den Regierungskörperschaften der Zentralgewalt ausgeschlossen. Gemeinsam stellten sie nichtsdestoweniger eine Macht dar, die sich in Krisenzeiten Gehör zu verschaffen wußte.

Schon immer eine potentielle Gefahr für die Stabilität des Shôgunatsystems, wurden diese Feudalherren aus den Außenbezirken erst recht bedrohlich in der ersten Hälfte des 19. Jahrhunderts. Denn während die Zentralregierung infolge finanzieller Schwierigkeiten und der Unfähigkeit der regierenden Bürokratie immer mehr an effektiver Macht einbüßte, erstarkte die Machtstellung mancher »Außenherrscher«, insbesondere im westlichen Japan. Der Machtzuwachs der Feudalherren in den Außenbezirken ging nicht zuletzt auf Verwaltungs- und Steuerreformen zurück, die von wagemutigen Daimyô in Angriff genommen worden waren; den großen Feudaldomänen der Westbezirke hatte überdies die Nähe Nagasakis, das damals Japans einziger Außenhandelshafen war, den Zugang zur Zivilisation der westlichen Welt eröffnet, und der Einfluß der Außenwelt kam der Erschließung neuer Quellen industriellen Reichtums und dem Ausbau der lokalen Verteidigungsanlagen nach modernen Gesichtspunkten zugute.

Zu Beginn der vierziger Jahre des 19. Jahrhunderts war in Daimyôkreisen eine Diskussion darüber in Gang gekommen, ob nicht einigen der bedeutendsten »Herren der Peripherie« wenigstens ein gewisser Anteil an der Shôgunatsregierung eingeräumt werden sollte. Was das Problem akut machte, war das Bedürfnis, die nationale Verteidigung gegen Übergriffe der Westmächte auf eine breitere Basis zu stellen. Die Furcht vor dem Westen hatte den japanischen Staat zu Beginn des 17. Jahrhunderts bewogen, eine Politik der Abschließung und Ausschließung zum Prinzip zu erheben: Japaner durften nicht mehr das Land verlassen, Ausländer – mit wenigen Ausnahmen – nicht japanischen Boden betreten; auswärtiger Handel wurde in geringem Umfang und unter besonders erschwerten Bedingungen nur im Hafen von Nagasaki zugelassen und auf Holland und China beschränkt. Seit Beginn des 19. Jahrhunderts bemühten sich nun Engländer, Holländer, Russen und Amerikaner mit großem Nachdruck, Japan zum Widerruf der Isolationsedikte zu bewegen. Vergebens. Die Absperrung vom Ausland blieb für das Gros des japanischen Volkes der Eckstein der nationalen Politik. Der Shôgunatsbürokratie aber wurde vorgeworfen, daß sie unfähig sei, die äußere Gefahr abzuwehren. Namentlich die Richtung unter den Daimyô, die sich für die Heranziehung der »Außenherrscher« zur politischen Verantwortung einsetzte, kritisierte die Schwäche des Shôgunats im Angesicht der außenpolitischen Bedrohung. Das wirksamste Schlagwort des Lagers der »Peripherie« war »*Jôi*«, »Widersteht den Barbaren«. Der Ruf nach einer kraftvollen Verteidigungspolitik wurde so von Anfang an zum Kernstück der »peripheren« Opposition gegen die die Zentralregierung beherrschenden Kreise. Die *Jôi*-Parolen sollten später auch zur schärfsten Angriffswaffe im Kampf gegen den Fortbestand der Shôgunatsinstitution werden.

Zugleich schlug *Jôi* auch eine Brücke zur Bewegung der kaisertreuen Loyalisten. Japans kaiserliche Dynastie hatte sich seit vorgeschichtlichen Zeiten in ungebrochener Linie fortgesetzt. Den geistlich-rituellen Verrichtungen des Kaisers und seines Hofes in Kyôto wurde die magisch-religiöse Kraft, das ganze Land zu schützen, zugeschrieben, und das Bewußtsein der historischen Kontinuität, das den nationalen Sinn stärkte, empfing mächtige Antriebe aus der Erinnerung daran, daß die Dynastie einst nicht nur formal geherrscht, sondern auch wirklich regiert hatte. Die Fiktion, daß die allumfassende Macht des Shôgunats von einem kaiserlichen Auftrag herrühre, wurde von den Tokugawa-Shôgunen sorgsam gepflegt und trug, solange die Shôgunatsregierung stark und stabil war, dazu bei, sie noch stärker und stabiler zu machen. In der Zeit jedoch, in der das Shôgunat sichtlich an Altersschwäche litt, konnte diese Fiktion mit der gleichen Durchschlagskraft auch der Opposition dienen: wenn die kaiserliche Sanktion die Shôgunatsregierung erst legitimierte, mußte die kaiserliche Mißbilligung, falls sie dem ganzen Lande demonstriert werden konnte, die Gesetzwidrigkeit der Aufrechterhaltung der Shôgunatsherrschaft dartun. Schon vor 1853 hatte die *Jôi*-Richtung aus diesem Argument Kapital geschlagen: sie behauptete, die wichtigste Pflicht des Shôguns gegenüber dem Kaiser sei die Verteidigung der nationalen Integrität gegen Angriffe des Auslands; darum müsse der Shôgun um der großen nationalen Aufgabe willen auf die fähigen und erfahrenen »Außenherrscher« zurückgreifen; seien aber die Beamten des Shôguns nicht fest genug in der Abwehr der Gefahr von außen, so könne ihre Ersetzung durch Personen, die die ihnen vom Kaiser auferlegten Verpflichtungen besser erfüllen würden, vollauf gerechtfertigt sein.

Alle Teilglieder dieser Gedankenkette verdichteten sich in der Devise »*Sonnô*«, »Ehret den Kaiser«. Ursprünglich war *Sonnô* ebenso wie *Jôi* als ein Stützpfeiler der Idee der nationalen Einheit und nationalen Stärke gedacht; später kam der zusätzliche politische Nebensinn hinzu: *Sonnô* besagte dann, das Shôgunat als Institution müsse abgeschafft und durch eine neue Regierung mit dem Kaiser an der Spitze ersetzt werden.

Abgesehen vom gestörten Gleichgewicht zwischen den zentralen und den »peripheren« Kräften im politischen System der Nation, lösten um die Mitte des 19. Jahrhunderts auch noch andere Umstände sozialer und ökonomischer Natur Gärungsprozesse aus, die die hergebrachte Ordnung zu zersetzen drohten. Es machte sich vor allem ein immer tiefer werdender Zwiespalt bemerkbar zwischen dem starren System erblicher Kasten, das theoretisch noch gültig war, und der viel fließenderen Sozialstruktur, die sich im Alltag durchsetzte.

Die japanische Überlieferung, die sich dabei auch noch auf den von China entlehnten konfuzianischen Sittenkodex stützte, verlangte eine statische Trennung der sozialen Klassen. Unterhalb der Daimyô standen die Samurai genannten pensionierten waffentragenden Gefolgsleute der Lehnsherren, die militärische, polizeiliche und Verwaltungsfunktionen ausübten und aus denen sich in der Regel die geistigen Berufe rekrutierten. Die Kluft zwischen diesem Kriegerstand und den Bürgern und Bauern sollte im Prinzip unüberbrückbar sein; theoretisch war die Bindung der Bauern an den Boden und der Bürger an die Berufe, in die sie hineingeboren waren, unauflöslich.

In Wirklichkeit hatte diese Struktur lange vor dem Ende der Tokugawa-Herrschaft abzubröckeln begonnen. Städtische Kaufleute hatten angefangen, Vermögen zusammenzuscharren; zwischen ihnen und Mitgliedern des Kriegerstandes wurden Ehen geschlossen; auf verschiedenen Wegen und Umwegen erwarben sie Macht und Prestige über die ihnen traditionell zugedachte Position hinaus. Umgekehrt hatten sich manche Samurai, weil der

Sold, den sie als Gefolgsleute der Feudalherren bezogen, äußerst niedrig war, genötigt gesehen, dem Handelsgeschäft oder anderem Erwerb nachzugehen. Außerdem war die Möglichkeit, daß sich ein Samurai von seinem Lehnsherrn – ob freiwillig oder nicht – trennen könnte, in der theoretischen Konstruktion des Systems nicht eigentlich vorgesehen. Es gab aber durchaus herrenlose Samurai, die Rônin, denen die laufenden Zuwendungen der Lehnsherren, die den anderen Samurai zuflossen, abgingen und die deswegen gezwungen waren, ihren Lebensunterhalt als Lehrer, Handwerker oder Händler zu verdienen; manche wurden sogar Räuber. Daß eine sehr erhebliche Anzahl von Samurai verarmt oder herrenlos geworden war, stellte die Behörden des späten Tokugawa-Regimes vor schwierige Probleme: es konnte vermutet werden, daß sich diese Schichten gegen ihr Schicksal auflehnen und in Zeiten politischer Krisen als Revolutionäre auftreten würden. Ihre Rolle in der schon erwähnten Antishôgunatsbewegung haben viele Historiker hervorgehoben. Obschon die Führung der Bewegung aus recht heterogenen Teilen der Daimyô- und Samuraistände gekommen zu sein scheint, darf man den zersetzenden Einfluß der aufsässigen Deklassierten aus den Reihen der Samurai nicht unterschätzen.

Weitere gravierende Probleme ergaben sich aus der wirtschaftlichen Situation. Dem vom auswärtigen Handel abgeriegelten Lande konnte es schwerlich gelingen, den Reichtum zu schaffen, der für eine sowohl von den Aristokraten als auch vom Volk gewünschte Hebung der Lebenshaltung ausgereicht hätte. Wirtschaftliche Not war sogar in Zeiten guter Ernte nicht zu vermeiden; Mißerntejahre brachten Hungersnot und unsagbares Elend. In den dreißiger Jahren des 19. Jahrhunderts hatte eine ungewöhnliche Aufeinanderfolge schlechter Ernten und anderer Naturkatastrophen viele Bezirke in abgründige Not gestürzt; regierungsfeindliche Aufstände der verelendenden Bauernschaft und anderer unzufriedener Schichten rückten in greifbare Nähe. Radikale Reformlösungen schienen auf der Tagesordnung zu stehen.

In vielen der Bezirke, die von den Schlägen der dreißiger Jahre besonders empfindlich getroffen worden waren, versuchten sich die Verwaltungsbehörden der feudal regierten Provinzen mit Steuer- und Verwaltungsreformen verschiedener Art. Einer der energischsten und erfolgreichsten unter den reformfreundlichen Daimyô war der aus einer jüngeren Linie der Shôgunatsdynastie stammende Tokugawa Nariaki, Feudalherr der in der Nähe von Yedo an der Pazifikküste gelegenen Provinz Mito und prominentes Mitglied der Daimyôgruppe, die die meisten einflußreichen Würdenträger in den Shôgunatsräten stellte. Die Lage seiner Provinz an der Küste, die von den meisten ausländischen Schiffen angelaufen wurde, hatte ihm die Gefahr eines Angriffs der Westmächte besonders deutlich vor Augen geführt und ihn veranlaßt, im Rahmen eines großzügigen Ausbauprogramms die lokalen Verteidigungsanlagen zu erweitern und zu modernisieren. Daneben hatte er Wirtschaftsreformen durchgeführt, auf die in den vierziger Jahren die Zentralregierung aufmerksam wurde. Nariaki wurde aufgefordert, an der Leitung einer Reihe ähnlicher Verteidigungs- und Finanzreformen in Yedo teilzunehmen. Damit fiel ihm im Apparat der Shôgunatsregierung eine höchst einflußreiche Position zu. Später allerdings geriet er in Streit mit seinen konservativen Kollegen, ging seiner Provinzherrschaft verlustig und zog sich als erbitterter Gegner der herrschenden Clique ins Privatleben zurück.

Nariaki, diese komplexe und widerspruchsvolle Gestalt, verkörperte in hohem Maße die inneren Spannungen, die Japan am Vorabend der Öffnung des Landes beherrschten. Gegenüber der Problematik, die in der wirtschaftlichen und militärischen Schwäche des Landes begründet lag, zeigte er sich als Pionier neuer Methoden, und dennoch glaubte er mit fast religiöser Inbrunst daran, daß die Abriegelungspolitik unbedingt beibehalten werden müsse, die doch jede von der Zeitsituation diktierte radikale innere Lösung von vornherein unmöglich machte. Obwohl er ein Verwandter und Bediensteter des Tokugawa-Shôguns war, förderte er die kaisertreue Bewegung, die auf den Sturz der Tokugawa-Herrschaft hinarbeitete.

Das Tor wird aufgemacht

Das katalysierende Ereignis, das alle inneren Zersetzungskräfte zur Entladung brachte, trat 1853 ein. Die Regierung der Vereinigten Staaten hatte schon seit Jahren auf die Aufnahme der Beziehungen mit Japan gedrängt, nicht zuletzt, weil Japans geographische Lage auf dem amerikanischen Seeweg nach China wenigstens Konventionen für Brennstoffbeschaffung und Schiffbruchsfälle notwendig erscheinen ließ. Im Sommer 1853 traf eine amerikanische Flottenexpedition unter der Führung des Kommodore Matthew Perry in der Yedo-Bucht ein. Perry verlangte den Abschluß eines Rahmenvertrages, dem später ein Abkommen über diplomatische und Handelsbeziehungen folgen sollte. Zum Unterschied von früheren Versuchen, Japan dem Westen zu öffnen, ging das amerikanische Verlangen diesmal mit der wenig verhüllten Drohung einher, daß eine Ablehnung Zwangsmaßnahmen nach sich ziehen würde. Die japanischen Regierungsstellen verfielen in Panik; ihnen war noch in lebhafter Erinnerung, daß der Krieg zwischen Großbritannien und China in den Jahren 1841 und 1842 mit einem britischen Sieg und zahlreichen für China demütigenden Zugeständnissen, darunter dem Verlust der chinesischen Zollautonomie und der Preisgabe Hongkongs, ausgegangen war.

Bald zeigte sich auch, daß außer den Vereinigten Staaten noch andere Mächte darauf aus waren, der Isolierung Japans ein Ende zu bereiten. Eine russische Flottenmacht unter Admiral Putjatin ging im Sommer 1853 im Hafen von Nagasaki vor Anker und präsentierte Forderungen, die denen der Perry-Expedition entsprachen. Nun war der Shôgunatsregierung zwar klar, daß eine Zurückweisung der amerikanischen und russischen Forderungen katastrophale Folgen haben würde, aber anderseits fürchtete sie den im Falle einer Kapitulation vor den Forderungen des Auslands unausbleiblichen Zorn der *Sonnô-* und *Jôi-*Richtungen. Um angesichts dieses Dilemmas Zeit zu gewinnen, ersuchte das Shôgunat die ausländischen Mächte um Zurückziehung der Flottenstreitkräfte und stellte eine Antwort für das nächste Jahr in Aussicht.

In den folgenden Monaten bemühte sich die Regierung fieberhaft, alle Daimyôkreise – sowohl die Herren der Peripherie als auch die Erbvasallen des Shôguns – für einen gemeinsamen Aktionsplan zu gewinnen. Es zeigte sich jedoch keine Übereinstimmung in den Vorschlägen, die von den einzelnen Gruppen gemacht wurden. Eine Gruppe, zu der einige der mächtigsten »Außenherrscher« aus den westlichen Provinzen gehörten, trat für eine unumwundene Ablehnung der amerikanischen Forderungen ein, sogar auf die Gefahr eines Krieges hin. Eine andere Gruppe befürwortete in vorsichtiger Form eine Kompromißlösung, die den Frieden erhalten würde, ohne eine radikale Preisgabe der Politik der Isolierung mit sich zu bringen. Schließlich setzte sich eine einflußreiche dritte Gruppe für den Abschluß eines Vertrages mit den Vereinigten Staaten ein; sie warnte vor einem Krieg, in dem Japan wahrscheinlich würde unterliegen müssen, und einige ihrer prominenten Mitglieder wiesen mit Nachdruck auf den positiven Gewinn hin, den Japan aus dem Handel mit fremden Ländern ziehen könnte. Als Sprecher der Daimyôgruppe, die auf die Vorteile des Außenhandels pochte, trat immer mehr Ii Naosuke, einer der mächtigsten unter den Erbvasallen, in den Vordergrund.

Als die Perry-Expedition im Februar 1854 zurückkehrte, hatten sich die Ansichten der zuletzt genannten Gruppe durchgesetzt, und die Regierung fand sich zur Unterzeichnung des Vertrages von Kanagawa bereit. Den Amerikanern wurden die von ihnen verlangten Konventionen für Schiffbruch und Brennstoffversorgung zugestanden; dem amerikanischen Handel wurden zwei Häfen geöffnet; eine Vereinbarung über den Austausch konsularischer Vertretungen ebnete den Weg zu Verhandlungen über einen umfassenden Handelsvertrag. Bis Ende 1855 folgten ähnliche Verträge mit Großbritannien, Rußland und Holland.

Als erster ständiger diplomatischer Vertreter des Auslands auf Grund der neuen Verträge traf 1856 der Generalkonsul der Vereinigten Staaten, Townsend Harris, in Japan ein. Zwei Jahre dauerten seine Verhandlungen mit der Shôgunatsregierung über eine vertragliche Basis für normale Handelsbeziehungen zwischen Japan und Amerika. Im Juli 1858 kam der japanisch-amerikanische Vertrag von Yedo zustande, der für entsprechende Verträge mit Holland, Rußland, Großbritannien und Frankreich das Modell abgab. Die in diesen Verträgen niedergelegten Grundsätze haben dann vier Jahrzehnte lang Japans diplomatische und Handelsbeziehungen mit den Westmächten geregelt.

In mancher Beziehung bedeuteten diese ersten Verträge eine schwere Demütigung Japans. Sie erfüllten die japanische Öffentlichkeit mit bitterem Ressentiment gegen die eigene Regierung, die sie akzeptiert hatte, und gegen die ausländischen Mächte, die sie Japan aufgezwungen hatten. Die Vertragsbestimmungen sahen vor, daß dem auswärtigen Handel fünf Handelshäfen geöffnet wurden, in denen sich ausländische Kaufleute auf Dauer niederlassen und frei von jeder Überwachung durch japanische Behörden Handel treiben durften; dem Geltungsbereich der japanischen Gesetze entzogen, sollten sie der ausschließlichen Jurisdiktion ihrer eigenen nationalen Konsuln unterstehen. Auf die Einfuhr durfte Japan Wertzölle legen, aber die Zollsätze wurden in den Verträgen so niedrig bemessen, daß sie für den japanischen Staat als Einnahmequelle kaum ins Gewicht fielen. Der Vertrag mit den Vereinigten Staaten enthielt eine weitere Erschwerung: seine Bestimmungen sollten unabänderlich bis 1872 gelten, und auch dann konnte der Vertrag nur bei vollem Übereinkommen der beiden Regierungen gekündigt oder revidiert werden.

Darüber hinaus beschränkten die frühen Verträge Japans außenpolitische Aktionsfreiheit durch die Einführung der Meistbegünstigungsklausel: Alle von Japan in späteren Verträgen

Der Hafen von Nagasaki nach der Öffnung für den Außenhandel, 1857. Lithographie

Fischmarkt
an der Nihonbashi in Yedo
Aus einem Farbholzschnitt von
Utagawa Hiroshige
Berlin, Kunsthandel

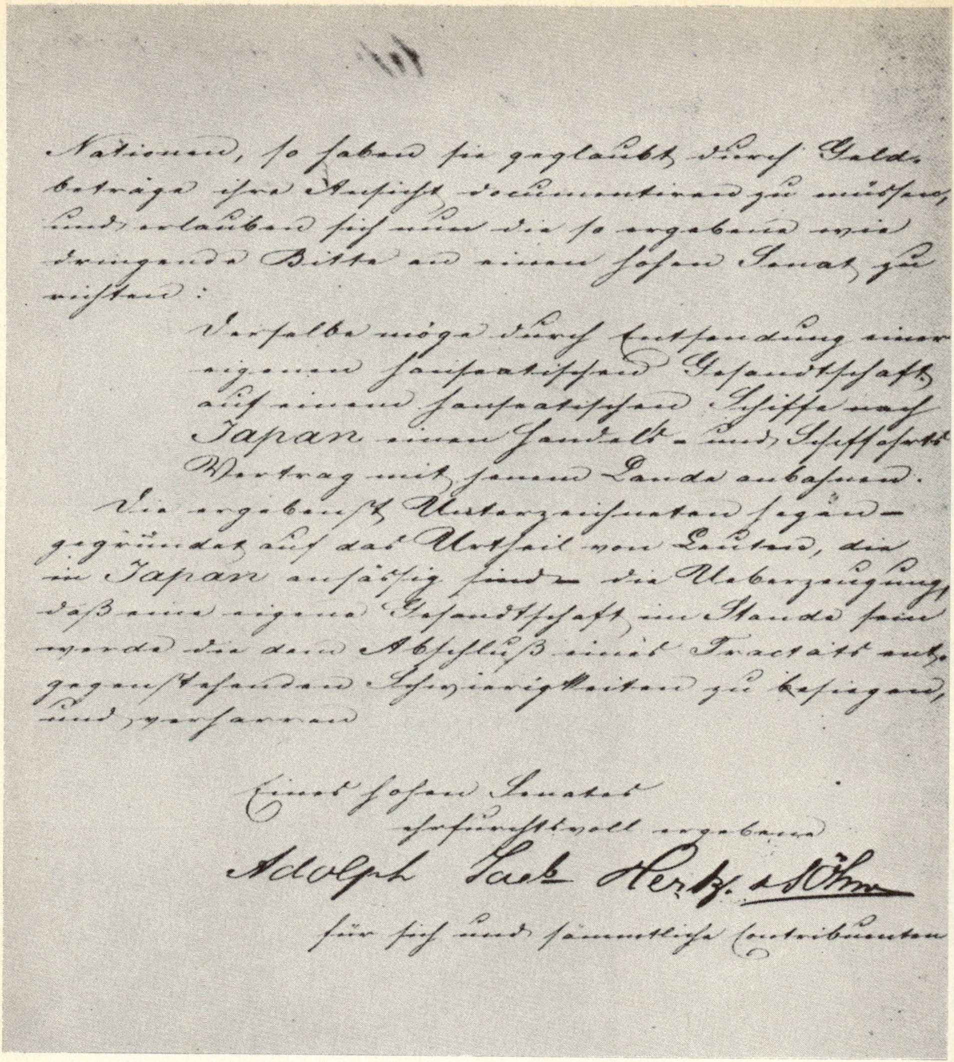

Nationen, so haben sie geglaubt, durch Geld-
beträge ihre Ansicht documentiren zu müssen,
und erlauben sich nun die so ergebene wie
dringende Bitte an einen hohen Senat zu
richten:

Derselbe möge durch Entsendung einer
eigenen hanseatischen Gesandtschaft
auf einem hanseatischen Schiffe nach
Japan einen Handels- und Schiffahrts
Vertrag mit jenem Lande anbahnen.

Die ergebenst Unterzeichneten hegen,
gegründet auf das Urtheil von Leuten, die
in Japan ansässig sind, die Ueberzeugung,
daß eine eigene Gesandtschaft im Stande sein
werde die dem Abschluß eines Tractats ent-
gegenstehenden Schwierigkeiten zu besiegen,
und verharren

Eines hohen Senates
ehrfurchtsvoll ergebene
Adolph Jacob Hertz & Söhne
für sich und sämmtliche Contribuenten

Bitte der Hamburger Kaufmannschaft an den Senat
zur Entsendung einer hanseatischen Gesandtschaft nach Japan
Rückseite des Briefes der Firma Hertz & Söhne vom 1. Oktober 1862 im Namen sämtlicher Spender
der für diesen Zweck aufgebrachten Summe von M. 31 600. Hamburg, Staatsarchiv

einer einzelnen Macht eingeräumten Vorteile oder Zugeständnisse mußten demnach allen Mächten, mit denen Japan Handelsbeziehungen unterhielt, automatisch zugute kommen. In den folgenden Jahren wurden japanische Unterhändler, die sowohl diplomatischer Erfahrung als auch der Kenntnis juristischer Verfahrensweise ermangelten, mehr als einmal dazu gebracht, einzelnen ausländischen Mächten noch weitergehende und noch konkretere Zugeständnisse zu machen, als sie in den Anfangsverträgen vereinbart worden waren, und von solchen Konzessionen profitierten dann alle anderen Mächte in gleichem Maße.

Japans erste diplomatische Vertretung ging 1860 ins Ausland. Schon 1859 hatten sich ausländische Kaufleute in den Vertragshäfen niedergelassen. Sie wurden zur Zielscheibe von Haß und Angriffen, denn ihre bloße Anwesenheit war konservativen Japanern ein Dorn im Auge. Widerstand gegen die Handelsverträge wurde zum Streitproblem der Periode, von dem weitreichende Rückwirkungen auf Japans innere Entwicklung ausgehen sollten.

Sturz des Shôgunats

Daß sich die Shôgunatsregierung 1853 entschloß, die Meinung aller Daimyô zu den Forderungen Perrys einzuholen, erwies sich später als eine entscheidende Schwächung des Shôgunats im Verhältnis zu den Lehnsträgern. Schon die Tatsache, daß die »Außenherrscher« in einer Angelegenheit von nationaler Bedeutung gehört wurden, war ein Bruch mit der Tradition, der im Lande die Überzeugung um sich greifen ließ, daß das Shôgunat die Macht eingebüßt habe, selbständig Entscheidungen zu treffen und sie aus eigenem in die Praxis umzusetzen. Zwar hatte die außenpolitische Krise, wie schon gesagt, das Dilemma, in dem sich das Shôgunat befand, nicht geschaffen; sie zeigte aber anschaulich, daß der Einfluß der Zentralregierung auf die »Außenherrscher« im Schwinden begriffen war.

Auch der innere Zusammenhalt des Systems hatte Schaden genommen. Einer der prominentesten Gegner der Shôgunatspolitik, der bereits als Pionier lokaler Verteidigungs- und Wirtschaftsreformen und als Shôgunatsberater erwähnte Tokugawa Nariaki, entstammte den innersten Kreisen der zentralen Bürokratie. Nariaki stand nunmehr an der Spitze einer einflußreichen Daimyôgruppe, deren Japan-Programm sich an den Schlagworten *Jôi* und *Sonnô* orientierte. Um diese Zeit bedeutete *Jôi* die grundsätzliche Ablehnung aller Versuche der ausländischen Mächte, Japan zu einem Verzicht auf die Selbstabriegelung zu zwingen. *Sonnô* wiederum brachte, wie auch schon früher, zum Ausdruck, daß alle japanischen Untertanen einschließlich des Shôguns und der Bürokraten in seinem Verwaltungsapparat dem Kaiser in Kyôto Gehorsam schuldeten. Zunächst war dies Treuebekenntnis kaum mehr als ein Aufruf zur Sammlung aller Klassen, Provinzen und Richtungen im Kampf gegen die gemeinsame Gefahr. Als sich jedoch die Krise, die in den fünfziger und sechziger Jahren ausgebrochen war, fortsetzte und ausbreitete, verwandelte sich die Gehorsamsbezeigung gegenüber dem Kaiser in eine brauchbare Basis für den Zusammenschluß aller dem Tokugawa-Shôgunat feindlichen Gruppen.

Tokugawa Nariaki selbst hat sich nie dazu durchringen können, die Abschaffung des Shôgunats zu fordern. Aber sein Glaube an die Institution des Kaisertums und an seine Bedeutung als Symbol der nationalen Einheit hatte ihn schon in den fünfziger Jahren dazu gebracht, mit der Gruppe der »Außenherrscher«, die nach einer Beteiligung an den Entscheidungsorganen des Shôgunats verlangte, gemeinsame Sache zu machen. Demgegenüber mußten die Erbvasallen nicht ganz zu Unrecht befürchten, daß ihre eigene Machtposition durch einen Kurswechsel gefährdet werden würde. Ihr Wortführer war derselbe Ii Naosuke, der 1853/54 als Sprecher einer einflußreichen Daimyôgruppe für die Annahme der amerikanischen Forderungen plädiert hatte. In zwei entscheidenden Fragen hatte sich so der unversöhnliche Gegensatz zwischen Ii Naosuke und Tokugawa Nariaki offenbart.

Zwischen 1853 und 1858 spitzten sich sowohl der Kampf um die Macht im Innern als auch das außenpolitische Dilemma auf den Streit um die Nachfolge des kranken und kinderlosen Shôguns Iesada zu. Ii und seine Richtung setzten sich für Iesadas Vetter Iemochi ein, damals noch ein Kind, von der Shôgunatsbürokratie leicht zu gängeln. Der Kandidat der Gegenseite war Nariakis Sohn Yoshinobu, von dem die Fortführung der Politik entschiedenen Widerstands gegen das Auslandsverlangen nach Intensivierung der Handelsbeziehungen und zunehmende innenpolitische Zusammenarbeit mit den Feudalen der Außenbezirke erwartet werden konnte. Die Periode des Nachfolgestreites war eine Zeit fühlbarer Niederlagen und wachsender Enttäuschung für Tokugawa Nariaki. Jede wichtige politische Entscheidung des Shôgunats – vom Vertrag von Kanagawa bis zu Townsend Harris' erfolgreichem Abschluß des Vertrages von Yedo – fiel im Sinne der Richtung Ii Naosuke. Daß Nariaki auf die Politik der Zentralregierung Einfluß nehmen könnte, schien aussichtslos. Das veranlaßte ihn, sich in einer anderen Richtung nach Hilfstruppen umzusehen, die seine Politik unterstützen würden. Er nahm Beziehungen zu Kreisen auf, die am kaiserlichen Hof in Kyôto den Ton angaben.

Nariakis nachhaltige Bemühungen um die Adelskreise von Kyôto hatten den Erfolg, daß am kaiserlichen Hof um 1858 eine Stimmung herrschte, die einer entschieden auslandsfeindlichen Politik entgegenkam und die der in den Shôgunatskörperschaften führenden Partei feindlich war. Ein offener Konflikt zwischen Yedo und Kyôto brach aus, als der Shôgun 1858 den mit Townsend Harris abgeschlossenen Vertrag dem Kaiser zur Genehmigung vorlegte. Unter normalen Umständen wäre das eine bloße Formalität gewesen: die Krone pflegte jede vom Shôgunat getroffene Entscheidung automatisch zu sanktionieren. Aber nun verweigerte der Hof die Ratifizierung des Vertrages.

Das Shôgunat reagierte mit der Verkündung eines Notstands, der der Errichtung eines Diktaturregimes gleichkam. Da es einen entschlossenen und willensstarken Shôgun nicht gab, wurde beschlossen, Ii Naosuke zum Diktator – mit dem Amtstitel Tairô (»Chefberater«) – zu ernennen. Unverzüglich erklärte Ii den Vertrag von Yedo auch ohne kaiserliche Genehmigung für ratifiziert und benannte den Kandidaten seiner eigenen Richtung Tokugawa Iemochi zum Shôgunatserben. Während der folgenden zwei Jahre beherrschte Ii den Verwaltungsapparat der Zentralregierung; der Niederhaltung der Gegner dienten zahlreiche Verhaftungen und Hinrichtungen. Iis Motive waren zweifacher Art. Einmal war er sich der Notwendigkeit bewußt, sofort energische Schritte zu ergreifen, um dem Verlangen des Auslands nach vertraglichen Beziehungen Rechnung zu tragen, weil eine Ablehnung der Forderungen des Westens Japan in eine Katastrophe stürzen würde. Zum andern war er zutiefst davon überzeugt, daß das Shôgunat erhalten werden und die Verfügungsgewalt innerhalb des Shôgunatssystems dort verbleiben müsse, wo sie immer gelegen habe: bei der Gruppe der Erbvasallen, zu der auch er gehörte. Mit dieser Vorstellung hatte er allerdings kein Glück. In Wirklichkeit brachte er mit seiner Politik der Willkür und diktatorischen Herrschaft nicht mehr fertig, als den Haß seiner Gegner zu schüren und ihre ablehnende Haltung zur allgemeinen Widerstandsstimmung gegen das Shôgunat anwachsen zu lassen. Weit und breit begann sich die Überzeugung durchzusetzen, daß das Shôgunat eine überholte Einrichtung sei, die hinweggefegt werden müsse.

Der persönliche Konflikt zwischen Tokugawa Nariaki und Ii Naosuke fand 1860 seinen Abschluß mit dem Tod der Rivalen. Anfang des Jahres fiel Ii dem Mordanschlag einer Samuraigruppe, vornehmlich aus Nariakis Provinz Mito, zum Opfer. Im Laufe desselben Jahres starb Nariaki. Das Gerücht, daß er von Anhängern des ermordeten Ii vergiftet worden sei, findet in den Tatsachen kaum eine Stütze.

Der innenpolitische Kampf wütete aber weiter, und die Schlachtrufe der Gegner des Shôgunats blieben *Sonnô* und *Jôi*, Ehrung des Kaisers und Vertreibung der Barbaren. In zunehmendem Maße ging im Laufe der nächsten Jahre die Führung im Kampf gegen Iis Nachfolger im Shôgunat auf die vier mächtigsten westlichen Provinzen über. Diese Landesteile und die aus ihnen stammenden jungen Führer, die um diese Zeit in die nationale Politik aktiv einzugreifen begannen, sind für Japans neuere Geschichte so bedeutend geworden, daß es sich verlohnt, auf die vier Provinzen einen Blick zu werfen.

Am äußersten südlichen Zipfel der Insel Kyûshû gelegen, war *Satsuma* die vom Sitz der Shôgunatsmacht am weitesten entfernte Feudalprovinz. Seine führenden Schichten waren besonders stolz auf ihre aristokratische und unerbittlich kriegerische Tradition. Es war aber auch mit größeren und mannigfaltigeren Quellen von Reichtum und Wohlstand gesegnet, als sie andere Bezirke in dieser Periode aufzuweisen hatten. Zu Beginn des 19. Jahrhunderts hatten hier einige tüchtige Daimyô aus der Shimazu-Familie lokale Monopole in der Herstellung von Rüstungen und in der Produktion von Verbrauchsgütern aufbauen helfen. Das dürftige Wissen über westliche Wissenschaft und Technik, das über die holländischen Handelsleute in Nagasaki nach Japan einsickerte, leistete gute Dienste in den Industrien von Satsuma. Die Provinz betrieb sogar ihren eigenen Außenhandel über die Häfen der im Süden fast schon an Formosa grenzenden Ryûkyû-Inseln, die Satsuma als seinen eigenen Vasallenstaat ansah. Alles begünstigte Satsumas unabhängiges Gebaren und seine oppositionelle Haltung gegenüber dem Shôgunat. Obgleich der Feudalherr von Satsuma selbst fand, daß die Isolierung Japans durchbrochen und Bekanntschaft mit der westlichen Welt gepflegt werden sollte, war er – ebenso wie andere lokale Führer – über die Kapitulation der Zentralregierung vor den Auslandsforderungen und über die Mißachtung der kaiserlichen Prärogativen erbittert. Zwei seiner jüngeren Gefolgsleute, Saigô Takamori und Ôkubo Toshimichi, taten sich als aktive Teilnehmer an der *Sonnô*- und *Jôi*-Bewegung besonders hervor. Ohne einen hohen Samurai-Rang zu bekleiden, waren beide durch persönliche Tüchtigkeit zu Vertrauenspositionen in der Provinzregierung emporgestiegen.

In der Hauptstadt der Provinz *Hizen*, Saga, im Nordwesten der Insel Kyûshû, nicht weit von Nagasaki, gab es unmittelbare Berührung mit den Holländern. Die Gefahren einer Expansion der Westmächte wie auch die möglichen Vorteile der Übernahme westlicher Rüstungen und westlicher Industrietechnik waren hier deutlicher sichtbar. So wurde zum Beispiel in der Provinz Hizen 1850 der erste japanische Flammofen in Betrieb genommen, so daß Eisenerz auf wirtschaftliche Weise und in größerer Menge als mit früheren Methoden geschmolzen werden konnte. Hizens technische und wirtschaftliche Neuerungen wiesen anderen Lokalregierungen und auch dem Shôgunat den Weg zum Anschluß an die moderne Zeit. Junge Samurai aus Hizen, wie Ôkuma Shigenobu und Etô Shimpei, standen in den sechziger Jahren in den vordersten Reihen der *Sonnô*- und *Jôi*-Bewegung.

Am südwestlichen Zipfel der Insel Honshu lag die Feudalherrschaft *Chôshû*. Ii Naosukes politischer Unterdrückungskampagne von 1859 war unter anderen auch ein junger Samurai aus Chôshû namens Yoshida Shôin zum Opfer gefallen. Yoshida hatte als konfuzianischer Gelehrter und Lehrer und politischer Agitator zahlreiche Anhänger um sich geschart; fanatischer Fremdenhaß verband sich in seiner Propaganda mit sehnsüchtigen Träumen von einer Zukunft, in der der Kaiser das von der unfähigen Shôgunatsbürokratie getane Unrecht wieder in Recht verwandeln würde. Zu Yoshidas Gefolgschaft gehörte so mancher, der in der nationalen Politik eine führende Rolle spielen sollte, so Kido Kôin, Itô Hirobumi und Yamagata Aritomo; viele seiner Schüler waren junge Aktivisten, denen ein Programm radikaler Taten vorschwebte; nicht nur der Zentralregierung, sondern auch der Provinzregierung von Chôshû galten sie als unerwünschte, gefährliche Elemente. Einigen glückte die Flucht. Sie fanden Asyl am Hofe von Kyôto, konspirierten dort mit Vertretern des Hofadels wie Iwakura Tomomi und Sanjô Sanetomi, taten, was in ihren Kräften stand, um die Krone zu bewegen, die Vertreibung der Fremden anzuordnen. Sie erwirkten ein kaiserliches Edikt in diesem Sinne, das im Sommer 1863 in Kraft treten sollte. Am 25. Juni 1863 feuerten die Batterien der Chôshû-Küstenstadt Shimonoseki Schüsse auf amerikanische Kriegsschiffe ab, die die Meerenge zwischen Honshû und Kyûshû passierten. Zur Vergeltung ordneten die Vereinigten Staaten ein Flottenbombardement von Shimonoseki an. Die Einschüchterungsaktion hatte den Erfolg, daß eine gewichtige Gruppe innerhalb der Provinzregierung die extrem auslandsfeindliche Politik aufgab, womit allerdings der Fanatismus der radikaleren Gruppe nur gesteigert wurde. In der Folgezeit wechselte man wiederholt die Herren: in kurzen Abständen folgten einander in der Regierung der Provinz Chôshû Extremisten und Konservative. Im Jahre 1864, als gerade die Extremisten regierten, leitete das Shôgunat, um die Konservativen wieder ans Ruder zu bringen, regelrechte Kriegsmaßnahmen gegen Chôshû ein. Das Ergebnis freilich war ein Aufflammen der alten Shôgunatsfeindschaft bei allen lokalen Richtungen und Gruppen. Von dieser Zeit an wirkte die gesamte Führung von Chôshû mit wachsender Intensität auf die Abschaffung des Shôgunats hin.

Das an der Südküste von Shikoku gelegene *Tosa* wurde von einer Familie regiert, die den Tokugawa-Shôgunen treu ergeben war. Doch in Fragen der technischen Modernisierung und der lokalen Verteidigung war die Provinz wie die drei zuvor besprochenen weitgehenden Neuerungen aufgeschlossen. Viele Samurai von Tosa waren fanatische Anhänger von

Sonnô und *Jôi*. Und wie die Aktivisten von Chôshû suchten auch sie Kyôto zum Angelpunkt ihrer Reformbemühungen zu machen. Ein Versuch dieser Extremisten, die Provinzregierung an sich zu reißen, war zwar gescheitert, aber mit der Zeit kamen auch die Konservativen von Tosa zu der Erkenntnis, daß das Shôgunat nicht mehr zu halten war. Die Provinzregierung bemühte sich denn auch darum, das Shôgunat zum freiwilligen friedlichen Abgang zu bewegen. Auf diese Weise sollten den Tokugawas wenigstens ihre Ländereien und ihr Prestige erhalten bleiben. Auch Tosa stellte bedeutende Männer für die kommende Führungsschicht der Nation, darunter Itagaki Taisuke und Gotô Shôjirô, beide aktiv in der *Sonnô*- und *Jôi*-Bewegung der Provinz.

Das Ereignis, das den Sturz des Shôgunats beschleunigte, war ein Bürgerkrieg, der 1866 von neuem zwischen dem Shôgunat und der Provinz Chôshû entbrannte. Die im Shôgunat um diese Zeit vorherrschende Gruppe eröffnete einen Feldzug gegen Chôshû als eine Art Strafexpedition für die Shôgunatsfeindschaft, die die Provinz zwei Jahre zuvor so deutlich praktiziert hatte. In Wirklichkeit reichten die Pläne weiter: die gesamte unbotmäßige »Peripherie« sollte erobert und unterjocht werden. In ihrer Existenz bedroht, mobilisierte die Provinz alle Widerstandskräfte, die sie auf die Beine bringen konnte. Außer den regulären Samuraitruppen nahmen am Abwehrkampf reichlich buntscheckige Notwehrformationen teil, in denen auch Angehörige der niederen Stände und Freiwillige aus anderen Provinzen kämpften. Satsuma, das früher Chôshû gegenüber Rivalität und Antipathie an den Tag gelegt hatte, stellte die alte Feindschaft zurück und leistete der bedrängten Provinz materiellen Beistand. Den vereinten Kräften der westlichen Provinzen fiel es nicht schwer, dem Shôgunat eine entscheidende Niederlage zuzufügen.

Die Beseitigung des Shôgunats wurde durch zwei Todesfälle erleichtert, die in die Jahre 1866 und 1867 fielen. Der Shôgun Iemochi, der den Eroberungsmarsch der Shôgunatstruppen gegen Chôshû führte, starb während des Feldzugs. Nun hatte die Shôgunatsbürokratie, um den *Sonnô*- und *Jôi*-Bestrebungen den Wind aus den Segeln zu nehmen, einige Jahre zuvor Tokugawa Yoshinobu, den Sohn des Mito-Herrschers Nariaki, als Nachfolger Iemochis bestimmt. So wurde mit Iemochis Tod ein Mann zum offiziellen Haupt des Shôgunats, der dem kaisertreuen Loyalismus und der Politik der Zusammenarbeit mit den westlichen Daimyô eng verbunden war. Anfang 1867 starb auch der Kaiser Kômei; ihm folgte sein vierzehnjähriger Sohn Mutsuhito, dessen Kaisername Meiji der folgenden Ära ihre historische Bezeichnung verliehen hat. Der zutiefst konservative Kômei hatte der revolutionären Bewegung, die sich um seinen Namen scharte, nur widerstrebend Beistand geleistet. Im Gegensatz zu ihm war Mutsuhito-Meiji jung und geschmeidig genug, um die ihm von der shôgunatsfeindlichen Richtung zugedachte Rolle zu übernehmen und effektvoll zu spielen.

Die Verbindung der zentralen oppositionellen Gruppen mit den Antishôgunatskräften von Chôshû und Satsuma besorgte nach deren Bürgerkriegssieg Sakamoto Ryuma, ein prominenter Samurai aus Tosa, der gleichzeitig in Gemeinschaft mit führenden Shôgunatsbeamten daran arbeitete, den Shôgun zur Abdankung und zur Übertragung der Regierungsgewalt auf den Kaiser zu bewegen. Tatsächlich dankte der Shôgun Ende 1867 auf Grund einer Vereinbarung ab, die ihm die riesigen Ländereien der Tokugawa-Familie beließ. Es galt als ausgemacht, daß er seine feudalen Vorrechte ebenso behalten würde wie die Daimyô die ihrigen, daß aber alle Feudalherren einschließlich des abdankenden Shôguns der Oberhoheit einer neuen Zentralregierung mit dem Kaiser an der Spitze unterstellt sein würden. Jedoch stellten die führenden Personen der neuen kaiserlichen Regierung sehr bald fest, daß sie zur Aufrechterhaltung der finanziellen und militärischen Stabilität der neuerrichteten Herrschaftsordnung auch über die Tokugawa-Ländereien verfügen müßten. Auf die Beschlagnahme der Ländereien folgte ein kurzer Bürgerkrieg, in dem die kaiserlichen Truppen den schnellen Sieg davontrugen. Zweieinhalb Jahrhunderte Tokugawa-Vorherrschaft waren zu Ende gegangen.

Staatliche Neuordnung

Im November 1868 wurde beschlossen, die kaiserliche Hauptstadt von Kyôto nach Yedo zu verlegen, worauf Yedo in Tôkyô (»östliche Hauptstadt«) umbenannt wurde. Die Tragweite des Systemwechsels, der vor sich gegangen war, hatte sich schon vorher in einer Audienz angezeigt, die der Kaiser den diplomatischen Vertretern Frankreichs, Hollands und Großbritanniens gewährte. Dieser Bruch mit der Überlieferung bedeutete einerseits, daß die europäischen Mächte den Übergang der Regierungsgewalt auf den Kaiser anerkannten, anderseits – in einem nicht minder bedeutsamen Sinne – den Verzicht der Kaiserpartei, die nunmehr im Sattel saß, auf die fremdenfeindliche Politik, die in ihrer Agitation einen erheblichen Raum eingenommen hatte. Unter der Hand hatte sich seit Anfang der sechziger Jahre in der Haltung der großen westlichen Provinzen zum auswärtigen Handel ein allmählicher Wandel vollzogen. Die Blitzesschnelle, mit der japanischen Gewaltakten gegenüber Ausländern Vergeltungsmaßnahmen der Westmächte gefolgt waren, hatte die unversöhnlich isolationistische Politik als sinnlos enthüllt. Und in den folgenden Jahren konnte sich die japanische Führungsschicht – auch in den westlichen Provinzen – von den Vorteilen überzeugen, die die Verbindung mit dem Ausland brachte.

Die innenpolitischen Ziele des neuen Regimes standen bereits fest. Sie lassen sich auf ein einziges Vorhaben reduzieren: den Wettstreit mit den Westmächten auf der Basis voller Gleichberechtigung aufzunehmen. Konkret gab das der Politik der Meiji-Regierung in ihrer Frühperiode folgende Richtschnur: Zentralisierung des Regierungsapparates, Modernisierung des Verkehrs- und Nachrichtenwesens, Industrialisierung, Stärkung der militärischen Streitkräfte und Erkämpfung der diplomatischen Gleichberechtigung mit den Westmächten. Schon in den ersten fünf oder sechs Jahren nach der Meiji-Restauration hatte das Regime die ersten Schritte zur Erreichung all dieser Ziele getan. Sie sahen wie folgt aus.

Politische Zentralisierung. Die Beschlagnahme des früheren Landbesitzes der Tokugawas drängte zu einer weiteren Maßnahme, die zur Festigung der Fundamente der kaiserlichen Herrschaft beitragen sollte. Der größte Teil des japanischen Staatsgebietes war in den Händen der Daimyô verblieben, und die Zentralregierung konnte über diese Feudalterritorien nur eine lose Kontrolle ausüben. Volle staatliche Einheit konnte es indes nicht geben, so-

DATENGERÜST

Japan 1850–1890

1853 Shôgunat des *Iesada* (bis 1858). Kommodore *Matthew C. Perry* besucht Uraga (Juli).

1854 Vertrag von Kanagawa mit den Vereinigten Staaten von Amerika (31.3.).

1855 Vertrag von Shimoda mit Rußland.

1856 Der amerikanische Generalkonsul *Townsend Harris* trifft in Japan ein.

1858 *Ii Naosuke* als Tairo (bis 1860). Handelsabkommen zwischen den USA und Japan (29.7.).

1860 Erste japanische Botschaft in Washington.

1863 Bei Shimonoseki (Chôshû) beschießen die japanischen Batterien ausländische Schiffe. Eine britische Flottille bombardiert Kagoshima, die Hauptstadt von Satsuma, als Vergeltung für die Ermordung eines britischen Untertans.

1864 Britische, französische, niederländische und amerikanische Kriegsschiffe öffnen die Meerenge von Shimonoseki.

1865 Der Kaiser ratifiziert die Verträge mit den Ausländern.

1865/66 Bürgerkrieg in Chôshû: die Shôgunatsarmee wird vernichtet.

1866 Shôgunat des *Yoshinobu (Keiki)* (tritt 1867 zurück).

1868 Neue Regierung in Tôkyô (Yedo), an der Spitze Kaiser *Meiji*, politisch kontrolliert von den Daimyô der vier westlichen Provinzen

1869 Die vier westlichen Provinzen Satsuma, Chôshû, Tosa und Hizen kehren als Landesfürstentümer unter die Herrschaft des Kaisers zurück. Ihre Daimyô werden Gouverneure.

1871 *Iwakura*-Mission reist nach Amerika und Europa.

1872 Eröffnung der Eisenbahn Tôkyô—Yokohama.

1873 Aufbau eines neuen, auf allgemeiner Militärdienstpflicht beruhenden Heeres (10.1.). Neues Bodenbesteuerungssystem (28.7.). Auseinandersetzung über die Kriegspolitik gegenüber Korea (Oktober).

1874 Revolte des *Etô Shimpei* in Saga (Februar bis April). Sieg der Formosa-Expedition (Mai).

1875 Vertrag mit Rußland über den Austausch von Sachalin gegen die Kurilen (7.5.).

1876 Vertrag von Kanagawa öffnet Korea (26.2.). Umwandlung der Samurai-Pensionen (5.8.).

1877 Satsuma-Aufstand unter Führung von *Saigô Takamori* (Februar bis September).

1879 Die Ryukyu-Inseln werden dem Kaiserreich eingegliedert (4.4.).

1880 Gesetz über den Verkauf des staatlichen Industriebesitzes an Privathand; Erlaß des neuen Strafgesetzes und der Strafprozeßordnung.

1881/82 Bildung der ersten echten politischen Parteien durch *Itagaki Taisuke* und *Ôkuma Shigenobu*.

1882 Gründung der Bank von Japan.

1885 Abkommen zwischen *Itô* und *Li Hung-shang* über Korea (18.4.). Annahme des Kabinettsystems, *Itô* wird erster Ministerpräsident (22.12.).

1889 Die Verfassung wird verkündet (11.2.).

1890 Erste allgemeine Wahl für das Parlament (11.7.). Parlament tritt am 25.11. zusammen.

lange sich die souveränen Rechte der Zentralregierung – einschließlich des Rechtes, Bodenabgaben direkt zu erheben – nicht auf das ganze Land erstreckten.

Die vier »peripheren« Feudalprovinzen Satsuma, Chôshû, Tosa und Hizen, die die neue Regierung beherrschten, fanden ein praktisches Mittel zur Lösung des Problems. Ihre Feudalherren überantworteten im Jahre 1869 ihre Boden- und Bevölkerungsregister »freiwillig« der Krone, womit sie zum Ausdruck brachten, daß ihre Lehen künftighin kaiserliches Territorium sein sollten. Dasselbe Verfahren wurde 1871 allen anderen Feudalherren zwangsweise auferlegt, wobei die Daimyô einige Jahre noch als kaiserliche Gouverneure ihrer früheren Lehnsbezirke fungieren durften.

Anschließend verfügte die Regierung eine Reihe von Reformmaßnahmen zur Umgestaltung des feudalen Abgabensystems. In der Tokugawa-Zeit hatte individueller Grundbesitz auf einer rechtlich nur unvollkommenen Grundlage beruht, wenn auch normalerweise der

Besitzanspruch der Bauern auf den von ihnen bebauten Boden als relativ gesichert gelten konnte. Indes hatte wirtschaftliche Not viele Bauern oft genug gezwungen, ihre Höfe, obwohl die Bodenveräußerung rechtlich unzulässig war, an Gläubiger abzutreten. Ohne gesetzliche Sanktion hatte sich ein vollentwickeltes Eigentumssystem herausgebildet, in dem Grundeigentum, Bodenpacht und Besitztitel von Grundbesitzern, die ihren Boden nicht selbst bewirtschafteten, ineinandergriffen. Die Meiji-Regierung gab diesem System im Jahre 1873 eine Rechtsgrundlage, indem sie die bestehenden Besitztitel bestätigte und die aus früherem Lehnsbesitz der einstigen Daimyô und Samurai-Lehnsträger abgeleiteten Eigentumsansprüche annullierte. Sodann nahm die Regierung eine Neubewertung allen Grundbesitzes auf der Basis der geschätzten Jahreserträge vor und führte zur Ablösung der an die Feudalherren geleisteten Naturalabgaben eine in bar zu entrichtende Geldsteuer ein. Ohne die Steuerlast der Bauern zu erhöhen, sicherte diese Reform ein besser funktionierendes und verläßlicheres System der Erhebung der Grundsteuer, die die wichtigste wirtschaftliche Grundlage der staatlichen Herrschaftsordnung blieb. Die Treuepflicht der Samurai galt nunmehr dem Kaiser direkt, und die Verpflichtung zur Zahlung des Samuraisoldes ging von den Feudalherren auf die kaiserliche Regierung über. Freilich konnte eine so schwere finanzielle Last auf die Dauer kaum von einem Staat getragen werden, der sich aktiv um eine beschleunigte wirtschaftliche Entwicklung des Landes bemühte. Im Jahre 1876 erzwang die Regierung die Ablösung aller Soldansprüche der Samurai durch eine einmalige Abfindung in zinstragenden Schuldscheinen, deren Verzinsung jedoch hinter den früheren Soldzahlungen weit zurückblieb.

Modernisierung des Verkehrs- und Nachrichtenwesens. Schnelle Beförderung und Nachrichtenübermittlung waren unerläßlich für die wirksame Beherrschung der entlegeneren (»peripheren«) Landesteile. Um den Bau einer Eisenbahnlinie zu finanzieren, nahm die japanische Regierung in Großbritannien eine Anleihe in Höhe von rund einer Million Pfund auf. Mit Hilfe ausländischer Fachleute wurde im Jahre 1870 die schwierige technische Aufgabe des Eisenbahnbaus auf ziemlich durchgehend gebirgigem Gelände in Angriff genommen. Schon ein Jahrzehnt später verfügte Japan über fast zweihundert Kilometer Schienenwege. Von Anfang an waren die Eisenbahnen in staatlichem Besitz und unterstanden staatlicher Verwaltung; auf den wichtigsten Strecken ist dies System bis auf den heutigen Tag beibehalten worden.

Die ersten Telegraphenkabel wurden 1869 gelegt. Aus technischen und militärischen Gründen war auch das Telegraphennetz vom ersten Tage an Staatseigentum und wurde von behördlichen Organen verwaltet.

Industrialisierung. Im Jahre 1868 bestanden Japans Industrieanlagen aus einer Handvoll Erzgießereien, Fabriken, Bergwerke und Schiffswerften, die das Shôgunat und einige wenige reiche und unternehmungslustige Feudalherren angesichts der ausländischen Bedrohung in den fünfziger und sechziger Jahren aus dem Boden gestampft hatten. Nach der Meiji-Restauration waren alle diese Betriebe Eigentum der Zentralregierung geworden und wurden von ihr ausgebaut und modernisiert. Zu gleicher Zeit inspirierte und förderte die Regierung organisierte Bemühungen um den Aufbau weiterer für eine moderne Industriewirtschaft unerläßlicher Betriebe. Da diese Bemühungen vornehmlich der Sorge um die

Kaiser Mutsuhito-Meiji mit seiner Gemahlin und Gefolge im Ueno-Park in Tokio
Aus einem dreiteiligen Farbholzschnitt von Shigemasa Hiroshige, 1880
Berlin-Dahlem, Ehem. Staatl. Museen, Ostasiat. Abteilung

Inneres einer Seidenspinnerei
Rechtes Blatt eines dreiteiligen Farbholzschnittes von Ichiyosai Kuniteru, um 1870
Berlin, Kunsthandel

Sicherheit des Landes entsprungen waren, konzentrierten sie sich zunächst auf die Errichtung von Munitionsfabriken, Schiffswerften und anderen für die Landesverteidigung unentbehrlichen Industriewerken.

Eine notwendige Begleiterscheinung der Industrialisierung war die Ausweitung des Außenhandels, denn japanische Rohstoffe, die vordem eine autarke Wirtschaft erlaubt hatten, genügten bei weitem nicht für die Versorgung einer modernen Industrie und einer

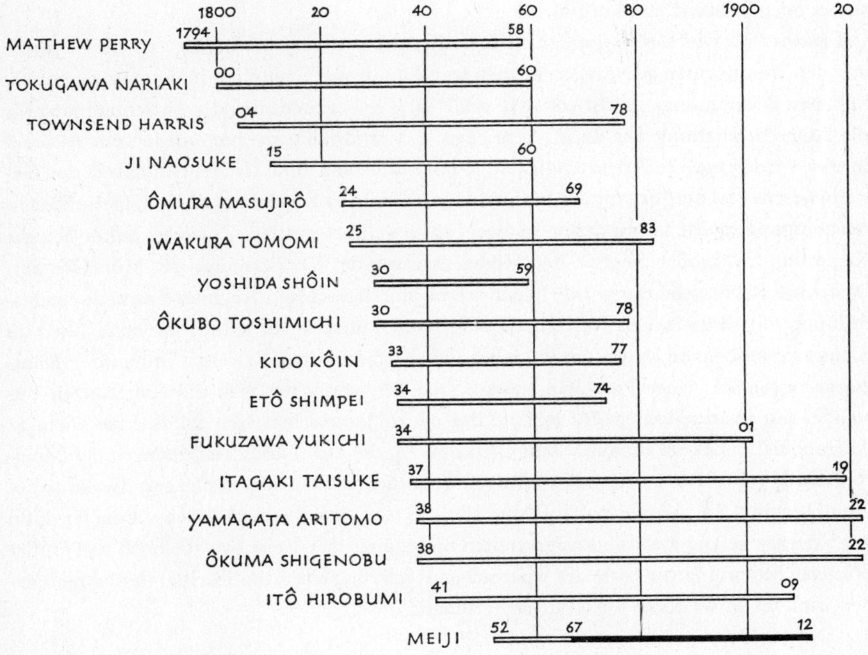

LEBENSDATEN: *Japan 1850–1890*

wachsenden Bevölkerung. Um die Einfuhr von Eisen, Kohle und anderen knappen Grundstoffen zu kompensieren, förderte die Regierung die Entfaltung von Exportgüterindustrien. An erster Stelle stand die Erzeugung von Seide und anderen Textilien, die im neuen japanischen Wirtschaftssystem zur wichtigsten Quelle der Außenhandelserlöse werden sollte.

Militärische Entwicklung. Die Bürgerkriege, die den Sturz des Shôgunats begleiteten, hatten in bezug auf den Aufbau schlagkräftiger Streitkräfte eine entscheidende Tatsache demonstriert: die Samurai, die die Armee des Tokugawa-Shôgunats gebildet hatten (weil sie die einzige Klasse waren, der traditionsgemäß das Waffentragen erlaubt war), erwiesen sich gegenüber den nach Wehrfähigkeits- und Kampfgeistgesichtspunkten aus allen Gesellschaftsklassen rekrutierten Notstandstruppen der Provinz Chôshû als jammervoll unterlegen. An der Wiege des neuen japanischen Heereswesens standen denn auch zwei ehemalige

Befehlshaber der Chôshû-Armee, die auf das Nationalheer die im Bürgerkrieg erlernten Organisations- und Operationsgrundsätze übertrugen: Ômura Masujirô, dessen Karriere als Organisator der neuen kaiserlichen Armee unter den Schüssen eines Attentäters im Jahre 1869 ein jähes Ende fand, und sein jüngerer Protégé Yamagata Aritomo, der nach Ômuras Tod zu einer der dominierenden Persönlichkeiten Japans wurde. Auf Yamagatas Konto kommt ein gut Teil der Vorarbeiten, die im Jahre 1873 zum System der allgemeinen Dienstpflicht führten und ein paar Jahre später, 1878, zum Aufbau eines wirksamen Generalstabes nach preußischem Vorbild.

Diplomatische Gleichberechtigung. Eine Revision der ungleichen Verträge, zu denen Japan von den Westmächten gezwungen worden war, konnte auf Grund der in den Verträgen enthaltenen Bestimmungen nicht vor 1872 erfolgen. Zur Begründung oder Entschuldigung für die Aufrechterhaltung der darin verbrieften Exterritorialitätsrechte wurde vom Ausland immer wieder auf die Rückständigkeit, Umständlichkeit und Unmenschlichkeit des Gerichtswesens und der Justizpraxis Japans hingewiesen. Der Kampf um diplomatische Gleichberechtigung mußte infolgedessen in zwei Stufen geführt werden. Zunächst nahm sich die Regierung mit großer Energie der Modernisierung des Rechtswesens an. Mit Hilfe ausländischer Rechtsgelehrter wurde in den ersten Jahren des Meiji-Regimes eine neue Rechtsordnung mit einem neuen Gesetzbuch aufgebaut. Lange bevor jedoch die neue Justiz zu funktionieren begann, hatte die Regierung auch schon mit der zweiten Stufe ihrer Kampagne begonnen: einer Propagandaaktion, die der westlichen Welt die aufgeklärten Zustände und phänomenalen Fortschritte des neuen Japans beweisen sollte. Eine wichtige Aufgabe fiel dabei der diplomatischen Mission zu, die aus führenden Männern der Meiji-Regierung unter der Leitung des früheren kaiserlichen Palastwürdenträgers Iwakura Tomomi bestand. Sie bereiste in den Jahren 1871 bis 1873 Amerika und Europa. Eine Revision der Verträge gelang zwar den Abgesandten nicht, aber ihre Reise war dennoch von großer positiver Bedeutung: sie hatte der japanischen Regierung einen unmittelbaren und bleibenden Einblick in westliche Verhältnisse verschafft.

Die Meiji-Oligarchie und ihre Gegner

Die Modernisierungsaktion, die unmittelbar nach der Meiji-Restauration einsetzte, folgte einem zusammenhängenden Plan, und in jedem Teilbereich wurden die ersten Gehversuche von hohen Beamten der Zentralregierung gelenkt. Es kam Japan zugute, daß sich nach dem Sturz des Shôgunats die jungen Führer der Restaurationsbewegung als verantwortungsbewußte, kluge und phantasiebegabte Männer erwiesen, denen es nicht schwerfiel, die für eine bewegliche Verwaltung unentbehrlichen Künste des Westens rasch zu erlernen und sie mit Energie und Nüchternheit in Japan anzuwenden. Der Kaiser war noch ein halbwüchsiger Knabe, und für ihn regierten seine Minister und Ratgeber. Im großen und ganzen stammten die Männer aus drei Kreisen: die meisten waren frühere Samurai aus den Provinzen Satsuma, Chôshû, Hizen und Tosa; eine zweite Gruppe kam aus den Adelsfamilien vom kaiserlichen Hof in Kyôto; schließlich gehörten zur neuen Regierungsschicht einige frühere Amtsträger des Tokugawa-Shôgunats, die ihre Diensttreue in den Sterbetagen der Shôgunatsherrschaft auf das neue Regime übertragen hatten.

Die meisten Angehörigen dieser drei Gruppen waren junge Männer, die zur Zeit der Restauration noch nicht das vierte Lebensjahrzehnt vollendet hatten. Kaum einer der Samurai unter ihnen hatte vor der Restauration einen hohen Rang bekleidet oder ein hohes Einkommen bezogen. Gemeinsam war ihnen außer ihrer Jugend, ihrem angeborenen Ehrgeiz und früheren Verbindungen zur kaisertreuen loyalistischen Bewegung noch eins: der Heißhunger nach westlichem Wissen, in vielen Fällen verstärkt durch die Kenntnis europäischer Sprachen und durch persönliche, aus der Studentenzeit datierende Bekanntschaft mit westlichen Ländern.

Diese Führungsschicht war einig in der Überzeugung, daß das wichtigste Fernziel der japanischen Politik der Aufbau einer nationalen Machtposition sein müsse, die es Japan gestatten würde, als gleichberechtigte Macht dem Westen gegenüberzutreten. Anfang der siebziger Jahre zeigte sich jedoch ein tiefer Riß: darüber, wie die erstrebte nationale Machtposition erreicht werden sollte, gingen die Meinungen weit auseinander. Eine Richtung vertrat die Ansicht, daß nur eine direkte Demonstration nationaler Unnachgiebigkeit – also etwa ein überseeischer Invasionsvorstoß – die durch die frühen Auslandsverträge verletzte nationale Ehre wiederherstellen könne. Eine andere Richtung meinte, daß ein solcher Vorstoß vergebens sein müsse, solange Japan seinen inneren Wohlstand, seine Industrieanlagen und sein Heereswesen nicht auf einen Stand gebracht habe, der sich mit dem der Westmächte messen könne.

Den konkreten Anlaß zum offenen Bruch zwischen den beiden Lagern lieferte im Jahre 1872 Korea, als es den japanischen Vertretern, die sich um die Aufnahme diplomatischer Beziehungen bemühten, eine unmißverständliche Abfuhr erteilte. Die Anhänger einer aggressiven Außenpolitik sahen in dem Zwischenfall einen ausreichenden Anlaß für einen Krieg gegen Korea, und zeitweilig gelang es ihnen sogar, die Unterstützung des Kaisers für ihre Pläne zu gewinnen. Mehrere führende Mitglieder der Gegenrichtung waren um diese Zeit mit der Iwakura-Mission im Ausland. Erst als die Mission 1873 heimkehrte, siegte der Standpunkt der Friedenspartei. Vier Führer dieser Richtung, die in den unmittelbar folgenden Jahren als die einflußreichsten Männer der japanischen Regierung in den Vordergrund traten, verdienen erwähnt zu werden: der Chef der Auslandsmission Iwakura Tomomi, der frühere Daimyô-Gefolgsmann aus Satsuma Ôkubo Toshimichi, Kido Kôin aus Chôshû und Itô Hirobumi, ein etwas jüngerer Mann ebenfalls aus Chôshû.

Als Wortführer der Kriegspartei traten vor allem Sprecher der alten Provinzen Tosa und Hizen auf. Der entscheidende Einfluß, den Satsuma und Chôshû auf die Regierung ausübten, hatte in steigendem Maße ihren Unwillen hervorgerufen. Drei ihrer Prominenten, Etô Shimpei aus Hizen und Itagaki Taisuke und Gotô Shôjirô aus Tosa, hatten ihre hohen Ämter als Staatsräte niedergelegt und waren in ihre Heimatprovinzen zurückgekehrt, wo sie über etwaige Mittel, ihre Ansprüche durchzusetzen, brüteten. Etô Shimpei beschritt schließlich den gewaltsamen Weg der direkten Aktion. Mit anderen unzufriedenen Samurai von der Insel Kyûshû organisierte er 1874 einen Aufstand gegen die Regierung. Die Truppen, die die Revolte niederschlugen, wurden von Ôkubo persönlich befehligt; Etô wurde gefangengenommen und hingerichtet. In seinem Feldzug gegen die Regierung hatte er vergebens auf die Unterstützung Itagakis gehofft. Im Kampf gegen die herrschende Oligarchie hatte sich Itagaki, worüber noch zu sprechen sein wird, zu friedlicheren (und erfolgreicheren) Mitteln entschlossen.

Um 1873 war der anerkannte Führer der Kriegspartei Saigo Takamori, ein führender Daimyô-Gefolgsmann aus Satsuma, der zwanzig Jahre lang der Sache seines Daimyô und der Sache des Kaisers treu gedient hatte. Er verkörperte manche der Eigenschaften, auf die die Japaner einer späteren Zeit sehnsüchtig zurückblicken sollten, weil sie ihnen als die bewundernswerten Tugenden der feudalen Vergangenheit erschienen: unerschütterliche Hingabe an den Feudalherrn und das Land, physischer Mut, unverbrüchliches Festhalten an traditionellen Institutionen, stete Bereitschaft, als rasender Rächer über jeden herzufallen, der sich an den Institutionen vergeht. Die Werte, denen er diente, waren die eines einfacheren, noch nicht modernisierten Japans und der ihm eigenen Samuraiklasse, aus der er, Saigô, stammte. Er zweifelte nicht daran, daß die Friedenspartei das Vaterland verraten hatte, als sie den Krieg gegen Korea vereitelte. Er blieb zwar dem Kaiser ebenso treu wie zuvor, aber er zog einen scharfen Trennungsstrich zwischen der Person des Souveräns und den Ministern, denen der Souverän seine Machtbefugnisse delegiert hatte.

Mit anderen Mitgliedern der Kriegspartei schied Saigô 1873 aus der Regierung aus. In tiefer Trauer zog er sich nach Satsuma zurück, aber sein grimmiger Zorn hatte sich nicht gelegt, und sein Tatendurst war nicht verflogen. Um 1876 konnte die Liquidierung der Samuraiklasse mitsamt der Abgeltung des Samuraisoldes durch eine kärgliche Abfindung als abgeschlossen gelten. Saigôs Überzeugung, daß die herrschende Clique das wertvollste Erbgut des alten Japans zerstörte, war unumstößlich geworden. In Satsuma hatte Saigô in den Jahren 1873 bis 1877 Schulen für die militärische und die moralische Ausbildung der Samurai organisiert; die Zöglinge dieser Schulen waren von seiner Persönlichkeit fasziniert, und ihr finsterer Haß gegen das Tôkyô-Regime bei wachsendem Einfluß auf die lokale Verwaltung von Süd-Kyûshû war ein böses Alarmzeichen für die Regierung. Sie schlug zu – und brachte die Krise zum Durchbruch. Ein staatliches Munitionslager in Satsuma wurde geräumt – und die Anhänger Saigôs proklamierten den offenen Aufstand. Saigô selbst nahm an der Revolte erst teil, nachdem sie schon voll im Gange war, aber dann riß er mit seinem Enthusiasmus die Führung der militärischen Operationen an sich. Die Zahl der Samurai, die die Rebellion unterstützten, wird auf hundertfünfzigtausend geschätzt, aber nicht mehr als vierzigtausend durften jeweils für die Teilnahme an Kampfhandlungen verfügbar gewesen sein. Die Rebellen planten, durch ganz Kyûshû gen Norden zu ziehen, unterwegs Anhänger zu sammeln und schließlich die Hauptstadt einzunehmen und zu besetzen. Regierungstruppen, die sich zum Teil aus dienstpflichtigen Angehörigen der niederen Stände zusammensetzten und die an Zahl und Ausrüstung den Streitkräften von Satsuma weit überlegen waren, stießen mit den Rebellen auf Kyûshû zusammen und errangen einen entscheidenden, wenn auch kostspieligen Sieg.

Mit der Rebellion von Satsuma, dem letzten und größten aller bewaffneten Aufstände in der Frühperiode der Meiji-Regierung, war eine klar bestimmbare Epoche der japanischen

Geschichte zum Abschluß gekommen. Der Aufstand hatte der Regierung Gelegenheit gegeben, ein für allemal zu beweisen, daß sie von ihrem Programm der inneren Modernisierung nicht um einen Fußbreit abzuweichen gedachte; damit war Japan gegen konservative Protestakte ähnlicher Art immun geworden. Andere Probleme sollten im folgenden Jahrzehnt im Mittelpunkt des nationalen Interesses stehen.

Zugleich räumte die Rebellion von Satsuma von der politischen Bühne zwei Persönlichkeiten hinweg, die den nationalen Bestrebungen im ersten Restaurationsjahrzehnt ihren Stempel aufgeprägt hatten. Saigo beging nach der Niederlage seiner Streitkräfte Selbstmord. Sein Gegner Ôkubo fiel 1878 einem Attentäter, der Saigo rächen wollte, zum Opfer. In derselben Zeit schied noch eine dritte führende Persönlichkeit des Jahrzehnts aus der politischen Arena: Kido Kôin starb 1877 eines natürlichen Todes. Andere Personen sollten bald im Rampenlicht erscheinen.

Wirtschaftliche, soziale und kulturelle Entwicklung

Japans bemerkenswerte Leistungen im ersten Jahrzehnt der Meiji-Periode brachten gewaltige Ausgaben und schwierige wirtschaftliche Probleme mit sich. Die ersten Industrialisierungsmaßnahmen wurden allesamt durch Auslandsanleihen finanziert. Da qualifizierte japanische Fachkräfte fehlten, mußten zur Durchführung der Arbeiten zahlreiche ausländische Lehrkräfte und Berater herangezogen werden. Die Konversion des Samuraisoldes und die militärischen Feldzüge der Zentralregierung vom Sturz des Shôgunats bis zum Satsuma-Aufstand vermehrten die ohnehin drückenden finanziellen Lasten. In den siebziger Jahren hatte es die Zentralregierung fast zur ständigen Übung gemacht, den Zahlungsmittelumlauf über ihren eigenen enormen Geldbedarf hinaus mit Hilfe der Notenpresse aufzufüllen. Gegen Beginn des Jahres 1881 war das Vertrauen in die nationale Währung gründlich untergraben; die Preise waren beängstigend emporgeklettert. Erst der neue Finanzminister Matsukata Masayoshi, einer der ältesten Oligarchiepartner aus Satsuma, konnte Steuerreformen durchführen, die binnen weniger Jahre die Finanzlage im Innern stabilisierten und Japans Außenhandelsposition erheblich verbesserten. Staatsausgaben wurden abgebaut und die damit freiwerdenden Beträge zur Tilgung der Staatsschuld und zur Einlösung des inflationistisch entwerteten Papiergeldes benutzt. Um dieselbe Zeit erfolgte die Gründung der Bank von Japan, der ersten von mehreren staatlich organisierten Finanzierungsanstalten, die dazu benutzt werden sollten, die industrielle und kommerzielle Kapitalbildung je nach Bedarf zu lenken.

Die achtziger Jahre waren das Jahrzehnt der stetigen Ausdehnung von Handel und Industrie. In den siebziger Jahren hatte die Außenhandelsbilanz ständig mit einem Einfuhrüberschuß abgeschlossen. In den darauffolgenden Jahren dagegen gelang es Japan mehrere Male, einen Aktivsaldo im Außenhandel herauszuwirtschaften. Obgleich die Lebensmittelausfuhr schon im voraufgehenden Jahrzehnt an Bedeutung verloren hatte, zeigte sich erst gegen 1890 unter dem Druck des Bevölkerungswachstums der Zwang zum Reisimport.

Gleichzeitig konnten aber dank der Ausweitung der Industrieanlagen industrielle Fertigfabrikate den Platz der Lebensmittel und Halbwaren im Ausfuhrgeschäft einnehmen.

In der Anfangsphase der Industrialisierung war der Staat der Eigentümer der Schlüsselindustrien. Die meisten Staatsbetriebe wurden jedoch Anfang der achtziger Jahre an Private verkauft, in vielen Fällen zu außergewöhnlich niedrigen Preisen. Das war als Förderung der privaten industriellen Betätigung gedacht, und ohne Zweifel war diese Praxis für Japans neue Kapitalistenklasse von großem Vorteil. An so mancher Stelle wurde gerade während dieser Phase der staatlichen Industrieförderung der Grund gelegt für den Aufbau der großen Zaibatsu-Konzerne, der kombinierten Industrie-, Handels- und Finanzunternehmungen, bei denen später der größte Teil des wirtschaftlichen Reichtums Japans konzentriert war.

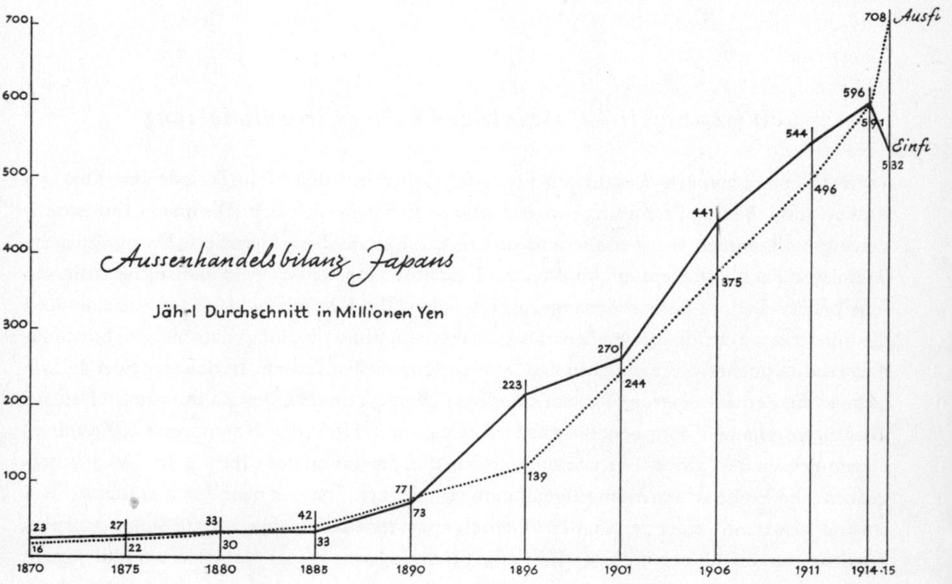

Die staatliche Wirtschaftspolitik begünstigte weitgehend die Stadt und die Industrie auf Kosten des flachen Landes und der landwirtschaftlichen Interessen. Das Deflationsprogramm des Finanzministers Matsukata hatte sinkende Agrarpreise zur Folge, während die Bauern weiterhin mit Steuern belastet blieben, deren Ertrag zur Förderung der Industrialisierung verwendet wurde. Das Ergebnis war in weitem Umkreis eine drückende Not der landwirtschaftlichen Bevölkerung, die unter anderem in der Zunahme der Pachtbetriebe zum Ausdruck kam. Von je sechs Bauern war 1873 nur einer ein Pächter ohne eigenen Besitz; 1887 waren es von je sieben Bauern zwei: der Anteil der landlosen Pächter hatte sich fast verdoppelt. Es gab allerdings auch eine positive Seite: mit der Förderung landwirtschaftlicher Schulen und Forschungsanstalten wirkte der Staat auf eine Verbesserung der

Anbaumethoden hin. Eine gelenkte Politik der Urbarmachung gebirgigen Bodens und anderen jungfräulichen Landes vermehrte in gewissem Umfang die landwirtschaftliche Nutzfläche.

Auf zwei konkrete Ziele war in der Meiji-Periode die staatliche Kulturpolitik gerichtet. Einmal wurde im Interesse der allgemeinen Modernisierung des Landes für die weite Ausbreitung der Wissenschaften und Künste einschließlich der neuerlernten ausländischen Verfahren Sorge getragen. Zum andern kam es darauf an, das japanische Volk seiner staatsbürgerlichen Pflichten bewußt werden zu lassen. Im ganzen Lande wurde ein staatliches Schulsystem mit unentgeltlichem Unterricht aufgebaut; ab 1872 gab es allgemeine Schulpflicht. Für begabte Schüler aus allen Gesellschaftsklassen wurden darüber hinaus höhere Schulen und Hochschulen errichtet. Das Schulsystem folgte im allgemeinen dem Vorbild Amerikas oder Westeuropas. Im Schulpensum wurden – zum mindesten in der frühen Meiji-Periode – Naturwissenschaften und westliche Disziplinen bevorzugt. Sogar im Literatur-, Kunst- und Musikunterricht überwog anfänglich die Tendenz zur Vernachlässigung der einheimischen Überlieferung und zur Hervorhebung europäischer Traditionen. Erst in den achtziger Jahren setzte eine rückläufige Bewegung ein, und in den Unterrichtsplänen wurde chinesischem und japanischem Denken, der Geschichte Japans und den fernöstlichen Künsten größere Bedeutung eingeräumt. Eine der größten sozialen Errungenschaften des modernen Japans war die fast vollständige Ausrottung des Analphabetentums.

Eine Konsequenz der allgemeinen Ausbreitung der Bildung war, von den Führern des Meiji-Regimes besonders gefördert, die Schaffung der Fundamente einer konservativen Haltung in einer Zeit, in der im Bereich der materiellen Zivilisation und in den öffentlichen Institutionen revolutionäre Veränderungen vor sich gingen. In der Tokugawa-Ära hatte der Konfuzianismus der aristokratischen Erziehung als ideologische Grundlage gedient. Obgleich nun der Konfuzianismus in der Meiji-Periode den Charakter einer organisierten Kultusgemeinschaft einbüßte, ist seine konservative Ethik, die Gehorsam gegenüber den Älteren und Vaterlandstreue in den Vordergrund stellt, auch von modernen japanischen Erziehern als die Grundlegung der sittlichen Erziehung der Jugend beibehalten worden.

Auch die Religion wurde in den Dienst der Staatsräson gestellt. Der primitive einheimische Shintô-Kultus war seit undenklichen Zeiten mit der Verehrung der Person des Kaisers verbunden; eine seiner Hauptfunktionen war der Vollzug der die Gottheiten versöhnenden und die Menschen schützenden Riten des Shintô-Glaubens. Die Regierung der frühen Meiji-Periode erhob den Shintôismus zur Staatsreligion, stellte einige der wichtigsten Kultstätten unter staatlichen Schutz und verlangte von allen japanischen Untertanen als patriotische Pflicht wenigstens die äußere Bekundung der Shintô-Gläubigkeit. Damit wurde der Kaiser zu einem übermenschlichen Brennpunkt patriotischer Gefühle, und seine Handlungen und Äußerungen mußten als über jede Kritik erhaben gelten. Der verstaatlichte Shintô-Kult begründete zu einem erheblichen Teil den Obskurantismus und die Unterdrückungspolitik, die in den Jahrzehnten vor dem zweiten Weltkrieg in zunehmendem Maße zum Kennzeichen der staatlichen Politik werden sollten. Der Mythos von der göttlichen Herkunft des japanischen Volkes, der auf die früheste schriftliche Überlieferung des japanischen Legendenschatzes zurückgeht, wurde vom Staat zum Dogma erklärt, und seit dem Ende des 19. Jahrhunderts wagten die wenigsten Japaner, seinen Wahrheitsgehalt in Zweifel zu ziehen. Obgleich aktive Teilnahme des Kaisers an Regierungsgeschäften einer machtvollen einheimischen Tradition als unziemlich galt, beriefen sich skrupellose Politiker oft genug auf die Person des Kaisers, um ihren Entscheidungen die Gloriole göttlicher Autorität zu verleihen.

Daraus darf freilich nicht geschlossen werden, daß die staatliche Förderung des Shintôismus etwa eine Verfolgung oder Unterdrückung anderer Glaubensbekenntnisse bedeutet habe. Wenigstens nominell blieb der Buddhismus die Religion der Mehrheit der japanischen Bevölkerung. Traditionsgemäß waren japanische Buddhisten seit jeher anderen Konfessionen gegenüber tolerant, und es ist ein Charakteristikum japanischen religiösen Brauchtums, daß Menschen Kulthandlungen und gottesdienstliche Verrichtungen im Rahmen von zwei oder mehreren Religionen vornehmen können, ohne der Ungläubigkeit, mangelnder Frömmigkeit oder krasser Inkonsequenz geziehen zu werden. Daraus erklärt sich auch, daß die Buddhisten im allgemeinen die Regierungsverfügungen, die die Befolgung von Shintô-Riten obligatorisch machten, ohne Widerspruch hinnahmen.

Neben Shintôismus und Buddhismus ist im modernen Japan das Christentum zum nächstwichtigen Bekenntnis geworden. Zu der Zeit, als die Beziehungen zum Westen aufgenommen wurden, blickte das Christentum in Japan auf eine Unterdrückungsära von zwei Jahrhunderten zurück. Emotional blieb die japanische Führungsschicht auch weiterhin entschieden christenfeindlich, obgleich das Studium des christlichen Glaubens in der Periode, die der Meiji-Restauration unmittelbar folgte, manchen jungen Leuten als ein zusätzliches Mittel galt, mehr über den Westen und die westliche Kultur zu erfahren. Nichtsdestoweniger widersetzte sich die Meiji-Regierung bis 1873 der ausdrücklichen Aufhebung der gegen die japanischen Christen erlassenen Regierungsedikte. Als der Staat dann volle religiöse Toleranz verkündete, geschah das unter anderem zu dem Zweck, die Außenwelt von den Fortschritten der Aufklärung in Japan zu überzeugen, um eine beschleunigte Revision der Handels- und Exterritorialitätsverträge der fünfziger Jahre zu erreichen. Besonders beeindruckt waren die japanischen Führer von der Feststellung der Iwakura-Mission, daß der Westen Japans Unduldsamkeit gegenüber dem Christentum nicht begreifen könne.

Sobald das Verbot gefallen war, öffnete sich der Missionstätigkeit der römisch-katholischen, der griechisch-orthodoxen und vieler protestantischen Kirchen ein weites Feld. Der Anteil der Christen an der Bevölkerung Japans ist zwar nie über ein halbes Prozent hinausgegangen, aber die Rolle der christlichen Kirchen bei der Verbreitung materieller und nichtmaterieller Aspekte der westlichen Kultur hat das Christentum im Japan der Neuzeit zu einer viel mächtigeren historischen Kraft gemacht, als den Zahlen der Bekenner entsprochen hätte. So waren zum Beispiel viele der fortschrittlichen höheren Bildungsanstalten von der einen oder anderen christlichen Konfession oder von japanischen Christen, die im Ausland erzogen worden waren, ins Leben gerufen worden.

Die am Ausgang des 19. Jahrhunderts aus dem Westen nach Japan importierten sozialen und kulturellen Einrichtungen sind zu zahlreich, als daß sie im einzelnen beschrieben werden könnten. Besondere Erwähnung gebührt dem Aufbau einer Presse westlicher Art, die nicht geringe Rückwirkungen auf die Geschichte der japanischen Institutionen in dieser

Unterricht in einer Volksschule nach Einführung der allgemeinen Schulpflicht in Japan, 1872
Aus einem dreiteiligen Farbholzschnitt

Tagung des japanischen Unterhauses in der zweiten Parlamentssitzung
Bilderbogen, um 1890

Friedenskonferenz von Shimonoseki, 1895
Farblithographie. Paris, Bibliothèque Nationale, Cabinet des Estampes

Zeit gehabt hat. Die ersten echten Zeitungen, die in Japan publiziert wurden, erschienen in den Handelshäfen der späten Tokugawa-Periode und wurden von Ausländern für Ausländer geschrieben. Die erste richtige Tageszeitung in japanischer Sprache begann 1870 zu erscheinen. In den folgenden Jahrzehnten strömten immer mehr und mehr Japaner zur Publizistik; sie war sowohl zu einer verlockenden Berufssphäre als auch zu einem wirksamen Mittel der Beeinflussung der öffentlichen Meinung zugunsten dieser oder jener Haltungen herangewachsen. Es war nur natürlich, daß die ersten Zeitungen der Frühzeit von Personen gegründet wurden, die am meisten »verwestlicht« waren; die junge Presse wurde denn auch allgemein mit der Vielfalt der aus Europa und Amerika importierten Ideen identifiziert.

Die meisten Zeitungen standen im offenen Gegensatz zum Regime der Oligarchen aus Satsuma und Chôshû. Dieser Opposition begegnete die Oligarchie auf zweierlei Weise. Einerseits begünstigten die Führer des Regimes die Gründung von Zeitungen, die der Oligarchie freundlich gegenüberstanden. Anderseits erließ die Regierung ab 1875 eine Anzahl von Gesetzen, die das Recht der Presse, Kritik an der Regierung zu üben, weitgehend einschränkten und unbotmäßige Journalisten mit Geldstrafen, Gefängnis und Zeitungsverboten bedrohten. Trotzdem hat der Kampf zwischen den Oligarchen und der oppositionellen Presse dem Regime keinen klaren Sieg gebracht, denn mit der Zeit gelang es den Zeitungen, eine öffentliche Meinung heranzubilden, die der Willkür der Oligarchen streitbar und kampfbereit entgegentrat. Sie erwies sich als so einflußreich, daß keine Regierung es sich leisten konnte, sie völlig zu ignorieren.

Seit der frühesten Meiji-Periode hatte der Zug zur »Verwestlichung« auch Literatur und Kunst ergriffen. Intellektuelle Führer, darunter der gefürchtete Erzieher und Journalist Fukuzawa Yukichi, fanden in manchen Zügen der westlichen Literatur, die sie in der einheimischen literarischen Tradition vermißten, viel Anziehendes; vor allem imponierte ihnen die für die literarischen Erzeugnisse der westlichen Welt charakteristische Klarheit der Sprache und Vorrangstellung des thematischen Inhalts. Bis etwa 1885 nahmen Übersetzungen aus europäischen Sprachen, zu jener Zeit als »Fukuzawa-Bücher« bekannt, die Aufmerksamkeit des lesenden Publikums vollauf in Anspruch; japanische Bücher beschränkten sich häufig auf die Nachahmung westlicher Vorbilder. Die Reaktion, die dann allerdings im Bildungswesen folgte und die japanische Werte und japanische Themen neu belebte, fand ihren Widerhall auf literarischem Gebiet in neuen Versuchen japanischer Autoren, eine Synthese östlicher und westlicher Darstellungsweise zu finden. Diese Bewegung ging Hand in Hand mit intensiven Bemühungen, die in Wortschatz und Grammatik veraltete Sprache der traditionellen japanischen Literatur durch eine neue, sich am gesprochenen Japanisch orientierende Schriftsprache zu ersetzen. Die Früchte dieser Bestrebungen zeigten sich in den achtziger Jahren: es entstanden wirklich moderne Romane, die den Lesern insofern etwas zu sagen hatten, als sie sich mit Gegenwartsthemen aus dem gesellschaftlichen und geistigen Leben Japans beschäftigten, namentlich mit den Spannungen, die sich in den oberen und mittleren Schichten der japanischen Gesellschaft aus den gegensätzlichen Anforderungen der technisierten Kultur des Westens und des überlieferten Wertsystems des Ostens ergaben.

Liberalismus und Verfassung

Die Bekanntschaft mit westlichen Ideen und Institutionen hatte zur Folge, daß auch auf politischem Gebiet Anleihen beim Westen gemacht wurden, die eine weitreichende geschichtliche Wirkung ausüben sollten. Seit Beginn der Meiji-Periode verfolgten die Pioniere des Anschlusses an den Westen mit großem Interesse die Entwicklung der konstitutionellen, demokratischen Einrichtungen der westlichen Länder. In gewissem Umfang wurden diese neuen Vorbilder bei der Schaffung der Verfassung von 1889 befolgt. Mit dem Zusammentritt der ersten gewählten Volksvertretung im Jahre 1890 wurden sie zum tragenden Bestandteil des staatlichen Aufbaus. Wie in anderen Teilen der Welt vollzog sich auch in Japan der Kampf um parlamentarische Einrichtungen in der Form einer Auseinandersetzung zwischen einer kleinen Regierungsclique, die Widerstand leistete, und zahlenmäßig bedeutenderen Kreisen, die sich um die Verbreiterung der Basis der Staatsgewalt bemühten. Allerdings waren die Kreise, die sich für eine Liberalisierung der politischen Institutionen einsetzten, nicht ausschließlich von humanitären oder ideologischen Überlegungen beseelt, und auch die Verkündung der Verfassung war kein eindeutiger Sieg des liberalen Lagers.

In ihren Ursprüngen kann die liberale Bewegung in Japan als ein Element derselben politischen Zerklüftung gesehen werden, aus der 1874 der Hizen-Aufstand von Etô Shimpei und 1877 der Satsuma-Aufstand von Saigo Takamori erwachsen war. In der Tat war Etô ein früher Vorkämpfer des westlichen Parlamentarismus, und sogar der erzkonservative Saigo ließ sich von Idealen leiten, die später in das Kredo der japanischen Liberalen eingehen sollten. Was der japanische Frühliberalismus über den geschichtlichen Rahmen, in dem er zu wirken hatte, dachte, läßt sich in etwa folgende Thesen fassen:

1. Die Restaurationsbewegung ist durch das unaufhaltsame Bedürfnis nach nationaler Einheit ausgelöst worden. Es war unumgänglich, daß zur Führung des Staates alle Kräfte herangezogen wurden, die eine patriotische Haltung mit einem Sinn für drängende nationale Probleme verbanden, das heißt der gesamte Samuraistand ungeachtet ihrer geographischen Herkunft.
2. Statt dessen hat die Meiji-Regierung der Frühperiode in die Positionen der oligarchischen Macht eine kleine Clique aus Satsuma und Chôshû berufen, die die monarchischen Institutionen benutzte, um eine Willkürpolitik des Eigennutzes zu verschleiern.
3. Namentlich in ihrer auswärtigen Politik hat sich die Satsuma-Chôshû-Clique als feige und unfähig erwiesen. Wo entschlossenes Handeln geboten war – wie anläßlich der Korea-Krise von 1873 –, hat die Regierung versäumt zu handeln; in den langen Jahren, die folgten, hat sie nichts getan, um die demütigenden Verträge, die Japans Beziehungen zum Westen regelten, zu revidieren.

Ähnliche Feststellungen hatten Etô und Saigô, nachdem sie sich von der Regierung getrennt hatten, zum bewaffneten Aufstand getrieben; nur mit der Waffe in der Hand hatten sie geglaubt, einen Patriotismus bekunden zu können, der sich nicht in loyaler Anerkennung der herrschenden Gewalten erschöpfte. Aber unter denen, die 1873 dem oligarchischen Regime den Rücken kehrten, gab es auch andere: Männer, denen zur Erreichung ihrer Ziele friedliche Mittel erfolgsicherer schienen. Zu ihnen gehörten vor allem Itagaki Taisuke und Gotô Shôjiro, die in der Vorrestaurationsperiode eine führende Rolle in der *Sonnô-Jôi*-Bewegung ihrer Heimatprovinz Tosa gespielt hatten. Ihre Verdienste um die kaiserliche

Sache waren vom Kaiser mit hohen Ämtern in der neuen Regierung belohnt worden. Beide hatten sich in der Korea-Affäre zur Kriegspartei geschlagen, und eine aggressive Außenpolitik sollte einer der Hauptpunkte ihres Programms bleiben. Wieder daheim in Tosa, faßten Itagaki und Gotô gleichgesinnte lokale Samurai in politischen Studien- und Aktionsgruppen zusammen, die unter dem Namen *Risshisha* (»Selbsthilfevereine«) bekanntgeworden sind. Von Anfang an war der Schlachtruf der *Risshisha* Freiheit. Gemeint war vor allem das Recht der aufgeklärten Samurai, an der politischen Willensbildung und an politischen Entscheidungen teilzunehmen. Einmal von den Samurai von Tosa auf die Tagesordnung gesetzt, hatte die liberale Bewegung gegen Ende der siebziger Jahre gesamtnationale Ausmaße angenommen, wenn sie auch eine Zeitlang noch in der Hauptsache frühere Angehörige der Samurai- und Eigentümerklassen anzog.

Anfang 1874, am Vorabend des erfolglosen Aufstands unter der Führung Etôs, hatte eine Gruppe von Liberalen unter Mitwirkung von Etô, Gotô und Itagaki dem Kaiser eine Denkschrift unterbreitet, in der die Einberufung einer Nationalversammlung angeregt wurde. Die Reaktion der Regierung war nicht einheitlich: Ôkubo verlangte bedingungslose Ablehnung des Vorschlages; Kido Kôin neigte einer Kompromißlösung zu. Kidos Haltung nahm eigentlich schon den Kompromiß vorweg, in dem der Streit zwischen den Liberalen und der Oligarchie zu einem späteren Zeitpunkt sein Ende finden sollte. Daß Japan später einmal eine Verfassung und parlamentarische Institutionen brauchen würde, bezweifelte Kido nicht; nur sollte zunächst die Errichtung regionaler Versammlungen der Präfekturgouverneure (die die Stelle der Feudalherrscher der einzelnen Lehnsbezirke eingenommen hatten) breitere Schichten auf die Mitwirkung an den Regierungsgeschäften vorbereiten. Zugleich, meinte er, sollte die Regierung, bevor sie unwiderrufliche Schritte ergriff, der geeigneten Form verfassungsmäßiger Einrichtungen ein intensiveres Studium widmen. Unterdes hielten Kido und andere Oligarchen, die die Unvermeidlichkeit einer verfassungsmäßigen Regierungsform erkannten, daran fest, daß, wie immer die künftige Verfassung aussehen möge, Vorkehrungen getroffen werden müßten, damit eine uneingeschränkte Kontrolle der Regierungspolitik durch gewählte Volksvertreter verhindert werde.

Im Jahre 1875 trafen Kido und Ôkubo in Osaka mit Itagaki zusammen, um sich über die ersten Schritte zur Schaffung einer parlamentarischen Vertretung schlüssig zu werden. Das Ergebnis war ein Kompromiß, der niemanden zufriedenstellte. Man einigte sich auf eine zentrale gesetzgebende Körperschaft und lokale Konferenzen der Präfekturgouverneure, aber diese Körperschaften fügten dem bestehenden System der oligarchischen Regierung nur ein verwirrendes Element hinzu. Keineswegs ebneten sie den Weg für eine Volksregierung, wie sie von den Liberalen erstrebt wurde. Indes hatte der Sieg der Regierung über die Satsuma-Rebellen im Jahre 1877 das Mißtrauen der Liberalen nur noch mehr angefacht. Im gleichen Jahre hatte das Außenministerium bei einem überoptimistischen Versuch, die Revision der Verträge zu erreichen, einen schweren Mißerfolg erlitten. Die Liberalen hatten für den Kampf gegen die oligarchische Herrschaft neues Rüstzeug erhalten.

Eine unerwartete Streitfrage, die 1881 in den Vordergrund trat, schien den Liberalen von neuem die Chance in die Hände zu spielen, die Oligarchen zur Abtretung eines Teils ihrer Befugnisse an eine gewählte parlamentarische Körperschaft zu zwingen. Die Regierung war gerade dabei, einen Teil ihres industriellen Besitztums an Privateigentümer zu veräußern. Ôkuma Shigenobu, ein Führer der Restaurationsbewegung aus Hizen, der sich 1873 der Friedenspartei angeschlossen hatte und trotz seinen Sympathien für die Sache des Parlamentarismus in der Regierung verblieben war, hatte erfahren, daß einige der staatlichen Besitztümer auf der nördlichen Insel Hokkaidô zu lächerlich niedrigen Preisen an eine Gesellschaft verschleudert werden sollten, an der Kuroda Kiyotaka, ein Oligarch aus Satsuma, als Großaktionär beteiligt war. Diese vertrauliche Nachricht nahm Ôkuma zum Anlaß, in aller Öffentlichkeit die Beseitigung der oligarchischen Korruption und die Einführung einer verfassungsmäßigen Regierung zu verlangen. Durch Ôkumas Vorstoß in eine peinliche Situation versetzt, mußte sich die Oligarchie dazu bereit finden, die ungesetzliche Verschleuderung von Staatseigentum zu unterbinden und zugleich zu verkünden, daß 1889 eine parlamentarische Verfassung eingeführt werden würde. Der Preis, den die Liberalen für dies Zugeständnis erlegen mußten, war allerdings reichlich hoch. Ôkuma Shigenobu, der letzte Liberale in der Regierung, wurde zum Rücktritt gezwungen. Trotz aller Belagerung durch die Liberalen waren die Oligarchen nunmehr unter sich und konnten ungestört ihre Verfassungspläne entwerfen und ihre Vorbereitungen für die Zukunft treffen.

Nach dem Tode Ôkubos und Kidos war Itô Hirobumi zum anerkannten Führer der Zivilisten im oligarchischen Apparat aufgerückt. Er übernahm auch die Leitung der Verfassungsvorbereitungen; um besser gerüstet zu sein, trat er alsbald eine Auslandsreise zum Studium der parlamentarischen Systeme verschiedener europäischer Länder an. Vermutet wird, daß er auch vorher schon die Neigung zu einem beschränkt konstitutionellen System nach deutschem Muster verspürt habe. Jedenfalls wurden seine Sympathien für ein solches System entschieden bestärkt, als er sich vom Machtzuwachs und von den Errungenschaften, die Bismarcks Staat in den zehn Jahren seiner Existenz als geeintes Reich erzielt hatte, persönlich überzeugen konnte. Aus solchen Eindrücken und Erfahrungen gestaltete sich der institutionelle Inhalt der Verfassung, in deren Rahmen ein nur dem Kaiser verantwortliches Kabinett die politischen Entscheidungen treffen und ein aus beschränktem Wahlrecht hervorgehendes Parlament dem Kabinett bei der Durchführung seiner Entscheidungen die Unterstützung der Bevölkerung in diesem oder jenem Umfang garantieren sollte.

Inzwischen hatten die liberalen Kräfte die ersten echten politischen Parteien Japans ins Leben gerufen. Der ausgesprochene Zweck dieser Organisationen war – in Erwartung einer kommenden Verfassung – die politische Erziehung der künftigen Wählerschaft. Von entscheidender Tragik für den japanischen Liberalismus war indes die Uneinigkeit der Kräfte, die ein parlamentarisches System anstrebten. Sie brachten es nicht fertig, sich über ein einheitliches Aktionsprogramm zu verständigen. Unter dem Namen »Reformpartei« *(Kaishin-tô)* organisierte Ôkuma Shigenobu eine Gruppierung, die im wesentlichen an städtische Geschäftsleute appellierte. Daneben schufen Itagaki Taisuke und Gotô Shôjirô, gestützt auf ihre frühere Samurai-Aktionsgruppe in Tosa, eine Konkurrenzorganisation, die sich »Liberale Partei« *(Jiyû-to)* nannte und in erster Linie Anhänger unter ländlichen Eigentümern anzuwerben suchte. Die Rivalität zwischen diesen beiden Gruppen, die durch persönliche Gegensätze und programmatische Meinungsverschiedenheiten noch verschärft wurde, trug zum Mißerfolg ihrer politischen Pläne ebenso bei wie der Widerstand der Regierungskräfte.

Der politischen Tätigkeit der Liberalen leistete die Oligarchie auf verschiedene Weise Widerstand. Zeitströmungen machten es ihr leicht, jede Organisation, die der politischen Aktion dienen wollte, als Element der Spaltung und Schwächung des nationalen Ganzen anzuprangern. Hinzu kam, daß sich einige Mitglieder der Liberalen Partei im Kampf gegen die Regierungspolitik tatsächlich Gewaltakte hatten zuschulden kommen lassen. Das nutzte die Oligarchie geschickt aus, indem sie 1884 die Auflösung der Liberalen Partei erzwang. Im selben Jahr trat Ôkuma als Führer der Reformpartei zurück, um ähnliche Ausschreitungen seiner Parteigänger zu desavouieren. Eine Reihe von Gesetzen wurde erlassen, in denen die meisten normalen Formen der Parteitätigkeit und Parteipropaganda für gesetzwidrig erklärt wurden. Schließlich verhinderten die mit der Ausarbeitung des Verfassungsentwurfs beauftragten Regierungsleute jede Kritik an ihrer Arbeit dadurch, daß sie das Publikum über den Charakter des geplanten Gesetzeswerkes völlig im dunkeln ließen.

Zu guter Letzt wurde die Verfassung im Februar 1889 doch verkündet. Ein Jahr zuvor war ein Geheimer Staatsrat geschaffen worden, der den Verfassungsentwurf durcharbeiten und den Kaiser über seine Vorzüge »beraten« sollte. Formal war die Verfassung eine Willenserklärung des Kaisers, gleichsam sein Geschenk an das Volk. Historisch gesehen, kam dieser besonderen Eigenart des Verfassungswerkes große Bedeutung zu, denn sie brachte zum Ausdruck, daß die Verfassungsurkunde die souveräne Macht des Kaisers in keiner Weise minderte. Künftig würde die letzte Entscheidung über die Politik des Staates bei der Gruppe liegen, die – wie die bestehende Oligarchie – das Vertrauen des Thrones genoß und für sich in Anspruch nehmen konnte, den kaiserlichen Willen zu verkörpern.

Ebenso mußten sich auch einige Detailbestimmungen der Verfassung im undemokratischen Sinne auswirken. So vereitelte die Verfassung eine effektive Kontrolle des Parlaments über den Staatshaushalt und enthielt damit den gewählten Gesetzgebern die Entscheidungsgewalt vor, die ihnen in westlichen parlamentarischen Systemen zusteht. Dem Parlament war zwar die Befugnis zugedacht, Ausgabebewilligungen zu genehmigen oder zu verweigern; kam aber eine parlamentarische Entscheidung über die Ausgaben nicht zustande, so sollte das jeweils geltende Budget auch für das nächste Jahr in Kraft bleiben. Ein weiterer Artikel der Verfassung handelte von den Rechten und Pflichten der Staatsbürger; er tat es aber in einer Form, die die Pflichten überbetonte und die Rechte mit einschränkenden Klauseln wie »innerhalb der Grenzen der Gesetze« fast völlig zunichte machte.

Es ist vielleicht zuviel Aufhebens davon gemacht worden, daß die konservativen und restriktiven Züge des japanischen Verfassungssystems den institutionellen Grundlagen des damaligen Preußens nachgebildet worden seien. Auch ohne gewollte Nachahmung zeigten die Verhältnisse Japans und Deutschlands im letzten Drittel des 19. Jahrhunderts viele gemeinsame Züge: autoritäre Tradition der politischen Geschichte, technische Rückständigkeit im Vergleich zu konkurrierenden Ländern, ererbte politische Uneinigkeit und Zersplitterung, Vordringlichkeit der Herstellung der staatlichen Einheit und der allgemeinen Modernisierung. In der Ähnlichkeit der historischen Situation liegt eine ausreichende Erklärung dafür, was die Regierungsführer der beiden Länder bewogen haben kann, sich für verwandte institutionelle Systeme zu entscheiden.

Eine Revision der Verträge, die den Exterritorialitätsvorrechten des Auslands ein Ende bereitete, kam schließlich im Jahre 1893. Gewiß hatte bis dahin das Revisionsproblem die Außenpolitik Japans in hohem Maße beherrscht; dennoch verdienen auch andere Entwicklungen, die sich später in gefährlicher Weise auswirken sollten, besondere Beachtung.

Ein wichtiger Zwischenfall im Jahre 1874, ein Jahr nach der Korea-Krise, betraf den japanischen Anspruch auf die Ryûkyû-Inseln. Sowohl China als auch Japan machten ihre Souveränität über die Inseln geltend, wiewohl weder das eine noch das andere Land einen entscheidenden Einfluß auf die Ryûkyû-Regierung ausgeübt hatte. Im Jahre 1871 wurden nun auf der chinesischen Insel Formosa einige Ryûkyû-Seeleute von Eingeborenen ermordet. Da China sich weigerte, dem japanischen Standpunkt, wonach die Ermordeten japanische Staatsangehörige gewesen seien, Rechnung zu tragen, entsandte Japan 1874 eine Strafexpedition nach Formosa mit dem Auftrag, volle Wiedergutmachung durchzusetzen. In den darauffolgenden diplomatischen Verhandlungen fand sich die chinesische Regierung am Ende doch bereit, Japan zu entschädigen. Das ließ darauf schließen, daß China die Rechtmäßigkeit des japanischen Souveränitätsanspruchs auf die Ryûkyû-Inseln wenigstens stillschweigend anerkannte. Japan ließ sich das nicht zweimal sagen: die Inseln wurden 1879 in eine regelrechte japanische Präfektur umgewandelt und in das japanische Verwaltungssystem eingegliedert.

Eine weitere Ausdehnung des japanischen Hoheitsgebietes ergab sich aus zwei in den siebziger Jahren errungenen diplomatischen Siegen. In Verhandlungen mit Rußland wurde 1874 eine Neufestsetzung der japanischen Nordgrenze erreicht, die alle Kurilen der Souveränität Japans unterstellte. Dafür erkannte Japan die Souveränität Rußlands über das Gesamtgebiet der Insel Sachalin an. Zwischen 1873 und 1880 folgte die internationale Anerkennung der japanischen Besitzrechte an den Bonin-Inseln, die zwar traditionell als ein Teil Japans gegolten, auf die aber auch die Vereinigten Staaten und Großbritannien als Entdecker und Besiedler Anspruch erhoben hatten.

Von noch größerer Bedeutung waren die Bemühungen Japans um die Regelung der internationalen Position Koreas. Die koreanische Regierung, die in inneren Angelegenheiten Unabhängigkeit genoß, betrachtete sich außenpolitisch als einen Vasallenstaat Chinas. Koreas Weigerung, mit japanischen Abgesandten zu verhandeln, die direkte Beziehungen mit Korea hatten anknüpfen sollen, brach den Konflikt von 1873 vom Zaun. Die japanische Friedenspartei, die den Sieg davongetragen hatte, ließ auf den ersten Versuch eine Flottendemonstration, aber auch weitere Verhandlungen folgen; ein japanisch-koreanischer Handelsvertrag wurde 1876 abgeschlossen. In Korea war um diese Zeit eine Richtung an der Regierung, die die Bindung an China zerreißen und die volle Unabhängigkeit Koreas errichten wollte. Mit dem Handelsvertrag gab sie allen interessierten Mächten zu verstehen, daß Koreas auswärtige Beziehungen in Zukunft Koreas eigene Angelegenheit sein würden. In den folgenden Jahren eroberte jedoch eine chinafreundliche koreanische Regierung, die die japanischen Ansprüche fürchtete, die Macht im Innern und nahm den Streit mit Japan von neuem auf. Aber mehrere Verträge, die Korea 1882 bis 1886 mit den Westmächten abschloß, bestätigten die japanische Auffassung: Korea schien wohl imstande zu sein, seine auswärtigen Beziehungen selbständig zu handhaben.

Tatsächlich hatte 1884 ein Staatsstreich eine liberale japanfreundliche Partei an die Spitze des koreanischen Staates gestellt. Chinesische Truppen unternahmen sogleich einen Versuch, den früheren Zustand wiederherzustellen, und japanische Diplomaten wie auch japanische Truppen wurden aus der koreanischen Hauptstadt vertrieben. Wiederum verlangte Japan Wiedergutmachung und bestand auf Verhandlungen mit dem Ziel eines japanisch-chinesischen Abkommens über die koreanische Frage. Die darauf im April 1885 abgeschlossene Konvention, unterzeichnet von Li und Itô, sah den Rückzug der Truppen beider Mächte aus Korea vor; es wurde darüber hinaus vereinbart, daß künftighin weder China noch Japan Truppen nach Korea entsenden würde, ohne die andere vertragschließende Partei im voraus zu unterrichten. Die Konvention unterstellte somit die Gleichberechtigung Chinas und Japans im Verhältnis zu Korea. Das war ein neuerlicher diplomatischer Sieg Japans.

Das unmittelbare Ziel der japanischen Korea-Politik in dieser Periode war, von China eine unmißverständliche Zusicherung zu erlangen, daß Korea in jeder Beziehung ein unabhängiger Staat sei. Hinter diesem Nahziel verbarg sich allerdings das weitergehende Bestreben, die wirtschaftlichen Interessen und politischen Machtpositionen Japans auf dem asiatischen Kontinent entscheidend auszubauen. Das gelang erst nach dem chinesisch-japanischen Krieg von 1894/95, der aus einer erneuten Zuspitzung des Interessenkonflikts in Korea entstanden war. Japans militärische Überlegenheit besiegelte das Ende der mit der Meiji-Restauration eingeleiteten Übergangsphase. Japan hatte nicht nur die volle Verfügungsgewalt über seine inneren Angelegenheiten wiedererlangt und gefestigt, sondern auch eine Machtposition auf dem asiatischen Kontinent erobert, mit der die Westmächte künftighin im Wettbewerb um wirtschaftliche, politische und militärische Vorteile im Fernen Osten in immer höherem Maße rechnen mußten.

Pierre Bertaux

AFRIKA BIS ZUM KOMMEN DER EUROPÄER

Der geschichtslose Kontinent

Unter »Afrika« wollen wir hier den afrikanischen Erdteil südlich der Sahara verstehen, das heißt Afrika mit Ausnahme der an das Mittelmeer grenzenden Länder Ägypten, Libyen, Tunesien, Algerien und Marokko. Dieses Afrika ist durch seine äußerste Abgeschlossenheit bestimmt, in der es bis zu Beginn unseres Jahrhunderts gelebt hat. Es ist abseits der großen kulturellen Strömungen der Welt geblieben, und erst in historisch jüngster Zeit hat seine Isolierung durch das Kommen der Europäer ihr Ende gefunden. Seitdem nimmt Afrika an der Weltgeschichte teil.

Die Abgeschlossenheit war vor allem geographisch bedingt: Afrika ist ein wuchtiger, unzugänglicher, menschenfeindlicher Kontinent. Die uralte Granit- und Sandsteinmasse, dreimal so groß wie Europa (dreißig Millionen Quadratkilometer), könnte, wie Australien, Südindien und das brasilianische Hochland, ein Überrest des Gondwana-Urkontinents sein. Die verhältnismäßig jungen Bergketten des Atlas sind gleichzeitig mit den Alpen entstanden und formen am Nordwestrand ein »Klein-Afrika«, ein »Africa minor« oder Maghreb (Marokko, Algerien, Tunesien), das die Sahara vom Hauptkontinent trennt. Dort begrenzen ausgedehnte Hochebenen die flachen und weiten Becken. Über die Hälfte der Landmasse hat keine Verbindung zum Meer: die Wasser verlieren sich in den Inlandniederungen. Nur den größten Flüssen gelingt es, sich bis zum Ozean von Terrasse zu Terrasse einen Weg zu brechen, so zum Beispiel in geologischer Neuzeit dem Niger. Die von Fluten umbrandeten, von Korallenbänken versperrten Küsten sind meist unzugänglich, die Flußmündungen versandet, die Deltas von Wasserpflanzen verkrautet, Wasserfälle und Stromschnellen (Senegal, Kongo, Niger, Sambesi, Nil) verhindern jedes Eindringen flußaufwärts. So kommt es, daß Händler, Abenteurer und Entdecker bis in die Neuzeit nur die Küstenstreifen kannten (die europäische Benennung mancher Gebiete: Goldküste, Elfenbeinküste, Somaliküste, zeugt davon), während das sagenhafte Hinterland lediglich durch unzusammenhängende und phantasievolle Berichte der Eingeborenen bekannt war.

Die klimatischen Verhältnisse sind für Handel, Verkehr und Besiedlung ebenso ungünstig. Das Land zwischen den Roßbreiten ist von Sonne verbrannt, von Hitze verdorrt, von Tropenregen überschwemmt und ausgelaugt. Weder Urwald noch Wüste laden den Menschen zur Besiedlung ein, so daß nur im Gebiet der Savannen, längs der Flüsse und der Küsten die Bevölkerungszahl wachsen und relativ dicht werden konnte. Humus ist kaum vorhanden, die lockere, von der Sonne verdorrte Erde wird von Regengüssen weggespült, so daß nur eine unfruchtbare Felsenkruste übrigbleibt. In den Rodungen des üppigen Urwalds zerstört die Erosion in wenigen Jahren die dünne Humusschicht; Wüste und ärmliche Savanne dringen ein. Von der Natur gezwungen, ziehen die Herden von Ort zu Ort, selbst der Ackerbau wandert. So ist es kaum zu einer bodenständigen Bevölkerung gekommen. Eingewurzelte Volksmassen, wie in Europa und Asien, kennt Afrika nicht, Städte und entsprechende Kulturen finden sich kaum. Lediglich in Nigerien gibt es größere Siedlungen. Die schwarze Bevölkerung Afrikas zählt nur etwa hundertzwanzig Millionen Menschen.

Das Tier ist des Menschen Feind; Insekten sind gefährlicher als Raubtiere, Bazillen noch gefährlicher. Tropenkrankheiten und Ungeziefer plagen Mensch und Haustier; die Existenz ist täglich gefährdet. Die Kindersterblichkeit ist so hoch, daß jeder erwachsene Afrikaner buchstäblich ein Überlebender ist, der sich oft geschwächt, wehrlos, wenn nicht entmutigt einer mächtigen, wilden Natur ausgesetzt sieht. So kommt es auch, daß die Afrikaner dazu neigen, ihre Umwelt eher durch Magie als durch organisierte Arbeit zu bändigen.

Und doch ist dieses Gebiet seit ältester Urzeit, seit dem Auftreten der Anthropoiden und des ersten Homo sapiens besiedelt. An manchen Fundstellen liegen menschliche und halbmenschliche Gebeine, Herdreste und primitive Steinwerkzeuge nebeneinander. Es ist nicht einmal ausgeschlossen, daß Afrika eine der Wiegen der Menschheit war. Über die Vorgeschichte dieses Erdteils ist wenig bekannt. Tiefbauten, die eine systematische Untersuchung der Bodenschichten und prähistorische Entdeckungen ermöglichen, gibt es heutzutage leider nur selten. Die Datierung der spärlichen Funde fällt schwer, weil die geologische Formationskunde wenig Anhaltspunkte hat. In Afrika fehlt die Humusschicht, die in Europa und Asien Reste verschwundener Kulturen schützend bedeckt. Seit Jahrhunderten oder Jahrtausenden liegen Werkzeuge und Waffen der Steinzeit auf der Oberfläche des Bodens, als ob ihre Besitzer sie erst gestern dagelassen hätten.

Anscheinend hat sich der Mensch in Afrika in denselben Kulturstufen wie in Europa entwickelt: Paläolithikum, Mesolithikum und Neolithikum, aber nicht unbedingt zur selben Zeit. Heute noch leben Strukturen, Sitten und Technik der Neusteinzeit in manchen Stämmen weiter. So hat es zum Beispiel der Autor selbst erlebt, daß ein Megalith am Ufer des Niger noch im Jahre 1955 als Kultstätte benutzt wurde: am Fuß der Opfersäule lagen neben Hühnerresten und Blutflecken einige Fünf-Franc-Scheine! Wie soll man da in der Kulturgeschichte genau datieren?

*

Es ist ein weitverbreitetes Vorurteil, alle Schwarzen seien Afrikaner und alle Weißen Europäer. Zwar ist Afrika heute überwiegend von schwarzen Rassen, die zahlreich und untereinander stark verschieden sind, besiedelt, aber wir dürfen nicht vergessen, daß Afrika nicht als einziger, sondern höchstens als privilegierter Wohnsitz der schwarzen Rasse angesehen werden kann. Diese war in der Vergangenheit nämlich auch in Südasien, Australien und wahrscheinlich Europa ansässig und ist es bis zur Gegenwart in Südindien. Andererseits greift heute die schwarze Rasse auch auf den amerikanischen Kontinent über, wo sie in Brasilien, den Antillen und den Vereinigten Staaten treibhausartig gedeiht. Vielfach wird außerdem übersehen, daß die Neger nur ein in sich stark differenzierter Rassenkreis innerhalb der schwarzen Rasse sind. Man hat bis jetzt nirgends Negerfossilien gefunden, was darauf schließen läßt, daß die Urbevölkerung Afrikas nicht aus Negern bestand. Die Frage bleibt offen, ob die Neger aus Südostasien eingewandert sind oder ob schwarze Rassenkreise in Afrika oder in Asien in relativ neuerer Zeit durch Mutation die charakteristischen Negerzüge erhalten haben. Selbst in Afrika weisen nicht alle Schwarzen Negerzüge auf. Abessinier, Fulbe, Pygmäen, Hottentotten und Buschmänner sind schwarz, aber keine Neger. Nehmen wir zum Beispiel den hamitischen Volksstamm der Fulbe. Sie sind Nomaden und Viehzüchter, heute in ganz Westafrika verstreut, und stammen nach ihrer Überlieferung aus Oberägypten. In Symbiose mit ihren Kuhherden lebend, wandern sie seit vielen Jahrhunderten langsam quer durch Afrika. Trotz starkem Negereinschlag und dunkler, manchmal schwarzer Haut sind ihre Gesichtszüge ausgesprochen indisch (gerade Nase, schmale Lippen, hohe Stirn). Die Unterschiede zwischen Negern sind vielfach größer als bei uns etwa zwischen Norwegern und Südspaniern oder zwischen Russen und Arabern. Die Negerstämme wandern und mischen sich seit Jahrtausenden unaufhörlich. So sind die Besonderheiten der vielen Völker mehr durch Lebensart und Lebensgemeinschaft als durch den ethnischen Ursprung bedingt.

Das Fundament der afrikanischen Kulturen ist der Ackerbau. Das ganze gesellschaftliche Leben ist zuerst darauf eingestellt, nicht zu verhungern. Wer heute über Innerafrika fliegt, sieht hier und da in der unendlichen Einförmigkeit von Wald, Busch und Savanne weit voneinander liegende, winzige Hüttensiedlungen, und er begreift, was der dauernde Kampf ums Leben für diese Menschen bedeuten muß und wie Lebensweise und Lebensauffassung dadurch bedingt werden. Jagen, Fischen, Ackerbau und Viehzucht sind absolute Lebensbedingungen. Primitive Stämme ernähren sich sogar heute noch von wilden Beeren, Wurzeln, Blättern und Insekten. Der Ackerbau ist bis jetzt extensiv, man kann sogar von »Wanderbau« sprechen: der Bauer bekämpft durch Buschbrand die gegen ihn stürmende Pflanzenwelt. Zu gewissen Jahreszeiten sind weite Flächen von Flammenmeeren bedeckt. Nach zwei oder drei Ernten muß der Bauer die hart erkämpfte, aber schon ermüdete Erde verlassen und sich an anderer Stelle von neuem ein Feld roden, bis die Fruchtbarkeit der verlassenen und wieder zugewachsenen Äcker sich im Laufe der Jahre von selbst wiederherstellt.

Als gesellschaftliche Form findet sich meist die zur Sippe erweiterte Familiengemeinschaft, an deren Spitze der Häuptling, der Verwalter des Gemeinbesitzes, steht. Er herrscht unumschränkt, und seine Macht ist nicht zu erschüttern, wenn er als Zauberer, als Vermittler zwischen seiner Sippe und den Naturmächten steht. Als Meister der Magie handhabt er eine Urform der Technik und bestimmt Rodung, Saat, Ernte, selbst den Regen! Er scheint ursprünglich mehr Magier als Krieger gewesen zu sein.

Das Häuptlingswesen kann sich aber auch gesellschaftlich zu einem den europäischen, antiken oder hochmittelalterlichen Verhältnissen entsprechenden Feudalismus entwickeln. Den Haushalt des Herrn bevölkern dann Krieger, Handwerker, Bauern, Hirten, Sänger,

Diener, Köche und Kebsweiber, und er wird zum Hof, der Häuptling zum König. Wird seine Domäne größer, gibt er Teile davon zu Lehen. Boden und Schutz werden ihm mit Geschenken und Naturalien entgolten. Erst in einer verhältnismäßig späten Phase der Entwicklung beginnt er mit Raub- und Kriegszügen. Die Domäne wird zum Reich. Doch je größer das Reich, desto leichter sein Zerfall, denn es kann leicht geschehen, daß dem starken Reichsgründer schwächere Erben folgen, deren Macht nicht mehr bis zu den Grenzen des Reiches dringt, oder daß die Lande, gänzlich herrenlos geworden, starken Nachbarn in die Hände fallen.

Verschiedene Reiche hatten eine große Ausdehnung und bestanden über mehrere Jahrhunderte, besonders im Gebiet der sudanesischen Savannen zwischen der Sahara und den Äquator-Urwäldern. Im großen und ganzen ähnelten die Königreiche Zentralafrikas den europäischen Feudalstaaten, denn auch sie hatten eine pyramidenförmige Sozialstruktur. Die unterste Schicht bildeten die Sklaven, die Kriegsgefangenen und ihre Nachkommen. Dann folgten die Leibeigenen und darauf die freien Bauern und die freien Handwerker. Auf dieser Basis baute sich dann ein komplizierter und wechselnder Stufenbau von immer mächtigeren Herren auf, an deren Spitze schließlich der Herrscher, der König stand, der das Gebilde mehr oder weniger aus der Ferne, oft autoritär, öfter noch gegen starke Schwierigkeiten kämpfend, regierte.

Der König war göttlich, er brachte seinem Volk Segen. Seine sakrale Natur forderte, daß er geistig und körperlich unversehrt und heil blieb. Wurde er alt oder krank oder unfähig, opferte man ihn. Das galt vom oberen Nil bis zum Golf von Guinea. In Nigerien wurde der Herrscher für sieben Jahre gewählt, denn man glaubte zu wissen, daß er nach Ablauf dieser Zeit seine Kraft verloren haben werde. Man tötete ihn dann, indem man vermied, sein Blut zu vergießen, da er ja heilig war. Sein Hirn, sein Herz und andere Organe mußten von seinem Nachfolger verzehrt werden, damit der tote König so seine Kraft dem neuen Herrscher übergeben konnte. Der Rest der Leiche wurde mumifiziert. Der Erbfolger wurde aus der Familie des Verstorbenen, der man besondere Tugenden zuschrieb, gewählt, in manchen Stämmen jedoch aus der Familie der Mutter. In Gana mußte der neue König das Schwesterkind des Verstorbenen sein; bei den Mandingo ging die Krone vom älteren zum jüngeren Bruder über, dann vom jüngsten Bruder zu den Söhnen des ältesten und so fort, wie in gewissen Berberstämmen und vor kurzem noch im Königreich Tunesien. Am häufigsten werden aber Kandidaten, die der Tradition entsprechen müssen, im Geschlecht des verstorbenen Königs selbst gesucht. Fast immer haben wir es mit Wahlkönigen zu tun, denen durch magische Riten und Totemzeremonien das Königtum verliehen wird. Sehr oft findet sich der Glaube, daß der verstorbene König als Totemtier (Leopard, Löwe) weiterlebt.

Am Hofe des Königs leben seine Verwandten, hohe Würdenträger, Minister und Beamte. In einigen Dynastien, vom Senegal bis Uganda, spielen die Königinmutter und die Erste Frau des Königs eine besondere Rolle. Die Königinmutter ist dabei nicht unbedingt die Mutter des Königs: sie ist oft nur eine Verwandte, die im Königsrat einen hervorragenden Platz einnimmt und deren Ratschläge hochgeschätzt werden. Die arabischen Historiker des Mittelalters waren stark beeindruckt von dem Zeremoniell, das am Hof der sudanesischen Fürsten gepflegt wurde, bei dem Eunuchen, Pagen, Henker, Leibwächter und Hofnarren den König umgaben.

Der eigentliche Haushalt des Königs setzte sich aus besonders vertrauenswürdigen Personen zusammen. Bei den Askia in Gao bewachte ein besonderer Eunuch die in einem verschlossenen Gemach aufbewahrten Kleider des Königs, die in siebzig Leopardenledersäcken aufgehoben wurden. Jeder Sack enthielt dreißig Kleider aus Seide, Wolle oder Baumwolle, einen weiten Kittel, breite Hosen und einen Turban. Das Hausgesinde bestand außerdem aus Mädchen zum Hirsestampfen, zum Kochen, Waschen und Spinnen. Dazu kamen Verwalter, Vorsteher, Gehilfen, Einsammler der Naturalabgaben (Butter, Fett, Palmöl, Reis, Hirse, Gerste, Trockenfisch, Geflügel, Schafe und anderes). Die »Griots« oder Hofminnesänger waren gleichzeitig die Genealogen, Historiker, Berater und Propagandisten des Königs. Ihr Platz war zur Rechten des Throns, und da sie das Vertrauen des Herrschers genossen, waren sie oft die von beiden Seiten bezahlten Vermittler zwischen Volk und König. Sie waren eine Mischung von Moritatenerzählern, Chansonniers und Skandaljournalisten, zum Spaß der einen und zum Leid der anderen.

Der königliche Nachrichtendienst lag in Händen der mächtigen, gefürchteten und verachteten Gilde der Schmiede, die sich über ganz Zentralafrika ausbreitete. Da ihre Frauen das Monopol der Erdwarenherstellung besaßen, war diese Zunft gewissermaßen Vermittlerin zwischen dem König und den unterirdischen Mächten von Feuer, Erz und Erde, von Blut, Nacht und Geheimwissen. Sie waren Nibelungen und Freimaurer zugleich.

Des Königs Charisma konnte so stark sein, daß er seinen Palast nicht verlassen und seine Untertanen nur hinter einem Schleier sitzend empfangen durfte. Aber es gab auch, zum Beispiel im Westsudan, Wanderkönige, die mit ihrem Hof von Siedlung zu Siedlung zogen, an Ort und Stelle die ihnen geschuldeten Naturalabgaben verzehrten und gleichzeitig die Ergebenheit und die Verwaltungsfähigkeit der von ihnen eingesetzten Provinzgouverneure kontrollierten. Eroberten Gebieten wurde oft Selbstverwaltung verliehen. Die örtlichen Herrscher schuldeten dem König Tribut und Kriegshilfe, und der Vasall huldigte dem König in einer besonderen Zeremonie, in der er ein von seinem Herrn gebotenes magisches Getränk zu sich nehmen mußte. Der König seinerseits überreichte dem Vasallen oder dem Gouverneur als Zeichen seines Vertrauens einen symbolischen Gegenstand, Abzeichen, Ehrenkleid, Turban oder dergleichen. Der König, seine Frauen, die Minister und das Hofpersonal erhielten dann als Gegengabe ganz bestimmte Geschenke.

Die Monarchien waren materiell durch ein Steuersystem fundiert, das alle Untertanen verpflichtete, dem König einen Teil ihrer Ernten und Herden abzuliefern. Salz, Kupfer, Gold und andere Güter waren besteuert, auch jeder Ex- und Import. Außerdem erhielt der König einen Teil der Kriegsbeute und der Beschlagnahmungen und Geldstrafen, die er erließ. Wenn die Steuerpflichtigen ihrer Schuldigkeit nicht nachkamen, entsandte der Herrscher oder der Gouverneur Eintreiberkolonnen, was nicht ohne Gewaltanwendung und Übergriffe abging.

In Dahome leitete und kontrollierte der Landwirtschaftsminister die Produktion der Dörfer. In jedem Dorf war er durch einen Beamten vertreten, der allein die Aussaaten und die Anbaumethoden bestimmte. Um von Zeit zu Zeit den tatsächlichen Bestand der

Herden feststellen zu können, wurde von den Dorfpriestern eine gefährliche Viehseuche vorausgesagt, worauf alle Viehbesitzer eine Kaurimuschel je Tier zur Abwendung des Unheils brachten. Die Steuerhöhe lag etwa bei einem Rind je acht Köpfe jedes dritte Jahr. Auf allen wichtigen Landstraßen waren Zollposten aufgestellt, und auf jedem Markt berichtete der Marktaufseher über die Mengen der verkauften Güter. Schmiede, Tischler, Schreiner und Gerber wurden von besonderen Beamten kontrolliert, welche die Qualität und die Produktionsleistung überwachten. Das ganze Steuersystem aber lag in den Händen der Frauen des Königs.

Wie wir sehen, ist die Struktur dieser Königreiche ziemlich komplex und in ihrer Weise fast vollkommen, wenn auch ihr Typus nicht dem der modernen westlichen Staaten entspricht, sondern nichts anderes als der eines erweiterten Dorfes ist.

*

Die Geschichte der Sudanstaaten ähnelt vielleicht am meisten der Geschichte, wie wir sie in Europa kennen. Seit Anfang der christlichen Ära bis zum Kommen der Europäer entstanden und verschwanden dort mächtige Reiche. Wille und Stärke eines Herrschers schufen sie, Schwäche und Zwist der Nachfolger ließen sie auseinanderfallen. Nationen in europäischem Sinne, in denen sich eine politische Einheit einer territorialen überlagert und eine völkische Einheit gebildet hätte, gab es aber nicht. Die Geschichte Afrikas ist deswegen unübersichtlich, es fehlt ihr an Zusammenhang, denn sie ist eine Sammlung von Geschichten verschiedener Reiche, aber nicht der historische Werdegang eines Volkes oder einer Kultur. Kann man da überhaupt von Geschichte in unserem Sinne sprechen?

Bis zum Kommen der Europäer ist die Geschichte Afrikas in Wirklichkeit eine Vorgeschichte, etwa wie die Vorgeschichte Europas vor Beginn der Hochkulturen oder abseits von ihnen. So sind zur Zeit der Völkerwanderung unsere Ahnen in die Weltgeschichte eingewandert, und man kann sagen, daß die zur Geschichte erwachenden Aschanti ungefähr auf der gleichen Stufe wie die in das Römische Reich einbrechenden Goten oder Franken stehen.

Afrika macht somit dem Europäer Andersartigkeit, Wert und Wesen seiner Geschichte deutlich. Im Gegensatz zu Afrika haben sich im Abendland die Ereignisse und Schicksalsstunden mehr oder weniger übersichtlich ineinandergefügt, und es hat sich eine kontinuierliche Kette von Ursachen und Wirkungen in einem einzigen, unaufhörlichen und zusammenhängenden Zeitstrom gebildet, die dadurch erst zur Geschichte als Sinn und Richtung unserer Welt geworden ist. Nichts davon in Afrika.

Gewiß, auch Afrika kennt Kulturen, Reiche, Staaten, die entstanden, lebten und starben, auch Kriege, Eroberungen, mächtige Herrscher, Weise und Helden. Aber es kennt keine Geschichte, keine organische, einheitliche, ineinander verkettete Entwicklung der Völker und Staaten. Afrika kennt nur ein zeitliches Aufeinander, Nebeneinander und Hintereinander, aber keine Folge, keine innere, sinnhafte Ausrichtung des Werdens. Die Entdeckung der Perspektive in der Renaissancemalerei gab den Bildern Einheit und Zusammenhang, die den persischen Seiden, den byzantinischen Mosaiken und den mittelalterlichen Minia-

Königspaar
Bronzestatuetten des Yoruba-Stammes in Nigerien
Ife, Museum

Walddorf in Ober-Guinea

turen fehlte. Die Entdeckung der zeitlichen Perspektive, das heißt der Geschichte, gibt dem Geschehen Europas den Zusammenhang und die zeitliche Einheit, die dem Geschehen Afrikas nicht gegeben ist. Die zeitliche Perspektive, das Geschichtsbewußtsein der Europäer, ist ihnen zugleich Kompaß und Steuer. Ein Ereignis in Afrika war vor dem Kommen der Europäer sozusagen zeitlos. Erst die Berührung mit Europa hat Afrika langsam in die Geschichte eingefügt.

*

Die europäischen Seefahrer wußten am Ende des Mittelalters von gut organisierten Königreichen zu berichten. Vier Jahrhunderte später fanden Reisende und Forscher nur noch Ruinen, Terror und Barbarei vor. Was war geschehen?

Man neigt zu sehr dazu, das Zusammenbrechen der afrikanischen Reiche und Kulturen ausschließlich dem Eindringen des Westens zuzuschreiben. Die Dekadenz der Eingeborenen Afrikas wäre somit eine direkte Folge der europäischen Kolonisation. Dieser Standpunkt ist falsch. Die Dekadenz begann lange vor dem Eindringen der Europäer. Die afrikanischen Strukturen waren von innen durch Bürgerkrieg, Rassenhaß, Raubzüge und Massenvernichtungen ausgehöhlt worden. Alle diese Ausschreitungen aber waren das Werk der afrikanischen Stämme selbst. Dazu kam, daß gewisse Stämme eigens das Menschenmaterial des Sklavenhandels eintrieben. Der sogenannte »Ebenholzhandel« war ein Handel von Negern durch Neger. Allerdings wuchs diese Ausbeutung des Schwarzen Afrika stark an, als europäische Sklavenhändler Großankäufe für die Plantagen Amerikas in den afrikanischen Kontoren tätigten. Sie zahlten gut, und so wurde für die Häuptlinge und Könige der Krieg und das Einbringen von Gefangenen zu einem blühenden Geschäft. Die Europäer stellten die Nachfrage, das Angebot kam von den schwarzen Herrschern. Und so trieben Tausende Neger Hunderttausende von Negern in Ketten oder in den Tod.

Im Grunde waren diese bedauerlichen Zustände nichts anderes als der Übergang eines traditionellen Menschenhandels von handwerklichem Maßstab zu sozusagen industriellen Normen. Schon zur Römerzeit lieferte Afrika Sklaven, und diese Tradition wird bis heute von arabischen Händlern fortgesetzt, denn Saudiarabien, Hidschas und Jemen sind bis jetzt Absatzgebiet für Sklaven. Eines aber ist wahr: die Geschichte kann nicht anders, als der Vorgeschichte ein Ende zu setzen. Und so wirkt die Berührung mit dem Westen auf die afrikanischen Kulturüberreste tödlich. Das ist weder gewollt noch gewünscht, aber auch alle Vorbeugungen können es nicht verhindern. Kolonisation, Missionare, Autos, Film, Reisen, das Beispiel europäischer Lebensart, zerstören unweigerlich die noch aus der Urzeit stammenden Strukturen der afrikanischen Menschen.

*

Die afrikanischen Kulturen der Vergangenheit kennen wir nur durch mündliche Überlieferung; vieles bleibt dunkel und unübersichtlich. Wir haben einige Legenden, einige Reiseberichte und, seit dem Mittelalter, Aufzeichnungen arabischer Chronisten. Die folgende Darstellung soll eine zusammenfassende Übersicht über die einzelnen Reiche und Herrschaften geben.

Westafrika

Es scheint, daß das größte afrikanische Reich, im Herzen des Kontinents gelegen, *Gana* gewesen ist, das vom 4. bis zum 11. Jahrhundert nach Christus bestanden hat. (Es ist im Grunde eine Usurpation, wenn sich heute der Goldküstenstaat Ghana tauft.) Nach uralter Überlieferung wurden die Stämme der Sarakole an den Ufern des Nigerflusses um das Jahr 300 nach Christus von unbekannten Weißen unterworfen, die eine Dynastie gründeten, welche vierundzwanzig Könige hervorbrachte und bis zum Jahre 790 herrschte. In diesem Jahr wurde der König von seinen Untertanen ermordet. Eine neue Dynastie Sarakole, die der Sisse Tunkara, folgte. Sie erweiterte das Reich im Westen bis zum Senegal, im Norden bis zu den Berberstämmen der Sahara und im Osten bis Timbuktu.

Man spricht noch heute in diesem Gebiet vom Wohlstand und der Sicherheit, die damals im Reich Gana herrschten. Der Handel war sehr stark entwickelt, Einfuhr und Ausfuhr waren genau und gerecht besteuert. Die Südprovinzen Ganas im westlichen Sudan besaßen die damals reichsten Goldminen. Der Goldhandel war Königsmonopol und zog sogar Karawanen von den Ufern des Mittelmeers an. Der fabelhafte Reichtum Ganas reizte den Neid seiner nördlichen Nachbarn, der Berber des Maghrebs. Und so führten die Almoraviden Marokkos gegen Gana einen unerbittlichen Krieg, der 1076 mit der Eroberung der Hauptstadt Ganas, Kumbi Sale, endete. Wir wissen nicht genau, wo Kumbi Sale lag. Es war wohl im Westsudan nördlich des Niger. Der letzte Sarakole-Herrscher mußte sich zum Islam bekennen und den Eroberern Tribut zahlen. Mit der Niederlage Ganas begann der Untergang des Reiches: die verschiedenen Provinzen machten sich unabhängig, und hundert Jahre später war es verschwunden. Einige Zeit später konzentrierte sich aber wieder das Interesse auf den Zentral- und Westsudan, wo dann nacheinander die Königreiche Manding, Sonrhai und Haussa entstanden.

Das Manding-Reich (Malireich). Im Jahre 1235 besiegte und erschlug der Herr der Mande-Provinz, Fürst Sundiata, bei Kulikoro am Niger den Fürsten des kleinen Sosso-Staats in einer Schlacht, von der heute noch die Griots singen. So wurde Sundiata Herr und Besitzer des Sahel, des Senegal und seiner Goldminen, und des oberen Nigertals, also derjenigen Gebiete, die das alte Gana so reich gemacht hatten. Er widmete sich in den letzten Jahren seines Lebens der wirtschaftlichen Entwicklung seines Landes, bis er im Jahre 1255 unter ungeklärten Umständen starb. Seine Nachfolger bewahrten und erweiterten das Erbe, so daß Kankan Mussa, der als Herrscher von Manding nach Mekka pilgerte, sogar die arabischen Chronisten durch seinen unglaublichen Reichtum in Erstaunen versetzte. Als er auf seiner Reise durch Kairo kam, brach der ägyptische Goldmarkt durch seine Freigebigkeit zusammen. Aus Arabien brachte er Schriftgelehrte, Poeten und Händler zurück, und es ist anzunehmen, daß die heute noch charakteristische Architektur Westsudans auf sie zurückzuführen ist. Auch findet man in der Festtracht der Sudanhäuptlinge noch viel von nahöstlichem Prunk.

Kankan Mussa herrschte über das ganze Gebiet zwischen der Wüste im Norden und dem Urwald im Süden. Sein Bruder Suleiman, der ihm auf dem Thron folgte, ließ arabische Rechtsgelehrte kommen und unterstützte den Handel. Wie der arabische Reisende Ibn

Batuta, der den Sudan 1352 durchwanderte, berichtet, herrschte unter seinem Zepter Ordnung und Frieden im ganzen Reich. Als jedoch Johann II., König von Portugal, im Jahre 1484 einen Botschafter zum König des Malireichs sandte, war es zu spät. Denn fünfzig Jahre vorher war das Reich zusammengebrochen, und die Sonrhai des Nigers, die marokkanischen Fürsten von Gao und Timbuktu und die Bambara von Segu plünderten die Maliprovinzen. Ende des 16. Jahrhunderts zog sich der letzte machtlose und vereinsamte Malikönig in ein Dorf zurück, das die Wiege des Keita-Geschlechts werden sollte, das heute noch den Kreis regiert. 1958 war einer von ihnen Abgeordneter im französischen Parlament und Mitglied der französischen Regierung.

Auch die *Bambara* von Segu, unter deren Schlägen das Malireich etwa 1670 vollends zusammengebrochen war, hatten eine machtvolle und ruhmreiche Zeit. Ihre Chronik, wie die aller Negerreiche, berichtet hauptsächlich von Kämpfen mit Nachbarstaaten, von Revolten, Aufständen und einer Reihe weiser, starker Herrscher und schwacher, willenloser Fürsten.

Weiter im Osten, im Gebiet der Nigerseen, unterhielten die *Sonrhai*, ein seit dem 10. Jahrhundert in Gao ansässiger Flußstamm, dauernde Verbindung mit den Kaufleuten im Maghreb. Zur Zeit Kankan Mussas dem Malireich einverleibt, erlangten die Sonrhai bald wieder ihre Unabhängigkeit. Den Untergang des Malireichs ausnutzend, wuchs das Sonrhaireich schnell. Im Jahre 1468 eroberte Fürst Sonni Ali (Ali der Große), ein rachsüchtiger und grausamer Herrscher, Timbuktu von den Tuareg zurück, ließ die Stadt plündern und eine große Anzahl Schriftgelehrter niedermetzeln. Dann nahm er die alte Handelsstadt Djenne, organisierte Raubzüge gegen die Nachbarvölker, die Fulbe von Farimake und die Mossi von Yatenga. Aber seine Eroberungszüge scheiterten vor den glühenden Klippen von Bandiagara südlich der Nigerseen, wo sich der Stamm der Dogon verschanzt hatte.

Nach seinem Tod gründete einer seiner Subalternoffiziere, ein Sarakole, die neue Dynastie der Askia, aus der der bedeutendste, Mohamed Ture, von 1493 bis 1529 regierte. Er war ein großer Staatsmann und Organisator, ließ wieder Schriftgelehrte und Weise aus dem arabischen Kulturkreis kommen und reformierte, von ihnen beraten, das Sonrhaireich. Er schuf ein Berufsheer, das im Notfall durch allgemeine Wehrpflicht verstärkt werden konnte, und er teilte das Reich in Provinzen ein, deren Gouverneure ihm gegenüber für Ordnung und Wohlstand verantwortlich waren. Jede Stadt wurde von einem Bürgermeister verwaltet. Auch der Hof wurde straff organisiert und jedem Beamten seine Stellung, seine Pflichten und Rechte genau zugewiesen.

Im Jahre 1495 pilgerte Mohamed Ture mit prunkvollem Gefolge nach Mekka und spendete dort den Armen dreihunderttausend Goldstücke. Er unterhielt sich mit den berühmtesten arabischen Gelehrten und Juristen und wurde auf der Rückreise in Ägypten vom 14. abbasidischen Kalifen empfangen, der ihn zum Statthalter von Sonrhai ernannte. Zurückgekehrt, entfachte er den Heiligen Krieg gegen die heidnischen Mossi im oberen Voltagebiet, jedoch ohne greifbare Erfolge. Andere Feldzüge verliefen glücklicher, so zum Beispiel gegen die Mandingo im Westen, die Fulbe vom Sahel und die Haussa im heutigen Nigerien. Als er starb, erstreckte sich sein Machtbereich von Kano im Süden (1513 erobert) bis Agades im Norden.

Dann folgten für lange Jahre Zwist und Intrigen zwischen seinen Nachfolgern, bis endlich Askia Daud (1549–1582) dem Unwesen ein Ende machte. Er ehrte die Schriftgelehrten, förderte Wissenschaft, Ackerbau und Handel. Askia Daud nahm wieder freundliche Beziehungen zu Ahmed el Dehebi, dem Sultan von Marokko, auf und überließ ihm die Ausbeutung der Teghazza-Salzminen in der Sahara gegen eine Jahreszahlung von zehntausend Golddinars. Der Sultan, vom Ruf des Reichtums im Sudan geblendet, wollte aber die Sahara-Salzminen ganz für sich haben. Dies ist um so verständlicher, als Salz in Afrika, in den riesigen, von den Küsten weit entfernten Gebieten, als kostbare Ware galt. Noch in jüngster Zeit war die Ankunft der mit Saharasalz beladenen Karawane das große Jahresereignis im Innern des Sudan.

Am 29. September 1590 griff der Sultan von Marokko das Sonrhaireich an, nachdem eine mächtige Kolonne durch die Wüste gezogen war: zweitausend Fußsoldaten, fünfhundert Arkebusiere zu Pferd, vier Feldschlangen, tausendvierhundert Lanzenträger, achttausend Kamele und tausend Lastpferde. Unter den Soldaten befanden sich viele europäische Landsknechte. Der Kommandant selbst war Djuder Pascha (vom spanischen Fluch *joder*), ein spanischer Renegat, ein wahrer Konquistador, ein kleiner Mann mit stahlblauen Augen. Sechs Monate dauerte der Marsch durch die Sahara, den kaum tausend Mann überlebten. Doch diese tausend mit ihren Donnerbüchsen genügten, um die mit Lanzen, Schwertern und Strohschilden bewaffneten Neger vernichtend zu schlagen.

Am 25. April 1591 erreichten die Hispano-Marokkaner Timbuktu. Ihre Enttäuschung war groß, denn sie hatten geglaubt, in die Hauptstadt des Goldes zu kommen, während sie nur den Umschlagplatz des Goldes erreicht hatten, das aus viel südlicher gelegenen Goldminen kam, aus den sagenhaften Gebieten der Menschenfresser. Als der Sultan erfuhr, daß in Timbuktu nichts zu holen war, überließ er die Überreste der Truppen Djuder

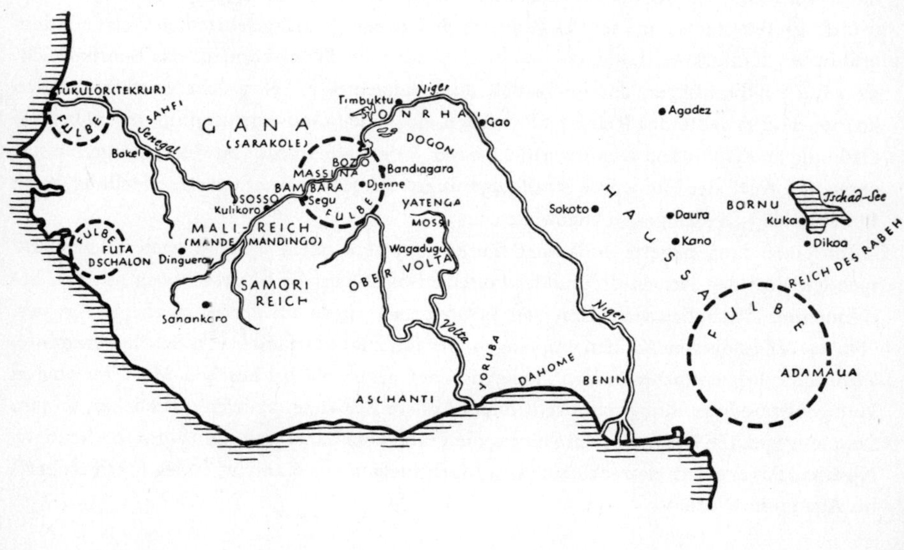

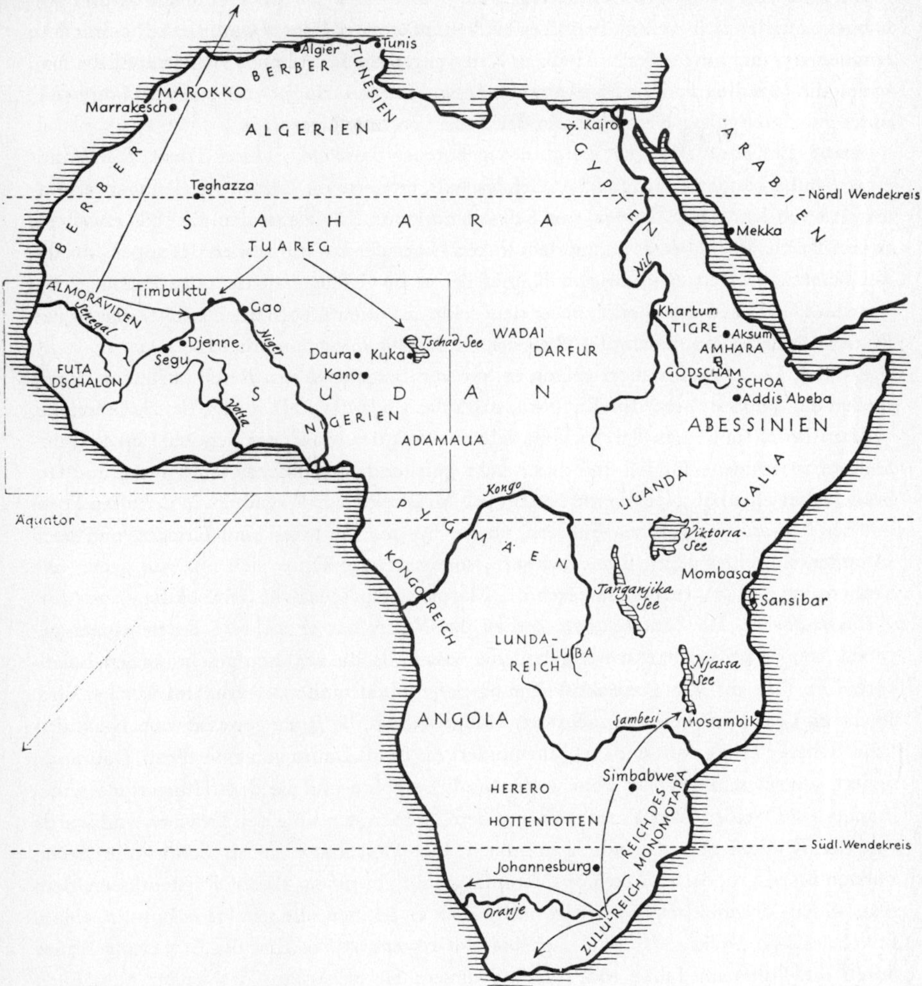

Paschas ihrem Schicksal. Ein Jahrhundert später waren die letzten Hispano-Marokkaner in der Urbevölkerung aufgegangen.

El Hadj Omar. Um 1797 wurde im Senegalgebiet Omar Tal, ein mohammedanischer Tukulör, geboren, der sich bald durch seine Frömmigkeit und seine Wißbegierde auszeichnete. Im Jahre 1820 pilgerte er nach Mekka. Achtunddreißigjährig, kehrte er mit dem Titel »El Hadj« und »Kalif des Sudan« zurück, wurde in die berühmte Bruderschaft der Tidjania aufgenommen und verbrachte einige Zeit an den Höfen der Fürsten von Bornu im Tschadgebiet, Sokoto und Massina, um sich schließlich im Jahre 1848 in Dingueray niederzulassen, wo sein Ruf als Heiliger mehr und mehr wuchs. Viele Schüler und Anhänger drängten sich zu ihm, so daß er bald ein mächtiges Heer zusammen hatte, mit dem er einen von ihm ausgerufenen Heiligen Krieg gegen die heidnischen Negerstämme – man schlug die Manding und die Bambara von Segu – begann. Hadj Omar starb im Jahre 1864 unter geheimnisvollen Umständen in der Nähe von Bandiagara.

Samori. Ein etwa 1835 in Oberguinea geborener Sarakole, Samori Touré, das Haupt einer Räuberbande mit zahlreicher Gefolgschaft, eroberte im Jahre 1872 Sanankoro (südostwärts von Kankan in Guinea) und ließ sich dort zum König ausrufen. Bis 1880 erweiterte er sein Reich, stieß aber dann auf dem linken Nigerufer auf französische Truppen, die das Tal besetzten. Nach achtjährigem Kampf fiel er in Gefangenschaft. (Der Präsident der Republik Guinea, Sekou Touré, unter dem seine Landsleute 1958 die Unabhängigkeit von Frankreich erlangten, behauptet übrigens, ein Nachkomme Samoris zu sein.)

El Hadj Omar und Samori gelang es nur vorübergehend, ein Reich zu bilden. Beide stießen auf die Franzosen. Ihr Ende war auch das Ende der Reihenfolge der Sudanreiche.

Mossi-Reich. Im oberen Tal der Volta lebt das Volk der Mossi, das sich wohl im 11. Jahrhundert zusammengefunden und durch acht Jahrhunderte hindurch seine Sitten und Gebräuche bewahrt hat. Noch heute besteht das Mossireich von Wagadugu in der alten Form mit den Nabas, den obersten Führern, an der Spitze. Die Mossi sind Krieger, und doch kämpften sie selten gegen ihre Nachbarn, sondern verteidigten sich nur zäh gegen alle Eroberungsversuche, besonders gegen die Marokkanerpaschas von Timbuktu.

Haussa-Staaten. Im Zentralsudan, östlich des Niger, hat es mehrere Fürstentümer gegeben, von denen wir so gut wie gar nichts wissen, da die arabisch geschriebenen Lokalchroniken (wie die von Timbuktu) Anfang des 19. Jahrhunderts vernichtet worden sind. In diesen Chroniken soll von mehreren Haussastaaten die Rede gewesen sein. Nach örtlicher Überlieferung wurde im 10. Jahrhundert die Stadt Daura von einer Frau, Daurama, regiert, als ein schrecklicher Drache die Stadt bedrohte und sie dem Hungertode nahebrachte. Ein Weißer, Abu Yazid, kam aus dem Norden, erschlug den Drachen und wurde von der Königin zum Gemahl genommen. Das Paar hatte sieben Söhne, die sieben Fürstentümer gründeten. Die Lokalchronik glaubt, in einem dieser Fürstentümer, dem Kano-Staat, dreiunddreißig Fürsten nachweisen zu können, die seit Prinz Bogoda, einem Enkel des Abu Yazid, das Land nacheinander regiert haben. Erst die Eroberung Kanos durch die Fulbe im Jahre 1807 brachte diesem Herrscherhaus das Ende. Allmählich drang aber auch in dieses Gebiet der Islam vor, zuerst von den Fürsten, dann von den Städtern übernommen. Die Bauern blieben bis heute Heiden, wie in Europa die Bauern noch lange Jahrhunderte Heiden, »pagani«, geblieben sind, als das Christentum schon längst die Städte beherrschte.

Das Bornu-Reich. Der arabische Reisende Ibn Batuta erwähnt schon 1353 im Tschadgebiet das Bornureich, das seine Blütezeit wohl erst gegen Ende des 16. Jahrhunderts gehabt hat. Mit Hilfe von Feuerwaffen aus Tripolis gelang es den Bornus, den Tuareg der Wüste zu widerstehen, die Provinz Kano (im heutigen Nigerien) zu erobern und ihre Herrschaft bis nach Nordkamerun auszudehnen. Noch im 19. Jahrhundert erhielt der Sultan von Bornu von einem seiner Vasallen einen jährlichen Tribut von tausend Sklaven. Der vorletzte Sultan von Bornu, ein großer, stattlicher Herr, starb 1880 in der Hauptstadt Kuka, wo er die Forschungsreisenden Richardson, Barth, Vogel, Rohlfs und Nachtigal (Juli 1870) empfangen hatte.

Der Wadai-Staat. Gustav Nachtigal, der im Jahre 1871 in östlicher Richtung weitergezogen und bei den Herrschern des Wadaistaates gewesen war, berichtete, daß der Fürst von Wadai noch nach alter Sitte alle seine möglichen Thronprätendenten (Vettern, Neffen, Rivalen) hatte blenden lassen, dabei aber ein gerechter, einfacher, ehrlicher und offener Herrscher gewesen sei, der in Frieden regiere. Der Handel mit dem Niltal sei sehr rege gewesen, und auch aus dem Norden seien Karawanen mit vielen Gütern eingetroffen. Noch weiter östlich hatte der österreichische Forschungsreisende Schweinfurth im Jahre 1870 das Sultanat Darfur besucht und zahlreiche arabische Händler angetroffen, die den Sklavenmarkt gewaltsam monopolisierten. Hauptumschlagplatz war Khartum, das Absatzgebiet Ägypten. Auch war ein Tauschhandel von Manufakturwaren gegen Elfenbein bis in diese Gebiete hinein in großem Schwung.

Die arabischen Sklavenhändler besaßen ihre eigene, oft mehrere hundert Mann starke Truppe. Einer ihrer Hauptleute, *Rabeh,* beschloß, sich ein eigenes Reich herauszuhauen, und brachte ein Heer von dreißigtausend Mann zusammen. Von 1876 bis 1886 plünderte und verwüstete er riesige Gebiete. Sein Traum, ein zentralafrikanisches, das Tschadbecken umfassendes Reich zu gründen, wäre um 1900 beinahe in Erfüllung gegangen. Da stieß er aber auf Franzosen und Belgier und fiel im Kampf. Die Stunde der großen afrikanischen Reiche war vorbei, und für die Nachkommen sind Rabeh und Samori nur rücksichtslose Abenteurer.

Es ist eigentümlich, daß es den afrikanischen Herrschern kaum gelingt, Nationalstaaten zu bilden, in denen Gebiet, Sprache oder Rasse einheitlich wären. In ein und demselben Gebiet überlagern sich Völker von verschiedenem Ursprung, deren Sprache, Glauben und Tradition nichts miteinander gemein haben. Sie können sogar eine verschiedene politische oder administrative Zugehörigkeit haben. Im selben Landstrich, ja oft im selben Dorf leben verschiedene Stämme mit eigener Sprache, eigenen Sitten, eigener Zugehörigkeit unverschmolzen weiter. So zum Beispiel in dem kleinen Dorf Sama bei Segu, einer Siedlung am Ufer des Niger, wo ein Bauerndorf der Bambara, ein Fischerdorf der Bozo und ein Hirtendorf der Fulbe aneinandergrenzen. Jeder dieser Stämme würde sich entehrt fühlen, sollte er den Beruf des anderen ausüben oder einem anderen gehorchen. In Sama, wie überall zwischen Wüste und Ozean, liegt obendrein der Handel in den Händen des Hausiererstamms der Diola, der überall zu Hause ist. Wir haben in Westeuropa ähnliche Verhältnisse gekannt: verschiedene Staaten bestanden gleichzeitig auf einem und demselben Territorium; die Staaten teilten sich die Menschen, nicht das Land. Der König der Goten thronte in Toulouse, später in Toledo, obwohl er weder König von Toulouse noch von Toledo war.

Die Fulbe. Wie im modernen Europa die Zigeuner mit ihren eigenen Königen und eigenen Gesetzen vom Balkan bis nach Spanien hin und her wandern, so ziehen die nicht ansässigen Fulbestämme mit ihren Herden durch ganz Zentralafrika. Der Ursprung der Fulbe ist nicht geklärt. Sie leben mit und für ihre Kuhherden. Sie sind aus dem Norden gekommen, vielleicht aus Oberägypten, vielleicht aus Kleinasien, vielleicht sogar aus

Indien, zu einer Zeit, als die Sahara noch eine grüne Savanne war. Die Fulbe selbst behaupten, weißen Ursprungs zu sein und sich im Laufe der Zeiten vermischt zu haben. Sie sind sich bewußt, obwohl sie unter den Negerstämmen verstreut leben, einer bestimmten Gemeinschaft anzugehören, und dieses Bewußtsein dürfte sie auch daran hindern, in der schwarzen Welt aufzugehen. Sie haben oft unabhängige Reiche gegründet, deren eigentümlicher Aufbau von ihrem stark entwickelten Gesellschaftssinn zeugt. Etwa um 1400 entstand an den Ufern des Niger im Massinagebiet ein Fulbekönigreich, das aber keinerlei Macht über die Bauern und Fischer desselben Gebiets hatte. Die Einheit dieses Staates ist bis in unsere Jahre aufrechterhalten worden, auch wenn die Fulbe zu gewissen Zeiten gezwungen waren, die Oberherrschaft der Bambarakönige von Segu anzuerkennen, denen sie Tribut zahlten, wenn sie nicht anders konnten. Andere Fulbekönigreiche entstanden im Bergland Futa Dschalon (Guinea), in Nigerien und in Adamaua (Nordkamerun). Wegen ihrer großen Intelligenz, ihres politischen Verstandes und ihres Selbstbewußtseins haben die Fulbe die Jahrhunderte überdauert und spielen noch heute eine wichtige Rolle.

Die an den Küsten lebenden Stämme sind uns besser und seit längerer Zeit bekannt als die Staaten im Innern des Sudan. In den Senegalfürstentümern, im Königreich Aschanti an der Goldküste und im Dahomegebiet haben europäische Händler schon seit dem 16. Jahrhundert bei den Häuptlingen Sklaven für Amerika eingekauft.

Das Königreich von Benin, an der Mündung des Niger gelegen, verdient besonders wegen seiner Kunst erwähnt zu werden, die dort während des 16. und 17. Jahrhunderts eine große Blütezeit hatte. Die herrlichen Bronzestatuen von Benin, die heute in berühmten Museen und Sammlungen Europas und Amerikas mit Bewunderung aufbewahrt werden, haben zum erstenmal im Jahre 1879 dem Westen die Herrlichkeit der Negerkunst offenbart, die oft den Vergleich mit den schönsten Kunstwerken europäischer Kulturepochen nicht zu scheuen braucht. Noch bis in unsere Zeit war man bei uns überzeugt, daß die Begriffe »Neger« und »Wilde« sich deckten und daß es ohne Zweifel überhaupt keine schwarze Kultur und Kunst gebe. So erklärt sich der starke Eindruck, den die Beninbronzen bei den gebildeten Europäern hervorriefen. Das Erlebnis der Negerkunst führte dazu, die Gleichberechtigung der Negerkulturen immer mehr anzuerkennen.

Das Kongo-Reich. Als die Portugiesen im Jahre 1482 an der Kongomündung landeten, fanden sie ein mächtiges Reich vor, das schon seit einem Jahrhundert bestand. Sein Fürst gestattete einigen seiner Untertanen, am Königshof von Lissabon die angeblichen Vorzüge europäischer Zivilisation kennenzulernen, von denen er übrigens nicht überzeugt war. Noch im Laufe des folgenden Jahrhunderts löste sich dieser Staat aber auf; seine Existenz ist friedlich und glücklich gewesen, was für unsere Begriffe kaum beachtenswert erscheint.

Ostafrika

Das Reich des Monomotapa. Portugiesische Seefahrer, die unter dem Oberbefehl von Vasco da Gama Afrika umsegelten, entdeckten im Jahre 1498 ein großes, vom Sambesi bis zum Kap sich erstreckendes Reich, dessen König der Monomotapa genannt wurde. Er scheint – leider wissen wir nur sehr wenig von der Geschichte dieses Reiches – nur nominell über

Tänzerin
im Gebiet der Elfenbeinküste

Zuschauer eines Tanzes
im Gebiet des Tschad-Sees

mehr oder minder unterworfene Fürstentümer geherrscht zu haben. Das Reich ist erst in neuerer Zeit zusammengebrochen. Großartige und geheimnisvolle Ruinen stehen noch da, zum Beispiel der elliptische Tempel von Simbabwe in Südrhodesien, dessen Zyklopenmauern und Wälle vier bis fünf Meter breit und zehn Meter hoch sind. Man hatte zuerst vermutet, daß es sich um uralte Überreste handele, die auf Einwanderer, vielleicht sogar Weiße, zurückzuführen seien. Man sprach sogar vom König Salomo und glaubte, die sagenhaften Minen entdeckt zu haben, die das Gold für den Tempel in Jerusalem geliefert hatten.

Neuere Forschungen lassen jedoch darauf schließen, daß diese Bauten in der Zeit vom 9. bis zum 13. Jahrhundert entstanden sind, und zwar auf den Goldminen, die seit dem 7. Jahrhundert die arabischen und indischen Händler anzogen. Diese Händler hatten überall an der Ostküste Afrikas ihre Umschlagplätze, wo sie das afrikanische Gold gegen persische, indische und malaiische Waren (Schmuck, kostbare Seiden, Werkzeuge) eintauschten. Ähnliche, vor kurzem in Angola entdeckte Goldbergwerke deuten darauf hin, daß einst in dieser Breite, vom Atlantischen bis zum Indischen Ozean, eine Anzahl heute verschollener Kulturen bestanden hat.

Der Zulu-Staat. Im Laufe des 19. Jahrhunderts, buchstäblich unter den Augen der Europäer, entstand in Südafrika der starke Großstaat der Zulu. Im Gebiet zwischen Natal und Südosttransvaal lebte um 1800 ein Kaffernstamm von kaum zweitausend Seelen: die Zulu. Der sehr begabte Häuptling Tschaka organisierte den Stamm politisch und militärisch neu. Besonders die Kampftaktik sicherte den Zulu ihre Überlegenheit über alle Nachbarstämme. Tschaka baute die Einheiten auf den traditionellen Stamm- und Altersverbänden auf und gab den gesellschaftlich und territorial gegliederten Regimentern militärisch ausgebildete Führer. Auch Frauen wurden zur Wehrpflicht herangezogen und mußten sich solange der Ehe enthalten.

Den besiegten Völkern wurde die Zulusprache und ihren jungen Männern der Militärdienst aufgezwungen. So verfügte Tschaka, der afrikanische Napoleon, im Jahre 1818 über hunderttausend Kämpfer. Die seinen Kampfmethoden treugebliebenen Nachfolger zogen ins Njassaland, nach Deutsch-Südwestafrika und bedrohten die Buren. Diese Feldzüge kosteten über eine Million Menschenleben. Erst den in Natal hart bedrängten Briten gelang es schließlich, die Zulus nach langen und harten Kämpfen 1880 zu unterwerfen.

Abessinien. Im Südosten von Ägypten liegt das riesige dreieckige Bergland Abessinien. Durch tiefe Abgründe getrennte Hochebenen und reißende Ströme in den engen Tälern erschweren den Zugang zu den wie Raubvögel auf den Bergkämmen hockenden Dörfern. Die Nubische Wüste scheidet und trennt Abessinien von Ägypten. Nur über die Häfen am Roten Meer gelangt man in das Innere des Landes.

Die Abessinier sind Schwarze, aber keine Neger. Sie sind entweder eine sehr früh entstandene Mischrasse von Negern und Weißen, oder sie stammen von der schwarzen Urrasse ab, aus der sich später erst die Neger abgezweigt haben. Mit dieser Hypothese kann man wenigstens den starken äußeren Unterschied zwischen Abessiniern und Mulatten erklären: die Haut der Abessinier ist dunkel, ihre Lippen schmal, ihre Nase gerade, dünn und oft leicht gebogen; ihre Haare schwarz, kraus, aber nicht wollig.

Schon in vorchristlicher Zeit begann eine arabische Einwanderung nach Abessinien. Die jenseits des Roten Meeres lebenden semitischen Stämme wanderten in das ihnen gegenüberliegende, fruchtbare Bergland und gaben ihm seinen heutigen Namen. Die semitischen Einwanderer verschmolzen mit der Urbevölkerung, blieben aber das ausschlaggebende Element der abessinischen Kultur. Die Erinnerung an die alte Verbindung mit dem Jemen lebt in der abessinischen Sage weiter, die den Ursprung des Königshauses auf die Begegnung der Königin von Saba mit dem König Salomo zurückführt. Die semitisch-hamitischen Stämme Abessiniens schlossen sich im 1. Jahrhundert vor Christus langsam im Tigregebiet zum Königreich Aksume zusammen. Im 4. Jahrhundert ließ sich der König zum Christentum bekehren, das sich im Land in einer besonderen Form ausbreitete. Die abessinische Kirche ist eine Mischung aus der koptischen Kirche Ägyptens, heidnischen Überlieferungen und jüdischen Elementen, die vor oder gleichzeitig mit dem Christentum eingeführt worden sind. Bis heute bestehen in isolierten, schwer zugänglichen Teilen des Landes jüdische Gemeinden, jedoch mit einem von der israelitischen Religion abweichenden Kultus.

Im 7. Jahrhundert wurde Abessinien durch das Vordringen des Islam von der See abgeschnitten und erweiterte sich nach Süden: das Aksumitische Reich dehnte sich bis zum Quellengebiet des Blauen Nils aus. Bis zum 13. Jahrhundert waren die Provinzen von Amhara, Godscham und Schoa fast ganz semitisiert. Im 14. Jahrhundert brachen die zum Islam bekehrten Küstenstämme der Somali gegen das abessinische Hochland vor, plünderten und brandschatzten, setzten sich aber nicht fest. Im 16. Jahrhundert fielen die ihnen verwandten Galla in Abessinien ein und ließen sich dort neben den Abessiniern nieder. Die Galla sind in der Mehrzahl Heiden, einige sind Mohammedaner, andere verehren Jesus und Maria als ihre Götter.

Am Ende des 15. Jahrhunderts waren die ersten Europäer erschienen: portugiesische Händler auf der Suche nach dem Weg zu den Reichtümern Indiens, die sie dem venezianischen Orient-Handelsmonopol entreißen wollten. Sie hatten schon vom »Priester Johannes« gehört, dem geheimnisvollen, legendären christlichen Herrscher, dessen Reich man im Herzen Asiens vermutet hatte. So hielten die Portugiesen den christlichen Herrscher Abessiniens für den Priester Johannes und hofften, in ihm einen Verbündeten zu finden. Doch gelang es den jesuitischen Missionaren, die sie in Abessinien einführten, nicht, die Bevölkerung zum Katholizismus zu bekehren; sie wurden im 17. Jahrhundert aus dem Land gewiesen.

Der Herrscher von Abessinien, der Negus, der den Titel »König der Könige« führt, regierte die unterworfenen, auf den Rang von Provinzen degradierten Königtümer mit unumschränkter Gewalt. Der Treue der ihm untertänigen Könige versicherte er sich, indem er ihre Töchter heiratete. Zu seinen Untertanen hielt er Abstand. Eine Hauptstadt hatte er nicht, sondern wanderte mit seinem Hof von Provinz zu Provinz, wurde aber immer in Aksum gekrönt. Die Männer der Negusfamilie, mit Ausnahme der Söhne, mußten in einer abgelegenen Festung leben.

Die abessinische Kirche ist stark und mächtig. Die Priester leben nicht im Zölibat, sondern mit ihrer Familie; die Mönche sind in jüngeren Jahren Händler, im Alter führen sie das Dasein von Asketen. Bis zum Eindringen der Italiener im 20. Jahrhundert war Abessinien ein in sich geschlossenes, in Glauben und Kultur ungestörtes Land.

Wir haben schon von einem charakteristischen Zug des »schwarzen Kontinents« gesprochen, von der Abgeschlossenheit, jedoch damit nicht sagen wollen, daß sie total und lückenlos gewesen sei, sondern nur, daß die Einflüsse anderer Erdteile bis zur Epoche des Eindringens der Europäer schwach und spärlich gewesen sind.

Es ist bekannt, daß die Reaktion auf einen Einfluß je nach der Dosis verschieden, ja sogar entgegengesetzt sein kann, wie etwa im Organismus bei Ansteckung, Impfung, Allergie... Die äußeren Einflüsse sind in Afrika bis zur Neuzeit sehr schwach gewesen (wir werden noch auf den Sonderfall des Islam zurückkommen). Was aber danach kam, hat die Afrikaner sehr empfindlich, fast allergisch reagieren lassen, als ob sie die Todesgefahr ahnten, die die europäische Kultur für ihre eigenen Kulturen bedeutete, entweder einen todbringenden, unassimilierbaren Fremdkörper oder eine neue, die alte total ersetzende und verdrängende Lebensweise. Die kategorische, instinktive Verneinung Europas erstreckte sich sogar auf die unschuldigsten Werkzeuge und auf heilbringende Einflüsse. So lehnte Afrika den Pflug ab, der in Ägypten schon zur Zeit der III. Dynastie in Gebrauch war. Der Afrikaner ist dem Hackbau unbeirrt treu geblieben. Afrika kannte das Rad, weigerte sich aber, sich seiner zu bedienen. Die neuerdings entdeckten Felsenzeichnungen in der Sahara, in den Tassilibergen, stellten Räderfahrzeuge dar. Sie zeugen davon, daß Völker über die Syrtenländer und durch die Sahara bis weit nach Süden vorgedrungen sind. Diese Völker kannten das Rad, und doch benutzten es die Stämme südlich der Sahara nicht. Wie das Rad lehnen sie jede mechanische Technik ab, mit Ausnahme der primitivsten Webstühle. Sie sind sogar noch weiter gegangen. Gold wurde als Zahlungs- und Tauschmittel nicht verwendet. Obwohl in Mengen vorhanden, wurde es nur zu Schmuck verarbeitet, und der Besitz galt als gesellschaftliche Auszeichnung, aber Geld wurde es nicht. Ebenfalls wurde das Schrifttum abgelehnt. Die afrikanischen Kulturen kennen nur mündliche Überlieferung und sind so in der Zeit der Barden und Minnesänger steckengeblieben.

Afrika war nie ganz von der Außenwelt abgeriegelt. Nacheinander schlugen die Wellen verschiedener Kulturen um den Schwarzen Erdteil: Ägypter, Phönizier, Karthager, Griechen, Römer, Araber und endlich die Westeuropäer.

Man hat in Belgisch-Südkongo eine kleine Bronzestatue des Osiris gefunden. Auch erinnert das Krönungszeremoniell der Gottkönige in Nigerien stark an den Pharaonenritus. Um 600 vor Christus sollen die Phönizier im Auftrage des Pharao Necho II. den ganzen afrikanischen Kontinent in drei Jahren umsegelt haben, was allerdings fraglich ist. Die Karthager schickten Handelskarawanen bis nach Zentralafrika, die Straußeneier, Elfenbein, Goldstaub, Sklaven und phantastische Berichte heimbrachten. Karthagische Glasperlen in Äquatorialafrika zeugen von diesem Handel. Als Rom Karthago zerstörte, gab es dem eroberten Land den Namen Afrika, der später dann nicht nur das heutige Tunesien, sondern das ganze Festland bis zum Kap bezeichnete. Wir stellen uns heute unter »Afrikaner« eigentlich nur Schwarze vor, obwohl die römische »Provincia Africa« ursprünglich nur von Weißen bevölkert war.

Bis zum Erscheinen der Westeuropäer hatte Afrika eigentlich nur eine von außen kommende große Erschütterung erlebt, die Springflut des Islam mit seinen tragischen Umwälzungen und Blutbädern. Unter dem Ansturm des Islam brachen die Negerreiche zusammen, und es begann die Dekadenz der schwarzen Kulturen. Welle auf Welle drang der Islam bis nach Zentralafrika vor, und zwar in zwei Richtungen: im Westen über Marokko nach dem Senegal und Nigerien, im Osten am Nil und dem Roten Meer entlang und an der Küste des Indischen Ozeans weiter nach Süden. Der Vormarsch im Westen war mehr militärisch und politisch, der im Osten mehr kommerziell.

Die Bekehrung zum Islam ging überall nur langsam vor sich, und die Erfolge waren zunächst unbeständig. Der Einfluß der islamischen Kunst und Wissenschaft ist kaum zu bemerken. Das aus dem Koran abgeleitete Recht betraf nur die Gläubigen. Auch heute wird Arabisch nur ausnahmsweise gesprochen. Als die in Europa vordringenden Araber im Jahre 732 bei Poitiers geschlagen und zurückgeworfen wurden, erreichten im Süden die arabischen Karawanen den Senegal. Im 10. Jahrhundert pilgerten Angehörige nomadischer Berberstämme, Vasallen des schwarzen Ganareichs, nach Mekka und gründeten nach ihrer Rückkehr auf einer Insel im unteren Senegal ein Kloster, um den islamischen Glauben in seiner ganzen Reinheit wiederherzustellen. Diese Berber, die sich Almoraviden nannten, vermehrten sich schnell und begannen bald den Heiligen Krieg gegen Gana, das 1076 zusammenbrach. Schon 1082 herrschten die Almoraviden – ihre Hauptstadt war Marrakesch – über ganz Nordwestafrika, vom Senegal und vom Niger bis zum Atlantischen Ozean und zum Mittelmeer westlich von Algier. 1090 hatten sie dazu das ganze arabische Spanien erobert, so daß sich ihr Reich eine Zeitlang vom Senegal bis zu den Pyrenäen erstreckte. Doch das zerbrach ebenso schnell, wie es entstanden war; in weniger als hundert Jahren war der Almoravidenstaat verschwunden. Die Nachfolger zersplitterten ihre Kräfte in jahrhundertelangen Fehden und Zerstörungen.

Die Ostküste Afrikas hatte seit jeher Kontakte mit der übrigen Welt, besonders durch Händler, Kaufleute und Seefahrer, die aus Arabien, Persien, Indien und Indonesien kamen. Oft drang deren Einfluß, der zunächst auf die Küstenbevölkerung wirkte, bis ins Innere vor. Im 11. Jahrhundert gründeten Perser aus Schiras an der Küste die Stadt Mombasa. Die Suaheli, deren Sprache viel aus dem Arabischen entlehnt hat (sie wird heute als Umgangssprache in Kenya, Ostkongo und Mosambik gesprochen), behaupten, ihre Ahnen seien im 8. Jahrhundert aus Persien eingewandert. Aber die Entlehnungen werden nur von den »Arabern« importiert sein, von den vielen, sehr verschiedenen semitischen und türkischen Händlern, die seit je bei ihnen Goldstaub und Sklaven eingekauft haben (seit dem 8. Jahrhundert findet man Negersklaven auf Sumatra). Auch ihre Tracht und die Goldschmiedekunst haben sie in Afrika eingeführt, und sie haben die Eingeborenen gelehrt, Apfelsinen, Zitronen, Zuckerrohr und vielleicht auch Reis anzubauen.

Die europäische Kolonisation hat gegen ihren Willen seit fünfzig Jahren die friedliche Ausbreitung des Islam im Schwarzen Afrika erleichtert. Die dogmatische Einfachheit des Islam fordert von den Afrikanern weder eine bedeutende Umstellung in ihrer Lebensweise noch eine wahre Umformung ihrer religiösen Auffassungen. Die islamische Religion findet sich leichter als die christliche mit der animistischen und heidnischen Weltanschauung der Schwarzen ab und läßt sie, monotheistisch verkleidet, weiterleben. Außerdem vermittelt der Islam dem Afrikaner eine gesellschaftliche Organisation und eine Disziplin, die er schätzt und die ihm die zusammenbrechenden traditionellen Strukturen ersetzen kann.

Auch wenn er nur scheinbar Moslem wird, hat der Afrikaner den Eindruck, eine neue menschliche Würde zu erhalten. Den weiten, weißen Kittel zu tragen, an öffentlichen islamischen Feierlichkeiten teilzunehmen, täglich zu beten, sind Zeichen eines sozialen Aufstiegs, bei dem er sich wohl fühlt. Das hilft ihm auch, seine afrikanische Persönlichkeit zu unterstreichen und sich dem Weißen gegenüber zu behaupten; denn Muselman zu werden bedeutet nicht, in einer Unterstufe in die westliche Welt eingereiht zu werden, wie es beim Übertritt zum Christentum der Fall ist, sondern als Muselman kann sich der Afrikaner dem Weißen ebenbürtig fühlen. Der Widerstand gegen die westliche Kultur findet oft und gern in einer Islamisierung Ausdruck, die jedoch nicht mit einer Arabisierung zu verwechseln ist, denn sie hat keineswegs die Bedeutung einer politischen und menschlichen Einreihung der schwarzen Welt in den Panarabismus. Vielmehr sieht man sogar in Afrika die Züge eines schwarzen Islam hervortreten, weniger fanatisch und viel menschlicher als der weiße Islam.

Die Bevölkerung des Senegal ist heute zu siebzig Prozent islamisch, der halbe Tschad ist muselmanisch, in Nordnigerien ist der größte Teil der Eingeborenen zum Islam übergetreten. Und Sansibar ist ein großes islamisches Kulturzentrum.

*

Lange Zeit haben die Europäer das Schwarze Afrika ignoriert. Herodot hielt Afrika für eine unbewohnte und unbewohnbare Wüste. Die Alten glaubten, es sei von Ungeheuern und sagenhaften Wesen bewohnt. So schrieb man auf die Landkarten Afrikas phantasievolle Namen wie »Land der Zungenlosen«, »Land der Nasenlosen«, »Land der Krummfinger«. Das erste eigentliche europäische Vordringen über die Sahara hinaus wird wohl das des römischen Legaten Cornelius Balbus im Jahre 19 vor Christus gewesen sein. Die von ihm geführte Kolonne durchquerte die Wüste, erreichte den Niger und gelangte wahrscheinlich bis nach Gao. Für diese Leistung erhielt er in Rom den Lorbeerkranz des Triumphs. Aber weder er noch Rom ahnten, daß er an der Grenze zu einer neuen, riesigen Welt gewesen war.

Im 1. Jahrhundert nach Christus entdeckten griechische Seefahrer aus Alexandrien im Indischen Ozean die Vorteile der Monsunwinde und nutzten sie aus, um regelmäßige Handelsverbindungen zwischen Afrika und der Westküste Indiens herzustellen. Erst im 15. Jahrhundert erschienen dann wieder Europäer südlich der Sahara, und zwar auch zur See. Wir haben schon vom Auftauchen portugiesischer Reisender in Abessinien gesprochen. Sie hatten versucht, unter Ausnutzung der Monsunwinde das Handelsmonopol der Venezianer mit dem Osten zu brechen. Wenn sie auch in Abessinien nicht Fuß fassen konnten, gelang es ihnen doch, auf der Suche nach der Indienroute 1488 das Kap zu erreichen. Sie gründeten an vielen Punkten der afrikanischen Küste Handelsstützpunkte. Aus Amerika brachten sie Mais, Maniok und Süßkartoffeln nach Afrika. Der erste Kakao wurde in Guinea von portugiesischen Juden angepflanzt. Heute ist er der Hauptreichtum der westafrikanischen Küste.

Im 17. Jahrhundert, als Portugal von den Spaniern beherrscht wurde, verdrängten die Holländer die Portugiesen in Guinea. Aber die mußten dann schließlich den Engländern weichen. Sie ließen sich im Jahre 1651 weiter im Süden am Kap nieder. 1795 lebten dort zwanzigtausend Holländer und französische Protestanten, zu einem Volk, den Buren, verschmolzen. Sie sprachen einen niederländischen Dialekt und hatten schon keine andere Heimat mehr als Südafrika. Sie gründeten die Oranje- und Transvaalstaaten, die 1852 und 1854 von den Engländern anerkannt wurden.

Aber all diese europäischen Niederlassungen blieben zunächst an den Küsten Afrikas haften. Erst im 19. Jahrhundert drang Europa ins Binnenland vor: Entdeckungsreisende, Missionare und Kolonisatoren. Für Afrika begann die große Wende.

Alfred Verdroß

DIE ENTWICKLUNG DES VÖLKERRECHTS

Begriff und Entwicklung des Völkerrechts

Um das Völkerrecht des 19. Jahrhunderts verstehen zu können, müssen einige Bemerkungen über den Begriff und die Entwicklung des Völkerrechts vorausgeschickt werden. So wie alles Recht ordnet auch das Völkerrecht bestimmte Lebensverhältnisse. Während aber das innerstaatliche Recht die Beziehungen zwischen einzelnen Menschen oder innerstaatlichen Verbänden regelt, normiert das Völkerrecht die Beziehungen zwischen den souveränen Staaten und einzelnen anderen souveränen Gemeinschaften. Daraus ergibt sich, daß das Völkerrecht nicht von einer zentralen Autorität, die über den Rechtssubjekten steht, erlassen werden kann, wie das innerstaatliche Recht, sondern nur durch Verträge zwischen den souveränen Gemeinschaften oder durch die als Recht anerkannte Übung (völkerrechtliches Gewohnheitsrecht) geschaffen werden kann. Das Völkerrecht ist also kein Herrschaftsrecht, sondern bloßes Koordinationsrecht. Daher kann es sich nur verwirklichen, wenn die zwischen den Völkerrechtssubjekten abgeschlossenen Verträge und das durch die internationale Gewohnheit begründete Völkergewohnheitsrecht von übereinstimmenden Rechtsvorstellungen der verschiedenen Völker getragen werden. Quellen des Völkerrechts sind somit die völkerrechtlichen Verträge, das völkerrechtliche Gewohnheitsrecht und die ihnen zugrunde liegenden allgemeinen Rechtsgrundsätze.

Die Bezeichnung Völkerrecht ist eine Übersetzung des von den Römern geprägten Ausdruckes *ius gentium*. Dieser Begriff umfaßte aber ursprünglich nicht nur das zwischenstaatliche Recht, sondern auch jene innerstaatlichen Rechtsnormen, die den Völkern des Altertums gemeinsam waren. Erst im 16. Jahrhundert wurde daraus der Begriff des zwischenstaatlichen Rechts *(ius inter gentes)* geschält. Aber die neue Bezeichnung hat den alten Ausdruck *ius gentium* (Völkerrecht) nicht zu verdrängen vermocht, da er schon fest eingebürgert war und auch gefühlsbetonter ist als der Fachausdruck »zwischenstaatliches Recht«. Für seine Beibehaltung spricht auch, daß als Völkerrechtssubjekte nicht nur Staaten, sondern auch andere Rechtssubjekte, wie der Apostolische Stuhl, der Malteser Orden, die als kriegführende Partei anerkannten Aufständischen und das internationale Komitee des Roten Kreuzes, gelten.

Das Völkerrecht ist so alt wie die Staaten selbst. Denn seit der Herausbildung von Staaten gab es auch Beziehungen zwischen ihnen. Wenn aber einmal ein Verkehr vorhanden ist, entwickeln sich durch Verträge und durch die Übung Verkehrsregeln. So war zum Beispiel der Grundsatz, daß Tempel, Gesandte und Herolde unverletzlich sind, schon im Altertum anerkannt. Ein Bündnis- und Auslieferungsvertrag wurde bereits im 13. vorchristlichen Jahrhundert zwischen dem Ägypterkönig Ramses II. und dem König von Cheta abgeschlossen, dadurch aber auch der allen Verträgen zugrunde liegende Rechtsgrundsatz der Vertragstreue *(pacta sunt servanda)* anerkannt. Das Völkerrecht der alten Welt bestand aber nur aus wenigen Regeln, die nicht allgemein anerkannt waren. Mit dem Wachsen des Römischen Weltreichs wurden sie vom imperialen Recht Roms überlagert, denn die Voraussetzung für das Völkerrecht, das Nebeneinanderstehen souveräner Staaten, verschwand. Gleichwohl lebten einige Grundsätze des Völkerrechts gedanklich weiter, an die dann das moderne Völkerrecht anknüpfen konnte.

Das begann sich seit dem 14. Jahrhundert mit dem Verblassen der mittelalterlichen Reichsidee herauszubilden. So schüttelten seit dem Untergang der Hohenstaufen zahlreiche Fürstentümer und Stadtrepubliken der europäischen Mitte ihre frühere Unterordnung unter die kaiserliche Gewalt ab, während England und Frankreich schon früher die kaiserliche Oberhoheit nicht anerkannten. Auf diese Weise wurde der politische Universalismus des Mittelalters durch einen Pluralismus abgelöst. Im Verkehr zwischen diesen souverän gewordenen Staaten der christlich-abendländischen Gemeinschaft entwickelte sich nun das christlich-europäische Völkerrecht, das durch die Errichtung von ständigen Gesandtschaften mächtig gefördert wurde. Dieser Brauch, bei fremden Regierungen ständige Gesandte zu bestellen, entwickelte sich in Italien seit dem 15. Jahrhundert, hat sich aber bald allgemein durchgesetzt. Da die damalige Staatengemeinschaft noch von der Idee der christlichen Einheit beherrscht war, wurde sie christliche Republik *(res publica christiana)* oder Republik unter der Herrschaft Gottes *(res publica sub Deo)* genannt. Schon vorher bestand aber auch im byzantinischen Kulturkreis eine Staatengemeinschaft, da Byzanz vom 7. bis zum 10. Jahrhundert ein diplomatischer Mittelpunkt gewesen war. Auch der islamitische Kulturkreis hat auf die Entwicklung des Kriegsrechtes und des zwischenstaatlichen Handelsverkehrs Einfluß geübt.

In dieser ersten Periode des modernen Völkerrechts finden wir bereits eine reich entwickelte Schiedsgerichtsbarkeit. Sie wurde entweder einer gemischten Kommission, einer juristischen Person (Universität, Parlament) oder einem befreundeten Staatsoberhaupt übertragen. In einigen Fällen wurde auch eine zweite Instanz bestellt. Oft wird dem Schiedsgericht die Befugnis übertragen, den Streit als Schiedsrichter oder als Vermittler zu schlichten. Doch unterschied man schon damals zwischen dem arbiter, der gehalten war, nach Recht zu entscheiden *(juris ordinem servare)*, und dem Vermittler *(amicabilis compositor* oder *arbitrator)*, der die Aufgabe hatte, den Streit *»per amorem, per concordiam, per transactionem«* aus der Welt zu schaffen. Das von dem Schiedsgericht anzuwendende Recht wurde aus verschiedenen Quellen geschöpft: vor allem aus den Verträgen und aus dem Gewohnheitsrecht, ferner aus den übereinstimmenden Rechtsgrundsätzen des europäischen Staatenkreises und schließlich aus der *ratio*, *justitia* und *aequitas*. Nach dem Völkerrecht des Mittelalters bestand auch eine ständige Vermittlungsstelle, da der Papst in allen zwischenstaatlichen Streitigkeiten als Vermittler *ex officio* auftreten konnte und oft auch als Schiedsrichter angerufen wurde.

Mit der modernen Staatengemeinschaft entstand auch die Völkerrechtswissenschaft. Sie ging im 16. Jahrhundert aus der spanischen Moraltheologie hervor, die unter Führung von Franz de Vitoria (1480–1546) und Francis Suarez (1548–1617) die Idee des Naturrechts auf die zwischenstaatlichen Beziehungen übertragen hat. Sie ging dabei von der Lehre des Aristoteles aus, daß der Mensch seiner Natur nach ein Sozialwesen sei. Daraus folgerte sie, daß auch die Völker soziale Wesen und daher durch die Natur zu einer naturrechtlichen Gemeinschaft verbunden seien. Deshalb wurzle das positive Völkerrecht im Naturrecht, das mit der Natur des Menschen unlöslich verknüpft ist. Diese Gedanken hat Suarez folgendermaßen zusammengefaßt:

> Obgleich die Menschheit in verschiedene Völker und Königreiche gegliedert ist, besitzt sie doch eine gewisse, nicht nur physische, sondern auch eine moralische und politische Einheit, die sich aus dem natürlichen Gebot der Liebe und des gegenseitigen Mitleids ergibt, das sich auf alle Menschen, auch auf die Ausländer, welchen Volkes auch immer, erstreckt. Daher ist jeder Staat, mag er eine Republik oder ein Königreich sein, zwar an sich eine vollständige und eine dauernde Gemeinschaft seiner Bürger, zugleich aber in gewissem Sinne auch ein Glied jenes Universums, welches das Menschengeschlecht umfaßt. Denn jene Gemeinschaften können sich niemals derart genügen, daß sie keiner gegenseitigen Hilfe, keiner Gesellschaft und keiner Gemeinschaft bedürfen, entweder um besser zu leben und zu ihrem Nutzen oder wegen einer moralischen Notwendigkeit oder Bedürftigkeit, wie es uns die Erfahrung zeigt. Daher brauchen sie irgendeine Rechtsordnung, die sie in jener Art des Verkehrs leitet und lenkt. Obgleich das aber zum großen Teil schon durch die natürliche Einsicht erfolgt, so genügt diese doch nicht immer und unmittelbar für alle Gelegenheiten. Daher konnten durch die Übung der Völker einige besondere Rechte begründet werden. Ebenso nämlich, wie in einem Staate oder in einer Provinz die Übung Recht schaffen kann, so konnten auch im ganzen Menschengeschlecht die Rechte der Völker durch die Übung begründet werden.

An die Völkerrechtslehre der Spanier knüpft der Holländer Hugo Grotius (1583–1645) an, der die Idee des Völkerrechts über die Glaubensspaltung hinübergerettet hat. Ja, diese Idee war damals das einigende Band, das in der Zeit der Religionskriege die verschiedenen christlichen Bekenntnisse miteinander verbunden hat. Daher ist es das Hauptverdienst des Grotius, daß er während des Dreißigjährigen Krieges, welcher der erste europäische Bürgerkrieg gewesen war, die Idee des Völkerrechts hochgehalten und auch gegenüber den damaligen Machthabern verteidigt hat.

Mit der Aufspaltung der einheitlichen Christenheit in verschiedene Bekenntnisse trat das Völkerrecht in eine neue Phase ein, da die mittelalterliche Gemeinschaftsidee in den Hintergrund trat und durch den mechanistischen Grundsatz des Gleichgewichts verdrängt wurde. Dieser Grundsatz besagt, daß kein Staat so mächtig werden darf, daß er allein oder in Verbindung mit seinen Bundesgenossen imstande ist, den übrigen Staaten seinen Willen aufzuzwingen. Das europäische Gleichgewicht war aber labil, denn in der Geschichte der Neuzeit treten immer wieder Großmächte hervor, die untereinander um die Hegemonie ringen. Mit diesen Kämpfen verschwindet die in der zweiten Hälfte des Mittelalters blühende Schiedsgerichtsbarkeit nahezu vollständig. Da in dieser Periode nahezu alle Staaten absolute Monarchien waren und sich die ganze Fülle der Staatsgewalt im Monarchen konzentrierte, war das damalige Völkerrecht eine Art Fürstenrecht.

Die neue Staatengemeinschaft trat erstmalig am Kongreß von Osnabrück und Münster (1648) in Erscheinung, da hier zum erstenmal alle christlichen Erkenntnisse vertreten waren. Seither spricht man von der christlich-europäischen Völkerrechtsgemeinschaft und vom christlich-europäischen Völkerrecht, obgleich damals noch die osteuropäischen Staaten ausgeschlossen waren.

Die Grundlagen des Völkerrechts von der Französischen Revolution bis zum Wiener Kongreß

Der Aufbau der Staatengemeinschaft änderte sich wesentlich durch die Französische Revolution. Sie hatte zunächst zwar nur eine innerstaatliche Bedeutung: das Volk löste den Monarchen als Träger der Staatsgewalt ab. Der neue Grundsatz wirkte sich aber auch auf die Staatengemeinschaft aus, denn die Revolutionäre erklärten die neue Idee zu einem allgemein gültigen Prinzip. Sie fühlten sich nicht nur als Vertreter der französischen Nation, sondern als ein Organ der Menschheit. Das zeigen zum Beispiel die Ausführungen des Mitgliedes der konstituierenden Nationalversammlung Volney vom 18. Mai 1790 oder der Vorschlag des Abgeordneten Abbé Grégoire, zur Ergänzung der Deklaration der Menschen- und Bürgerrechte auch eine Deklaration eines neuen Völkerrechts zu beschließen, die dem Verkehr von Volk zu Volk, auf der Grundlage der allgemeinen Brüderlichkeit aufbauend, dienen sollte. Diese neue Idee wurde aber bald mißbraucht und in den Dienst der französischen Außenpolitik gestellt, die unter der Losung des Kampfes gegen die Tyrannen ins Feld zog. Gleichwohl hat das damals aufgestellte Prinzip des Selbstbestimmungsrechts der Völker eine große Bedeutung für die Weiterentwicklung des Völkerrechts, da dieser Grundsatz zwar zeitweise zurückgedrängt, niemals aber mehr ganz ausgelöscht werden konnte.

Nach dem Sieg über Napoleon stellten die Monarchen von Österreich, Preußen und Rußland der Revolutionsidee die Idee der Fürstenlegitimität entgegen, die in der Heiligen Allianz vom 26. September 1815 ihren völkerrechtlichen Ausdruck gefunden hat. In diesem Dokument erklären die verbündeten Monarchen, daß sie sich als Brüder betrachten, die von der Vorsehung beauftragt sind, die verschiedenen Glieder der christlichen Familie zu lenken. Denselben Grundsatz finden wir aber auch im Pariser Frieden vom 30. Mai 1814 sowie in den Wiener Kongreßakten vom 9. Juni 1815, die »im Namen der allerheiligsten und unteilbaren Dreifaltigkeit« abgeschlossen worden sind.

Damals entwickelte sich auch der erste Ansatz zu einer überstaatlichen Organisation, da auf der zweiten Pariser Friedenskonferenz die Quadrupelallianz abgeschlossen wurde, die sich auf dem Aachener Kongreß (1818) durch den Beitritt Frankreichs zur Pentarchie der europäischen Großmächte erweitert hat. Ihr Ziel war es, den durch den Wiener Kongreß geschaffenen Friedenszustand gegen alle Störungen von außen und innen zu sichern. Daher bekämpften die Großmächte nicht nur alle zwischenstaatlichen Besitzstörungen, sondern auch die revolutionären Bestrebungen der europäischen Staaten und warfen sie nötigenfalls durch bewaffnete Kollektivinterventionen nieder. Dieser erste Ansatz einer internationalen Organisation der europäischen Staaten umfaßte aber nicht alle damaligen Mächte, sondern nur die fünf Großmächte. Diese Organisation war also auf dem Prinzip der Hegemonie der Großmächte aufgebaut.

Das nationale Prinzip als Baugesetz der Staatsgemeinschaft

Die Politik der Heiligen Allianz zur Erhaltung des bestehenden Zustandes konnte nicht lange aufrechterhalten werden, da ein neues Ordnungsprinzip der Staatengemeinschaft lebendig wurde, nämlich der Grundsatz der Gliederung der Staatengemeinschaft in Nationalstaaten. Diese Idee wurzelt teils im Grundsatz der Volkssouveränität, den die Französische Revolution proklamiert hat, teils aber auch in der deutschen Romantik sowie in der neuen italienischen Völkerrechtslehre. Sie findet ihren klarsten Ausdruck in der Lehre des italienischen Völkerrechtslehrers Mancini, der den historisch gewordenen Staaten die Nationalstaaten gegenüberstellt, die allein »Schöpfungen der Natur« seien. Er fordert daher, diesen »von der Vorsehung angeordneten Zustand« herzustellen. Erst wenn die Staatengemeinschaft nach diesem Prinzip gegliedert sei, meint Mancini, werde der Friede gesichert sein, da »Vaterländer keinen Krieg gegeneinander führen«. Schon daraus ersehen wir, daß die Vertreter der nationalstaatlichen Idee ursprünglich in keinem Gegensatz zur internationalen Gemeinschaft standen, sondern gerade umgekehrt der Meinung waren, daß der Friede in der Staatengemeinschaft durch die Einführung dieses neuen Baugesetzes fest begründet werden könne.

Tatsächlich hat die nationalstaatliche Idee die durch den Wiener Kongreß geschaffene europäische Ordnung vollständig umgestaltet. So wurde 1830 bis 1832 der aus der nationalen Freiheitsbewegung hervorgegangene Staat Griechenland als Nationalstaat anerkannt. Die nationale Welle siegte auch in Italien und Deutschland; sie führte zur Gründung des Königreiches Italien (1861) und des Deutschen Reiches (1871). Auch den christlichen Balkanvölkern sowie Albanien gelang es nach schweren Kämpfen, die nationale Selbständigkeit zu erringen (1878 bis 1913). Selbst der altehrwürdige Kirchenstaat fiel dem nationalstaatlichen Prinzip am 20. September 1870 zum Opfer. 1905 löste sich Norwegen von Schweden los. Hingegen blieben die Schweiz, das russische Reich und bis 1918 auch das Kaisertum Österreich, das sich 1867 in die österreichisch-ungarische Monarchie umgewandelt hatte, als übernationale Staaten erhalten. Aber auch innerhalb dieser Mehrvölkerstaaten ist die nationale Idee erwacht. Sie führte in Österreich zur Herausbildung eines Nationalitätenrechtes, das auf der Grundlage der Achtung und Gleichberechtigung aller österreichischen Völker aufgebaut war (Artikel 19 des Staatsgrundgesetzes über die allgemeinen Rechte der Staatsbürger vom 21. Dezember 1867).

Gegen die Heilige Allianz wandte sich aber auch der amerikanische Präsident Monroe in seiner Botschaft vom 2. Dezember 1823, in der er jeden Versuch der europäischen Mächte, ihr System auf irgendeinen Teil Amerikas auszudehnen, als eine Gefahr für die amerikanische Sicherheit bezeichnete und eine amerikanische Intervention gegen jeden Versuch ankündigte, weitere europäische Kolonien in Amerika zu erwerben.

Mit der Idee der Heiligen Allianz zerfiel auch die lose Organisation der europäischen Großmächte in der Pentarchie. So kam es seit dem Ablauf des deutsch-russischen Rückversicherungsvertrages (1890) zur Herausbildung zweier einander entgegengesetzten europäischen Staatengruppen, nämlich des Dreibundes der Mittelmächte (Deutsches Reich, Österreich-Ungarn und Italien) auf der einen Seite und der Entente

(Frankreich, Großbritannien und Rußland) auf der anderen Seite, die sich zweieinhalb Jahrzehnte in bewaffnetem Frieden gegenüberstanden, 1914 aber in Kriegslager verwandelten.

Der Übergang vom europäischen zum allgemeinen Völkerrecht

Seit dem Ende des 18. Jahrhunderts begann sich allmählich das christlich-europäische Völkerrecht zu einem universellen auszuweiten. Nachdem sich schon 1776 die Vereinigten Staaten vom britischen Mutterland losgerissen hatten, verwandelten sich zwischen 1809 und 1898 einundzwanzig europäische Kolonien in Mittel- und Südamerika in selbständige Staaten, die alle sogleich als selbständige Völkerrechtssubjekte auftraten. In dieser Zeit erweiterte sich die zunächst auf die christlichen Staaten beschränkte Staatengemeinschaft in eine allgemeine, indem auf der Pariser Friedenskonferenz von 1856 die Türkei, später auch Persien, Japan, Siam und China sowie Liberia in die Völkerrechtsgemeinschaft aufgenommen wurden. Auf der ersten Haager Friedenskonferenz von 1899 waren schon nahezu alle damals selbständigen Staaten der Welt vertreten. Gleichwohl ist die Staatengemeinschaft erst seit dem zweiten Weltkrieg global geworden.

Da es im 19. Jahrhundert keinen allgemeinen europäischen Krieg gegeben hat, konnte sich das Völkerrecht in dieser Zeit besser als in früheren Jahrhunderten entwickeln. Man nennt daher das im vorigen Jahrhundert ausgebildete Völkerrecht das klassische. Es unterscheidet sich von dem Völkerrecht, das sich seit der Gründung des Völkerbundes entwickelt hat, dadurch, daß die damalige Staatengemeinschaft noch nicht organisiert war.

Die raschen Fortschritte des Völkerrechts in der zweiten Hälfte des 19. Jahrhunderts sind auf die Ausweitung des europäischen Handels und Verkehrs, besonders nach dem Frieden von 1871, zurückzuführen. Die allgemeine Rechtssicherheit sowie die überall anerkannte Unverletzlichkeit des Privateigentums ermöglichten gewaltige Kapitalinvestitionen, durch welche die Warenerzeugung rasch gesteigert und verbilligt wurde. Es entwickelte sich ein weitverbreiteter Fortschrittsoptimismus, der darauf vertraute, daß auch die Machtkämpfe zwischen den Staaten zu rationalisieren und in vernünftige Schranken zu bannen seien, um die Lebensbedingungen der modernen Zivilisation nicht zu gefährden. So haben sich in dieser Zeit drei große Zweige des Völkerrechts entwickelt, nämlich das Verkehrsrecht, das Kriegsverhütungsrecht und das humanisierte Kriegsrecht.

Das völkerrechtliche Verkehrsrecht wurde notwendig, nachdem sich die Volkswirtschaften immer mehr ineinander verflochten und zahlreiche internationale Verwaltungsunionen errichtet worden waren.

Das Kriegsrecht wurde weitergebildet durch die Pariser Friedenskonferenz von 1856, auf der die Seerechtsdeklaration vom 16. April 1856 beschlossen wurde, ferner durch die Genfer Konventionen vom 22. August 1864 und 6. Juli 1906, die Petersburger Konvention von 1868 über die Verwendung von Sprengstoffen im Kriege sowie durch die beiden Haager Friedenskonferenzen (1899 und 1907), schließlich durch die nichtratifizierte Londoner Seerechtsdeklaration von 1909.

Das 19. Jahrhundert bringt aber auch eine Erneuerung der seit dem Ende des Mittelalters zurückgedrängten Schiedsgerichtsbarkeit, wenngleich die Schiedsabkommen in der Regel jene Streitigkeiten ausnahmen, welche die Ehre, die Unabhängigkeit oder die Lebensinteressen eines Streitteiles betreffen. 1899 wurde der Haager Schiedsgerichtshof gegründet, dem es auch gelang, verschiedene zwischenstaatliche Streitigkeiten, darunter auch zwischen Großmächten, in einem friedlichen Verfahren zu entscheiden, so zum Beispiel den Casablanca-Streitfall zwischen dem Deutschen Reich und Frankreich (1909). Außerdem wurde in den Bryan-Verträgen der Grundsatz aufgestellt, daß alle Streitigkeiten, die nicht der Schiedsgerichtsbarkeit unterworfen werden, einer Vermittlungsstelle zu unterbreiten sind, bevor zur bewaffneten Selbsthilfe gegriffen werden darf. Doch bestand keine allgemeine Pflicht, sich des einen oder des anderen Verfahrens zu bedienen. Die Staaten blieben völkerrechtlich frei, zur Selbsthilfe zu schreiten, solange sie keine Bindungen übernommen hatten, die dem widersprachen.

Die Hauptzweige des klassischen Völkerrechts

Die Grundrechte der Staaten

Als völkerrechtliche Grundrechte bezeichnet man jene den souveränen Staaten zustehenden Rechte, die vorliegen müssen, um einen friedlichen Verkehr zwischen ihnen zu ermöglichen. Dazu gehört vor allem die Achtung der fremden Gebietshoheit, denn ein friedliches Nebeneinanderleben von Staaten setzt eine klare Abgrenzung der Staatsräume voraus. Diese Abgrenzung erfolgt regelmäßig durch Grenzverträge, ausnahmsweise auch durch einen langen und unbestrittenen Besitzstand. Wenn ein Staat ans Meer grenzt, gehört zu seinem Staatsgebiet auch der angrenzende Küstenmeerstreifen von drei bis zwölf Seemeilen. Allen Staaten, auch jenen, die keine eigene Küste haben, steht aber das Recht zu, durch das fremde Küstenmeer zu fahren.

Außerdem sind die Staaten in Friedenszeiten verpflichtet, gegenseitig ihre politische Unabhängigkeit zu achten. Einmischungen in die Ordnung eines anderen Staates unter Androhung oder Anwendung von Gewalt sind verbotene Interventionen. Von ihnen muß die auch »Intervention« genannte Ausübung des diplomatischen Schutzrechtes unterschieden werden, das jedem Staat über seine im Ausland befindlichen Angehörigen zusteht.

Ein drittes Grundrecht der Staaten ist die Achtung der Ehre. Insbesondere ist jede Beleidigung der Fahnen, Wappen und anderen Hoheitszeichen verboten. Schließlich spricht man auch von einem Grundrecht auf Verkehr, das besagt, daß sich kein Staat grundsätzlich abschließen darf, wenn er der Staatengemeinschaft angehören will. Hingegen steht es jedem Staat frei, selbst zu bestimmen, in welchem Ausmaß er mit anderen Staaten in Beziehung treten will. Die Beziehungen können amtlicher oder privater Natur sein. Der amtliche Verkehr wird entweder direkt von Regierung zu Regierung oder mittelbar durch diplomatische Organe ausgeübt. Ihre völkerrechtliche Stellung wird durch das Gesandtschaftsrecht geregelt.

Das Gesandtschaftsrecht

Die diplomatische Rangordnung. Das Gesandtschaftsrecht bildet einen der ältesten Zweige des Völkerrechts. Es ist daher schon im Gewohnheitsrecht fest verankert. Über die Rangordnung der bei einem Staate beglaubigten diplomatischen Vertreter konnte aber lange keine Einigung erzielt werden. Erst auf dem Wiener Kongreß gelang es, diese Frage zu lösen. Nach der dort geschaffenen Ordnung werden drei Rangklassen unterschieden: Zur höchsten Gruppe gehören die Botschafter sowie die Nuntien und Legaten. Jene sind die ständigen Vertreter des Apostolischen Stuhls, diese seine Vertreter, die nur für eine bestimmte Angelegenheit bestellt werden. Die zweite Gruppe umfaßt die bevollmächtigten Minister (Gesandte im engeren Sinne) und die dritte die ständigen Geschäftsträger. Am Aachener Kongreß (1818) werden zwischen die zweite und die dritte Gruppe noch die Ministerresidenten eingefügt, die früher vom Protektorstaat beim protegierten Staat beglaubigt wurden, seit der Emanzipation der farbigen Völker aber bedeutungslos geworden sind.

Außerdem regelt das Wiener Reglement vom 19. März 1815 auch die Rangordnung innerhalb einer und derselben Gruppe. Grundsätzlich wird dieser Rang bestimmt nach dem Datum der offiziellen Notifikation über das Eintreffen eines diplomatischen Vertreters im Empfangsstaat. Da aber bei katholischen Höfen der Vertreter des Papstes immer den Vorrang hatte, wurde diese alte Übung durch das Wiener Reglement aufrechterhalten.

Beginn und Ende der diplomatischen Mission. Die diplomatische Mission beginnt mit der Übergabe und Übernahme des Beglaubigungsschreibens. Es besteht aber die Übung, vor der Entsendung eines Missionschefs beim Empfangsstaat anzufragen, ob die in Aussicht genommene Persönlichkeit diesem Staat genehm ist. Diesen Vorgang nennt man die Einholung des Agrément oder Agreement. Hingegen werden die dem Missionschef zugeteilten Beamten ohne vorheriges Agrément bestellt und nach ihrem Eintreffen im Empfangsstaat der Regierung zur Aufnahme ihres Namens in die Diplomatenliste bekanntgegeben. Eine Regierung kann aber die Anmeldung mit der Begründung zurückweisen, daß ihr die angemeldete Persönlichkeit nicht genehm sei. In einem solchen Fall muß sie wieder abberufen werden. Der Empfangsstaat kann aber auch später die Abberufung des Missionschefs oder jedes ihm zugeteilten Beamten fordern, da der diplomatische Verkehr ein gegenseitiges Vertrauen voraussetzt. Man kann daher keinem Staat zumuten, daß er eine ihm nicht genehme Person als diplomatischen Vertreter auf seinem Gebiet duldet. Von der Abberufung einer bestimmten Person muß der Abbruch der diplomatischen Beziehungen unterschieden werden, der immer im Falle eines Krieges eintritt, aber auch ohne Krieg erfolgen kann.

Die diplomatischen Vorrechte. Um den Verkehr von Staat zu Staat reibungslos zu gestalten, hat sich seit alters her eine Reihe von Ausnahmsrechten, die den diplomatischen Vertretern zustehen, herausgebildet. Man nennt sie die diplomatischen Immunitäten und Privilegien. Das wichtigste dieser Vorrechte ist die Immunität, die auch Exterritorialität genannt wird. Man versteht darunter, daß der diplomatische Vertreter grundsätzlich von der Gerichtsbarkeit und der Zwangsgewalt des Empfangsstaates ausgenommen ist. Hingegen sind auch die diplomatischen Vertreter verpflichtet, die Gesetze und Verordnungen des Empfangsstaates zu beobachten, sie können nur nicht in der normalen Weise zur Einhaltung dieser Vorschriften angehalten werden. Der Empfangsstaat kann aber vom Absendestaat verlangen, daß er seinem Vertreter aufträgt, die Gesetze des Empfangsstaates zu beachten. Hat diese Beschwerde keinen Erfolg, dann kann die Mission als beendet erklärt werden.

Diese Vorrechte genießt nicht nur der Missionschef, sondern auch die ihm zugeteilten diplomatischen Beamten sowie das technische und administrative Personal der Gesandtschaft. Auch die mit diesen Personen im gemeinsamen Haushalt lebenden Familienangehörigen sind grundsätzlich exterritorial.

Es gibt aber einige Fälle, in denen die Zivilgerichtsbarkeit gegen die diplomatischen Vertreter ausnahmsweise ausgeübt werden kann. Allgemein anerkannt ist die Gerichtsbarkeit des Empfangsstaates für dingliche Klagen gegen dort gelegene Grundstücke, die einem diplomatischen Vertreter gehören. Außerdem können sie aus gewerbemäßig betriebenen Handelsgeschäften verklagt werden. Auch Widerklagen sind zulässig, wenn sie mit der Klage in einem inneren Zusammenhang stehen. Dagegen ist jede Strafgerichtsbarkeit gegen einen diplomatischen Vertreter im Empfangsstaat ausgeschlossen, solange nicht der Absendestaat in einem einzelnen Fall auf das Vorrecht der Immunität verzichtet. Es ist aber zulässig, einen diplomatischen Vertreter an der Begehung einer strafbaren Handlung zwangsweise zu hindern. Auch Notwehr ist gegen ihn erlaubt.

Unter dem Schutz der Immunität stehen auch das Gesandtschaftsgebäude sowie alle von den diplomatischen Vertretern benutzten Wohnungen. Diese Räume dürfen daher nur mit Zustimmung der bevorrechteten Personen betreten werden. Gleichwohl verbleiben diese Gebäude unter der Souveränität des Empfangsstaates. Sie sind nicht Ausland, sondern Inland. Daher besteht kein allgemeines Asylrecht in den Missionsgebäuden, nur aus Gründen der Humanität kann politischen Flüchtlingen ein Asyl in Missionsgebäuden gewährt werden, um sie gegen eine große Gefahr zu schützen.

Außer der Immunität stehen den diplomatischen Vertretern noch andere Vorrechte zu. Vor allem sind sie von allen persönlichen Steuern befreit. Sie genießen auch Zollfreiheit für die von der Mission und ihren Haushalten benötigten Gegenstände, ferner besteht die Pflicht des Empfangsstaates, die diplomatischen Personen sowie die Missionsgebäude in besonderer Weise zu schützen. Ein weiteres Privilegium ist das Brief- und Depeschenrecht. Es besteht darin, daß die diplomatischen Vertreter mit ihrer heimatlichen Regierung ungehindert und ohne Kontrolle brieflich, telegrafisch, telefonisch und durch Kuriere verkehren können. Schließlich ist noch das Kapellenrecht zu erwähnen, das die diplomatischen Vertreter berechtigt, im Rahmen des Missionsgebäudes einen sonst durch die Landesgesetze verbotenen Gottesdienst abhalten zu lassen. Dieses Vorrecht, das sich zur Zeit der Religionskriege herausgebildet hat, ist im 19. Jahrhundert durch die Anerkennung der allgemeinen Religionsfreiheit praktisch bedeutungslos geworden, es kann aber im Falle einer neuerlichen Religionsverfolgung wieder aufleben.

Während die diplomatischen Vertreter den Absendestaat in allen laufenden Angelegenheiten beim Empfangsstaat zu vertreten haben, ist die Vollmacht der Konsuln sehr beschränkt. Sie haben die Aufgabe, die Angehörigen des Absendestaates bei den Gerichten und Verwaltungsbehörden ihres Amtssprengels zu schützen. Durch Konsularverträge werden ihnen häufig auch noch andere Rechte eingeräumt, zum Beispiel die Ausübung der freiwilligen Gerichtsbarkeit, die Durchführung von Nachlaßabhandlungen für Angehörige ihres Absendestaates. Zum Unterschied von den Diplomaten genießen sie auch keine Exterritorialität, nur ihre Amtshandlungen unterstehen nicht der Gerichtsbarkeit des Empfangsstaates.

Wesentlich weiter gingen die Befugnisse der Konsuln in Ländern mit Konsularjurisdiktion (Jurisdiktionskonsuln). Den Konsuln stand dort die Gerichtsbarkeit über ihre eigenen Staatsangehörigen im Ausland zu (Konsulargerichtsbarkeit). Sie war ein Überrest aus der Zeit der grundsätzlichen Geltung des Personalitätsprinzips, nach dem jeder Staatsangehörige sein Recht gleichsam mit sich trug, daher auch im Ausland nur seinem eigenen Recht unterstand. In den Ländern des Islams wurde die Konsulargerichtsbarkeit durch alte Verträge (Kapitulationen) geregelt, für die der Vertrag zwischen dem französischen König Franz I. und dem Sultan Suleiman II. (1535) richtunggebend war. Diese Verträge wurden jedoch während des ersten Weltkrieges von der Türkei einseitig aufgehoben. Die Zentralmächte haben schon während dieses Krieges, die anderen Staaten durch Artikel 28 des Friedensvertrages von Lausanne auf die Ausübung der Konsulargerichtsbarkeit in der Türkei verzichtet.

In der zweiten Hälfte des 19. Jahrhunderts wurde die Konsulargerichtsbarkeit in Ostasien eingeführt. Doch beruht sie hier auf ganz anderen rechtlichen Voraussetzungen als ursprünglich in der Türkei. Während sie nämlich von der Türkei auf dem Höhepunkt ihrer Macht zugestanden worden ist, da das islamitische Recht vom Gedanken des Personalitätsprinzips beherrscht war und man in der Entscheidung von Streitigkeiten zwischen »Ungläubigen« durch ihre eigenen Richter nichts Entehrendes erblicken konnte, haben die europäischen Mächte die Einführung der Konsulargerichtsbarkeit in Ostasien gegen den Willen dieser Staaten durchgesetzt. Die dortige Gerichtsbarkeit schien keine hinreichende Sicherheit für eine ordentliche Rechtsprechung zu bieten. Japan konnte bald nach seiner Reorganisation die Abschaffung dieser Gerichtsbarkeit durchsetzen. In China ist sie nach dem ersten Weltkrieg schrittweise abgebaut und während des zweiten Weltkrieges ganz aufgehoben worden.

Die Abgrenzung der staatlichen Machtbereiche durch das Völkerrecht

Die verschiedenen Arten der staatlichen Geltungsbereiche. Da das Völkerrecht die Staaten verpflichtet, sich gegenseitig als Glieder der Staatengemeinschaft zu achten, muß es die staatlichen Machtbereiche untereinander abgrenzen. Die staatlichen Geltungsbereiche werden auch Zuständigkeitsbereiche genannt, da im Völkerrecht die Staaten als wollende und handelnde Einheiten auftreten. Doch ist der Begriff der Zuständigkeit vom Begriff des Geltungsbereiches abgeleitet, da die Zuständigkeit jedes Organs so weit reicht wie der Geltungsbereich der Rechtsnormen, die das Organ anzuwenden hat.

Das Völkerrecht grenzt den zeitlichen, den räumlichen, den persönlichen und den sachlichen Geltungsbereich der Staaten untereinander ab. Während aber die Grenznormen über den zeitlichen und räumlichen Geltungsbereich verhältnismäßig klar sind, finden wir über den persönlichen und sachlichen Geltungsbereich nur wenige eindeutige Grundsätze vor.

Die Normen über den zeitlichen Geltungsbereich der Staaten bestimmen, in welchem Zeitpunkt eine Staatsordnung völkerrechtlich wirksam wird und wann sie zu gelten aufhört. Sie handeln also von der Entstehung, der Anerkennung und dem Untergang von Staaten.

Unter dem räumlichen Geltungsbereich einer Ordnung kann zweierlei verstanden werden: entweder kann damit jener Raum gemeint sein, in dem die Tatbestände erfüllt werden, die von einer Rechtsordnung geregelt sind (zum Beispiel zivilrechtliche Rechtsgeschäfte, strafbare Handlungen), oder aber der Raum, in dem die Rechtsfolgen (gerichtliche Urteile, Verwaltungsakte, Strafvollzug, Exekution) verhängt werden dürfen. Diese Räume können, brauchen aber keineswegs zusammenfallen, da die Rechtsordnung bestimmen kann, daß Tatbestände, die im Raum A plus B erfüllt werden, nur im Raum A mit Zwangsfolgen verknüpft werden dürfen. Daher müssen diese beiden Räume streng unterschieden werden.

Ein praktisches Beispiel: Im Sommer 1926 hatte das französische Handelsschiff »Lotus« auf hoher See das türkische Handelsschiff »Boz-Court« gerammt. Der französische Kapitän Demons wurde beschuldigt, den Zusammenstoß durch fahrlässiges Verhalten verschuldet zu haben, und die türkischen Behörden ließen ihn verhaften, nachdem er mit seinem Schiff in einen ihrer Häfen eingelaufen war. Frankreich behauptete nun, die Türkei sei zur Verfolgung dieser Tat nicht zuständig, da sich der Zusammenstoß auf hoher See ereignet habe. Der Ständige Internationale Gerichtshof, dem der Streitfall zur Entscheidung vorgelegt wurde, hat jedoch richtig hervorgehoben, daß aus dem Grundsatz der Meeresfreiheit, der den Staaten zwar verbietet, auf hoher See Zwangsakte gegen fremde Schiffe vorzunehmen, keineswegs gefolgert werden kann, daß die Staaten auch auf eigenem Gebiet jene Handlungen nicht verfolgen dürfen, die sich auf hoher See ereignet haben. Der Raum, in dem der strafrechtliche Tatbestand erfüllt wurde (hohe See), braucht sich eben keinesfalls mit dem Raum zu decken, in dem der Staat gegen den Täter einschreiten darf (eigenes Gebiet). Nach dem Grundsatz der Meeresfreiheit hätte daher die Türkei gegen den französischen Kapitän zwar nicht auf hoher See einschreiten dürfen, dieser Grundsatz schließt aber die Verfolgung der Tat auf türkischem Boden nicht aus.

Da nun aber die Staaten grundsätzlich nur auf eigenem Staatsgebiet Zwangsakte setzen können, ist für die Abgrenzung der Staatsräume nur der Geltungsbereich des Sanktionsrechtssatzes relevant, den wir den räumlichen Herrschaftsbereich nennen wollen.

Die Normen über den persönlichen Geltungsbereich der Staaten bestimmen, welche Personen der Personalhoheit eines Staates unterworfen sind.

Der sachliche Geltungsbereich der Staaten sagt uns endlich, welche Gegenstände (Materien) von einer staatlichen Rechtsordnung geregelt werden können. Der sachliche Geltungsbereich kann jedoch durch räumliche Merkmale bestimmt werden (räumlich bestimmter sachlicher Geltungsbereich). Er ist es, wenn er nur Tatbestände erfaßt, die in einem bestimmten Raum erfüllt werden. So kann zum Beispiel eine Norm verfügen, daß nur jene strafbaren Handlungen von einem Staat verfolgt werden dürfen, die in einem bestimmten Raum erfüllt worden sind.

Entstehung, Anerkennung und Untergang von Staaten. Wie die einzelstaatlichen Rechtsordnungen Normen darüber enthalten, in welchem Augenblick ein Mensch oder eine innerstaatliche Gemeinschaft zum Rechtssubjekt wird, so bestimmt auch das Völkerrecht, welche Voraussetzungen vorliegen müssen, damit der Tatbestand eines souveränen Staates gegeben ist. Dagegen wird oft eingewendet, daß die Entstehung von Staaten ein geschichtlicher und soziologischer Vorgang sei. Das widerspricht aber der völkerrechtlichen Festlegung keineswegs, denn es handelt sich hier nur darum, daß die Rechtsordnung an das Vorliegen einer gesellschaftlichen oder geschichtlichen Gegebenheit Rechtsfolgen knüpft und so den zunächst gesellschaftlichen Tatbestand »Staat« in einen völkerrechtlichen Tatbestand umwandeln muß.

Da nun aber das Völkerrecht den gesellschaftlichen Tatbestand »Staat« voraussetzt, ist es keinesfalls verwunderlich, daß sich der gesellschaftliche und völkerrechtliche Staatsbegriff weitgehend decken. Dieser Begriff ist aber viel schärfer als jener abgegrenzt. Während nämlich der gesellschaftliche Staatsbegriff dauerhafte und vorübergehende Rechtsgemeinschaften, seßhafte menschliche Verbände und Nomadenstämme umfaßt und von der Unterordnung unter das Völkerrecht vollkommen absehen kann, zeigt uns die Staatenpraxis, daß als souveräne Staaten im Sinne des Völkerrechts nur jene vollständigen und dauerhaften menschlichen Gemeinschaften angesehen werden, die eine volle und wirksame Selbstregierung besitzen und so organisiert sind, daß von ihnen die Befolgung des Völkerrechts erwartet werden kann.

Diese Tatbestandsmerkmale sind vor allem im diplomatischen Notenwechsel über die Entstehung von Staaten, die sich gewaltsam vom Mutterstaat losgerissen haben, näher herausgearbeitet worden, da in solchen Fällen immer die Frage auftaucht, in welchem Augenblick die neue Rechtsgemeinschaft als neuer Staat betrachtet werden darf. Aber auch in anderen Zusammenhängen wurde der völkerrechtliche Tatbestand »Staat« von verschiedenen gerichtlichen Entscheidungen untersucht und in der angeführten Weise umgrenzt.

Der völkerrechtliche Tatbestand »Staat« kann aber in verschiedener Weise erfüllt werden: durch Losreißung vom Mutterstaat (Vereinigte Staaten von Amerika), durch Zusammenschluß mehrerer souveräner Staaten zu einem neuen Staate (Deutsches Reich, 1871), wobei die Gliedstaaten mit partieller Völkerrechtssubjektivität erhalten bleiben können; oder durch Bildung eines neuen Staates auf bisher staatenlosem Gebiet (Burenrepubliken). Damit verwandt ist die Bildung von neuen Staaten auf dem Gebiet eines durch Zerstückelung (dismembratio) untergegangenen Staates. Die Anerkennung neu entstandener Staaten bildet die Voraussetzung für die Aufnahme zwischenstaatlicher Beziehungen, insbesondere des diplomatischen Verkehrs.

Wenn sich ein Gebietsteil vom Mutterland losreißt, kommt es häufig vor, daß der Anerkennung des losgerissenen Teiles als neuer Staat eine Anerkennung der aufständischen Organisation als kriegführende Partei vorausgeht. Das hat zur Folge, daß der Kampf zwischen der Zentralregierung und der aufständischen Organisation nach den Regeln des Kriegsrechtes zu beurteilen ist. Die anerkennenden Staaten haben daher in einem solchen Falle die Stellung von Neutralen. So wurden zum Beispiel im amerikanischen Bürgerkrieg 1861 bis 1864 die Südstaaten von Frankreich und England als kriegführende Partei anerkannt.

Ein Staat kann in verschiedener Weise als Völkerrechtssubjekt untergehen. Er kann von einem anderen Staat annektiert werden, er kann sich aber auch freiwillig mit einem oder mehreren Staaten zu einem neuen Staat zusammenschließen. Er kann auf mehrere Staaten aufgeteilt werden. In allen Fällen handelt es sich aber immer darum, daß ein Staat als eine sich selbst regierende Gemeinschaft zu bestehen aufhört. Hingegen geht ein Staat weder durch einen Staatsstreich noch durch eine Revolution unter, solange das Staatsvolk und das Staatsgebiet grundsätzlich unverändert bleiben. So ist zum Beispiel Frankreich trotz der verschiedenen Änderungen seiner Staatsform als dasselbe Völkerrechtssubjekt erhalten geblieben. Diese Frage hat eine große praktische Bedeutung wegen der Weitergeltung der Staatsverträge und der Weiterbelastung des Staates durch die von ihm aufgenommenen Anleihen.

Wird aber ein Staat in einem Krieg oder durch einen kriegsähnlichen Gewaltzustand vollkommen besetzt, so verliert er doch nicht seine Völkerrechtssubjektivität, solange der Krieg oder der kriegsähnliche Zustand andauert. Ein Staat kann daher auch im Falle der vollkommenen Besetzung seines Gebietes durch seine Bundesgenossen aufrechterhalten werden, insbesondere durch die Anerkennung seiner Exilregierung, bis der neue Zustand allgemein anerkannt wird.

Die völkerrechtliche Abgrenzung im Raum. Da die Staaten menschliche Gemeinschaften sind, die ihre normale Herrschaft in einem abgegrenzten Raum ausüben, ist das Staatsgebiet die wichtigste Raumart des Völkerrechts. Man versteht darunter jenen Raum, der unter der Souveränität eines bestimmten Staates steht. Daneben gibt es aber noch das Staatengemeinschaftsgebiet (Kondominium), die hohe See und das staatenlose Gebiet.

Als Staatengemeinschaftsgebiet wird jener Raum bezeichnet, der unter der vereinten Souveränität mehrerer Staaten steht. So stand zum Beispiel Schleswig-Holstein von 1864 bis 1866 unter der gemeinsamen Herrschaft von Österreich und Preußen.

Die hohe See steht allen Staaten offen. Alle Staaten, auch jene, die keine Seeküsten besitzen, sind berechtigt, sie zu befahren, dort Kabel zu legen und die Meeresschätze auszubeuten. Die Staatsgewalt darf nur auf Schiffen eigener Flagge ausgeübt werden. Fremde Privatschiffe dürfen in Friedenszeiten nur dann angehalten und durchsucht werden, wenn sie entweder der Seeräuberei verdächtig sind oder wenn sie sich innerhalb des Küstenmeeres eines anderen Staates einer strafbaren Handlung schuldig gemacht haben und vom Küstenstaat in die hohe See hinaus verfolgt werden. Einzelne Staatsverträge räumen den Vertragsstaaten auch das Recht ein, Schiffe anzuhalten, die des Sklavenhandels oder des Branntweinschmuggels verdächtig sind.

Das Völkerrecht des 19. Jahrhunderts hat auch die Stellung der staatenlosen Gebiete geregelt. Darunter verstand man aber nicht nur die unbewohnten Gebiete, sondern auch die von eingeborenen Stämmen bewohnten Gebiete, die weder als selbständige Staaten anerkannt noch Kolonien einer europäischen Macht waren. Solche Gebiete konnte sich jeder Staat durch eine dauernde und effektive Besetzung mit Gebietserwerbsabsicht (animus domini) einverleiben. Er war aber verpflichtet, die dort vor der Besetzung begründeten Privatrechte zu achten. Diese Besetzung, die von der bloß vorübergehenden kriegerischen Okkupation wohl unterschieden werden muß, hat im 19. Jahrhundert eine große Rolle gespielt, da sich die europäischen Staaten damals den größten Teil Afrikas als Kolonialgebiet einverleibt haben.

Das Pariser Luftrechtabkommen vom Jahre 1919 grenzte auch den Luftraum völkerrechtlich ab. Er ist über der hohen See und über staatenlosen Gebieten frei, über einem Staatsgebiet gehört er dem betreffenden Staat. Zahlreiche Verträge räumen jedoch den Vertragsstaaten gegenseitig das Durchflugrecht ein, meist jedoch mit dem Vorbehalt, bestimmte Verbotszonen errichten zu dürfen und den Durchflug polizeilicher oder militärischer Flugzeuge von einer besonderen Bewilligung abhängig zu machen.

Obgleich die Staaten normalerweise nur auf ihrem eigenen Staatsgebiet Staatshandlungen vornehmen, kann ein Staat durch einen völkerrechtlichen Vertrag berechtigt werden, auf bestimmten Teilen eines anderen Staatsgebietes einzelne Gebietsrechte auszuüben, zum Beispiel dort militärische Stützpunkte anzulegen oder die Zollhoheit in einem Grenzbahnhof auszuüben. Ein Staat kann aber auch umgekehrt verpflichtet werden, auf einzelnen Teilen seines Staatsgebietes bestimmte Gebietsrechte nicht auszuüben. So hat sich zum Beispiel Rußland 1856 verpflichtet, die Aalandsinseln nicht zu befestigen. Ja, durch verschiedene Verträge zwischen europäischen Mächten und China haben jene sogar das Recht erworben, einzelne Häfen Chinas (Port Arthur, Weihaiwei, Kiautschou) auf neunundneunzig Jahre zu besetzen und dort die volle Gebietshoheit auszuüben. Während aber diese »Pachtverträge« seit dem Ende des ersten Weltkrieges aufgehoben wurden, haben die Vereinigten Staaten noch heute das Recht, die Zone auf beiden Seiten des Panamakanals so zu verwalten, als ob sie der Souverän dieses Gebietes seien.

Die völkerrechtliche Abgrenzung der Staatsangehörigkeit. Das Völkerrecht überläßt es grundsätzlich den Staaten selbst, die Normen über den Erwerb und den Verlust ihrer Staatsangehörigkeit nach ihrem Ermessen zu erlassen. Daraus hat die ältere Lehre den Schluß gezogen, daß es in dieser Hinsicht überhaupt keine allgemeingültigen völkerrechtlichen Normen gibt. Schon die Staatenpraxis des 19. Jahrhunderts zeigt uns aber den allgemeinen Grundsatz, daß die Verleihung der Staatsangehörigkeit nur dann anderen Staaten gegenüber wirksam ist, wenn eine nähere tatsächliche Verbindung zwischen dem Staat und seinem Angehörigen besteht. Als eine solche wird von den meisten europäischen Staaten vor allem die Abstammung von einem Staatsbürger, in den amerikanischen Ländern die Geburt in einem bestimmten Staat anerkannt. Außerdem kennen alle Staaten die Aufnahme einer eigenberechtigten Person mit ihren Familienangehörigen in den Staatsverband, wenn darum nachgesucht wird (Einbürgerung oder Naturalisation). Im 19. Jahrhundert war auch die Verheiratung einer Ausländerin mit einem Inländer als Titel eines Erwerbs einer Staatsbürgerschaft allgemein anerkannt.

Da aber in den einzelnen Ländern verschiedene Anknüpfungsarten bei der Erwerbung der Staatsbürgerschaft bestehen, kann es Fälle geben, in denen eine Person eine mehrfache Staatsangehörigkeit besitzt. So besitzt zum Beispiel ein in Amerika geborenes Kind europäischer Eltern die Staatsangehörigkeit seiner Eltern und zugleich die Staatsangehörigkeit des Geburtslandes. Eine solche Person kann aber in einem dritten Staat nur von jenem Staat geschützt werden, in dem sie ihren Wohnsitz hat oder ein öffentliches Amt bekleidet oder zu dem sie sonst in einer näheren tatsächlichen Beziehung steht. Man spricht in einem solchen Fall von der effektiven Staatsangehörigkeit. Dieser Grundsatz hat in der zweiten Hälfte des 19. Jahrhunderts zum Abschluß von verschiedenen Staatsverträgen zwischen den Vereinigten Staaten und einzelnen europäischen Mächten geführt, in denen bestimmt wird, daß die Angehörigen der europäischen Staaten, die nach Amerika ausgewandert sind, nicht von ihren europäischen Heimatländern zum Militärdienst einberufen werden dürfen.

Die völkerrechtliche Abgrenzung der staatlichen Gesetzgebungsgewalt. Obgleich die Staaten grundsätzlich alle Lebensverhältnisse durch ihre Gesetze beliebig regeln können, so darf doch kein Staat fremde Staatsakte seiner Regelung unterwerfen oder über sie seine Gerichtsbarkeit ausüben, da die Staaten untereinander nur dem Völkerrecht, nicht aber der innerstaatlichen Rechtsordnung eines anderen Staates unterworfen sind. Außerdem finden wir in allen Staaten Normen, die vorschreiben, daß in bestimmten Fällen nicht das eigene Recht, sondern fremdes Recht angewendet werden soll. Diese Normen faßt man unter dem Ausdruck Internationales Privatrecht zusammen. So ist es zum Beispiel allgemein anerkannt, daß die Gültigkeit der Erwerbung eines Grundstückes nach den Gesetzen desjenigen Staates beurteilt werden muß, in dem das Grundstück liegt. Ebenso ist es unbestritten, daß die Ehefähigkeit einer Person nach ihrem Heimatrecht oder dem Recht des Wohnsitzes beurteilt werden muß. Zur einheitlichen Regelung des Internationalen Privatrechtes wurden am 12. Juli 1902 im Haag drei Abkommen abgeschlossen, die durch spätere Konventionen weiter ausgebaut wurden. Außerdem gibt es verschiedene zweiseitige Verträge zur Verhinderung einer Doppelbesteuerung. Sie bestimmen, daß nur jener Staat zur Erhebung einer Steuer befugt ist, dem der Steuergegenstand wirtschaftlich zugehörig ist.

Die Stellung der Ausländer

Nach allgemeinem Völkerrecht ist zwar kein Staat verpflichtet, fremden Staatsangehörigen die Einreise zu gestatten, erlaubt er sie aber, dann ist er auch gehalten, den Ausländern bestimmte Rechte zu gewähren. Die Rechte der Ausländer wurden im 19. Jahrhundert in zahlreichen Handels- und Niederlassungsverträgen geregelt, aus denen sich folgende allgemeine Grundsätze herausschälen lassen: zunächst ist jeder Staat verpflichtet, die Ausländer als Rechtssubjekte des Privatrechtes zu betrachten und ihnen die von den Kulturstaaten allgemein anerkannten Freiheitsrechte einzuräumen. Die Ausländer können also alle privatrechtlichen Rechtsgeschäfte abschließen, die zu einem menschenwürdigen Dasein nötig sind. Ebenso genießen sie die allgemeinen Menschenrechte, nicht aber die nur den Staatsbürgern vorbehaltenen politischen Rechte. Ferner muß jeder Staat den Ausländern in Friedenszeiten den Rechtsweg offenhalten. Sie sind also befugt, Klagen bei den Gerichten einzubringen und sich als Beklagte der üblichen Verteidigungsmittel zu bedienen. Die Konfiskation ausländischen Privateigentums wurde bis zum Beginn des ersten Weltkrieges allgemein als völkerrechtswidrig angesehen. Hingegen wurde die Enteignung im öffentlichen Interesse gegen volle Entschädigung als zulässig erachtet. Schließlich ist jeder Staat verpflichtet, jeden Ausländer, der sich auf seinem Gebiet befindet, auf eine in Kulturstaaten übliche Weise zu schützen. In der Regel wird es sich dabei darum handeln, die Ausländer so wie die Inländer zu schützen. Ein Staat, der aber selbst seine Angehörigen nicht in angemessener Weise schützt, muß doch den Ausländern jenes Mindestmaß an Schutz gewähren, das dem internationalen Standard entspricht.

Verschiedene Staatsverträge räumen den Ausländern auch das Recht ein, Handelsgeschäfte abzuschließen und bestimmte Berufe auszuüben. Durch diese Verträge hat sich in Europa ein allgemeines Ausländerrecht herausgebildet.

Der internationale Wirtschaftsverkehr

Die Seeschiffahrt. Da – wie schon früher ausgeführt wurde – die hohe See den Schiffen aller Flaggen offensteht, bedarf es eigentlich keiner besonderen Vorschriften über die Zulassung von Schiffen zur Seeschiffahrt. Alle Staaten haben aber irgendwelche Zulassungsvorschriften, die erfüllt werden müssen, wenn ein Schiff berechtigt sein soll, die Staatsflagge zu führen. Auch Schiffe besitzen also eine Staatsangehörigkeit.

Der Verkehr auf dem Meer ist aber auch zwischenstaatlich durch verschiedene Staatsverträge geregelt. So finden wir einige Verträge über das Anhaltungsrecht auf hoher See sowie über die Vermeidung von Schiffszusammenstößen.

In diesem Zusammenhang ist vor allem auf das britische Gesetz vom 29. Juli 1862 zu verweisen, das der Internationalen Marinekonferenz in Washington (1889) als Grundlage gedient hat. Diese hat Vorschriften über die Schiffssignale, die Seetüchtigkeit von Schiffen, die Rettung der Schiffbrüchigen, die Beseitigung von Hindernissen beschlossen, die durch Gesetze und Verordnungen der Einzelstaaten durchgeführt und in Kraft gesetzt worden sind.

Nach dem Untergang der »Titanic« (1912) ist eine Staatenkonferenz nach London einberufen worden, um gemeinsame Maßnahmen zur Sicherung der Seefahrt zu beschließen. Das Ergebnis war das Abkommen vom 20. Januar 1914. Das Abkommen enthält Bestimmungen über den Sicherungsdienst zur Prüfung und Beobachtung der Eisverhältnisse, das Aufsuchen des Treibeises und die Zerstörung von Wracks.

Die Brüsseler Konvention vom 23. September 1910 über den Zusammenstoß von Schiffen regelt die Frage, wer bei Schiffszusammenstößen den Schaden zu tragen hat (bei Zusammenstößen durch Zufall oder höhere Gewalt der Beschädigte, bei Verschulden der Schuldtragende, bei gemeinsamem Verschulden erfolgt Teilung des Schadens), sowie die Pflicht der Kapitäne, Beistand zu leisten.

Im Dienst der Seeschiffahrt stehen auch die Verträge über die Errichtung und Erhaltung von Seezeichen und Leuchttürmen, wie zum Beispiel der deutsch-niederländische Vertrag vom 16. Oktober 1896 über die Unterhaltung des Leuchtturmes auf Borkum, sowie über die Beleuchtung der Fahrstraßen der Unterems und ihrer Mündungen oder das Abkommen über den Leuchtturm am Kap Spartel vom 31. Mai 1865.

Meerengen und maritime Kanäle. Meerengen, die zwei freie Meere miteinander verbinden, stehen allen Schiffen zur Durchfahrt offen, die dem interozeanischen Verkehr dienen. Besondere Regeln gelten für die Durchfahrt durch den Bosporus und die Dardanellen. Die Hauptregeln sind folgende: 1. Freiheit der Durchfahrt für alle Handelsschiffe in Kriegs- und Friedenszeiten, mit Ausnahme der Schiffe jener Staaten, die sich im Kriegszustand mit der Türkei befinden. 2. Freiheit der Durchfahrt für kleine Kriegsüberwasserschiffe in Friedenszeiten; andere Schiffe unterliegen Beschränkungen. Dieselben Regeln

Gründung des Internationalen Komitees vom Roten Kreuz durch die Genfer Konvention vom 22. August 1864
Gemälde von Chr. E. Armand-Dumaresq. Genf, Stadthaus

Der Friedenspalast in Den Haag, Sitz des Ständigen Internationalen Schiedsgerichtshofes

gelten in Kriegszeiten, wenn die Türkei nicht kriegführend ist. Ist die Türkei am Krieg beteiligt, kann sie die Durchfahrt fremder Kriegsschiffe nach freiem Ermessen regeln.

Der erste Kanal, dessen Betrieb völkerrechtlich geregelt wurde, war der Suezkanal. Das Abkommen von Konstantinopel vom 29. Oktober 1888 bestimmt darüber, daß der Kanal »stets ... jedem Handels- oder Kriegsschiff ohne Unterschied der Flagge frei- und offenstehen« wird.

Diese Bestimmung war das Vorbild für Artikel III des Staatsvertrages zwischen den Vereinigten Staaten und Großbritannien vom 18. November 1901 (Hay-Pounceforte-Vertrag), der ebenfalls verfügt, daß der Panamakanal den Kriegs- und Handelsschiffen aller Staaten in derselben Weise offenstehen muß. Es liegt also in beiden Fällen ein Vertrag zugunsten dritter Staaten vor, da die Schiffahrtsfreiheit nicht nur für die Vertragsstaaten, sondern für alle Staaten vereinbart worden ist. Doch handelt es sich dort um einen Kollektivvertrag, dem jeder Staat beitreten kann, während hier ein bloß zweiseitiger Vertrag ohne Beitrittsklausel vorliegt.

Gemäß Artikel 380 des Friedensvertrages von Versailles wurde Deutschland verpflichtet, den Kieler Kanal (Nordostseekanal, Kaiser-Wilhelm-Kanal) und seine Zugänge den Kriegs- und Handelsschiffen aller mit Deutschland im Frieden lebenden Staaten auf der Basis völliger Gleichberechtigung dauernd frei- und offenzuhalten. Abgaben dürfen nur für die Erhaltung der Schiffbarkeit und die Verbesserung des Kanals erhoben werden. Nach dem Urteil des Ständigen Internationalen Gerichtshofes vom 17. August 1923 ist ein solcher dem öffentlichen Verkehr eröffneter Kanal einer Meerenge gleichgestellt.

Das Stromschiffahrtsrecht. Durch die rasche Entwicklung der Technik ist im 19. Jahrhundert der Personen-, Güter- und Nachrichtenverkehr so gesteigert worden, daß es bald nötig wurde, ihn durch Kollektivverträge zu regeln. Als einer der ersten gilt das Stromschiffahrtsrecht, das in den Artikeln 108 bis 116 der Wiener Kongreßakte vom 9. Juni 1815 grundlegend geregelt wurde. Die dort niedergelegte Flußschiffahrtsordnung, die auf einem Entwurf von Humboldt beruht, ist zuweilen als die Verfassungsurkunde des europäischen Flußschiffahrtsrechtes bezeichnet worden. In Wahrheit aber enthalten diese Bestimmungen keineswegs unmittelbar anwendbare Rechtsnormen, sondern bloß Richtlinien, von denen sich die Uferstaaten gemäß Artikel 108 bei einer genaueren vertraglichen Regelung leiten lassen sollen. Die Artikel 109 bis 116 sind daher nur ein zwischen den Signatarmächten des Wiener Kongresses (Österreich, Preußen, Frankreich, Großbritannien, Rußland, Schweden, Spanien und Portugal) abgeschlossener Vorvertrag, der durch künftige Verträge zwischen den einzelnen Uferstaaten ausgeführt werden sollte. Die Flüsse, die also diesen Grundsätzen noch durch Staatsverträge unterstellt werden sollten, nennt man auch konventionelle Ströme. Es handelt sich dabei um die schiffbaren und ins Meer mündenden Flüsse, die mehrere Staaten trennen oder nacheinander durchfließen. Nach der Wiener Ordnung soll ihre ganze schiffbare Strecke der Handelsschiffahrt offenstehen. Ferner soll die Schiffahrtspolizei sowie die Schiffahrtsabgabenordnung nach einheitlichen Grundsätzen für den ganzen Strom ausgeübt werden. Alle Zwangs- und Stapelrechte sollen aufgehoben werden. Die Uferstaaten werden verpflichtet, für die Instandhaltung der Schiffahrtswege und Leinpfade Sorge zu tragen.

Die Anwendung dieser Grundsätze auf die einzelnen Ströme stieß jedoch auf große Schwierigkeiten und konnte daher nur allmählich erfolgen. Von besonderer Bedeutung für diese Entwicklung ist die durch den Pariser Frieden von 1856 festgelegte Donauordnung, die durch Artikel 15 als »ein Teil des öffentlichen europäischen Rechtes« erklärt wird. Sie verfügt, daß keine Abgaben für das bloße Befahren des Stromes erhoben werden dürfen, und setzte die Europäische Donaukommission sowie eine Uferstaatenkommission ein. Zu erwähnen sind ferner die revidierte Mannheimer Rheinschiffahrtsakte vom 17. Oktober 1868 und die Artikel 13 bis 25 der Berliner Generalakte vom 26. Februar 1885 über den Kongo.

Die Internationalisierung dieser Ströme weist aber verschiedene Grade auf. Am weitesten ging die Internationalisierung der Donaumündungen, die unter unmittelbare Verwaltung der gerade erwähnten Europäischen Donaukommission gestellt wurden, die bis zum Vertrag von Sinaia (1938) bestanden hat. Sie konnte Verordnungen über die Flußschiffahrt erlassen, die Verletzungen der Strompolizei durch eigene Gerichte ahnden und Verbesserungsarbeiten durchführen lassen. Dagegen steht anderen Flußkommissionen nur eine Kontrolle über die von den Uferstaaten ausgeübte Verwaltung des Stromes zu.

Der Eisenbahnverkehr. Da die wichtigsten Eisenbahnlinien fast aller Länder die Landesgrenzen überschreiten, erwies es sich als notwendig, für die verschiedene Staatsgebiete durchfahrenden Eisenbahnen besondere Bestimmungen zu treffen. Vor dem ersten Weltkrieg sind darüber folgende Kollektivverträge abgeschlossen worden, die durch die Friedensverträge von 1919 wieder in Kraft getreten sind: das Berner Abkommen über die Spurweite der Eisenbahnen vom 15. Mai 1886; das Berner Abkommen über die Plombierung der Waggons vom 15. Mai 1886 mit Schlußprotokoll vom 18. Mai 1907; das Berner Übereinkommen über den Eisenbahnfrachtverkehr vom 14. Oktober 1890 sowie die Zusatzabkommen vom 20. September 1893, 16. Juli 1895 und 19. September 1906.

Von besonderer Bedeutung für die Weiterentwicklung des internationalen Eisenbahnrechtes war der am 11. November 1846 begründete Verein deutscher Eisenbahnverwaltungen, der sich allmählich auf fast alle deutschen, österreichischen, holländischen, ungarischen und rumänischen Eisenbahnlinien sowie auch auf einzelne belgische und russische Eisenbahnen ausgedehnt hat. Diesem Verein gebührt das große Verdienst, die wirtschaftliche, technische und betriebliche Einheit des mitteleuropäischen Eisenbahnnetzes immer weiter ausgestaltet zu haben. Er hat auch mit Erfolg dahin gewirkt, daß die Eisenbahnen nach einheitlichen Grundsätzen gebaut, betrieben und verwaltet wurden und daß so ein mitteleuropäisches Eisenbahnrecht entstehen konnte.

Der Nachrichtenverkehr. Auf Anregung des deutschen Generalpostmeisters Heinrich von Stephan wurde 1874 in Bern der Allgemeine Postverein gegründet, der am 1. Juni 1878 zum Weltpostverein ausgestaltet wurde. Gemäß Artikel 1 des Hauptvertrages besteht ein einheitliches Postgebiet für den gegenseitigen Austausch von Nachrichten. Doch können gemäß Artikel 6 im Rahmen des Hauptvertrages zwischen einzelnen Ländern Sonderabmachungen getroffen werden, um untereinander den Nachrichtenverkehr zu verbessern.

Nach Artikel 28 besteht auf dem ganzen Postgebiet Verkehrsfreiheit, während die Freiheit des Paketverkehrs auf jene Länder beschränkt ist, die an diesem Verkehr teilnehmen.

Doch kann jede Postverwaltung unter außerordentlichen Verhältnissen den Verkehr vorübergehend ganz oder teilweise unterbrechen. In einem solchen Fall ist sie aber verpflichtet, die anderen Postverwaltungen sofort zu verständigen (Artikel 30). Verletzt ein Land den Grundsatz der Verkehrsfreiheit, dann sind die anderen Postverwaltungen ihrerseits berechtigt, den Verkehr mit diesem Land aufzuheben (Artikel 72). Im ganzen Postgebiet dürfen keine anderen als die vertraglich zugelassenen Gebühren erhoben werden (Artikel 29). Jedes selbständige Land kann mit Zustimmung von mindestens zwei Dritteln der Mitglieder in den Weltpostverein aufgenommen werden. Ein Austritt aus dem Verein ist nach Ablauf einer einjährigen Kündigungsfrist zulässig (Artikel 13).

Der Allgemeine Telegraphenverein wurde am 17. Mai 1865 zu Paris gegründet und 1875 auf der Petersburger Konferenz verbessert. Nach dem Petersburger Telegraphenvertrag vom 10. und 22. Juli 1875 bestehen folgende Hauptgrundsätze:

1. Der Telegraph steht jedermann zur Verfügung.
2. Die Telegraphenverwaltungen sind verpflichtet, für eine rasche und gute Beförderung der Telegramme sowie für die Geheimhaltung der Nachrichten des zwischenstaatlichen Verkehrs zu sorgen.
3. Es besteht eine Rangordnung der Telegramme (Staatstelegramme und Privattelegramme).
4. Für Staats- und Diensttelegramme ist der Gebrauch einer Geheimschrift (Chiffre) allgemein zulässig. Die Annahme und der Empfang von Privattelegrammen in Geheimschrift können, von besonderen Abmachungen abgesehen, verweigert werden.
5. Privattelegramme können von der Beförderung ausgeschlossen werden, wenn ihr Inhalt für die Sicherheit des Staates gefährlich ist oder gegen die Landesgesetze, die öffentliche Ordnung oder die guten Sitten verstößt. Jede Telegraphenverwaltung hat die Befugnis, den Telegraphenverkehr auf unbestimmte Zeit vollständig einzustellen oder teilweise einzuschränken.

Nach Artikel 1 des Reglements gelten die Regeln für die Übermittlung von Drahtnachrichten auch für die drahtlose Telegraphie. Ein eigenes Abkommen über die Funkentelegraphie wurde in Berlin am 3. November 1906 abgeschlossen, das durch das Londoner Abkommen vom 5. Juli 1912 ersetzt wurde. Dieses Abkommen regelt den Austausch von Mitteilungen der Bordstationen untereinander und der Bordstationen mit den nicht militärischen Küstenstationen.

Am 25. November 1907 ist in Washington der Weltfunkvertrag abgeschlossen worden, den auch die meisten europäischen Staaten ratifiziert haben.

Außer diesem Abkommen ist am selben Tage ein »règlement général« unterzeichnet worden. Die Vertragsstaaten sind zum gegenseitigen Austausch der Radiogramme verpflichtet. Sie haben ferner dafür zu sorgen, daß die Radiostationen in einer Weise errichtet und betrieben werden, daß die radiotelegraphischen Übertragungen oder Dienste der übrigen Vertragsstaaten nicht gestört werden. Außerdem sind die Radiostationen verpflichtet, Notanrufe und Notmeldungen mit unbedingtem Vorrang aufzunehmen und ihnen sofort Folge zu leisten. Jeder Staat kann für eine unbestimmte Zeit ganz oder teilweise den internationalen Radiodienst unterbrechen.

Das Gesundheitswesen

Das Interesse der Staaten am Kampf gegen die Cholera hat zur ersten Sanitätskonferenz in Paris (1851) geführt, auf der das Abkommen vom 27. Mai 1853 beschlossen worden ist. Nach der Eröffnung des Suezkanals, der die Gefahr der Einschleppung dieser Krankheit wesentlich vergrößert hat, sind verschiedene internationale Sanitätsorgane zur Überwachung der Sanitätsverwaltung im Orient geschaffen worden, darunter der Oberste Gesundheitsrat in Konstantinopel sowie der Conseil international de santé (1881) in Bukarest, der die sanitären Vorschriften im Einvernehmen mit der Europäischen Donaukommission auszuarbeiten und zu überwachen hatte, schließlich der Sanitätsrat in Ägypten.

Neben gemeinsamen Einrichtungen zur Bekämpfung von Krankheiten gibt es auch Verträge über die Bekämpfung der Rauschgifte. In dieser Hinsicht sind zu erwähnen das Haager Abkommen vom 16. November 1887 zur Unterdrückung des Branntweinhandels unter den Nordseefischern, ferner die Artikel 90 bis 94 der Brüsseler Antisklavereiakte vom 2. Juli 1890 über den Handel mit Spirituosen in bestimmten Gegenden Afrikas und die Brüsseler Verträge vom 8. Juni 1899 und vom 3. November 1906, die durch das Abkommen von Saint Germain vom 10. September 1919 ersetzt worden sind. Hierher gehört auch das Haager Opiumabkommen vom 23. Februar 1912.

Der Rechtsschutz

In Zivilsachen. Die Staaten pflegen sich gegenseitig in Angelegenheiten des bürgerlichen Rechtes Rechtshilfe zu leisten, auch wenn keine Rechtshilfeverträge bestehen. Die Gewährung der Rechtshilfe liegt dann aber im Ermessen der einzelnen Staaten, so daß zweiseitige Rechtshilfeverträge vorteilhaft sind, welche die Art und Weise der zwischenstaatlichen Rechtshilfe festlegen. Daneben gibt es das Abkommen über den Zivilprozeß vom 17. Juli 1905, durch das eine europäische Rechtshilfegemeinschaft geschaffen worden ist, da die meisten europäischen Staaten es ratifiziert haben. Dieses Abkommen regelt die Mitteilung gerichtlicher und außergerichtlicher Urkunden, deren Zustellung nur abgelehnt werden kann, wenn der Staat, in dessen Gebiet sie erfolgen soll, sie für geeignet hält, seine Hoheitsrechte oder seine Sicherheit zu gefährden (Artikel 4). Das Abkommen regelt ferner die Ersuchschreiben zur Vornahme von Prozeßhandlungen und anderen gerichtlichen Handlungen. Die Erledigung des Ersuchens darf nur abgelehnt werden, wenn die Echtheit der Urkunde nicht feststeht, wenn die Erledigung des Ersuchens nicht in die Gerichtsgewalt des ersuchten Staates fällt oder wenn der ersuchte Staat das Ersuchen für geeignet hält, seine Hoheitsrechte oder seine Sicherheit zu gefährden (Artikel 11). Außerdem behandelt das Abkommen die Sicherheitsleistung für Prozeßkosten (cautio judicatum solvi), das Armenrecht und die Personalhaft. Das Abkommen wird durch zahlreiche zweiseitige Rechtshilfeverträge ergänzt und näher durchgeführt. Diese regeln teilweise auch die gegenseitige Vollstreckung von Urteilen.

In Strafsachen. Da alle Staaten ein gleichmäßiges Interesse haben, die gemeinen Verbrechen zu bekämpfen, leisten sie sich auch Rechtshilfe in Strafsachen. Zu diesem Zweck wurden zahlreiche zweiseitige Auslieferungs- und Durchlieferungsverträge abgeschlossen. Von der Auslieferung sind aber politische Verbrechen grundsätzlich ausgeschlossen.

Außerdem bestehen einzelne Kollektivverträge, in denen sich die Staaten verpflichten, bestimmte Verbrechen zu verfolgen. Man nennt diese Straftaten, zu deren Verfolgung die Staaten nach Völkerrecht verpflichtet sind, Delikte wider das Völkerrecht (delicta iuris gentium). Das erste Delikt dieser Art war der Sklavenhandel. Das Verbot des Sklavenhandels geht auf die Erklärung vom 8. Februar 1815 des Wiener Kongresses über den Handel mit Negersklaven zurück. Doch hat erst der Quintupel-Vertrag vom 20. Dezember 1841 zwischen den europäischen Großmächten wegen Unterdrückung des Handels mit afrikanischen Negern begonnen, diesen Grundsatz in die Tat umzusetzen. Dieser Vertrag wurde weitergebildet durch Artikel 9 der Kongoakte von 1885 und die Brüsseler Generalakte vom 2. Juli 1890. Außerdem verpflichtet der Pariser Vertrag vom 18. Mai 1904 über Verwaltungsmaßnahmen zur Gewährung wirksamen Schutzes gegen den Mädchenhandel die Vertragsstaaten, die Bahnhöfe und Einschiffungshäfen zu überwachen, die einschlägigen Nachrichten zu sammeln und für die Heimbeförderung der entführten Frauen und Mädchen zu sorgen. Das Pariser Übereinkommen vom 4. Mai 1910 verpflichtet die Vertragsstaaten, den Mädchenhandel zu bestrafen und unter die Auslieferungsdelikte aufzunehmen. Schließlich gehört hierher das Pariser Abkommen vom 4. Mai 1910 zur Bekämpfung der Verbreitung unzüchtiger Veröffentlichungen, nach dem die Vertragsstaaten gehalten sind, Personen zu verfolgen, die sich der Herstellung, des Besitzes, der Ein- und Ausfuhr unzüchtiger Schriften, Zeichnungen und Filme und des Handels mit diesen Gegenständen schuldig machen. Die Vertragsstaaten haben sich dabei Rechtshilfe zu leisten.

Die Verwaltungsunionen

Seit dem letzten Drittel des 19. Jahrhunderts entstand eine Reihe von Verwaltungsunionen. Man versteht darunter internationale Organisationen, die durch Kollektivverträge geschaffen werden und den Zweck verfolgen, unpolitische Verwaltungsaufgaben der Staaten einheitlich zu regeln. Die erste Verwaltungsunion war der schon erwähnte Allgemeine Telegraphenverein. Ihm folgt zunächst der Weltpostverein, dann bis zum Beginn des ersten Weltkrieges die Union für Maße und Gewichte (Pariser Vertrag vom 20. Mai 1875); die Union zum Schutz des gewerblichen Eigentums (Pariser Vertrag vom 20. März 1883) mit dem Büro in Bern; die Union zum Schutz von Werken der Literatur und Kunst (Berner Konvention vom 9. September 1886) mit dem Büro in Bern; die Internationale Union zum Zweck der Veröffentlichung der Zolltarife (Brüsseler Übereinkunft vom 5. Juli 1890) mit dem Büro in Brüssel; die Union für internationale Eisenbahntransporte (Berner Konvention vom 14. Oktober 1890) mit dem Büro in Bern und die Union zur Errichtung eines internationalen Gesundheitsamtes (Pariser Vertrag vom 3. November 1903) mit dem Gesundheitsamt in Paris (Abkommen vom 9. Dezember 1907).

Die Mitglieder dieser Union sind souveräne Staaten, teilweise aber auch Kolonien und andere Gebiete ohne volle Selbstregierung. Diese Unionen sind daher völkerrechtliche Vereinigungen. Davon völlig verschieden sind die privaten Vereine mit internationalen Zwecken, die alle auf Grund der innerstaatlichen Rechtsordnung irgendeines Staates bestehen.

Alle völkerrechtlichen Verwaltungsunionen zentralisieren irgendwelche Verwaltungsaufgaben. Zu diesem Zweck werden regelmäßig drei Organe eingesetzt: eine Staatenkonferenz zur periodischen Ergänzung oder Verbesserung des Unionsvertrages, ein Verwaltungsrat und ein ständiges Büro oder Amt als Zentralstelle. Es hat aber bloß Hilfsfunktionen (Vermittlung von Nachrichten, Erteilung von Auskünften, Aufstellung von Statistiken) oder aber eine bestimmte Forschungsaufgabe zu erfüllen.

Die friedliche Austragung von Streitigkeiten

Der diplomatische Weg. Da das Völkerrecht im allgemeinen keine zwischenstaatlichen Schlichtungsorgane kennt, kann die Austragung eines zwischen Völkerrechtssubjekten ausgebrochenen Streites nur durch Verhandlungen zwischen den Streitteilen selbst erfolgen. Solche Verhandlungen der auswärtigen Organe der Streitteile untereinander, die entweder schriftlich oder mündlich geführt werden können, nennt man den diplomatischen Weg. Der diplomatische Weg ist die beste Art der Streiterledigung, da durch unmittelbare Verhandlungen zwischen den Streitteilen am ehesten eine dauernde Verständigung erreicht werden kann. Sind an einem Streitfall mehrere Staaten beteiligt, dann wird häufig nach Einvernehmen der Beteiligten eine Staatenkonferenz zur Beilegung des Streites einberufen.

Das allgemeine Völkerrecht kennt also kein eigenes Verfahren der Streitschlichtung, sondern bedient sich desselben Verfahrens, das für die Setzung von generellen Völkerrechtsnormen besteht: der Übereinkunft. So besteht zum Beispiel ein Streit über die Auslegung eines Staatsvertrages so lange weiter, bis er durch einen neuen Vertrag zwischen den Streitteilen aus der Welt geschafft wird. Das zeigt deutlich die streng genossenschaftliche, herrschaftsfreie Natur der allgemeinen Staatengemeinschaft.

Gute Dienste und Vermittlung. Schon seit alters her besteht die Möglichkeit, daß sich im Fall eines Streites zwischen zwei Staaten eine dritte Macht entweder aus eigener Initiative oder auf Ersuchen der Beteiligten bereit erklärt, zwischen ihnen zu vermitteln, um den Streit zu bereinigen. Erst durch das auf der Haager Friedenskonferenz (1899) abgeschlossene Abkommen über die friedliche Erledigung von Streitigkeiten wurde aber dieses Verfahren allgemein geregelt. Es umfaßt nicht nur die Vermittlung, sondern auch die guten Dienste, die in der Mühe bestehen, die Parteien zur Aufnahme von Verhandlungen zu bewegen, während der Vermittler einen Schritt weiter geht, indem er den Parteien einen Lösungsvorschlag unterbreitet.

Die Vermittlung ist eine alte Einrichtung des Völkerrechts. Während aber früher als Vermittler nur der Papst oder ein dritter Staat auftrat, beginnt mit den seit 1913 abgeschlossenen Bryan-Verträgen die völkerrechtliche Vermittlung durch gemischte Kommissionen. In diesen, auf Anregung des amerikanischen Staatssekretärs Bryan mit England und Frankreich sowie mit einigen lateinamerikanischen Staaten abgeschlossenen Verträgen verpflichten sich die Vertragsstaaten, alle zwischen ihnen entstehenden Streitigkeiten, die nicht einvernehmlich beigelegt werden können und die sie nicht der Schiedsgerichtsbarkeit unterwerfen, einer Vergleichskommission zu unterbreiten und vor Erstattung des Vergleichsvorschlages nicht zu den Feindseligkeiten zu schreiten. Da diese Verträge also auf jeden Fall den Beginn der Feindseligkeiten hinausschieben, werden sie auch »Abkühlungsverträge« genannt.

Die Vermittlung durch eine gemischte Kommission ist deshalb einer Vermittlung durch dritte Staaten vorzuziehen, da sie aus Angehörigen verschiedener Staaten und einem neutralen Vorsitz zusammengestellt ist und daher für eine unparteiische Behandlung des Streitfalles viel besser geeignet ist als ein dritter Staat, der immer auch seine eigenen Interessen berücksichtigen muß.

Das Untersuchungsverfahren. Das Haager Abkommen über die friedliche Erledigung von Streitigkeiten führt auch ein ganz neues Verfahren zur friedlichen Bereinigung von Streitigkeiten ein, nämlich das Untersuchungsverfahren. Es besteht darin, daß eine gemischte Kommission eingesetzt wird, die die Aufgabe erhält, einen zwischen den Parteien strittigen Tatbestand festzustellen, ohne aber auf die Art der Beilegung des Streites einzugehen. Dieses Verfahren hat schon vor dem ersten Weltkrieg, anläßlich des ersten russisch-japanischen Krieges (1904 bis 1905), eine große Rolle gespielt. Als nämlich die russische Ostseeflotte auf dem Weg in die japanischen Gewässer durch den Ärmelkanal fuhr, eröffnete sie das Feuer auf englische Fischerboote in der Meinung, daß es sich um getarnte japanische Torpedoboote handle. Zur Klärung des Falles wurde eine aus den in Paris beglaubigten Militärattachés gebildete Untersuchungskommission eingesetzt. Nachdem diese den wahren Sachverhalt festgestellt hatte, zahlte Rußland eine Entschädigung an die englischen Fischer, womit der Streit beigelegt war.

Das Schiedsgerichtsverfahren. Schließlich anerkennen die Vertragsstaaten des Abkommens zur friedlichen Erledigung von Streitigkeiten, daß die Schiedsgerichtsbarkeit das wirksamste und angemessenste Mittel sei, zwischenstaatliche Rechtsstreitigkeiten, die auf diplomatischem Wege nicht bereinigt werden können, friedlich auszutragen. Das Abkommen spricht den Wunsch aus, daß sich die Staaten der Schiedsgerichtsbarkeit bedienen, wenn es die Umstände gestatten. Eine völkerrechtliche Pflicht, einen Streit der Schiedsgerichtsbarkeit zu unterbreiten, wird durch dieses Abkommen jedoch nicht begründet. Dazu bedarf es vielmehr einer eigenen Willenseinigung der Parteien in einem Schiedsabkommen, durch das sich die Parteien einigen, bestimmte Streitigkeiten einem Schiedsgericht zu unterwerfen.

Unter einem Schiedsgericht versteht man ein durch das Einvernehmen der Streitteile gebildetes internationales Organ mit der Aufgabe, die ihm vorgelegten Streitigkeiten auf Grund der Achtung vor dem Recht durch einen bindenden Spruch zu entscheiden. Schiedsgerichte finden wir schon im Altertum und im Mittelalter. Die moderne Schiedsgerichtsbarkeit beginnt aber erst mit dem vom amerikanischen Staatssekretär Jay angeregten Jay-treaty vom Jahre 1794, der zwischen den Vereinigten Staaten und England abgeschlossen wurde. Ein ständiges Schiedsgericht gibt es erst seit dem Haager Abkommen vom Jahre 1899 über die friedliche Erledigung von Streitigkeiten. Damals wurde der »Ständige Schiedshof im Haag« gegründet. »Ständig« an ihm sind aber nur das Büro und eine Liste von Schiedsrichtern, die von den Vertragsstaaten bestimmt werden, während der zur Entscheidung berufene Senat in jedem einzelnen Streitfall erst durch das Einvernehmen der Parteien gebildet werden muß. Ein ähnliches ständiges Schiedsgericht war auch von 1907 bis 1917 der Zentralamerikanische Gerichtshof.

Nach dem Haager Abkommen zur friedlichen Erledigung von Streitigkeiten sind viele Schiedsabkommen getroffen worden. Sie sind entweder ein selbständiger Vertrag oder eine

Klausel, die in einen Vertrag über andere Gegenstände aufgenommen wird und sich auf Streitigkeiten über die Auslegung und Anwendung dieses Vertrages bezieht. Eine solche Klausel nennt man »Schiedsgerichtsklausel« oder »Kompromissarische Klausel«. Ein Schiedsabkommen kann sich entweder auf einen bereits ausgebrochenen Streit beziehen oder auf künftige, möglicherweise entstehende Streitigkeiten. Man nennt sie dann Schiedsgerichtsverträge, während die Abkommen über einen bestehenden Streit Schiedsvergleiche genannt werden. Die vor dem ersten Weltkrieg abgeschlossenen Schiedsgerichtsverträge räumen jedoch den Streitteilen kein unmittelbares Klagerecht vor einem Schiedsgericht ein, sondern verpflichten sie nur, nach Ausbruch eines Streites einen Schiedsvergleich abzuschließen, um die Streitpunkte abzugrenzen, das Schiedsgericht zu bestellen und dessen Verfahren zu regeln. Diese Schiedsgerichtsverträge enthielten in der Regel auch die »Ehren-« oder »Interessenklausel«, die besagt, daß alle Streitigkeiten, welche die Ehre, die Unabhängigkeit oder die Lebensinteressen eines Streitteiles berühren, von ihm von der Schiedsgerichtsbarkeit ausgenommen werden können.

Grundsätzlich werden nur Rechtsstreitigkeiten der Schiedsgerichtsbarkeit unterworfen. Das sind Streitigkeiten, welche die Auslegung eines Vertrages oder eine andere strittige Rechtssache zum Gegenstand haben. Daneben gibt es Interessenstreitigkeiten, bei denen die Staaten Ansprüche erheben, die sich nicht auf das bestehende Recht gründen, sondern seine Abänderung anstreben. Da nun aber solche Streitigkeiten nicht auf Grund des bestehenden Rechtes entschieden werden können, kann ein Schiedsgericht mit solchen Streitigkeiten nur befaßt werden, wenn es von den Parteien ausnahmsweise ermächtigt wird, den Streit nicht nach bestehendem Recht, sondern nach Billigkeit zu entscheiden. Sonst kommt für die Austragung von Interessenstreitigkeiten nur das Vermittlungsverfahren in Betracht.

Um die Entwicklung der Schiedsgerichtsbarkeit zu fördern, enthält das erwähnte Haager Abkommen zur friedlichen Erledigung von Streitigkeiten auch eine ausführliche Prozeßordnung für das Schiedsgerichtsverfahren. Diese findet aber nicht nur für ein Verfahren vor dem Haager Schiedshof Anwendung, sondern auch für alle anderen Schiedsgerichte, sofern die Parteien nicht andere Bestimmungen vereinbaren.

Der Abschluß eines Schiedsabkommens schließt die Verpflichtung in sich, sich nach Treu und Glauben dem ergangenen Schiedsspruch zu unterwerfen. Eine Ausnahme besteht nur dann, wenn das Schiedsgericht seine Zuständigkeit überschritten hat, da die Macht des Schiedsgerichtes ausschließlich im Schiedsabkommen begründet ist.

Die schiedsgerichtlichen Entscheidungen sind endgültig, sofern nicht im Schiedsgerichtsvertrag eine zweite Instanz vorgesehen wird. Das Haager Abkommen über die friedliche Erledigung von Streitigkeiten kennt aber eine Wiederaufnahme des Verfahrens vor dem erkennenden Schiedsgericht, wenn nach der Entscheidung neue Tatsachen auftauchen, die geeignet sind, das Urteil entscheidend zu beeinflussen.

Die Selbsthilfe im Völkerrecht

Retorsion, Repressalie und Notwehr. In jeder organisierten Rechtsgemeinschaft sind zur Verhängung der Unrechtsfolgen (Exekution, Strafe, Verwaltungszwang) bestimmte Gemeinschaftsorgane berufen. Nur ausnahmsweise ist es den in ihren Rechten verletzten oder bedrohten Menschen gestattet, zur Selbsthilfe zu greifen. Die Hauptart dieser Selbsthilfe ist die Notwehr.

Ganz anders ist die Rechtslage im allgemeinen Völkerrecht, da in der nicht organisierten Staatengemeinschaft des 19. Jahrhunderts keine internationalen Organe zur Durchsetzung des Rechts vorhanden waren. Daher war es nur möglich, Unrechtsfolgen in Form der Selbsthilfe zu verhängen. Die mildeste Form der völkerrechtlichen Selbsthilfe ist die Retorsion. Darunter versteht man die Vergeltung eines unfreundlichen Verhaltens durch eine ebenfalls unfreundliche, aber rechtmäßige Handlung, zum Beispiel die Abberufung des Missionschefs oder eine Einreisesperre. Hingegen versteht man unter einer Repressalie einen Rechtseingriff eines in seinen Rechten verletzten Staates in einzelne Rechtsgüter jenes Staates, der ihm gegenüber ein Unrecht begangen hat, um ihn zur Wiedergutmachung zu bewegen. Schließlich versteht man unter der Notwehr die gewaltsame Abwehr eines gegenwärtigen oder unmittelbar bevorstehenden Angriffes auf das Gebiet eines Staates oder seine Schiffe, Flugzeuge oder Truppeneinheiten.

Der Krieg. Im Gegensatz zur Repressalie, die aus einzelnen Eingriffen in die Rechtsgüter des Gegners besteht, ist der Krieg ein zwischenstaatlicher Gewaltzustand unter Abbruch aller friedlichen Beziehungen. Nach der christlichen Völkerrechtslehre, die zu Beginn der Neuzeit von Grotius übernommen wurde, war ein Krieg nur zulässig als Mittel des Rechtsschutzes, um entweder einen rechtswidrigen Angriff abzuwehren (Notwehrkrieg) oder um das Recht gegen einen Staat durchzusetzen, der ein Unrecht begangen hat und zur Wiedergutmachung nicht bereit ist (Exekutionskrieg).

Seit dem Ende des 18. Jahrhunderts wurde der Krieg aber auch als ein Mittel der Streiterledigung, also als eine Art Duell, anerkannt, um Machtkonflikte auszutragen. Vor dem ersten Weltkrieg bestand nur das auf Anregung der lateinamerikanischen Staatsmänner Drago und Porter abgeschlossene Abkommen der zweiten Haager Friedenskonferenz (1907), welches das Verbot enthielt, zur militärischen Gewalt zu schreiten, um Vertragsschulden einzutreiben, wenn sich der Schuldnerstaat nicht bereit erklärt hat, den Streit der Schiedsgerichtsbarkeit zu überweisen und den ergangenen Spruch zu erfüllen. Im übrigen haben sich die beiden Haager Friedenskonferenzen darauf beschränkt, Normen über die Humanisierung des Krieges aufzustellen. Sie wollen, wie es das Landkriegsabkommen ausdrückt, die Leiden des Krieges so weit mildern, wie es die militärischen Interessen gestatten. Daher sind vor allem militärische Maßnahmen nur gegen den bewaffneten Feind und gegen militärische Objekte zulässig. Ferner sind alle Kampfmittel verboten, die überflüssige Leiden verursachen, also solche, die zur Niederwerfung des Gegners nicht notwendig sind. Schließlich sind auch solche Kampfmittel ausgeschlossen, die der militärischen Ehre widersprechen.

Die Humanisierung des Krieges geht auf Gedanken des Genfer Philanthropen Henry Dunant zurück, der seine Erfahrungen vom Schlachtfeld von Solferino (1859) in seinem Werk »Un Souvenir de Solferino« niedergelegt hat. Um seine Vorschläge zu verwirklichen, berief der Schweizer Bundesrat eine Staatenkonferenz ein, welche die erste Genfer Konvention zur Verbesserung des Loses der Verwundeten und Kranken im Felde vom 22. August 1864 ausgearbeitet und den Staaten zur Ratifizierung vorgelegt hat. Auf Grund dieser Konvention wurden in allen Vertragsstaaten nationale Rotkreuzgesellschaften gegründet, mit der Aufgabe, sich den Verwundeten und Kranken im Kriege zu widmen. Die Konvention wurde durch das Abkommen vom 6. Juli 1906 verbessert und weiter ausgebaut. Das zehnte Haager Abkommen vom 18. Oktober 1907 überträgt dann die Grundsätze des Genfer Abkommens auf die Verwundeten und Schiffbrüchigen des Seekrieges.

Die Haager Landkriegsordnung vom Jahre 1899, die auf der zweiten Haager Friedenskonferenz im Jahre 1907 neu geregelt wurde, beantwortet vor allem die Frage, welche Personen zum Kriegsstand gehören, da nur diese zu Kampfhandlungen berechtigt sind. Außerdem regelt sie erstmalig die Stellung der Kriegsgefangenen sowie die der Zivilbevölkerung im besetzten Gebiet.

Auf derselben Konferenz wurden auch einige Abkommen über den Seekrieg beschlossen. Darunter fällt vor allem das Abkommen über die Umwandlung von Handelsschiffen in Kriegsschiffe sowie das Abkommen über die Beschießung von Häfen und Küstenstrichen durch Seestreitkräfte. Schließlich das Abkommen über einzelne Beschränkungen des Seebeuterechts.

Der wesentliche Unterschied zwischen dem Land- und dem Seekrieg besteht nämlich darin, daß im Landkrieg das Privateigentum unverletzlich ist, während im Seekrieg nicht nur das feindliche Staatseigentum, sondern auch das Privateigentum der feindlichen Staatsangehörigen, das sich auf einem Seetransport zum Feind auf neutralen Schiffen befindet, vom Gegner eingezogen werden kann. Zwar unternahm die Londoner Seerechtsdeklaration von 1909 den Versuch, auch das neutrale Privateigentum auf neutralen Schiffen zu schützen. Dieser Versuch ist aber gescheitert, da die Londoner Seerechtsdeklaration vom britischen House of Lords abgelehnt worden ist.

Das Neutralitätsrecht

Auch das Neutralitätsrecht ist im 19. Jahrhundert ausgebildet worden. Man unterscheidet die vorübergehende und die dauernde oder immerwährende Neutralität. Wenn sich ein Staat an einem zwischen anderen Staaten bestehenden Kriege nicht beteiligt, so befindet er sich in vorübergehender Neutralität. Er hat dann eine besondere Rechtsstellung, die vom völkerrechtlichen Gewohnheitsrecht herausgebildet worden ist und die die zweite Haager Friedenskonferenz in zwei Abkommen, und zwar über die Landneutralität und die Seeneutralität, näher geregelt hat. Die Pflichten dieser neutralen Staaten lassen sich in vier Gruppen einteilen: vor allem sind sie verpflichtet, keinen der Kriegführenden zu unterstützen. Sie dürfen ihnen also weder Waffen noch Kriegsschiffe oder andere Kriegsmittel zur Verfügung stellen. Außer diesen Unterlassungspflichten besteht aber die Pflicht, die Kriegführenden daran zu hindern, sich des neutralen Staatsgebietes für Kriegszwecke zu bedienen. Nur die neutralen Seehäfen dürfen das Einlaufen von Kriegsschiffen zur Einnahme von Feuerungs- und Nahrungsmitteln sowie zur Durchführung jener Reparaturen gestatten, die notwendig sind, die Kriegsschiffe wieder seetüchtig zu machen. Ferner sind die neutralen Staaten zur Unparteilichkeit gehalten, soweit es sich um Maßnahmen handelt, welche sie erlauben oder verbieten können. So kann zum Beispiel ein neutraler Staat die Ausfuhr oder Durchfuhr von Waffen gestatten oder verbieten. Wenn er aber ein Verbot erläßt. muß es für beide Kriegführenden gleichmäßig sein. Schließlich sind die neutralen Staaten verpflichtet, zu dulden, daß ihre Handelsschiffe auf hoher See und in den feindlichen Gewässern angehalten und durchsucht werden.

Wenn ein neutraler Staat die Regeln der Neutralität beachtet, so hat er darauf einen Anspruch, daß die Kriegführenden seine Gebietshoheit zu Wasser, zu Lande und in der Luft streng respektieren. Duldet er hingegen, daß sich ein Kriegführender auf seinem Gebiet festsetzt, dann muß er es in Kauf nehmen, daß auch die anderen Kriegführenden gegen ihn einschreiten, da der Feind bekämpft werden kann, wo er sich befindet. Daraus ersehen wir, daß jede wirksame Neutralität eine bewaffnete Neutralität sein muß.

Während die vorübergehende Neutralität nur während eines bestimmten Krieges möglich ist und vom freien Willen jedes einzelnen Staates abhängt, ist die immerwährende Neutralität ein dauernder Zustand, der auch in Friedenszeiten besteht.

Der erste dauernd neutrale Staat war die Schweiz, deren dauernde Neutralität sich im Laufe der Schweizer Geschichte herausgebildet hat. Den Unabhängigkeitskämpfen der Schweiz und ihren Siegen über Karl den Kühnen von Burgund war zunächst eine Periode militärischen Tatendranges gefolgt, in der die Eidgenossen durch ihre Söhne auf allen wichtigen Schlachtfeldern Europas vertreten waren und höchsten militärischen Ruhm erworben haben. Ein Residuum dieser militärischen Periode der Schweiz finden wir heute noch in der Schweizergarde des Vatikans, die in den alten Uniformen und mit Hellebarden ihren friedlichen Dienst versieht. Seit der Niederlage von Marignano (1515) und Pavia (1525) trat aber der Wille in Erscheinung, den Konflikten der Großen aus dem Wege zu gehen, vor allem deshalb, da jeder Konflikt zwischen den Großmächten so eng mit den damaligen Religionsstreitigkeiten verbunden war, daß eine Beteiligung von Schweizern an diesen Konflikten notwendigerweise zu einem Streit der Eidgenossen untereinander führen mußte. Aus diesen Erwägungen kam es zunächst zum Abschluß von einzelnen Verträgen, die die Verpflichtung enthielten, im Falle eines Krieges »stillezusitzen«. Doch damit war noch keineswegs ein allgemeiner Zustand der Neutralität erreicht. Es handelte sich nur um einzelne Vorboten einer solchen Politik. Den ersten entscheidenden Schritt der Neutralitätspolitik finden wir 1647 in der Aufstellung eines eidgenössischen Heeres von dreißigtausend Mann zum Schutz des Schweizer Gebietes. Am Beginn der Politik der Neutralität steht also schon der Wille, diese Neutralität zu verteidigen, also das Prinzip der bewaffneten Neutralität.

Durch den Frieden von Münster (1648) ist dann der Schweiz die Unabhängigkeit in den Schoß gefallen. Von diesem Zeitpunkt an tritt der Gedanke, bei Kriegen neutral zu bleiben, immer klarer in Erscheinung. Doch kann der Übergang von der gelegentlichen Neutralität zur dauernden Neutralität als Staatsmaxime nicht so genau bestimmt werden, da sich diese Politik nur allmählich herausgebildet hat. Bereits 1684 bezeichnet sich die Schweiz als »Neutralitätsstandt«, welcher Zustand grundsätzlich auch von fremden Staaten beachtet wurde, ohne aber damals schon formell anerkannt worden zu sein.

Die Schweizer Neutralität wurde jedoch durch den Einmarsch der napoleonischen Heere unterbrochen, durch die das Land vorübergehend zum Vasallen Frankreichs herabgedrückt wurde. Dadurch ist aber die Neutralitätspolitik der Schweiz keineswegs aufgehoben worden. Nach Napoleons Niederlage in Leipzig erklärte die Schweiz sofort wieder ihre Neutralität, die von den verbündeten Mächten aber erst anerkannt werden sollte, sobald die Schweiz in der Lage sei, ihre Unabhängigkeit wiederherzustellen. Schon am 30. Mai 1814 berichtete darüber der Schweizer Gesandte in Paris an seine Regierung: »Die Höfe wünschen sehr, daß die politische Organisation der Schweiz so bald wie möglich beendet wird, damit bei einem im Anfang August in Wien sich versammelnden Kongreß die Unabhängigkeit, Neutralität und Bundeseinrichtung der Schweiz garantiert werden können.« In diesem Sinne sagt dann das vom Wiener Kongreß eingesetzte Komitee vom 15. Januar 1815, daß sich die Mächte verpflichtet haben, die dauernde Neutralität der Schweiz anzuerkennen und zu garantieren (à reconnaitre et à faire reconnaitre), diese Verpflichtung aber erst in dem Zeitpunkt als wirksam betrachten werden, in dem die Schweiz auch imstande sein wird, die Neutralität ihres Gebietes zu behaupten.

Damit wiederholt also dieser Bericht den schon angeführten Grundsatz der effektiven Neutralität, die gegenüber jedermann verteidigt werden muß. Er ergänzt ihn aber durch den neuen Gedanken, daß die Neutralität der Schweiz zugleich im allgemeinen europäischen Interesse liegt. Hier wird auch zum erstenmal in der Geschichte von der »dauernden Neutralität« der Schweiz gesprochen und daran die Empfehlung geknüpft, die bisher nur landesrechtlich bestehende Neutralität auch völkerrechtlich zu verankern. Das geschah in der Deklaration vom 20. März 1815, die von der Schweiz am 27. Mai 1815 mit Dank an die Mächte angenommen worden ist, mit Dank, daß diese sich bereit erklärt haben, die dauernde Neutralität der Schweiz anzuerkennen und zu garantieren. Am 20. November 1815 erfolgte dann in Paris die endgültige Unterzeichnung der vom Schweizer Delegierten Pictet de Rochemont verfaßten Urkunde (acte portant reconnaissance et garantie de la neutralité perpetuelle de la Suisse et de l'inviolabilité de son territoire) durch die Kongreßmächte, wodurch die bis dahin nur landesrechtlich begründete schweizerische Neutralität einen völkerrechtlichen Status erhielt. Durch Artikel 435 des Friedensvertrages von Versailles vom 28. Juni 1919 wurde dieser Zustand dann auch von den anderen Signatarstaaten dieses Vertrages anerkannt.

Aus dieser Rechtsentwicklung und der ständigen Praxis der Schweiz ergeben sich folgende völkerrechtlichen Rechte und Pflichten eines dauernd neutralen Staates:

1. Er ist verpflichtet, bei allen Kriegen zwischen anderen Staaten die völkerrechtlichen Normen der Neutralität zu beobachten.

2. Er ist aber nicht nur berechtigt, sondern auch verpflichtet, sein Gebiet gegen äußere Angriffe mit allen ihm zur Verfügung stehenden Mitteln zu verteidigen. Die dauernde Neutralität muß also eine bewaffnete Neutralität sein.

3. Er darf schon in Friedenszeiten keine Verpflichtungen übernehmen, die ihn in einen Krieg verwickeln könnten. Er darf also weder Bündnisverträge abschließen noch auch einem anderen Staat militärische Stützpunkte auf seinem Gebiet einräumen, da er dadurch in Kriege anderer Staaten hineingezogen werden könnte.

4. Hingegen darf er sich um die Garantierung der Integrität seines Staatsgebietes durch andere Mächte bewerben und deren Garantieerklärungen entgegennehmen.

5. Er bleibt im übrigen in der Gestaltung seiner Innen- und Außenpolitik vollkommen frei, soweit er keine abweichenden vertraglichen Verpflichtungen übernimmt.

6. Insbesondere besteht keine Pflicht zur ideologischen Neutralität. Die Freiheit der Presse und der Meinungsäußerung wird somit durch die dauernde Neutralität nicht eingeschränkt. Als daher einige nationalsozialistische Schriftsteller von den neutralen Staaten auch eine ideologische Neutralität verlangten, wurde diese Forderung nicht nur von der Schweiz, sondern auch von Norwegen als nicht im Völkerrecht begründet zurückgewiesen. Dazu kommt, daß beim Abschluß des fünften Haager Abkommens über die Landneutralität (1907) die Freiheit der neutralen Presse ausdrücklich vorbehalten wurde.

Daraus ersehen wir, daß ein dauernd neutraler Staat auch bestimmte völkerrechtliche Verpflichtungen in Friedenszeiten hat, während ein bloß vorübergehend neutraler Staat nur verpflichtet ist, während eines bestimmten Krieges, für den er sich als neutral erklärt hat, die Normen der Neutralität einzuhalten. Aber auch ein dauernd neutraler Staat hat als solcher keine anderen völkerrechtlichen Pflichten als jene, die soeben in den Punkten 1 bis 3 aufgezählt wurden.

Bis zum Ende des ersten Weltkrieges waren außer der Schweiz auch Belgien vom 15. November 1831 und Luxemburg vom 1. März 1867 an dauernd neutrale Staaten; da ihnen aber dieser Zustand von den Großmächten auferlegt wurde, sprach man von einer Neutralisierung.

Zusammenfassung

Die vorstehenden Ausführungen zeigen uns, daß das vor dem ersten Weltkrieg geltende Völkerrecht bestrebt war, den Krieg zu humanisieren und durch das Neutralitätsrecht auch räumlich zu begrenzen. Es hat sich aber nicht zum Ziele gesetzt, den Krieg als Mittel der Austragung von zwischenstaatlichen Streitigkeiten auszuschalten, da die damalige Staatengemeinschaft nicht organisiert war und daher ohne Selbsthilfe nicht auskommen konnte. Mit der Organisierung der Staatengemeinschaft im Völkerbund und der allmählichen Ächtung des Krieges beginnt daher ein neuer Abschnitt in der Geschichte des Völkerrechts. Gewiß gab es schon vorher die Einrichtung der Schiedsgerichtsbarkeit und der Vermittlung. Es bestand aber weder eine allgemeine Pflicht, alle Streitigkeiten friedlich auszutragen, noch gab es allgemein anerkannte Richtlinien, nach denen die durch die Dynamik der Geschichte jeweils notwendigen Änderungen friedlich durchgeführt werden konnten. Die Machtpolitik der Staaten wurde somit durch das Vorkriegs-Völkerrecht nur unwesentlich beschränkt.

Geoffrey Barraclough

DAS EUROPÄISCHE GLEICHGEWICHT UND DER NEUE IMPERIALISMUS

Politisches Gleichgewicht und wirtschaftliche Expansion

Nicht nur für Europa, sondern für die ganze Welt wurde der am 19. Juli 1870 zwischen Frankreich und Preußen ausgebrochene Krieg zur Zäsur zwischen zwei Epochen. In der kurzen Spanne von zehn Monaten, zwischen August 1870 und Mai 1871, verschob sich das Gleichgewicht der Kräfte – die »balance of power« – in Europa entscheidend. Die Niederlage Frankreichs, die Kapitulation Napoleons III. bei Sedan am 2. September 1870 und die Proklamation des Deutschen Kaiserreichs im Spiegelsaal von Versailles am 18. Januar 1871 bezeichneten das Ende des französischen Vorrangs auf dem europäischen Festland und leiteten eine neue Phase des seit Beginn der neuzeitlichen Geschichte nie aufhörenden Ringens um die Herrschaft über Europa ein. »Europa«, sagte der englische Diplomat Henry Bulwer, »hat eine Geliebte verloren und einen Herrn gefunden.« Aber diese Verschiebung des politischen Gleichgewichts war, so wichtig sie sich im Lauf der folgenden dreiundvierzig Jahre erweisen sollte, nicht der einzige Grund, weswegen wir die Jahre 1870 und 1871 als Beginn einer Ära bedeutsamer Veränderungen anzusehen haben. Wenn wir den Blick in die Ferne richten, erkennen wir, daß auch anderswo Wandlungen vor sich gingen, die letztlich ebenso schicksalsschwer für die Zukunft wurden. Jenseits des Atlantischen Ozeans hatte man durch den Abschluß des Amerikanischen Bürgerkrieges, 1865, gewissermaßen Klardeck gemacht für das mächtige Wachstum der Industrie, das die soziale Struktur Nordamerikas umwandeln sollte. Im Jahre 1869 wurde in der Einöde von Utah die erste Eisenbahnlinie, die den amerikanischen Kontinent ganz durchquerte, fertiggestellt, und obgleich durch das Übermaß von Verwaltungssünden, Schiebungen, Betrug, Korruption und politischen Intrigen unter den zwei Präsidentschaften des Generals Grant (1869 bis 1877) die Heilung des Bruches zwischen Nord und Süd noch für einige Zeit verzögert wurde, begannen doch von 1877 an die Vereinigten Staaten sich intensiv der Erschließung ihrer gewaltigen Naturschätze zu widmen. Wie der Held in einem berühmten amerikanischen Roman, »The Rise of Silas Lapham«, sagt, war nunmehr »die Zeit der kleinen Dinge vorbei, die gewiß in diesem Lande niemals wiederkehren wird«. Jenseits des Stillen Ozeans, in Japan, vollzog sich eine ähnliche Entwicklung. Nach der Ablösung des Shôgunats durch die Meiji-Herrschaft, der Abschaffung des Feudalismus 1871 und der darauffolgenden »Verwestlichung«, vor allem aber nach Niederschlagung der letzten Rebellion der Samurai

1877, erschien auf der politischen Erdkarte ein Land, das 1880 ebenso viele Bewohner hatte wie Großbritannien. Weiter westlich hatte Rußland durch Verträge mit China, 1858 und 1860, Positionen am Stillen Ozean besetzt, hatte Nikolajewsk und Wladiwostok gegründet und sich 1875 die japanische Anerkennung seines Anspruchs auf die Insel Sachalin gesichert. Nachdem es durch die Eroberungen von Taschkent (1865), Samarkand (1868), Chiva (1873) und Kokand (1876) ein großes Stück von Mittelasien unter seine Herrschaft gebracht hatte, war die Szene für die große russische Kolonisation in Asien vorbereitet, die mit dem Baubeginn an der Transsibirischen Eisenbahn 1891 in Gang kam. Inzwischen hatte man im russischen Reich den Anfang zu einer Modernisierung gemacht, nämlich mit der Aufhebung der Leibeigenschaft (1861) und der Einführung wenn auch begrenzter lokaler Verwaltungsrechte (1864).

So war neben der Alten eine Neue Welt im Entstehen. Der enge Kreis der europäischen Mächte, die so lange Zeit gemeint hatten, Drehscheibe für die Geschicke der Welt zu sein, wurde durch Entwicklungen außerhalb Europas zerschnitten. Die Tendenz zum globalen Gleichgewicht, das bestimmt war, das europäische zu ersetzen, hob sich immer deutlicher ab. Einstweilen allerdings erhielten sich die europäischen Mächte durch ihre imperialistische und koloniale Politik noch ein gutes Maß tatsächlicher Vorherrschaft, und in den drei Jahrzehnten von 1871 bis zur Jahrhundertwende schien es, als erweitere sich das europäische Machtsystem noch und verwandle sich, immer mehr ausgreifend, in ein globales. In Wirklichkeit aber waren die Dinge komplizierter. Die ersten Anzeichen einer Neuordnung, in der Europa nicht mehr den Herrscherplatz beanspruchen konnte, waren der Sieg der Japaner in ihrem Kriege gegen die Russen 1904/05 und die Mittlerrolle, welche die Vereinigten Staaten bei der Beendigung dieses Krieges spielten. Nicht weniger wichtig war die Tatsache, daß die Welt jetzt, ganz anders als zu Anfang des 19. Jahrhunderts, neue Fundamente hatte. Eine technologische Revolution brachte neue Formen in die Wirtschaftsstrukturen, in Europa sowohl wie in Nordamerika, und beeinflußte Leben und Weltbild aller Einwohner dieser Kontinente. Überdies weckte die neue Industrialisierung einen neuen Imperialismus, da die industriestarken Völker um den Handel auf dem schrumpfenden Planeten Erde in Wettbewerb traten. Diese neue Phase der »Industriellen Revolution« unterschied sich, obwohl sie auch auf Kohle und Eisen beruhte, von der ersten Phase in mancher Hinsicht. Zunächst entstand sie auf der Grundlage der »Fabrik« und des großen »Konzerns«, deren Existenz zwangsläufig zur Bildung immer größerer städtischer Zentren führte – eine Entwicklung, die schwerwiegende soziale Wandlungen im Gefolge hatte. Sie war außerdem im Kern eine technologische Umwälzung, bei der die noch jungen Naturwissenschaften ausgenutzt wurden, und war gekennzeichnet durch ein höheres Maß wissenschaftlicher Verfeinerung und Genauigkeit sowie durch eine erstaunliche Reihe wertvoller Entdeckungen und praktischer Erfindungen, zu denen unter anderem der Verbrennungsmotor, das Telefon, das Mikrofon, die Rotationspresse, die Schreibmaschine und viele andere Dinge gehören, die für uns mit der modernen industriellen Zivilisation schon alltägliche Gebrauchsgegenstände geworden sind.

Schließlich führte die neue Phase der Industrialisierung, obwohl noch auf der Kohle und dem Stahl basierend, zu einer immer intensiveren Ausnutzung neuer Kraftquellen, des Erdöls und der Elektrizität. Es ist symbolisch, wenn auch reiner Zufall, daß Rockefellers Standard Oil Company gerade 1870 gegründet wurde. Im Jahre 1897 gab es, nach den Worten der populären amerikanischen Gestalt »Mr. Dooley«, vom Atlantik bis zum Pazifik schon »in jedem Drecknest eine Zweigstelle dieser Gesellschaft«, und zu diesem Zeitpunkt exportierten bereits die Vereinigten Staaten Erdöl im Wert von sechzig Millionen Dollar jährlich. Die Elektrizität als Energiequelle kam langsamer zur Auswirkung. Die Etappen ihres Siegeszuges sind bezeichnet durch Siemens' Erfindung des Dynamo 1867, Edisons Erfindung der Glühlampe 1879, die Inbetriebnahme des ersten elektrischen Kraftwerks in New York 1882, die Gründung der AEG 1883 und die Errichtung des ersten Wasserkraftwerks in Colorado 1890.

Die Verlagerung der Machtpositionen infolge dieser ökonomischen und technologischen Umwälzung wirkte sich viel tiefer aus als die Verschiebung des europäischen Gleichgewichts durch den französisch-preußischen Krieg und mußte ihren Ausdruck auch im politischen Feld finden. Die Periode, die wir hier betrachten, ist erst der Anfang einer langfristigen Wandlung und ist interessant nicht nur als Übergang, sondern auch, weil es in ihr um den Ausgleich der Kräfte zwischen den alten und den neuen Mächten ging. So begann zum Beispiel die Erweiterung der Industrieproduktion in Rußland erst im letzten Jahrzehnt des vorigen Jahrhunderts und hatte in den folgenden fünfundzwanzig Jahren eine größere jährliche Zuwachsrate als bei den anderen Großmächten, nicht ausgenommen die Vereinigten Staaten von Amerika, wo sie bis etwa 1890 nur langsam vorankam. Beispielsweise lag die amerikanische Kohleförderung 1890 erheblich unter der Großbritanniens, während sie 1914 die von Großbritannien und Deutschland zusammen erreichte und die Produktion von Eisen und Stahl größer war als die des gesamten Europas. Abgesehen davon fallen in der kurzen Zeitspanne, die wir betrachten, weitere wichtige Veränderungen auf. So ist, vom demographischen Standpunkt aus gesehen, vor allem bedeutsam, daß Frankreich, nachdem es für Jahrhunderte die höchste Bewohnerzahl aller europäischen Länder gehabt hatte, von Deutschland übertroffen wurde, das an die erste Stelle gerückt wäre, hätte nicht Rußlands Bevölkerung so enorm zugenommen. Um 1900 hatte Rußland mehr als hundert Millionen Einwohner, Deutschland sechsundfünfzig Millionen und die Vereinigten Staaten und Kanada etwa achtzig Millionen. Noch einschneidender war, auf lange Sicht, daß von etwa 1880 an die Geburtenziffern überall in Europa zu fallen begannen. Was das bedeutete, wurde natürlich nicht sofort sichtbar, doch können wir heute daraus erkennen, daß die Vorherrschaft Europas und seine Expansion in der Welt – Begriffe, an denen die nach 1870 aufwachsende Generation gläubig festhielt – nur zeitbedingt waren und daß die Jahre der 1870 beginnenden imperialistischen Machtpolitik auch schon das erste Stadium des Endes der Europäischen Ära bezeichneten. Sollte sich auch die ganze Bedeutung dieser Veränderungen erst später zeigen, so wurden einzelne Anzeichen schon früher offenbar. Auffallend war, daß in den Ländern, die in der ersten Phase der Industriellen Revolution am schnellsten emporgekommen waren, der Schwung nachließ: daß ihr Kapital in veralteten Maschinen und Produktionsverfahren angelegt war, hemmte die Einführung der neuen Erfindungen und die Ausbeutung der neuen Produktivkräfte. Das traf auf Frankreich zu, besonders aber auf Großbritannien, das 1870 mehr Eisen und Stahl produzierte als die ganze übrige Welt, aber noch vor dem Ende des Jahrhunderts von Deutschland überholt wurde.

Noch bedeutungsvoller war, wie schnell sich Deutschland auf dem neuen Gebiet der Elektrotechnik in den Vordergrund schob. Überhaupt erregte der phänomenale Aufstieg Deutschlands zur Industriemacht die Aufmerksamkeit der ganzen Welt, wobei aber nicht übersehen werden durfte, daß Deutschland, so rapid es auch aufstieg, noch übertroffen wurde von den Vereinigten Staaten, deren Industrieproduktion zu Beginn des 20. Jahrhunderts bereits größer war als die Britanniens und Deutschlands zusammen, obwohl ihre Einwohnerzahl nur knapp zwei Drittel so groß war wie die der beiden Länder.

Im Endeffekt wurde die neue technologische Revolution zu einem Ausgleichsgetriebe zwischen den Nationen, die in der Weltpolitik mitzählten, indem sie das Machtpotential der einen vergrößerte, das der andern verminderte. Sie wirkte als Solvens bei den Gleichgewichtsstörungen, ohne jedoch schon die alte »balance of power« durch eine neue zu ersetzen. Wenn jetzt, in diesem Zusammenhang gesehen, Deutschland nach dem Sieg von 1871 über Frankreich in einen neuen Rang erhoben war, so war es doch angesichts der wachsenden Macht Rußlands und der Vereinigten Staaten höchstens imstande, eine wahrhaft führende Stellung, wenn überhaupt, nur für einen begrenzten Zeitraum zu gewinnen. Gerade dadurch bekam, zumindest seit dem Anfang der Regierung Wilhelms II. im Jahre 1888, die deutsche Politik eine hektische Note, eine sprunghafte Hast, die dem alternden Bismarck, überzeugt, daß Deutschland eine Ruhezeit zum Stabilisieren der errungenen Erfolge brauchte, tief antipathisch war. So kam es zu seinem erzwungenen Rücktritt 1890. Doch das vom gesteigerten Tempo der industriellen Umschichtung erzeugte Gefühl, daß das Erreichte nicht von Dauer sein könne, blieb nicht auf Deutschland beschränkt. Bereits 1873 befand sich die Welt in einer durch Überproduktion hervorgerufenen heftigen Krise, welche die Phase der Preissteigerung und des Wohlstandes des vorhergehenden Vierteljahrhunderts zunichte machte. Für die nächsten zwanzig Jahre sank das Preisniveau allmählich, und alle Industrieländer in der Alten wie in der Neuen Welt erlebten periodische Preisstürze – die schwersten in der Krise von 1894 –, für die sie um so anfälliger geworden waren, je größer durch das sich ausweitende Netz der Verbindungen zu Lande und zu Wasser ihre Abhängigkeit voneinander wurde. Die Bedrohung durch Krisen und Depressionen, die in den zwei Jahrzehnten nach 1870 über dem europäischen Kapitalismus hing, und die durch die Pariser Kommune von 1871 erregte weit verbreitete Furcht, ein Krieg könne zu neuem Umsturz führen, war auch politisch von großer Bedeutung, da sie – im Gegensatz zu der nach 1895 folgenden Periode der Expansion – die Staatsmänner bei ihren Aktionen behinderten. Das rapide Wachstum der Sozialdemokratie in Deutschland, die trotz Bismarcks Unterdrückungsmaßnahmen eineinhalb Millionen Stimmen bei der Reichstagswahl von 1890 aufbrachte; die sozialen Konflikte in Frankreich (wo Paris und andere Städte bis 1876 in einer Art Belagerungszustand blieben) und die in den demagogischen Persönlichkeiten MacMahons und Boulangers verkörperte Bedrohung der republikanischen Staatsform; in England der wachsende Radikalismus mit den Angriffen auf das liberale Wirtschaftssystem und der Forderung staatlicher Parteinahme zugunsten von »Not und Elend« gegen »Luxus und Komfort«, sowie die explosiven Wirkungen des irischen Protests, der in der Landwirtschaftskrise von 1878/79 schwerste Folgen zeitigte – alle diese Probleme machten den Regierungen bei ihrer Innenpolitik genug zu schaffen und veranlaßten sie

Die erste Ölquelle in den Vereinigten Staaten von Amerika, die »Drake Well« in Titusville/Pa., 1859

Straßenkampf während des Aufstandes der Kommune in Paris, 1871
Lithographie von Edouard Manet
Paris, Bibliothèque Nationale, Cabinet des Estampes

außenpolitisch zu Vorsicht und Zurückhaltung. Anderseits ergaben sich gerade aus dem Zwang, Lösungen für wirtschaftliche Krisen zu finden, neue Spannungen, so daß die neuen Sozialgebilde immer mehr zur Konzentration wirtschaftlicher Macht, zu schärferen Konkurrenzkämpfen mit imperialistischen Tendenzen und – nach 1897 – in die Ära der »Weltpolitik« gedrängt wurden.

Das sollte bald in verschiedener Hinsicht offenbar werden. Zunächst einmal zeigte sich, daß Wirtschaftskrisen nicht nur den Fortgang der Industrialisierung nicht aufhalten konnten, sondern den Anstoß gaben zur Modernisierung der Wirtschaft, zu wissenschaftlichen Forschungsarbeiten und der Einführung neuer Produktionsmethoden, weil die Industrie sich – so glaubte man – nur dadurch über Wasser halten konnte. Zweitens verlangte die Rationalisierung die Bildung großer Konzerne – beispielsweise den von Krupp, der im Jahre 1846 nur hundertzweiundzwanzig Personen beschäftigte, 1873 bereits eine Belegschaft von sechzehntausend und 1913 insgesamt fast siebzigtausend Arbeitnehmer hatte, wodurch wiederum die Zusammenballung der Bevölkerung in Stadtsiedlungen beschleunigt wurde und entsprechende soziale Probleme entstanden. Bezirke wie das Ruhrgebiet in Deutschland und die englischen Midlands wurden zu ungeheuren Konglomeraten eng aneinander rükkender und nur durch unsichtbare und künstliche Grenzen abgeteilter Stadtgebiete. Während vor der Revolution von 1848 noch London und Paris die einzigen Städte mit mehr als einer Million Einwohner waren, wurden nun überall die sich vergrößernden Metropolen zu Achsen der industriellen Gemeinwesen. Berlin, Wien, St. Petersburg und Moskau in Europa, New York, Chikago und Philadelphia in den Vereinigten Staaten, Buenos Aires und Rio de Janeiro in Südamerika und Tôkyô, Osaka und Calcutta in Asien, sie alle erreichten die Millionengrenze. Auch daran wird deutlich, daß es sich um eine weltumfassende Bewegung handelte und nicht um eine europäische allein. Drittens erlebte die Industrie selbst einen gründlichen Wandel, zum Teil infolge rasch zunehmender Betriebsgröße, anderntei1s durch bewußte Rationalisierung, um auch in Zeiten wirtschaftlichen Tiefstands konkurrenzfähig zu bleiben. Während der achtziger Jahre änderte sich das Wesen des Kapitalismus grundlegend. Die für die erste Phase der Industriellen Revolution charakteristischen kleinen Unternehmen mit zehn oder zwölf Arbeitern und die kleinen Handwerksbetriebe vermochten in Krisenzeiten nicht durchzuhalten, und ihr Betriebskapital reichte nicht zur Anschaffung der komplizierteren Maschinen, die man für moderne Produktionsmethoden brauchte. Schon der Bau von Eisenbahnlinien hatte zur Schaffung großer Unternehmen in Form von Aktiengesellschaften gezwungen: in Frankreich vermehrten sich nach 1867 und in Deutschland nach 1870 die Gesellschaften mit kleinen Verwaltungsgruppen und Tausenden von passiven Aktionären sehr schnell. Es wurde, mit anderen Worten, der Mitbesitz auf größere Kreise ausgedehnt, die Leitung jedoch zentralisiert. So ergaben die Aktiengesellschaften, die ursprünglich bei den Eisenbahnen und im Bankwesen in Erscheinung getreten waren, das typische Bild des neuen Industriewesens, und das bedeutete die Abkehr von den Grundsätzen der liberalen, das heißt ungesteuerten Wirtschaft. Es ist nicht überraschend, daß die neuen Entwicklungsformen besonders schnell in Deutschland akzeptiert wurden, wo Friedrich List und Eugen Dühring schon lange gegen den Individualismus aus der Lehre von Adam Smith opponierten. Das Gesicht des Kapitalismus wandelte sich, indem nun der Finanzier den Industriellen beiseite drängte. Soweit die Beschaffung von Kapital und die Verwendung von Geld, Krediten und Wertpapieren zum ersten Erfordernis der Expansion wurde, trat an die Stelle des Industriekapitals das Finanzkapital – ein Wechsel, den wir auch beobachten können am Niedergang des älteren bürgerlichen Patriziertums, wie ihn Thomas Mann in den »Buddenbrooks« schildert, und am Aufstieg neuer Gestalten wie zum Beispiel des Bankiers Bleichröder. Der Name des amerikanischen Finanziers John Pierpont Morgan wurde für seine Epoche ebenso symbolisch, wie der der Rothschilds es in der ersten Hälfte des 19. Jahrhunderts war. Und Morgan fand überall Nacheiferer.

Auf die neuen Entwicklungen reagierten sowohl die Konservativen wie die Reformer, die mit Besorgnis das Zusammenraffen leicht verdienten Geldes und das Streben nach »Reichtum ohne Rücksicht auf das Allgemeinwohl« beobachteten, wie Henry D. Lloyd, der zuerst an der Standard Oil herbe Kritik übte und ein Buch unter diesem Titel schrieb. Aber die Entwicklung muß wohl unvermeidlich gewesen sein. Die Einführung des Hochofens veränderte die Stahlindustrie von Grund auf und machte die kleinen Unternehmen auf diesem Sektor zu Anachronismen. Und die Konzentration griff, nachdem sie einmal begonnen hatte, schnell auf andere Gebiete über. So wurden beispielsweise schon 1890 in den Vereinigten Staaten und in Frankreich die ersten großen Kaufhäuser eröffnet. Der Vorteil zentralisierter Betriebsführung, der sich am deutlichsten bei den modernen Industrien ausprägte, wie etwa der chemischen (in England legten Brunner und Mond die Fundamente für den Konzern der »Imperial Chemical Industries«), trat auch auf allen anderen Gebieten zutage. Ergebnis war die Bildung von »Konzernen« – europäische Bezeichnung – oder »Trusts« – amerikanische Bezeichnung. (Der erste Trust war die 1882 von John D. Rockefeller gegründete »Standard Oil Company«.) Sie konnten sich »vertikal« gliedern, das heißt alle Produktionsstufen von der Erzeugung des Rohmaterials bis zum Absatz der fertigen Ware einschließen, oder sie konnten »horizontal« organisiert werden, das heißt gleichartige und gleichrangige Unternehmen verschmelzen oder zusammenfassen, um die Konkurrenz zu entschärfen und sich gegen Preisschwankungen und Verlagerung von Absatzmärkten zu sichern. Eine andere, lockerere Form des Zusammenschlusses sind die »Kartelle« (Cartels). Mehrere Firmen einigen sich über Preisbindung oder beschließen eine zweckmäßige Produktionsbeschränkung, wieder andere teilen die Absatzmärkte unter sich auf.

Konzerne und Kartelle hatten den Charakter von Monopolen: es entstand durch sie eine neue Art privater Macht (die man oft fälschlich als »feudal« bezeichnet hat), und die so gebildeten Kräfte strebten – mag man über ihre Größe und ihren Einfluß verschiedener Meinung sein – zwangsläufig auch nach einem Ausdruck in der Politik, entweder durch direkte Verbindung zu Staatsmännern und Politikern oder durch Druck auf sie, zumindest aber, indem die neuen Industrieführer den Institutionen oder Verbänden, die ihre Interessen förderten, Geld zur Verfügung stellten. Hinter der 1887 gegründeten »Deutschen Kolonialgesellschaft«, dem 1880 gegründeten »Alldeutschen Verband« und dem 1898 gegründeten »Flottenverein« stand das deutsche Großkapital, und in anderen Ländern, insbesondere in Großbritannien, war die Situation praktisch die gleiche.

Der hier nur skizzierte Wandel brachte selbstverständlich auch große und weitreichende Rückwirkungen auf sozialem Gebiet. Das Einströmen der Menschen in die Großstädte, zu dem in Europa die durch den großen Import billiger Nahrungsmittel aus Übersee verursachte Landwirtschaftskrise viel beitrug, schuf soziale Bedingungen, wie man sie bisher nicht gekannt hatte. In Deutschland, wo bei der Volkszählung von 1871 nur acht Städte mit über hunderttausend Einwohnern registriert wurden, gab es zur Jahrhundertwende dreiunddreißig Städte dieser Größe. Im selben Zeitraum wurde ein Zehntel der Bewohner von England und Wales in den mächtigen Strudel von London gesogen. Sogar in den Vereinigten Staaten mit ihren acht Millionen Quadratkilometern Land bewohnte nahezu die Hälfte der Gesamtbevölkerung nur ein Prozent des Bodens, und ein Achtel der Bevölkerung lebte in den zehn größten Städten. Gleichsam zwangsläufig wurde die gewaltige Zahl der Städter zur anonymen, wurzellosen und lenkbaren Masse, zu »Material«, das die Politiker, die Journalisten und manchmal auch Gangster bearbeiten konnten. In der neuen Industriegesellschaft verbreiterte sich die Kluft zwischen Arbeitgeber und Arbeitnehmer. In den großen Unternehmen mit einer Belegschaft von Tausenden war der einzelne Arbeiter nur eine Nummer, dem Arbeitgeber, den er nie sah, nicht einmal mit Namen bekannt. Unter diesen Umständen bekamen die Arbeitergewerkschaften, deren Wachstum wir gewissermaßen als Gegenstück zum Wachsen der mächtigen Industriekonzerne betrachten können, immer mehr Gewicht. In den Vereinigten Staaten war der Widerstand gegen die Gewerkschaftsbewegung stark, die Arbeiter konnten sich nur langsam und ungleichmäßig organisieren, doch in Europa lag die Sache anders. Die britischen Gewerkschaften wurden 1871 unter Gladstones liberaler Regierung anerkannt, in Frankreich legalisierte man sie 1884. Gleichzeitig wurde auch das Stimmrecht ausgedehnt. Sowohl im Deutschen Reich wie in der jungen Französischen Republik hatten die Männer das allgemeine Wahlrecht seit 1870. Es folgten die Schweiz 1874, Spanien 1890, Belgien 1893, die Niederlande 1896 und Norwegen 1898. In Italien bekam die Majorität der männlichen Bevölkerung kraft Gesetzes schon im Jahre 1882 das Wahlrecht, und in Großbritannien wurde praktisch dasselbe erreicht durch die Third Reform Bill 1884, obgleich erst 1918 das Prinzip des allgemeinen Wahlrechts für Männer voll anerkannt wurde. Sowohl die Gewerkschaften wie die sozialistischen Parteien, die sich jetzt bildeten, waren de facto Verbände, die Druck ausübten mit dem Ziel, den ihnen angeschlossenen Arbeitern einen höheren Anteil an den Gewinnen der modernisierten Industrie zu sichern. Der parlamentarische Sozialismus war, obwohl im Ursprung marxistisch gefärbt, bereits in den neunziger Jahren in seinen nächstliegenden Programmzielen opportunistisch und revisionistisch geworden. Er strebte nicht danach, die bestehende Gesellschaftsordnung zu unterminieren, sondern mit ihrer Hilfe etwas zu gewinnen. Im übrigen machten es die verschiedenartigen Interessen unmöglich, die Arbeiterklasse in einer geschlossenen Phalanx zu vereinen. Die Angestellten hatten mit den Handarbeitern wenig gemeinsam, Facharbeiter und ungelernte Arbeiter stellten jeweils andere Forderungen, desgleichen die städtischen und die landwirtschaftlichen. Das sozialistische Gespenst, das zur Zeit der Pariser Kommune die Ober- und die Mittelklassen so erschreckte, hatte sich längst nicht als so furchtbar erwiesen; aber dennoch griffen die Massen, nun wahlberechtigt, auf anderem Wege entscheidend ins politische Leben ein.

Das führte in erster Linie zu Veränderungen im Parteiensystem, indem man neue Taktiken und Methoden ersinnen mußte, um die Wählermassen an die Urnen zu bringen. Gladstones »Wirbelwind-Wahlkampagne« in Schottland 1879, in der er die »Bulgarischen Greueltaten« und die anscheinende Gleichgültigkeit der britischen Regierung angesichts der türkischen Grausamkeiten anprangerte, war der erste große Erfolg für die neue »demokratische« (lies: demagogische) Methode: auf Massenversammlungen in leidenschaftlichen Reden an die menschlichen Gefühle in Fragen zu appellieren, die den unmittelbaren Interessen der Wählerschaft fernliegen. Die ausgeklügelte Struktur der modernen Massenpartei gab es noch nicht, aber es hatten bereits Gladstone und sein radikaler Bundesgenosse Joseph Chamberlain bewiesen, wie wirksam engverbundene Gruppen führender Parteimitglieder die Stimmung der Massen ausnutzen konnten. So wurde das Emotionale als neues Element in die Politik getragen, die nun aufhörte, Reservat eines exklusiven Kreises von Aristokraten zu sein. Die Ausbreitung der Grundschulbildung und der Tageszeitungen machten jedermann zum Politiker, und bevor das Jahrhundert zu Ende ging, wurden die bedeutenden Streitfragen öffentlich ausgefochten, und die Tage der Kabinettsdiplomatie waren gezählt. Dadurch wurden die internationalen Beziehungen stark beeinflußt. Die Geheimdiplomatie mochte zwar noch ein sorgsam ausgewogenes System von »Kompensationen« ersinnen, um den Frieden auf dem Balkan zu wahren, doch die panslawistischen und pangermanistischen Unterströmungen waren schon stark genug, jedes diplomatische Kalkül hinwegzuschwemmen. Auf anderen Gebieten konnte sich die Beeinflußbarkeit der Massen, mit denen »patriotische Kräfte« ein so leichtes Spiel hatten, als noch weit stärkeres Machtmittel erweisen. Kolonialer Ehrgeiz, Rivalität im Flottenbau, der im letzten Viertel des 19. Jahrhunderts so stark ausgeprägte Imperialismus und anderes, unausgereifte Heilslehren, Popularisierungen von Nietzsches Theorien vom Übermenschen, die Rassendoktrinen eines Gobineau und Houston Stewart Chamberlain sowie eine Verfälschung der Darwinschen Lehre vom »Kampf ums Dasein«, die zur Verherrlichung des Krieges führte, all diese Bewegungen zogen ihre Kraft aus der wankelmütigen, halbgebildeten Masse, deren irrationales Drängen zu ignorieren die Staatsmänner und Politiker sich fortan nicht mehr erlauben durften. Überall begann die Epoche der Phrasendrescher, die den Menschen ihre Schablonen aufnötigten und die Tendenzen der Zeit auf Grund subjektiver und oberflächlicher Analyse der Weltgeschichte definierten. Ihre Schlagworte wurden von der einfältigen Menge gierig aufgegriffen und zu politischen Prinzipien erhoben. In Amerika war es Brooks Adams, der das »Gesetz von Zivilisation und Verfall« dahin auslegte, daß Energie nur durch den »emotionalen und martialischen Menschen« entfesselt werden könne. In Deutschland demonstrierten die Nachfolger von Ranke und Treitschke, wie etwa Delbrück, daß der Gang der Geschichte das Zepter der Herrschaft in deutsche Hände bringen werde, und beteten Geibels vielzitiertes Wort nach: »Und es mag am deutschen Wesen einmal noch die Welt genesen«. In England verkündete Joseph Chamberlain den Massen: »Der Tag der kleinen Nationen ist längst vorbei, die Zeit der Großreiche ist gekommen.«

Kriegsgericht gegen die Kommunarden in Paris, 1871

Das Büro der Ersten Internationale in Paris

Betrachtung über hundert Jahre Fortschritt in den Vereinigten Staaten. Ö.d

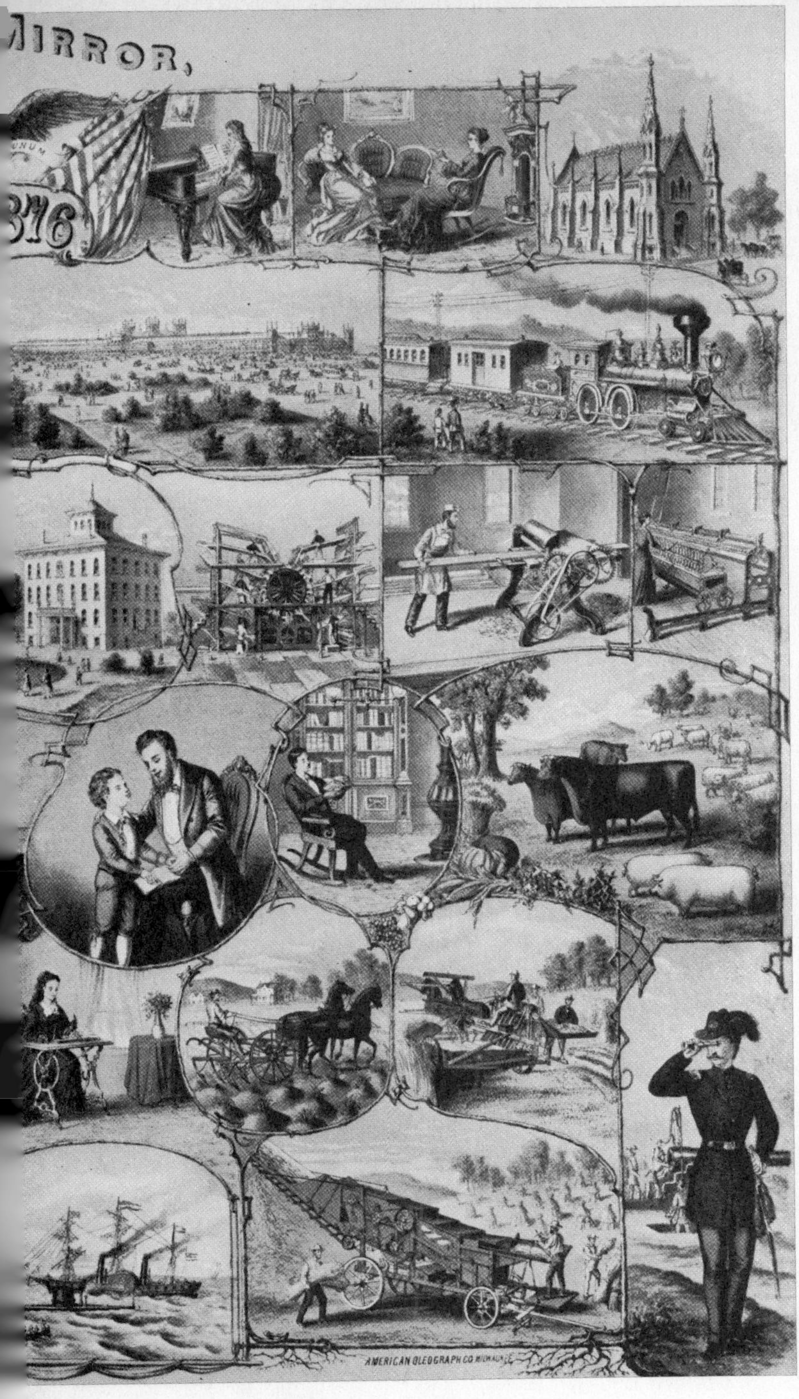

ßlich einer Ausstellung in Philadelphia, 1876. Washington, Library of Congress

William Gladstone
Lithographie

Benjamin Disraeli
Photographie

Die Ursachen des neuen Imperialismus

Keine der Kräfte, die auf diese Weise und zu dieser Zeit die Politik beeinflußten, wirkte sich so intensiv aus wie der neue Imperialismus, zu dessen glühendsten Verfechtern Chamberlain gehörte. Im letzten Viertel des 19. Jahrhunderts wurden ein Fünftel der Landflächen und ein Zehntel der Bewohner des Erdballs den immer größer werdenden Herrschaftsgebieten der europäischen Eroberer einverleibt – ein in der Geschichte einmaliger Rekord in Ausmaß und Tempo. Alle Großmächte gingen auf neue Eroberungen aus, und alle außer Österreich-Ungarn haben Kriege geführt, um ihre Besitzrechte auf andere Kontinente auszudehnen. Über die Ursachen dieses neuen Ausbruchs imperialistischer Expansionsgelüste ist viel debattiert worden, und es können nicht alle Fakten durch eine einzige Formel erklärt werden. Nach 1815 hatte man sich während zweier Generationen – abgesehen von Ausnahmen wie der Angliederung Algeriens an Frankreich – bei dem Thema »überseeische Besitzungen« im allgemeinen gleichgültig verhalten. Und wo es solche Besitzungen gab, wie in Britisch Indien, betrachtete man sie nicht in erster Linie als Aktivum im Sinne kolonialer Macht, sondern empfand ihren Besitz mehr als moralische Verpflichtung, »zurückgebliebenen« Völkern zu helfen. Allgemein war man der Ansicht, daß die Kolonialgebiete später abfallen würden »wie reife Birnen vom Baum«, wie die nordamerikanischen Kolonien Englands einst getan hatten. Im Jahre 1852 beschrieb Disraeli – der in den siebziger Jahren zum Sprachrohr für den neuen Imperialismus werden sollte – Englands »elende Kolonien« mit einer oft gebrauchten Redensart als »Mühlsteine an unseren Hälsen«, und 1865 empfahl eine Delegation des Unterhauses, die zur Berichterstattung über die Lage nach Westafrika gereist war, für England eine Politik, die »bei den Eingeborenen die Eigenschaften aktiviert, die es uns ermöglichen – im Hinblick auf unseren späteren Abzug aus ihrem Gebiet –, nach und nach ihnen selbst alle Verwaltungsgeschäfte zu übertragen«. Innerhalb eines Jahrzehnts jedoch war diese Empfehlung zu einem bloßen Stück Papier geworden, und 1875 fragte der britische Minister William Edward Forster: »Wer redet jetzt vom Aufgeben der Kolonien? Keine Forderung ist so populär wie die, unser Kolonialreich zu erhalten!« Dieser jähe Stimmungsumschwung läßt vielleicht klarer als alles andere erkennen, daß ein neues Zeitalter anbrach.

Die Ursachen für den neuen Imperialismus waren: Macht- und Prestigefragen sowie – außer reinen Gefühlsimpulsen und der Idee, man habe Missionen zu erfüllen – wirtschaftliche Kalkulationen und politische Konkurrenz. Doch neben den nüchternen Berechnungen (die zumeist, in Ermangelung verläßlicher Unterlagen, oberflächlich auf einen einfachen Nenner gebrachte Fehlrechnungen waren) treffen wir immer wieder, in allen Schichten der Bevölkerung, auf ein irrationales Element, das sich nicht erklären läßt. Die spezifisch wirtschaftlichen Gründe sind nicht schwer zu entdecken, sie wurden von einem englischen Sozialisten, J. A. Hobson, schon 1903 genau analysiert. Doch die Verkünder der imperialistischen Ziele – in England Männer wie Sir Charles Dilke und Sir John Seeley – wurden eigentlich nicht von materiellen Motiven geleitet, wie auch die durch sie begeisterten Menschen von den hintergründigen wirtschaftlichen Plänen kaum berührt wurden. Cecil Rhodes definierte zynisch die Triebkraft hinter dem Imperialismus als »Philanthropie plus fünf Prozent«, doch diese Einschätzung trifft nicht den Kern. Philanthropie spielte tatsächlich mit, und besonders auf britischer Seite hatte man ein klares Gefühl für Verpflichtungen, wie es das Leben des Forschers und Missionars David Livingstone zeigt, dessen dramatische Begegnung mit dem amerikanischen Journalisten Stanley in Afrika 1871 und dessen tragischer Tod zwei Jahre später am Tanganjikasee (1873) die Phantasie der Massen entzündete. Außerdem aber war ein Verlangen nach »Größe« im Spiel, eine Besessenheit vom Zauber großer Gebiete, die wir vielleicht, sinngemäß, mit der neuen Welt der breitspurig wachsenden Städte und der riesigen Maschinen vergleichen können. »Der Besitz Indiens«, schrieb Sir Charles Dilke in einem charakteristischen Satz, »bietet uns das Element der ungeheuren Größe eines Herrschaftsbereichs, das wir in dieser Epoche brauchen, um zu einer großzügigen Denkweise zu kommen und uns edelmütig zu zeigen.« Das war eine merkwürdige Rechtfertigung des Imperialismus, auch wenn man sie mit der Feststellung verbindet, daß hier außerdem »die Möglichkeit geboten sei, für freiheitliche Einrichtungen bei den dunkelhäutigen Rassen dieser Welt zu sorgen«. Es kann daher nicht überraschen, daß auch andere Nationen, manchmal vielleicht aus anderen Motiven, dieselben Chancen für sich beanspruchten. Sir John Seeley suchte in seinem Buch »The Expansion of England« darzutun, daß über Britanniens imperialen Schicksalen ein spezifisch englischer Genius schwebe, und erklärte, warum der Verwaltungssitz für das Empire gerade in Westminster liegen müsse. Für Franzosen, Deutsche und Italiener, die sich auch zu imperialistischen »Missionen« berufen fühlten, war das freilich nur ein Beispiel englischer Scheinheiligkeit, und sie begannen, da sie sich leicht überzeugen konnten, daß das weite Empire die Quelle der britischen Macht war, nun auch nach einem »Platz an der Sonne« zu suchen.

Der neue Imperialismus war – so hat man mit Recht gesagt – eine etwas vage Angelegenheit, insbesondere wo Tatsachen und Zahlen in Betracht kamen, im übrigen aber war er eine »rosige, bezwingende Vision«. Die Tatsache, daß Britannien ein gigantisches Empire besaß, erregte auch bei anderen Nationen das Verlangen, sich eins zu schaffen, und es war ja ein sehr verlockender Gedanke, die auf der Weltkarte noch weißen Gebiete, nach der Farbe des Mutterlandes, rot, blau oder grün gefärbt zu sehen. So trieben Eifersucht, Neid, hastende Konkurrenz, verstärkter Nationalismus und eine neu erweckte Angriffslust – in der sich vielleicht die Unsicherheit der durch die Industrie umgeformten menschlichen Gemeinschaften spiegelte – alle Nationen, auch die Vereinigten Staaten und Rußland, zur Teilnahme an der »Rauferei« um neue Territorien, die den beiden letzten Jahrzehnten des 19. Jahrhunderts das Gepräge gab.

Bis zu welchem Grade diese recht primitiven Triebkräfte Ausdruck der veränderten wirtschaftlichen Situation waren, läßt sich unmöglich sagen. Sicherlich aber waren wirtschaftliche Faktoren bei vielen mit dem neuen Imperialismus zusammenhängenden Erscheinungen maßgebend. Die anhaltende Depression zwischen 1873 und 1896 zwang die Industrie zur Suche nach neuen Märkten, während gleichzeitig die sinkenden Preise und Gewinne im eigenen Lande die Kapitalisten veranlaßten, einträglichere Anlagemöglichkeiten im Ausland zu suchen. Keineswegs floß das ganze Kapital – nicht einmal der größte Teil davon – in die Kolonialgebiete, doch waren die Verluste bei Konkursen in den für Investitionen bevorzugten Branchen im Ausland infolge der Krise der siebziger Jahre so groß, daß von dem bisher in den Vereinigten Staaten oder in Argentinien angelegten Kapital nun viel in koloniale Unternehmungen abfloß, in Gebiete, wo die eigene politische Herrschaft stärkeren Schutz gegen Verluste zu bieten schien. Im übrigen machten die technischen Fortschritte die Nutzung neuer Rohstoffquellen immer wichtiger. So wurde Malaya durch sein Zinn und Kautschuk zum reichsten aller Kolonialgebiete. Auch die Notwendigkeit, billige

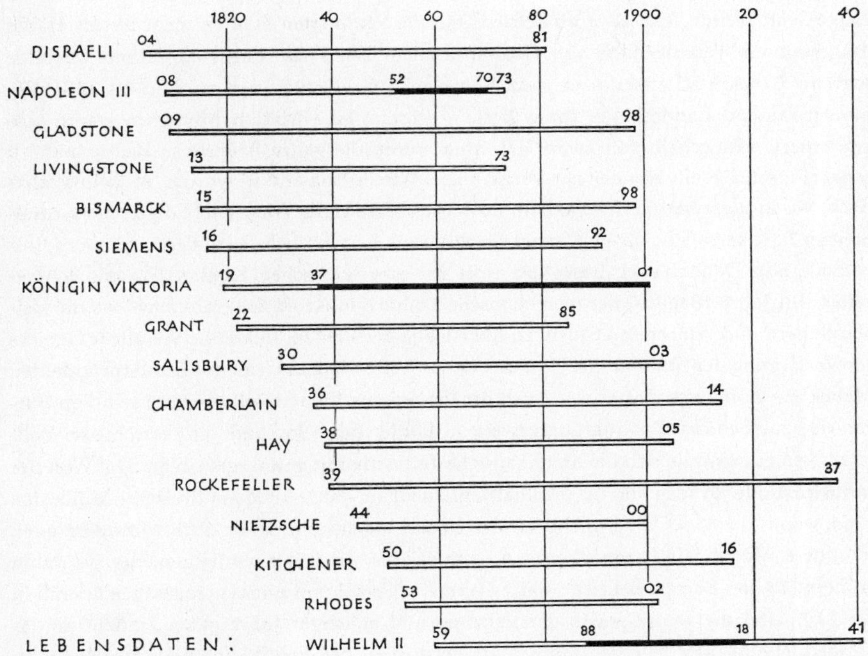

Das europäische Gleichgewicht und der neue Imperialismus

Nahrungsmittel für die wachsende Bevölkerung der Industriezentren zu beschaffen, war ein Motiv. Der Bau von Dampfschiffen mit großem Frachtraum und die Ausdehnung der Eisenbahnnetze hatten die europäische Landwirtschaft sehr geschädigt, da die Märkte mit Massenlieferungen billiger überseeischer Agrarerzeugnisse überschwemmt wurden. Die stärksten Impulse haben die Verbesserungen der Verkehrswege und Transportmöglichkeiten dem neuen Imperialismus gegeben. In Europa war nach dem Bau der Alpentunnels durch den Mont Cenis (1871) und den St. Gotthard (1882) die Reise von Italien und den Mittelmeerländern nach Frankreich und Deutschland von Tagen auf Stunden verkürzt. In Kanada erschloß die Canadian Pacific Railway die großen Ebenen. Seit 1876 gab es Kühlwagen, die Gefrierfleisch von Kansas City nach New York brachten, von wo es mit

Kühlschiffen nach Europa transportiert wurde. Zur gleichen Zeit entwickelten sich die amerikanische und die australische Konservenindustrie außerordentlich schnell. Die erste Schiffsladung mit gefrorenem Hammelfleisch aus Neuseeland erreichte die englischen Märkte schon 1882. Mit der Eröffnung des Suezkanals 1869 wurde der Seeweg zwischen Europa und dem Fernen Osten beträchtlich kürzer. Zwischen 1876 und 1890 verdreifachte sich der Verkehr durch diesen Kanal. Überseeische Produkte, wie Tee aus Indien und Kaffee aus Brasilien, kamen in großen Mengen auf die Märkte, Argentinien wurde führend im Export von Fleisch. Von 1874 ab befriedigten die Vereinigten Staaten mehr als die Hälfte des gesamten Weizenbedarfs von Großbritannien. Die Folge dieser Einfuhren war eine schwere Landwirtschaftskrise in ganz Europa. In Großbritannien mußten bis 1881 einhunderttausend Landarbeiter ihren Beruf wechseln, eine Million Menschen waren ausgewandert. »Innerhalb von zwanzig Jahren wurde die ganze bäuerliche Kultur nahezu zerstört«, schrieb ein Kenner der Verhältnisse. Wie in England so wurden auch in Frankreich, wo in derselben Zeit außerdem noch die Reblaus die Winzer schädigte, die Grundbesitzer hart betroffen; ihr politischer Einfluß sank beträchtlich. In anderen Ländern, insbesondere in Deutschland, begegnete man der amerikanischen Konkurrenz mit Schutzzöllen; im Jahre 1879 trat der neue deutsche Zolltarif in Kraft. In Frankreich, wo die kleinen Bauern und Winzer den Sturm zu überstehen versuchten, indem sie vor allem Gemüse zur Versorgung der Städte zogen, wurde erst im Jahre 1892 unter dem Ministerpräsidenten Méline ein Zollgesetz eingeführt. Auch die Vereinigten Staaten selbst waren seit dem Bürgerkrieg zur Schutzzollpolitik übergegangen. Hinter den 1861 und 1864 errichteten Zollschranken entwickelte sich die amerikanische Industrie mit gewaltigem Elan. Der Wert der Industrieprodukte stieg von drei Milliarden Dollar im Jahre 1869 auf dreizehn Milliarden 1899, womit die Amerikaner nicht nur den Bedarf im eigenen Lande decken, sondern auch in andere Märkte eindringen konnten, vorzugsweise in den kanadischen, der bis dahin größtenteils von Europa beliefert worden war. Der Protektionismus lag sozusagen überall in der Luft, und die Depressionen der siebziger und achtziger Jahre gaben, indem sie das Freihandelsethos der früheren Generation zerstörten, der Politik eine neue Wendung. In Deutschland förderten die Schutzzolltarife von 1879 den politischen Einfluß des Junkertums und der aufkommenden Großindustriellen. Allgemeiner gesehen: die wachsende Abhängigkeit der industrialisierten europäischen Völker von der Einfuhr überseeischer Lebensmittel und Rohstoffe gab den Bestrebungen der Imperialisten erneut Auftrieb und machte die neo-merkantilistischen Lehren populär. Da in dieser industriellen Ära keine Nation sich auf die Dauer »autark« machen konnte, war – nach der Doktrin der Neomerkantilisten – jedes Industrieland genötigt, ein eigenes Kolonialreich zu entwickeln und dadurch, im Austausch von Fertigwaren gegen Nahrungsmittel und Rohstoffe, eine große autarke Einheit zu bilden, in der es sich gegebenenfalls durch Einfuhrzölle vor fremder Konkurrenz schützen konnte. Auf die Trugschlüsse dieser Wirtschaftslehre wurde häufig hingewiesen, doch psychologisch hat sie starken Eindruck gemacht, vor allem, als sich im letzten Jahrzehnt des Jahrhunderts die politischen Machtkämpfe, angefacht durch die neue Wirtschaftspolitik, verschärften. Beispielsweise wurde Rußland, das Getreide aus seinen südlichen Steppen exportierte, durch die 1885 und 1887 in Kraft gesetzten hohen deutschen Weizen- und Roggenzölle geschädigt, und diese Tatsache sowie Bismarcks unter dem Druck der deutschen Industriellen beschlossene Weigerung, russische Anleihen an der Berliner Börse aufzulegen, trugen mit zum Abschluß der französisch-russischen Entente von 1891 bei. Die Abriegelung von Absatzmärkten durch protektionistische Maßnahmen verschärfte zwangsläufig den Konkurrenzkampf zwischen den Industrieländern, erbitterte die Völker und intensivierte noch den Drang nach überseeischer Expansion. So wurde der Imperialismus durch Verschmelzung wirtschaftlicher mit politischen Motiven zu einer explosiven Kraft.

Doch einerlei, wie stark wirtschaftlicher Druck sich auswirkte – bei den Plänen der Imperialisten für neue Unternehmungen waren politische Erwägungen in erster Linie maßgebend. Die Triebkraft beim Vorrücken der Russen durch Mittelasien war weder das Verlangen nach Märkten, nach Rohstoffen noch nach Kapitalanlagen, sondern fast ausschließlich der politische Imperialismus. Anderseits konnten Kolonien ebensogut eine Belastung wie ein Gewinn werden. So hatte zum Beispiel der deutsche Steuerzahler nach 1890 für die Kolonien durchschnittlich etwa eine Milliarde Mark pro Jahr aufzubringen, was freilich sein Verlangen, sie zu behalten, nicht dämpfte. Natürlich waren nicht alle Regierenden in gleichem Maße vom Bazillus der imperialistischen Ideologie angesteckt. Eine Ausnahme war König Leopold von Belgien, der rein kaufmännisch kalkulierte und nach 1878 das »Geraufe« um Kolonien in Afrika begann, indem er das Kongobecken wie ein privater Unternehmer ausbeutete. Auch Bismarck war eine Ausnahme, denn er gab seine Proteste gegen den Erwerb von Kolonien erst 1882 unter dem Druck innenpolitischer Schwierigkeiten auf. In Großbritannien war Gladstone ziemlich gleichgültig, obwohl gerade Großbritannien, das bereits wichtige Positionen zu verteidigen hatte, durchaus einleuchtende strategische Gründe für die Sicherung seines Empire anführen konnte, angesichts der militärischen Macht, die einerseits von den Vereinigten Staaten in deren Bürgerkrieg, anderseits auf dem europäischen Kontinent durch die großen Kriege, aus denen das Deutsche Reich hervorging, demonstriert wurde. »Wenn wir behalten wollen, was wir besitzen, scheint es mir am allerwichtigsten«, schrieb Sir Robert Morier 1874, »daß wir den bei uns noch spürbaren Nationalismus und Imperialismus wieder wachrufen und aufs höchste stärken.« Für Großbritannien war Indien der Grundpfeiler des Empire und die Beherrschung der Verbindungswege dorthin der Kern der britischen Politik. Hatte schon die Absicht, den Mittelosten, Indiens westliches Vorfeld, zu schützen, die Briten zur Teilnahme am Krimkrieg (1853 bis 1856) veranlaßt, so verursachte auch Rußlands Vordringen in Mittelasien zwischen 1867 und 1873 und die dadurch mögliche Bedrohung der indischen Nordgrenze bedenkliche politische Spannungen, zuerst 1877/78 und noch einmal 1885. Die britische Politik in allen den Suezkanal betreffenden Fragen wurde fast ausschließlich durch den Besitz Indiens bestimmt und führte später zur Besetzung Ägyptens. Die Eröffnung dieses Kanals wurde für die Geschichte des modernen Indiens entscheidend, denn in den folgenden Jahren stieg das Volumen des indischen Handels mit Europa auf mehr als das Doppelte, von neunzig Millionen Pfund Sterling im Jahre 1875 auf zweihundert Millionen um die Jahrhundertwende. Und doch hatte England gegen den Kanalplan opponiert, weil es darin einen feindlichen Schachzug der Franzosen vermutete. Noch 1870 lehnte die britische Regierung den Erwerb des Aktienpakets ab, das der Khedive von Ägypten ihr anbot. Der 1875 durch

Disraeli vollzogene Ankauf dieser Aktien kennzeichnete eine drastische Wandlung der britischen Politik. Von Bismarck als der »richtige Schritt im richtigen Moment« gepriesen, war das der erste symbolische Akt des neuen Imperialismus; ein weiterer folgte am 1. Januar 1877, nämlich die Proklamierung der Königin Viktoria zur Kaiserin von Indien, eine von Disraeli empfohlene demonstrative Geste zur Bekundung der Entschlossenheit des Parlaments, das Indische Empire angesichts der wachsenden Macht des kaiserlichen Rußlands in Mittelasien zu halten. Noch bedeutungsvoller aber war, wie England durch seine Interessen am Suezkanal Schritt um Schritt tiefer in die Angelegenheiten Ägyptens verstrickt wurde, bis 1882 das Land unter britische Aufsicht kam. Und hierbei wiederum war es Disraeli, der die Komplimente Bismarcks und das Angebot des Khediven, England die Souveränität über Ägypten einzuräumen, ignorierte, während die Ironie der Geschichte es Gladstone, dem Gegner der neuen imperialistischen Politik, überließ, Maßnahmen zu treffen, die Ägypten, wenn auch nicht völkerrechtlich, so doch faktisch zu einem britischen Protektorat machten. Zweifellos liegt viel Wahres in der Behauptung, daß sich die britische Regierung im Lauf der Ereignisse nur zögernd mitziehen ließ. Zur Zeit des Krieges gegen die Aschanti (1874) trat das Dilemma, in dem sie sich befand, klar zutage, denn hier blieb nur die Wahl zwischen »vollständiger Annexion« und »restlosem Verzicht«. Immerhin ist die These, Großbritannien habe sein Empire »in einem Anfall von Geistesabwesenheit« errichtet, nicht ernst zu nehmen. Es ist doch wohl ein Unterschied zwischen den ersten zaghaften Schritten in der neuen Richtung während der zehn Jahre von 1875 an und dem wilden, überstürzten Wettkampf um Kolonien zwischen 1885 und dem Ausbruch des Burenkrieges 1899. Im Jahre 1885 waren schon alle Großmächte stark mit ihren imperialistischen Projekten beschäftigt. Im November 1884 hatte Bismarck zu einer Konferenz nach Berlin eingeladen, um das Problem »Kongobecken« zu lösen, das durch Leopolds II. Gründung der Association Internationale du Haut Congo ins Scheinwerferlicht gerückt worden war, und um die Bedingungen festzulegen, unter denen europäische Mächte zum Erwerb afrikanischer Gebiete berechtigt sein sollten. Diese Konferenz leitete eine neue Phase ein. Als die Großmächte nacheinander ihre Ansprüche erhoben – zuerst die Franzosen, dann (mit Unterstützung und stillschweigender Begünstigung durch England) die Portugiesen –, da begannen die übrigen, besessen von der Idee, eine »Parität« erreichen zu müssen, Anteile an der »Beute« zu fordern. Zuerst zögerten einige Regierungen vielleicht noch aus Besorgnis, die Kolonisationspläne könnten sich als übereilte Spekulationen erweisen und zur Verschwendung von Arbeitskraft und Geld führen, doch auch sie wurden von Forschern und Schwärmern – zum Beispiel Savorgnan de Brazza in Frankreich oder Karl Peters in Deutschland – und den hinter ihnen stehenden Interessentengruppen vorwärtsgedrängt, so daß bald keiner mehr von der Furcht, isoliert zu werden, loskam. England, sagte der konservative Premierminister Salisbury kurz vor Beginn des Burenkrieges, bereite sich vor, um ein Territorium zu kämpfen, das »keinen Machtzuwachs und keinen Gewinn bringt«. Immerhin gab er zu, daß der Schritt »notwendig« sei. Und als ein Jahr zuvor, also 1898, das britische Kabinett beschloß, China um die Verpachtung von Weihaiwei zu ersuchen, hatte Salisbury dazu bemerkt, es »wird nicht von Nutzen sein und uns nur Geld kosten, aber rein gefühlsmäßig werden wir es tun müssen«. Ein Musterbeispiel der imperialistischen Dialektik, in der seit 1885 alle Regierungen befangen waren. Anscheinend war weder Rückgang noch Stillstand möglich, sondern nur unerbittliches Vorstoßen, bis die europäischen Eroberer die ganze Welt einschließlich der von Nansen 1893 bis 1896 erforschten Polargebiete unter ihren Einfluß gebracht hatten.

Die Aufteilung Afrikas

So lagen die Verhältnisse, als man Afrika aufteilte, die Inseln Ozeaniens besetzte und es in der letzten Dekade des Jahrhunderts in Asien mit demselben Verfahren versuchte, durch das die Europäer sich zu Beherrschern von Afrika gemacht hatten. Obwohl Afrika viermal so groß ist wie Europa, wurde der ganze Kontinent, ausgenommen Äthiopien und Liberia, innerhalb von fünfzehn Jahren aufgestückelt. Als die Teilung vollendet war, hatten: Frankreich nahezu vier Millionen Quadratmeilen, England dreidreiviertel Millionen, die Deutschen neunhunderttausend, die Belgier auch annähernd neunhunderttausend, die Portugiesen achthunderttausend, die Italiener sechshundertfünfzigtausend und die Spanier einhunderttausend von den insgesamt elfeinhalb Millionen Quadratmeilen des Kontinents. Von Anfang an stürzte die Besetzung der afrikanischen Gebiete die Nationen in Konflikte. Deutschland, das die dürren Wüsten von Südwestafrika, ferner Kamerun und Togo 1884 und Deutsch-Ostafrika (das spätere Tanganjika) 1886 erworben hatte, rechnete durchaus mit der Möglichkeit, die portugiesischen Kolonien und das Kongogebiet absorbieren und einen geschlossenen Gürtel quer durch das Herzstück von Afrika bilden zu können. Die Franzosen, die Tunesien 1881 in ein Protektorat verwandelt hatten, beherrschten fast den ganzen Nordwesten Afrikas, von Algerien über die Sahara und den Sudan bis zu verschiedenen Plätzen an der Küste von Guinea. Da sie auch am Roten Meer Fuß gefaßt hatten, träumten ihre imperialistischen Pläneschmiede von einem französischen Landgürtel, der von Dakar (gegründet 1862) bis zum Golf von Aden reichte. In Großbritannien hingegen stellte man sich ein Afrika vor, das »britisch vom Kap bis Kairo« sein sollte, verbunden durch eine vom Norden nach Süden nur durch britisches Gebiet laufenden Eisenbahn. Bis 1868 war das Bild anders gewesen: England hatte sich damit begnügt, seine Position in der Kapkolonie zu halten und hatte durch die »Sand River Convention« von 1852 die Unabhängigkeit der Burenrepubliken Transvaal und Oranje Freistaat anerkannt. Doch die erste Entdeckung von Diamanten (1868/69) und später von Gold (1886) in Transvaal bewirkte in Südafrika eine wirtschaftliche Umwälzung und zog die Engländer stärker ins Land. Im Jahre 1871 wurden die Diamantenfelder, die zum Freistaat Oranje gehörten, von ihnen annektiert, und 1877 geschah dasselbe mit Transvaal. Aber infolge des Widerstands der Buren und Gladstones Abneigung gegen den Imperialismus wurde das Steuer wieder herumgeworfen und 1884 die Unabhängigkeit der Burenrepublik abermals anerkannt. Die Entdeckung von Gold auf dem Witwatersrand, nur zwei Jahre später, änderte erneut die Lage, und 1894 entschloß sich Cecil Rhodes, Premierminister der Kapkolonie, zu handeln. Im folgenden Jahr wurde ein Trupp von Freischärlern unter Führung von Rhodes Stellvertreter Dr. Jameson über die Grenze ins Transvaal geschickt, um eine Revolution zu entfachen. Dieser sogenannte Jameson-Raid mißlang, hatte jedoch eine Reihe von Zwischenfällen zur Folge, bis 1899 der Burenkrieg ausbrach. Mittlerweile hatte Rhodes, der sehr genau erkannte, was auf dem Spiel stand, den Blick schon weiter nach Norden gerichtet, auf das in Zentralafrika zwischen den deutschen und den portugiesischen Kolonien liegende Land der Mata-

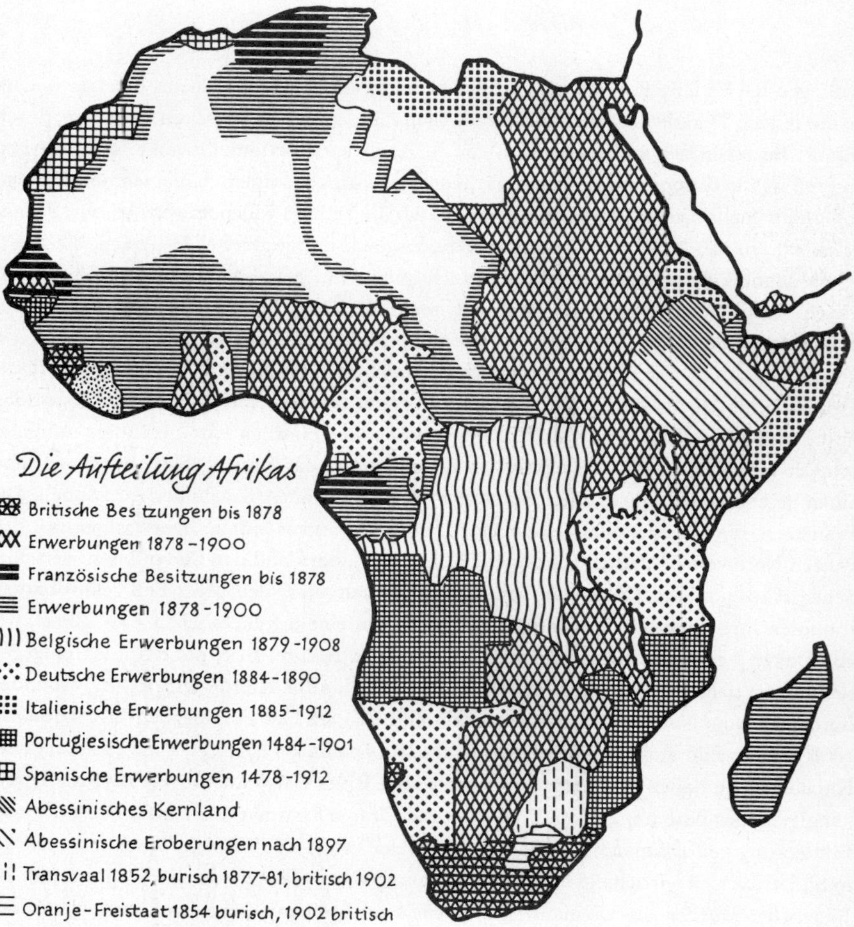

bele und der Maschonas. Ihm war klar, daß, wenn Südafrika jemals zu einem großen Reich vereinigt werden sollte, wie er es sich wünschte, England auch die Herrschaft über diese Gebiete erringen mußte, bevor sie von anderen Mächten annektiert wurden. Denn durch sie lief der Weg vom Kap nach Kairo. 1893 schlug Rhodes zu, die Macht der Matabele wurde gebrochen, und zwei Jahre später entstand das Gebiet Rhodesia mit der nach dem

Burenkommando bei Ladysmith, 1899

Paul Krüger

Otto von Bismarck
Photographie, 1894

britischen Premierminister benannten Hauptstadt Salisbury. Im Norden begann inzwischen Großbritannien, nachdem es von 1882 an in Ägypten die führende Rolle übernommen hatte, die alten ägyptischen Ansprüche auf den Sudan und das Obere Niltal zu unterstützen. Die Befriedung des Sudan mag vom britischen Gesichtspunkt aus notwendig gewesen sein für die Sicherheit Ägyptens und dessen Verfügung über das Wasser des Nils, von dem der Wohlstand des Landes abhing, doch sie öffnete auch den Weg nach Uganda, das 1894, und nach Britisch Ostafrika (Kenia), das 1895 zum britischen Protektorat gemacht wurde. Somit war eine Kette von Territorien unter britische Herrschaft genommen, die sich von Norden nach Süden durch den Kontinent erstreckte und die kolonialen Ambitionen Frankreichs durchkreuzte. Der Fehlschlag der ersten Expedition von Ägypten zum Sudan (1885) schob die Krise hinaus, und die folgenden Jahre nutzte Großbritannien, um diplomatische Vereinbarungen mit Deutschland, Italien und dem Kongo-Freistaat unter Dach zu bringen, durch die das ganze Obere Niltal bis zu den großen Seen als britische Interessensphäre anerkannt wurde. Nach diesen Vorbereitungen entsandte England 1898 ein neues Expeditionskorps unter Kitchener zur Rückeroberung in den Sudan. Kitchener schlug die Sudanesen bei Omdurman, drang weiter nach Süden vor und stieß auf eine französische Kolonne unter Oberst Marchand, die vom Tschad-See ostwärts vorgedrungen war und bei Faschoda die französische Flagge gehißt hatte. Diese Provokation war unklug von den Franzosen, denn Frankreich konnte sich, wie seine Regierung schnell erkannte, einen kriegerischen Konflikt nicht leisten. Für kurze Zeit schien jedoch durch den Zwischenfall von Faschoda ein Krieg zwischen Frankreich und England ernstlich zu drohen. Er zeigte auch, wie sehr die Rivalität der Großmächte in Afrika allgemein ihre Beziehungen zueinander verschlechterte und die internationalen Spannungen erhöhte. Immerhin war der Zwischenfall von Faschoda der letzte seiner Art. Nur dauernde französisch-deutsche Eintracht, mit der keinesfalls zu rechnen war, hätte die Ausdehnung der britischen Herrschaft in Frage stellen können. Nach 1898 war keine Macht in der Lage, Großbritannien in Afrika noch Widerstand entgegenzusetzen. Zur Zeit der Jameson Raid, 1895, hatte Deutschland für einen Augenblick als Beschützer der Buren posiert, doch sobald die Deutschen merkten, daß weder Frankreich noch Rußland bereit war, sie dabei zu unterstützen, änderten sie ihre Haltung und schlossen noch im gleichen Jahr ein Geheimabkommen mit der britischen Regierung. Demzufolge blieb Deutschland, als 1899 der Burenkrieg ausbrach, neutral. Inzwischen hatten sich jedenfalls die deutschen Ambitionen in andere Richtung gewandt. Im Jahre der Unterzeichnung des englisch-deutschen Geheimabkommens, also 1898, besuchte Kaiser Wilhelm II. Konstantinopel, und im nächsten Jahr wurde der Bau der Bagdadbahn durch einen feierlichen Akt eingeleitet. Hier, in Kleinasien, entdeckte Deutschland ein neues und mehr Gewinn versprechendes Feld für seine wirtschaftliche Expansion, ein Gebiet, in dem es auch seinen politischen Einfluß stärker geltend machen konnte. Und in weiter Ferne, in Ozeanien und Ostasien, winkten Gelegenheiten zum Aufbau eines Imperiums.

Die Rivalität der Großmächte in Asien und Ozeanien

Die große Frage in diesem letzten Jahrzehnt des 19. Jahrhunderts war: ob Asien mit seiner weit größeren Bevölkerung (die 1880 die Hälfte der gesamten Menschheit ausmachte) das Schicksal Afrikas erleiden sollte, das heißt: ob die fremden Mächte das gigantische, innerlich zerfallende Chinesische Reich besetzen und aufteilen würden. Schon 1850 hatte Seward, die Hauptfigur unter den amerikanischen Imperialisten des 19. Jahrhunderts, den Stillen Ozean als »Thronsitz eines Empire« bezeichnet, und ein halbes Jahrhundert später beschäftigte sich Brooks Adams mit der Chinafrage als dem »bedeutendsten Problem der Zukunft«. Dennoch brach sich die Erkenntnis, daß der Pazifik ein Schicksalsmeer sei, nur langsam Bahn. Das von James Cook 1773 entdeckte Australien zählte in der britischen Politik bis zur Mitte des vorigen Jahrhunderts kaum mit. Neuseeland wurde erst 1840 unter britische Herrschaft gebracht. Die chinesischen Kriege im ersten Teil des Jahrhunderts gingen um Handelsinteressen, nicht um Annexionen, doch von etwa 1874 an änderte sich die Einstellung zu China sehr schnell. Schon zur Zeit Napoleons III. hatten die Franzosen im Streben nach Erweiterung ihres Machtbereichs die drei östlichen Provinzen von Cochinchina annektiert. Von dieser Basis dehnten sie allmählich ihr Herrschaftsgebiet aus: 1863 machten sie Kambodscha zum Protektorat, annektierten 1867 die Westprovinzen von Cochinchina und ließen sich 1874 als Protektoratsmacht in Annam nieder. China sah sich 1885 gezwungen, die französischen Eroberungen anzuerkennen, und schon zwei Jahre später waren Cochinchina, Kambodscha, Annam und Tonking zu Französisch Indo-China zusammengefaßt, dem 1893 noch Laos als fünfte Provinz angegliedert wurde. Inzwischen hatte die Rivalität der Großmächte im pazifischen Raum schärfere Formen angenommen, und die möglichen Folgen der französischen Politik blieben den andern nicht verborgen, am wenigsten den Holländern und den Briten, die in jenem Gebiet schon seit langem aktiv gewesen waren. Holland erweiterte, um den anderen europäischen Mächten zuvorzukommen, sein Herrschaftsgebiet von Java über die anderen großen Inseln des Malaiischen Archipels – Sumatra, Borneo und Celebes – und verwandelte so die bis dahin lockere Kette seiner Handelsplätze in ein Empire. England, das sich, von Indien aus vordringend, in Burma schon früh eingeschaltet und 1874 in den Malaienstaaten die Regierung übernommen hatte, konnte nicht gleichgültig zusehen, wenn die Franzosen ihren Machtbereich quer durch die von Hongkong nach Singapore führenden Wege zogen, so wenig wie es die Intrigen dulden konnte, welche die französischen Behörden mit dem burmesischen König Thibaw von Tonking aus anzettelten. Die britische Antwort an Frankreich bestand in der Annexion von Burma 1886 und der Errichtung eines Protektorats über Nord-Borneo 1888. Um die Verteidigungsposten am Gürtel um Indien, die Beherrschung des Indischen Ozeans und der Seewege nach Australien zentrierte sich die Weltpolitik der Engländer, die das Auftreten rivalisierender Mächte im pazifischen Raum allein aus diesem strategischen Gesichtswinkel betrachteten. Als die Deutschen nach Samoa übergriffen und 1885 den größten Teil von Neu-Guinea sowie die Marshall-Inseln und einige der Salomonengruppe in Besitz nahmen, als ferner Frankreich auf den Neuen Hebriden intervenierte und 1886 Neu-Kaledonien besetzte, wurden diese Aktionen als Bedrohung der

Sicherheit Australiens und Neuseelands angesehen und bewirkten britische Gegenmaßnahmen. Zu dem Problem kam noch ein Novum, als man gegen Ende des Jahrhunderts in den Vereinigten Staaten für strategische Interessen im Pazifik hellhörig wurde und die Wichtigkeit der nordpazifischen Inseln als Außenposten für die Verteidigung der nordamerikanischen Westküste erkannte. Seit 1875 hatten die Vereinigten Staaten praktisch schon die Hawaii-Inseln unter Schutzherrschaft genommen, garantierten ihnen die Unabhängigkeit gegenüber dritten Mächten und richteten 1887 Fearl Harbour als amerikanische Flottenbasis ein. Als 1891 ihr Einfluß gefährdet war, ließen sie eine Rebellion zu ihren Gunsten spielen und machten die Inseln zur freien Republik, die alsbald selbst um Annexion durch die Vereinigten Staaten ersuchte. Das geschah 1898, in einem Schicksalsjahr der amerikanischen Außenpolitik, als die Vereinigten Staaten nach ihrem gegen Spanien um Kuba geführten Krieg Puerto Rico besetzten und im Pazifik Guam, die Marianen und die Philippinen übernahmen, während die Amerikaner im folgenden Jahr die Inseln der Samoagruppe, wo sie seit den siebziger Jahren einen Flottenstützpunkt hatten, mit England und Deutschland teilten. Die Ereignisse des Jahres 1898 verkündeten der Welt, daß die Vereinigten Staaten als imperiale Macht in Erscheinung getreten waren. Mit der Annexion Hawaiis und der Philippinen bezogen sie gleichsam frontale Positionen gegen die übrigen imperialistischen Mächte, die dabei waren, ihre Stellungen im pazifischen Raum zu festigen; klar wurde ihnen jetzt die Notwendigkeit, ihre Flotten in beiden großen Ozeanen zu stationieren und bei Panama einen Verbindungskanal zu bauen, um die Geschwader nach beiden Richtungen hin schneller verstärken zu können. »Wir grenzen an Rußland, an Japan und an China« hatte schon 1815 ein weitblickender amerikanischer Seeoffizier dem Präsidenten Madison vorgetragen – nach damaliger Auffassung eine reine Utopie, die jedoch 1898 zur Wirklichkeit geworden war. Doch an der ganzen chinesischen Küste und zwischen den Inseln im Pazifik trafen die Amerikaner auf die Flotten der Engländer, der Russen, der Franzosen, der Deutschen und der Japaner, also der Nationen, die erpicht darauf waren, das chinesische Festland in gleicher Weise aufzuteilen, wie Afrika in europäischen Besitz gebracht worden war. Sie beobachteten einander ständig mit unverhülltem Mißtrauen. »Die westlichen Mächte«, wurde 1898 in einem dem Kaiser von China vorgelegten Memorandum erklärt, »verachten uns und gehen mit uns um wie mit Barbaren. Nachdem die Aufteilung Afrikas beendet ist, reden sie von der Teilung Chinas. Ihre Zeitungen behandeln das Thema ganz offen, sogar mit genauen Teilungsplänen.«

Der Streit um China, der in dieser Feststellung angedeutet ist, bezeichnet den Höhepunkt des Imperialismus der Europäer. Die pazifischen Inseln hatten vorwiegend strategische Bedeutung, im übrigen (so sagte später ein deutscher Diplomat mit Bezug auf Samoa) seien sie kaum die Ausgaben für die um ihretwillen gesandten diplomatischen Depeschen wert. Mit China freilich sah es anders aus. Die Gebiete vor seinen Grenzen, die, obwohl sie nicht unmittelbar zu China gehörten, doch unter Lehnsherrschaft des Kaisers von China standen, waren bereits zur Beute der europäischen Eroberer geworden. Die Franzosen, die, wie wir sahen, 1883 Annam zum Protektorat machten, blieben für chinesische Proteste taub. Die Briten hatten 1886 Burma annektiert. Die Russen hatten, dem Lauf des Amur folgend, ihr sibirisches »Küstengebiet« schon eine Generation früher eingerichtet. Im Jahre 1860 hatte

Generalgouverneur Nikolaus Murawjew – ein Statthalter, dem der Ehrgeiz eines Wellesley und das diplomatische Geschick eines Dalhousie nachgesagt wurden – Wladiwostok gegründet. So waren diese drei Nationen in der Lage, in China ihre Wünsche durchzusetzen, und das zerfallende Chinesische Großreich (das »in schlimmerem Zustand war, als je ein leidlich großes Land mit natürlichen Hilfsquellen und eigener Kultur gewesen ist«) lag als lockende Beute vor ihnen. Die Franzosen reizte besonders die an Tonking grenzende chinesische Provinz Yünnan zum Eindringen. Die britischen Interessen, verankert in Hongkong und Shanghai, zielten auf das Yangtse-Becken. Rußland strebte nach der Herrschaft über die Manchurei und Korea, die gleichbedeutend gewesen wäre mit der Beherrschung Nord-Chinas und seiner Hauptstadt Peking. Als unbekannte Größe, die gänzlich unerwartet ins Spiel kam und alle Berechnungen umwarf, erschien das »verwestlichte« Japan, Rivale und Konkurrent im Streben nach bevorzugten Positionen auf dem chinesischen Festland. Fühlbar gemacht hatte sich Japans Gegenwart schon 1876, als es die zögernden Koreaner zum Bruch mit Peking zwang und sich selbst zum wirtschaftlichen Beherrscher Koreas aufwarf. Achtzehn Jahre später war Japan – vielleicht provoziert durch die russischen Versuche, in Korea Fuß zu fassen – entschlossen, eine Entscheidung zu erzwingen. Seit 1876 hatte es in Korea starke anti-japanische Strömungen gegeben, und 1882 sowie 1884 gewann die japanfeindliche Partei dort viele Stimmen. Und 1894 brachen wieder Unruhen aus, mit hauptsächlich gegen Japan gerichteten Parolen. Die Regierung in Seoul war der Situation nicht mehr gewachsen und bat China um Hilfe, das Truppen sandte. Die Japaner, nicht gewillt, die chinesische Schutzherrschaft über Korea anzuerkennen, schickten ebenfalls Truppen und erklärten, nach verschiedenen Überraschungsangriffen auf chinesische Transporte, am 1. August 1894 China offiziell den Krieg. Die kurzen, vernichtenden Feldzüge, die Japan nun führte, bewiesen der erstaunten Welt, daß es eine Macht war, die von den Nationen der europäischen Eroberer als gleichrangig anerkannt werden mußte. Zu Lande wie zur See wurden die Chinesen entscheidend geschlagen und sahen sich gezwungen, am 17. April 1895 den Friedensvertrag von Shimonoseki zu unterzeichnen, demzufolge sie die Unabhängigkeit Koreas anerkennen, Formosa, die Pescadore und die manchurische Halbinsel Liao-tung den Japanern definitiv abtreten und ihnen, neben einer großen Reparationszahlung, alle Privilegien einräumen mußten – auch die Rechte der Exterritorialität –, deren sich die europäischen Großmächte in China erfreuten. Mit dem Vertrag von Shimonoseki begann ein neuer Abschnitt der Politik im Fernen Osten. Vor allem konnten die europäischen Mächte nicht stillschweigend zusehen, wie die Japaner ihnen die Siegesfrüchte vor der Nase wegschnappten. England freilich hatte, da es mit Frankreich und Rußland verfeindet war, nicht viel dagegen, daß die Japaner einen Fuß aufs chinesische Festland setzten. Rußland jedoch, das 1891 mit dem Bau der Transsibirienbahn begann, machte vitale Interessen an dem eisfreien Hafen Port Arthur an der Spitze der Halbinsel Liao-tung geltend und war entschlossen, sich in der Manchurei und in Korea nicht durch die Japaner überrunden zu lassen, eben in dem Moment, da seine eigene Kraft für eine Expansion nach Fernost groß genug wurde. So kam es, daß nur sechs Tage nach Unterzeichnung des Vertrages von Shimonoseki Rußland, von Frankreich und Deutschland unterstützt, die Initiative ergriff und durch eine »Dreier-Intervention« Japan zwang, auf die

Halbinsel Liao-tung zu verzichten. Aber die europäischen Mächte bedienten sich, nachdem sie Japan zurückgedrängt hatten, eifrig der durch die japanischen Siege gebotenen Chancen, schnell vorzupreschen und sich auf eigene Faust gewisse Konzessionen zu sichern. China war ganz offensichtlich so schwach, daß es jede fremde Aggression hilflos dulden mußte, und tatsächlich war innerhalb von nur drei Jahren nach seinem Friedensvertrag mit Japan das Land gründlich in Sphären für politischen Einfluß und wirtschaftliche Aktivität fremder Nationen aufgeteilt. Rußland, zuerst auf dem Plan, verlor keine Zeit und präsentierte sofort seine Rechnung für die im Kampf gegen Japan geleistete Hilfe. Mittels eines im Mai 1896 geschlossenen Geheimvertrages preßten die Russen China das Recht zum Bau einer Bahnlinie durch die Manchurei ab, und da die von der russischen Regierung nachdrücklich gestützte Eisenbahngesellschaft das »absolute und alleinige Recht erworben hatte, ihre Ländereien selbst zu verwalten und ein eigenes Polizeikorps aufzustellen«, kam es im Effekt zu voller Herrschaft der Russen in der Manchurei. Rußlands Partner bei der Dreier-Intervention ließen auch nicht auf sich warten. Frankreich verkündete, daß es (wie der für seine treffenden Formulierungen bekannte Präsident der Handelskammer von Lyon es ausdrückte) jetzt »Nahtstellen verlöten« werde. Mit anderen Worten: es sollten, da Indochina schon in französischem Besitz war, jetzt die angrenzenden chinesischen Gebiete »angelötet« werden, und zwar durch eine von Tonking zum oberen Yangtse führende Eisenbahn. Im Jahre 1899 nahmen sich die Franzosen die Bucht von Kuangchouwan mit angrenzenden Gebieten als Flottenstützpunkt, doch das sollte erst der Anfang sein. Im Geist sahen die Franzosen sich schon im Besitz eines größeren Empire, als die Briten es in Indien hatten, denn sie planten, die Provinzen Kuangsi, Hunan, Kueichou und Szechuan, die über ein Viertel des Chinesischen Reiches mit einem Fünftel seiner Bevölkerung umfaßten, an Indochina zu »löten«. Deutschland, der dritte Partner bei jener Intervention, suchte sich einen Flottenstützpunkt, der sich »als Startbasis für die Einrichtung eines deutschen Kolonialgebiets« eignete. Als zwei Missionare von Banditen umgebracht wurden, trafen die Deutschen nach klassischem Vorbild »Vergeltungsmaßnahmen«, indem sie im November 1897 die Bucht von Kiaochou durch ein Kriegsschiffsgeschwader in Besitz nahmen und die Abtretung der Provinz Shantung forderten. Rußland war der Ansicht, daß »die Besetzung von Kiaochou durch die Deutschen eine günstige Gelegenheit bot, von einem der chinesischen Häfen Besitz zu ergreifen« und folgte im März 1898 mit der Besetzung von Port Arthur. Großbritannien machte mit der Besetzung von Weihaiwei sofort einen entsprechenden Gegenzug. Bis dahin waren die Engländer, als Hauptnutznießer am Chinahandel, für freie wirtschaftliche Konkurrenz in China aufgetreten, doch jetzt beschlossen sie, getrieben durch ihre europäischen Rivalen im Ringen um Territorien, in großem Stil vorzugehen, indem sie das ganze Flußbecken des Yangtse, mit über der Hälfte der Gesamtbevölkerung des Chinesischen Reichs, als ihre Interessensphäre beanspruchten. Nur Italien, das spät auf der Bühne erschien und durch die im Kampf gegen die Äthiopier 1896 erlittene Niederlage diskreditiert war, gelang es nicht, sich eine »Einflußsphäre« auszuschneiden. Als es die Samun-Bucht in der Provinz Chekiang als Flottenstützpunkt verlangte, war das Maß für die Chinesen voll, die nun erklärten, sie würden sich jeder weiteren Verletzung ihres Hoheitsgebiets mit Gewalt widersetzen. Der Ausschluß Italiens war indes nur ein geringer »Gewinn« für

China. Durch eine Serie von Pachtungen, Konzessionen, Sonderverträgen und Schadensersatzleistungen hatten die europäischen Mächte auf chinesischem Boden »ein System halbsouveräner Rechte mit kolonialem Charakter entwickelt. De facto waren die in China gepachteten Gebiete die Kolonien der betreffenden Mächte und bildeten, zusammen mit den ihnen angegliederten Eisenbahnzonen, Enklaven fremder Herrschaft, die Chinas Souveränität zerstörten. Die Besatzungsmächte besaßen die uneingeschränkten Rechte für eigene Verwaltung, eigene Polizeitruppen und Verteidigungsanlagen, und ihre Häfen wurden zu Militär- und Flottenstützpunkten ausgebaut, so daß sie von da aus entweder China niederhalten oder Krieg gegeneinander führen konnten.«

Überdies handelten die Okkupanten, obwohl ihnen die Gebiete nur in Pacht überlassen waren und nach 1895 keine ausländische Macht mehr ein Gebiet von China unter volle eigene Souveränität nahm, von der ersten Stunde an unter der Voraussetzung, daß die Besitzergreifung für die Dauer erfolgt und Chinas Rücknahmerecht nur Formsache sei. In China wurden, wie in Persien und der Türkei, der Regierung riesige Anleihen aufgedrängt, so daß bis 1914 die chinesische Nationalschuld, die 1895 weniger als sieben Millionen englische Pfund betragen hatte, auf hundertundfünf Millionen Pfund gestiegen war. Und die Gläubigerländer benutzten die Anleihen als Mittel zu politischer Lenkung und als Hebel zum Erpressen weiterer Konzessionen. Die Methoden der weißen Aggression in Asien waren zwar besser ausgeklügelt und weniger plump als die in Afrika angewendeten, doch die Motive der Imperialisten und ihre Absicht, sich Gebiete in Permanenz zu sichern, waren die gleichen. Als die 1894 durch Japan eröffnete Schlacht um die Konzessionen im Jahre 1899 beendet wurde, war China völlig entmachtet, und das schon wankende Manchureich schien dem Zusammenbruch nahe.

Die Rückwirkung des Kolonialismus auf Europa

Entgegen allen Erwartungen wurde das Jahr 1898 zu einem Wendepunkt. In China nahm sogar der kaiserliche Hof zur Kenntnis, wie verzweifelt die Situation war. Durch die Reformen des Kaisers im Jahre 1898 wurden viele antiquierte Einrichtungen und Mißbräuche abgeschafft, die China am wirksamen Widerstand gegen die Fremden gehindert hatten. Bedeutsamer war, auf lange Sicht, das Erwachen »patriotischer Gefühle im kleinen Mann«, das zum Boxeraufstand von 1900 führte (dem »blindwütenden Umsichschlagen eines über die Maßen gequälten Volkes«) und später die nationalistische Bewegung Kuomintang unter Sun Yat-sen inspirierte. Noch vor der Jahrhundertwende begann der Nationalismus in den ausgebeuteten Ländern, die auf eine eigene alte Kultur zurückgreifen konnten, zu erwachen. In Ägypten machte er, nach der ersten Manifestation 1882 unter dem jungen Khediven Abbas II., der 1892 die Regierung antrat, merkliche Fortschritte. In Indien bereitete der 1885 konstituierte Nationalkongreß den Weg für das nach 1905 schnell wachsende Nationalbewußtsein. Im Ottomanischen Reich hatte die auf dem Berliner Kongreß 1878 eingeleitete Zerteilung des Landes die Bewegung der patriotischen Jungtürken aktiviert, die 1908

Revolution machten. Eine spätere Generation hat richtig erkannt, daß mit dieser Reaktion bei den Opfern des Imperialismus die Strömung völlig umschlug, doch damals war es noch nicht möglich, das Ausmaß der Revolte gegen die Vorherrschaft der Westvölker, wie sie ein halbes Jahrhundert später mit welterschütternden Folgen zu vollem Ausbruch kommen sollte, vorauszusehen. Die unmittelbare Folge des Boxeraufstandes war eine noch härtere Knechtung des chinesischen Volkes, und die zehn Jahre zwischen der Unterdrückung dieses Aufstands und dem Sturz der Manchu-Dynastie 1911 wurden für die sich in China als Herrscher gebärdenden westlichen Nationen die gewinnreichsten. Was immer die Chinesen dagegen zu tun versuchten – sie waren nicht fähig, die Aggression der Europäer abzuwehren. Doch gegen Ende der neunziger Jahre hatten zwei andere Faktoren ein Nachlassen der Spannung bewirkt. Einer war das Erscheinen der Vereinigten Staaten auf dem Schauplatz, als sie, wie bereits erwähnt, 1898 die Philippinen besetzten, und zwar trotz aktivem Widerstand der Deutschen. Der neue Einsatz bei den Interessenkonflikten im Fernen Osten, den diese Annexion erkennen ließ, bedeutete, daß hinfort Amerika in Ostasien eine größere Rolle zu spielen gedachte. Die Vereinigten Staaten grenzten nicht, wie Frankreich und Rußland, mit eigenem Territorium an China und hatten keinen Flottenstützpunkt auf dem chinesischen Festland; sie konnten daher nicht erwarten, beim Balgen um Konzessionen mit den europäischen Großmächten gleichzuziehen. Deshalb gingen sie im eigenen Interesse zu der Politik über, die Großbritannien erst kürzlich aufgegeben hatte. Außenminister Hay verkündete in einem Rundschreiben vom September 1899 die Doktrin der »offenen Tür«. Zweifellos zielte diese Taktik in erster Linie auf die Sicherung amerikanischer Wirtschaftsinteressen in China, und zwar in den Gebieten, die immer schneller unter die Herrschaft anderer Großmächte gerieten, aber sie bedeutete auch, daß die Vereinigten Staaten sich weiteren Aufteilungen widersetzten, und damit war sie für die Erhaltung der Einheit des chinesischen Reiches von großem Gewicht. Noch nachdrücklicher sorgte für eine Änderung der Atmosphäre bei dem überhasteten Geraufe um Herrschaftsgebiete die Gefahr ernster Zusammenstöße zwischen den Großmächten. Schon 1893, als Frankreich die Zession von nahezu einem Drittel des Königreichs Siam verlangte und nur durch die Anwesenheit britischer Kriegsschiffe davon abgehalten wurde, wäre um ein Haar ein Krieg zwischen England und Frankreich ausgebrochen. Und 1898 hatte nur das Kreuzen eines britischen Kriegsschiffs zwischen den deutschen und amerikanischen Geschwadern in der Bucht von Manila die Beschießung der amerikanischen Schiffe durch die deutschen verhindert. Gegen Ende des Jahres 1898 wurde offenbar, daß die fortgesetzten Erpressungen und entsprechenden Gegenmaßnahmen auf Kosten Chinas die Grenze erreicht hatten, an der die rivalisierenden europäischen Großmächte zur Not noch den Frieden bewahren konnten. Überdies waren die drei Nationen, die sich 1895 Japan entgegengestellt und nachher die wilde Jagd auf Konzessionen begonnen hatten, nicht mehr einig. Da die Russen sich jetzt so auf Ostasien konzentrierten, geriet die russische Politik in Europa ins Hintertreffen, was wiederum Frankreich mißfiel, das andererseits nicht riskieren durfte, gleichzeitig mit England und Deutschland in Konflikt zu kommen. Zur Zeit der Faschodakrise hatte Rußland – begreiflicherweise, da es selbst an Afrika nicht interessiert war – seinem französischen Verbündeten wenig Beistand gegen die Engländer geleistet, und sobald die Krise um Faschoda überwunden war, begannen die französischen Staatsmänner, die Vorteile besserer Beziehungen zu England einzusehen. Die Deutschen hingegen, so eifrig sie auch die Russen in Asien zum Vorgehen anstachelten, in der Hoffnung, Rußland mit England zu entzweien und sich dadurch freie Hand in Europa zu verschaffen, waren immerhin vorsichtig darauf bedacht, sich an keine der beiden Parteien zu binden, weil sie glaubten, bei deren als unvermeidlich erwartetem Konflikt in die beneidenswerte Lage des lachenden Dritten zu kommen. Großbritannien jedoch betrachtete immer besorgter die Gefahren einer möglichen Isolierung und war daher bereit, mit jeder Großmacht zu paktieren, mit der es gemeinsam gegen Rußland auftreten konnte. Aber die britischen Versuche, die Beziehungen zu Deutschland zu verbessern, 1898 sowie 1899 und nochmals 1901, blieben erfolglos, und als Deutschland 1898 ein neues Flottenprogramm begann, änderte sich die Situation gründlich. Mittlerweile erfüllte das Wachsen des deutschen Wirtschaftspotentials in Kleinasien, gekennzeichnet durch das in Berlin konzipierte Projekt der Bagdadbahn und die von Kaiser Wilhelm II. 1898 in Damaskus gehaltene Rede, die Russen allmählich mit Sorge. So wurde gegen Schluß des Jahres 1898 die Weltpolitik gewissermaßen flüssiger, und entsprechende Rückwirkungen in Ostasien konnten nicht ausbleiben. Es wäre freilich eine Übertreibung, wollte man behaupten, der Schwerpunkt der Weltpolitik sei bereits vom Fernen Osten nach Europa zurückverlagert worden. Rußland vor allem trachtete weiter nach Verwirklichung seiner ehrgeizigen Pläne in Ostasien, bis es sie, nach der Niederlage im Krieg gegen Japan 1905, aufgeben mußte. Abgesehen davon klang aber das imperialistische Fieber allmählich ab, und ältere Streitfragen schoben sich wieder in den Vordergrund. Im letzten Dezennium des 19. Jahrhunderts hatte man in Europa die schwierigeren Probleme auf Eis gelegt, und die Politik der Großmächte war mit weitem Vorrang durch das Problem Ostasien bestimmt worden. Damit soll freilich nicht gesagt sein, daß die Frage des Erwerbs von Kolonien alle anderen Erwägungen der Staatsmänner in den Hintergrund schob. Imperialistische Machterweiterung war bei den europäischen Völkern ein beliebtes Thema, und es gab genug Begeisterte, die den Imperialismus in öffentlichen Reden und in den Zeitungen laut priesen. Was aber den einander mißtrauisch beobachtenden Staatsmännern Kopfschmerzen machte, war vielmehr – nach den Worten des deutschen Kanzlers Fürst Hohenlohe, 1895 – die Möglichkeit, daß Veränderungen im Kräftegleichgewicht der europäischen Mächte im Fernen Osten ihren gegenseitigen Status benachteiligen könnten. Keine europäische Großmacht war willens, im Interesse kolonialer Erwerbungen bewußt das Risiko eines Krieges gegen die andern einzugehen. Auch Rußland nicht. Abgesehen von Großbritannien, das als einzige wirkliche Seemacht eine Sonderstellung hatte, führte keine dieser Nationen ihren Kolonialbesitz unter der Rubrik »lebenswichtige Interessen«. So wertete vor allem Deutschland seine weit verstreuten Besitzungen, die sich der Entfernungen wegen nicht zu einem profitablen Kolonialreich verbinden ließen, hauptsächlich als diplomatische Druckmittel. Letzten Endes blieb daher die europäische Situation entscheidend. Jedes kleinste Ersuchen um eine Unterstützung in Asien oder Afrika wurde kühl abgewogen im Hinblick auf die Rückwirkungen, die es in Europa bringen konnte. Wenn wir die Periode von 1885 bis 1898 als das »imperialistische Zeitalter« beschreiben wollen, müssen wir diesen Vorbehalt mit in Rechnung stellen. Wie wir sahen, waren bei dem imperialistischen Treiben zweifellos mächtige wirtschaftliche und soziale Faktoren am Werk, doch bei den Berechnungen aller politisch Handelnden wurde der Vorrang Europas nie außer acht gelassen. Die lärmenden, verhetzten Volksmengen aller Nationen, hingerissen von den Möglichkeiten der technologischen Ära, und eine jüngere Generation verloren die Geduld mit der sich noch immer in engen Grenzen bewegenden Politik und zwangen ihre Staatsmänner, sich den neuen Konzepten der »Weltpolitik« zu beugen. Und von denen protestierte natürlich keiner gegen Kolonialbesitz – schon um nicht im Mutterland die Volksstimmung zu verderben – vorausgesetzt, daß man Kolonien billig erwerben konnte, ohne das Risiko, internationalen Konfliktstoff zu schaffen, und am liebsten durch mehrseitige Abmachungen zwischen den Großmächten, auf Kosten der Eingeborenen. Die Grenzen wurden jedoch hierbei bestimmt durch die europäische »balance of power«. Infolgedessen fand sich Großbritannien bald im Widerstreit mit den wachsenden Dominien Australien und Neuseeland, die sich ihrer Lage nach als rechtmäßige Beherrscher des pazifischen Raumes betrachteten. Als England weder 1885 noch 1886 etwas unternahm, um Deutschland und Frankreich an der Besetzung von Neu-Guinea und Neu-Kaledonien zu hindern, zogen Australien und Neuseeland verärgert den Schluß, man habe ihre Interessen den engen Belangen der britischen Politik in Europa geopfert. Und damit hatten sie von ihrem Standpunkt aus nicht ganz unrecht. Obgleich Europa in den letzten Dezennien des 19. Jahrhunderts die Welt eroberte, lag die Ära der Weltpolitik in dem Sinn, wie wir sie heute verstehen, noch in der Zukunft, und wenn auch die Menschen in den neunziger Jahren das Wort »Welt«politik schon oft hörten – vornehmlich, als es anläßlich des fünfundzwanzigsten Jahrestages des Zweiten Reiches Wilhelms II. zu seiner Parole machte –, so war es doch in jenem Stadium kaum mehr als ein Synonym für die Expansionsfreudigkeit der europäischen Großmächte. Erst als Japan und die Vereinigten Staaten sich zwischen 1895 und 1905 den Weg in die Reihe der Großmächte erzwangen, wurde der Wechsel spürbar, doch auch dann wurde das Wort erst langsam zum festen Begriff. Vorher hatte man die Welt in der Ferne gleichsam als ein Passivum betrachtet, das von Europa aktiviert werden müsse. »Fernöstliche Angelegenheiten werden in Europa entschieden«, sagte der russische General Dragomirow und tat damit hochmütig die lächerliche Auffassung ab, Japan könne für Rußland zu einer Gefahr werden. Dieses Gefühl der Europäer, der übrigen Menschheit turmhoch überlegen zu sein, war typisch für jene Epoche und auch nicht schwer zu erklären. Das einzige Land, das in der Technik mit Europa konkurrieren konnte, waren die Vereinigten Staaten, die sich während der Wiederaufbauzeit nach dem Bürgerkriege ganz isoliert hatten und für die Europäer weit außerhalb des Hauptstroms der Politik zu liegen schienen. Im übrigen hatte die Industrielle Revolution zwischen der Macht der europäischen und der außereuropäischen Länder einen enormen Unterschied geschaffen, während gleichzeitig die größten außereuropäischen Reiche zerfielen. Noch bis zur Zeit Napoleons hatte der Europäer orientalische Herrscher mit Respekt behandelt, doch nach der Industriellen Revolution war das nicht mehr der Fall. Für die Generation um 1900 war die Überlegenheit des Europäers ein Glaubensbekenntnis, und die Weltherrschaft der Europäer wurde als schicksalhaft vorbestimmter Höhepunkt von fünftausend Jahren Menschheitsgeschichte angesehen. Man hörte auch warnende Stimmen, aber nur wenige, und sie fanden kein Echo.

Rudyard Kipling, nach allgemeiner Meinung der Herold des britischen Imperialismus, feierte das Regierungsjubiläum der Königin Viktoria 1897 mit einem düsteren Warnruf an die »heidnischen Herzen«, die ihr Vertrauen auf »schmutzige Kanonenrohre und eiserne Scherben« setzten:

Far-call'd our navies melt away –
 On dune and headland sinks the fire –
Lo, all our pomp of yesterday
 Is one with Nineveh and Tyre.

In den Vereinigten Staaten vermochte man die Weltlage mit weniger Leidenschaft zu betrachten. Der Historiker Henry Adams schrieb bündig: »Europa ist erledigt, seine Karten sind ausgespielt. Ein neues Spiel beginnt...« Er lenkte die Aufmerksamkeit auf die Rollen Rußlands und Amerikas als der »zwei künftigen Machtzentren«. Und in Basel, im Herzen des alten Europa, sprach Jakob Burckhardt düster von den drohenden Krisen des zur Neige gehenden 19. Jahrhunderts und prophezeite, daß ganz Europa einer Epoche langdauernden Despotentums über müde gewordene Völker entgegentreibe. Und doch war auch für Burckhardt Europa der »Brennpunkt vielgestaltigen Lebens«, wo die »reichste Bildung ihren Ursprung hat«. In dieser Überzeugung von der Erhabenheit der Europäer war er, trotz seiner sonst pessimistischen Anschauungen, mit der Masse seiner Zeitgenossen einig. Anderer Meinung war er in seiner klaren Erkenntnis der Gefahren, die in Europa durch diese Hybris der Macht heraufbeschworen wurden, Gefahren, an denen der triumphale Vormarsch der Imperialisten viel Schuld trug. Für Burckhardt hing Europas Zukunft davon ab, daß es seine eigenen Probleme löste. In dieser Frage war er, im Gegensatz zur Majorität seiner Zeitgenossen, von tiefer Skepsis erfüllt. Heute können wir sehen, wie recht er mit seinen Befürchtungen gehabt hat. Am Ende des 19. Jahrhunderts sah es ganz so aus, als bekämen die Europäer bald die Macht über die ganze Welt in die Hände, doch es war nur eine kurzfristige, provisorische Herrschaft, weil die Fundamente in Europa nicht fest genug waren, um den schweren Oberbau zu tragen. Untereinander nicht einig und unfähig, die eigenen Probleme zu lösen, haben die europäischen Nationen bei ihrem Ringen um die Weltherrschaft ihre Kräfte überspannt und sich in ihren mörderischen Kämpfen, die im Krieg von 1914 bis 1918 den Gipfel erreichten, so geschwächt, daß sie die gewonnenen Positionen nicht zu halten vermochten. Die Atmosphäre ständig sich zuspitzender Konflikte vergiftete die ganze Periode zwischen 1898 und 1914. In den Jahren zwischen 1871 und 1898 dagegen hatten die sonstigen Spannungen nachgelassen, und diese Entspannung in Europa half den Großmächten, sich mit ihren Interessen weiter in die Welt vorzutasten. Man glaubte sogar allgemein, die Expansion über die Ozeane werde, indem sie die Nationen von den Streitfragen in ihrer Nähe ablenkte, zu einer friedlichen Evolution beitragen, doch dieser Optimismus sollte sich als trügerisch erweisen. Wie wir gesehen haben, schuf die Rivalität im Streben nach Kolonien neue Spannungen, und die sich daraus ergebenden Machtverschiebungen fanden ihr Echo in den politischen Streitigkeiten in Europa. Als Europa nach dem Sieg der Japaner über die Russen 1905 wieder zum Nervenzentrum der internationalen Politik wurde, geschah das in einer Atmosphäre, die sehr viel schlechter war als beim Beginn des Wettlaufs um Kolonien zwanzig Jahre vorher.

Das Ende des Gleichgewichts

Die Jahre nach 1871 waren eine Zeit der Entspannung in Europa. Der deutsche Entschluß, trotz Bismarcks Warnungen Elsaß-Lothringen zu annektieren, verursachte weit verbreitete Unruhe und veranlaßte Gladstone zu der Frage, ob dies nicht den Beginn einer neuen Serie europäischer Verwicklungen bedeute. Im allgemeinen aber war man geneigt, den deutsch-französischen Krieg als den letzten und entscheidenden Schritt in einem Prozeß anzusehen, durch den, beginnend mit der Französischen Revolution, die europäische Gesellschaft nach den Regeln des Nationalismus neu geformt wurde. Nach 1871 konnte keine der europäischen Großmächte ernsthaft behaupten, ihre nationalen Ambitionen seien unerfüllt. Nationalismus und revolutionäre Demokratie, die die vorhergehende Generation so sehr beunruhigt hatten, schienen sich erschöpft zu haben. Nach der Einigung Italiens 1861 und nach der Reorganisation Österreich-Ungarns auf der Grundlage des Ausgleichs von 1867 eröffnete die in Deutschland erreichte Einheit die Aussicht auf eine noch nicht dagewesene Stabilität der europäischen Politik. Jetzt, nachdem die größeren Streitfragen des frühen 19. Jahrhunderts nicht mehr vorhanden waren, hatte man guten Grund, an Stelle von Umwälzungen durch nationale Ansprüche eine Periode friedlicher Entwicklung zu erwarten. Diese Erwartung war nicht einmal ganz und gar trügerisch. Das Jahr 1871 leitete tatsächlich eine dauerhaftere Friedensperiode ein, als sie Europa in der neueren Geschichte erlebt hatte, eine Leistung, die zu verkleinern das 20. Jahrhundert keinen Grund hat; den europäischen Großmächten gelang es, mehr als vierzig Jahre lang den Krieg untereinander zu vermeiden. Aber von der Zeit nach 1871 als einer »Ära der Stabilität« zu sprechen, wie es namhafte Historiker getan haben, ist eine Übertreibung. Die Differenzen zwischen den Großmächten wurden übertüncht, aber keine beigelegt. Jahr um Jahr, besonders nach dem großen Einschnitt, den Bismarcks Rücktritt im Jahre 1890 bedeutete, wurde deutlich, daß das Erreichte ein Waffenstillstand, aber keine Befriedung war. Schon um 1888 wurde es zweifelhaft, ob Bismarcks komplizierte diplomatische Manöver noch länger geeignet waren, die Stabilität aufrechtzuerhalten, die er für die Sicherheit des neuen Deutschen Reiches als notwendig ansah. Zehn Jahre später war die Verschlechterung der internationalen Situation für jeden deutlich sichtbar. Nach 1898 war die Drohung eines allgemeinen Krieges immer gegenwärtig.

Gründe für diesen Stimmungswechsel gab es viele. Einen haben wir schon kennengelernt, es war die Art, wie koloniale Rivalitäten auf die europäische Politik einwirkten. Aber es gab noch andere, die ihre Wurzel auf europäischem Boden selbst hatten. Zunächst war es ein schwerer Irrtum zu glauben, der Nationalismus habe seine Macht als Ursache von Konflikten eingebüßt. In Wirklichkeit hatte sich der Geist des Nationalismus, nachdem er den Westen umgeformt hatte, nach Osteuropa verlagert. Nur war es 1871 schwer, sich einen Begriff davon zu machen, wie tief seine Wirkung in Osteuropa sein würde. Ganz allgemein nahm man noch immer an, die einzigen Nationen, die mitzählten, seien eben die »historischen« Völker, die aus dem Boden des karolingischen Reiches gewachsen waren, während die Ansprüche der slawischen Völker im Osten nur allzu bereitwillig beiseite geschoben wurden. Die vorhergehende Generation hatte den Ausbruch des polnischen Nationalismus im Jahre 1863 erlebt, und viele hatten mit ihm sympathisiert, aber nach der Unterdrückung des polnischen Aufstands neigte man dazu, ihn als phantastisch und romantisch abzutun, ebenso wie man den tschechischen Nationalismus als eine literarische und künstlerische Erscheinung abtat. Darüber hinaus nahm man allgemein an, die Rekonstruktion des österreich-ungarischen Reiches im Jahre 1867, die dem Konflikt zwischen Deutschen und Magyaren ein Ende setzte, habe eine kraftvolle, stabilisierende Macht in Osteuropa geschaffen. Aber diese Berechnung scheiterte an zwei Tatsachen. Zunächst war es die jäh anwachsende Unzufriedenheit unter den slawischen Völkern der Doppelmonarchie, besonders unter den Tschechen, hervorgerufen durch die deutsch-madjarische Vorherrschaft. Seit dem Jahr 1889, als die Jungtschechen die alten gemäßigten Führer in Böhmen beiseite schoben, wurden die inneren Zwistigkeiten ein Dauerzustand, und schon 1895 meinte der amerikanische Gesandte in Wien, nur der große persönliche Einfluß Franz Josephs halte Österreich-Ungarn noch zusammen. Zweitens rief der Entschluß der österreichischen Regierung, nachdem Österreich aus Deutschland und Italien hinausgedrängt war, eine aktive Politik in Südosteuropa zu verfolgen und sich auf dem Balkan zu entschädigen, nicht nur diplomatische Gegenmaßnahmen Rußlands hervor, sondern weckte auch starke nationalistische Reaktionen in den benachbarten slawischen Gebieten, besonders in Serbien. Dem wiedererwachten Nationalismus der Kroaten und Serben, der Bulgaren und Tschechen verlieh die noch unfertige, aber gefühlsmäßig mächtige panslawistische Bewegung Kraft, die sich nach dem Panslawistischen Kongreß von 1867 organisiert hatte. Der Panslawismus war voller Widersprüche und erwies sich für die zaristische Regierung in St. Petersburg oft genug als unbequem, aber er gab den nationalistischen Bewegungen in Osteuropa neuen Impetus, den Magyaren und Deutschen neue Sorgen. In Ungarn verfolgte Koloman Tisza, Premierminister von 1875 bis 1890, eine aktive Politik der »Magyarisierung«, so daß man den ungarischen Staat als die »Bastille des Nationalismus« bezeichnete. In Österreich löste der Panslawismus zusammen mit dem tschechischen Nationalismus eine Gegenbewegung aus, eine steigende Welle des Pangermanismus, vertreten durch Georg von Schönerer und die Deutschnationale Partei, die er 1885 begründete. Die Wesensverwandtschaft zwischen Schönerer und Hitler und die Verbindungen zwischen der Deutschnationalen Partei und der späteren NSDAP sind oft beschrieben worden. Im Augenblick standen sich jedenfalls Panslawismus und Pangermanismus in unversöhnlicher Feindschaft gegenüber, fachten die Flammen des rassischen Konflikts an und rührten aus dem Schlamm rassischer Leidenschaften und Animositäten Kräfte auf, welche die alten Heilmittel der Staatskunst und Diplomatie nicht zu bändigen vermochten. Vom Jahre 1885 an bestand tatsächlich eine Stimmung nationaler Hysterie, von der selbst Bismarck nicht ganz frei war. Seine Polenpolitik, beginnend mit dem Enteignungsgesetz von 1886, eröffnete eine neue Phase des militanten Nationalismus. Damit begann eine Periode des Zwangs und der Unterdrückung, deren Früchte Deutschland in den Jahren 1944 und 1945 ernten sollte. Dreißigtausend Polen – in jenen Tagen eine Zahl ohne Beispiel – wurden aus den deutschen Ostprovinzen vertrieben. Die polnische Sprache wurde als Amtssprache verboten, polnische Landbesitzer zwangsweise enteignet. Und obwohl nach Bismarcks Tod unter dem Druck des Ostmarkenvereins die antipolnische Politik noch verstärkt wurde, konnte sie ein stetiges Wachsen des polnischen Bevölkerungselements nicht verhindern, so daß schließlich die Schlüsselprovinz Pommerellen ihren polnischen Charakter und ihre polnische Mehrheit beibehielt. Als Ergebnis aber wuchs die Erbitterung, und ein neues Element der Macht und Gewalttätigkeit wurde in die Beziehungen der Völker untereinander gebracht. Auch dies war ein Zeichen dafür, daß der klassische Liberalismus im Schwinden begriffen war, daß liberale Grundsätze mißachtet wurden und daß eine Phase internationaler Anarchie anbrach, in der das Gesetz des Dschungels die Richtschnur des Handelns war.

Da der Nationalismus immer weniger gedämpft wurde und die Gegnerschaft von Slawen und Deutschen zunahm, drängten sich die Ereignisse in Osteuropa immer mehr auf die diplomatische Bühne. Seit dem Aufstand in der Herzegowina im Jahre 1875 herrschte in Osteuropa dauernde Spannung. Es ist nicht notwendig, hier die verwickelte diplomatische Geschichte der folgenden Jahre vom russisch-türkischen Krieg 1877 und dem Vertrag von San Stefano 1878 an bis zu den langwierigen bulgarischen Krisen der Jahre 1885 bis 1887 und dem Abschluß der französisch-russischen Allianz zu verfolgen. Wenn während dieser aufeinanderfolgenden Krisen der Friede bewahrt wurde, so nur dank besonderer Umstände, von denen niemand annehmen konnte, sie seien unbegrenzt wirksam. Der erste war die Haltung des neuen Deutschland unter Bismarcks Führung. Nach 1871 war Bismarck erzkonservativ, ängstlich darauf bedacht, die gewonnene Position zu halten. Nachdem er die deutsche Einheit zustande gebracht hatte, betrachtete er das Reich als einen Staat, der lange Friedenszeit brauche, um die innere Stabilität zu erlangen und der sich daher von politischen Abenteuern fernhalten müsse. Da er keine auswärtigen Ambitionen hatte, konnte er auf dem Berliner Kongreß im Jahre 1878 die Rolle des »ehrlichen Maklers« übernehmen. Wichtiger war, daß er Österreichs Ehrgeiz auf dem Balkan Einhalt gebot und sich um ein Gleichgewicht zwischen Österreich und Rußland bemühte. Nach allgemeiner Ansicht war dies das eigentliche Ziel des österreichisch-deutschen »Zweibundes« von 1879, des Dreikaiservertrages von 1881 und seiner Erneuerung im Jahre 1884 und schließlich des »Rückversicherungsvertrages« von 1887. In Bismarcks Augen sollte das Defensivbündnis von 1879 dazu dienen, den Status quo in Südosteuropa aufrechtzuhalten. Da Österreich nun für den Fall eines Angriffs mit deutscher Hilfe rechnen konnte und daher keinen Grund hatte, Rußland zu fürchten, konnte seine Balkanpolitik weniger ängstlich und herausfordernd sein. Als 1881 der Dreikaiservertrag unterzeichnet war, hatte Bismarck Grund zu der Hoffnung, man könne Österreich und Rußland versöhnen, indem man den Balkan in Interessensphären aufteile. Diese Ansicht wurde durch einen zweiten wichtigen Umstand in der internationalen Lage begünstigt, durch einen Richtungswechsel der russischen Politik. Nach den Ereignissen von 1877 und 1878, die klar bewiesen, daß Gewinne auf dem Balkan auf Kosten des Ottomanischen Reiches unerreichbar waren, wurde das Schwergewicht der russischen Politik nach Zentralasien und später nach dem Fernen Osten verlegt. In Südosteuropa befürchteten die russischen Staatsmänner überdies ein Wiederaufleben der »Krim-Koalition« zwischen England, Frankreich und Österreich, sie wünschten daher nur Stabilität, nicht zuletzt auch wegen der nach 1885 auftauchenden Schwierigkeit mit ihren Balkan-Schützlingen, besonders mit Bulgarien. Diese Neuorientierung der russischen Politik war zweifellos ein Hauptfaktor bei der Erhaltung des Friedens auf dem Balkan. Erst später wurde die Situation auf dem Balkan erneut kritisch, als Rußland, in Asien enttäuscht, sich wieder Europa zuwandte. Zu diesem Zeitpunkt allerdings hatte eine neue Kräfteverteilung stattgefunden. Diese neue Lage war es, die schließlich den ersten Weltkrieg vorbereiten half. Für die Generation nach 1871 gab es andererseits keine festen Bindungen, und Bismarcks Furcht vor einer französisch-russischen Allianz, wie sie später im Jahr 1894 Tatsache wurde, war bestimmt übertrieben. Zunächst war sich die neue französische Republik, so entschlossen Frankreich auch sein mochte, seinen Anspruch auf Elsaß-Lothringen aufrechtzuerhalten, der Gefahren der Provozierung bewußt und trachtete danach, nach Möglichkeit mit Deutschland zusammenzuarbeiten. Zweitens war die diplomatische Situation nach 1871 für den Abschluß fester Bündnisse viel zu sehr in Fluß. Für den Zeitraum beinahe einer Generation fehlte es nach 1871 an gemeinsamen Interessen dauerhafter Art. Selbst Österreich und Deutschland, obwohl nach 1879 verbündet, strebten nach verschiedenen Richtungen, Deutschland betrachtete das Bündnis als ein Mittel, die expansiven Ziele Österreichs auf dem Balkan zu unterbinden, während es Österreich als Deckung für seine Balkanpolitik ansah. An anderen Stellen war die Unordnung noch größer. England und Frankreich waren, wie wir gesehen haben, durch Rivalitäten in Afrika entzweit, England und Rußland durch die Krise in Zentralasien, die nach der Niederlage der Afghanen im Kampf gegen die Russen am 30. März 1885 ausbrach. Die Russen beargwöhnten ihrerseits Frankreich, weil sie vor allem eine Erneuerung der »Krim-Koalition« fürchteten, die zu ihrer Niederlage im Jahr 1856 geführt hatte. Folgerichtig klammerten sie sich an eine Verständigung mit Deutschland als das beste Mittel, Österreich zurückzuhalten und britischen Absichten auf dem Balkan zu begegnen. Überblickt man die diplomatischen Manöver dieser Zeit, so ist das österreichisch-deutsche Bündnis der einzige ruhende Punkt. Andererseits lag jede Kombination im Bereich des Möglichen, ausgenommen vielleicht diejenigen, die zwischen 1894 und 1907 heranreiften, also etwa Annäherung Englands an Deutschland gegen Frankreich, eine »kontinentale Liga« gegen England, eine Verständigung der »konservativen« Kräfte gegen die »liberalen«. Aber keine Macht war bereit, sich endgültig zu binden, weil die Grundlage eines gemeinsamen Interesses fehlte, und es war diese Tatsache mehr als irgendeine andere, sicherlich mehr als Bismarcks persönliches Geschick, welche den gefährdeten Frieden erhielt. Sogar die französisch-russische Allianz von 1892, die im Rückblick den Übergang von einer Phase in die andere darstellt, paßt in das Muster dieser Zeit. Ihre damalige Bedeutung war bei weitem nicht so groß, wie spätere Ereignisse ihr angehängt haben, denn sie war ebenso gegen England wie gegen Deutschland gerichtet. Rußland zögerte bis zuletzt, hoffte auf Vorschläge von Deutschland und war entschlossen, das Bündnis für Frankreich nicht als einen Vorwand für einen Revanchekrieg dienen zu lassen. Ebenso wollte Frankreich sich nicht durch Rußland in Streitigkeiten auf dem Balkan oder in Konstantinopel verwickeln lassen.

Aber diese Periode eines labilen Gleichgewichts konnte nicht ewig dauern, und so wirkten im letzten Jahrzehnt des Jahrhunderts nach Bismarcks Rücktritt im Jahre 1890 die Faktoren nicht mehr, die in den vorhergehenden zwanzig Jahren zum Frieden beigetragen hatten. Bismarck selbst sah sich nach 1887 vor zunehmenden Schwierigkeiten, das Gleichgewicht zwischen Rußland und Österreich aufrechtzuerhalten. Seine Manöver wurden (nach Wilhelms I. bekannten Ausspruch) immer mehr zu einem Jonglieren mit fünf Bällen. Die Grundschwierigkeit lag in der Tatsache, daß der »Zweibund« von 1879 trotz aller Vorsichtsmaßregeln Bismarcks Deutschland an Österreich band. Wenn die Erhaltung Österreichs für Deutschland wesentlich war, dann mußte Bismarck schließlich, wie die österreichischen Minister wohl wußten, zur Rettung von Österreich-Ungarn schreiten, wie aggressiv es sich auch benahm. Bismarcks Diplomatie nach 1879 war ein Kampf gegen diese unvermeidliche Tatsache. Als Nachhutgefecht war sie taktisch erfolgreich, aber sie verschleierte im Grunde nur die strategischen Unzulänglichkeiten. Der Dreibundvertrag von 1882, das serbisch-österreichische Bündnis von 1881, das Bündnis, das Bismarck 1883 mit Rumänien abschloß, sie alle zogen Deutschland weiter in Balkan- und Mittelmeer-Bereiche, wo es nach Bismarcks Worten keine Interessen hatte, die die Knochen eines pommerschen Grenadiers wert waren. Bedeutsamer war auf die Dauer die volkstümliche Begeisterung, mit der das österreichische Bündnis in Deutschland begrüßt wurde. »Zum ersten Male«, so sagte Bismarcks alter Gegner Bennigsen, »hat der Kanzler einen Akt der Außenpolitik vollzogen, dem alle Interessen, alle Parteien, ja ganz Deutschland freudig zustimmen.« Was Bismarck als ein diplomatisches Manöver ansah, war in deutschen Augen ein Pfand der Brüderschaft und deutschen Schicksals. Bismarcks Vorsicht in der Behandlung Österreichs wurde weder richtig eingeschätzt noch verstanden. In dem Maße, wie die panslawistischen und pangermanistischen Bewegungen an Stärke zunahmen, wurden die begrenzten Ziele der Kabinettpolitik diskreditiert, und bald wurden die Staatsmänner selbst von den neuen Strömungen beeinflußt. »Wir haben auf die öffentliche Meinung viel mehr Rücksicht zu nehmen als zu Fürst Bismarcks Zeiten«, schrieb Caprivi, der 1890 Bismarck als Kanzler folgte. Seine Feststellung kennzeichnet eine wichtige Veränderung in der Art und Behandlung auswärtiger Angelegenheiten. Rußland war unpopulär, Bismarcks Zurückhaltung wurde übelgenommen. Bismarck selbst war um 1890 ein Anachronismus, und die Deutschen waren ungeduldig, ein neues Kapitel aufzuschlagen. »Als Lebensziel«, so schrieb ein junger Mann, der Bismarck kurz nach seinem Rücktritt besuchte, »bot er uns jungen Deutschen die politische Existenz eines Rentners an, die Verteidigung und den Genuß dessen, was erreicht war.« Diese Kritik zeigt den Unterschied zwischen zwei Generationen, der Generation, welche die Gründung des Reiches als Erfüllung der deutschen Wünsche betrachtete, und der Generation, die darauf brannte, die Kraft und die 1870 sichtbar gewordene Energie zu erproben. Nach 1888 war es der neue Kaiser Wilhelm II. und nicht Bismarck, der das deutsche Fühlen repräsentierte, besonders die feindliche Einstellung gegen Rußland und die Verbundenheit mit dem deutschen Österreich. Wenn der neue Herrscher dem österreichischen Stabschef in Anwesenheit von Kaiser Franz Joseph sagte, Deutschland werde Österreich-Ungarn in jedem Konflikt gegen Rußland beistehen, so war dies die Verneinung der Bismarckschen Politik. Von dieser Feststellung bedeutete es nur noch einen Schritt bis zu Bismarcks Sturz 1890, zur Nichterneuerung des Rückversicherungsvertrages von 1887 und zur französisch-russischen Allianz von 1892.

Gerade weil die deutsche Politik zwischen 1871 und 1890 von dem Bestreben geleitet war, die Bildung feindlicher Blöcke, die den Status quo stören könnten, zu verhindern, beeinflußte ihre veränderte Haltung nach 1890 die internationale Atmosphäre entscheidend.

Deutschland war nach 1871 zur stärksten Kontinentalmacht aufgestiegen, aber da es in Bismarcks Augen eine »saturierte« Macht war, ohne Interessen, die einen Krieg gerechtfertigt hätten, hatte es sein Gewicht in die Waagschale des Friedens geworfen. Das änderte sich 1890. Deutschland wurde ruhelos, ehrgeizig und unvorsichtig, es wurde sich seiner Macht bewußt und begierig, seine Möglichkeiten auszunützen. So stürzte es sich, wie wir gesehen haben, in den Traum von der »Weltpolitik«, machte sich England zum Feind, und neben der Unterstützung Österreichs trieb es eigene Interessen im Nahen Osten voran, was unvermeidlich Rußlands Argwohn erregte. Seine Staatsmänner verließen sich darauf, daß die Zwistigkeiten unter den Mächten, die Unversöhnlichkeit Rußlands und Englands, Englands und Frankreichs und Englands und der Vereinigten Staaten ihnen freie Hand gäben und Deutschlands Schiedsrichterstellung in Europa automatisch garantierten. Das war eine gefährliche Fehlkalkulation. Nichts war weniger geeignet, die alten Differenzen zu bereinigen, als der Auftritt eines ehrgeizigen, vorwärtsdrängenden, unzufriedenen Deutschlands. Die deutsche Politik nach Bismarck wirkte als Katalysator innerhalb der internationalen Beziehungen. Noch bis 1898 schien es wahrscheinlich, daß es zu einem Konflikt zwischen England und Rußland oder zwischen England und Frankreich kommen würde; daher hätte England unter Joseph Chamberlains Einfluß ein Bündnis mit Deutschland begrüßt. Als sich dies als unerreichbar erwies, sahen sich die britischen Staatsmänner anderweitig um. Koloniale Rivalität und die neue Linie der deutschen Politik ließen England jetzt aus seiner »splendid isolation« heraustreten. Es bedurfte für die Bildung neuer Bindungen nur eines Richtungswechsels der russischen Politik von Asien nach Europa – er wurde, wie wir gesehen haben, nach dem Schlag, den der russisch-japanische Krieg Rußland versetzt hatte, vollzogen. Die Irrtümer der deutschen Politik unter Bismarcks Nachfolgern, die so entscheidend zu diesem Resultat beigetragen haben, sind von deutschen Historikern oft genug gegeißelt worden. Aber es war nicht nur eine Frage der politischen Fehlkalkulation. Die »Weltpolitik« Bülows, der im Jahre 1897 die Führung der auswärtigen Angelegenheiten übernahm, spiegelte die Stimmung des deutschen Volkes sehr genau wider, und wenn auch Bülow zu ihrer Durchführung ungeeignet gewesen sein mag, so war es der Stimmungswechsel nach Bismarcks Abgang, der draußen die Meinungen beunruhigte. Der Kaiser selbst beschrieb die Deutschen als »empfindlich, starrköpfig, sentimental und reizbar«, ausländische Beobachter fügten noch die Attribute »roh« und »unzuverlässig« hinzu. Anders als Frankreich, hatte Deutschland keine Hemmungen durch die frische Erinnerung an eine militärische Katastrophe, es war im Gegenteil zuversichtlich und ehrgeizig, und die vom Imperialismus eröffneten Horizonte bedeuteten einen neuen Anreiz. Nichts könne Deutschlands Interessen mehr zuwiderlaufen, warnte Bismarck im Jahre 1897, als sich auf mehr oder weniger gewagte und abenteuerliche Unternehmungen einzulassen allein aus dem Wunsch, überall die Hand im Spiel zu haben, der Eitelkeit der Nation zu schmeicheln oder den Ambitionen der Regierungen nachzugeben. Aber um 1897 wurde Bismarck längst nicht mehr beachtet. Auf diese Weise wurden Deutschland und deutsche Politik zum großen Fragezeichen. Bezeichnenderweise war es ein Amerikaner, der, Europa aus der Ferne betrachtend, die internationale Lage am Ende dieser Periode am treffendsten zusammenfaßte. Im Jahre 1897 schrieb Henry Adams:

> Nach meiner Meinung liegt das Zentrum der Neuordnung, wenn eine Neuordnung kommen soll, in Deutschland, nicht in Rußland oder bei uns. Im Zeitraum der letzten Generation, seit 1865, ist Deutschland das große Störelement in der Welt gewesen, und ehe nicht seine expansive Kraft erschöpft sein wird, sehe ich die Möglichkeit weder eines politischen noch wirtschaftlichen Gleichgewichts.

Bilanz des Zeitalters

Zu Beginn des Jahres 1871, vor Beendigung des deutsch-französischen Krieges, analysierte Benjamin Disraeli die internationale Lage in einer düsteren Rede vor dem Unterhaus. Der Krieg, der da ausgefochten werde, so sagte er, sei kein gewöhnlicher Krieg. Alle Grundlinien auswärtiger Politik, wie sie die Staatsmänner noch vor sechs Monaten anerkannt hatten, existierten nicht mehr.

> Es gibt keine diplomatische Tradition, die nicht hinweggefegt ist. Sie haben eine neue Welt vor sich, neue Einflüsse sind am Werk, neue unbekannte Dinge und Gefahren, mit denen man zu rechnen hat.

Diese Feststellung mag damals übertrieben erschienen sein, 1898 war es schwierig, ihre Wahrheit zu bestreiten. Weder die nach der deutschen Einigung erhoffte Stabilisierung hatte sich verwirklicht, noch waren die Differenzen der Großmächte gelöst: es hatte auch ein alarmierender Wechsel, viele würden sagen, eine alarmierende Verschlechterung der internationalen Atmosphäre stattgefunden. Unter dem Druck einer um sich greifenden Technik verschwand das Verständnis für eine gemeinsame europäische Zivilisation. Noch während des deutsch-französischen Krieges bemerkte der österreichische Außenminister Beust traurig zu dem ergrauten französischen Staatsmann Thiers: »Ich sehe Europa nicht mehr.« Von der Verantwortung hierfür kann insbesondere Bismarck nicht freigesprochen werden. Bismarck war es, der, vor einer europäischen Mißbilligung gewarnt, verächtlich antwortete: »Was ist Europa?« Seine jeden schlechten Gewissens bare Verabsolutierung nationaler Interessen gab den Ton für die Zukunft an. Der schlimmste Vorwurf gegen Bismarck, so hat man gesagt, ist der, daß es für ihn nichts außer Deutschland gab. Die Idee von einer Gemeinschaft der Nationen war ihm fremd. Dies ist ein Grund, weshalb moderne Forscher, welche die Anfänge der Tragödie Europas und seines Abstiegs zu klären versuchen, die Jahre von 1871 bis 1898 für die entscheidende Periode halten, in der die europäische Zivilisation ihren Gipfel erreichte und dann absank. Drei politische Faktoren spielten bei dieser entscheidenden Wendung ihre Rolle. Der erste war die Glorifizierung des Nationalstaats als endgültige Einheit des politischen Lebens, das Absinken eines beherrschenden Gefühls allgemein gültiger Menschlichkeit, das bis dahin die Ruchlosigkeit der internationalen Politik in Grenzen gehalten hatte. Der zweite war das Unvermögen Europas, seine internen Probleme zu lösen und Spannungen, die zu einem Krieg oder zu einer Revolution oder zu beiden führen konnten, aus der Welt zu schaffen; anstatt zu heilen, verfolgte man eine populäre nationalistische Politik und suchte jenseits der Grenzen Ventile für die Unzufriedenheit im Lande. Der dritte Faktor war die ungeheure koloniale und imperialistische Expansion, die die europäischen Konflikte und Rivalitäten in jeden Winkel des Erdballs trug und sie dabei verschärfte. Am Ende des 19. Jahrhunderts waren mit Ausnahme der antarktischen Eiswüsten alle »leeren« Landgebiete der Erde besetzt, jeder erreichbare Quadratkilometer unter Kontrolle gebracht. Als um 1890 die amerikanische »Grenze« verschwand, mit anderen Worten, als die letzten unkultivierten, aber bewohnbaren Gebiete auf dem amerikanischen Kontinent urbar gemacht und kultiviert waren, da war aus einer sich ausdehnenden Welt mit unbegrenzten Möglichkeiten für die Europäer eine schrumpfende Welt geworden. Es gab kein überschüssiges Land mehr, kein Ventil für Übervölkerung. Zu den alten Problemen, die durch Kolonisierung und Auswanderung gelöst worden waren, kamen andersgeartete, als die Neue Welt ihr eigenes Schicksal in die Hand nahm. Australier und Neuseeländer waren mit Vorgängen im pazifischen Raum beschäftigt und sahen die anglo-deutschen Beziehungen in einem ganz anderen Licht als die Staatsmänner in Westminster. Die Kanadier hatten wenig Interesse an der Mittelmeerpolitik Englands, während Japan die europäischen Rivalitäten ausnutzte, seine Stellung in Asien zu festigen. Die Vereinigten Staaten zogen ihren Nutzen aus dem südafrikanischen Krieg, aus Englands Faschoda-Konflikt mit Frankreich und der anglo-russischen Rivalität in Zentralasien und im Fernen Osten, um eine viel schärfere Monroe-Doktrin zu verkünden und ihren Machteinfluß über das Karibische Meer abzurunden. Als Deutschland im Jahre 1898 mit seinem neuen Schiffbauprogramm begann, glaubten viele auf beiden Seiten, es gehe darum, ob England oder Deutschland künftig das imperiale Übergewicht haben werde. Tatsächlich tat das keiner von beiden. Sie sahen kaum, was erst mit der Zeit sichtbar werden sollte, daß die nach Asien, Afrika und der Neuen Welt greifenden europäischen Mächte ihre Kräfte überspannt und Mächte beschworen hatten, die sie überschatten sollten. Der Niedergang Europas, der Aufstieg der außereuropäischen Machtblöcke lag, auch wenn es noch nicht deutlich zu sehen war, in der Weltsituation am Ende des 19. Jahrhunderts beschlossen.

Vielleicht wäre es anders gekommen, wenn die Europäer den Sinn für ihre Ziele und ihre Sendung nicht verloren hätten und wenn die Früchte des Imperialismus ihren Erwartungen entsprochen hätten. Was das erste anbelangt, so ist nichts befremdender als der Kontrast zwischen der kraftstrotzenden Gesundheit und Breite des für die europäische Gesellschaft um 1870 charakteristischen Lebensstils und der *malaise*, die das Kennzeichen des *fin du siècle* war. Als das 19. Jahrhundert endete, tauchte die Erkenntnis auf, daß die Wissenschaft keineswegs einen Fortschritt ohne Ende eröffne, sondern vielmehr das Menschliche in Frage stellte. Die Literatur dieser Zeit war voll von der kommenden Auflösung der bürgerlichen Welt. Vielleicht war es, teilweise wenigstens, wie eine Flucht vor den eigenen unlösbaren Problemen, daß Europa im letzten Viertel des 19. Jahrhunderts ein Ventil in kolonialen und imperialistischen Abenteuern suchte. Als es aber die Kontrolle über die Welt erreicht zu haben schien, verlor es das Vertrauen in seine Führungseigenschaft. Vorhergehende Generationen waren ehrlich von den moralischen und materiellen Wohltaten überzeugt gewesen, die die europäische Zivilisation den anderen Kontinenten bringen konnte, und es besteht kein Zweifel, daß etwa bei der Bekämpfung von Krankheiten greifbare Resultate erzielt wurden, deren sich die Europäer nicht zu schämen brauchten. Aber im letzten Jahrzehnt des 19. Jahrhunderts kam es anders. In dem Maße, wie das Vertrauen in die Stabilität der westlichen Zivilisation abnahm, wie der ererbte Optimismus sich in inneren Zweifel wandelte, wurde auch die Moral unsicher, was bald Rückwirkungen auf kolonialem Gebiet haben sollte. Die Last des Empire wurde nicht mehr wie eine ernste Pflicht getragen, sondern sie wurde von miteinander kämpfenden Rivalen begehrt und nur zu oft rücksichtslos ausgenutzt. Das Ergebnis war Aufbegehren gegen den weißen Imperialismus, dessen Anfänge wir schon erwähnt haben. So endete die vom triumphalen Vordringen der weißen Völker eingeleitete Periode mit den Anfängen einer Revolte, der die untereinander gespaltenen und in ihrem Selbstvertrauen unterminierten europäischen Völker moralisch nicht gewachsen waren. Der Engländer Wilfrid Scawen Blunt urteilte über die Errungenschaften der europäischen Zivilisation zwischen 1871 und 1898:

> Das alte Jahrhundert neigt sich dem Ende zu und läßt die Welt in einer netten Lage zurück. Das britische Empire spielt dabei die Rolle des Teufels wie kein Weltreich zuvor. Vielleicht werden wir seinen Sturz erleben. Alle Nationen Europas lassen auf Erden in China die Hölle los, massakrieren, plündern und schänden in den eroberten Städten ebenso abscheulich wie im Mittelalter. Der deutsche Kaiser gibt den Befehl zur Metzelei, und der Papst sieht zu und gibt seine Zustimmung. In Südafrika brennen unsere Truppen unter Kitcheners Befehl die Farmen nieder, und die Königin, die beiden Häuser des Parlaments und die versammelten Bischöfe danken öffentlich Gott und bewilligen das Geld für dieses Werk. Die Amerikaner geben jährlich fünfzig Millionen für das Abschlachten der Philippinos aus. Der König von Belgien hat sein ganzes Vermögen im Kongo investiert, wo er die Neger brutalisiert, damit sie seine Taschen füllen. Die Franzosen und Italiener spielen im Augenblick keine so hervorragende Rolle bei dieser Schlächterei, aber ihre Untätigkeit macht ihnen Kummer. Die ganze weiße Rasse schwelgt ganz offen in Gewalttätigkeit, als habe sie niemals den Anspruch erhoben, christlich zu sein. Gottes Fluch auf sie alle gleichermaßen!

Blunt schloß: »So endet das berühmte 19. Jahrhundert, in das hineingeboren zu sein wir so stolz waren.« Es war ein vernichtendes Urteil, aber viele Tatsachen erhärten es. Seit 1871 waren Reichtum, Bevölkerungszahl, Lebensstandard, Schulwesen und öffentliches Gesundheitswesen in einem nicht dagewesenen Tempo gewachsen, aber ebenso auch die Konkurrenz zwischen den Nationen, die Walter Bagehot 1873 als eines der »Gesetze« seiner Zeit bezeichnete. Die Probleme einer expansiven, imperialistischen, industriellen Gesellschaft waren nicht gelöst, die moralische Entwicklung hatte mit der Ausbreitung der Naturwissenschaften nicht Schritt gehalten. Nur fünfzehn Jahre nach unserem Zeitabschnitt wurde der europäische Kontinent in einen vernichtenden Kampf gestürzt, der seine Bevölkerung dezimierte, seine Wirtschaft erschüttert zurückließ und die Vorherrschaft der außereuropäischen Welt einleitete. Schon wuchs am Ende des 19. Jahrhunderts in Asien und in Afrika eine Generation heran mit dem Ziel, die europäische Hegemonie abzuschütteln, sich die Kriegswaffen, die technischen Fertigkeiten und die Regierungskünste anzueignen, die das ungeheure Vordringen Europas ermöglicht hatten. Sie strebten nach der Macht und den Vorrechten der Europäer, die nicht mehr imstande waren, sie zum Wohl der Menschheit anzuwenden.

UNIVERSALGESCHICHTE
IN STICHWORTEN

NAMEN- UND SACHREGISTER

QUELLENVERZEICHNIS
DER ABBILDUNGEN

UNIVERSALGESCHICHTE IN STICHWORTEN

1789

POLITIK Ausbruch der Französischen Revolution. Generalstände mit verdoppelter Abgeordnetenzahl des Dritten Standes treten in Versailles zusammen und erklären sich zur Nationalversammlung (17.6.). Erstürmung der Bastille (14.7.). Vertreter des Adels und des Klerus regen in der Nationalversammlung Aufhebung der Feudalrechte an: Ende des Feudalsystems in Frankreich (4.8.). Erklärung der Menschen- und Bürgerrechte (26.8.). Aufstand zwingt König und Nationalversammlung nach Paris (6.10). Verfassung der USA tritt in Kraft, Kongreß (Senat und Repräsentantenhaus) hat gesetzgebende, der Präsident die ausführende Gewalt. *George Washington* (57) wird erster Präsident der USA und bleibt bis 1797 im Amt. Annam wird von China abhängig.

NATURWISSENSCHAFT *Antoine Lavoisier* (46) »Traité élémentaire de chimie«.

1790

POLITIK Frankreich verstaatlicht Kirchengüter und fordert Verfassungseid der Priester; schafft Adel ab. *Joseph II.* (48), römisch-deutscher Kaiser seit 1765, stirbt in Wien. *Leopold II.* (43) wird Römischer Kaiser Deutscher Nation, stirbt 1792. Rußland gewinnt den Krieg gegen Schweden (seit 1788) und erhält Teile Südfinnlands.

LITERATUR *Immanuel Kant* (66) »Kritik der Urteilskraft«. *Edmund Burke* (61) »Reflections on the French Revolution«. *Johann Wolfgang Goethe* (41) »Faust. Ein Fragment«.

WIRTSCHAFT In Frankreich werden Assignaten (ursprünglich Schatzanweisungen auf die verstaatlichten geistlichen Güter) durch willkürliche Vermehrung zu bloßem Papiergeld (mit Zwangskurs) und führen zur Inflation (1797 außer Kurs gesetzt).

TECHNIK Patentamt in den USA gegründet. Erstes Dampfkraft-Walzwerk in England.

1791

POLITIK In der Pillnitzer Deklaration (27.8.) machen Preußen und Österreich Frankreich für Königsfamilie haftbar und drohen mit europäischem Eingreifen zugunsten der Monarchie. Frankreich wird konstitutionelle Monarchie (14.9.). Zensuswahlrecht zugunsten des Bürgertums. Gesetzgebende Versammlung in Frankreich mit republikanischer Mehrheit (1.10.). Polen gibt sich als erster Staat auf dem europäischen Festland eine moderne Verfassung (3.5.), die jedoch durch russisches Eingreifen wieder aufgehoben wird: Begründung einer westlich-demokratischen Tradition in Polen. England gewährt französischen Siedlern in Kanada autonome Verwaltung.

LITERATUR *James Boswell* (51) »Das Leben S. Johnsons«. *Johann Gottlieb Herder* (47) »Ideen zur Philosophie der Geschichte der Menschheit«.

MUSIK *Wolfgang Amadeus Mozart* (35) »Die Zauberflöte«.

TECHNIK Sodafabrikation von *Nicolas Leblanc* (49) begründet chemische Großindustrie.

1792

POLITIK Frankreich erklärt den Krieg an Österreich, das von Preußen unterstützt wird (20.4.). Erstürmung der Tuilerien (10.8.), *Ludwig XVI.* wird gefangengesetzt. Justizminister *Danton* (33) läßt die »Septembermorde« an etwa 3000 Royalisten zu (2. bis 6.9.). Frankreich wird Republik (21.9.). Radikaler Nationalkonvent in Frankreich (21.9.), besteht bis 1795. Frankreich besetzt Mainz (21.10.) und Brüssel (6.11.). Preußen ziehen sich nach der Kanonade bei Valmy (20.9., *Goethe* als Augenzeuge) zurück. *Franz II.* (24) wird letzter Deutscher Kaiser. Ende des russisch-türkischen Krieges. Rußland erobert im Bündnis mit Österreich Küstenland des Schwarzen Meeres und gründet Odessa (1793). *Gustav III.* (46), König von Schweden (seit 1771), wird von adligen Verschwörern ermordet. Britische Versuche, in Tibet Einfluß zu gewinnen, schlagen fehl; Tibet schließt sich nach Einfall der Nepalesen streng ab.

SOZIALWESEN Einführung der Zivilehe in Frankreich.

NATURWISSENSCHAFT *Luigi Galvani* (55) »De viribus electricitatis«. Erste chemische Gesellschaft in Philadelphia (USA). *Alessandro Volta* (47) »Gedanken über tierische Elektrizität«.

1793

POLITIK Neunköpfiger »Wohlfahrtsausschuß« in Frankreich (6.4.), an dessen Spitze zunächst *Danton* und dann *Robespierre* (35) tritt (24.7.). Schreckensherrschaft in Frankreich. Hinrichtung *Ludwigs XVI.* (38) (21.1.) und seiner Gemahlin *Marie Antoinette* (37) (16.10.). Radikale »Bergpartei« stürzt Girondisten (2.6.). Royalistische Gegenaufstände in Frankreich werden blutig niedergeschlagen. England, Holland,

Spanien, Neapel, Toskana, Venedig, Sardinien, Portugal und das Deutsche Reich treten in den Krieg gegen Frankreich ein (Erste Koalition). Zweite Teilung Polens zwischen Preußen und Rußland. Washington DC als Hauptstadt der USA gegründet und Grundstein zum Kapitol gelegt.

KUNST *Antonio Canova* (36) »Amor und Psyche« (Marmorgruppe).

1794

POLITIK *Maximilian Robespierre* (36) beseitigt alle Rivalen (*Danton* am 5.4. hingerichtet) und herrscht nahezu unumschränkt, erliegt jedoch am 28.7. dem Staatsstreich der »Thermidorianer«, Ende der Schreckensherrschaft. Preußen und Spanien beginnen Sonderverhandlungen mit Frankreich. Rußland schlägt Aufstand in Polen nieder.

KULTUR *Robespierre* (36) führt den antichristlichen »Kult des höchsten Wesens« ein.

LITERATUR *Johann Gottlieb Fichte* (32) beginnt seine Philosophie als »Wissenschaftslehre« zu begründen.

TECHNIK Gründung der »Ecole Polytechnique« in Paris.

1795

POLITIK Fünfköpfiges Direktorium und Klassenwahlrecht in Frankreich. Frankreich erobert Holland und macht es zur »Batavischen Republik«. England besetzt die holländischen Kolonien Ceylon und Kapstadt. Friede von Basel: Preußen tritt linkes Rheinufer an Frankreich ab. Dritte Teilung Polens; damit hat Rußland fast zwei Drittel des alten polnischen Territoriums gewonnen, Preußen und Österreich je etwa ein Sechstel. *Stanislaus II. August* (63), letzter König von Polen (seit 1764), dankt ab.

LITERATUR *Immanuel Kant* (71) »Zum ewigen Frieden«. *Thomas Paine* (58) »Das Zeitalter der Vernunft«. *Friedrich Schiller* (36) »Briefe über die ästhetische Erziehung des Menschen«.

MUSIK *Joseph Haydn* (63) komponierte seit 1791 zwölf Londoner Symphonien.

NATURWISSENSCHAFT Niger-Expedition von *Mungo Park* eröffnet Erforschung des Inneren Afrikas.

TECHNIK Metrisches Maßsystem in Frankreich.

1796

POLITIK Aufdeckung einer kommunistischen »Verschwörung der Gleichen« in Frankreich (10.5.) unter *François Babeuf* (36), der 1797 hingerichtet wird. *Erzherzog Karl von Österreich* (25) schlägt Franzosen aus Süddeutschland zurück (Amberg 3.9.). *Bonaparte* (27) führt erfolgreichen Feldzug in Italien. *Katharina II.* (die Große) von Rußland (67) stirbt in Zarskoje Selo. *Paul I.* (42) wird Zar, 1801 ermordet. Kadscharen-Dynastie in Persien, dauert bis 1925. Bei dem Tode des chinesischen Kaisers *Kao-tsung (Kien-lung)*, der seit 1736 regierte, hat die Manchu-Dynastie ihren Höhepunkt erreicht; größte Ausdehnung des chinesischen Reiches.

LITERATUR *Johann Wolfgang Goethe* (47) »Wilhelm Meisters Lehrjahre«. *Ludwig Tieck* (23) »William Lovell«.

NATURWISSENSCHAFT *Edward Jenner* (47) erfindet Pockenschutzimpfung. *Pierre Simon Laplace* (47) »Exposition du système du monde« (Kosmogonie).

1797

POLITIK *Napoleon Bonaparte* (28) gründet in Norditalien die Ligurische (6.6.) und die Cisalpinische (15.7.) Republik. Friede zu Campo Formio (17.10.) zwischen Frankreich und Österreich: Belgien und das linke Rheinufer an Frankreich (die geschädigten deutschen Fürsten sollen mit rechtsrheinischen Gebieten abgefunden werden), Venedig an Österreich, Anerkennung der französischen Vorherrschaft in der Lombardei. Beginn der Regierung *Friedrich Wilhelms III.* von Preußen (27) (bis 1840). *John Adams* (62) wird Präsident der USA, regiert bis 1801.

LITERATUR *Jean Paul* (34) »Siebenkäs«.

TECHNIK *Alois Senefelder* (26) erfindet Lithographie (Steindruck).

1798

POLITIK Franzosen besetzen Rom (11.2.), nehmen *Papst Pius VI.* (80) gefangen und gründen Tiberinische Republik. Nach den Kämpfen des Frühjahrs 1798 wird Bund der Eidgenossen in Helvetische Republik umgewandelt. *Bonaparte* (29) beginnt Expedition nach Ägypten (19.5.). *Horatio Nelson* (40) vernichtet französische Flotte bei Abukir (1.8.). England schlägt irischen Aufstand nieder.

LITERATUR *Friedrich Wilhelm Joseph Schelling* (23) »Von der Weltseele«.

MUSIK *Joseph Haydn* (66) »Die Schöpfung« (Oratorium).

SOZIALWISSENSCHAFT *Thomas Robert Malthus* (32) »Essay on the principle of population«.

1799

POLITIK Frankreich erobert Neapel und macht es zur parthenopäischen Republik (25.1.). Der zweite Koalitionskrieg (bis 1802) beginnt (1.3.): England, Rußland, Österreich, Neapel, Portugal, die Türkei und der Kirchenstaat gegen Frankreich. *Napoleon Bonaparte* (30) stürzt Direktorium (9.11.) und wird Erster Konsul, *Talleyrand* (45) sein Außenminister (bis 1807). Nach *Napoleons* Feldzug kommt Ägypten wieder unter die Hoheit des türkischen Sultans.

LITERATUR *Friedrich Schiller* (40) vollendet die »Wallenstein«-Trilogie. *Friedrich Schleiermacher* (31) »Über die Religion, Reden an die Gebildeten unter ihren Verächtern« (zunächst anonym).

MUSIK *Beethoven* (29) 1. Symphonie in C-Dur.

SOZIALWESEN Gewerkschaften in England verboten.

NATURWISSENSCHAFT *Benjamin Thompson* (46) gründet Laboratorium des »Royal Institution of Great Britain« für Chemie und Physik.

TECHNIK Erste Dampfmaschine in Berlin.

1800

POLITIK England erobert Malta. Vereinigtes Königreich Großbritannien und Irland gegründet (5.2.). Ostlouisiana kommt von Spanien an Frankreich (1.10.).

LITERATUR *Friedrich Wilhelm Joseph Schelling* (25) »System des transcendentalen Idealismus«.

NATURWISSENSCHAFT *Friedrich Wilhelm Herschel* (62) entdeckt Ultrarot. Galvanisches Element von *Alessandro Volta* (55).

TECHNIK *Eli Whitney* (35), nordamerikanischer Ingenieur, führt bei der Herstellung von Feuerwaffen Serienfabrikation und Austauschbau ein.

WIRTSCHAFT Gründung der Bank von Frankreich (13.2.).

1801

POLITIK Friede zu Lunéville (9.2.) beendet die französischen Revolutionskriege; Frankreich erhält linkes Rheinufer und die Vorherrschaft in Italien. *William Pitt d.J.* (42) tritt als englischer Premierminister (seit 1783) zurück (14.3.). Nach dem Bombardement Kopenhagens durch die Engländer (28.3.) Auflösung der Liga der Neutralen (Rußland, Schweden, Dänemark, Preußen). *Alexander I.* (24) wird Zar von Rußland, regiert bis 1825. Persien verliert Georgien an Rußland. *John Marshall* (46), oberster Bundesrichter der USA bis 1835, fällt in seiner Amtszeit bedeutende Entscheidungen zur Interpretation der Verfassung. *Thomas Jefferson* (58) wird Präsident der USA und bleibt bis 1809 im Amt.

KULTUR Frankreich schließt Konkordat: Keine Rückgabe der Kirchengüter, Diözesan- und Departementseinteilung gleich, Staat und Kirche wirken bei Ernennung von Bischöfen zusammen, Klerus muß Treueid auf Republik schwören und wird vom Staat bezahlt; Katholizismus bleibt Religion der »Mehrheit der Franzosen«; Gleichberechtigung der Protestanten.

LITERATUR *Johann Heinrich Pestalozzi* (55) »Wie Gertrud ihre Kinder lehrt«.

MUSIK *Joseph Haydn* (69) »Die Jahreszeiten« (Oratorium).

NATURWISSENSCHAFT *Johann Wilhelm Ritter* (25) entdeckt Ultraviolett. *Thomas Young* (28) führt das Interferenzprinzip für Lichtwellen ein.

TECHNIK *Oliver Evans* (46) konstruiert die erste Hochdruckdampfmaschine.

1802

POLITIK *Napoleon Bonaparte* (33) wird lebenslänglicher Konsul (2.8.). Friede zu Amiens zwischen Frankreich und England (25.3.): England verzichtet auf koloniale Eroberungen außer Ceylon, Frankreich auf Ägypten.

KULTUR *William Cobbett* (40) »Weekly Political Register« (Zeitschrift, erscheint bis 1835).

LITERATUR *François René Chateaubriand* (34): »Der Geist des Christentums«, »René«. *Georg Friedrich Grotefend* (27) begründet die Entzifferung der Keilschrift.

KUNST *Goya* (56) malt »Die nackte Maya« und »Die bekleidete Maya«.

SOZIALWESEN England beschränkt Kinderarbeit der »Kirchspiellehrlinge« (von den Armenverwaltungen gestellt) in der Baumwollindustrie gesetzlich auf zwölf Stunden.

NATURWISSENSCHAFT *Alexander von Humboldt* (33) besteigt den Chimborasso in Ecuador. *Humphrey Davy* (24) elektrolytische Versuche.

1803

POLITIK Reichsdeputations-Hauptschluß zu Regensburg säkularisiert die meisten deutschen geistlichen Fürstentümer, verringert Zahl der Reichsstädte auf sechs und schafft drei neue protestantische Kurfürstentümer Baden, Württemberg, Hessen-Kassel. Wiederbeginn der englisch-französischen Feindseligkeiten. England besetzt Delhi. USA kaufen Ostlouisiana und New Orleans von Frankreich.

1804

POLITIK *Bonaparte* (35) wird als *Napoleon I.* zum erblichen Kaiser der Franzosen gekrönt und vom Papst gesalbt (2.12.). *Pitt d.J.* (45) bildet in England sein zweites Kabinett, stirbt 1806.

KULTUR Französisches Zivilrecht im »Code civil« (»Code Napoléon«) geregelt.

MUSIK *Beethoven* (34) 3. Symphonie (»Eroica«).

NATURWISSENSCHAFT *Friedrich Sertürner* (21) entdeckt im Opium das Morphium.

1805

POLITIK *Napoleon* (36) wird König von Italien (18.3.). 3. Koalitionskrieg zwischen England, Rußland, Österreich, Schweden einerseits und Frankreich, Spanien andererseits. Admiral *Horatio Nelson* (47) fällt in der Seeschlacht von Trafalgar (21.10.), in der er die französisch-spanische Flotte entscheidend besiegt. In der Schlacht bei Austerlitz (2.12.) besiegt *Napoleon I.* (36) Österreich und Rußland. Preußen erhält Hannover, tritt dafür Ansbach, Cleve und Neuenburg ab. Im Frieden zu Preßburg (26.12.) verliert Österreich Venetien an das Königreich Italien, Tirol und Vorarlberg sowie andere Gebiete an Bayern, das Königreich wird; Bayern tritt Salzburg an Österreich ab; Österreich scheidet aus der Koalition aus.

TECHNIK *Joseph-Marie Jacquard* (53) erfindet Webmaschine für gemusterte Gewebe.

1806

POLITIK *Napoleon* (37) gründet Rheinbund, dem sich die meisten deutschen Fürsten anschließen. Mit der Niederlegung der Kaiserkrone durch *Franz II.* (38) erlischt das »Heilige Römische Reich Deutscher Nation«, das seit 962 bestanden hatte. *Napoleon I.* (37) besiegt das mit Rußland verbündete Preußen bei Jena und Auerstedt (14. 10.); verhängt Blockade gegen England. Russisch-türkischer Krieg, bis 1812.

KULTUR *Albrecht Thaer* (54) gründet erste höhere landwirtschaftliche Lehranstalt in Möglin.

LITERATUR *Johann Wolfgang Goethe* (57) vollendet »Faust« I. Teil.

1807

POLITIK Friede zu Tilsit zwischen Frankreich sowie Preußen und Rußland: Preußen verliert Gebiete in Ost und West. Gründung des Großherzogtums Warschau unter französischem Einfluß. Königreich Westfalen unter Napoleons Bruder *Jerome* (23). Beginn der preußischen Reformen (Behördenreform, Städteordnung, Aufhebung der bäuerlichen Erbuntertänigkeit) unter dem Ministerium des *Freiherrn vom und zum Stein* (50), der 1808 auf französischen Druck wieder entlassen wird. Im Kampf gegen die Kontinentalsperre erobert England in Kopenhagen die dänische Flotte und besetzt Helgoland. Frankreich besetzt Portugal. Janitscharenaufstand in der Türkei, reformfreudiger Sultan *Selim III.* muß abdanken; *Mustafa IV.*, der 1808 als Reaktionär gestürzt wird.

LITERATUR *Georg Wilhelm Friedrich Hegel* (37) »Phänomenologie des Geistes«. *Claude Henri, Comte de Saint-Simon* (47) »Einführung in die wissenschaftlichen Arbeiten des 19. Jahrhunderts«.

NATURWISSENSCHAFT *Humphry Davy* (29) entdeckt die Elemente Natrium und Kalium.

SOZIALWESEN Verbot des Sklavenhandels in den britischen Kolonien.

TECHNIK Erstes Dampfschiff (20 PS) von *Robert Fulton* (42) fährt auf dem Hudson.

1808

POLITIK Begegnung zwischen *Napoleon* und *Alexander I.* auf dem Erfurter Fürstentag. Errichtung eines bonapartischen Königtums in Madrid (6.6.) (Bourbonen danken ab). Aufstand der Spanier gegen die Franzosen. Nach Sturz *Mustafas IV.* wird *Mahmud II.* türkischer Sultan.

KULTUR *F.A. Brockhaus* begründet sein Conversationslexikon.

LITERATUR *Achim von Arnim* (27) und *Clemens Brentano* (30) »Des Knaben Wunderhorn« vollendet. *Johann Gottlieb Fichte* (45) »Reden an die deutsche Nation«. *Friedrich Schlegel* (35) begründet Indologie mit dem Werk »Über die Sprache und Weisheit der Inder«. *Goethe* (59) trifft *Napoleon* (39) in Erfurt.

KUNST *Jacques-Louis David* (60) »Kaiserkrönung Napoleons.« *Jean Auguste Dominique Ingres* (28) »Die Badende«.

SOZIALWESEN USA verbieten Sklaveneinfuhr.

NATURWISSENSCHAFT *John Dalton* (42) begründet moderne Atomtheorie.

1809

POLITIK Vergebliche Erhebung Österreichs gegen *Napoleon*, der bei Aspern (22. 5.) erste militärische Niederlage hinnehmen muß. Im Frieden von Schönbrunn (Wien) (14. 10.) weitere Verkleinerung Österreichs. Tiroler Volksaufstand unter *Andreas Hofer* (42). *Klemens Fürst von Metternich* (36) österreichischer Außenminister bis 1848. Im Frieden von Fredrikshamn tritt Schweden Finnland an Rußland ab, welches das Land 1808 erobert hatte. *Gustav IV. Adolf* (31), König von Schweden seit 1792, zur Abdankung gezwungen. *Karl XIII.* (61) wird König, stirbt 1818. *James Madison* (58) Präsident der USA, regiert bis 1817.

LITERATUR *Johann Wolfgang Goethe* (60) »Die Wahlverwandtschaften«.

KUNST Gründung des Lukasbundes (»Nazarener«) durch *Overbeck* (21), *Pforr* (22) u.a.; siedelt 1810 nach Rom über.

NATURWISSENSCHAFT *Carl Friedrich Gauß* (32) »Theorie der Bewegung der Himmelskörper« (mathematische Astronomie). *Jean Monet de Lamarck* (65) begründet mit seiner »Philosophie zoologique« Abstammungslehre auf Grund Vererbung erworbener Eigenschaften.

KUNST *Goya* (63) »Die Erschießung spanischer Freiheitskämpfer«.

1810

POLITIK *Napoleon* (41), von *Josephine Beauharnais* geschieden, heiratet *Marie Luise* (19), Tochter Kaiser *Franz I.* von Österreich (42). Holland, Oldenburg, Ostfriesland, Hamburg, Bremen, Lübeck in das französische Kaiserreich einverleibt. *Karl August von Hardenberg* (60) wird preußischer Staatskanzler und setzt in den folgenden Jahren *Steins* Reformen fort (Steuerreform mit Verkündung der Gewerbefreiheit, Regulierung der bäuerlich-gutsherrlichen Verhältnisse, Judenemanzipation). König *Karl XIII.* (62) von Schweden adoptiert *Jean-Baptiste Bernadotte* (47), den Schwager von *Joseph Bonaparte*, als Kronprinzen. Mit der Unabhängigkeitserklärung Chiles beginnt das spanische Kolonialreich sich in Amerika aufzulösen; erste Junten in Caracas und Buenos Aires.

KULTUR *Wilhelm von Humboldt* (43) begründet als preußischer Kultusminister Berliner Universität und neuhumanistisches Gymnasium. Das neue französische Strafgesetzbuch tritt in Kraft (Code pénal).

LITERATUR *Heinrich von Kleist* (33) »Prinz Friedrich von Homburg«. *August Wilhelm Schlegel* (43) beendet ersten Abschnitt der Übersetzung Shakespeares (seit 1797 siebzehn Stücke), die restlichen Stücke werden in den Jahren 1825 bis 1833 von *Dorothea Tieck* und dem *Grafen Wolf von Baudissin* unter der Aufsicht von *Ludwig Tieck* übersetzt. *Germaine de Staël* (44) »Über Deutschland«.

TECHNIK *Friedrich Koenig* (36) erfindet Flachbuchdruck-Schnellpresse (1812: Zylinder-Schnelldruckpresse).

1811

POLITIK Der türkische General *Mehmed Ali* (42) macht sich zum Herrn Ägyptens, herrscht bis 1849. Columbien, Paraguay, Uruguay und Venezuela erklären ihre Unabhängigkeit.

KULTUR *Friedrich Ludwig Jahn* (33) eröffnet ersten Turnplatz in der Hasenheide, Berlin.

LITERATUR *Barthold Georg Niebuhr* (56) »Römische Geschichte bis 241 v. Chr.« in drei Bänden bis 1832.

KUNST *Caspar David Friedrich* (37) »Morgen im Riesengebirge«, »Greifswalder Hafen«. *Thomas Lawrence* (42) Porträt des Benjamin West.

TECHNIK *Friedrich Krupp* (24) gründet Gußstahlfabrik in Essen.

1812

POLITIK *Napoleon I.* (43) unternimmt Rußlandfeldzug; nach dem Brand Moskaus zieht sich das französische Heer zurück und wird durch Kälte und russische Überfälle dezimiert. »Konvention von Tauroggen« (30. 12.): Preußischer General *Yorck* und russischer General *Diebitsch* vereinbaren Neutralität. Friede von Bukarest beendet russisch-türkischen Krieg: Rußland erhält Bessarabien. Die spanischen Cortes beschließen liberale Verfassung. Beginn des Krieges zwischen England und USA.

LITERATUR *George Byron* (24) »Junker Harolds Pilgerfahrt«.

NATURWISSENSCHAFT *Pierre Simon Laplace* (63) Mathematische Wahrscheinlichkeitstheorie.

1813

POLITIK Beginn der Befreiungskriege gegen *Napoleon*. Aufruf des Königs von Preußen »An mein Volk«. Bündnis Rußlands, Preußens, Englands, Österreichs. Wechselvolle Kämpfe. In der »Völkerschlacht bei Leipzig« (16. bis 19. 10.) schlagen Preußen, Österreich und Rußland *Napoleon I.* (44) entscheidend. Auflösung des Rheinbundes. Die verbündeten Truppen unter *Schwarzenberg* (42) und *Blücher* (71) überschreiten den Rhein. Persien verliert restliche Besitzungen am Kaukasus an Rußland.

KULTUR Neues bayrisches Strafgesetzbuch, vom Code Pénal beeinflußt, hält aber unter dem Einfluß von *Anselm von Feuerbach* (38) am Prinzip der Abschreckung durch Androhung strenger Strafen fest (Strafe soll der Gefährlichkeit und Stärke des sinnlichen Triebes entsprechen).

LITERATUR *Jane Austen* (38) »Stolz und Vorurteil«.

SOZIALWESEN *Robert Owen* (42) »Eine neue Sicht der Gesellschaft«.

1814

POLITIK Im Pariser Frieden verliert Frankreich seine Eroberungen seit 1792. *Napoleon I.* (45) wird nach Elba verbannt. Wiener Kongreß versucht Europa neu zu ordnen. Rückkehr der Bourbonen nach Frankreich; *Ludwig XVIII.* (59), König von Frankreich, stirbt 1824. Französische Verfassung: Zweikammersystem, Klassenwahlrecht. Dänemark muß Norwegen an Schweden abtreten (Vertrag von Kiel, 14. 1.). Friede zu Gent (24. 12.) beendet Krieg zwischen Großbritannien und USA, Wiederherstellung des Status quo ante. Holland tritt südafrikanische Kapprovinz an England ab.

KULTUR *Justus Thibaut* (42) »Über die Notwendigkeit eines allgemeinen bürgerlichen Rechts für Deutschland«; Forderung nach bürgerlichem Gesetzbuch; gegen die in dieser Schrift zum Ausdruck kommende naturrechtliche Auffassung wendet sich *Friedrich Carl von Savigny* (35) »Vom Beruf unserer Zeit für Gesetzgebung und Rechtswissenschaft«, mit der die »Historische Rechtsschule« begründet wird.

LITERATUR *Adelbert von Chamisso* (33) »Peter Schlemihls wundersame Geschichte«. *E. Th. A. Hoffmann* (38): »Phantasiestücke in Callots Manier«. *Jacob* (29) und *Wilhelm Grimm* (28): »Kinder- und Hausmärchen« (seit 1812). *Claude Henry de Saint-Simon* (54): »Reorganisation der europäischen Gesellschaft« mit frühsozialistischer Kritik des Eigentums. *Walter Scott* (43) »Waverley«.

MUSIK *Ludwig van Beethoven* (44) »Fidelio« (Endfassung).

NATURWISSENSCHAFT *Joseph Fraunhofer* (27) entdeckt Absorptionslinien des Sonnenspektrums.

TECHNIK *George Stephenson* (33) baut erste brauchbare Lokomotive. Straßen-Gasbeleuchtung in London (1815 in Paris, 1826 in Berlin).

1815

POLITIK Überraschende Rückkehr *Napoleons* (46) nach Paris. Beginn eines neuen Koalitionskrieges. In der Schlacht von Waterloo wird *Napoleon* von *Wellington* (46) und *Blücher* (73) endgültig geschlagen, er wird nach St. Helena verbannt. Zweite Rückkehr der Bourbonen nach Paris. Wiener Kongreßakte;

Lombardei und Venetien an Österreich, das auch entscheidenden Einfluß in den anderen oberitalienischen Gebieten erhält; Wiederherstellung des Kirchenstaates; Preußen wird für den Großteil seiner polnischen Besitzungen durch die Rheinprovinz und die Hälfte von Sachsen entschädigt; es erhält im übrigen seine früheren Territorien zurück; Holland und Belgien zum Königreich der Niederlande vereinigt; »Ewige Neutralität« der Schweiz verbürgt; Wiederherstellung der alten Dynastien in Spanien, Portugal, Sardinien, Neapel; Malta, Helgoland, Ceylon, Kapland als britischer Besitz bestätigt; Schweden und Norwegen in Personalunion vereinigt; durch »Bundesakte« wird Deutscher Bund gegründet (fünfunddreißig Fürsten und vier freie Städte), Versammlung der Gesandten der Bundesstaaten bilden Bundestag in Frankfurt/Main. Großherzogtum Warschau wird als Königreich Polen mit Rußland in Personalunion vereinigt; Krakau wird Freistaat unter russischem, österreichischem und preußischem Schutz. Rußland, Österreich und Preußen bilden »Heilige Allianz«, der später fast alle europäischen Staaten beitreten; sie bestimmt die europäische Restauration bis 1848.

LITERATUR *Friedrich Carl von Savigny* (36) »Geschichte des Römischen Rechts im Mittelalter, Teil I«. *Friedrich Schlegel* (43) »Geschichte der alten und neueren Literatur« im katholischen Geist.

MUSIK *Franz Schubert* (18) vertont Gedichte von *Goethe* (66), darunter »Heiderösiein« und »Erlkönig«.

KUNST *Goya* (69) schafft um diese Zeit die Radierungsfolgen »Tauromaquia« (»Stierkampf«) und »Desastres de la guerra« (»Schrecken des Krieges«).

WIRTSCHAFT Großbritannien erläßt Getreideschutzzölle, die 1846 durch den Freihandel abgelöst werden.

NATURWISSENSCHAFT *Augustin Jean Fresnel* (27) vervollständigt Wellentheorie des Lichtes.

TECHNIK *Humphry Davy* (37) Grubensicherheitslampe.

1816

POLITIK Verfassung in Sachsen-Weimar, die erste in Deutschland. Argentinien erklärt seine Unabhängigkeit.

LITERATUR *Franz Bopp* (25) entdeckt Verwandtschaft der indogermanischen Sprachen. *Benjamin Constant de Rebècque* (49) »Adolphe«. *Karl von Haller* (48) »Restauration der Staatswissenschaft« (sechs Bände erscheinen bis 1834).

MUSIK *Gioacchino Rossini* (24) »Der Barbier von Sevilla«.

TECHNIK Erste deutsche Gasanstalt in Freiberg i. S. und erste Gasbeleuchtungsanlage in einer Berliner Firma.

1817

POLITIK Wartburgfest der deutschen Burschenschaften unter den Farben Schwarz-Rot-Gold zeigt Stärke der nationalen und liberalen Ideen in Deutschland. Serbischer Aufstand gegen türkische Herrschaft, seit 1815, erfolgreich. *James Monroe* (59) Präsident der USA, bis 1825. Mississippi 20. Bundesstaat der USA. Englisch-amerikanischer Vertrag über Begrenzung der Schiffseinheiten auf den nordamerikanischen Seen erleichtert englisch-amerikanische Annäherung.

KULTUR »Union« zwischen Lutheranern und Reformierten in Preußen.

LITERATUR *John Keats* (22) »Gedichte«. *Robert de Lamennais* (35) »Essay über die Gleichgültigkeit in Sachen der Religion«.

KUNST *John Constable* (41) Die Flatford-Mühle. *Johann Friedrich Overbeck* (28) Fresken im Casino Massimi in Rom.

SOZIALWESEN *David Ricardo* (45) »Über die Grundgesetze der Volkswirtschaft und Besteuerung«.

NATURWISSENSCHAFT *Georges von Cuvier* (48) »Das Tierreich«. *Carl Ritter* (38) »Die Erdkunde im Verhältnis zur Natur und Geschichte des Menschen«, zwei Bände bis 1818.

1818

POLITIK Vorzeitiger Abzug der Besatzungstruppen aus Frankreich, das gleichzeitig in den Rat der Großmächte aufgenommen wird. Bayern und Baden erhalten Verfassungen. *Karl XIV. Johann (Bernadotte)* (55) wird König von Schweden und Norwegen, stirbt 1844. *Alexander I.* kündigt bei Eröffnung des polnischen Reichstages liberale Reformen für ganz Rußland an.

LITERATUR *Giacomo Conte Leopardi* (20) »Gesänge«.

KUNST *Karl Friedrich Schinkel* (37) Neue Wache in Berlin (seit 1817).

WIRTSCHAFT *Karl Georg Maaßens* (49) Zollgesetz in Preußen bereitet einheitliches Wirtschaftsgebiet in Norddeutschland vor.

NATURWISSENSCHAFT Tabelle genauer Atomgewichte von *Jöns Jacob Frhr. von Berzelius* (39).

1819

POLITIK Ermordung *Kotzebues* (58) durch radikalen Burschenschafter gibt Stichwort zur »Demagogenverfolgung« in Deutschland; »Karlsbader Beschlüsse«, von *Friedrich Wilhelm III.* (49) und *Metternich* (46) eingeleitet, führen zur Zensur und Überwachung des öffentlichen Lebens durch Regierungen der Bundesstaaten. Arbeiterunruhen auf dem Petersfeld bei Manchester (»Peterloo«) führen zur Einschränkung der Presse- und Versammlungsfreiheit. USA kaufen Florida von Spanien. Von Venezuela aus befreit *Simon Bolivar* (36) bis 1827 Neugranada (Kolumbien), Ecuador, Peru, Bolivien.

LITERATUR *George Gordon Byron* (31) »Don Juan« begonnen. *Jacob Grimm* (34) »Deutsche Grammatik«. *Arthur Schopenhauer* (31) »Die Welt als Wille und Vorstellung«.

TECHNIK Dampf-Segel-Schiff »Savannah« überquert vorwiegend mit Dampfkraft den Atlantik.

1820

POLITIK Wiener Schlußakte gegen die Verfassungsversprechen von 1815, bestehende Verfassungen sollen bleiben. *Georg IV.* (58) wird König von Großbritannien und Hannover, stirbt 1830. Revolution in Spanien gegen Absolutismus König *Ferdinands VII.* (36). Mit der Erhebung in Neapel erster Ausbruch der italienischen revolutionären Bewegung (Geheimbund der Carbonari); wie auch die späteren Erhebungen in Italien von Österreich unterdrückt, das auf dem Kongreß von Troppau (27.10. bis 17.12.) zusammen mit Rußland und Preußen den Grundsatz der Intervention verkündete.

LITERATUR *Alphonse de Lamartine* (20) »Méditations poétiques«. *Aleksandr Puschkin* (21) »Ruslan und Ludmila«. *Walter Scott* (49) »Ivanhoe«. *Percy Bysshe Shelley* (28) »Der entfesselte Prometheus«.

KUNST *Bertel Thorwaldsen* (50) »Der Löwe von Luzern«.

NATURWISSENSCHAFT *André Ampère* (45) entdeckt Kraftwirkungen zwischen elektrischen Strömen. *Jean Biot* (46), *Hans Christian Ørsted* (43) und *Félix Savart* (29) entdecken magnetische Wirkungen elektrischer Ströme.

1821

POLITIK Revolution in Portugal erzwingt Anerkennung der Verfassung durch den König. Griechischer Unabhängigkeitskampf gegen die Türkei beginnt, der 1829 erfolgreich endet. Peru und Mexiko erklären ihre Unabhängigkeit.

KULTUR Neues Schauspielhaus in Berlin von *Schinkel* (40) wird mit der Oper »Der Freischütz« von *Carl Maria von Weber* (35) eröffnet.

LITERATUR *Georg Wilhelm Friedrich Hegel* (51) »Grundlinien der Philosophie des Rechts«. *Joseph de Maistre* (68) »Abende in St. Petersburg«.

KUNST *Bertel Thorwaldsen* (53) beginnt Figurenschmuck für die Frauenkirche in Kopenhagen.

NATURWISSENSCHAFT *Michael Faraday* (30) entdeckt Grundprinzip des Elektromotors.

1822

POLITIK Verkündung der griechischen Unabhängigkeit und eines Verfassungsgesetzes in Epidauros (13.1.). Kongreß von Verona (20.10. bis 14.12.): England widersetzt sich dem von den Ostmächten aufrechterhaltenen Grundsatz der Intervention. Brasilien erklärt seine Unabhängigkeit von Portugal und wird konstitutionelles Kaiserreich (7.9.). Aus der Ansiedlung freigelassener Negersklaven beginnt sich Liberia zu entwickeln.

KULTUR Katholische Kirche hebt das seit 1616 bestehende Verbot kopernikanischer Schriften auf.

LITERATUR *George Byron* (34) »Cain«; nimmt 1823 am Freiheitskampf der Griechen teil.

MUSIK *Franz Schubert* (25) Symphonie Nr. 8 in h-Moll, die »Unvollendete«.

1823

POLITIK Berufung von Provinzialständen in Preußen an Stelle der 1815 versprochenen Verfassung. Frankreich hilft Revolution in Spanien niederschlagen und besetzt das Land bis 1828. *James Monroe* (65), Präsident der USA, bestreitet europäischen Ländern das Recht auf Einmischung in amerikanische Angelegenheiten (»Monroe-Doktrin«, 2.12.). Mexiko wird Republik.

LITERATUR *Fenimore Cooper* (34) beginnt seine »Lederstrumpferzählungen«. *Adolphe Thiers* (26) »Geschichte der Französischen Revolution«.

KUNST *Caspar David Friedrich* (49) Mondaufgang am Strande.

MUSIK *Beethoven* (53) 9. Symphonie in d-Moll mit Schlußchor »An die Freude«.

NATURWISSENSCHAFT *Michael Faraday* (32) gelingt erste Gasverflüssigung mit Chlor.

1824

POLITIK *Karl X.* (67) wird König von Frankreich; Vertreter des starren Royalismus, dankt 1830 ab. Die Russisch-Amerikanische Pelzkompanie, seit 1799 durch Charte der russischen Regierung alleinige Herrin Alaskas, regelt Grenzen durch Verträge mit den USA und Großbritannien (1824/25). Erster Krieg Großbritanniens gegen Burma, dauert bis 1826.

LITERATUR *Jean François Champollion* (34) »Grundriß des Systems der Hieroglyphen«. *Leopold Ranke* (29) »Zur Kritik neuerer Geschichtsschreiber« in »Geschichte der germanischen und romanischen Völker 1494 bis 1535«.

KUNST *Eugène Delacroix* (26) Massaker auf Chios.

SOZIALWESEN England hebt Gewerkschaftsverbot auf.

NATURWISSENSCHAFT *Sadi Carnot* (28) berechnet Wirkungsgrad von Wärmekraftmaschinen.

1825

POLITIK *Nikolaus I.* (29) wird Zar von Rußland, stirbt 1855. Dekabristenaufstand für eine russische Konstitution niedergeschlagen (26.12.). Bolivien erklärt sich von Spanien unabhängig. Großbritannien anerkennt Unabhängigkeit der südamerikanischen Staaten. *John Quincy Adams* (58) Präsident der USA.

LITERATUR *Franz Grillparzer* (32) »König Ottokars Glück und Ende«. *Alessandro Manzoni* (40) »Die Verlobten« in drei Bänden bis 1827. *Aleksandr Puschkin* (26) »Boris Godunow«.

MUSIK *Frédéric Chopin* (15): Rondeau in c-Moll op. 1.

TECHNIK Erste deutsche Technische Hochschule in Karlsruhe. Erste Eisenbahnlinie von Stockton nach Darlington (Nordengland) eröffnet.

1826

POLITIK Englisch-russische Verständigung in St Petersburg (4.4.) über die griechische Frage.

KULTUR Der Slowake *J. Herkel* prägt für die Verwandtschaft der slawischen Sprachen den Begriff »Panslawismus«, der bald ins Politische übertragen wird; der Zusammenschluß aller slawischen Völker in einem Staatsverband wird gefordert.

LITERATUR *Joseph von Eichendorff* (38) »Aus dem Leben eines Taugenichts«. *Friedrich Fröbel* (44) »Die Menschenerziehung«. *Wilhelm Hauff* (24) »Mitteilungen aus den Memoiren des Satans«, »Lichtenstein«. *Friedrich Hölderlin* (56) »Gedichte«.

MUSIK *Felix Mendelssohn-Bartholdy* (17) Ouvertüre zum »Sommernachtstraum«. *Carl-Maria von Weber* (40) »Oberon«.

NATURWISSENSCHAFT *Georg Simon Ohm* (37) entdeckt das Gesetz für den Widerstand metallischer Leiter. *Otto Unverdorben* (20) gewinnt Anilin aus Indigo. *Nikolai Lobatschewskij* (33) findet nichteuklidische Geometrie gleichzeitig mit und unabhängig von *Carl Friedrich Gauß* (49).

1827

POLITIK England, Frankreich und Rußland einigen sich im Vertrag von London über die Autonomie Griechenlands (6.7.). In der Seeschlacht bei Navarino siegt die englisch-französisch-russische Flotte über die ägyptisch-türkische, entscheidende Wende des griechischen Unabhängigkeitskrieges (20.10.).

LITERATUR *Guillaume Guizot* (40) »Geschichte der Zivilisation in Europa«. *Heinrich Heine* (30) »Buch der Lieder«. *Victor Hugo* (25) Vorwort zu »Cromwell« (romantisches Manifest).

MUSIK *Schubert* (30): »Die Winterreise«.

NATURWISSENSCHAFT *Karl Ernst von Baer* (35) entdeckt Säugetier-Ei. *Friedrich Wöhler* (27) entdeckt Aluminium in der Tonerde.

1828

POLITIK Zollvereine zwischen Preußen und Hessen-Darmstadt sowie Bayern und Württemberg. Mitteldeutscher Handelsverein mehrerer deutscher Staaten gegen Preußen. Russisch-türkischer Krieg, bis 1829, Rußland besetzt die Donaufürstentümer. Niederländer besetzen West-Neuguinea.

MUSIK *Daniel François Esprit Auber* (46) »Die Stumme von Portici«.

NATURWISSENSCHAFT *Friedrich Wöhler* (28) gelingt Synthese des Harnstoffes auf anorganischem Wege.

1829

POLITIK Russisch-türkischer Friede zu Adrianopel (14.9.): Griechenland von der Türkei unabhängig; Rußland erhält Donaudelta und gewinnt den persischen Anteil an Armenien. Durch Aufhebung der Testakte von 1673 werden Katholiken in Großbritannien zu politischen Ämtern zugelassen. *Andrew Jackson* (62) Präsident der USA bis 1837; er führt das »Beuteprinzip« der siegreichen Partei ein. Britische Kolonie Westaustralien gegründet.

KULTUR Abschaffung der Witwenverbrennung in Indien.

LITERATUR *Honoré de Balzac* (30) beginnt die Romanfolge »Menschliche Komödie« in über vierzig Bänden. *Johann Wolfgang Goethe* (80) vollendet »Wilhelm Meisters Wanderjahre«.

1830

POLITIK Londoner Protokoll: Rußland, England und Frankreich anerkennen Unabhängigkeit Griechenlands (3.2.). Juli-Revolution in Paris, König *Karl X.* (73) dankt ab, *Louis Philippe* (57), *Herzog von Orleans*, wird »Bürgerkönig«; Belebung der nationalen und liberalen Ideen in ganz Europa. Revolution in Brüssel, Belgien proklamiert seine Unabhängigkeit (4.10.). Zwölf Schweizer Kantone geben sich demokratische Verfassung. Polnische Revolution beginnt mit Aufstand in Warschau (29.11.). Frankreich beginnt Eroberung Algeriens, die 1847 abgeschlossen wird. Großkolumbien zerfällt in Venezuela, Neugranada (1861 wieder Kolumbien) und Ecuador.

KULTUR *Marie Joseph de La Fayette* (73) gründet »Verein der Menschenrechte«. *Joe Smith* (25) gründet die Mormonen-Sekte in New York.

LITERATUR *Honoré de Balzac* (31) »Gobseck«. *Stendhal* (48) »Rot und Schwarz«. *Aleksandr Puschkin* (31) »Eugen Onegin«. *Alfred Tennyson* (21) »Lyrische Gedichte«. *Henrik Wergeland* (22) begründet neuere norwegische Literatur mit »Die Schöpfung, der Mensch und der Messias«.

KUNST *Camille Corot* (34) Die Kathedrale von Chartres. *Eugène Delacroix* (32) »Die Freiheit auf der Barrikade«. *Karl Friedrich Schinkel* (49) Altes Museum Berlin (seit 1820).

MUSIK *Hector Berlioz* (27) »Symphonie phantastique«.

TECHNIK Eisenbahn Liverpool–Manchester mit Lokomotive von *George Stephenson* (49).

1831

POLITIK Belgien gibt sich eine liberale Verfassung, *Leopold I. von Sachsen-Coburg* (41) wird erster König der Belgier; die fünf Großmächte anerkennen in London belgische Unabhängigkeit und verbürgen seine Neutralität (26.7.). Niederschlagung der Revolution in Polen, das seine autonome Verwaltung verliert. Russifizierung. Revolutionäre Erhebungen in Italien von Österreich niedergeschlagen. Arbeiteraufstand in Lyon (20. bis 22.11.). *Mehemed Ali* (62) von Ägypten beginnt Krieg gegen Türkei, erobert Syrien. Kaiser *Pedro I.* (33) von Brasilien dankt zugunsten seines Sohnes *Pedro II.* (6) ab, der bis 1840 unter Regentschaft steht.

LITERATUR *Victor Hugo* (29) »Notre-Dame von Paris«. *Franz Grillparzer* (40) »Des Meeres und der Liebe Wellen«.

KUNST *Honoré Daumier* (23) beginnt seine sozialkritischen, karikaturistischen Zeichnungen zu veröffentlichen.

NATURWISSENSCHAFT *Michael Faraday* (40) findet das elektromagnetische Induktionsgesetz.

1832

POLITIK Süddeutsche Demokraten feiern das »Hambacher Fest« (17.5.); Presse- und Versammlungsfreiheit wird darauf vom Bundestag aufgehoben. Kampf um die Wahlrechtsreform in Großbritannien endet mit einem Sieg der Reformer; ein Teil der Mittelklasse erhält das Wahlrecht. *Giuseppe Mazzini* (27) gründet demokratischen Geheimbund des »Jungen Italien«. *Otto I. von Wittelsbach* (17) wird König von Griechenland; wird 1862 durch einen Militäraufstand gestürzt.

KULTUR *Karl Baedeker* erwirbt Verlagsrechte der »Rheinreise von Mainz bis Cöln« und läßt weitere Reiseführer folgen.

LITERATUR *Johann Wolfgang von Goethe* (82) stirbt in Weimar, nachdem er »Faust« II. Teil (1831) und »Dichtung und Wahrheit« (1831) vollendet hatte.

1833

POLITIK Preußen gründet Deutschen Zollverein ohne Österreich, die meisten deutschen Länder schließen sich an. *Isabella II.* (3) Königin von Spanien, zunächst unter Regentschaft ihrer Mutter; sie wird 1868 gestürzt und verzichtet 1870 auf den Thron.

LITERATUR *Johann Gustav Droysen* (25) »Geschichte Alexanders des Großen«. *Jules Michelet* (35) »Geschichte von Frankreich« begonnen. *Silvio Pellico* (45) »Meine Gefängnisse«.

SOZIALWESEN Gewerbeaufsicht durch Fabrikinspektoren in England, Kinderarbeit eingeschränkt. Abschaffung der Sklaverei im britischen Reich.

WIRTSCHAFT *Friedrich List* (44) »Über ein sächsisches Eisenbahnsystem als Grundlage eines allgemeinen deutschen Eisenbahnsystems«.

TECHNIK Magnetischer Nadeltelegraph von *Carl Friedrich Gauß* (56) und *Wilhelm Weber* (29).

1834

POLITIK Der ausgewiesene *Giuseppe Mazzini* (29) gründet in Bern das »Junge Europa«. *Don Carlos* (46), Bruder des verstorbenen *Ferdinand VII.*, entfesselt Bürgerkrieg in Spanien um seine Thronfolge, muß 1839 verzichten. China schließt seine Häfen für den europäischen Handel.

LITERATUR *Leopold Ranke* (41) »Die römischen Päpste« (in drei Bänden bis 1836). *Adam Mickiewicz* (36) »Herr Thaddäus« (Versepos). *Ludolf Wienbarg* (32) »Ästhetische Feldzüge«, theoretische Begründung des »Jungen Deutschland«.

SOZIALWESEN *Robert Mohl* (35) »Die Polizeiwissenschaft nach den Grundsätzen des Rechtsstaats«.

NATURWISSENSCHAFT *Michael Faraday* (43) findet die Gesetze der Elektrolyse. *Ernst Heinrich Weber* (39) Psycho-physisches Grundgesetz (später Weber-Fechnersches Gesetz genannt).

TECHNIK *Moritz Hermann Jacobi* (33) baut Elektromotor (benutzt ihn 1838 zum Bootsantrieb). *Friedlieb Ferdinand Runge* (39) gewinnt Phenol und Anilin aus Steinkohlenteer und beginnt seine »Farbenchemie«.

1835

POLITIK *Ferdinand I.* (42) wird Kaiser von Österreich, geistesschwach, verzichtet 1848. Neue englische Städteordnung auf Grundlage der Selbstverwaltung. Texas fällt von Mexiko ab.

KULTUR *James Gordon Bennett* (40) gründet Massenzeitung »New York Herald«. *Charles Havas* (50) gründet seine Agentur in Paris. Das höhere Bildungswesen in Indien wird von England europäisiert.

LITERATUR Bundestag verbietet die Werke des »Jungen Deutschland«, wozu *Heinrich Heine* (38), *Karl Gutzkow* (24), *Heinrich Laube* (29), *Ludwig Börne* (49) und andere gehören. *Georg Büchner* (22) »Dantons Tod«. *Johann Friedrich Herbart* (59) »Umriß pädagogischer Vorlesungen«. *Giuseppe Mazzini* (30) »Glaube und Zukunft«. *David Friedrich Strauß* (27) »Das Leben Jesu, kritisch bearbeitet«, übt Kritik an den historischen Grundlagen des Christentums. *Alexis de Tocqueville* (30) »Von der Demokratie in Amerika«.

MUSIK *Gaetano Donizetti* (38) »Lucia di Lammermoor« (Oper).

NATURWISSENSCHAFT *Jöns Jacob Frhr. von Berzelius* (56) führt den Begriff der chemischen Katalyse ein.

TECHNIK Erste deutsche Eisenbahn zwischen Nürnberg und Fürth.

1836

POLITIK Gründung der britischen Kolonie Südaustralien.

LITERATUR *Charles Dickens* (24) »Die Pickwickier«. *Johann Peter Eckermann* (44) »Gespräche mit Goethe«.

MUSIK *Giacomo Meyerbeer* (45) »Die Hugenotten«.

TECHNIK *Nikolaus von Dreyse* (49) erfindet Hinterlader-Zündnadelgewehr. Bau der ersten Eisenbahnen in USA.

1837

POLITIK *Viktoria* (18) wird Königin von Großbritannien und Irland und regiert bis 1901; wegen verschiedenartigem Erbrecht Auflösung der Personalunion zwischen England und Hannover, wo *Ernst August, Herzog von Cumberland* (66), König wird und die Verfassung aufhebt; sieben Göttinger Professoren erheben dagegen Einspruch und werden vom König entlassen (14. 12.).

KULTUR *Friedrich Fröbel* (55) gründet ersten deutschen Kindergarten in Blankenburg/Thüringen.

LITERATUR *Thomas Carlyle* (42) »Die Französische Revolution«. *Alphonse de Lamartine* (47) »Der Fall eines Engels«.

MUSIK *Robert Schumann* (27) Davidsbündler Tänze.

TECHNIK *Samuel Morse* (46) Schreibtelegraph.

1838

POLITIK *Richard Cobden* (34) gründet in England die liberalistische »Anti-Corn-Law-League«. Beginn der englischen Chartistenbewegung: Forderung nach Wahlrechtsreform.

LITERATUR *Charles Dickens* (36) »Oliver Twist«. *Edgar Allan Poe* (29) »Arthur Gordon Pym«.

NATURWISSENSCHAFT *Friedrich Wilhelm Bessel* (54) mißt erste Fixstern-Entfernung.

TECHNIK Eisenbahn Berlin—Potsdam. *Louis J. M. Daguerre* (49) erfindet Photographie mit Entwicklungsprozeß.

1839

POLITIK Großmächte garantieren im Londoner Protokoll Unabhängigkeit und Neutralität Belgiens (19. 4.). Luxemburg tritt größeren, wallonischen Teil an Belgien ab. Chartisten-Aufstand in England zur Durchsetzung des Arbeiterstimmrechtes unterdrückt. Großbritannien besetzt Aden. Großbritannien führt ersten Afghanenkrieg (bis 1842) ohne Erfolg. Nach der Vernichtung illegaler britischer Opiumlager in China beginnt Großbritannien den »Opiumkrieg«, um seine Handelsinteressen zu schützen. China unterliegt 1842. *Abdul-Medschid I.* wird Sultan der Türkei, regiert bis 1861; reformiert den Staat im Sinne europäischer Vorstellungen. Nach siebenjährigem Waffenstillstand beginnt *Mehemed Ali* (70) erneut den Krieg gegen die Türkei mit dem Ziel, Ägypten-Syrien unabhängig und zu erblichem Besitztum zu machen.

LITERATUR *Stendhal* (56) »Die Kartause von Parma«.

KUNST *Carl Spitzweg* (31) »Der arme Poet«. *William Turner* (64) »Die letzte Fahrt der Temeraire«.

SOZIALWESEN *Louis Blanc* (26) »Organisation der Arbeit«. Fabrikarbeitsverbot für Kinder unter neun Jahren in Preußen und Zehnstundentag für Jugendliche.

NATURWISSENSCHAFT *Theodor Schwann* (29) entdeckt die Zelle als Element des Tierkörpers.

TECHNIK *Charles Goodyear* (39) entdeckt die Vulkanisation des Kautschuks.

1840

POLITIK Nach einem zweiten Putschversuch wird Napoleons Neffe, *Louis Napoleon Bonaparte* (32), zu lebenslänglichem Gefängnis verurteilt; er entkommt 1846 nach England. *Napoleon I.* im Invalidendom, Paris, beigesetzt. Frankreich tritt im türkisch-ägyptischen Krieg für Ägypten ein, wird jedoch von den übrigen europäischen Großmächten einschließlich Preußen isoliert, die *Mehemed Ali* (71) zum Rückzug aus Syrien zwingen. Im Verlauf dieser »Orientalischen Krisis« Kriegsstimmung in Frankreich, deren Exponent *Adolphe Thiers* (43) jedoch nach der ägyptischen Niederlage vom Posten des Ministerpräsidenten zurücktreten muß. Nach Abdankung *Wilhelms I.* (68) wird *Wilhelm II.* (48) König der Niederlande, stirbt 1849. *Friedrich Wilhelm IV.* (45) wird König von Preußen, stirbt 1861. Königin *Viktoria* von Großbritannien (21) heiratet Prinz *Albert von Sachsen-Coburg-Gotha* (21), der starken politischen Einfluß auf sie gewinnt. Ober- und Unterkanada mit vorwiegend aus Frankreich stammender Bevölkerung unter einer Regierung vereinigt. Neue Expansion Englands in Indien: Rechtes Indusufer, Haiderabad und andere Gebiete kommen unter britische Herrschaft. Neuseeland wird britische Kronkolonie. Briten besetzen Hongkong.

LITERATUR *Michail Jurjewitsch Lermontow* (26) »Ein Held unserer Zeit«.

MUSIK *Frédéric Chopin* (30) Zwei Polonäsen, op. 40. *Richard Wagner* (27) »Rienzi«.

SOZIALWISSENSCHAFT *Pierre Joseph Proudhon* (31) »Was ist Eigentum?« mit der Antwort: Eigentum ist Diebstahl.

NATURWISSENSCHAFT *Carl Friedrich Gauß* (63) »Atlas des Erdmagnetismus«. *Justus Liebig* (37) »Die organische Chemie in ihrer Anwendung auf Agrikulturchemie und Physiologie«.

WIRTSCHAFT *Samuel Cunard* (53) gründet Cunard Steamship Company in Liverpool. England führt erste Briefmarken ein (Bayern 1849).

1841

POLITIK Im Londoner Meerengen-Vertrag wird allen nicht-türkischen Kriegsschiffen die Durchfahrt durch Bosporus und Dardanellen verboten.

LITERATUR *Ralph Waldo Emerson* (38) »Essays«. *Ludwig Feuerbach* (37) »Das Wesen des Christentums«.

MUSIK *Richard Wagner* (28) »Der fliegende Holländer« (aufgeführt 1843).

KUNST *Honoré Daumier* (33) Tragisch-klassische Physiognomien.

SOZIALWISSENSCHAFT *Friedrich List* (52) »Das nationale System der politischen Ökonomie«, empfiehlt »Erziehungszölle« zur Förderung der nationalen Produktion.

SOZIALWESEN Gesetz zur Einschränkung der Kinderarbeit in Frankreich.

1842

POLITIK Buren gründen nach dem »Großen Treck« (1835–38) den Freistaat Oranje. USA anerkennen Unabhängigkeit von Hawaii. Ende des Opiumkrieges: China tritt im Frieden zu Nanking Hongkong an Großbritannien ab und öffnet seine Häfen dem westlichen Handel.

LITERATUR *Auguste Comte* (44) begründet mit dem »Lehrgang der positiven Philosophie« (seit 1830 erschienen) den philosophischen Positivismus. *Nikolai Gogol* (33) »Die toten Seelen« erster Teil.

NATURWISSENSCHAFT *Julius Robert Mayer* (28) begründet mit seiner Schrift »Bemerkungen über die Kräfte der unbelebten Natur« den Energieerhaltungssatz.

1843

POLITIK Das 1838 von den Buren eroberte Natal wird zur britischen Kolonie erklärt. Englische liberale Wirtschaftszeitung »The Economist« gegründet.

LITERATUR *Sören Kierkegaard* (30) »Entweder – Oder«.

1844

POLITIK Aufstand der Weber in Schlesien. Erster englischer Konsumverein in Rochdale gegründet. Griechenland erhält Verfassung. Beginn der Regierung *Oskars I.* (45) von Schweden.

KULTUR *Nikolai Grundtvig* (61) gründet in Dänemark die erste Volkshochschule. *George Williams* gründet in London erste Young Men's Christian Association (YMCA) (wird 1855 zum Weltbund).

LITERATUR *Friedrich Hebbel* (31) »Maria Magdalena«. *Heinrich Heine* (47) »Deutschland, ein Wintermärchen«.

MUSIK *Giuseppe Verdi* (31) »Ernani«.

KUNST *William Turner* (69) »Regen, Dampf und Schnelligkeit«.

TECHNIK Erste Morse-Telegraphenlinie zwischen New York und Baltimore.

1845

POLITIK Neue Verfassung in Spanien (Stärkung des Monarchen). Gründung des »Sonderbundes« in der Schweiz (Katholische Schutzvereinigung zur Wahrung der Kantonssouveränität). Hungersnot in Irland. USA bieten Texas Eintritt in die Union an. *James K. Polk* (50) wird Präsident der USA. Briten werfen die Sikhs am oberen Indus bis 1849 nieder. Großbritannien zwingt Argentinien zur Abtretung der Falklandinseln.

KULTUR *Austen Henry Layard* (28) beginnt mit den Ausgrabungen von Kalach (Nimrud) und Ninive.

LITERATUR *Max Stirner* (eig. Kaspar Schmidt, 39) »Der Einzige und sein Eigentum« (Philosophie des Anarchismus).

KUNST *Gustave Courbet* (26) »Die Liebenden auf dem Lande«. *Adolph Menzel* (30) »Das Balkonzimmer«.

SOZIALWISSENSCHAFT *Friedrich Engels* (25) »Die Lage der arbeitenden Klassen in England«.

SOZIALWESEN Allgemeine Preußische Gewerbeordnung, gestattet Unterstützungskassen, verbietet aber Koalitionen.

NATURWISSENSCHAFT Der erste von fünf Bänden des »Kosmos« von *Alexander von Humboldt* (76) erscheint.

1846

POLITIK Freihandels-Partei in England erreicht Aufhebung der Kornzölle. Österreich annektiert Krakau. »Offener Brief« *Christians VIII.* von Dänemark (60) bedroht Sonderstellung Schleswig-Holsteins; nationale Erregung in Deutschland und Dänemark. Beginn des Pontifikats Papst *Pius' IX.* (54), stirbt 1878. Krieg zwischen USA und Mexiko bis 1848. Vertrag zwischen USA und Großbritannien über die Grenze im Nordosten (Oregon).

LITERATUR *Feodor Michailowitsch Dostojewskij* (25) »Der Doppelgänger«. *Alexander Petöfi* (23) »Der Strick des Henkers«. *Pierre Joseph Proudhon* (37) »Philosophie der Staatsökonomie oder Notwendigkeit des Elends«.

MUSIK *Hector Berlioz* (43) »Fausts Verdammnis«.

SOZIALWESEN *Adolf Kolping* (33) gründet in Elberfeld ersten deutschen katholischen Gesellenverein.

NATURWISSENSCHAFT *Johann Gottfried Galle* (34) entdeckt nach den Berechnungen von *Leverrier* (35) den Planeten Neptun. Erste Äthernarkose durch *William Morton* (27).

1847

POLITIK König von Preußen beruft den Vereinigten Landtag, hält aber an ständischer Gliederung und Ablehnung moderner Repräsentationsideen fest; nach Streit um Kredit-Bewilligungsrecht für Eisenbahnbau ergebnislose Vertagung. In der Schweiz wird Auflösung des Sonderbundes von der Bundesexekution durchgesetzt (Sonderbundskrieg). In Turin wird die Zeitung »Il Risorgimento« gegründet, die der nationalen Bewegung ihren Namen gibt. Algerier unter *Abd el-Kader* (39) müssen vor Frankreich kapitulieren. Gründung des Mormonenstaates am Großen Salzsee in Utah (USA). Konstituierung der »Freien und Unabhängigen Republik Liberia«.

LITERATUR *Honoré de Balzac* (47) »Le Cousin Pons«. *Alphonse de Lamartine* (57) »Geschichte der Girondisten«. *Karl Marx* (29) »Das Elend der Philosophie«.

SOZIALWESEN Gesetzlicher Zehn-Stunden-Tag für Kinder und Jugendliche in England.

MEDIZIN *Ignaz Semmelweis* (29) Entdeckung der Ursache des Kindbettfiebers. *James Y. Simpson* (36) verwendet bei einer Geburt erstmals Chloroform-Narkose.

NATURWISSENSCHAFT Erste Fahrt durch die Nordwest-Passage durch *Sir John Franklin* (61). *Hermann Helmholtz* (26) »Über die Erhaltung der Kraft« (Begründung des Energieerhaltungssatzes).

1848

POLITIK Februarrevolution in Paris, *Louis Philippe* (75) wird zur Abdankung gezwungen und die Republik ausgerufen (24.2.); die seit 1846 schwelende Wirtschaftskrise läßt revolutionäre Unruhen nicht enden, in schweren Kämpfen (23. bis 26.6.) behauptet Bürgertum die Macht, Verfassung mit allgemeinem Stimmrecht und parlamentarischer Regierung, Präsident wird Haupt der Exekutive (Wahl durch Volksabstimmung), *Louis Napoleon* (40) wird zum ersten Präsidenten gewählt (10.12.). Märzrevolution in Deutschland und Österreich: *Metternich* (75) flieht nach Großbritannien. *Friedrich Wilhelm IV.* (53) beruft preußische Nationalversammlung und stellt sich an die Spitze der gesamten Nation; *Ludwig I.* (62) von Bayern dankt zugunsten seines Sohnes *Maximilian II.* (37) ab; Sieg liberaler Ideen in den deutschen Klein- und Mittelstaaten; deutsche Nationalversammlung in der Frankfurter Paulskirche arbeitet Verfassung aus, Erzherzog *Johann* (66) von Österreich zum Reichsverweser gewählt. Pfingstaufstand der radikalen Tschechen in Prag wird von Österreich niedergeschlagen; Preußen schlägt polnische Erhebung in Posen nieder; Ungarn löst sich aus dem österreichischen Gesamtstaatsverband (10.4.), seine slawische Bevölkerung unter Führung der Kroaten versucht die politische Gleichberechtigung gegen den madjarischen Führungsanspruch mit Gewalt durchzusetzen; die revolutionären Erhebungen in Italien führen zunächst zur Vertreibung der Österreicher, *Karl Albert von Savoyen-Sardinien* (50) will Italien befreien und einigen, aber schon im Sommer entscheidende Erfolge des österreichischen Oberbefehlshabers Feldmarschall *Radetzky* (82). *Friedrich VII.* (40) wird König von Dänemark und verkündet die Einverleibung Schleswigs. Krieg mit Preußen, das, besonders unter dem Druck Rußlands, im Waffenstillstand von Malmö zur Zurückziehung seiner erfolgreichen Truppen gezwungen wird; Nationalversammlung in Frankfurt lehnt diesen Waffenstillstand zunächst ab, muß ihm aber nach vergeblichen Versuchen zur Bildung eines neuen Reichsministeriums doch zustimmen. Die beiden deutschen Großmächte Österreich und Preußen schlagen radikale Erhebungen im Westen und Südwesten Deutschlands nieder. General *von Wrangel* (64) rückt ohne Widerstand in Berlin ein. König löst preußische Nationalversammlung auf und oktroyiert eine Verfassung. Oktoberaufstand in Wien durch kaiserliche Truppen niedergeschlagen, Verlegung des österreichischen Reichstags nach Kremsier (Mähren), der Aufhebung der bäuerlichen Erbuntertänigkeit beschließt (bleibendes Ergebnis der Revolution in Österreich). Fürst *Felix Schwarzenberg* (48) übernimmt Leitung der österreichischen Politik, *Ferdinand I.* (55) dankt zugunsten seines Neffen *Franz Joseph I.* (18) ab. Siehe auch Spezialzeittafel S. 486f. Neue bundesstaatliche Verfassung für die Schweiz. Vertrag von Guadalupe-Hidalgo beendet Krieg zwischen USA und Mexiko: Texas, New Mexico und Kalifornien werden in die Staaten einverleibt. Goldfunde in Kalifornien rufen Masseneinwanderung hervor (Gold-rush).

KULTUR In Mainz findet der erste deutsche Katholikentag statt.

LITERATUR *Massimo d'Azeglio* (50) »Trauer um die Lombardei«. *Emily Brontë* (30) »Sturmhöhen«. *Alexander Dumas* (Sohn) (24) »Die Kameliendame«. *Thomas Macaulay* (48) beginnt »Englische Geschichte seit James II.« in fünf Bänden. *William M. Thackeray* (37) »Jahrmarkt der Eitelkeit«.

SOZIALWISSENSCHAFT *Karl Marx* (30) und *Friedrich Engels* (28) »Kommunistisches Manifest«. *John Stuart Mill* (42) »Prinzipien der Politischen Ökonomie«.

SOZIALWESEN Gesellenkongreß in Frankfurt, Arbeiterkongreß in Berlin (seine Zentralorganisation wird 1854 durch Bundesbeschluß aufgehoben).

1849

POLITIK Niederwerfung der revolutionären Bewegungen im Gebiet der habsburgischen Monarchie, die jedoch in Ungarn nur mit Hilfe russischer Truppen gelingt; Auflösung des österreichischen Reichstages und Oktroyierung einer Verfassung. Wiederherstellung der alten Zustände in Italien, wobei die Franzosen die römische Republik im Kampf gegen *Garibaldi* (42) beseitigen; *Karl Albert* (51) dankt ab zugunsten seines Sohnes *Viktor Emanuel II.* (29). In Frankfurt wird die Reichsverfassung vollendet. *Friedrich Wilhelm IV.* (54), König von Preußen, lehnt die von der Nationalversammlung angebotene Kaiserkrone ab. Allmähliche Auflösung der Nationalversammlung, Erzherzog *Johann* (67) legt Würde des Reichsverwesers nieder, Niederschlagung von Aufständen in Dresden, Rastatt und Karlsruhe durch preußische und Bundestruppen, Ende der Revolution. *Wilhelm III.* (32) wird König der Niederlande, stirbt 1890. *Zachary Taylor* (65) wird Präsident der USA.

KULTUR In Wittenberg erster deutscher evangelischer Kirchentag. *Israel Beer Josaphat* (33) gründet Nachrichten-Agentur (später Reuter).

SOZIALWESEN Wegen einer seit 1845 dauernden Hungersnot steigt Auswanderung aus Irland an.

NATURWISSENSCHAFT Erste Wetterkarten auf Grund telegraphischer Meldungen des gleichen Tages in England (tägliche Wettervorhersage ab 1861).

TECHNIK *Joseph Francis* (35) erfindet Radial-Wasserturbine.

WIRTSCHAFT Aufhebung der Navigationsakte in Großbritannien.

1850

POLITIK Erfurter Parlament soll preußische Unionspläne (deutsche Einigung unter Ausschluß Österreichs) verwirklichen (Verfassungsberatungen), aber baldige Auflösung der Union; Wiedereröffnung des Frankfurter Bundestages; Kriegsgefahr zwischen Preußen und Österreich wegen drohenden Eingreifens der Bundesorgane in einen hessischen Verfassungsstreit durch den Vertrag von Olmütz beseitigt: Preußen verzichtet auf Unionspläne. Im Frieden von Berlin zwischen Preußen und Dänemark verzichtet Preußen auf die Unterstützung Schleswig-Holsteins, das allein weiterkämpft, aber von Dänen und Exekutionstruppen des Deutschen Bundes zur Unterwerfung gezwungen wird. Die österreichische Verfassung für Ungarn außer Kraft gesetzt. Aufstand der Taiping-Bewegung in China, verwüstet bis 1864 große Teile des Landes.

LITERATUR *Charles Dickens* (38) »David Copperfield«. *Ralph Emerson* (47) »Essays über führende Geister«.

SOZIALWESEN Gesetzlicher Zehn-Stunden-Tag in englischen Textilfabriken für Frauen und Jugendliche führt wegen Arbeitsorganisation zum allgemeinen Zehn-Stunden-Tag in dieser Industrie; Ausdehnung auf die anderen Gewerbe unter Kämpfen in den nächsten dreißig Jahren. Erstes Volksbüchereigesetz in England. Erste »Volksbibliotheken« in Berlin. *Hermann Schulze-Delitzsch* (42) gründet ersten Vorschußverein, in der weiteren Entwicklung entstehen die Kreditgenossenschaften.

NATURWISSENSCHAFT Zweiter Hauptsatz der Wärmelehre (»Unordnung nimmt zu«) von *Rudolf Clausius* (28) und *William Thomson* (26). *Léon Foucault* (31) weist Erdumdrehung an der Drehung der Schwingungsrichtung eines Pendels nach. *Hermann Helmholtz* (29) erfindet Augenspiegel und mißt Geschwindigkeit eines Nervenreizes.

1851

POLITIK *Louis Napoleons* (43) Staatsstreich (2.12.); er wird durch Volksabstimmung zum Präsidenten auf zehn Jahre gewählt (21.12.).

KULTUR In London findet erste Weltausstellung tatt; Kristallpalast zeigt neuartige Glasarchitektur. Spanien schließt Konkordat mit dem Papst, ausschließliche Geltung des Katholizismus in Spanien bestätigt.

LITERATUR *Juan Donoso Cortés* (42) »Essay über Katholizismus, Liberalismus und Sozialismus«. *Friedrich Hebbel* (38) »Agnes Bernauer«. *Heinrich Heine* (54) »Romanzero«. *Herman Melville* (32) »Moby Dick«. *Richard Wagner* (38) »Oper und Drama« (Theorie des Musikdramas).

1852

POLITIK *Louis Napoleon* (44) durch Senatsbeschluß und erneute Volksabstimmung Kaiser der Franzosen (*Napoleon III.*). Aufhebung der österreichischen Verfassung. *Camillo Cavour* (42) wird Minister in Sardinien-Piemont, in der Folge führt seine Politik als Ministerpräsident die Einheit Italiens herbei. England erobert Unterburma.

LITERATUR *Harriet Beecher-Stowe* (40) »Onkel Toms Hütte«. *Jakob Grimm* (67) »Deutsches Wörterbuch, Teil I«. *Rudolf Jhering* (34) »Geist des Römischen Rechts« begonnen.

SOZIALWISSENSCHAFT *Auguste Comte* (54) »System der positiven Politik«.

1853

POLITIK Beginn des »Krimkrieges«: Rußland besetzt nach Ablehnung seines Planes zur Aufteilung der Türkei durch Großbritannien die Donaufürstentümer; nach dem Scheitern einer Vermittlungsaktion der Großmächte türkische Kriegserklärung an Rußland. Kommodore *Matthew C. Perry* (59) besucht mit einer US-Flotte Uraga in Japan; in den folgenden Jahren japanische Handelsverträge mit den USA und europäischen Staaten. (Siehe Spezialzeittafel S. 631.) Mexiko verkauft Südteil von Arizona an die USA.

KULTUR Kaiser *Napoleon III.* (45) beruft *Georges Eugène Haußmann* (44) als Präfekten, der das moderne Paris gestaltet. *Alexander Herzens* (41) »Glocke« (liberal-sozialistische Zeitschrift) beginnt in London zu erscheinen.

1854

POLITIK Frankreich und Großbritannien treten auf türkischer Seite in den Krimkrieg ein; Beginn der Belagerung von Sewastopol; Österreich erzwingt von den Russen die Räumung der Donaufürstentümer, ohne in den Krieg einzutreten. Republikanische Partei der USA in Wisconsin gegründet; vertritt Programm gegen Sklaverei und für Hochschutzzölle.

LITERATUR *Gottfried Keller* (35) »Der grüne Heinrich«. *Theodor Mommsen* (37) beginnt seine »Römische Geschichte«.

SOZIALWESEN Deutscher Bundestag verbietet alle Arbeitervereine (dieses Verbot wird 1868 aufgehoben).

NATURWISSENSCHAFT *Bernhard Riemann* (28) entwickelt nichteuklidische Geometrie.

TECHNIK Eröffnung der ersten Eisenbahn über die Alpen (Semmering). Erste Eisenbahn in Indien.

1855

POLITIK Sardinien-Piemont tritt in den Krimkrieg gegen Rußland ein; der Fall von Sewastopol. *Alexander II.* (37) wird Zar von Rußland.

KULTUR Weltausstellung in Paris; erstes Warenhaus in Paris.

LITERATUR *Ludwig Büchner* (31) »Kraft und Stoff« vertritt Materialismus in der Philosophie. *Gustav Freytag* (39) »Soll und Haben«. *Arthur von Gobineau* (39) »Versuch über die Ungleichheit der Rassen« (seit 1853). *Anthony Froude* (37) »Geschichte Englands vom Sturz Wolseys bis zur Niederlage der spanischen Armada«. *Walt Whitman* (36) »Leaves of grass«.

NATURWISSENSCHAFT *David Livingstone* (42) entdeckt auf seiner Afrika-Durchquerung 1854 bis 1856 die Victoriafälle.

TECHNIK *Henry Bessemer* (42) erfindet die »Bessemer-Birne«, mit der Massenherstellung von Gußstahl möglich wird.

1856

POLITIK Pariser Frieden beendet den »Krimkrieg«: südliches Bessarabien kommt an die Türkei, Schwarzes Meer wird neutralisiert (Kriegsschiffe und Anlage von Waffenplätzen verboten), Donauschiffahrt wird für frei erklärt. Internationale Seerechtsdeklaration verbietet Kaperei und garantiert Privateigentum im Seekrieg. Buren-Freistaat Transvaal gegründet, wird 1884 Südafrikanische Republik.

LITERATUR *Ferdinand Kürnberger* (31) »Der Amerikamüde«. *Wilhelm Raabe* (25) »Die Chronik der Sperlingsgasse«. *Alexis de Tocqueville* (51) »Das Ancien régime und die Revolution«.

NATURWISSENSCHAFT *Johann Carl Fuhlrott* (52) findet erstes Skelett eines »Neandertalers«. *William Henry Perkin* (18) entdeckt ersten künstlichen Teerfarbstoff Mauvein.

1857

POLITIK *Wilhelm von Preußen* (60) übernimmt Stellvertretung (1858 Regentschaft) für den geistig erkrankten *Friedrich Wilhelm IV.* (62). Preußen verzichtet auf das Hoheitsrecht über Neuenburg (Neuchâtel). England und Frankreich beginnen Krieg gegen China (»Lorchakrieg«). Ottawa wird Hauptstadt von Kanada.

KULTUR Universitäten in Calcutta, Bombay und Madras gegründet.

LITERATUR *Charles Baudelaire* (36) »Die Blumen des Bösen«. *Björnstjerne Björnson* (25) »Synnöve Solbakken«. *Gustave Flaubert* (36) »Madame Bovary«. *Adalbert Stifter* (52) »Nachsommer«.

NATURWISSENSCHAFT Entwicklung der kinetischen (molekularen) Gastheorie durch *Rudolf Clausius* (35), *August Karl Krönig* (35) und *William Thomson* (33). *August Kekulé* (28) entdeckt Vierwertigkeit des Kohlenstoffs. *Louis Pasteur* (35) erkennt die Beteiligung von Mikroorganismen an der Gärung.

1858

POLITIK Konferenz der Großmächte in Paris beschließt Gründung eines Fürstentums Rumänien. Nach Niederschlagung eines Aufstandes in Indien geht Herrschaft von der Ostindien Kompanie auf Großbritannien über, Einsetzung eines Vize-Königs. Friede von Tientsin: China muß den Europäern mehrere Häfen öffnen und ihre Gesandten zulassen. Amurprovinz wird russisch.

KULTUR Judenemanzipation in England beendet.

LITERATUR *Iwan A. Gontscharow* (46) »Oblomow«.

MUSIK *Jacques Offenbach* (39) »Orpheus in der Unterwelt«.

NATURWISSENSCHAFT *Julius Plücker* (57) entdeckt die Kathodenstrahlen. *Rudolf Virchow* (37) begründet die Zellularpathologie.

1859

POLITIK Krieg Sardinien-Piemonts und des mit ihm verbündeten Frankreich gegen Österreich; im Frieden von Zürich (10.11.) muß Österreich die Lombardei an Frankreich abtreten, das sie Sardinien-Piemont übergibt; revolutionäre Erhebungen in den mittelitalienischen Staaten. Frankreich erobert Saigon in Indochina.

KULTUR Inquisition wird in Italien beseitigt.

LITERATUR *George Meredith* (31) »Die Feuerprobe des Richard Feverel«. *John Stuart Mill* (53) »Über die Freiheit«.

MUSIK *Charles Gounod* (41) »Faust« (Margarethe).

KUNST *Jean Auguste Dominique Ingres* (79) »Türkisches Bad«. *Edouard Manet* (27) »Der Absinthtrinker«.

SOZIALWISSENSCHAFT *Karl Marx* (41) »Zur Kritik der politischen Ökonomie«.

NATURWISSENSCHAFT Chemische Spektralanalyse durch *Robert Bunsen* (48) und *Gustav Robert Kirchhoff* (35). *Charles Darwin* (50) »Über die Entstehung der Arten durch natürliche Auslese«.

WIRTSCHAFT Erdölgewinnung beginnt in USA (Pennsylvanien) und Rußland (Kaukasus).

1860

POLITIK Volksabstimmung in Mittelitalien für Anschluß an Sardinien-Piemont. *Giuseppe Garibaldi* (53) landet auf Sizilien und in Neapel (»Zug der Tausend«); Volksabstimmungen in Süditalien für Anschluß an Sardinien-Piemont. *Abraham Lincoln* (51), Kandidat der Republikaner, wird zum Präsidenten der USA gewählt. Republikanische Partei vorwiegend bis 1912 an der Macht. China ratifiziert nicht den Vertrag von Tientsin (1858), Einmarsch britischer und französischer Truppen in Peking (Zerstörung des kaiserlichen Sommerpalastes) erzwingt Erneuerung des Vertrages. Rußland gründet Wladiwostok.

LITERATUR *Jacob Burckhardt* (42) »Die Kultur der Renaissance in Italien«. *Aleksandr N. Ostrowskij* (37) »Das Gewitter«.

NATURWISSENSCHAFT *Gustav Theodor Fechner* (59) »Elemente der Psychophysik«. Erster internationaler Chemiker-Kongreß in Karlsruhe.

WIRTSCHAFT Handelsvertrag zwischen Großbritannien und Frankreich (»Cobdenvertrag«), Abbau der Schutzzölle und Einführung der Meistbegünstigungsklausel.

1861

POLITIK *Viktor Emanuel II.* (41) von Sardinien-Piemont wird König des bis auf Rom und Venetien vereinigten Italiens. *Wilhelm I.* (64) wird König von Preußen. *Benito Juarez* (55), Präsident von Mexiko, läßt Zinszahlungen an das Ausland einstellen; spanisch-britisch-französische Expedition soll Forderungen durchsetzen. Zar *Alexander II.* (43) hebt Leibeigenschaft in Rußland auf. Elf Südstaaten treten aus den USA aus und bilden Konföderation unter *Jefferson Davis* (53); Ausbruch des »Krieges zwischen den Staaten« (Sezessionskrieg).

LITERATUR *Hans Christian Andersen* (56) vollendet seine Märchensammlungen. *Johann Jakob Bachofen* (46): »Das Mutterrecht«.

NATURWISSENSCHAFT Entdeckung des Archäopteryx (Urvogel) im Solnhofer Schiefer.

TECHNIK *Ernest Solvay* (22) gibt sein Verfahren bekannt, Soda aus Ammoniak herzustellen. *Johann Philipp Reis* (27) erfindet den Fernsprecher.

1862

POLITIK Verfassungsstreit zwischen dem König von Preußen und liberalem Landtag wegen der Heeresreform; *Otto von Bismarck* (47) wird preußischer Ministerpräsident und Außenminister, will Heeresreform auch gegen den Willen des Landtages durchsetzen. *Otto I.* (47) von Griechenland durch Militärputsch abgesetzt. *Abraham Lincoln* (53) erklärt die Sklaverei in den Südstaaten der USA für aufgehoben.

LITERATUR *Victor Hugo* (60) »Die Elenden«. *Iwan S. Turgenew* (44): »Väter und Söhne«.

NATURWISSENSCHAFT *Léon Foucault* (43) mißt Lichtgeschwindigkeit mit Drehspiegeln im Laboratorium. *Hermann Helmholtz* (41) »Die Lehre von den Tonempfindungen als physiologische Grundlage für die Theorie der Musik«.

1863

POLITIK Rußland schlägt Polenaufstand unter demonstrativem Wohlwollen Preußens (»Alvenslebensche Konvention« zur gegenseitigen Unterstützung) nieder. Der König von Preußen meidet unter *Bismarcks* Einfluß den Fürstentag in Frankfurt am Main, der auf österreichische Initiative Reform des Deutschen Bundes beraten sollte. *Ferdinand Lassalle* (38) gründet in Leipzig »Allgemeinen Deutschen Arbeiterverein«; er trennt sich von *Karl Marx* (45). *Friedrich VII.* (55) von Dänemark vereinigt kurz vor seinem Tode Schleswig mit Dänemark; Beginn der Regierung *Christians IX.* (45).

KULTUR Auf Anregung von *Henry Dunant* (35) wird das »Rote Kreuz« gegründet.

LITERATUR *Ernest Renan* (40) »Das Leben Jesu«.

1864

POLITIK Österreich und Preußen fordern ultimativ die Wiederherstellung des alten Zustandes in Schleswig-Holstein und beginnen nach Ablehnung ihrer Forderungen Krieg gegen Dänemark, in dem dieses unterliegt und Schleswig-Holstein und Lauenburg an Österreich und Preußen abtreten muß (gemeinsame Verwaltung). Französisch-italienischer Vertrag über französische Besetzung Roms. *Karl Marx* (46) gründet in London »Internationale Arbeiterassoziation« und wird ihr erster Vorsitzender (Erste Internationale). *Alexander II.* (46) führt in Rußland Justiz- und Verwaltungsreform durch (Semstwo-Organisation bringt Kreis- und Gouvernements-Selbstverwaltung). Franzosen intervenieren in Mexiko. Österreichischer Erzherzog *Maximilian* (32) wird Kaiser von Mexiko. Der seit 1850 China belastende Aufstand der Taiping-Sekte wird unter schweren Opfern niedergeschlagen.

KULTUR Yosemite-Tal in Kalifornien wird erstes großes Naturschutzgebiet (3100 Quadratkilometer) der Erde. Päpstliche Enzyklika »Syllabus errorum« gegen Pantheismus, Naturalismus, Rationalismus, Liberalismus. Genfer Konvention (Rotes Kreuz) auf Anregung des Arztes *Henry Dunant* (36) zur Verbesserung des Loses von Kranken und Verwundeten im Kriege.

LITERATUR *Cesare Lombroso* (28) »Genie und Irrsinn«. *John Henry Newman* (63) »Apologie seines Lebens«. *Numa Denis Fustel de Coulanges* (34) »Die Stadt der Antike«.

SOZIALWISSENSCHAFT *Wilhelm Emanuel von Ketteler* (53) »Die Arbeiterfrage und das Christentum«.

TECHNIK *Pierre Martin* (40) erzeugt zusammen mit seinem Vater *Emile* (70) Stahl im Regenerativofen von *Friedrich Siemens* (38) »S-M-Stahl«.

1865

POLITIK Vertrag von Gastein: Die gemeinsamen Rechte Österreichs und Preußens werden in Schleswig von Preußen, in Holstein von Österreich ausgeübt, Lauenburg kommt gegen Geldentschädigung an Preußen. Beginn der Regierung *Leopolds II.* (30) von Belgien (bis 1909). Nordstaaten gewinnen den

Bürgerkrieg in den USA. Präsident *Abraham Lincoln* (56) ermordet; *Andrew Johnson* (57) neuer Präsident der USA bis 1869. Krieg zwischen Spanien und Peru, mit dem sich im nächsten Jahr Chile, Ecuador und Bolivien verbünden (dauert bis 1866). Krieg Paraguays gegen Brasilien, Argentinien und Uruguay, dauert bis 1870. Türkenreich des *Ja'kub Beg* (45) in Turkestan; wird 1872 ermordet. Französisch-Westafrika entsteht (wird 1904 Generalgouvernement).

SOZIALWESEN *Luise Otto-Peters* (46) gründet »Allgemeinen deutschen Frauenverein« (Beginn der Frauenbewegung in Deutschland).

NATURWISSENSCHAFT *August Kekulé* (36) erkennt Ringgestalt des Benzolmoleküls. *Joseph Loschmidt* (44) berechnet erstmals die Zahl der Moleküle in einem Kubikzentimeter eines Gases. *James Clerk Maxwell* (34) schließt auf die Existenz elektromagnetischer Wellen mit Lichtgeschwindigkeit. *Gregor Mendel* (43) begründet mit seinem »Versuche über Pflanzenhybriden« quantitative Vererbungslehre. *Gerhard Rohlfs* (34) durchquert Nordafrika bis 1867; *Georg Schweinfurth* (29) bereist das Nilgebiet (1864–66).

1866

POLITIK Ausgelöst durch Unstimmigkeiten über die Verwaltung Schleswig-Holsteins und eine Bundesreform kommt es zum Krieg zwischen Österreich und dem Deutschen Bund einerseits und Preußen und Italien andererseits, in dem Österreich unterliegt; im Frieden zu Prag erhält Preußen Schleswig-Holstein, Hannover, Kurhessen, Nassau, Frankfurt/Main, Venedig kommt zu Italien, Ende des 1815 gegründeten Deutschen Bundes. Preußen gründet Norddeutschen Bund einschließlich Sachsen und Nordhessen. Verfassungsreform in Norwegen – Schweden führt Zweikammersystem ein. *Carol I.* (27) zum Fürsten von Rumänien gewählt, wird 1881 König, stirbt 1914. Erstes Attentat auf Zar *Alexander II.* (48).

LITERATUR *Henrik Ibsen* (38) »Brand«. *Friedrich Albert Lange* (38) »Geschichte des Materialismus«. Gründung der antiromantischen französischen Literaturzeitschrift »Le Parnasse contemporain« um *Leconte de Lisle* (48). *Algernon Charles Swinburne* (29) »Lieder und Balladen«. *Paul Verlaine* (22) »Saturnische Gedichte«.

KUNST *Gustave Doré* (34) Illustrationen zur Bibel.

TECHNIK Erstes transatlantisches Kabel wird in Betrieb genommen.

1867

POLITIK Norddeutscher Bund erhält Verfassung (Grundlage der deutschen Reichsverfassung von 1871) mit einem Reichstag, der aus allgemeinen, gleichen, direkten und geheimen Wahlen hervorgegangen ist; *Otto von Bismarck* (52) wird Kanzler des Norddeutschen Bundes. Österreichisch-ungarischer Ausgleich: Ungarn erhält eigenen Reichstag, gemeinsam bleiben Außenpolitik und Heer; ein Zoll- und Handelsbündnis zwischen beiden Teilen soll alle zehn Jahre erneuert werden; in beiden Teilen der Doppelmonarchie schwierige Nationalitätenprobleme. Londoner Vertrag: Luxemburg wird neutral, preußische Besatzung zieht ab, Versuch *Napoleons III.* (59), es käuflich zu erwerben, scheitert. Zweite Wahlrechtsreform in Großbritannien: Inhaber städtischer Wohnungen, und damit die Industriearbeiterschaft, erhalten Wahlrecht. Russisches Generalgouvernement Turkestan errichtet. USA kaufen Alaska von Rußland. Kanadische Föderation vollendet. *Maximilian* (35), Erzherzog von Österreich, Kaiser von Mexiko seit 1864, wird nach Abzug der französischen Truppen von dem ehemaligen Präsidenten *Benito Juarez* (61) gefangengenommen und erschossen; Mexiko wird wieder Republik, *Juarez* Präsident.

LITERATUR *Henrik Ibsen* (39) »Peer Gynt«.

KUNST *Claude Monet* (27) »Frauen im Garten«. *Auguste Renoir* (26) »Der Maler Bazille«.

MUSIK *Johann Strauß* (42) »An der schönen blauen Donau«.

SOZIALWISSENSCHAFT *Karl Marx* (49) »Das Kapital«, erster Band.

NATURWISSENSCHAFT *Joseph Lister* (40) begründet antiseptische Wundbehandlung.

TECHNIK *José Monier* (44) erfindet Eisenbeton. *Alfred Nobel* (34) erfindet das Dynamit. Schreibmaschine von *Christopher Latham Sholes* (48), wird in den nächsten Jahren vervollkommnet. *Werner Siemens* (51) erfindet selbsterregende Dynamomaschine.

WIRTSCHAFT Entdeckung von Diamantenfeldern im Oranje-Freistaat.

1868

POLITIK *William Gladstone* (59) wird nach liberalem Wahlsieg bis 1874 britischer Ministerpräsident; er beseitigt in den folgenden Jahren Vorzugsstellung der anglikanischen Kirche in Irland, führt Schulpflicht ein und Heeresreform durch. Britischer Trade Union Congress (Gewerkschaftsunion) gegründet. Revolution in Spanien, *Isabella II.* (38) flieht nach Frankreich und wird abgesetzt. Nach Rücktritt des letzten Shôguns (1867) neue Regierung in Tôkyô (Yedo) mit Kaiser *Meiji* (16) an der Spitze, politisch kontrolliert von den Daimyos der westlichen Provinzen.

LITERATUR *Charles De Coster* (41) »Uilenspiegel«.

MUSIK *Johannes Brahms* (35) »Ein deutsches Requiem«.

NATURWISSENSCHAFT *Ernst Haeckel* (34) »Natürliche Schöpfungsgeschichte« mit dem »Biogenetischen Grundgesetz«. Prähistorischer CrôMagnon-Mensch in Frankreich gefunden. *Ferdinand v. Richthofen* (35) beginnt seine Forschungsreise nach China (bis 1872).

1869

POLITIK *August Bebel* (29) und *Wilhelm Liebknecht* (43) gründen in Eisenach Sozialdemokratische Arbeiterpartei. *Napoleon III.* (61) vollzieht Übergang zum

»Empire libéral«, da trotz vorheriger innerpolitischer Zugeständnisse die Wahlen nur schwache Mehrheit für Regierung ergeben hatten. *Ulysses S. Grant* (47) Präsident der USA bis 1877.

Literatur *Leo Tolstoij* (41) »Krieg und Frieden« vollendet.

Naturwissenschaft *Johann Wilhelm Hittorf* (45) untersucht Kathodenstrahlen, entdeckt unter anderem ihre Ablenkbarkeit. *Dimitrij Mendelejew* (35) und *Lothar Meyer* (39) finden unabhängig voneinander das Periodische System der chemischen Elemente.

Technik *Ferdinand Lesseps* (64) vollendet Suezkanal (im Bau seit 1859). Eröffnung der ersten Pazifik-Eisenbahn; verbindet die Ost- und Westküste der USA miteinander.

1870

Politik Streit um die Kandidatur eines Hohenzollern für den spanischen Thron führt zu ernster Krise; Abweisung der französischen Forderung nach preußischer Dauergarantie für Verzicht auf Hohenzollernkandidatur für spanischen Thron durch *Wilhelm* (73) von Preußen wird von *Bismarck* (55) in verkürzter und verschärfender Form der Weltöffentlichkeit mitgeteilt (»Emser Depesche«) (13.7.), so daß Frankreich an Preußen den Krieg erklärt (19.7.), in dessen Verlauf *Napoleon III.* (63), Kaiser der Franzosen seit 1852, in preußische Kriegsgefangenschaft gerät; Belagerung von Paris; Frankreich wird zur Republik erklärt. Rom nach Abzug der französischen Besatzung von italienischen Truppen besetzt und zur Hauptstadt Italiens ausgerufen (20.9.), Auflösung des Kirchenstaates.

Kultur Dogma von der Unfehlbarkeit des Papstes »ex cathedra« auf dem Vatikanischen Konzil verkündet. *Heinrich Schliemann* (48) beginnt Ausgrabung Trojas.

Literatur *Ignaz von Döllinger* (71) »Der Papst und das Konzil«.

Naturwissenschaft *Louis Pasteur* (48) »Die Krankheiten der Seidenraupe«.

1871

Politik In Versailles wird das Deutsche Reich gegründet (18.1.), *Wilhelm von Preußen* (74) wird Deutscher Kaiser, *Otto von Bismarck* (56) Reichskanzler, Verfassung entspricht im wesentlichen der des Norddeutschen Bundes von 1867. *Adolphe Thiers* (74) wird von der französischen Nationalversammlung an die Spitze der Regierung gestellt (ab 31.8. Präsident), Aufstand der Pariser Kommune wird blutig unterdrückt; im Frieden von Frankfurt (10.5.) tritt Frankreich Elsaß-Lothringen an das Deutsche Reich ab und verpflichtet sich zur Zahlung einer Kriegsentschädigung von 5 Milliarden Francs. In der Londoner Konferenz (13.3.) wird die Neutralisierung des Schwarzen Meeres aufgehoben.

Literatur *Feodor Michailowitsch Dostojewskij* (50) »Die Dämonen«. *Emile Zola* (31) beginnt seinen Romankreis »Les Rougon Macquart«, bis 1893 zwanzig Bände.

Musik *Giuseppe Verdi* (58) »Aida«.

Naturwissenschaft *Charles Darwin* (62) »Die Abstammung des Menschen«. *Henry Morton Stanley* (30) findet *David Livingstone* (58) in Ostafrika; im nächsten Jahr erscheint sein Buch »Wie ich Livingstone fand«.

Technik *Richard Leach Maddox* (55) erfindet die photographische Trockenplatte mit Bromsilber.

1872

Politik Frankreich führt allgemeine Wehrpflicht ein. *Johannes IV.* (40) wird Kaiser von Abessinien, fällt 1889.

Literatur *Wilhelm Busch* (40) »Die fromme Helene«.

Kunst *Max Liebermann* (25) »Die Gänserupferinnen«.

Sozialwesen *Gustav Schmoller* (34) gründet »Verein für Socialpolitik«.

Naturwissenschaft »Challenger«-Tiefsee-Expedition beginnt, dauert bis 1876. *Ernst Abbe* (32) beginnt Verbesserungen des Mikroskops auf wissenschaftlicher Grundlage.

1873

Politik *Patrice Maurice MacMahon* (65) wird zweiter Präsident Frankreichs, bis 1879. Deutschland, Österreich und Rußland schließen »Dreikaiserbündnis«. Allgemeine Wehrpflicht in Japan.

Kultur Mit den »Maigesetzen« (über Vorbildung und Anstellung der Geistlichkeit) verschärft sich Auseinandersetzung zwischen Staat und katholischer Kirche in Preußen und Deutschland (»Kulturkampf«).

Literatur *Jean-Arthur Rimbaud* (19) »Ein Aufenthalt in der Hölle«.

Kunst *Paul Cézanne* (34) »Strohhut«.

Sozialwissenschaft *Herbert Spencer* (53) »Das Studium der Soziologie«.

Naturwissenschaft *James Clerk Maxwell* (42) vollendet seine Theorie des Elektromagnetismus in Form weniger Grundgleichungen.

Wirtschaft Konjunktur der Gründerjahre in Deutschland endet mit einer Krise.

1874

Politik *Benjamin Disraeli* (70) wird nach konservativem Wahlsieg britischer Ministerpräsident und regiert bis 1880. Allgemeine Wehrpflicht in Rußland. Verfassungsreform in der Schweiz führt plebiszitäres Referendum ein. Annam und Tonking französisches Protektorat.

Kultur Impfgesetz für das Deutsche Reich regelt Pockenschutzimpfung. Weltpostverein gegründet (schließt 1878 Weltpostvertrag ab).

KUNST Erste gemeinsame Ausstellung von *Monet* (34), *Degas* (40), *Renoir* (33), *Pissaro* (44), *Cézanne* (35), *Sisley* (35) und anderen, darunter Monets Bild »Impression, soleil levant« (daher »Impressionisten«).

MUSIK *Anton Bruckner* (50) 4. Sinfonie in Es-Dur (aufgeführt 1883).

SOZIALWESEN Gesetz über die obligatorische Zivilehe für Preußen (1875 im ganzen Deutschen Reich).

1875

POLITIK »Krieg-in-Sicht«-Krise zwischen Deutschland und Frankreich. Lassalleaner und Marxisten vereinigen sich zur »Sozialistischen Arbeiterpartei Deutschlands« in Gotha. Großbritannien erwirbt Mehrheit der Suezkanal-Aktien. Nach langen Jahren der Unruhe ist die Monarchie in Spanien wieder hergestellt, *Alfons XII.* (18), Sohn *Isabellas II.*, regiert bis 1885. Vertrag von Petersburg: Rußland besetzt Sachalin, Japan die Kurilen. USA schließen Handelsvertrag mit Hawaii und erwerben Stützpunkt Pearl Harbour. Ägyptisch-abessinischer Krieg, den Abessinien 1879 siegreich beendet.

MUSIK *Johannes Brahms* (42) Sinfonie Nr. 1 in c-Moll. *Peter Tschaikowskij* (35) Klavierkonzert Nr. 1 in b-Moll.

NATURWISSENSCHAFT *Oskar Hertwig* (36) beobachtet Befruchtung am Seeigelei. Internationale Meterkonvention in Paris unterzeichnet.

1876

POLITIK Nach der Ermordung von *Abdul Asis* (46), Sultan seit 1861, wird *Abdul Hamid II.* (34) türkischer Sultan, regiert bis 1909; Aufstand in Bulgarien; Serbien und Montenegro führen Krieg gegen die Türkei. In der Geheimkonvention von Reichstadt sagt Österreich-Ungarn Rußland für den Fall eines russisch-türkischen Krieges Neutralität zu gegen russische Zustimmung zur Besetzung Bosniens und der Herzegowina.

LITERATUR *Conrad Ferdinand Meyer* (51) »Georg Jenatsch« (seit 1882 Jürg Jenatsch). *Leo Tolstoj* (48) »Anna Karenina«.

SOZIALWISSENSCHAFT *Adolph Wagner* (41) »Grundlegung der Politischen Ökonomie«.

TECHNIK *Carl Linde* (34) konstruiert Ammoniak-Kältemaschine mit Kompression. *Nikolaus Otto* (44) erfindet Viertakt-Verbrennungsmotor. *Alexander Graham Bell* (29) konstruiert technisch brauchbares Telefon.

1877

POLITIK *Königin Viktoria* (58) von Großbritannien wird zur Kaiserin von Indien ausgerufen. Russisch-türkischer Krieg. Russen dringen bis kurz vor Konstantinopel vor; Serbien greift unter Bruch des im Vorjahr geschlossenen Waffenstillstandes erneut die Türkei an. Großbritannien annektiert burischen Freistaat Transvaal. Abzug der letzten Bundestruppen aus den Südstaaten der USA. *Porfirio Diaz* (47) Präsident von Mexiko bis 1911 (außer 1881–83).

TECHNIK *Thomas Alva Edison* (30) erfindet Walzen-Phonograph.

1878

POLITIK Russisch-türkischer Friede von San Stefano (3.3.): Balkanstaaten werden von der Türkei unabhängig, Rußland erhält Gebiete in Armenien und die Dobrudscha. Gefahr eines Krieges zwischen Rußland und Großbritannien sowie Österreich-Ungarn auf dem Berliner Kongreß (15.6.–14.7.) unter Vorsitz von *Bismarck* (63) beseitigt: Bosnien und Herzegowina werden unter österreichische Verwaltung gestellt, Balkanstaaten bleiben unabhängig (nur Bulgarien wird der Pforte tributpflichtig und verkleinert), Rumänien erhält die Dobrudscha, tritt aber Südstreifen Bessarabiens wieder an Rußland ab. Türkei tritt Cypern an Großbritannien ab. Zwei Attentatsversuche auf den Kaiser nimmt *Bismarck* (63) zum Anlaß, durch das »Sozialistengesetz« die deutsche Arbeiterbewegung zu unterdrücken. Hofprediger *Adolf Stoecker* (43) und *Adolph Wagner* (43) gründen antisozialdemokratische »Christlich-soziale Arbeiterpartei« mit antisemitischen Tendenzen. *Leo XIII.* (68) wird Papst, stirbt 1903. *Umberto I.* (34) wird König von Italien, regiert bis 1900.

LITERATUR *Friedrich Nietzsche* (34) »Menschliches, Allzumenschliches«. *Charles S. Peirce* (39) »Wie unsere Gedanken klargemacht werden können«; in diesem Aufsatz wird erstmalig der Ausdruck »Pragmatismus« gebraucht.

SOZIALWESEN *William Booth* (49) gründet in London Heilsarmee und wird ihr erster General.

NATURWISSENSCHAFT *Louis Pasteur* (56) »Die Mikroben«. *Adolf v. Baeyer* (43) gelingt Indigo-Synthese.

1879

POLITIK Russische Verstimmung über Ergebnisse des Berliner Kongresses führt zu deutsch-russischer Entfremdung, Abschluß des geheimen Zweibundes zwischen Deutschland und Österreich-Ungarn. Nach dem zweiten Krieg um Afghanistan setzt sich der britische Einfluß gegenüber dem russischen immer mehr durch. »Salpeterkrieg« Chiles gegen Bolivien und Peru; Chile siegt 1884.

KULTUR Reichsgericht in Leipzig errichtet; erster Präsident wird der Nationalliberale *Eduard von Simson* (69). Ende des »Kulturkampfes« in Deutschland, in den nächsten Jahren Abbau der Kampfmaßnahmen.

LITERATUR *Heinrich von Treitschke* (45) »Deutsche Geschichte im 19. Jahrhundert«.

NATURWISSENSCHAFT *Adolf Erik Nordenskiöld* (47) gelingt Nordostpassage längs Sibirien.

TECHNIK *Thomas Alva Edison* (32) konstruiert technisch brauchbare Kohlenfaden-Glühlampe. *Werner von Siemens* (63) Erste elektrische Eisenbahn in Berlin.

WIRTSCHAFT Neuer deutscher Zolltarif begründet aktive Schutzzollpolitik.

1880

POLITIK *William Gladstone* (71) zum zweiten Male britischer Ministerpräsident, bis 1885. Konferenz von Madrid regelt Schutzrechte der europäischen Mächte in Marokko. Sprachenverordnung für Böhmen und Mähren verschärft nationale Zwistigkeiten in Österreich-Ungarn. Erhebung der Buren beginnt (16. 10.).

LITERATUR *Feodor Dostojewskij* (59) »Die Brüder Karamasow«. *Jens Peter Jacobsen* (33) »Niels Lyhne«. *Guy de Maupassant* (30) »Schmalzkugel«.

KUNST *Edgar Degas* (46) »Tänzerin mit Blumenstrauß«.

1881

POLITIK Geheimer Neutralitätsvertrag zwischen Deutschland, Österreich und Rußland für drei Jahre (18.6.) (Erneuerung des »Dreikaiserbündnisses«). Zar *Alexander II.* (63) von Anarchisten ermordet, Beginn der Regierung *Alexanders III.* (36); russische Geheimpolizei Ochrana gegründet; Judenpogrome in Rußland. Rumänien wird Königreich, *Carol I.* (bis 1914). Frankreich nimmt Tunis in Besitz. Italien beginnt Eritrea zu erobern, das 1890 italienische Kolonie wird. Transvaal erlangt nach britischer Niederlage am Majubaberg bedingte Unabhängigkeit unter Souveränität der britischen Krone.

SOZIALWESEN American Federation of Labour (USA-Gewerkschaft) gegründet.

TECHNIK Erster Ortsfernsprechverkehr in Deutschland.

1882

POLITIK Geheimer Verteidigungsvertrag zwischen Deutschland, Österreich-Ungarn und Italien (Dreibund). Serbien wird Königreich. Großbritannien besetzt Ägypten und drängt den französischen Einfluß dort immer weiter zurück, was in den folgenden Jahren Anlaß zu dauernden Verstimmungen zwischen den beiden Mächten gibt.

KUNST *Edouard Manet* (50) »Die Bar in der Folies-Bergère«.

MUSIK *Richard Wagner* (69) »Parsifal«.

NATURWISSENSCHAFT *Robert Koch* (39) entdeckt den Tuberkelbazillus.

TECHNIK *Thomas Alva Edison* (35) gründet in New York erstes öffentliches Elektrizitätswerk. Eisenbahnverkehr über den St. Gotthard (Tunnel) eröffnet.

1883

POLITIK Verteidigungsbündnis zwischen Rumänien und Österreich-Ungarn, dem sich auch Deutschland anschließt (30. 10.). »Zivildienstreform« durch *Carl Schurz* (54) löst Beutesystem der Parteien ab und setzt Prüfungen und Ausbildung für das Bundespersonal der USA fest. *Georgij W. Plechanow* (26) gründet mit anderen in Genf russisch-marxistischen »Bund zur Befreiung der Arbeit«. Madagaskar kommt unter französisches Protektorat.

LITERATUR *Wilhelm Dilthey* (50) »Einleitung in die Geisteswissenschaften«. *Robert Louis Stevenson* (33) »Die Schatzinsel«.

SOZIALWESEN Evolutionär-sozialistische »Fabian Society« wird in England gegründet. Gesetz über Krankenversicherung in Deutschland.

NATURWISSENSCHAFT *Georg Cantor* (38) gibt die Grundlagen der mathematischen Mengenlehre. *Robert Koch* (40) entdeckt den Cholera-Erreger.

TECHNIK *Carl Gustaf de Laval* (38) erfindet Dampfturbine. *Hiram Stevens Maxim* (43) Maschinengewehr.

1884

POLITIK Verlängerung des »Dreikaiserbündnisses« zwischen Deutschland, Österreich, Rußland um weitere 3 Jahre. Trotz des Sozialistengesetzes steigen die sozialdemokratischen Sitze im deutschen Reichstag von zwölf (1881) auf vierundzwanzig. Gründung deutscher Kolonien in Südwestafrika, Kamerun, Togo, Ostafrika, Neuguinea, dem Bismarck-Archipel und den Marschallinseln (1884/85). Im chinesisch-französischen Vertrag von Tientsin (11.5.) verzichtet China auf alle Rechte in Tonking und Annam.

LITERATUR *Gabriele d'Annunzio* (21) »Jungfräuliche Erde«.

KUNST *Auguste Rodin* (44) beginnt »Die Bürger von Calais« (in Calais 1895 aufgestellt).

SOZIALWESEN Unfall-Pflichtversicherung in Deutschland.

NATURWISSENSCHAFT *Ludwig Knorr* (25) Antipyrin.

TECHNIK Setzmaschine von *Ottmar Mergenthaler* (30).

1885

POLITIK Rußland beginnt Russifizierung von Livland, Estland und Kurland. Ostrumelien, seit 1878 von der Türkei abhängige autonome Provinz, wird gegen den Willen Rußlands von Bulgarien angegliedert. Serbien beginnt Krieg gegen Bulgarien. Bildung einer belgischen Arbeiterpartei. Kongo-Konferenz in Berlin anerkennt unabhängigen Kongostaat unter König *Leopold II.* (50) (Kongo-Akte). Indischer Nationalkongreß in Bombay von indischen Intellektuellen gegründet. Nach neuem Krieg zwischen China und Frankreich zweiter Friede von Tientsin (9.6.): Annam (seit 1883 unter französischer Schutzherrschaft) und Tonking kommen an Frankreich.

LITERATUR *Mark Twain* (49) »Huckleberry Finn«.

KUNST *Auguste Renoir* (44) »Badende«.

NATURWISSENSCHAFT *Ernst v. Bergmann* (49) bildet Asepsis aus.

TECHNIK Dreirädriger Kraftwagen von *Carl Benz* (41) und Kraftrad von *Gottlieb Daimler* (51). *St.-Hilaire de Chardonnet* (46) erfindet die Kunstseide. *Reinhard Mannesmann* (29) und seine Brüder entwickeln das Walzen nahtloser Röhren. *Carl Auer von Welsbach* (27) erfindet Gasglühstrumpf. Canadian Pacific Railway von Halifax nach Vancouver vollendet.

1886

POLITIK *William Gladstone* (77) wird mit Ablehnung der Home Rule Bill für Irland durch das Unterhaus gestürzt, konservatives Ministerium unter *Lord Salisbury* (56) bis 1892. *Georges Boulanger* (49) wird Kriegsminister in Frankreich, kann aber seine national-revanchistischen Absichten nicht durchsetzen. *Alfons XIII.*, nachgeborener Sohn *Alfons' XII.*, wird mit seiner Geburt König von Spanien und bleibt es bis zur Ausrufung der Republik 1931 (Regentschaft seiner Mutter *Maria Christina* bis 1902). Durch Österreich-Ungarn vermittelter Friede zwischen Serbien und Bulgarien stellt Status quo ante wieder her. *Alexander von Bulgarien* (29) muß nach Staatsstreich der russisch gesinnten Partei zurücktreten. Im dritten Burmakrieg wird Oberburma Britisch-Indien einverleibt. Britisch-königliche Niger-Kompanie erhält Hoheitsrechte (seit 1900 britische Kronkolonie Nigeria).

LITERATUR *Friedrich Nietzsche* (42) »Jenseits von Gut und Böse«.

TECHNIK *Paul Louis Héroult* (23) findet elektrolytische Aluminiumgewinnung.

1887

POLITIK *Sadi Carnot* (50) wird Präsident Frankreichs; 1894 durch italienischen Anarchisten ermordet. Der französische Kriegsminister *Georges Boulanger* (50) wird entlassen; begeht 1891 Selbstmord. Wegen russisch-österreichischer Spannungen ist »Dreikaiserbündnis« nicht zu verlängern, daher geheimer »Rückversicherungsvertrag« zwischen Deutschland und Rußland (18.6.), der wohlwollende Neutralität beider Partner im Falle eines Angriffs von dritter Seite auf den anderen vorsieht; geheimes Zusatzprotokoll sichert Rußland freie Hand in der Meerengenfrage zu. Im Widerspruch zum Sinn dieses Protokolls unterstützt Bismarck das Zustandekommen des Orient-Dreibundes Österreich, England und Italien, der den Besitzstand der Türkei gegen etwaigen russischen Angriff garantiert. Erneuerung des Dreibundes zwischen Deutschland, Italien und Österreich-Ungarn; Italien und Österreich-Ungarn sichern sich hierbei gegenseitige Kompensationen zu für den Fall von Gebietsgewinnen auf dem Balkan oder den türkischen Inseln. *Ferdinand I.* von Sachsen-Koburg (26) wird gegen den Willen Rußlands Fürst von Bulgarien, dankt 1918 ab. Erste britische Reichskonferenz in London. Generalgouvernement Französisch-Indochina gegründet. Britisch-Ostafrika entsteht in den folgenden Jahren in Kenia und Uganda. Johannesburg gegründet.

KULTUR *André Antoine* (29) gründet das »Théatre Libre« in Paris.

1888

POLITIK Nach dem Tode von *Wilhelm I.* (90) und *Friedrich III.* (56) wird *Wilhelm II.* (29) König von Preußen und Deutscher Kaiser.

LITERATUR *August Strindberg* (39) »Fräulein Julie«, »Die Inselbauern«.

MUSIK *Edvard Grieg* (45) Peer-Gynt-Suite Nr. 1.

KUNST *Vincent van Gogh* (35) beginnt in Arles seine Hauptwerke zu malen (»Sonnenblumen«, »L'Arlésienne«.

SOZIALWESEN Aufhebung der Sklaverei in Brasilien (letzter Staat in Amerika).

NATURWISSENSCHAFT *Wilhelm Hallwachs* (29) entdeckt lichtelektrischen Effekt, die Grundlage der Photozelle. *Heinrich Hertz* (31) erzeugt und untersucht elektromagnetische Wellen im UKW-Bereich. *Fridtjof Nansen* (27) durchquert Südgrönland mit Schlitten und Skiern. Rollfilm-Photoapparat von *George Eastman* (34).

1889

POLITIK Gründung der sozialdemokratischen »Zweiten Internationale« in Paris, die erste hatte sich 1876 aufgelöst. Großer Streik an der Ruhr. Londoner Dockarbeiterstreik. *Alexander I.* (13) wird König von Serbien; wird 1903 ermordet. Nach einem Aufstand gegen die Aufhebung der Sklaverei wird Brasilien Republik. *Menelik*, König von Schoa (45), wird Negus von Abessinien; er muß im Vertrag von Utschiali Abessinien unter italienisches Protektorat stellen. Britisch-Südafrikanische Gesellschaft unter *Cecil Rhodes* (36) gründet Rhodesia. Unter dem Einfluß von *Hirobumi Ito* (48), zwischen 1885 und 1901 mehrmals japanischer Ministerpräsident, wird Japan konstitutionelle Monarchie.

LITERATUR *Henri Bergson* (30) »Versuch über die unmittelbaren Gegebenheiten des Bewußtseins«, ins Deutsche übersetzt unter dem Titel »Zeit und Freiheit«. *Adolf Harnack* (38) »Lehrbuch der Dogmengeschichte«, erschien seit 1886.

MUSIK *Gustav Mahler* (29) Sinfonie Nr. 1. *Richard Strauss* (25) »Don Juan« (sinfonische Dichtung).

SOZIALWESEN *George Bernard Shaw* (33) »Fabian Essays«.

TECHNIK *Hermann Hollerith* (29) erfindet Lochkartenmaschine.

WIRTSCHAFT Pariser Weltausstellung mit Eiffelturm.

1890

POLITIK *Wilhelm II.* (31) entläßt *Otto von Bismarck* (75), der 28 Jahre lang preußischer Ministerpräsident und Außenminister war. General *Leo von Caprivi* (59) wird deutscher Reichskanzler und preußischer Ministerpräsident; bleibt bis 1894 im Amt; erneuert nicht den Rücksicherungsvertrag mit Rußland. Sozialistengesetz wird nicht erneuert, die »Sozialistische Arbeiterpartei« wird in »Sozialdemokratische Partei Deutschlands« umbenannt. Führender Kopf bleibt *August Bebel* (50). Deutschland erhält von Großbritannien Helgoland im Tausch gegen Sansibar. *Wilhelmina* (10) wird Königin der Niederlande (bis 1898 unter Regentschaft); wegen unterschiedlicher Erbfolgegesetze Aufhebung der Personalunion mit Luxemburg. Erste internationale Maifeiern. Armenischer Aufstand, wird von der Türkei bis 1897 niedergeworfen. USA gehen zur Hochschutzzoll-Politik über.

LITERATUR *Knut Hamsun* (31) »Hunger«. *Henrik Ibsen* (62) »Hedda Gabler«. »Freie Volksbühne« in Berlin gegründet.

NATURWISSENSCHAFT *Oskar Hertwig* (41) und andere erkennen den Zellkern und seine Chromosomen als Träger der Vererbung.

1891

POLITIK Französischer Flottenbesuch in Kronstadt unterstreicht beginnende französisch-russische Annäherung. *Bertha von Suttner* (48) gründet Österreichische Gesellschaft der Friedensfreunde und wird Vizepräsidentin des neugegründeten »Internationalen Friedensbüros« in Bern.

LITERATUR *André Gide* (22) »Die Tagebücher André Walters«. *Thomas Hardy* (51) »Tess of the d'Urbervilles«. *Selma Lagerlöf* (33) »Gösta Berling«. *Frank Wedekind* (27) »Frühlingserwachen«. *Oscar Wilde* (35) »Das Bildnis des Dorian Gray«.

KUNST *Paul Gauguin* (43) »Die Frauen von Tahiti«.

SOZIALWESEN *Ernst Abbe* (51) überträgt sein ganzes Vermögen den von ihm 1889 in eine Stiftung umgewandelten Zeiss-Werken. Päpstliche Enzyklika »Rerum novarum« fordert entgegen den Losungen des Sozialismus Lösung der Arbeiterfrage im Geiste des Christentums (berufsständische Ordnung).

NATURWISSENSCHAFT *Eugène Dubois* (33) findet auf Java erste Reste des Pithecanthropus erectus. *Gottlob Frege* (43) »Funktion und Begriff«, grundlegender Beitrag zur mathematischen Logik. *Michail Dolivo-Dobrowolski* (29) realisiert erste Fernleitung elektrischer Energie.

1892

POLITIK Russisch-französische Militärkonvention, die 1899 erweitert wird, sichert Hilfe gegen Angriff einer der Dreibundmächte zu. Panamaskandal: französische Abgeordnete werden der passiven Bestechung beschuldigt; der wechselvolle Prozeß endet 1893 mit Freispruch.

LITERATUR *Gerhart Hauptmann* (30) »Die Weber«. *Maxim Gorki* (24) »Makar Tschudra«.

KUNST *Henri de Toulouse-Lautrec* (28) »Jane Avril vor dem Moulin Rouge«.

NATURWISSENSCHAFT *Carl Ludwig Schleich* (33) erfindet Lokalanästhesie.

1893

POLITIK Seit 1890 erweiterte Frankreich seinen Kolonialbesitz um Nigergebiet, Sahara, Tahitiinseln, Oberguinea, Teile von Siam. Baubeginn der transsibirischen Eisenbahn zwischen Ural und Stillem Ozean, vollendet 1904; Amurbahn 1917.

MUSIK *Jan Sibelius* (28): Karelia. *Anton Dvořak* (52): Sinfonie Nr. 5 in e-Moll (Aus der Neuen Welt). *Peter Tschaikowskij* (53): 6. Sinfonie in h-Moll, »Pathétique«. *Giuseppe Verdi* (80) »Falstaff«.

NATURWISSENSCHAFT *Emil von Behring* (39) entdeckt Serum gegen Diphtherie. *Fridtjof Nansen* (32) beginnt seine Nordpolarexpedition auf der »Fram«, die bis 1896 dauert.

TECHNIK *Rudolf Diesel* (35) beginnt seinen Schwerölmotor mit Kompressionszündung zu konstruieren.

1894

POLITIK Der jüdische Offizier *Alfred Dreyfus* (36) wegen angeblichen Landesverrats in Frankreich zur Deportation verurteilt. Er wird 1906 voll rehabilitiert. *Nikolaus II.* (26) wird (letzter) Zar von Rußland. *Chlodwig Fürst zu Hohenlohe* (75) wird deutscher Reichskanzler und preußischer Ministerpräsident; im Amt bis 1900. Beginn des japanisch-chinesischen Krieges.

LITERATUR *Rudyard Kipling* (29) »Das Dschungelbuch«. *George Bernard Shaw* (38) »Frau Warrens Gewerbe«.

NATURWISSENSCHAFT *Sven Hedin* (29) beginnt seine erste Expedition nach Zentralasien.

1895

POLITIK Rußland schließt die Eroberung Westturkestans ab, die es 1853 begann. *Tomáš Garrigue Masaryk* (45) »Die tschechische Frage«. Chinesisch-japanischer Friede von Schimonoseki (17.4.): China tritt Formosa (T'ai-wan) und die Pescadores-Inseln an Japan ab, zahlt 300 Millionen Yen Kriegsentschädigung und anerkennt Unabhängigkeit Koreas; größere Erwerbungen Japans werden durch Intervention der europäischen Großmächte verhindert. Italiener marschieren in Abessinien ein.

KULTUR Erste Filmvorführungen der *Gebrüder Lumière* in Paris und der *Gebrüder Skladanowsky* in Berlin. *Alfred Nobel* (62) gründet Stiftung für die Nobelpreise, die ab 1901 jährlich verliehen werden.

LITERATUR *Theodor Fontane* (76) »Effi Briest«.

KUNST *Käthe Kollwitz* (28) »Der Weberaufstand« (Radierungen). *Edvard Munch* (32) »Die tote Mutter«.

SOZIALWISSENSCHAFT Gründung der »London School of Economics and Political Science« durch *Sidney Webb* (36).

NATURWISSENSCHAFT *Sigmund Freud* (39) begründet mit *Josef Breuer* (53) mit den »Studien über Hysterie« die Psychoanalyse. *Carl Linde* (53) gelingt Luftverflüssigung. *Wilhelm Röntgen* (50) entdeckt die nach ihm benannten durchdringenden Strahlen. Nord-Ostsee-Kanal eröffnet.

1896

POLITIK Glückwunschtelegramm *Wilhelms II.* (37) an den Präsidenten der Südafrikanischen Republik, *Paulus Kruger* (71), aus Anlaß der Zurückweisung eines Angriffs englischer Freischärler (»Kruger-Depesche«) ruft in Großbritannien nachhaltige Verstimmung hervor. Madagaskar wird französische Kolonie. Niederlage der Italiener im Krieg gegen Abessinien bei Adua, im Frieden von Addis Abeba verzichtet Italien auf Schutzherrschaft über Abessinien, behält aber Küstenstreifen um Massaua. Geheimvertrag Rußland–China gegen Japan. China genehmigt Bau der sibirischen Eisenbahn durch Manchurei.

KULTUR *Theodor Herzl* (36) »Der Judenstaat«, gibt Anstoß zum Zionismus. Politisch-satirische Wochenschrift »Simplizissimus« in München gegründet. Erste Olympische Spiele der Neuzeit in Athen.

LITERATUR *Henryk Sienkiewicz* (50) »Quo vadis?« *Anton P. Tschechow* (36): »Die Möwe«.

MUSIK *Giacomo Puccini* (38) »La Bohème«.

SOZIALWESEN *Friedrich Naumann* (36) gründet »Nationalsozialen Verein« für »soziales Kaisertum«.

NATURWISSENSCHAFT *Henri A. Becquerel* (44) entdeckt radioaktive Strahlung des Urans. *Christiaan Eijkman* (38) entdeckt Beri-Beri-Schutzstoff (später Vitamin B genannt) im Reis (Ausgangspunkt der gesamten Vitaminforschung).

TECHNIK *Otto Lilienthal* (48) stürzt bei seinen Segelgleitflügen (seit 1891) tödlich ab.

1897

POLITIK Nach Niederschlagung eines Aufstandes auf Kreta durch die Türken: griechisch-türkischer Krieg; griechische Niederlage, dennoch muß die Türkei auf Intervention der Großmächte Kreta Verwaltungsautonomie zugestehen. Rußland und Österreich-Ungarn einigen sich in Petersburg über Erhaltung des Status quo auf dem Balkan. *William McKinley* (54) wird Präsident der USA; ermordet 1901. USA annektieren Hawaii-Inseln.

KULTUR In Basel findet der erste Zionistenkongreß statt.

KUNST *Paul Cézanne* (58) »See von Annecy«.

NATURWISSENSCHAFT *Eduard Buchner* (37) entdeckt im Hefeextrakt Zymase als Gärungsferment. *Joseph John Thomson* (41) und *Wilhelm Wien* (33) bestätigen durch Entdeckung des freien Elektrons die Theorie von der atomistischen Struktur der Elektrizität sowie die negative Ladung der Kanalstrahlen.

TECHNIK *Guglielmo Marconi* (23) gelingt erste drahtlose Fernübertragung von Signalen.

1898

POLITIK Briten unter *Horatio Herbert Kitchener* (48) schlagen Mahdisten (Anhänger des »Mahdi« *Muhammed Achmed*, seit 1881 Herren über große Teile des Sudans) bei Omdurman und sichern Besitz des Sudans gegen Ansprüche der Franzosen, deren Expedition unter *Jean-Baptiste Marchand* (35) in Faschoda zum Rückzug gezwungen wird. Italienischer Anarchist ermordet in Genf Kaiserin *Elisabeth von Österreich* (61). *Alfred von Tirpitz* (49), seit 1897 Staatssekretär im Reichsmarineamt, will Ausbau der deutschen Hochseeflotte; sein erstes Flottengesetz wird vom deutschen Reichstag angenommen. Sozialdemokratische Partei Rußlands gegründet, erster Parteitag in Minsk. Rußland anerkennt Vorrang der japanischen Interessen im Kondominium (seit 1896) Korea. Aufstände auf Kuba geben Anlaß zum spanisch-amerikanischen Krieg; im Frieden von Paris tritt Spanien die Philippinen und Puerto Rico an die USA ab, Kuba wird unabhängige Republik, die jedoch der Union gewisse Aufsichtsrechte einräumen muß. Eingeleitet durch die deutsche Besetzung von Kiaochou wird China zur langfristigen Verpachtung (99 Jahre) dieses Gebietes an Deutschland, von Port Arthur, Dairen (Dalny) an Rußland, von Weihai-wei an Großbritannien und Kuangchouwan an Frankreich gezwungen; Wettlauf um die erwartete Aufteilung von China beginnt mit Sicherung von Eisenbahnbau- und Bergwerkskonzessionen. Reformversuche des Kaisers *Tsai-t'ien (Kuang-sü)* (27) enden durch Staatsstreich der Reaktion unter Führung der Kaiserinwitwe *Ts'e-hi* (63), die den Kaiser internieren läßt.

KULTUR *Robert Koldewey* (43) beginnt die Ausgrabung von Babylon (dauert bis 1917).

LITERATUR *Leo Tolstoj* (70) »Auferstehung«.

NATURWISSENSCHAFT *Marie Curie-Sklodowska* (31) entdeckt das radioaktive Element Radium im Uran.

TECHNIK *Karl Ferdinand Braun* (48) konstruiert Kathodenstrahl-Leuchtschirm-Röhre.

1899

POLITIK Wachsender Widerstand gegen Russifizierungspolitik in Finnland. Britisch-französische Einigung über den Sudan. Erste Haager Friedenskonferenz, Konventionen über Beilegung internationaler Streitigkeiten (Bildung des Haager Schiedsgerichtshofes) und Humanisierung des Krieges (auf weiteren Konferenzen ergänzt). Streit zwischen Großbritannien und der Südafrikanischen Republik um das

Wahlrecht der zugewanderten Siedler (Ausländer) in der Republik; Truppenansammlungen beiderseits der Grenze; Beginn des Burenkrieges (Krugers Ultimatum an Großbritannien fordert Zurückziehung der britischen Truppen von der Grenze, wird von Großbritannien abgelehnt), den Großbritannien 1902 siegreich beendet. Deutschland erwirbt von Spanien die Karolinen-, Marianen- und Palau-Inseln, teilt sich mit den USA die Samoainseln.

LITERATUR *Ernst Haeckel* (65) »Die Welträtsel«, auf monistisch-materialistischer Grundlage.

SOZIALWESEN *John Ruskin* (80) gründet Arbeiterhochschule in Cambridge.

NATURWISSENSCHAFT *David Hilbert* (37) beweist in seinen »Grundlagen der Geometrie« Unabhängigkeit und Widerspruchsfreiheit ihrer Axiome.

1900

POLITIK Britische Gewerkschaften und andere Gruppen der Arbeiterbewegung gründen Arbeiterpartei, die sich ab 1906 Labour Party nennt. *Bernhard von Bülow* (51) wird deutscher Reichskanzler bis 1909. Durch das zweite Flottengesetz soll das Deutsche Reich zweitstärkste Seemacht werden. Ermordung *Umbertos II.* von Italien (56), Beginn der Regierung *Viktor Emanuels III.* (31), regiert bis 1946. Europäische Großmächte werfen antieuropäischen Aufstand des »Boxer«-Geheimbundes in China nieder. *Sun Yat-Sen* (34) gründet revolutionäre chinesische Partei.

KULTUR Bürgerliches Gesetzbuch (BGB) in Deutschland in Kraft.

LITERATUR *Ellen Key* (51) »Das Jahrhundert des Kindes«. *Thomas Mann* (25) »Buddenbrooks«.

NATURWISSENSCHAFT *Max Planck* (42) begründet die Quantenphysik der Atome durch Entdeckung des elementaren Wirkungsquantums. Moderne Genetik beginnt mit der Erkenntnis der Bedeutung der Erbgesetze von *Mendel*.

TECHNIK *Carl Auer von Welsbach* (42) erfindet Metallfadenglühlampe mit Osmium-Draht. *Ferdinand von Zeppelin* (62) unternimmt ersten Flug mit starrem Luftschiff.

NAMEN- UND SACHREGISTER

A

B

C

D

G

I

J

K

L

M

N

O

P

Q

R

S

U

V

W

Y

Z

QUELLENVERZEICHNIS DER ABBILDUNGEN

Originale liehen uns: Archiv der Berliner Bank, Berlin (325) – Hans Marcus, Buch- und Kunstantiquariat, Düsseldorf (101) – Ehem. Staatl. Museen, Ostasiatische Abt., Berlin-Dahlem (632) – Albert Strauss, Ostasiatische Kunst, Berlin (624, 633) – Die Fotos der übrigen Bilder stammen von: Archiv f. Kunst und Geschichte, Berlin (601) – Archives Photographiques, Paris (56, 120, 172, 480) – Averys, Brighton (196) – Bibliothèque Nationale, Paris (600) – Bildarchiv d. Österr. Nationalbibliothek, Wien (188, 189, 352, 504, 504 innen, 532, 533, 561, 713 o.) – Conzett & Huber, Zürich (332) – Deutsche Fotothek, Dresden (293 u.) – Deutsches Museum, München (245, 273) – Editions Clairefontaine et La Guilde du Livre, Lausanne, nach Les Hommes de la Danse (657, 664, 665) – Ingenieur Frank, Wien (165, 505) – John R. Freeman & Co., London, Copyright reserved (505 innen) – Roger Guyard, Paris (93, 100, 481) – Gabriele Hauck, Frankfurt a. M. (208) – Historisches Bildarchiv Handke, Bad Berneck i. Fi. (301, 441, 688, 712 o., 713 u., 720, 721) – Ralph Kleinhempel, Hamburg (484) – Le Bel's Studio, Canajoharie/N. Y. (333) – Willy Müller, Gottlieben/Thurgau (560) – Photo Bulloz, Paris (57, 68, 69, 77, 224, 225, 252, 344, 353, 440, 485, 712 u.) – Photographie Giraudon, Paris (121) – Photoglob Wehrli AG., Zürich (592) – Propyläen-Archiv (253) – Photo Kleindienst, Berlin (625) – J. Th. Piek, den Haag (689) – Hans Reger, München (164) – Shell Photographic Unit, London (708 c) – H. Weber, Freiburg i. Br. (292) – Frank Willet, Manchester (656) – Paul Zierow, Heidelberg (208) – Alle anderen Fotos verdanken wir den in den Bildunterschriften genannten Museen und Archiven.